ANAGÔGÊ

Collection fondée

par

A.-Ph. SEGONDS

et dirigée

par

M. RASHED

EMPÉDOCLE
SUR LE CHEMIN DES DIEUX

JEAN-CLAUDE PICOT

EMPÉDOCLE
SUR LE CHEMIN DES DIEUX

PARIS
LES BELLES LETTRES
2022

© 2022. *Société d'édition Les Belles Lettres,
95, boulevard Raspail, 75006 Paris.*

ISBN : 978-2-251-45257-9

INTRODUCTION

Ce livre s'adresse à un public déjà familier avec les grandes lignes de la pensée d'Empédocle, et souhaitant approfondir la question particulière du rapport d'Empédocle avec les dieux.

Au Vᵉ s. avant J.-C., Empédocle d'Agrigente révèle une histoire du monde. Le penseur et poète est classiquement rangé parmi les philosophes présocratiques. On veut y trouver le travail de la raison, une pensée qui s'appuie sur l'observation, qui analyse et recherche une cohérence entre les données physiques sans le recours à des révélations divines. Bien des vers vont dans ce sens. Toutefois, Empédocle n'a pas renoncé à parler des dieux de la mythologie, tout en les insérant dans une histoire qui les transfigure. Sa connaissance du devenir, dont le devenir de l'homme après la mort, lui vient de sa Muse, qu'il nomme *Kalliopeia*. S'il parle du feu, de l'eau, de la terre et de l'éther, c'est qu'en réalité il rapporte ces mots du langage commun à quatre dieux différents. D'Aphrodite identifiée à *Philotès*, Empédocle fait l'une des deux puissances qui agissent dans le monde. Face à Aphrodite, il nomme la puissance opposée, *Neikos*, la Haine (ou la Discorde). De Zeus, Héra, *Aïdôneus* et *Nestis* (une Perséphone), il fait les quatre racines de toutes choses. Beaucoup de commentateurs – à commencer par Aristote – ont peu tenu compte du rôle de ces divinités particulières pour comprendre le message de l'Agrigentin. Sans doute pensaient-ils qu'il fallait démythologiser et supprimer l'habit poétique pour saisir le véritable Empédocle.

Les études ici réunies voudraient montrer comment Empédocle, penseur et poète, utilise en particulier Homère et Hésiode pour bâtir un nouveau discours en vers qui parle à ses contemporains. La remise en cause d'une certaine tradition religieuse des Grecs y est manifeste. Certes, elle existait bien avant Empédocle. Pensons par exemple à Xénophane, qui s'en prend à l'anthropomorphisme qui règne de son temps dans la représentation des dieux. Cependant, ce qui apparaît spécifique à Empédocle, c'est le fait qu'il détourne le nom de certains dieux pour en faire un usage qui lui est propre. Ainsi quand il nomme Zeus, Héra, *Aïdôneus*, Aphrodite, *Philotès*, Calliope, Némertès, Cronos, on pourrait croire qu'Empédocle assume avec ces noms un contenu identique au contenu qu'ils ont traditionnellement. Mais ce n'est précisément pas le cas ; il modifie notablement une partie du contenu et des représentations. Il décompose et recompose autrement. Parce qu'il détourne le sens habituel, Empédocle développe une pensée subversive. Clémence Ramnoux, constatant l'emploi fait par Empédocle de certains dieux traditionnels, parlait de « scandale »[1]. L'expression « action subversive » se trouve chez Jean Bollack[2]. J'ai emprunté, en partie, leur chemin. Puis, je me suis aventuré sur des sentiers qu'ils n'avaient pas imaginés, et qu'ils n'auraient probablement pas reconnus.

Dans le présent recueil, j'ai choisi de reproduire dix articles, dont les premiers ont été publiés depuis un peu plus de 20 ans[3]. La conception des dieux du point de vue d'Empédocle est le fil conducteur de ces articles. Ce même fil me conduit à proposer cinq nouveaux textes.

La plupart de mes travaux s'attachent à étudier un fragment (dans l'acception et la numérotation de H. Diels), à savoir un vers ou quelques vers d'Empédocle. Ce faisant, je suis souvent amené à interpréter d'autres fragments liés au fragment principal, objet de l'étude. Je n'ai eu de cesse dans chaque article d'essayer de dégager le sens possible d'un champ restreint de la pensée d'Empédocle. Cependant, peu à peu, des champs restreints se sont trouvés connectés.

Le premier article de ce livre date de 1998 ; il a pour titre « Sur un emprunt d'Empédocle au *Bouclier* hésiodique ». Il porte en germe plusieurs lignes de réflexion qui se développeront ensuite. Sans doute est-il utile ici de signaler ces lignes. Le titre de l'article rapporte le texte épique qu'Empédocle aurait utilisé en tant que matrice poétique pour imaginer l'oreille comme lieu du son. L'enquête voudrait tenter de comprendre une métaphore végétale (*ozos*) pour dire l'oreille (fr. 99)[4]. Il n'y a là rien, a priori, qui pourrait concerner les dieux. Cependant, la compréhension du fr. 99 donne lieu à un rapide commentaire sur cinq autres fragments : le fr. 29 (le

---

1. Cl. RAMNOUX, *Héraclite ou l'homme entre les choses et les mots*, Paris, Les Belles Lettres, 1968², p. 186-187.

2. J. BOLLACK, *Empédocle. Les* Purifications *: un projet de paix universelle*, édité, traduit du grec et commenté par J. B., Paris, Éditions du Seuil, 2003, p. 9.

3. En reproduisant ces articles, j'ai parfois corrigé quelques erreurs matérielles, et adopté de nouvelles normes typographiques ; j'ai apporté des précisions bibliographiques et uniformisé des références ; mais j'ai conservé les idées, même si longtemps après certaines de ces idées me paraissent aujourd'hui dépassées.

4. Je cite souvent les vers d'Empédocle selon la numérotation du recueil de Diels-Kranz (*Die Fragmente der Vorsokratiker*, 1951⁶), où ces vers sont regroupés en fragments (fr.).

dieu *Sphairos*), le fr. 134 (le dieu de la *phrèn hierè*), le fr. 128 (Cypris-reine en opposition à certains dieux mâles dont Zeus-roi), le fr. 143 (la coupure des cinq sources et l'accès au divin) et le fr. 6 (les quatre dieux, racines de toutes choses). Ces fragments sont devenus par la suite de véritables centres d'intérêt, chacun faisant l'objet d'au moins un article. La méthode d'interprétation appliquée au fr. 99 fut plusieurs fois reprise ensuite dans mes travaux. Chaque fois que possible, j'ai ainsi privilégié la recherche d'une matrice poétique, prise dans des œuvres poétiques accessibles à Empédocle, qui permet-trait d'interpréter des expressions dont le sens serait chargé de sous-entendus. Empédocle devait nécessairement construire ses vers en tenant compte de leur résonance supposée pour un auditoire cultivé du Vᵉ siècle av. J.-C.

Dans sa conclusion, l'article de 1998 s'engage déjà, à sa façon, *Sur le chemin des dieux* :

> Le recours d'Empédocle à des métaphores végétales appelle une remarque finale. Selon toute vraisemblance. Perséphone est le nom caché de *Nestis*, la divinité de l'eau (fr. 6). Puisque le végétal est attaché à son nom, les métaphores végétales viennent sans doute en son honneur. Empédocle voudrait nous apprendre à lire certains symboles présents dans la nature. Et cette lecture se ferait avec une clé venant de celle qui est peut-être sa Muse : Perséphone.

Le « peut-être sa Muse » deviendra : vraisemblablement sa Muse. En 1998, une ligne de réflexion était initiée : penser les métaphores et les synecdoques. Lire Empédocle, c'est être confronté au travail d'un poète, qui ne parle pas aussi clairement que ce que le philo-sophe pourrait souhaiter. Aristote s'en plaignait. Il existe cepen-dant un certain intérêt à essayer de retrouver le cheminement qu'Empédocle a suivi, et de mettre en lumière la façon dont il joue avec les mots, avec les allusions et avec les images. Tout ce qui était évident et très simple a – on s'en doute – déjà été dit après deux siècles modernes d'études et de commentaires. Écrire sur Empédocle aujourd'hui, sans rabâcher ce que l'on sait déjà, c'est forcément s'aventurer dans des parties subtiles, c'est chercher des résonances à l'intérieur de l'œuvre du poète, et de cette œuvre avec d'autres poètes. On ne peut alors pas espérer convaincre avec la même facilité que lorsqu'il s'agissait seulement de dire des choses simples et ne nécessitant presque pas d'interprétation.

Parmi les cinq nouveaux textes de ce livre, quatre d'entre eux traitent d'un ou de plusieurs dieux (en particulier *Sphairos*, Apollon, Éros, Héra, Zeus). Le dernier texte s'attaque à une question large-ment débattue : l'origine et la nature des *daimones* qui transmigrent.

Chacun des quinze textes présentés ici est considéré comme un article, qui peut se lire par lui-même, et qui serait compris sans qu'il soit nécessaire d'avoir lu les textes précédents. Le lecteur peut donc commencer à lire ces articles dans l'ordre qu'il veut, au gré de son inspiration et de ses centres d'intérêt.

REMERCIEMENTS

Il me sera difficile en peu de lignes de remercier toutes les personnes qui, à un moment ou à un autre, m'ont aidé dans mon parcours. La première mention revient sans conteste à Denis O'Brien. Je ne saurais trop remercier Denis O'Brien qui, depuis la fin des années 1980, sans relâche, m'a aidé dans mes recherches – tout en étant lui-même rarement convaincu par mes interprétations... Sa générosité a été sans faille. Même si je n'ai pas toujours été un bon élève, même si je n'ai pas su appliquer tous ses conseils, je lui dois un souci de clarté et l'obsession de pouvoir répondre à la question qui revenait pour lui comme un leitmotiv : « Comment le sait-on ? ». Il faut bien l'avouer, je n'aurais sans doute pas persévéré si longtemps dans la compréhension d'Empédocle si je n'avais pas reçu l'aide de ce grand maître des études anciennes, et pu bénéficier de ses conseils et encouragements.

Je remercie aussi Marwan Rashed, que Denis m'a fait connaître en 2001. À travers un dialogue fructueux, nous avons avancé souvent dans de mêmes directions. Marwan a transformé des échanges, puis rondement mené au but, avec brio, des travaux sur le fr. 84 (l'œil), le fr. 100 (la clepsydre), le fr. 38 (le Titan-Soleil) et le fr. 115 (la transmigration des *daimones*). En reconnaissant et en exposant l'importance de *Nestis* dans la pensée de l'Agrigentin, il a ainsi largement contribué à l'ouverture d'un espace pour le chemin des dieux. Je le remercie d'avoir bien voulu accepter la publication du présent recueil dans sa collection *Anagôgê*.

Au début de certains articles, je cite les personnes qui ont eu la gentillesse de lire un texte non encore achevé et de me faire part de leurs critiques. Elles ont toute ma reconnaissance. Leur accompagnement m'a été précieux.

Ma reconnaissance va également à William Berg, décédé en Mai 2021, avec lequel j'ai coopéré pendant une dizaine d'années pour écrire des articles, ensuite publiés en anglais (non repris ici). Un de ces articles s'intitule « Empedocles vs. Xenophanes: differing notions of the divine », paru en 2013. Certaines idées de cet article ont été reprises aujourd'hui. Le dernier des articles co-signés avec William, paru en 2018, concerne une relecture des fr. 134 et 29 avec l'arrière-plan de l'*Hymne homérique à Apollon*. Là aussi, je tiens compte aujourd'hui des avancées qui y sont faites.

Je remercie enfin Irène, mon épouse, mon soutien permanent au quotidien, qui depuis de nombreuses années m'a permis de mener à bien mes travaux de recherche sur Empédocle.

J.-C. Picot
Longpont sur Orge, Juin 2021.

SUR UN EMPRUNT D'EMPÉDOCLE
AU *BOUCLIER* HÉSIODIQUE

Bien des vers d'Empédocle ne se comprennent qu'en les rapprochant de références poétiques et en particulier des paroles d'Homère et d'Hésiode. La présente étude voudrait restituer l'emprunt et la mémoire du poète d'Agrigente lorsqu'il employa le mot ὄζος, rameau, pour décrire l'oreille. L'analyse des références poétiques possibles nous conduira à jeter un regard nouveau sur le *Bouclier* hésiodique. Après avoir conclu sur ὄζος, et tout en restant dans le vocabulaire des métaphores empédocléennes, nous considérerons le mot κλάδος.

Répétée plus de cent fois dans *l'Iliade* et *l'Odyssée*, l'expression homérique « les mots ailés » (ἔπεα πτερόεντα) est à la fois compréhensible et étrange. On comprend que les mots volent pour être entendus de ceux auxquels ils s'adressent. Peut-être les mots sont-ils sonores comme bien des oiseaux et des insectes ailés ? Mais l'expression est néanmoins étrange. Que les mots aient une certaine matérialité, et des ailes, semble une pure fantaisie de poète[1].

Mais entrons dans ce jeu poétique. Où donc iraient les mots ? Aux oreilles de ceux qui les entendent, bien sûr. Où vont les animaux

---

Article paru dans la *Revue des études grecques,* 111, 1, 1998, p. 42-60, reproduit avec quelques légères modifications.

1. Sur les ἔπεα πτερόεντα. voir : M. PARRY. « The traditional metaphor in Homer », *Classical philology,* 28, 1, 1933, p. 30-43, aux pages 38-39. – Du même auteur : « About winged words », *Classical philology,* 32, 1, 1937, p. 59-63. Cet article est un développement du précédent et une réponse à l'article de G.M. CALHOUN, « The art of formula in Homer – ἔπεα πτερόεντα », *Classical philology,* 30, 3, 1935, p. 215-227. PARRY montre que les « mots ailés » ne sont qu'une formule toute faite que le poète utilise dans divers contextes pour dire simplement « il dit ». Contre CALHOUN, il ne faut donc pas y voir une expression associée à des réactions émotionnelles ou des situations de tension. Nous suivons l'interprétation générale que CALHOUN condamne, selon nous à tort, dans sa conclusion : « πτερόεντα *evidently does mean "winged" or "swift" in the general sense that all words which follow were spoken quickly or with animation or some symptom of emotion* » (p. 226).

ailés ? Dans les arbres ou sur une branche. Pour le poète, il n'y aurait qu'un pas supplémentaire à faire pour dire « les mots ailés se posent sur des branches de chair ». Même si l'image n'est pas parfaite, le pavillon de l'oreille pourrait devenir la branche dont on parle, ou bien un rameau feuillu où les mots vont se nicher. À celui qui se plaît à jouer de références épiques, les mots ailés peuvent inspirer un développement sur l'oreille. Cette inspiration a pu être celle d'Empédocle qui nommait l'oreille « rameau de chair ».

Théophraste, dans son *De sensibus* (§ 9), nous rapporte le mot d'Empédocle :

> ὥσπερ γὰρ εἶναι κώδωνα τῶν ἴσων ἤχων τὴν ἀκοήν, ἣν προσαγορεύει σάρκινον ὄζον.
>
> [Empédocle dit que] l'oreille, qu'il appelle rameau de chair, est comme un gong aux résonances à l'unisson.

À partir du témoignage de Théophraste, Diels a constitué le fragment 99, et l'a rattaché au poème empédocléen *Περὶ φύσεως* :

> κώδων. σάρκινος ὄζος.
> gong (?). rameau de chair.

Certes, nulle part dans le corpus empédocléen parvenu jusqu'à nous, les « mots ailés » n'apparaissent. Mais cette conjecture ouvre une voie pour comprendre une expression autrement étrange en parlant de l'oreille : σάρκινος ὄζος. Nous devons maintenant interroger plus avant les mots et passer d'une simple hypothèse, orientant notre regard, à des convictions précises.

Le terme ὄζος n'apparaît chez Empédocle que dans ce contexte. Théophraste ne fournit aucune explication du choix de ce mot. Il ne laisse entendre aucun rapprochement poétique. Il le signale vraisemblablement parce que l'expression est originale. Au lecteur, même nourri d'Hellénisme, ὄζος, rameau, branche ou peut-être bourgeon, nœud d'arbre, évoque à lui seul si peu l'oreille que la tentation est grande d'éliminer le mot intrus au profit d'un autre mieux adapté au contexte. Ainsi, dans ses *Doxographi Graeci* (1889), Diels réduisait l'étrangeté en avançant que ὄζος devait être corrigé en en ὀστοῦν, l'os. Le philologue allemand appuyait sa conviction sur deux rapprochements. D'une part celui de ὀστοῦν et de χονδρῶδες (forme cartilagineuse), terme lu dans un témoignage de Aétius sur la conception empédocléenne de l'oreille[2]. D'autre part sur un rapprochement de

---

2. Aétius, IV, 16, 1 = DK 31 A 93 : Ἐ. τὴν ἀκοὴν γίνεσθαι κατὰ πρόσπτωσιν πνεύματος τῷ χονδρώδει, ὅπερ φησὶν ἐξηρτῆσθαι ἐντὸς τοῦ ὠτὸς κώδωνος δίκην αἰωρούμενον καὶ τυπτόμενον. [Selon Empédocle, l'ouïe est due au choc de l'air

ὀστοῦν avec ce que Théophraste dit de la conception d'Anaxagore concernant une partie du crâne et de son rôle dans l'audition[3]. Par ailleurs, l'auteur des *Doxographi Graeci* gommait σάρκινος ὄζος en en faisant un autre nom de κώδων. La correction de Diels – ὀστοῦν pour ὄζος – n'était pas convaincante ; Diels lui-même l'a abandonnée dans ses *Poetarum philosophorum fragmenta* (1901)[4]. Certains commentateurs sont néanmoins restés attachés à la construction des *Doxographi Graeci*. Et l'idée que ὄζος – même s'il ne s'agit plus d'un os – serait localisé comme κώδων à l'intérieur de l'oreille n'a pas été systématiquement remise en question[5].

On admet parfois qu'Empédocle a pu parler de ὄζος pour dire une excroissance de chair comme il dit κλάδοι pour parler des bras (fr. 29.1)[6]. De façon plus générale. L'Agrigentin penserait par

---

contre la (forme) cartilagineuse, dont il dit qu'elle [la forme] est suspendue à l'intérieur de l'oreille à la façon d'un gong [?], suspendue et frappée.]

Le mot χονδρώδει est la leçon habituellement retenue pour ce passage d'Aétius. Toutefois, on peut préférer une autre leçon, κοχλιώδει, mot rare qui désignerait une forme spiralée, tel un coquillage (Plutarque, codex Parisinus 1672). Je traduis κώδων par gong, en suivant l'analyse de C.E. MILLERD (*On the interpretation of Empedocles*, Chicago, The University of Chicago Press, 1908, p. 86) : « *Possibly the tympanic membrane itself is meant /.../ its comparison to a bell is just as appropriate as its later comparison to a drum. By a bell we should understand a gong struck from the outside, not a bell with a clapper.* »

3. H. DIELS, *Doxographi graeci*. Collegit, recensuit, prolegomenis indicibusque instruxit H. D., Berlin, G. Reimer, 1879, p. 501 : « *mihi* σάρκινον ὀστοῦν, *quo nihil melius* τὸ χονδρῶδες *Aëtii circumscribit, veri simile videtur* cf. § 28 ». DIELS renvoie à Anaxagore lu dans Théophraste, *De sensibus* § 28 : « [ainsi fonctionne l'ouïe] par la pénétration du son jusqu'au cerveau, car la calotte osseuse forme une
cavité dans laquelle le son se répercute » (trad. J.-P. Dumont).

4. Dans ses *Poetarum philosophorum fragmenta*, DIELS abandonne la lecture de ὀστοῦν, os, en place de ὄζον ; il comprend alors σάρκινον ὄζος comme le petit pilon de chair d'une cloche : « *nunc defendo* σάρκινον ὄζον, *interiorem auris apparatum* [...] *quasi carneum pistillum tintinnabuli intellegens* » (p. 143).

5. Je distingue trois groupes de commentateurs :
(a) ceux qui assimilent ὄζος et os, en situant ὄζος à l'intérieur de l'oreille : DIELS (1889), J.I. BEARE (1906), J. BOLLACK (1965, 1969), A.A. LONG (1966) ; pour ces quatre commentateurs ὄζος est un autre nom de la clochette ou du gong (κώδων) ;
(b) ceux qui n'assimilent pas ὄζος et os, tout en situant ὄζος à l'intérieur de l'oreille : DIELS (1901), MILLERD (1908), G.M. STRATTON (1917), L. ROBIN (1923), J. ZAFIROPULO (1953) ; pour ces quatre derniers commentateurs ὄζος est un autre nom de κώδων ; F. CLEVE (1973) situe ὄζος à l'intérieur de l'oreille, il laisse supposer une identité de ὄζος et de κώδων dans sa traduction de Théophraste mais ne le confirme pas formellement dans son commentaire ;
(c) ceux qui n'assimilent pas ὄζος et os, et ne situent pas ὄζος à l'intérieur de l'oreille : W.E. LEONARD (1908), E. BIGNONE (1916), M.R. WRIGHT (1981).

6. Je cite les fragments d'Empédocle selon la numérotation de DIELS-KRANZ. Une exception : fr. 152 WRIGHT.

analogie les parties du corps comme des pousses végétales[7]. Mais, il est aisé de montrer qu'Empédocle appelle aussi des bras des bras (fr. 57), un pied un pied (fr. 60), les dards piquants du hérisson des cheveux dressés (fr. 83) et non pas des épines végétales alors que cette métaphore serait facile. De fait, la règle de l'analogie animal / végétal n'est pas absolue et, lorsqu'elle s'exprime, elle nécessite un complément d'explication.

Pourquoi Empédocle a-t-il choisi le mot ὄζος et non pas plutôt κλάδος ou bien ὄρπηξ (fr. 62.2 ; fr. 152 Wright), ou encore un mot propre à dire la petitesse de la branche : θαλλός ? Si les « mots ailés » peuvent venir à l'esprit d'un poète homérisant qui parle de l'ouïe, si ces « mots ailés » suggèrent de voir dans l'oreille un rameau, pourquoi ce poète aurait-il choisi particulièrement ὄζος et non pas un autre mot synonyme ?

À la différence d'autres mots possibles du même registre, le mot ὄζος dispose d'une puissance d'évocation et de références qui en font un mot poétique pour parler de l'oreille.

Le premier point tient à la parenté d'étymologie entre ὄζος et ἕζομαι[8]. Si ὄζος, rameau, vient d'une racine *sed- signifiant « asseoir », le mot suppose une présence vivante et assise. Quand ὄζος, le support des mots ailés, est mis pour oreille, c'est exactement dans ce sens là. Ce n'est pas simplement pour comparer la forme du pavillon à la forme d'un rameau – cette comparaison toute seule serait bien pauvre – mais pour signaler que ce rameau est le lieu du son, le siège des mots ailés. Le rameau n'est pas sonore en lui-même mais il accueille et, le plus souvent, cache les oiseaux sonores. En tant qu'idée de l'oreille, il

---

7. Pour préciser notre propos, mentionnons les auteurs suivants : E. BIGNONE (*I poeti filosofi della Grecia. Empedocle. Studio critico, traduzione e commento delle testimonianze e dei frammenti*, Turin, Fratelli Bocca, 1916, p. 370, n.3) rapproche κλάδος et ὄζος : « *Del resto, Empedocle che chiama* κλάδοι *le braccia* (fr. 29.1 cfr. 134)*, è ben naturale che possa chiamare* germoglio carneo *l'orecchio, che, con le sue ripiegature, può dar bene l'idea di certi germogli.* » – J. BOLLACK (*Empédocle. III, Les Origines, commentaire, 2*, Paris, Éditions de Minuit, 1969, p. 397) cite ὄζος dans son commentaire du fr. 82 qui établirait chez Empédocle « l'analogie du végétal avec les parties végétales de l'animal ». – D. O'BRIEN (*Empedocles' cosmic cycle, a reconstruction from the fragments and secondary sources*, Cambridge, Cambridge University Press, 1969, p. 125) fait dépendre ὄζος et κλάδος d'une vision animiste attentive à l'unité d'êtres vivants apparemment différents. – W.K.C. GUTHRIE (*A history of Greek philosophy, II, the presocratic tradition from Parmenides to Democritus*, Cambridge-Londres-New York, Cambridge University Press, 1965, p. 211) rattache « *the description of the ear as a 'shoot (or sprout,* ὄζος*) of flesh'* » à la croyance empédocléenne à la parenté entre vie animale et végétale. – M.R. WRIGHT (*Empedocles: the extant fragments*, New Haven-Londres, Yale University Press, 1981, p. 296) : « ὄζος *deliberately links plant and animal organs* », et commentaires p. 228.

8. Voir P. CHANTRAINE, *Dictionnaire étymologique de la langue grecque, histoire des mots*, λ-ω, Paris, Klincksieck, 1984, p. 776.

est considéré pour sa fonction, plus que pour sa forme. Les autres mots en compétition avec ὄζος ne peuvent bien sûr pas relever de la même étymologie : ils ne renvoient pas à une présence. De fait, ils sont bien moins adaptés au contexte de l'oreille.

À côté de l'étymologie, il y a les références épiques[9]. On remarquera d'abord en *Iliade* III 150-155 une conjonction intéressante : 1 – de vieux Troyens, « beaux discoureurs », sont comparés à des cigales, animaux ailés à la « voix charmante » ; 2 – ils sont assis sur un rempart tout comme les cigales sont assises sur un arbre (δενδρέῳ ἐφεζόμενοι) ; 3 – et, l'on appréciera la malice d'Homère, ces Troyens « échangent des mots ailés ». Certes, ὄζος n'apparaît pas dans ce passage. Mais une matrice se devine autour de ἕζομαι, celle qui peut lier mots ailés, cigales et ὄζος, plus précis que δένδρον.

Parmi les références épiques de ὄζος certaines confortent le rapprochement de ὄζος et de ἕζομαι. Le terme ὄζος est utilisé 19 fois chez Homère dont 10 fois pour signifier serviteur d'Arès (ὄζος Ἄρηος). Il est utilisé 6 fois chez Hésiode dont 4 fois pour « serviteur d'Arès ». Sur 11 occurrences comptées en dehors de la formule avec Arès. 4 associent ὄζος et la sonorité. Dans les *Hymnes homériques*, ὄζος apparaît 3 fois, sans aucune relation avec la sonorité. Examinons chez Homère et Hésiode les quatre occurrences où l'on peut parler d'une liaison son / ὄζος. Nous y trouverons le motif poétique qu'Empédocle a pu développer et parfois le rapprochement de ὄζος et de ἕζομαι.

1. — En *Iliade* XIV, Sommeil tel un oiseau sonore est posté derrière un rideau de branches de pin :

> Il [Sommeil] se poste là [ἔνθ' ἧστ'] derrière un rideau de branches [ὄζοισιν πεπυκασμένος] de pin, tout pareil à l'oiseau sonore [ὄρνιθι λιγυρῇ] que les dieux sur les monts appellent chalcis... (*Il.* XIV 289-291.)

On remarquera les mots :

ἧστ', de ἧμαι (être assis), lui-même de ἕζομαι (s'asseoir) ;
ὄζοισιν, datif pluriel homérique de ὄζος ;
πεπυκασμένος enveloppé : Sommeil est caché par les branches ;
ὄρνιθι λιγυρῇ, le lieu où Sommeil se tient est celui de l'oiseau sonore.

Sont associés ici : rameau, présence sonore, s'asseoir, et l'être ailé. La référence est idéale, mais unique elle laisserait toujours un doute sur la pertinence poétique de l'utilisation de ὄζος pour dire l'oreille.

---

9. Je citerai les textes d'Homère ou d'Hésiode d'après l'édition et la traduction de P. MAZON dans la C.U.F. (Les Belles Lettres).

2. — En *Iliade* XVI (765-776), le combat autour du cadavre de Κεβριόνης[10] utilise une comparaison avec des rameaux sonores :

> Comme l'Euros et le Notos s'appliquent à l'envi, dans les gorges d'une montagne, à ébranler [πελεμιζέμεν] une épaisse forêt. Chênes, frênes, cornouillers aux longs fûts, qui projettent alors leurs longs rameaux [τανυήκεας ὄζους] les uns contre les autres, dans un fracas [ἠχῇ] prodigieux, où se distingue le bruit [πάταγος] sec des branches brisées ; ainsi Troyens et Achéens se ruent les uns contre les autres […] Autour de Cébrion, par centaines, des piques aiguës viennent se planter au but […] de grosses pierres, par centaines, vont heurter les boucliers de tous les hommes qui luttent autour de lui – tandis que lui-même, dans un tournoiement [στροφάλιγγι] de poussière, est là, son long corps allongé à terre, oublieux des chars à jamais !

On remarquera les significations suivantes :

1. les rameaux sont désignés par ὄζους ;
2. les rameaux produisent des sons en se choquant les uns les autres comme les armes de bronze entre elles ;
3. le choc des rameaux est très sonore ; deux expressions le disent : « fracas prodigieux », « bruit sec des branches brisées » ;
4. le choc des rameaux est une image qui anticipe le bruit de la bataille, le choc des belligérants.

Cette occurrence fait directement du rameau l'élément sonore. Elle semble nous éloigner de ce qui a été esquissé avec les « mots ailés ». En effet, avec les « mots ailés », le pavillon de l'oreille – censé être le rameau – ne serait pas en lui-même sonore.

3. — Dans le *Bouclier* hésiodique (393-395), une cigale sonore est perchée sur un rameau :

Ἦμος δὲ χλοερῷ κυανόπτερος ἠχέτα τέττιξ
ὄζῳ ἐφεζόμενος θέρος ἀνθρώποισιν ἀείδειν   v. 394
ἄρχεται,

C'était aux jours où la cigale sonore aux ailes d'azur sombre, perchée sur un rameau vert, entonne pour les hommes sa chanson d'été.

On remarquera :

ἠχέτα τέττιξ, la cigale est sonore ;
ὄζῳ, datif singulier de ὄζος ;
ἐφεζόμενος, le verbe ἐφ-έζομαι au participe présent.

---

10. En dehors des citations, je préfère ne pas donner de traduction d'un nom propre comme Κεβριόνης dont la traduction ou translittération en français n'est pas largement établie. Il en est de même pour Κύκνος que l'on verra un peu plus loin.

Tout comme en *Iliade* XIV, 289-291, sont associés ici : rameau, présence sonore, ἕζομαι, et l'être ailé. Le phénomène, parce que répété, devient signifiant. Pourtant, une compréhension fine nécessite d'autres rapprochements. Ce passage du *Bouclier* est une imitation d'un passage des *Travaux et des Jours* (v. 582-584) :

> Ἦμος δὲ σκόλυμός τ᾽ ἀνθεῖ καὶ ἠχέτα τέττιξ
> δενδρέῳ ἐφεζόμενος λιγυρὴν καταχεύετ᾽ ἀοιδὴν
> πυκνὸν ὑπὸ πτερύγων, θέρεος καματώδεος ὥρῃ,

> Quand fleurit le chardon et quand la cigale bruyante,
> perchée sur un arbre, répand, au battement pressé de ses ailes,
> sa sonore chanson, dans les jours pesants de l'été[11].

Dans *Les Travaux et les Jours*, le mot ὄζος n'apparaît pas. L'auteur du *Bouclier* a enrichi la formule des *Travaux* en remplaçant δενδρέῳ par ὄζῳ, qui fait écho au verbe ἐφέζομαι. Toutefois, la présence de ὄζῳ procède d'une exigence de composition qui va au-delà d'une simple affinité d'étymologie. Dans le *Bouclier*, on observe, lors du récit de la mort de Κύκνος, l'exploitation poétique d'une association « source sonore / ὄζος » en imitation des vers 768-769 d'*Iliade* XVI, qui lient le choc des rameaux à un fracas prodigieux. Cette imitation s'inscrit dans l'imitation plus vaste du combat d'Hector et de Patrocle autour du cadavre de Κεβριόνης (754-776). Son étude détaillée serait ici trop longue. Qu'il nous suffise ici de mentionner et commenter quelques points. Le combat d'Héraclès et de Κύκνος (370-423) reprend le combat d'Hector et de Patrocle[12]. Sur ce filigrane iliadique, on ne manque pas de relever dans le texte du *Bouclier* l'importance étonnante des expressions liées au son[13]. On sait déjà

---

11. La traduction de MAZON est fautive pour πυκνὸν ὑπὸ πτερύγων : « au battement pressé de ses ailes ». La cigale ne chante pas en battant des ailes. Son chant provient de cymbales placées dans la partie postérieure de son corps. Au repos, elle répand de façon continue (πυκνόν) et de dessous ses ailes (ὑπὸ πτερύγων) un chant sonore.

12. Le *Bouclier* hésiodique comporte plusieurs imitations. On connaît celle du bouclier d'Achille (chant XVIII de l'*Iliade*), celle d'Agamemnon revêtant son armure (début du chant XI), celle du combat de Diomède et d'Arès (chant V). Mais on n'a pratiquement pas relevé que le combat des héros Héraclès et Κύκνος imite le combat homérique d'Hector et de Patrocle autour du cadavre de Κεβριόνης (*Iliade* XVI 754-776). La technique d'imitation propre à l'auteur hésiodique, considéré comme un auteur médiocre, est restée mal comprise. On suit l'imitation avec quelques mots ou expressions-phares pris dans l'*Iliade* XVI (= *I*), qui engendrent dans le *Bouclier* (= *B*) des développements ; donnons les vers : Π55/B370, Π56-757/B402, Π661B386, 7767/ B376-377, /768-769/B393-394, /769/ β382-383, Π70/B379.

13. Voir la remarque de R. LAMBERTON dans son ouvrage *Hesiod* (Yale-New Haven-Londres, Yale University Press, 1988, p. 142) : « *Outrageous beyond anything we can imagine in a Homeric ekphrasis is the repeated claim that the shield of Herakles can be heard as well as seen. We know that the simultaneous assault on all the senses is*

que la description du bouclier d'Achille en *Iliade* XVIII, dont l'imitation a inspiré son nom au *Bouclier*, n'est pas seulement visuelle, elle est sonore. Mais le *Bouclier* hésiodique résonne bien plus que le bouclier iliadique, il en prolonge les sonorités dans le combat d'Héraclès et de Κύκνος, là où l'unique incitation du modèle, qui n'est plus le bouclier iliadique mais le combat autour de Κεβριόνης, ne tient précisément qu'au fracas des rameaux. L'auteur hésiodique a tiré parti de ce détail.

La liaison « son / ὄζος » entre désormais dans une technique de composition bien particulière. Le poète hésiodique a analysé son modèle (le combat autour de Κεβριόνης) pour en tirer deux éléments, le son et un mot-phare, ὄζος, dont il a formé un couple. Puis il a projeté ce couple sur un passage des Travaux et les Jours qu'il jugeait intéressant par ailleurs pour faire la toile de fond d'un interlude idyllique. Dans le texte résultant, celui du *Bouclier*, le son n'est plus le fait des rameaux, il est le fait de la cigale. Et l'arbre a dû s'effacer devant le rameau. Il ne faudrait pas chercher dans cette technique « par ricochet » à comparer le contexte d'ὄζος dans la scène du combat autour de Κεβριόνης avec le contexte d'ὄζος dans la scène du combat d'Héraclès et de Κύκνος. Peine perdue, les points de divergence sont évidents ! Non, la technique est plus subtile. C'est le travail sur les mots du modèle, sur leurs résonances, qui compte. Un mot appelle le même mot, ou un synonyme, et des images. Voilà où l'auteur hésiodique s'est investi. À partir du repérage d'un changement de contexte (chant XVI, puis *T. et J.*) nous pouvons rejeter l'idée d'une répétition de formules toutes faites, d'une utilisation inconsciente et fortuite, donc de l'absence d'une vraie technique. Insistons d'une autre façon sur ce point crucial dans l'articulation du raisonnement : la variation dans l'imitation (varier δενδρέῳ par ὄζῳ, des *T. et J.* au *Bouclier*) n'est pas un effet d'esthétique sans portée quant au sens. Elle s'inscrit dans un contexte précis où une allusion en cache une autre, où il existe une intention de signifier en s'écartant de ce qui serait attendu.

Si l'auteur hésiodique a formalisé la liaison « son / ὄζος » et en a tiré sciemment parti, on peut s'attendre à ce qu'Empédocle, connaisseur du *Bouclier*, se soit engagé sur le même chemin[14].

---

characteristic of Hesiodic style... » Si l'on compte le nombre de mots sonores pour cent vers (m%), on obtient 27 m% dans le combat des héros Héraclès et Κύκνος, alors qu'un passage jugé déjà sonore comme le bouclier d'Achille compte, à titre de comparaison, seulement 13 m%. On trouvera un passage hautement sonore dans *Iliade* XIV 388-432 : 22 m%.

14. Le *Bouclier* hésiodique date vraisemblablement du début du VIᵉ av. J.-C. Le poète sicilien Stésichore, qui vécut entre le VIᵉ et le Vᵉ s. av. J.-C, connaissait cette œuvre. Un demi-siècle plus tard, Empédocle, sicilien lui aussi, pouvait avoir eu connaissance du *Bouclier*. On relève chez l'Agrigentin, au fr. 117.2, l'expression :

Il existe dans le *Bouclier* plusieurs imitations ponctuelles ou intermédiaires, comme celle des *Travaux et les Jours* (v. 582-584). Ces imitations, en ce qui concerne le récit du combat d'Héraclès et de Κύκνος, sont commandées par des mots-phares qui appartiennent au modèle d'imitation fondamental (*Iliade* XVI 754-776). L'art de l'auteur hésiodique consiste en particulier à doubler son imitation principale par des imitations dérivées qui émergent en quelque sorte comme des harmoniques et apportent de la fantaisie[15].

4. — Dernière occurrence : au début de la *Théogonie*, les Muses offrent à Hésiode un rameau de laurier :

> Ainsi parlèrent les filles véridiques du grand Zeus, et, pour bâton, elles m'offrirent un superbe rameau par elles détaché d'un laurier florissant [ἔδον δάφνης ἐριθηλέος ὄζον δρέψασαι θηητόν] ; puis elles m'inspirèrent des accents divins, pour que je glorifie ce qui sera et ce qui fut... (*Théog.* v. 29-32.)

D'une certaine façon, ὄζος est ici le témoin des Muses. Celui qui détient le rameau de laurier devient leur serviteur. Les Muses parlent à l'oreille. C'est par ce sens, par les voix, les chants, les accents, qu'elles communiquent. Empédocle a donc pu penser l'oreille, qu'il appelait ὄζος, comme le don de sa Muse. Associer ὄζος à Muse, à oreille, à sonore, est cohérent. Le couple ὄζος / Muse serait aussi sous-entendu par la présence dans le *Bouclier* hésiodique de la cigale, animal dédié à Apollon, patron des Muses. Grâce à cette cigale, qui annonce une lutte à mort et la victoire du dieu musagète, il n'est donc pas nécessaire de faire de l'occurrence théogonique (v. 29-32) une route à part. Une nouvelle fois, nous pressentons que le *Bouclier*, riche en symboles, a pu servir de modèle principal pour l'art de l'allusion de l'Agrigentin.

Nous avons examiné les références épiques qui établissent la liaison son / ὄζος. Les convergences nous paraissent suffisamment fortes pour affirmer que σάρκινος ὄζος est un prolongement de cette liaison.

« poisson muet [ἔλλοπος ἰχθύς] ». Cette expression se trouve aussi dans le *Bouclier* (v. 212 : ἔλλοπας ἰχθῦς), en même place dans le vers. Mais elle n'apparaît ni chez Homère, ni chez Hésiode. C'est un indice du fait que le *Bouclier* était une œuvre connue de l'Agrigentin. En raison des multiples modèles d'imitation homérique qu'il recèle, le *Bouclier* pouvait être un texte techniquement intéressant pour Empédocle. Dans son œuvre, Empédocle procède comme l'auteur hésiodique du *Bouclier* : il relit l'*Iliade*, imite et varie le texte épique.

15. Autres exemples en dehors de ὄζος : /757//297/B374, Π 65-1 691 *Iliade* XIII 136-142/S374-378, /756-757//428-430/β405-412, /779/Γ. 7.587 et 608/S397, 7775 (στροφάλιγγι)/

Iliade XIV, 413 (στρόμβον) et 420/B423.

En dehors d'Empédocle, ὄζος n'est pas une métaphore connue du pavillon de l'oreille. Les Grecs ont toutefois donné à certaines parties de l'oreille des noms qui forment en eux-mêmes un cadre de métaphores dans lequel ὄζος, le rameau, pouvait trouver place. Pour illustrer ce point, nous emprunterons à F. Skoda quelques éléments de son analyse du vocabulaire de l'anatomie en grec ancien[16]. Ces parties de l'oreille sont :

1. — Le haut du pavillon de l'oreille τὸ πτερύγιον, τὸ πτερύγωμα. L'aile, ou l'ensemble des ailes, désigne cette partie haute de l'oreille qui s'appuie sur les tempes. « L'analogie de situation entre les ailes d'un oiseau et les "ailes" des oreilles explique l'image ». Si le haut du pavillon s'appelle « aile », il paraîtrait naturel à celui qui prend pour guide les « mots ailés » et la puissance d'évocation de ὄζος, de faire du pavillon-ὄζος l'assise de l'aile de l'oreille.

2. — Le conduit auditif : ἡ κυψέλη. Ce mot est un nom de la ruche. « Il a pu désigner certains récipients dont la forme évoque celle d'une ruche. Ainsi κυψέλη se réfère, en attique, à un vase à blé de grande capacité. Il sert aussi de nom d'oiseaux : il se dit, en effet, de l'hirondelle rousseline dont le nid rappelle la forme d'une ruche allongée. En anatomie, le nom de la ruche a été donné au conduit auditif...[17] ». La ruche évoque les abeilles, leur bourdonnement, et la cire. Le bourdonnement et la cire sont associés à l'oreille : on parle du bourdonnement interne à l'oreille et « c'est dans le conduit auditif que s'amasse l'humeur onctueuse, épaisse, analogue à de la cire qu'est le cérumen ». La ruche évoque par ailleurs un environnement de prairies et d'arbres. Le mot ὄζος serait dans le même registre.

3. — Une partie de la conque située près du conduit auditif : ὁ τέττιξ, la cigale. Ce terme se lit chez Pollux (*Onomasticon* II, 85-86) : τὸ δὲ περὶ τῇ κυψέλῃ τέττιξ, τὸ δ' ὑπὲρ τὸν τέττιγα τραχυνόμενον, ὅπερ ἐστὶ τῆς ἄνω περιφερείας πέρας, ἀντιλοβίς.

F. Skoda ne relève pas cette métaphore de la cigale. La localisation exacte et l'interprétation en sont difficiles. Je ferai l'hypothèse suivante : la cigale est, dans la conque, la racine de l'hélix. Elle se situe en dessous du surplomb de la branche de l'anthélix, qui domine la conque. En effet, l'anthélix dans sa partie supérieure se scinde en deux branches (l'espace entre ces deux branches s'appelle fossette de l'anthélix) la branche inférieure surplombant la conque est une partie dure, saillante, elle serait donc au-dessus de la cigale

---

16. F. Skoda, *Médecine ancienne et métaphore : le vocabulaire de l'anatomie et de la pathologie en grec ancien*, Paris, Peeters/Selaf, 1988, p. 124-134.

17. Skoda s'appuie ici sur les analyses de G. Roux dans son article « ΚΥΨΕΛΗ. Où avait-on caché le petit Kypsélos ? (Hérodote V, 92, E) », *Revue des études anciennes*, 65, 3-4, 1963, p. 279-289.

(τὸ δ᾽ ὑπὲρ τὸν τέττιγα τραχυνόμενον), et à l'opposé du lobe (ἀντιλοβίς), c'est-à-dire dans la partie haute de l'oreille.

En quoi cette racine de l'hélix évoquerait-elle une cigale ? La cigale possède des ailes qui, au repos, se rabattent en forme de toit. La racine de l'hélix, sorte de nervure dans la conque, a cette forme de toit. Voilà le rapprochement possible. On ne s'étonnera pas que l'on puisse parler de cigale pour l'oreille. D'abord, parce que l'oreille est le lieu du son et donc le lieu d'élection de l'animal qui pour les Grecs évoque le son et le chant. Enfin parce que l'anthélix dans sa partie supérieure présente un embranchement. La cigale, au repos, serait de fait près d'une branche.

Nous ne savons pas si Empédocle connaissait le nom de la cigale pour dire une partie de la conque de l'oreille. Les métaphores anatomiques portent sur des parties visibles. Les « ailes », la « ruche », « la cigale », admettraient aisément une métaphore nouvelle dans le même registre : le « rameau ». Il est improbable que Théophraste ait donné ὄζος pour désigner une partie non visible, sans support concret pour le lecteur (de plus rien à l'intérieur de l'oreille ne peut évoquer un rameau). C'est ensuite par synecdoque, de la partie au tout, que le pavillon ou la branche de l'anthélix – « rameau de chair » – viendrait à désigner chez Empédocle la totalité de l'oreille, visible et non visible, avec le conduit auditif, la caisse tympanique remplie d'air, et peut-être le labyrinthe osseux.

Une conséquence directe de notre interprétation de ὄζος est de séparer ὄζος de κώδων, mot avec lequel il est si souvent confondu dans les commentaires du fr. 99. Rappelons le texte de Théophraste (*De sensibus* § 9.3-4) :

> ὥσπερ γὰρ εἶναι κώδωνα τῶν ἴσων ἤχων τὴν ἀκοήν, ἣν προσαγορεύει σάρκινον ὄζον.

> [Empédocle dit que] l'oreille, qu'il appelle rameau de chair, est comme un gong aux résonances à l'unisson.

Le pronom relatif ἣν se rapporte à oreille (ἀκοήν). Par conséquent, σάρκινον ὄζον est, à côté de κώδωνα, l'autre nom de l'oreille[18]. Sans doute influencés par l'analyse de Diels qui résorbait σάρκινος ὄζος dans κώδων, certains commentateurs ont compris que κώδωνα, identifiable à ἀκοήν, était donc identifiable à σάρκινον ὄζον. La logique semble parfaite :

---

18. La traduction allemande du fr. 99 (*Vorsok.* 6ᵉ éd.) relie clairement le rameau de chair au neutre « *das Ohr* » : « *Das Ohr ist gleichsam eine Glocke der eindringenden (?) Tone. Er nennt es fleischigen Zweig (?).* »

si : A (ἀκοήν) = B (κώδωνα)

et si : A = C (σάρκινον ὄζον), alors B = C.

Citons parmi ces commentateurs, J. Zafiropulo[19] : « La phrase de Théophraste contenant le Fr. 99 dit : ' L'oreille est semblable à une cloche qu'Empédocle nomme rameau charnu '. » Ici, la proposition « qu'Empédocle nomme rameau charnu » se rapporte à « cloche » et non pas à « oreille ». La traduction est donc fautive. Car, chez Théophraste, ce « qu'Empédocle nomme rameau charnu » se rapporte à oreille, et en aucun cas à « cloche ».

Bollack, dans sa traduction de Théophraste, laisse planer une ambiguïté qui favorise le glissement interprétatif[20] : « L'ouïe ressemble à un grelot vibrant à l'unisson ; il l'appelle rameau de chair... ». Selon nous, « rameau de chair » pourrait aussi bien ici se rapporter à « grelot » qu'à « ouïe ». Mais ce ne sont pas les commentaires de Bollack qui empêcheront une lecture fautive : « Dans l'oreille, la cloche est librement suspendue, en sorte qu'elle peut osciller et vibrer au moindre contact, comme un rameau de chair. L'oreille intérieure flotte et tressaille, telle une branche dans le vent[21]. » Et dans un autre passage : « ὄζος et κώδων, dans la comparaison, correspondent à tout l'appareil auditif interne, entièrement soulevé par l'air intérieur qu'ébranle le son...[22] ».

Nous savons par le témoignage d'Aétius que κώδων se trouve à l'intérieur de l'oreille (DK 31 A 93) :

> Ἐμπεδοκλῆς τὴν ἀκοὴν γίνεσθαι κατὰ τὴν πρόσπτωσιν πνεύματος τῷ χονδρώδει [κοχλιώδει ?], ὅπερ φησὶν ἐξηρτῆσθαι ἐντὸς τοῦ ὠτὸς κώδωνος δίκην αἰωρούμενον καὶ τυπτόμενον.

> L'ouïe est due au choc de l'air contre la (forme) cartilagineuse [spiralée ?], dont il dit qu'elle (la forme) est suspendue à l'intérieur de l'oreille à la façon d'un gong, suspendue et frappée.

Mais puisque le témoignage de Théophraste ne permet pas de dire que ὄζος et κώδων sont identiques, il n'y a aucune impossibilité à ce que ὄζος soit extérieur à l'oreille, tandis que κώδων serait intérieur. Le sens même du mot ὄζος nous conduit vers l'extérieur de l'oreille. Un rameau pousse naturellement à l'air libre, à la lumière.

19. J. Zafiropulo, *Empédocle d'Agrigente*, Paris, Les Belles Lettres, 1953, p. 278.
20. J. Bollack, *Empédocle. I, Introduction à l'ancienne physique*, Paris, Éditions de Minuit, 1965, p. 230.
21. *Ibid.*, p. 231.
22. J. Bollack, *Empédocle. III, Les Origines, commentaire, 2*, Paris, Éditions de Minuit, 1969, p. 372.

Il ne pousse pas dans l'obscurité de l'oreille interne ou du canal auditif. Il faut donc résolument ranger au placard des idées fausses l'ὄζος qui ne serait qu'un os, un pilon, un battant de cloche ou une branche sans feuillage. Cet ὄζος est encore tout empreint du refus de Diels d'admettre un sens poétique de l'oreille[23]. Cet ὄζος dévitalisé est étranger au temps où chantent les cigales. Il n'est pas non plus le rameau des Muses. Toute notre analyse milite pour comprendre ὄζος comme le support le plus visible de l'oreille. Si le rameau et le gong sont bien séparés, cela n'empêche pas de considérer que, par synecdoque, le rameau et le gong disent chacun pour leur part la totalité de l'oreille.

Nous croyons donc que le contexte épique formé par les « mots ailés », les cigales assises, les rameaux, l'oiseau sonore embusqué, constitue ce qui a permis à Empédocle d'appeler l'oreille « ὄζος ». Spontanément, nous imaginons le son se rendre à l'oreille, puis rentrer dans l'oreille ; les « mots ailés » disparaissant derrière le rameau. Mais pour Empédocle l'image du rameau a vraisemblablement, en plus, un autre sens. L'Agrigentin est grand défenseur de la théorie de l'attirance des semblables. Si les sons viennent à l'oreille, il faut imaginer que des sons viennent aussi de l'oreille. Certes, il ne subsiste aucune preuve directe du fait que l'oreille pour Empédocle pouvait générer par elle-même des sons. Seule ment quelques indices : (1) un parallèle : dans l'œil, il existe un feu, en arrière de la pupille, qui s'élance sous forme de lumière en direction de l'extérieur ; cette lumière intérieure pourrait servir à percevoir la lumière qui vient de l'extérieur (DK 31 B84 ; A86 7-8) ; (2) Théophraste semble faire référence à une théorie d'Empédocle lorsqu'il dit, sous forme de critique, que ce n'est pas par le son que l'on perçoit le son, que si quelqu'un a un bruit dans les oreilles, cet organe des sens rempli de sensations semblables ne peut rien percevoir (DK 31 A86. 19) ; (3) Aristote notait, vraisemblablement après d'autres, que l'oreille bourdonne de façon continue (*De anima* 420a15-16) ; (4) Empédocle utilise l'épithète ἐρίδουπος pour parler de l'ouïe (fr. 3 v. 11) ; or, un cas singulier dans l'*Odyssée* peut être mis en parallèle : « Les deux fleuves hurleurs [ἐριδούπων] confluent

---

23. Je lis et relis ces belles phrases de BOLLACK : « [Chez des esprits de la famille de DIELS] on était prompt à condamner ; loin de se soumettre à la pensée de l'auteur, on se la soumettait, et, comme on n'avait pas le génie d'Empédocle, on lui retirait sans lui faire crédit de l'extraordinaire. Aussi les corrections vont-elles souvent dans le sens du médiocre » (*Empédocle. II, Les Origines, édition des fragments et des témoignages*, Paris, Éditions de Minuit, 1969, p. XIII). Mais qu'a-t-il fait, BOLLACK, de cette critique dans son commentaire de l'oreille ? Pensons à : « On s'explique qu'un même mot : ὄζος, désigne le rameau et l'os de l'oreille » (1969 III, p. 397). A-t-il examiné sérieusement l'assimilation du rameau au pavillon de l'oreille en s'aidant d'Homère (1965, p. 231) ?

devant la Pierre » (chant X 515) ; si l'allusion est complète, la Pierre vaudrait pour l'os du rocher où s'appuie l'oreille, un des fleuves serait le flux provenant de l'oreille.

Mais en fait, à quoi sert le son pour l'oiseau sonore et la cigale ? Ne cherchons pas la réponse du scientifique actuel mais seulement la réponse commune qu'Empédocle pouvait croire : à attirer des congénères. Le son provenant du rameau signale une présence et devrait provoquer un rassemblement ou simplement un couple. Avec ὄζος associé au son, on imagine le son qui se rend à l'oreille mais, initialement, il convient d'imaginer le son qui provient de l'oreille pour attirer un semblable[24].

En conclusion, il paraît hautement probable que ὄζος chez Empédocle dépende des références épiques que nous avons données. Le *Bouclier* hésiodique s'avère être le point de repère majeur. Son auteur a lui-même joué avec ὄζος en faisant converger au moins deux références : *Les Travaux et les Jours* (v. 582-584) et *Iliade* XVI, 768-769. Empédocle, qui connaissait le *Bouclier*, a développé ce jeu des allusions épiques en installant la liaison son / ὄζος dans l'oreille elle-même. Il a prolongé une figure poétique. Le pavillon de l'oreille peut être conçu comme un rameau, en miniature, dont on verrait un embranchement : l'embranchement de l'anthélix. L'image du rameau reflète à vrai dire assez mal la réalité physique de l'oreille, mais le jeu est avant tout poétique. Nul ne sait si Empédocle voyait la cigale dont parle Pollux.

Nous savons maintenant que ὄζος a une autre détermination que la tendance d'Empédocle à user d'analogies végétales pour parler des parties du corps ou du corps tout entier. L'analogie animal / végétal[25] aurait-elle plus de chance de rendre compte de κλάδος que l'on trouve au vers 1 du fr. 29 (repris au vers 2 fr. 134) ? Voici ce vers qui concerne le Sphairos :

οὐ γὰρ ἀπὸ νώτοιο δύο κλάδοι ἀίσσονται,

car deux branches ne jaillissent pas de son dos.

---

24. Dans un récent ouvrage en collaboration avec J.-P. VERNANT (*Dans l'œil du miroir*, Paris, Odile Jacob, 1997), F. FRONTISI-DUCROUX écrit à propos des présocratiques : « l'audition est toujours pensée sur un modèle essentiellement passif. Pas question de rayon auditif allant chercher les sons… » (p. 144). Après ce que nous avons dit, l'affirmation de FRONTISI-DUCROUX concernant la passivité de l'audition paraîtra discutable, au moins pour Empédocle. Chez celui-ci, le son interne à l'oreille, tout comme la lumière interne à l'œil, n'aurait pas besoin de quitter son organe pour avoir une efficacité. Le son interne et la lumière interne, chacun dans leur organe respectif, « palpent » des émanations des objets et non les objets eux-mêmes.

25. Le bien-fondé, par ailleurs, de cette analogie chez l'Agrigentin n'est pas en cause : celle-ci s'appuie sur des témoignages (A70) et quelques fragments (fr. 62. 1-2, fr. 79, fr. 82, fr. 117).

La fin du vers fait écho au v. 150 de la *Théogonie*

τῶν ἑκατὸν μὲν χεῖρες ἀπ'ὤμων ἀίσσοντο,
ἄπλαστοι,

> Ceux-là avaient chacun cent bras, qui jaillissaient [, terribles,] de leurs épaules.

Empédocle nous dit que le dieu du fr. 29 (le Sphairos) est différent de ces êtres fabuleux dont parle Hésiode. On traduit χεῖρες au vers 150 de la *Théogonie* par « bras ». Une acception usuelle de χεῖρες est « main ». Hésiode dans *Les Travaux et les Jours* (v. 742) use d'une métaphore pour parler de la main ἡ πέντοζος (la « cinq branches », pour dire la « cinq doigts »). Lorsque Empédocle utilise le terme κλάδος, il suggère la main prise selon la métaphore hésiodique. Car κλάδος et πέντοζος sont en prolongement l'un de l'autre dans un même registre végétal. Le dieu du fr. 29 est antérieur au récit de la *Théogonie* hésiodique, il est antérieur à l'apparition des formes vivantes, il n'a rien à saisir, rien qui lui soit extérieur : aucun bras ne lui est nécessaire. À travers l'allusion, Empédocle ferait de nouveau un travail de poète, éveilleur de mémoire. Il manifesterait aussi son opposition philosophique à la tradition hésiodique, comme il le montre dans les trois premiers vers du fr. 128[26].

Le divin Sphairos n'a pas de κλάδοι. Pourquoi en aurait-il ? Serait-il un tronc ou une terre qui enfouirait des racines ? Le fr. 6 nomme les éléments du monde des racines (ῥιζώματα). On peut alors penser que les non-branches du Sphairos sont, en plus de l'allusion ou du contre-pied par rapport à la *Théogonie*, en rapport avec ce qui constitue le Sphairos, à savoir des racines fusionnées sous l'influence de l'Amour, des racines qui ne cessent pas d'exister mais qui sont invisibles, des racines inactives. Les κλάδοι disent le déploiement du

---

26. Fr. 128. 1-3 : « Pour eux, il n'y avait ni Ares comme dieu ni Tumulte, ni Zeus-Roi, ni Cronos, ni Poséidon, mais Cypris-Reine. » – Ces vers sont dirigés contre la théologie traditionnelle, celle d'Hésiode. Cf. WRIGHT 1981, p. 283 : « The polemic in these three lines directed against traditional theology would be particularly scathing to the people of Acragas... ». J.P. HERSHBELL, « Hesiod and Empedocles », *The classical journal*, 65, 4, 1970, p. 145-161, à la page 158 : « *Indeed implicit in his account of this former age is a rejection of the gods of Hesiod.* » La critique d'Hésiode existe aussi dans la présentation des quatre racines de toutes choses. Suivons W. JAEGER, *À la naissance de la théologie. Essai sur les Présocratiques*, trad. de l'allemand, Paris, Les Éditions du Cerf, 1996, p. 150 : « Lorsqu'il [Empédocle] insiste tout particulièrement sur le fait que les dieux primordiaux de sa théogonie sont tous égaux (*isa*) et du même âge (*èlika gennan*) bien que leur dignité (*timè = géras*, 'fonction') et leur caractère (*èthos*) diffèrent, il s'attaque de toute évidence à la tradition des premières théogonies grecques, celle d'Hésiode en particulier. » – À propos du fr. 29.1, HERSHBELL 1970, p. 156, mentionne l'allusion à la *Théogonie* hésiodique (v. 150) et reconnaît une opposition à Hésiode : « B29 (cf. B134) [...] *is also a disguised polemic against Hesiodic (and no doubt Homeric) conceptions of deity.* »

Multiple, qui n'est justement pas de mise en parlant du Sphairos. Du moins avant que ce dernier n'éclate en raison du retour de la Haine. Quand les racines sont inactives, au temps du Sphairos, il ne peut y avoir de branches.

Ainsi κλάδος, tout comme ὄζος, ne suivrait au moins pas exclusivement la simple logique de l'analogie végétal / animal.

Je voudrais franchir une nouvelle étape.

Empédocle désigne les cinq sens par ἡ παλάμη (la paume, la main) ou son pluriel (voir fr. 2. 1, fr. 3. 9)[27]. On peut comprendre dans le fr. 29.1 et 134.2 que le dieu, n'ayant pas de bras, n'a pas de παλάμη (de main, ou dans le code empédocléen : d'organe des sens). Donc, ce dieu n'a pas de ὄζοι (d'oreilles, de pavillons proéminents). Qu'il n'ait pas de κλάδοι (de bras) ou pas de ὄζοι serait équivalent. D'abord, parce que κλάδοι et ὄζοι sont ordinairement synonymes. Ensuite, parce que l'un et l'autre, bras et oreilles, sont censés émerger du corps, par paire. De plus, l'Agrigentin suggère des bras par son allusion hésiodique, mais il crée une ambiguïté en situant les deux branches dans le dos, comme si les bras étaient aussi des ailes. Ce n'est peut-être qu'une coïncidence mais les ailes et le pavillon de l'oreille se rejoignent avec la métaphore de πτερύγιον ou πτερύγομα que nous avons vue plus haut. Enfin, l'absence de κλάδοι ou de ὄζοι serait équivalente car l'Agrigentin fait de la main le symbole des sens. Le fr. 133 nous guide vers ce raisonnement : « il n'est pas possible d'approcher [la divinité] de nos yeux ou de la saisir avec nos mains... ». Si la main et les yeux sont mis sur le même plan, la main et l'oreille pourraient tout aussi bien l'être. Puisque l'on connaît le semblable par le semblable, le sage par le sage (A20), il faut en conclure que pour saisir la divinité l'on doit se priver de ses sens. La divinité n'a pas d'organes des sens, par voie de conséquence elle s'appréhenderait hors de nos organes des sens. Afin de puiser dans l'âme divine, sans doute convient-il de se purifier par un sacrifice symbolique qui serait celui de nos sens. Cela se lirait en filigrane dans le fr. 143 :

κρηνάων ἄπο πέντε ταμὼν ταναήκεϊ χαλκῷ

Coupant cinq sources d'un bronze effilé.

Wright avait déjà évoqué la possibilité de lire « sources » par « sens »[28]. Nous-mêmes remarquions que le contexte du fragment

---

27. Empédocle isolait cinq sens : l'œil (fr. 84), l'oreille (fr. 99), le goût (fr. 3 v. 11), l'odorat (fr. 101), le toucher (A 86. 9 et A 94).

28. WRIGHT 1981, p. 290. – Il est vrai le commentaire de cet auteur (sous l'influence de N. VAN DER BEN) s'inscrit dans la perspective d'un sacrifice sanglant et non pas d'un sacrifice symbolique, initiatique. Si les « sources » sont les organes des sens, il faut imaginer deux flux : celui qui fait élan vers l'extérieur de ces

cité par Théon de Smyrne ressortait de la connaissance[29]. Peut-on voir dans la coupure purificatrice comme un acte de naissance, un passage initiatique ? Comment fonctionnent les métaphores du fr. 143 ? Sur quelle (s) allusion (s) ce fragment et le fragment 138, qu'on lui associe sur la base du témoignage d'Aristote, s'articuleraient-ils ? Voilà des questions dont les réponses mériteraient à elles seules une étude détaillée ; celle-ci dépasserait le projet qui nous occupe ici. Mais l'orientation essentielle est donnée. Il nous paraît important d'avoir d'ores et déjà rapproché le fr. 143 des fr. 29 et 99 en rompant avec les interprétations traditionnelles du fr. 143.

Ce qui nous a permis de nous enhardir à penser κλάδος dans les fr. 29 et 134 autrement que par la métaphore du bras, c'est le fait d'avoir acquis la conviction qu'ὄζος a un pouvoir d'évocation propre au-delà de l'explication passe-partout de l'analogie du végétal. De là nous pouvions penser κλάδος dans le même esprit, et sur le même registre de la perception sensorielle. Cette perception sensorielle est une caractéristique du Multiple et non pas de l'Un. Ainsi lisons-nous les fr. 29 et 134. Le recours d'Empédocle à des métaphores végétales appelle une remarque finale. Selon toute vraisemblance. Perséphone est le nom caché de *Nestis*, la divinité de l'eau (fr. 6)[30]. Puisque le végétal est attaché à son nom, les métaphores végétales viennent sans doute en son honneur[31]. Empédocle voudrait nous apprendre à lire certains symboles présents dans la nature. Et cette lecture se ferait avec une clé venant de celle qui est peut-être sa Muse : Perséphone.

L'attention au mot, à la variation d'une allusion qui peut être le signe de l'intention de l'auteur, est au centre de notre travail lorsque nous lisons Empédocle et l'auteur hésiodique du *Bouclier*. Nous sommes loin de la façon dont Diels, par la méthode simple de l'exclusion, avait réglé la question de ὄζος. Loin aussi du recours aux généralités pour tenter d'expliquer, par exemple comme Wright,

---

organes, et celui qui, apportant les informations du monde extérieur, entre dans les organes. Dans la théorie empédocléenne de la perception, les organes des sens paraissent conçus comme des émetteurs-récepteurs.

29. J.-C. PICOT, « À propos du : *The Poem of Empedocles*, de B. Inwood », *Revue de philosophie ancienne*, 13, 1, 1995, p. 81-104, à la page 101.

30. L'identification de *Nestis* à Perséphone ne ressort pas du témoignage des Anciens. Mais les commentaires de certains modernes ne laissent guère de doute quant à la pertinence de ce rapprochement. Voir la récente synthèse de P. KINGSLEY dans son ouvrage : *Ancient philosophy, mystery, and magic*, Oxford, Clarendon Press, 1995, p. 348-358. Je ne partage pas la thèse fondamentale de KINGSLEY sur l'identité d'Hadès et du feu chez Empédocle. Mais le développement que fait Kingsley sur l'identité de Perséphone et de *Nestis* me paraît parfaitement justifié.

31. Cf. KINGSLEY 1995 sur Empédocle et les plantes, p. 299-300 n. 35.

la présence du mot qui dérange : « ὄζος *deliberately links plant and animal organs* ». Le texte d'Empédocle mérite plus d'attention. On a trop souvent tendance à considérer que le vrai se caractérise par le simple. Et l'on abandonne le complexe. Certes, les chaînes de raisonnement longues multiplient les risques d'erreur. Mais pour lire Empédocle, il faut risquer le complexe. Car le texte est riche et souvent pensé dans le moindre détail. Bien des mots sont à sonder avec leurs allusions possibles. Nous pensons avoir montré par une étude autour de ὄζος que les perspectives sont vastes.

(Je remercie D. O'Brien et P. Vidal-Naquet de leurs encouragements et de leurs suggestions. Je remercie J. Svenbro dont les conseils m'ont été particulièrement précieux pour apporter la touche finale à mon argumentation.)

L'EMPÉDOCLE MAGIQUE
DE P. KINGSLEY

I - L'OUVRAGE DE KINGSLEY
  1 - L'Éther et l'Air
  2 - La Terre
  3 - Le Feu et le soleil
  4 - La Sicile et le feu souterrain
  5 - Le magicien et chaman du fr. 111
  6 - La mort d'Empédocle
  7 - Une sagesse tournée vers la pratique
  8 - La Korē Kosmou
  9 - Nestis et Perséphone

II - COMMENTAIRES
  1 - Valeur des allusions épiques
  2 - Hadès sous la terre
  3 - Sur les traces de la sandale magique
  4 - La logique des mariages dans le fr. 6
  5 - La source des mortels
  6 - Perséphone et le cycle de l'eau
  7 - La charge de la preuve
  8 - L'identité de Zeus dans le fr. 128
  9 - Érudition et zones d'ombre
  10 - La Korē Kosmou et Empédocle

Article paru dans la *Revue de philosophie ancienne*, 18, 1, 2000, p. 25-86, reproduit avec quelques légères modifications, et sans l'index des fragments et des témoignages des p. 83-86.

Le titre de l'ouvrage publié par Peter Kingsley aux Presses d'Oxford en 1995 apparaît comme un véritable programme :

Ancient philosophy, mystery, and magic: Empedocles and Pythagorean tradition[1].

Ce livre pourrait intéresser des chercheurs dans les domaines de la tradition pythagoricienne, de l'art du mythe chez Platon, de l'hermétisme, de l'orphisme, de la tradition alchimique arabe, de la magie dans l'Antiquité, et faire ainsi l'objet d'autant de lectures différentes. Pour ce qui nous concerne ici, cet ouvrage est lu dans la seule perspective des analyses et commentaires concernant Empédocle.

Kingsley soutient qu'Aïdôneus, un autre nom d'Hadès, représente le feu dans l'énoncé des quatre divinités qui constituent pour Empédocle les racines du monde (Zeus, Héra, Aïdôneus, Nestis, nommées au fr. 6 DK). Il lie cette thèse – déjà avancée au XIXe siècle mais progressivement abandonnée depuis – à une thèse plus générale selon laquelle Empédocle est un magicien, accédant comme il l'entend à un monde infernal fait de feu. Pour Kingsley, l'enseignement d'Empédocle doit être saisi comme un tout ; la partie philosophique est une partie intégrante de l'enseignement plus global du magicien[2]. En conséquence, notre auteur ne reconnaît pas la fiabilité de la tradition classique bâtie autour des témoignages d'Aristote et de Théophraste. Afin d'étayer l'équivalence d'Hadès et du feu dans le fr. 6, il se lance dans une vaste enquête sur l'arrière-plan géographique, mythologique et religieux de l'Agrigentin, et recherche des influences pythagoriciennes. En guise d'accroche au livre de Kingsley, les Presses d'Oxford rapportent ce commentaire du *Times Higher Education Supplement* : « *Highly polemical new book (...) The thesis*

---

1. L'ouvrage a été publié ultérieurement dans les « *Clarendon paperbacks* », avec quelques corrections du texte (p. 10, 410, 415 par exemple).

2. En ce qui concerne cette thèse, voir KINGSLEY p. 225-226, 231-232, 289-290, 297-298, 301, 314, 359, 361, 372. Les pages que nous donnons directement après le nom de KINGSLEY renvoient à *Ancient philosophy, mystery, and magic.*

is argued with immense learning. » Le livre est polémique. Il suscite aussi la polémique, comme le montrera le présent article. Que le livre soit érudit, le fait se juge déjà par l'étendue de la bibliographie. En fin de volume, elle comporte près de 370 titres. C'est déjà significatif, pourtant on est loin du compte des ouvrages et articles consultés par l'auteur. Au long des 395 pages de son texte et des 1 174 notes infra-paginales, des centaines d'autres titres sont mentionnées. Ce qui porte le total à plus de mille titres, sans compter toutes les références aux ouvrages des auteurs anciens. Le champ couvert par le livre est vaste. La bibliographie de Kingsley est une mine de savoir à laquelle on ne manquera pas de puiser, fût-on ou non d'accord avec les thèses de l'auteur[3]. Toutefois, l'érudition de notre auteur n'est pas sans faille. Sur la question qu'il juge essentielle de l'interprétation d'Hadès chez Empédocle, Kingsley omet de mentionner un ouvrage de A. Traglia de 1931, qui consacre un peu plus de dix pages à l'identification des éléments. Traglia y défend, dans un appendice, la thèse Hadès = feu chez Empédocle[4]. C'est une thèse proposée initialement par F. Knatz en 1891, et maintenant largement développée par Kingsley.

L'objectif de notre article est de donner un résumé des parties de l'ouvrage qui concernent Empédocle et d'apporter un commentaire critique sur les conclusions de Kingsley. Cette seconde partie occupera la majeure partie de l'article.

Je refuse l'équivalence d'Hadès et du feu (la thèse de Knatz, J. Burnet, G. Thiele, E. Bodrero, Traglia, Kingsley) au profit de la thèse conventionnelle qui identifie Hadès avec la terre, et Zeus avec le feu (E. Zeller, H. Diels, C. Millerd, E. Bignone, W.K.C. Guthrie, J. Bollack). Il me faudra donc prouver l'insuffisance des arguments de Kingsley et apporter des arguments en faveur de Hadès = terre, Zeus = feu. La valeur de cette thèse se trouvera confirmée par une analyse du fr. 128, où peut se saisir l'identité de Zeus.

Compte tenu de l'absence dans *Ancient philosophy, mystery, and magic* d'un index des fragments et des témoignages relatifs à Empédocle, il m'est apparu utile de combler ici ce manque. Nous terminerons donc sur un index.

---

3. On ne saisit pas la logique qui a conduit KINGSLEY à limiter sa bibliographie de fin de volume. Un titre peut être répété dans les notes et néanmoins ne pas apparaître dans la bibliographie de fin de volume (ex. : G. THIELE n.4 p. 14 et n.33 p. 45 ; D.R. JORDAN n.34 p. 243, n.39 p. 244, n.57 p. 306).

4. A. TRAGLIA, *Riflessi omerici nei frammenti di Empedocle*, Pescara, Arte della Stampa di L. Stracca, 1931. Voir p. 85 à 95. La notice que consacrent à cet ouvrage L. PAQUET, M. ROUSSEL & Y. LAFRANCE, (*Les Présocratiques : bibliographie analytique (1879-1980)*, II, Montréal-Paris, Bellarmin et Les Belles Lettres, 1989, p. 157) n'indique pas la valeur de l'appendice : « En appendice, brève analyse de la question des quatre éléments. » Cette phrase, qui considère comme « brève » une analyse d'une dizaine de pages, manque de dire l'essentiel : TRAGLIA s'engage avec force arguments pour la thèse Hadès = feu.

I - L'ouvrage de Kingsley

Je souhaite rapporter des moments majeurs de l'ouvrage de Kingsley qui seront, dans un second temps, la matière de la partie critique. Des pans entiers de *Ancient philosophy, mystery, and magic* sont volontairement absents de mon propos. Ces pans touchent au *Phédon* de Platon, au système cosmologique de Philolaos, à la légende d'héroïsation entourant la vie d'Empédocle, à la légende d'immortalisation entourant sa mort, aux lamelles d'or dites orphiques, aux tablettes magiques de plomb – pour ne citer que quelques thèmes[5]. Je m'astreins à suivre le texte de près lorsqu'il s'agit de passages-clés pour la lecture d'Empédocle. Parfois, pour être sûr de ne rien rapporter d'autre que ce qui est dit, j'intègre dans mon exposé, sans autre indication, certaines phrases ou parties de phrases de Kingsley qui résument sa pensée. Jusqu'à la fin de la présente partie (« l'ouvrage de Kingsley »), je m'interdirai toute critique ; je ne relèverai chez Kingsley aucune éventuelle contradiction ni aucune éventuelle imprécision. Toutes les traductions du grec en anglais sont de Kingsley. Pour l'instant, seul ce que notre auteur dit est rapporté. Commençons donc par l'écouter.

Le fr. 6 se lit ainsi[6] :

τέσσαρα γὰρ πάντων ῥιζώματα πρῶτον ἄκουε·
Ζεὺς ἀργὴς Ἥρη τε φερέσβιος ἠδ' Ἀιδωνεύς
Νῆστίς θ', ἣ δακρύοις τέγγει κρούνωμα βρότειον.

Hear first the four roots of all things:
Dazzling Zeus, life-bearing Hera, Aidoneus, and
Nestis who moistens the springs of mortals with her tears.

Zeus est l'éther, Héra est la terre, Hadès (Ἀιδωνεύς) est le feu, Nestis est l'eau. Cette attribution est déjà celle de commentateurs modernes : Knatz, Burnet, Thiele, Bodrero, G. Imbraguglia *et al.*

---

5. La plupart des auteurs ayant rendu compte de l'ouvrage de KINGSLEY ont jusqu'ici accordé une place à ces thèmes. Citons : A. SHEPPARD (« Empedoclea [Review of] P. Kingsley : Ancient philosophy, mystery and magic », *The classical review*, 46, 2, 1996, p. 269-271), M.R. WRIGHT (« Book Notes – Presocratics and later », *Phronesis*, 41, 1, 1996, p. 109-113, aux pages 111-112), H.S. SCHIBLI – particulièrement élogieux dans un compte rendu assez complet – (« [Review of] *Ancient philosophy, mystery, and magic* […] by Peter Kingsley », *Ancient philosophy*, 16, 2, 1996, p. 455-462), J. BUSSANICH (« [Review of] Peter Kingsley, *Ancient philosophy, mystery, and magic* », *Bryn Mawr Classical Review*, 97.10.19, 1997, accessible sur Internet : http://bmcr.brynmawr.edu/1997/97.10.19.html), D. O'BRIEN (« [Review of] Peter Kingsley. *Ancient philosophy, mystery, and magic* », *Isis*, 89, 1, 1998, p. 122-124).

6. Comme KINGSLEY, je suis la numérotation des fragments donnée dans le recueil de DIELS-KRANZ. Toutefois, je note « fr. » pour fragment, là où KINGSLEY écrit systématiquement « B ».

Deux autres attributions ont été défendues :

1 - Zeus = feu, Héra = terre, Hadès = air, Nestis = eau ; C'est la position de Théophraste.

2 - Zeus = feu, Héra = air, Hadès = terre, Nestis = eau ; C'est la position des Stoïciens, suivie par Diels, Bignone, Guthrie, Bollack et bien d'autres.

Diels a faussement interverti la position de Théophraste et celle des Stoïciens. On consultera sur ce point l'article de Kingsley : « Empedocles and his interpreters: the four-element doxography » (*Phronesis*, 39, 3, 1994, p. 235-254).

Il est clair qu'Empédocle a voulu laisser une énigme. Rien d'étonnant alors si dès l'Antiquité il existe des écarts d'interprétation quant à l'attribution des divinités aux racines.

1 - L'Éther et l'Air

L'éther chez Empédocle représente l'air, et non pas le feu (interprétation de l'Antiquité tardive), ni même un mélange d'air et de feu (interprétation d'O'Brien). Dans la lecture des fragments, les commentateurs d'Empédocle écartent trop souvent le terme *aither* utilisé par l'Agrigentin pour le terme *aer*. Ainsi, Diels a-t-il écarté sans bonne raison *aitheros* au profit de *aeros* dans le fr. 17.18.

La distinction de l'éther et du feu chez Empédocle est donnée par un passage de Philon (*De prouidentia* II 60 = 31 A 49a) : « *As the aither was separated off, it was raised upwards by the wind and fire; and it was what it came to be–the broad, vast encircling heaven. As for the fire, it remained a short distance inside the heaven; and it grew to become the rays of the sun*[7]. » Le ciel est une création de l'éther ; le soleil, une création du feu. Le vent et le feu propulsent en quelque sorte l'éther vers le haut.

L'examen du fr. 38 conduit à une traduction du vers 4 (Τιτὰν ἠδ' αἰθὴρ σφίγγων περὶ κύκλον ἅπαντα) qui rompt avec l'assimilation que Zeller et Diels ont faite du Titan et de l'éther. Au lieu – dans l'expression grecque Τιτὰν ἠδ' αἰθήρ – de lire comme eux : « Et le Titan éther », il faut lire : « Titan et l'éther ». La conjonction ἠδέ n'est en effet jamais reportée après le nom qu'elle introduit ; elle sépare donc le Titan de l'éther. Ici, le Titan est la représentation du soleil, tandis que l'éther serait l'air, et non pas le feu solaire (contrairement à Diels qui identifie le Titan-soleil à l'éther). Dans le fr. 38.3, *aer* serait l'air chargé d'humidité, l'air tel un brouillard au-dessus de la mer, constitué par l'évaporation de l'eau sous l'action du soleil.

---

7. Je cite intégralement KINGSLEY en anglais, car KINGSLEY prétend donner une nouvelle traduction – plus fiable – de ce texte de Philon qui ne subsiste qu'en arménien.

Chez Empédocle, les mots *aer* et *aither* ne sont pas interchangeables :
aer se dit d'un phénomène de brouillard ou de vapeur (fr. 38.3),
aither (fr. 38.4) se dit à proprement parler de l'élément « air ». À
partir de là, il ne faudrait pas croire que l'éther chez Empédocle ne
concerne que la partie haute de l'air. L'éther s'étend du ciel aux
limites du monde, jusqu'à la surface de la terre ; c'est aussi l'air que
nous respirons (fr. 100).

Puisque l'air se dit chez Empédocle uniquement *aither*, l'argument qui identifie Héra et l'air à partir de la proximité phonique
d'Héra et *aer* (Platon, *Cratyle*, 404c) tombe. Il n'y a pas non plus de
réelle justification à ce qu'Héra soit l'éther. Il n'y aurait pas plus de
raison qu'Hadès soit l'éther puisque Hadès se trouve dans un monde
souterrain, comme le suggère l'ambiance de catabase du fr. 111 : « Tu
pourras ramener de l'Hadès la force de vie d'un homme déjà mort. »
L'éther évoque les hauteurs du ciel et non pas le monde d'en bas.
Il n'est donc pas l'Hadès chez Empédocle.

Il reste que l'éther convient à Zeus. Pour la tradition épique et
mythologique, le domaine de Zeus est dans le ciel très haut. Selon
Plutarque, Empédocle lui-même appliqua à l'air (comprenons
l'*aither*) l'épithète traditionnellement réservée à Zeus : « Assembleur
de nuées » (fr. 149). C'est un indice clair de l'identité de Zeus et
de l'air. Dans le fr. 6, Zeus est brillant (ἀργής), ce qui s'accorde
avec l'insistance de l'Agrigentin à qualifier l'éther par sa brillance
(fr. 21.4, fr. 98.2).

2 - La Terre

Dans le fr. 6, Héra est qualifiée de porte-vie (φερέσβιος). Chez
Hésiode (*Théogonie* 693) et dans les *Hymnes homériques* cette épithète
est spécialement réservée à la terre et à sa fertilité. Empédocle use
délibérément ici de l'art de l'allusion. L'épithète appliquée à Héra
est une indication indirecte, mais parfaitement définie et délibérée,
que par Héra Empédocle désignait la terre.

3 - Le Feu et le soleil

Hésiode situe le royaume d'Hadès sous la terre (*Théog.* 455) :
Ἀίδην, ὃς ὑπὸ χθονὶ δώματα ναίει. Pour un grec du temps d'Empédocle,
il était naturel de faire une distinction entre la terre (γαῖα ou χθών)
et Hadès. La terre était tangible, proche. Hadès était caché, invisible.
L'habitude, commune dans les temps modernes, de trouver l'équation
terre = Hadès évidente trahit une perspective post-classique.

Hadès n'est pas la terre. Il n'est pas *gaia* qui est féminine aussi
bien sur le plan mythique que grammatical. Dans la poésie grecque,

Hadès est habituellement situé non pas à l'intérieur de la terre mais sous la terre.

Le fr. 62 montre que la source du jour et de sa lumière provient des sombres profondeurs du monde d'en bas. Dans le fr. 52, on devine que les feux qui brûlent sous la terre peuvent, à l'instar du feu qui s'élève au fr. 62, se diriger vers les hauteurs et créer les étoiles du ciel.

Selon les alchimistes de la période s'étendant de la fin de l'Antiquité jusqu'à la Renaissance, le feu n'est un phénomène céleste que de façon secondaire. À l'origine, il appartient au centre de la terre. Les alchimistes parlent de feu central, de soleil dans la terre, de soleil souterrain. Le soleil qui jaillit de l'obscurité de la terre est l'origine du soleil visible, mais aussi de la lumière des étoiles. Ce feu est d'origine volcanique.

Pour la cosmologie islamique la plus ancienne, le soleil provenait du feu de la terre. La chaleur du soleil était liée à celle du feu infernal. La plus ancienne des références de la littérature alchimique est un texte arabe qui cite en particulier Empédocle. Ce texte écrit autour de l'an 900 subsiste sous la forme de quelques fragments et d'une traduction partielle en latin qui a le nom de *Turba philosophorum*. Dans cette traduction latine se trouve un passage concernant Empédocle. On y lit que pour lui « l'air est une forme raréfiée de l'eau », la terre est comparable à un œuf ; elle correspond à la coquille, sous laquelle se trouve l'eau (le blanc), et sous l'eau, se trouve le feu (le jaune) ; finalement, « au centre du jaune se trouve le point du soleil, qui est le poussin. » L'enseignement d'Empédocle dans la *Turba* est clair : le feu au centre de la terre donne naissance au soleil visible. Selon la théorie sous-jacente à ces idées, le feu réchauffe l'eau qui l'entoure, l'eau s'évapore quand elle atteint la surface de la terre et se transforme en air. La totalité du feu est d'origine infernale, c'est une notion fondamentale de l'alchimie, et c'est la parole d'Empédocle.

4 - La Sicile et le feu souterrain

Fr. 52 : « Il y a beaucoup de feux brûlant sous la surface de la terre (ἔνερθ' οὔδεος). » Le feu « sous la surface de la terre » est une façon d'évoquer le monde d'Hadès. On peut s'en convaincre à travers quelques références. Dans l'*Iliade* XIV 274, on lit ἔνερθε θεοί pour les dieux d'en bas. Dans l'*Odyssée* XI 302, il est dit de Castor et Pollux que « même sous terre (νέρθεν γῆς) » Zeus les comble d'honneur. Oppien, enfin, dans ses *Halieutiques*, dit que la nymphe Cocytis « vécut sous la surface de la terre (ὑπουδαίην ἔμαναι) et couchait dans le lit d'Hadès ».

Burnet avait déjà signalé que le volcanisme de la Sicile et les sources chaudes dues au feu souterrain représentaient la clé de l'équivalence d'Hadès et du feu pour Empédocle. Dans l'Antiquité, on connaissait bien cette particularité de la Sicile. Ainsi, Strabon nous dit : « L'île tout entière est creuse sous la terre, remplie de rivières et de feu. » Callimaque (*Hymne à Délos* 141-146) évoque le géant Briarée qui, sous la terre (κατουδαίοιο γίγαντος) et le mont Etna, se retourne sur son flanc, faisant tomber les vases et trépieds de la forge d'Héphaïstos. Pindare raconte le sort de Typhon fixé sous l'Etna, et plus précisément dans le Tartare. Prisonnier en ce lieu, le dieu provoque les éruptions du volcan (*Pythiques* I 15-28). En faisant coïncider le fond de l'Etna et le Tartare, Pindare fait du volcan avec ses cratères et ses cavernes une ouverture vers le monde d'en bas. C'est un fait que depuis le VIe siècle av. J.-C. on distinguait peu l'Hadès du Tartare. Et puisqu'il existe, selon Homère et Hésiode[8], une distance immense séparant la terre du Tartare, les feux de l'Hadès, pour Empédocle, ne devaient pas brûler juste en dessous de la surface de la terre mais loin en dessous de la terre elle-même.

À la fin du *Phédon*, Platon raconte un mythe d'origine sicilienne et d'inspiration pythagoricienne. Il relie les vastes étendues de feu du monde d'en bas (on pense au fr. 52) avec l'action des volcans. Les fleuves de lave sont des branches du Pyriphlégéthon. Indiscutablement, Platon se réfère à la Sicile. On retrouve l'association pindarique du Tartare avec le feu qui couve sous l'Etna. À côté du Pyriphlégéthon, le mythe mentionne une autre rivière : le Cocyte. Le Cocyte est d'une couleur bleu sombre, dite cyan (*kuanos* en grec). Cocyte est, au regard de l'étymologie, la rivière du deuil et des pleurs. Et la couleur cyan est par excellence la couleur du deuil en Grèce dans l'Antiquité. De plus, elle est liée dans les mystères de Déméter et de Perséphone, à l'eau, au monde souterrain. La source où Hadès enleva Perséphone s'appelait précisément *Kyane*.

Le mythe du *Phédon* fait état de la rotondité de la terre. Cette conception attribuée à Parménide se trouve aussi dans l'ancien pythagorisme. La terre ronde du *Phédon* présente des volcans, des trous, des rivières souterraines qui parfois apparaissent à la surface de la terre, et de vastes feux au centre de la terre. Le monde d'en bas, le royaume des morts et d'Hadès, est précisément cela : un autre monde caché dans les profondeurs de la terre.

Il existerait un arrière-plan pythagoricien commun auquel auraient puisé Empédocle et l'auteur du mythe raconté dans le *Phédon*. L'auteur de ce mythe serait Zopyrus d'Héraclée (ou de Tarente), un pythagoricien du Ve siècle av. J. C., féru de mécanique, constructeur de

---

8. Homère, *Il.* VIII 13-16. Hésiode, *Théog.* 720-725.

machines de guerre, à qui il faudrait attribuer une œuvre orphique appelée *le Cratère*. Cette œuvre perdue traiterait de la descente d'Orphée dans le monde infernal. Elle serait la source d'inspiration du mythe du *Phédon*.

Le fr. 6 nomme Hadès, personnification de la mort et de la destruction, en tant que dieu du feu. Pourtant, dans les fr. 96 et 98, C'est Héphaïstos qui désigne le feu. Y-aurait-il une contradiction avec l'identification d'Hadès ? Non. Empédocle utilise en fait le nom d'Héphaïstos pour désigner le feu qui est créateur, complice d'Aphrodite, tandis qu'il réserve le nom d'Hadès pour le feu destructeur (dans le fr. 109, le feu est dit destructeur). C'est sous l'Etna que se trouve l'atelier d'Héphaïstos. Hadès et Héphaïstos – le destructeur et le créateur – sont les deux faces de la même réalité du feu. Ces idées, auxquelles Empédocle adhère, forment une tradition à laquelle Milton donnera bien plus tard un nouvel écho. Pour lui, Lucifer et Héphaïstos sont identiques.

On trouve dans le fr. 62 une imagerie de type volcanique (le feu s'élevant dans le ciel) et une allusion au travail d'Héphaïstos. Les ancêtres des hommes et des femmes, sortant de la terre, rappellent la création de Pandore par Héphaïstos.

5 - Le magicien et chaman du fr. 111

Dans le fr. 111, Empédocle fait à son disciple Pausanias la promesse de mettre à sa disposition, et à lui seul, ses pouvoirs magiques. Les écrits du mysticisme gréco-égyptien, dont le *Papyrus magique de Paris*, témoignent du même souci de la transmission ésotérique du maître à son élève :

> Telle est l'action,
> Très grand roi ; qu'elle n'appartienne qu'à toi,
> Conserve-la pour toi sans la communiquer[9].

Le mot φάρμακα utilisé au v. 1 du fr. 111 a, en plus de la signification de « remèdes magiques », « extraits des plantes », celle de « charmes », de « sorts ». Le *Papyrus magique de Paris* donne l'exemple d'un tel charme pour la cueillette de plantes :

> Je t'arrache, plante X ou Y, de ma main à cinq doigts, moi
> X, et je t'emporte chez moi, afin que tu me serves
> Pour tel usage. Je t'en supplie par le nom

---

9. Traduction prise dans l'ouvrage : [A. Verse (trad.)], *Manuel de magie égyptienne : Le Papyrus magique de Paris*, Paris, Les Belles Lettres, 1995, p. 21, lignes 254-256. Nous respectons la division en lignes, telle que rapportée dans ce manuel. En parallèle de la promesse d'Empédocle, KINGSLEY donne l'exemple de l'*Œdipe à Colone* de Sophocle (v. 1522-32).

Immaculé du dieu ; si tu n'obéis pas, la terre
Qui t'a enfantée, ne sera plus jamais arrosée de pluie[10].

Empédocle promet un remède contre les maux et la vieillesse. Ce faisant, prenant le contre-pied de la formule de l'*Hymne à Apollon* (v. 192-3 : « [Des hommes incapables] de trouver un remède à la mort et un secours à la vieillesse »), il défie la religion grecque traditionnelle. Empédocle promet à Pausanias de pouvoir maîtriser, s'il le souhaite, le vent et la pluie. Traditionnellement, ce pouvoir est dans les mains de Zeus. L'impiété est marquée par la formule « si tu le souhaites » (ἢν ἐθέλῃσθα) que l'on trouve sous des formes semblables chez Homère et Hésiode pour se référer au bon désir des dieux (ex. : *Il.* XIII 743). Enfin, Empédocle promet de pouvoir ramener de l'Hadès le principe de vie d'un homme déjà mort. Il s'agirait là d'une descente réelle dans le monde d'en bas comme celle que ferait un chaman. L'idée même d'essayer de ramener quelqu'un de la mort était, dans le cadre de la moralité grecque, presque impensable.

Au vᵉ av. J.-C., Xanthos de Lydie parla d'Empédocle pour la première fois dans la littérature. Il en parla dans le contexte d'une discussion sur des mages perses. Les pouvoirs magiques de l'Agrigentin semblent donc attestés depuis toujours.

Le fr. 111, qui livre la promesse de pouvoirs magiques – maîtrise des éléments, maîtrise de la vie et de la mort –, appartient certainement au début du poème cosmologique. Il donne une indication claire de la façon dont nous devons comprendre le poème comme un tout. Par la saisie et l'assimilation des enseignements contenus dans le poème, et en laissant ceux-ci croître à l'intérieur de lui, le disciple obtiendra la possibilité de pouvoir comprendre les puissances de la nature, mais aussi celle de les maîtriser. Empédocle vise des applications pratiques.

Selon le fr. 110, les mots du poème cosmologique doivent être gardés comme un trésor, sinon ils s'envolent. Lorsqu'ils sont ainsi gardés, ils s'accroissent, ils transforment le disciple et lui apportent tout ce dont il aura besoin dans le futur. Ces mots du poème ont une efficacité propre. Ils sont telle une parole divine : « Une chose vivante, une réalité naturelle qui pousse, qui grandit[11] ». Transformé, le disciple utilisera ensuite le pouvoir qui s'est développé en lui pour changer le monde qui l'entoure. La poésie d'Empédocle est partie intégrante de son activité de magicien.

---

10. *Ibid.*, p. 22.
11. M. DÉTIENNE, *Les maîtres de vérité dans la Grèce archaïque*, Paris, Maspero, 1973², p. 54.

6 - La mort d'Empédocle

À la fin du XIXe siècle, A. Dieterich collecte divers textes, dont un important passage du *Papyrus magique de Paris*[12], qui montrent que dans l'Antiquité une sandale de bronze (et une seule) était le symbole magique d'Hécate, médiatrice entre notre monde et le Tartare. Hécate est la déesse qui accorde au magicien l'accès au monde d'en bas. La correspondance avec l'histoire du saut d'Empédocle dans l'Etna, et le rejet de sa sandale de bronze, est frappante. On tient ici un lien direct entre le symbole du monde d'en bas (la sandale de bronze) et le feu (l'Etna).

Le passage du *Papyrus magique de Paris* qui mentionne la sandale de bronze provient d'une tradition orphique. Le nom même de *Pasikrateia*, lu dans ce papyrus, est un nom de Perséphone que l'on retrouve de façon unique en Sicile – à Sélinonte. Il existe une transmission des idées mythologiques, mystiques et magiques, remontant au moins au temps d'Empédocle, qui va de la Sicile vers l'Égypte.

Lors d'un banquet, Empédocle, en récitant un vers d'Homère (*Odyssée* IV 221), empêcha un homme pris de colère d'en tuer un autre. Le *Papyrus magique de Paris* contient un charme efficace contre la colère (467-468, 831-832), qui consiste à réciter un vers de l'*Iliade* (VIII 424) : « Oseras-tu lever ton puissant glaive contre Zeus ? » Ce qu'Empédocle fait correspond à une pratique magique. L'utilisation incantatoire de la poésie pour agir sur les émotions était déjà familière aux pythagoriciens du temps d'Empédocle. Presque un millénaire plus tard, on retrouve un charme du même type dans les papyrus magiques égyptiens.

La disparition d'Empédocle dans l'Etna a été mal interprétée. À partir d'une descente aux Enfers du magicien, on a bâti la légende de la mort. Et l'on s'est mépris sur le sens de la sandale de bronze. La disparition d'Empédocle entre dans un schéma initiatique de mort rituelle : descente dans le monde infernal, régénération et transformation. Le saut dans le feu qui purifie et immortalise est en fait une ascension céleste. La sandale, associée à Hécate, est le signe de la capacité du magicien Empédocle à descendre, comme il le veut, dans le monde infernal. L'arrière-plan de la légende de la mort d'Empédocle forme aussi l'arrière-plan de l'Empédocle historique et de sa poésie. Empédocle est un magicien, sa poésie se comprend dans un contexte de magie. Il faut donc reconsidérer l'approche aristotélicienne qui a prévalu jusqu'ici, et se familiariser avec un genre encore peu exploré : le genre de la littérature magique.

---

12. *Papyrus magique de Paris*, 2290-2294, 2333-2335.

Les papyrus magiques aident à comprendre des traditions et des pratiques de l'Italie du Sud et de la Sicile pendant le ve siècle av. J.-C. Mais ils montrent aussi l'existence d'une remarquable continuité entre la magie en Grande-Grèce et la magie dans le monde gréco-égyptien tardif.

7 - Une sagesse tournée vers la pratique

Bolos de Mendès (Égypte, IIe siècle ap. J.-C.) joua un rôle important dans la transmission des idées pythagoriciennes. Il s'est intéressé à la doctrine des sympathies et antipathies dans la nature, et plus particulièrement à son application pratique dans le monde des plantes. Sa perspective est médicale, magique et rituelle. L'enseignement de Bolos se situe dans le prolongement de l'ancienne tradition pythagoricienne et d'Empédocle. Il ne représente ni une perversion, ni une corruption hellénistique de la science pure et rationnelle associée à l'école aristotélicienne. Cette école a fait de l'ancien pythagorisme un modèle de l'approche théorique de la nature. Elle a négligé la sagesse qui mêlait tous les aspects de la vie, aussi bien pratiques que théoriques.

Empédocle et l'ancienne tradition pythagoricienne ont cherché à obtenir une connaissance détaillée des choses en considérant cette connaissance comme un moyen d'accès à une compréhension et comme une maîtrise des principes cosmiques. Cette maîtrise visait des applications pratiques, dont la médecine. Chez Empédocle il ne faut donc séparer ni le philosophe du magicien ni du médecin. Tous ces rôles sont associés. Contrairement à la tradition platonicienne et aristotélicienne qui privilégie la théorie, ici, la perspective essentielle est pratique. Élien rapportait au sujet de Pythagore, lorsque celui-ci attirait l'attention sur les vertus de la mauve : « Comme Pythagore allait de ville en ville, il se répandait qu'il venait non pas pour enseigner mais pour soigner. » Ces mots ne peuvent manquer d'évoquer la situation d'Empédocle, enjoint par la foule de dire la parole qui sauve (fr. 112).

Les commentaires savants et modernes ont tendance à juger l'histoire antique du point de vue des valeurs et des intérêts athéniens. La surévaluation de l'importance d'Aristote et de Platon – une manifestation de l'athénocentrisme – a masqué les lignes de continuité entre le pythagorisme des origines et le pythagorisme tardif.

8 - La Korē Kosmou

La *Korē Kosmou* fait mention des plus nobles incarnations qui anticipent le passage à la divinité (*Corpus Hermeticum* IV, fr. XXIII 41-42). Parmi ces incarnations, la *Korē Kosmou* nomme les « *root-cutters* ». Ce sont des herboristes, et par voie de conséquence des guérisseurs usant de plantes magiques et médicinales. La correspondance avec les médecins du fragment 146 peut se faire sans erreur. La *Korē Kosmou* nomme explicitement ce qui, dans le cas d'Empédocle, devait être déduit.

G. Zuntz remarqua que dans la *Korē Kosmou* les incarnations en animaux correspondent étroitement à l'enseignement d'Empédocle (fr. 127). Ce qui permit à Zuntz de reconstruire quelques traits de la doctrine de la réincarnation d'Empédocle. Des idées pythagoriciennes et spécifiquement empédocléennes ont été conservées dans ce texte hermétique égyptien, et cela indépendamment de l'héritage platonicien. À travers l'étude de Zuntz, on voit de nouveau combien il est faux de supposer que Platon fut le passage obligé entre les traditions les plus anciennes et l'Antiquité tardive.

9 - Nestis et Perséphone

Dans le fr. 6, Nestis est identifiée à l'eau. Empédocle juge Nestis importante puisqu'il lui accorde un vers entier (fr. 6.3), alors qu'il rapproche les trois autres divinités dans un seul vers (fr. 6.2). Par analogie de la relation Zeus/Héra, premier couple de divinités du fr. 6 évoquant une relation mari/femme, Nestis venant après Hadès est très vraisemblablement un autre nom de Perséphone, l'épouse d'Hadès.

Perséphone avait un lien direct avec les sources et les eaux courantes. Dans la mythologie, elle apparaît avec les nymphes, filles d'Océan. À Syracuse, il existe un lien entre la source *Kyane* et Perséphone. La source *Kyane* provient des pleurs de la nymphe du même nom. Perséphone sous le nom de Nestis crée de ses pleurs une source, comme *Kyane*, comme aussi Déméter dans un hymne de Philicus.

Il y a quelque chose d'énigmatique, une réserve empreinte de religiosité, à nommer Perséphone sous le nom de Nestis.

C. G. Jung a relevé dans les textes gnostiques et alchimiques des correspondances entre la structure de double mariage et la théorie des quatre éléments. Il a souligné aussi la présence fréquente d'un couple incestueux dans la structure de double mariage : un partenaire dans un des couples avec un partenaire du sexe opposé dans l'autre couple. L'inceste de Zeus avec sa fille Perséphone fut un événement qui eut, selon la théologie orphique, de vastes répercussions. Empédocle devait sans doute le savoir. Les cours souterrains d'eau et de feu en Sicile sont une allégorie du mariage d'Hadès et de Perséphone.

Le cadre et la perspective de la poésie d'Empédocle sont clairement initiatiques et magiques. Aristote et Théophraste sont précieux
lorsqu'ils citent Empédocle de façon littérale. Mais les sources les plus
importantes et les plus fiables pour les informations dites secondaires
sont des sources qui pourraient à la limite ne pas citer Empédocle,
mais qui nous permettraient d'envisager ses paroles dans une perspective bien plus signifiante.

Le fr. 6 recèle une énigme qui s'accorde avec la nature initiatique
de l'œuvre de l'Agrigentin. Celui qui peut trouver l'énigme doit,
comme le souhaite Empédocle, prendre les mots, les assimiler, leur
permettre de croître à l'intérieur de lui-même et les laisser opérer
une transformation de l'être. Le poème n'est ni explicite, ni silencieux, il laisse entrevoir, il fournit les germes du savoir. Empédocle
dit : « Cache mes mots secrètement en toi » (fr. 5).

II - Commentaires

La question qui occupera la majeure partie de ces commentaires
est la suivante : Kingsley a-t-il raison ou non de faire d'Hadès la divinité du feu chez Empédocle ?

Les arguments de Kingsley en faveur de l'équivalence d'Hadès
et du feu chez Empédocle peuvent se regrouper ainsi :

> 1 – les allusions épiques autour de Zeus (fr. 149) et d'Héra (fr. 6),
>   d'où l'on peut déduire Hadès = feu ;
> 2 – la localisation d'Hadès sous la terre, là où Empédocle situe le feu ;
> 3 – l'association du feu et du Tartare déduite de la légende de
>   la sandale magique d'Empédocle sur l'Etna.

Je compte montrer que les arguments de Kingsley n'ont pas
le caractère contraignant que leur auteur suppose. On ne pourra
toutefois pas conclure d'emblée que la thèse Hadès = feu est fausse.
Il faudra franchir une nouvelle étape : prouver qu'une autre équation
est fondée (Zeus = feu) et prouver que cette équation explique au
moins un passage de l'Agrigentin alors que l'équation de Kingsley ne
l'explique pas. À moins de supposer que deux équations différentes
puissent être justes en même temps, nous pourrons alors conclure
que Hadès = feu est une erreur.

La façon dont j'aborde la lecture du fr. 6 diffère foncièrement de
celle adoptée par Kingsley. Kingsley procède par des analyses ponctuelles. Il étudie les divinités indépendamment les unes des autres et
rapporte seulement à la fin de son ouvrage une compréhension de
Nestis à partir des mariages reconnaissables entre les divinités. J'ai

choisi un autre chemin : partir de la compréhension de la structure formée par la liste des quatre divinités – tout en reconnaissant comme Kingsley que Nestis est un autre nom de Perséphone – puis retrouver ce qu'Empédocle a voulu exprimer dans les « racines » du fr. 6. Au lieu de différer l'approche globale du fr. 6, j'en fais un point de départ.

1 - Valeur des allusions épiques

Écoutons Kingsley : l'air, parce qu'il est assembleur de nuées (fr. 149), est Zeus ; Héra, parce qu'elle est porte-vie (fr. 6), est la terre. L'Agrigentin, dans l'emploi des épithètes, suit de toute évidence la tradition épique.

Oui, j'en conviens, les sirènes de la simplicité sont puissantes. Mais puisqu'il y a énigme – ce que Kingsley admet – les choses ne sont pas en vérité si simples ! C'est pour le moins étrange qu'aucun auteur ancien n'ait trouvé ce qui aux yeux de Kingsley apparaît d'une simplicité enfantine. Les témoignages existants résolvent l'énigme du fr. 6 avec Zeus = feu, Héra = air, ou bien avec Héra = terre et Zeus = feu, mais aucun témoignage ancien ne rapporte que pour Empédocle Zeus est l'air et Héra est la terre. On peut concevoir aisément qu'une conception non évidente ne soit pas rapportée parce qu'elle n'a pas été perçue (ce serait le cas de la conception du *daimôn* = morceau d'Amour), mais on est perplexe devant le fait que ce qui saute aux yeux dans une interprétation soit tu.

Les sirènes de la simplicité se font maintenant doucereuses : « Supposons un instant, que l'air, assembleur de nuées, ne soit pas Zeus, qu'Héra, porte-vie, ne soit pas la terre. Pourquoi donc Empédocle nous tromperait-il en nous suggérant des rapprochements qui ne sont pas les bons ? » Voilà la question qui va nous mener au vif du sujet. J'y réponds : « D'abord, parce qu'Empédocle marque sa différence par rapport à la tradition. Ensuite, par un goût du secret qu'il tient sans doute de sa fréquentation du cercle pythagoricien. » Il faut assurément développer pour convaincre. Examinons ces deux points.

Pour les besoins de sa cause Kingsley cache à son lecteur la façon générale dont l'Agrigentin traite la tradition épique. Quelquefois Kingsley a soin de souligner le jeu du poète avec la poésie homérique (p. 42 à 44). Il remarque l'art de l'allusion chez l'Agrigentin et relève le peu d'attention d'Aristote à cet art. Mais Kingsley en dit trop ou trop peu. Trop, car il entrouvre un champ d'investigation qui laissera son lecteur le plus curieux sur sa faim. Trop peu parce qu'il laisse croire qu'Empédocle se tient vis-à-vis d'Homère et d'Hésiode dans une attitude d'écho. Bien évidemment, si l'Agrigentin reprenait systématiquement à son compte des formules épiques toutes faites, l'air

« assembleur de nuées » serait sans conteste Zeus, et Héra « porte-vie »
serait la terre. Mais Empédocle procède souvent par contre-pied.
Par « contre-pied » entendons le tour qui à la fois crée une attente,
suggère une idée commune, et qui de façon plus ou moins masquée,
plus ou moins malicieuse, rompt avec cette attente, part dans un autre
sens. Empédocle détourne facilement le langage de la tribu, il fait
œuvre originale[13]. On ne peut donc pas sans prudence croire à
la première allusion qui se présente, car l'Agrigentin utilise aussi
de fausses allusions, des contre-pieds. Donnons des exemples dont
quelques-uns sont bien connus[14] (certains de ces exemples, même
s'ils semblent nous écarter de notre critique immédiate de Kingsley,
serviront à étayer l'argumentation ultérieure) :

1 – Fr. 8 et fr. 9 : Empédocle appelle mort ce qui n'est que modification d'un mélange des éléments. Il n'y a pas pour lui de mort
définitive (fr. 8.2) ; pas de mort irréversible comme le séjour dans
l'Hadès d'Homère ou l'anéantissement. Pour le philosophe, le mot
« mort » n'a pas sa signification commune.

2 – Les immortels du fr. 35 sont les éléments séparés ; ces immortels deviendront mortels lorsque les éléments seront de nouveau
mélangés[15]. Les immortels du fr. 147 seraient eux-mêmes de futurs

---

13. M.R. WRIGHT – *Empedocles: the extant fragments*, New Haven-Londres, Yale
University Press, 1981, p. 165 – parle d'une habitude d'Empédocle « *of putting
established phrases in a new setting* ». KINGSLEY reconnaît un instant cette habitude
chez Empédocle (p. 45), mais il en réduit et ridiculise la portée en ne l'appliquant qu'au fait qu'Héra, et non pas explicitement la terre, soit dite porte-vie.
Un présupposé assez fréquent de lecture du fr. 6 consiste à croire que la tradition épique et mythologique permet à elle seule d'identifier les racines. Or, il
serait prudent de ne pas écarter des ruptures possibles entre l'Agrigentin et cette
tradition. Ce principe s'oppose au mode de lecture de KINGSLEY, mais aussi, par
exemple, à celui de G. CERRI (« L'ideologia dei quattro elementi da Omero ai
Presocratici », *Annali dell'Istituto Universitario Orientale di Napoli*, 20, 1998, p. 5-58,
aux pages 26-32). CERRI soutient l'identification Zeus = feu, Héra = terre, Aïdôneus
= air, Nestis = eau, en s'appuyant sur l'épithète de Zeus, ἀργής, qui renvoie au
feu de la foudre, et sur l'autre épithète, φερέσβιος, donnée à Héra, qui renvoie
à la terre. Il s'ensuit que Aïdôneus = air. Selon CERRI, il suffirait de se référer à
la *Théogonie* hésiodique (736-739 = 807-810) pour trouver qu'Hadès/Aïdôneus,
assimilé au Tartare, est l'air. Avec des citations différentes, KINGSLEY arrive à
une conclusion différente. Mais Empédocle n'avait-il rien de mieux à dire que
de répéter servilement la tradition, Homère et Hésiode ? Le fr. 6 devrait amener
Pausanias à s'interroger, bien plus qu'à se laisser porter par des « évidences » ou
des associations de langage. Pour autant, la tradition ne serait pas exclue du fr. 6.
Originalité et tradition peuvent se côtoyer.

14. Parmi les huit exemples présentés, les exemples 1, 3 et 6 sont bien connus.

15. Voir D. O'BRIEN, « Empedocles revisited », *Ancient philosophy*, 15, 1995,
p. 448-452 (§ XIV : *The State of Immortality*). En particulier p. 448 : « *Empedocles'
usage is more profitably to be compared with that of Homer. Compared, or rather contrasted:
for Empedocles I suspect has deliberately set himself in opposition to the traditional Homeric
language of 'immortality'.* »

mortels ; ni la mort ni l'immortalité ne sont irréversibles pour Empédocle.

3 – Le mot ζωρά au fr. 35.15 ne désigne pas ce qui est pur (ou proche du pur), comme chez Homère, mais ce qui est mélangé. En 1962, M. R. Arundel avait défendu l'idée que ζωρά dans ce vers d'Empédocle avait le sens traditionnel de non mélangé (*unmixed*). En 1981, en dépit des critiques, elle reste ferme sur sa traduction : « *And formerly unmixed things* [ζωρά] *were in a mixed state* »[16]. Bollack, de son côté, avait conclu en 1969 que ζωρά signifie mélangé, ou mêlé (« Mêlé [ζωρά], ce qui d'abord était pur »). Avec L.S.J. (*Revised supplement* de 1996) et contre M. R. Wright, nous retenons ζωρά « *understood by Empedocles (from Homer) as 'mixed'* ». Cela étant, la compréhension à partir d'Homère se fait en contre-pied.

4 – Dans le fr. 151, l'Amour (Aphrodite) est ce qui donne la vie, l'Amour est qualifié de ζείδωρος. Or, cette épithète est traditionnellement l'épithète de la terre, que l'on sait être appelée porte-vie en dehors d'Empédocle. Mais, chez Empédocle, Aphrodite n'est pas identifiée à la terre. Plutarque nous dit qu'Empédocle « appelait le feu 'Haine funeste', et l'eau 'Amour (Philotès) tenace'.[17] » Puisqu'il est bien établi que Philotès est un autre nom d'Aphrodite, Empédocle aurait donc déplacé sur l'eau, l'épithète de la terre (ζείδωρος).

5 – Dans le fr. 148, l'adjectif ἀμφίβροτος, qui chez Homère se dit exclusivement du bouclier qui couvre l'homme (*Iliade* II 389, XI 32), est appliqué non pas à un bouclier chez Empédocle, mais à la terre formant le corps qui entoure l'âme[18]. L'expression empédocléenne ἀμφιβρότην χθόνα est rapportée par Plutarque en même temps que le fr. 149 (ἀέρα.. νεφεληγερέτην). Avec ἀμφίβροτος, on ne peut manquer de penser au bouclier qui protège le corps. Mais chez Empédocle, l'usage homérique serait décalé : le corps protégerait l'âme. Mais de

---

16. Voir WRIGHT (précédemment ARUNDEL) 1981, p. 206, 208. Page 208 : « *The objections raised by O'Brien, CR 1965, pp. 1-4, West, CR 1966, p. 136, and Solmsen, CR 1967, pp. 245-46, I find unconvincing* ».

17. Plutarque, *De primo frigido* 952B (= DK 31 B 19). DIELS a écarté abusivement des fragments le témoignage qui associe le feu à la Haine et l'eau à l'Amour. Le fr. 19 ne concerne que la qualification de l'Amour (σχεδύνην Φιλότητα). Il est vrai que les équations feu = Haine, eau = Amour, sont simplistes. Car le feu n'est pas toute la Haine, ni l'eau tout l'Amour. Chaque racine n'est pas non plus en permanence l'auxiliaire de la Haine ou de l'Amour. À notre stade du cycle cosmique, le feu et l'eau montrent seulement une propension remarquable soit à la Haine soit à l'Amour. Le propos de Plutarque interdit de concevoir les racines et les puissances (ou principes) de façon totalement indépendante. Contre DIELS, je crois que Plutarque voit juste – même si son expression force le trait.

18. Plutarque dit οἶον ἀμφιβρότην χθόνα τὸ τῇ ψυχῇ περικείμενον σῶμα (*Propos de table* V, 8 – 683 E.) Le mot ψυχή n'est pas nécessairement le mot utilisé par Empédocle. Je suppose que le sens à retenir ici pour ψυχή est : l'activité mentale et de connaissance propre à un individu.

quoi l'âme devrait-elle être protégée ? Du monde extérieur ? Cela paraît étrange, puisque l'âme est en contact avec le monde extérieur. De plus, l'âme ne semble être ni plus fragile ni plus mortelle que le corps. Ou bien l'âme dépend du corps, et la mort du corps est sa mort ; dans ce cas, aucune protection n'existe[19]. Ou bien l'âme est immortelle, et alors la protection du corps est absurde. Avec l'épithète ἀμφίβροτος Empédocle suggère une fragilité de l'âme par rapport au corps qui, à l'analyse, est une fausse route. De plus, il s'écarte de l'idée qui voudrait que le corps soit le tombeau de l'âme[20]. Pour lui, l'âme se trouve tel un combattant derrière un bouclier, en posture de combat. Empédocle ne transposerait pas l'image du bouclier pour suggérer la protection, mais – contre-pied – pour suggérer que notre existence est une existence de combat, à l'époque de la Haine. Empédocle a pris des distances vis-à-vis d'Homère tout en utilisant le vocabulaire homérique, tout en s'emparant d'une partie du sens épique. On peut alors supposer que, par rapport à la tradition épique, il faisait de même dans le fr. 149.

6 – Au fr. 111.1, Empédocle promet un remède contre les maux et la vieillesse. Empédocle va à l'encontre de la formule de l'*Hymne à Apollon* (I 192-3) : « [Des hommes incapables] de trouver un remède à la mort et un secours à la vieillesse ». Kingsley note lui-même le contre-pied empédocléen (p. 223 : « *turning the words of the hymn on their head* »).

7 – Empédocle nomme sa Muse : Calliope (fr. 131) ; mais comment croire qu'il s'agit de la Muse qui inspirait Hésiode ? Empédocle bouscule la tradition dans le fr. 6 et le fr. 128. Dans le fr. 6, il place Zeus sur le même rang que Nestis, une obscure déesse. Dans le fr. 128, Zeus-roi n'est pas honoré au temps de Cypris-reine, il est honoré en un temps qui est vraisemblablement celui de la Haine[21]. Même si, chez Bacchylide (33. 176 Edmonds), Calliope est dite aux bras blancs (λευκώλενε Καλλίοπα), comme la Muse d'Empédocle au fr. 3 (v. 3 : λευκώλενε παρθένε Μοῦσα), et même si elle se tient aussi sur

---

19. C'est vraisemblablement ce que pense Empédocle si l'on en croit Aétius : « Ainsi, selon Empédocle, la mort est commune au corps et à l'âme [ψυχή] » (*Opinions*, V, 24, 2 = A 85.) Je continuerai de citer sous le nom d'Aétius les textes qui nous sont conservés sous le nom du ps. Plutarque et de Stobée (voir J. MANSFELD & D.T. RUNIA, *Aëtiana. The method and intellectual context of a doxographer, I, The sources*, Leyde-New-York-Cologne, Brill, 1997, p. 333-338).

20. En m'appuyant sur le propos de Philolaos rapporté par Clément d'Alexandrie (*Stromate* III, 17.1-2 = DK 44 B14), je suppose que l'image du corps tombeau, parce qu'antérieure à Philolaos, pouvait donc être connue d'Empédocle.

21. Voir A. MARSONER, « Sul fr. 128 di Empedocle », *Annali della facoltà di lettere e filosofia dell'università di Napoli*, XV, n.s. 3, 1972-1973, p. 5-10, à la page 10 : « *Zeus* βασιλεύς *e* Κύπρις βασίλεια *sono quindi la coppia divina artefice del divenire. Per 'necessità' Zeus*-Νεῖκος *spodesta* Χάρις-Φιλία, *che pertanto ha in orrore la spietata legge di* Ἀνάγκη ».

un char, l'identification avec la Muse des vers d'Empédocle tourne court : la Calliope de Bacchylide est invitée à chanter Zeus. Les voix se séparent. Empédocle, loin des chants en l'honneur de Zeus (fr. 128), est avec sa Muse sur une autre route. Bien que l'épithète λευκώλενος soit ordinairement l'épithète d'Héra, il est improbable en revanche qu'Héra, l'épouse de Zeus, soit la Muse d'Empédocle[22]. Héra est nommée au fr. 6, elle est dite porte-vie, mais aucun indice ne lui confère un statut privilégié, notamment par rapport à Nestis, l'autre racine féminine nommée au fr. 6. Il faut donc chercher l'identité de la Muse d'Empédocle en dehors d'Héra.

Remarquons que dans le fr. 3.3 λευκώλενος, qui s'applique rarement à une Muse, s'applique de façon aussi rare, chez Hésiode, à Perséphone. La qualification se trouve dans la *Théogonie* (v. 913) : ἣ τέκε Περσεφόνην λευκώλενον. L'indice est insuffisant pour identifier à coup sûr Perséphone à la Muse d'Empédocle. Mais le filet vient à se resserrer grâce à deux autres indices. Le fr. 122.4 nomme Némertès, dont le nom venant de νε-ἀμαρτάνω se lit « Sans Tromperie ». Némertès l'aimable (Νημερτής τ' ἐρόεσσα) s'oppose à Sans Clarté (Ἀσάφεια venant de ἀ-σαφής). Elle est traditionnellement une déesse de l'eau. La Muse d'Empédocle, que l'on imagine être source de vérité pour le poète, est Sans Tromperie, comme Némertès[23]. Chez Empédocle, qui jongle avec les noms divins, Némertès – Vérité attachée à la Muse, et figure de l'eau – ne serait qu'un autre nom de Nestis-Perséphone, la divinité de l'eau. Un deuxième indice nous est fourni par Hippolyte. Selon lui, la Muse d'Empédocle est un « discours juste » (δίκαιος λόγος), entre la Haine et l'Amour, et toutefois plus proche de l'Amour (B 131). Le « discours juste » et la proximité de l'Amour ne caractérisent pas précisément la Calliope d'Hésiode. En revanche, ce discours juste et plutôt proche de l'Amour caractériserait bien Némertès, l'aimable Sans Tromperie. La Muse d'Empédocle détient une vérité avant tout d'ordre éthique. C'est aussi de cette façon que se comprend Sans Tromperie ; à son nom est attaché l'esprit de Nérée, son père qui « sans mensonge ni oubli […] ne connaît que desseins de justice et de bienveillance[24] ».

8 – Empédocle imite la formule du grand serment des dieux (*Hymne à Apollon* I 83-85 ; *Il.* XV 36-37 ; *Od.* V 184-185) en énonçant

---

22. Dans l'*Iliade*, Héra est dite vingt-quatre fois aux « bras blancs » ; le même qualificatif est associé seulement une fois à Hélène, et trois fois à Andromaque.

23. Substituer une Muse à une Néréide s'inscrirait dans la lignée d'antiques témoignages associant Muses et Néréides : *Odyssée* XXIV 55-64 ; Pindare, *Isthmique* VIII 57-59. Voir J. DUCHEMIN, *Pindare, poète et prophète*, Paris, Les Belles lettres, 1955, p. 46, p. 290-291.

24. Voir la traduction de la *Théogonie* d'Hésiode, v. 233-236, de A. BONNAFÉ (*Hésiode. Théogonie : la naissance des dieux*, Paris, Rivages, 1993).

les quatre racines du fr. 6. Certes, le grand serment donne Terre, Ciel et Styx, alors qu'Empédocle donne quatre divinités. Mais tout comme le fr. 6, le grand serment mentionne l'eau en dernière position. Il le fait avec une précision qui semble avoir suggéré le développement du vers consacré à Nestis. Comparée à Terre et Ciel, Styx est une déesse mineure. Pourtant, C'est elle qui est en place d'honneur dans le grand serment. Nestis, aussi, est une divinité mineure, comparée à Zeus, Héra et Hadès cités avant elle. Mais c'est sur Nestis que nous en savons le plus.

L'eau du Styx est dite κατειβόμενον dans le grand serment. Ce mot se dit souvent pour les larmes. Empédocle, lui, ne parle-t-il pas des larmes de Nestis ? L'affaire serait donc presque entendue : Nestis est un autre nom de Styx. Nous serions là en droite ligne d'une lecture chère à Kingsley, qui prend pour argent comptant les allusions épiques (« porte-vie », « assembleur de nuées »). Mais Kingsley n'a pas évoqué Styx. S'il l'avait fait, il se serait engagé dans une voie difficile pour imposer Perséphone contre Styx. Pour écarter Styx comme concurrente possible de Perséphone dans le fr. 6, il faut reconnaître un contre-pied.

Nestis n'est pas un autre nom de Styx. On peut même supposer qu'Empédocle, en dehors de toute étymologie véritable, a fait un jeu de mots sur Nestis : Νῆστις pour Νη-Στύξ, celle qui n'est pas Styx. Expliquons. Par son nom (apparenté à στυγῶ), Styx est associée à l'horreur qui fait frissonner, et en conséquence à la Haine. Son alliance avec Zeus ne contredirait pas, pour Empédocle, cette association[25]. Nestis est l'eau qu'Empédocle, selon Plutarque, appelle Amour (B 19). Donc Nestis, l'Amour, n'est pas Styx. Elle n'est pas celle qui provoque l'horreur et la Haine. Elle est même celle qui s'opposerait à Styx.

Avec ces exemples, nous voyons maintenant ce que signifie l'attitude d'opposition d'Empédocle vis-à-vis de la tradition. Kingsley, qui se plaint de la tendance à l'« *over-simplification* » de ses prédécesseurs (p. 47, 62, 252, 320, 329, 332, 370, 382), tombe lui-même dans le simplisme. Bien qu'il fasse grand cas d'un contexte initiatique de l'enseignement d'Empédocle, Kingsley fait une lecture naïve du fr. 6. Il se tient à la surface des allusions.

Nous parvenons au deuxième point que nous voulions développer pour donner le change aux sirènes doucereuses.

Les anciens pythagoriciens sont connus pour leur goût du secret et des énigmes. Ils utilisaient en particulier des mots du vocabulaire courant avec des acceptions nouvelles, des formules à double sens,

---

25. Voir MARSONER 1972-1973, cité dans une note précédente, qui parle de Zeus-Νεῖκος dans le fr. 128.

des expressions denses qui servaient d'aide-mémoire[26]. Empédocle, avec ce que j'ai appelé des contre-pieds, mêle le clair et l'obscur. Il tient sa langue dans une pratique initiatique qui pouvait provenir de son insertion, à un moment donné, au cercle pythagoricien. L'énigme du fr. 6 doit tenir compte d'un langage recelant de nouvelles connotations. Les épithètes « porte-vie » et « assembleur de nuées » seraient de ce type.

2 - Hadès sous la terre

Kingsley critique C.H. Kahn, l'auteur de cette phrase : « *There is no place for the House of Hades in the cosmology of Empedocles: the true realm of death is this existence on earth* »[27]. Pourtant, la position de Kahn se défend. Puisque Empédocle croyait en un certain type de réincarnation[28], le monde d'en bas était pour lui soit un lieu de séjour transitoire des âmes – vision non conforme à celle de l'Hadès traditionnel, celui d'Homère, qui ne relâche jamais ses sujets – soit

---

26. Voir sur ce point L. BRISSON & A. Ph. SEGONDS, *Jamblique. La vie de Pythagore*, Paris, Les Belles Lettres, 1996, p. XLV-XLVIII. – Voir aussi l'étude plus ancienne de L. BRISSON, « Usages et fonctions du secret dans le pythagorisme ancien » dans DUJARDIN, P. (dir.), *Le Secret*, Lyon, Presses universitaires de Lyon et CNRS, 1987, p. 87-101.

27. Cette citation rapportée par KINGSLEY (p. 40) se termine en fait chez KAHN 1960 (*Archiv für Geschichte der Philosophie*), p. 20 (n.50), par « *which men call life* ». Il s'agit d'un commentaire de KAHN aux fr. 118, 120 et 121. WRIGHT 1981, p. 278-280, partagerait sans doute la conclusion de KAHN. Pourtant, en lisant le fr. 62 où les prototypes d'homme sortent de terre, KINGSLEY (p. 51 n.8) attribue à WRIGHT l'idée que « *these ancestors of humanity arose out of a place in the depths of the earth equivalent to what is now known as the underworld – the world presided over by Hades.* » Mais WRIGHT 1981, p. 216, ne dit pas que les prototypes humains sortent d'un monde d'en bas où règne Hadès. WRIGHT établit seulement une comparaison sur l'obscurité du monde d'alors : « *The origin of human life, like the abode of the dead, is shrouded in darkness.* » Dans le contexte, nous lisons que le lieu d'origine de la vie humaine, parce qu'il est dans l'obscurité, ressemble au monde des morts. Pour WRIGHT, ce lieu n'est pas un en bas – s'il l'était, la comparaison ne serait pas justifiée – mais un ici-bas avant l'apparition du soleil. Dans la collecte de citations qui lui seraient favorables, KINGSLEY s'est donc ici mépris.

28. Il existe bien des façons de croire en la réincarnation. La future existence inclut-elle les végétaux ? A-t-on un souvenir des vies antérieures ? Y-a-t-il une rétribution des actes ? Peut-on se libérer définitivement du cycle des réincarnations ? Le lien d'une série de réincarnations est-il un daimôn qui loge dans des corps successifs ? Les réponses à ces questions et à bien d'autres définiraient la croyance d'Empédocle. Voir J.-C. PICOT, « À propos du : *The Poem of Empedocles* de B. Inwood », *Revue de philosophie ancienne*, 13, 1, 1995, p. 81-104, aux pages 90-98. Une thèse extrême consisterait à nier qu'Empédocle ait cru en la réincarnation, voir J.-F. BALAUDÉ, « Parenté du vivant et végétarisme radical. Le "défi" d'Empédocle », dans ROMEYER DHERBEY, G., *et al.* (dir.) *L'animal dans l'Antiquité*, Paris, J. Vrin, 1997 ; p. 31-53, à la page 38.

un lieu sans présence d'âmes, car le lieu des mélanges perpétuels, de vie et de mort, est celui de l'existence sur terre, seul lieu où tout se passe. Le royaume traditionnel d'Hadès est donc, en raison de l'existence de la réincarnation, exclu de la cosmologie d'Empédocle. Sur ce point, Kahn n'a donc pas tort. Il serait certes plus long d'apporter des arguments pour appuyer l'idée que l'existence sur terre est le véritable royaume de la mort. Mais, les deux options que nous avons énoncées – le monde d'en bas, séjour transitoire des âmes ; le monde d'en bas, lieu sans présence d'âmes – procèdent d'une même certitude : chez Empédocle, la mort et, par voie de conséquence, l'Hadès ne sont pas ce que le commun des mortels croit. L'Agrigentin le dit clairement au fr. 8.1-4 et au fr. 9.4-5. Il avoue parler selon l'usage, mais prévient qu'il ne met pas un contenu usuel sous les mots communs. Et il le dit précisément de la mort. Kingsley ne tient pas compte de cet avertissement. Notre auteur veut qu'Empédocle ait une vision en accord avec certaines données culturelles de son temps : « *A subterranean Hades is precisely what one would expect of Empedocles within the context of the south Italian magic and mysticism of his time*[29] ». Mais à ce jeu là Kingsley cache à son lecteur l'originalité de l'Agrigentin. Empédocle parle souvent de façon énigmatique. Il use d'allusions en contre-pied. Ainsi, il désigne par Aïdôneus une racine du tout avant même de désigner par ce nom le Seigneur du royaume des morts (fr. 6). Pour lui, aucune racine ne se définit exclusivement comme le lieu de séjour des morts[30]. La racine Hadès existe bien avant et bien après l'existence des vies mortelles ; elle existe dans le Sphairos et elle existe aussi lorsque la Haine triomphe. Kingsley ne s'encombre pas de la distinction à faire entre la racine et le séjour des morts. Il développe un argument topologique : Empédocle parle d'Hadès, or l'Hadès que l'on connaît est sous la terre, donc l'Hadès d'Empédocle est sous la terre ; il est aussi la racine que l'on trouve sous la terre, à savoir le feu. Et pour preuve que l'Hadès d'Empédocle est bien sous la terre, Kingsley cite abondamment le fr. 111[31].

Savons-nous, lorsque l'Agrigentin au fr. 111.9 promet à son disciple de faire sortir de l'Hadès le principe de vie d'un homme mort, ce qu'Hadès signifie ici pour Empédocle ? Kingsley parle d'une catabase au fr. 111.9, et laisse entendre qu'il s'agit là de la pratique réelle d'Empédocle. Or, l'expression utilisée par Empédocle (ἄξεις δ' ἐξ

---

29. KINGSLEY, p. 41.

30. Le séjour des morts n'a guère d'importance pour l'Agrigentin ; le séjour des mortels et celui des immortels sont les deux séjours intéressants.

31. Le fr. 111 se trouve en référence dans 23 pages de l'ouvrage de KINGSLEY. Pour comparaison, le fr. 6, qui est au centre de cet ouvrage, apparaît dans 21 pages.

Ἀίδαο) ne permet de parler ni de descente ni de remontée[32]. Même si dans le contexte l'on songe facilement à une catabase – même si C'est là ce qu'Empédocle voulait donner à croire – en revanche rien ne permet de conclure avec certitude à une catabase réelle pour Empédocle. Comment ne pas se méfier de l'image traditionnelle de l'Hadès souterrain, suggérée par celui qui dit : « Malheureux celui [...] qui entretient une obscure opinion des dieux » (fr. 132.2) ? Quand il le veut, Kingsley sait remarquer la tendance d'Empédocle « *to conceal his real meaning behind riddles and enigmas*[33] ». Comme on le sait avec le fr. 8 et le fr. 9 – fragments peu considérés par Kingsley – Empédocle ne croit pas à la mort commune. Contrairement à l'Hadès qui ne relâche pas ses morts, l'Hadès d'Empédocle, à travers la croyance en la réincarnation, produit, lui, des vivants-mortels, des mélanges innombrables. Alors, faire revenir le principe de vie d'un homme déjà mort hors de l'Hadès, est-ce un acte magique, ou bien est-ce simplement retrouver le sens des mélanges de vie et de mort ? Échapper à l'emprise de l'Hadès, n'est-ce pas l'envers de la croyance en la réincarnation ? À mes yeux, une faiblesse du travail de Kingsley est d'ignorer cette problématique. La force de sa thèse ne peut guère sortir grandie après avoir évité d'affronter une question légitime et centrale.

Selon Kingsley, les *Purifications* parlent de la réincarnation afin de convaincre le plus grand nombre de la nécessité de se purifier, *i.e.* concrètement d'arrêter les sacrifices sanglants. Pour arriver à son but, Empédocle ira jusqu'à présenter une version de la réincarnation à faire peur (« *by frightening his audience* »[34]). Après les *Purifications*, toujours selon Kingsley, vient la transmission de la doctrine ésotérique (le poème cosmologique) entre maître et disciple – seul à seul.

---

32. KINGSLEY, p. 41 n.17, évoque « Hes. *Th.* 586 », *i.e.* le moment où Zeus amena (ἐξάγαγ') Pandore à l'endroit où se trouvaient dieux et hommes. Pandore ne monte pas nécessairement d'un lieu souterrain ; elle sort, tout au plus, d'un lieu à l'abri des regards. Ce lieu pourrait être un atelier sur terre, et non pas sous l'Etna – si l'on pense aux forges d'Héphaïstos. Cette référence à la *Théogonie* ne vient pas à l'appui de ce que KINGSLEY veut établir. On veut bien croire que Pandore est une divinité de la terre, mais cela ne permet pas de dire que, dans la *Théogonie*, Pandore est façonnée sous la terre. KINGSLEY, emporté par le nombre de ses citations, apprécie-t-il la pertinence de chacune d'elles par rapport au texte ? Deux autres exemples aboutissant au même doute sont à mentionner : « Soph. *Ajax* 608 » (p. 75 n.18), qui n'appuie pas l'idée d'Hadès destructeur, mais plutôt d'Hadès ténébreux, invisible ; « Soph. *OC* 1522-32 » (p. 221 n.13) n'appartient pas au mysticisme gréco-égyptien, alors que la note vient à ce propos. En jonglant avec un grand nombre de citations, KINGSLEY en laisse échapper certaines de son contrôle.

33. KINGSLEY, p. 330.

34. KINGSLEY, p. 368. Plus loin, p. 369, KINGSLEY considérera « *Empedocles using the doctrine of reincarnation within the framework of an exoteric poem as a kind of window-dressing, not only to frighten his audience but also to titillate them.* »

Pourront saisir le contenu de la doctrine et voir, ceux qui ont déjà fait un pas pour sortir de leur aveuglement. Par ailleurs, le fr. 111 (la promesse magique) appartiendrait plus vraisemblablement au début du poème cosmologique, et non pas à sa fin comme le voulait Diels. Sur tous ces points, j'accepte volontiers de suivre Kingsley. Toutefois, selon moi, l'Agrigentin croyait véritablement à la réincarnation ; celle-ci n'était pas qu'un outil de prédicateur. Certes, il est vrai, les paroles des *Purifications* sont plus des incitations à l'action, dites avec les meilleures intentions, que des paroles franches. Kingsley a raison. Mais pourquoi alors ne pas voir une continuité entre l'attitude des *Purifications* et celle de la promesse du fr. 111 ?

Dans les *Purifications*, Empédocle promet de prendre pouvoir sur son destin. Dans le fr. 111, il promet d'autres pouvoirs s'étendant au destin en général. Alors que Kingsley prend du recul par rapport à la promesse des *Purifications*, il semble croire mot pour mot aux paroles du fr. 111. La tendance de notre auteur à s'en tenir à ce qui est le plus apparent est tenace. Mais peut-on croire aux pouvoirs extraordinaires dont parle Empédocle ? L'Agrigentin faisait-il la pluie et le beau temps ? Avait-il ressuscité un mort (entendons un mort réel et non pas une personne dans le coma) ? Était-il descendu dans l'Hadès souterrain et en était-il revenu ? Son corps physique descendait-il dans le feu infernal, *at will*[35], témoignant ainsi du pouvoir d'exception du magicien ? Je laisse Kingsley croire au sens littéral des formules du poète et du prédicateur[36]. Je constate seulement combien Empédocle manie la rhétorique. Sa magie verbale est remarquable. À la différence de Kingsley, je ne pense pas un instant qu'Empédocle ait cru pouvoir descendre physiquement dans le feu de l'Hadès, en revenir sans difficulté, et par son action personnelle ramener un mort à la vie[37]. Non, dans le fr. 111.9, Empédocle parle de façon à attirer l'attention. Il se réfère, sans être explicite, au pouvoir naturel, et pourtant extraordinaire, d'un type de réincarnation qu'il conçoit. Et il s'imagine être un rare témoin de ce pouvoir. C'est vraisemblablement le sentiment d'avoir pénétré, seul et aussi loin, les arcanes de la nature et de ses processus, qui pousse l'Agrigentin

---

35. Kingsley, p. 226 : « *Empedocles' image of a person capable of descending to and returning from the underworld at will...* » Voir aussi p. 289.

36. Kingsley, p. 41, 220.

37. Kingsley ne prend pas de recul critique par rapport aux affirmations magiques. Au fr. 111.9, il ne nous laisse même pas croire que les incantations, les rituels, l'incubation, le voyage de l'âme hors du corps, seraient suffisants ici pour garantir l'efficacité de l'acte magique. Voir p. 225 : « *The precise wording chosen here* [fr. 111.9] *by Empedocles quite clearly indicates that what he has in mind was not just some kind of necromantic invocation but an actual descent to the underworld...* », cf. p. 41, p. 249. – Pourtant, en dehors du fr. 111, Kingsley admet le rôle de l'incubation (p. 287) et la dimension symbolique du schéma de la mort rituelle (p. 289).

aux hardiesses de son expression dans le fr. 111. Pour affirmer qu'Empédocle parle dans le fr. 111 de façon littérale, sans feinte, il faudrait être sûr que dans le corpus empédocléen Empédocle parle, sinon toujours, du moins presque toujours de cette façon. Or, nous savons que le propos d'Empédocle est émaillé d'énigmes, de contre-pieds, de jeux d'esprit et de langage. On est loin d'une expression limpide ; donc, d'un discours à prendre sûrement de façon littérale.

En somme, Kingsley traite dans son livre de la question de la mort et de l'Hadès chez Empédocle, mais – paradoxe et carence – il ne s'attaque pas à une question majeure : quelle représentation de la mort l'Agrigentin avait-il ? Là, il fallait oser une théorie, là il fallait prendre une hauteur philosophique ; mais notre auteur, hélas !, est trop occupé à battre les sentiers de la Sicile. Il ne s'interroge pas, non plus, sur les possibles convergences et divergences entre la conception pythagoricienne de la réincarnation et la conception empédocléenne[38]. Tant de questions laissées sans réponse ! Comment alors le fond de la thèse de Kingsley pourrait-il ne pas reposer sur un malentendu ?

Il est essentiel pour notre auteur que la racine empédocléenne « Hadès » soit située sous la terre (*the underworld*), comme l'Hadès imaginé par les poètes épiques et les Grecs de son temps. Essentiel, car la thèse de Kingsley s'inscrit contre la thèse conventionnelle, jugée post-classique, qui veut qu'Hadès soit la terre. Si donc Hadès est sous la terre, il sera pour Kingsley absolument distinct de la terre. Comprenons bien : « sous » voudra dire ici « en dessous de », et n'aura donc pas le sens banal de « sous la surface de » ou « dans les profondeurs de », dans la mesure où ces expressions laissent entendre que Hadès serait mêlé à la terre ou dans l'intimité de la terre. « Être distinct de » n'a pas, dans le contexte, d'autre sens qu'un sens spatial, matériel. Puisque notre auteur assimile l'Hadès au Tartare des poètes (p. 74, 190, 193), Hadès sous la terre se situe en fait hors de la terre. Du moins, voilà le modèle théorique qui permet à Kingsley de séparer la terre d'Hadès. On trouvera dans son ouvrage des moments d'affirmation de ce modèle. Ainsi, p. 46 : « *When it comes to defining him [Hades] and his domain more specifically we invariably find them being located underneath the earth* (ὃς ὑπὸ χθονὶ δώματα ναίει)[39] ; *to a Greek in*

---

38. On trouvera avec difficulté « *reincarnation* » dans l'index des thèmes et des noms propres que donne KINGSLEY à la fin de son ouvrage. En effet, le thème « *reincarnation* » est un ajout à celui d'« *incarnation* ». Le fait est significatif : KINGSLEY ne parle de la réincarnation que de façon externe, sans rechercher le contenu de représentation de ce mot, sans approche philosophique. – Pour des thèmes comme « *daimones* », « *demons* », « *soul* », il n'y a aucune entrée dans l'index.

39. Pour avancer l'idée qu'Hadès est en dessous de la terre (*underneath the earth*), KINGSLEY cite Hésiode, *Théog.* 455. Mais est-on sûr que χθών veuille dire

Empedocles' time it was in fact a second nature to draw a sharp distinction between the earth (gaia or chthōn) and Hades » – p. 190 : « *Hades itself is routinely described in Greek poetry as situated not in but* under *the earth*[40]. » Rappelons que pour Kingsley ces remarques concernent directement Empédocle ; notre auteur ne suppose pas que l'Agrigentin puisse avoir sur l'Hadès des idées différentes de celles de ses prédécesseurs et de ses contemporains. À côté du modèle que j'appellerais « *not in but* under *the earth* », on trouve souvent aussi sous la plume de Kingsley une concession au langage de la « surface » (p. 71, 73, 357) et des « profondeurs » (p. 51, 53, 65, 78, 180, 185). Il recourt par ailleurs au langage du « centre de la terre » (p. 57-58, 63-66, 180)[41]. Avec deux façons différentes de localiser Hadès – Hadès hors de la terre et Hadès caché dans la terre jusqu'en son centre –, Kingsley ne nous aide pas à voir clair sur le sujet. On conclut à un certain flottement de la logique. Le lecteur critique se hasardera à penser que sous la surface de la terre et dans les profondeurs de la terre il y a encore la terre – et pas seulement le feu.

Que chez Empédocle le feu soit localisé en dessous de la terre, et pas simplement mêlé à elle dans ses profondeurs, la *Turba philosophorum* nous en apporterait un témoignage. Ce texte fait dire à Empédocle que la terre, élément, serait la coquille d'un œuf[42]. La terre serait donc une surface avec quelque épaisseur. Le soleil naissant serait distant de la terre comme le germe l'est de la coquille. Le feu serait le jaune de l'œuf. Cette comparaison a pour mérite de placer le feu loin de la terre. Mais la *Turba philosophorum* ne dit pas que pour l'Agrigentin le feu est Hadès. Qu'importe ! Kingsley le déduira : puisque Empédocle est cité dans une tradition alchimique qui reconnaît l'origine infernale du feu, et qui, à l'instar d'Empédocle, fait sortir le soleil du dessous de la terre, il s'ensuit que pour Empédocle, aussi, le feu est infernal ; il est Hadès[43].

Extrapolant, avec Kingsley, à partir des paroles de la *Turba*, nous sommes conduits à penser qu'Hadès est sous l'eau : « *We are presented*

---

ici « la terre » et non pas « la surface de la terre » (voir L.S.J. sur χθών : « *Earth, esp. the surface of it* ») ?

40. Ce passage renvoie précisément à deux notes de la page 46.

41. Concernant la p. 64, rapportons la remarque d'O'BRIEN 1998, p. 123 : « *Despite Kingsley's repeated assurances to the contrary, Empedocles (frag. 52) and the ancient authors who quote him (Seneca, pseudo-Plutarch, Proclus) write exclusively of fires burning below the surface of the earth, not of fire at the earth's center.* »

42. Le monde (κόσμος) a par ailleurs chez Empédocle la forme d'un œuf (A 50). La terre de la *Turba*, très différente de la terre actuelle, en un temps lointain où l'eau et le feu (futur soleil) étaient concentrés sous la coquille terrestre, n'est-elle pas en fait une représentation approximative du monde ?

43. KINGSLEY, p. 56 : « *This 'earthly' or 'invisible' sun was the 'fire of hell'* » ; p. 68 : « *Cosmological ideas about fire inside the earth or about the origin of the sun were far from being the only points of affinity between Empedocles and the alchemists.* »

with a scheme of water under the earth and then, at the earth's center, of fire underneath the water » ; ou encore : « *In his world-scheme Empedocles portrayed the subterranean water as lying above the subterranean fire* »[44]. Étrange conception de l'Hadès ! Étrange aussi que Kingsley veuille attribuer une conception populaire de l'Hadès à Empédocle. Mais la situation est aussi confuse. On ne peut pas parler de l'Hadès comme lieu des morts en un temps où la terre en forme d'œuf – apparemment sans eau à sa surface, sans soleil – ne supportait encore aucune vie animée[45]. Aétius et Achille Tatius nous empêchent enfin de croire que la racine Hadès soit toujours dans le même lieu, sous la terre, comme l'imagine Kingsley, avant l'existence des mortels et lors de l'existence des mortels[46].

Je reste en fin de compte incrédule face au tour de passe-passe de l'argument topologique. Non, définitivement, ce tour n'est pas au point. Nous avons vu que l'Agrigentin ne croyait pas à l'Hadès commun dont Kingsley a besoin pour son argument. Nous avons constaté qu'il était bien difficile de soutenir en permanence qu'« Hadès sous terre » implique « Hadès en dessous de la terre ». Nous trouvons de plus curieux qu'Hadès soit sous l'eau et toujours en un même lieu relativement à la terre. Et il faudrait ajouter encore deux remarques.

Puisque Kingsley n'attribue à Empédocle que des pensées triviales sur l'Hadès, et qu'il fait d'Hadès le feu sous la terre, pourquoi l'idée Hadès = feu n'était-elle pas au temps d'Empédocle une idée banale ? Pourquoi Empédocle – qui ne différerait sur le point de

---

44. KINGSLEY, p. 63 et p. 357. Voir A 68 et A 69.

45. Relisant le fr. 62, KINGSLEY voudrait imposer l'idée que des « *prototypes of mankind were raised up out of the earth at a time when our sun did not yet exist and there was no such thing as daylight.* » (p. 51.) Il attribue aussi cette idée à J. BOLLACK, *Empédocle. III, Les Origines, commentaire, 2*, Paris, Éditions de Minuit, 1969, p. 429 et WRIGHT 1981, p. 216. Soit pour WRIGHT ! Mais en ce qui concerne BOLLACK l'attribution est tendancieuse. BOLLACK distingue la naissance des plantes – voir Aétius (*Opinions*, V, XXVI, 4 = A 70) – et celle des hommes. Les plantes poussent lorsque le soleil n'est pas encore séparé, entendons ici qu' « après avoir enveloppé la terre » (BOLLACK, *ibid.*, p. 503), le soleil ne s'est pas encore concentré dans un seul hémisphère. Mais, « les hommes montent nécessairement la première nuit que produit la concentration du soleil hémisphérique » (*ibid.*, p. 429). Pour BOLLACK, le soleil ne vient pas du centre de la terre (*ibid.*, p. 432 : la présence du feu sous la terre à l'heure des mélanges) ; et, *pace* KINGSLEY, les prototypes humains sortent quand le soleil se forme, donc avec l'existence d'une première nuit. Rappelons AÉTIUS (*Opinions*, V, XVIII, 1 = A 75) : « Lorsque le genre humain fut engendré de la terre, le jour était, à cause de la lenteur du Soleil, aussi long que le seraient aujourd'hui dix mois. » (trad. J.-P. DUMONT.)

46. Aétius (*Opinions*, II, 7, 6 = A 35a) : « Empédocle disait que les lieux des éléments ne sont pas absolument constants ni définis, mais que tous changent mutuellement de lieu. » (trad. J.-P. DUMONT.) Même idée chez Achille Tatius (*Introduction à Aratos*, 4, éd. MAAS, p. 34, 20 = A 35b).

la représentation d'Hadès en rien par rapport à son milieu – croirait-il plus à Hadès = feu que tout un chacun ? Il y a dans ces questions de quoi nourrir l'idée qu'en définitive la logique de Kingsley est loin d'être à toute épreuve. Ses affirmations concernant l'Agrigentin ne sont pas aussi simples que ce que, par habileté d'exposition, notre auteur voudrait laisser croire.

Venons-en à la seconde remarque. Aristote nous dit : « Tantôt [Empédocle] assure que c'est la nature du feu qui le porte en haut, mais l'éther, dit-il, 'poussait sous la terre de longues racines'. » (*De la génération et de la corruption*, II, 6, 334a3-5, trad. J. Tricot.) Si l'air vient sous la terre pourquoi ne serait-il pas Hadès ? D'ailleurs, la thèse serait pleine de bon sens : Hadès est invisible, comme l'air. Mais on sait aussi que sous la terre il y a de l'eau et du feu (la Sicile en témoigne). On ne peut donc résolument pas s'appuyer sur une localisation relative à la terre pour identifier l'Hadès d'Empédocle.

3 - Sur les traces de la sandale magique

Comprenons Kingsley : la sandale de bronze est associée au Tartare (Hécate) et elle est aussi associée au feu (la mort d'Empédocle dans l'Etna), donc le Tartare est associé au feu. Puisque l'on sait que le Tartare s'identifie à l'Hadès, on peut conclure : Tartare = Hadès = feu[47]. L'argument de Kingsley ne tient pas compte de la complexité de la situation. Ce n'est pas Empédocle qui fait les rapprochements dont Kingsley a besoin. C'est la légende autour de sa mort. De plus, l'Etna n'est pas uniquement du feu, il est des gaz, des matériaux. Si la sandale est bien associée à l'Etna, il est réducteur de penser qu'elle n'est associée qu'au feu. Enfin, les manifestations de l'Etna ne sont pas la preuve de la substance du Tartare, tout comme les saules à l'entrée de l'Hadès ne permettent pas de conclure que l'Hadès est fait de saules.

Une fois de plus le raisonnement de Kingsley n'aboutit pas à une proposition univoque. Selon la légende, on sait que la sandale d'Empédocle a été rejetée par l'Etna. Le feu n'aurait donc pas voulu du symbole du Tartare – la sandale fut tout simplement retrouvée sur la terre. Si la sandale doit finir dans l'Hadès, et qu'elle se retrouve sur la terre, pourquoi ne pas reconnaître que l'Hadès est la terre ?

---

47. KINGSLEY nous dit : « *According to the Greeks of the fifth century any distinction between Tartarus and Hades was more or less optional* » (p. 193, reprise de la proposition déjà donnée p. 74). Remarquons que pour Hésiode le Tartare n'est pas l'Hadès. Que bien plus tard, pour Philolaos, l'Hadès, sous la forme de la contre-terre (invisible), se distingue du feu central qui serait le Tartare. Nul ne sait si Empédocle, à peu près contemporain de Philolaos, confondait l'Hadès et le Tartare.

On peut faire dire à la légende ce que l'on veut. Et l'on peut aussi récuser tout simplement le fait qu'une sandale en bronze projetée par un feu volcanique et des gaz à haute température puisse garder sa forme. Par quel miracle le bronze ici ne fonderait-il pas ? Par quel miracle pourrait-on encore reconnaître une sandale après son contact avec le feu infernal ?

4 - La logique des mariages dans le fr. 6

Nous avons examiné trois types d'arguments qui voudraient étayer la thèse de l'équivalence d'Hadès et du feu chez Empédocle. Pour mémoire, ce sont : 1 – les allusions épiques autour de Zeus (fr. 149) et Héra (fr. 6) ; 2 – la localisation d'Hadès sous la terre ; 3 – l'association feu/Tartare, grâce à la sandale de bronze. Contrairement à ce que croit Kingsley, ces arguments sont impuissants à établir Hadès = feu.

La thèse doit en outre affronter deux sérieuses difficultés. En premier lieu, Hadès ne peut être le feu en même temps qu'Héphaïstos. Kingsley distingue un feu créateur (Héphaïstos) et un feu destructeur (Hadès), sans réaliser que l'unique racine du feu – Hadès, seul nommé au fr. 6 – ne peut englober Héphaïstos. En effet, comment la destruction engloberait-elle la création ? À l'inverse, on comprend que Zeus-feu prenne parfois pour l'Agrigentin le nom d'Héphaïstos. Héphaïstos peut être un nom pour la racine nommée Zeus, si l'on voit en Zeus une image composite du feu, non confinée à la destruction. Mais Héphaïstos ne peut pas être un nom pour la racine nommée Hadès, car selon Kingsley Hadès représente exclusivement la destruction. Le clivage radical création/destruction interdit de confondre Héphaïstos et Hadès.

Examinons maintenant la seconde difficulté. À la différence de ses prédécesseurs, Kingsley introduit l'idée de deux mariages structurant la liste des quatre divinités du fr. 6 (p. 350). Cela lui permet de dévoiler Perséphone derrière Nestis. Mais pourquoi ces mariages ? Kingsley ne se pose pas la question. Et que veulent dire le mariage de l'air et de la terre, et le mariage du feu et de l'eau, puisqu'il faut bien tirer les conséquences des identifications divinités-racines ? La terre ne s'oppose pas à l'air, comme peut le faire l'eau au feu. Le couple air/terre qu'imagine Kingsley ressemble fort au couple pré-olympien Ouranos/Gaia, le ciel étoilé qui couvre/la terre qui est couverte. Ce couple divise l'espace en deux, règne sans partage, et ne laisserait donc pas de place au couple feu/eau. Le mélange d'une conception pré-olympienne (Ciel-Terre) et d'une conception olympienne (Hadès-Perséphone), à un même niveau d'ancienneté et d'honneur (C'est le sens du fr. 6), étonne. Lorsqu'on examine les couples ainsi constitués selon la thèse de Kingsley, on constate donc un déséquilibre entre la logique des divinités et celle des racines qui sont attachées aux divinités. Il vaudrait mieux alors oublier le chapitre « Nestis », et refuser d'imaginer deux couples dans les quatre divinités. S'il veut ne pas prêter un peu plus le flanc à la critique, Kingsley doit choisir son camp : ou bien concevoir des mariages et dévoiler Perséphone avec toutes les conséquences que cela implique, ou bien défendre la thèse Hadès = feu.

Nous voulons montrer maintenant qu'une autre approche du fr. 6 permet d'identifier plus sûrement le feu avec Zeus et Hadès avec la terre.

À la fin de son livre, Kingsley donne l'équivalence de Nestis et de Perséphone. Il s'appuie en particulier sur les deux mariages repérables dans la présentation des quatre racines : Zeus et Héra d'une part, Hadès et Perséphone d'autre part. L'exégèse de Diels, dont on sait l'influence, a complètement ignoré la présence possible de Perséphone derrière Nestis. Comme Kingsley, je suis convaincu de l'importance de cette double figure. Mais il faut aller plus loin que ne le fait notre auteur. L'identification des racines mérite que nous portions attention sur ce point le plus étrange, le plus secret, et peut-être le plus spécifique de l'imaginaire de l'Agrigentin. En partant de l'idée de deux couples de racines – Zeus et l'épouse de Zeus, Hadès et l'épouse d'Hadès », nous allons montrer que l'équivalence d'Hadès et du feu se trouve en contradiction avec la pensée de l'Agrigentin.

Un intérêt, pour Empédocle, de nommer les racines avec des noms de divinités mâles et femelles réside dans la possibilité de suggérer des affinités ou des complémentarités dans des couples légitimes. Il paraît exclu que des divinités opposées en tout point puissent former des couples stables, des mariages. Le modèle des couples divins de racines n'est pas celui d'Arès et d'Aphrodite, couple adultère et fragile. Ce n'est pas non plus le modèle du rapprochement périlleux du feu et de l'eau, où le feu pourrait s'éteindre et l'eau s'évaporer. Pas plus n'est-ce celui des celui des paires de divinités opposées qu'Empédocle donne aux fr. 122 et 123. Non ! Zeus et Héra, Hadès et Perséphone, sont la claire indication de mariages où l'on peut attendre un minimum d'harmonie et certains rapprochements entre époux. Quels sont les rapprochements stables possibles entre les éléments ? Le feu peut faire couple « naturellement » avec l'air, et l'eau avec la terre. Que voulons-nous dire ? Il existe pour l'observation commune une complémentarité entre certaines racines. Ainsi, l'air attise le feu. Et l'air resplendit quand il est traversé par la lumière du feu solaire. Le feu et l'air sont alors facilement associés. En revanche, on ne voit guère de lien fonctionnel entre le feu et la terre, ni entre le feu et l'eau. Pour le couple de l'air et de la terre

– sans doute possible si l'on pense à Ouranos et Gaia – nous avons néanmoins vu que ce couple aboutit à poser un couple feu/eau, qui paraît sans cohérence interne et sans réelle présence face au couple primordial Ouranos et Gaia.

Un lien pourrait exister entre l'eau, sous forme de vapeur ou de nuages, et l'air (l'air est facilement humide). Toutefois, si l'on retient ce couple air/eau, on crée de façon complémentaire un couple terre/feu sans lien réel, et l'on ne voit pas comment écarter le couple terre/eau tout aussi légitime, qui admet en complément le couple feu/air. Le rapprochement de la terre et de l'eau, quant à lui, est aussi naturel que celui du feu et de l'air. L'eau peut se mêler facilement à la terre, l'irriguer, éviter son effritement. La terre peut retenir l'eau, lui permettre de se rassembler. La terre et l'eau s'apportent une mutuelle cohésion.

Donc, en examinant les diverses possibilités de couples parmi le feu, l'air, la terre et l'eau, on conclut à deux couples également naturels : feu avec air – et terre avec eau. La liaison de l'eau et de l'air, aussi concevable, vient en second lieu.

Aux couples de divinités correspondent des couples d'éléments. Nous connaissons les couples de divinités et indépendamment les couples d'éléments. Comment les deux, ensembles, viennent-ils à se superposer ? Puisque Nestis est sûrement l'eau, il n'existe qu'une possibilité de couple : Hadès et Nestis seront la terre et l'eau, tandis que Zeus et Héra seront le feu et l'air. Qu'Hadès soit la terre n'est pas choquant. Empédocle croit que l'ici-bas est un lieu loin de la vraie vie. La terre est par ailleurs le monde des formes solides, soumises aux changements, donc monde de l'éphémère. Zeus peut-il désigner la terre ? Aucun témoignage, aucune tradition, aucun rapprochement pertinent pour Empédocle ne permet d'identifier Zeus et la terre. Il reste donc à Nestis-eau à faire couple avec Hadès-terre. On n'hésitera pas longtemps pour l'identification de Zeus. De façon isolée, Zeus peut être l'air ou le feu, mais Héra ne peut pas être le feu – pour la même raison que Zeus ne peut être la terre. Donc Zeus sera le feu et Héra sera l'air. Nous parvenons ainsi à l'identification de chaque divinité à un élément qui possède des raisons (dans la tradition et selon la philosophie d'Empédocle) de lui être associé, et à la formation de deux couples fondés sur des affinités, et sur la proximité spatiale. C'est une solution harmonieuse.

Le rapprochement dans un couple creuse la distance ou l'opposition avec l'autre couple. L'opposition marquée est celle du feu et de l'eau, que l'on suppose être celle de Zeus et de Nestis. Dans l'énonciation du fr. 6, les divinités extrêmes sont Zeus et Nestis, la première nommée et la dernière nommée, le plus connu des dieux, la moins connue des divinités énoncées. La logique des mariages n'empêche pas le rapprochement de divinités non mariées (les amours illégitimes de Zeus avec des divinités mineures sont connues). L'Amour associe selon les circonstances des divinités qui ont peu, voire pas, d'affinités entre elles. Mais la distinction a toute son importance : l'Amour forme des liaisons sans considération des mariages, il unit les dissemblables, les extrêmes, ce que le mariage n'est pas censé faire.

Nestis dévoilée mérite une attention particulière. Par son intermédiaire, nous pouvons comprendre le fondement du fr. 6.

5 - La source des mortels

Dans le premier chapitre de son ouvrage (p. 13), Kingsley traduit ainsi le fr. 6.3 :

Νῆστίς θ᾽, ἣ δακρύοις τέγγει κρούνωμα βρότειον

Nestis who moistens the springs of mortals with her tears.

Pourquoi écrire « *springs* », un pluriel, alors que le mot grec censé être traduit (κρούνωμα) est au singulier ? Ailleurs, Kingsley écrit bien « *spring* » (p. 348, 352). Apparemment, pluriel ou singulier, la chose serait sans importance. Certes, dans bien des cas, un neutre singulier peut être traduit par un pluriel ; mais ici, comme nous allons le voir, le pluriel ne permet pas la même compréhension que le singulier. Or, le singulier est bien le sens voulu par le texte. La traduction fidèle serait donc : Et Nestis, qui de ses pleurs mouille la source des mortels. Puisque le verbe « mouiller », dans le contexte, semble étrange en français, je donnerais une traduction équivalente par : Et Nestis, qui de ses pleurs donne l'eau à la source des mortels.

Il faut distinguer les pleurs qui mouillent de la source des mortels. Kingsley confond, mais il n'est pas le seul, la source des mortels et les pleurs[48]. La bonne interprétation de la « source des mortels » me semble avoir été donnée par C. Gallavotti : C'est la terre[49]. Au moins, faudrait-il ajouter, pour une bonne compréhension, qu'il s'agit de la terre mouillée par les pleurs de Nestis. Source est ici une métaphore. Ce n'est pas une source « pour les mortels », comme le pense Guthrie[50] ;

---

48. Dans un *Hymne à Déméter* de Philicus, KINGSLEY (p. 352) relève que Déméter crée une source d'eau de ses larmes ; il y voit un parallèle avec Nestis-Perséphone. Notre auteur a soin d'établir que Perséphone est associée aux sources d'eau. Mais il ne conçoit pas qu'au fr. 6.3 puisse être autre chose qu'une source acheminant des pleurs.

49. C. GALLAVOTTI, *Empedocle. Poema fisico e lustrale*, Milan, Arnoldo Mondadori, 1975, p. 174 : « *Questo pianto di Nestide che innaffia il* κρούνωμα βρότειον, *la 'vasca umana', cioè la terra. Il pianto di Nestide è appunto l'acqua che si riversa sul terreno (Aidoneo).* »

50. W.K.C. GUTHRIE, *A history of Greek philosophy, II, the presocratic tradition from Parmenides to Democritus*, Cambridge-Londres-New York, Cambridge University Press, 1965, p. 141 : « *Nestis who with her tears makes springs well up for mortals* ».

C'est la matrice terrestre qui produit les mortels, ou encore : d'où s'écoulent les mortels. Pensons au témoignage d'Aétius (*Opinions*, I, III, 20 = A 33) : « "Nestis" et la "source des mortels" sont d'une certaine façon la semence (τὸ σπέρμα) et l'eau. » Indiscutablement, Nestis représente l'eau. Mais, dans le contexte, cette eau n'est pas une eau à boire pour les mortels ; la source alimentée n'est pas destinée à étancher leur soif. Non, l'eau est semence. Les pleurs de Nestis sont fécondants. Ils fécondent comme du sperme la matrice terrestre. Le singulier de la source-matrice (κρούνωμα) est alors essentiel, car il serait absurde de sous-entendre un pluriel (les terres ?), lorsqu'il s'agit de notre terre. Il ne faudrait pas lire, non plus, que les pleurs de Nestis alimentent une source déjà existante. Les pleurs de Nestis constituent à eux seuls l'eau de la source (d'où la traduction : « donne l'eau à la source des mortels »). La source des mortels – entendons la terre mouillée – n'est donc pas pré-existante aux larmes de Nestis. Elle est fécondée non pas pour donner de l'eau, mais pour donner des mortels.

Aétius, qui va apparemment jusqu'à confondre Nestis et la source des mortels, se laisse abuser par le sens de « source » – naturellement associé à l'eau. Et il ne perçoit pas la métaphore[51]. Pourtant Empédocle ne cesse de parler par métaphore[52]. Lorsqu'on lit au fr. 21.6 : « De la terre s'écoulent (προρέουσι) ce qui est compact et ce qui est solide », on est frappé par la conjonction du verbe « s'écouler » avec « terre » et avec « ce qui est solide »[53]. La terre agit

---

GUTHRIE lui aussi traduit « source », un singulier, par un pluriel (*springs*). Il transforme en outre le sens de « τέγγει », littéralement « mouille », en « fait sourdre ».

51. G. LACHENAUD, dans son ouvrage *Plutarque. Œuvres morales, XII²*, *Opinions des philosophes*, texte établi et traduit par G. L., Paris, Les Belles Lettres, 1993, p. 78, 214 –, nous dit : « Le vers 3 donne lieu à des traditions multiples et parfois fantaisistes [...]. La métaphore ne renvoie ni aux larmes des hommes, ni à l'eau des sources. [...]. Pour κρούνωμα βρότειον, cf. B 23, vers 10 [la source des choses mortelles]. » Sa traduction du vers 3, paradoxalement, n'écarte pas la fantaisie (le verbe τέγγει n'a plus de complément d'objet direct), mais elle affirme au moins que la source en question est une source de la vie humaine : « Et Nestis qui mouille de larmes, source de la vie humaine. » (p. 78.) LACHENAUD, en plaçant de façon originale κρούνωμα βρότειον en apposition à Νῆστις suit la lecture d'Aétius qui met en équivalence Nestis, l'eau, le sperme et la source mortelle. Mais Nestis n'est pas la source mortelle.

52. Au fr. 23.10, les racines et leur mélange sont la source des choses mortelles (source = πηγή). Au fr. 143, Empédocle dit : « Ayant coupé cinq sources d'un bronze effilé » ; il est vraisemblable que les sources en question (source = κρήνη) sont les organes des sens, générateurs de notre connaissance, et non pas de simples cours d'eau (voir J.-C. PICOT, « Sur un emprunt d'Empédocle au *Bouclier* hésiodique », *Revue des études grecques*, 111, 1, 1998, p. 42-60, à la page 59). – Sur le style métaphorique d'Empédocle voir le témoignage de Diogène Laërce dans DK 31 A I (I, 278, 16-17), et d'Aristote, *Météorologiques,* B3, 357a24-28 (= DK 31 A25 – I, 287, 17-20).

53. En suivant L.S.J. (*Revised supplement*, 1996, p. 149), je retiens le sens de « *close-packed, dense* » pour θέλυμνα. Empédocle parle au fr. 152 W de plantes

comme une source. Empédocle prend sans doute plaisir au paradoxe, il parle avec le langage des fluides de ce qui est solide. Le mélange de l'eau et de la terre, et les mélanges vivants et mortels qui surgissent de la terre (voir fr. 62), permettent le tour insolite de l'expression.

6 - Perséphone et le cycle de l'eau

Où vont les pleurs de Nestis ? Sur et dans la terre. Où se trouve Perséphone lorsqu'elle pleure ? Au royaume d'Hadès. Les pleurs de Nestis-Perséphone tombent sur la source des mortels, ils imprègnent le royaume d'Hadès. De fait, les pleurs ensemencent la terre, qui est le royaume d'Hadès et le générateur des mortels[54].

Il ne serait pas opportun de dire que les pleurs mouillent Héra (la terre porte-vie) ; car Héra n'a pas de place dans le mythe de Perséphone. Il n'est pas non plus cohérent de penser à la fois que les pleurs de Nestis sont une semence (voir Aétius), et que cette semence « mouille », féconde, une source au sens propre (à savoir : de l'eau). On peut en revanche dire que les pleurs-semences mouillent ce qui n'est pas naturellement mouillé ; ces pleurs fécondent la terre, comme la pluie le fait de façon commune. L'eau fait pousser les ébauches d'hommes considérées par Empédocle comme des plantes (fr. 62.2 : ὄρπηκες ; A 72c -Varron : « Empédocle dit que les hommes sont nés de la terre, comme des blettes »). Ces hommes-plantes poussent d'une racine qui est la terre.

En suivant cette ligne d'interprétation on résout une énigme. L'air est chez Empédocle « assembleur de nuées » (fr. 149). Or, les nuées contiennent la pluie qui féconde la terre. L'air porte des nuées, les assemble, et par les précipitations apporte la vie sur terre. On en déduira que l'air est « porte-vie », donc Héra (fr. 6.2). Les épithètes chez Empédocle sont bien choisies. Elles se renvoient l'une l'autre. Ce qui est porte-vie, C'est l'air avant même que ce soit la terre. Ce qui est assembleur de nuées, C'est l'air avant même que ce soit Zeus ; C'est Héra porte-vie. Nous repérons chez l'Agrigentin un décalage des épithètes par rapport aux noms auxquels traditionnellement elles se rapportent.

Kingsley s'était acquitté rapidement de l'idée que Héra puisse être l'air. Il s'appuyait sur un argument qui pris isolément paraît fort :

---

aux racines serrées. Par « compact » dans le contexte du fr. 21, on peut voir une référence aux racines. Il semble en effet naturel d'associer la terre à ce qui a des racines. Les arbres semblent s'écouler de la terre : c'est probablement ce que suggère Empédocle. Les racines aident à penser la métaphore de l'écoulement.

54. Je prolonge ici ce qui est dit dans la section « Hadès sous la terre ». Pour l'Agrigentin, l'Hadès ne serait donc pas le lieu des morts, mais, à certains moments du cycle cosmique, le lieu des mortels.

l'élément que l'on nomme « air » se dit par Empédocle αἰθήρ et non pas ἀήρ[55], ce qui n'autorise pas l'anagramme ἀήρ / Ἥρα, et donc ne justifie pas l'attribution de l'air à Héra. Mais la raison qui voudrait que Héra soit l'air ne s'appuie pas nécessairement sur l'anagramme ἀήρ / Ἥρα. Et de plus, rien n'interdit qu'Héra soit l'éther, avec un espace près de la terre, « assembleur de nuées » et « porte-vie ». L'*Iliade* (XV 23), déjà, nous montre Héra à la fois dans l'éther et dans les nuages.

Il y a une cohérence de présentation des racines. Elles sont fondatrices d'un cycle du monde. Par l'action du soleil (le feu), l'eau s'élève dans l'air, produit des nuages et se transforme en pluie qui féconde la terre, mère des êtres vivants. Les mortels faits de chair sont le prolongement des végétaux.

Empédocle a caché Perséphone sous le nom de Nestis. Ce n'est pas neutre. Perséphone est la déesse de la puissance végétale. Sous le nom de Nestis et par l'entremise de Ἥρη φερέσβιος – l'air porteur de nuées –, elle a supplanté Zeus dans sa fonction traditionnelle de dieu de la pluie et fécondateur du sol. Mais plus encore, elle a supplanté le maître du monde : le monde se tient dans un cycle – or Perséphone est par excellence la déesse du cycle de la Nature.

Dans la philosophie d'Empédocle, les liens entre les divinités sont en définitive du domaine d'Aphrodite, déesse née de l'écume, appelée aussi Philotès enlaçante (fr. 19, – 34, fr. 96.4). Cette puissance du lien renvoie à la divinité de l'eau, Nestis, en qui l'on devine Perséphone. Pour Empédocle, les trois déesses – Nestis, Perséphone, Aphrodite – seraient donc des figures à peine différentes d'une même réalité. La multiplicité des noms divins ne signifie pas nécessairement que l'Agrigentin n'a pas de code fixe. Ce code peut exister, même s'il n'est pas aussi simple que ce que l'on peut espérer.

7 - La charge de la preuve

Il n'y a pas de raison de croire qu'Empédocle ait puisé dans l'eau et le feu souterrains de sa Sicile natale les idées-forces de sa représentation de l'Hadès. Kingsley procède par proximité géologique et géographique pour étayer son identification de l'Hadès empédocléen. Mais la proximité ne fait pas une argumentation ; tout juste un début d'hypothèse. Qu'il y ait une correspondance entre la géographie et les mythes d'une île, le point est acquis sans difficulté. Reste à savoir jusqu'où l'on veut pousser le matérialisme historique. Il manque pour notre conviction l'articulation, dans le cas particulier d'Empédocle,

---

55. KINGSLEY, p. 15-16, 20, 24, 36. Voir cependant la remarque d'O'BRIEN 1998, p. 123, qui observe que *aer* lu dans le contexte du fr. 149, et dans le fr. 100.13, est écarté de façon singulière par KINGSLEY au profit de *aither*.

entre les deux séries : la série des contextes socioculturels, géographiques, et la série des idées de l'Agrigentin. Kingsley est silencieux sur ce qui est essentiel pour étayer sa thèse.

La pierre de touche de toute théorie d'affectation des dieux aux quatre racines se tient dans la lecture des fragments. Si Kingsley avait raison, la clé Hadès = feu devrait permettre de comprendre un ou des fragments de l'Agrigentin. On passerait alors de la théorie à la formulation des hypothèses, puis à la validation. Mais hélas !, Kingsley ne nous donne aucun exemple de l'efficacité de sa clé. Il ne nous suffit pas que l'auteur répète à l'envi que les choses sont cohérentes entre Strabon, le *Phédon*, la tradition alchimique arabe, le poète Milton, et Hadès = feu dans le fr. 6. Nous voulons trouver dans les fragments d'Empédocle une application de cette équation-clé. Et là, les pages d'érudition de l'auteur cachent à mes yeux une réelle nudité.

Vers la fin de son livre (p. 359), Kingsley cite Guthrie, lorsque ce dernier écrit : « *If one must decide, it is perhaps safest to follow the Theophrastean tradition with Bignone and say that Zeus = fire, Hera = air, Nestis = water and Aidoneus = earth. Fortunately the question is of little importance for Empedocles's thought*[56]. » Kingsley critique le peu d'importance accordée à la question dite de l'attribution divine des racines. Je me joins à lui. Guthrie a eu ici une phrase malheureuse[57]. Malheureuse, parce qu'à aucun moment il n'a soupçonné l'intérêt que l'Agrigentin pouvait tirer de l'attribution divine des racines. Guthrie n'a donc pas cherché à utiliser cette attribution pour éclaircir la lecture de fragments.

Mais de deux choses l'une : ou bien on ne peut rien faire de l'attribution divine pour relire Empédocle, ou bien on peut espérer utiliser l'attribution divine pour relire Empédocle. Dans le premier cas, Guthrie a raison. Ce que l'on sait et saura de la pensée d'Empédocle est indépendant de l'attribution divine. Dans le second cas, Guthrie a tort – c'est ce que je crois –, l'attribution peut résoudre des conflits d'interprétation, elle peut donner du relief à l'art poétique de l'Agrigentin. Certes, on ne modifiera pas de la sorte les grandes lignes de ce que l'on sait de la doctrine d'Empédocle. Mais on appréciera mieux ce qu'il a dit.

Kingsley s'oppose à Guthrie, il prétend que l'on peut trancher de façon décisive la question des identifications du fr. 6. Mais paradoxalement, toutes les prétendues preuves qu'il donne pour s'assurer

---

56. GUTHRIE 1965, p. 146.

57. On notera la remarque, déjà faite en 1908, de C.E. MILLERD (*On the interpretation of Empedocles*, Chicago, The University of Chicago Press, 1908, p. 33) : « *The mythological names used for the elements have no great significance. Their employment seems to be merely a play of fancy.* »

de l'identité d'Hadès et du feu peuvent sans crainte être mises en avant, car il n'en ressort, dans son ouvrage, aucune conséquence sur la lecture de l'Agrigentin. Guthrie et Kingsley se rejoignent : l'épreuve du feu est exclue.

Je fais l'hypothèse que les dieux d'Empédocle ne sont pas qu'un habillage de sa pensée, « *a play of fancy* » comme dirait Millerd. Le poète posséderait un code divin qu'il suit fidèlement dans toute sa poésie. Il ne joue pas avec les dieux, tantôt ici pour désigner une chose et peut-être tantôt ailleurs pour désigner une chose différente. Je voudrais mettre maintenant à l'épreuve la thèse de Kingsley et la thèse conventionnelle que je défends (Zeus = feu, la thèse la « plus sûre » que nous recommande Guthrie) ; et du même coup, tenter d'apporter une première pierre sur laquelle puisse s'appuyer la cohérence du code divin à travers la poésie de l'Agrigentin. Bien entendu, il faudrait d'autres développements pour confirmer cette cohérence.

8 - L'identité de Zeus dans le fr. 128

Lisons le fr. 128.1-3 :

οὐδέ τις ἦν κείνοισιν Ἄρης θεὸς οὐδὲ Κυδοιμός
οὐδὲ Ζεὺς βασιλεὺς οὐδὲ Κρόνος οὐδὲ Ποσειδῶν,
ἀλλὰ Κύπρις βασίλεια.

Pour eux, il n'y avait pas de dieu Arès, ni Tumulte,
Ni Zeus-roi, ni Cronos, ni Poséidon,
Mais il y avait Cypris-reine[58].

Arès est le dieu de la guerre. Il est associé à Tumulte en *Il.* V 592-593. Tumulte est lui-même associé à Discorde (Eris) en *Il.* XVIII 535 et dans le *Bouclier* hésiodique (v. 156). Le temps de Cypris-reine, âge de l'Amour[59], précède dans le fr. 128 – et aussi dans la philosophie de l'Agrigentin – un âge de la Haine. On ne s'aventure guère en avançant qu'Empédocle, dans le fr. 128, a fait d'Arès la figure emblématique d'un âge de la Haine, que l'on imagine fait de guerre,

---

58. Certains traduisent selon la formule impersonnelle : « Pour eux, il n'y avait pas de dieu Arès, ni Tumulte » ; d'autres selon la formule attributive : « Pour eux, Arès n'était pas dieu, ni non plus Tumulte... » Je retiens la formule impersonnelle, et traduis alors de façon symétrique « mais il y avait Cypris-reine », et non pas « mais Cypris était reine ». Pour des raisons de symétrie encore, je choisis de lire βασιλεύς comme une épithète de Zeus, et non pas un attribut de Zeus, de Cronos et de Poséidon. Poséidon n'est pas roi, comprenons roi des dieux, comme l'est Zeus ou l'a été Cronos. Faire de βασιλεύς une épithète de Zeus conduit à mettre en valeur dans le fr. 128 1-3 le système d'opposition entre Cypris-reine et Zeus-roi.

59. Porphyre, à qui nous devons le fr. 128, précise que Cypris est la φιλία (*De l'abstinence*, II, 21, 2).

de tumulte et de discorde. Le premier dieu nommé, Arès, donnerait ainsi la tonalité de l'âge qui s'oppose à l'âge de Cypris[60].

Dans la tradition épique, Zeus et Arès ne sont pas confondus ; Zeus s'oppose même à son fils dans l'*Iliade* (V 889-890). Mais chez Empédocle, les choses en vont autrement. L'âge de la Haine conduit par Arès est aussi celui où Zeus est roi[61]. Le maître des dieux n'a pas chez Empédocle l'aura positive qu'il a dans la religion traditionnelle[62].

À ce contre-pied sur Zeus, il s'en ajoute un second. Chez Empédocle, le temps de la vie bienheureuse des hommes n'est pas celui de la tradition hésiodique ; il n'est pas l'âge de la race d'or au temps de Cronos (*T. J.* 111) ; il est l'âge de Cypris[63]. Après l'aura positive de Zeus, C'est donc celle du Cronos de la race d'or qui tombe.

On remarquera enfin qu'Empédocle ne nomme pas Hadès parmi les forces de Haine qui s'opposent à Cypris dans le fr. 128. Or, si Hadès est destructeur, comme le veut Kingsley[64], on est en droit d'attendre qu'Hadès soit un dieu – si ce n'est LE dieu – de l'âge de la Haine. Mais Empédocle n'oppose pas Hadès à Cypris.

Dans le fr. 128 Zeus représente la Haine ; toutefois, l'énigme reste entière : Zeus est-il l'air, comme le veut Kingsley, ou bien est-il le feu ?

---

60. Le commentaire du fr. 128 que fait Porphyre appuie cette interprétation : « Mais quand vinrent à régner Arès et Tumulte, ainsi que tous les conflits et sources de guerres, dès lors, en vérité, nul n'épargna plus un seul des êtres qui lui étaient appropriés. » (*De l'abstinence*, II, 22, 1, trad. J. BOUFFARTIGUE et M. PATILLON.) – Voir aussi MARSONER 1972-1973, p. 5 : « *Con Ares e* Κυδοιμός *il filosofo intende designare semplicemente* Νεῖκος. » Et p. 6 : « *L'identificazione* Νεῖκος-*Ares è d'altronde confortata dall'imitazione di Lucrezio che presenta nel proemio del* de rerum natura *le due forze empedoclee sotto le sembianze di Venere e Marte.* »

61. Pour MARSONER 1972-1973, p. 10, le couple Zeus-roi et Cypris-reine est une réinterprétation par Empédocle du couple homérique Aphrodite-Arès (cf. *Od.* VIII 267-366). Même si MARSONER ne fournit guère d'explication, je veux bien croire que ce rapprochement avec le couple homérique n'est pas arbitraire. Dans ce contexte, Zeus-roi est donc une autre figure de Νεῖκος-Arès, selon l'expression déjà employée par MARSONER. Aucun démenti ne viendra de Porphyre (*ibid.*), qui dans sa lecture d'Empédocle associe de façon implicite Zeus à Arès et Tumulte. On sait aussi, par les *Travaux et les Jours*, que la race qui ne songe qu'aux travaux d'Arès et aux œuvres de démesure est une création de Zeus.

62. Cf. J.P. HERSHBELL, « Hesiod and Empedocles », *The classical journal*, 65, 4, 1970, p. 145-161, à la page 158 : « *Indeed implicit in his account of this former age is a rejection of the gods of Hesiod.* »

63. Voir G.S. KIRK, J.E. RAVEN & M. SCHOFIELD, *The presocratic philosophers. A critical history with a selection of texts*, Cambridge, Cambridge University Press, 1983², p. 318 : « *Empedocles corrects traditional theology in asserting that Love (not Kronos) was originally the supreme god.* » Au temps de Cypris, comme l'indique le fr. 128, il n'y a pas de sacrifice sanglant. On imagine que ce temps est sans violence. Pour Empédocle, Cronos, dévoreur de ses enfants, ne peut pas être le souverain d'un âge sans violence.

64. KINGSLEY, p. 75 : « *The crucial fragment 6 nominates Hades, embodiment of death and destruction, as the god of fire.* »

Une autre façon de s'interroger est cependant possible : la Haine chez Empédocle peut-elle être associée à l'air, ou bien au feu ?

Empédocle semble appuyer sa conception de Zeus-roi sur ce que dit Héraclite de Πόλεμος, de Zeus et de la foudre : Πόλεμος est « le père de toutes choses et de toutes le roi » (fr. 53) ; Πόλεμος et Zeus sont identiques (selon Chrysippe cité par Philodème, *De pietate*, c.14)[65] ; « la foudre gouverne tout » (fr. 64). Une relation d'identité est donc facile à établir : selon Héraclite, Πόλεμος serait Zeus, serait roi, serait la foudre. Le Πόλεμος d'Héraclite aurait pour équivalent chez Empédocle la Haine, Arès, Zeus-roi. Sachant que ἀργής est associé à la foudre[66], nous ne trouvons pas étonnant qu'Empédocle conçoive son Zeus ἀργής (fr. 6.2) comme le feu de la foudre. La convergence avec l'Éphésien sur ce point ne doit toutefois pas faire oublier qu'Empédocle place une Cypris-reine en opposition à un Zeus-roi. Dans la philosophie de l'Agrigentin, Zeus n'est donc pas le dieu suprême d'Héraclite.

Grâce à la référence héraclitéenne, nous tenons un premier argument contre la thèse Zeus = air. Si l'on admet que Zeus-roi dans le fr. 128 est une reprise du Zeus-Πόλεμος d'Héraclite, Zeus-roi serait donc une figure du feu héraclitéen.

Un second argument, indépendant du premier et indépendant en particulier de l'influence supposée d'Héraclite sur Empédocle, s'appuie sur la propension du feu à agir dans le sens de la Haine. L'opposition de Cypris-reine à Zeus-roi est une façon pour Empédocle de dire que l'histoire des hommes au temps du règne de Cypris s'oppose à l'histoire des hommes où Zeus domine. Empédocle voit dans cette dernière histoire un enchaînement de la Haine. On doit supposer, même si le propos d'Empédocle avec Zeus-roi n'est pas de

---

65. Pour Philodème, voir H. DIELS, *Doxographi graeci*, Berlin, G. Reimer, 1879, p. 548, 1.26-31 : « καὶ τὸν πόλεμ(o)ν καὶ τὸν Δία τὸν α(ὐ)τὸν εἶναι, καθάπ(ε)ρ καὶ Ἡράκλειτον λέγειν ». – Je reprends jusqu'ici l'analyse de MARSONER 1972-1973, p. 7-8. Ajoutons une remarque concernant l'identité de Zeus chez MARSONER. Cet auteur ne tirera pas de son analyse du fr. 128 que Zeus est le nom divin du feu. Dans son ouvrage *Forma e pensiero nella filosofia greca arcaica*, Galatina, Congedo, 1992, p. 128-130, MARSONER identifie Zeus avec l'air et Hadès avec le feu. Il décrypte Zeus/Héra et Hadès/Nestis comme des couples d'opposés. Par ailleurs, il croit voir dans le masculin d'éther un bon argument pour attribuer l'éther (air) à Zeus et non pas à Héra. Le féminin Γαῖα ou Χθών conviendrait à Héra. Mais ce raisonnement sur les genres masculin/féminin, que KINGSLEY utilise en partie (p. 47, n.46 sans mention de MARSONER) n'aurait vraiment du poids chez Empédocle que si Nestis était le plus souvent désignée par un élément féminin. Or, les termes associés à Nestis, répertoriés par WRIGHT 1981, p. 23, sont du neutre dans 6 cas sur 14, dans 6 autres cas du masculin, et dans 2 cas seulement du féminin. Pourquoi Héra devrait-elle alors être associée à un élément au féminin ?

66. Chez Homère, ἀργής qualifie la foudre (κεραυνός) : *Il.* VIII 133, *Od.* V 128.

renvoyer explicitement à la racine du fr. 6, qu'il y a entre les deux poèmes – *Catharmes* et *Physique* – une cohérence de jugement de l'Agrigentin sur Zeus[67]. Si dans la *Physique* une racine, à l'exclusion des autres, reçoit clairement une qualification qui la rend proche de la Haine, on est en droit d'associer cette racine au Zeus du fr. 128. La seule racine à laquelle le corpus empédocléen associe une tonalité de Haine est le feu : 1 – le feu est destructeur dans le fr. 109.2[68] ; 2 – le feu se sépare dans le fr. 62.2 ; 3 – le feu s'oppose aux trois autres racines (Aristote, *G.C.*, II, 3, 330 b 19-21 ; *Métaphysique*, A, 4, 985a32-985b3) ; 4 – Plutarque associe le feu à la Haine : « Et plus généralement le feu est dissociant et séparateur, alors que l'eau agglomère et rassemble, retenant et agglutinant par l'effet de l'humidité. C'est ce à quoi fait allusion Empédocle qui chaque fois qualifie le feu de Haine funeste et l'humide d'attachant Amour[69]. » (*De primo frigido*, 16, 952 B, trad. J.-P. Dumont = DK B 19.) Zeus-roi, jugé par l'Agrigentin de façon négative, ne peut être l'écho que d'une racine jugée aussi de façon négative ; il s'ensuit que Zeus est le feu.

---

67. Même si le contenu du poème *Physique* se confirme être plus vaste que ce que H. STEIN et H. DIELS avaient supposé, l'existence des *Catharmes,* avec un contenu réduit, n'est toutefois pas remise en question par la publication des nouveaux fragments du papyrus de Strasbourg. Voir A. MARTIN & O. PRIMAVESI, *L'Empédocle de Strasbourg,* Strasbourg-Berlin-New York, Bibliothèque Nationale et Universitaire de Strasbourg et W. de Gruyter, 1999, p. 114-119. Nous conservons pour l'instant l'affectation classique du fr. 128 aux *Catharmes.*

68. KINGSLEY, p. 75 et 77, qualifie Hadès de destructeur. Notre auteur fait, p. 75, un rapprochement de cette qualification d'Hadès avec ἀίδηλον au fr. 109.2. Mais si l'on peut affirmer qu'Hadès récolte les fruits de la destruction, peut-on dire qu'Hadès est réellement « destructeur » ? Hadès est-il aussi actif que le veut le mot « destructeur » ? Chez Homère, qui est certainement une bonne référence pour l'usage empédocléen, le mot ἀίδηλος qualifie deux fois Arès (*Il.* V 897, *Od.* VIII 309) et une fois Athéna (*Il.* V 880). À la différence d'Hadès, Arès – toujours avide de combat – est, lui, foncièrement destructeur. Je vois là l'affirmation du fait qu'Arès puisse être un autre nom du feu (cf. DK 44 A 14 – I, 402, 23). Et puisque Zeus, et non pas Hadès, est associé à Arès dans le fr. 128, j'en déduis que Zeus désigne le feu.

69. Cf. B 34 et B 96 qui font de l'eau un facteur liant par rapport à la terre. B 96 nous donne l'occasion de faire une autre remarque. En B 96 Simplicius associe le feu au blanc de l'os, et l'air à la brillance, synonyme de transparence. Au fr. 6, Zeus est dit ἀργής. Ce qualificatif ne renvoie pas à la transparence, mais peut très bien renvoyer à la blancheur (cf. L.S.J., *s.v.,* qui associe éclat et blancheur). On peut en déduire que pour Simplicius Zeus serait le feu (blancheur) et non pas l'air (transparence). Cf. A 69a. C La remarque de Plutarque serait une confirmation du fait qu'Aristote pensait en particulier à Empédocle dans le *De generatione et corruptione,* II, 9, 336a3, lorsque le Stagirite dit de certains philosophes qui font dériver le mouvement de la matière que selon leur doctrine « la nature du chaud est de séparer et celle du froid de réunir ». Plutarque précise que le chaud est le feu, et le froid l'eau. Chez F.M. CORNFORD (*From religion to philosophy,* Londres, E. Arnold, 1912, p. 233), la mise à l'écart pour la compréhension d'Empédocle des passages cités d'Aristote et de Plutarque est arbitraire et expéditive.

Nous voudrions ajouter une remarque. À l'âge heureux des hommes de la race d'or sous le règne de Cronos, Empédocle substitue l'âge d'amour et de bienveillance des hommes, et des animaux, lors du règne de Cypris. Or, l'Agrigentin nomme précisément Cronos (fr. 128.2), et autour de lui quatre autres divinités, dont deux apparaissent dans le mythe hésiodique des races : Arès (*T. J.* 145) et Zeus (présent dans le destin de toutes les races)[70]. Même si l'on ne peut établir clairement une correspondance entre chaque dieu mâle du fr. 128 1-2, et chaque race hésiodique – et faut-il supposer qu'Empédocle ait voulu établir une telle correspondance ? –, il demeure que la présence de Cronos (fr. 128.2) face à Cypris (fr. 128.3), et le nombre de cinq dieux mâles, suggèrent le mythe des cinq races (or, argent, bronze, héros, fer)[71]. On conclura qu'Empédocle a voulu marquer son opposition à l'ensemble du mythe hésiodique.

À l'encontre du second argument, j'entends deux objections. Première objection : Zeus au fr. 6 appartient à la *Physique*, Zeus au fr. 128 se situe dans un autre poème, les *Catharmes*. Deux poèmes, deux objets différents, deux temps différents, deux contextes différents. Bref, rien n'assure que le sens du mot Zeus dans la *Physique* soit le même que celui trouvé dans les *Catharmes*. La cohérence n'est pas nécessaire entre les deux poèmes. Soit ! Mais faisons remarquer que, dans le fr. 6 et dans le fr. 128, Empédocle s'en prend à la théologie traditionnelle. La contestation est la même. Au centre de cette contestation : la primauté donnée à Zeus dans la religion traditionnelle. De plus, face à Zeus, le contre-pouvoir mis en avant par Empédocle s'appelle Aphrodite, dont les noms sont encore Philotès, Cypris, et d'autres. Puisqu'on admet aisément que Cypris au fr. 128 (*Catharmes*) est identifiable à Cypris dans la *Physique*, pourquoi n'admettrait-on pas que Zeus dans le fr. 6 (*Physique*) et Zeus dans le fr. 128 aient

---

70. Tumulte et Poséidon ne sont pas nommés par Hésiode. Chez Empédocle, Tumulte est associé à Arès, comme dans l'*Iliade*. On peut donc admettre que Tumulte se confond avec Arès. Au fr. 128.2, la présence de Poséidon est plus étrange. Née de l'écume, et proche de Nestis, Cypris s'opposerait à Poséidon, dieu de la mer dans un partage du monde (*Iliade* XV 189-193) refusé par Empédocle (fr. 6). La présence de Zeus et de Poséidon au fr. 128.2 force à penser le partage du monde après le temps où Cronos régnait au ciel. Ce partage, qui rend frappante l'absence d'Hadès, se situerait dans le temps total du mythe des races.

71. À partir du lien existant entre le feu et les métaux extraits des minerais, Empédocle associait-il le feu aux races métalliques ? Ce n'est sans doute pas à exclure. Empédocle pensait-il aussi à Pindare qui compare l'eau et l'or au début de la *I*ʳ *Olympique* : « Le premier des biens est l'eau ; l'or, étincelant comme une flamme qui s'allume dans la nuit, efface tous les trésors de la fière opulence » (trad. A. Puech) ? C'est vraisemblable si l'on rapproche Cypris de l'eau (B 19). Les hommes sous le règne de Cypris, en un temps reculé, ne connaissent sans doute pas l'usage des métaux, et donc de l'or. Ils vivent en végétariens, près de la nature, avec l'eau comme premier bien.

un sens proche ? Enfin, le papyrus de Strasbourg associe le fr. 139 à la *Physique* et non pas aux *Catharmes*[72] ; or, le fr. 139 se trouve chez Théophraste (*De la piété*), rapporté par Porphyre, dans un développement qui comporte aussi le fr. 128. Il est donc probable – sans que l'on puisse avoir de certitude – que le fr. 128 appartienne, tout comme le fr. 139, tout comme le fr. 6, à la *Physique*. Ce qui invaliderait, au moins en partie, l'objection.

Deuxième objection : Zeus au fr. 6 est une racine du monde. Zeus au fr. 128 n'est pas une racine du monde ; il est un dieu honoré. Donc, les deux Zeus ont des sens bien différents. Oui, C'est vrai, Zeus dans le fr. 128 n'est pas une racine du monde. Et il y a donc une différence de sens. Mais il faut tenir compte du rapport qui existe entre « racine » (fr. 6) et « puissance » (par puissance, je désigne l'Amour et la Haine). Zeus-roi au fr. 128 est conçu comme l'opposé de Cypris-reine, donc comme une puissance opposée à l'Amour, à savoir la Haine. Nous n'avons pas de bonne raison de refuser le témoignage de Plutarque qui rapproche la Haine et le feu. Faisons ici une mise au point.

On croit généralement que les racines sont passives et égales sous le jeu des puissances. Mais, sans être en contradiction avec le corpus empédocléen, on peut croire, au contraire, que les racines, qui se différencient entre elles, ont justement plus ou moins d'affinités avec chacune des puissances. Puisque les racines sont des divinités, elles auraient, selon leur personnalité, une plus ou moins grande propension à l'Amour ou à la Haine[73]. Même si les racines sont égales en dignité, elles ne sont pas pour autant égales en toute chose et en particulier sous le rapport de l'Amour et de la Haine. La chose la moins contestable concernant les affinités spécifiques entre racines et puissances est énoncée par Plutarque : « Le feu est qualifié de Haine funeste et l'humide d'attachant Amour. » Je voudrais néanmoins nuancer la parole de Plutarque, dont la forme caricaturale dessert la thèse qu'elle pourrait défendre – et donnerait raison à ceux qui croient à un cloisonnement total entre racine et puissance. Le feu se prête facilement au jeu de la Haine : au fr. 109, il est dit destructeur. Mais parfois, il fait le jeu de l'Amour (fr. 73), il exprime la douceur (fr. 85). Le feu est chaleur de la vie, facteur de croissance (fr. 62, A 70, A 77). Alors que le froid que l'on associera facilement à l'eau (fr. 21.5) signale le sommeil et la mort (A 85). Ajoutons

---

72. Voir MARTIN & PRIMAVESI 1999, p. 292.

73. En dehors du Sphairos, les racines ne sont certainement pas inertes. Sous l'influence de la Haine, elles ont un mouvement propre – si l'on en croit Plutarque dans le *De facie*, 926 F (= B 27). Elles pensent et ont une part de la pensée du tout (fr. 110.10). Elles savent rejoindre leur semblable. Elles seraient même des âmes (Aristote, *De anima*, I, 2, 404 b12 = B 109).

encore que la Haine n'est pas forcément le Mal intégral, ni l'Amour le Bien intégral. Il y a une Haine créatrice qui apporte au moins indirectement la vie mortelle après son intrusion dans le Sphairos. Il y a un Amour qui s'ingénie à donner la vie en pâture à la Haine, qui procrée pour le malheur (B 141 ; Hippolyte, *Réfutation*, 7.29.22, 7.30.4). Et un Amour qui détruit toutes les formes, toutes les vies séparées, pour régner dans le Sphairos.

En somme, qu'avons-nous montré jusqu'ici ? Dans le fr. 128.1-3 se lit une opposition Amour/Haine. Le chef de file des dieux de la Haine est Arès. Autant qu'Arès, Zeus-roi représente la Haine qui succède à l'Amour et au règne de Cypris. Empédocle a pu concevoir Zeus-roi, comme la foudre – donc le feu – qui gouverne tout, à la fois Zeus et Πόλεμος chez Héraclite. Dans sa critique de la religion traditionnelle, il devait en associant la Haine au premier olympien rester cohérent avec ce que la racine Zeus représentait pour lui. Seul le feu, et non pas l'air, est clairement associé à la Haine dans le corpus empédocléen. On en déduit que Zeus est le feu.

Dans son ouvrage, Kingsley ne mentionne pas le fr. 128. Pourtant, pour qui veut imposer une identité de Zeus allant à l'encontre de la thèse traditionnelle (Zeus = feu), il aurait été de bonne méthode de chercher à comprendre la nature de Zeus dans le fr. 128. Mais Kingsley a suivi un autre chemin. Il n'a pas non plus évoqué B 19. Comment concilier le mariage de Perséphone-Nestis (l'eau) et d'Hadès (le feu) avec le couple conflictuel de l'Amour (l'eau) et de la Haine (le feu), selon Plutarque (B 19) ? Faute de réponse, autant pour Kingsley passer B 19 sous silence !

9 - Érudition et zones d'ombre

La foule de références bibliographiques ainsi que l'apparente clarté du texte et du style de Kingsley sont plus d'une fois trompeuses pour le lecteur pressé. Un exemple en marge de l'ouvrage qui nous occupe ici mérite d'être rapporté.

Kingsley prétend (p. 14, p. 47-48) que Diels s'est trompé en essayant d'attribuer la double équation Héra =air, Hadès =terre, à Théophraste, lecteur d'Empédocle, alors que la double équation en question était d'inspiration stoïcienne. Théophraste lisait en réalité, selon Kingsley, Héra =terre, Hadès =air. Pour de plus amples détails, Kingsley nous renvoie à son article : « Empedocles and his interpreters: the four-element doxography » (*Phronesis*, 39[3], 1994, p. 235-254). Cet article est à première lecture séduisant. Pourtant, la critique qu'en fait J. Mansfeld (« Critical note: Empedocles and his interpreters », *Phronesis*, 40, 1995, p. 109-115) met à jour les fragilités de l'argumentation. Mansfeld écrit en parlant de Kingsley : « *His argument that Stob. Ecl. I*

10 11[a-b] derives from the Placita *tradition (i.e. from the source called Aëtius),*
and not from what Diels called the >Homeric allegorists' […] is untenable.
His contention that the so-called Aëtius Arabus is not a direct translation of
ps.Plutarch's Placita […] is unfortunate. » Mansfeld montre en particulier que Kingsley s'est appuyé sur une convergence mineure entre
un texte arabe de Qosta ibn Luqa (la version arabe de l'ouvrage
d'Aétius) et Stobée, pour avancer que ce texte arabe concernant
l'exégèse des noms divins n'appartient pas à la tradition du ps.Plu-
tarque (878 A), mais à celle de Stobée – pour lequel Héra =terre,
Hadès =air. Or, il faut prendre le texte arabe dans son entier pour
se convaincre que ce texte n'appartient pas à la tradition de Stobée,
mais à celle du ps.Plutarque. Le travail de sape engagé par Kingsley
sur ce point serait vain. Contre Kingsley, Mansfeld montre aussi, textes
à l'appui, que Diels n'avait pas tort, dans le passage qui nous occupe
autour du fr. 6, d'écarter Stobée de la tradition d'Aétius et du ps.Plu-
tarque[74]. Pour finir, Kingsley prétend que le mot αἰθήρ n'apparaît
qu'une fois chez Théophraste, dans une paraphrase d'Anaxagore.
Mais Mansfeld relève l'utilisation de ce mot chez Théophraste, à
propos d'une critique d'Empédocle sur la cause de la génération
des feuilles (A 70b).

La conclusion que je tire de ces critiques de Mansfeld est la mise
à l'écart possible, chez notre auteur, de données contradictoires du
corpus dans le but de faire valoir une argumentation. De façon indépendante, j'aboutis à une conclusion identique en considérant – pour
ne retenir que deux exemples – le silence de Kingsley sur le Zeus du
fr. 128 et son silence sur la réincarnation dans la lecture du fr. 111.9.
Même si *Ancient philosophy, mystery, and magic* représente une somme
considérable de travail et une avancée originale qui forcent l'admiration, Kingsley s'est trop souvent donné dans son traitement d'Empédocle – seul point que je me permets de juger – la tâche facile.
Kingsley ne soulève pas, et n'affronte donc pas, les questions de
cohérence du corpus empédocléen par rapport à sa thèse.

Nous constatons dans les raisonnements de Kingsley des simplifications quasiment « magiques », mais pas innocentes, sur des points
essentiels. Cela rejoint ce que nous disions plus haut sur la valeur
des allusions et l'art de Kingsley de « cacher à son lecteur la façon
générale dont l'Agrigentin traite la tradition épique ».

En avançant dans le livre de Kingsley, nous sautons d'histoire
en histoire, croyant à la simplicité que nous fait miroiter l'auteur,
mais confrontés en fait à des études qui croulent d'érudition ; en

---

74. MANSFELD 1995, p. 113 : « *As one ponders the major divergences between the
lemmata in S* [Stobaeus] *and P* [ps.Plutarch] *dealing with Empedocles, the only conclusion can be that these passages derive from two quite different traditions, and that what is
in S therefore cannot derive from Aëtius, as Kingsley claims p245.* »

quête de certitudes, mais ne palpant que des probabilités ; espérant trouver une clarté de raisonnement et un havre théorique qui puissent dominer la masse impressionnante d'informations, mais sans cesse jetés dans une fuite en avant ; et entraînés encore et encore par un art consommé de l'auteur à la relance. Il manque à *Ancient philosophy, mystery, and magic* une dimension philosophique et une réelle force d'argumentation. Le cas de Philolaos, qui occupe deux chapitres (p. 172-213), révèle à lui seul la faiblesse de l'articulation logique de l'ouvrage. Le pythagoricien ne dit pas Hadès =feu, mais Hadès =contre-terre. L'histoire Hadès =feu devient bancale, la fameuse conclusion inévitable ne trouve pas l'écho pythagoricien que le lecteur patient attendait[75]. Le leitmotiv Hadès = feu n'est, à tout le moins, pas suffisant pour donner une profonde consistance à l'ouvrage.

Je voudrais, pour conclure cet article, examiner la façon dont Kingsley traite la référence empédocléenne de la *Korē Kosmou*. On jugera sans doute que cette façon ne rompt pas avec l'art des simplifications « magiques ».

10 - La Korē Kosmou et Empédocle

Kingsley ne donne pas les dix types d'incarnations humaines nobles citées par la *Korē Kosmou* (*Corpus Hermeticum* IV, fr. XXIII 42), mais seulement quatre types dont trois pourraient être un écho du fr. 146[76]. Opérant une telle coupe sombre, Kingsley ne devrait donc pas prétendre, comme il le fait, que les « *root-cutters* » sont une allusion à Empédocle. En effet, la *Korē Kosmou* n'est pas clairement un texte d'inspiration empédocléenne. Ce texte agrège d'autres sources d'inspiration. Comment alors prélever une expression de ce texte et prétendre qu'il s'agit là d'une influence empédocléenne ?

Kingsley se satisfait du rapprochement que Zuntz fait entre la *Korē Kosmou* et l'enseignement d'Empédocle à propos des plus hautes incarnations. Notre auteur cite : « Zuntz 232-4 » ; mais Zuntz ici s'est trompé. Prenons le temps de démonter l'argument. Empédocle parle dans le fr. 127 des lions couchant sur le sol et des lauriers aux beaux feuillages. La *Korē Kosmou* parle d'un lion qui ne dort jamais, de l'aigle, du dragon, du dauphin. N'étant pas certain que

---

75. KINGSLEY, p. 49 : « *The conclusion that Empedocles equated Hades with the element of fire is, we have already seen, inevitable* ».

76. KINGSLEY, p. 344-345. Les quatre types énoncés sont : « *Just kings', 'true philosophers', 'authentic prophets', and 'genuine root-cutters'.* » Dans le fr. 146, Empédocle nomme des princes, des chanteurs, des prophètes et des médecins.

la liste d'Empédocle soit exhaustive (lion et laurier), on peut bien admettre que l'Agrigentin ait aussi mentionné l'aigle (?) et le dauphin (fr. 117). Pour le dragon, la chose se présente différemment, car un animal rampant n'apparaît jamais dans les listes qui nous sont parvenues dans les fragments. Si l'on croit que le dragon serait là comme un représentant de la terre pour Empédocle, on fait fausse route. Empédocle aurait choisi un végétal (fr. 117). La *Korē Kosmou*, à la différence d'Empédocle, ne donne pas de végétal. Zuntz s'égare lorsqu'il écrit que le chapitre de la *Korē Kosmou* qui aborde les incarnations humaines et animales les plus nobles « *implies their gradual ascent* [*i.e.* l'ascension des âmes qui retournent vers le Ciel] *beginning with plants and animals*[77]. » En effet, nulle part la *Korē Kosmou* n'indique une quelconque gradation de la plante, mise ou non au niveau de l'animal, à l'homme. Et Zuntz continue : « *Empedokles is found to have chosen the same* [à savoir, que la *Korē Kosmou* : l'animal le plus haut dans sa classe], *at any rate, in the two classes concerning which his teaching survives: namely the lion among mammals* (fr. 127) *and the dolphin among fishes* (fr. 117). » Or, on ne sait pas si Empédocle a choisi le lion parmi les mammifères. On dira plus sûrement qu'il a choisi le lion parmi les animaux vivant sur terre – qu'ils soient mammifères ou non. En outre, les lions du fr. 127 sont décrits par rapport à leur couche, ce qui est une bien piètre identification pour le roi des animaux[78] ; alors que dans la *Korē Kosmou* le lion apparaît dans toute sa splendeur : il est plein de forces, il n'a pas besoin de sommeil. Le point de contact entre la *Korē Kosmou* et Empédocle est donc loin d'être facile à déceler. Il se ferait en partie sur le mode de l'opposition (voir la description des lions), ce que ne soupçonnent ni Zuntz ni Kingsley.

D'une façon générale, un texte d'inspiration empédocléenne, sans que cette inspiration soit exclusive (comme la *Korē Kosmou*), peut servir à formuler des hypothèses sur la pensée d'Empédocle. Mais il reste ensuite à prouver – cette fois-ci sans tenir compte du texte en question – que la pensée de l'Agrigentin est conforme à l'hypothèse. Si l'on ne s'astreint pas à cet exercice, on s'expose, comme Kingsley, à importer à tort des éléments étrangers dans la pensée d'Empédocle.

---

77. G. ZUNTZ, *Persephone. Three essays on religion and thought in Magna Graecia*, Oxford, Clarendon Press, 1971, p. 233.

78. [70] Cf. J.-C. PICOT, « À propos du : *The Poem of Empedocles* de B. Inwood », *Revue de philosophie ancienne*, 13, 1, 1995, p. 81-104, à la page 96. Couchés comme les Selles, prophètes de Zeus, les lions ont droit aux honneurs de ceux qui s'approchent de la divinité. Cela ne signifie pas qu'Empédocle s'associe à ces honneurs. Il y a chez l'Agrigentin des honneurs attachés à la Haine (fr. 30.2 ; Zeus-roi au fr. 128). On devine une pointe de raillerie dans la description des lions du fr. 127.

* * *

Les Presses d'Oxford mentionnent les divers domaines abordés par l'ouvrage de Kingsley : « *Mystery religion* », « *magic* », « *ancient Pythagoreanism* », « *ancient alchemy* », « *Sufism* », « *medieval mysticism* ». Mais nulle part dans la présentation de l'éditeur n'apparaît le fil conducteur de l'ouvrage : Hadès = feu. L'éditeur nous promet le traitement d'un matériau jamais exploité auparavant pour la compréhension d'Empédocle. On devine maintenant qu'il s'agit de la *Turba Philosophorum* et, vraisemblablement, du *Papyrus magique de Paris.* Ce dernier texte aide à résoudre le mystère de la sandale d'Empédocle. Mais va-t-on au-delà de la légende ? L'ouvrage, selon l'optique de lecture que nous avons choisie, reste décevant. Trop d'espoirs et de promesses pour des résultats tout compte fait fragiles. La magie verbale de Kingsley et sa tentative de brosser une synthèse en marge de la transmission aristotélicienne ne sont, en définitive, pas suffisantes pour faire disparaître le feu empédocléen dans des profondeurs infernales, et pour imposer un Empédocle magicien.

(Je remercie Denis O'Brien d'avoir bien voulu m'apporter ses critiques et conseils tout au long de l'élaboration de cet article. Mes remerciements vont aussi à Luc Brisson, qui m'a permis d'approfondir certains points de mon argumentation.)

LES CINQ SOURCES
DONT PARLE EMPÉDOCLE*

Depuis plus d'un siècle, un lien est censé être établi entre un fragment de vers, anonyme, cité par Aristote dans la *Poétique* et un vers nommément attribué à Empédocle, cité par Théon de Smyrne, philosophe et mathématicien du moyen platonisme[1]. Sans entrer pour l'instant dans trop de détails, je voudrais brosser un rapide historique de l'édition de ces deux passages, afin de traiter ensuite les questions qui font l'objet du présent article : (1) quelle est la véritable parole d'Empédocle dans la citation de Théon ? (2) quel est le sens de cette parole ?

J. Vahlen, en 1873, fut le premier à vouloir établir un lien entre la citation d'Aristote et la citation de Théon. Il rapprocha la citation d'un auteur anonyme, ταμὼν ἀτειρέι χαλκῷ, lue dans la *Poétique* 1457 b 14 et le passage suivant lu dans l'introduction à l'arithmétique de Théon de Smyrne (p. 21, édition de J. J. de Gelder)[2] :

> ὁ μὲν γὰρ Ἐμπεδοκλῆς, κρηνάων ἀπὸ πέντ' ἀνιμῶντα, φησὶν, ἀτειρέι χαλκῷ δεῖν ἀπορρύπτεσθαι.

Article paru dans la *Revue des études grecques*, 117, 2, 2004, p. 393-446, reproduit avec quelques légères modifications, et tenant compte des « Corrigenda » parus dans la *Revue des études grecques*, 118, 1, 2005, p. 322-325.

* Je remercie Joëlle DELATTRE, Susy MARCON, Suzanne STERN-GILLET, Marwan RASHED et Simon TRÉPANIER, qui m'ont apporté leur aide et leurs conseils en de nombreux points du présent article. Ma gratitude est entière à l'égard de Denis O'BRIEN ; au fil des quelques années que j'ai consacrées aux cinq sources dont parle Empédocle, D. O'BRIEN m'a accompagné dans mes travaux, posé des questions auxquelles j'ai essayé de répondre, et m'a encouragé sans relâche.

1. Aristote, *Poétique* 1457 b 14. Théon de Smyrne, *Expositio rerum mathematicarum ad legendum Platonem utilium*, p. 15.10-11 (E. HILLER).

2. J. VAHLEN, « Eine Miscelle zu Aristoteles Poetik », *Zeitschrift für die österreichischen Gymnasien*, 24, 1873, p. 658-659, à la page 659. – J.J. de GELDER, *Theonis smyrnaei arithmeticam: Bullialdi versione, lectionis diversitate et annotatione auctam*, Leyde, S. et J. Luchtmans, 1827, p. 21. – L'édition de GELDER reprend l'édition de Théon de Smyrne réalisée en 1644 par I. BOULLIAU, en y ajoutant des leçons d'un manuscrit conservé à Leyde.

Car Empédocle dit : il faut se purifier en puisant à cinq sources avec un bronze indestructible[3].

Le rapprochement s'appuie d'une part sur la similitude de l'expression ἀτειρέι χαλκῷ chez Aristote et chez Théon, et d'autre part sur une possible équivalence du verbe couper (τάμνω) avec le verbe puiser (ἀνιμῶ). Une équivalence de ce type est précisément fournie par Aristote, dans la *Poétique* (1457 b 13-16), à propos d'une métaphore où le verbe couper (dans ταμὼν ἀτειρέι χαλκῷ) et le verbe puiser (dans χαλκῷ ἀπὸ ψυχὴν ἀρύσας) sont mis l'un pour l'autre. Mais Aristote ne mentionne pas une forme du verbe ἀνιμῶ. Il mentionne une forme du verbe ἀρύω. Cependant, considérant que ces deux verbes, ἀνιμῶ et ἀρύω, sont des synonymes, Vahlen s'autorisa à substituer ἀνιμῶν à ἀρύσας, et donc à mettre en équivalence ἀνιμῶν et ταμών. Tirant parti de cette double opération, Vahlen attribua à Empédocle les deux citations constitutives de la métaphore (χαλκῷ ἀπὸ ψυχὴν ἀρύσας et ταμὼν ἀτειρέι χαλκῷ), qu'Aristote donnait sans précision du nom de leur auteur.

On doit à E. Hiller, en 1878, l'édition complète de la seule œuvre de Théon de Smyrne, qui nous soit parvenue : *Expositio rerum mathematicarum ad legendum Platonem utilium* (en abrégé : *Expositio*). Cette édition est, encore aujourd'hui, la dernière en date[4]. Elle s'appuie sur un manuscrit, conservé à Venise, à la bibliothèque Saint Marc. Ce manuscrit avait échappé à la recension faite par Gelder. Hiller édita, sans changement majeur, le passage sur Empédocle, vu plus haut. En note, il renvoya à la *Poétique* d'Aristote et fournit un apparat critique. Cet apparat mentionne plusieurs ratures, et signale notamment qu'ἀτειρέι est une correction à partir de la leçon ἀκηρέι.

En 1880, H. Diels, s'appuyant sur la *Poétique* d'Aristote, et profitant de nouvelles observations faites sur le manuscrit de Venise, avança que la leçon de ce manuscrit, où se lit ἀνιμῶντα, masquait une leçon partiellement grattée, qui n'était autre que ταμόντα[5]. Après ce pas en avant, que Hiller n'avait pas fait, le lien avec la *Poétique* devint encore plus concret que ce que Vahlen avait imaginé. Dans l'édition des fragments d'Empédocle, Diels fera de χαλκῷ ἀπὸ ψυχὴν ἀρύσας le fr. 138 et de κρηνάων ἄπο πέντε ταμόντ ' < ἐν > ἀτειρέι χαλκῶι le fr. 143[6].

---

3. GELDER 1827 écrit : « *Oportet sordibus mundari haurientem puro aere ex quinque fontibus* ». Il ne dit pas « un bronze indestructible », mais « un bronze pur », recopiant ainsi la traduction de Boulliau. Je m'écarte de cette traduction.

4. E. HILLER (éd.), *Theonis Smyrnaei philosophi platonici. Expositio rerum mathematicarum ad legendum Platonem utilium*, Leipzig, B. G. Teubner, 1878.

5. H. DIELS, « Studia empedoclea », *Hermes*, 15, 1880, p. 161-179, aux pages 173-175. L'article est accessible sur Internet grâce à Gallica, la bibliothèque numérique de la Bibliothèque Nationale de France (gallica.bnf.fr).

6. Chaque fois qu'il est possible, je suis la numérotation de DIELS-KRANZ pour désigner les divers fragments d'Empédocle. J'écris « fr. » pour fragment, en veillant à bien distinguer les fragments d'une part, des témoignages (partie A du recueil de

Le lien entre *Poétique* et *Expositio* aurait pu se rompre en 1911, lorsque D. S. Margoliouth édita d'une nouvelle façon la *Poétique* d'Aristote[7]. En s'appuyant sur un manuscrit de la *Poétique* récemment découvert, Margoliouth ne lisait plus, comme Vahlen, ταμὼν ἀτειρέι χαλκῷ, mais ταμὼν ταναηκέι χαλκῷ. Cette lecture est celle qui, à un détail près sur ταμών (τεμών à la place de ταμών) et sur l'accentuation de ταναηκέι (ταναήκεϊ), est aujourd'hui retenue dans l'édition de la *Poétique*[8]. Une épithète changeait (ταναηκέι et non plus ἀτειρέι), l'écart avec l'*Expositio* se creusait, mais le lien ne fut pas rompu. En 1936, P. Maas, ayant à l'esprit la *Poétique* éditée par Margoliouth, examina une photographie du manuscrit de Théon qui avait servi de base à l'édition de Hiller[9]. Il conclut que le mot qui, à l'origine, se trouvait devant χαλκῷ, dans le manuscrit de Théon, n'était pas ἀτειρέι, mais ταναήκεϊ. Le lien avec la *Poétique* demeurait.

Les diverses éditions d'Empédocle apparues depuis une trentaine d'années suivent pour la plupart la correction de Maas. Le vers correspondant au fr. 143 de Diels se lit souvent ainsi :

κρηνάων ἄπο πέντε ταμὼν ταναήκεϊ χαλκῷ.

Ayant coupé à partir de cinq sources avec un bronze à la longue pointe.

En ce qui concerne l'interprétation, il existe, pour faire simple, deux lectures : celle de Diels et celle de N. van der Ben. Pour Diels, le bronze (ἀτειρέι χαλκῶι) est un récipient. Ce récipient sert, dans

DIELS-KRANZ) d'autre part, et des ensembles « B », qui comportent des fragments. Ainsi, selon la convention que j'adopte, B 138 ne désignerait pas uniquement le fr. 138 mais tout ce qui est rapporté par DIELS sous le numéro 138, dont notamment une partie du fr. 143. On trouve de plus en plus une pratique différente, avec des auteurs qui écrivent B 138 pour désigner simplement le fr. 138, et d'autres qui vont même, comme B. INWOOD, à prendre les témoignages pour des fragments.

7. D.S. MARGOLIOUTH, *The Poetics of Aristotle*, Londres-New-York-Toronto, Hodder and Stoughton, 1911.

8. L'édition de référence de la *Poétique* est aujourd'hui celle de R. KASSEL (éd.), *Aristotelis de arte poetica liber*, Oxford, Clarendon Press, 1965. La valeur de cette édition fut vite reconnue. En 1968, D.W. LUCAS (*Aristotle*. Poetics: *introduction, commentary and appendixes,* Oxford, Clarendon Press, 1968) avoua sa dette à l'égard de KASSEL : « *It has been my good fortune to be able to use Professor R. Kassel's Oxford Text.* » En 1995, S. HALLIWELL, qui révisa la *Poétique* d'Aristote pour 'The Loeb classical library', s'appuya sur l'édition de KASSEL. – KASSEL, LUCAS, HALLIWELL éditent le fragment cité en 1457 b 14 de la façon suivante : τεμὼν ταναήκεϊ χαλκῷ. La leçon τεμών est commune aux principaux manuscrits ; ταμών est une correction de I. BEKKER, suivie par VAHLEN, et par MARGOLIOUTH.

9. P. MAAS, [Compte rendu de] « A. Gudeman, Die Textüberlieferung der aristotelischen Poetik. Philol. 90 (1935) », *Byzantinische Zeitschrift*, 36, III. Abteilung, 1936, p. 456-457.

un rite de purification, à prélever de l'eau auprès de cinq sources[10]. Pour Van der Ben, le bronze est un objet coupant (ταναήκεϊ χαλκῷ), utilisé dans un sacrifice sanglant ; les cinq sources représentent cinq animaux sacrifiés[11]. Le changement d'épithète (ταναήκεϊ et non plus ἀτειρέι) peut donc orienter l'interprétation dans des sens différents.

Cette divergence de lectures ne doit cependant pas masquer un point essentiel. Après Diels, le point commun à tous les commentateurs du fr. 143 est non seulement le recours à la *Poétique* d'Aristote pour comprendre ce fragment, mais encore le manque d'attention au contexte fourni par Théon de Smyrne. Ouvrir le dossier du fr. 143, c'est examiner en particulier le bien-fondé de la route commune. Je voudrais ici tenter de retrouver la véritable parole d'Empédocle dans la citation de Théon et comprendre le sens de cette parole. L'étude conduira à une remise en question de la place du fr. 143 dans l'œuvre de l'Agrigentin.

Le manuscrit de Venise, *Marc. gr.* Z 307

L'ouvrage de Théon de Smyrne comprend trois parties : l'arithmétique, la musique, l'astronomie. Les deux premières parties ont été éditées pour la première fois en 1644 par I. Boulliau. Pour son édition, Boulliau consulta quatre manuscrits de Théon conservés à Paris. Il choisit de suivre l'un de ces manuscrits, écrit au XVIᵉ et qui, en 1644, appartenait à J.-A. de Thou (*Colbert.* 3516 = *Parisinus gr.* 2014). Il porta en marge les leçons différentes des trois autres manuscrits. Dans le manuscrit de de Thou, on lit ἀτηρέϊ χαλκῷ. En 1827, Gelder édita la première partie de l'ouvrage de Théon, l'arithmétique. Il reprit l'édition de Boulliau avec quelques corrections mineures, dont ἀτειρέϊ pour ἀτηρέϊ, et y ajouta des leçons venant d'un manuscrit de Théon conservé à Leyde. La dernière partie de l'*Expositio*, l'astronomie, a été éditée pour la première fois en 1849 par Th. H. Martin.

---

10. DIELS ne dit pas explicitement que le bronze indestructible est un récipient. Toutefois, l'objet qui peut couper un filet d'eau, dans le cadre d'un rite, est selon toute vraisemblance un récipient (voir H. DIELS, « Symbola empedoclea », dans *Mélanges Henri Weil. Recueil de mémoires concernant l'histoire et la littérature grecques*, Paris, A. Fontemoing, 1898, p. 125-130, à la page 128 ; H. DIELS, *Sibyllinische Blätter*, Berlin, G. Reimer, 1890, p. 71-73). Les lecteurs de DIELS n'ont aucun doute sur ce point ; par exemple, K. FREEMAN (1948) traduit et complète le fr. 143 ainsi : (*Wash the hands*) *cutting off* (*water*) *from five springs into* (*a vessel of*) *enduring bronze*. La purification avec de l'eau est clairement énoncée par W. KRANZ : « *Sich reinigen mit Wasser, das nach bestimmtem Ritus aus fünf verschiedenen Quellen geschöpft ist* (143)» (« Vorsokratiches III. Die *Katharmoi* und die *Physika* des Empedokles », *Hermes*, 70, 1, 1935, p. 111-119, à la page 112).

11. N. VAN DER BEN, *The Proem of Empedocles'* Peri physios: *towards a new edition of all the fragments*, Amsterdam, B. R. Grüner, 1975, p. 110-111, 202-208.

Un intérêt majeur, pour notre propos, de l'édition de Théon faite par Hiller (1878) est l'utilisation d'un manuscrit de parchemin, dont Boulliau ignorait l'existence, et que Gelder lui-même n'a pas recensé. Ce manuscrit, le *Marc. gr.* Z 307 (= *collocazione* 1027), est le plus ancien de tous les manuscrits connus de Théon ; il date du XIIe siècle[12]. Hiller a considéré le *Marc. gr.* Z 307 comme l'archétype des manuscrits connus. Il n'y a pas de raison aujourd'hui de douter de cette conclusion.

Après avoir collationné, pour 21 manuscrits de Théon, les photocopies du folio où se trouve la citation d'Empédocle, j'ai pu constater que ces 21 manuscrits pouvaient provenir directement ou indirectement de l'archétype. Deux faits sont remarquables. (1) À l'exception de variantes de ponctuation, d'accents, d'une lettre mise par erreur ou assimilation phonétique à la place d'une autre, ce qui se lit sur chacun des 21 manuscrits se lit sur le *Marc. gr.* Z 307. (2) Sur le *Marc. gr.* Z 307 il est possible de lire ἀκηρέϊ (folio 13 v° ligne 10) ou de deviner avec des vestiges de lettres au même endroit ἀτηρέϊ. Un copiste qui prend le *Marc. gr.* Z 307 pour modèle est donc face à un choix de lecture. Les 21 manuscrits se divisent en deux groupes : un groupe où ἀκηρέϊ apparaît clairement, un groupe où ἀτηρέϊ apparaît clairement. L'écriture confuse de l'archétype ne se retrouve donc pas dans les 21 manuscrits. Un choix a été fait.

Jusqu'ici seules deux personnes ont examiné le passage d'Empédocle qui nous occupe dans le *Marc. gr.* Z 307 (= folio 13 v° lignes 9-11) et ont fait part d'observations qui seront ensuite publiées. Il s'agit de Hiller, en 1878, et de H. Schrader, peu de temps après Hiller, avant 1880[13].

---

12. En ne consultant pour sa recension des manuscrits de Venise que l'ouvrage paru en 1739 de B. DE MONTFAUCON, *Bibliotheca bibliothecarum manuscriptorum nova*, I, GELDER, en 1827, passait immanquablement à côté du parchemin qui allait fournir la nouvelle base d'une édition de Théon. Dans son catalogue des manuscrits, MONTFAUCON n'avait effectivement pas mentionné ce parchemin, qui apparaît pour la première fois dans une publication en 1740 – soit un an après la publication de MONTFAUCON –, dans l'ouvrage de A. M. ZANETTI et A. BONGIOVANNI, *Graeca D. Marci bibliotheca codicum manu scriptorum per titulos digesta*. C'est le Z de ZANETTI qui spécifie la cote du *Marc. gr.* Z 307. Ce manuscrit fait partie du fonds BESSARION. Il a été écrit dans la Sicile normande. Sur ce point voir G. CAVALLO, « La trasmissione scritta della cultura greca antica in Calabria e in Sicilia tra i secoli X-XV. Consistenza, tipologia, fruizione », *Scrittura e Civiltà*, 4, 1980, p. 157-245, à la page 202. Pour l'identification et la description du manuscrit, voir E. MIONI, *Bibliothecae Divi Marci Venetiarum codices graeci manuscripti*. Thesaurus antiquus, II, Rome, Instituto poligrafico dello stato, 1985, p. 14-15.

13. Les remarques de SCHRADER sont consignées dans DIELS 1880. En 1880, SCHRADER publia un ouvrage dont le titre est *Porphyrii Quaestionum Homericarum ad Iliadem pertinentium reliquias* (Leipzig, B. G. Teubner, 1880). Cette édition repose en particulier sur deux manuscrits de la bibliothèque Saint Marc : *Marc. gr.* 454 et *Marc. gr.* 453. On peut supposer qu'à l'occasion d'un voyage à Venise lui permettant d'examiner ces deux manuscrits, SCHRADER a consulté le manuscrit

Qu'ont-ils vu ?

ὃ εἴ γὰρ ἐμ
γὰρ Ἐμπεδοκλῆς κρηνάων ἀπὸ πέντ' ἀτεμεέ ἵχα
τὴμ μαοῦ τα φ' ἀτεμεέ ἵχα
κῶ δεῖμ αἰ πορ ρύπταΦαι.

Reproduction – avec quelques retouches facilitant la lisibilité –
des lignes 8-11 relatives à Empédocle dans le *Marc. gr.* Z 307
fol. 13 v°.

Voici l'édition de Hiller (15.9-11) et l'apparat critique correspondant :

ὁ μὲν	9
γὰρ Ἐμπεδοκλῆς κρηνάων ἀπὸ πέντ ' ἀνιμῶντά φησιν ἀτει-	10
ρέι χαλκῷ δεῖν ἀπορρύπτεσθαι·	11

10 Ἐμπεδοκλῆς : vs. 422 Karsten, 442 Stein, 452 Mullach. cf. Aristot.
Poet. p. 1457 b ἀνιμῶντα : αν et ω ex corr. ι in ras. A ἀτειρέι corr. ex
ἀκηρέι, inter ρέ et ι una lit. er. A 11 χαλκῷ δεῖν ἀπορρύπτεσθαι : κῶ
δεῖν et pr. ρ in ras. A.

Hiller désigne par « A » le manuscrit *Marc. gr.* Z 307.

Remarquons que le mot le plus apparent entre le signe abrégé
de φησίν et le début de χαλκῷ n'est pas ἀτειρέι mais ἀκηρέι, ou
encore plus exactement ἀκηρέϊ. Ce mot est inconnu. Le κ et le η
se distinguent bien plus facilement pour former ἀκηρέϊ que le τ, et
que le ι de ει, qu'il faudrait dégager dans la seconde branche de
l'η, pour lire ἀτειρέϊ, une épithète facilement compréhensible, que
l'on peut associer au bronze. Dans la restitution d'ἀτειρέϊ, la barre
horizontale de l'ε devinable dans τει ne semble être rien de plus,
sur le manuscrit, que le vestige d'une rature. La leçon ἀτειρέϊ est
donc incertaine. À la place d'ἀτειρέϊ on pourrait lire ἀτηρέϊ. Mais
le η semble être de la même main que le κ. La leçon ἀτηρέϊ, elle
aussi, est donc incertaine. Les copistes qui, après le XIIᵉ siècle, ont
recopié le *Marc. gr.* Z 307 ont fait un choix : parfois ils lisent ἀτηρέϊ,
parfois ἀκηρέϊ[14].

de Théon. Puis il a décrit dans une lettre à Diels ce qu'il lisait en 15.9-11 (Diels
1880 fait état de cette lettre).

14. Sur 21 manuscrits provenant de 6 bibliothèques, je relève 13 exemples
qui, à des variantes d'écriture près, se rattachent à ἀκηρέϊ : *Par. gr.* 2013 (XVIᵉ s.)
fol. 9 r°, *Laurent. pluteus* 59.1 fol. 13 r° : ἀκηρέϊ – *Par. gr.* 1806 (XVᵉ s.) fol. 6 v°,

À la demande de Diels, Schrader a examiné la citation d'Empédocle dans le manuscrit de Venise. Voici les principales observations faites par Schrader, observations qui viennent s'ajouter ou éventuellement contredire celles de Hiller :

1. Sous l'ἀ d'ἀνιμῶντα, recouvert par l'ἀ, il est possible de lire un ε ; ce qui permet alors de lire πέντε sans l'élision de l'ε final.
2. Le μ d'ἀνιμῶντα était suivi à l'origine d'un ο.
3. La zone grattée sous le ι d'ἀνιμῶντα pouvait à l'origine comprendre une lettre plus large ou bien deux petites lettres.
4. Contrairement à ce que dit Hiller, « ἀτειρέι » ne serait pas une correction manuscrite à partir « ἀκηρέι » ; la correction se serait faite dans le sens inverse, d'« ἀτειρέι » vers « ἀκηρέι ».
5. Il existe une zone grattée devant le κ d'ἀκηρέϊ.
6. Dans la zone grattée entre le έ et le ϊ d'ἀκηρέϊ il semble y avoir eu un ο ou un σ.
7. Une glose se trouvait dans l'interligne au-dessus du mot ἀκηρέϊ, puis elle a été grattée.
8. Le ἀ d'ἀπορρύπτεσθαι est sur une zone grattée.
9. Le premier ρ d'ἀπορρύπτεσθαι se trouve sur une zone grattée, où devait se lire à l'origine une lettre plus grande que le ρ.

Ni Hiller ni Schrader ne disent qu'ἀνιμῶντα masque une ancienne leçon qui serait ταμόντα. Mais Diels, sans voir le manuscrit, le déduira[15]. Ce qui est remarquable, comme nous allons le voir dans le détail, c'est le fait qu'à partir d'une donnée fausse communiquée par Schrader, Diels est parvenu à un résultat juste (ταμόντα). Que s'est-il passé ?

Diels a repris une affirmation de Schrader : le μ d'ἀνιμῶντα était suivi à l'origine d'un ο. À partir de là, Diels a affirmé que ce ο était celui de ταμόντα. Il allait alors de soi, pour Diels, que le μ était aussi

Bodl. ms. Cherry 37 fol. 63 v° : ἀκηρέι – *Par. gr.* 1817 (XVIᵉ s.) fol. 4 v° : ἀκηρέϊ – *Par. gr.* 1820 (XVIIᵉ s.) fol. 7 r°, 2428 (XVIᵉ s.) fol. 77 r°, *Bodl. ms* Savile 6 fol. 146 v° : ἀκειρεῖ – *Scorial.* X. I. 4 gr. 346 (XVIᵉ s.) fol. 222 r° : ἀκειρέι – *Par. gr.* 2450 (XIVᵉ s.) fol. 181 v°, *Laurent. pluteus* 85.9 fol. 14 r°, *Scorial.* Σ. III. I gr. 100 (XVIᵉ s.) fol. 35 r°, *Scorial.* Ω. IV. 4 gr. 555 (XVIᵉ s.) fol. 130 v° : ἀκειρέϊ – et 8 exemples se rattachant à ἀτηρέϊ : *Par. gr.* 2014 (XVIᵉ s.) fol. 9 v°, *Par. gr.* 1819 (XVIᵉ s.) fol. 12 r°, Cambridge King's College *ms* 23, fol. 11 r°, *Leid.* Scal. 50 fol. 4 v° : ἀτηρέϊ – *Par. suppl. gr.* 336 (XVᵉ s.) fol. 133 r°, 450 (XVᵉ s.) fol. 81 r°, *Laurent. pluteus* 28.12 fol. 4 v°, *Bodl. ms* Laud *gr.* 44 fol. 17 : ἀτειρέϊ. – Un même style d'écriture s'observe dans les mss. 2014 (à Paris), 1819 (à Paris) et 23 (à Cambridge) ; le ms. 2014 est attribué au copiste Constantin Palaeocappa, le 1819 à Jacques Diassorinos. Le ms. 23 semble être de la même main que le 1819, il serait donc de Diassorinos. – Le *Par. gr.* 1818, indiqué dans les catalogues de H. OMONT comme étant un manuscrit de Théon de Smyrne conservé à la Bibliothèque nationale de France, ne contient en réalité pas d'œuvre de Théon (ni une partie d'œuvre), mais contient à la place un passage de la *Théologie platonicienne* de Proclus.

15. DIELS 1880, p. 174.

une lettre d'origine, puisque ce μ n'était pas sur une zone grattée et que ni Hiller ni Schrader ne disaient qu'il provenait d'une lettre corrigée après-coup. En somme, Diels a cru que la suite des deux lettres μο observables dans le manuscrit – le μ d' ἀνιμῶντα et le ο devinable dans la première partie du ω – étaient deux lettres provenant de ταμόντα, qu'il fallait ajouter aux trois lettres finales ντα, communes à ἀνιμῶντα et à ταμόντα. Certes, pour lire ταμόντα, il manquait le τα initial ; mais le τ ne surprenait pas car la restitution de l'ε final de πέντε garantissait que le verbe d'origine commençait par une consonne – ce pouvait donc être un τ. Diels conclut de bonne foi que ταμόντα était le mot que l'on devait lire à la place d'ἀνιμῶντα. J'ai examiné le manuscrit et reconstitué différemment la chaîne des indices qui permet de remonter à ταμόντα :

1. Le μ d'ἀνιμῶντα n'est pas un μ d'origine, contrairement à ce que Hiller et Schrader laissent entendre par leur silence. Le copiste ne fait pas de jambage initial à ses μ (un bon exemple d'un μ d'origine se trouve dans le μ de μέν : voir reproduction du manuscrit). Hiller aurait pu noter ce fait, puisque, à la différence de Schrader, il avait étudié l'ensemble du manuscrit et appris à distinguer l'écriture du copiste de celle du correcteur[16].

2. La majeure partie du μ d'ἀνιμῶντα, à savoir le jambage d'appui et la boucle montante, se trouve sur une zone grattée. Cette zone est le prolongement d'une zone signalée par Hiller : « ι in ras. ». La zone de grattage est donc plus grande que ce que Hiller en avait dit, et que Schrader confirmait en ne modifiant pas l'affirmation de Hiller. La seconde partie du μ – la boucle descendante qui se lie à l'ω – est sur une zone non grattée. Avec une lampe à ultraviolet, on distingue sous la boucle montante du μ une autre boucle montante, provenant d'une lettre d'origine. Il est alors clair que le μ d'ἀνιμῶντα est la lettre d'un correcteur, faite à cheval sur une zone grattée et sur une zone non grattée, en un seul coup de plume, recouvrant une lettre du copiste ou une partie de lettre, qui montrait déjà une boucle montante, mais qui n'est pas nécessairement un μ.

3. Contrairement à ce que dit Schrader, le ο, après le μ, n'est pas d'origine. Il a été constitué par un correcteur qui a ajouté un arc de cercle en forme de dôme à une lettre qui était primitivement un μ (voir la forme du μ de μέν). Le correcteur a agi ainsi parce qu'il a voulu constituer un ω sous la forme de deux ο reliés ou accolés[17]. Il s'est servi d'un ο qui existait déjà, le second ο dans l'ordre d'écriture après le μ, dont il allait faire la seconde partie de

---

16. HILLER a observé une zone grattée sous ὄμμα (p. 3.12 = folio 3 r°.16), qui montre des μ avec jambage, de la main évidente d'un correcteur. Cependant, il ne signale pas toutes les corrections. Son apparat critique est réduit.

17. Exemples d'ω en forme de deux ο dans le manuscrit : ἀφίκωνται (p. 5.1 = folio 4 v°.6), ἐμπόρων (p. 5.2 = folio 4 v°.7), τῶν (p. 8.6 = folio 7 r°.3).

l'ω. Il lui fallait alors réaliser un premier o, en complétant la lettre en place (μ du copiste) par un dôme. Il n'a pas eu la peine de relier les deux o, car la lettre qu'il a transformée était déjà reliée au o qui suivait.

4. L'accent circonflexe d'ἀνιμῶντα ne se trouve pas au-dessus de l'ω, mais presque au-dessus du ν ; d'autre part, cet accent est fait en deux coups de plume : le premier coup étant un accent aigu, le second coup un trait réalisé par le correcteur, qui complète l'accent aigu pour réaliser un accent circonflexe. La position de l'accent circonflexe et l'absence de toute zone grattée au-dessus de l'ω constituent un indice fort pour affirmer que le o immédiatement après le μ n'était pas le o primitivement accentué de ταμόντα.

5. Le τ initial de ταμόντα a été presque entièrement gratté ; seul le début de la barre apparaît (examen avec une loupe et un faisceau de lumière) à la jonction du α et du ν d'ἀνιμῶντα, sur la ligne de réglure (cette ligne droite passe par la barre du τ de πέντε et le sommet du λ de χαλκῷ). La barre verticale du τ était positionnée entre le ν et le ι d'ἀνιμῶντα ; elle se devine assez facilement avec une lampe à ultraviolet ;

6. Voici, avant grattages et surcharges, la reconstitution hypothétique du début de la ligne où se lit aujourd'hui τ' ἀνιμῶντα :

L'ε est en ligature avec le τ de πέντε. Il sera recouvert ensuite par l'α initial d'ἀνιμῶντα. Après avoir effacé une grande partie du τα de ταμόντα, et écrit ἀνι, le correcteur écrira un μ, qui recouvrira la boucle montante et finale du premier α de ταμόντα. Enfin, il transformera grossièrement le μό de ταμόντα en ῶ.

On dispose donc, au total, d'indices parfois différents et complémentaires de ceux laissés par Hiller et Schrader, et suivis par Diels, pour affirmer qu'ἀνιμῶντα masque ταμόντα, le mot d'origine écrit par le copiste. Vahlen avait vu juste. Fallait-il en déduire alors que le rapprochement entre la *Poétique* d'Aristote et l'*Expositio* de Théon allait de soi et qu'Empédocle est l'auteur des deux fragments cités dans la *Poétique* ? Ce n'est pas si sûr.

En 1936, dans la *Byzantinische Zeitschrift*, Maas signe une notice bibliographique concernant les travaux de A. Gudeman sur la *Poétique* d'Aristote[18]. Maas s'intéresse notamment au rôle d'un manuscrit exploité par Margoliouth en 1911, le *Riccardianus* 46. Il prolonge sa notice par une brève étude sur la citation d'Empédocle lue dans Théon de Smyrne, citation rapprochée de la *Poétique* 1457 b 14. Maas

---

18. MAAS 1936.

dit avoir examiné une photographie du manuscrit de Théon conservé à Venise (*Marc. gr.* 307). Il note que l'épithète traditionnellement lue, ἀτειρέϊ (ἀτειρέι dans l'édition de Hiller), est un mot rapporté par un correcteur. Il affirme que la partie précédant le ϊ final, *i.e.* la zone occupée par ἀτειρέ-, avait été grattée. Pour Maas, en cet endroit se tenait un mot de huit lettres qui devait être ταναήκεϊ[19]. Ce mot ταναήκεϊ n'est pas introduit, par Maas, au hasard. Il correspond à ce que l'on lit dans le *Riccardianus* 46, en 1457 b 14[20]. C'est en fait la leçon retenue par Gudeman, contre le classique ἀτειρέι des éditions précédentes de I. Bekker, J. Vahlen, I. Bywater. Reconnaissons que ταναήκεϊ convient à la fois à la métrique de l'hexamètre et qu'il s'accorde avec des parallèles homériques ou hésiodiques.

Mais deux imprudences ont été commises par Maas. (1) Maas s'est appuyé sur des données peu fiables et peu contrôlables pour juger d'une surface grattée : une photographie et une description du passage qu'il doit à un tiers[21]. (2) Il n'a tenu aucun compte des témoignages de Hiller et de Schrader. Or, avec seulement quelques données fournies par Hiller et Schrader, la suggestion ταναήκεϊ tombe.

Maas affirme que toute la zone qui précède le ϊ a été grattée[22]. Cette affirmation est nécessaire pour introduire ταναήκεϊ, un mot dont les lettres sont bien différentes d'ἀτειρέϊ. Mais cette affirmation

---

19. MAAS 1936, p. 456. Dans le supplément de l'édition de 1951 des *Fragmente der Vorsokratiker* (*F. V.*[6] p. 501 l.28-29), W. Kranz corrigea la dernière partie du fr. 143 en rapportant la leçon de MAAS.

20. Dans le manuscrit *Riccardianus* 46, on lit très exactement : ταναϰέι. MAAS, dans sa notice, écrit « ταναϰει *in* R ». En écrivant les choses ainsi, MAAS commettait une faute d'accent et désignait vaguement par « R » le *Riccardianus* 46, alors que les éditeurs de la *Poétique* avaient pris soin de désigner ce manuscrit par « B », ou « R¹ », ou « R' », ou « Rˢ », pour le distinguer des deux autres manuscrits de la *Poétique* présents à la bibliothèque riccardienne. Seule l'appellation « B » – que l'on doit à MARGOLIOUTH, *op. cit.*, p. XV – est aujourd'hui utilisée. – MAAS n'était pas à une imprécision près. Il cite les trois lignes de la citation d'Empédocle chez Théon (15, 9-11 HILLER) par « 15, 7 HILLER ». – Les fautes d'accents ne sont pas rares. Dans le *Ric.* 46 se lit τεμὼν ταναϰέι. MARGOLIOUTH a reproduit parfaitement cette écriture du manuscrit dans son apparat critique. Mais KASSEL écrit τεμῶν dans l'apparat critique de son édition. LUCAS et HALLIWELL écrivent de même : τεμῶν.

21. MAAS nomme cette personne : A. ZANOLLI.

22. MAAS 1936, p. 456 : « *Hinzu tritt* Theon Smyrn., Arithm. Plat S. 15, 7 HILLER ὁ μὲν γὰρ Ἐμπεδοκλῆς κρηνάων ἀπὸ πέντ[ε τα]μόντα φησὶν [ταναήκε]ϊ χαλκῷ δεῖν ἀπορρύπτεσθαι. *An den in* [ ] *stehenden Stellen ist in dem codex unicus des Theon, dem Marcian. 307 s. 11/12 (eine Photographie und Beschreibung der Stelle danke ich A. Zanolli, Treviso) die Lesung erster Hand völlig ausradiert. Eine zweite Hand machte daraus* πέντ' ἀνιμῶντα *und* ἀτηρέϊ *dies wieder in* ἀτειρέϊ *geändert; das durch* ἀτηρέϊ *verdrängte Wort war um etwa zwei Buchstaben länger, wird also* ταναήκεϊ *gewesen sein.* » Mise à part l'affirmation du grattage de ταναήκε-, MAAS croit, comme DIELS, que le μ et le ό de ταμόντα restent visibles à l'endroit du μ et de la première partie du ω de ἀνιμῶντα.

est fausse. D'aucune façon, Hiller et Schrader ne disent que toute la zone qui précède le ï a été grattée. Schrader mentionne une zone grattée en début de mot, devant le κ. Hiller, que Schrader confirme, mentionne une zone grattée en fin de mot, entre le έ et le ï. On peut donc déduire que toute la zone située entre le κ (ou τ) inclus et le έ inclus n'a pas été grattée. Le ρε paraît d'origine, car ni Hiller ni Schrader ne font de remarques sur ces deux lettres. Comment Maas pourrait-il alors introduire ρε dans τανάήκεϊ ? Il ne le peut pas. Ajoutons que le ε de τανάήκεϊ ne correspondrait pas à l'emplacement du ε original du manuscrit, puisqu'une lettre a été grattée entre cet ε et le ï. Hiller et Schrader démentent Maas. Depuis longtemps, des objections codicologiques auraient pu avoir raison de la notice de Maas. Mais cette notice est bien arrangeante. Elle écarte une remise en cause possible du lien entre la *Poétique* et l'*Expositio*. Elle sauve, en apparence, la construction de Vahlen et de Diels[23].

J'ai voulu vérifier sur le manuscrit les endroits exacts des zones grattées qui viennent après φησίν. Cela m'est apparu d'autant plus important que (1) Hiller et Schrader ne sont pas d'accord sur l'étendue des zones grattées, et que (2) Maas appuie son argumentation sur un grattage total.

Voici ce que l'on peut observer sur le manuscrit, avec un pinceau de lumière rasante.

   1. Comme l'affirme Schrader, il existe bien une zone grattée avant le κ. Elle s'étend à la verticale, sous la ligne de réglure, et suppose une lettre avec un jambage (γ ? ou l'abréviation du copiste pour οὐ, qui ressemble à un γ). Cette zone ne s'étale pas sous l'α initial. Elle se trouve donc entre l'α et le κ. Elle ne comprend pas l'esprit doux du ἀ. Le constat de cette zone est embarrassant. D'une part, il montre que Hiller n'est pas fiable, car la zone d'abrasion est nette or Hiller ne la mentionne pas[24]. D'autre part, il remet en

---

23. KASSEL retient τανάήκεϊ dans son édition de la *Poétique* (1457 b 14). Dans son *Index locorum*, il précise à propos des lignes 1457 b 13-14 : « Emped. frr. 138 *et* 143 Diels ». En apparence, cette précision est utile. Mais elle dénote une confusion. Un point majeur de l'interprétation de DIELS est de voir dans le « bronze » qui coupe et qui puise un récipient d'eau lustrale. On ne peut pas croire que DIELS aurait pu soutenir qu'un bronze à la longue pointe puisse être un récipient. DIELS, en 1912 (*F. V.*[3]) et 1922 (*F. V.*[4]), aurait pu tenir compte de la leçon mise à jour en 1911 par MARGOLIOUTH (τανάήκεϊ). Mais il n'en a rien fait, préférant conserver la leçon ἀτειρέι. Maintenir simultanément le nom de DIELS et l'attribution à Empédocle des deux fragments en 1457 b 13-14 dans la nouvelle édition de la *Poétique* est une façon de sauver une apparence de continuité.

24. Sur d'autres pages du manuscrit, HILLER retient certaines zones d'abrasion et en passe d'autres sous silence. Il ne recopie pas correctement un mot du manuscrit, par exemple : προστάττωμεν dans le manuscrit (= folio 3 r° ligne 11) qu'il recopie προστάττοιμι dans l'apparat critique (p. 3 ligne 9). Il oublie le tréma sur le ï de l'épithète qui nous occupe (*inter* ρέ *et* ι *una lit. er.* A), alors que le ï est

cause les analyses qui comptent sur le fait qu'ἀτειρέϊ est bien le mot initialement écrit par le copiste et que ce mot remonte à Théon. Ajoutons que l'α n'est pas dans le style d'écriture du copiste. Il n'est donc pas sûr que cet α initial soit de la main du copiste.

2. La zone qui s'étend du κ inclus jusqu'après le ρε est une zone sans aucune abrasion. Cette donnée devrait mettre un terme à la fantaisie du grattage total (ταναήκεϊ est impossible).

3. La zone qui est au-dessus du κ et qui s'étend vers la droite jusqu'après l'accent du έ (ρέ) est une zone grattée. Schrader a raison : cette zone interlinéaire a supporté un commentaire. On y observe en effet quelques traces de lettres (5 ou 6 lettres avec peut-être un κ en premier). L'accent du έ se trouve en totalité sur cette zone grattée.

4. Il existe une zone grattée qui se trouve entre le έ et le ϊ. Il est peu vraisemblable que cette zone, de faible largeur et assez proche du ϊ, ait pu porter un σ, comme l'a supposé Schrader. Un ε ou un ο sont probables. Le ϊ qui suit est sur une zone non grattée.

5. Hiller affirme qu'il y a une zone grattée sous κῶ δεῖν. Mais Schrader a raison d'inclure le ἀ de ἀπορρύπτεσθαι dans la zone d'abrasion qui s'étend déjà sous κῶ δεῖν.

6. Le premier ρ de ἀπορρύπτεσθαι est écrit sur une zone grattée. Diels pensait qu'un κ avait pu être écrit sous le ρ aujourd'hui visible (ἀποκρύπτεσθαι)[25]. Compte-tenu de deux petites traces d'encre, à la limite de la zone grattée, il est possible effectivement que la lettre effacée soit un κ. Les deux traces donneraient le début et la fin de l'arc qui finit un κ, selon l'écriture du copiste (voir par exemple le κ de Ἐμπεδοκλῆς dans la reproduction du manuscrit).

7. Le η de ἀκηρέϊ, lettre qui de toute évidence est une correction, masque un ε sous la première barre verticale et un ν sous la seconde barre verticale. Ces deux lettres sont petites. Elles peuvent correspondre à l'écriture du copiste initial.

Cet examen du manuscrit m'a rendu particulièrement circonspect quant à la restitution du texte qui, dans la main du copiste initial, a précédé χαλκῶ. La leçon la plus facile serait ἀτηρέϊ. Mais elle est incertaine et recouverte par ἀκηρέϊ, un hapax. On peut alors croire que même si ἀτηρέϊ pouvait être lu, ce n'était pas la leçon qui s'imposait ; un lecteur, bien informé, l'aurait corrigé pour restituer la parole d'Empédocle, par ailleurs riche en hapax. Ce n'est pas impossible. Quel serait alors le sens d'ἀκηρέϊ ? Ce mot semble emprunté au registre d'ἀκηράσιος ou ἀκήρατος, une façon de dire « pur ». Théon

---

manifeste dans le manuscrit et que le copiste n'a pas l'habitude d'écrire ϊ pour ι, sans tréma (par exemple le ι de ἀπορρύπτεσθαι).

25. DIELS 1880, p. 174. Selon DIELS, il fallait sous la première main lire ἀτειρέσι χαλκοῖς δεῖν ἀποκρύπτεσθαι puis, après l'intervention de la seconde main, ἀκηρέι χαλκῶ δεῖν ἀπορρύπτεσθαι.

parle de purification ; il peut alors être admis que dans ce contexte le bronze soit qualifié de « pur ». Mais il faut faire face à une objection. La correction ἀκηρέϊ devrait être lue avec ταμόντα, la leçon difficile à retenir, et non pas avec ἀνιμῶντα, la leçon facile, qui n'est pas un mot d'Empédocle. Puisque la correction ἀκηρέϊ est tardive (dans l'ordre chronologique : le texte initial en grande partie effacé, puis un ἀτηρέϊ incertain, puis ἀκηρέϊ), cette correction n'a selon toute vraisemblance pas été faite lorsque ταμόντα était visible. La correction ἀκηρέϊ dans un manuscrit où se trouve maintenu ἀνιμῶντα conduit alors à penser qu'ἀκηρέϊ n'a pas plus de valeur qu'ἀνιμῶντα. Cette objection est forte.

Plusieurs mots, avec peut-être un verbe, ont pu précéder χαλκῷ (ou χαλκοῖς si δεῖν a été rajouté après coup). J'ai la conviction que ni une épithète du bronze (ταναήκεϊ, ἀτειρέϊ, ou ἀκηρέϊ) ni un substantif (ἀρυτήρεσι avec l'épithète χαλκοῖς ?) ne peuvent être retenus. Rien de clair ne se dégage. Même si le mot χαλκῷ n'est pas un ajout du commentaire de Théon et provient donc d'Empédocle – ce qui est hautement vraisemblable – on ne peut pas, me semble-t-il, le relier dans un même vers à l'expression κρηνάων ἀπὸ πέντε ταμόντα[26]. Il est vraisemblable toutefois que « ayant coupé » se fasse avec le « bronze », comme instrument. Si j'avais à éditer la citation d'Empédocle, j'écrirais κρηνάων ἄπο πέντε ταμών […] χαλκῷ[27]. Un doute subsisterait quant à la place de χαλκῷ : avant ou après les cinq sources. On ne peut exclure que le texte en notre possession soit tronqué, qu'une

---

26. La coupure en fin de ligne du mot χαλκῷ dans le *Marc. gr.* 307 se fait après χαλ-. Le début de ligne suivante, où se trouve aujourd'hui κῷ, a été gratté. Le copiste ne pouvait pas faire suivre χαλ- d'une voyelle. Car dans ce cas, selon son habitude d'écriture, il aurait placé soit la syllabe λ + voyelle à la suite de χα –, soit, bien plus vraisemblablement, il aurait fait une rupture de ligne après χα-. Donc, puisque le λ est au certain sur la même ligne que χα –, il faut conclure que χαλ- était suivi d'une consonne à la ligne suivante. Les possibilités sont restreintes. Seule une forme déclinée de χαλκός ou un mot de même racine peuvent convenir. C'est le cas de χαλκῷ ou de χαλκοῖς. Si le κ de χαλκ- a été effacé, alors qu'il aurait dû être épargné, puisqu'en définitive il a été écrit de nouveau, la raison en est probablement que le correcteur a effacé plus que ce qu'il voulait strictement effacer.

27. Faut-il lire ἀπό ou ἄπο ? Faut-il lire un préverbe avec tmèse (ἀπό de ἀποτάμνω) ou une préposition postposée (κρηνάων ἄπο pour ἀπὸ κρηνάων) ? Hésychius (*Lexicon*, alpha 6705) livre un sens intéressant et rare de ἀποτεμεῖν · ἀγνίσαι. Toutefois, ce sens ne paraît pas s'imposer dans le fr. 143. La lecture s'appuyant sur la préposition postposée apparaît meilleure. Elle prépare le deuxième terme de comparaison avec la préposition ἀπό (*Expositio* 15.11-12) : ὁ δὲ Πλάτων ἀπὸ πέντε μαθημάτων δεῖν φησι ποιεῖσθαι τὴν κάθαρσιν. On doit alors admettre que l'accentuation dans le manuscrit est défectueuse (la convention de l'anastrophe est ancienne, confirmée par le témoignage d'Hérodien) : ἀπό écrit pour ἄπο. Notons qu'ἀπό, dans le manuscrit, après la retouche sur ταμόντα (κρηνάων ἀπὸ πέντ' ἀνιμῶντα) est nécessairement une préposition postposée puisque le verbe ἀνιμῶ avec le préverbe ἀπό, en tmèse, n'existe pas.

ou plusieurs lignes du manuscrit initial de Théon aient été perdues lors d'une copie de ce manuscrit.

Reste à conclure sur le bien-fondé de la liaison entre les deux fragments d'un poète anonyme cité par Aristote dans la *Poétique*, d'une part et, d'autre part, la citation d'Empédocle dans l'introduction de l'*Expositio*.

La *Poétique* et l'*Expositio*

Pour faire valoir ταναήκεϊ, trouvé dans un manuscrit important de la *Poétique*, Maas n'a pas hésité à faire place nette dans l'*Expositio*. Mais le geste est trop facile. Les indices trouvés sur le manuscrit de référence de l'*Expositio* sont sérieux et nombreux à l'encontre de l'hypothèse avancée par Maas. La conclusion est sans appel : la solution ταναήκεϊ, imaginée par Maas, et destinée à rapporter la parole d'Empédocle, doit être rejetée[28].

L'ultime tentative de lier la *Poétique* et l'*Expositio* tourne court. Les conséquences sont immédiates.

Puisque ταναήκεϊ ne peut pas être lu dans l'*Expositio*, puisque dans cette œuvre ἀτειρέϊ n'est qu'une correction incertaine, supplantée elle-même par une autre correction (ἀκηρέϊ), puisqu'en somme aucune des deux leçons de l'épithète du bronze de la *Poétique* 1457 b 14 (ταναήκεϊ et ἀτειρέι) ne s'impose dans l'*Expositio*, on se gardera d'attribuer à Empédocle, en se prévalant d'une citation faite par Théon de Smyrne en *Expositio* 15.10-11, les deux fragments donnés dans la *Poétique* 1457 b 13-16. La citation de Théon, d'une part, et les deux citations d'Aristote, d'autre part, seront donc maintenues séparées. Il faut dénouer ce que Vahlen avait noué. Le fragment χαλκῷ ἀπὸ ψυχὴν ἀρύσας, introduit par Diels dans le corpus empédocléen sous B 138, en liaison avec la citation de Théon (fr. 143 Diels), doit sortir désormais du corpus empédocléen.

Le fil est dénoué. Il demeure quelques interrogations auxquelles je voudrais tenter d'apporter réponse.

Un point ne manque pas d'être troublant quant à la découverte dans l'*Expositio* de ταμόντα sous ἀνιμῶντα. Oui, c'est indéniable,

---

28. MAAS n'est pas fiable sur deux autres points. Il affirme que le ε final de πέντε appartient à une zone où « *ist* [...] *die Lesung erster Hand völlig ausradiert* » ; or le ε se devine encore sous le ἀ de ἀνιμῶντα ; il existe bien une zone grattée, mais celle-ci se trouve entre la fin du premier ν et le début du μ, pas là où MAAS l'affirme. La conclusion sera certes que πέντε ταμόντα est la bonne lecture. Mais MAAS n'argumente pas avec rigueur. Second point : pour MAAS, ἀνιμῶντα aurait un ι long comme dans ἱμῷ ; mais à l'instar des composés de ἱμάς, le verbe ἀνιμῶ a un ι court. Contrairement à ce que pense MAAS, la métrique du troisième pied avec ἀνιμῶντα n'est donc pas fautive.

la *Poétique* a permis de trouver ταμόντα. Ne tient-on alors pas un argument imparable pour confondre les deux citations, l'une faite par Aristote, l'autre faite par Théon ? Non, l'argument n'est pas imparable. Le copiste qui, au XIIᵉ s., a recopié Théon sur un parchemin a écrit ταμόντα conformément à son modèle. Mais le sens imposé par ce verbe en liaison avec les cinq sources était difficile. Un lecteur de la citation d'Empédocle chez Théon trouva judicieux de remplacer ταμόντα par un verbe offrant spontanément, dans le contexte, une meilleure compréhension. Il choisit d'écrire ἀνιμῶντα. L'action de puiser s'accordait avec les cinq sources et s'accordait avec le parallèle platonicien, où l'on part des cinq sciences mathématiques (ἀπὸ πέντε μαθημάτων) pour se purifier (ποιεῖσθαι τὴν κάθαρσιν). Le point commun de la comparaison établie par Théon entre Empédocle et Platon tient en effet dans le fait qu'il faut puiser ou partir de cinq choses pour se purifier. Il n'est pas besoin dans cette correction (ἀνιμῶντα à la place ταμόντα) d'être inspiré par la *Poétique* d'Aristote. La transformation du texte repose sur le besoin de rendre le sens plus accessible.

Notons que le verbe choisi, ἀνιμῶ, ne s'utilise pas uniquement dans le sens de puiser de l'eau, que ce soit celle d'une source ou d'un puits. Il a un sens plus général : tirer vers le haut. Ce qui est tiré vers le haut peut être autre chose que de l'eau, ainsi par exemple chez Jamblique (*Protreptique* 21, 122.19) où ἀνιμᾶν s'applique à la main droite des non-initiés. Il serait donc imprudent d'admettre sans examen que le verbe ἀνιμῶ a simplement été choisi parce qu'il est associé aux sources. Nous ne savons pas si, en dehors du fait de rendre le sens du texte plus accessible, le correcteur a poursuivi un autre but en remplaçant ταμόντα par ἀνιμῶντα.

La *Poétique* ne livre pas le verbe ἀνιμῶ, elle livre le verbe ἀπαρύω ou ἀρύω. Voilà un fait essentiel sur lequel les défenseurs du rapprochement avec la *Poétique* sont passés rapidement, sans s'expliquer. Admettons un instant qu'un lecteur ancien du manuscrit de Théon ait reconnu dans la citation d'Empédocle comportant ταμόντα la double citation d'Aristote en 1457 b 13-14, pourquoi corrigerait-il ταμόντα puisque ce mot permet d'établir un point commun entre la citation de Théon et celle d'Aristote ? Admettons néanmoins que ce lecteur se soit mis en tête de corriger le manuscrit pour supprimer la difficulté de compréhension liée au verbe τέμνω, pourquoi ce lecteur, si savant des œuvres d'Aristote, qui connaît l'équivalence métaphorique ἀρύσαι ταμεῖν et ταμεῖν ἀρύσαι, écrirait-il ἀνιμῶντα et non pas plus simplement ἀρύσαντα ? Le correcteur qui se donna la peine de gratter le manuscrit pouvait tout à fait écrire ἀρύσαντα, qui respectait (1) le vocabulaire de la *Poétique*, (2) la métrique, et (3) reprenait en outre le temps aoriste de ταμόντα (alors qu'ἀνιμῶντα est un participe au présent). En ne respectant pas la parole d'Aristote, en écrivant ἀνιμῶντα, ce correcteur ne faisait pas preuve de ses connaissances[29].

Diels aurait pu objecter : « Mais ce n'est pas par hasard que se lit ἀνιμῶντα et non pas ἀρύσαντα ; on lit ἀνιμῶντα parce que le correcteur a voulu réutiliser les lettres μ et o qu'il trouvait dans ταμόντα. Or ces deux lettres ne se trouvent pas dans ἀρύσαντα. Voilà donc comment le choix s'est fait en faveur d'ἀνιμῶντα ». Nous savons désormais que Diels ne disposait pas des bonnes données : son argumentation codicologique en faveur de ταμόντα n'est pas fondée. Les μ de ταμόντα et d'ἀνιμῶντα ne sont pas communs. Le o de ταμόντα ne suit pas le μ d'ἀνιμῶντα, contrairement à ce que Diels pouvait déduire d'une observation inexacte de Schrader. Rien ne permet donc de comprendre pourquoi, avec l'arrière-plan de la *Poétique*, ἀνιμῶντα aurait été choisi à la place d'ἀρύσαντα. La liaison avec la *Poétique* n'est en réalité pas plausible.

Il est vrai que la *Poétique* a permis à Vahlen de supposer ταμόντα dans l'*Expositio*. Il est aussi vrai, sur la base d'un nouvel examen du manuscrit de Venise, que ταμόντα peut se lire dans l'*Expositio*. C'est heureux, mais ce n'est qu'un heureux hasard. Il est vraisemblable que le correcteur qui a gratté sur le parchemin une partie de ταμόντα pour écrire par-dessus ἀνιμῶντα n'avait en tête ni le propos d'Aristote avec ἀπαρύσας ou ἀρύσαι, ni l'œuvre d'Empédocle. L'argument de Vahlen, suivi par Diels, argument qui autorise à confondre les deux citations (Aristote et Théon), ne résiste pas à la critique.

Le passage du verbe couper au verbe puiser – qui s'observe dans le manuscrit de Venise – est apparu jusqu'ici comme exceptionnel. Les commentateurs de la *Poétique* 1457 b 13-14, où un tel passage est formalisé, n'ont, à ma connaissance, fourni aucun parallèle. Pourtant, il en existe au moins un, dans le corpus homérique. On lit dans l'*Iliade* (XIV 517-519) :

> [...] διὰ δ' ἔντερα χαλκὸς ἄφυσσε
> δῃώσας· ψυχὴ δὲ κατ' οὐταμένην ὠτειλὴν
> ἔσσυτ' ἐπειγομένη, τὸν δὲ σκότος ὄσσε κάλυψε.

Deux verbes sont ici intéressants : (1) διαφύσσω où l'on reconnaît ἀφύσσω, un synonyme dans certains contextes d'ἀρύω, et (2) δῃῶ, déchirer, un synonyme de τέμνω. Le verbe ἀφύσσω s'emploie très souvent pour puiser du vin ; ἀρύω s'emploie parfois dans le même

---

29. MAAS 1936, p. 457, supposait que Michel Italikos, connaissant la *Poétique* d'Aristote, avait modifié ταμόντα en ἀνιμῶντα. MAAS n'explique pas pourquoi l'érudit byzantin aurait ainsi dégradé la citation d'Empédocle, et se serait écarté de la *Poétique*. Sur Michel Italikos voir P. GAUTIER, *Michel Italikos. Lettres et discours*, Paris, Institut français des études byzantines, 1972.

sens[30] mais son champ d'application est plus large, le liquide puisé
étant notamment de l'eau. Dans les deux cas qui retiennent notre
attention (*Poétique* : ἀπαρύω ψυχήν ; *Iliade* : διαφύσσω ἔντερα), les deux
verbes « puiser » sont pris au sens figuré, les deux verbes « puiser »
impliquent un bronze qui tue, et la ψυχή quitte le corps par là où
le bronze puise. Autrement dit, ἀπαρύω ψυχήν renvoie à une image de
sens sinon identique, du moins très proche, chez Homère, à διαφύσσω
ἔντερα. Cette image homérique se retrouve, sans toutefois dire explicitement le départ de la ψυχή, en deux autres endroits de l'*Iliade*, XIII
507-508 et XVII 314-315 : διὰ δ᾽ ἔντερα χαλκὸς / ἤφυσ᾽[31].

Remarquons par ailleurs qu'en *Il.* XVII 86, avec la mort d'Euphorbe,
dans un vers qui fait écho à *Il.* XIV 518, le poète varie son expression :
c'est le sang qui sort de la blessure et non pas l'âme[32]. Sans nul doute
le sang entraîne l'âme avec lui. Par la plaie qu'il ouvre, le bronze qui
puise dans les entrailles (ἔντερα) permet donc au sang et à l'âme de
s'échapper. Le sang emporté par le bronze donne un sens concret au
verbe puiser. Le bronze coupe, ouvre une plaie. Il puise, ou plonge,
dans le corps. Il se charge de sang. Par la plaie, le sang puisé quitte
le corps. Par la plaie, l'âme puisée quitte le corps (χαλκῷ ἀπὸ ψυχὴν
ἀρύσας). Couper équivaut à puiser[33].

Diels face à Théon

Une fois la *Poétique* écartée, comment interpréter la citation
d'Empédocle ? Un retour à Diels s'impose.

Dans son interprétation de la parole d'Empédocle, Diels s'est
appuyé (1) sur le fait que cette parole était expressément associée
par Théon à une purification, (2) sur sa connaissance des *Purifications*,
un des poèmes de l'Agrigentin, et sans doute (3) sur la liaison donnée
par Aristote, dans la *Poétique*, entre quelques mots de cette parole et

---

30. L.S.J., *s.v.* Julius Pollux, *Onomasticon* 10.75.1-3, Hésychius, *Lexicon*, sigma
790, Scholies à Euripide *Troyennes*, 821.2.

31. Dans ces deux exemples, le verbe associé à διαφύσσω est non pas δηῶ,
mais ῥήγνυμι ; le sens demeure celui de déchirer, donc un synonyme de couper.
– Le verbe διαφύσσω est utilisé sans tmèse dans l'*Odyssée* XIX 450. Il est associé
à une blessure (Ulysse blessé à la cuisse).

32. *Il.* XIV 518-519 : [...] ψυχὴ δὲ κατ᾽ οὐταμένην ὠτειλὴν / ἔσσυτ᾽ ἐπειγομένη
[...]. *Il.* XVII 86 : [...] ἔρρει δ᾽ αἷμα κατ᾽ οὐταμένην ὠτειλήν.

33. Dans un prochain article, je compte faire une étude approfondie de
la métaphore d'espèce à espèce indiquée par Aristote (*Poétique* 1457 b 13-16).
– L'idée de couper avec un bronze et de recueillir avec un bronze se trouve notamment chez Sophocle dans une tragédie perdue, *Les Coupeurs de racines* (fr. 534).
– Selon MARGOLIOUTH 1911, p. 205), dans la métaphore rapportée par Aristote,
le premier bronze est un bistouri (il puise « *the life-blood* »), le second bronze est
un récipient « *sharp-edged* », qui sert au médecin à recueillir le sang.

« ayant puisé la vie avec un bronze » (fr. 138). Dans la mesure où
« ayant puisé la vie avec un bronze » et « ayant coupé avec un bronze
indestructible » feraient partie d'un même passage d'un poème
d'Empédocle, ce poème serait assurément les *Purifications*, car il va
de soi que « ayant puisé la vie avec un bronze » signifie aux yeux
d'Empédocle un acte criminel, qui appellerait alors une purification.
Le raisonnement de Diels a le mérite de la simplicité : le fragment
des cinq sources rapporte une purification qu'il faut comprendre
par rapport à ce qui est criminel aux yeux d'Empédocle. Soyons
plus précis. Diels écrit : pour se purifier du crime de manger de
la chair animale, il faut puiser de l'eau à cinq sources dans un bronze
indestructible[34]. Il n'est pas difficile de trouver dans les *Catharmes*
les injonctions d'Empédocle contre les crimes sanglants et contre
le fait de manger de la chair (fr. 128.8-10, fr. 136, fr. 137.4-6, fr. 139[35]).
La purification énoncée par Théon (δεῖν ἀπορρύπτεσθαι) consiste,
selon Diels, à laver des mains impures :

> κρηνάων ἀπὸ πέντε ταμὼν ἐν ἀτειρέι χαλκῷ
> χεῖρας ἀπόρρυψαι...[36]

Voilà donc ce que dirait l'Agrigentin dans les *Catharmes*. Qui veut
s'en convaincre peut trouver des parallèles dans les rites, en particulier dans le *Superstitieux* de Ménandre, où se pratique une purification
avec trois sources[37]. Le chiffre « cinq » de κρηνάων [...] πέντε ne serait

---

34. Diels 1880, p. 175 : « *lustratione vero quinquies repetita eos perfungi iussit
Empedocles, qui cottidiana edendi animalia consuetudine immani scelere se obstrinxissent.* »

35. Les fragments cités apparaissent sous une numérotation différente dans
le poème des *Catharmes* reconstitué par H. Stein (1852), et que Diels suit en
1880. Dans le premier recueil de fragments de Diels (*Poetarum philosophorum fragmenta*, Berlin, Weidmann, 1901), les fragments 138 et 143 se tiennent à proximité
des fragments que nous venons de citer. Plus précisément, la purification (fr. 143)
vient après le meurtre (fr. 136, 137, 138, 139). – Le recueil de Diels en 1901 a
été imprimé en plusieurs temps, repérables par des corrections de texte. En ce
qui concerne B 138 et B 143 : une mouture ancienne oublie un accent sur ταμών
(p. 163 ligne 9) et ajoute un accent grave sur le iota de χαλκῶι (p. 164 ligne
34), une autre mouture maintient l'erreur sur ταμών mais supprime l'erreur sur
χαλκῶι, une troisième supprime enfin les deux erreurs. – En 1901 (*P.P. F.*, p. 164),
tout en adoptant la pagination de Hiller, Diels édite Théon ainsi : κρηνάων ἀπὸ
πέντ' ἀνιμῶντά φησιν ἀκηρέι χαλκῶι δεῖν ἀπορρύπτεσθαι. Remarquons le mot ἀκηρέι.
Diels a tenu compte de ce que disait Schrader : *Nach meiner Meinung muss es
nicht wie Hiller sagt* « ἀτειρέι *corr. ex* ἀκηρέι » *heissen, sondern eher umgekehrt*. Par
la suite (de 1903 à 1922 : *F. V.*[1] à *F. V.*[4]), Diels éditera Théon différemment, tout
en se référant à Hiller : κρηνάων ἀπὸ πέντε ταμόντα, φησίν, ἀτειρέι χαλκῶι δεῖν
ἀπορρύπτεσθαι. Le mot ἀκηρέι a été abandonné. Un lecteur non averti pourrait
croire qu'il s'agit de l'édition de Hiller. Mais, non ! Aucune note ne donne
la leçon du manuscrit retenue par Hiller : πέντ' ἀνιμῶντα.

36. Diels 1880, p. 175. Diels écrit « ἀπὸ » jusqu'en 1890 (*Sibyllinische Blätter*).

37. Un peu plus tard, E. Rohde, dans sa *Psyche*, allant dans le sens de
Diels, ajoutait d'autres exemples. Diels, en 1901, ajoutait encore un parallèle,

alors qu'une variante de trois, et ne mériterait pas plus d'explication. Les auteurs qui, avant Diels, avaient imaginé un sens métaphorique aux paroles d'Empédocle rapportées par Théon se sont – aux yeux de Diels – fourvoyés[38]. Il faut revenir au concret. Ce que dit Empédocle doit être compris au sens propre. Théon n'a cité Empédocle que parce qu'Empédocle parle du nombre cinq et d'une purification. Point n'est besoin d'aller chercher ailleurs. Voilà la position de Diels.

Mais Diels a peu tenu compte du contexte de la citation chez Théon. L'élégante simplicité de son interprétation ne parvient à se parer des atours de la vérité qu'en négligeant la lecture de Théon. L'examen attentif du contexte de la citation d'Empédocle permet de trouver un sérieux démenti à l'interprétation de Diels. Quel est ce contexte ?

J'emprunte à J. Delattre la traduction du passage pertinent de l'*Expositio* de Théon de Smyrne[39]. Cette traduction s'appuie sur l'édition de Hiller, de 1878. Le passage traduit, quoique assez long, est nécessaire pour comprendre le mouvement de pensée du citateur. Sans la restitution de ce mouvement, des contre-sens d'interprétation du fr. 143 sont possibles. Pour l'essentiel, Théon veut montrer de différentes façons que les mathématiques doivent être enseignées dès l'enfance pour préparer et purifier l'âme en vue de la philosophie (particulièrement de la philosophie platonicienne). J'indique entre crochets pagination et ligne, en suivant l'édition de Hiller.

> <13.4> De nos jours, 'les teinturiers lorsqu'ils veulent teindre des laines pour les rendre pourpres, commencent par choisir, parmi l'éventail des couleurs, une seule nature, celle des laines blanches, puis

---

tiré de la *Satire* II de Perse (v. 15-16) : « Pour sanctifier de telles demandes, tu plonges le matin deux et trois fois ta tête dans les gouffres du Tibre et le fleuve te purifie des souillures de la nuit » (trad. A. CARTAULT). Par la suite, la référence à Perse II 16 apparaîtra dans toutes les éditions de *Die Fragmente der Vorsokratiker*.

38. Ces auteurs auxquels DIELS fait allusion seraient F.W. STURZ, S. KARSTEN.

39. Joëlle DELATTRE, *Théon de Smyrne, philosophe platonicien, Modèles mécaniques en astronomie grecque, Traduction annotée de l'introduction et des parties II et III sur la musique et sur l'astronomie du traité de Théon de Smyrne : « De ce qui est utile du point de vue scientifique à la lecture de Platon »*, Thèse de Doctorat en Lettres et Sciences humaines sous la direction d'Annick CHARLES-SAGET, Université de Paris X-Nanterre, juin 1997. – Il existe d'autres traductions en français de tout ou partie du texte de Théon, citons : (1) J. DUPUIS, *Théon de Smyrne, philosophe platonicien. Exposition des connaissances mathématiques utiles pour la lecture de Platon*, Paris, Hachette, 1892 ; (2) I. HADOT, *Arts libéraux et philosophie dans la pensée antique*, Paris, Études augustiniennes, 1984, p. 70-72. HADOT traduit l'*Expositio* 14.18-16.2, 16.11-23 ; (3) J. PÉPIN, « L'initié et le philosophe », dans MATTON S. (dir.), *La pureté. Quête d'absolu au péril de l'humain*, Paris, Éditions Autrement, 1993, p. 105-130. PÉPIN traduit uniquement l'*Expositio* 14.18-16.2.

ils les préparent en en prenant grand soin, de façon à ce qu'elles reçoivent le mieux possible l'éclat de la pourpre, et c'est ainsi qu'ils teignent <13.9> [...] <14.4> 'c'est une chose du même genre que nous aussi accomplissons selon nos capacités : [...] en effet, nous éduquons les enfants par la musique, la gymnastique', les lettres et la géométrie et aussi l'arithmétique, nous 'contentant pour notre part de' les purifier et de les préparer en nous servant de ces savoirs mathématiques comme d'astringents, afin que nos discours concernant la vertu dans son ensemble, qu'ils apprendront à connaître par la suite, 'ils les reçoivent comme une teinture' <14.11> [...].

[...] <14.18> la philosophie est l'initiation à la véritable révélation, et la transmission de ce qui est véritablement mystères.

L'initiation comporte cinq parties.

<14.20> Le premier stade est la purification : la participation aux mystères n'est pas possible pour tous ceux qui le veulent, mais il en est à qui on donne publiquement ordre de s'écarter, par exemple ceux qui ont les mains impures et qui profèrent des stupidités <14.24> ; et pour ceux qui ne sont pas écartés, il est indispensable qu'ils se purifient au préalable <14.25>.

<14.25> Après la purification, le deuxième stade, c'est la transmission de la révélation.

[Puis Théon décrit les trois autres stades des mystères.]

<15.7> De la même façon naturellement, la transmission des discours platoniciens, elle aussi, comporte comme premier stade une purification, en l'occurrence l'entraînement en commun depuis l'enfance dans les savoirs mathématiques adaptés. <15.9> De fait, de même qu'Empédocle dit qu'il faut 'puiser à cinq sources pour se nettoyer avec le bronze indestructible' [ὁ μὲν γὰρ Ἐμπεδοκλῆς κρηνάων ἀπὸ πέντ' ἀνιμῶντά φησιν ἀτειρέι χαλκῷ δεῖν ἀπορρύπτεσθαι·], <15.11> de même Platon dit qu'il faut se purifier en puisant aux cinq savoirs mathématiques [ὁ δὲ Πλάτων ἀπὸ πέντε μαθημάτων δεῖν φησι ποιεῖσθαι τὴν κάθαρσιν] <15.12> : ce sont l'arithmétique, la géométrie, la stéréométrie, la musique, l'astronomie. <15.14>

[Puis Théon décrit les quatre autres stades de l'ascèse platonicienne.]

<16.3> Il y aurait assurément encore beaucoup d'autres choses à dire pour illustrer avec des comparaisons l'utilité des savoirs mathématiques et leur caractère indispensable. <16.4> [...].

<16.11> Aussi contentons-nous de transmettre uniquement ce qui suffit pour pouvoir fréquenter ses écrits [les écrits de Platon]. En effet, même lui [= Platon], il ne trouve pas bon qu'arrivé à l'extrême vieillesse, on continue à tracer des figures, et à composer des chansons ; au contraire, il pense que ces savoirs mathématiques sont pour les enfants, en tant qu'ils préparent et purifient leur âme pour l'adapter à la philosophie <16.17>[40].

---

40. En *Expositio* 15.7-8 Hiller édite ἡ τῶν Πλατωνικῶν λόγων παράδοσις. DELATTRE traduit : « la transmission des discours platoniciens ». Le mot Πλατωνικῶν est une correction de HILLER. La leçon du manuscrit, qu'HILLER rapporte dans son apparat critique, est πολιτικῶν. Si πολιτικῶν fait référence à l'éthique dans la cité,

Le mot ἀπορρύπτεσθαι, que Delattre traduit ici par « se nettoyer », n'est apparemment pas la leçon initiale du manuscrit de Venise. On peut supposer qu'ἀποκρύπτεσθαι l'a précédée. Néanmoins, le mot ἀπορρύπτεσθαι, résultat de la correction d'un copiste, donne un sens bien meilleur que celui rendu par ἀποκρύπτεσθαι. Théon parle de purification de plusieurs façons, avant et après de citer Empédocle. Dans un tel contexte, il est nécessaire que la phrase où se trouve le propos d'Empédocle comporte l'idée de purification. En l'absence d'ἀπορρύπτεσθαι elle n'y serait pas, et ἀποκρύπτεσθαι ne l'apporte pas. Il faut donc retenir la leçon ἀπορρύπτεσθαι. La présence des sources, présence supposée de l'eau, n'implique pas qu'ἀπορρύπτεσθαι a le sens propre de « laver ». On trouve chez Stobée un emploi d'ἀπορρύπτεσθαι qui résonne étrangement avec l'emploi que pourrait en faire Théon :

προσήκει οὖν ἐκνίπτοντας καὶ ἀνακαθαίροντας ἀπορρύπτεσθαι πάσαις μηχαναῖς τὰς ἐγκατεσκιρωμένας κηλῖδας τῷ κατὰ φιλοσοφίαν λόγῳ[41].

Les souillures (κηλῖδας) ne sont pas des souillures matérielles qu'il faut laver. Ce sont des souillures morales (le contexte indique qu'il s'agit des désirs insatiables, de l'envie, de la jalousie). L'étude de la philosophie (τῷ κατὰ φιλοσοφίαν λόγῳ) est l'agent pour se nettoyer (ἀπορρύπτεσθαι) de ces souillures. Le mot ἀπορρύπτεσθαι est donc ici utilisé avec l'acquisition d'un savoir, comme il pourrait l'être chez Théon. On ne devrait donc pas écarter la possibilité d'un sens figuré chez Théon, même si l'eau des sources incite à comprendre un sens propre.

Dans l'*Expositio*, Théon procède à une quadruple comparaison. Dans l'ordre :

- le rôle des « astringents » dans la teinture de la laine (13.4-14.11) ;
- la purification, en tant que premier des cinq stades mystériques (Éleusis – 14.20-25)
- la purification par les cinq sources (Empédocle – 15.9-11) ;
- les mathématiques (comportant cinq disciplines) en tant que premier des cinq stades de la philosophie platonicienne (15.11-12).

Avec une telle mise en parallèle, où des choses si diverses sont rapprochées, il y aurait fort à parier que Théon fasse un amalgame,

---

la correction de HILLER ne s'impose pas. Dans ce cas, la transmission dont parle Théon serait la transmission des savoirs éthiques. Cela concernerait bien l'éducation depuis l'enfance.

41. Stobée, *Anthologium*, 4.44.81.70-73. DIELS cite le passage dans les *Poetarum Philosophorum fragmenta* (1901). Il ne le cite plus dans les *Fragmente der Vorsokratiker*.

ou, pour le dire autrement, qu'il récupère Empédocle au profit du platonisme[42]. Ce qui pourrait être commun aux quatre domaines semble, pour les besoins de la cause poursuivie par Théon, être majoré par rapport aux nombreuses différences entre eux. Théon a pu utiliser Empédocle comme un ornement littéraire[43]. C'est sans doute ce que Diels croyait.

Mais trouverions-nous dans le texte de Théon un élément fort qui contredit l'interprétation de Diels, à savoir l'interprétation selon laquelle la purification par l'eau de cinq sources vient en réponse au crime de manger de la chair animale, que faudrait-il conclure ? (1) Que Théon faisait un mauvais emploi d'Empédocle, qu'il connaissait mal ses écrits. Ou bien (2) que l'interprétation, apparemment lumineuse, de Diels est à remettre en question. Il serait hasardeux de s'accrocher au point (1) en possédant « un élément fort » qui contredit Diels. On s'accordera à penser qu'une attitude soucieuse de la vérité respecte avant tout les données, qu'elles soient embarrassantes pour le credo dielsien ou pas. Dans sa thèse sur Théon, Delattre a mis en évidence le travail organisé et minutieux de Théon : « Théon n'est pas un simple compilateur, recopiant au petit bonheur des extraits de ses prédécesseurs [...] il est un penseur original se frayant un chemin personnel dans l'accumulation des documents qu'il a réunis pour son propos ». Cela devrait nous conforter à penser que la citation d'Empédocle n'est pas un simple ornement littéraire.

Écartons pour l'instant dans notre analyse la purification par les cinq sources. Les trois autres points mis en parallèle – (1) le rôle des « astringents » dans la teinture de la laine, (2) la purification en tant que premier des cinq stades mystériques, (3) les mathématiques en tant que premier des cinq stades de la philosophie

---

42. Théon de Smyrne est un philosophe, jugé de second ordre, du moyen platonisme. J. DILLON (*The middle Platonists. A study of platonism 80 BC to AD 220*, Londres, Duckworth, 1977, p. 397-399) émet deux jugements sur Théon : « *A dilettante rather than an expert in matters mathematical, musical and astronomical* », « *Theon is not, at any rate, an original thinker* ». Dans sa thèse sur Théon, DELATTRE apporte un éclairage nouveau. Page 4 : « Sans prétendre faire entrer, envers et contre tous, cet auteur au Parnasse des plus grands philosophes de l'Antiquité, il nous a paru, en tout cas, essentiel de ne pas nous laisser influencer par les reproches de "méli-mélo", d'"absence de sérieux", ou de "tissu d'erreurs" qui ont été et sont encore émis à son propos ». Page 41 : « Une démarche exigeante et rigoureuse structure en réalité ce texte [= l'*Expositio*] ». Page 48 : « En réalité donc, l'écrit est composé très savamment, pas du tout de manière aléatoire, ni "par sauts et gambades", même si les citations abondent. Il s'agit d'un écrit propédeutique qui ne dédaigne pas d'user de certaines caractéristiques des écrits scientifiques. »

43. Cf. PÉPIN 1993, p. 109 n.4 : « La mention d'Empédocle, avec citation d'un fragment d'ailleurs incertain, est purement littéraire. » PÉPIN n'apporte aucune démonstration à l'appui de son assertion.

platonicienne – ont pour caractéristique commune de ne pas être des purifications de souillures graves, entendons par là des souillures par le sang ou provenant d'une violation sacrée. Une mise au point sur le sens de « purification » est ici nécessaire.

Une purification tente d'effacer une souillure. La souillure peut être concrète, identifiée, et grave. C'est le cas des meurtres et des violations sacrées. Quand Créon annonce que la peste à Thèbes a pour cause une souillure, Œdipe s'enquiert de savoir par quelle purification la souillure pourra être effacée. On sait que cette souillure est le meurtre dont Œdipe s'est rendu coupable. Après qu'Œdipe a marché dans l'enclos des Euménides à Colonne, les vieux Athéniens l'enjoignent de pratiquer une purification[44]. Mais une purification peut être pratiquée sans qu'une souillure précise soit identifiée, sans que quelque chose de grave soit à réparer. C'est le cas lors de cultes initiatiques ; c'est la règle avant les sessions de l'assemblée des citoyens[45]. Chez Théon, la purification considérée dans les Mystères entre dans la catégorie des cultes initiatiques. Les candidats aux Mystères se purifient pour des impuretés dont ils pourraient être chargés sans le savoir. La purification d'une souillure virtuelle se trouve, par exemple, dans le cas de la libation qu'Achille fait à Zeus en *Il.* XVI 225-232. Achille utilise une coupe qui lui a été remise par Thétis, et qu'il consacre uniquement aux libations à Zeus. Avant la libation, il purifie néanmoins cette coupe avec du soufre (ἐκάθηρε θεείῳ), la lave avec de l'eau courante et se lave lui-même les mains[46]. Ce sont des actes où il ne s'agit pas de retrouver une normalité perdue, comme les actes visant à la réparation d'une souillure concrète, mais des actes où la normalité ne peut pas constituer la première étape pour entrer en contact avec le divin[47].

---

44. J'ai choisi ces exemples autour d'Œdipe chez W.K.C. GUTHRIE, *A history of Greek philosophy, II, the presocratic tradition from Parmenides to Democritus*, Cambridge-Londres-New York, Cambridge University Press, 1965, p. 244. À la suite d'exemples de purifications pour des meurtres ou pour une violation sacrée, GUTHRIE cite le fr. 143. Il n'y a guère de doute que GUTHRIE emprunte la voie tracée par DIELS : le fr. 143 est la purification correspondant à une souillure concrète et grave, aux yeux d'Empédocle.

45. J'emprunte textuellement cette phrase à J. RUDHARDT, dont je m'inspire dans l'analyse de la purification. J. RUDHARDT, *Notions fondamentales de la pensée religieuse et actes constitutifs du culte dans la Grèce classique*, Paris, Picard, 1992², p. 164.

46. On comparera la libation d'Achille à Zeus avec celle de Priam à Zeus en *Il.* XXIV 302-307. En se lavant les mains selon un rituel, Priam ne cherche pas à effacer une souillure, mais à se mettre dans les conditions lui permettant de pouvoir communiquer efficacement avec Zeus. Les deux vers *Il.* XVI 231-232 et *Il.* XXIV 306-307 sont en grande partie identiques.

47. RUDHARDT 1992 parle de rite hagnistique (p. 172-173), p. 173 : « Alors que la simple purification rétablit les êtres ou les objets auxquels elle s'applique dans un état normal ou coutumier dont une souillure accidentelle les a fait déchoir,

Il faut donc distinguer deux raisons essentielles dans la pratique d'une purification : (1) un crime à réparer, ou bien (2) la recherche d'un état, s'écartant de la banalité, plus proche du divin. Nous disposons de plusieurs faits concrets, chez Théon, qui montrent que cet auteur ne pense précisément pas à une purification-élimination d'une souillure grave, souillure qui serait ce que Diels a en tête dans son interprétation de la parole d'Empédocle.

Commençons par l'élément fort qui contredit Diels. Diels croit que la purification à laquelle pense Empédocle consiste à laver des mains impures : χεῖρας ἀπόρρυψαι... Or, à moins de supposer une incohérence flagrante, le propos de Théon dément ce que Diels avance. En effet, pour le premier stade mystérique, Théon écrit (*Expositio*, 14.20-24) :

> Le premier stade est la purification : la participation aux mystères n'est pas possible pour tous ceux qui le veulent, mais il en est à qui on donne publiquement ordre de s'écarter, par exemple ceux qui ont les mains impures [οἷον τοὺς χεῖρας μὴ καθαράς] et qui profèrent des stupidités [...].

Théon procède par analogie. Cela implique une certaine cohérence d'idées entre les domaines mis en parallèle. Donc, Théon ne peut pas avoir dit à la fois que la purification des Mystères ne concerne pas les mains impures, et quelques lignes plus loin rapporter les mots d'Empédocle qui feraient état, comme le croit Diels, de la purification des mains impures. Théon n'est pas incohérent. Il faut donc admettre que la restitution χεῖρας ἀπόρρυψαι n'est qu'une pure fantaisie. Diels a vu du sang là où il n'y en avait pas. La purification à comprendre dans les cinq sources ne serait en fait rien d'autre qu'une purification pour des impuretés banales et naturelles comme pouvaient en être chargés les candidats retenus pour la première étape mystérique.

L'exemple de la teinture de la laine abonde dans le même sens. Examinons cet exemple.

On connaît le texte célèbre de Platon sur la teinture de la laine, que Théon cite (*République*, IV, 429 D-E). Dans son texte, Platon n'utilise pas le mot d'astringent (στυπτικόν, ou un autre mot synonyme : στυπτηρία), que Théon utilise au pluriel (στυπτικοῖς)[48]. Mais

le rite hagnistique les saisit comme ils sont habituellement pour leur conférer une qualité nouvelle, une dignité religieuse éminente qui les prépare au contact, si ce n'est à la communication et à l'emprise de la puissance. Le rite hagnistique est déjà l'amorce d'une consécration. »

48. Le *Dictionnaire des Antiquités grecques et romaines*, de Ch. DAREMBERG, E. SAGLIO et E. POTTIER, rapporte que l'alun était généralement utilisé pour la pourpre ; *s. v. tinctor, tinctura*. Hérodote, *Hist.* Livre II 180.7, parle d'un don en alun, pour mille talents, que l'Égypte fit aux delphiens. Aristote, dans le *De coloribus*

en distinguant les étapes du procédé, il y fait allusion. Platon dit que les laines utilisées sont des laines blanches et qu'elles sont ensuite (ἔπειτα) préparées (προπαρασκευάζουσιν) de façon à recevoir (δέξεται) la pourpre. L'étape de teinture vient seulement après. La préparation consiste – nous le savons et devinons que Platon le sait – à baigner la laine dans une solution astringente, qui a pour rôle de permettre l'accrochage ultérieur de la teinture. La laine ainsi teinte, grâce à une préparation avec une solution astringente, conservera relativement bien sa couleur après de multiples lavages. Platon n'utilise pas la comparaison des teinturiers pour suggérer une élimination des souillures. Il l'utilise pour mettre en valeur l'utilité d'une préparation spécifique quand on veut obtenir un résultat à l'épreuve du temps. Dans sa comparaison, la laine blanche représente les gardiens, la préparation représente l'éducation par la gymnastique et la musique, la teinture représente les lois de la cité[49]. Venons-en maintenant à Théon. En rapportant le texte de Platon sur les teinturiers, Théon introduit le mot στυπτικά. Théon comprend le rôle des astringents comme un moyen d'ôter de la laine blanche des impuretés qui empêchent la bonne fixation de la teinture. Certes, une référence explicite à une souillure est absente, mais le langage de la purification est utilisé (14.8 : προεκκαθάραντες[50]). Théon est allé au-delà de ce que disait Platon. Il imagine une purification et donc implicitement une souillure, ce qui est étranger au récit de Platon. On trouve chez Plutarque, contemporain de Théon, une explication possible de ce qui pouvait être une souillure de la laine blanche, pour qui veut teindre correctement cette laine[51] :

καὶ γὰρ αἱ στύψεις, ὦ βέλτιστε, τῶν βαπτομένων ἔφην
τόπον ἔχουσι τὸ δριμὺ καὶ ῥυπτικόν, ᾧ τῶν περισσῶν

---

794 a 29, mentionne le bain dans les astringents (αἱ στύψεις), que l'on appelle aussi mordants, dans le procédé de teinture – On consultera aussi R.J. FORBES, *Studies in ancient technology*, 4, Leyde-New York, Brill, 1987, p. 82-135. Citons p. 133 : « *At a very early stage of textile history the dyer must have discovered the action of mordants.* [...] *The action of mordants is very different from those chemicals like urine which is essentially a detergent and solvent.* »

49. Dans les *Lois*, 956 A, Platon indique ce qui peut être donné et ce qui ne peut pas être donné comme offrande aux dieux. Le tissu teinté ne peut pas être donné comme offrande. Plutarque (393 C) affirme que le mélange d'une substance avec une autre produit une souillure. Il cite l'*Iliade* IV 141 (la teinture en pourpre souille l'ivoire), pour conclure que l'unité et la simplicité sont des caractères de l'être incorruptible et pur. On voit par ces deux exemples, fournis par Platon et Plutarque, l'ambiguïté de la teinture.

50. DELATTRE traduit *Expositio* 14.8-10 (ἢ ὅπως ἡμεῖς προεκκαθάραντες καὶ προθεραπεύσαντες ὥσπερ τισὶ στυπτικοῖς τοῖς μαθήμασι τούτοις) ainsi : de les [= les enfants] purifier et de les préparer en nous servant de ces savoirs mathématiques comme d'astringents.

51. Plutarque, *Quaestiones convivales* 688 F6 – 689 A4.

ἐκκρινομένων καὶ ἀποτηκομένων οἱ πόροι δέχονται μᾶλλον καὶ
στέγουσι δεξάμενοι τὴν βαφὴν ὑπ᾽ ἐνδείας καὶ κενότητος.

Nous apprenons ainsi que le rôle de l'immersion dans une solution
astringente (αἱ στύψεις) serait de supprimer, grâce à un effet corrosif
et détergent (τὸ δριμὺ καὶ ῥυπτικόν), une matière, étrangère à la laine,
qui obstrue ses pores (πόροι), de façon à permettre dans un second
temps la pénétration en profondeur de la teinture[52]. Théon a pu
connaître cette explication et considérer que la solution astringente
purifiait la laine, comme le ferait un nettoyage[53]. Reconnaissons que
la souillure – si l'on doit parler ainsi – est subtile ; nous sommes
très éloignés de la souillure grave, tel un meurtre. La laine blanche
n'a jamais été considérée auparavant, dans l'Antiquité, comme étant
souillée. C'est elle que l'on voit aux rameaux des suppliants. Ce n'est
donc que dans la perspective d'une teinture grand teint que Théon
parle d'une purification (14.8 : προεκκαθάραντες), et renvoie implicitement à une souillure. La laine blanche est aussi impure que les candidats aux Mystères sont impurs. La « souillure » est relative à l'étape
d'amélioration qui est entreprise. La laine blanche est considérée
comme souillée pour justifier l'action d'un astringent et permettre
l'amélioration visée, à savoir la teinture solide au lavage. Le candidat
aux Mystères est considéré comme souillé pour justifier une purification et autoriser ainsi l'entrée dans l'ascèse mystérique.

La purification qui intéresse Théon dans ses comparaisons ne
concerne pas la réparation d'un crime sanglant. Théon considère
le rôle des mathématiques par rapport à l'esprit comme un astringent
par rapport à la laine, et fait alors des mathématiques le moyen de
préparer l'esprit à l'acquisition de la philosophie platonicienne. Pas
l'ombre d'une goutte de sang dans ce propos. Par la présentation
qu'en fait Théon, Empédocle, philosophe, occupe la place la plus
proche de la place d'honneur réservée à Platon. Dans ce mouvement
de pensée, il serait incohérent que la purification par les cinq sources

---

52. Aristote, *De coloribus*, 794 a 27-29, utilise déjà la notion de « pores »
pour désigner les passages où, dans la matière à teindre, les teintures entrent.
Mais Aristote (ou un de ses disciples) ne fournit pas d'explication du rôle
des astringents.

53. L'explication donnée par Plutarque ne tient apparemment pas compte
du fait qu'un astringent a pour action de resserrer, contracter (c'est le sens du
verbe στύφω). Il est vrai que cette action apparaît sans rapport avec une autre
action observée, mais non comprise dans son principe par les Anciens, qui est de
fixer solidement la teinture sur la laine. Plutarque voit dans l'astringent un agent
corrosif – ce qu'il n'est pas vraiment – et ne voit pas son action de resserrement.
Il y aurait une difficulté évidente à soutenir à la fois la solidité d'une teinture
par son occupation de pores vides et la solidité d'une teinture par le resserrement préalable des pores, sous l'action d'un astringent. Plutarque a contourné
la difficulté.

soit la purification d'une souillure grave. Puisque tout semble aller dans le même sens, la souillure sous-jacente à la parole des cinq sources doit être banale ou naturelle, relative à un procès d'amélioration.

La critique adressée à l'encontre de l'interprétation de Diels vaut aussi à l'encontre de l'interprétation de Van der Ben. Selon Van der Ben, les cinq sources représentent cinq animaux donnés en sacrifice. De façon encore plus directe que Diels, Van der Ben voit le sang couler. Chez cet auteur, l'influence de la *Poétique* d'Aristote est majeure. Van der Ben va jusqu'à négliger le fait que « ayant coupé à partir des cinq sources » est considéré comme une purification par Théon, qui rapporterait la parole d'Empédocle. Le sacrifice d'animaux ne peut, bien sûr, pas être considéré par Empédocle comme une purification[54].

Les cinq sources

Il est possible de concevoir une interprétation minimaliste du propos d'Empédocle : Empédocle recommande une purification avec l'eau de cinq sources, sans qu'il soit question de meurtre ou d'un autre crime. Cette purification vise à supprimer des souillures virtuelles ou banales, comme celles des candidats aux Mystères. L'objectif est d'assurer le contact avec le divin.

Cette interprétation soulève des difficultés. En effet, la parole sur les cinq sources serait alors sans parallèle thématique dans l'œuvre connue de l'Agrigentin et dans les témoignages. Certes, dans le corpus empédocléen en notre possession, il existe des prohibitions : injonctions à ne pas toucher les feuilles de laurier (fr. 140), à ne pas toucher les fèves (fr. 141), à ne pas procréer, à ne pas tuer (fr. 136, fr. 137). Mais il n'y existe pas d'actions à accomplir lorsqu'une souillure est constatée, lorsque qu'une prohibition a été enfreinte. Le rite de purification des cinq sources serait alors un exemple unique. Autre motif d'étonnement : s'il ne s'agissait que de se purifier avec de l'eau, la parole d'Empédocle serait particulièrement banale. Qu'est-ce qui conduirait le philosophe à s'exprimer ainsi ? Comment se fait-il que Théon retienne une parole de philosophe, sans relief, à côté de celle de Platon et à côté de comparaisons élaborées ?

L'interprétation minimaliste ne suppose aucune métaphore. Elle n'explique pas le nombre cinq, sinon que la répétition jusqu'à cinq devrait donner plus de valeur à l'acte. Elle ne voit dans l'utilisation

---

54. D. SEDLEY, *Lucretius and the transformation of Greek wisdom*, Cambridge, Cambridge University Press, 1998, p. 7, avait déjà adressé une critique de ce genre à VAN DER BEN.

du verbe couper, au lieu du verbe puiser, qu'une petite bizarrerie de poète, sans grande importance.

Personne, aujourd'hui, n'a défendu cette interprétation. Elle n'est que pure hypothèse. Toutefois, les esprits les plus sceptiques pourraient – faute de mieux – se laisser séduire par une interprétation minimaliste. Faute de mieux ? C'est bien là où un défi est à relever. Qu'est-ce qui autorise à refuser de prendre au sérieux la parole de Théon ? Après avoir constaté que l'explication simple de Diels est fautive, nous devons considérer que la citation d'Empédocle peut être lue et comprise en tenant largement compte de l'argumentation de Théon[55].

La connaissance est le propos de Théon. Elle serait aussi le propos d'Empédocle, cité par Théon. Plusieurs arguments soutiennent l'idée qu'Empédocle pouvait utiliser l'image des cinq sources pour parler d'une connaissance organisée et croissante. Cette lecture des cinq sources est métaphorique.

Le verbe couper est étrange en parlant des sources. Il existe pourtant une clé de compréhension, tout juste mentionnée par Diels en 1901, que U. von Wilamowitz-Moellendorff reprendra, avec quelques égards, dans son commentaire des *Catharmes*, en 1929[56], et qui jusqu'ici n'a reçu aucun autre écho. Prêtons attention au sens du verbe « couper » dans un hymne à Apollon cité par Porphyre[57] :

---

55. La méfiance de Diels à l'égard de Théon est évidente. En dehors du contexte de citation des cinq sources, cette méfiance s'observe à propos d'une autre parole d'Empédocle – rapportée allusivement au fœtus – qui, selon Théon, appartient aux *Catharmes* (*Expositio* 104.1-3). Diels a négligé cette information, sans doute parce qu'il lui paraissait improbable qu'un propos d'embryologie puisse appartenir aux *Catharmes*. Mais Diels a probablement eu tort de refuser le témoignage de Théon. Voici *Expositio* 104.1-3 : τὸ γοῦν βρέφος δοκεῖ τελειοῦσθαι ἐν ἑπτὰ ἑβδομάσιν, ὡς Ἐμπεδοκλῆς αἰνίττεται ἐν τοῖς Καθαρμοῖς. Ce passage, qui représente un ancien témoin de l'existence d'un livre d'Empédocle s'intitulant les *Catharmes*, ne révèle pas qu'un propos d'embryologie appartient aux *Catharmes*, mais seulement que ἐν ἑπτὰ ἑβδομάσιν peut faire allusion (αἰνίττεται) à la formation de l'embryon humain. Le registre de l'allusion offre bien des possibilités. En 1880, dans ses « Studia empedoclea », Diels ne souffle mot de l'*Expositio* 104.1-3. Plus tard, en 1901, dans l'édition du corpus empédocléen, même absence. Ce n'est qu'en 1903 (*F. V.*[1]) que le passage de Théon apparaîtra sous B 153a, avec une relation aux témoignages d'embryologie rapportés par Aétius et Oribase (= 31 A 83 Diels). Mais dans le corpus empédocléen constitué par Diels, « 153a » apparaît, et restera privé de la certitude que « en sept fois sept jours » appartient aux *Catharmes* (les fragments 148 à 153a sont, selon Kranz, de localisation imprécise, en dépit du fait que les en-têtes de pages des *F. V.*, jusqu'en 1922, affirment l'insertion de ces fragments dans les *Catharmes*). Aujourd'hui, la méfiance de Diels à l'égard de l'appartenance aux *Catharmes* du fr. 153a n'est guère partagée.

56. U. von Wilamowitz-Moellendorff, « Die Καθαρμοί des Empedokles », *Sitzungsberichte der preussischen Akademie der Wissenschaften zu Berlin*, 27, 1929, p. 626-661, aux pages 649-650.

57. Porphyre, *L'Antre des nymphes*, 8.4-5. Diels mentionne ce passage dans les *Poetarum philosophorum fragmenta*, p. 164.

σοὶ δ᾽ ἄρα πηγὰς νοερῶν ὑδάτων / τέμον ἄντροις μίμνουσαι γαίης

Pour toi donc [les nymphes Naïades] coupant les sources des eaux spirituelles, tout en restant dans les antres de la terre...

On dispose ici, dans une même phrase, des « sources » (πηγάς), et du verbe « couper » (τέμον). Wilamowitz nous dit : « τέμνειν πηγάς *nach* τ. ὁδούς *ist verständlich* ». Le sens particulier de « couper » est donc « ouvrir », « frayer un chemin ». Chez Porphyre, ce sont les nymphes Naïades qui ouvrent les sources.

Pensons maintenant aux cinq sources d'Empédocle. Tout comme les Naïades ouvrant des sources, l'homme sait acheminer l'eau et la faire couler là où elle ne coulait pas précédemment. Ce qui est coupé, et ce dont Théon ne parle pas, serait le lit des sources. L'homme ferait dans la terre sèche une saignée ou rigole, puis viendrait ensuite couper le lit de la source, pour dévier son cours naturel. La rigole servirait à canaliser l'eau vers un lieu choisi. L'acte serait répété sur cinq sources différentes. Si l'on peut « puiser » à la place de « couper » – car cette correction dans le manuscrit de Théon est intéressante –, cela tiendrait au fait qu'en détournant l'eau du lit naturel d'une source, on enlève (= on puise) l'eau de cette source. Couper permet de puiser.

Par « couper » il s'agirait donc de comprendre « ouvrir », « creuser », ou « frayer » un chemin. Frayer un chemin, mis en relation avec l'eau des sources, suggère les travaux d'irrigation que les Grecs entreprenaient dans les vergers et les jardins. Ainsi, Homère dit dans l'*Iliade* (XXI 257-259) :

ὡς δ᾽ ὅτ᾽ ἀνὴρ ὀχετηγὸς ἀπὸ κρήνης μελανύδρου
ἂμ φυτὰ καὶ κήπους ὕδατι ῥόον ἡγεμονεύῃ
χερσὶ μάκελλαν ἔχων, ἀμάρης ἐξ ἔχματα βάλλων.

Ce texte d'Homère ne présente pas, il est vrai, le verbe « couper ». Mais il indique déjà clairement qu'à partir d'une source (ἀπὸ κρήνης), on peut mener une rigole d'irrigation (ὀχετηγός), guider un cours d'eau à travers plants et jardins (ἂμ φυτὰ καὶ κήπους ὕδατι ῥόον ἡγεμονεύῃ). La pioche (μάκελλα) sert à creuser cette rigole ; on est proche du sens particulier de « couper ». En *Iliade* XIII 707, lorsqu'une charrue trace un sillon, autrement dit creuse la surface du champ, le verbe τέμνω est cette fois-ci utilisé : τέμει δέ τε τέλσον ἀρούρης. Il n'est alors pas interdit de penser qu'Empédocle, qui emprunte souvent à Homère, ait vu dans l'action comprise par ὀχετηγός le sens de couper la terre sèche, comme on creuse un sillon, pour guider l'eau des cinq sources.

L'image de l'irrigation est intéressante à plusieurs égards. Chez Platon, en particulier, elle admet le verbe τέμνω. Chez Empédocle, elle se prête à un sens figuré. Examinons ces deux points.

(A) Platon (*Timée* 77 C 7-9) fournit un exemple du verbe τέμνω appliqué à des rigoles d'irrigation :

τὸ σῶμα αὐτὸ ἡμῶν διωχέτευσαν τέμνοντες οἷον ἐν κήποις ὀχετούς,
ἵνα ὥσπερ ἐκ νάματος ἐπιόντος ἄρδοιτο.

Ici, couper signifie creuser, ouvrir. C'est le sens relevé dans l'hymne à Apollon cité par Porphyre. Chez Platon, le substantif ὀχετούς désigne dans le contexte (ἐν κήποις ὀχετούς) des rigoles d'irrigation. On trouve, encore chez Platon, une expression parallèle (*Timée* 70 D 2) qui lie τέμνω et ὀχετός :

διὸ δὴ τῆς ἀρτηρίας ὀχετοὺς ἐπὶ τὸν πλεύμονα ἔτεμον.

Les conduits creusés dans cette description du *Timée* ne sont ni sur terre ni dans la terre, mais dans le corps humain, ce sont les vaisseaux sanguins[58].

(B) Venons-en au sens figuré. Empédocle utilise dans la *Physique* deux verbes liés à ὀχετός. L'Agrigentin en fait un emploi métaphorique. À la différence de Platon que nous avons cité, ce n'est plus un liquide qui coule ; ni eau, ni sang, c'est un flot de paroles :

ἐκ δ' ὁσίων στομάτων καθαρὴν ὀχετεύσατε πηγήν (fr. 3.2) ;

et au fr. 35.1-2 :

αὐτὰρ ἐγὼ παλίνορσος ἐλεύσομαι ἐς πόρον ὕμνων,
τὸν πρότερον κατέλεξα, λόγου λόγον ἐξοχετεύων[59].

Si nous n'avions pas ces deux fragments, il serait possible de nier que les travaux d'irrigation à partir des cinq sources puissent avoir chez Empédocle un quelconque sens métaphorique. On pourrait s'en tenir au sens propre, penser à l'homme qui, chez Homère, mène une rigole à partir d'une source, la pioche à la main. Mais le fr. 3 et le fr. 35 permettent d'affirmer qu'Empédocle sait utiliser le vocabulaire de l'irrigation pour élaborer une image de la parole (en l'occurrence une parole vraie), et concrétiser son travail de poète.

À partir des deux points relevés ci-dessus – l'irrigation associée au verbe τέμνω chez Platon, l'irrigation au sens figuré chez Empédocle – nous pouvons concevoir qu'Empédocle ait à la fois pris κρηνάων ἄπο

---

58. Après Platon, Aristote, *Parties des animaux* III 5 – 668 a 14 – b 1, compare le système des vaisseaux sanguins au système d'irrigation (ὑδραγωγία) des jardins. – Signalons que J. BOLLACK intitule un des chapitres de son premier livre sur Empédocle « L'irrigation » (J. BOLLACK, *Empédocle. I, Introduction à l'ancienne physique*, Paris, Éditions de Minuit, 1965, p. 250-255.) Sous ce titre, il traite notamment de la circulation du sang, lieu de la pensée (fr. 105).

59. Dans les *Lois* (844 A 1-3), Platon jouera avec les mots, en utilisant la même image qu'Empédocle : ἐπεὶ καὶ τῶν ὑδάτων πέρι γεωργοῖσι παλαιοὶ καὶ καλοὶ νόμοι κείμενοι οὐκ ἄξιοι παροχετεύειν λόγοις.

πέντε ταμών pour signifier un travail d'irrigation et qu'il en ait fait une métaphore.

Tout comme la teinture de la laine est une métaphore, l'irrigation serait une métaphore. Que faudrait-il faire « pousser » et prospérer par l'irrigation à partir de cinq sources ? Théon nous guide : chez Platon, les cinq savoirs mathématiques développés dans l'esprit des enfants doivent conduire à la philosophie. Chez Empédocle, puiser aux cinq sources pourrait conduire aussi à la philosophie. Il nous reste à deviner ce que le nombre cinq, en liaison avec la connaissance, pourrait évoquer pour Empédocle. Avançons une réponse : les cinq sources renvoient aux données des cinq sens (images, sons, odeurs, saveurs, impressions tactiles)[60]. Il est alors possible que « se purifier en ouvrant des rigoles à partir de cinq sources » signifie : exploiter au mieux les données des cinq sens, faire fructifier ces données. Cette interprétation s'accorde avec le propos de Théon, qui s'intéresse aux connaissances utiles à acquérir dès l'enfance. Elle permet d'expliquer que Théon mette en parallèle Empédocle et Platon, à savoir : les données des cinq sens, comme préalable au savoir du Tout (Empédocle) et les cinq sciences mathématiques comme propédeutique philosophique (Platon).

Faisons un autre pas dans la direction de Théon. Chez Théon, les diverses sciences mathématiques collaborent à une vision globale. Delattre écrit : « Nous avons vu, en étudiant la manière dont Théon argumentait, prouvait, et démontrait, qu'il proposait en fait à ses lecteurs l'occasion d'exercer leur esprit à prendre une vue d'ensemble (*súnopsis*), à partir de cas ou de phénomènes variés et complexes, pour découvrir une règle générale ou un modèle régulier qui en assure à la fois l'unité et la cohérence[61]. » Avec cet arrière-plan, « couper à partir des cinq sources » ne signifierait pas maintenir la diversité initiale, ou même l'accroître. Elle signifierait, au contraire, relier en un même lieu les cours des sources. Les rigoles d'irrigation seraient creusées pour rassembler et parvenir à une cohérence[62]. Tout comme chez Platon,

---

60. Empédocle isolait cinq sens perceptifs (et seulement cinq) : l'œil (fr. 84 ; fr. 3 ; A 86.8, A 91), l'oreille (fr. 99 ; fr. 3 ; A 86.9, A 93), l'odorat (fr. 101 ; A 86.9), le goût (fr. 90 ; A 86.9, A 86.20, A 94) et le toucher (fr. 3.9 ; A 86.9, 86.20). Voir J. MANSFELD (« Aristote et la structure du *De sensibus* de Théophraste », *Phronesis*, 41, 2, 1996, p. 158-188, à la page 162) qui parle des « cinq sens canoniques » : « Aristote, bien sûr, savait qu'Empédocle avait donné une explication d'une ampleur remarquable des mécanismes de la perception et qu'il avait traité séparément les cinq sens canoniques ».

61. DELATTRE 1997, p. 77. En plusieurs endroits de sa thèse, DELATTRE insiste sur « l'unité et la cohérence » de l'ensemble des savoirs. C'est là pour Théon « l'enjeu essentiel d'un traité introductif à la lecture de Platon » (p. 3 n.2).

62. Il est intéressant de rapprocher ici, par contraste, une image de l'*Odyssée*. Au chant V, Homère décrit les abords de l'antre de Calypso. Il s'y trouve quatre sources, proches l'une de l'autre, sur une même ligne (V 70-71). Les eaux de

relu par Théon, il y aurait, chez Empédocle, une recherche de l'unité à partir de la diversité. Notons alors qu'Empédocle pourrait avoir utilisé le verbe « couper » avec une certaine malice.

Il est possible d'obtenir, sinon une preuve, du moins une présomption de preuve que les données des cinq sens sont bien impliquées dans les cinq sources. Pour cela, acceptons d'entrer dans le jeu poétique de l'Agrigentin.

La « cinq branches »

Nous disposons de trois mots et d'une idée. Les trois mots : κρηνάων, πέντε, ταμών. L'idée : la purification.

Commençons par κρηνάων. Un génitif éolien en αων ne se retrouve pas ailleurs chez Empédocle. Donc, il surprend. On se posera alors la question : l'Agrigentin n'a-t-il pas emprunté κρηνάων à un texte antérieur ? Dans la littérature qui nous est parvenue et qui a précédé Empédocle, le mot κρηνάων n'apparaît qu'une seule fois : chez Hésiode, dans *Les Travaux et les Jours* au vers 758, où il entre dans la formulation de l'interdit d'uriner dans les sources[63]. Prêtons attention dans cette œuvre au texte qui suit κρηνάων[64]. Sept vers après le vers où se situe κρηνάων, se lit le mot πεντόζοιο (vers 742) comportant le chiffre πέντε. Puis un vers plus loin : τάμνειν. Voici ces deux derniers vers (*Les Travaux et les Jours*, 742-743) :

μηδ᾽ ἀπὸ πεντόζοιο θεῶν ἐν δαιτὶ θαλείῃ
αὖον ἀπὸ χλωροῦ τάμνειν αἴθωνι σιδήρῳ.

On interprète classiquement ce conseil hésiodique ainsi : « Pendant un sacrifice (au festin joyeux des dieux), ne te coupe pas les ongles (le sec qui se trouve sur la 'cinq-branches') ». Précisons que le texte d'Hésiode que nous lisons concerne des purifications (laver sa conscience et ses mains : vers 740) et des conseils pour ne pas déplaire aux dieux ni attirer le mauvais sort.

---

ces quatre sources coulent dans des sens différents. Elles traversent des prairies fleurissantes. Le spectacle pourrait ravir un dieu. Dans le propos d'Empédocle les sources, comme dans l'*Odyssée*, couleraient dans des sens différents, mais l'action de l'homme devrait consister à aller contre cette divergence.

63. Dans le corpus grec postérieur à Empédocle (en dehors des scholiastes d'Hésiode), le mot κρηνάων apparaît seulement chez Oppien, *Halieutiques* 4.688. Le contexte de κρηνάων chez Oppien est étranger à celui d'Empédocle ou de Théon. En revanche, comme chez Hésiode, il s'agit de spoliation de sources (chez Oppien : un poison dans des sources).

64. Je retiens l'édition de M.L. WEST (1978), qui insère les vers 757-759 entre les vers 736 et 737.

En lisant Hésiode, tout en ayant en tête κρηνάων ἄπο πέντε ταμών, nous constatons que les mots principaux se suivent dans le même ordre : les sources (dans un génitif éolien chez les deux poètes : κρηνάων), le nombre cinq (πέντε chez Empédocle ; πέντε inclus dans πέντοζος, chez Hésiode), puis le verbe couper (soit sous la forme d'un participe avec ταμών, soit sous la forme d'un infinitif avec τάμνειν). Il n'existe certes pas de continuité de sens chez Hésiode entre, d'une part, les sources, l'interdit d'y uriner (vers 758), et, d'autre part, les deux vers que nous avons cités (742-743) – même s'il est vrai qu'il s'agit ici et là de deux interdits. Toutefois, ces mots chez Hésiode présentent un réel intérêt pour comprendre ce qui est bâti chez Empédocle. Nous aurons l'occasion de revenir sur ce point pour montrer à partir d'un autre exemple qu'Empédocle assemble parfois dans sa composition savante des matériaux disjoints d'un texte épique. Pour l'instant, il importe de souligner que le rapprochement entre la parole d'Empédocle sur les cinq sources et le passage des *Travaux et les Jours* ne se fait pas sur le mode d'une imitation ou de la reprise d'une formule poétique avec une simple variation. Les écarts de sens entre les deux textes sont évidents. Empédocle parle de la connaissance, Hésiode s'intéresse à des pratiques communes. En revanche, trois mots précis, relativement peu fréquents, communs aux deux textes, ajoutés à l'arrière-plan des purifications, font soupçonner qu'Empédocle a tissé certains liens entre ce qu'il voulait dire et ce qu'Hésiode disait. La technique de composition qui s'appuie sur des mots-phares ne serait pas nouvelle. On observe déjà un genre assez subtil de cette technique chez l'auteur hésiodique du *Bouclier*[65].

En quoi les vers hésiodiques nous suggéreraient-ils qu'Empédocle a bien pensé, à travers κρηνάων ἄπο πέντε ταμών, aux données des cinq sens ?

Prêtons attention à ce mot remarquable chez Hésiode : πέντοζος. Dans *Les Travaux et les Jours*, πέντοζος, la cinq-branches, est une métaphore végétale de la main, aux cinq doigts. Or, chez Empédocle, les mains elles-mêmes peuvent être une métaphore pour désigner les organes des sens ; plus précisément, l'Agrigentin parle des paumes : παλάμαι (fr. 2.1)[66]. Mais nul ne s'y trompe. Les sens attrapent

---

65. Voir J.-C. PICOT, « Sur un emprunt d'Empédocle au *Bouclier* hésiodique », *Revue des études grecques*, 111,1, 1998, p. 42-60.

66. Dès 1903 (*F. V.*[1]), DIELS traduit παλάμαι au fr. 2.1 par *Sinneswerkzeuge* (= moyens sensoriels). Cette compréhension de παλάμαι dans le contexte du fr. 2 n'est semble-t-il contestée par aucun commentateur moderne d'Empédocle. P. KINGSLEY, qui s'en prend à tant de commentateurs pour leur simplisme et leurs vues étroites, ne trouve ici rien à redire au sens classique de παλάμαι : « *Our organs of sense perception – for this is what he* [= Empédocles] *means by our 'palms'* […] » (« Empedocles for the new millennium », *Ancient philosophy*, 22, 2, 2002, p. 333-413, à la page 363). Dans *Empédocle. III, Les Origines, commentaire, 1*, Paris,

les effluves du monde extérieur tout comme les paumes attrapent les objets, ce qui suppose l'action des cinq doigts[67]. De surcroît, et ce point est capital, chez Empédocle, l'oreille se dit ὄζος (fr. 99) ; cet emploi original d'ὄζος force le rapprochement des παλάμαι-organes des sens avec la πέντοζος d'Hésiode[68]. En reconnaissant ici la possible lecture d'une synecdoque, figure que le poète d'Agrigente pratiquait volontiers, on ferait de la 'cinq-oreilles' (πέντε ὄζοι) la désignation des cinq sens[69].

En bref, voici le fil de la preuve que nous cherchions : κρηνάων ἄπο πέντε ταμών chez Empédocle mène à ἀπὸ πεντόζοιο [...] τάμνειν chez Hésiode, qui, par le truchement du mot remarquable πέντοζος (la cinq-branches), conduit en retour vers le code empédocléen pour désigner les cinq sens (les mains ou les paumes : παλάμαι).

Quelques observations complémentaires vont nous conforter dans l'idée que le rapprochement fait avec Hésiode n'est pas fortuit. Couper le sec du vert (αὖον ἀπὸ χλωροῦ τάμνειν) chez Hésiode (T. J. 743) deviendrait, dans la transposition des cinq sources, couper la terre sèche à partir des cinq sources. Le « vert » (χλωρόν) désigne la πέντοζος, la partie où coule la sève. La cinq-branches qui regorge de sève est une métaphore chez Hésiode de la cinq-doigts irriguée par le sang. À partir de là, l'image des branches aurait pour équivalent l'image des sources et de leurs cours. Quant au « sec » (αὖον), l'ongle, partie morte par manque de sève, à l'extrémité des branches, il serait chez Empédocle la terre non irriguée. Grâce au texte d'Hésiode, et bien que le verbe « couper » ne soit pas pris dans le même sens chez Hésiode (couper = séparer) et chez Empédocle (couper = creuser un chemin), nous disposons d'un complément du verbe « couper », à savoir le « sec », qui représenterait bien chez l'Agrigentin ce qu'il s'agit de couper ou de creuser pour procéder à l'irrigation. Ajoutons qu'« irriguer » c'est couper le sec (creuser une rigole pour que l'eau puisse y couler) et se séparer du sec (apporter de l'eau dans un endroit qui autrement resterait sec).

Éditions de Minuit, 1969, p. 8), BOLLACK précise sa compréhension de παλάμαι : « Il faut, je pense, laisser au mot son sens premier et concret de *paume* [...] avec ce que ce terme peut impliquer d'actif et de préhensile. [...] Comme les mains, les sens agissent et vont à la rencontre des choses ».

67. Effluves : ἀπορροαί (fr. 89). Voir aussi fr. 109a, 31A57 DK, 31A86(20) DK.

68. Voir PICOT 1998, p. 57. Le terme ὄζος désigne le pavillon de l'oreille. Comme une main tendue vers l'extérieur, ὄζος émerge du corps.

69. Quelques synecdoques reconnues dans la poésie d'Empédocle : une espèce de poisson mise pour les poissons en général (fr. 72, fr. 74), des oiseaux d'une même espèce pour les oiseaux en général (fr. 20.7), le pavillon de l'oreille (ὄζος) pour toute l'oreille (fr. 99), la mer pour l'eau en général (fr. 22.1), Joie (Γηθοσύνη) pour Philotès ou Philié.

Un second point est remarquable. Le conseil d'Hésiode s'adresse à une population rurale. Il consiste à dire : lorsque vous assistez au festin des dieux, ne soyez pas distrait par une autre occupation (couper le sec du vert = se couper les ongles). Pour être concret, le poète touche son public de paysans en suggérant l'image de l'entretien d'un bois, d'un verger, ou d'un jardin, bref en évoquant une pratique courante. Chez Empédocle aussi, il s'agit, même si cette fois-ci il n'est pas question de branches mortes, d'entretenir des plantations. Ces plantations sont des connaissances. Métaphore, bien sûr ! Mais chez Hésiode, la cinq-branches, le sec et le vert, ne s'entend pas non plus au sens propre. Le végétal n'est ici qu'une image. La liaison entre les deux textes, celui d'Hésiode et celui d'Empédocle, s'établit donc de façon multiple.

En examinant le manuscrit de Venise, nous avions retenu que le mot χαλκῷ pouvait faire partie du propos d'Empédocle. La liaison de χαλκῷ avec ταμών, dans un même vers, semblait exclue. Mais il n'en reste pas moins vrai que si le bronze est présent, c'est, selon toute vraisemblance, pour couper. Il faudrait donc lier χαλκῷ et ταμών, même s'ils appartiennent à des vers différents. Si l'image à garder en tête est celle des travaux d'irrigation, le hoyau ou la pioche (μάκελλα) qui creuse les rigoles peut, avec une résonance homérique, être en bronze. Le datif χαλκῷ est instrumental. Le parallèle avec les *Travaux et les Jours* se poursuit : τάμνειν αἴθωνι σιδήρῳ. L'instrument, cette fois-ci chez Hésiode, est en fer.

La métaphore des sources et la coupure purificatrice

Toutes ces indications nous permettent de proposer une interprétation générale de κρηνάων ἄπο πέντε ταμών.

À partir des cinq sources, comprenons à partir des cinq flux de données extérieures (images, sons, etc.) captées par les cinq organes des sens, il conviendrait d'irriguer notre pensée qui réside, selon Empédocle, dans le sang autour du cœur[70], dans les πραπίδες[71] ou

---

70. Fr. 105. En particulier le vers 3 : αἷμα γὰρ ἀνθρώποις περικάρδιόν ἐστι νόημα.

71. Fr. 110.1 : εἰ γάρ κέν σφ' ἀδινῇσιν ὑπὸ πραπίδεσσιν ἐρείσας. Fr. 129.2 : ὃς δὴ μήκιστον πραπίδων ἐκτήσατο πλοῦτον. Fr. 132.1 : ὄλβιος, ὃς θείων πραπίδων ἐκτήσατο πλοῦτον. – Pour les πραπίδες, on consultera l'étude récente de Fr. FRONTISI-DUCROUX, « "Avec son diaphragme visionnaire : ΊΔΥΙΗΣΙ ΠΡΑΠΙΔΕΣΣΙ", *Iliade* XVIII, 481. À propos du bouclier d'Achille », *Revue des études grecques*, 115, 2, 2002, p. 463-484, aux pages 475-478. FRONTISI-DUCROUX rappelle la conception de R.B. ONIANS : « Les πραπίδες et les φρένες désignent chez Homère les poumons, même si [...] chez Hippocrate et Platon le mot s'est spécialisé pour désigner le diaphragme ». Elle commente Eschyle, *Suppliantes*, 92-95 (*ibid.*, p. 477) : « Les filles de Danaos évoquent la 'tension des canaux velus et broussailleux de ses

les σπλάγχνα[72]. Là peut se constituer une connaissance solide, qui s'accroît, pour autant – et ce point est important – qu'elle soit structurée par le discours du maître. Le fr. 110 nous éclaire :

> εἰ γάρ κέν σφ' ἀδινῇσιν ὑπὸ πραπίδεσσιν ἐρείσας
> εὐμενέως καθαρῇσιν ἐποπτεύσῃς μελέτῃσιν,
> ταῦτά τέ σοι μάλα πάντα δι' αἰῶνος παρέσονται,
> ἄλλα τε πόλλ' ἀπὸ τῶνδ' ἐκτήσεαι· αὐτὰ γὰρ αὔξει
> ταῦτ' εἰς ἦθος ἕκαστον, ὅπη φύσις ἐστὶν ἑκάστωι.

Le savoir se constitue ὑπὸ πραπίδεσσιν. Le procès d'acquisition est durable : ἄλλα τε πόλλ' ἀπὸ τῶνδ' ἐκτήσεαι. Le savoir s'accroît : αὐτὰ γὰρ αὔξει ταῦτα. Rappelons que le contexte du fr. 143 chez Théon est précisément celui d'un savoir durable et qui s'accroît avec le temps.

La métaphore de l'irrigation englobe les flux qui viennent des sources et les flux qu'il faut dériver dans le corps pour alimenter l'esprit, et faire croître le trésor des divines pensées dont nous parle l'Agrigentin au fr. 132[73]. En se laissant guider par les mots, on pourrait ici relier l'irrigation aux quatre « racines de toutes choses », qui sont des divinités (fr. 6 : Zeus, Héra, Aïdôneus, Nestis). Le trésor des pensées divines serait une représentation du Tout[74].

Il est légitime de parler chez Empédocle de flux de données pour les données des sens puisque Empédocle dit lui-même au fr. 89 : « Sache qu'il émane des effluves [ἀπορροαί] de toutes les choses qui sont nées[75] » (trad. J. Zafiropulo). Le contexte de Théon, qui

---

πραπίδες' […], associant la notion de tension au terme πόροι, qui dans la plupart des explications physiologiques antiques, désigne les conduits menant les sensations […] depuis les organes (oreille, œil…) jusqu'au centre coordinateur (cœur ou cerveau). »

72. Fr. 4.3 : γνῶθι, διατμηθέντος ἐνὶ σπλάγχνοισι λόγοιο (éd. BOLLACK). – Le centre du corps est considéré comme le lieu de la pensée et du langage, ainsi que le dit Théognis, *Elégies*, 1.1163-1164 : Ὀφθαλμοὶ καὶ γλῶσσα καὶ οὔατα καὶ νόος ἀνδρῶν / ἐν μέσσωι στηθέων ἐν συνετοῖς φύεται.

73. fr. 132 : ὄλβιος, ὃς θείων πραπίδων ἐκτήσατο πλοῦτον, / δειλὸς δ', ὧι σκοτόεσσα θεῶν πέρι δόξα μέμηλεν.

74. Le trésor à acquérir fait tomber Zeus de son piédestal olympien, et le range parmi des racines d'importance égale.

75. Selon Empédocle, les effluves qui émanent de toutes choses entrent dans notre corps par des pores spécifiques aux cinq sens. On ne peut pas exclure qu'Empédocle ait aussi utilisé le mot πόρος pour désigner, comme Aristote (*Génération des animaux*, II, 6, 743 b 37 – 744 a 2, a 9, – V, 2, 781 a 20-22), le passage ou conduit qui part des organes des sens vers un vaisseau sanguin. Aristote, comme Empédocle, croit que les conduits des organes sensoriels vont au cœur : GA 781 a 20-22, *De la Jeunesse*, 469 a 10-24, *Partie des animaux* II X 656 a 27-28, 656 b 16-22). Empédocle utilise πόρος en liaison avec des travaux d'irrigation (fr. 35.1-2), et des organes des sens (fr. 3.12). Aristote utilise le mot ὀχετός en rapport avec un organe sensoriel (l'odorat ou l'ouïe) et insiste sur le fait que de longs canaux évitent la dispersion des mouvements des objets éloignés et leur permettent d'aller tout droit (GA 781 b 7-16), ce qui s'associe à une bonne

porte effectivement sur la connaissance – puisque Théon compare les cinq sources aux cinq sciences mathématiques –, soutient l'interprétation de l'exploitation des données sensorielles chez Empédocle. Il ne faudrait cependant pas chercher de correspondance entre un organe sensoriel particulier et une science mathématique particulière. Théon fait une mise en parallèle globale : tout comme Platon pense à une purification grâce à cinq sciences, Empédocle pense, d'une autre façon il est vrai, à une purification en partant des cinq sources de connaissance.

Couper à partir de cinq sources aurait pour objectif d'organiser et de relier le cours des sources au service d'un but. Si l'on s'en tient au sens propre de l'irrigation des terres, il s'agit de favoriser la vie des plantes dans un endroit donné, afin que l'homme en tire profit. Les sources ont un cours naturel. L'action de couper la terre sèche modifie ce que la nature a fait. Couper à partir de cinq sources signifierait donc imposer un nouveau cours à ces sources. Empédocle détournerait les sources que la nature ne dispose pas spontanément en faveur des besoins de l'homme.

Passons du sens propre (les sources, l'eau, l'irrigation, les plantes) au sens figuré (la connaissance). Les sources et l'eau représentent les données des sens, ce que l'Agrigentin appelle les effluves (ἀπορροαί). La coupure est un acte de la volonté qui porte sur le cheminement plus ou moins imaginaire des effluves qui nourrissent la pensée. Cette volonté canalise le cours des effluves au profit du sujet connaissant. La coupure est une façon de dire que des voies sont tracées, que des effluves sont puisés, que des liens sont établis entre les effluves. Les données du monde extérieur, et en particulier les paroles du maître recueillies par l'ouïe, doivent être liées. Là où s'établit la pensée, dans la zone autour du cœur, la volonté fait fructifier la connaissance obtenue par les cinq sens.

Dans le fr. 143, l'Agrigentin invite à faire converger des effluves qui souvent divergent, à faire une synthèse des données des sens. Mais cette synthèse se fait dans le cadre de principes acquis par l'enseignement (les quatre racines de toutes choses, les deux puissances, la Nécessité, la récurrence du cycle cosmique, etc.). Il ne s'agit donc pas seulement d'agréger des données. Il faut les organiser.

Le verbe « couper » dans le fr. 143 est pris dans un sens figuré comme il l'est dans un autre fragment d'Empédocle, au fr. 4, lorsque le maître s'adresse à son disciple Pausanias :

---

perception. – Alexandre d'Aphrodise, en parlant de Leucippe et de Démocrite, utilise aussi l'image de l'effluve ou de l'onde pour parler de ce que les objets émettent et de ce qui est capté par les organes des sens (Leucippe A29 DK).

ὡς δὲ παρ᾽ ἡμετέρης κέλεται πιστώματα Μούσης,
γνῶθι, διατμηθέντος ἐνὶ σπλάγχνοισι λόγοιο[76].

Dans le second vers, Empédocle imagine sa parole, coupée
(διατμηθέντος), dans les entrailles de Pausanias. S'agit-il pour Pausanias
de dissocier les parties du discours du maître ? S'agit-il d'analyser ce
discours ? D'isoler les arguments ? Une réponse positive à ces questions
ne cernerait vraisemblablement pas le sens exact, bien qu'il soit indéniable que Pausanias devra analyser la parole du maître. Les deux vers
sont cités par Clément d'Alexandrie, après une citation biblique : « Les
sages mettent à couvert le sens » (trad. P. Voulet)[77]. Cette citation nous
guide pour interpréter Empédocle. La parole (λόγος) d'Empédocle,
inspiré par sa Muse, n'est pas une parole pour la foule. La parole
du sage d'Agrigente met, elle aussi, le sens à couvert. Elle est scellée.
Si bien que Pausanias sera obligé de l'ouvrir pour la comprendre.
Le participe διατμηθέντος aurait alors un sens voisin de celui du
participe ταμών associé aux cinq sources. Il ne voudrait pas dire ici
« séparer en deux », mais « ouvrir » pour puiser. Avec διατμηθέντος ἐνὶ
σπλάγχνοισι se devine aussi le jeu des verbes couper et puiser que nous
remarquions dans διὰ δ᾽ ἔντερα χαλκὸς ἄφυσσε δηώσας chez Homère.
La coupure, qui a indéniablement un sens négatif et agressif chez
Homère, a ici, chez Empédocle, une vertu. L'ouverture est profitable.
Dans ce contexte, je traduirais διατμηθέντος ἐνὶ σπλάγχνοισι λόγοιο,
par une paraphrase : ma parole étant ouverte et puisée par toi, dans
tes entrailles. Empédocle dirait donc à Pausanias : avec les gages de
vérité de notre Muse, tu sauras tirer de mes paroles ce qu'il faut y
entendre, et que les autres ne comprennent pas.
    Le fr. 35.1-2 associe la parole à l'image de l'irrigation :

αὐτὰρ ἐγὼ παλίνορσος ἐλεύσομαι ἐς πόρον ὕμνων,
τὸν πρότερον κατέλεξα, λόγου λόγον ἐξοχετεύων.

Une parole (λόγον) est dérivée, grâce à une rigole (ἐξοχετεύων),
d'une parole (λόγου). Entendons : une parole nouvelle puise dans
une autre. Même si les choses ne sont pas dites explicitement, cette
dérivation ne se fait pas sans une coupure pour permettre le passage
du flot. Empédocle exprime de façon à peine différente ce qui advient
ou doit advenir de sa parole.
    Théon nous invite à penser que la coupure pratiquée par
Empédocle est une purification. Certes, il va de soi que « coupure »,
« séparation » d'une souillure, et « purification » sont des termes qui

---

76. Dès 1903, DIELS avait corrigé le verbe διατμηθέντος en διασσηθέντος.
La correction n'apparaît pas justifiée. Je rapporte l'édition de BOLLACK.
    77. Clément d'Alexandrie, *Stromate* V, 18.3. Cf. Platon, *Second Alcibiade*, 147
B 7 – C 5.

pourraient s'appeler l'un l'autre. Mais, en quoi le tracé de rigoles, la fertilisation et la croissance d'un savoir peuvent-ils constituer une purification aux yeux d'Empédocle ? Que serait la purification associée au fr. 143 ?

La réponse est à trouver dans la philosophie de l'Agrigentin. La purification consisterait à lutter contre ce qui, au service du multiple, sépare. Nous savons que dans la cosmologie de l'Agrigentin ce qui sépare, à l'époque où nous vivons, est le cours naturel des choses, de plus en plus dominé par la Haine[78]. Les cinq sources, les cinq données des sens, coulent de façon séparée. Empédocle entreprend d'utiliser la puissance de ces sources. Il coordonne, unit ce qui est séparé, il transforme, il fertilise des terres, il fait croître. Empédocle part d'une nature qui semble pure, mais qu'il juge hostile et impropre à l'aune de ses aspirations ; il doit la purifier pour parvenir à ses fins. Dans la teinture de la laine, le teinturier part aussi d'une nature, la laine blanche, qui ordinairement est jugée comme pure. Mais, telle quelle, cette laine est impropre à la réalisation d'une teinture solide. Le teinturier doit donc purifier cette nature avec des astringents, il doit libérer les pores d'une matière étrangère, qui naturellement les obstrue. Ce n'est qu'ainsi qu'il peut fixer la teinture de façon durable. Le teinturier et Empédocle possèdent un art qui présente au moins un point commun : la remise en cause d'une nature pour l'améliorer. Mais la purification entreprise par Empédocle ne consiste pas à séparer, ce qui est l'acte d'élimination d'une souillure. Elle consiste à unir, en retournant malicieusement la coupure contre les œuvres de Haine.

Empédocle apprend à entendre, à voir, à sentir. Eschyle, dans le *Prométhée enchaîné* (v. 447-450), livre une formule que l'on pourrait mettre en exergue de l'entreprise d'Empédocle :

οἳ πρῶτα μὲν βλέποντες ἔβλεπον μάτην,
κλύοντες οὐκ ἤκουον, ἀλλ' ὀνειράτων
ἀλίγκιοι μορφαῖσι τὸν μακρὸν βίον
ἔφυρον εἰκῇ πάντα.

Certains vers d'Empédocle viennent à l'appui de la ligne générale d'interprétation qui vient d'être présentée.

Dans le fr. 2 quelques vers critiquent les pensées émoussées ou parcellaires, les vies qui se dissipent comme de la fumée, les pensées livrées au hasard des rencontres. Ici l'Agrigentin se bat contre la dispersion commune.

---

78. D. O'BRIEN, *Empedocles' cosmic cycle, a reconstruction from the fragments and secondary sources*, Cambridge, Cambridge University Press, 1969, p. 2 : « *Our own world falls in the period of movement when the power of Strife is on the increase. This makes it a time of ever greater separation and unhappiness.* »

Dans le fr. 3, le philosophe demande aux dieux de détourner sa langue de la folie des choses et de faire couler une source pure de sa bouche sanctifiée. Cette source pure c'est la parole, c'est le son qui viendra frapper en particulier l'oreille de Pausanias, le disciple d'Empédocle. Nous relevons à cet endroit précis l'identification d'une source (πηγή) avec une donnée des sens, le son. Mais il y a plus. Lorsque Empédocle demande aux dieux de « faire couler » cette source il emploie un verbe (ὀχετεύσατε) qui est du registre de l'irrigation. La source est pure, non seulement parce qu'elle est loin de la « folie des choses », mais aussi parce qu'elle a été conquise : ὀχετεύσατε suppose un travail particulier sur la nature.

Dans le fr. 24, Empédocle conseille de ne pas passer d'un sommet à un autre sans suivre un chemin jusqu'à son terme. Les sommets sont une métaphore : ils représentent des sujets d'étude. La diversité des sujets doit être prise en compte (passer d'un sommet à l'autre), mais certes pas de façon superficielle. Le philosophe là aussi critiquerait la dispersion. C'est un même sentier, et non pas un survol imaginaire, qui devrait mener d'un sommet à un autre[79].

Dans le fr. 110, Empédocle souligne la dispersion qui attend les hommes aux pensées émoussées. Il assure néanmoins qu'il est possible, avec une conduite convenable de l'esprit, de faire fructifier les connaissances. Le langage proche des mystères d'Éleusis rappelle le travail de la terre et aussi, indirectement celui de l'irrigation. Ce qui serait irrigué intentionnellement à l'intérieur du corps serait une sorte de jardin où pousserait, entourée de soins (fr. 110.2), une connaissance du Tout.

Le jardin de Nestis

La présente étude porte sur une matière poétique. Ce sont les mots, leur singularité, leur capacité à frapper la mémoire, à faire surgir des contextes, qui nous guident. Si Empédocle n'avait pas utilisé le mot κρηνάων il n'y aurait guère eu de justification à se remémorer le texte d'Hésiode et à centrer notre attention sur la πέντοζος en relation avec le verbe couper. L'Agrigentin a puisé les matériaux dont il avait besoin dans un espace limité de vers des *Travaux et les Jours*, réunis par le thème de l'interdit religieux. Le mot κρηνάων

---

79. Dans cette lecture du fr. 24 je m'écarte de ce que certains commentaires en disent (en particulier M.R. WRIGHT, *Empedocles: the extant fragments*, New Haven-Londres, Yale University Press, 1981, p. 185). Le contexte fourni par Plutarque (*De defectu orac.* 15 p. 418 C) semble appuyer la lecture que j'avance. Cf. B.A. VAN GRONINGEN, *La composition littéraire archaïque grecque*, Amsterdam, Noord-Hollandsche Uitgevers Maatschappij, 1958, p. 211-212.

est chez lui la trace de son passage par le texte d'Hésiode. Dans une lecture s'attachant seulement aux faits, on nierait que le poète d'Agrigente puisse laisser, dans la densité de ses formules, des signes à suivre. Mais dans la mesure où ces signes existent, il faut être prêt à les entendre – à condition bien sûr que le faisceau des indices soit suffisamment fort et que l'ensemble forme sens. Un exemple viendra illustrer notre propos.

La composition savante dégagée dans un fragment d'Empédocle, le fr. 62, fournit un parallèle de composition à ce qui se joue, selon toute vraisemblance, dans la parole des cinq sources. Il importe en particulier d'observer l'emprunt que l'Agrigentin fait au texte homérique.

Voici les premiers vers du fr. 62 :

νῦν δ' ἄγ᾽, ὅπως ἀνδρῶν τε πολυκλαύτων τε γυναικῶν
ἐννυχίους ὄρπηκας ἀνήγαγε κρινόμενον πῦρ,
τῶνδε κλύ᾽· οὐ γὰρ μῦθος ἀπόσκοπος οὐδ᾽ ἀδαήμων.
οὐλοφυεῖς μὲν πρῶτα τύποι χθονὸς ἐξανέτελλον,
ἀμφοτέρων ὕδατός τε καὶ εἴδεος αἶσαν ἔχοντες·
τοὺς μὲν πῦρ ἀνέπεμπε θέλον πρὸς ὁμοῖον ἱκέσθαι.

Au vers 2 du fr. 62 (ἐννυχίους ὄρπηκας ἀνήγαγε κρινόμενον πῦρ) l'expression ἐννυχίους ὄρπηκας est une allusion à un épisode iliadique. Il s'agit de l'épisode de Lycaon surpris par Achille lors d'une sortie nocturne (ἐννύχιος προμολών), alors qu'il coupait de jeunes branches (νέους ὄρπηκας) d'un figuier sauvage, dans le verger (ἀλωῇ) de son père (*Iliade* XXI v. 36-38 : ἐκ πατρὸς ἀλωῆς οὐκ ἐθέλοντα / ἐννύχιος προμολών· ὃ δ᾽ ἐρινεὸν ὀξέϊ χαλκῷ / τάμνε νέους ὄρπηκας). La liaison est directe entre les deux textes (fr. 62 et *Iliade*) – liaison repérée d'ailleurs depuis longtemps. Mais Empédocle ne reprend pas exactement les mots de l'*Iliade*, il fait un raccourci. On ne peut donc pas parler d'une formule toute faite, d'un poncif poétique sans réelle signification. Dans l'*Iliade*, ὄρπηκας désigne des branches servant à faire des rampes de char, alors que dans le fr. 62.2 ὄρπηκας désigne des pousses prises dans un sens métaphorique ; ces pousses sont les ancêtres des hommes et des femmes aux pleurs abondants (fr. 62.1). Bien que cela ne soit pas dit au fr. 62.2, ces pousses sortent de terre, comme des troncs. Le fr. 62.4 donne une confirmation de cette lecture : les prototypes humains (οὐλοφυεῖς τύποι), *i.e.* les pousses, montent de la terre (χθονὸς ἐξανέτελλον)[80]. C'est là où s'observe le jeu du poète avec le modèle homérique.

Nous avons signalé *Iliade* XXI 36-38 à l'arrière-plan du fr. 62.2. Mais maintenant, trois autres passages du chant XXI, sans continuité

---

80. Voir D. O'Brien, « L'Empédocle de Platon », *Revue des études grecques*, 110, 2, 1997, p. 381-398, aux pages 386-387.

directe de sens avec les vers 36-38, apportent l'arrière-plan qui s'accorde avec le fait que les prototypes humains sortent de terre. Voici ces passages et un commentaire :

(a) *Il.* XXI.46-48 :

δυωδεκάτη δέ μιν αὖτις
χερσὶν Ἀχιλλῆος θεὸς ἔμβαλεν, ὅς μιν ἔμελλε
πέμψειν εἰς Ἀίδαο καὶ οὐκ ἐθέλοντα νέεσθαι.

Si Lycaon, surpris par Achille, est expédié vers l'Hadès, cela signifie que Lycaon rejoindra sous terre, ou sous la surface de la terre, le royaume de l'ombre. C'est de ce royaume, la terre pour Empédocle, que ce dernier fera surgir les prototypes humains[81]. Lycaon, qui n'est bien sûr pas identique aux ὄρπηκας qu'il coupe dans le verger, apparaîtrait transposé et confondu, aux yeux d'Empédocle, avec les pousses, prototypes humains.

(b) *Il.* XXI 55-58 :

ἦ μάλα δὴ Τρῶες μεγαλήτορες οὕς περ ἔπεφνον
αὖτις ἀναστήσονται ὑπὸ ζόφου ἠερόεντος,
οἷον δὴ καὶ ὅδ' ἦλθε φυγὼν ὕπο νηλεὲς ἦμαρ
Λῆμνον ἐς ἠγαθέην πεπερημένος [...]

La crainte d'Achille est de voir les Troyens sortir de l'ombre brumeuse, tout comme, à son grand étonnement, Lycaon revient de Lemnos. Ce qui intéresse Empédocle c'est la sortie de l'ombre brumeuse, *i.e.* la sortie de terre. On remarque le verbe ἀνίστημι (ἀναστήσονται) de sens voisin chez Empédocle à ἐξανατέλλω (ἐξανέτελλον).

(c) *Il.* XXI 63 :

γῆ φυσίζοος, ἥ τε κατὰ κρατερόν περ ἐρύκει.

Achille va tuer Lycaon. Il veut voir si « la terre, source de vie, qui retient même le fort », saura retenir Lycaon. Ce vers de l'*Iliade* est éloigné d'une vingtaine de vers du vers concernant les jeunes branches (*Il.* XXI 38). Il est sans rapport de continuité avec les jeunes branches. Et pourtant, chez Empédocle, qui s'appuie sur *Iliade* XXI 36-63 pour composer son poème, la liaison est frappante. Pour l'Agrigentin la terre est bien source de vie. Elle fera sortir les jeunes pousses humaines (οὐλοφυεῖς μὲν πρῶτα τύποι χθονὸς ἐξανέτελλον), tout comme Lycaon pourrait sortir de terre. Empédocle ne suit pas

---

81. Le fragment 6 nomme quatre racines de toutes choses. Ces racines sont des divinités : Zeus, Héra, *Aïdôneus*, *Nestis*. *Aïdôneus* (= Hadès) représente la terre (voir J.-C. Picot, « L'Empédocle magique de P. Kingsley », *Revue de philosophie ancienne*, 18, 1, 2000, p. 25-86, aux pages 60-68). En suivant l'interprétation de C. Gallavotti (dans « L'Empédocle magique de P. Kingsley », p. 64), je comprends que la terre est la source mortelle (κρούνωμα βρότειον), *i.e.* la source d'où s'écoulent les mortels.

Homère dans sa conception de l'Hadès, dont nul ne s'échappe[82]. Tout en exprimant brièvement ses idées, il a tissé un rapide échange avec un passage homérique qui s'étend sur une vingtaine de vers. Il emprunte des mots, des expressions, sans respecter ni l'esprit ni la syntaxe de son modèle.

Lorsque, présentant quelques vers des *Travaux et des Jours*, je suggérais l'utilité de rapprocher κρηνάων et πέντοζος pour saisir l'arrière-plan de composition de la parole d'Empédocle citée par Théon, un doute était permis : Empédocle pouvait-il lier πέντε κρηνάων (Empédocle) et κρηνάων [...] πέντοζος (Hésiode) ? Ce doute peut désormais être dissipé. Le fr. 62 fournit un exemple pour affirmer qu'Empédocle sait lier ce qui ne l'est pas dans un modèle. Les liaisons syntaxiques au sein du modèle ont relativement peu d'importance. Ce sont avant tout les mots qui comptent. On ne peut donc pas écarter, sans autre procès, la valeur possible des *Travaux et des Jours*, 742-743, 758, pour comprendre κρηνάων ἄπο πέντε ταμών.

Le fr. 62 apporte un autre enseignement.

Considérons le vers 3 du fr. 62 :

τῶνδε κλύ᾽· οὐ γὰρ μῦθος ἀπόσκοπος οὐδ᾽ ἀδαήμων.

Ce vers est bâti autour de deux allusions homériques.

(1) La première a un haut degré d'évidence. *Odyssée* XI 344-345 :

ὦ φίλοι, οὐ μὰν ἧμιν ἀπὸ σκοποῦ οὐδ᾽ ἀπὸ δόξης
μυθεῖται βασίλεια περίφρων [...]

La reine de Schérie, qui s'est prononcée, est sage (περίφρων). Elle parle οὐ [...] ἀπὸ σκοποῦ, avec clairvoyance (?). Ce qu'elle dit n'est pas contraire à ce que l'on attend (οὐδ᾽ ἀπὸ δόξης). Dans l'*Odyssée* et chez Empédocle, les choses sont dites avec des doubles négations et sont doublées : οὐ [...] ἀπόσκοπος renvoie à οὐ... ἀπὸ σκοποῦ ; οὐδ᾽ ἀδαήμων renvoie à οὐδ᾽ ἀπὸ δόξης. La reine parle : μυθεῖται βασίλεια. Empédocle, pour désigner son propre discours, utilise un substantif associé à μυθέομαι : μῦθος.

L'imitation de structure rend l'allusion évidente. Empédocle a transformé les substantifs du vers 344 d'*Odyssée* XI – σκοποῦ et δόξης

---

82. Le fr. 111 énonce la promesse suivante : « Tu ramèneras de l'Hadès la force [= μένος] d'un homme mort ». Nulle part ailleurs dans le corpus du grec ancien se trouve dit que le μένος d'un homme puisse séjourner dans l'Hadès. On attendrait que ce soit la ψυχή. Mais Empédocle ne parle pas de la ψυχή, il parle du μένος. Le vers est alors énigmatique. La solution de l'énigme s'entrevoit si l'on s'interroge : qu'est-ce l'Hadès pour l'Agrigentin ? La réponse est connue : Empédocle a détourné le mot Hadès pour en faire une racine du monde, la terre. Les premiers hommes sortent d'Hadès, entendons par-là, pour Empédocle : sortent de terre, comme des plantes. L'imagerie populaire de l'Hadès comme séjour souterrain des mortels est ainsi mise à l'écart.

– en adjectifs. Il a créé un hapax : ἀπόσκοπος. Il n'a pas retenu un dérivé de δόξης, il a choisi l'adjectif ἀδαήμων, dans une construction inhabituelle, privée de son complément au génitif[83]. L'hapax ἀπόσκοπος est souvent rendu par « sans but », « qui manque son but ». On rapprochera ce mot de ce que dit Parménide de l'œil : νωμᾶν ἄσκοπον ὄμμα (fr. 7.4 Diels)[84].

(2) La seconde allusion épique qui a dû servir à bâtir le vers 3 du fr. 62 est moins évidente à mettre en lumière. Mais son intérêt est majeur. Elle concerne le qualificatif ἀδαήμων.

L'adjectif ἀδαήμων est utilisé 4 fois chez Homère : *Iliade* V 634, XIII 811, *Odyssée* XII 208, XVII 283. ἀδαήμων y est régulièrement suivi d'un complément au génitif : ce complément est la bataille dans l'*Iliade*, les maux, les coups et blessures dans l'*Odyssée*. Le nom auquel il se rapporte est un nom de personne et jamais un nom commun : Sarpédon, Ajax et les Achéens, Ulysse et ses compagnons, Ulysse seul. Le mot ἀδαήμων chez Empédocle peut difficilement se rapprocher de ces emplois. Il n'est pas suivi d'un génitif, ce qui est rare ; il ne concerne pas les combats ; il a pour sujet le μῦθος et non pas une personne. Avec l'arrière-plan de la rencontre de Lycaon et d'Achille dans le verger de Priam, après l'allusion à la parole de la reine de Schérie dans l'*Iliade*, il est possible qu'ἀδαήμων soit encore l'écho d'un passage homérique. Un contexte et un substantif attirent alors l'attention (*Odyssée* XXIV 244-245, 247) :

ὦ γέρον, οὐκ ἀδαημονίη σ᾽ ἔχει ἀμφιπολεύειν
ὄρχατον [...]
οὐ πρασιή τοι ἄνευ κομιδῆς κατὰ κῆπον.

L'intérêt de ce passage tient en particulier au fait qu'il met en relation ἀδαημονίη avec un jardin et un verger. Ce n'est pas le verger de Priam, c'est le verger néanmoins d'un roi, le vieux roi d'Ithaque. Il devient probable qu'Empédocle ait composé le vers τῶνδε κλύ᾽· οὐ γὰρ μῦθος ἀπόσκοπος οὐδ᾽ ἀδαήμων en y associant une nouvelle fois l'image d'une terre féconde, cette fois-ci le verger de Laërte.

L'adjectif ἀδαήμων est traduit ordinairement par ignorant, inhabile, maladroit. Chez Empédocle, οὐκ ἀδαήμων exprimerait un savoir

---

83. Pindare, fr. 198, donne une formule avec ἀδαήμων, dans une double négation, qui n'est pas loin du sens que nous découvrons chez Empédocle : « L'illustre Thèbes n'a pas nourri en moi un homme étranger aux Muses, un homme qui les ignore » (trad. A. PUECH).

84. Sur le sens à donner à ἄσκοπον voir A. LAKS (« Soul, sensation, and thought », dans LONG, A.A. (dir.), *The Cambridge companion to early Greek philosophy*, Cambridge, Cambridge University Press, 1999, p. 250-270, à la page 262). Par une voie nouvelle, en réinterprétant la citation de Théon sur les cinq sources, nous rejoignons une conclusion de LAKS : « *Under certain conditions (of wisdom or insight), the senses might well be 'good witnesses'. Empedocles thought this too [...]* ».

et un savoir-faire, ou pour dire les choses dans le langage poétique de Pindare, l'art d'un homme d'esprit qui laboure le champ d'Aphrodite, c'est-à-dire le champ de la parole inspirée et gracieuse[85].

Empédocle ne se bornerait pas à affirmer la validité de son discours – "Moi, Empédocle, je dis vrai !" –, il sensibiliserait aussi Pausanias, son disciple, au jeu littéraire : "Écoute, car je sais dire les choses avec les formes qu'il convient, je te donne à apprécier mon art, toi qui es nourri d'Homère et des autres poètes."

Si le savoir et le savoir-faire d'Empédocle se tiennent de façon imaginaire dans un jardin ou un verger, il n'est pas abusif de rapprocher les cinq sources – dont l'une charrie les paroles sonores – de ce mot du fr. 62.3 : « Écoute », que lance Empédocle à Pausanias (τῶνδε κλύ᾽· [...]). L'ouïe, avec son rameau de chair (fr. 99 : σάρκινος ὄζος), est l'un des sens sollicité – moyen ô combien important pour apprendre. Ce qu'Empédocle enseignera ne concerne pas uniquement le présent. Par l'ouïe, Pausanias connaîtra l'origine de l'homme. La vue des choses présentes pourra aider à comprendre et à se représenter le passé. Des vers restitués par *L'Empédocle de Strasbourg* ne disent pas autre chose : « Applique-toi à ce que mes propos n'atteignent pas seulement tes oreilles et, en m'écoutant, vois les signes clairs qui sont aux alentours, je te montrerai, par les yeux aussi [...] Tires-en pour ton esprit des indices sûrs à l'appui de mon récit...[86] » Empédocle fait converger les sources de données. La mémoire où ces données sont accumulées jouera ensuite un rôle important pour permettre un travail d'analyse et d'organisation. Ainsi, le fr. 17.14 insiste sur la nécessaire étude des paroles reçues : ἀλλ᾽ ἄγε μύθων κλῦθι· μάθη γάρ τοι φρένας αὔξει. Ce qu'Empédocle souhaite opérer dans l'esprit

---

85. Pindare, *Pythique* VI 1-2. Par ailleurs, Pindare utilise l'image du char pour désigner sa poésie conduite par les Muses (*Pythique* X 65, *Olympique* IX 81, *Néméenne* I 7, *Isthmique* II 2). On peut se demander si Empédocle, à la suite de Pindare, utilise aussi l'image du char dans le fr. 3.4-5 pour parler de son écriture poétique et inspirée. – Empédocle semble transposer sur le plan de la connaissance par les sens l'art du poète-jardinier que Pindare, en particulier, avait déjà chanté dans ses vers (*Olympique* IX 23-28) : « Je vais publier partout mon message, si le sort a bien voulu que ma main sache cultiver le jardin privilégié des Charites. Ce sont elles qui donnent tout ce qui charme. » (Trad. A. PUECH.) Voir aussi *Pythique* VI 1-2, *Néméenne* VI 32, X 26. Cf. A. MOTTE, *Prairies et jardins de la Grèce antique : de la religion à la philosophie*, Bruxelles, Palais des Académies, 1973, p. 305 : « Le poète est par essence un jardinier, un laboureur, un cueilleur, ou bien encore un sourcier... » Cf. Platon, *Ion*, 534 A 7 – B 2. On lira aussi J. DUCHEMIN, *Pindare, poète et prophète*, Paris, Les Belles Lettres, 1995, p. 49-51, p. 76-78. Et M. DETIENNE, *Les maîtres de vérité dans la Grèce archaïque*, Paris, Maspero, 1973², p. 54-55.

86. A. MARTIN & O. PRIMAVESI, *L'Empédocle de Strasbourg* (P. Strasb. gr. *Inv. 1665-1666*). Introduction, édition et commentaire, Strasbourg-Berlin-New York, Bibliothèque Nationale et Universitaire de Strasbourg et W. de Gruyter, 1999, p. 137-139. Vers a(ii) 21-23, 29-30.

de Pausanias, c'est la croissance d'un savoir (μάθη... αὔξει), ou, pour le dire autrement, le poète souhaite faire pousser un savoir, tout comme le jardinier ou l'horticulteur applique son art à faire pousser des plantes.

Un hapax empédocléen serait à interpréter dans ce sens. Empédocle dit à Pausanias, au fr. 21.2 : εἴ τι καὶ ἐν προτέροισι λιπόξυλον ἔπλετο μορφῇ[87] ; et au fr. 71 : εἰ δέ τί σοι περὶ τῶνδε λιπόξυλος ἔπλετο πίστις. Le mot λιπόξυλος est souvent traduit par « incomplet », « insuffisant », « faible ». Mais en traduisant ainsi l'on passe à côté de la métaphore végétale. Il faudrait rapprocher λιπόξυλος de ἄξυλος, dans le sens de « non boisé », « sans arbre », tel qu'employé par Hérodote[88]. L'expression chez Empédocle renverrait alors au fait qu'une source, irriguant un enclos, pourrait ne pas avoir produit jusqu'ici les pousses attendues. Si la parole ou la croyance sont « sans arbre », comprenons « sans effet », l'irrigation est insuffisante. Le maître s'emploierait alors à multiplier les sources : voir, toucher, rechercher d'autres moyens de preuves, jusqu'au moment où l'esprit de Pausanias fera prospérer pour lui-même l'acquis du maître. Le mot λιπόξυλος serait donc en résonance avec les cinq sources et l'art suggéré au fr. 62.3 τῶνδε κλύ'· οὐ γὰρ μῦθος ἀπόσκοπος οὐδ' ἀδαήμων[89].

Chez l'Agrigentin, Nestis est la divinité de l'eau. Dans de précédents travaux, j'avais soutenu, après d'autres commentateurs, que Nestis est une figure de Perséphone, la déesse de la puissance végétale. J'avais aussi soutenu, mais cette fois-ci de façon isolée, qu'Empédocle fait de Nestis, Perséphone, sa Muse[90]. Les résultats du présent article s'accordent avec ces positions. Nestis, la Muse de l'Agrigentin, est l'eau qui irrigue. Elle est active dans l'acquisition des connaissances. Le jardin du poète d'Agrigente est un enclos savamment irrigué,

---

87. Je suis ici l'édition de J. Bollack (fr. 21 = 63 Bollack), qui retient μορφή et non pas μορφῆι (Diels). Je traduirais ce vers en paraphrasant : Si, dans mes premières (paroles), la force de conviction demeurait quelque chose dont aucun bois ne pousse.

88. Voir M.L. Gemelli Marciano, *Le metamorfosi della tradizione: mutamenti di significato e neologismi nel* Peri physeos *di Empedocle*, Bari, Levante, 1990, p. 138-139.

89. Cf. P. Kingsley, *Reality*, Inverness (Ca), The golden sufi center, 2003, p. 539-543, 547-554. Une image revient souvent chez Kingsley : la doctrine d'Empédocle et ses mots sont comme des graines qui doivent germer (*words as seeds* : p. 520-525, 553). Voir aussi P. Kingsley, *Ancient philosophy, mystery, and magic. Empedocles and Pythagorean tradition*, Oxford, Clarendon Press, 1995, p. 230-231, 299-300 (n.35), 362. Une difficulté : cette image ne se trouve pas chez Empédocle (cf. fr. 3.2 : la parole est une source). Toutefois, Kingsley donne avec raison de l'importance à la métaphore agricole pour décrire l'enseignement d'Empédocle ; sur ce point particulier, certaines conclusions du présent article sur les cinq sources rejoignent des conclusions faites par Kingsley.

90. Picot 2000, p. 46-48. Voir déjà une première approche dans Picot 1998, p. 59-60.

LES CINQ SOURCES DONT PARLE EMPÉDOCLE   127

le jardin de Nestis. À la différence d'Hésiode et d'autres poètes antérieurs, cette Muse parle à travers les « signes clairs » du monde. Savoir écouter, savoir regarder : l'art d'Empédocle est en partie là. Cela ne veut pas dire que la connaissance n'est que le recueil des données du monde présent. La coordination et l'analyse des données, puis la réflexion sur ces données donnent accès à des réalités qui sortent du champ de l'expérience immédiate.

Les cinq sens, pour essentiels qu'ils soient, ont leur limite, tout comme les mathématiques chez Platon. Empédocle prône l'ouverture à une connaissance qui va au-delà de l'usage commun et immédiat des sens. Ainsi au fr. 17.21 : « Contemple-la [= Philotès] par l'esprit et ne reste pas assis avec des yeux tout étonnés (τὴν σὺ νόωι δέρκευ, μηδ' ὄμμασιν ἧσο τεθηπώς) », et surtout au fr. 133 : « Il n'est pas possible que nous l'approchions [le Divin] avec nos yeux / Ou le saisissions avec nos mains [...] ». Théon entend mener au divin en commençant par les mathématiques. Il ne manquera pas de dire que la purification chez Platon, entendons la connaissance des mathématiques, n'est qu'une première étape, commençant dans l'enfance, à laquelle il ne faut pas rester fixé (*Expositio* 16.13-17). Si l'on admet le parallèle d'Empédocle avec Platon, suggéré par Théon, il s'agirait chez Empédocle, grâce à l'observation du monde (obtenue par les cinq sources), de préparer un contact avec le divin. Nous savons, en dehors de Théon, que ce contact se ferait au-delà des sens.

Contre Hésiode

Empédocle pourrait avoir emprunté à Pindare quelques métaphores concernant le travail poétique. Mais contrairement à Pindare, Empédocle n'est pas un poète de cour. Quand il s'en prend avec véhémence aux sacrifices sanglants, il dérange. Quand il cite Zeus, loin de Cypris, parmi les dieux d'une époque dominée par la Haine, il dérange encore. Quand il dit avoir donné sa confiance à la Haine furieuse – νείκεϊ μαινομένωι πίσυνος –, modifiant ainsi une formule homérique où Zeus se trouvait en place de la Haine, il ne peut que s'attirer la méfiance de ceux qui font du premier des dieux un dieu juste[91]. Pour autant, quand il puise dans les *Travaux et les Jours*, autour

---

91. Empédocle fr. 115.14. Homère, *Iliade* IX 237-238 : Ἕκτωρ δὲ μέγα σθένεϊ βλεμεαίνων / μαίνεται ἐκπάγλως πίσυνος Διί... L'occurrence homérique est la seule dans le corpus du grec ancien en notre possession, qui présente les trois mots importants pour comprendre νείκεϊ μαινομένωι πίσυνος. Cette occurrence devait sans aucun doute être connue d'Empédocle. Les trois mots importants sont μαίνεται, πίσυνος, Διί. Il est remarquable que, chez Homère, Hector est furieux (μαίνεται) mais pas Zeus, alors que chez Empédocle c'est la Haine (νείκεϊ), mise à

d'un mot qui a une résonance au sein de sa propre philosophie, πέντοζος, ne cherche-t-il pas à produire seulement un effet esthétique ? N'est-ce pas là un exemple où aucune polémique ne perce ?

On peut le croire. C'est un fait qu'en dehors des rares fragments où la subversion des croyances traditionnelles est patente (fr. 128, 136, 137), les traits que l'Agrigentin décoche contre des institutions, littéraires ou religieuses, passent inaperçus. On ne voit pas ces traits. Peut-être parce qu'on ne les cherche pas.

Dans le cas des cinq sources qu'en est-il ? L'arrière-plan des *Travaux et des Jours* recèle-t-il pour Empédocle un motif de polémique ?

La scène hésiodique où se lit πέντοζος est une participation au festin joyeux des dieux (θεῶν ἐν δαιτὶ θαλείῃ). À ce festin, comment ne pas associer l'autel souillé du sang des animaux, et des viandes cuites d'où s'exhale le fumet dont se délectent les dieux ? Nous le savons – précisément par les fr. 128, 136, 137 – Empédocle condamne les festins olympiens. Il condamne les sacrifices sanglants. Pour lui, le contact avec le divin prend un autre chemin[92]. Le vers qui comprend κρηνάων ἄπο πέντε ταμών manifeste cet autre chemin, où les sens jouent un rôle important. Hésiode dit : il ne faut pas couper le sec du vert quand on s'approche des dieux. Empédocle prend le contre-pied. Pour lui, il faut couper le sec (la terre non irriguée) touchant au vert (les sources) quand on veut s'approcher du divin.

L'opposition d'Empédocle à Hésiode n'est pas une donnée nouvelle. Mais le plus souvent les commentateurs d'Empédocle n'insistent pas sur ce point[93]. J. Bollack, dans son ouvrage sur les *Catharmes*, a fait un pas méritoire en avant[94]. Il dit et répète qu'Empédocle agit de façon subversive, qu'il est en marge de la religion traditionnelle. Sa critique, en outre, ne concerne pas qu'Hésiode. Écoutons Bollack : « Les *Catharmes* marquent une rupture complète avec la tradition culturelle, que l'on pourrait aussi bien appeler littéraire ou religieuse. Le poème invente un mythe, une histoire nouvelle,

---

la place de Zeus (Διί), qui est furieuse (μαινομένοι). Empédocle a opéré une modification importante. On y devine une intention critique.

92. Voir fr. 2.8. – Si l'on en croit Jamblique (*Protreptique* 21, 121.26-122.14), les pythagoriciens disaient : « Ne te rogne pas les ongles près d'un sacrifice » (trad. É. DES PLACES), en pensant à ne pas se séparer de parents lointains. La reprise et, en même temps, la transformation de la parole hésiodique sont évidentes. Empédocle suivrait un même chemin (cf. fr. 137).

93. Il peut même arriver qu'un chemin à contre-sens soit pris. Ainsi, faute d'avoir reconnu l'opposition à Hésiode, KINGSLEY croit qu'Empédocle honorait Zeus (« Empedocles for the new millennium », 2002, p. 403-404 ; *Reality*, 2003, p. 526-527).

94. J. BOLLACK, *Empédocle. Les* Purifications *: un projet de paix universelle*, édité, traduit du grec et commenté par J.B., Paris, Éditions du Seuil, 2003.

qui pose en deçà d'elle toutes celles qui ont jamais été racontées, d'Homère et d'Hésiode jusqu'aux productions contemporaines de la tragédie athénienne[95]. » « Rien de ce que l'on a cru et ce que l'on pratique dans les rites ne peut prétendre au divin, ou n'y accède, s'il y prétend. [...] La séparation d'avec les autels et les temples est absolue[96]. » J.-F. Balaudé, dans sa thèse en 1992, dirigée par Bollack, affirmait déjà[97] : « Écrivant d'un bout à l'autre contre le meurtre et le sacrifice, il [= Empédocle] écrit donc aussi une sorte de contre Hésiode ». Je n'aurais rien à ajouter à ces paroles si ce n'est que l'action subversive d'Empédocle n'apparaît pas uniquement dans les *Catharmes*. Elle traverse aussi la *Physique*. Lorsque l'Agrigentin énonce les quatre racines de toutes choses (fr. 6) – Zeus, Héra, Aïdôneus et Nestis –, il bouscule l'ordre olympien. Il fait « violence aux généalogies connues[98] ». La rupture avec la tradition religieuse traverse en réalité toute l'œuvre d'Empédocle.

---

95. BOLLACK 2003, p. 9.

96. BOLLACK 2003, p. 14. – BOLLACK n'a pas entrevu une possible critique de la religion traditionnelle dans le fr. 143, qu'il commente (p. 108). Son édition du fragment 143 (κρηνάων ἄπο πέντε ταμόντ ' ἀτειρέι χαλκῶι) laisse perplexe : (1) BOLLACK retient la liaison avec la *Poétique* (position commune qui consiste à faire du fr. 138 un fragment empédocléen) ; (2) mais il semble ignorer l'édition de la *Poétique* qui fait aujourd'hui autorité, celle de KASSEL, préférant une édition plus ancienne (position qui refuse la lecture ταναήκεϊ χαλκῷ, comme le fait J. HARDY) – concernant la *Poétique*, BOLLACK pourrait bien avoir raison de préférer ἀτειρέι à ταναήκεϊ, mais la démonstration reste à faire contre le choix fait par KASSEL ; (3) il édite le fr. 143 avec ἀτειρέι χαλκῶι (comme le fait DIELS ou mieux WILAMOWITZ, en acceptant un alpha long) mais recopie à quelques détails près l'apparat critique que G. ZUNTZ avait établi en faveur de ταναήκεϊ χαλκῷ ! (cet apparat critique ne tient compte ni de HILLER, ni de SCHRADER, mais retient MAAS) ; (4) il comprend, dans le fr. 143, que « l'on se nettoyait en canalisant l'eau de cinq sources », rapporte le contexte immédiat de Théon de Smyrne, mais ne fournit aucune explication de la citation dans son contexte.

97. J.-F. BALAUDÉ, *Le Démon et la communauté des vivants. Étude de la tradition d'interprétation antique des* Catharmes *d'Empédocle de Platon à Porphyre*, Thèse de doctorat à l'Université de Lille III, 1992, p. 35. – Dans son opuscule sur les *Purifications*, BOLLACK cite la thèse de BALAUDÉ sous un paragraphe « éditions et commentaires ». Sont cités sous « éditions et commentaires » les ouvrages qui éditent au moins une grande partie des fragments d'Empédocle, et qui le plus souvent commentent tout ou partie de ces fragments. Mais, exception !, ce n'est pas le cas de la thèse de BALAUDÉ. La thèse ne comporte en effet aucune analyse systématique des fragments des *Catharmes*, ni aucun travail d'édition. Elle étudie les interprétations antiques de la démonologie empédocléenne. BALAUDÉ cite presque exclusivement selon l'édition de DIELS des fragments des *Catharmes*, qu'il traduit en français (BOLLACK apporte en 2003 des traductions différentes). BALAUDÉ dénonce les récupérations de toutes sortes de la pensée empédocléenne. Il défend en particulier la singularité d'Empédocle et condamne l'application à cet auteur de l'équation δαίμων = ψυχή.

98. J'emprunte cette expression à Cl. RAMNOUX, qui l'emploie à propos du fr. 6 (*Héraclite ou l'homme entre les choses et les mots*, Paris, Les Belles Lettres, 1968², p. 182).

La purification en jeu dans le fr. 143, qui emprunte ses matériaux au poème hésiodique (κρηνάων, πέντε, ταμών), fait figure d'exemple : rupture avec les rites, séparation d'avec l'autel « trempé du sang pur des taureaux[99] ».

La place du fr. 143

Le fr. 143 appartient-il aux *Catharmes* ? Les voix ont été jusqu'ici presque unanimes pour dire : oui, le fr. 143 appartient aux *Catharmes*[100]. Prenons deux exemples.

G. Zuntz écrit : « Frs. 140 *and* 141 DK. *Together with* fr. 143 [...], *these are the only extant prescriptions concerning details of 'purity' in everyday life. There may have been many more since, as Wilamowitz observed, the title 'Katharmoi' seems to imply, primarily, a set of rules of this very kind*[101] ».

Pour D. Sedley, « *There is no reason to attribute to this poem* [*Katharmoi*] *any fragments of Empedocles beyond those offering ritual advice*[102] ». Ainsi, avec Sedley, les *Catharmes*, fortement réduites, incluent les fragments 112, 153a, 152 Wright, 140, 127, 111, 141, l'abstention du mariage, et bien entendu le fr. 143, car Sedley, à la suite de Diels, croit que le fr. 143 concerne un rituel de « *self-purification* ».

Certes, le seul titre « *Catharmes* » réduirait le contenu du poème d'Empédocle aux conseils rituels qui assurent une pureté au quotidien. Mais compte tenu de la rupture de l'Agrigentin avec la tradition homérico-hésiodique, il n'y aurait toutefois pas de raison de croire que les *Catharmes* sont un recueil traditionnel de rites de purifications ou de conseils rituels. Dans le poème intitulé *Catharmes* – titre qui n'a peut-être pas été donné par Empédocle lui-même –, les véritables purifications vont, selon le philosophe, à l'encontre des purifications communes. On ne trouvera alors pas dans ce poème de rites, de pratiques superstitieuses, de rachats faciles par quelques actions simples. Nous serions ici à mille lieux des purifications habituelles

---

99. Fr. 128.8 (trad. BOLLACK).

100. Notons deux voix discordantes : (1) J. BARNES, *Early Greek philosophy*, Londres, Penguin Books, 1987, p. 201, (2) S. TRÉPANIER, *Empedocles: an interpretation*, New York-Londres, Routledge, 2004, p. 89, qui n'a pas de certitude quant à l'affectation de « B 143 » aux *Catharmes*.

101. G. ZUNTZ, *Persephone. Three essays on religion and thought in Magna Graecia*, Oxford, Clarendon Press, 1971, p. 228. – Fr. 140 : δάφνης φύλλων ἄπο πάμπαν ἔχεσθαι. Fr. 141 : δειλοί, πάνδειλοι, κυάμων ἄπο χεῖρας ἔχεσθαι.

102. SEDLEY 1998, p. 7-8. On lira aussi les pages 4-7, où SEDLEY s'appuie sur des parallèles pour justifier qu'un poème qui s'appelle *Catharmes* ne contient rien d'autre que « *ritual advice* ». R. WATERFIELD (*The first philosophers: the Presocratics and Sophists*, Oxford, Oxford University Press, 2000, p. 133) se range, en apparence, à la position de SEDLEY : « On Nature *contained all doctrinal material, on whatever topic,* while Purifications *contained no more than oracles and means of ritual purification* ».

des « êtres puérils » qui participent au banquet des dieux sous
le règne de Zeus (fr. 128, 136 et 137). Dans les *Catharmes*, la sombre
croyance des dieux est fustigée (fr. 132.2). Les *Catharmes* nous introduisent dans une vision cosmique de la destinée des êtres vivants, avec
pour thème essentiel la démonologie. Comprendre cette destinée
et en tirer les conséquences pratiques seraient déjà s'engager dans
une purification.

Mais qu'en serait-il du fr. 143 ? Le fr. 143 appartient-il aux
Catharmes ? Ce n'est pas parce que Théon parle de purification en
citant Empédocle que le fr. 143 appartient *ipso facto* aux *Catharmes*[103].
Le fr. 143 appartient à un ensemble qui traite de la connaissance.
Les *Catharmes*, il est vrai, traitent aussi de la connaissance : celle
de la destinée des êtres vivants, la connaissance démonologique. Mais
ce n'est pas dans les *Catharmes* que l'on situerait les thèmes abordés
par les fr. 2, 3, 4, 5, c'est-à-dire la connaissance par les sens, les moyens
d'atteindre la vérité, le chemin à l'écart du grand nombre, le rôle
de la Muse. Ces thèmes viennent au début de la *Physique*. C'est là, à
proximité des fr. 2, 3, 4, 5, que se situerait le mieux le fr. 143.

---

103. Deux vers d'Empédocle usent du mot καθαρός et sont placés dans
la *Physique* : fr. 3.2, 110.2.

LA BRILLANCE DE NESTIS
(EMPÉDOCLE, FR. 96)*

Dans le *De l'âme*, Aristote illustre l'importance de la proportion (λόγος) et de la combinaison (σύνθεσις) des éléments entre eux par rapport à ce que sont les éléments ; pour ce faire, il rapporte trois vers d'Empédocle (410 a 4-6) relatifs à la composition de l'os. Simplicius rapporte les mêmes vers et en ajoute un sur l'action d'Harmonie ; il précise avoir tiré sa citation du premier livre de la *Physique* d'Empédocle[1]. Ce sont ces quatre vers que Diels a recueillis sous le fr. 96[2] :

ἡ δὲ χθὼν ἐπίηρος ἐν εὐτύκτοις χοάνοισι
τὼ δύο τῶν ὀκτὼ μερέων λάχε Νήστιδος αἴγλης,
τέσσαρα δ᾽ Ἡφαίστοιο· τὰ δ᾽ ὀστέα λευκὰ γένοντο
Ἁρμονίης κόλλησιν ἀρηρότα θεσπεσίῃσιν.

Et la terre serviable en ses creusets bien façonnés
Reçut deux parts sur huit de la brillance de Nestis,
Et quatre d'Héphaïstos ; et ces choses-là devinrent les os blancs,
Tenues ensemble par les colles divines d'Harmonie.

L'os serait composé de deux parts de la « brillance de Nestis » (δύο τῶν ὀκτὼ μερέων [...] Νήστιδος αἴγλης) – où l'on s'accorde à

Article paru dans la *Revue de philosophie ancienne*, 26, 1, 2008, p. 75-100, reproduit avec quelques légères modifications.
* Je remercie Pénélope SKARSOULI, Denis O'BRIEN, Marwan RASHED, et Tomáš VÍTEK de m'avoir apporté leurs critiques et conseils lors de l'élaboration de cet article.

1. Simplicius, *In Phys.* p. 300, 21-24.
2. Je cite les fragments (fr.) et témoignages (A) d'Empédocle selon H. DIELS & W. KRANZ, *Die Fragmente der Vorsokratiker*, Berlin, Weidmann, 1934[5], sans mentionner préalablement « DK 31 ». – DIELS a retenu εὐστέρνοις au v. 1, lu chez Aristote, contre εὐτύκτοις, lu chez Simplicius. Suite aux arguments donnés par D. SIDER – à qui l'on doit une analyse détaillée du fr. 96 (D. SIDER, « Empedocles B 96 [462 BOLLACK] and the poetry of adhesion », *Mnemosyne*, 37[1-2], 1984, p. 14-24) –, εὐτύκτοις paraît être toutefois la meilleure leçon. Je remplace donc εὐστέρνοις par εὐτύκτοις. L'importance de ce choix apparaîtra plus loin. Je me range de plus à la position de SIDER qui corrige θεσπεσίηθεν en θεσπεσίῃσιν.

reconnaître l'eau sous le nom de Nestis –, de quatre parts de feu – puisque qu'Héphaïstos désigne traditionnellement le feu (τέσσαρα δ᾽ Ἡφαίστοιο) – et, de deux parts de terre (ἡ δὲ χθὼν ἐπίηρος) pour parvenir à huit parts au total.

Dans le présent article, je voudrais analyser le texte du fr. 96 pour prendre position sur la question suivante : quel est le sens à donner à l'expression Νήστιδος αἴγλη, *i.e.* la brillance de Nestis[3] ? La brillance de Nestis désigne-t-elle l'eau, ou bien désigne-t-elle un mélange d'air et d'eau ?

Certaines questions divisent les commentateurs actuels d'Empédocle. Mais la question de la brillance de Nestis n'est pas de celles-là. En effet, tout le monde ou presque s'accorde pour dire que la brillance de Nestis désigne l'eau et rien d'autre. Pourquoi alors s'interroger sur quelque chose qui ne divise point ? Parce que le consensus est parfois trompeur. Il peut se fixer sur la solution simple, celle qui ne nécessite presque pas ou peu d'explication. Mais à l'analyse l'objet peut se révéler complexe et le consensus sur le simple avoir fait fausse route. J'espère parvenir à montrer au fil de cet article que la brillance de Nestis est un mélange d'air et d'eau, et non pas simplement de l'eau.

Si Empédocle n'avait pas introduit la brillance (αἴγλη), aucun doute n'aurait été permis pour comprendre que τὼ δύο τῶν ὀκτὼ μερέων […] Νήστιδος signifie deux parts sur huit d'eau. Mais la brillance pose problème. Elle pose d'autant plus problème que la tournure τὼ δύο τῶν ὀκτὼ μερέων […] Νήστιδος αἴγλης insiste sur le fait que les deux parts en question sont des parts de la brillance et non pas directement des parts de Nestis. Peut-on spontanément dire que pour Empédocle Nestis apparaît brillante, tout comme Apollon est brillant (αἰγλήτης), tout comme Artémis et Hécate sont dispensatrices de lumière (φωσφόρος) ? Si la brillance n'ajoutait rien à la compréhension de Nestis, la « brillance de Nestis » se réduirait à une façon poétique de dire Nestis. Si, au contraire, la brillance ajoutait quelque chose à Nestis, l'élément qui n'est pas nommé dans le fr. 96, à savoir l'air, pourrait être sous-entendu dans la brillance de Nestis.

---

3. Dans l'expression Νήστιδος αἴγλης, bon nombre de commentateurs, ou traducteurs, considèrent αἴγλης comme une épithète de Νήστιδος (la « brillante Nestis », « *gleaming Nestis* » par exemple). Mais αἴγλης n'est pas un adjectif de Nestis, c'est uniquement un substantif, complément au génitif adnominal de τὼ δύο plus μέρει sous-entendu. Nestis est lié par un génitif adnominal à αἴγλης. Mentionnons quelques auteurs dont la traduction respecte la nature nominale d'αἴγλη : E. Bignone (1916) : « *del fulgore di Nesti* » ; H. Diels (1922), W. Kranz (1934, 1949) : « *Von dem Glanze der Nestis* » ; J. Bollack (1969) : « Deux de l'éclat de Nestis » ; M.R. Wright (1981) : « *Two of the brightness of Nestis* ». C. Gallavotti (1975) occupe une place à part : « *di Nestide e luce* ». Cet auteur considère que Nestis et brillance sont des substantifs juxtaposés ou coordonnés, compléments du groupe τὼ δύο plus μέρει sous-entendu.

La présence d'une part d'air et d'une part d'eau aurait l'avantage de résorber sinon une anomalie, au moins une bizarrerie. Cette présence simplifierait la répartition finale des parts (4 feu / 2 terre / 1 air / 1 eau), alors que la présentation initiale, divisible par 2, donc simplifiable, surprend (4 feu / 2 terre / 2 eau).

Le consensus actuel – la brillance de Nestis désigne l'eau, à l'exclusion de l'air – n'a pas toujours existé. Deux témoins de l'Antiquité sont souvent cités de nos jours pour camper les positions qui se font face : Aétius d'un côté, le Pseudo-Simplicius de l'autre[4]. Selon Aétius, deux parts d'eau entrent dans la composition de l'os. Pour cet auteur, l'air n'intervient pas. C'est donc la position commune et actuelle. Pour le Pseudo-Simplicius, au contraire, il existe une part d'eau et une part d'air. Le Pseudo-Simplicius fait reposer l'introduction de l'air sur le mot αἴγλη. Philopon, un contemporain du Pseudo-Simplicius, développa une argumentation assez proche de celle du Pseudo-Simplicius, au point où l'on peut supposer que l'un et l'autre utilisaient une source commune.

On ne trouvera qu'un seul auteur récent et connu dans les études empédocléennes pour défendre avec quelques arguments l'introduction de l'air. Cette voix, en dissonance avec le consensus, est celle de C. Gallavotti, en 1975[5]. À la lecture des commentateurs du fr. 96 qui ont écrit après 1975, force sera de constater que Gallavotti n'a pas convaincu[6]. Écoutons par exemple Katerina Ierodiakonou dans son « *Empedocles on colour and colour vision* », en 2005[7] : « *Bones are generated from the harmonious combination of earth, fire and water, more specifically from the combination of four parts of fire, two of earth, and*

---

4. Pour le Pseudo-Simplicius, je fais référence à ce qui est ordinairement lu sous Simplicius, *In De an.*, p. 68, 2 – S'agit-il de Simplicius ou d'un Pseudo-Simplicius ? Concernant ce débat voir I. HADOT, « Simplicius or Priscianus? On the author of the commentary on Aristotle's *De anima* », *Mnemosyne*, 55, 2, 2002, p. 159-199 ; HADOT conclut que ce commentaire sur le *De anima* est de Simplicius et non pas de Priscien. Mais le style d'argumentation concernant l'os est très éloigné du style d'argumentation du véritable Simplicius. En outre, la divergence d'épithète pour χοάνοισι, à savoir εὐτύκτοις dans le commentaire sur la *Physique*, et εὐστέρνοις dans le commentaire sur le *De l'âme*, milite pour l'attribution d'un auteur différent pour chaque commentaire. Puisqu'il est certain que Simplicius est l'auteur du commentaire sur la *Physique*, je me range à l'idée qu'un Pseudo-Simplicius soit l'auteur du commentaire sur le *De l'âme*. Cf. SIDER 1984, p. 19 n.19.

5. C. GALLAVOTTI, *Empedocle. Poema fisico e lustrale*, Milan, Arnoldo Mondadori, 1975, p. 28-29, 122, 205-206, 305.

6. En 1983, V. ANDÒ a toutefois repris l'édition et l'interprétation de GALLAVOTTI (« Nestis o l'elemento acqua in Empedocle », *Kokalos*, 28-29, 1982-3, p. 31-51, à la page 34). Plus récemment, un nouvel auteur a vu les quatre éléments dans la composition de l'os. Il s'agit de T. VÍTEK, *Empedoklés. I, Studie*, Prague, Herrmann & synové, 2001, p. 241, n.1, et 271, n.3.

7. K. IERODIAKONOU, « Empedocles on colour and colour vision », *Oxford studies in ancient philosophy*, 29, 2005, p. 1-37, à la page 8.

two of water. » Ierodiakonou fait suivre son affirmation d'une longue note infra-paginale pour se placer sous l'autorité d'Aétius, de C. E. Millerd (1908) et de J. Longrigg (1976)[8]. Elle aurait pu citer encore bien d'autres modernes partageant la même lecture consensuelle[9]. Toujours est-il qu'Ierodiakonou n'en dit pas plus. Elle ignore ou semble ignorer Gallavotti.

Avec de nouveaux arguments, et en ouvrant largement le dossier – ce que n'a pas fait Gallavotti – je voudrais défendre à mon tour la position selon laquelle la brillance de Nestis désigne un mélange d'eau et d'air.

Points de repère historiques

Ouvrons ce dossier avec le témoignage d'Aétius.
Aétius (*Opinions*, V, 22) rapporte à propos d'Empédocle :

ὀστᾶ δὲ † δοκεῖ μὲν ὕδατος καὶ τῆς ἔσω γῆς †, τεττάρων
δὲ πυρὸς <καὶ> γῆς, τοσούτων συγκραθέντων μερῶν[10].

Le texte doit être corrigé pour être compris. Nous retiendrons la correction de Diels :

ὀστᾶ δὲ δυεῖν μὲν ὕδατος καὶ γῆς, τεττάρων δὲ πυρός, ἔσω γῆς τούτων συγκραθέντων μερῶν.

les os [sont faits] à partir de deux [parts] d'eau et de terre, et de quatre [parts] de feu, une fois que ces parts ont été mélangées à l'intérieur de la terre.

Aétius supposait que dans l'expression Νήστιδος αἴγλη il fallait simplement lire Nestis, l'eau. L'os serait donc composé de deux parts de terre, deux parts d'eau et quatre parts de feu.

---

8. C.E. MILLERD (*On the interpretation of Empedocles,* Chicago, The University of Chicago Press, 1908, p. 41) affirme à propos des mélanges chez Empédocle : « *There is no evidence that everything was thought to contain all the elements. This notion seems to have originated with Anaxagoras.* » Jusqu'ici qui oserait dire le contraire ? Qui oserait aussi dire le contraire quand MILLERD ajoute « *The description of bone omits air* » ? Mais, au-delà du simple constat qu'un mot signifiant « air » est absent du fr. 96, MILLERD semble s'appuyer sur ces trois affirmations banales pour admettre que l'os ne comporte réellement pas d'air. Cette fois-ci, le doute est permis. IERODIAKONOU ne perçoit pas la faiblesse de la conclusion de MILLERD.

9. Par exemple : W. KRANZ (1949), F. SOLMSEN (1950), W.K.C. GUTHRIE (1965), J. BOLLACK (1969), M.R. WRIGHT (1981), D. SIDER (1984), A.P.D. MOURELATOS (1987), R.D. MCKIRAHAN, Jr. (1994), R. LAURENTI (1999) etc.

10. Pseudo-Plutarque, *Placita philosophorum* 909 C 5-6, édition J. MAU, Leipzig, Teubner, 1971 (V § 22, cf. A 78).

Dans son commentaire du *De l'âme* d'Aristote, le Pseudo-Simplicius écrit[11] :

μίγνυσι δὲ πρὸς τὴν τῶν ὀστῶν γένεσιν τέσσαρα μὲν πυρὸς μέρη, διὰ τὸ ξηρὸν καὶ λευκὸν χρῶμα ἴσως πλείστου λέγων αὐτὰ μετέχειν πυρός, δύο δὲ γῆς καὶ ἓν μὲν ἀέρος ἓν δὲ ὕδατος· ἃ δὴ ἄμφω « νῆστιν αἴγλην » προσαγορεύει, νῆστιν μὲν διὰ τὸ ὑγρὸν ἀπὸ τοῦ νάειν καὶ ῥεῖν, αἴγλην δὲ ὡς διαφανῆ.

En vue de la formation des os, il [= Empédocle] mélange d'une part quatre portions de feu – parce que selon lui le feu est prépondérant en raison du sec et du brillant –, d'autre part deux [portions] de terre ainsi que d'une [portion] d'air et d'une [portion] d'eau : c'est précisément ces deux [dernières portions] qu'il appelle 'Nestis brillante'. Nestis, d'une part, en raison de l'eau par le fait de ruisseler et de couler. Brillante, d'autre part, en tant que transparente.

Le Pseudo-Simplicius nomme l'air à part égale avec l'eau. Chez cet auteur qui reprend, à la différence d'Aétius, le nom de Nestis, le mot αἴγλη est pris de façon surprenante comme un adjectif qualificatif (νῆστιν αἴγλην, αἴγλην δὲ ὡς διαφανῆ).

Philopon dit des choses identiques sur la composition[12]. Toutefois, pour lui, (1) αἴγλη n'est pas un adjectif mais bien un substantif (διὰ δὲ τῆς αἴγλης τὸ διαφανές), (2) Nestis est un mélange d'air et d'eau (σημαίνει δὲ διὰ τοῦ μὲν Νήστιδος παρὰ τὸ νάειν τὸ ὑγρὸν τοῦ ὕδατος καὶ τοῦ ἀέρος), alors que chez le Pseudo-Simplicius Nestis n'est pas un mélange ; elle n'est que l'eau[13].

Passons à l'époque moderne. F. G. Sturz (1805) et S. Karsten (1838) suivirent le Pseudo-Simplicius et Philopon : ils comprenaient que dans l'expression Νήστιδος αἴγλης l'air était une part supposée à égalité avec l'eau[14].

---

11. Pseudo-Simplicius, *In De an.*, p. 68, 2.

12. Philopon, *In De anima* p. 176, 30-32 : ὀκτὼ μοίρας παραλαμβάνει εἰς τὴν τῶν ὀστῶν γένεσιν ὁ Ἐμπεδοκλῆς, ὧν τέσσαρας μὲν πυρός, δύο δὲ γῆς, ἀέρος δὲ καὶ ὕδατος ἀνὰ μίαν.

13. Philopon, *In De anima* p. 178, 2-4 : σημαίνει δὲ διὰ τοῦ μὲν Νήστιδος παρὰ τὸ νάειν τὸ ὑγρὸν τοῦ ὕδατος καὶ τοῦ ἀέρος, διὰ δὲ τῆς αἴγλης τὸ διαφανές.

14. F.W. STURZ, *Empedocles agrigentinus*, Leipzig, Göschen, 1805, p. 409-413. STURZ reprend en grande partie les témoignages de Philopon et du Pseudo-Simplicius. Il rapporte la compréhension de « Νήστιδος αἴγλης » et de « νῆστιν αἴγλην » p. 317-318. Il corrige le témoignage de Plutarque (comprenons le Pseudo-Plutarque, ensuite identifié à Aétius), en remplaçant μὲν ὕδατος καὶ τῆς ἔσω γῆς par ὕδατος μὲν καὶ ἀέρος ἴσων. Ainsi l'air est clairement ajouté. – S. KARSTEN, *Empedoclis Agrigentini carminum reliquiae*, Amsterdam, J. Müller, 1838, p. 227-228, p. 452. KARSTEN écrit Αἴγλης, avec un A majuscule, car il voit en Αἴγλη la déesse qui, avec le Soleil, donna naissance aux Charites. Cette déesse, différente de Nestis, permet d'introduire l'air.

La faveur donnée aujourd'hui à la lecture qui exclut l'air – qui se trouve être la lecture d'Aétius – trouve, semble-t-il, son origine chez F. Panzerbieter (1844) et chez E. Zeller (1844, et en 1856 avec plus de précision)[15]. Panzerbieter rapproche Νήστιδος αἴγλη de l'expression homérique ἀγλαὸν ὕδωρ où l'air est exclu. Pour Zeller, peu importe les commentateurs anciens, peu importe même le témoignage d'Aétius, il suffirait « naturellement » de s'en tenir à la lecture du fragment lui-même pour se convaincre que l'air n'est pas présent dans la composition de l'os.

Venons-en à Gallavotti (1975). À la différence du Pseudo-Simplicius, Gallavotti ne considère pas qu'αἴγλης est une épithète de Nestis. Pour lui, αἴγλης est bien un substantif. Toutefois, il juxtapose ce substantif à Νήστιδος. Pour que les choses soient claires, Gallavotti introduit une virgule dans le texte grec entre Νήστιδος et αἴγλης[16] :

> τῶν δύο τῶν ὀκτὼ μοιρέων λάχε Νήστιδος, αἴγλης,

ce qui lui permet de traduire par : *di otto porzioni ne accolse due di loro, di Nestide e luce.* La juxtaposition revient donc à une coordination. Partant de cette syntaxe, Gallavotti cite le fr. 21.4 où l'air est associé à la lumière αὐγῆι, ce qui lui permet alors d'avancer qu'un synonyme d'αὐγή, tel αἴγλη, désigne l'air ou l'éther dans le fr. 96. Mais la syntaxe proposée – qui met sur le plan Nestis et la brillance – aboutit, contre l'intention de son auteur, à ne plus savoir à quoi s'appliquent les deux parts. Faut-il penser que ce sont deux parts de Nestis et deux parts de brillance ? Ou bien deux parts de l'ensemble Nestis et brillance réunies ? Dans le premier cas, il ne resterait plus aucune part pour la terre, ce qui est presque absurde, tant la terre semble être proche de la nature de l'os, qui a la solidité d'une pierre. Dans le second cas, la vraisemblance est sauve, mais alors la syntaxe est maladroite, puisqu'elle offre une possibilité à ne pas suivre.

Au total, nous ne retiendrons pas une syntaxe qui ignore ou néglige le génitif adnominal reliant Νήστιδος à αἴγλης. Une telle syntaxe ne peut établir fermement que τὼ δύο [μέρει] Νήστιδος αἴγλης désignent

---

15. En 1813, D. Scinà (*Memorie sulla vita e filosofia d'Empedocle Gergentino*, II, Palerme, Stamperia Reale, 1813, p. 81-82) reprenait déjà les affirmations d'Aétius. Mais l'influence de Scinà est faible en comparaison de celle de Zeller. En 1844, F. Panzerbieter (« Beiträge zur Kritik und Erklärung des Empedokles », dans *Einladungs-Programm des Gymnasium Bernhardinum in Meiningen*, Meiningen, 1844) écrit (p. 34) : « Νήστιδος αἴγλης: *ganz einfach: vom Schimmer, Glanz des Wassers d.i. vom schimmernden Wasser.* cf. ἀγλαὸν ὕδωρ. Hom. ». E. Zeller, *Die Philosophie der Griechen. Eine Untersuchung über Charakter, Gang und Hauptmomente ihrer Entwicklung*, 1, allgemeine Einleitung, vorsokratische Philosophie, Tübingen, L. F. Fues, 1844, p. 172 ; 1856 (2ᵉ édition), p. 540 ; 1859 (3ᵉ édition), p. 646, identique à la 2ᵉ édition.

16. Gallavotti 1975, p. 28-29.

deux parts d'un mélange fait d'eau et d'air. Nous écartons donc αἴγλης en tant qu'épithète (le Pseudo-Simplicius) ou αἴγλης juxtaposé à Νήστιδος (Gallavotti). Il nous faut partir de la syntaxe la plus évidente : un génitif qui relie Nestis à la brillance. Philopon retient bien cette syntaxe, mais il pose que Nestis est l'eau et l'air en même temps – ce qui est contraire à ce que l'on sait grâce au fr. 6 et aux témoignages qui nous sont parvenus de l'Antiquité. Nestis n'est que l'eau.

Le cadre étant désormais fixé, procédons à l'étude des données en notre possession.

Nestis

L'eau peut être brillante. Tout un chacun a déjà vu une eau transparente comme l'air, baignée de lumière, éclatante. Tout un chacun a déjà vu la lumière se refléter dans le miroir de l'eau. Empédocle laisse entendre que l'eau d'une faible profondeur est transparente[17] ; sa surface, exposée au Soleil, y reçoit l'éclat de la lumière[18]. Homère, notamment, parlait de l'eau claire ou brillante en usant par trois fois d'une même formule : ὅθεν ῥέεν ἀγλαὸν ὕδωρ (*Il* II 307), σχέτο δ' ἀγλαὸν ὕδωρ (*Il* XXI 345), ῥέει ἀγλαὸν ὕδωρ (*Od.* IX 140). Est-ce cela qu'Empédocle a en tête avec l'expression « la brillance de Nestis » ? Est-ce que le substantif αἴγλη attaché à Nestis n'est qu'un écho de l'adjectif ἀγλαόν attaché à ὕδωρ[19] ?

Il existe un chemin sur lequel il serait imprudent de s'engager sans précaution. Ce chemin consiste à réduire immédiatement Nestis à l'eau en général.

Pourtant, la tentation est forte de transformer la « brillance de Nestis » en la « brillance de l'eau ». En effet, tous les lecteurs d'Empédocle, dont je suis, s'accordent à dire que Nestis est l'eau chez Empédocle. Mais la réduction de Nestis à l'eau en général gommerait d'un geste malhabile l'imaginaire théologique et le rapport que l'Agrigentin entretenait avec les éléments de la nature. Accordons sa place à Nestis avant de parler de l'eau.

Est-ce que Nestis peut évoquer la brillance, donc la lumière, et de façon indirecte la blancheur, si l'on admet que blancheur et brillance

---

17. Fr. 94 rapporte que l'eau dans le fond des fleuves est noire. Ce qui suppose que l'eau qui n'est pas dans le fond est au moins transparente, pour que le noir soit perçu.

18. Propos de Plutarque qui serait illustré par la citation du fr. 94 (= B 94). Chez Apollonios de Rhodes, *Argonautiques*, 1.1282, les plaines humides brillent sous l'éclat lumineux (πεδία δροσόεντα φαεινῇ λάμπεται αἴγλη).

19. PANZERBIETER 1844, p. 34, écrit : « Νήστιδος αἴγλης: *ganz einfach: vom Schimmer, Glanz des Wassers d.i. vom schimmernden Wasser.* cf. ἀγλαὸν ὕδωρ. Hom. »

vont facilement de pair en grec comme dans les mots λευκός, πολιός, ἀργός ? La réponse est non. Ce point est essentiel ; il écarte l'évidence que la brillance de Nestis n'est que l'eau. La réponse est non pour trois raisons. D'abord parce que Nestis n'est pas une déesse associée à la lumière, comme le serait par exemple Artémis (φωσφόρος). Nestis est Perséphone, déesse des ténèbres. Ensuite, parce qu'il y aurait un paradoxe à traiter Nestis comme brillante alors que dans un passage fondateur de sa philosophie Empédocle nomme Zeus, éloigné de Nestis, comme brillant (Ζεὺς ἀργής). Enfin, parce que chez Empédocle l'eau est essentiellement noire. Nestis se trouverait donc – c'est ce que nous allons bien sûr développer – à l'opposé de la brillance et de la blancheur.

Développons la première raison (Nestis est Perséphone). Nestis apparaît au fr. 6 :

τέσσαρα γὰρ πάντων ῥιζώματα πρῶτον ἄκουε·
Ζεὺς ἀργὴς Ἥρη τε φερέσβιος ἠδ᾽ Ἀιδωνεύς
Νῆστίς θ᾽, ἣ δακρύοις τέγγει κρούνωμα βρότειον.

Car écoute en premier les quatre racines de toutes choses
Zeus brillant, Héra porte-vie, et Aïdôneus
Et Nestis, qui de ses larmes mouille la source mortelle.

Dans le fr. 6, les quatre éléments (feu, air, terre, eau) sont nommés sous quatre noms divins (Zeus, Héra, Aïdôneus, Nestis), sans que l'on sache des mots d'Empédocle quel élément correspond à chacun des noms divins. C'est une énigme. Il en existe une autre : la présence de Nestis, une déesse que l'on aurait jugée de second rang face aux trois grands olympiens (Zeus, Héra, Aïdôneus), mais qui se trouve en réalité au même rang d'honneur qu'eux, et qui de surcroît occupe un vers entier. L'importance relative de Nestis ne manque pas d'intriguer. Avec bon nombre d'autres interprètes de l'Agrigentin, je vois en Nestis un autre nom de Perséphone[20]. Nestis-Perséphone est

---

20. Pour Nestis = Perséphone, voir (1) J. BOLLACK, *Empédocle. III, Les Origines, commentaire 1*, Paris, Éditions de Minuit, 1969, p. 175-176 ; (2) P. KINGSLEY, *Ancient philosophy, mystery, and magic. Empedocles and Pythagorean tradition*, Oxford, Clarendon, 1995, p. 350-355 ; (3) G. CERRI, « Poemi greci arcaici sulla natura e rituali misterici (Senofane, Parmenide, Empedocle) », *Mediterraneo antico*, 3, 2, 2000, p. 603-619, aux pages 612-613. Je cite ces trois auteurs car, bien qu'ils s'opposent sur l'attribution des divinités aux éléments, bien qu'ils représentent chacun une des trois thèses connues quant à cette attribution, tous soutiennent que Nestis = Perséphone. En dehors de trois auteurs, soulignons l'intérêt de l'article d'ANDÒ 1983, qui fournit un réseau d'indices tirés de la culture antique de la Sicile, en faveur de Nestis = Perséphone sicilienne = eau. – Compte-tenu de la présentation des dieux faite dans le fr. 6, Nestis, la Perséphone sicilienne, n'est pas la fille de Zeus. Zeus brillant n'est pas antérieur à Nestis. Tous deux sont de même âge. La conception d'Empédocle n'est pas olympienne. – « Je vois en Nestis un autre nom de Perséphone » : voir J.-C. PICOT, « L'Empédocle magique de P. Kingsley », *Revue de philosophie ancienne*, 18, 1, 2000, p. 25-86, aux pages 41,

épouse d'Hadès (Aïdôneus), tout comme Héra est épouse de Zeus. Nestis-Perséphone pleure, comme pleure sans doute Corè lors de son enlèvement[21].

Nestis est Perséphone. Nestis est donc avant tout une déesse qui suggère les ténèbres[22]. La lumière et la blancheur ne lui sont pas associées[23]. On ne parlera donc pas de la brillance de Nestis (Νήστιδος αἴγλη), comme l'on parlerait par exemple de la resplendissante Olympe (*Il* I, 532 : αἰγλήεντος Ὀλύμπου) ou de l'éclat du soleil et de la lune (*Od* 7.84 : ὥς τε γὰρ ἠελίου αἴγλη πέλεν ἠὲ σελήνης). Puisque la brillance n'est pas un attribut ordinaire de Nestis, il faut penser la brillance de Nestis dans un tour complexe, dans un jeu de contrastes.

Quelque chose d'assez proche de la façon dont Empédocle parle de « la sueur de la terre », pour parler de la mer, semble ici se jouer[24]. Assez proche mais pas identique. Car la brillance désigne une qualité plus qu'une substance, telle la sueur. Si la brillance était une substance ce serait le feu ou l'air baigné de lumière autour du feu. Or il serait absurde de parler du feu de Nestis ou de l'air de Nestis. Il apparaît donc que la brillance vient qualifier une substance différente du feu ou de l'air, et que cette substance ne peut pas être strictement Nestis, puisque Perséphone ne suggère pas la lumière – et donc pas la brillance. L'expression « la brillance de Nestis » semble receler une ellipse : la brillance serait la brillance de quelque chose différent de Nestis mais où Nestis joue un rôle.

47, 60-68 ; J.-C. Picot, « Les cinq sources dont parle Empédocle », *Revue des études grecques*, 117, 2, 2004, p. 393-446, à la page. 442.

21. *Hymne à Déméter*, v. 20. Ce vers évoque plus le cri que les pleurs. Mais les pleurs sont vraisemblables dans la situation.

22. Kingsley, pour qui Nestis est Perséphone, a avancé une série d'arguments pour lier Perséphone au Cocyte et à la source Kyane à Syracuse (Kingsley 1995, p. 96-99, 353). La couleur désignée par κύανος évoque le bleu et le noir. Le Cocyte tient son nom des lamentations. J'ajoute que selon Sappho, la chambre de Perséphone est κυάνεος (*Epigrammata* 158D Campbell).

23. Dans l'*Hymne orphique à Perséphone* (XXIX), Perséphone est φαεσφόρος (v. 9), εὐφεγγής (v. 11), donc lumineuse. Il s'agit vraisemblablement d'une allusion à la lune puisque Perséphone est aussi dite κερόεσσα (v. 11 ; voir par ailleurs l'association de κέρας, κεραίη, κεραώψ, κεραός, κερασφόρος avec la lune). Certes, les hymnes orphiques en notre possession sont tardifs, et en ce sens ils ne peuvent pas directement faire objection. Mais même si un rapprochement de Perséphone avec la lune pouvait avoir cours au temps d'Empédocle, en aucun cas Empédocle n'aurait cependant laissé entendre que Nestis (= Perséphone = eau) est la lune, car dans la conception de l'Agrigentin la lune est essentiellement l'air (A30, A60, fr. 21.4 ; air = Héra, identité défendue dans Picot 2000, p. 66-67), et non pas l'eau (Perséphone). Je reviendrai sur la lune = Héra chez Empédocle dans un article ultérieur. – Perséphone est souvent qualifiée d'ἀγαυή, c'est-à-dire noble, illustre, et non pas brillante ou lumineuse.

24. Fr. 55.

Passons à la deuxième raison : la présence de Ζεὺς ἀργής au fr. 6 rendrait paradoxal de supposer une Νῆστις αἰγλήεσσα. Νῆστις n'apparaît que deux fois dans le corpus empédocléen à notre disposition. Son apparition au fr. 96 nous renvoie immédiatement au fr. 6 où sont nommées les racines de toutes choses, dont Nestis, dont Ζεὺς ἀργής. L'épithète ἀργής est dans une certaine mesure un synonyme d'αἰγλήεις[25]. Il serait alors surprenant que deux divinités, et précisément deux des quatre racines de toutes choses, Zeus et Nestis, aient à peu près la même qualification. Appliquée au Zeus empédocléen, l'épithète ἀργής n'est pas une simple fioriture. Elle induit à penser que ce Zeus est la foudre – puisque chez Homère ἀργής qualifie la foudre (ἀργῆτα κεραυνόν, ἀργῆτι κεραυνῷ), et que la foudre est l'arme de Zeus. Dans le langage des éléments la foudre vaut pour le feu[26].

La divinité de l'air pourrait être qualifiée d'αἰγλήεσσα car l'air qui entoure le feu ou le soleil s'illumine et brille. C'est dans cet esprit qu'Empédocle dit de l'air (αἰθήρ) qu'il est παμφανόων (fr. 98.2). Mais Nestis n'est pas la divinité de l'air. Elle est avec certitude celle de l'eau. Nestis ne peut ni briller comme le Zeus empédocléen brille, ni bénéficier de la brillance de ce Zeus comme l'air environnant peut en profiter et briller grâce à la lumière qui le traverse (fr. 21.4 : ἀργέτι... αὐγῆι)[27]. Nestis n'a pas avec Zeus la proximité que l'air a avec Zeus. Une Νῆστις αἰγλήεσσα paraît impossible à côté d'un Ζεὺς ἀργής.

Venons-en à la troisième raison (l'eau est essentiellement noire[28]). Examinons ce qui se dit le plus souvent de l'eau, soit dans les témoignages soit dans les fragments d'Empédocle.

Théophraste affirme que pour Empédocle l'eau est noire. Il le dit à deux reprises dans le *De sensu*[29]. Citons l'un des deux passages : Ἐ. δὲ καὶ περὶ τῶν χρωμάτων (λέγει) καὶ ὅτι τὸ μὲν λευκὸν τοῦ πυρός, τὸ δὲ μέλαν τοῦ ὕδατος.

---

25. Sur l'hésitation à retenir αἰγλήεις comme une épithète de Zeus au fr. 142.1, voir A. MARTIN, « Empédocle, Fr. 142 D.-K. Nouveau regard sur un papyrus d'Herculanum », *Cronache ercolanesi*, 33, 2003, p. 43-52, à la page 45.

26. Une des représentations concrètes du feu chez Empédocle est le soleil : fr. 21.3, 38, 71.2.

27. A. TRAGLIA, *Studi sulla lingua di Empedocle*, Bari, Adriatica Editrice, 1952, p. 152. C. BORDIGONI, « Empedocle e la dizione omerica », dans ROSSETTI, L. & C. SANTANIELLO (dir.), *Studi sul pensiero e sulla lingua di Empedocle*, Bari, Levante, 2004, p. 199-289, aux pages 230-231.

28. Il existe chez Plutarque une explication pour cette affirmation (*De Iside et Osiride*, 364 B 5-6) : « L'eau rend noir tout ce qu'elle pénètre : terre, vêtements, nuages » (trad. C. FROIDEFOND). Cette explication est reprise dans le *De primo frigido* (949 F – 950 B), en relation cette fois-ci avec une citation d'Empédocle, fr. 21.3, 5.

29. Théophraste, *De sensu*, 59 (A 69a), 7 (= A 86.7). Ajoutons Plutarque : fr. 94.1. – L'eau est noire aussi chez Homère, Hésiode, Théognis, Anaxagore, et chez Théophraste lui-même.

En plus du témoignage de Théophraste, nous disposons de deux vers explicites d'Empédocle. Le premier se trouve dans le fr. 111 – qui en dépit des apparences de numérotation précédait vraisemblablement le fr. 6[30]. Au vers 6 (fr. 111.6) se remarque l'expression ἐξ ὄμβροιο κελαινοῦ :

καὶ πάλιν, ἢν ἐθέλῃσθα, παλίντιτα πνεύματ(α) ἐπάξεις·   5
θήσεις δ' ἐξ ὄμβροιο κελαινοῦ καίριον αὐχμόν
ἀνθρώποις, θήσεις δὲ καὶ ἐξ αὐχμοῖο θερείου   7
ῥεύματα δενδρεόθρεπτα, τά τ' αἰθέρι ναιήσονται (?),
ἄξεις δ' ἐξ Ἀίδαο καταφθιμένου μένος ἀνδρός.   9

Le fr. 111.6 mentionne la sombre pluie : ὄμβροιο κελαινοῦ[31]. Puis, Empédocle énonce « les flots nourriciers d'arbres, qui habitent l'éther[32] », et la promesse de ramener de l'Hadès le μένος d'un homme mort (fr. 111.9). L'image d'un Hadès – sombre – qui fait suite à la sombre pluie, anticipe Hadès (Aïdôneus), terre, « source mortelle », sous les pleurs de Nestis (fr. 6.3)[33]. La sombre pluie, qui féconde la terre, est donc Nestis.

Le second vers est le vers 5 du fr. 21, fragment qui décrit les propriétés sensibles des éléments. La pluie sombre (δνοφέοντα) représente l'eau :

ὄμβρον δ' ἐν πᾶσι δνοφέοντά τε ῥιγαλέον τε[34].

Le participe δνοφέοντα est un hapax. Il rappelle l'adjectif δνοφερόν qu'Homère utilise par deux fois pour parler de l'eau d'une source[35], en comparant les larmes d'Agamemnon (*Iliade* IX 14-15) et les larmes

---

30. Sur ce point je suis BOLLACK, p. 19-22. Quelques auteurs placent le fr. 111 avant le fr. 6 : H. STEIN (1852), R.D. MCKIRAHAN (1994), A. PIERRIS (2005).

31. Cette épithète, κελαινός, se dit de la pluie, uniquement chez Empédocle. En revanche, plusieurs fois chez Homère se trouve l'adjectif κελαινεφής. Le lien entre les nuages et la pluie est facile à établir.

32. Fr. 111.8, traduction de J. BOLLACK. BOLLACK édite non pas ναιήσονται, mais ναιετάουσιν. – L'éther, c'est-à-dire l'air, lieu des flots nourriciers, suggère l'air « assembleur de nuées » dont parle Plutarque à propos d'Empédocle (fr. 149). Que « les flots nourriciers d'arbres » habitent l'air introduit une image préparant la compréhension d'Héra φερέσβιος, porte-vie (fr. 6), à savoir l'air chez Empédocle.

33. Pour Hadès, terre, et source mortelle, voir J.-C. PICOT, « L'Empédocle magique », 2000, p. 63-66.

34. J'adopte la leçon retenue par M. RASHED dans son édition du *De generatione et corruptione* d'Aristote (314 b 21-22). Voir Aristote, *De la Génération et la corruption*, Paris, Les Belles Lettres, 2005, (C.U.F.), p. 3, p. 94-95.

35. δνοφερὸν ὕδωρ : *Iliade* IX 15, XVI 4. L'épithète (δνοφερή) n'est utilisée qu'en deux autres endroits par Homère, pour qualifier la nuit (*Odyssée* XIII 269, XV 50). – Chez Hésiode, où se trouvent 5 occurrences de cette épithète, aucune ne concerne l'eau. Une occurrence concerne la nuit (*Théogonie* 107), deux autres la terre (*Théogonie* 736, 807), une autre les langues de Typhée (*Théogonie* 826).

de Patrocle (*Iliade* XVI 3-4) à une eau noire (μελάνυδρος) et sombre (δνοφερόν).

Pour Empédocle l'eau, même transparente dans certaines conditions (fr. 94), apparaît en premier lieu comme étant noire. Autrement dit, elle n'est pas en général baignée de lumière, tel que l'air. Cela n'em-pêcherait toutefois pas sa brillance. En effet, sous un rayon de lumière une surface noire brille. Est-ce que le contexte du fr. 96 peut s'accorder avec cette image d'une eau noire dont la surface luirait tel un miroir ?

Il existe au moins une bonne raison de répondre non. Cette raison tient à une invraisemblance physique : la surface brillante et quasi-ment blanche de l'eau ne peut constituer deux parts sur huit. Pour constituer des parts, il faut un volume. La surface de l'eau est quelque chose auquel il manque précisément ce volume. La brillance ne se pèse pas, ne se saisit pas en part. Cet argument sape à lui seul l'idée que le miroir brillant de l'eau, ou plus généralement la brillance de surface, puisse entrer dans la composition de l'os. Empédocle ne peut pousser la poésie jusqu'à l'invraisemblance.

On pourrait imaginer que si l'eau est noire, elle l'est par sa profondeur, mais qu'une eau de faible profondeur, qui n'a rien d'opaque, peut être baignée de lumière[36]. Mais pourquoi Empédocle insisterait-il sur la brillance, comme si seule la lumière l'intéressait ? Ce serait paradoxal qu'Empédocle mette en avant la lumière, qui elle-même suggère le feu, pour ne désigner rien d'autre que l'eau. On peut admettre qu'Empédocle fasse référence à un phénomène singulier, mais dans ce cas ce ne peut être le phénomène assez banal d'une eau peu profonde sous le soleil.

Examinons encore une possibilité. Nestis évoque les larmes (fr. 6.3). On a tout lieu de croire que chez les anciens Grecs, comme pour nous, les larmes brillent dans les yeux. Mais il n'existe aucun parallèle à retenir dans le corpus du grec ancien qui permette de soutenir un rapprochement chez Empédocle des larmes avec αἴγλη. Si la brillance des yeux, avec αἴγλη, est possible c'est essentiellement en raison du feu du regard, de la flamme associée à la vue, des yeux porteurs de lumière comme le dira Platon dans le *Timée* (45 B 2)[37]. Mais lorsque les yeux brillent en raison des larmes le mot αἴγλη, ou un dérivé, n'est pas utilisé[38]. Il est donc improbable qu'Empédocle

---

36. Le noir associé à la profondeur : fr. 94.

37. Sur les yeux qui brillent avec αἴγλη : (1) Apollonios de Rhodes, *Argonautiques*, 1.519 (Αὐτὰρ ὅτ᾽ αἰγλήεσσα φαεινοῖς ὄμμασιν Ἠώς) ; (2) Orphica, *Hymne* 70.6-7 (κυανόχρωτες ἄνασσαι, ἀπαστράπτουσαι ἀπ᾽ ὄσσων / δεινὴν ἀνταυγῆ φάεος σαρκοφθόρον αἴγλην). Voir aussi l'*Hymne homérique* au Soleil (*H* 31 v. 9-11).

38. Mon affirmation repose sur une recherche dans le *TLG*. L'idée, pour nous assez commune, que les larmes brillent ne se retrouve apparemment pas dans le corpus du grec ancien.

ait pu utiliser l'expression Νήστιδος αἴγλη pour dire simplement les larmes.

Enfin, venons-en à la couleur de l'os. Puisque l'eau est noire chez Empédocle, la présence de l'eau dans l'os pose un problème vis-à-vis de la couleur blanche de l'os. Le mélange du noir (l'eau = deux parts, selon la lecture consensuelle) avec de la terre et avec quatre parts de feu (= le blanc) ne donnera pas du blanc. Comment le blanc serait-il tout de même possible ?

Pour statuer sur la question des couleurs chez Empédocle, je retiens deux propositions faites par Ierodiakonou dans un article déjà cité[39] : (a) la terre et l'air sont sans couleur ; (b) le blanc (ou le brillant) et le noir (ou le sombre) sont les deux seules couleurs de base ; la variété des couleurs dérive des différences de dosage du blanc et du noir.

À partir de là, la lecture consensuelle de la « brillance de Nestis » (*i.e.* l'eau sans l'air) ne permet pas d'expliquer que l'os, où s'ajoutent du noir (2/8 = eau) et du blanc (4/8 = feu), soit blanc au total. Pour être plus précis, une proportion de 1/3 de noir pour 2/3 de blanc est loin de produire du blanc, même si, comme le voudrait Ierodiakonou, il convient d'avoir une conception assez large ou peu stricte de ce qui peut être désigné comme blanc. En revanche, si nous ajoutons deux parts d'un mélange blanc (la brillance de Nestis) à quatre parts de blanc (le feu), on comprendra que l'ensemble « blanc plus blanc » soit blanc[40]. Pour maintenir la couleur blanche de l'os, il convient donc de masquer la présence directe de l'eau noire. Cette exigence conduit à admettre une exception dans le schéma de composition des couleurs de base, proposé par Ierodiakonou. Dans le contexte du fr. 96, on peut imaginer d'introduire l'air, nulle part nommé dans ce fragment, pour entrer en combinaison avec l'eau et changer sa couleur. L'air et l'eau, mélangés indépendamment des autres éléments, pourraient produire non pas du noir (neutre + noir = noir) mais du blanc.

La brillance de Nestis renvoie à quelque chose d'étonnant, qui semble faire surgir Nestis à la lumière. Seul un contexte précis et singulier pourrait expliquer que quelque chose qui dépend de Nestis puisse apparaître dans un état de brillance. Quand Empédocle parle de la brillance de Nestis, il utilise une expression complexe, jouant sur un contraste, qui ne dit pas purement et simplement Nestis. C'est cette complexité qu'il nous faut maintenant examiner.

---

39. K. IERODIAKONOU, « *Empedocles on colour* », 2005.
40. Théophraste rapporte que chez Empédocle la couleur blanche est celle du feu (A 69a).

La brillance

Certains mélanges d'eau et d'air ont une apparence blanche, comme l'écume, la neige, l'eau bouillonnante des cascades, l'eau turbulente des ruisseaux de montagne, l'eau en ébullition, ou l'eau jaillissante des geysers[41]. C'est un de ces mélanges, où l'eau noire apparaît sous un nouveau visage, qui peut constituer le référent physique à l'expression poétique et énigmatique qu'est « la brillance de Nestis ».

Empédocle lui-même parle dans le fr. 100 d'une eau argentée (v. 11 : εἰς ὕδατος βάπτῃσι τέρεν δέμας ἀργυφέοιο). Ce pourrait être l'eau d'un ruisseau, qui dans son mouvement chaotique produit une mousse équivalente à l'écume des vagues marines. Mais, cette image d'un ruisseau ne peut être retenue pour la brillance de Nestis. Il existe en effet, attaché au fr. 96, un arrière-plan hésiodique, concourant à la construction des trois premiers vers du fragment, qui mène vers une autre direction.

Cet arrière-plan – dont nous allons préciser les relations avec le fr. 96 – est un passage de la *Théogonie* (v. 861-867) concernant la destruction de Typhée :

$$\begin{array}{ll}
\text{[...] πολλὴ δὲ πελώρη καίετο γαῖα} & 861 \\
\text{αὐτμῇ θεσπεσίῃ, καὶ ἐτήκετο κασσίτερος ὣς} & \\
\text{τέχνῃ ὑπ' αἰζηῶν ἐν ἐυτρήτοις χοάνοισι} & 863 \\
\text{θαλφθείς, ἠὲ σίδηρος, ὅ περ κρατερώτατός ἐστιν,} & \\
\text{οὔρεος ἐν βήσσῃσι δαμαζόμενος πυρὶ κηλέῳ} & 865 \\
\text{τήκεται ἐν χθονὶ δίῃ ὑφ' Ἡφαίστου παλάμῃσιν·} & \\
\text{ὣς ἄρα τήκετο γαῖα σέλαϊ πυρὸς αἰθομένοιο.} & 867
\end{array}$$

Relevons des similitudes d'expression avec le fr. 96 : (1) la terre (γαῖα au vers 861, ἐν χθονί au v. 867, contre χθών v. 96.1), (2) les *choanoi* (ἐν... χοάνοισι au vers 863, contre ἐν... χοάνοισι en même position dans le vers 96.1), (3) la présence d'Héphaïstos (Ἡφαίστου au vers 865, contre Ἡφαίστοιο v. 96.3), (4) le fait que la fusion s'effectue dans la terre (ἐν χθονί) et que la terre elle-même participe au mélange (vers 866, contre les deux parts de terre pour obtenir de l'os), (5) la brillance (σέλαϊ πυρὸς αἰθομένοιο, contre Νήστιδος αἴγλης v. 96.1).

La destruction de Typhée par la foudre de Zeus, telle que la raconte Hésiode, met en valeur le feu. Le feu est aussi mis en valeur dans le fr. 96 où, composant principal, il représente à lui seul 4 parts sur 8. Mais où ce rapprochement avec Hésiode nous mène-t-il ? Le travail d'Héphaïstos et le sort de Typhée permettent de situer

---

41. Il serait possible aussi que les lieux en creux remplis d'eau et d'air présentent un aspect brillant : Platon, *Phédon*, 110 C-D.

l'action près de l'Etna. Pindare, parlant de Typhée, est explicite sur ce lieu : *Pythique* I 15-28, *Olympique* IV 6-8. Dans son *Prométhée enchaîné* (v. 363-372), Eschyle dit de même. Si l'on accepte de se laisser guider par l'arrière-plan hésiodique ainsi que par Pindare et Eschyle, la scène de la composition de l'os pourrait donc avoir aussi pour décor l'Etna.

Pour visualiser le mélange brillant de l'eau et de l'air, Empédocle se réfèrerait à un phénomène naturel, remarquable, sur ce sol volcanique de la Sicile. Il s'agirait de deux geysers jaillissant de deux cratères dont le nom célèbre au temps d'Empédocle est les Palici[42]. Le lieu présumé des cratères se situe dans la zone du Lago di Naftia, à une soixantaine de kilomètres au sud-ouest de l'Etna. Bien que cette distance ne soit pas négligeable, le point de repère de ce site est assurément le mont Etna. Ce n'est donc pas un hasard si les Palici sont des dieux jumeaux qu'une tradition fait naître de la nymphe Aetna[43].

Le propre de ces dieux jumeaux tient à leur naissance exceptionnelle : ils naissent sous terre d'une nymphe, puis la terre s'entrouvre pour les laisser venir au jour. À partir de là, nous avons lieu de croire que les Palici sont au moins autant associés aux cratères qu'à ce qui monte vers le jour du cœur des cratères. Les geysers, phénomène extraordinaire, joueraient donc un rôle capital par rapport au mythe des Palici.

Les geysers du Lago di Naftia, que l'on peut observer épisodiquement aujourd'hui, n'ont sans doute plus l'aspect qu'ils avaient au temps d'Empédocle et avant[44]. Nous disposons de quelques témoignages anciens qui les décrivent sommairement ; par ailleurs, nos connaissances actuelles permettent de compléter ces témoignages. D'une façon générale, les geysers mêlent de l'eau sous pression, souvent brûlante et en ébullition – comme l'était aux dires de certains témoins

---

42. Voir Strabo, *Géographie* VI 2.9.11-13 : οἱ Παλικοὶ δὲ κρατῆρας ἔχουσιν ἀναβάλλοντας ὕδωρ εἰς θολοειδὲς ἀναφύσημα καὶ πάλιν εἰς τὸν αὐτὸν δεχομένους μυχόν ; Diodore de Sicile, *Bibliothèque historique* XI 88.6.8-89.5.1 ; Aristotle, *On marvellous things heard*, 57, 834 b 8-18 ; Macrobe, *Saturnales* V XIX.15-31 ; Eschyle, Αἰτναῖαι, fr. 6 Nauck. Parmi les témoignages réunis par Macrobe, certains (Callias, Polémon) identifient les cratères avec des frères des Palici, et non avec les Palici eux-mêmes ; les autres témoignages (Eschyle, Xénagoras) ne définissent pas les Palici par rapport aux cratères. Voir sur toute cette question l'étude fort documentée de A. MEURANT, *Les Paliques, dieux jumeaux siciliens*, Louvain-la-Neuve, Peeters, 1998, (Bibliothèque des Cahiers de l'Institut de Linguistique de Louvain, 96). Notons l'intérêt d'Empédocle pour les sources chaudes : A 68.

43. Trois parentés des Palici sont connues : Zeus et Aetna, Zeus et Thalia, Héphaïstos et Aetna (voir A. Meurant, *Les Paliques*, 1998, p. 18-19). Thalia est ici fille d'Héphaïstos.

44. A. MEURANT écrit (*op. cit.* p. 44) : « Aujourd'hui en effet, un exemplaire unique [= un cratère] se maintient encore dans la zone du Lago di Naftia [...] rempli d'eaux bouillonnantes et fétides, crevées en leur centre de deux puissants geysers, à la saison des pluies. »

l'eau des Palici –, à des gaz. Ils fonctionnent de façon intermittente. Quand ils sont actifs, ils forment une gerbe blanche. Ce détail sur la couleur des gerbes des jumeaux Palici manque parmi les témoignages antiques, mais la blancheur des gerbes est une constante de geysers qui s'élèvent assez haut et en plein jour[45].

Un détail essentiel justifie le rapprochement de la « brillance de Nestis » avec les geysers des Palici. Aux dires de témoins de l'Antiquité, les deux geysers avaient pour particularité de retomber dans les cratères d'où ils étaient sortis[46] : « En dépit de leurs retombées, le niveau de ces vasques naturelles demeurait constant[47]. » Que l'on songe alors aux deux parts de la brillance de Nestis, reçues dans les *choanoi* bien faits (fr. 96.1 : ἐν εὐτύκτοις χοάνοισι). Les *choanoi* qui reçoivent (fr. 96.1-2) seraient l'image des cratères qui réabsorbent ce qu'ils avaient fait jaillir. Les pluriels se répondent. En outre, l'épithète εὐτύκτοις s'accorderait – moyennant une précision – à la description des Palici faite par Diodore de Sicile : « *For first of all there are craters which are not at all large in size, but they throw up extraordinary streams of water from a depth beyond telling*[48] ». Sider, qui défend εὐτύκτοις contre εὐστέρνοις, apporte la précision utile : « *Empedocles would not want us to think of the* choanoi *as broad. They are, rather, to be understood as the earth's* poroi […] *imagined as thin or at least long*[49]. » Les cratères dont parle Diodore, qui ne sont pas larges mais profonds, s'accordent avec l'image des *choanoi* enfoncés en terre, qui dans leur partie haute sont des fourneaux attisés par des soufflets[50].

Nous ne savons pas si Empédocle a pu observer les geysers des Palici en activité – précisément parce que leur fonctionnement est

45. Par exemple à Yellowstone (l'Oldfaithfull), en Islande (le Strokkur), en Nouvelle-Zélande.

46. Strabo, *Géographie* VI 2.9.11-13. Aristotle, *On marvellous things heard*, 57, 834 b 11-12.

47. A. MEURANT, *Les Paliques*, 1998, p. 16.

48. Diodore de Sicile, *Bibliothèque historique* XI 89.2, traduction C. H. OLDFATHER (The Loeb Classical Library).

49. D. SIDER, « Empedocles B 96 », 1984, p. 20.

50. Hésiode dit que les *choanoi* sont bien percés (εὐτρήτοις : *Theog.* 863) ; on devine ici les tuyères, et les soufflets qui s'introduisent dans les tuyères. Le mot *choanoi* peut se traduire par creusets, si l'on admet que, dans le traitement du minerai, les creusets sont en même temps des fourneaux, plus hauts que larges, où le minerai mélangé au charbon est chargé en partie haute. Ces creusets peuvent être aussi percés latéralement pour l'écoulement des scories et, en leur fond, pour l'écoulement du métal. Cf. Hippocrate, *De corde*, 8.7-8.8 : παρέθηκεν αὐτέῳ φύσας, καθάπερ τοῖσι χοάνοισιν οἱ χαλκέες. Le mot εὐτρήτος pourrait laisser penser que le *choanos* serait « une plaque percée de jours » – c'est du moins ainsi que traduit Ph. BRUNET dans sa traduction de la *Théogonie* (Paris, Le livre de Poche, 1999). Mais le dispositif qui vient le plus facilement à l'esprit lorsqu'il est précisé que le feu agit dans le sol (ἐν χθονί) est celui des *choanoi* enterrés, qui sont des bas fourneaux.

intermittent et par époque. Mais l'essentiel pour notre interprétation n'est pas qu'il ait pu observer ce phénomène par lui-même ; l'essentiel est dans la notoriété des Palici au temps d'Empédocle, et, par voie de déduction, du phénomène physique et extraordinaire qui leur est associé. Le témoignage d'Eschyle est ici capital. Ce témoignage assure la notoriété des Palici au temps d'Empédocle :

> τί δῆτ᾽ ἐπ᾽ αὐτοῖς ὄνομα θήσονται βροτοί;
> σεμνοὺς Παλικοὺς Ζεὺς ἐφίεται καλεῖν.
> ἦ καὶ Παλικῶν εὐλόγως μένει φάτις;
> πάλιν γὰρ ἵκουσ᾽ ἐκ σκότου τόδ᾽ εἰς φάος[51].

Les Palici reviennent de l'ombre vers la lumière. Le dernier vers d'Eschyle présente de façon dynamique le contraste de l'ombre et de la lumière. Le mot σκότου apparaît là où nous sommes prêts à entendre Nestis, et φάος là où nous sommes prêts à entendre αἴγλη. Ce rapprochement entre Eschyle et Empédocle se justifie dans la mesure où ce qui des cratères monte vers le jour – à savoir les geysers – représente le phénomène extraordinaire associé aux Palici. Ce phénomène concrétiserait une expression aussi surprenante que Νήστιδος αἴγλη.

Il existe un indice supplémentaire pour faire des geysers associés aux Palici la référence concrète de la brillance de Nestis. Le mot αἴγλη vient en résonance avec deux emplois remarquables chez Pindare. Le premier, en *Olympique* XIII 36, suggère la rapidité : αἴγλα ποδῶν. On imagine mal ici que les pieds de l'athlète qui court brillent. Non, le registre d'αἴγλα dans ce cas précis est celui du mouvement vif. Lorsque les geysers jaillissent c'est aussi de mouvement vif qu'il s'agit. Le substantif αἴγλα pour désigner la vivacité étonne, toutefois il existe un exemple bien plus célèbre qui joue du même registre. C'est ἀργός et un dérivé comme ἀργιπόδας, ἀργίπους. L'épithète ἀργός signifie parfois brillant, parfois blanc, et parfois rapide.

Le second emploi est une expression de Pindare prise dans la première *Néméenne* (v. 35), dédiée à Chromios d'Etna. Pindare dit que le « fils de Zeus [vint] à la lumière éclatante du jour (ἐς αἴγλαν), avec son frère jumeau » (trad. A. Puech). Pindare parle en fait de la naissance d'Héraclès et d'Iphiclès, mais il est difficile, en Sicile – en rendant grâce au Zeus Etnéen (v. 7), et en rapportant la vengeance d'Héra contre Héraclès –, de ne pas penser en même temps aux Palici,

---

51. Eschyle, Αἰτναῖαι, fr. 6 RADT (correspond au fr. 6 NAUCK). Macrobe rapporte que les « Δέλλοι » passeraient pour les frères des Palici. Faut-il voir dans les « Δέλλοι » une allusion aux jets (cf. l'islandais *geysir*, *geysa*, et l'anglais *gush*) en suivant la glose d'Hésychius (595.1) : δέλλει· βάλλει ? Si tel est le cas, le lien serait d'autant renforcé entre les Palici qui montent de l'ombre souterraine vers le jour et les geysers qui font de même.

que l'on dit aussi fils jumeaux de Zeus, et qui naissent dans une cache souterraine, loin de la fureur d'Héra[52]. L'explosion des deux geysers divins est une montée à la lumière éclatante du jour. Si Empédocle a « joué » avec ἐς αἴγλαν et les Palici, le philosophe a en revanche pris quelques distances avec les fils jumeaux de Zeus. Il a étendu à l'eau et à l'air, qui jaillissent et retombent dans les cratères, ce qui pouvait se dire des Palici[53].

Avec αἴγλα qui peut exprimer le mouvement vif, et ἐς αἴγλαν qui peut désigner la lumière de la naissance, nous tenons une clé pour comprendre la brillance de Nestis. C'est à tort que l'on a rapproché Νήστιδος αἴγλη d'ἀγλαὸν ὕδωρ lu en particulier chez Homère[54]. L'eau dont parle Empédocle dans le fr. 96 n'est pas claire ou brillante. Le mot αἴγλη associé à Nestis suggère le mouvement de l'ombre à la lumière. La brillance est le jaillissement à la lumière. Ce jaillissement qui vient de Nestis est fait d'eau et d'air mélangé.

La gerbe blanche, faite d'eau, d'air (gaz) et de vapeur (dégagées par l'ébullition), peut être poétiquement pensée comme la brillance de Nestis. L'eau bouillante et bouillonnante du geyser serait à Nestis ce que l'écume blanche est au flot sombre. Certes, il eût fallu lire « la gerbe blanche issue de Nestis ». Mais le poète procède par ellipse et par substitution. Par ellipse, car il ne mentionne pas la gerbe. Et par substitution, car il lui substitue un mot surprenant en parlant de Nestis, un mot de lumière pour une eau sortie de l'ombre : la brillance. Accessoirement, Empédocle a désigné le geyser par une propriété remarquable dans le contexte, qui évite que le blanc des os, au vers suivant (96.3), soit perçu comme une répétition. Ainsi, chaque mot est pesé, la « brillance de Nestis » est dense de sens.

Pourquoi Empédocle aurait-il mis en scène la formation de l'os dans le décor de l'Etna et les gerbes des Palici ? Le spectacle des Palici ne donne évidemment pas en lui-même la vision de la matière osseuse. Mais le phénomène volcanique est notamment la trace des temps reculés où de la terre sortaient les masses rocheuses

---

52. Chez Empédocle, Zeus est le feu, Héra est l'air (contrairement à une déduction qui, à partir de son épithète φερέσβιος, en fait la terre). Sur ces deux points le mythe des Palici n'apporterait pas de contradiction. Dans ce mythe, Zeus prend la place d'Héphaïstos (le feu), Héra n'est en aucune façon la terre ; les Palici (*i.e.* les cratères) seraient la terre (MEURANT parle de leur « densité chtonienne », *op. cit.*, p. 82).

53. Cf. A. MEURANT, *Les Paliques*, 1998, p. 84, n.281 : « Il n'y a donc rien d'impossible à ce [que les Palici] aient initialement été des γηγενεῖς surgis des mêmes replis souterrains que les projections aquatiques et gazeuses dont ils épousent les trajectoires. »

54. Je vise ici PANZERBIETER (1844), initiateur moderne de l'exclusion de l'air, qui réduisait une expression originale (Νήστιδος αἴγλη) à quelque chose de tout à fait simple (« *ganz einfach* » !).

et les montagnes[55]. Les êtres vivants sortirent aussi de terre[56]. Toutefois, à la différence des masses rocheuses, qui ne sont que la terre fondue par le feu, les être vivants résultèrent d'un mélange plus élaboré où l'eau et l'air intervinrent à côté du feu et de la terre. Que pouvait-il y avoir alors de plus frappant que les Palici pour mêler la force volcanique, l'eau et l'air ? Certes, les Palici s'observaient dans le monde où vit Empédocle – le monde de la Haine croissante – alors que le fr. 96 décrit la formation des os dans le monde de l'Amour croissant. Mais ces deux mondes en mouvement, de l'Amour et de la Haine, sont symétriques. De l'un à l'autre, ce ne sont pas les contenus qui changent ; ce sont les directions[57]. Empédocle pouvait donc croire que des Palaci existaient dans le monde de l'Amour croissant. L'exemple des Palici, près de l'Etna, n'excluait pas que d'autres geysers existaient ailleurs, en d'autres temps.

À souligner l'importance de l'eau et de l'air dans la formation de l'os, nous sommes passés trop vite sur celle du feu. Le point commun essentiel entre (1) le combat contre Typhée dans la *Théogonie* (v. 861-867), (2) le fr. 96 v. 1-3, et (3) les Palici, c'est le rôle du feu. Lors du combat contre Typhée, Zeus, projetant le feu de la foudre, fait fondre la terre, tout comme Héphaïstos fait fondre le fer le plus fort (σίδηρος [...] κρατερώτατος), lui aussi en terre (ἐν χθονί). Pour l'Agrigentin qui parle de l'os, un lien est possible entre la dureté de l'os et la solidité du fer. Chez Hésiode, le feu sépare le fer du minerai, il isole et fait naître ce qui deviendra le matériau le plus solide. Chez Empédocle, le feu se sépare, élève et fait naître (fr. 62) ; les os, où Héphaïstos joue un grand rôle (fr. 96.3), sont probablement perçus comme le moyen de dresser une charpente solide et vivante[58]. Quant au spectacle des Palici, sur un sol volcanique, il rappelle une naissance liée au feu – que ce soit par Aetna, la nymphe du Mont, que ce soit par Héphaïstos, père en concurrence avec Zeus[59]. La brillance de Nestis est entourée de feu.

---

55. Voir A69 (Plutarque, *De primo frigido* 953 E).

56. Voir fr. 62, A70, A72b-c.

57. Je suis la thèse du cycle cosmique présentée par D. O'BRIEN (*Empedocles' cosmic cycle*: a reconstruction from the fragments and secondary sources, Cambridge : University Press, 1969, p. 182-184, 201. – En partant du principe que les os sont la charpente autour de laquelle la chair et le sang se disposent, je placerais le fr. 96 avant le fr. 98.

58. Ajoutons qu'un lien serait possible entre la couleur de l'os et la couleur du fer. Chez Hésiode, l'ἀδάμας est πολιός, blanc (*Théogonie*, v. 161), le σίδηρος est αἴθων, brillant (*Travaux*, v. 743). En plus d'être solide comme le fer, l'os, lui aussi, est blanc ; lui aussi possède une brillance – celle que lui confère Nestis jaillissant à la lumière.

59. A. MEURANT, *Les Paliques*, 1998, p. 50 : « Les Παλικοί descendent d'une divinité intimement liée au feu ».

Théophraste

Nous avons formulé une interprétation en faveur de l'air dans la composition de l'os. La conclusion n'en serait que renforcée si nous pouvions nous appuyer sur un témoignage ancien, différent de celui du Pseudo-Simplicius, voire de Philopon, qu'il est facile de mettre en doute. Ce témoignage existe. Il a été jusqu'ici traité avec indifférence et parfois dévalorisé. C'est celui de Théophraste.

Théophraste, critiquant Empédocle, dit que chez cet auteur les os et les poils devraient avoir des sensations puisqu'ils sont formés de tous les éléments (*De sensibus*, XXIII = A86.23). En d'autres termes, selon Théophraste, les os sont formés des quatre éléments et les poils de même. Les modernes n'ont pas jugé bon de partir de Théophraste pour contredire Aétius, et pour affirmer que l'os doit être composé des quatre éléments[60].

Il n'y a guère de doute que pour Empédocle il existe des mélanges qui ne comportent pas les quatre éléments. Prenons quelques exemples : le bronze produit par l'alliage de l'étain et du cuivre (fr. 92), le vin mélangé à de l'eau (fr. 91), les couleurs résultant d'un mélange des couleurs de base (fr. 23), la pâte servant à faire le pain (fr. 34), la boue ou la pâte de poterie (fr. 73), l'eau salée de la mer (fr. 55, 56), etc. Mais quand il s'agit des êtres vivant sur terre, il est permis de penser que Philotès fait chaque mélange sans exclure aucun élément, à l'instar du sang et des chairs (fr. 98). En effet, l'œuvre de l'Amour réalisée dans ces êtres éphémères semble préfigurer le grand vivant, composé des quatre éléments, qu'est le Sphairos. Pour les êtres vivants et éphémères, les parts pourraient être inégales dans chaque organe, mais tous les éléments être néanmoins présents. Tout cela, certes, n'est que pure hypothèse. Aucun texte n'affirme que pour Empédocle toutes les parties des vivants sont un mélange des quatre éléments. Une certitude demeure : on ne peut déconsidérer la parole de Théophraste sur l'os, ce même Théophraste qui disait que pour Empédocle l'eau est noire.

Jean-Claude Picot

---

60. Peu d'auteurs mentionnent Théophraste en parlant de la composition de l'os dans le fr. 96. Néanmoins, citons (1) F. PANZERBIETER (« Beiträge zur Kritik und Erklärung des Empedokles », 1844, p. 35 : « *Wenn* Theoph. de sens. § 23 *sagt* [...], *so ist diess ungenau* ») ; (2) C.E. MILLERD, *On the interpretation of Empedocles,* 1908, p. 41 ; (3) W.K.C. GUTHRIE, *A history of Greek philosophy,* Vol II, 1965, p. 212 ; (4) J. LONGRIGG, « The 'roots of all things' », *Isis* LXVII, 1976, p. 433 ; (5) H. BALTUSSEN, *Theophrastus against the Presocratics and Plato: peripatetic dialectic in the De sensibus,* Leyde-Boston-Cologne, Brill, 2000, p. 165 ; (6) T. Vítek, *Empedoklés. I, Studie,* 2001, p. 241, n.1, et 271, n.3.

EMPÉDOCLE POUVAIT-IL
FAIRE DE LA LUNE
LE SÉJOUR DES BIENHEUREUX ?*

Dans le *De exilio*, Plutarque rapporte quelques vers d'Empédocle qu'il commente. Ce sont les vers 1, 3, 5, 6, 13 du fr. 115 Diels-Kranz[1], appartenant aux *Catharmes* :

ἔστιν Ἀνάγκης χρῆμα, θεῶν ψήφισμα παλαιόν,	1
εὖτέ τις ἀμπλακίῃσι φόβῳ φίλα γυῖα μιήνῃ,	3
δαίμονες οἵτε μακραίωνος λελάχασι βίοιο,	5
τρίς μιν μυρίας ὥρας ἀπὸ μακάρων ἀλάλησθαι,	6
τὴν καὶ ἐγὼ νῦν εἰμι, φυγὰς θεόθεν καὶ ἀλήτης,	13

Il y a une proclamation de la Nécessité, un ancien décret des dieux
Quand quelqu'un, par ses fautes, en fuite, souille ses membres
Les *daimones* qui ont reçu une longue vie

Article paru dans la revue *Organon* (Varsovie), 37(40), 2008, p. 9-37, reproduit avec quelques légères modifications.

* Je remercie Marwan RASHED du temps qu'il a consacré à nos multiples échanges à propos de l'Agrigentin et de ses précieux conseils lors de l'élaboration de cet article. Je remercie aussi Constantin MACRIS de sa lecture attentive et de ses remarques.

1. Je cite les témoignages et fragments d'Empédocle selon le recueil de H. DIELS & W. KRANZ, *Die Fragmente der Vorsokratiker*, Berlin, Weidmann, 1951[6]. Par « fr. 115 DIELS-KRANZ » je désigne le fragment 115 sous 31 B 115 DIELS-KRANZ. Dans la suite de cet article, je citerai les fragments d'Empédocle de façon simplifiée (par ex. « fr. 115 ») en omettant DIELS-KRANZ. Les vers d'Empédocle édités pour la première fois par A. MARTIN & O. PRIMAVESI dans *L'Empédocle de Strasbourg* (P. Strasb. gr. Inv. 1665-1666), Strasbourg-Berlin-New York, B.N.U.S. et W. de Gruyter, 1999, sont notés tels qu'ils le sont dans cette édition et suivis par l'abréviation MP, pour MARTIN et PRIMAVESI (ex. : a(ii) 2 MP). – Pour le fr. 115, je retiens deux leçons (φόβῳ, τήν) qui ne sont pas celles de Diels (φόνῳ, τῶν). Pour la leçon φόβῳ, voir J.-C. PICOT « Empedocles, fragment 115.3: Can one of the Blessed pollute his limbs with blood? », dans STERN-GILLET, S. & K. CORRIGAN (dir.), *Reading ancient texts. Volume I: Presocratics and Plato – Essays in honour of Denis O'Brien*, Leyde-Boston, Brill, 2007, p. 41-56. Je retiens τήν au vers 13, car c'est la leçon des manuscrits de Plutarque, qui ferait sens avec un verbe du type aller (εἰμι) accompagné du complément implicite ὁδόν (cf. Xénophon, *Cyropédie*, II, 4, 18.7 et 22.7).

Doivent errer trois fois dix mille saisons loin des Bienheureux
Moi aussi j'emprunte maintenant ce chemin, exilé des dieux et errant.

Voici le commentaire de Plutarque[2] :

> Empédocle nous apprend par là que ce n'est pas seulement lui, mais, à sa suite, nous tous, qui, êtres de passage ici-bas, sommes des étrangers et des exilés [φυγάδας]. « Hommes », nous dit-il, « ce n'est point un mélange de sang et d'air qui a donné à l'âme sa substance et son principe [ψυχῆς οὐσίαν καὶ ἀρχήν] ; ces éléments n'ont servi qu'à composer le corps, terrestre [γηγενές] et périssable [θνητόν] » ; pour l'âme [τῆς δὲ ψυχῆς], qui est venue ici-bas [δεῦρο] d'ailleurs [ἀλλαχόθεν], il en désigne la naissance par le plus tendre des euphémismes ; il l'appelle « voyage » [ἀποδημίαν], et c'est profondément vrai : l'âme est exilée et errante [φεύγει καὶ πλανᾶται], chassée par les décrets et les lois des dieux [θείοις ἐλαυνομένη δόγμασι καὶ νόμοις], puis elle est attachée à un corps « à la manière d'une huître », selon l'expression de Platon, dans une île battue des flots (ἐν νήσῳ σάλον ἐχούσῃ πολύν), parce qu'elle a oublié et ne se rappelle plus quel degré de gloire et de félicité elle a quitté [ἐξ οἵης τιμῆς τε καὶ ὅσσου μήκεος ὄλβου]. Elle n'a pas quitté Sardes pour Athènes, ou Corinthe pour Lemnos ou Skyros, mais le séjour du ciel et de la lune [οὐρανοῦ καὶ σελήνης] pour celui de la terre [γῆν] et pour la vie terrestre [τὸν ἐπὶ γῆς βίον].

Bien qu'il ne le précise pas, Plutarque cite une nouvelle fois Empédocle dans son commentaire lorsqu'il dit : ἐξ οἵης τιμῆς τε καὶ ὅσσου μήκεος ὄλβου. Ce vers (fr. 119) est rapporté notamment par Clément d'Alexandrie (*Stromate* IV, 13.1), qui l'attribue à Empédocle.

L'âme a quitté le séjour du ciel et de la lune (οὐρανοῦ καὶ σελήνης) pour la vie terrestre. L'expression « du ciel et de la lune » n'est pas une expression toute faite et traditionnelle pour désigner le monde d'en-haut, comme l'Olympe ou le séjour céleste. C'est une expression originale, qui fait dès lors notre intérêt. Car la question se pose de savoir où résident les Bienheureux (μάκαρες) qui apparaissent au fr. 115.6 (μακάρων), dont on sait qu'ils sont des dieux résidant dans un lieu divin (θεόθεν au v. 13), un lieu que Plutarque dit aussi être un ailleurs (ἀλλαχόθεν) – entendons un ailleurs que sur terre. On aura sans doute rectifié : Plutarque ne dit pas que ce sont les Bienheureux qui viennent d'un ailleurs, à savoir du ciel et de la lune. Il dit l'âme (ψυχή). Or Empédocle ne parle pas d'âme. Il parle de Bienheureux et de *daimones*. Plutarque réduit cette pluralité au singulier en prenant appui sur celui qui parle à la première personne et qui emprunte le chemin des *daimones*. Il tend à confondre *daimones* et

---

2. Je reprends la traduction de J. HANI aux Belles Lettres, tout en y introduisant quelques adaptations, afin, me semble-t-il, de rester au plus près du texte grec.

Bienheureux. Plutarque simplifie donc, et en même temps apporte une intelligence de lecture. Selon lui, l'« âme » est l'invariant qui relie un Bienheureux, un exilé, un *daimôn*, un homme. Par facilité, pour ce qui est de notre recherche, nous admettrons cette lecture de Plutarque ; car aucune conséquence ne semble interférer avec la question qui nous préoccupe ici, celle du lieu où un Bienheureux réside. Mais il conviendra de parler de résidence ou de séjour d'un Bienheureux plutôt que du lieu de l'âme avant son exil.

Les Bienheureux, le ciel et la lune

Le séjour des Bienheureux est, selon toute vraisemblance, le lieu qu'ils réintégreront après un exil qui durera trois fois dix mille saisons[3]. Disant cela, je dois faire une mise au point de vocabulaire concernant les Bienheureux.

Le fr. 115.6 signale des Bienheureux : μακάρων[4]. Le fr. 146 dit de quatre types d'hommes (μάντεις, ὑμνοπόλοι, ἰητροί, πρόμοι) qu'ils deviendront ensuite des dieux aux honneurs les plus grands (fr. 146.3) : θεοὶ τιμῇσι φέριστοι[5]. Le fr. 147, qui semble s'enchaîner au fr. 146, offre à l'homme ayant vécu de façon sainte et juste l'espoir

---

3. La durée est-elle exactement de trois fois dix mille saisons, durée que l'on évalue souvent à 10 000 ans ? Le nombre trois fois dix mille se trouve chez Hésiode (*T.J.* 252) à propos des Immortels surveillant les hommes, chez Aristophane pour dénombrer des grues (*Les Oiseaux*, 1136) ou les Athéniens (*Assemblée des femmes*, 1132), chez Platon pour dénombrer les grecs (*Banquet*, 175 E). Au total, on peut croire que 30 000 désigne un grand nombre, mais que ce nombre n'est pas à prendre à l'unité près ni au millier près.

4. Plutarque ne reprend pas ce terme dans son commentaire, mais il est curieux de remarquer que, bien avant dans sa lettre (603 D 1), il cite un vers de l'*Iliade* (XXIV, 544), pour défendre l'idée qu'une île – celle de Lesbos nommément – est un séjour des Bienheureux (μακάρων ἕδος). La citation exacte de l'*Iliade* est Μάκαρος ἕδος (v. 544). En outre, dans l'*Iliade*, l'adjectif ὄλβιος (XXIV, 543) se trouve lié à Μάκαρος ἕδος. En écho aux Bienheureux du fr. 115.6 (μακάρων), Plutarque cite le vers du fr. 119 où précisément se lit ὄλβου. Tout cela ne pourrait être que coïncidence, mais chez un fin littérateur comme Plutarque, qui jongle avec les citations, il serait prudent de reconnaître un art possible (cf. Picot 2007, p. 52. n.35). On ne peut donc pas exclure que Plutarque ait compris que le lieu de séjour des Bienheureux chez Empédocle, lieu de félicité (ὄλβου), est l'équivalent d'une île. Il y aurait dans ce cas un changement de plan : non plus des Bienheureux sur une terre au milieu de la mer ou baignée par l'Océan (Hésiode, *Les Travaux et les Jours*, 171), mais des Bienheureux dans un séjour céleste, isolés comme ils le seraient sur une île, mais sans être sur une terre. Quand Plutarque dit que l'âme est exilée dans une île battue des flots, et suggère que les îles de Lemnos et Skyros ne sont rien d'autre que des lieux d'exil, il montre que le lieu de gloire et de félicité dont parle Empédocle n'appartient plus aux traditions anciennes. Une transposition de plan s'est opérée.

5. Fr. 146.3 : ἔνθεν ἀναβλαστοῦσι θεοὶ τιμῇσι φέριστοι.

de quitter la terre et de vivre la vie des Immortels : ἀθάνατοι[6]. Selon une interprétation courante, que je partage, les Bienheureux du fr. 115.6 sont aussi les dieux du fr. 146.3 et les Immortels du fr. 147.1. Dans la mesure où le fr. 115.6 semble faire écho au vers d'Hésiode relatif à l'exil du dieu parjure (*Théogonie*, 801) – εἰνάετες δὲ θεῶν ἀπαμείρεται αἰὲν ἐόντων –, les μακάρων (fr. 115.6) correspondraient alors aux θεῶν (*Théog.* 801). Dans le poème *Physique* d'Empédocle il est question de dieux à la longue vie aux honneurs les plus grands : θεοὶ δολιχαίωνες τιμῆσι φέριστοι (fr. 21.12 ; a(ii) 2 MP ; une expression à peine différente se lit au fr. 23.8). Je crois qu'il s'agit là des mêmes dieux qu'au fr. 146.3 (eux aussi τιμῆσι φέριστοι), et par voie de conséquence ces dieux seraient les Bienheureux du fr. 115.6[7]. Enfin, dans le corpus empédocléen, le mot μακάρων est également utilisé au fr. 131.4 :

εὐχομένῳ νῦν αὖτε παρίστασο, Καλλιόπεια,   131.3
ἀμφὶ θεῶν μακάρων ἀγαθὸν λόγον ἐμφαίνοντι.   131.4

Ici, aidé de sa Muse, Empédocle se propose de tenir le bon discours (ἀγαθὸν λόγον) à propos des dieux bienheureux (θεῶν μακάρων). Ces

---

6. Fr. 147.1 : ἀθανάτοις ἄλλοισιν ὁμέστιοι, αὐτοτράπεζοι. Partageant le même foyer et la même table que les Immortels, ils sont ἀτειρεῖς (fr. 147.2), et sont aussi des Immortels. – « De façon sainte et juste » est une reprise de Clément d'Alexandrie qui cite les vers du fr. 147. Clément (*Stromate* V, 122.3) introduit les vers du fr. 147 en parlant des μακαριώτεροι : ἢν δε ὁσίως καὶ δικαίως διαβιώσωμεν, μακάριοι μὲν ἐνταῦθα, μακαριώτεροι δὲ μετὰ τὴν ἐνθένδε ἀπαλλαγήν, οὐ χρόνῳ τινὶ τὴν εὐδαιμονίαν ἔχοντες, ἀλλ᾽ ἐν αἰῶνι ἀναπαύεσθαι δυνάμενοι. Ces paroles de Clément sont proches de celles de Socrate dans le *Gorgias* de Platon (523 A 6 – 523 B 2). Selon Socrate, un homme, après une vie juste (δικαίως) et sainte (ὁσίως), ira séjourner dans les îles des Bienheureux (εἰς μακάρων νήσους), dans une félicité parfaite (ἐν πάσῃ εὐδαιμονίᾳ).

7. Je rejoins ici M.R. WRIGHT (*Empedocles: the extant fragments*, New Haven-Londres, Yale University Press, 1981, pp. 60-61, 292). Mais ce point est loin de faire l'unanimité parmi les commentateurs. Les θεοὶ δολιχαίωνες τιμῆσι φέριστοι ne peuvent pas être les *daimones* en exil (bien qu'un exil de trois fois dix mille saisons corresponde à une longue vie), car l'exil, déshonorant (fr. 119), ou l'« affreuse errance » comme le dit PRIMAVESI (dans A. MARTIN & O. PRIMAVESI 1999, p. 192 n.3), ne s'accordent pas avec les honneurs les plus grands (τιμῆσι φέριστοι). Les θεοὶ δολιχαίωνες τιμῆσι φέριστοι ne sont pas pour autant des racines divines (Zeus, Héra, *Aïdôneus, Nestis*, au fr. 6), dans un état de séparation totale, comme le voudrait PRIMAVESI (thèse avancée dans « Theologische Allegorie: Zur philosophischen Funktion einer poetischen Form bei Parmenides und Empedokles », dans HORSTER, M. & Ch. REITZ (dir.), *Wissensvermittlung in dichterischer Gestalt*, Stuttgart, Franz Steiner, 2005, p. 69-93, aux pages 85-87, puis répétée dans des articles ultérieurs). Une objection immédiate et suffisante à la thèse de PRIMAVESI consiste à remarquer le décalage de propos qu'introduiraient des masses sans mélange dans les frr. 21 et 23, tournés vers les mélanges vivants. Avant PRIMAVESI, l'idée des « éléments-dieux, à la longue vie, δολιχαίωνες » se trouvait déjà chez J. BOLLACK (*Empédocle. III, Les Origines, commentaire, 1*, Paris, Éditions de Minuit, 1969, p. 98).

dieux seraient, une fois de plus, les Bienheureux du fr. 115.6 – même si cette identification n'est guère reconnue par les commentateurs d'Empédocle.

Au total, ce sont, à mon avis, les mêmes êtres divins dont Empédocle parle aux frr. 115.6, 146.3, 147.1, 21.12, 23.8, 131.4.

On pourrait refuser de faire des Bienheureux, susceptibles de connaître l'exil, des Immortels indestructibles (ἀτειρεῖς), parce qu'un être immortel n'est pas concerné par les morts répétées durant l'exil ici-bas. Mais camper sur ce refus reviendrait à ne pas tenir compte de ce qu'Empédocle dit en deux endroits. (1) Fr. 9 : Empédocle parle de la mort funeste (δυσδαίμονα πότμον) comme tout le monde, mais suggère que ce n'est là que par facilité, car, à la différence de tout le monde, il ne croit pas à la mort qui tout achève (fr. 8.2). Il croit à des mélanges succédant à des mélanges (fr. 8.2) et croit en la réincarnation (fr. 117). (2) Fr. 35.14 : αἶψα δὲ θνήτ᾽ ἐφύοντο, τὰ πρὶν μάθον ἀθάνατ᾽ εἶναι. Ici, ceux qui étaient immortels (ἀθάνατα) étaient « séparés », « non mélangés », « purs »[8]. Au cours du temps, les immortels devinrent mortels (θνητά). Ainsi convient-il de ne pas prendre au mot Empédocle lorsqu'il parle des Immortels et lorsqu'il utilise l'épithète ἀτειρεῖς. Empédocle use du langage d'Homère et d'Hésiode en particulier, mais le détourne et l'asservit à ses propres conceptions.

Pour la clarté de l'exposé, il convient de préciser ce que les Bienheureux, dieux à la longue vie, aux honneurs les plus grands, immortels, ne sont pas parmi les dieux. Sous le vocable de Bienheureux, chez Empédocle, on ne devrait pas faire entrer tous les dieux. Les Bienheureux ne comptent parmi eux ni Zeus, ni Héra, ni *Aïdôneus*, ni *Nestis* (fr. 6), ni *Philotès*, ni *Neikos* (fr. 17.7-8, 19-20), ni la Nécessité (fr. 115.1), ni le *Sphairos* (frr. 27, 28), ni Arès, ni *Kudoimos*, ni Cronos, ni Poséidon (fr. 128), ni toutes les déesses des frr. 122 et 123. Personne ne niera que le *Sphairos* est un Bienheureux par excellence[9]. Personne ne niera qu'il jouit d'une longue vie, qui n'est pas l'immortalité à laquelle pensent Homère et Hésiode. Mais il est LE Bienheureux. Par sa singularité, il ne peut se compter à la tablée des Immortels (fr. 147.1). Quant aux racines divines du fr. 6, elles ne sont pas immortelles au sens où elles disposeraient d'une longue vie précédant ou faisant suite à des vies éphémères. Les racines divines sont éternelles. En outre, elles ne s'excluent pas des soucis du monde (fr. 147.2). Au contraire, elles constituent le monde. Il en irait de même pour les dieux du fr. 128 et les déesses des frr. 122 et 123. Plus

---

8. Voir D. O'Brien, « Empedocles revisited », *Ancient philosophy*, 15, 1995, p. 403-470, aux pages 448-451 ; J.-C. Picot, « À propos du : *The Poem of Empedocles* de B. Inwood », *Revue de philosophie ancienne*, 13, 1, 1995, p. 81-104, à la page 92.

9. Aristote dit τὸν εὐδαιμονέστατον θεόν (*Métaphysique*, B 4, 1000 b 3-4).

globalement, les principes du monde, qui sont des dieux, ne sont pas nécessairement heureux. *Nestis*, spécifiée par ses pleurs (fr. 6.3), n'est – avec certitude – pas heureuse. On est loin des tablées festives.

Selon Plutarque, le lieu des Bienheureux serait le ciel et la lune (οὐρανοῦ καὶ σελήνης). Que Plutarque mentionne le ciel n'étonnera pas ; citant Eschyle avant de citer Empédocle, Plutarque dit qu'Apollon est exilé du ciel (ἀγνόν τ᾽ Ἀπόλλω φυγάδ᾽ ἀπ᾽ οὐρανοῦ θεόν)[10]. Le parallèle conduit à retrouver le ciel comme lieu de départ de l'exil d'un dieu. En outre, au temps d'Empédocle, il allait de soi de se représenter les dieux dans le ciel et non pas sur le Mont Olympe comme chez Homère et Hésiode[11]. Il n'est donc pas impossible, pour l'instant, qu'Empédocle ait situé des Bienheureux dans le ciel. Ou même que la mention du ciel ne soit tout simplement pas empédocléenne.

Soit pour le ciel. Mais la « lune » ? Cette fois-ci la reprise d'Eschyle n'est pas possible. Voilà la présence étrange qui mérite une étude, d'autant qu'il n'est pas habituel de mentionner le ciel et la lune sans mentionner en même temps le soleil. Le couple traditionnel est le soleil et la lune, mais ce n'est pas ce que dit Plutarque.

Les commentateurs d'Empédocle ne font aucun cas du fait que Plutarque parle de la lune. Il leur paraît sans doute évident que ce n'est là qu'invention ou ajout d'un auteur qui a tant écrit sur la lune (voir le *De facie quae in orbe lunae apparet*) et qui ne pouvait passer l'occasion d'insérer la lune dans son propos[12]. De plus, deux remarques

---

10. Eschyle, *Suppliantes*, 214.

11. Ayons en tête Aristophane, *Les Oiseaux*, 1234 ; *La Paix*, 198-199, 821-822, 827-829. Voir aussi Euripide, *Les Suppliantes*, 1174.

12. Voir J.P. HERSHBELL, « Plutarch as a source for Empedocles re-examined », *American journal of philology*, 92, 1971, p. 156-184, aux pages 166-167 : « *In* De exil., 607 C [...] *his* [= *Plutarch*] *comments are far less trustworthy.* [...] *in general, Plutarch's whole treatment of Empedocles in* De exil., 607C-E *cannot be considered a model of careful historical and philosophical analysis.* » Dans son opuscule *Empédocle. Les* Purifications *: un projet de paix universelle* (Paris, Éditions du Seuil, 2003, p. 24), J. BOLLACK écrit : « 'Ayant quitté le ciel ou la lune' (607D-E). Pour Empédocle, c'était plutôt le ciel (Plutarque, qui est platonicien, confond les horizons). » Pour disqualifier un témoignage, des commentateurs dénoncent le point de vue ou l'affiliation philosophique du témoin, comme si ce point de vue ou cette affiliation gauchissaient systématiquement le témoignage. Ainsi BOLLACK, pour refuser la véracité du témoignage sur la lune, dénonce-t-il une affiliation philosophique : « Plutarque, qui est platonicien, confond les horizons ». BOLLACK n'apporte aucune démonstration pour prouver que le platonisme peut seul expliquer la mention de la lune. En outre, que Plutarque soit platonicien ne prouve pas qu'en parlant d'Empédocle son témoignage sur la lune soit faux. La méfiance à l'égard des platoniciens, des stoïciens, des néo-platoniciens, des auteurs tardifs est telle que l'on argumente à bon compte en criant rapidement à l'amalgame ou à la confusion lorsque l'on veut se débarrasser d'un témoignage. Le procédé est regrettable.

viendraient à l'appui de leur position. (1) Plutarque ne dit pas explicitement qu'Empédocle croyait que les Bienheureux séjournent dans le ciel et sur la lune. (2) Si Empédocle avait dit clairement que les Bienheureux séjournent sur la lune, Plutarque – trop content de faire preuve de son érudition et de mettre à contribution un auteur qui abonde dans son sens – aurait volontiers cité le vers d'Empédocle qui précise le fait. Plus que le *De exilio*, le *De facie* où l'Agrigentin est déjà cité dix fois aurait été l'œuvre idéale pour recueillir ce vers. Or il n'y a rien de tel. On peut donc se conforter rapidement dans l'idée que l'apparition de la lune dans le propos de Plutarque n'est que la marque de son propre intérêt pour l'astre de la nuit. Rien, absolument rien ici ne viendrait d'Empédocle.

Mais le cas posé par la lune n'est pas aussi simple. Il est possible de réunir des témoignages qui rendent crédible le fait que la lune pouvait être le séjour des Bienheureux chez Empédocle, comme le laisse entendre Plutarque avec une certaine ambiguïté, il est vrai[13].

Témoignages

« Le vieux logographe Hérodore d'Héraclée assurait que les femmes séléniennes pondaient des œufs et que la taille de leurs enfants atteignait quinze fois celle des hommes, et Philolaos exprimait une opinion semblable, persuadé que les animaux et les végétaux lunaires devaient être plus grands et plus beaux que ceux de cette terre. Aussi Épiménide pensait-il que le gigantesque lion de Némée devait être tombé de la lune sur la terre. Anaxagore ne doutait pas non plus que le globe dont nous apercevons les plaines et les vallées, ne fût le séjour d'êtres animés. Aristote lui-même partageait la croyance que sur la surface de l'astre nocturne une faune étrange menait une vie différente de celle d'ici-bas[14]. » Ainsi F. Cumont résumait-il un certain nombre de témoignages anciens concernant la vie sur la lune. Le témoignage d'Épiménide, VII-VIe s. av. J.-C. est le plus ancien[15]. Il atteste clairement que les Grecs imaginaient, bien avant

---

13. Ajoutons au *De exilio* deux autres passages de Plutarque où la lune est mentionnée : *De facie*, 29, 944 C, *De Amatorius*, 20, 766 B.

14. F. CUMONT, *Recherches sur le symbolisme funéraire des Romains*, Paris, Geuthner, 1942, p. 182.

15. Épiménide et le lion de Némée chutent de la lune (DK 3 B2) : καὶ γὰρ ἐγὼ γένος εἰμὶ Σελήνης ἠυκόμοιο, /ἣ δεινὸν φρίξασ' ἀπεσείσατο θῆρα λέοντα / ἐν Νεμέαι, <ἀν>άγουσ' αὐτὸν διὰ πότνιαν Ἥραν. Voir M.L. WEST, *The Orphic poems*, Oxford, Clarendon Press, 1983, p. 47-48. Un rapprochement serait possible entre la Lune qui donne naissance et un oiseau qui pond : voir l'analyse de L. BREGLIA PULCI DORIA, « Osservazioni sulla *Teogonia* di Epimenide », dans FEDERICO,

le v^c s. où vécut Empédocle, qu'une vie pouvait exister sur la lune[16]. Mais c'est assurément une chose différente de croire à la présence de vies ou d'âmes sur la lune et de croire à une vie bienheureuse sur la lune. Toutefois, une croyance pourrait être le terreau de l'autre. Reste donc à savoir si certains de ces êtres vivants pouvaient être divins d'une certaine façon.

Jamblique rapporte que Pythagore est un des démons habitant la lune[17]. Il rapporte aussi l'existence chez les pythagoriciens de l'*acousma* suivant : « Le soleil et la lune sont les îles des Bienheureux »[18]. W. Burkert fournit des indices en faveur de l'ancienneté de cet *acousma*[19]. Platon, dans la *République* (364 E), rapporte la parole des orphéotélestes ou de certains poètes qui prétendent que Musée et Orphée seraient des descendants de la Lune et des Muses. Dans *L'Apologie* (26 D) et dans *Les Lois* (ex. : 821 B 6, 887 E), il rapporte que la Lune (tout comme le Soleil) est une divinité. Jamblique et

E. & A. VISCONTI (dir.), *Epimenide cretese*, Naples, Luciano, 2001, p. 279-311, aux pages 297-298.

16. Il existe des croyances anciennes de la présence d'une vie sur la lune. Voir M. DETIENNE, *De la pensée religieuse à la pensée philosophique. La notion de* daïmôn *dans le pythagorisme ancien*, Paris, Les Belles Lettres, 1963, p. 140-177 (signalons l'appendice fort utile, p. 171-177 : *Pythagoricorum fragmenta de daemonibus*). Ajoutons une scholie au *De caelo* d'Aristote, récemment mise à jour par M. RASHED : « Les Pythagoriciens appelaient 'Terre' également la sphère des fixes en ce qu'elle était pleine d'animaux divins de toutes sortes, ils appelaient aussi 'Terre' la Lune, et Antiterre. » (M. RASHED, *L'héritage aristotélicien* : textes inédits de l'Antiquité, Paris, Les Belles Lettres, 2007, p. 240). La Lune serait appelée Terre et Antiterre ; avec ces appellations on ne s'aventure guère à supposer qu'elle est, tout comme la sphère des fixes, pleine d'animaux divins. – Pour la lune habitée : Anaxagore DK 59 A1§8, *Orphica* fr. 155 BERNABÉ. On lira avec intérêt la note de M. ARMISEN-MARCHETTI, *Macrobe. Commentaire au songe de Scipion*, Livre 1, Paris, Les Belles Lettres, 2001, p. 165-166 n.253. – Voir aussi la vie immortelle se confondant avec l'immortalité des astres dans F. CUMONT, *After life in Roman paganism*, New Haven, Yale University Press, 1922, p. 95 avec la citation d'Aristophane, *La Paix* v. 832-833 : Οὐκ ἦν ἄρ' οὐδ' ἃ λέγουσι, κατὰ τὸν ἀέρα / ὡς ἀστέρες γιγνόμεθ', ὅταν τις ἀποθάνῃ; – Sur les témoignages concernant plus généralement la vie sur la lune, voir Cl. PRÉAUX, *La lune dans la pensée grecque*, Bruxelles, Palais des Académies, 1970, p. 181-185.

17. Jamblique, *Vie de Pythagore*, 6.30.

18. Jamblique, *Vie de Pythagore*, 18.82.

19. W. BURKERT, *Lore and science in ancient pythagoreanism*, Cambridge (Mass.), Harvard University Press, 1972, p. 188-189, 208,346, 363-364. M.L. WEST souligne la cohérence des *acousmata* du genre cosmologique et eschatologique, et ne verrait pas d'objection à les attribuer à Pythagore dans la seconde moitié du VIe s. (*Early Greek philosophy and the Orient*, Oxford, Clarendon Press, 1971, p. 215-216). – Des îles entourées d'air existent chez Platon, *Phédon*, 111 A. Sur l'*acousma*, voir A. DELATTE, qui fournit des témoignages, admet l'authenticité de cet *acousma* et le rapproche de Pindare, fr. 133 BERGK (*Études sur la littérature pythagoricienne*, Paris, É. Champion, 1915, p. 274-276). Pour Pindare, il faudrait comprendre que lorsque Perséphone renvoie les âmes au soleil d'en haut (ἐς τὸν ὕπερθεν ἅλιον), ce soleil est le soleil haut dans le ciel auquel pensent les Pythagoriciens, et non pas la terre baignée par le soleil.

Platon sont donc les témoins d'une croyance où la lune est un lieu divin. En dehors du témoignage que l'on juge suspect de Plutarque, on ne devrait pas négliger qu'Empédocle puisse partager une vue des anciens pythagoriciens ou de mouvements d'idées aussi anciens.

Plutarque ne cite pas ou ne paraphrase pas explicitement Empédocle. On doit donc douter du fait que la mention du ciel et de la lune concerne les vues d'Empédocle. Voilà cependant une objection moins forte qu'il n'y paraît. Lorsque Plutarque, juste avant de parler du ciel et de la lune, prononce les mots suivants ἐξ οἵης τιμῆς τε καὶ ὄσσου μήκεος ὄλβου[20], pensera-t-on que Plutarque cite Empédocle ? Ce n'est pas certain. Plutarque ne nomme pas l'Agrigentin et pourtant l'on sait, grâce au témoignage de Clément d'Alexandrie, qu'il s'agit d'un vers d'Empédocle (fr. 119)[21]. Il n'est pas alors interdit de penser que Plutarque suit de près le poème d'Empédocle – même s'il ne fait pas l'effort de préciser ses citations à chaque fois – et que la mention de la lune, en particulier, peut avoir été inspirée par Empédocle.

Un indice, sinon une preuve, qu'il en serait ainsi, peut être avancé. Plutarque n'hésite pas à nommer Platon. Pourquoi ne nommerait-il pas un autre auteur quand il parle du ciel et de la lune ? La réponse serait simple : c'est que cette fois-ci il s'agit des idées de Plutarque lui-même. Quand il écrit, Plutarque ne se nomme pas. Mais défendre l'idée que Plutarque mentionne la lune parce qu'il met en avant ses propres conceptions butte sur un point gênant : Plutarque et Empédocle ne s'accordent pas sur la nature et le rôle de la lune. De fait, il est difficilement concevable que Plutarque mêle subrepticement *sa* lune au propos d'Empédocle en prenant le risque de laisser le lecteur se fourvoyer sur le sens à donner à *sa* lune. Précisons. Empédocle croit que la lune est de l'air solidifié[22]. Plutarque croit

---

20. *De exilio*, 607 E3-5.

21. Clément d'Alexandrie, *Stromate* IV, 13.1. Clément ajoute « pour vivre ici parmi les mortels ».

22. DK 31 A 30, DK 31 A 60. Selon l'Agrigentin, l'air est Héra (fr. 6 ; J.-C. PICOT, « L'Empédocle magique de P. Kingsley », *Revue de philosophie ancienne*, 18, 1, 2000, p. 25-86). Pour Plutarque, la lune est le domaine de Perséphone (943 B4-5). Pour Empédocle la lune, domaine d'Héra, n'est pas le domaine de Perséphone. En dépit d'un désaccord sur la nature d'*Aïdôneus*, les commentateurs les plus récents qui se sont intéressés au fr. 6 (P. KINGSLEY, C. BORDIGONI, G. CERRI, J.-C. PICOT) admettent que *Nestis*, la divinité de l'eau, est chez Empédocle un autre nom de la déesse que l'on ne saurait nommer, la déesse qui pleure et fait couple avec *Aïdôneus*, à savoir Perséphone. On ne voit alors pas comment, chez Empédocle, Perséphone, la déesse de l'eau, pourrait avoir la lune (de l'air solidifié) pour domaine. Sur la question de *Nestis*-Perséphone identifiée à l'eau chez Empédocle voir récemment M. RASHED, « The structure of the eye and its cosmological function in Empedocles: reconstruction of fragment 84 D.-K. », dans STERN-GILLET, S. & K. CORRIGAN (dir.), *Reading ancient texts. I: Presocratics*

que la lune est faite d'un mélange de feu et de terre, où la terre joue un rôle important[23]. Dans le *De exilio* la lune est étroitement associée à la grande félicité dont parle Empédocle (fr. 119). Dans la conception propre à Plutarque la lune n'est pas un lieu de félicité que des âmes quitteraient pour se rendre sur la terre. La lune est pour lui associée à l'être mixte du *daimôn*, elle est la propriété des *daimones* terrestres[24]. Plutarque ne fait pas de la lune le séjour des Bienheureux, mais un lieu de transit et de transformation, soit pour des âmes retournant dans des corps sur terre, pour une nouvelle incarnation, soit pour l'esprit, séparé de l'âme, envoyé vers le soleil pour une vie bienheureuse[25]. Il faudrait encore souligner ici que dans le *De exilio* il n'est pas question de soleil, comme aurait pu le vouloir Plutarque s'il avait projeté ses propres idées.

Je ne prétendrai pas, à partir des témoignages prouvant l'antiquité d'une vie sur la lune, à partir de l'*acousma* « le soleil et la lune sont les îles des Bienheureux » et à partir du témoignage de Plutarque, que l'on peut déduire directement et avec certitude qu'Empédocle croyait à une vie bienheureuse sur la lune. Plutarque, qui nous guide vers l'idée des Bienheureux sur la lune, pourrait laisser entendre qu'Empédocle croyait à des Bienheureux sur la lune en faisant l'amalgame entre Pythagore, les pythagoriciens et Empédocle. Nous savons cependant que nous ne pouvons écarter par un simple silence ou un simple revers de main le témoignage de Plutarque, grand connaisseur de l'œuvre de l'Agrigentin. Il nous faut alors poursuivre l'enquête de façon à mieux cerner notre sujet.

La lune chez Empédocle

Si vraiment Plutarque avait inséré la lune dans son commentaire, alors que rien chez Empédocle ne l'y incitait, Plutarque tromperait son lecteur doublement. D'abord en laissant croire qu'Empédocle

---

and Plato – Essays in honour of Denis O'Brien, Leyde-Boston, Brill, 2007, p. 21-39, aux pages 30-31.

23. 943 E-F, 416.E4 : ὀλυμπίαν γῆν ; 931 C-D ; 934 F-935 C ; 935.B10 : γῆν οὖσαν ὀλυμπίαν.

24. Plutarque, *De defectu oraculorum*, 416 E ; *De genio Socratis* 592 C1-2.

25. *De facie*, 942 F5-9 : sur la lune, les âmes ne vivent ni une vie bienheureuse ni divine (οὐ μὴν μακάριον οὐδὲ θεῖον) jusqu'à leur seconde mort ; 943 A4-6 : l'esprit est meilleur et plus divin que l'âme ; 944 D-E : chute de certaines âmes dans des corps humains ; deuxième mort lorsque l'esprit se sépare de l'âme pour rejoindre le soleil, où réside le divin et la vie bienheureuse (θεῖον καὶ μακάριον) ; *De genio Socratis,* 591 C. Ajoutons au registre des différences entre Empédocle et Plutarque l'intérêt que Plutarque a pour le soleil, séjour selon lui de la plus haute partie de l'homme, l'esprit (591 B 5 ; 943 A 10). Or, dans le fr. 115, le soleil n'est qu'une des étapes de l'exil du *daimôn*, à l'opposé de la vie bienheureuse.

pensait à la lune – alors qu'il n'en serait rien. Ensuite, en laissant croire que la lune est le lieu des Bienheureux, ce qu'elle ne serait ni pour Empédocle ni pour Plutarque ! J'ai beaucoup de mal à croire que Plutarque ait fait preuve d'autant de maladresse. Tout serait bien plus vraisemblable si Plutarque parlait de la lune parce qu'Empédocle avait à mi-mot parlé de la lune.

Plusieurs observations, concernant Empédocle, contribueront à asseoir cette hypothèse. Tout d'abord, faisons état des observations qui tendent à situer les Bienheureux dans le ciel, l'éther, ou l'air d'en-haut.

(1) Pour Empédocle, la lune est essentiellement de l'air, et plus précisément une masse d'air solidifiée par le feu (πάγος ἀέρος χαλαζώδης, une masse d'air dite congelée)[26], entourée de l'air céleste et mobile. Dans le fr. 115 (v. 9-11), le début du périple daimonique est signalé par l'air (éther), et la fin de ce périple est signalée par l'air (éther) et ses tourbillons :

αἰθέριον μὲν γάρ σφε μένος πόντονδε διώκει,	9
πόντος δ᾽ ἐς χθονὸς οὖδας ἀπέπτυσε, γαῖα δ᾽ ἐς αὐγὰς	10
ἠελίου φαέθοντος, ὁ δ᾽ αἰθέρος ἔμβαλε δίναις·	11

Plutarque parle du séjour du ciel et de la lune (οὐρανοῦ καὶ σελήνης). Or chez Empédocle le ciel et la lune ne sont pas deux choses radicalement différentes : ciel et lune sont tous deux de l'air – ou de l'éther, car dans la perspective de l'Agrigentin les deux mots s'équivalent[27]. La différence entre le ciel et la lune tiendrait à la fluidité de l'air pour le ciel et à la solidité de l'air pour la lune. Le ciel est sans forme visible. La lune a une forme visible. Nous avons souligné l'originalité qui consiste à parler du couple ciel-lune sans mentionner

---

26. Voir DK 31 A 60 : Plutarque, *De facie*, V, 6, 922 C, Aétius, *Placita*, II, 25.15. Voir aussi DK 31 A 30 : Pseudo-Plutarque, cité par Eusèbe, *Préparation évangélique*, I 8.10. Au fr. 21.4, les êtres immortels, baignés de lumière, viennent à la place de l'air ou de l'éther : ἄμβροτα δ᾽ ὅσσ᾽ εἴδει τε καὶ ἀργέτι δεύεται αὐγῆι. On y compterait notamment la lune. Voir sur ce point H. DIELS, *Die Fragmente der Vorsokratiker, I*, Berlin, Weidmann, 1922[4], p. 233, suivi par H. DIELS & W. KRANZ, *Die Fragmente der Vorsokratiker, I*, Berlin, Weidmann, 1934[5], p. 319 : « ἄμβροτα *sind die von der Zentralsonne [21 A 56] gespeisten, in der Luft schwebenden Kristalllinsen (Sonne, Mond usw.), die hier als Vertreter des zweiten Elementes Luft erscheinen* ». – Plutarque dit dans les *Étiologies romaines*, 77 (282 c) : « Que le Soleil est matériellement Zeus en personne et que la lune est matériellement Héra en personne » (trad. J. BOULOGNE). Cette attribution n'est pas celle que Plutarque croit spontanément (Apollon, Artémis). En revanche, il y aurait là un écho empédocléen. Selon le fr. 6, Zeus est la foudre ; donc, le feu et le soleil. Héra est l'air, donc la lune. Pour la question débattue des attributions des racines divines aux éléments, voir PICOT 2000.

27. Le ciel peut être de l'air fluide, mais aussi de l'air solidifié, cristallisé, comme la lune (sur le ciel voir les témoignages d'Aétius et de Lactance en DK 31 A 51).

le soleil. Il apparaît maintenant que si Plutarque a en tête Empédocle lorsqu'il parle du ciel et de la lune, la mention du ciel se comprend aussi bien que par la référence au vers d'Eschyle concernant Apollon.

(2) Dans le *De vitando*, Plutarque, introduisant les vers cités ci-dessus (fr. 115.9-11), affirme une origine céleste (οὐρανοπετεῖς) des *daimones*[28] :

> ἀλλὰ πλάζονται καθάπερ οἱ θεήλατοι καὶ οὐρανοπετεῖς ἐκεῖνοι τοῦ Ἐμπεδοκλέους δαίμονες· (fr. 115.9-11).

Les *daimones* sont expulsés par la divinité (θεήλατοι) et tombés du ciel (οὐρανοπετεῖς). Plutarque établit apparemment un lien entre οὐρανοπετεῖς et αἰθέριον (fr. 115.9). Ce lien est parfaitement justifié chez Empédocle, puisque οὐρανός est une façon de désigner l'air ou l'éther (fr. 22.2). Nous justifions désormais la mention du ciel, οὐρανός, faite par Plutarque lorsqu'il écrit dans le *De exilio* οὐρανοῦ καὶ σελήνης. Certes, Plutarque pouvait parler du ciel en écho à sa citation des *Suppliantes* 214, mais dans le *De vitando* il n'en est plus question. Nous concluons en retour que, dans le *De exilio*, οὐρανός répond au contexte empédocléen. Dire οὐρανοῦ καὶ σελήνης, c'est aller du général au particulier. Le *De vitando* parle explicitement d'une chute (*πετής de πίπτω, tomber*)[29]. La lune, partie du ciel pour l'Agrigentin, est un départ possible pour cette chute.

(3) Plutarque cite aussi les vers 9-11 du fr. 115 dans le *De Iside et Osiride* (361 C3-D1). Voici ce qu'il dit :

> Ἐμπεδοκλῆς δὲ καὶ δίκας φησὶ διδόναι τοὺς δαίμονας ὧν <ἂν>
> ἐξαμάρτωσι καὶ πλημμελήσωσιν,
> (fr. 115.9-12)
> ἄχρι οὗ κολασθέντες οὕτω καὶ καθαρθέντες αὖθις τὴν κατὰ φύσιν χώραν
> καὶ τάξιν ἀπολάβωσι.

Ce sont les dernières paroles qui retiendront notre attention : *jusqu'à ce qu'ils* [= les *daimones*] *rejoignent* (ἀπολάβωσι), *de nouveau* (αὖθις), *leur lieu* (χώραν) *et leur rang* (τάξιν) *naturels* (κατὰ φύσιν). Ce qui est au début – à savoir un lieu naturel des *daimones* – se retrouverait donc à la fin. L'épisode de l'exil, avec le ballotement d'une partie du monde à l'autre (fr. 115.9-11 : la mer, la terre, le soleil), serait intermédiaire. Le début et la fin qui se rejoignent sont bien exprimés dans les vers cités : αἰθέριον (v. 9) et αἰθέρος […] δίναις (v. 11). L'éther est donc le lieu naturel des *daimones*. Il correspond à leur rang (τάξιν), entendons ici à leur dignité d'être des Bienheureux, à leur honneur

---

28. Plutarque, *De vitando*, 7, 830 F 2-4.

29. En dehors Plutarque, notons le témoignage de Hiéroclès qui, à propos d'Empédocle, parle d'une descente et d'une chute du lieu bienheureux (*In Aureum pythagoreorum carmen commentarius*, 24.2.1-2) : κάτεισι γὰρ καὶ ἀποπίπτει τῆς εὐδαίμονος χώρας ὁ ἄνθρωπος, ὡς Ἐμπεδοκλῆς φησιν ὁ Πυθαγόρειος.

(pour reprendre la τιμή du fr. 119) ou à leurs honneurs (fr. 146.3 : θεοὶ τιμῇσι φέριστοι). Plutarque n'a pas varié de conception entre les deux traités où il cite les vers 9-11 du fr. 115.

Je ne serais pas complet si, à propos du fr. 115.9-11, j'omettais de parler de la *Réfutation* attribuée à Hippolyte, où ces trois vers sont cités[30]. L'auteur croit que les *daimones*, qu'il traduit par les âmes, sont chassés de l'un, à savoir du cosmos intelligible – ce qui serait aussi le *Sphairos*. Selon lui, l'éther au fr. 115.9 est le feu dans lequel les *daimones* seraient introduits et retirés pour être plongés dans l'eau, comme des objets en fer travaillés par un forgeron. Hippolyte diffère de Plutarque quant à l'interprétation de la place et du rang naturels des *daimones*. Il diffère aussi quant à l'identification de l'éther, là où Plutarque en fait le ciel, bien distinct du feu. Qui a raison d'Hippolyte ou de Plutarque ? C'est Plutarque qui a raison. Hippolyte tente de faire une grande synthèse entre la *Physique* et les *Catharmes*. Il enjambe les textes allègrement. Il mêle au propos empédocléen une perspective tardive (le cosmos intelligible). Il ne s'encombre pas d'une contradiction : ainsi, il considère que l'éther est le feu au fr. 115.9, puis l'air au fr. 115.11. Plutarque, quant à lui, reste près du texte, avec prudence. À aucun moment, il ne laisse entendre que le séjour des Bienheureux est le *Sphairos* – une idée qui n'est guère difficile à trouver par soi-même quand on dispose d'un résumé de la philosophie de l'Agrigentin, mais une idée qui ne s'accorde pas scrupuleusement au texte. Le fait qu'Hippolyte ne mentionne pas la lune, là précisément où il aurait pu la mentionner, légitime d'une certaine façon l'assertion selon laquelle Empédocle n'a jamais été précis sur ce point. En matière de lieu naturel des Bienheureux, tout tiendrait donc à des déductions[31].

---

30. Hippolyte, *Refutatio*, VII, 29.19.1-4.

31. Sur ce sujet, E. ZELLER avait fixé des repères et des limites qui sont – à mes yeux – toujours valables : (1) « Les démons [...] sont bannis [...] du séjour des bienheureux [...]. Il [= Empédocle] admet donc un état primitif de suprême félicité dont le théâtre doit être nécessairement le ciel, car il se plaint d'avoir été précipité du séjour des dieux dans cette caverne qu'on appelle la terre » ; (2) « On ne peut identifier le séjour des bienheureux avec le sphérus, dans lequel toute existence individuelle est impossible ; (3) « La légende de l'âge d'or [...] ne peut avoir fait partie de la description du sphérus [...], non plus que de la description de l'état céleste primitif, car ceux qui vivaient dans l'âge d'or sont explicitement désignés comme ayant été des hommes, et tout ce qui les entoure apparaît comme terrestre » (*La philosophie des Grecs considérée dans son développement historique : Première partie, la philosophie des Grecs avant Socrate, Tome deuxième*, trad. d'É. BOUTROUX d'après la quatrième édition de l'original en allemand (1876), Paris, Hachette, 1882, p. 247-248, 232 n.1, 252-253). Selon ZELLER, le ciel, à la fois présent et concret, serait donc le lieu des Bienheureux, et non pas le *Sphairos* (frr. 27, 28, 29) ou l'âge de Cypris (fr. 128). J'argumente pour faire de la lune le séjour le plus probable dans cet ensemble plus vaste qu'est le ciel.

Après les observations qui rendent possible le séjour des Bienheureux dans le ciel, viennent des arguments d'ordre spéculatif qui permettraient de préciser une région du ciel.

(4) Deux indices permettent d'avancer qu'Empédocle imaginait le séjour des Bienheureux autrement que comme le simple ciel. (a) Pour l'Agrigentin, comme pour ses contemporains, le ciel est une vaste région de l'air. Elle s'étendrait des sommets de la terre et de la zone des nuages jusqu'aux confins de l'univers. Pour l'Agrigentin, en ces confins réside la Haine[32]. Dans ces conditions, le ciel serait une région de l'air beaucoup trop vaste pour y installer les Bienheureux. Un risque serait de les situer trop près de la terre, alors que leur lieu est dans un ailleurs ; un autre risque, si on les projetait dans le ciel des étoiles fixes, les rapprocherait trop près de la Haine. (b) Le fr. 147 décrit les Immortels autour d'une table (ἀθανάτοις ἄλλοισιν ὁμέστιοι, αὐτοτράπεζοι). Certes, cela ne pourrait être qu'une image traditionnelle du banquet divin, sans véracité. Autrement dit, dans l'esprit d'Empédocle, la table n'existerait en fait pas ; ou bien, l'Agrigentin utiliserait des images qui parlent à tout le monde, mais qui ne seraient que des fictions utiles, sans plus. On peut tout de même attendre que les Bienheureux soient installés dans un lieu de quiétude qui n'est pas soumis aux tourbillons de l'air. La solidité supposée de l'air constitutif de la lune répondrait à cette attente.

Après les observations qui rendent possible le séjour des Bienheureux dans le ciel, viennent des arguments d'ordre spéculatif qui permettraient de préciser une région du ciel.

(5) Chez Hésiode, les héros, à leur mort, sont établis aux confins de la terre, dans les îles des Bienheureux, aux bords d'Océan aux profonds tourbillons[33]. Ces tourbillons trouveraient un écho dans le fr. 115.11 (ὁ δ' αἰθέρος ἔμβαλε δίναις). Empédocle a vraisemblablement réutilisé la parole hésiodique en opérant un glissement de l'eau (Océan) à l'air mobile – glissement que d'autres aussi feront,

---

32. Si j'affirme la présence de la Haine aux confins de l'univers, c'est que j'adopte la vision cyclique du cosmos et le mouvement relatif de l'Amour et de la Haine tels que développés par D. O'BRIEN. De cet auteur, et à propos de la Haine aux confins de l'univers, on lira « Life beyond the stars: Aristotle, Plato and Empedocles (*De Caelo* I.9 279a11-22) », dans KING, R.A.H. (dir.), *Common to body and soul*, Berlin-New York, W. de Gruyter, 2006, p. 49-102, aux pages 87, 95-97. – Le fr. 44 situe l'Olympe d'Empédocle non pas sur terre (le Mont Olympe), ni même à proximité de la terre, mais aux confins du monde (Parménide, avant Empédocle, plaçait déjà l'Olympe aux extrémités du monde : DK 28 B 11). Cette position le rend proche de l'éternel séjour de la Haine – où séparation et pureté se confondent.

33. Hésiode, *Les Travaux et les Jours.*, 171-172 : ἐν μακάρων νήσοισι παρ' Ὠκεανὸν βαθυδίνην, / ὄλβιοι ἥρωες.

ainsi l'auteur du papyrus de Derveni (colonne XXIII) et Platon dans le *Phédon* 111 A-B. Les tourbillons de l'air s'expliqueraient par le mouvement des corps célestes créant des turbulences dans leur sillage. Parmi ces corps, il y a le soleil et la lune. Empédocle parle du soleil (fr. 115.11 : ἠελίου φαέθοντος), puis des tourbillons de l'éther (fr. 115.11 : αἰθέρος... δίναις). Par un détour, nous revenons aux îles des Bienheureux, dont les Pythagoriciens disent de façon métaphorique qu'elles sont le soleil et la lune[34]. Mais chez Empédocle, le soleil, bien présent au fr. 115 comme lieu de l'exil, n'est pas un lieu des Bienheureux. Disons même plus. Le soleil en tant que manifestation du feu[35] serait chez Empédocle proche de la Haine. C'est ce que l'on peut déduire du feu destructeur[36], d'une parole de Plutarque[37], et de l'identité du feu avec la racine divine Zeus, qui admet l'épithète de la foudre[38]. On aurait donc peine à imaginer que le soleil, si proche de ce qui sépare et ce qui détruit, puisse être un séjour des Bienheureux. Reste alors la lune, comme un lieu possible.

Les îles n'évoquent pas quelque chose d'aussi vague que le ciel ou l'éther, mais évoquent des corps célestes au sein d'un océan que serait l'éther. Après l'*acousma* pythagoricien, Plutarque, dans le *De genio Socratis* (591 C), semble lui aussi considérer la lune comme une île. Empédocle, au fr. 115.11, aurait déjà fait de même. Le fr. 115.11 suggère en effet un passage d'Homère, *Odyssée*, VI 115-117, qui par un détour nous signale l'île d'Ithaque tant désirée[39]. L'exil décrit dans le fr. 115.9-12 apparaît comme le voyage aux mille péripéties d'Ulysse. Chez Empédocle, il y a un retour des *daimones* sur une Ithaque loin de la terre, une Ithaque éthérée. Il faut admettre une transposition du plan terrestre au plan céleste. Nous verrons plus loin que l'histoire du retour d'Ulysse et le séjour possible d'Empédocle sur la lune ont pu inspirer Lucien.

Nous disons à la fois que la lune est le lieu naturel le plus probable des Bienheureux et à la fois qu'Empédocle ne s'est pas prononcé sur

---

34. Jamblique, *Vie de Pythagore*, 18.82.

35. Fr. 21.3, fr. 22.2, fr. 71.2, fr. 115.9

36. Fr. 109.2 : πῦρ ἀίδηλον.

37. Plutarque, *De primo frigido*, 952 B.

38. Fr. 6.2 : Ζεὺς ἀργής.

39. Dans ce passage, Nausicaa joue à la balle avec ses servantes, près de la bouche d'un fleuve. À un moment donné, la balle, mal envoyée par Nausicaa, tombe dans un tourbillon. Les servantes poussent des cris. Ulysse, à proximité, se réveille. Ulysse est sur une île, chez les Phéaciens, en chemin vers son île d'Ithaque. – Voir M. RASHED 2007 (Brill), p. 36-37. Les deux références, Hésiode (*Les Travaux et les Jours*, 171-172) et Homère (*Odyssée*, VI 115-117), ne s'excluent pas. Dans le cycle cosmique empédocléen, les formes vivantes en exil, sur le chemin du retour, passeraient de la terre à la lune puis de la lune au *Sphairos*.

ce point. Une question est alors immédiate : pourquoi Empédocle n'a-t-il rien dit ? Un premier type de réponse consisterait à avancer que l'Agrigentin n'a rien dit, car à ses yeux les choses étaient imprécises. La lune pouvait effectivement être possible, mais il n'excluait pas un autre lieu, la voie lactée par exemple. C'est une indétermination de fond. Un autre type de réponse serait une indétermination tactique. Empédocle a la conviction que la lune est le lieu unique, mais il juge qu'il est inhabile et non souhaitable de le dire. Il veut garder un certain mystère. Une nouvelle fois, pourquoi ?

La question est de l'ordre du religieux, un domaine où l'on ne dit pas tout, un domaine où il faut donner de soi pour trouver la réponse. Empédocle laisse des indices. C'est suffisant. Le disciple doit assimiler ce qui est dit, combler les vides, découvrir. Je crois que ce deuxième type de réponse est à retenir. Empédocle est resté silencieux dans un autre domaine, connexe, et me semble-t-il pour les mêmes raisons. Il s'agit de l'attribution des quatre racines divines (Zeus, Héra, *Aïdôneus*, *Nestis*) aux quatre éléments (feu, air, terre, eau) et d'autre part de l'identité de *Nestis*. Des indices permettent de penser que *Nestis* est Perséphone[40]. On se doute alors que l'on pourrait côtoyer la zone obscure des mystères éleusiniens, d'autant plus qu'un vers de l'Agrigentin suggère une certaine époptie (fr. 110.2) : εὐμενέως καθαρῇσιν ἐποπτεύσῃς μελέτῃσιν. Par ailleurs, chez l'Agrigentin, la lune concerne l'une des quatre racines divines (fr. 6). Elle serait le domaine d'Héra, l'air. Or, chez Empédocle, Héra est porte-vie (fr. 6.2 : φερέσβιος), elle serait par déduction l'air assembleur de nuées (fr. 149), ce qui l'associerait à l'eau et donc à *Nestis*-Perséphone[41]. De la lune on ne pourrait donc pas espérer d'Empédocle une voix explicite.

Lucien

Dès que l'on considère la lune comme lieu des Bienheureux chez Empédocle, certains propos de Lucien, dans l'*Icaroménippe*, semblent receler une part de vérité[42]. Empédocle, après sa mort dans l'Etna,

---

40. Après un article sur l'œil (fr. 84), qui révèle *Nestis*-Perséphone derrière κούρην (fr. 84.8), Rashed a montré dans un article récent (« De qui la clepsydre est-elle le nom ? Une interprétation du fragment 100 d'Empédocle », *Revue des études grecques,* 121, 2, 2008, p. 443-468), la présence de *Nestis*-Perséphone sous la figure de la jeune fille à la clepsydre (fr. 100).

41. Voir Picot 2000, p. 66-67. Ajoutons que φερέσβιος s'interprète ici comme ὀμβροφόρος. Au fr. 96.2 se lit l'expression « la brillance de *Nestis* ». Dans un article à paraître (*RPhA*, 26, 1, 2008), je défends l'idée que cette brillance désigne le mélange de l'eau et de l'air.

42. Lucien mentionne Empédocle dans plusieurs de ses œuvres : *Histoires vraies, Icaroménippe, La Mort de Pérégrinos, Le pêcheur ou les ressuscités, les Fugitifs,*

apparaît sur la lune, tel un démon lunaire (σεληναῖον δαίμονα)[43].
À Ménippe qui arrive sur la lune, Empédocle, tout charbonneux
(ἀνθρακίας τις ἰδεῖν), couvert de cendre (σποδοῦ ἀνάπλεως) et rôti
(κατωπτημένος), adresse les mots que le divin Ulysse (δῖος Ὀδυσσεύς)
adressait à Télémaque, lors du retour à Ithaque (*Odyssée*, XVI 187) :

> οὔτις τοι θεός εἰμι, τί μ' ἀθανάτοισιν ἐΐσκεις ;

À entendre ces paroles dans la bouche de l'Agrigentin, on pense
à deux fragments (frr. 146 et 147), qui formeraient une suite inin-
terrompue de vers, et qui clôtureraient les *Catharmes* :

εἰς δὲ τέλος μάντεις τε καὶ ὑμνοπόλοι καὶ ἰητροί	Fr. 146.1
καὶ πρόμοι ἀνθρώποισιν ἐπιχθονίοισι πέλονται,	
ἔνθεν ἀναβλαστοῦσι θεοὶ τιμῇσι φέριστοι.	3
ἀθανάτοις ἄλλοισιν ὁμέστιοι, αὐτοτράπεζοι	Fr. 147.1
ἐόντες, ἀνδρείων ἀχέων ἀπόκληροι, ἀτειρεῖς.	2

Pourquoi faire ce rapprochement ? Il est admis qu'après sa mort,
parvenu à la phase finale du périple des *daimones* dont parle le fr. 115,
Empédocle sera un des dieux aux honneurs les plus grands (fr. 146.3) ;
il se retrouvera donc parmi les Immortels (fr. 147.1). Lucien parle
de la phase finale du périple daimonique (Empédocle n'est plus sur
terre parmi les hommes – ἀνθρώποισιν ἐπιχθονίοισι –, il est confondu
avec un *daimôn* lunaire) ; il compare Empédocle à un dieu (θεός) et
aux Immortels (ἀθανάτοισιν), même si c'est pour souligner l'écart,
puisque l'Empédocle lunaire nie, tout comme Ulysse, être un dieu.

Pour être complet, il convient aussi de citer deux vers du fr. 112
qui viennent à l'esprit lorsque l'Empédocle de Lucien s'adresse à
Ménippe. Voici ces vers (fr. 112.4-5) :

> χαίρετ'· ἐγὼ δ' ὑμῖν θεὸς ἄμβροτος, οὐκέτι θνητός
> πωλεῦμαι μετὰ πᾶσι τετιμένος, ὥσπερ ἔοικα

Empédocle était considéré comme un dieu (θεὸς ἄμβροτος) à
Agrigente ou dans d'autres villes. Dans cette citation, Empédocle
était vivant parmi les mortels, ce qui n'est pas la situation d'Empédocle après sa mort dans l'Etna. De fait, si les paroles d'Empédocle
sur la lune font penser aux vers 4 et 5 du fr. 112, il faudrait y voir
une certaine malice. Empédocle dirait : « Pas plus là qu'ailleurs, pas
plus sur la lune que sur terre, je ne suis un dieu sur le modèle
des Immortels d'Homère et d'Hésiode »[44].

Le Dialogue des morts. Lucien ne mentionne pas Plutarque. Avait-il lu certaines
de ses œuvres ?

43. Lucien, *Icaroménippe*, §§ 13-14.

44. Souvenons-nous qu'Empédocle ne croit pas aux Immortels d'Homère et
d'Hésiode. Ses Immortels (fr. 147) rejoindront, après un certain temps, le monde

Lucien ne dit pas que la lune, pour Empédocle, est le séjour des Bienheureux. Mais dans la mesure où Empédocle, après sa mort, apparaît sur la lune, on supposera que pour l'Agrigentin la lune est le séjour des Bienheureux qu'il croyait rejoindre à la fin de son périple daimonique.

Lucien dit ailleurs (*Histoires vraies*, II, § 21) qu'Empédocle n'a pas été accepté sur l'île des Bienheureux, une île terrestre dont témoigne Hésiode, où, chez Lucien, se retrouvent nombre de héros troyens (Ménélas, Ajax, Achille, Ulysse, Nestor), de poètes (Homère, Hésiode, Eunomos, Arion, Anacréon, Stésichore) et certains philosophes (Socrate, Épicure, Diogène, Pythagore). Cela n'étonnera pas. La lune où Empédocle réside n'est pas l'île dont parle Hésiode (et où se trouve Hésiode !). Reste tout de même le cas de Pythagore qui devrait lui aussi se trouver, avec Empédocle, sur la lune (en vertu de l'*acousma* sur les îles des Bienheureux). Lucien a-t-il voulu nous dire qu'Empédocle est en marge de la tradition, au point même d'être séparé de Pythagore, rejeté des vrais Bienheureux pour s'être lui-même mis à l'écart de la tradition[45] ? C'est probable. Il existe entre Pythagore et Empédocle une notable divergence de point de vue concernant le soleil. Le soleil, astre apollinien, est valorisé par Pythagore et par de multiples traditions. Il ne l'est pas par Empédocle, qui le rattacherait au feu destructeur, ainsi que nous l'avons déjà signalé. Les bouffonneries de Lucien ne sont donc apparemment pas vides de contenu historique. Elles exploiteraient certaines suggestions des *poèmes* de l'Agrigentin. Le comique viendrait du fait que

---

des mélanges mortels (fr. 35.14-15). Qu'Empédocle sur la lune dise qu'il n'est pas un dieu (οὔτις τοι θεός εἰμι) et qu'il ne peut pas être comparé aux Immortels de la tradition (τί μ' ἀθανάτοισιν ἐΐσκεις) n'est donc pas aussi surprenant qu'il y paraît. Il y a déjà une forme de malice chez Homère quand celui-ci dit du « divin » Ulysse qu'il n'est pas un dieu. Avec la réplique d'Empédocle empruntée à Ulysse, Lucien joue du comique de la situation et signale que la présence d'Empédocle sur la lune équivaut à la fin d'une odyssée, au retour d'Ulysse à Ithaque. Dans l'*Odyssée*, lorsqu'il s'adresse à Télémaque, Ulysse apparaît dans toute sa splendeur : il a des vêtements propres, il a belle allure. Dans l'*Icaroménippe*, Empédocle, s'adressant à Ménippe, est charbonneux et couvert de cendre. L'inversion est comique – toutefois, le fait d'être sur la lune, et non pas sur la terre, donne à croire au divin. Par ailleurs, à la différence de Télémaque, Ménippe n'a pas l'impression d'avoir face à lui « un des dieux, maîtres des champs du ciel ». Empédocle prête à Ménippe le regard de Télémaque face Ulysse. L'exagération est d'autant plus comique qu'Empédocle veut apparaître modeste. N'excluons pas que la réplique d'Ulysse pourrait être devenue un bon mot : voir l'adresse d'Aphrodite à Anchise (*Hymne homérique à Aphrodite,* I, 109) et la marque de mesure et de modestie chez Plutarque (81 D4, 543 D5).

45. Rappelons les paroles de Bollack 2003, p. 9, paroles introductives d'une partie intitulée « Une action subversive » : « Les *Catharmes* marquent une rupture complète avec la tradition culturelle, que l'on pourrait appeler aussi bien littéraire que religieuse. »

la fantaisie du conteur n'est pas totale, mais procède ça et là par allusions.

Lucien nous entraîne encore plus loin. Diels avait remarqué dès 1901[46] que le fr. 146 pouvait être un écho de l'*Odyssée* XVII 384-385. Rappelons déjà les vers du fr. 146, cités par Clément d'Alexandrie[47] :

εἰς δὲ τέλος μάντεις τε καὶ ὑμνοπόλοι καὶ ἰητροί
καὶ πρόμοι ἀνθρώποισιν ἐπιχθονίοισι πέλονται,
ἔνθεν ἀναβλαστοῦσι θεοὶ τιμῇσι φέριστοι.

Et rappelons l'*Odyssée* XVII (v. 382-385) quand le porcher Eumée s'adresse aux prétendants :

τίς γὰρ δὴ ξεῖνον καλεῖ ἄλλοθεν αὐτὸς ἐπελθὼν ἄλλον γ', εἰ
μὴ τῶν, οἳ δημιοεργοὶ ἔασι;
μάντιν ἢ ἰητῆρα κακῶν ἢ τέκτονα δούρων,
ἢ καὶ θέσπιν ἀοιδόν, ὅ κεν τέρπῃσιν ἀείδων.

En dehors du charpentier (τέκτονα δούρων[48]), que l'on ne retrouve pas chez Empédocle, il faut bien reconnaître que le devin, le médecin et l'aède – que l'on peut considérer comme appartenant au même genre que les faiseurs d'hymnes (ὑμνοπόλοι[49]) – forment un point commun remarquable entre Homère et Empédocle. On a tout lieu de croire que les auditeurs d'Empédocle, pétris d'Homère, faisaient ce rapprochement. Certes, il est fréquent de trouver ensemble le devin et le médecin. Les deux fonctions sont intimement liées à Apollon[50]. Elles se trouvent même au fr. 112.10-11, lorsqu'Empédocle dit :

οἱ μὲν μαντοσυνέων κεχρημένοι, οἱ δ' ἐπὶ νούσων
παντοίων ἐπύθοντο κλυεῖν εὐηκέα βάξιν

---

46. H. DIELS, *Poetarum philosophorum fragmenta*, Berlin, Weidmann, 1901, p. 165.

47. Clément d'Alexandrie, *Stromate* IV, 150.1. Théodoret fait la même citation (*Graecarum affectionum curatio*, VIII, 36).

48. Le mot δούρων, génitif pluriel de δόρυ, signale que l'artisan ou le charpentier (τέκτων) travaille sur des bois qui pourraient être des bois de navire. Dans l'*Iliade*, le mot τέκτων est employé avec le mot δόρυ (XV, 410-411) : il sert à désigner le charpentier expert qui travaille sur le bois des navires (δόρυ νήϊον).

49. ὑμνοπόλος est un terme rare à l'époque classique. Avant Empédocle, et dans le corpus à notre disposition, il ne se trouve qu'une fois, chez Simonide (*Epigrammata*, LXVII CAMPBELL = *Anthologie palatine*, 7.25.2). Le terme ὑμνοπόλος sert, là, à désigner Anacréon.

50. Le médecin est parfois appelé μάντις. Le terme ἰατρόμαντις, en liaison avec Apollon, est utilisé par Eschyle (*Suppliantes*, 263 ; *Euménides*, 62). Voir les références bibliographiques concernant le ἰατρόμαντις chez C. MACRIS, « Pythagore, un maître de sagesse charismatique de la fin de la période archaïque », dans FILORAMO, G. (dir.), *Carisma profetico: fattore di innovazione religiosa*, Brescia, Morcelliana, 2003, p. 243-289, à la page 249. – Chez Lucien, *Icaroménippe*, 24, Zeus roi (βασιλέα σε πάντων εἶναι θεῶν), devin et médecin (μάντις, ἰατρός), suggère deux fonctions d'Apollon.

La foule qui considère Empédocle comme un dieu immortel attend de lui qu'il soit devin et médecin. Mais – pour en revenir à l'*Odyssée* XVII 382-385 – ce qui est moins fréquent, c'est l'ajout de l'aède (ἀοιδόν) au couple devin/médecin – même si l'on accordera que l'aède est lui aussi lié à Apollon[51]. D'où l'intérêt de ce passage homérique qui a pu inspirer Empédocle.

Aucun commentateur d'Empédocle n'a procédé jusqu'ici à une analyse de la signification possible de la reprise par l'Agrigentin du passage de l'*Odyssée*. Ce passage livre une clé importante, notamment en relation au propos de Lucien. Écoutons encore Eumée (vers 387) :

πτωχὸν δ᾽ οὐκ ἄν τις καλέοι τρύξοντα ἓ αὐτόν.

À qui Eumée fait-il allusion en parlant d'un gueux (πτωχόν) ? À Ulysse – tout le contexte l'atteste[52]. Or en *Iliade* VII 168, Ulysse, le dernier nommé, est, face à Hector (vers 75, 169) et comme Agamemnon (vers 116, 162), un πρόμος – à savoir un chef. Sur l'île d'Ithaque, derrière le visage et l'accoutrement d'un gueux, face aux prétendants, se tient Ulysse, roi, et donc πρόμος – mais ni Eumée ni les prétendants ne le savent. Ainsi, l'*Odyssée* fournit un passage où, avec certes de l'imagination et en sachant ce qu'Eumée ignore encore, on peut lire le devin, le médecin, le charpentier, le poète, et Ulysse πρόμος. En comparaison avec le fr. 146, il existe un terme de trop : le charpentier.

Comme nous allons le voir, le mot τέκτων, à première vue dérangeant dans la liste homérique que l'on voudrait comparer à celle d'Empédocle, semble tisser un lien supplémentaire entre l'Empédocle historique, Ulysse et l'Empédocle de Lucien. Comment est-ce possible ?

Dans l'*Icaroménippe*, l'aide d'Empédocle à Ménippe concerne la vue : Empédocle aide Ménippe à voir ce qui se passe sur terre. Par un moyen quasiment magique – battre de l'aile droite, qui est une aile d'aigle –, il donne à Ménippe la vision perçante de l'œil droit d'un aigle. Or, ce qui concerne la vue chez Empédocle renvoie immanquablement à un long fragment (fr. 84) dont Aristote est notre témoin[53], et que Lucien pouvait avoir lu. Récemment, M. Rashed a édité d'une nouvelle façon le fr. 84 d'Empédocle, en y insérant judicieusement le fr. 87. Il a montré que ce nouveau fr. 84 venait

---

51. Chez Lucien, trois métiers d'Apollon sont énoncés (*Assemblée des dieux*, 16) : μάντις, κιθαρῳδός, ἰατρός.

52. *Odyssée* XIII 434-435, XVI 208-210, 272-273, XVII 201-202, 220, 337.

53. Aristote, *De sensu*, 437 b 26 – 438 a 3. – La vue renvoie aussi chez Empédocle au fr. 110.2 : ἐποπτεύσῃς. Un tel mot met en contact avec les mystères éleusiniens. Empédocle apprend à Pausanias à voir. L'Empédocle de Lucien apprend à Ménippe à voir. Voir à partir de la lune, comme le fait l'Empédocle lunaire, ce serait aussi voir de haut et d'un au-delà. Je ne m'aventurerai pas plus loin.

en écho au passage de l'*Odyssée* où Ulysse construit un radeau pour revenir sur Ithaque (chant V 247-259)[54]. Le mot τεκτοσύνη est utilisé dans ce passage (au génitif pluriel, τεκτοσυνάων, vers 250). Le travail d'Ulysse serait ici celui d'un τέκτων. L'Empédocle historique aurait donc appuyé sa description de l'œil sur le travail d'Ulysse, agissant momentanément en τέκτων – c'est ce que nous laisse entendre Rashed[55]. Souvenons-nous que selon Lucien la présence d'Empédocle sur la lune est comparée au retour d'Ulysse à Ithaque. Mais il y a un autre point remarquable. Pour signaler que l'œil droit d'un aigle suffit pour bien voir, Lucien parle incidemment des menuisiers (*Icar.* 14.27, τέκτονας) qui ne se servent que d'un œil pour ajuster des pièces de bois à la règle.

Parce qu'Eumée mentionne le τέκτων δούρων en présence du gueux qu'est Ulysse nous sommes induits à faire un seul personnage du τέκτων et d'Ulysse[56]. Si nous avions disposé de la liste μάντιν, ἰητῆρα, τέκτονα δούρων, ἀοιδόν en dehors de l'*Odyssée* ou dans un passage où Ulysse n'est pas d'une certaine façon présent, nous n'aurions eu aucune légitimité pour avancer qu'Empédocle a substitué le πρόμος au τέκτων. Mais avec cette substitution, la lecture du fr. 146 devient plus claire. Les πρόμοι désigneraient les hommes de talent, tels Ulysse, qui sont sur le chemin du retour vers leur patrie, entendons leur patrie céleste.

Nous n'avons pas épuisé le sens à tirer du fr. 146. Toutefois, avant d'aller plus loin, il convient de conclure notre propos sur la lune. Lucien parle d'Empédocle comme d'un *daimôn* – ce qui a pour résonance immédiate la démonologie du fr. 115. Il fait jurer Empédocle « par Endymion » (Ἀλλὰ μὰ τὸν Ἐνδυμίωνα), l'homme qui s'unit avec la Lune et qui dans une autre légende s'est épris d'Héra, avec cette coïncidence pour le moins troublante que chez Empédocle la lune, faite d'air ou d'éther, est précisément l'élément dont Héra est la racine divine[57]. Il imagine que Ménippe priera, en pensant à Empédocle, bouche ouverte, tourné vers la lune (πρὸς τὴν σελήνην [...] ἐγχανών), au moment des Néoménies (ταῖς νουμηνίαις), ce qui répète le lien d'Empédocle avec la lune. Il ne mentionne que la présence d'Empédocle sur la lune, écartant ainsi toutes possibilités de brouiller les pistes avec d'autres noms. Il fait montre d'une certaine connaissance de la philosophie de l'Agrigentin : à titre d'exemple, Ménippe équipé d'une aile de vautour et d'une aile d'aigle rappelle

---

54. M. Rashed 2007 (Brill), p. 33-37.

55. *Ibid.*, p. 34-35.

56. Rappelons que le τέκτων δούρων travaille sur des bois qui pourraient être des bois de navire (n.48, p. 13, *supra*). On peut penser à Ulysse construisant un radeau pour revenir sur Ithaque.

57. Fr. 6.2. Sur l'attribution Héra = air = éther, voir Picot 2000, p. 62, 67.

les monstres du fr. 61 ; et l'œil droit qui acquiert la vue de l'aigle quand l'aile d'aigle s'agite rappelle la théorie des semblables ; l'attitude compatissante de l'Empédocle lunaire à l'égard de Ménippe, au bord des larmes (13.7) de ne pouvoir distinguer les détails sur terre, rappelle l'attitude d'Empédocle, sensible au malheur d'autrui, qui se lit aux frr. 2.2, 62.1, 110.6-7, 112.8-12, 124. Comment, enfin, ne pas saisir une nouvelle allusion, cette fois-ci au fr. 2.4 (destinés à une mort rapide, les hommes s'envolent, comme s'envole la fumée : ὠκύμοροι καπνοῖο δίκην ἀρθέντες ἀπέπταν), quand Lucien dit d'Empédocle, sachant marcher dans les airs (13.7 : ἀεροβατῶν) à la différence des mortels, qu'il disparaît en fumée (ἐς καπνὸν ἠρέμα διελύετο)[58] ? L'honneur que le comique fait à l'Agrigentin est déjà grand. Puis Lucien énonce les doléances de la Lune envers les philosophes – une parodie d'un passage des *Nuées* d'Aristophane (v. 607-626) – qui, à mots couverts, vise Parménide mais aussi Empédocle[59]. La Lune se plaint notamment que l'on dise d'elle qu'elle est habitée (*Icar.* 20.12, κατοικεῖσθαί)[60]. Mais est-ce là infondé ? Empédocle n'habite-t-il pas sur la lune (*Icar.* 13.16-17 : καὶ νῦν ἐν τῇ σελήνῃ κατοικῶ) ? Pourquoi la Lune dénonce-t-elle alors de prétendues choses aberrantes (δεινά) dans la bouche des philosophes, visant implicitement Empédocle sous ce pluriel, alors que ce dernier et d'autres semblent dire la vérité ? Pour toute réponse, il faudrait se taire à propos de la Lune. La Lune se tait à propos des choses qu'elle voit sur terre – or elle voit ce qui est vrai. Elle attendrait qu'en contrepartie les philosophes se taisent sur son compte. Elle veut vivre en paix (21.24). En paix, c'est vivre loin des mortels comme les Immortels du fr. 147. Lucien montre en

---

58. Pour parler des hommes qui meurent, Empédocle utilise au fr. 2.4 καπνός dans une comparaison en écho à Homère (*Iliade* XXIII 100). Lucien utilise la légende de la mort d'Empédocle dans l'Etna pour introduire la fumée (*Icaroménippe*, 13.15, 13.24) et fait disparaître discrètement Empédocle en fumée (*Icaroménippe*, 15.1) ; cette fois-ci il ne s'agit plus de la mort d'un mortel comme dans le fr. 2.4. Chez Empédocle, il y a une comparaison (spécifiée par δίκην au fr. 2.4), chez Lucien, il n'y a plus de comparaison, il reste seulement un jeu avec les mots.

59. Le poème sur la *Physique* atteste qu'Empédocle s'est intéressé à la lune. Empédocle considère que la lune reçoit sa lumière des rayons du soleil (frr. 42, 43, 45) ; les paroles que Lucien prête à la Lune (*Icaroménippe*, 20.15-16) vont dans ce sens (fr. 45). Ainsi, quand il dit que les philosophes n'ont de cesse d'imaginer une brouille entre le Soleil et la Lune, un écho empédocléen est possible, et ce pour deux raisons. (1) Le fr. 40 dit « Soleil aux traits acérés et Lune bienveillante ». De la part du Soleil, il y a là une pointe d'agressivité, que la Lune reçoit. (2) Si l'on considère que les racines divines du fr. 6, à savoir Zeus, Héra, *Aïdôneus* et *Nestis*, ont comme référence visible le Soleil, l'Air (dont la Lune faite d'air pour Empédocle), la Terre, la Mer ou la Pluie, on conçoit que chez Empédocle le Soleil et la Lune sont dans le rapport de Zeus et d'Héra, frère et sœur dont les chamailleries sont connues.

60. Voir aussi *Icaroménippe*, 7.

divers endroits que ses propos sur l'Agrigentin ne sont pas de pure fantaisie.

Selon Plutarque, le séjour des Bienheureux est le ciel et la lune. Selon les pythagoriciens, ce séjour est le soleil et la lune. Pour Lucien, Empédocle, vivant une nouvelle vie après la fin de sa vie éphémère dans l'Etna, réside désormais sur la lune. Le filet s'est resserré. Plutarque n'a pas suivi les pythagoriciens, puisqu'il ne mentionne pas le soleil mais le ciel, à côté de la lune. Lucien ne rapporte pas le ciel, mais seulement la lune. Je retiens, sinon comme certain, au moins comme hautement vraisemblable, le fait que la lune a été conçue par Empédocle comme séjour des Bienheureux.

Plutarque et Lucien ont-ils pu puiser à la même source l'idée que le séjour des Bienheureux est la lune ? Plutarque s'intéresse surtout à la chute hors du séjour des Bienheureux (De exilio). Nulle part dans ses œuvres parvenues jusqu'à nous il ne mentionne la mort possible d'Empédocle dans l'Etna, ni sa montée vers le séjour des Bienheureux. Plutarque semble tirer son affirmation οὐρανοῦ καὶ σελήνης des vers 9-11 recueillis sous le fr. 115, au début des Catharmes. Il commente brièvement, et par deux fois, ces vers, ailleurs que dans le De exilio ; toutefois on peut croire qu'il les a en tête lorsqu'il rédige le De exilio et affirme que les âmes en exil viennent du ciel et de la lune. Si – comme je le crois – c'est la présence de l'éther au début et à la fin du cycle daimonique (vv.9 et 11) qui permet de déduire le séjour céleste des Bienheureux, alors Plutarque n'ignore pas que la fin du cycle est le lieu « naturel » des daimones, qu'il vaudrait mieux appeler Bienheureux en ce lieu. Enfin, Plutarque, comme bien d'autres, associe Pythagore et Empédocle (De esu carnium, II, 997 E 7-8, 998 A 5-6). Un acousma pythagoricien fait du soleil et de la lune les îles des Bienheureux. Chez Empédocle, il ne saurait être question de retenir le soleil, assurément une étape de l'exil (fr. 115.11). En revanche, la lune peut être retenue.

Rien n'atteste que Lucien ait lu Plutarque (jamais mentionné dans ses œuvres)[61]. Lucien ne s'intéresse pas à la chute ici-bas mais à la montée fumeuse de l'Etna à la lune, puis au séjour d'Empédocle dans cet en-haut. Il donne dans le pittoresque et le fantastique. La légende de l'Etna, qu'elle soit vraie ou fausse, l'amuse. Mais, par ailleurs, il montre une certaine connaissance des vers d'Empédocle. Comme d'autres, il associe Empédocle à Pythagore (Histoires vraies, II, 21.5-6). De là, on ne peut pas exclure qu'il déduise, lui aussi, l'existence d'un Bienheureux sur la lune à partir d'une lecture des vv.

---

61. Lucien (120-180) pouvait avoir lu un auteur comme Plutarque (46-120), à la fois célèbre de son vivant et laissant une œuvre importante. Force est de constater cependant qu'il ne le mentionne pas.

9-11 et de l'*acousma* pythagoricien. Mais il serait encore plus vrai-semblable qu'il ait lu quelque ouvrage, perdu pour nous, qui dans le prolongement du travail de Plutarque sur Empédocle reprenait brièvement ce sujet. La drôlerie de Lucien, qui consiste à transporter, grâce aux fumées ascendantes de l'Etna, Empédocle sur la lune, serait son apport personnel.

L'autoportrait

Nous avons mis en parallèle le périple daimonique d'Empédocle et le périple d'Ulysse, en soulignant qu'Ulysse est un πρόμος, ce même πρόμος qui, pour Empédocle, serait l'un des quatre types d'homme en voie de divinisation (fr. 146). Cette approche nouvelle va à l'en-contre de commentaires établis de longue date.

En introduisant les vers du fr. 146, Clément écrit : « Empédocle déclare aussi que les âmes des sages [τῶν σοφῶν τὰς ψυχάς] deviennent des dieux » (trad. C. Mondésert). En dehors de Clément d'Alexandrie, des voix modernes prônent l'éthique exemplaire des « sages » du fr. 146. D'abord, E. Zeller : « Les hommes pieux retourneront près des dieux[62] », « Les meilleures [âmes] s'élèveront en dernier lieu à la dignité de prophètes, de poètes, de médecins et de princes[63] ». E. Rohde introduit l'idée qu'Empédocle se prenait comme modèle[64] : « La dignité royale lui [= Empédocle] fut offerte lui-même, mais il la refusa [...]. Il pouvait néanmoins, et à bon droit, se considérer aussi comme l'un des πρόμοι en matière de gouvernement, car il est évident qu'il se mettait lui-même, et avant tous autres, parmi ceux qui étaient nés εἰς τέλος, en tant que μάντεις τε καὶ ὑμνοπόλοι καὶ ἰητροί, καὶ πρόμοι ἀνθρώποισιν ἐπιχθονίοισι πέλονται, pour ne plus renaître ; bien plus, qu'il se tenait lui-même pour le modèle de cette suprême et dernière condition sur terre. Il était tout cela en même temps. » G. Zuntz, commentant le fr. 146, affirme que le sommet de parfaite humanité atteint par Empédocle « *bears essentially Apollinian features : healers and seers, leaders of men and founders of cities, poets and musicians – all of them upholders of purity*[65] ». M. R. Wright (1981) écrit : « *It is*

---

62. Zeller 1882, p. 248.

63. *Ibid.*, p. 249.

64. E. Rohde, *Psyché : le culte de l'âme chez les Grecs et leur croyance à l'immortalité*, traduit de l'allemand. par A. Reymond à partir de la 10ᵉ édition (1925) de *Psyche*, Paris, Payot, 1928, p. 412, n.4.

65. G. Zuntz, *Persephone. Three essays on religion and thought in Magna Graecia*, Oxford, Clarendon Press, 1971, p. 234. Ce n'est sans doute pas innocemment que Zuntz écrit dans une note de bas de page (p. 232) : « *The similarity with Od. 17. 384 (cited by Diels) is, I suppose, purely accidental.* » Zuntz a besoin d'ex-clure *Od.* 17. 384 de façon à conclure que les types humains du fr. 146 sont

probable that E. supposed all four types of life to be united in himself[66] ».
Et pour que le doute ne subsiste pas, elle poursuit : « πρόμοι: *not
the Homeric* πρόμαχοι *but the statesman and leader in peace* »[67]. On citerait encore d'autres commentateurs[68]. Mais à quoi bon les citer
tous ? Empédocle a modelé à son image celui qui s'élèvera au rang
des dieux, tel est aujourd'hui le consensus. Et pourtant, les vers du
fr. 146 ne disent pas cela. Rien ne permet en effet de croire que
devins, faiseurs d'hymnes, médecins et chefs suivent tous les purifications prônées par Empédocle. Néanmoins, par leur talent, leur autorité, leur notoriété, par ce qui les distingue du commun des mortels,
ces quatre types d'hommes accèderont au rang honoré des dieux[69],
au rang des Bienheureux du fr. 115.6.

Wright insiste sur le fait que les πρόμοι du fr. 146.2 ne peuvent
pas être les πρόμαχοι. Elle ne prend pas la peine de justifier sa position, comme si l'évidence devait sauter aux yeux. On devine qu'elle
veut inclure Empédocle parmi d'inoffensifs πρόμοι, car les quatre

apolliniens et dessinent le profil d'Empédocle. Mais l'exclusion est trop facile !
– P. KINGSLEY (*Dans les antres de la sagesse : études parménidiennes*, traduit de l'anglais
par H.D. SAFFREY, Paris, Les Belles Lettres, 2007, p. 185) reprend la position de
ZUNTZ et finit en écho à ROHDE (n.64, p. 17, *supra*) : « Il [= Empédocle] les vivait
toutes [les quatre fonctions] ».

66. M.R. WRIGHT 1981, p. 291.

67. N. VAN DER BEN disait déjà en 1975 (*The Proem of Empedocles' Peri physios:
towards a new edition of all the fragments*, Amsterdam, B. R. Grüner, 1975 p. 223) :
« πρόμοι : *this is a typically Epic word, in Homer it being always equivalent to* πρόμαχοι,
which bloody profession of course is out of the question here ».

68. Par exemple, B. INWOOD, *The Poem of Empedocles. A text and translation with
an introduction by B.I.*, Toronto-Buffalo-Londres, 1992, p. 64, n.155 : « (fr. 146)
*exactly matches the lofty status Empedocles has already achieved in his own life: a prophet,
poet, doctor, and political leader* ». S. TRÉPANIER, *Empedocles: an interpretation*, New York-
Londres, Routledge, 2004, p. 74, p. 219 n.5 : « *These lines have an autobiographical
ring to them, for the four summits of human excellence Empedocles mentions correspond to
capacities he was thought to have united in his person.* » C. MACRIS, « Becoming divine by
imitating Pythagoras? », *Mètis*, 4, 2006, p. 297-329, à la page 299 n.9. – Comparons
avec les personnages, maîtres en leur art, appelés à un destin de Bienheureux,
que nomme Pindare (fr. 133 BERGK) : des rois admirables, des hommes vigou-
reux et rapides, des hommes de grande sagesse. Dans la deuxième *Olympique*,
Pindare promet aux âmes pures de mal de prendre la route de Zeus, qui mène
à l'île des Bienheureux. Au rang de ces âmes, il y a Pélée, Cadmos, Achille. Ces
personnages avaient-ils également des « âmes pures de mal » aux yeux d'Empédocle ? On peut en douter. Les rois admirables dont parle Pindare suggèrent
les πρόμοι d'Empédocle. Platon (*Phèdre*, 248 D) cite un roi qui obéit à la loi ou
qui est doué pour la guerre, dans une liste des incarnations allant de la meilleure
(l'ami du savoir, ou de la beauté) à la plus mauvaise (l'homme tyrannique). Ici,
le roi vient en deuxième position, après l'ami du savoir, ou de la beauté. La *Korè
Kosmou* (*Corpus hermeticum*, fr. XXIII) ne manque pas de citer les rois justes (*Corpus
hermeticum*, fr. XXIII, 42) parmi les incarnations qui mènent au divin. Par rapport
à la divinisation la mention du roi ou du πρόμος est une banalité.

69. Cf. MACRIS 2006, p. 299 n.9.

fonctions (μάντεις, ὑμνοπόλοι, ἰητροί, πρόμοι) doivent selon elle
correspondre à Empédocle. Mais il est permis d'avancer que pour
Empédocle le chemin qui mène aux Bienheureux n'est pas uniquement le sien. Il faut déjà rappeler un fait majeur : Empédocle utilise
des pluriels (μάντεις, ὑμνοπόλοι, ἰητροί, πρόμοι). Il ne met pas clairement d'exclusive dans le choix des μάντεις ou d'autres en voie de
divinisation. Si bien que dans le cas où tous les μάντεις ne seraient pas
visés, un flou subsisterait néanmoins quant au choix des μάντεις qui
seraient exclus du fr. 146. L'important serait le seul fait d'avoir un rôle
valorisé et de premier plan, dans la société des hommes. Empédocle
se contenterait d'un certain flou. La loi qui régit la progression de
la réincarnation est de la compétence des dieux qui provoquent l'exil
et qui en suivent le déroulement. Elle se trouverait à la limite de
ce que les hommes peuvent savoir. Empédocle pouvait connaître
les grandes orientations de cette loi, mais rester ignorant des détails.

Les dieux sont comblés d'honneur. De par leur excellence,
les quatre types d'hommes du fr. 146 peuvent connaître certains
honneurs parmi les hommes, puis ils se réincarneront – si cette
expression est permise – en dieux. Il est encore permis de croire, en
fixant le regard sinon sur les honneurs, au moins sur la considération
et le respect dus aux meilleurs, que les lions parmi les bêtes sauvages
(ἐν θήρεσσι, fr. 127) et les lauriers parmi les arbres aux beaux feuillages (fr. 127.2) sont les bonnes réincarnations[70] qui permettront de
renaître en tant qu'hommes honorés. Le simple fait que les lions, rois
redoutés pour leur force et leur férocité, appartiennent à la chaîne
des bonnes réincarnations confirme, s'il en était besoin, que les quatre
types humains du fr. 146 renvoient à des lieux communs de l'honneur
et de la considération[71], qu'Empédocle reprend à son compte. À ceux
qui, à la suite de Zuntz, voudraient ne voir ici et là que des figures
d'Apollon, les lions feraient au moins problème, car ils ne sont pas
dédiés à Apollon[72].

---

70. Élien est notre unique source du fr. 127 (*Des animaux*, XII, 7). Il est
utile de lire ce qu'Élien rapporte de la déification des lions en Égypte, avant
d'introduire et de citer les vers d'Empédocle, pour comprendre le sens possible
de ces vers.

71. Lisons Xénophon, *De republica lacedaemoniorum*, 13.6.3 – 7.5. Dans ce texte
sont nommés le roi (ὁ βασιλεύς) et ceux des égaux qui logent près du roi :
les devins (μάντεις), les médecins (ἰατροί), les joueurs de flûtes (αὐληταί) notamment. Le roi qui prend la tête du premier corps d'armée (λαβὼν τὸ ἄγημα τῆς
πρώτης μόρας ὁ βασιλεύς) est un πρόμος, pour utiliser le langage d'Empédocle.
Les devins et médecins font couple, comme chez Empédocle. Les joueurs de
flûte, que l'on ne confondra certes pas avec des ὑμνοπόλοι, pourraient avoir en
commun la musique.

72. ROHDE, dès la première édition de *Psyche* en 1894 (Fribourg-en-B.-Leipzig,
J.C.B. Mohr [Paul Siebeck], 1894), considérant des naissances plus pures et
meilleures au fil des réincarnations, portait en note (n.3, p. 474 de l'édition

Dans le fr. 146, Empédocle ne parle pas avant tout de lui, comme Rohde l'a défendu et comme d'autres l'ont répété après lui. Le modèle suprême pour un homme ne consiste pas à réunir les quatre métiers honorés pour aspirer devenir un dieu. Empédocle n'est pas tombé dans une autocélébration de son génie. Certes, il est vrai qu'il fut devin et médecin. Il est vrai aussi qu'il fut poète, mais fut-il un ὑμνοπόλος, comme Anacréon fut un ὑμνοπόλος[73], poète léger, poète de cour, chanteur de l'amour et du vin ? Empédocle désigne lui-même sa poésie par le terme ὕμνοι (fr. 35.1 : ἐλεύσομαι ἐς πόρον ὕμνων)[74]. Mais il célèbre peu[75]. Il décrit le monde. Il dénonce le mal. Il s'en prend aux dieux olympiens notamment (fr. 128.1-3). Enfin, Empédocle fut-il un πρόμος ? Fut-il un chef ? Il a pu montrer de l'autorité et être suivi, par certains, dans ses projets. Mais est-ce là être un πρόμος ? Se percevait-il lui-même comme un πρόμος – comme l'affirme Rohde – au point de retenir cette caractéristique parmi d'autres dans ce qui serait son autoportrait ? Voilà des questions que je laisserai sans réponse. Signalons simplement qu'Empédocle se limite à quatre types humains, tout compte fait assez conventionnels, alors que pour son portrait il aurait pu ajouter le ῥήτωρ, le διδάσκαλος, le καθαρτής, l'εὑρέτης, l'εὐεργέτης.

---

allemande) : « *Phantastisch* v. 448f. (*Löwe, Lorbeer*) ». Pour sûr, les lions étonnent, si la réincarnation obéit à l'éthique empédocléenne !

73. Je renvoie ici à une référence fournie dans une note précédente sur Simonide (n.49, *supra*). Dans le fr. 146, le mot ὑμνοπόλος, rare et spécifique, mérite attention. L'Agrigentin affectionne une figure aujourd'hui désignée sous le nom de synecdoque particularisante : le terme pittoresque d'une espèce est choisi pour désigner un genre qui inclut cette espèce. Ainsi ὑμνοπόλος (terme précis) servira-t-il, pour Empédocle, à désigner un poète en général. La précision débouche sur un ensemble au contour un peu vague. – Exemples de synecdoques particularisantes chez Empédocle : le soleil pour dire le feu (fr. 21.3, fr. 71.2), la pluie pour dire l'eau (fr. 21.5, fr. 73.1, fr. 100.12), la mer pour dire l'eau (fr. 22.2), les κύμβαι pour désigner les oiseaux en général (fr. 20.7), les καμασῆνες pour désigner les poissons (frr. 72, 74.1), ὄζος pour dire oreille (fr. 99 : voir J.-C. PICOT, « Sur un emprunt d'Empédocle au *Bouclier* hésiodique », *Revue des études grecques* 111, 1, 1998, p. 42-60, à la page 53). – Aristophane dans les *Nuées* (331-334) semble rebondir sur le mot composé qu'utilise Empédocle. L'auteur comique invente ses propres noms de métiers. Je remercie Marwan RASHED de m'avoir signalé ce passage et son commentaire dans l'ouvrage d'A. WILLI, *The languages of Aristophanes: aspects of linguistic variation in classical attic Greek*, Oxford, Oxford University Press, 2003, p. 109-111.

74. Sur le travail hymnique d'Empédocle, lire G. NAGY, « Hymnic elements in Empedocles (B 35 DK = 201 BOLLACK) », *Revue de philosophie ancienne*, 24, 1, 2006, p. 51-62.

75. On retiendra les parties hymniques de ses poèmes consacrées à l'Amour et à sa Muse. Et son *Hymne à Apollon* (Diogène Laërce, *Vies et doctrines*, VIII, 57), dont il ne nous reste toutefois rien.

Le parjure

Empédocle prône l'Amour, mais reconnaît la puissance de la Haine. Il lui accorde des honneurs (fr. 30.1-2), notamment au temps où il vit[76]. Cela ne l'empêche pas de dénoncer l'aveuglement des hommes face à la Haine et à ses méfaits. On sait qu'Empédocle juge le comportement de chaque homme face aux sacrifices sanglants, face au meurtre, face au respect de la vie (frr. 136, 137). Il croit en Cypris-reine et non pas en Zeus-roi et en son fils Arès (fr. 128). À cette aune, certains hommes – qu'ils fassent partie des quatre types notables du fr. 146 ou pas – partagent les valeurs d'Empédocle, d'autres non. Il y aurait ainsi deux types de devins, deux types de faiseurs d'hymnes, deux types de chefs, selon que le comportement de chacun s'engage au côté de la Haine qui tue ou bien non. Quant aux médecins, il est plus difficile d'imaginer que, cherchant à maintenir la vie du patient, ils puissent se scinder en deux groupes. Mais on peut croire que pour sauver un homme certains médecins pratiquent sur des animaux ou des plantes sacrées (fr. 140 : le laurier ; fr. 141 : les fèves) des actes qu'Empédocle jugerait impies.

Sur la lune, la faute d'un Bienheureux est possible. Mais de quelle faute s'agit-il ? Est-ce un meurtre ou une effusion de sang, comme l'avancent souvent les commentateurs d'Empédocle[77] ? Dans un article précédent, j'ai écarté l'idée que le fr. 115.3, qui met en scène quelqu'un souillant ses mains, puisse concerner un Bienheureux[78]. L'argument repose sur une relecture du *De exilio* : il est improbable que la faute conduisant à l'exil soit mentionnée par Plutarque dans sa lettre de soutien à son ami exilé, et, en outre, le τίς dont il est question dans le fr. 115.3 est en fuite (φόβῳ), donc

---

76. Empédocle vit au temps de la Haine portée graduellement au triomphe. Je suis ici la conception du cycle cosmique développée par D. O'Brien. Pour l'abondante bibliographie d'O'Brien voir https://sites.google.com/site/empedoclesacragas/bibliography-a-z. Empédocle sait avoir vécu au temps de la Haine (fr. 139 : d 5-6 MP) et y vivre encore (fr. 115.13).

77. Le corpus empédocléen ne nous précise pas le mécanisme de la faute d'un Bienheureux. Il existe un modèle explicatif de la faute, que, par son ancienneté et son extension j'appellerais « classique ». Ce modèle est le suivant : (a) tu ne tueras point ; (b) le Bienheureux tue, il commet donc une faute ; (c) le Bienheureux est envoyé en exil, loin des autres Bienheureux, pour expier sa faute. Ajoutons un point sur le salut : (d) l'unique façon de retrouver le chemin qui mène aux Bienheureux est de pratiquer les purifications empédocléennes, et en particulier de ne pas tuer. – Un raisonnement de bon sens est à mettre à l'épreuve. On croit que le fait de ne pas tuer – une purification essentielle prônée par l'Agrigentin – mettrait directement sur la piste de la cause de l'exil d'un Bienheureux : le meurtre. Mais l'eau qui sert à éteindre un incendie nous permettait-elle de savoir ce qui a déclenché l'incendie ? Non. On ne peut pas avoir de certitude sur la cause de l'exil simplement à partir de l'interdit du meurtre.

78. Picot 2007, p. 53-55.

ce τίς ne peut pas être un Bienheureux au moment où il commet sa faute[79].

Pour l'heure, ayant écarté l'effusion de sang chez les Bienheureux comme cause de l'exil, je voudrais avancer ici sur une autre piste. Je pars d'une certitude : le parjure est la faute des Bienheureux, attestée par Hippolyte[80]. Toutefois, Hippolyte ne nous dit pas quel est le contenu du parjure. On pourrait encore croire que le parjure est un acte meurtrier qui viendrait rompre un ancien serment de ne pas tuer. Mais, cela ne se trouve ni chez Hippolyte ni chez Plutarque, qui sont nos deux témoins concernant la question de la faute. Il est certain que l'exil dépend d'anciens meurtres, de la nourriture carnée, du cannibalisme : le *De esu carnium* de Plutarque en témoigne[81]. Le meurtre intervient bien dans le processus de la faute, mais nous ne disposons d'aucun témoignage attestant d'un ancien serment de ne pas tuer. Dans ce cas, rien n'oblige à croire que le parjure soit en lui-même le meurtre et la nourriture carnée. Or le parjure est la faute d'un Bienheureux. Quel est le contenu du parjure ?

Il convient là de faire une hypothèse. Un Bienheureux, sur la lune, interrogé sur son passé jure ne pas avoir commis de meurtre dans une vie précédente[82]. Or, les dieux éternels qui connaissent les réincarnations de chacun savent que l'affirmation d'innocence de ce Bienheureux est fausse. Le Bienheureux s'est parjuré, dans un parjure

---

79. Les manuscrits du *De exilio* portent φόβῳ, que l'on a corrigé au XVIe s. en φόνῳ, parce que l'on jugeait sans doute que φόβῳ ne faisait pas sens. Mais φόβῳ, avec un datif comitatif ou bien locatif à valeur temporelle, fait sens. Il est vraisemblable que lors de la fin du règne de Cypris (fr. 128), sous la pression de la Haine montante, un homme effrayé par Φόβος, fils d'Arès (*Iliade* XIII, 299), se soit éloigné de la communauté humaine réunie autour de Cypris et que, loin d'elle, il ait commis un meurtre et se soit nourri de chair (fr. 115.3).

80. Hippolyte, *Refutatio*, VIII 29 16.1 (le parjure), VIII 29 15.4-5 (les âmes condamnées et arrachées de l'Un, parce qu'elles ont commis un parjure), VIII 29 17.2-3 (les Bienheureux sont les âmes assemblées par l'Amour dans l'unité du monde intelligible). Je tire du texte d'Hippolyte que les Bienheureux sont dans l'Un, que plusieurs d'entre eux commettent un parjure, qui conduit à la condamnation et permet à la Haine de les arracher de l'Un. Je ne retiendrai pas que le séjour des Bienheureux est le monde intelligible, ni l'Un identifié au *Sphairos*.

81. Plutarque, *De esu carnium*, I, 7, 996 B-C.

82. Distinguons, avec J. RUDHARDT, deux types de contenu dans un serment : « soit une déclaration soit une promesse » (*Notions fondamentales de la pensée religieuse et actes constitutifs du culte dans la Grèce classique*, Paris, Picard, 1992², p. 202). La promesse est un engagement à se comporter d'une certaine façon dans le futur, à défendre une règle, un principe, à veiller à un ordre ou à la bonne application d'une décision. La déclaration est une affirmation, un témoignage, une prétention, qui se veut être une vérité. « La déclaration engage la sincérité de celui qui jure [...] le parjure est ἀνόσιος » (RUDHARDT 1992, p. 206). – Dans la *Théogonie* d'Hésiode (vers 775-795), Styx intervient pour un serment de type déclaratif. Le type de serment que je suppose chez les Bienheureux est du même type.

de type déclaratif, c'est-à-dire consistant en une fausse déclaration sur un évènement passé. La sanction est le cycle daimonique. Telle est l'hypothèse. Comment le scénario serait-il possible ?

Il le serait en considérant que les Bienheureux, vivant sur la lune, ont eu déjà une existence antérieure en tant qu'êtres éphémères sur terre. Ces Bienheureux seraient eux-mêmes le produit d'une réincarnation et non pas l'origine absolue d'une vie. En tant que dieux, ils auraient le pouvoir de se remémorer leurs vies antérieures[83]. Il faudrait ensuite admettre que les êtres terrestres qui accèdent au rang des Bienheureux ne sont pas nécessairement des êtres irréprochables. En clair, ces êtres peuvent avoir tué un autre être vivant, s'être nourris de chair et ne s'être pas purifiés. Ce sont certains μάντεις, ὑμνοπόλοι, ἰητροί, πρόμοι. Si les êtres accédant au rang des Bienheureux étaient irréprochables, on ne verrait alors pas comment le parjure d'un Bienheureux serait possible et donc comment l'exil serait possible.

Imaginons un Bienheureux qui fut le devin Calchas dans une vie antérieure. Que répondrait ce Bienheureux, désormais loin des préoccupations terrestres, vivant dans un monde sans effusion de sang, à la simple question : avez-vous tué ou fait tuer lors de votre vie terrestre quand vous étiez le célèbre devin Calchas ? Dans le monde des Bienheureux, l'image du meurtrier est déshonorante. Il existe en effet une loi qui s'étend par tout le vaste éther (donc aussi sur la lune) et qui proclame de ne pas tuer d'être animé[84]. Il est facile d'oublier ou de feindre d'oublier ce que l'on a été, surtout si l'on craint le discrédit par rapport à la loi. Le mensonge reste possible. Ce mensonge, qui nie les meurtres passés, serait le parjure. Le Bienheureux Calchas, ayant autrefois armé la main des sacrificateurs d'Iphigénie, niant cette vérité, rattrapé par son passé, serait condamné à l'exil loin des Bienheureux.

Mais qui pourrait être outragé par le mensonge du Bienheureux – car, après tout, il existe des mensonges sans conséquence et qui ne gênent personne ? Un dieu puissant : la Haine (*Neikos*). Tout se passe comme si la Haine était offensée par une parole solennelle et malheureuse du Bienheureux. Elle se sentirait outragée dans la mesure où son œuvre de destruction (le meurtre) ne serait pas

---

83. Il n'existe pas de preuve qu'Empédocle ait eu la mémoire de ses vies antérieures. Certes, on peut croire que, pris dans la mouvance pythagoricienne, l'Agrigentin ait cru cette mémoire possible. Mais Empédocle a pris ses distances vis-à-vis du pythagorisme. Il pouvait différer de Pythagore sur ce point comme sur d'autres. Néanmoins, on peut s'aventurer à poser qu'un dieu, aux pouvoirs bien plus développés qu'un être vivant terrestre et éphémère, ait cette mémoire.

84. DK 31 B 135 (= Aristote, *Rhétorique*, 1373 b).

reconnue et revendiquée. La Haine veut entendre la vérité qui la met en valeur. Grâce à un décret des dieux (fr. 115.1-2), elle pourrait arracher de son séjour céleste ce Bienheureux, qui la prive d'honneur[85].

Pure hypothèse, dira-t-on ! Toutefois, comparons-la avec le schéma hésiodique du dieu parjure, face à l'épreuve de l'eau du Styx[86]. Le parjure tient ici dans une déclaration mensongère relative à une action passée et non pas dans un acte qui, au futur, viendrait rompre une ancienne promesse. Ce schéma se joue en trois temps. Premier temps : une mauvaise action, qui serait querelle entre dieux chez Hésiode, qui serait meurtres et nourriture carnée des êtres terrestres chez Empédocle. Deuxième temps : dans le séjour céleste – sur l'Olympe chez Hésiode ou sur la lune chez Empédocle –, le dieu à qui la mauvaise action est imputée doit en faire l'aveu. Chez Hésiode et chez Empédocle, c'est l'épreuve du parjure. Résultat : le dieu ment, la vérité éclate. Troisième temps : ici et là, le dieu parjure est exilé du séjour des Bienheureux[87]. Ajoutons que, dans l'Olympe, Zeus veut connaître la vérité. Sur la lune, c'est la Haine. Dans les deux cas, il y a l'implication forte d'un dieu (Zeus, *Neikos*) dont la puissance dépasse celle des Bienheureux.

Aucun homme appartenant aux types humains du fr. 146 ne serait exempt de fautes, tout comme Empédocle lui-même (fr. 139 = d 5-6 MP ; fr. 115.13), mais certains de ces hommes, devenus Bienheureux, seraient, face à la Haine, suffisamment naïfs pour ne pas reconnaître ces fautes – je pense ici particulièrement aux sacrifices sanglants (frr. 136, 137). La loi de la réincarnation, fixée par

---

85. Le décret des dieux (fr. 115.1-2) est soutenu par un serment de promesse, fait par ces dieux. Il s'applique aux temps à venir. Je suppose que, dans son contenu, ce décret intègre le fait qu'un Bienheureux qui se parjure dans un serment de type déclaratif (donc portant sur son passé) est soumis, pour la sanction, à la volonté du dieu qui est offensé.

86. Cf. Hésiode, *Théogonie*, 782-803.

87. Admettons que nous ne disposions pas de la totalité du texte d'Hésiode, allant du vers 782 au vers 803, mais seulement d'un témoignage affirmant que l'exil du dieu a pour cause une querelle entre les dieux. Ce témoignage serait-il vrai ou faux ? Il serait faux, car la véritable cause est le parjure (= le mensonge, ou fausse déclaration) et non pas la querelle. Mais il est vrai que si la querelle avait été évitée, il n'y aurait pas eu d'exil. Nous sommes avec Empédocle dans le cas d'un témoignage équivalent : un témoignage sommaire (fr. 115.3, *De esu carnium* I, 7, 996 B-C), qui induit en erreur, mais dont une conclusion serait juste, à savoir le fait qu'il ne faut pas tuer. Le glissement fautif dans l'interprétation consiste, à mon avis, à croire que du seul fait que le meurtre est en jeu, il est la cause déclenchante de l'exil. On est là face à un processus de simplification. Et pour que le résultat simple – le mieux à même d'obtenir un consensus rapide et facile – soit bien établi, on minimise, voire on exclut, le parjure. Pour l'exclusion, il existe une technique qui consiste à supprimer les vers ou les mots qui spontanément dérangent.

la Nécessité et prise en charge par les racines divines (fr. 115.1-2, 9-12)[88], ne tiendrait pas compte de la pureté morale à laquelle tient l'Agrigentin[89]. L'accès à la lune, séjour des Bienheureux, ne dépendrait pas de ce critère de pureté, mais seulement du critère de la reconnaissance sociale (fr. 146). En revanche, le maintien sur la lune dépendrait de la pureté morale. Ceux qui ne sont pas purs cacheront leurs turpitudes antérieures, se parjureront et seront condamnés à l'exil loin des Bienheureux. Ceux qui sont purs ne cacheront pas la vérité, fût-elle déshonorante pour eux-mêmes, et resteront sur la lune.

À entendre Empédocle répandre son enseignement (à travers le poème adressé à Pausanias), à l'entendre s'en prendre de façon véhémente aux sacrifices sanglants (frr. 136, 137), on s'attendrait à lire dans le fr. 146 que le seul type d'homme qui puisse accéder au rang honoré des dieux est Empédocle et ses disciples, c'est-à-dire des hommes à l'éthique exemplaire. La chose attendue de l'Agrigentin serait raisonnable et simple : « Si vous m'écoutez et si vous faites les efforts que je demande, vous serez des Bienheureux ; si vous ne faites pas les efforts demandés, vous ne le serez pas ». Jusqu'ici les commentateurs d'Empédocle ont lu le fr. 146 de cette façon. En introduction aux vers du fr. 147, dont le sens est claire-ment associé à celui du fr. 146, Clément d'Alexandrie dit : « Si nous avons vécu saintement (ὁσίως) et justement (δικαίως), nous serons heureux sur cette terre (ἐνταῦθα), mais plus heureux (μακαριώτεροι)

---

88. Pour l'interprétation du fr. 115.1-2, voir Hippolyte, *Refutatio*, VII, 29, 23.6-24.1. Les dieux qui scellent un ancien décret par de larges serments seraient les six principes constitutifs du monde (le feu, l'eau, la terre, l'air, et les deux puissances, la Haine et l'Amour). Je ne vois aucune raison de mettre en doute cette lecture d'Hippolyte. Aucun témoignage ancien ne vient la contredire, mais bien souvent les modernes n'ont pas suivi Hippolyte sur ce point, préférant croire que les dieux du fr. 115.1-2 sont les Bienheureux (des Bienheureux qui jureraient de ne pas tuer, ce qui permettrait de comprendre ensuite le parjure du fr. 115.4 comme l'acte sanglant lui-même, qui, après coup, romprait une promesse solennelle). On peut supposer que les six principes sont engagés dans la mise en œuvre du décret. Ainsi éther, mer, terre, soleil et Haine jouent un rôle majeur dans la punition des *daimones*, telle que décrite dans le fr. 115.9-12.

89. Comment le sait-on ? Le conditionnel est essentiel, car nous savons peu de choses du fonctionnement de la réincarnation selon Empédocle. Toutefois, le fr. 127 et son contexte chez Élien nous apprend quelque chose d'impor-tant : les lions sont les meilleures réincarnations parmi les animaux sauvages. Or Empédocle ne pouvait pas ignorer la férocité possible des lions. La pureté morale dans la loi de la réincarnation voudrait que la meilleure réincarnation chez un animal soit un animal inoffensif. Mais ce n'est pas le cas. La loi de la réincarnation n'est pas sous la dépendance de l'Amour. Elle semble privilégier quelque chose de commun à l'Amour et à la Haine : les honneurs, la considé-ration, la reconnaissance.

encore après notre départ (ἀπαλλαγήν), ne possédant pas le bonheur (τὴν εὐδαιμονίαν) pour un temps, mais pouvant jouir du repos dans l'éternité (ἐν αἰῶνι ἀναπαύεσθαι δυνάμενοι)[90] ». Or, parce que j'admets que les Immortels se parjurent tout comme les Bienheureux du fr. 115, je nie le repos éternel des Immortels – repos pourtant affirmé par Clément[91]. Que je l'avoue enfin : je ne crois pas que Clément soit fiable lorsqu'il commente les vers d'Empédocle recueillis aujourd'hui sous les frr. 146 et 147. Il ne l'est pas lorsqu'il affirme que les quatre types d'hommes qui seront divinisés sont des sages (τῶν σοφῶν τὰς ψυχὰς θεοὺς γίνεσθαι) – que sait-il d'ailleurs de ce qui est sage aux yeux d'Empédocle ? Il ne l'est pas non plus lorsqu'il annonce le repos éternel des Immortels. Clément simplifie et embellit l'histoire empédocléenne. Il déforme la pensée d'Empédocle pour la couler dans l'eschatologie chrétienne. Peut-on croire que, pour Empédocle, Calchas, un μάντις que l'on ne saurait arbitrairement exclure du pluriel μάντεις, est un sage ? Peut-on croire que Calchas vit de façon sainte et juste ? Répondre par l'affirmative à ces deux dernières questions, c'est refuser d'entendre Empédocle sur les sacrifices sanglants. Et pour le dire tout net : c'est ne plus comprendre Empédocle. Les dieux à la longue vie, aux honneurs les plus grands, seraient, comme le rapporte Aristote[92], un produit où se manifeste l'influence de la Haine. Il faut donc sortir d'une vision angélique du fr. 146.

L'éthique empédocléenne

J'ai peut-être semé le trouble en affirmant, entre autres, que la loi de la réincarnation et de la divinisation n'obéit pas nécessairement à l'éthique empédocléenne. Prenons le temps maintenant d'étayer cette affirmation. Plutarque nous aide à distinguer deux types de purification : celle imposée par les dieux lorsqu'ils décrètent l'exil d'un Bienheureux parjure et celle de l'éthique d'Empédocle. Plutarque écrit dans le *De Iside et Osiride*[93] :

> « Empédocle dit aussi que les démons paient leurs fautes et leurs manquements 'Car la puissance de l'éther les chasse [... vers 9-12

---

90. Clément d'Alexandrie, *Stromate* V, 122.3.
91. La vie sur la lune ouvre des perspectives de durée différentes de celles connues sur terre. Mais l'éternité d'un Bienheureux sur la lune est exclue. En dehors d'un possible parjure, elle est exclue par le cycle cosmique, qui amènera l'éclatement total (*dinos*) ou bien l'unité totale (*Sphairos*), l'un et l'autre faisant disparaître la lune.
92. Aristote, *Métaphysique*, B 4, 1000 a 24-32.
93. Plutarque, *De Iside et Osiride*, 361 C.

du fr. 115] ils ne trouvent partout que haine' cela jusqu'au moment où, ainsi châtiés [κολασθέντες] et purifiés [καθαρέντες], ils retrouvent [ἀπολάβωσι] leur place et leur rang naturel. »

(Trad. C. Froidefond)

Examinons ce propos de Plutarque. En quoi consistent le châtiment et la purification ? Constat immédiat : il ne s'agit pas des prescriptions d'Empédocle. Il s'agit de ce que les dieux (fr. 115.1-2) ont fixé comme destin aux fautifs. Et ces dieux, comme Hippolyte l'affirme, sont les quatre éléments, feu, eau, terre, air, et les deux puissances, la Haine et l'Amour[94]. Le destin des *daimones* est d'être ballotté entre ciel, mer, terre, soleil (fr. 115.9-11), de ne connaître qu'un accueil haineux (fr. 115.12) et d'être un étranger partout. Il n'est pas question d'un interdit des sacrifices sanglants ni d'un interdit de manger de la viande, qui sont des pièces cardinales de l'éthique empédocléenne[95]. Les dieux qui ont expulsé les *daimones* du ciel punissent le parjure d'un Bienheureux. Ce parjure est, comme chez Hésiode, un mensonge sur le passé. Les dieux, qui accomplissent l'oracle de la Nécessité (fr. 115.1), ne punissent pas les actes passés du Bienheureux : ils punissent le mensonge. Face à ce passé (pensons à Calchas qui engage la mort d'Iphigénie), ils n'ont pas nécessairement le même jugement qu'Empédocle. Pour dire vrai, nous ne savons pas ce que les dieux du fr. 115.1 pensent du meurtre et de la nourriture carnée. Nous ne savons pas si tous les condamnent. Au moins supposons-nous que la Haine ne condamne pas le meurtre – bien au contraire. Ne nous risquons donc pas à faire l'amalgame de ce que

---

94. Hippolyte, *Refutatio*, VII, 29, 23.6-24.1. L'interprétation d'Hippolyte – à savoir, les dieux des amples serments sont les six puissances – est en cohérence avec la réinterprétation par Empédocle du schéma hésiodique du dieu parjure. Chez Hésiode, l'épreuve par l'eau du Styx et la sanction encourue ne peuvent pas avoir été instituées par le dieu soumis à l'épreuve. En clair, Zeus, chez Hésiode, est exclu de l'épreuve et de la sanction qu'il a instituées. Chez Empédocle, Zeus, c'est-à-dire la racine divine du feu, est aussi exclu de l'épreuve. Il n'est pas un Bienheureux. Plus globalement, les six principes sont exclus du champ d'application du décret. Les dieux qui scellent le décret ne sont pas juges et partis, ils ne sont pas les Bienheureux.

95. Hippolyte confirme ce que dit Plutarque, et nous livre plus de détails (*Refutatio*, VII, 29, 18.3 – 22.8). Les âmes sont déplacées (μεταβαλλόμεναι) et châtiées (κολαζόμεναι) par la Haine (ὑπὸ τοῦ νείκους). L'idée du châtiment par la Haine est ensuite répétée. La punition domine. On ne voit alors pas comment ce châtiment par la Haine pourrait être une purification au bénéfice de l'Amour (ce qu'Empédocle prône). On apprend seulement que l'Amour a pitié des âmes haïes, torturées et punies ; elle les recueille. Les instructions d'Empédocle sont de s'abstenir de manger de la chair et de procréer. Ces instructions ne sont pas mises en relation avec le contenu du parjure ou la raison de l'exil. Elles sont présentées comme des mesures de protection pour éviter de subir encore plus les effets de la Haine et de contribuer à ses œuvres.

les dieux imposent comme purification au Bienheureux fautif et ce qu'Empédocle prône comme purifications.

La purification imposée par les dieux apparaît comme le résultat attendu de punitions bien concrètes (les vies éphémères, aux multiples maux). Cette purification, qui porte en elle-même une séparation, ne se confond-elle pas simplement avec l'exil ? L'exil n'est-il pas le lieu des souillures possibles ? C'est vraisemblable. Quoi qu'il en soit, les purifications d'Empédocle sont, elles, mieux identifiées. Elles s'ajoutent ou se surajoutent à celles des dieux. Mais le mot « purifications » pourrait tromper : les purifications d'Empédocle ne sont pas celles des dieux.

L'éthique empédocléenne a un sens. Il est temps de justifier l'urgence à se purifier, selon ce que prône Empédocle.

(a) Le parjure est d'autant plus probable que le Bienheureux a accédé à sa vie de Bienheureux en étant un élu non purifié selon les injonctions empédocléennes. En conséquence, la meilleure façon de s'assurer une longue vie de Bienheureux est d'éviter le parjure et donc d'accéder à la vie de Bienheureux en étant un élu purifié.

(b) Puisque la Haine progresse, il sera de plus en plus difficile d'être un élu purifié et de se donner la possibilité d'avoir une longue vie de Bienheureux. Il faut donc pratiquer les purifications empédocléennes sans attendre et tenter, dans la mesure du possible, de faire reculer la Haine.

(c) Faire reculer la Haine, par la pratique des purifications, sert à rendre la vie plus facile à ceux qui sont en cours d'expiation. L'intérêt est collectif. À défaut d'un salut individuel immédiat, il est raisonnable d'aménager au mieux les conditions de vie de l'exil. Quand Empédocle dénonce le sacrifice sanglant au fr. 137, il ne suggère pas que du seul fait d'abandonner ce sacrifice l'homme deviendra un dieu. Il dénonce seulement une folie contre sa propre famille.

En prônant ses *Purifications*, qui défendent une vision globale de ce que doivent être les relations entre les vivants, Empédocle rejoint, au moins dans l'esprit, certains propos d'Hésiode dans les *Travaux et les Jours* (213-286) : il ne faut pas laisser grandir la funeste démesure, les rois ne doivent pas rendre la justice avec des sentences torses, il ne faut pas opprimer l'homme par l'homme, c'est contre soi-même qu'on prépare le mal préparé pour autrui, la pensée mauvaise est surtout mauvaise pour qui l'a conçue, il faut oublier la violence à jamais, celui qui de propos délibéré appuie d'un serment des déclarations mensongères verra la postérité qu'il laisse décroître dans l'avenir[96]. Empédocle, qui à travers ses *Purifications* prône l'Amour,

---

96. J'ai rapporté ici bon nombre de traductions de P. Mazon (Collection Budé). On sera sensible au serment appuyé de déclarations mensongères.

croit apporter la garantie du meilleur calcul de vie à long-terme. Dans sa perspective, tout comme dans celle d'Hésiode, le méchant est tout compte fait perdant. Ce qui est remarquable chez Empédocle, c'est qu'il n'asservit pas naïvement le monde à son désir d'Amour ou qu'il n'imagine pas un monde se pliant forcément à son Bien. Il consent à accorder à la Haine des honneurs égaux à ceux de l'Amour (fr. 30). Et néanmoins, il donne des raisons aux hommes, dans leur intérêt bien compris, de croire en l'Amour.

LES DIEUX DU FR. 128 D'EMPÉDOCLE
ET LE MYTHE DES RACES[1]

Les trois vers suivants d'Empédocle sont transmis par Porphyre (*De l'abstinence*, II, 21.7-9) et constituent le début du fr. 128[2] :

οὐδέ τις ἦν κείνοισιν Ἄρης θεὸς οὐδὲ Κυδοιμός   1
οὐδὲ Ζεὺς βασιλεὺς οὐδὲ Κρόνος οὐδὲ Ποσειδῶν,   2
ἀλλὰ Κύπρις βασίλεια.   3

Pour eux, il n'y avait comme dieu ni Arès, ni *Kudoimos* [Tumulte], ni Zeus roi, ni Cronos, ni Poséidon,
mais il y avait Cypris reine[3].

En étudiant ces trois vers, je souhaite d'abord préciser l'emprunt fait par Empédocle au mythe hésiodique des races de façon à comprendre, en particulier, la présence de Poséidon. Pourquoi nommer Arès, *Kudoimos* (Tumulte), Zeus, Cronos, Poséidon ? Pourquoi ces dieux et non pas d'autres ? Pourquoi Hadès est-il absent, alors que Zeus et Poséidon, les deux autres frères, sont présents ? Pourquoi cet ordre d'énonciation dans la liste des cinq dieux ? Puis,

---

Article paru dans la *Revue de métaphysique et de morale*, 75, 3, 2012, p. 339-356, reproduit avec quelques légères modifications.

1. Je remercie Anne Gabrièle WERSINGER et Constantin MACRIS de leurs conseils avisés à la lecture d'une précédente mouture de ce texte.

2. Je suis la numérotation de DIELS-KRANZ (H. DIELS & W. KRANZ, *Die Fragmente der Vorsokratiker, I,* Berlin, 1951[6]) pour désigner les fragments d'Empédocle. J'écris « fr. » pour fragment (fragment de l'œuvre : un ou quelques vers), et ne précise pas – par défaut – que le fragment est d'Empédocle. La lettre B suivie d'un chiffre désigne le fragment et son contexte reproduits par Diels.

3. Certains auteurs comprennent le vers 2 ainsi : leur roi n'était ni Zeus, ni Cronos, ni Poséidon. À la différence de ces auteurs, je considère que le substantif βασιλεύς vient en apposition à Zeus (Zeus roi ou bien le roi Zeus) et ne concerne pas les autres dieux (ni Cronos ni Poséidon ne sont censés être rois à leur tour). On lit βασιλεύς comme épithète de Zeus dans l'*Hymne homérique à Déméter*, 358, chez Eschyle (*Agamemnon*, 355 ; *Les Perses*, 532) ou chez Aristophane (*Les Oiseaux*, 223 ; *Les Nuées*, 2). – Le présent article voudrait compléter mon étude précédente du fr. 128 dans J.-C. PICOT, « L'Empédocle magique de P. Kingsley », *Revue de philosophie ancienne*, 18, 1, 2000, p. 25-86, aux pages 70-78.

après avoir essayé de répondre à ces questions, je reconsidérerai la place du fr. 128 par rapport aux fragments qui concernent l'exil des *daimones*.

La réappropriation du mythe hésiodique des races

D'après Porphyre, le temps de Cypris correspondait à un temps ancien où l'on pratiquait des sacrifices sous forme d'offrandes des récoltes et de libations faites de miel (*De l'abstinence*, II, 20.7-15). Puis vinrent Ἄρης καὶ Κυδοιμός (*De l'abstinence*, II, 22.3-5), le meurtre et notamment le meurtre d'animaux et les sacrifices sanglants (*De l'abstinence*, II, 27.1-41). Le temps d'Arès et de *Kudoimos* est le temps des poèmes homériques, qui se prolonge dans un présent qui connaît les sacrifices sanglants. C'est donc le temps où Zeus est honoré et où Cypris n'est plus reine. Les cinq divinités – Arès, *Kudoimos*, Zeus, Cronos, Poséidon – semblent former un seul âge en opposition à l'âge de Cypris. Deux mondes s'opposent : celui de Cypris reine, qui appartient au passé, et celui de Zeus roi qui vient après le règne de Cypris, et qui correspond au monde dans lequel vit Empédocle[4].

À la lecture du fr. 128, on admet ordinairement que le règne de Cypris (Κύπρις βασίλεια) correspond à un âge d'or[5] ou fait écho au règne de Cronos sur les hommes de la race d'or, comme le décrit Hésiode dans *Les Travaux et les Jours* (109-126). Dans le mythe hésiodique des races, il existe cinq races que l'on identifie rapidement par or, argent, bronze, héros, fer. Empédocle valorise le règne de Cypris, là où Hésiode valorise celui de Cronos. Il nomme Cronos parmi les cinq dieux de l'âge qui vient après celui de Cypris, âge qui paraît emmené par Arès, premier dieu nommé, et placé sous le règne de Zeus. Cette présence de Cronos parmi les cinq dieux du fr. 128.1-2, et le fait même qu'il y ait cinq races dans le mythe des races, nous incitent à rechercher, dans la perspective d'Empédocle, une correspondance entre ses cinq dieux et les cinq races hésiodiques.

---

4. Le temps où Cypris est reine, dans le fr. 128, n'est pas le temps du *Sphairos* (fr. 27.3-4, 28, 29.3) où l'Amour règne sans partage. Le temps de Cypris reine se passe sur terre, parmi les hommes. Il n'y a pas d'hommes et pas d'offrandes dans le *Sphairos*.

5. Voir par exemple, W. Jaeger, *The theology of the early Greek philosophers*, Oxford, Clarendon, 1947, p. 150-151 ; W.K.C. Guthrie, *A history of Greek philosophy, II, the presocratic tradition from Parmenides to Democritus*, Cambridge-Londres-New York, Cambridge University Press, 1965, p. 248 ; O. Primavesi, « Empedokles », dans Mansfeld, J. & O. Primavesi (dir.), *Die Vorsokratiker*. Griechisch / Deutsch, ausgewählt, übersetzt und erläutert von J. M. & O. P., Stuttgart, Philipp Reclam jun., 2011, p. 392-563, à la p. 431.

Notre hypothèse est que les cinq dieux mâles cités par Empédocle sont, pour lui, en liaison avec le mythe hésiodique des races selon le système de correspondances suivant :

Cronos	→	race d'or
Poséidon	→	race d'argent
Arès	→	race de bronze
Kudoimos	→	race des héros
Zeus	→	race de fer

Il n'y a guère de difficulté à associer Cronos aux hommes de la race d'or. En situant ces hommes, Hésiode dit clairement (v. 111) : « C'était au temps de Cronos, quand il régnait encore au ciel » (trad. P. Mazon).

À première vue, rien ne semble lier Poséidon et la race d'argent. Il faudra donc expliquer cette correspondance supposée, dès que nous aurons brossé le cadre général.

Arès est associé à la race de bronze. Hésiode dit en effet des hommes de cette race (v. 145-146) : « Ceux-là ne songeaient qu'aux travaux gémissants d'Arès et aux œuvres de démesure » (trad. P. Mazon).

La liaison entre *Kudoimos* et la race des héros s'établit si l'on admet :

– que les héros ont pour destin « la dure guerre et la mêlée (φύλοπις) douloureuse » (*T.J.* 161), que l'on pourrait associer à *Kudoimos* (Tumulte)[6] ;
– que le sol de Cadmos (*T.J.* 162) sur lequel les héros trouvent leur destin est une allusion au sol de *K(u)d(oi)mos*[7] ;
– qu'après Arès vient *Kudoimos*, comme, dans l'*Iliade*, *Kudoimos* accompagne Arès.

Reste Zeus. La race de fer est la race des hommes vivant au temps d'Hésiode et après Hésiode. Zeus est associé à la race de fer. Il intervient dans la vie de cette race. Il intervient aussi – il est vrai – dans la vie des hommes de la race d'argent, de bronze, et des héros[8]. Toutefois, aucun autre dieu – tel Arès, fils de Zeus, pour l'âge du bronze – n'intervient nommément dans la race de fer. Dans cette dernière race Zeus est roi.

---

6. Arès est suivi de Ényo, qui tient avec elle *Kudoimos* (Tumulte) en *Il.* V, 592-593. *Kudoimos* est associé à Discorde (Eris) en *Il.* XVIII, 535 et dans le *Bouclier* hésiodique (v. 156).

7. J'emprunte cette écriture à Cl. RAMNOUX, *Études présocratiques II*, Paris, Klincksieck, 1983, p. 162.

8. Dans le *Politique* (272 B 2-3), Platon place son époque sous le règne de Zeus et oppose ce règne à celui de Cronos.

Nous pouvons expliquer assez facilement la présence d'Arès, *Kudoimos*, Zeus, Cronos dans la liste des cinq dieux mâles du fr. 128. Mais qu'en est-il de Poséidon ? Voici ce que dit Hésiode des hommes de la race d'argent (*T.J.*, 127-142) :

> « Puis une race bien inférieure, une race d'argent, plus tard fut créée encore par les habitants de l'Olympe. [...] L'enfant, pendant cent ans, grandissait en jouant aux côtés de sa digne mère, l'âme toute puérile [μέγα νήπιος], dans sa maison. Et quand croissant avec l'âge, ils atteignaient le terme qui marque l'entrée de l'adolescence, ils vivaient peu de temps, et par leur folie [ἀφραδίης], souffraient mille peines. Ils ne savaient pas s'abstenir entre eux d'une folle démesure [ὕβριν γὰρ ἀτάσθαλον οὐκ ἐδύναντο]. Ils refusaient d'offrir un culte aux Immortels [ἀθανάτους] ou de sacrifier aux saints autels des Bienheureux [μακάρων ἱεροῖς ἐπὶ βωμοῖς], selon la loi des hommes qui se sont donné des demeures. Alors Zeus, fils de Cronos, les ensevelit [ἔκρυψε], courroucé, parce qu'ils ne rendaient pas hommage aux dieux bienheureux qui possèdent l'Olympe. Et, quand le sol les eut recouverts [κατὰ γαῖα κάλυψε] à leur tour, ils furent appelés des Bienheureux mortels des Enfers [v. 141 : τοὶ μὲν ὑποχθόνιοι μάκαρες θνητοὶ καλέονται], génies inférieurs, mais que quelque honneur accompagne encore[9]. »

On aura beau scruter le texte d'Hésiode, aucun indice ne vient spontanément en faveur du dieu de la mer, dieu des tremblements de terre et dieu des chevaux, pour dire la race d'argent. Mais tournons notre regard vers le destin de certains fils de Poséidon. L'histoire des Aloades, celle du Cyclope Polyphème, et celle des six fils d'Halia peuvent se lire en arrière-plan de ce que raconte Hésiode, et susciter l'intervention de Poséidon.

Poséidon et la race d'argent

Dans un article intitulé « L'invention du mythe des races en Grèce archaïque »[10], A. Ballabriga propose de comprendre les hommes de la race d'argent à travers les Aloades. Il écrit : « La figure des Aloades constitue en fait la source d'inspiration de la race d'argent

---

9. Je suis la traduction de P. MAZON à l'exception près du vers 141 que je traduis par « ils furent appelés des Bienheureux mortels des Enfers », car à cet endroit je tiens compte de l'édition de M.L. WEST qui est différente de celle de MAZON. MAZON retient θνητοῖς – la correction de PEPPMÜLLER – ; de fait, il traduit le v. 141 ainsi : « ils devinrent ceux que les mortels appellent les Bienheureux des Enfers ».

10. A. BALLABRIGA, « L'invention du mythe des races en Grèce archaïque », *Revue de l'histoire des religions*, 215, 3, 1998, p. 307-339.

hésiodique[11]. » Les Aloades sont Éphialtès et Otos, tous deux fils de Poséidon et de la mortelle Iphimédeia. Quand ils eurent neuf ans et atteignirent la taille de Géants, « ils menaçaient les dieux de porter leur assaut et leurs cris dans l'Olympe : pour monter jusqu'au ciel, ils voulaient entasser sur l'Olympe l'Ossa et, sur l'Ossa, le Pélion » (trad. V. Bérard) – ainsi que le rapporte Homère dans l'*Odyssée* XI, 305-320[12]. Il existe plusieurs versions de leur mort. Dans l'*Odyssée*, Apollon les tue. Selon Ovide (*Métamorphoses* I, 151), Zeus abat les montagnes entassées l'une sur l'autre, qui, dans leur chute, écrasent les Géants. Au total, les points de convergence des Aloades avec les hommes de la race d'argent sont : (1) leur jeune âge lorsqu'ils commettent l'irréparable ; (2) leur démesure ; (3) le fait qu'ils défient les Immortels, entendons les Olympiens. On pourrait ajouter un quatrième point si l'on retenait le récit d'Ovide : les Aloades et les hommes de la race d'argent terminent les uns et les autres sous terre (sous les montagnes pour les Aloades, chez Ovide ; sous la terre comme les morts, pour les hommes de la race d'argent).

Les Cyclopes siciliens sont des géants sans lois (*Od.* IX, 106 : Κυκλώπων [...] ὑπερφιάλων ἀθεμίστων ; *Od.* IX, 214-215). Ils n'ont de respect ni pour Zeus ni pour les Bienheureux (*Od.* IX, 275-276 : οὐ γὰρ Κύκλωπες Διὸς αἰγιόχου ἀλέγουσιν οὐδὲ θεῶν μακάρων, ἐπεὶ ἦ πολὺ φέρτεροί εἰμεν). Tout comme les Aloades, ils ont pour père Poséidon (*Od.* IX, 412). Ulysse dupe Polyphème, qui agit sans réflexion (*Od.* IX, 361 : ἀφραδίῃσιν), comme un enfant (*Od.* IX, 442 : νήπιος). Polyphème affirme avec force être le fils de l'Ébranleur du sol, Poséidon (*Od.* IX, 518-519, 529). Le manque de respect des Cyclopes à l'égard des Olympiens, hormis Poséidon, est le trait majeur qui rapproche les Cyclopes des hommes de la race d'argent.

Diodore de Sicile nous rapporte (*Bibl. hist.*, V, 55.4.1-7.4) que Poséidon eut avec Halia six fils et une fille nommée Rhodos, qui donna son nom à l'île où ils naquirent. Les fils, nés dans la partie Est de l'île, furent appelés des Géants. Agissant de façon arrogante et insolente (ὄντων ὑπερηφάνων καὶ ὑβριστῶν), ils empêchèrent Aphrodite d'accoster sur l'île. Alors, par colère, Aphrodite les rendit fous (ἐμβαλούσης αὐτοῖς μανίαν). Ils violèrent leur mère et commirent d'autres actes de violence (μιγῆναι αὐτοὺς βίᾳ τῇ μητρὶ καὶ πολλὰ κακὰ δρᾶν τοὺς ἐγχωρίους). Quand leur père Poséidon apprit ces actes honteux, il les cacha sous la terre (κρύψαι κατὰ γῆς). Ils furent ensuite appelés les démons de l'Est (προσηῴους δαίμονας). La folie (μανίαν/ ἀφραδίης), la démesure (ὑβριστῶν/ὕβριν), le fait d'être caché sous terre (κρύψαι κατὰ γῆς/κατὰ γαῖα κάλυψε) et de recevoir un nom

---

11. *Ibid.*, p. 326.
12. Voir aussi Apollodore au livre I, 7, 4 de sa *Bibliothèque*.

divin (προσηῷους δαίμονας/μάκαρες) rapprochent les deux épisodes – celui raconté par Diodore et celui raconté par Hésiode pour la race d'argent – autour du nom de Poséidon.

Je ne prétends pas que les Aloades ou bien les Cyclopes ou bien les Géants rhodiens sont les hommes de la race d'argent. J'avance seulement que les hommes de la race d'argent présentent des traits singuliers qui se trouvent chez les Aloades, les Cyclopes, les Géants rhodiens – tous fils de Poséidon. En conséquence, Empédocle a pu lui-même, au moins sur la base de ces rapprochements, penser que la race d'argent hésiodique avait pour dieu Poséidon[13].

Toutefois, il convient de rapporter une autre source d'inspiration possible. La chute hors de l'âge où les hommes, dans la joie et la paix, « vivaient de leurs champs, au milieu de biens sans nombre[14] » semble coïncider avec l'aventure sur mer et la légende de l'expédition des Argonautes. La présence du dieu de la mer pourrait alors s'expliquer. On garde en tête les premiers mots prononcés au début de la *Médée* d'Euripide : « Plût au Ciel que la nef Argo, en son vol vers la terre de Colchide, n'eût point franchi les Symplégades de sombre azur, que dans les vallons du Pélion le pin ne fût jamais tombé sous la hache, et n'eût pas armé de rames les mains des preux qui firent pour Pélias la quête de la toison d'or[15] ». La légende des Argonautes est ancienne et remonte bien avant Empédocle. Hésiode et Homère l'ont notamment en mémoire[16]. Le mythe des races, repris au fil du temps par divers poètes, se mêlerait ensuite, progressivement, à la folle aventure des Argonautes. Ainsi, plus de 150 ans après Empédocle, Aratos écrivait les vers suivants (*Phénomènes*, 108-116) :

Οὔπω λευγαλέου τότε νείκεος ἠπίσταντο,	108
οὐδὲ διακρίσιος περιμεμφέος, οὐδὲ κυδοιμοῦ·	109

---

13. Agrigente, où naquit et vécut longtemps Empédocle, fut fondée au VIe siècle av. J.-C., grâce à des colons rhodiens qui s'étaient installés d'abord à Gela (VIIe siècle). Les mythes liés à l'île de Rhodes devaient donc être connus des Agrigentins et donc connus d'Empédocle au Ve siècle av. J.-C. – Même s'il est possible de trouver des contre-exemples où Poséidon n'inspirerait pas la démesure, il reste qu'Empédocle a dû retenir, pour son propos (un combat idéologique), les exemples de la démesure et écarter les contre-exemples. Trouverait-on un contre-exemple concernant les hommes, il serait hautement probable que ceux-ci procèdent à des sacrifices sanglants – dont notamment le sacrifice de victimes de choix comme les taureaux (fr. 128.8) – en l'honneur du grand dieu. Ainsi les Phéaciens, peuple apparemment sage, honorent Poséidon. Ce peuple sacrifie toutefois des taureaux à Poséidon (*Odyssée* XIII, 181-182). Aux yeux d'Empédocle, le comportement est condamnable.

14. Hésiode, *T.J.*, 118-119, trad. P. MAZON.

15. Euripide, *Médée*, v. 1-6, trad. L. MÉRIDIER. – Je remercie D. NELIS d'avoir attiré mon attention sur l'Argo et la chute de l'âge d'or.

16. *Odyssée* XII, 70 (L'Argo, amplement chanté) ; Hésiode, *Théogonie*, 998. Voir aussi Pindare, *Pythique*, IV, 24-25.

αὕτως δ' ἔζωον· χαλεπὴ δ' ἀπέκειτο θάλασσα,   110
καὶ βίον οὔπω νῆες ἀπόπροθεν ἡγίνεσκον,   111
ἀλλὰ βόες καὶ ἄροτρα καὶ αὐτὴ πότνια λαῶν   112
μυρία πάντα παρεῖχε Δίκη, δώτειρα δικαίων.   113
Τόφρ' ἦν ὄφρ' ἔτι γαῖα γένος χρύσειον ἔφερβεν.   114
Ἀργυρέῳ δ' ὀλίγη τε καὶ οὐκέτι πάμπαν ἑτοίμη   115
ὡμίλει, ποθέουσα παλαιῶν ἤθεα λαῶν.   116

En ce temps-là, ils ne connaissaient pas encore la haine déplorable
ni les querelles incessantes, ni le tumulte,
mais ils vivaient simplement. La mer dangereuse était évitée,
et des navires n'apportaient pas encore la nourriture de terres lointaines,
mais les bœufs et les charrues et la Justice elle-même, reine des peuples,
juste dispensatrice, distribuait en abondance des biens.
Elle resta tant que la terre pouvait encore nourrir les hommes de
la race d'or.
Avec la race d'argent, elle demeura peu et n'était plus totalement
disponible,
regrettant la disparition des mœurs des peuples passés.

Aratos évoque le mythe hésiodique des races et y mêle l'aventure
maritime. Il est aussi influencé par les vers du fr. 128 d'Empédocle[17].
Pour preuve, voici quelques détails remarquables. D'abord la présence
de νείκεος (v. 108), qui renvoie à νεῖκος, l'une des deux puissances
empédocléennes, à côté de *Philotès*. Ensuite, la structure mise en place
aux v. 109 et 112 : οὐδέ... οὐδέ / ἀλλά... qui est celle des vers 1 à 3
du fr. 128. Puis deux fins de vers (109 et 110), [...] οὐδὲ κυδοιμοῦ /
[...] θάλασσα, qui font écho aux fins de vers des fr. 128.1 et 2 : [...]
οὐδὲ Κυδοιμός / [...] Ποσειδῶν – si l'on entend que θάλασσα répond
à Ποσειδῶν, le dieu de la mer. Enfin, Justice (Δίκη) est reine ou
souveraine (v. 112 : πότνια), tout comme Cypris est reine (fr. 128.3 :
βασίλεια). Selon Aratos, les hommes de la race d'or ne prenaient pas
la mer (v. 110-111), qualifiée de dangereuse (χαλεπή). Ils n'en avaient
pas besoin pour trouver leur nourriture (v. 112-113). Par la suite
– même si Aratos ne le dit pas explicitement –, la race d'argent, par
opposition à la race d'or tirant sa nourriture de la terre, dut prendre
la mer pour trouver une nourriture qui n'était plus en abondance.
Aratos aurait donc compris chez Empédocle le passage de Cronos à
Poséidon (fr. 128.2) comme étant le passage de la race d'or à la race
d'argent[18]. Nous comprenons aussi Empédocle de cette façon.

17. Voir D. NELIS, « *Georgics* 2.458-542, Virgil, Aratus and Empedocles »,
Dictynna, 1, 2004, p. 1-21.
18. Aratos reprend Empédocle, certes, mais il passe sous silence Zeus roi
et Cronos et Cypris. On devine pourquoi. Aratos commence son œuvre par
un hymne à Zeus (*Phénomènes*, 1-18). La dévotion envers Zeus va à l'encontre
du Zeus roi au temps de la Haine montante – Arès en tête (fr. 128). Aratos ne
nomme pas Cronos, mais le seul fait de mentionner l'or permet de renvoyer au

Aratos a ensuite été imité. En particulier par Virgile, à la fin du livre II des *Géorgiques*[19]. Dans ce dernier texte, relevons l'opposition entre deux types de vie : la vie champêtre et heureuse d'une part et d'autre part la vie de ceux qui « avec des rames tourmentent les flots aveugles, se ruent contre le fer et pénètrent dans les cours et les palais des rois[20] ». Les flots suggèrent Poséidon. Prenons un dernier exemple. Selon le poète latin Tibulle (*Elégie* I, 35-40), l'homme, lors du règne de Saturne, ne s'était pas encore aventuré en mer. Il n'errait pas à la recherche du gain. Tibulle ferait ainsi succéder Neptune à Saturne, en écho à Empédocle qui faisait succéder Poséidon à Cronos. Plus encore qu'Aratos, Tibulle laisse entrevoir ensuite son emprunt à l'Agrigentin : après avoir mentionné la guerre (pensons à Arès et *Kudoimos*), Tibulle mentionne le règne de Jupiter (Zeus) avec encore des meurtres et des blessures, et de nouveau la mer (pensons à Poséidon) et ses dangers (*Elégie* I, 47-50), puis il en vient à évoquer Vénus (*Elégie* I, 58 ; cf. Cypris). L'ordre d'énonciation, si l'on met entre parenthèses Cronos, respecte l'ordre empédocléen.

La démesure affichée de quelques fils de Poséidon pourrait avoir suggéré l'idée, à Empédocle, de lier Poséidon à la race d'argent hésiodique. Ce fond d'inspiration n'est pas nécessairement unique. En ayant en tête la légende des Argonautes, Empédocle aurait pu faire aussi de Poséidon – dieu de la mer qui succède à Cronos – le recours divin de la vie aventureuse et cruelle des hommes qui ont quitté une vie paisible et champêtre. Nous ne saurons sans doute jamais si cette deuxième influence a véritablement joué pour Empédocle ou si elle a surdéterminé son choix. Quoi qu'il en soit nous croyons avoir rendu moins obscure la présence de Poséidon au fr. 128.

---

mythe hésiodique et donc à Cronos. Aratos tient la race d'or en haute estime. Chez Empédocle, Cronos est dans la mouvance de la Haine – et c'est donc à tort que l'on parle d'un âge d'or de Cypris, car Cypris est en dehors et au-dessus des métaux, tous confondus. Enfin, Aratos a substitué Justice à Cypris. Justice est fille de Zeus (Hésiode, *T.J.*, 256). Cypris n'est pas fille de Zeus (ni même d'Ouranos) chez Empédocle. Aratos a choisi, là encore, de suivre Hésiode et les conceptions religieuses communes, contre Empédocle. – Dans son article « Reminiscenze empedoclee nei "*Fenomeni*" di Arato » (dans Ferrero, L. *et al.* (dir.), *Miscellanea di studi alessandrini in memoria di A. Rostagni*, Turin, Bottega d'Erasmo, 1963, p. 382-393, à la page 385), A. TRAGLIA observe l'emprunt par Aratos du *Kudoimos* d'Empédocle, mais ne dit rien de la mer. – NELIS 2004 a établi des parallèles concernant le mythe des races entre Aratos, Empédocle, Virgile, *Géorgique* II et *Bucolique* IV. Je voudrais y ajouter l'importance dans *Bucolique* IV, de la thématique maritime (v. 31-32, 38), liée à l'égarement des hommes.

19. NELIS 2004, p. 5-6.
20. Virgile, *Géorgique* II, 500-502, trad. M. RAT.

Cypris et les races métalliques

Tirons quelques conséquences de notre hypothèse. L'ordre chronologique des races chez Hésiode est : or, argent, bronze, héros, fer. Mais Empédocle n'énonce pas les dieux dans l'ordre hésiodique. Si cet ordre hésiodique était respecté, on attendrait – en suivant le système de correspondances que nous avons posé – Cronos, Poséidon, Arès, *Kudoimos*, Zeus. Or l'ordre empédocléen est Arès, *Kudoimos*, Zeus, Cronos, Poséidon. N'omettons pas Cypris, car, avec elle, une relation chronologique s'impose entre deux âges : celui de l'Amour (Cypris) puis celui de la Haine montante (Arès, Zeus). À la différence d'Hésiode, l'Agrigentin présenterait les divinités selon trois groupes ou trois temporalités :

Présent	–	Arès, *Kudoimos*, Zeus
Passé proche	–	Cronos, Poséidon
Passé lointain	–	Cypris.

Cet ordre, qui est celui du fr. 128.1-3, serait à inverser pour suivre, après Cypris, un ordre chronologique inspiré du mythe des races : (1) Cypris seule, puis (2) les deux dieux Cronos (or) et Poséidon (argent), puis (3) les trois dieux Arès (bronze), *Kudoimos* (héros), Zeus (fer). Au commencement, la reine d'un âge (Cypris) et à la fin le roi d'un autre âge (Zeus). On passerait de l'Amour à la Haine, ou de façon symbolique de l'un au multiple. La lecture est empédocléenne. Elle est aussi en accord avec le témoignage d'Aristote (*De generatione et corruptione*, 334 a 6-7) sur le fait que le cosmos actuel (νῦν) est sous la puissance de la Haine (τὸν κόσμον ὁμοίως ἔχειν φησὶν ἐπί τε τοῦ νείκους νῦν καὶ πρότερον ἐπὶ τῆς φιλίας).

Quel intérêt Empédocle pouvait-il avoir de clore l'énoncé des cinq dieux par Poséidon – qui est le deuxième dieu selon l'ordre chronologique du mythe des races –, pour ensuite enchaîner avec Cypris reine ? Pour répondre à cette question, la référence au mythe des races ne suffit plus ; il convient maintenant de saisir le fr. 128.2 en mettant en arrière-plan (a) le fr. 6, et (b) *Il.* XV, 190-192.

Voici le fr. 6 :

τέσσαρα γὰρ πάντων ῥιζώματα πρῶτον ἄκουε·
Ζεὺς ἀργὴς Ἥρη τε φερέσβιος ἠδ' Ἀιδωνεύς
Νῆστίς θ', ἣ δακρύοις τέγγει κρούνωμα βρότειον.

Apprends d'abord les quatre racines de toutes choses :
Zeus éclatant, Héra porte-vie et *Aïdôneus*
et *Nestis*, qui avec ses pleurs humecte la source mortelle.

Et *Il.* XV, 190-192 :

ἤτοι ἐγὼν ἔλαχον πολιὴν ἅλα ναιέμεν αἰεὶ
παλλομένων, Ἀΐδης δ᾽ ἔλαχε ζόφον ἠερόεντα,
Ζεὺς δ᾽ ἔλαχ᾽ οὐρανὸν εὐρὺν ἐν αἰθέρι καὶ νεφέλῃσι.

J'ai obtenu pour moi, après tirage au sort, d'habiter la blanche mer
à jamais ;
Hadès a eu pour lot l'ombre brumeuse,
Zeus le vaste ciel, en plein éther, en pleins nuages.

(Trad. P. Mazon)

Pourquoi finir l'énoncé des cinq dieux par Poséidon au fr. 128.2 (οὐδὲ Ζεὺς βασιλεὺς οὐδὲ Κρόνος οὐδὲ Ποσειδῶν), un dieu qui ne manque pas d'intriguer si l'on retient le mythe hésiodique des races en arrière-plan ? Raison simple (et facile) : la métrique. Mais dans ce cas Ἀιδωνεύς aurait pu convenir : οὐδὲ Ζεὺς βασιλεὺς οὐδὲ Κρόνος οὐδ᾽ Ἀιδωνεύς. Défendons juste un instant Ἀιδωνεύς contre Ποσειδῶν. Le dieu Ἀιδωνεύς (Hadès) n'aurait guère surpris ici, en fin de vers, à l'instar du fr. 6.2 où Zeus est aussi le premier nommé en début de vers. Puisque les hommes de la race d'argent finissent sous terre (ὑποχθόνιοι μάκαρες θνητοί), l'image de l'Hadès vient à l'esprit. Après Cronos (race d'or), les Olympiens règnent, avec au premier rang les trois dieux (*Iliade* XV, 188-192 : Poséidon, Hadès, Zeus) qui se répartissent (a) la blanche mer ; (b) les ténèbres brumeuses (ζόφον ἠερόεντα) ; (c) le vaste ciel dans l'éther et les nuages. Le domaine sous terre, des ténèbres brumeuses, est celui d'Hadès ; c'est là où finiraient les hommes de la race d'argent, devenus des Bienheureux mortels (μάκαρες θνητοί) après avoir été cachés sous terre par Zeus (κατὰ γαῖα κάλυψε). À cette époque lointaine de la race d'argent, l'Hadès, comme lieu, n'abriterait pas encore les hommes morts des races suivantes. Mais mentionner Hadès à la fin du fr. 128.2 serait utile pour souligner que les hommes de l'âge qui vient après l'âge de Cypris craignent la mort maudite (fr. 10). Enfin, c'est une constance de l'hexamètre épique de placer Ἀιδωνεύς en fin de vers (comme dans le fr. 6.2), alors que Ποσειδῶν n'est pas l'écriture épique du dieu de la mer : c'est Ποσειδάων que l'on trouve régulièrement chez Homère, Hésiode, Apollonios de Rhodes pour ne citer qu'eux. Mais il est vrai que Ποσειδάων ne se place jamais en fin de vers. L'écriture Ποσειδῶν, par un Empédocle souvent en accord avec les pratiques de l'hexamètre épique, pourrait étonner, mais permet, grâce à sa métrique, le placement en fin de vers. Tout bien pesé, Ἀιδωνεύς aurait soulevé d'emblée moins de questions. Voilà donc comment Ἀιδωνεύς pourrait être défendu pour la race d'argent. Toujours est-il qu'Empédocle n'a pas écrit Ἀιδωνεύς. Empédocle a écrit Ποσειδῶν au fr. 128.2, et cela ne s'explique pas uniquement par la métrique. Poursuivons alors notre enquête.

Dans le fr. 6, on se surprend de la présence d'une obscure déesse, *Nestis*, à côté de trois olympiens de premier plan : Zeus, Héra, Hadès (*Aïdôneus*). Mais ce n'est pas la seule surprise. Zeus (Ζεὺς ἀργής) est le feu[21]. Il n'est plus, comme chez Homère, l'assembleur de nuées (νεφεληγερέτα). C'est Héra qui a pris ce rôle, dans la mesure où elle est l'air ou l'éther (fr. 6.2, 149). Zeus n'a plus pour apanage le vaste ciel, dans l'éther et les nuages (*Iliade* XV, 192)[22]. C'est Héra qui a cet apanage. Zeus n'est plus la divinité de la pluie. C'est *Nestis* qui l'est. *Nestis* écarte deux divinités de l'eau, proches de Zeus, qui auraient pu, chacune d'elle, être une des racines de toutes choses, à savoir Styx (l'eau, dernière nommée dans le serment des dieux, tout comme *Nestis* est dernière nommée) et Poséidon (*Iliade* XV, 190). La présence au fr. 128.2 de Poséidon, le dieu à qui le sort a attribué la blanche mer (*Iliade* XV, 190), rappelle donc son éviction par *Nestis* au fr. 6.3. Nommer Poséidon puis, en opposition, nommer Cypris, à savoir la déesse Aphrodite née de l'écume du membre divin d'Ouranos jeté sur la mer (Hésiode, *Théogonie*, 189-192), la *Philotès* qui se manifeste à travers le pouvoir liant de l'eau (B 19), cela n'est pas un pur hasard. Essayons de le montrer.

Nestis, l'eau, est proche de l'Amour, comme l'atteste Plutarque (B 19)[23]. Dire qu'elle est proche de l'Amour (Φιλότης), c'est dire

---

21. Voir Picot 2000, p. 27-28, p. 61-63, où je défends l'attribution : Zeus = feu, Héra = air, Hadès = terre, *Nestis* = eau.

22. *Ibidem*, p. 42-43, 62-63, 67. Quelques commentateurs d'Empédocle, depuis la fin du XIXe s. jusqu'à maintenant, défendent l'idée que Zeus ἀργής (fr. 6.2) désigne l'éther et non pas le feu. Ces commentateurs refusent de retenir qu'ἀργής est l'épithète par excellence de la foudre ; ils préfèrent mettre en avant que l'éther chez Empédocle est lumineux (fr. 21.4, 98.2), et pourrait donc être qualifié d'ἀργής. Voici les arguments que l'on doit leur opposer. Dans le fr. 21.4, c'est la lumière (αὐγή) qui est qualifiée d'ἀργής (ἀργέτι... αὐγῆι) et non pas les immortels (ἄμβροτα) ou implicitement l'éther. La lumière éclatante qui baigne les *ambrota* vient du feu solaire (cité au vers précédent) et non pas des *ambrota* eux-mêmes. Signalons enfin qu'αὐγή en grec ancien ne veut jamais dire l'éther ou l'air (même si les manuscrits de Simplicius concernant le commentaire à la *Physique* – *CAG*, 9, p. 159, 11 – nous rapportent ἀήρ pour αὐγή au fr. 21.4, même si Hippolyte, dans sa *Réfutation de toutes les hérésies*, VII, 29, 20.5, tend à considérer αὐγάς au fr. 115.10 comme l'air), et que l'air ou l'éther n'est jamais qualifié d'ἀργής. Dans le fr. 98.2, Empédocle qualifie l'éther de lumineux : αἰθέρι παμφανόωντι. Mais l'éther ne serait pas lumineux en lui-même, il l'est par la présence du soleil (feu), comme dans le fr. 21.4. La nuit, l'éther est sombre. Enfin, si Empédocle appelle l'air assembleur de nuées (fr. 149 : ἀέρα... νεφεληγερέτην), tout en sachant que chez Homère l'épithète νεφεληγερέτα est toujours appliquée à Zeus, ce n'est pas nécessairement pour soutenir que Zeus est l'air. Dans le fr. 6, Zeus n'est pas le Père des dieux comme chez Homère. Rien n'empêche que ce Zeus, dépossédé de certaines de ses prérogatives, ne soit plus l'assembleur de nuées.

23. Plutarque, *De primo frigido*, 952.B.10-11, «σχεδύνην» δὲ «Φιλότητα» τὸ ὑγρὸν ἑκάστοτε προσαγορεύων. Ajoutons le pouvoir liant de l'eau au fr. 34.

qu'elle est proche de Cypris. La suite οὐδὲ Ποσειδῶν, / ἀλλὰ Κύπρις βασίλεια pourrait alors s'entendre οὐδὲ Ποσειδῶν, / ἀλλὰ [θεὰ Νῆστις]. Le dieu de la mer, qui se compte parmi les dieux honorés au temps de la Haine, susciterait dans un écho inversé, *Nestis*, la déesse de l'eau sous toutes ses formes, dont l'eau douce et potable. L'opposition de Cypris à Poséidon, comme dieu de la mer, s'appuierait sur l'opposition implicite de *Nestis* à Poséidon (fr. 6.3). Toutefois, une autre détermination fonderait aussi l'opposition de Cypris à Poséidon. La mention du sacrifice sanglant des taureaux (fr. 128.8 : ταύρων δ᾽ ἀκρήτοισι φόνοις οὐ δεύετο βωμός) répond occasionnellement aux honneurs dus à Arès (voir Eschyle, *Sept contre Thèbes*, 42-46), premier nommé au fr. 128.1, et le plus souvent à ceux dus à Poséidon (*Iliade* XI, 728, XX, 403-405, *Odyssée* I, 25-26, III, 5-6, XI, 130-131, Platon, *Critias*, 119 D-120 B), dernier nommé du fr. 128.2. Les taureaux sont des victimes sacrificielles particulièrement prisées, au sang abondant. Le fr. 128 oppose donc les offrandes non sanglantes à Cypris aux offrandes les plus sanglantes à Poséidon. Sous cet angle, la présence de Poséidon s'éclaircit encore un peu plus.

Revenons un instant sur la présence implicite de *Nestis* derrière Cypris. Dans la première *Olympique* (v. 1-2), Pindare dit : « Le premier des biens est l'eau ; l'or, étincelant comme une flamme qui s'allume dans la nuit, efface tous les trésors de la fière opulence ». L'eau précède l'or. Faisons un pas de plus en adoptant des termes empédocléens : *Nestis*-Cypris précède Cronos. En outre, l'opposition de Cypris aux races métalliques peut encore être lue comme l'opposition de l'eau au feu qui sert à la fabrication des métaux, à savoir comme l'opposition de *Nestis* à Zeus, la racine divine du feu (Ζεὺς ἀργής) devenue Zeus roi dans l'esprit des hommes égarés par la Haine. Ce qui s'accorde avec ce dont Plutarque témoigne (B 19) : Empédocle qualifie le feu de Haine funeste[24].

Il y a plus à dire concernant la présence de Cronos au fr. 128.2 que le simple rapprochement fait avec la race d'or. Dans le fr. 6, les quatre racines divines de toutes choses (Zeus, Héra, *Aïdôneus*, *Nestis*) n'ont pas de parents, tout comme le feu, l'air, la terre et l'eau ne sont nullement engendrés. En clair, pour Empédocle : Zeus, Héra, *Aïdôneus* au fr. 6 n'ont pas pour parents Cronos et Rhéa. Le cas de Cronos au fr. 128 mérite alors attention. Il est assurément le père de Zeus roi – qui n'est pas le Zeus du fr. 6 – et de Poséidon. Selon la tradition hésiodique, il est le dieu castrateur à la serpe, le dieu de la séparation de la terre et du ciel, le dieu qui permet le déploiement des êtres ; il est le premier vivant qui fit couler le sang. L'âge

---

24. *Ibidem*, 952.B.9-11 : καὶ παρέσχεν Ἐμπεδοκλῆς ὑπόνοιαν, ὡς τὸ μὲν πῦρ «Νεῖκος οὐλόμενον» [...] ἑκάστοτε προσαγορεύων.

de Cypris est l'âge pendant lequel on ne fait pas couler le sang. La Cypris empédocléenne n'est pas une olympienne ; elle n'est pas née de Zeus ; elle s'oppose aux olympiens du fr. 128.1-2 qui ont pris le pouvoir grâce à l'avancement de la Haine, et à Cronos, qui a initié le temps où le sang coule.

« Empédocle refuse le panthéon olympien hésiodique », comme l'affirme A. G. Wersinger dans son article sur « La fête criminelle »[25]. Elle ajoute : « Le fragment B 128 des *Catharmes*, bien loin de représenter l'acte de subversion de la religion olympienne traditionnelle ne ferait qu'illustrer l'un de ses aspects les plus paradoxaux ». Et elle remarque que l'image d'animal offerte par les hommes à Cypris (fr. 128.5) « garde le souvenir du sang ». Je voudrais à la fois ajouter ma voix à celle de Wersinger et néanmoins exprimer une nuance. Empédocle subvertit la tradition religieuse au moyen de la substitution. Il emprunte et détourne. Cette façon de faire que nous supposons présente dans le fr. 128 est en œuvre, en toute clarté, dans le fr. 6 (les quatre racines divines de toutes choses). Voyons alors, en préambule, ce qu'il en est au fr. 6.

La définition empédocléenne de Zeus brouille ce que nous savons du Zeus d'Homère, d'Hésiode, de Pindare, d'Eschyle et de tant d'autres. Le Zeus du fr. 6 n'est pas le Zeus – Père des dieux et des hommes – que chante la Calliope des poètes connus. Pourtant, le Zeus empédocléen est nommé en premier, comme dans le prologue de la *Théogonie* d'Hésiode (v. 11) ; une Héra vient juste après lui, comme dans ce même prologue de la *Théogonie* (v. 11) ; les quatre racines de toutes choses – le feu, l'éther, la terre, l'eau – semblent faire écho, dans le même ordre d'énonciation, aux grandes masses naturelles, Ἥλιος, Σελήνη, Γαῖα, Ὠκεανός, nommées dans ce prologue (v. 19-20)[26] ; Empédocle désigne sa Muse par Calliope (fr. 131.3). Voilà

25. A.G. WERSINGER, « La 'fête criminelle' (Empédocle, Perséphone et les Charites) », dans MAZOYER, M. *et al.* (dir.), *La fête : la rencontre du sacré et du profane*, Paris, L'Harmattan, 2004, p. 109-131, aux p. 116-117.

26. Explicitons « dans le même ordre d'énonciation ». Ὠκεανός, l'eau dernière nommée chez Hésiode, serait *Nestis*, dernière nommée dans le fr. 6. À Ἥλιος, premier nommé, correspondrait le feu, dont la figure serait Zeus dans le fr. 6. Γαῖα, la terre, serait *Aïdôneus* dans le fr. 6. Σελήνη, sœur d'Ἥλιος, serait l'air pour Empédocle (la lune est faite pour l'essentiel d'air : A 30, A 60). Au couple Ἥλιος – Σελήνη, frère et sœur chez Hésiode, répondrait donc le couple Ζεύς – Ἥρη chez Empédocle, divinités de même rang, frère et sœur. Si Empédocle voit en la lune une figure d'Héra, point n'est besoin d'en chercher une attestation dans la théologie traditionnelle. La légitimation se trouverait dans son système. – Chez Hésiode, Aurore est énoncée avant *Hélios* (v. 19), Nuit est énoncée après Océan (v. 20). Dans *l'Hymne orphique à Zeus* (*OF* 168 KERN = 243 F BERNABÉ), au vers 8, apparaissent dans l'ordre : feu, eau, terre, éther, nuit et jour. Nuit et jour semblent ici venir en écho à Nuit et Aurore chez Hésiode. Le rapprochement des deux séries de 6 noms (chez Hésiode et dans *l'Hymne orphique*) permet de

autant d'observations qui rapprocheraient Empédocle d'Hésiode. Mais aussi nombreuses que soient les ressemblances avec la tradition, celles-ci creusent en fait un fossé. Empédocle emprunte et détourne. Dans le fr. 6, Zeus et Héra sont affublés chacun d'une épithète qu'ils ne portent pas ailleurs (ἀργής, φερέσβιος) ; Hadès (Ἀϊδωνεύς) n'y désigne pas un espace souterrain morbide ni le dieu des morts, mais la terre ; *Nestis*, l'eau, qui occupe un vers entier, semble remplacer Styx, fille d'Océan, dernière nommée dans les traditionnelles formules de serment entre dieux[27]. Aucun des Olympiens n'est traditionnellement un élément, mais les Olympiens d'Empédocle sont des éléments. En somme, tout se passe comme si, nouveau bâtisseur, Empédocle avait récupéré les pierres d'un édifice antérieur et leur avait conféré une nouvelle fonction pour construire son propre édifice. Le poète et philosophe a notamment écrit par-dessus Homère et Hésiode, en réemployant des mots et des tournures de ces poètes. Il a agi ainsi pour substituer sa propre vision à la vision qui faisait autorité. Empédocle n'a pas, par fantaisie, donné le nom d'un dieu à un élément. Il a identifié un élément à un dieu en nous forçant à reconsidérer ce que nous savions de ce dieu. Le fr. 128 verse dans le même procédé. Cronos est dépossédé de l'âge d'or en faveur d'une déesse : Cypris. Zeus qui s'affiche comme roi n'a plus sa place d'honneur. Il n'est ni nommé en premier ni en dernier. Hors des places d'honneur, il est au milieu d'un groupe de dieux entraînés par le plus décrié d'entre eux : Arès. L'attaque contre le système olympien et les dieux mâles violents est d'autant plus forte dans le fr. 128 que les dieux sont nommés et connus. Puis viennent les offrandes à Cypris et l'allusion en creux au sacrifice sanglant des taureaux (fr. 128.4-8). Dans l'un et l'autre cas, les hommes offrent quelque chose à la divinité pour obtenir quelque chose d'elle. Empédocle n'a pas rompu avec le geste du sacrifice. Il a conservé le geste et substitué l'image (fr. 128.5) au sang (fr. 128.8). De fait, il emprunte et détourne. C'est une subversion. Un autre point de vue vaut tout autant : la Haine a détourné et perverti le geste des premiers hommes.

---

déduire que, pour le poète de l'*Hymne orphique*, feu viendrait en place d'*Hélios*, qu'éther viendrait en place de *Sélénè*.

27. *Nestis* remplace Styx et semble s'y opposer si l'on veut bien entendre sur son nom un jeu de mots : Νῆστις, Νη-Στύξ, celle qui n'est pas Styx (voir PICOT 2000, p. 48, sur ce jeu de mots possible). – Par ses pleurs qui mouillent la terre (κρούνωμα est mis pour terre, voir PICOT 2000, p. 64-65), *Nestis* participe à la naissance des mortels (des larmes créent les hommes cf. le mythe égyptien de Ré, et *OF* 354 KERN = 545 BERNABÉ ; dans l'*Odyssée* VI, 201, l'homme est dit διερὸς βροτός). L'eau de *Nestis* est une eau de vie, alors que l'eau de Styx, le fleuve infernal, est une eau de mort.

Les hommes de l'âge de Cypris et l'exil daimonique

Dans un monde éternellement cyclique[28], scandé par une alternance des honneurs dévolus tantôt à la Haine et tantôt à l'Amour, dans un monde où des vies mortelles succèdent à des vies mortelles sans qu'aucun royaume des morts ou séjour sans retour n'existent, dans un tel monde empédocléen, chaque être vivant et mortel a une infinité de vies antérieures et un passé toujours entaché d'actes sanglants. Le lien de la réincarnation entre les êtres vivants et mortels est suffisamment fort pour que la Haine, qui sépare, ne puisse cependant à aucun moment briser ce lien. Vient alors la figure du *daimôn*, pièce essentielle des *Catharmes*[29]. Un *daimôn* est l'être qui forme le lien entre la vie d'un Bienheureux – dieu à la longue vie aux honneurs les plus grands (fr. 21.12, 23.8, 146.3), dans son séjour céleste – et les vies éphémères sur terre, constituant l'exil du *daimôn* hors de son séjour céleste. À l'origine de cet exil, en forme de pénitence, il y aurait le parjure d'un Bienheureux à propos d'un acte sanglant antérieur à sa vie céleste (fr. 115.3 Rashed). En clair, notre hypothèse de lecture est la suivante : un Bienheureux ment en jurant ne pas avoir déjà tué dans son passé ; ce qui revient à nier l'histoire du monde et la puissance de la Haine, à nier que la réincarnation concerne aussi bien les êtres éphémères que les dieux à la longue vie (les Bienheureux), ce qui revient à croire que le lien entre les mortels éphémères (sur terre) et les mortels divins (les Bienheureux) peut être brisé. La faute est lourde aux yeux de la Haine, qui se sent offensée. Le Bienheureux est chassé du séjour céleste. Il meurt. Il se transforme, à travers son *daimôn*, pour vivre un exil d'une durée fixe de 30 000 saisons (fr. 115.6), parmi les mortels éphémères où le sang coule et où la Haine domine. Le seul fait de passer d'une vie à une autre, à savoir de se réincarner, ne dit rien du contenu heureux ou malheureux de la vie ancienne ou bien nouvelle. Mais au temps où la Haine prend de plus en plus le pas sur l'Amour, la réincarnation est douloureuse, et vaut pour une punition dans la logique empédocléenne.

---

28. J'adopte ici la conception du cycle développée par D. O'BRIEN dans *Empedocles' cosmic cycle, a reconstruction from the fragments and secondary sources*, Cambridge, Cambridge University Press, 1969.

29. Concernant les *daimones*, je renvoie à (1) J.-C. PICOT, « Empedocles, fragment 115.3: Can one of the Blessed pollute his limbs with blood? », dans STERN-GILLET, S. & K. CORRIGAN (dir.), *Reading ancient texts. Volume I: Presocratics and Plato – Essays in honour of Denis O'Brien*, Leyde-Boston, Brill, 2007, p. 41-56 ; (2) J.-C. PICOT, « Empédocle pouvait-il faire de la lune le séjour des Bienheureux ? », *Organon*, 37(40), 2008, p. 9-37 ; (3) M. RASHED, « Le proème des *Catharmes* d'Empédocle. Reconstitution et commentaire », *Elenchos*, 29, 1, 2008, p. 7-37.

Dans ce cadre théorique, comment soutenir que les hommes de l'âge de Cypris, qui vivent sur terre, puissent faire partie de l'exil daimonique (fr. 115, 117, 127, 146), même si celui-ci se passe aussi sur terre ? La difficulté est patente. Puisque cet exil est un parcours de pénitence, on ne voit pas en quoi les hommes de l'âge de Cypris pourraient vivre une pénitence lorsqu'ils ont Cypris pour reine[30]. Les hommes de cet âge appartiennent à un temps qui précède le temps où le sang commence à couler – le temps initié par Cronos selon la lecture d'Empédocle qui s'oppose à celle d'Hésiode. Ce n'est donc qu'à partir de l'âge de Cronos que les hommes pourraient faire partie d'un périple de pénitence de 30 000 saisons[31]. De fait, les hommes de l'âge de Cypris n'appartiendraient pas à un exil daimonique.

Pourrait-on néanmoins défendre l'idée que les hommes de l'âge de Cypris sont en fait les Bienheureux du fr. 115 (v. 6 : μακάρων), avant la faute qui les condamne à l'exil daimonique ? La tentation serait grande de répondre par l'affirmative : les hommes de l'âge de Cypris sont heureux, sans conflit, ils ne versent pas le sang ; l'intrusion de la Haine dans cet âge pousserait certains hommes – qui feraient alors confiance à la Haine – à la faute (sang versé, parjure), et donc à l'exil malheureux. Puisque Hésiode dit que les hommes de la race d'or vivaient comme des dieux (*T. J.*, 112), il suffirait de faire un simple pas de plus avec Empédocle et avancer que les hommes de l'âge de Cypris sont des dieux comme les Bienheureux (fr. 115.13 : θεόθεν). Mais considérer que les hommes de l'âge de Cypris sont les Bienheureux du fr. 115 serait conclure hâtivement, sans tenir compte de ce que nous apprend Plutarque. Or, ce que nous savons des Bienheureux et de l'exil vient pour l'essentiel du *De exilio* de Plutarque. Cet auteur commente ainsi les vers du fr. 115, qu'il vient de citer[32] :

---

30. Qu'est-ce ici que la pénitence ? C'est être victime de la Haine qui violente, déchire, sépare, apporte la souffrance.

31. Distinguons une nouvelle fois ce que dit Hésiode et ce qu'Empédocle fait d'Hésiode. Chez Hésiode, les hommes de la race d'or, sous Cronos, ne commettent pas de sacrifices sanglants. Mais chez Empédocle les hommes au temps de Cronos, pervertis par la Haine, en rupture avec l'âge de Cypris, commettraient ces sacrifices sanglants. Empédocle ne fait plus les distinctions hésiodiques entre les races humaines : pour lui, il y a l'âge de Cypris reine (qui prive Cronos de sa royauté et de son âge heureux) et l'âge de Zeus roi. – Au fr. 115.3 (Proème des *Catharmes*, 17, RASHED), nous défendons la leçon des manuscrits φόβῳ contre la correction φόνῳ, et considérons que la traduction de φόβῳ est : en fuite (par peur). L'errance et le crime de sang commenceraient quand Φόβος, fils d'Arès (*Iliade* XIII, 299), mettrait en fuite les premiers humains hors de la communauté réunie autour de Cypris (PICOT 2008, p. 31 n.3 ; cf. O. PRIMAVESI, « La daimonologia della fisica empedoclea », *Aevum Antiquum*, N.S. 1, 2001, p. 3-68, à la page 36-37).

32. Je reprends la traduction de J. HANI aux Belles Lettres, tout en y introduisant quelques adaptations, afin, me semble-t-il, de rester au plus près du texte grec.

Empédocle nous apprend par là que ce n'est pas seulement lui, mais, à sa suite, nous tous, qui, êtres de passage ici-bas, sommes des étrangers et des exilés [φυγάδας]. « Hommes », nous dit-il, « ce n'est point un mélange de sang et d'air qui a donné à l'âme sa substance et son principe [ψυχῆς οὐσίαν καὶ ἀρχήν] ; ces éléments n'ont servi qu'à composer le corps, terrestre [γηγενές] et périssable [θνητόν] » ; pour l'âme [τῆς δὲ ψυχῆς], qui est venue ici-bas [δεῦρο] d'ailleurs [ἀλλαχόθεν], il en désigne la naissance par le plus tendre des euphémismes ; il l'appelle « voyage » [ἀποδημίαν], et c'est profondément vrai : l'âme est exilée et errante [φεύγει καὶ πλανᾶται], chassée par les décrets et les lois des dieux [...] Elle n'a pas quitté Sardes pour Athènes, ou Corinthe pour Lemnos ou Skyros, mais le séjour du ciel et de la lune [οὐρανοῦ καὶ σελήνης] pour celui de la terre [γῆν] et pour la vie terrestre [τὸν ἐπὶ γῆς βίον].

Le séjour du ciel et de la lune ne peut pas être le séjour terrestre où vivent les hommes de l'âge de Cypris. L'ailleurs [ἀλλαχόθεν] où vivent les Bienheureux n'est pas l'ici-bas [δεῦρο] terrestre de l'exil. Nous devons donc séparer les hommes de l'âge de Cypris – aussi heureux soient-ils – des *daimones* du séjour céleste, appelés les Bienheureux au fr. 115.6. La faute déclenchant l'exil daimonique est celle d'un Bienheureux et non pas celle d'un homme de l'âge de Cypris entraîné follement par la Haine. Il reste tout de même, qu'après l'âge de Cypris, lorsque commence l'influence de la Haine avec les dieux Arès, Tumulte, Zeus, Cronos, Poséidon, l'exil daimonique vécu comme parcours de pénitence prend alors place[33].

Hésiode imaginait que les hommes de la race d'or devenaient à leur mort des *daimones*. Cela était un honneur ; en témoigne ainsi Socrate dans le *Cratyle* (398 B-C). Dans le fr. 128, rien ne dit qu'à leur mort les hommes de l'âge de Cypris deviennent des *daimones*, sur le modèle hésiodique des hommes de la race d'or. Il est probable que les hommes de l'âge de Cypris connaissent la mort sans pour autant tomber dans l'exil daimonique. Pour Empédocle, les *daimones*, liés au temps de Cronos et des Olympiens, sont loin des dieux aux honneurs les plus grands, comprenons : loin des Bienheureux. Que deviennent alors à leur mort les hommes du règne de Cypris ? Ces hommes se réincarnent – puisque, si nous avons bien compris Empédocle, toutes les vies qui ne sont pas éternelles entrent dans une chaîne de

---

33. Dans un monde terrestre qui s'enfonce toujours vers plus de Haine, il est hors de question de voir apparaître un nouvel âge de Cypris pour accueillir les *daimones* parvenus au terme des 30 000 saisons. Il est aussi hors de question pour Empédocle de postuler des îles des Bienheureux, aux confins de la terre, comme dans le mythe hésiodique des héros morts. Et hors de question de postuler des Champs-Élysées, dans un royaume d'Hadès. Empédocle a pris ses distances vis-à-vis d'Hésiode. Hadès n'est plus chez lui le dieu des morts. Il est la terre (fr. 6.2). Empédocle a repensé la tradition religieuse.

réincarnations. On peut conjecturer qu'à leur mort les hommes du
règne de Cypris se réincarnent soit en nouvel homme de cet âge,
soit en Bienheureux.

Le fr. 128 appartient-il alors aux *Catharmes*, comme le voudrait
Diels, après H. Stein (1852) ? Si les *Catharmes* sont les purifications
nécessaires dans l'histoire de l'exil daimonique des 30 000 saisons,
alors le fr. 128 n'appartient pas à ce poème. Si les *Catharmes* sont l'histoire de la réincarnation et des Bienheureux, alors le fr. 128 pourrait
y prendre place. Il ne viendrait toutefois pas dans le prolongement
ou à proximité du fr. 127 (les meilleures vies parmi les bêtes et parmi
les arbres). Ni même à côté du fr. 146 (les meilleures vies parmi
les hommes). L'existence de quelques vies privilégiées (lions, lauriers,
devins, poètes, médecins, chefs), à côté de nombreuses autres qui
enchaînent les durs sentiers de la vie, serait le signe propre d'un exil
daimonique, dominé par la pénitence, dans des temps postérieurs au
règne de Cypris. Mais rien n'oblige à suivre Diels dans son attribution du fr. 128 aux *Catharmes*. Des auteurs comme F.W. Sturz (1805),
D. Scinà (1813) ou S. Karsten (1838) inséraient, non sans raison,
les vers du fr. 128 dans un troisième livre de la *Physique*. Ce livre est
attesté par Tzetzès à propos du fr. 134. Il contiendrait une critique
des poètes et une discussion sur le divin, dont notamment Apollon.
Or Porphyre, à qui nous devons de pouvoir recueillir le fr. 128, introduit la citation ainsi : « Empédocle, qui, dans son développement
[διεξιών] sur les sacrifices et la théogonie, s'explique en outre en ces
termes [fr. 128][34] ». Nous déduisons qu'un tel propos sur les sacrifices
et la théogonie devait être assez long, et pouvait avoir sa place dans
ce livre III de la *Physique*[35]. En outre, la tonalité critique du fr. 128,
où Hésiode est pris pour cible par l'Agrigentin, pouvait s'accorder
avec une critique des poètes.

---

34. Porphyre, *De l'abstinence*, II 20 : ὃς περί τε τῶν θυμάτων καὶ περὶ τῆς θεογονίας
διεξιὼν παρεμφαίνει λέγων.

35. Je m'accorde ici avec S. Trépanier, *Empedocles: an interpretation*, New York-
Londres, Routledge, 2004, p. 14-15.

SAGESSE FACE À PAROLE DE ZEUS : UNE NOUVELLE LECTURE DU FR. 123.3 DK D'EMPÉDOCLE*

Dans son *Abrégé de théologie grecque*, Annaeus Cornutus cite deux vers, et presque trois, d'Empédocle. Voici le passage où sont rapportés ces vers, d'après l'édition de C. Lang (1881) qui prévaut encore de nos jours[1] :

ὡς γὰρ Ἐμπεδοκλῆς Φυσικοῖς ἐξαριθμεῖται
    Φυσώ τε Φθιμένη τε καὶ Εὐναίη καὶ Ἔγερσις
    Κινώ τ' Ἀστέμφης τε πολυστέφανός τε Μεγιστὼ
καὶ Φορυὴν καὶ Σιωπήν τε καὶ Ὀμφαίην καὶ πολλὰς ἄλλας, τὴν εἰρημένην ποικιλίαν τῶν ὄντων αἰνιττόμενος [...][2].

Les deux vers qui commencent à Φυσώ et les bribes d'un troisième vers se terminant à Ὀμφαίη(ν) ne sont cités que par

Article paru dans la *Revue de philosophie ancienne*, 30, 1, 2012, p. 23-57, reproduit avec quelques légères modifications.

* Je remercie Suzanne STERN-GILLET, Pénélope SKARSOULI, Denis O'BRIEN, Constantin MACRIS, Marwan RASHED et Tomáš VÍTEK qui ont bien voulu lire un premier projet de cet article et m'apporter leurs conseils éclairés. Je remercie également Lucia SAUDELLI, qui m'a permis de débattre de certaines idées de ce texte dans le cadre du programme de recherche A.N.R. « Présocratiques Grecs, Présocratiques Latins », en juin 2010. Les erreurs qui subsisteraient dans l'étape finale du présent article restent de mon entière responsabilité.

1. Annaeus Cornutus, *Theologiae graecae compendium*, 30.3-8 (édition C. LANG : *Cornuti, Theologiae Graecae compendium*, Testo greco a fronte, Leipzig, Teubner, 1881). – L'édition de LANG est reproduite (avec quelques légères modifications de passage à la ligne) dans un ouvrage récent et documenté : I. RAMELLI, *Anneo Cornuto. Compendio di teologia greca*. Milan, Bompiani Il Pensiero Occidentale, 2003. – Avant LANG, il y eut deux éditeurs de Cornutus : Th. GALE en 1671, F. OSANN en 1844.

2. En écrivant πολυστέφανός τε, je corrige l'édition de LANG dans laquelle l'accent d'enclise manque : πολυστέφανος τε. LANG a recopié l'édition d'OSANN (1844) où cette erreur typographique existait déjà. J'écris αἰνιττόμενος là où LANG écrivait αἰνίττομενος. LANG écrit Φυσικοῖς, en suivant une correction d'OSANN, là où les manuscrits portent φυσικῶς (leçon suivie ensuite par H. DIELS). La traduction de Φυσικοῖς serait « dans le poème *Sur la Nature* » (τὰ Φυσικά).

Cornutus. Cette citation se trouve au début d'un exposé sur les Titans (*Theologiae graecae compendium*, 30). Elle sert à introduire l'idée que les Titans représentent la diversité des êtres. Cornutus passe des vers d'Empédocle (où la dernière déesse nommée serait Ὀμφαίη) à une explication à prétention étymologique du nom du Titan Ἰαπετός (Japet), qu'il interprète comme celui qui émet le son de la voix.

Plutarque, de son côté, cite quatre vers d'Empédocle de même facture que les vers cités par Cornutus, avec d'autres divinités féminines, et dans un contexte suggérant que ces divinités relèvent de deux principes en opposition. Plutarque introduit les vers ainsi : « Selon Empédocle, deux destinées (μοῖραι), deux génies (δαίμονες) nous prennent en charge, nous gouvernent dès notre naissance[3]. » Le contexte laisse penser que les biens et les maux[4], le meilleur et le pire sont énoncés[5].

Les divinités que cite Cornutus paraissent, elles aussi, ordonnées par couples de contraires (Φυσώ τε Φθιμένη τε, puis Εὐναίη καὶ Ἔγερσις, etc.), même si les oppositions ne sont pas clairement du registre du bien et du mal. On suppose néanmoins que Plutarque et Cornutus citaient des parties d'un même passage. H. Diels a recueilli les vers cités par Plutarque sous le fr. 122 et ceux cités par Cornutus sous le fr. 123[6]. Diels situe les deux fragments dans les *Catharmes*[7]. Il édite le vers 3 du fr. 123 ainsi : καὶ Φορύη, Σωπή τε καὶ Ὀμφαίη…[8].

---

3. Plutarque, *De la tranquillité de l'âme*, 474 B, traduction par J. Dumortier et J. Defradas, du texte suivant : ὡς Ἐμπεδοκλῆς, διτταί τινες ἕκαστον ἡμῶν γεινόμενον παραλαμβάνουσι καὶ κατάρχονται μοῖραι καὶ δαίμονες.

4. Plutarque cite Euripide, fr. 21.

5. Plutarque, *De la tranquillité de l'âme*, 474 C 5.

6. L'édition des fr. 122 et 123 est inchangée depuis leur première édition (H. Diels, *Poetarum philosophorum fragmenta*, Berlin, Weidmann, 1901). Je suis la numérotation de Diels-Kranz (H. Diels & W. Kranz, *Die Fragmente der Vorsokratiker, I*, Berlin, Weidmann, 1951[6] = *F.V.*[6]) pour désigner les fragments d'Empédocle. J'écris « fr. » pour fragment. Et « B » pour le texte qui précède le fragment suivi du fragment lui-même. Sans autre précision ici, le fragment indiqué est un fragment DK, qui concerne Empédocle.

Fr. 122 :

ἔνθ' ἦσαν Χθονίη τε καὶ Ἡλιόπη ταναῶπις,
Δῆρίς θ' αἱματόεσσα καὶ Ἁρμονίη θεμερῶπις,
Καλλιστώ τ' Αἰσχρή τε, Θόωσά τε Δηναίη τε,
Νημερτής τ' ἐρόεσσα μελάγκουρός τ' Ἀσάφεια.

Fr. 123 :

Φυσώ τε Φθιμένη τε, καὶ Εὐναίη καὶ Ἔγερσις,
Κινώ τ' Ἀστεμφής τε, πολυστέφανός τε Μεγιστώ
καὶ Φορύη, Σωπή τε καὶ Ὀμφαίη…

7. Contre Osann et Lang, Diels reprend avec raison la leçon des manuscrits (φυσικῶς).

8. Entre 1901 (*Poetarum philosophorum fragmenta*) et 1922 (*Die Fragmente der Vorsokratiker*, Berlin, Weidmann, 1922 = *FV*[4]), H. Diels édite de la même façon

Et il traduit : « *und* [die Geister] *des Schmutzes, des Schweigens und Redens* »[9].

L'objectif du présent article est de soumettre à une nouvelle analyse l'édition du couple Σωπή τε καὶ Ὀμφαίη et de proposer une nouvelle façon d'éditer le vers auquel il appartient (fr. 123.3). Le point de départ de l'analyse réside dans le fait que le mot Σιωπήν (Lang) aussi bien que le mot Σωπή (Diels) sont une correction, là où les leçons de la plupart des manuscrits sont σοφήν, σόφη, σοφη. Ce n'est donc pas le Silence (Σιωπή, Σωπή), mais la Sagesse lue dans les manuscrits sous σόφη, si l'on veut bien retenir cette forme accentuée que l'on déduirait à partir de l'adjectif féminin σοφή[10], et retenir un nominatif à partir d'un accusatif imposé par la syntaxe de Cornutus. La déesse empédocléenne Σόφη dirait autrement la commune Σοφία ou Σοφίη[11]. Quant au mot ὀμφαίην ou ὀμφαίη, il est la leçon dominante des manuscrits. La déesse serait Ὀμφαίη, un adjectif féminin substantivé, dérivé d'ὀμφή (voix, oracle)[12].

ce vers. Les éditions suivantes de DIELS-KRANZ (*FV*[5] et *FV*[6]) n'apporteront aucun changement sur ce point.

9. Cette traduction est celle lue dans *FV*[4] (H. DIELS, *Die Fragmente der Vorsokratiker*, Berlin, Weidmann, 1922). W. KRANZ (*FV*[5] en 1934, *FV*[6] en 1951) n'apporte aucun changement à cette traduction, si ce n'est qu'il substitue *die Gestalten* à *die Geister*, qui, l'un et l'autre, sont des ajouts pour la compréhension des vers. L'important est que le couple antithétique final est, autant pour DIELS que pour KRANZ, *Schweigen und Reden*.

10. L'accent récessif s'observe sur le nom de la Néréide Γλαύκη, dont le nom fait écho à l'épithète γλαυκή, ou sur le nom de l'Océanide Θόη (θοή). Il pourrait aussi en être de Σόφη, avec un accent récessif lors du passage de l'adjectif σοφή au substantif. Sur la possibilité en poésie de l'utilisation d'un adjectif féminin comme un substantif, voir H.W. SMYTH & G.M. MESSING, *Greek grammar*, Cambridge (Mass.), Harvard, 1956, p. 231 (§ 840 d). Sur la modification de l'accentuation d'un adjectif à un nom et à un nom propre (loi des appellatifs), voir J. VENDRYES, *Traité d'accentuation grecque*, Paris, Klincksieck, 1904, p. 152-154 (Σόφος à partir de σοφός, mentionné p. 153).

11. Toutes les divinités apparaissant dans les fr. 122 et 123 sont des divinités féminines. Plusieurs noms de divinités et épithètes sont déjà reconnus comme étant des hapax (Ἡλιόπη, Φυσώ, Φθιμένη, Δηναίη, Μεγιστώ, Εὐναίη, Ἔγερσις, Κινώ, Ἀστεμφής, Φορύη, Ὀμφαίη, ταναῶπις, μελάγκουρος) ou des mots rares ou à signification rare (Χθονίη, θεμερῶπις). On identifie ainsi 13 hapax (sans compter Σόφη) et 2 mots rares. Il n'y aurait alors pas de difficulté à entendre Σόφη, un hapax, comme une divinité féminine.

12. Pour être complet, il existe une autre leçon lue dans deux autres manuscrits : ὀμφάλην et la variante Ὀμφάλη.

Les leçons des manuscrits

Dans l'édition de Lang, et pour ce qui concerne notre propos, les manuscrits sont classés ainsi :

> a : P (*Parisinus* 2720, xvᵉ s.), M (*Montepessulanus* 422, xviᵉ s.), V (*Vaticanus* 942, xivᵉ-xvᵉ s.), L (*Laurentianus, pl.* 57, *cod.* 26, xvᵉ s.), X (*Bodleianus Baroccianus* 131, xivᵉ s.). Ce sont les meilleurs manuscrits pour l'édition.
> b : N (*Vaticanus* 1385, xiiiᵉ-xivᵉ s.), B (*Laurentianus, pl.* 60, *cod.* 19, xivᵉ-xvᵉ s.), G (*Bodleianus Baroccianus* 125, xviᵉ s.).
> c : W et d'autres : les manuscrits d'un moindre intérêt pour l'édition.

Les leçons des manuscrits correspondant au fr. 123.3 sont :

> καὶ φορίην M : καὶ φορίην PVLX : φορίην c : κ. φορύη G : κ. φορίη NB : καὶ Φορίη *Laur. pl.* 56 *cod.* 20[13]
> καὶ σοφήν τε M : καὶ σόφην c : σοφήν τε PLX : σοφη τε N : σόφη τε BG : σομφήν τε V : Σοφίη τε *Laur. pl.* 56 *cod.* 20
> καὶ ὀμφαίην PMVLX : καὶ ὀμφαίη NBG : καὶ ὀμφάλην c : καὶ Ὀμφάλη *Laur. pl.* 56 *cod.* 20.

Parce que nous ferons parfois référence aux auteurs qui ont édité le vers qui requiert notre attention (fr. 123.3), je reproduis ici certaines éditions majeures, ou reprises d'édition antérieure, faites entre 1805 (F.W. Sturz) et 2006 (T. Vítek)[14] :

F.W. Sturz	(1805)	καὶ Φορίη Σοφίη τε, καὶ Ὀμφαίη –
S. Karsten	(1838)	καὶ Φορύη, Σόμφη τε καὶ Ὀμφαίη.
Th. Bergk	(1839)	Καὶ Ἀφορίη, Σωπή τε καὶ Ὀμφαίη.
F. Panzerbieter	(1845)	καὶ Φορίη Μονίη τε καὶ Ὀμφαίη…
H. Stein	(1852)	* καὶ Φορύη, Σωπή τε καὶ Ὀμφαίη.*[15]
F.W.A. Mullach	(1860)	καὶ Φορυὴ καὶ δῖα Σιωπή τ' Ὀμφαίη τε

13. Cette leçon, absente de l'apparat critique de Lang, est donnée en particulier par F.W. Sturz, *Empedocles Agrigentinus*. De vita et philosophia eius exposuit, carminum reliquias ex antiquis scriptoribus collegit, recensuit, illustravit, praefationem et indices adiecit M. F. G. S., Leipzig, 1805, Göschen, p. 304. Sturz rapporte du manuscrit *Laur. pl.* 56 *cod.* 20 le vers suivant : καὶ Φορίη, Σοφίη τε καὶ Ὀμφάλη. Il apparaît sous « cod. Laur. 2 » chez H. Stein (*Empedoclis Agrigentini fragmenta*. Disposuit, recensuit, adnotavit H. S, Bonn, A. Marcus, 1852, p. 82).

14. Je ne donne donc pas ici des auteurs comme Osann ou Lang qui avaient pour seul objectif de rapporter le texte de Cornutus, et qui ne cherchaient donc pas à retrouver un vers (un hexamètre) à partir de ce qu'ils lisaient en prose. Pour mémoire, là où Lang écrit καὶ Φορυὴν καὶ Σιωπήν τε καὶ Ὀμφαίην καὶ πολλὰς ἄλλας, Osann écrivait : καὶ Φορίη, καὶ Σόμφη καὶ Ὀμφαίη καὶ ἄλλαι πολλαί. Citons le premier éditeur de Cornutus, Th. Gale (1688) : φορίην, καὶ σοφὴν, καὶ ὀμφάλην, καὶ πολλὰς ἄλλας.

15. Les astérisques posés par Stein correspondent à des obèles.

H. Diels	(1901)	καὶ Φορύη, Σωπή τε καὶ Ὀμφαίη...
U. von Wilamowitz	(1929)	καὶ Φορύη, Σωπή τε καὶ Ὀμφαίη.
G. Zuntz	(1971)	καὶ Φορύη Σωπή τε καὶ Ὀμφαίη...
N. van der Ben	(1975)	κἀφορίη Σωπή τε καὶ Ὀμφαίη
C. Gallavotti	(1975)	καὶ Φορύη, Σωπή τε καὶ Ὀμφαίη <τε καὶ ἄλλαι>.
M.R. Wright	(1981)	καὶ †φορίη† Σωπή τε καὶ Ὀμφαίη
B. Inwood	(1992)	κἀφορίη Σωπή τε καὶ Ὀμφαίη.
T. Vítek	(2006)	καὶ Φορύη, Σωπή τε καὶ Ὀμφαίη

On remarque qu'une incertitude demeure au fil du temps quant au nom à retenir pour la première déesse (Φορίη, Φορύη, Ἀφορίη ?), que le nom de la deuxième déesse tend à s'imposer, avec Σωπή (au détriment de Σοφίη, Σόμφη, Μονίη), et que le nom de la troisième déesse n'a jamais fait de doute, Ὀμφαίη. Les auteurs qui ont le plus écrit sur les déesses des fr. 122 et 123 sont F.W.A. Mullach et N. van der Ben[16].

Sagesse disqualifiée

L'édition la plus ancienne de Cornutus, que l'on doit à Th. Gale (1688), portait à l'endroit où nous identifions le fr. 123.3 : φορίην, καὶ σοφὴν, καὶ ὀμφάλην[17]. Elle est depuis longtemps dépassée. Au moins pour le troisième terme, la collation des manuscrits a permis d'établir la leçon sûre : ὀμφαίην. Toutes les éditions d'Empédocle du XIXᵉ s. et du XXᵉ s., visant à restituer le vers du poète, s'accordent avec raison sur Ὀμφαίη[18].

---

16. F.W.A. MULLACH, *Fragmenta Philosophorum Graecorum. Poeseos philosophicae caeterorumque ante Socratem philosophorum quae supersunt*, Paris, A.F. Didot, 1860, p. 1, 22-24. N. VAN DER BEN, *The Proem of Empedocles' Peri physios: towards a new edition of all the fragments*, Amsterdam, B.R. Grüner, 1975, p. 108-109, 117, 162-166.

17. Th. GALE, *Opuscula mythologica, physica et ethica*, Amsterdam, H. Wetstein, 1688² (1671¹). GALE traduisait (p. 176) : *sapientiam* & *stultitiam*. Il ne traduisait pas φορίην. La traduction d'ὀμφάλην par *stultitiam* paraît étrange, et bien plus dictée par la nécessité de trouver un mot opposé à sagesse, tel que sottise (*stultitia*), que par le sens possible d'un mot dérivé d'ὀμφαλός ou d'ὀμφή.

18. Les meilleurs manuscrits retenus pour l'édition de Cornutus ont ὀμφαίην, ce qui rend peu crédible ὀμφάλην lu dans un manuscrit de second ordre. Le changement d'une lettre (Λ pour Ι) pourrait se comprendre comme une erreur de copiste. Toutefois, il existe une autre explication qui tient à la présence du personnage féminin d'Ὀμφάλη dans un passage de Cornutus, 64.8-14, venant après la citation d'Empédocle (30.3-8). Dans ce passage, Cornutus fait dériver Ὀμφάλη d'ὀμφή. Il est alors possible qu'un copiste, se relisant, et devinant ὀμφή sous le nom inconnu Ὀμφαίη, ait cru bon de corriger par Ὀμφάλη, un nom connu qu'il pouvait lire ailleurs dans le même ouvrage.

Au XIXᵉ s., des éditions diverses du passage qui nous intéresse ont vu le jour (de Sturz à Mullach, voir ci-dessus). Notons en particulier le tâtonnement concernant le nom de la divinité qui précède Ὀμφαίη : Σοφίη, Σόμφη, Σωπή, Μονίη, Σιωπή[19]. Il faudrait encore ajouter à cela une suggestion de H. Usener : Κωφής[20].

Au XXᵉ s. les choses sont fixées. En 1901, Diels écrit : Σωπή τε καὶ Ὀμφαίη. Il se fait l'écho de Bergk et de Stein[21]. Depuis lors, toutes les éditions d'Empédocle ont suivi Diels. Le couple des déesses en opposition est généralement traduit du grec par « le Silence et la Parole »[22], « Schweigen und Reden »[23], « la Tacita e la Vociante »[24], « Silence and Voice »[25]. Il est plus rare de lire que la Voix concernée n'est pas une voix en général, mais une Voix prophétique ou divine[26].

---

19. Chez Sᴛᴜʀᴢ et chez Pᴀɴᴢᴇʀʙɪᴇᴛᴇʀ, le nom de la divinité retenue (respectivement Σοφίη et Μονίη) ne vient pas en opposition à Ὀμφαίη, mais au nom qui précède, à savoir : Φορίη.

20. H. Uꜱᴇɴᴇʀ, *Götternamen*. Versuch einer Lehre von der religiösen Begriffsbildung, Bonn, F. Cohen, 1896, p. 267 n.51. Uꜱᴇɴᴇʀ ne restitue pas le vers. Après avoir mentionné Zeus Πανομφαῖος, il signale Ὀμφαίη et indique au passage que Κωφής (qui se cacherait dans la leçon transmise σοφή) est une personnification de *Schweigen* face à *Reden*, Ὀμφαίη. Uꜱᴇɴᴇʀ ne fournit pas d'explication.

21. H. Sᴛᴇɪɴ, *Empedoclis Agrigentini fragmenta*, Bonn, A. Marcus, 1852. En fait, c'est Sᴛᴜʀᴢ qui introduisit le Silence, mais d'une façon qui n'a pas été retenue ensuite (Sᴛᴜʀᴢ 1805, p. 542, vers 17). Sᴛᴜʀᴢ n'oppose pas Sagesse à Voix, mais Sagesse au terme qui précède dans son édition d'Empédocle, *Temeritas* : Φορίη. Il oppose alors Voix (*Vox*) à Silence (*Silentium*) qu'il imaginait finir l'hexamètre : καὶ Ὀμφαίη Σιγή τε, *Vox et Silentium*. Sᴛᴜʀᴢ voulait trouver un appui à l'introduction de Σιγή dans un hymne de Synésius où il est dit : σὺ δὲ φωνά, σὺ δὲ σιγά (*Hymne* 5.65 Dᴇʟʟ'Eʀᴀ). Mais Sᴛᴜʀᴢ négligeait le fait qu'Ὀμφαίη n'a pas le sens assez vague de φωνή. Synésius utilise quatre fois le mot ὀμφά dans ses hymnes : ce mot proche d'Ὀμφαίη s'accorde avec un silence religieux (*Hymne* 1.72-112 Dᴇʟʟ'Eʀᴀ), il ne s'oppose pas à silence. Utiliser Synésius (σὺ δὲ φωνά, σὺ δὲ σιγά) pour introduire Σιγή en opposition à Ὀμφαίη manque de justifications.

22. J. Zᴀꜰɪʀᴏᴘᴜʟᴏ, *Empédocle d'Agrigente*, Paris, Les Belles lettres, 1953, p. 294.

23. Dɪᴇʟꜱ (*F.V.*[1], 1903 ; *F.V.*[4], 1922), Kʀᴀɴᴢ (*F.V.*[5], 1934 ; *F.V.*[6], 1951). Kʀᴀɴᴢ (*Empedokles. Antike Gestalt und romantische Neuschöpfung*, Zürich, Artemis, 1949, p. 131, fr. 11 Kʀᴀɴᴢ) : *und Schweigen und Reden*. Signalons le proverbe : *Reden ist Silber, Schweigen ist Gold*. L'expression choisie par Dɪᴇʟꜱ induit à penser les deux divinités d'Empédocle sous l'angle d'un dire commun.

24. C. Gᴀʟʟᴀᴠᴏᴛᴛɪ, *Empedocle. Poema fisico e lustrale*, Milan, Arnoldo Mondadori, 1975, p. 83.

25. W.K.C. Gᴜᴛʜʀɪᴇ, *A history of Greek philosophy, II, the presocratic tradition from Parmenides to Democritus*, Cambridge, Cambridge University Press, 1965, p. 255.

26. Je ne donnerai pas la longue liste des auteurs qui ne spécifient pas le type de Parole. Voici quelques auteurs qui la spécifient. S. Kᴀʀꜱᴛᴇɴ (1838) : « *Eloquiumque divinum* » ; R.S. Hᴀʏꜱ (*Lucius Annaeus Cornutus'* Epidrome *(Introduction to the traditions of Greek theology): Introduction, translation, and note*, Dissertation for the degree of Doctor of philosophy, University of Texas, Austin, 1983) : « *Prophetic* » ; B. Iɴᴡᴏᴏᴅ (1992) : « *Prophecy* » ; R.D. McKɪʀᴀʜᴀɴ Jr. (1994) : « *Prophetic Voice* » ; Y. Bᴀᴛᴛɪꜱᴛɪɴɪ (1997) : « Voix prophétique » (cet auteur écrivait en 1968 et 1988 : « La Voix retentissante ») ; A.G. Wᴇʀꜱɪɴɢᴇʀ (2008) : « Prophétique ». Rᴀᴍᴇʟʟɪ 2003, p. 352, apporte un commentaire pour chaque déesse, dont Ὀμφαίη, qu'elle

L'opposition Silence / Parole fait sens. Il n'est pas besoin d'argumenter longtemps pour établir que Σόφη, déduit des manuscrits, pose problème face à Ὀμφαίη. Cela pour une double raison. D'abord, une raison de sens. On ne voit pas comment la sagesse (Σόφη) pourrait s'opposer à la parole en général ou même à la parole prophétique ou divine (Ὀμφαίη). La sagesse s'exprime en parole ; sagesse et parole divine semblent plutôt converger que diverger. De plus, face à Sagesse, on attendrait Ignorance, ou Sottise, ou bien Naïveté, ou bien Folie, ce que n'évoque pas spontanément Ὀμφαίη, il faut en convenir. Mais encore pourrait-on discuter du sens, il y a au moins une raison matérielle qui s'impose vite : sachant qu'Empédocle écrit en hexamètre dactylique, Σόφη pose un problème de métrique pour reconstituer le vers. En effet, (1) la syllabe qui précède Σόφη dans les manuscrits étant une longue – que ce soit la syllabe finale de Φορίη / Φορύη ou bien celle de καί –, et (2) la syllabe qui suit Σόφη (τε ou καί) ne commençant pas par une voyelle, ce qui aurait permis une correption épique, il est certain que Σόφη (∪ –), flanqué des leçons des manuscrits, n'entre pas dans un hexamètre (où – ∪ – est impossible). Alors que Σωπή (– –), dans les mêmes conditions, ne fait pas problème. La métrique commande. Tout juste remarquera-t-on que Σοφίη aurait pu aussi, avec moins de changements de lettres, satisfaire la métrique ; mais adopter Σοφίη serait retrouver la difficulté à faire sens face à Ὀμφαίη. D'où l'intérêt pour Σωπή. Par ailleurs, Σωπή bénéficie de parallèles chez Pindare et Callimaque[27].

En dehors de σόφη(ν), il existe une autre leçon des manuscrits : σομφήν. Ce mot – dont le sens serait voix étouffée, sans résonance – répond à la métrique et serait susceptible d'expliquer Σόφη par chute d'une simple lettre dans la transmission des manuscrits. Mais il suppose que la Parole qui lui soit opposée soit puissante – ce qui ne ressort pas avec évidence d'Ὀμφαίη – et ne bénéficie pas de parallèles tel Σωπή. En outre, σομφήν ne serait rien de plus qu'une ancienne conjecture, comme le signale Van der Ben[28] : « σομφήν *is found in one MS. only, added by a corrector's hand. It is likely therefore to be no more than an old conjecture* »[29]. Nous ne retiendrons donc pas Σόμφη.

Il y a aujourd'hui une unanimité pour faire de Σωπή τε καὶ Ὀμφαίη le texte authentiquement empédocléen. La question de la légitimité

---

traduit par « *Omfea* » (p. 223) et pour laquelle elle précise « Ὀμφαίη *è la profetica* » (p. 352). Elle ne dit rien de Σιωπή, qu'elle traduit simplement par *Siope* (p. 223). G. GIANNANTONI ([éd.], *I Presocratici. Testimonianze e frammenti*, Bari, Laterza, 1969, p. 413) traduit Ὀμφαίη par *la Profetica*.

27. Pindare, *Isthmique*, I 63 ; *Olympique*, XIII 91. Callimaque, *Iambes*, fr. 191.31, fr. 194.59.

28. VAN DER BEN 1975, p. 166.

29. Il se peut que σομφήν ait remplacé σοφήν pour tenter de résoudre le problème de sens et de métrique que poserait Σόφη.

de Σωπή ne se pose plus. Ajoutons à cela que les divinités opposées du fr. 123 n'éveillent guère d'intérêt en dehors des éditions par vocation exhaustives du corpus empédocléen[30]. Voilà l'état de la question.

Peut-on néanmoins considérer que l'analyse a été suffisante pour disqualifier Σόφη ? La question est provocante dès que l'on constate que les éditeurs, sûrs des évidences, ne se sont pas donné la peine de livrer la moindre analyse. En 1839, Bergk introduit Σωπή sans explication, comme si la chose allait de soi[31] ; en 1901, Diels se contente de dire : « Σωπή (*sic* Bergk cf. *Pindari* σωπᾶν) *apte opponitur* Ὀμφαίη »[32]. U. von Wilamowitz-Moellendorff, en 1929, n'ajoute rien : « *Der letze Vers* [= fr. 123.3] *ist klar, seit Bergk in der* Σοφή *die* Σωπή *erkannt hat*[33]. » Dans un article intitulé « Trois notes sur Empédocle », B.A. van Groningen écrit[34] : « Toutes les éditions ont accepté à juste titre la conjecture de Bergk, Σωπή, qui forme l'antithèse exacte de Ὀμφαίη. » Van der Ben, qui a fait de nombreuses remarques à propos des fr. 122 et 123, n'aurait ici rien à redire[35] : « Σωπή : Bergk'*s solution is still the most attractive reading, the word contrasting well with* Ὀμφαίη. »

Tout récemment, Vítek – dans un ouvrage de longs commentaires, richement documenté[36] – ne consacre que quelques lignes à Σωπή τε καὶ Ὀμφαίη et semble n'avoir aucun doute sur le fait que Σωπή est la correction légitime face à Ὀμφαίη.

Non seulement il y a un consensus pour disqualifier Σόφη, mais il y a aussi un consensus pour le faire sans explication ou presque. Or, aucune des raisons qui pourraient soutenir ce consensus n'apparaîtra convaincante en elle-même. On peut avancer trois raisons. (1) On supposerait que Σόφη n'entre pas dans le vers. Mais, quand on y regarde de près dans le texte de Cornutus, le début du vers

---

30. Lorsqu'un ouvrage cite un grand nombre de fragments d'Empédocle sans se donner pour objectif de citer tous les fragments, il est habituel de constater dans l'index que le fr. 123 n'est pas cité. Trois exemples : (1) G.S. KIRK, J.E. RAVEN & M. SCHOFIELD (éd.), *The presocratic philosophers*, Cambridge, Cambridge University Press, 1983² ; (2) R. WATERFIELD, *The first philosophers: the Presocratics and Sophists*, Oxford, Oxford University Press, 2000 ; (3) A.L. PIERRIS (dir.), *The Empedoclean Κόσμος: s*[t]*ructure, process and the question of cyclicity*, Patras, Institute for philosophical research, 2005.

31. Th. BERGK, *Commentatio de prooemio Empedoclis*, Berlin, 1839, p. 34.

32. DIELS 1901, p. 157.

33. U. von WILAMOWITZ-MOELLENDORFF, « Die *Katharmoi* des Empedokles », *Sitzungsberichte der preussischen Akademie der Wissenschaften*, 27, 1929, p. 626-661, à la page 639.

34. B.A. VAN GRONINGEN, « Trois notes sur Empédocle », *Mnemosyne*, 9, 1956, p. 221-224, à la page 222.

35. VAN DER BEN 1975, p. 166.

36. T. VÍTEK, *Empedoklés. III, Kommentář*, Prague, Herrmann & synové, 2006, p. 543. Pour VÍTEK, Ὀμφαίη doit désigner la Parole, sans que cela sous-entende une Parole prophétique ou oraculaire.

où s'insérerait Σόφη, pris dans une paraphrase, est mal établi. On hésite sur le mot principal à retenir : Φορύη (Karsten, Stein, Mullach, Diels, M.R. Wright), Φορίη (Sturz, Panzerbieter), Ἀφορίη (Bergk, Van der Ben, B. Inwood). En outre, le texte passe de la citation des vers (fr. 123.1-2) à de la prose paraphrasant le troisième vers ; l'accusatif, dans les manuscrits les plus sûrs, signale la prose ; l'emploi de la particule de liaison καί est hésitant[37]. Comment alors exclure Σόφη pour une raison métrique là même où plane une incertitude sur l'édition du vers ? (2) On supposerait que Σόφη est un mot inconnu, résultant d'une faute de copie partant d'un mot connu (Σωπή). Mais par ailleurs les fr. 122 et 123 comportent plusieurs hapax, au point que l'on compte autant d'hapax ou de mots rares que de mots usuels[38]. Comment alors ne pas admettre que Σόφη est aussi un hapax, un adjectif substantivé créé par Empédocle, tel que Ἡλιόπη ou Ὀμφαίη ? Et puis comment expliquer au plan paléographique le passage de Σωπή à Σόφη ? (3) On supposerait enfin que Σόφη, Sagesse, ne s'opposerait pas clairement à Ὀμφαίη, Parole ou Parole prophétique. Mais tout doit-il être limpide ? On serait bien en mal de dire ce qui pourrait s'opposer chez Empédocle à Νέμερτès (fr. 122.4), si l'on ne connaissait pas la réponse (Ἀσάφεια), et inversement (Νέμερτès ne se devine pas lorsque seule Ἀσάφεια est connue), et ce qui s'oppose à Majesté (Μεγιστώ) : serait-ce Souillure (Φορύη), ou Élan irréfléchi, Témérité (Φορίη), ou encore Stérilité (Ἀφορίη) ? On exige donc trop en voulant que l'opposition entre Σόφη et Ὀμφαίη se saisisse immédiatement et sans effort, et, s'il n'en est pas ainsi, en récusant l'un des termes (Σόφη).

La mise à l'écart de Σόφη s'est faite sans analyse explicite. Et la mise en avant de Σωπή s'est appuyée sur la conviction d'avoir trouvé « l'antithèse exacte d'Ὀμφαίη », comme le dit Van Groningen. « L'antithèse exacte » ? Mais même cela, est-ce vraiment sûr ? Face au Silence ne verrait-on pas le Bruit, la Clameur, le Vacarme, ou dans un autre registre la Louange – qui ne se confondent pas avec Parole ou Parole divine[39] ? Face à Ὀμφαίη, qui est autre chose qu'un

---

37. L'accusatif est présent dans les manuscrits « a ». Le nominatif est présent dans les manuscrits « b ». Presque tous les manuscrits (PLXVGNB) rapportent la structure καί [X], [Y] τε καί [Z], mais un manuscrit important (M) rapporte καί [X] καί [Y] τε καί [Z]. Osann édite καί Φορίη, καί Σόμφη καί Ὀμφαίη, Lang édite καί Φορυὴν καί Σιωπήν τε καί Ὀμφαίην. Dans le lemme introducteur du fr. 123, sans référence à Lang, Diels édite καί Φορύην καί Σοφήν τε καί Ὀμφαίην. Pour Diels, le premier et le deuxième καί ne font pas partie du vers mais de la prose de Cornutus.

38. Dans les fr. 122 et 123, on compte (en dehors d'un verbe et des particules de liaison) 26 mots. Or, parmi ces 26 mots, il existe 13 hapax (sans compter Σόφη) et 2 mots rares.

39. Bruit (κλέος) face à la Voix des Muses : *Iliade* II, 486.

simple bruit, ne serait-ce pas Parole futile, Bavardage (λαλιά), Cri (κραυγή, βοή, κλαγγή), Bruit (ἠχή)[40] ? Que peut-on considérer comme évident ?

Un autre fait ne manquera pas de troubler. Alors qu'Empédocle utilise la langue épique, *i.e.* l'ionien, les partisans de l'introduction de Σωπή omettent de signaler que ce mot n'appartient pas à l'ionien mais au dorien. Ils citent Pindare (*Isthmique*, I 63 ; *Olympique*, XIII 91) pour fournir un parallèle possible de Σωπή chez Empédocle ; or Pindare écrit en dorien. Mullach et Lang, conscients d'une possible anomalie, ont écarté σωπή au profit de la forme usuelle et épique, qui présente un ι bref : σιωπή. Les exemples d'une telle forme sont multiples chez Homère et Oppien. Mais introduire σιωπή rend le vers plus difficile à construire (voir Mullach). En outre, l'argument du « non respect de la métrique », qui va de soi pour écarter Σόφη, tombe. Faire l'économie d'une véritable explication quant au sens ne paraît dès lors plus possible. On comprend donc que, pour les partisans d'une solution simple et rapide, σιωπή ne puisse séduire. Diels, sans doute pour couper court, a pris position en faveur de σωπή. Après tout, une exception de dialecte dorien chez Empédocle serait toujours possible. Les noms propres, tels les noms de déesses, pourraient admettre cette exception qu'un nom commun ou un adjectif n'admettraient pas. On pourrait aussi croire qu'il y a un précédent dorien dans Κινώ (fr. 123.2), comme Hésychius le dit : κινώ· κίνησις Δωριεῖς[41]. À la suite de la position prise par Diels – la défense de σωπή –, nul ne s'est aventuré à noter la fragilité de ce mot dans le contexte de la langue d'Empédocle. Alors que Σόφη, en revanche, n'avait au moins pas la faiblesse d'être dorien.

Le fait qu'il y ait une difficulté immédiate de lecture avec Σόφη n'est bien sûr pas suffisant pour justifier de changer rapidement les données du problème et d'inventer une solution – Σωπή – qui n'aurait pour avantage que de faciliter la lecture. Et, dans la mesure où seule la métrique serait en cause pour disqualifier Σόφη, pourquoi n'a-t-on pas opté pour une solution simple, proche au plan paléographique[42] : Σοφίη, retenue par Sturz ? Nous en revenons au sens. Il fallait que certains présupposés soient agissants pour que Σοφίη, la Sagesse, soit en fait écartée.

---

40. Bavardage, ou jactance, opposé à silence : Pindare, *Isthmique* V, 51.

41. Mentionné par Diels 1901, p. 157. Voir néanmoins Van der Ben 1975, p. 164, et M.R. Wright (*Empedocles: the extant fragments*, New Haven-Londres, Yale University Press, 1981, p. 282), qui rapproche Κινώ de Δωτώ et Πρωτώ (*Iliade* XVIII, 43, et Hésiode, *Théogonie*, 248). Si l'on accepte ce rapprochement, Κινώ ne serait pas plus une forme dorienne que Δωτώ et Πρωτώ.

42. La perte d'un iota (de ΣΟΦΙΗ à ΣΟΦΗ) s'expliquerait bien plus facilement que le passage de ΣΩΠΗ à ΣΟΦΗ.

Prônant le retour au texte contre de simples évidences, je défendrai que rien de sérieux ne permet chez Empédocle de disqualifier Σόφη et de qualifier à la place Σωπή. Il faudra prendre le temps d'être explicite, à savoir d'être attentif à toutes les données qui doivent entrer dans la solution du problème. Et puisque les choses ne sont pas limpides en lisant de façon isolée Σόφη au fr. 123.3, il faudra relire Σόφη à partir d'Empédocle.

Sous Ὀμφαίη – qui s'oppose à la déesse que nous voulons établir – Parole est-elle au moins possible ? C'est la première question que je voudrais aborder.

Parole et Parole divine

Le mot Ὀμφαίη n'est pas employé avant Empédocle. Avec Ὀμφαίη, vient à l'esprit un mot bien attesté depuis Homère : ὀμφή, un substantif pour désigner une voix et particulièrement une voix divine[43]. Bien après Empédocle, on trouvera chez Nonnos l'adjectif ὀμφαίη[44].

Faut-il retenir comme traduction d'Ὀμφαίη la Parole (en général) ou bien la Parole spécifiquement divine ? Réduire Ὀμφαίη à « Parole » présente l'avantage de constituer une opposition franche avec Silence. Si l'on précise « divine, oraculaire, prophétique », un doute s'introduit sur la nature du Silence : faut-il penser que le silence est mortel par opposition à divin ? Faut-il penser que le silence est divin ? La simple « Parole » évite le débat. Un second avantage de réduire Ὀμφαίη à « Parole » est de mettre sur un même niveau de neutralité le Silence et la Parole. En disant « Silence et Parole » aucun des deux termes n'est valorisé ni dévalorisé. À quelques rares exceptions près, nul ne s'avance pour dire que le Silence est une mauvaise chose et que la Parole en est une bonne, ou bien le contraire. On reste neutre[45].

Mais traduire Ὀμφαίη par « Parole » – sans plus – apporte une confusion et dénature le texte. En faisant l'exercice inverse, à savoir en traduisant du français « Parole » ou « Voix » au grec, on ne

---

43. Chez Homère, la première occurrence d'ὀμφή apparaît en *Iliade* II, 41. Elle se rapporte indirectement à Zeus. *Lexikon des frühgriechischen Epos*, pour ὀμφή : (*göttliche*) *Stimme* (*numinos wie menschlich* κληδών *und zum Teil* φήμη).

44. Il existe 7 occurrences de l'adjectif ὀμφαῖος dans les *Dionysiaques* : III, 99, VI, 89, IX, 284, XII, 42, XII, 330, XIII, 373, XXVII, 252.

45. Il y a des exceptions. Deux auteurs, en suivant MULLACH, valorisent le silence : P. TANNERY (« la divine Taciturnité et la Parole » dans *Pour l'histoire de la science hellène*, *De Thalès à Empédocle*, Paris, Gauthier-Villars, 1930², p. 337), G. LEGRAND (« le divin Silence avec la retentissante Voix » dans *La Pensée des Présocratiques*, Paris, Bordas, 1970, p. 144). Cependant, la valorisation peut porter sur Ὀμφαίη. Ainsi, pour clore l'hexamètre, VAN DER BEN 1975, p. 166, imagine une épithète à Ὀμφαίη : χαρίεσσα.

retrouverait pas Ὀμφαίη, ni même ὀμφή. On penserait plutôt à λόγος, φωνή, αὐδή, μῦθος, ἔπος, ἐνοπή. Il existe bien, c'est vrai, un sens du mot ὀμφή pour dire « parole », sans pour autant désigner spécifiquement une parole divine. Mais ce sens n'est pas fréquent avant Empédocle. Le sens largement attesté, au Vᵉ siècle avant J.-C., et dans la littérature épique, renvoie à une parole divine et, en particulier, à la parole de Zeus ou à celle d'Apollon.

Chez Homère, ὀμφή apparaît quatre fois, et toujours en tant que parole divine[46]. On relèvera notamment ὀμφή au chant II de l'*Iliade*, lorsque Zeus s'exprime à travers Nestor dans le rêve d'Agamemnon. La parole divine venant de Zeus trompe Agamemnon. Dans l'*Hymne homérique à Hermès*, ὀμφή est utilisé cinq fois, deux fois pour désigner la parole de Zeus, deux fois celle d'Apollon, une fois celle d'Hermès[47]. En utilisant ὀμφή, Théognis parle de l'oracle de Pythô[48], Pindare de la voix de Zeus[49], Sophocle de la parole d'Apollon[50], Euripide de l'oracle d'Apollon[51]. On pourrait encore ajouter un hymne anonyme à Apollon, peut-être antérieur à Empédocle, où des nymphes Naïades font entendre une voix divine (θέσπιν […] ὀμφήν) grâce à l'inspiration d'une Muse[52].

---

46. *Iliade* II, 41 ; XX, 129 ; *Odyssée* III, 215 ; XVI, 96. Dans l'*Odyssée*, la voix divine pourrait inspirer la haine du peuple contre Télémaque.

47. *Hymne homérique à Hermès*, 471 (Zeus), 532 (Zeus), 543 (Apollon), 545 (Apollon), 566 (Hermès). – Mentionnons quelques occurrences, tardives par rapport au temps d'Empédocle, qui rapportent ὀμφή à Zeus : Plutarque, *Sylla,* 17.2.4-6 ; Nonnos, *Dionysiaques*, III, 200, III, 292. Trois autres occurrences rapportent ὀμφή à Apollon : *Argonautiques orphiques*, 190-191 ; J. Malalas, *Chonographia*, p. 73.12 DINDORF (51 THURN, *OF* 102 F BERNABÉ [= 62 KERN)]) et surtout Porphyre, *De philosophia ex oraculis*, 172.13 – 174.4, où, dans ce passage consacré à Apollon *Phoibos*, ὀμφή apparaît par trois fois. Le mot σιωπή (174.3) y fait suite à ὀμφή. C'est le temps de la disparition des oracles à Delphes.

48. Théognis, *Élégie* I, 808.

49. Fr. Dith.2 70b.29 RACE : Δ[ιὸ]ς δ' ἄκ[ουσεν ὀ]μφάν. Mais dans cinq autres occurrences Pindare utilise ὀμφή (ὀμφά) pour désigner une voix, qui – sans être une voix banale ou une parole profane – n'est cependant pas la voix attribuée à un dieu.

50. Sophocle, *Œdipe à Colone*, 102. Dans la même œuvre, ὀμφή est utilisé deux autres fois pour désigner une voix.

51. Euripide, *Ion*, 908. Mais dans *Médée*, 175, Euripide utilise ὀμφάν sans attribuer la parole à un dieu.

52. Porphyre, *Antre des nymphes*, 8.7. On peut supposer que les eaux de l'esprit (8.4 : νοερῶν ὑδάτων) dont parle cet hymne à Apollon sont les sources des sanctuaires oraculaires ; par exemple : la source Cassotis à Delphes ou la source de Claros. Voir *Phoibos* et la source parlante chez Philostorgios, *Historia*, 7, 1 C 8-9. – « Peut-être antérieur à Empédocle » : selon Porphyre, cet hymne a influencé les Pythagoriciens et, après eux, Platon. Mais Porphyre est un auteur tardif, qui ne nous permet pas, sur ce point, d'être certains que l'hymne est aussi ancien que ce qu'il prétend. – Bacchylide utilise une fois ὀμφή (ὀμφά) pour désigner le son de la lyre (*Epinicie* 14.13). Dans la mesure où la lyre est l'instrument

Selon toute vraisemblance, Cornutus lisait, lui aussi, *Omphaiè* comme Parole divine et non pas simplement comme Parole ou Voix en général. Voici ce qui fonde cette assertion. Cornutus finit sa citation d'Empédocle par *Omphaiè* puis enchaîne en nommant le Titan Japet, appelé par les anciens « la parole » (ὁ λόγος). Il interprète Japet ('Ιαπετός) comme ce qui permet aux êtres vivants (ζῷα) d'avoir une voix et de produire des sons ('Ιαπετός pour ἰαφετός, ἰά-ἀφετός de ἀφίημι : celui qui émet un son, car ἰά est le son de la voix). On devine donc ici un lien, par association d'idées, entre *Omphaiè* et Japet. Mais, pour Cornutus, *Omphaiè* se confond-elle avec Japet ? Parce qu'il n'a de cesse de chercher l'étymologie du nom des dieux, Cornutus s'est assurément interrogé aussi sur le nom d'*Omphaiè*. La réponse pour lui serait simple. Il dit, ailleurs, en parlant du nombril de Delphes, qu'*omphè* est la voix divine (θεία φωνή)[53]. *Omphaiè* serait donc la voix divine (particulièrement celle d'Apollon et par conséquent celle de Zeus qui parle à travers Apollon) et non pas simplement la parole (ὁ λόγος) et le cri (ἰά) des êtres vivants (ζῷα). Cornutus ne confond pas *Omphaiè* et Japet. Il les distingue. On ne peut donc pas – si tant est que l'on y pense – invoquer le témoignage de Cornutus pour tenter de défendre que *Omphaiè* est la Parole ou la Voix en général, et rien de plus précis.

Concluons. Chez le poète du Vᵉ siècle avant J.-C. qu'est Empédocle, connu pour ses reprises de formules homériques, le sens élargi d'ὀμφή pour désigner une parole, dont la parole profane, n'est pas vraisemblable. Le passage de l'espèce (Parole prophétique, oraculaire, divine) au genre (Parole) ferait disparaître une caractéristique essentielle. On s'imposera donc de ne pas traduire Ὀμφαίη simplement par « Parole ». Il s'agit de quelque chose de plus élevé. Pour faire court : une parole divine. Conservons cette spécificité en lisant Empédocle : elle évite un appauvrissement du sens[54].

---

d'Apollon, on pourrait voir ici un lien entre ὀμφή et Apollon. – Voir *OF* 102 F Barnabé (= 62 Kern).

53. Cornutus, *Theologiae graecae compendium*, 67.13-14 : ἐν αὐτῷ ὀμφῆς, ἥτις ἐστὶ θεία φωνή.

54. Mentionnons quelques auteurs qui ne partageraient pas cette conclusion. En 1860, Mullach (*Fragmenta philosophorum graecorum*, Paris, A.F. Didot, 1860, p. 23) fait le choix de comprendre par Ὀμφαίη « *vocem claram vel simpliciter vocem* ». Pour J. Bollack (*Empédocle. Les Purifications : un projet de paix universelle*, édité, traduit du grec et commenté par J.B., Paris, Éditions du Seuil, 2003, p. 80), Ὀμφαίη est « Loquace ». C'était déjà l'avis de A. Rostagni (*Il verbo di Pitagora*, Forli, Victrix, 2005 [réimpression avec nouvelle pagination de l'ouvrage édité à Turin en 1924], p. 129) : « la Loquace ». T. Vítek (*Empedoklés. III, Komentář*, Prague, Herrmann & synové, 2006, p. 543) écarte l'idée qu'Ὀμφαίη puisse être la parole prophétique ou oraculaire. En la traduisant par quelque chose comme Bavardage, Parole facile, Bagou (*Řečnost*), il écarte Ὀμφαίη d'une signification exclusivement divine.

Les auteurs qui affirment que Silence constitue un terme anti-thétique par rapport à Parole – sous ce singulier, entendons toutes les paroles, quelles soient divines ou profanes – formulent une remarque de bon sens et peuvent croire que ce couple Silence / Parole s'insère en toute cohérence à la suite des autres couples de déesses en oppostion du fr. 123. Maintenant que Parole est unique-ment la Parole divine, l'affaire se présente autrement. Une parole spécifique s'oppose moins facilement à quelque chose de général, comme le silence, qu'à un autre parole spécifique. À Parole divine s'opposerait Parole profane, plus que Silence. Par ailleurs, avec Parole divine, le risque de ne pas obtenir une opposition franche entre les deux déesses (Σωπή / Ὀμφαίη) devient patent. Désormais, la déesse Silence paraît imposée (parmi les mortels) pour que Parole divine soit écoutée. Le silence collaborerait donc à l'efficacité de la parole divine[55]. Or, c'est là une lecture inacceptable dans le cadre des fr. 122 et 123. Constatons-le : Beauté (Καλλιστώ : fr. 122.3) ne collabore pas efficacement à Laideur (Αἰσχρή : fr. 122.3), ni inversement ; Sommeil (Εὐναίη : fr. 123.1) ne collabore pas à Veille (Ἔγερσις : fr. 123.1), ni inversement ; Mouvement (Κινώ : fr. 123.2) ne collabore pas à Immobilité (Ἀστεμφής : fr. 123.2) etc. Nous pourrions poursuivre cette liste en prenant les autres couples de déesses des fr. 122 et 123 et parvenir à la même conclusion : les couples d'opposés ne mettent pas une déesse au service de l'autre déesse. Si l'on reconnaît le danger d'une lecture inacceptable de Silence / Parole divine, la meilleure opposition face à Parole divine ne serait donc pas Silence, mais Parole profane. Puisque Ὀμφαίη est avérée, et doit être conservée, Σωπή, qui figure comme une simple correction de circonstance, doit être écartée. Mais pour autant nous n'avons guère validé Σόφη, car Sagesse n'est pas ce qui s'oppose de toute évidence à Parole divine – enten-dons ici : toutes les paroles divines. Sagesse n'est pas, ou bien pas simplement, Parole profane. Sagesse peut assurément être une Parole de sagesse, mais elle peut être divine ou bien profane. Une nouvelle mise en question est alors inévitable : dans le cadre de la philo-sophie d'Empédocle, Ὀμφαίη peut-elle désigner toutes les paroles divines ? Faut-il dans la compréhension de Ὀμφαίη ne rien préciser sur la nature de cette Parole divine ? Le doute est permis. En effet, chez l'Agrigentin, le divin ressortit aussi bien de l'Amour que de la Haine. Le divin n'est pas forcément bon. À travers Ὀμφαίη, est-ce le Zeus roi, au temps de la Haine, qui s'exprime (fr. 128.2) ? Est-ce la Muse d'Empédocle, proche de l'Amour (commentaire d'Hippolyte

---

55. Cela est déjà vrai avec la Parole profane Voir *Iliade* II, 279-282 (σιωπή / μῦθος), IV 412 (σιωπή). Mais cela est encore plus évident avec la Parole divine. Voir Synésius et le silence religieux face à la voix divine (*Hymne* 1.72-112).

sous B 131) ? Est-ce la parole de l'errance ? Est-ce la parole de vérité ?
De quel côté faut-il entendre Ὀμφαίη : avec *Philotès* ou avec *Neikos* ? Il
faut en décider. Nous pourrions être en présence non pas d'un couple
Parole profane/ Parole divine, mais d'un couple qui oppose deux
paroles divines différentes, dont l'une est Sagesse (associée à *Philotès*)
et l'autre, Ὀμφαίη, n'est pas Sagesse (associée à *Neikos*). Nous savons
que, jusqu'ici, nous n'avons fait que la moitié du chemin en substi-
tuant Parole divine à Parole (tout court). Il nous faudra pousser plus
loin la réflexion pour mieux comprendre Ὀμφαίη chez Empédocle.
La précision peut permettre de comprendre la présence de Σόφη.
Pour l'heure, essayons déjà d'arrêter une édition de la première partie
du vers qui inclut Σόφη et Ὀμφαίη.

Sagesse réhabilitée

Entre 1805 et 1901, les éditeurs d'Empédocle ont tâtonné pour
éditer ce qui est désormais le fr. 123.3. Était-ce nécessaire d'écarter
Σόφη ? J'espère avoir montré que les raisons de le faire sont obscures
et non convaincantes. La leçon des manuscrits vaut alors d'être
reconsidérée et sa légitimité sera toujours plus forte que les corrections aventureuses.

À partir de l'introduction par Bergk, en 1839, du mot Ἀφορίη,
il existait une façon d'éditer le début du vers qui aurait permis de
conserver Σόφη :

Ἀφορίη τε Σόφη τε καὶ Ὀμφαίη

J'ai de bonnes raisons de croire qu'il s'agit là de la meilleure
restitution possible du début du vers d'Empédocle[56]. Elle fournit
par elle-même un éclairage rétrospectif pour comprendre la leçon
des manuscrits et les diverses éditions du vers qui nous intéressent. Je
dois maintenant m'expliquer sur chaque point que je viens d'avancer.

Jusqu'ici les éditeurs ont choisi pour l'essentiel certaines corrections (Σωπή, Μονίη, Σιωπή) ou certaines leçons rares (Φορύη, Σόμφη)
qui devraient s'imposer par la simplicité du sens, sans se soucier, au
plan paléographique, de l'écart creusé entre ces choix et les meilleures leçons des manuscrits (Φορίη, Σόφη). Cette facilité induit

---

56. Il est possible d'imaginer un autre vers qui incorpore Σόφη. Ainsi : καὶ
Φορυὴ καὶ δῖα Σόφη <épithète : ∪ ∪ / – > τ' Ὀμφαίη. Cette solution est toutefois
moins élégante que Ἀφορίη τε Σόφη τε καὶ Ὀμφαίη, car elle introduit une épithète
qui n'est pas dans les manuscrits et supprime la suite τε καὶ Ὀμφαίη, qui est en
elle-même très probable. Pour juger de cette probabilité, voir 'τε καὶ + voyelle'
au fr. 122.1 (τε καὶ Ἡλιόπη), fr. 123.1 (τε καὶ Εὐναίη) et ailleurs : fr. 11.3, 17.11,
21.4, 21.11, 22.2, 62.5, 71.2, 98.2, 117.2, 119.1, 121.2, etc.

une certaine suspicion. La simplicité du sens et le consensus rapide sont des critères insuffisants en eux-mêmes pour décider de la véracité. On reconnaîtra que la restitution Ἀφορίη τε Σόφη s'éloigne peu des manuscrits ; elle mérite de fait une étude attentive dès lors que les restitutions passées s'appuyant sur des corrections paléographiquement audacieuses s'avèrent non convaincantes.

Bergk avait écrit : καὶ Ἀφορίη, Σωπή τε καὶ Ὀμφαίη. On prononcera καὶ Ἀφορίη avec une crase et un allongement de l'α de façon à respecter la métrique : κἀφορίη, – ∪ ∪ / –. L'allongement possible de l'α s'observe ailleurs chez Empédocle en début de vers, ainsi avec ἀθάνατοις au fr. 147.1[57]. Bergk a sans doute préféré écrire καὶ Ἀφορίη plutôt que κἀφορίη de façon à conserver la majuscule du nom de la déesse plutôt que de la faire disparaître dans la crase. Mais il n'oubliait assurément pas de respecter la métrique. Écrire καὶ Ἀφορίη, ou κἀφορίη, ou Ἀφορίη τε revient au même du point de vue du sens. C'est pour cela que dès l'instant où Bergk a posé καὶ Ἀφορίη, tout esprit qui a repensé la solution de Bergk (et pourquoi pas Bergk lui-même) a pu imaginer un début de vers avec Ἀφορίη τε. Certes, aucun écrit du XIXe s. ne l'atteste. Mais Van der Ben, au XXe s., qui adopte la solution κἀφορίη, écrit : « *The line may originally have begun with, e.g.,* Ἀφορίη τε ». Van der Ben n'est pas allé plus loin sur cette voie ; avec κἀφορίη, il retient le classique Σωπή. Or, si καὶ Ἀφορίη ou κἀφορίη interdisent l'introduction facile de Σόφη – en raison de la métrique – en revanche Ἀφορίη τε, grâce à la brève τε, l'autorise (Ἀφορίη τε Σόφη, – ∪ ∪ / – ∪ ∪ / –).

Plusieurs points sont à élucider à propos de ce début de vers. Pourquoi la tradition manuscrite n'a-t-elle pas livré Ἀφορίη ? Pourquoi le vers ne commencerait-il pas par καί ? Pourquoi Φορύη n'est-elle pas la leçon à retenir ?

(A) Commençons par Ἀφορίη en début de vers. On a raison depuis longtemps d'écarter Φορίη, car cette leçon des manuscrits n'a guère de sens clair. En revanche, Ἀφορίη en a un, bien attesté. On peut ensuite comprendre que Φορίη apparaisse dans les manuscrits à la place d'Ἀφορίη. Sur ce point, laissons d'abord la parole à Van der Ben :

---

57. Exemples d'allongement chez Homère d'un alpha privatif (normalement bref) ou d'un alpha bref : ἀθάνατοι (*Iliade* II, 14), ἀθανάτων (*Iliade* XII, 9), Ἀπόλλωνι (*Iliade* I, 36). Voir P. CHANTRAINE, *Grammaire homérique. I, Phonétique et morphologie*, Paris, Klincksieck, 1988[6], p. 98. Le cas d'Apollon en *Iliade* I, 36, prouve que le nom d'une divinité peut venir en début de vers avec l'allongement d'un α qui est souvent bref ailleurs (« ailleurs » : en particulier chaque fois qu'Ἀπόλλων est en fin de vers au nominatif, soit environ dans 2/3 des cas chez Homère). Il existe en outre une possibilité qu' « une syllabe brève [se trouve] à la place d'une longue au premier temps du premier pied » : *Iliade* V, 31 ; *Odyssée* XII, 423 ; VII, 119 (voir CHANTRAINE 1988[6], p. 103).

In reading ἀφορίη *here, we adhere much closer to the MSS., for the conjecture rests on the palaeographically simple assumption that* ΚΑΦΟΡΙΗΝ *was at a given moment interpreted as* καὶ φορίην *instead of* καὶ ἀφορίην *with crasis.*

Mon interprétation sera un peu différente de celle de Van der Ben, car je défends que le vers commence par Ἀφορίη τε et non pas par κἀφορίη. Cornutus a lu ΑΦΟΡΙΗ ΤΕ ΣΟΦΗ ΤΕ ΚΑΙ [...], mais il l'a adapté à sa syntaxe – ce qui explique l'apparition d'un accusatif à la place d'un nominatif chez Empédocle –, et il a fait disparaître le premier ΤΕ. Il existe alors deux possibilités de l'apparition de Φορίη. (1) Première hypothèse : il n'y a pas eu de crase dans la transmission. Le manuscrit initial, de la main de Cornutus, ou bien un manuscrit disparu ayant précédé les actuels manuscrits à notre disposition, comportait ΚΑΙ ΑΦΟΡΙΗΝ ΚΑΙ ΣΟΦΗΝ ΤΕ ΚΑΙ [...]. Mais le A de ΑΦΟΡΙΗΝ aurait disparu au fil de la transmission. La chute d'une lettre n'est pas rare. C'est l'explication la plus simple de l'apparition de καὶ φορίην dans les manuscrits. Il existe toutefois une autre explication, celle que Van de Ben mentionne. (2) Seconde hypothèse : il y a eu une crase dans la transmission. Le manuscrit de la main de Cornutus (ou d'un copiste ultérieur) comportait ΚΑΦΟΡΙΗΝ ΚΑΙ ΣΟΦΗΝ ΤΕ ΚΑΙ [...]. Puis, au fil de la transmission des manuscrits, la crase ΚΑΦΟΡΙΗΝ n'a pas été reconnue. Un copiste a pu croire qu'une lettre avait été omise : le iota du καὶ. Si bien qu'il n'a pas écrit καὶ ἀφορίην [...], mais a écrit, par erreur, καὶ φορίην [...], ignorant la crase et laissant ainsi tomber la voyelle initiale – le ἀ.

(B) Intéressons-nous maintenant au καί de début de vers (entendons par là le vers des éditeurs connus du fr. 123.3). Dans les manuscrits PLX et M, les trois dernières divinités sont à l'accusatif par rapport au verbe ἐξαριθμεῖται. Par différence, les divinités précédentes (Φυσώ, Φθιμένη, Εὐναίη etc.) apparaissent au nominatif – alors que le même verbe ἐξαριθμεῖται commanderait l'accusatif pour toutes divinités. Il est donc clair qu'il existe une rupture chez Cornutus entre les deux premiers vers du fr. 123 et les vestiges du derniers vers. Ce n'est pas par hasard que, dans sa présentation typographique, Lang a distingué la citation véritable des deux premiers vers d'une part et d'autre part la prose du texte où les vestiges du troisième vers viennent se fondre[58]. Puisque Cornutus a changé sa façon de citer entre les deux premiers vers et le troisième, il convient de s'interroger sur le mot de liaison καί, que l'on voudrait placer en début du troisième vers.

---

58. L'édition d'Osann présente de la même façon les deux premiers vers, auxquels fait suite un retour à la prose (comprenant des fragments du troisième vers). Osann écrit : καὶ Φορίη, καὶ Σόμφη καὶ Ὀμφαίη καὶ ἄλλαι πολλαί.

On relève chez Diels, dans les *Poetarum philosophorum fragmenta* (1901), puis dans toutes les éditions de *Die Fragmente der Vorsokratiker*, le texte suivant dans le texte précédant le fragment lui-même (contexte sous B 123) :

καὶ Φ ο ρ ύ η ν καὶ Σ ο φ ή ν τ ε κ α ὶ Ὀ μ φ α ί η ν

Les deux premiers καί écrits avec l'espacement habituel des caractères du texte introducteur au fragment, à savoir un espacement serré, se distinguent des éléments de la citation qui sont écrits dans les mêmes caractères mais de façon espacée (Φ ο ρ ύ η ν Σ ο φ ή ν τ ε κ α ὶ Ὀ μ φ α ί η ν), où l'on remarquera le κ α ί avant Ὀ μ φ α ί η ν, qui appartient au vers. Diels reconnaît ainsi – avec raison – que les deux premiers καί ne sont pas authentiquement d'Empédocle ; ils appartiennent à la prose de Cornutus. Puis, pour constituer un début de vers empédocléen, Diels introduit un καί (fr. 123.3 Diels : καὶ Φορύη, Σωπή τε καὶ Ὀμφαίη…).

Au début d'un hexamètre, l'agencement « καὶ Nom₁ Nom₂ τε καὶ Nom₃ » est rare[59]. Le fait qu'un vers commence par « καὶ Nom » est déjà en lui-même assez peu fréquent : de l'ordre, par exemple, de 5 % des cas dans la *Théogonie* hésiodique. Chez Empédocle, on relève 1 cas de « καὶ Nom » en début de vers : fr. 17.20. On trouve plus souvent « Nom τε » : fr. 6.3, 17.19, 98.2, 122.2, 122.3, 122.4, 123.1, 123.2. D'un point de vue statistique, le pari pris par Diels de faire commencer le vers par « καὶ Nom » est donc le moins assuré. Ajoutons que si l'on admet que le καί livré par Cornutus devant Φορύην (ou Φοριήν) n'est pas d'Empédocle, mais qu'il appartient à la prose de Cornutus lui-même, un sérieux doute est alors permis quant à l'authenticité du début de vers « καὶ Nom » chez Empédocle. Pour conclure, le καί de début de vers n'est apparemment introduit que pour satisfaire la métrique d'un vers qui retient Φορύη. C'est donc la pertinence de Φορύη qui est en question.

(C) Que penser de Φορύη, la leçon dominante introduite par Karsten, relayée par Stein et installée depuis plus d'un siècle par Diels ? La réaction de Karsten face aux manuscrits se comprend aisément. Puisque les deux leçons majeures (Φορίη, Σόφη) n'avaient pour lui guère de sens dans le contexte, il s'est tourné vers les deux autres leçons : Φορύη et Σόμφη. Le terme φορύη n'apparaît que chez

---

59. Sans prétendre à l'exhaustivité, je n'ai repéré que peu de vers avec cet agencement pour l'ensemble du corpus grec ancien en hexamètre : (1) *Hymne homérique à Déméter*, 422 : καὶ Ῥοδόπη Πλουτώ τε καὶ ἱμερόεσσα Καλυψώ ; (2) Hésiode, Fragment 10(a).34 : καὶ Καλύκην Κανάκην τε καὶ […] ; (3) *Argonautiques orphiques*, 755 : καὶ Φίλυρας Ναπάτας τε καὶ ἄστεα πυκνὰ Σαπείρων. Il existe des vers d'une structure proche : καὶ Nom₁ Nom₂ τε… τε… Par exemple : (1) *Hymne homérique à Déméter*, 419 : καὶ Μελίτη Ἰάχη τε Ῥόδειά τε Καλλιρόη τε ; (2) *op. cit.*, 423 : καὶ Στὺξ Οὐρανίη τε Γαλαξαύρη τ' ἐρατεινή.

Empédocle. Il fallait alors deviner son sens. Karsten l'a rapproché du verbe φορύω, auquel il associe φορύνω et φορύσσω, je contamine, je pollue, et par conséquent φορυτός, excrément, déchet. De là, Φορύη prendrait le sens de Saleté, Misère. Mais ce que n'a pas rapporté Karsten – car peut-être ne le savait-il pas ou bien ne voulait-il pas en discuter –, c'est que l'on pourrait aussi rapprocher φορύω de φέρω, φορῶ, dans le sens de porter, transporter, emporter, comme le fait l'*Etymologicum magnum* : <Φορυτῶι> : Τῷ ἀπὸ τῆς γῆς αἰρομένῳ ὑπὸ τῶν ἀνέμων χόρτῳ φρυγανώδει· ἀπὸ τοῦ φορύω· τοῦτο παρὰ τὸ φέρω ἢ φορῶ[60]. Ce qui est emporté par le vent <Φορυτῶι> viendrait de φορύω, en rapport avec les verbes φέρω, φορῶ. Nous sommes donc revenus au point de départ : Φορύη pourrait renvoyer à Φορίη, or Φορίη est précisément le mot que Karsten voulait écarter. L'hapax φορύη apparaît donc flotter entre deux champs sémantiques, celui commandé par le verbe souiller (φορύσσω, φορύνω) et l'autre par le verbe porter (φέρω, φορῶ). Pourquoi le sens de Souillure, Saleté, Misère devrait-il s'imposer plutôt que l'autre (Témérité, Impétuosité ?) ? Une explication – si tant est qu'il y en ait une – serait subtile. Par trop subtile pour être vraiment convaincante.

En 1975, Van der Ben a donné deux raisons de rejeter Φορύη, auxquelles je me rallie. D'une part, cette leçon ne se trouve que dans un manuscrit de second ordre (G, du XVIᵉ s.), au nominatif, alors que le passage devrait être à l'accusatif. D'autre part, Ἀφορίη possède un sens bien attesté – à savoir : stérilité – et ferait convenablement le pendant à πολυστέφανός τε Μεγιστώ, une Majesté aux multiples couronnes, entendons aux couronnes de fleurs, donc une Majesté associée à l'abondance des fruits de la terre, qui s'oppose à la stérilité[61]. J'ajouterais que Μεγιστώ – la plus grande – est un nom qui,

---

60. *Etymologicum magnum* (Kallierges), 799.7-11.

61. Van der Ben 1975, p. 164-165. Les termes Μεγιστώ et Φορύη ne sont pas toujours perçus comme antithétiques. Ainsi, K. Reinhardt (*Parmenides und die Geschichte der griechischen Philosophie*, Bonn, F. Cohen, 1916, p. 237) considérait que le fr. 123.3 ne suit pas directement le fr. 123.2. Selon lui, Μεγιστώ est une personnification du grand qui appelle une personnification du petit (absente du témoignage de Cornutus), et Φορύη, qui évoque les immondices, serait en opposition à un terme absent : l'Ordre (*Ordnung*; Reinhardt imagine un rapprochement avec Héraclite, fr. 124 Diels). Par ailleurs, Van Groningen 1956, p. 222, écrivait : « Il est impossible de voir dans πολυστέφανός τε Μεγιστώ / καὶ Φορύη une paire d'idées contrastantes [...] Μεγιστώ n'exprime d'aucune façon le contraire [de Φορύη] ». Van Groningen a raison de dénoncer la faiblesse de ce couple censé s'établir sur des contraires, mais au lieu de s'en prendre ensuite à Φορύη, le mot exceptionnel en concurrence avec Φορίη, il s'en prend à la leçon bien attestée, Μεγιστώ. Il lui préfère alors une correction : Μεγισσώ. Ni Reinhardt ni Van Groningen n'ont été suivis. Leur critique du couple Μεγιστώ / Φορύη est pertinente. Mais les solutions qu'ils proposent pour résorber la critique ne sont pas convaincantes.

chez Empédocle, désignerait la plus grande déesse de son panthéon : Aphrodite. L'Aphrodite ζείδωρος (fr. 151) ferait naturellement face à Ἀφορίη, Stérilité.

Comment Φορύη a-t-il pu prendre la place de Φορίη ? Les deux mots sont des hapax. Or il est vrai qu'il est plus facile de trouver un sens à Φορύη qu'à Φορίη. Aussi, peut-on croire que le passage de Φορίη à Φορύη a pu se faire en tentant de supprimer un iotacisme pour trouver un sens probable. Le copiste qui a écrit un υ au lieu d'un ι aurait supposé qu'au fil de la transmission Φορύη a été déformé en Φορίη. En écrivant Φορύη, il croyait restituer la leçon authentique.

Ὀμφαίη et la présence de Zeus

Face à Σωπή, jugée être « *the most attractive reading* », Van der Ben cherchait une épithète qui puisse convenir à Ὀμφαίη, et qui compléterait l'hexamètre[62]. Il écrivait alors : « *I found* χαρίεσσα *to be the most suitable one* ». Et traduisait Ὀμφαίη χαρίεσσα par « sweet Speech ». Contre Van der Ben et d'autres, nous avons déjà souligné qu'Ὀμφαίη ne pouvait pas être une simple parole (« Speech ») ; ce devait être une Parole divine. En réhabilitant Σόφη à la place de la correction Σωπή, nous avons, de plus, changé la donne. Dans la mesure où la sagesse est valorisée par Empédocle au fr. 3.8 (= Karsten v. 48 : θάρσει, καὶ τότε δὴ σοφίης ἐπ' ἄκροισι θοάσσεις !) on peut supposer que Σόφη, au fr. 123.3, est aussi valorisée ; ce qui par opposition attribuerait une tonalité négative à Ὀμφαίη.

L'hapax Ὀμφαίη renvoie au mot bien attesté ὀμφή, qui se trouve notamment en *Iliade* II, 41, et qui concerne Zeus. Homère dit : « Il [= Agamemnon] croit qu'il [= Agamemnon] va ce jour même prendre la cité de Priam : le pauvre sot ! [νήπιος] il ne sait pas l'œuvre que médite Zeus, ni ce qu'il entend infliger encore et de peines et de sanglots [...] la voix divine [ὀμφή] demeure épandue tout autour de lui [= Agamemnon][63] ». Cette ὀμφή désigne la voix qui par l'entremise de Songe funeste porte le mensonge de Zeus à Agamemnon. Ce mensonge induit Agamemnon à engager les Achéens dans des combats où nombre d'entre eux mourront. Le philosophe d'Agrigente, qui prône l'Amour et l'absence de

---

62. Van der Ben 1975, p. 166.
63. Traduction P. Mazon (Les Belles Lettres). – Relevons quelques temps forts du chant II : Zeus missionne Songe funeste (v. 6, v. 8), qui se fait passer pour Nestor ; le vrai Nestor se laisse prendre au piège (vv. 79-83) ; le présage du serpent et des neuf oiseaux, envoyé par Zeus, participe à la tromperie ; le mensonge de Zeus (v. 349) est possible.

tromperie[64], qui s'insurge contre le sang qui coule[65], pouvait retenir contre Zeus le mensonge et la bataille sanglante qui s'ensuivit[66]. Cette occurrence iliadique apporterait une tonalité négative à Ὀμφαίη.

Restons encore un instant avec l'*Iliade*. Au chant VIII, 250, Zeus est dit πανομφαῖος ; il est celui qui envoie toutes les paroles divines et tous les présages[67]. Nous tenons là une épithète, composée à partir de ὀμφή, qui permet d'établir un lien précis entre Ὀμφαίη et Zeus. La figure du Zeus traditionnel va désormais être la clé d'interprétation d'Ὀμφαίη. Dans le fr. 128.2, Zeus roi (Ζεὺς βασιλεύς) appartient au temps où la Haine domine, chez les hommes, après avoir défait l'ancien règne de Cypris (fr. 128.1-3) :

οὐδέ τις ἦν κείνοισιν Ἄρης θεὸς οὐδὲ Κυδοιμός   1
οὐδὲ Ζεὺς βασιλεὺς οὐδὲ Κρόνος οὐδὲ Ποσειδῶν,   2
ἀλλὰ Κύπρις βασίλεια.   3

Pour eux, il n'y avait comme dieu ni Arès, ni *Kudoimos* [Tumulte], ni Zeus roi, ni Cronos, ni Poséidon,
mais il y avait Cypris reine.

Ce Zeus roi est, dans l'*Iliade*, le Zeus *panomphaîos*. C'est encore lui qui règne au temps d'Empédocle. Nulle part, dans le corpus empédocléen en notre possession, le Zeus de la tradition est pris en bonne part[68]. Nous devons donc partir du jugement négatif d'Empédocle

---

64. Pour l'absence de tromperie : fr. 17.26, 23.9.

65. Voir fr. 128.8, 136 et 137.

66. Sur le mensonge de Zeus voir G. SISSA & M. DETIENNE, *La vie quotidienne des dieux grecs*, Paris, Hachette, 1989, p. 126-31.

67. *Lexikon des frühgriechischen Epos*, pour πανομφαῖος : *Urheber aller Botschaften, Beiwort des Zeus,* παν-*dabei nicht ausschließend zu verstehen, sondern wie von Zeus auch sonst als dem Herrn des Himmels und der Erde; zur göttliche Botschaft siehe* ὀμφή *und* Zeus. – Relevons l'utilisation de πανομφαῖος dans le corpus du grec ancien avant Empédocle : *Iliade* VIII, 250 (πανομφαίῳ Ζηνί) ; Hésiode, *Catalogue des femmes*, fr. 98.12 MOST ou 150.12 MERKELBACH-WEST ; Simonide, dans l'*Ant. Pal.* 6.52.2 = *Epigr.* LXI CAMPBELL. Dans ces trois cas, πανομφαῖος concerne Zeus. Chez Quintus de Smyrne (*La Suite d'Homère*, V, 626), *Hélios* reçoit la même épithète. Ce cas est exceptionnel et tardif. Notons, par ailleurs, πανομφεύουσα qui se rapporterait à Νύξ dans le papyrus de Derveni, col. X, 9 (K. TSANTSANOGLOU & G.M. PARÁSSOGLOU). – Le *Dictionnaire étymologique de la langue grecque* de P. CHANTRAINE propose pour πανομφαῖος : « qui envoie toutes les paroles prophétiques ». Il faudrait toutefois ajouter les signes et présages venant du ciel (*Iliade* VIII, 250).

68. Il convient de distinguer le Zeus roi du fr. 128.2 du Zeus *argès* du fr. 6.2, une des quatre racines de toutes choses. Le Zeus du fr. 6.2 est la foudre et, par synecdoque, il est le feu. Il a toute l'ambiguïté du feu : destructeur (fr. 109.2) et contribuant à la vie (fr. 62, 73, 96, 98, A 85). Le Zeus roi n'est pas le feu, même s'il est associé étroitement à la foudre. Empédocle voyait vraisemblablement un lien entre le Zeus feu, qui n'est plus le père des dieux et des hommes, et le Zeus roi de la tradition religieuse, qu'il met au centre des dieux de la Haine (fr. 128) et qui, de fait, perd de sa superbe.

sur le Zeus roi et *panomphaîos*, selon lui opposé à Cypris (fr. 128.1-3) qui a sa faveur, pour comprendre Ὀμφαίη[69].

Dès que cette reconnaissance du point de vue sans équivoque d'Empédocle est faite, il est facile de retenir des textes qui pourraient abonder dans son sens. Dans les *Travaux et les Jours*, Hésiode raconte comment Pandora fut créée, par la volonté de Zeus, et en réponse à la tromperie de Prométhée. Héphaïstos est à la tâche pour former le corps. Hermès introduit en Pandora les mensonges et les paroles trompeuses (vers 77-79) :

ἐν δ᾽ ἄρα οἱ στήθεσσι διάκτορος Ἀργεϊφόντης	77
ψεύδεά θ᾽ αἱμυλίους τε λόγους καὶ ἐπίκλοπον ἦθος	78
τεῦξε Διὸς βουλῆσι βαρυκτύπου·	79

Là encore, c'est la volonté de Zeus qui est derrière les mensonges (ψεύδεα) et les paroles trompeuses (αἱμυλίους τε λόγους)[70]. On reconnaîtra, dans le vers 78, un écho du vers 229 de la *Théogonie* hésiodique, où sont présentés les enfants d'*Eris*[71] :

Νείκεά τε Ψεύδεά τε Λόγους τ᾽ Ἀμφιλλογίας τε	229
Δυσνομίην τ᾽ Ἄτην τε, συνήθεας ἀλλήλησιν,	230

Ce passage hésiodique suggère, par opposition, Nérée et Némertès (*Théogonie*, 233-262). Or Némertès intervient dans le fr. 122.4, en opposition à une déesse présentée comme « Sans-Clarté aux fruits noirs » (μελάγκαρπος Ἀσάφεια[72]). Némertès, qualifiée d'aimable (ἐρόεσσα), est valorisée et pourrait donc être une autre figure de la Sagesse. Il nous faudra y revenir. En outre, notre monde, sur terre,

---

69. BOLLACK 2003, p. 9-13, souligne pour la première fois dans l'histoire du commentaire empédocléen le travail de subversion effectué par l'Agrigentin. Il écrit : « Les *Catharmes* marquent une rupture complète avec la tradition culturelle, que l'on pourrait aussi bien appeler littéraire ou religieuse. [...] Rien n'est repris, sans être refondu. [...] Il ne subsiste rien de la religion traditionnelle des Grecs [...] ». En outre, BOLLACK considère que le poème *Les Catharmes* a précédé le poème *Physique* (*Les Origines,* chez BOLLACK). Si l'on entend bien ces paroles, il faudrait donc admettre que le travail de subversion est ancien. Une raison majeure et quasiment idéologique du fait que le couple Σόφη / Ὀμφαίη n'a pas été considéré avec justesse dans le passé tient précisément au fait que l'on ne s'est pas aventuré à penser la coupure d'Empédocle par rapport à la religion traditionnelle. BOLLACK lui-même n'a pas tiré toutes les conséquences de son avancée théorique ; ainsi suit-il encore DIELS pour le fr. 123.3, et il traduit le couple Σωπή τε καὶ Ὀμφαίη par « Taciture et Loquace ».

70. Zeus utilise, par ailleurs, des paroles trompeuses contre Métis (*Théogonie*, 889-890).

71. Voir sur ce rapprochement Cl. RAMNOUX, *La Nuit et les enfants de la Nuit dans la tradition grecque*, Paris, Flammarion, 1986², p. 157.

72. À la suite de J. BOLLACK (2003), je préfère, pour l'épithète de Ἀσάφεια, la leçon des manuscrits de Plutarque (μελάγκαρπος) à l'une des leçons des manuscrits de Tzetzès (μελάγκουρος).

est appelé par Empédocle la prairie de l'Égarement (fr. 121.4 : Ἄτης λειμών)[73]. Chez Homère, Ἄτη est fille de Zeus (*Iliade* XIX, 91). Bien que baigné de lumière (fr. 21.4), ce monde est pour Empédocle plongé dans l'ignorance (fr. 2, 11, 39, 136, 137), dans de sombres croyances qui conduisent au malheur (fr. 132.2, 2.2, 110.6-7, 124.1, 141) ; il est plongé dans l'obscurité (fr. 121.4 : κατὰ σκότος), vraisemblablement sous la puissance de Sans-Clarté aux fruits noirs. Le Zeus de la tradition commande tout autant les ψεύδεα, les αἱμύλιοι λόγοι, la voix divine (ὀμφή) qui trompe Agamemnon, et Ἄτη.

Nous concluons : Ὀμφαίη est la Parole du Zeus porte-égide et *panomphaîos* de la religion traditionnelle. À partir de là, il serait possible d'identifier aussi cette Ὀμφαίη avec la Parole delphique inspirée par Apollon, qui connaît les desseins de Zeus. Enfin, la déesse Ὀμφαίη, à laquelle Σόφη s'oppose, a une tonalité négative tout comme le Zeus roi du fr. 128.2.

Un hexamètre complet

Quel est le mot ou les mots qui pourrai(en)t finir le vers ? Van der Ben avait suggéré χαρίεσσα[74]. Après la reconnaissance d'une tonalité négative attachée à Ὀμφαίη, une telle épithète qui mettrait en valeur Ὀμφαίη est à exclure. Il existe une autre épithète, déjà utilisée par Empédocle dans le fr. 132.2, qui conviendrait : σκοτόεσσα[75]. L'épithète σκοτόεσσα ferait allusion à la parole de l'oracle de Delphes dont on connaissait l'obscurité Elle rappellerait l'obscurité des prairies d'Atè (fr. 121.4). Au fr. 132.2, l'Agrigentin parle de la sombre croyance des dieux (σκοτόεσσα θεῶν πέρι δόξα). Avec Ὀμφαίη, une certaine

---

73. J'emprunte l'expression « Prairie de l'égarement » à M. RASHED (« Le proème des *Catharmes* d'Empédocle. Reconstitution et commentaire », *Elenchos*, 29, 1, 2008, p. 7-37, à la page 27). Certains interprètes de la pensée d'Empédocle (U. VON WILAMOWITZ-MOELLENDORFF, A. TRAGLIA, G. ZUNTZ, N. VAN DER BEN, P. KINGSLEY, O. PRIMAVESI) croient que la prairie de l'Égarement n'est pas sur terre mais sous terre, dans un monde infernal. Je n'adhère pas à cette ligne d'interprétation et opte clairement pour celle de E. ROHDE, C. MILLERD, E. BIGNONE, W. JAEGER, M.R. WRIGHT, J. BOLLACK, M. RASHED, selon laquelle la prairie de l'Égarement désigne notre monde, ici-bas. Le fait de concevoir Aïdôneus (Hadès) au fr. 6 comme étant la Terre (C. MILLERD, E. BIGNONE, M.R. WRIGHT, J. BOLLACK) induit à refuser l'existence d'un monde infernal (un Hadès sous terre).

74. VAN DER BEN 1975, p. 166.

75. Fr. 132 : ὄλβιος, ὃς θείων πραπίδων ἐκτήσατο πλοῦτον, / δειλὸς δ᾽, ὧι σκοτόεσσα θεῶν πέρι δόξα μέμηλεν. Empédocle utilise deux épithètes en -εσσα dans le seul fr. 122 (αἱματόεσσα, ἐρόεσσα). Une épithète en -εσσα serait donc possible au fr. 123. – Exemples d'épithètes en -εσσα en fin d'hexamètre : *Iliade* XVI, 803 ; *Théogonie* hésiodique, 245 ; *Hymne homérique à Apollon*, 43 ; et notamment chez Oppien.

Parole divine est sombre. Elle serait responsable des sombres croyances des hommes à propos des dieux.

Voici donc le vers du fr. 123.3, renouvelé et complété :

Ἀφορίη τε Σόφη τε καὶ Ὀμφαίη <σκοτόεσσα>.

La traduction du vers serait :

Et Stérilité, Sagesse et obscure Parole de Zeus.

Les fragments 122 et 123

Situons désormais Σόφη et Ὀμφαίη dans la suite des déesses des fr. 122 et 123 :

Fr. 122 :

ἔνθ' ἦσαν Χθονίη τε καὶ Ἡλιόπη ταναῶπις,
Δῆρίς θ' αἱματόεσσα καὶ Ἁρμονίη θεμερῶπις,
Καλλιστώ τ' Αἰσχρή τε, Θόωσά τε Δηναίη τε,
Νημερτής τ' ἐρόεσσα μελάγκαρπός τ' Ἀσάφεια[76].

Fr. 123 :

Φυσώ τε Φθιμένη τε, καὶ Εὐναίη καὶ Ἔγερσις,
Κινώ τ' Ἀστεμφής τε, πολυστέφανός τε Μεγιστώ
Ἀφορίη τε Σόφη τε καὶ Ὀμφαίη <σκοτόεσσα>.

Nous disposons de deux fois cinq couples de déesses. Certains couples opposent, avec une relative certitude, une déesse jugée de façon positive et une autre jugée de façon négative. Ainsi : Ἁρμονίη face à Δῆρίς, Καλλιστώ face à Αἰσχρή, Νημερτής face à Ἀσάφεια, Μεγιστώ face à Ἀφορίη, Σόφη face à Ὀμφαίη. Tout se passe comme si, dans la table pythagoricienne des contraires (Aristote, *Métaphysique*, Α, 986 a), Empédocle avait retenu une opposition ἀγαθόν / κακόν et y avait réparti ces dix déesses. Pour ἀγαθόν : Ἁρμονίη, Καλλιστώ, Νημερτής, Μεγιστώ, Σόφη. Pour κακόν : Δῆρίς, Αἰσχρή, Ἀσάφεια, Ἀφορίη, Ὀμφαίη. Peut-on alors en savoir plus sur le couple Σόφη / Ὀμφαίη en opérant des rapprochements à l'intérieur de l'ensemble des dix déesses ?

Dans les catalogues des Néréides et des Océanides – paradigmes depuis longtemps reconnus des fr. 122 et 123 –, certaines déesses ont des qualités semblables ; c'est le cas d'une part de Némertès, qui ne se trompe pas et qui, loyale, ne trompe pas, et d'autre part d'*Apseudès*, qui ne ment pas[77]. Ce constat d'une redondance possible

---

76. Comme déjà indiqué dans une note précédente, je retiens la leçon des manuscrits de Plutarque (μελάγκαρπος).

77. Catalogues des Néréides : *Iliade* XVIII, 39-49 ; Hésiode, *Théogonie*, 243-262. Catalogue des Océanides : *Théogonie*, 346-361. Némertès et *Apseudès* : *Iliade* XVIII, 46. Ajoutons l'*Hymne homérique à Déméter*, 418-424.

de sens dans une liste de déesses autoriserait le rapprochement de Σόφη avec une autre déesse prise dans l'ensemble Ἁρμονίη, Καλλιστώ, Νημερτής, Μεγιστώ. Le rapprochement naturel serait celui de Σόφη avec Némertès. Expliquons. Dans les listes de divinités, les divinités qui occupent la dernière place sont souvent remarquables. Ce fait s'observe en particulier dans les listes hésiodiques avec Calliope (parmi les neuf Muses), avec Cronos (parmi les Titans), Zeus (parmi les Olympiens), Némertès (parmi les Néréides), Styx (parmi les Océanides). Au moins sur le plan formel, le dernier couple des 5 couples cités par Plutarque (fr. 122.4 : Νημερτής et Ἀσάφεια) trouverait un écho dans le dernier couple des 5 couples cités par Cornutus (fr. 123.3 : Σόφη et Ὀμφαίη).

Le mot Νημερτής, composé de la particule privative ν(ε)- et de ἁμαρτία, se comprend comme Sans-Erreur ou mieux : Sans-Tromperie ; Νημερτής s'oppose à Ἀσάφεια, Ἀ-σαφής, Sans-Clarté. La symétrie est mise en place grâce aux deux particules privatives : ν(ε) et α. Dans ce schéma, ἁμαρτία désigne, par un renversement, l'action d'Ἀσάφεια dont on ne peut attendre rien de bon – ce qu'il faudrait comprendre des fruits noirs (μελάγκαρπος). Ἀσάφεια serait Erreur et Tromperie possibles.

Némertès est fille de Nérée. Hésiode nous apprend qu'elle possède l'esprit de son père (*Théogonie*, 262 : Νημερτής θ᾽, ἣ πατρὸς ἔχει νόον ἀθανάτοιο). Nérée représente la sagesse : d'une part, en raison de son âge avancé qui fait autorité ; d'autre part, et surtout, parce qu'il est ἀψευδής, ἀληθής, νημερτής, ἤπιος. On remarque ici l'épithète νημερτής, qui est le nom de la plus honorée de ses filles, et ἀψευδής, qui, chez Homère est une Néréide nommée à côté de Némertès. Empédocle a pu ainsi tenir Némertès, l'esprit de son père, comme une figure de la sagesse. On rapprochera donc Νημερτής de Σόφη.

Un vers mutilé provenant de *L'Empédocle de Strasbourg* suggère qu'Empédocle utilisait l'adjectif νημερτής pour qualifier les choses dont il parle, afin de solliciter l'écoute de Pausanias et inciter ce dernier à vérifier la véracité des propos par ses propres yeux. La vérification par les organes des sens doit mener à des indices sûrs pour l'esprit ; Empédocle les désigne sous l'expression ἀψευδῆ δείγματα. L'épithète ἀψευδής est en particulier l'épithète de Nérée (*Théogonie*, 233). Une des Néréides proche de Némertès s'appelle, rappelons-le, Ἀψευδής. Empédocle semble donc avoir récupéré pour sa propre philosophie le vocabulaire de la sagesse du Vieux de la mer.

Dès l'instant où nous mettons en regard la nouvelle version du fr. 123.3 et le fr. 122.4, des correspondances possibles entre ces deux vers apparaissent :

Fr. 122.4	Fr. 123.3
Νημερτὴς ἐρόεσσα	Σόφη

μελάγκαρπος   Ἀφορίη
Ἀσάφεια   Ὀμφαίη <σκοτόεσσα>

De part et d'autre : la vérité (Νημερτὴς ἐρόεσσα, Σόφη), les mauvais fruits ou la stérilité (μελάγκαρπος, Ἀφορίη), quelque chose d'obscur et incertain (Ἀσάφεια, Ὀμφαίη <σκοτόεσσα>). Certes Ἀφορίη est extérieure au couple Σόφη / Ὀμφαίη. Alors que μελάγκαρπος qualifie Ἀσάφεια dans le couple Νημερτής / Ἀσάφεια. La mise en relation est donc forcée entre Ἀφορίη et μελάγκαρπος. Mais il n'en demeure pas moins qu'Ἀφορίη appartient au vers et que le sens de μελάγκαρπος (aux fruits noirs) s'accorderait avec celui d'Ἀφορίη (stérilité). La relation d'Ἀσάφεια avec Ὀμφαίη retiendra enfin notre attention. Par la mise en parallèle des deux termes, nous sommes conduits à interpréter Ὀμφαίη de façon négative.

APOLLON ET LA ΦΡΗΝ ΙΕΡΗ
ΚΑΙ ΑΘΕΣΦΑΤΟΣ
(EMPÉDOCLE, FR. 134 DK)*

La nature des dieux chez Empédocle fait débat. À titre d'exemple, les spécialistes de l'Agrigentin ne s'accordent pas pour savoir si Zeus au fr. 6 (les quatre racines de toutes choses) est le feu ou bien l'air (= éther)[1]. Ils ne s'accordent pas non plus sur l'importance d'une réponse possible à cette question. Concernant le débat autour du fr. 6, j'ai pris position dans un article publié en 2000 : Zeus est le feu et non pas l'air ou l'éther ; cette attribution est porteuse de sens dans la lecture du corpus empédocléen[2]. Un autre débat concerne la nature divine de la φρὴν ἱερὴ καὶ ἀθέσφατος avec ses φροντίσι θοῆισιν (fr. 134.4-5). Ammonius, le citateur principal de ce fragment, nous laisse entendre qu'Empédocle parlait notamment

Article paru dans *Anais de Filosofia Clássica*, VI, 11, 2012, p. 1-31.
https://revistas.ufrj.br/index.php/FilosofiaClassica/article/view/587/562, reproduit avec quelques légères modifications.

* Je remercie William Berg (Gearhart, OR) et les participants aux journées d'étude des Présocratiques au Centre Léon Robin – dont Rossella Saetta Cottone, Lucia Saudelli, Xavier Gheerbrant, Fernando Santoro, Gérard Journée et Constantin Macris – de leurs suggestions à la lecture des majeures parties de cet article en mai 2011. Je suis reconnaissant à Marwan Rashed et Spyros Rangos de m'avoir apporté d'ultimes remarques. Le présent article a pu tirer parti de deux travaux récents : (1) « Empedocles on divine nature », *Revue de Métaphysique et de Morale*, 75, 2012, 3, p. 315-338, de Spyros Rangos, (2) « Aristophane et le théâtre du soleil. Le dieu d'Empédocle dans les *Nuées* » (à paraître) de Rossella Saetta Cottone. Et d'une présentation par Oliver Primavesi du fr. 134, lors d'un colloque à Vandœuvres (octobre 2011), ainsi que d'échanges ultérieurs.

1. Pour les fragments des Présocratiques, je suis la numérotation de Diels-Kranz (H. Diels & W. Kranz, *Die Fragmente der Vorsokratiker*, I, Berlin, Weidmann, 1951). "Fr." est un fragment (comprenons un fragment littéral de l'œuvre poétique) sous une section B de DK. Pour les sources des Présocratiques : http://www.placita.fr.

2. J.-C. Picot, « L'Empédocle magique de P. Kingsley », *Revue de philosophie ancienne*, 18, 1, 2000, p. 25-86. La thèse Zeus = air = éther (et *Aïdôneus* = feu) a été initiée par F. Knatz en 1891, puis admise par divers auteurs, et développée plus récemment (1995) par P. Kingsley.

d'Apollon. Mais qu'est-ce qu'Apollon pour Empédocle ? Certains pensent que la *phrèn hierè* (ou Apollon) est le *Sphairos*, en raison d'une proximité de composition et de sens avec le fr. 29, qui, lui, parle explicitement du *Sphairos*[3]. D'autres ont des avis différents ; bon nombre conservent toutefois un lien entre leur compréhension de la *phrèn hierè* et celle du *Sphairos*[4]. C'est précisément à la nature de la *phrèn hierè*, en liaison avec un Apollon conçu par Empédocle, que je voudrais consacrer le présent article. L'hypothèse de travail sera que l'attribution du feu à Zeus, dans le fr. 6 – un fragment appartenant au premier livre de la *Physique* –, est le soubassement mythologique qui permet de comprendre la *phrèn hierè* du fr. 134 – au troisième livre de la *Physique* –, identifiée à un Apollon empédocléen[5].

Commençons par rapporter les vers du fr. 134 et le contexte de la citation fourni par Ammonius[6] :

διὰ ταῦτα δὲ καὶ ὁ Ἀκραγαντῖνος σοφὸς ἐπιρραπίσας τοὺς περὶ θεῶν ὡς ἀνθρωποειδῶν ὄντων παρὰ τοῖς ποιηταῖς λεγομένους μύθους, ἐπήγαγε προηγουμένως μὲν περὶ Ἀπόλλωνος, περὶ οὗ ἦν αὐτῶι προσεχῶς ὁ λόγος, κατὰ δὲ τὸν αὐτὸν τρόπον καὶ περὶ τοῦ θείου παντὸς ἁπλῶς ἀποφαινόμενος

οὐδὲ γὰρ ἀνδρομέη κεφαλῆ κατὰ γυῖα κέκασται,	1
[οὐ μὲν ἀπαὶ νώτοιο δύο κλάδοι ἀίσσονται,	2]
οὐ πόδες, οὐ θοὰ γοῦν(α), οὐ μήδεα λαχνήεντα,	3
ἀλλὰ φρὴν ἱερὴ καὶ ἀθέσφατος ἔπλετο μοῦνον,	4
φροντίσι κόσμον ἅπαντα καταΐσσουσα θοῆσιν[7].	5

---

3. Fr. 29 : οὐ γὰρ ἀπὸ νώτοιο δύο κλάδοι ἀίσσονται, / οὐ πόδες, οὐ θοὰ γοῦν(α), οὐ μήδεα γεννήεντα, / ἀλλὰ σφαῖρος ἔην καὶ <πάντοθεν> ἴσος ἑαυτῶι.

4. Voir récemment une synthèse des lectures dans T. VÍTEK, « Le *Sphairos* d'Empédocle et son substrat mythologique », *Elenchos*, 31, 1, 2010, p. 23-49, aux pages 43-44. – Une bibliographie concernant le fr. 134 peut être consultée sur https://sites.google.com/site/empedoclesacragas/bibliography-to-b-fragments.

5. Tzetzès est notre seul témoin de la position des fr. 6 et 134 dans l'œuvre de l'Agrigentin. DIELS suivait Tzetzès sur la position du fr. 6 (premier livre de la *Physique*), mais refusait que le fr. 134 soit tiré du troisième livre ; il plaçait le fr. 134 dans les *Catharmes*. Je m'accorde ici avec PRIMAVESI qui retient le témoignage de Tzetzès relatif à l'affectation des deux fragments (voir O. PRIMAVESI, « Empedokles », dans MANSFELD J. & O. PRIMAVESI (dir.), *Die Vorsokratiker*. Griechisch / Deutsch, ausgewählt, übersetzt und erläutert von J. M. & O. P., Stuttgart, Philipp Reclam jun., 2011, p. 392-563, p. 446-447, 562-563).

6. Ammonius, *In Aristotelis de interpretatione commentarius*, (éd. Ad. BUSSE, 1897 ; *Commentaria in Aristotelem Graeca* 4.5), 249.1-249.18.

7. Le fr. 134 rapporté ici (= H. DIELS [1922], puis DIELS-KRANZ) diffère sur quelques points de ce qui se lit dans Ammonius, *de interpretatione* : (1) οὐδὲ γὰρ au lieu de οὔτε γὰρ, (2) ἀπαὶ νώτοιο δύο κλάδοι ἀίσσονται au lieu de ἀπαὶ νώτων γε δύω κλάδοι ἀίσσουσιν, (3) γοῦν(α) au lieu de γοῦν', (4) θοῆσιν au lieu de θοῆσι. – Les cinq vers du fr. 134 sont aussi cités par Tzetzès dans *Chiliades* XIII, 79-84 KIESSLING, comme une définition de dieu (Ἐμπεδοκλῆς τί ὁ θεός,

διὰ τοῦ «ἱερή» καὶ τὴν ὑπὲρ νοῦν αἰνιττόμενος αἰτίαν [...] πῶς γὰρ ἀνθρωποειδῆ τὰ ἐξ οὐρανοῦ καὶ γῆς, εἴτε τῶν ἐμφανῶν εἴτε, ὡς ὁ ἀληθὴς λόγος, τῶν νοητῶν καὶ τῶν ὑπὲρ τούτους κρυφίων αἰτιῶν, λεγόμενα τὴν γένεσιν ἔχειν;

Pour ces raisons, le sage d'Akragas critiquait aussi les histoires que les poètes racontent à propos des dieux ayant des formes humaines, et – d'abord sur Apollon, qui était le sujet immédiat de son propos, mais également sur la totalité du divin en général – il avançait :

Car il ne dispose pas sur ses membres d'une tête
[d'homme,   1
[deux branches ne jaillissent pas de son dos,   2]
il n'a pas de pieds, pas de genoux rapides, pas de sexe
[poilu,   3
mais il est seulement[8] une *phrèn* sacrée et immense,   4
parcourant promptement tout le cosmos avec
[des pensées rapides.   5

faisant allusion avec le mot ἱερή à la cause au-delà de l'intellect [ὑπὲρ νοῦν] [...] Car comment des choses, qui sont dites tenir leur origine du ciel et de la terre, que ce soit avec des causes clairement visibles ou

---

τάδε κατ᾽ ἔπος λέγει) et dans *Epistolae*, 98 PRESSEL. Ailleurs (*Chiliades* VII, 522-526 KIESSLING), Tzetzès introduit les deux derniers vers (134.4-5), en précisant que ces vers proviennent du troisième livre de la *Physique*, et qu'Empédocle parlait de la substance de dieu (δεικνύων τίς ἡ οὐσία τοῦ θεοῦ). Après sa citation, Tzetzès ajoutait : ainsi parlons-nous correctement de l'esprit, en référence aux êtres divins (οὕτως ἐπὶ τῶν θείων μὲν τὸν νοῦν φαμὲν κυρίως). Le cinquième témoignage est fourni par Olympiodore (*In Platonis Gorgiam commentaria* 4.3.34-36, éd. L.G. WESTERINK, 1970). Voir R. JACKSON, K. LYCOS & H. TARRANT (éd.), *Olympiodorus, Commentary on Plato's* Gorgias, Leyde-Boston-Cologne, Brill, 1998, p. 87. Olympiodore cite uniquement le premier vers (οὐδὲ γὰρ ἀνδρομέη κεφαλὴ κατὰ γυῖα κέκασται) ; il l'introduit pour confirmer qu'il n'y a rien de corporel en dieu (οὐδὲν οὖν ἐκεῖ σωματικόν, ὡς καὶ αὐτὸς ὁ Ἐμπεδοκλῆς λέγει πρὸ Πλάτωνος). Le dernier témoignage du fr. 134 est celui d'un scholiaste dans le manuscrit *Marc. Gr.* 196 d'Olympiodore. La scholie livre les vers 1, 3, 4 (avec χέρες à la place de πόδες) et 5. Elle est commentée par C. HORNA, « Empedocleum », *Wiener Studien*, 48, 1930, p. 3-11. – Le vers 2, absent de la scholie, est mis ici entre crochets. Dans son édition d'Empédocle (*Empedocles: the extant fragments*, New Haven-Londres, Yale University Press, 1981), M.R. WRIGHT ne retient pas ce vers comme authentique. Après HORNA, voir G. ZUNTZ, *Griechische philosophische Hymnen. Aus dem Nachlaß herausgegeben von* Hubert CANCIK *und* Lutz KÄPPEL, Tübingen, Mohr Siebeck, 2005, p. 13-22. En 2011, dans un colloque tenu à Vandœuvres, PRIMAVESI a présenté le dossier qui milite pour une édition du fr. 134 en accord avec la scholie. – Olympiodore dépend d'Ammonius. Tzetzès pourrait en dépendre. Le scholiaste, assurément, n'en dépend pas (absence du vers 2 et χέρες *vs* πόδες).

8. Je considère ἔπλετο comme un aoriste et le traduit ici par un présent (« il est » ; voir D.B. MONRO, *A grammar of the Homeric dialect*, Oxford, Clarendon Press, 1891², p. 38), qui s'accorde avec le parfait κέκασται. Certains auteurs comprennent toutefois ἔπλετο comme un imparfait (tout en admettant le parfait κέκασται). – μοῦνον est compris comme un adverbe (seulement, uniquement) qualifiant le verbe ἔπλετο.

que ce soit – selon le récit véridique – avec des causes appréhendées par l'intellect [νοητῶν], tenues cachées et hors de portée, – comment de telles choses peuvent-elles avoir une forme humaine ?

Une scholie marginale à Olympiodore, *In Platonis Gorgiam commentaria* 4.3.36, présente les vers 1, 3, 4, 5[9]. Les vers 1, 4 et 5 sont ceux rapportés dans les manuscrits d'Ammonius. Le vers 3 est un peu différent :

οὐ χέρες, οὐ θοὰ γοῦν᾽, οὐ μήδεα λαχνήεντα   3

Les mains (χέρες) ont remplacé les pieds (πόδες). L'absence du vers 2 n'est sans doute pas un hasard. Ce vers 2, chez Ammonius, est probablement une interpolation sous l'influence du fr. 29.1, qui présente un vers similaire : οὐ γὰρ ἀπὸ νώτοιο δύο κλάδοι ἀίσσονται[10]. Pour la suite de notre étude nous adopterons l'édition suivante du fragment 134 O^mg (noté O^mg, en accord avec la scholie marginale d'Olympiodore, et pour le distinguer du fr. 134 livré d'après les manuscrits d'Ammonius et retenu par Diels) :

οὔτε γὰρ ἀνδρομέη κεφαλῇ κατὰ γυῖα κέκασται,   1
οὐ χέρες, οὐ θοὰ γοῦν᾽, οὐ μήδεα λαχνήεντα   3
ἀλλὰ φρὴν ἱερὴ καὶ ἀθέσφατος ἔπλετο μοῦνον,   4
φροντίσι κόσμον ἅπαντα καταΐσσουσα θοῇσιν.   5

Dans le fr. 134, Empédocle parlerait de façon positive d'un dieu. Nous comprenons d'Ammonius qu'il s'agirait d'Apollon. S'il en est ainsi, l'Apollon conçu et assumé par l'Agrigentin est un Apollon différent de l'Apollon des hécatombes sanglantes[11], figure traditionnelle assurément rejetée au vu des fr. 128, 136, 137 (: la condamnation des sacrifices sanglants). Empédocle a pu néanmoins conserver de la tradition le lien étroit qui existe entre Zeus et Apollon, et le fait qu'Apollon connaît et exprime la sage volonté (πυκινόφρονα βουλήν) de Zeus[12]. Faire entrer un Apollon en relation avec le Zeus du fr. 6, c'est concevoir un Apollon en relation avec le feu. Commençons par un rappel du fr. 6 et quelques précisions concernant la lecture de ce fragment.

---

9. On pourrait se demander si le seul vers d'Empédocle cité par Olympiodore (*In Platonis Gorgiam commentaria* 4.3.36) provient du fr. 134 ou bien si ce vers est un vers précédant les vers du fr. 29 (et absent du témoignage d'Hippolyte). Mais le fait que le scholiaste reprend le vers cité par Olympiodore et lui ajoute les deux vers spécifiques du fr. 134 est un argument fort pour affirmer qu'Olympiodore a en tête les vers du fr. 134, avec sa *phrèn hierè* pour désigner le dieu.

10. Voir G. Zuntz 2005, p. 13-20.

11. *Hymne homérique à Apollon*, 57-59, 249, 289.

12. *Hymne homérique à Hermès*, 535-538.

Fragment 6

τέσσαρα γὰρ πάντων ῥιζώματα πρῶτον ἄκουε·
Ζεὺς ἀργὴς Ἥρη τε φερέσβιος ἠδ᾽ Ἀιδωνεύς
Νῆστίς θ᾽, ἣ δακρύοις τέγγει κρούνωμα βρότειον.

Apprends d'abord les quatre racines de toutes choses :
Zeus éclatant, Héra porte-vie et *Aïdôneus*
et *Nestis*, qui avec ses larmes humecte la source mortelle.

Sous le nom des quatre divinités, racines de toutes choses – Zeus, Héra, *Aïdôneus*[13], *Nestis* – nous savons, grâce à divers témoignages de l'Antiquité, qu'il faut comprendre les quatre éléments : la terre, le feu, l'eau et l'air qui, chez Empédocle, se dit le plus souvent « éther »[14]. La question se pose de savoir quel élément correspond à quelle divinité. Dans un article précédent[15], j'ai défendu à la fois l'attribution Zeus = feu, Héra = air, *Aïdôneus* = terre, *Nestis* = eau, et l'importance de cette attribution ou de ce code pour bien interpréter certains fragments de l'Agrigentin[16]. Le fait de soutenir que

---

13. Empédocle utilise le nom plutôt rare d'Ἀιδωνεύς pour dire Hadès ; cela est habituel en fin d'hexamètre, pour une raison métrique (Hésiode, *Théogonie*, 913 ; *Odyssée* XX, 61 ; *Hymne homérique à Déméter*, 2, 84, 357, 376).

14. Les témoignages de l'Antiquité concernant l'attribution des quatre divinités aux éléments sont multiples (Probus, Héraclite l'allégoriste, Aétius, Athénagoras, Diogène Laërce, Achille Tatius, Hippolyte, Eusèbe, Stobée), mais – chose notable – les grands connaisseurs d'Empédocle que sont Aristote, Théophraste, Plutarque, Sextus Empiricus, Clément d'Alexandrie, Simplicius ne disent rien de l'attribution possible des dieux du fr. 6 aux éléments, et, à l'exception de Sextus, ne citent même pas les dieux du fr. 6. – Le mot αἰθήρ apparaît 17 fois dans les fragments recueillis par Diels ; tandis que ἀήρ apparaît 4 fois. Empédocle utilise αἰθήρ aussi bien pour l'air que l'on respire (fr. 100.5, 7, 5, 18, 24) que pour l'éther qui enserre toute chose (fr. 38.4) ou pour le vaste éther (fr. 39.1). Le papyrus de Strasbourg n'a pas apporté de nouvelles occurrences d'αἰθήρ ou bien d'ἀήρ. – Je suis ici les analyses et la conclusion de P. KINGSLEY (*Ancient philosophy, mystery, and magic. Empedocles and Pythagorean Tradition*, Oxford, Clarendon Press 1995, p. 15-35), qui lit chez Empédocle « éther » comme le mot équivalent à « air » et jamais un mot qui signifierait le feu ou un mélange d'air et de feu.

15. PICOT 2000, p. 25-86.

16. Il existe aujourd'hui trois réponses connues à la question de l'attribution des noms divins aux éléments ; trois réponses qui se distinguent notamment par l'identité d'*Aïdôneus*. La plus récente, celle de KNATZ, fait d'*Aïdôneus* le feu (F. KNATZ, « *Empedoclea* », dans Universität Bonn (dir.), *Schedae philologae Hermanno Usener a sodalibus Seminarii Regii Bonnensis oblatae*, Bonn, F. Cohen, 1891, p. 1-9). La thèse de KNATZ a été suivie par J. BURNET, G. THIELE, E. BODRERO, A. TRAGLIA, P. KINGSLEY, R. LAURENTI, M.L. GEMELLI MARCIANO, C. BORDIGONI. Une interprétation ancienne, que l'on trouve chez Hippolyte et Stobée, veut qu'*Aïdôneus* soit l'éther (interprétation suivie notamment par W. KRANZ, Cl. RAMNOUX, G. CERRI). Enfin, une autre interprétation ancienne, rapportée par Aétius, veut qu'*Aïdôneus* soit la terre (suivie notamment par E. ZELLER, H. DIELS, C.E. MILLERD, E. BIGNONE, W.K.C GUTHRIE, J. BOLLACK). – Sur la transmission pendant l'Antiquité, voir l'article de G. JOURNÉE,

Zeus est le feu reprend l'attribution unanime des témoignages de l'Antiquité.

Dans le nouveau partage du monde entre les dieux, tel que l'inaugure Empédocle, Poséidon n'est plus le dieu de la blanche mer, Hadès n'est plus le seigneur de l'ombre brumeuse, Zeus n'est plus le dieu qui règne au vaste ciel, dans l'éther et les nuages (*Iliade* XV, 190-192). L'épithète qu'Empédocle attribue au Zeus qui, selon lui, est une des racines de toutes choses, mérite attention : ἀργής. Plutarque nous apprend en effet qu'Empédocle n'a pas l'habitude d'utiliser les épithètes pour la seule beauté du style, mais parce qu'il veut exprimer quelque chose d'une substance ou d'une puissance[17]. Zeus n'a pas ici une de ses épithètes traditionnelles, car ἀργής est souvent l'épithète de la foudre, mais n'est pas directement celle de Zeus[18]. Certes, la foudre est associée à Zeus, ainsi Zeus est-il ἀργικέραυνος ou τερπικέραυνος ου κεραυνεγχής, par exemple ; toutefois, le saut de l'épithète *argès*, passant de l'instrument au sujet qui manie l'instrument, peut surprendre. Quand le Zeus de la tradition est dit ἀργικέραυνος (*Iliade* XIX, 121, XX, 16, XXII, 178), il ne s'identifie pas à la foudre éclatante de blancheur : il possède ou maîtrise cette foudre. Le Zeus empédocléen, lui, pris dans le tableau des quatre racines de toutes choses, ne serait pas un dieu maniant la foudre : il serait la foudre elle-même, une des manifestations du feu[19]. Il n'est pas seulement le feu en général, πῦρ, le substantif qui servirait à désigner ce qu'il y a de commun à toutes les manifestations ou les variétés possibles du feu (flamme, lumière, éclair, étincelle, braise sans flamme, chaleur). Il est le feu dans toutes ses manifestations

« Empédocle, B 6 DK : Remarques sur les deux lignées de Diels » dans le présent numéro des *Anais de Filosofia Clássica*. – Il serait étonnant qu'Empédocle demande à son disciple Pausanias d'apprendre d'abord les racines de toutes choses sous leurs noms divins, et ensuite que cet apprentissage s'avère inutile pour le reste de l'enseignement. D'où ma conviction que les noms divins ont une importance (*contra* W.K.C GUTHRIE, *A history of Greek philosophy*, II, *The presocratic tradition from Parmenides to Democritus*, Cambridge-Londres-New York, Cambridge University Press, 1965, p. 146, pour qui : « *Fortunately the question is of little importance for Empedocles's thought* »). – Comme bien d'autres, je continue jusqu'ici à parler d'éléments pour les racines ; pourtant il serait nécessaire de ne pas confondre le vocabulaire de Platon et d'Aristote (στοιχεῖα) et celui d'Empédocle, mais engager une discussion de fond sur ce sujet ne serait pas à sa place dans le présent article.

17. Plutarque, *Propos de table*, V, 8, 683 E.

18. Épithète de la foudre : *Iliade* VIII, 133, *Odyssée* V, 128, VII, 249, XII, 387.

19. À Mantinée, Zeus est appelé Κεραυνός (voir A. COOK, *Zeus. A study in ancient religion*, II, Zeus god of the dark sky [thunder and lightning], Part I, text and notes, Cambridge, Cambridge University Press, 1925, p. 12-13, 807). Un Zeus *argès* serait donc un équivalent d'un Κεραυνός qualifié d'ἀργής. Je ne prétendrai pas qu'Empédocle a voulu exprimer les choses comme à Mantinée. Je remarque simplement qu'Empédocle a, de son côté, pu faire le même raccourci hylozoïste : la foudre est un dieu.

particulières. L'épithète ἀργής ne qualifie pas le feu, πῦρ ; on ne remplacera donc pas purement et simplement Ζεύς par l'élément πῦρ.

Le Zeus-foudre *argès* ne devrait pas nous empêcher de penser que le Zeus empédocléen, dans un autre tableau des racines et une autre manifestation du feu, serait par exemple le feu solaire générant la lumière et la chaleur. La lumière du soleil est qualifiée par Empédocle d'*argès* (fr. 21.4 : ἀργέτι [...] αὐγῆι) dans des vers où le soleil est présenté comme l'une des manifestations du feu, une des quatre racines de toutes choses :

> ἀλλ' ἄγε, τόνδ' ὀάρων προτέρων ἐπιμάρτυρα δέρκευ,   1
> εἴ τι καὶ ἐν προτέροισι λιπόξυλον ἔπλετο μορφῆι,
> ἠέλιον μὲν λευκὸν ὁρᾶν καὶ θερμὸν ἁπάντηι,
> ἄμβροτα δ' ὅσσ' εἴδει τε καὶ ἀργέτι δεύεται αὐγῆι,   4

Selon Aristote (*GC*, 330 b 20-21, *Métaphysique*, 985 b 1-2, DK 31 A 36), le feu tient, chez Empédocle, un rôle majeur. Si Empédocle s'affranchit du lien traditionnel de Zeus et de l'éther (*Iliade* XV, 192), il ne s'affranchit pas totalement de la puissance magistrale de Zeus. Le Zeus-feu du fr. 6 aurait donc un rôle majeur dans la *Physique* d'Empédocle. Dans la plupart des témoignages des anciens relatifs aux quatre éléments, le feu est nommé en premier ; parmi les quatre racines divines du fr. 6, Zeus est nommé en premier.

Au moment d'entrer dans la lecture du fr. 134, nous prenons acte du fait que Zeus, nommé par Empédocle au fondement de son système pour dire les manifestations du feu, n'a pas tout le registre de sens et d'attributs reconnu par la tradition, et, pourtant, se rattache par certains traits notables à cette tradition. Dans la mesure où Empédocle pensait le monde en termes de racines divines – avec ce que cela signifie de reprise mythologique –, l'Apollon du fr. 134 devait alors se comprendre en relation étroite avec son Père, Zeus, au fr. 6.2.

La φρὴν ἱερή

Par φρήν, on comprend ordinairement chez Empédocle le diaphragme ou une région péricardiaque où se logerait la pensée d'un homme en liaison avec ses sens[20] ; les πραπίδες sont

---

20. Fr. 5, 23.9, 114.3, 133.3, a[ii] 29 Martin-Primavesi ; au pluriel (*phrenes*) : fr. 15.1, 17.14. Voir une étude sur la *phrèn* chez Empédocle : R. Zaborowski, *Sur le sentiment chez les Présocratiques*, Varsovie, Stakroos, 2008, p. 81-86. Pour une synthèse sur la *phrèn* et les *phrenes* jusqu'au Vᵉ siècle av. J.-C., voir Sh. Darcus Sullivan, *Sophocles' use of psychological terminology: old and new*, Carleton (Ottawa), Carleton University Press, 1999, p. 11-41. Toutes les occurrences de *phrèn* ou de *phrenes* chez Empédocle désignent l'organe physique de la pensée.

un équivalent de la φρήν ou des φρένες[21]. Grâce à ses *prapides* un homme ayant un immense savoir (περιώσια εἰδώς) voit (λεύσσεσκεν) chacune des choses en dix et vingt générations d'hommes (fr. 129[22]). Avec le fr. 134, la *phrèn* n'est plus celle d'un homme, c'est la *phrèn* d'un dieu ou c'est un dieu lui-même. Elle est ἀθέσφατος, ce que nous traduisons par immense (nous expliquerons plus loin ce choix, là où l'on traduit souvent par « indicible » ou « ineffable »). Et elle est en mouvement – cela s'entend du participe καταΐσσουσα : parcourant avec rapidité[23]. Le mouvement rapide d'une *phrèn*, sans un corps auquel elle appartiendrait, peut surprendre, même si, chez Eschyle, l'image d'une *phrèn* qui vagabonde dit déjà le mouvement, et si Sophocle, utilisant le verbe ἀπαΐσσω, parle de *phrenes* qui s'écartent vite d'un dessein[24]. Le mouvement rapide des φροντίδες, en tant que pensées, est en revanche moins surprenant, si l'on tient compte du fait que la pensée, νόημα ou νοῦς, est assez souvent jugée rapide[25].

On traduit en général les φροντίσι θοῇσιν par les « pensées rapides », ou les promptes pensées », ou la « pensée rapide » – ces pensées ou cette pensée étant supposée(s) appartenir à la *phrèn*. La dimension émotionnelle du mot φροντίς est alors passée sous silence. S. Rangos,

21. Fr. 110.1 (où l'expression ἀδινῇσιν πραπίδεσσιν semble reprendre l'expression homérique φρένες ἔμπεδοι, attachée notamment au devin aveugle Tirésias), 129.2, 132.1. Pour une compréhension des *prapides* et une comparaison des *prapides* et de la *phrèn* ou des *phrenes*, voir Sh. DARCUS SULLIVAN, « πραπίδες in Homer », *Glotta*, 65, 3-4, 1987, p. 182-193.

22. Voir C. MACRIS et P. SKARSOULI, « La sagesse et les pouvoirs du mystérieux τις du fragment 129 d'Empédocle », *Revue de métaphysique et de morale*, 75, 3, 2012, p. 357-377.

23. Le verbe καταΐσσω est aussi utilisé par Empédocle au fr. 100.7 (la respiration et la clepsydre) : l'éther bouillonnant se rue vers le bas [καταΐσσεται], en un tourbillon furieux (trad. M. RASHED). Lorsqu'il commande l'accusatif (κόσμον), ce verbe signifie, selon LSJ : *rush, dart through*. De façon à transposer l'accusatif, je traduis κόσμον ἅπαντα καταΐσσουσα par : parcourant promptement (avec rapidité) tout le cosmos. – Il est exclu que la *phrèn hierè* soit l'éther, comme au fr. 100.7, car l'éther immense (*athesphatos*) ne parcourt pas promptement tout le cosmos. Le mouvement de l'éther au fr. 100 a lieu dans un espace réduit (où l'on peut imaginer un flux d'air) ; cela ne se transpose pas à l'éther à grande échelle, qui, chez Empédocle, comprend aussi l'air sublunaire.

24. Eschyle, *Les Sept contre Thèbes*, 661 : σὺν φοίτῳ φρενῶν. Sophocle, *Ajax*, 447-448 : ὄμμα καὶ φρένες διάστροφοι / γνώμης ἀπῇξαν τῆς ἐμῆς. Homère utilise le verbe ἀπαΐσσω à propos d'Achille qui bondit (*Iliade* XXI, 234). En *Iliade* III, 108, il faut prendre comme une métaphore le mouvement des *phrenes* qui flottent dans l'air, au gré des vents (cf. *Iliade* II, 448). Chez Pindare (*Olympique* II, 57), des *phrenes* semblent privées d'un corps, comme des *psuchai* dans l'Hadès. Mais ces *phrenes* ne sont pas animées d'un mouvement rapide. Plus tard, en 414 av. J.-C., Aristophane dira dans *Les Oiseaux*, 1445 : ἀνεπτερῶσθαι καὶ πεποτῆσθαι τὰς φρένας. Les *phrenes* ont pris leur envol ; le mouvement est alors rapide.

25. *Iliade* XV, 80-83 (à noter que νόος est associé ici avec le verbe ἀΐσσω), *Odyssée* VII, 36, *Hymne à Apollon*, 186, 448, *à Hermès*, 43-46 ; Hésiode, *Bouclier*, 222 ; Théognis, I, 985, Thalès (Diogène Laërce, *Vies*, I, 35).

dans un article récent, a souligné l'importance de comprendre dans les *phrontides* du fr. 134 des « *caring-thoughts* », à savoir des pensées attentionnées ou soucieuses[26]. Bien que toute visée intellectuelle ne puisse être écartée de ces *phrontides*, nous verrons plus avant que la précision apportée par Rangos est pertinente.

La φρὴν ἱερή a jusqu'ici été considérée comme un esprit sacré, inaccessible par les organes des sens, uniquement accessible par la pensée. Certains ont imaginé qu'elle est un autre nom du *Sphairos*, en raison de la similitude des premiers vers entre le fr. 134 et le fr. 29[27]. Mais, puisque la *phrèn hierè* est en mouvement (καταΐσσουσα), comment pourrait-elle être le *Sphairos*, qui est immobile[28] ? Comment concevoir que des *phrontides* puissent se distinguer entre elles et se déplacer rapidement à l'intérieur du *Sphairos*, alors que l'homogénéité presque parfaite du mélange des quatre éléments régnant à l'intérieur du *Sphairos* interdit que quelque chose s'y distingue ? Comment ces pensées rapides de la *phrèn* pourraient-elles signifier la joie du *Sphairos*, joie que l'on imagine sereine[29] ? Comment concevoir que

---

26. S. RANGOS, « Empedocles on divine nature », *Revue de métaphysique et de morale*, 75, 2012, 3, p. 315-338, aux p. 322-326. Pour souligner que « φροντίς *is a word with strong emotional undertones* », RANGOS renvoie notamment à Théognis, I, 729, Simonide, 8.9 (eleg. 8.9 CAMPBELL), Pindare, *Olympique* I, 19, Néméenne X, 22. – Abondant dans ce sens, j'ajouterais Xénophon, *Mémorables*, I, chap. 4, 14.7-15.1, 17.3-18.1 et 18.6-19.1. Certes, il ne s'agit pas dans ce cas de la *phrèn* du divin mais de sa *phronèsis* (I, 4, 17.3, 17.8), toutefois il est intéressant de voir que sa présence rapide en tous lieux (au point d'être immédiate) est soulignée, et que les verbes *phrontizein* et *epimeleîsthai* semblent être synonymes (I, 4, 14.7-15.1).

27. Voir F. DÜMMLER (1894), W. JAEGER (1947), J. BARNES (1987, 2001), et plus récemment A. FINKELBERG (« On the history of the Greek ΚΟΣΜΟΣ », *Harvard studies in classical philology*, 98, 1998, p. 103-136, aux pages 112-113), O. PRIMAVESI (« Apollo and other gods in Empedocles », dans SASSI, M.M. [dir.], *La costruzione del discorso filosofico nell'età dei Presocratici / The Construction of Philosophical Discourse in the Age of the Presocratics*, Pise, Edizioni della Normale, 2006, p. 51-77 aux pages 72-73 ; puis « Empédocle : divinité physique et mythe allégorique », *Philosophie antique*, 7, 2007, p. 51-89, aux pages 67-68), et J. PALMER (*Parmenides and presocratic philosophy*, Oxford, Oxford University Press, 2009, p. 327-328). – Le début du fr. 29 et le début du fr. 134 constituent le versant négatif de l'anthropomorphisme appliqué au divin (ce que j'appellerais non-A). Le raisonnement qui conclut que la *phrèn hierè* est le *Sphairos* est du type suivant : puisque non-A = *Sphairos* (fr. 29) et que non-A = *phrèn hierè* (fr. 134), alors *Sphairos* = *phrèn hierè*. Mais la conclusion ne s'impose pas : si ce qui n'est pas un parallélépipède est, dans un cas, une sphère, et, dans un autre cas, un disque, il ne s'ensuit pas que le disque soit une sphère ; de la même façon, le *Sphairos* n'est pas nécessairement la *phrèn hierè* par le seul fait que l'un et l'autre sont « non-A ». En outre, les deux versants négatifs (fr. 29.1-2 et fr. 134.1-3 O^mg) ne sont même pas strictement égaux.

28. Sur l'immobilité du *Sphairos* : voir le témoignage d'Eudème (rapporté par Simplicius) sous B 27 et associé au fr. 27.3 (le *Sphairos* est fixé dans l'antre d'Harmonie).

29. Sur la joie du *Sphairos* : fr. 27.4, 28.2. PRIMAVESI 2007, p. 67, soutient que « 'les pensées rapides' [...] « doivent désigner l'activité mentale du *Sphairos*, la satisfaction qu'il éprouve en son for intérieur ».

le *Sphairos*, qui n'a aucun organe sensoriel, soit pour Empédocle une *phrèn*, alors qu'une *phrèn* est notamment définie par rapport à « une perception par les sens » et que les sept autres usages du mot *phrèn* chez l'Agrigentin sont liés à un savoir[30] ? Comment concevoir que le *Sphairos* soit la *phrèn* et le *kosmos* tout à la fois, alors que dans le fr. 134.4-5 la *phrèn* coexiste avec le *kosmos*, et en diffère, au moins au plan syntaxique[31] ? Je ne prétends pas épuiser ici le sujet de l'identification de la *phrèn hierè* au *Sphairos* par des questions qui soulèvent des difficultés et des paradoxes ; des arguments décisifs devront être apportés plus avant. Cependant, ces questions posent dès maintenant les jalons d'une critique. Remarquons qu'aucune de nos sources antiques n'avait suggéré que la *phrèn* et ses *phrontides* sont le *Sphairos*.

D'autres commentateurs ont imaginé que la *phrèn hierè* est l'Amour – mais comment imaginer que l'Amour (*Philotès*) se meuve avec la rapidité sous-entendue par κατα΄σσουσα ? En outre, le dieu Apollon n'est pas la *Philotès* ; il n'est pas la déesse Aphrodite.

D'autres encore ont imaginé qu'elle est un νοῦς divin, accessible seulement par l'Intellect, sans rapport avec quelque chose d'humain, ou bien qu'elle est le *pneuma* qui porte la loi de communauté des êtres vivants[32] – mais le mot φρήν au Vᵉ s. av. J.-C. signale un référent physique concret qui s'accorde mal avec quelque chose d'aussi abstrait qu'un *noûs* divin ou un *pneuma*[33]. Et ce n'est pas parce qu'Olympiodore suggère que la *phrèn hierè* est sans corps (οὐδὲν οὖν

---

30. A. Martin & O. Primavesi, *L'Empédocle de Strasbourg* (P. Strasb. gr. *Inv. 1665-1666*). Introduction, édition et commentaire, Strasbourg-Berlin-New York, Bibliothèque Nationale et Universitaire de Strasbourg et W. de Gruyter, 1999, p. 241 : « Dès Homère, le mot [φρήν] sert à situer le siège de l'activité mentale consécutive à une perception par les sens ». Toutefois, la *phrèn*, quand elle est siège des passions ou de la volonté, ne se définit pas exclusivement par rapport aux sens. La *phrèn* (ou les *phrenes*) peut être le siège de la joie ou d'une émotion plaisante (*Iliade* I, 474 ; VIII, 559 ; IX, 186 ; XIII, 493 ; *Odyssée* VIII, 131) ; les *phrontides* peuvent s'accorder avec un sentiment positif (Pindare, *Olympique* I, 19). – Voir en fin d'article la Note additionnelle I : « La joie, la pensée et le *Sphairos* ».

31. Si la *phrèn* est le *Sphairos* et si le cosmos est le *Sphairos*, la *phrèn* devrait être le cosmos. Or, la syntaxe des vers 134.4-5 oblige à distinguer formellement la *phrèn* du cosmos. Selon B. Inwood (*The Poem of Empedocles. A text and translation with an introduction*, Toronto-Buffalo-Londres, University of Toronto Press, 2001, p. 68) : « *Unlike the sphere, he [= god = Apollo = a sacred thought organ] is distinct from the cosmos and an inhabitant of it, for it darts through it with his mind* ». – Voir en fin d'article la Note additionnelle II : « Le cosmos et le *Sphairos* ».

32. H. Diels, « Über die Gedichte des Empedokles », *Sitzungsberichte der königlich preussischen Akademie der Wissenschaften zu Berlin*, 31, 1898, p. 396-415, à la page 405.

33. Ammonius (*CAG* 4.5, 249.11) et Tzetzès (*Chiliades* VII, 519, 532-533) parlent du *noûs* divin.

ἐκεῖ σωματικόν, ὡς καὶ αὐτὸς ὁ Ἐμπεδοκλῆς λέγει πρὸ Πλάτωνος) et que de nombreux éditeurs d'Empédocle joignent les vers du fr. 134 aux vers qui affirment que le divin n'est pas visible et à portée de main (fr. 133), qu'il faut se laisser abuser : Olympiodore, nourri de néo-platonisme, au VIᵉ s. après J.-C., est fort loin d'Empédocle ; aucun témoignage ancien ne permet d'affirmer que, dans l'œuvre d'Empédocle, les vers du fr. 134 viennent juste après ceux du fr. 133, et que ces deux fragments sont à traiter ensemble pour saisir le sens du fr. 134[34].

Enfin, bon nombre d'interprètes ont imaginé que la *phrèn hierè* est l'esprit ou l'âme du *Sphairos* qui subsisterait après sa désintégration, et parcourrait le monde. Dans la même veine interprétative, la *phrèn hierè* serait un *daimôn*, ou l'harmonie dans le Multiple. Cet esprit ou cette âme ou ce *daimôn* ou cette harmonie – qui n'est pas la *Philotès* tout en conservant quelque chose du *Sphairos*, qu'aucun autre témoignage du corpus empédocléen n'atteste –, cette *phrèn hierè* ainsi comprise semblerait bizarrement exister partout (κόσμον ἅπαντα) en dépit de l'influence grandissante de la Haine[35]. Comment cela serait-il possible ? Et, si cette *phrèn*, proche du *Sphairos*, est constituée des quatre racines de toutes choses dans une proportion harmonieuse – sans qu'aucun texte du corpus empédocléen ne l'atteste – comment peut-elle être en même temps Apollon, fils de Zeus, que l'Agrigentin ne peut confondre avec Harmonie ou Aphrodite[36] ? Dans

---

34. DIELS (comme S. KARSTEN, Th. BERGK, H. STEIN, F.W.A. MULLACH, avant lui) établissait un lien de sens entre le fr. 133 (Il n'est pas possible de l'amener devant nos yeux, / Ni de le saisir avec les mains, moyens par lesquels la plus vaste / Voie de la persuasion tombe dans l'esprit des hommes [trad. J. ZAFIROPULO, légèrement modifiée]) et le fr. 134. KRANZ, GUTHRIE, WRIGHT, INWOOD restent dans le sillage de DIELS. Bon nombre d'interprétations du fr. 134 continuent de s'appuyer sur l'existence d'un lien étroit entre le fr. 133 et le fr. 134. Mais certains progrès dans la lecture d'Empédocle conduisent à déconstruire l'agencement de DIELS. En ce sens, on appréciera déjà le travail fait par N. VAN DER BEN pour remettre en cause le lien entre le fr. 133 et 134, et la position du fr. 134 dans l'œuvre de l'Agrigentin (*The Proem of Empedocles' Peri physios: towards a new edition of all the fragments*, Amsterdam, B. R. Grüner, 1975, p. 44-51). Je suppose que la divinité faisant l'objet du fr. 133 est le *Sphairos*, qui existe de façon périodique, et que les hommes ne peuvent saisir que dans leur imagination.

35. Parmi le « bon nombre d'interprètes » : A. OLERUD (1951), J. ZAFIROPULO (1953), WRIGHT (1981 ; WRIGHT croit que la *phrèn hierè* est le *Sphairos* et ce qui reste du *Sphairos* sous forme de pensées rapides dans le cosmos, quand la Haine a brisé le *Sphairos*), A. DROZDEK (2003, 2007), PALMER (2009). Cf. VÍTEK 2010, p. 43-44. Voir aussi J.-F. BALAUDÉ (*Le vocabulaire des Présocratiques*, Paris, Ellipses, 2002, p. 28) : « Cet Esprit serait comme l'équivalent et le substitut du *Sphairos* originel et perdu ». – Il serait tentant encore de penser que la *phrèn hierè* est la Muse d'Empédocle. Mais comment cette Muse pourrait-elle avoir des bras blancs (fr. 3.3) et appartenir à un fr. 134 où les membres divins sont niés ?

36. Dans un chapitre intitulé « Empedocles and the Holy *Phren* », A. DROZDEK (*Greek philosophers as theologians. The divine* arche, Aldershot [UK] – Burlington

les commentaires faits jusqu'ici sur la *phrèn* nous ne parvenons pas à trouver un propos qui tienne compte d'Apollon et qui soit convaincant. Au total, la *phrèn hierè* en mouvement, privée d'un corps vivant, chez un présocratique comme Empédocle, fait énigme.

B. Inwood traduit φρήν, dans le fr. 134, par « *thought organ* ». Ce serait là une meilleure traduction, dans le contexte, que « *mind* », qui est la traduction habituelle en anglais[37] ; en effet, la matérialité de la *phrèn* est exprimée par *organ*, alors qu'elle ne l'est pas par *mind*. Mais « *thought organ* » ne convient pas à la poésie. On peut alors choisir de ne pas traduire φρήν, de translittérer (*phrèn*) ou bien de traduire par « cœur ». Si Empédocle dit φρήν, avec ce que ce mot peut signifier d'un organe concret du corps, tel le diaphragme ou une région péricardiaque, alors qu'il aurait pu choisir un mot abstrait comme νοῦς, c'est sans doute pour signifier le fait que cette *phrèn* est l'organe d'un dieu. Au sein du multiple, là où avec certitude le mouvement existe, la *phrèn hierè* ne serait pas la *phrèn* d'un dieu absent, à savoir la *phrèn* du *Sphairos*. Elle serait, la *phrèn* d'un dieu présent, conservant quelque chose de la *phrèn* humaine qui fait l'objet des occurrences du mot φρήν dans le corpus empédocléen (hors fr. 134.4, bien entendu).

Chez Homère, Hésiode, Eschyle, les dieux, dont Zeus – le premier d'entre eux –, ont une *phrèn*, qui fait partie de leur corps[38]. Certes, pour son propre panthéon, Empédocle a rompu avec la représentation anthropomorphique naïve des vieux poètes ; ainsi, le Zeus du

---

[VT], Ashgate, 2007, p. 71-83) considère qu'après la rupture du *Sphairos* où le dieu *Phren* résidait, le dieu *Phren* dans le monde « *remains the measure of what is harmonious and thus fitting to exist* ». DROZDEK parle du dieu du fr. 134, mais jamais d'Apollon ; en étudiant le fr. 134, Sh. DARCUS SULLIVAN réussissait, elle aussi, à ne pas parler d'Apollon dans son article « The nature of *phren* in Empedocles », dans CAPASSO, M., F. De MARTINO & P. ROSATI (dir.), *Studi di filosofia preplatonica*, Naples, Bibliopolis, 1985, p. 119-136, aux pages 133-136. Si nous n'avions que Tzetzès comme témoin de ces vers d'Empédocle, la chose serait acceptable, car Tzetzès ne parle pas d'Apollon. Mais il y a Ammonius. Ammonius devrait nous éviter de tenir un propos limité au dieu en général. Écoutons INWOOD 2001, p. 68 : « *Our sources present these fragments as descriptions of the divine in general, and there is no reason to doubt this. But Ammonius in CTXT-91a [= De interpretatione CAG 4.5, 249.1-11] gives us a valuable additional indication. Though speaking about the totality of the divine, Empedocles has for his immediate topic the Olympian god Apollo* ».

37. Par exemple, chez GUTHRIE 1965, p. 256, qui traduit ἀλλὰ φρὴν ἱερὴ καὶ ἀθέσφατος ἔπλετο μοῦνον, par « *but it is only a mind, holy and beyond description* ». Dans son interprétation du fr. 134 (*ibid.*, p. 258-260), GUTHRIE écrit « *Mind* » avec une majuscule, et va jusqu'à en faire la plus haute forme de divinité, en affinité avec le dieu de Xénophane.

38. Zeus : *Iliade* II, 3, X, 45 ; Hésiode, *Théogonie*, 554, 688 ; Eschyle, *Suppliantes*, 599, 1048-1049, 1057. Pour la *phrèn* d'Apollon : *Hymne à Apollon*, 275, *H. à Hermès*, 467 ; Eschyle, *Euménides*, 17 ; Bacchylide, *Dithyrambes*, III, 131. On trouve aussi la *phrèn* d'autres dieux ou déesses (par ex. Aphrodite, Athéna, Héra, Déméter, Poséidon, Héphaïstos) chez Homère et dans les *Hymnes homériques*.

fr. 6.2 reçoit l'épithète ἀργής correspondant à un phénomène naturel, la foudre. Mais la rupture n'est pas totale. Empédocle a pu conserver l'idée que Zeus, par exemple, a une *phrèn.*

En tenant compte de la parole d'Ammonius selon laquelle Empédocle s'était livré à une critique de la représentation anthropomorphique des dieux chez les poètes, on n'a pas manqué de rapprocher Empédocle de Xénophane. Si bien que la *phrèn hierè* a été facilement confondue avec le Dieu de Xénophane (voir DK 21 B 25)[39]. Soulignons toutefois ce qui sépare ici Empédocle de Xénophane : (a) d'un côté un dieu, la *phrèn hierè*, qui n'est pas annoncé comme unique et comme le plus grand ; de l'autre, un dieu unique et le plus grand (DK 21 B 23) ; (b) d'un côté un dieu en mouvement (καταΐσσουσα) et qui ne mettrait pas explicitement le monde en mouvement ; de l'autre, un dieu immobile (DK 21 B 26) et qui meut toutes choses (DK 21 B 25)[40] ; (c) d'un côté un philosophe qui fait des corps vivants (dont l'homme et le joyeux dieu *Sphairos*) une œuvre de l'Amour ; de l'autre, un philosophe qui ne valorise pas le corps (DK 21 B 23). Au total, Empédocle ne pratique pas l'anti-anthropomorphisme radical de Xénophane et n'a pas adopté sa vision du dieu.

Je suppose que l'Apollon ici désigné par Ammonius comme la φρὴν ἱερὴ καὶ ἀθέσφατος est la figure d'un Apollon lié au Zeus empédocléen du fr. 6.2. Cet Apollon, tout comme le Zeus empédocléen, emprunterait à la tradition et s'en séparerait sur certains points.

---

39. Un exemple récent : PALMER 2009, p. 328.

40. On peut soupçonner que chez FINKELBERG (1998) et PRIMAVESI (2006, 2007) l'idée du dieu de Xénophane, identifié au monde dans sa totalité, sphérique (voir W.K.C. GUTHRIE, *A history of Greek philosophy, I, The earlier Presocratics and the Pythagoreans*, Cambridge, Cambridge University Press, 1962, p. 376-377, 381-383), dieu immobile et néanmoins cause du mouvement dans le monde (donc en-lui-même), ait pu aider à concevoir la stricte identité chez Empédocle entre le *Sphairos* immobile et la *phrèn hierè* en mouvement. Mais, autant l'existence du mouvement dans le Multiple est attestée (Xénophane), autant l'existence du mouvement dans l'Un n'est pas attestée (Empédocle) et même niée (Eudème). – H.A.T. REICHE (*Empedocles' mixture, Eudoxan astronomy and Aristotle's connate pneuma*, Amsterdam, A.M. Hakkert, 1960, p. 37) écrit à propos du *Sphairos* auquel il rapporte le fr. 134.4-5 : « *Immobility of the Whole (in Xenophanes, Heraclitus, Aristotle) and mobility of the parts are not mutually exclusive. This is particularly true if we understand Empedocles' rushing motion [of the holy Mind] as equivalent to Xenophanes'* kra(d)ainei *in the sense of the tremor of vitality* [...] ». Mais dans le *Sphairos*, avant que la Haine n'intervienne (fr. 31), il n'y a pas de mouvement des parties. Il est vain de convoquer le patronage de Xénophane (ou d'autres).

Le soleil

Le Zeus empédocléen est le feu dans toutes ses manifestations. Il est la foudre au fr. 6.2 ; dans un autre contexte, il serait aussi le soleil (fr. 21.3, 22.2, 71.2, 115.11). Dans les mythes, Zeus est le père d'Apollon ; il le choisit pour connaître ses desseins et les révéler dans des oracles. Apollon est le prophète de Zeus[41]. Il est aussi *Phoibos*, le pur et brillant, le petit-fils de la Titanide *Phoibè* ; il est décrit environné de lumière[42]. À partir de là, Empédocle pouvait concevoir un Apollon solaire, dépendant de Zeus-feu, en accord avec son propre système brossé dans le fr. 6. Disons plus : le soleil serait la partie la plus noble de Zeus-feu, tout comme la *phrèn* est la partie la plus noble de l'homme ou d'un dieu. Il serait un Apollon repensé par Empédocle pour être la *phrèn hierè* du Zeus-feu. Le soleil aurait donc plusieurs noms : Zeus, car il est une des manifestations du feu, Apollon, car il est un dieu de lumière dans l'intimité de la pensée de Zeus, et encore *Hélios* (fr. 21.3) et même Titan (fr. 38.4)[43].

Le feu-Zeus ne produit rien d'autre que des manifestations du feu. Zeus a en particulier pour fils Héphaïstos[44], lequel est le feu sur terre chez Empédocle : il intervient dans la fabrication de l'os (fr. 96.3) et du sang (fr. 98.2). Le feu-Zeus a aussi pour fils Apollon ; Apollon est, dans le ciel, le feu le plus remarquable, à savoir le soleil.

Zeus a une *phrèn* (comme en *Iliade* II, 3, X, 45), mais cette *phrèn*, pour Empédocle, n'est pas l'organe des hommes : elle n'est pas un diaphragme ou une région péricardiaque, pour dire les choses simplement. Au demeurant, la *phrèn hierè* est pour Zeus-feu l'équivalent fonctionnel de la *phrèn* pour l'homme. Dans le fr. 134.4-5, ce qui est mis en valeur, c'est la *phrèn* et les pensées, foncièrement rapides du vrai Zeus. Sans anthropomorphisme, mais en soulignant un point commun avec l'homme, l'Agrigentin parle du soleil de façon valorisante, différente de ce qu'il en dit avec sobriété lorsqu'il relève sa forme ronde (fr. 47 : cercle [κύκλος] brillant du Maître) ou sa brillance (fr. 22.2 : ἠλέκτωρ).

Empédocle tiendrait en substance le propos suivant dans le fr. 134 et son contexte : les poètes, les peintres et les sculpteurs donnent à

---

41. *Hymne à Hermès*, 471-472, 535-543.

42. *Hymne à Apollon*, 201-203, 440-442.

43. La polyonymie est pratiquée par Empédocle. Ainsi pour *Philotès*, à la fois Aphrodite, Cypris et Harmonie. Ainsi pour le feu, à la fois Zeus et Héphaïstos (fr. 6, fr. 96 et 98). Il ne faudrait donc pas refuser que, dans la refonte des données mythiques opérée par l'Agrigentin, la même chose soit dite à la fois Zeus et Titan, Apollon et Titan.

44. Chez Hésiode, Héphaïstos n'est pas le fils de Zeus. Mais il l'est dans la tradition homérique : *Iliade* I, 578, XIV, 338-339 ; *Hymne à Apollon*, 317.

voir la tête, les membres, le sexe d'un dieu qui serait Apollon, mais ce dieu ne répond pas à ce qu'ils décrivent ; il existe certes un Apollon, mais celui-ci leur est caché par leur ignorance et leur aveuglement ; cet Apollon est la *phrèn* et les *phrontides* du vrai Zeus ; cette *phrèn* et ces *phrontides* sont étonnamment plus visibles que la tête et les membres du dieu des poètes ; il s'agit du soleil et de ses rayons.

L'Agrigentin opère un rapprochement entre le soleil et Apollon dans le fr. 47 (ἀθρεῖ μὲν γὰρ ἄνακτος ἐναντίον ἀγέα κύκλον). Empruntant son expression à l'*Iliade* IX, 559-560 (καί ρα ἄνακτος ἐναντίον εἵλετο τόξον / Φοίβου Ἀπόλλωνος) et l'*Odyssée* XII, 176 (Ἡελίου τ' αὐγὴ Ὑπεριονίδαο ἄνακτος)[45], Empédocle dit dans ce fragment que, pour la lune (vraisemblablement le sujet du verbe ἀθρεῖ[46]), le soleil serait le cercle brillant du Maître (ἄνακτος [...] ἀγέα κύκλον). On peut supposer ici qu'aucune différence majeure n'existe entre ce Maître et le cercle brillant. Le soleil serait le Maître (ἄναξ). Le cercle brillant serait une caractéristique essentielle du soleil, donc du Maître. Mais il y a plus. On peut voir sous le Maître à la fois le soleil et Apollon, car Apollon est le dieu qui, parmi les dieux, reçoit le plus souvent l'épithète ἄναξ. Puis confondre Apollon et le soleil. Rien n'est toutefois dit en toute logique. Empédocle laisse seulement deviner l'identité d'Apollon et du soleil à partir du rapprochement des deux passages homériques. L'Agrigentin ne serait pas le premier à suggérer un Apollon solaire ; celui-ci est attesté chez Eschyle[47], par exemple.

---

45. Nous suivons ici l'analyse de J. BOLLACK, *Empédocle. III, Les Origines, commentaire, 1,* Paris, Éditions de Minuit, 1969, p. 282-283.

46. Si l'on pense à *Iliade* IX, 559-560, on peut imaginer que, lorsqu'elle prend la forme d'une demi-lune, la lune, face (ἐναντίον) au Maître soleil, se présente comme un arc (τόξον) ayant sa corde au repos, face au Maître Apollon.

47. Eschyle, *Bassarides*, fr. 23 a RADT ; *Suppliantes*, 212-214 ; *Les Sept contre Thèbes*, 859. En dehors d'Eschyle, on retiendra : l'*Hymne à Apollon*, 441-442, Théagène de Rhégium, DK 8 A 2.8, Euripide, *Phaéthon*, fr. 781 NAUCK, v. 11-13 (où l'identification Soleil = Apollon est explicite, tout en rapprochant le nom d'Apollon du verbe ἀπόλλυμι). Ménandre de Laodicée laisse entendre que Parménide et Empédocle identifiaient Apollon au soleil (DK 31 A 23). – Que la *phrèn hierè* soit le soleil a déjà été entr'aperçu par R. LAURENTI, « Le proème à Apollon d'Empédocle dans les fragments d'Aristote », dans JANNONE, A. *et al.* (dir.), *L'Aristote perdu*, Rome-Athènes, Comitato di studi sulla società contemporanea, 1995, p. 103-119, à la page 110. Et par G. STAMATELLOS, *Plotinus and the Presocratics: a philosophical study of presocratic influences in Plotinus' Enneads*, Albany (NY), State University of New York Press, 2007, p. 38. – J. BOLLACK (*Empédocle. Les Purifications. Un projet de paix universelle*, édité, traduit du grec et commenté par Jean BOLLACK, Paris, Éditions du Seuil, 2003, p. 95, à propos du fr. 134) admet qu'Empédocle rejette un Apollon traditionnel ; selon lui, Empédocle croit en un « Apollon solaire, dieu de lumière ». Sur l'Apollon solaire : F. BUFFIÈRE, *Les mythes d'Homère et la pensée grecque*, Paris, Les Belles Lettres, 1956, p. 187-191 ; P. BOYANCÉ, « L'Apollon solaire », dans HEURGON, J., W. SESTON & G. CHARLES-PICARD (dir.), *Mélanges d'archéologie, d'épigraphie et d'histoire offerts à Jérôme Carcopino*, Paris, Hachette, 1966,

Le soleil est traditionnellement un œil. Plus encore, selon Sophocle, il est un œil sacré, *Antigone*, 879 : λαμπάδος ἱερὸν ὄμμα. Le soleil voit (*Iliade* III, 277 ; *Hymne homérique à Déméter*, 62, 69-71 ; Hésiode, *Théogonie*, 760)[48]. Nous savons par ailleurs que Zeus reçoit la même épithète que le Soleil : πανόπτης (ou παντόπτης)[49]. Dans l'*Iphigénie à Aulis* (1506-1507), Euripide fait dire à Iphigénie, qui désigne le soleil : « Flambeau du jour, lumière de Zeus (λαμπαδοῦχος ἁμέρα / Διός τε φέγγος) ». La *phrèn hierè*, qu'il faudrait comprendre, comme les autres *phrenes* ou *prapides* chez Empédocle, par rapport à « une perception par les sens », se définirait ainsi et au minimum par rapport à la vue. Comme souvent, l'Agrigentin puise dans la tradition et chez les poètes ; il sélectionne, il adapte par rapport à ses objectifs, et, ainsi que le dit J. Bollack : « Rien n'est repris, sans être refondu »[50].

Le feu est sacré. Sophocle l'affirme en spécifiant le soleil (fr. 535.1 Radt) : Ἥλιε δέσποτα καὶ πῦρ ἱερόν. Et de même, Diodore de Sicile (III, 57, 5.14-15) : ἥλιον μὲν τὸ πρότερον ἐν οὐρανῷ πῦρ ἱερὸν καλούμενον. Plutarque rapporte que la foudre est considérée comme un feu sacré et divin (*Propos de table*, 685.C.8-9) : τὸ κεραύνιον πῦρ ἱερὸν ἡγούμεθα καὶ θεῖον.

Nous comprenons que, dans le fr. 134.4-5, la *phrèn* Apollon est le soleil, à savoir l'œil et la pensée de Zeus-feu[51]. Le soleil est en

---

p. 149-170 ; R. SEAFORD, « Mystic light in Aeschylus' *Bassarai* », *The classical quarterly*, 55, 2, 2005, p. 602-606.

48. Le soleil est l'œil de l'éther pour Aristophane, *Nuées*, 285. Une contribution essentielle sur cette question : J. JOUANNA, « 'Soleil, toi qui vois tout' : variations tragiques d'une formule homérique et nouvelle étymologie de ἀκτίς », dans VILLARD, L. (dir.), *Études sur la vision dans l'Antiquité classique*, Publications des Universités de Rouen et du Havre, 2005, p. 39-56. D'autres rapprochements entre le soleil et l'œil (ou la vue) : Eschyle, *Prométhée enchaîné*, 91, *Iphigénie en Tauride*, 194-195, fr. 300.4 NAUCK ; Pindare, *Péan* 9 (52k) 1-2 ; Sophocle, *Antigone*, 100-104.

49. Pour le Soleil : Eschyle, *Prométhée*, 91, fr. 192.5 Radt. Pour Zeus : Eschyle, *Suppliantes*, 139, *Euménides*, 1045 ; Sophocle, *Œdipe à Colone*, 1085-1086. Ailleurs, l'épithète est seulement utilisée pour Argos. – Chez Eschyle (*Choéphores*, 984-986), le soleil est désigné par Oreste comme étant le père, celui qui voit tout. Sophocle (fr. 752 P.) affirme de son côté que pour les sages le soleil est le père de tous les dieux. Puisque l'on sait, par ailleurs, que Zeus est le père des hommes et des dieux, il est aisé de conclure que Zeus et soleil tendent, au moins pour certains penseurs, à se confondre. Voir aussi Sophocle, *Œdipe roi*, 660-661. – Zeus est dit πανδερκέτης par Euripide (*Électre*, 1117). L'adjectif πανδερκής est utilisé de façon tardive pour qualifier notamment le soleil (Dioscoride, Quintus de Smyrne ; *Hymne orphique au Soleil*).

50. BOLLACK 2003, p. 11.

51. L'œil de Zeus voit et pense : Hésiode, *Les Travaux et les Jours*, 267. Chez Empédocle, la sensation et la pensée tendent à se confondre : voir Aristote, *Métaphysique* Γ 5, 1009 b 12-17 ; *De l'âme*, Γ 3, 427 a 21-28 ; Théophraste, *De sensu*, 10.1-3 (= DK 31 A 86.10) ; fr. 17.14 ; fr. 103 et fr. 100.10. Il existe déjà chez Homère une étroite relation entre voir et penser avec le verbe νοῶ : *Iliade* III,

mouvement (καταΐσσουσα), avec ses φροντίσι [...] θοῇισιν, que l'on interprétera comme étant les rayons lumineux et la chaleur émise. Pour Empédocle, les rayons lumineux sont un feu très fin (fr. 84.11). Dans les vers du fr. 134.4, tout en jouant avec la proximité linguistique de φρήν et de φροντίδες, Empédocle suggérerait que les rayons de lumière (φροντίδες) et le soleil (φρήν) ont partie liée. Tout comme l'on ne peut séparer la φρήν de ses φροντίδες, on ne séparera pas non plus le soleil de ses rayons[52].

Qu'en est-il du mouvement ? Point remarquable concernant Apollon : sa rapidité. Dans l'*Hymne homérique à Apollon*, 186, 448, il est rapide comme la pensée[53]. Empédocle, au fr. 134, souligne l'importance de la rapidité en répétant le même adjectif pour les genoux du faux dieu (vers 3) et pour les *phrontides* du vrai

---

374, XV, 422. – D'autres rapprochements entre la *phrèn* (ou les *phrenes*) et l'œil (ou la vue) : Eschyle, *Euménides*, 104, 275, *Choéphores*, 854, *Prométhée*, 842-843 ; Sophocle, *Ajax*, 447 (avec le verbe ἀπαΐσσω au v. 448). Dans le fr. 129.4-5, quand l'homme sage s'étendait (ὀρέξαιτο) grâce à toutes ses *prapides* (πάσηισιν ὀρέξαιτο πραπίδεσσιν), il voyait (λεύσσεσκεν) chacun de tous les êtres. La liaison entre la vue et les *prapides* (qui sont les *phrenes*) s'entend déjà dans l'*Iliade* pour Héphaïstos, notamment au chant XVIII, 380, 482 : ἰδυίηισι πραπίδεσσιν (voir Fr. FRONTISI-DUCROUX, « 'Avec son diaphragme visionnaire' : ΙΔΥΙΗΣΙ ΠΡΑΠΙΔΕΣΣΙ, *Iliade* XVIII, 481. À propos du bouclier d'Achille », *Revue des études grecques*, 115, 2, 2002. p. 463-484, p. 475-481. – Empédocle nous livre que tous les éléments ont pour eux-mêmes la faculté de penser (fr. 103, 110.10). La pensée de Zeus-feu n'est pas celle des hommes, qui est dans le sang (fr. 105). K. VON FRITZ (*Nous, Noein, and their derivatives in pre-socratic philosophy* [excluding Anaxagoras] », dans MOURELATOS, A.P.D. (dir.), *The Pre-Socratics. A collection of critical essays*, Princeton, Princeton University Press, 1993, p. 23-85, aux pages 61-62, n. 125) rapproche avec raison le fr. 134.4-5 du fr. 110.10.

52. La nature du soleil chez Empédocle fait débat. Est-il simplement une boule de feu ? Est-il un miroir circulaire d'air solidifié pour des rayons qui lui viendraient d'ailleurs ? Est-il le reflet, sur une surface d'air solidifié (firmament), d'une source lumineuse de forme ronde ? La forme circulaire du soleil laisse penser que, d'une façon ou d'une autre, cette forme a pour support un air solidifié, tel le firmament. Les témoignages en A 30, A 56 et au fr. 44 disent clairement que le soleil visible résulte d'un reflet, ce qui suppose que le support du reflet, essentiel pour la constitution du soleil, n'est pas du feu. À partir de là, et parce que la tendance naturelle du feu à s'élever ne rendrait pas compte, dans l'esprit de l'Agrigentin, de la forme ronde et stable du soleil, j'exclus que le soleil soit une boule de feu. Le soleil implique dans sa constitution de l'air solidifié pour permettre le reflet. En revanche, les rayons lumineux produits par le soleil sont du feu (très fin).

53. En fait, dans cet hymne, la rapidité n'est pas précisée : Apollon agit comme la pensée (ὥς τε νόημα, νόημ' ὥς). Mais on sait par ailleurs que la pensée est rapide (*Odyssée* VII, 36, *Hymne à Hermès*, 43), qu'elle vole (Hésiode, *Bouclier*, 222). Apollon lui aussi vole (*Hymne à Apollon*, 448). Apollon, descendant de l'Olympe en *Iliade* I, 44, s'en va pareil à la nuit (I, 47). La comparaison (« pareil à la nuit ») suggère la rapidité, car la nuit est dite rapide (*Iliade* XII, 463, XIV, 261) – entendons par là que la nuit, en suivant la descente du soleil, tombe rapidement.

dieu (vers 5) : θοός. Le mouvement rapide des pensées (φροντίσι... θοῆισιν), transposé au soleil, est le mouvement rapide des rayons[54]. Selon l'Agrigentin, la lumière a une vitesse ; le témoignage de Philopon l'atteste (DK 31 A 57). Les φροντίδες θοαί semblent jaillir de la *phrèn*, qui serait par elle-même en mouvement (καταΐσσουσα), tout comme la lumière jaillit d'une lanterne portée par un homme marchant dans la nuit. Toutefois, ce n'est pas le déplacement de la lanterne qui compte le plus ; ce sont les rayons de lumière, issus de la lanterne, qui éclairent le chemin. Il faut garder en tête l'image de la lanterne développée par Empédocle en comparaison de l'œil (fr. 84.5-6)[55] :

ὡς δ' ὅτε τις πρόοδον νοέων ὡπλίσσατο λύχνον	1
χειμερίην διὰ νύκτα, πυρὸς σέλας αἰθομένοιο,	2
[...]	
φῶς δ' ἔξω διαθρῶισκον, ὅσον ταναώτερον ἦεν,	5
λάμπεσκεν κατὰ βηλὸν ἀτειρέσιν ἀκτίνεσσιν·	6

Les φροντίσι θοῆισιν sont à rapprocher des ἀτειρέσιν ἀκτίνεσσιν[56].

Dans le fr. 84, la lanterne ne désigne pas la totalité de l'œil – aussi étrange que cela paraisse. L'extérieur de la lanterne est à la fois la nuit venteuse (χειμερίην διὰ νύκτα) et le chemin éclairé (βηλόν). Or cette nuit venteuse et ce chemin éclairé auraient leur contrepartie à l'intérieur de l'œil. La lumière qui traverse de fins

---

54. L'adjectif θοός est utilisé au fr. 73 (θοῷ πῦρι) pour qualifier le feu. – Selon la tradition, le dieu Soleil parcourt le ciel dans un char tiré par des coursiers (Mimnerme fr. 12). Pour Mimnerme le soleil est rapide : ὠκέος Ἠελίοιο ἀκτῖνες (fr. 11a 1-2) ou αὐγῇσιν φέρετ' ὠκέος ἠελίοιο (fr. 14.11). La rapidité du soleil peut être aussi exprimée par les coursiers ou le char. L'auteur homérique de l'*Hymne à Déméter*, I, qualifie le char du Soleil de rapide (θοὸν ἅρμα) ; l'auteur de l'*Hymne à Athéna*, I, précise que le fils d'Hypérion agit sur des chevaux rapides (v. 14 : ἵππους ὠκύποδας). Dans *Les Phéniciennes* d'Euripide, les chevaux du soleil reçoivent le qualificatif θοός : θοαῖς ἵπποισιν (v. 3).

55. Sur la structure de l'œil et son fonctionnement, voir M. RASHED, « The structure of the eye and its cosmological function in Empedocles: reconstruction of fragment 84 D.-K. », dans STERN-GILLET, S. & K. CORRIGAN (dir.), *Reading ancient texts. I: Presocratics and Plato – Essays in honour of Denis O'Brien*, Leyde-Boston, Brill, « Brill's studies in intellectual history, 161 », 2007, p. 21-39.

56. WRIGHT 1981, p. 254, comprend avec justesse le datif de φροντίσι en reprise de l'usage homérique d'un datif avec le verbe ἀΐσσω (*Iliade* VIII, 88, X, 348, XI, 361, XVII 40). Ce datif n'est pas un datif instrumental au sens restreint du cas exprimant la cause de l'action (les *phrontides* ne sont pas la cause du mouvement de la *phrèn*), mais un datif comitatif, « *chiefly found in the Plural* » comme l'indique MONRO 1891, p. 137, en fournissant l'exemple d'*Iliade*, XVIII, 506, où là aussi le verbe ἀΐσσω est utilisé (τοῖσιν ἔπειτ' ἤϊσσον). Les *phrontides* accompagnent la *phrèn* en mouvement, tout comme la lumière accompagne la lanterne en mouvement. On pourrait s'interroger sur la nature du datif ἀτειρέσιν ἀκτίνεσσιν ; lui aussi serait un comitatif. – Le soleil qualifié d'ὀξυβελής (fr. 40), aux traits acérés, se déplace rapidement comme un guerrier avec une pique ou un poignard en main (*Iliade* VIII, 88, X, 348, XI, 361).

tissus, derrière lesquels le feu oculaire est enfermé, pénètre dans l'équivalent de la nuit venteuse, qui est l'eau interne à l'œil, *i.e.* l'eau de la pupille (fr. 84.8 : κύκλοπα κούρην)[57], et aboutit à la surface de la pupille où se forment les images des objets. La lumière du soleil, elle, pénètre l'immensité de l'éther jusqu'à la lune et la terre et la mer en particulier. Cet immense éther fluide est l'équivalent de l'eau de la pupille. Dans le fr. 134.5, ce serait, avec les objets éclairés, le cosmos tout entier[58]. Les *phrontides* ou rayons du soleil parcourent l'éther et le monde.

Dans l'organe physique que serait la *phrèn* humaine, les pensées attachées à cette *phrèn* lui seraient internes. Elles peuvent traverser la *phrèn*. Elles peuvent y circuler. Mais on n'imagine pas qu'elles la quittent[59]. La *phrèn* humaine n'émet pas de pensées comme un soleil ou une lampe émet de la lumière. Il serait alors facile d'arguer que les *phrontides* du fr. 134.5 doivent être internes à la *phrèn hierè* et donc, en aucun cas, ne peuvent être les rayons lumineux de cette *phrèn hierè* identifiée au soleil. Les tenants de la thèse *phrèn hierè* = *Sphairos* pourraient s'appuyer sur cette remarque afin de faire valoir que les *phrontides* du *Sphairos* circuleraient, elles au moins, dans le *Sphairos* à l'instar de ce qui se passerait dans une *phrèn* humaine. Il faut alors admettre que si Empédocle a pensé que la *phrèn hierè* est le soleil, en distinguant celui-ci des *phrontides*, qui sont ses rayons et sa chaleur émise, il s'est écarté du fonctionnement de la *phrèn* humaine. Je crois qu'il en est ainsi. Une solution alternative serait de supposer que la *phrèn hierè* désigne le soleil (le disque céleste) et ce qu'il émet (lumière et chaleur). Dans ce cas, les *phrontides* (ce que le disque céleste émet) sont une partie inhérente de la *phrèn hierè*. Et le paradoxe du fonctionnement par rapport à la *phrèn* humaine s'estompe.

Le soleil illumine et réchauffe la terre, l'air, l'eau. Le fr. 21.3 signale qu'il intervient partout (ἀπάντηι) : ἠέλιον μὲν λευκὸν ὁρᾶν καὶ θερμὸν ἀπάντηι. L'adverbe ἀπάντηι renvoie à l'adjectif ἅπας du fr. 134.5, qui qualifie le κόσμος. Ce n'est pas un hasard. En des termes

---

57. *Ibid.*, p. 30-33.

58. Le mot κόσμος chez Homère désigne parfois une parure, un ornement, un bel objet (*Iliade* IV, 145, XIV, 187). Cette beauté dépend de la lumière. Porphyre rapporte, dans *L'antre des nymphes* (XIV, 15-16), que les anciens appelaient le ciel (οὐρανόν) un *peplos* (τῶν παλαιῶν καὶ τὸν οὐρανὸν πέπλον εἰρηκότων οἷον θεῶν οὐρανίων περίβλημα). Si Empédocle fait partie de ces anciens, il est permis d'avancer que l'éther, qu'il nomme parfois οὐρανός (fr. 22.2), serait conçu pour lui comme un *peplos*.

59. Un vers d'Euripide (fr. 901.1) situe la *phrontis*, en tant que pensée, à l'intérieur des *prapides* (que nous comprenons comme équivalentes aux *phrenes* ou à la *phrèn*), et attribue un mouvement àcette *phrontis* : πολλάκι μοι πραπίδων διῆλθε φροντίς.

divins pris dans le registre du fr. 6, et selon notre lecture du fr. 134, la *phrèn* de Zeus influe directement sur les autres divinités : Héra, *Aïdôneus, Nestis*. Grâce à la chaleur de son rayonnement, le soleil anime le cycle de l'eau (fr. 6) en favorisant l'évaporation, la formation des nuages, puis la pluie et la production des êtres mortels. C'est ici que la compréhension des *phrontides* comme *caring thoughts*, apportée par Rangos, prend dans notre propos sa pertinence. Grâce à son rayonnement, le soleil veille sur les plantes, et par là même sur les animaux et les hommes qui vivent des plantes[60]. Empédocle, comme d'autres Grecs, n'est pas passé à côté de cette évidence[61].

La totalité du divin en général

L'action remarquable du soleil sur le cycle de l'eau permet de comprendre qu'en filigrane de la *phrèn hierè* il soit question de la totalité du divin dans le monde déployé en dehors du *Sphairos* et en dehors de la séparation acosmique. Ainsi pourrait s'interpréter le fait qu'Ammonius introduise le fr. 134 en disant : « et – d'abord sur Apollon, qui était le sujet immédiat de son propos, mais également sur la totalité du divin en général ». Empédocle a choisi de critiquer les visions anthropomorphiques du divin en prenant l'exemple du soleil, dont on accordera que se référant à Zeus et Apollon, il concerne des dieux majeurs. À travers cet exemple concret, Empédocle concluait aux dieux en général ou, si l'on privilégie le singulier, au divin. Comme en d'autres endroits, il prendrait ici un cas particulier (Apollon, fils de Zeus) pour parler d'un cas général (les racines divines de toutes choses)[62]. La Nature, dont le soleil fait partie, est

---

60. Voir Rangos 2012, p. 325-326. – Dans la *Poétique* (1427 b 29-30), Aristote cite, d'un poète ou d'un tragédien, une expression concernant le soleil, qui conviendrait à la *phrèn* et ses *phrontides* : « σπείρων θεοκτίσταν φλόγα ».

61. Dans le *Cratyle* (412 C7 – 413 D2), Platon, cherchant l'étymologie du mot « juste » («δίκαιον»), fait appel à quelque chose de rapide et subtil (τάχιστον, λεπτότατον), qui donne la vie, qui parcourt le tout et que certains identifient au soleil, d'autres au feu, d'autres encore à la chaleur venant du feu. Cette chose gouverne le tout en le parcourant, διαϊόν (412 E 1). Pour cette raison, elle a pris le nom de « juste », δίκαιον, plus facile à prononcer avec le κ. Zeus est sous-entendu ; le préverbe δι- du verbe de mouvement δίειμι suggère Δία, Zeus, celui par qui tous les êtres vivants obtiennent la vie (396 B 1-2). Ce que dit Platon à propos de δίκαιον présente certains points de convergence frappants avec notre lecture du fr. 134.4-5. La question mériterait d'être développée dans une étude à part entière.

62. Le particulier pour le général (synecdoque particularisante) se comprend aux fragments suivants : fr. 6.2 : Zeus-foudre n'est qu'un cas particulier du feu sous toutes ses manifestations ; fr. 21.3, fr. 71.2 : le soleil pour dire le feu ; fr. 21.5, fr. 73.1, fr. 100.12 : la pluie pour dire l'eau ; fr. 22.2 : la mer pour dire

divine. Les quatre racines divines, Zeus, Héra, *Aïdôneus* et *Nestis*, ne sont pas cantonnées dans la séparation extrême, à un moment ponctuel du cycle de l'univers, opposé au *Sphairos*, dans un lointain passé ou dans un lointain futur. Elles participent au monde des mélanges ; ainsi, par exemple, *Nestis* entre dans la composition de l'os (fr. 96.2). C'est dans ce monde des mélanges que *Nestis*, par ses larmes, humecte (τέγγει) la source mortelle – ladite source étant apparemment une métaphore pour désigner la terre, creuset d'où sortent les mortels[63]. Il n'y a pas lieu d'imaginer des dieux aux formes humaines en dehors des dieux qui forment la matière dont la Nature est faite ; Empédocle est panthéiste. Parler de feu, de terre, d'eau, d'éther, de soleil, ce n'est qu'utiliser un langage profane, effleurant seulement la vérité du monde[64]. En dévoilant le véritable Apollon, Empédocle souligne l'influence majeure de ce dieu pour la marche du monde. Il inscrit son propos dans un traitement de « la totalité du divin en général ».

Reste à comprendre la relation entre le fr. 134 et le fr. 29, dont nous rappelons ici les vers :

> οὐ γὰρ ἀπὸ νώτοιο δύο κλάδοι ἀίσσονται,
> οὐ πόδες, οὐ θοὰ γοῦν(α), οὐ μήδεα γεννήεντα,
> ἀλλὰ σφαῖρος ἔην καὶ <πάντοθεν> ἶσος ἑαυτῶι.

Le fr. 134 appartient au troisième livre de la *Physique*. Tzetzès l'affirme, et après d'autres, et contre Diels, nous tenons cette parole de Tzetzès pour véridique. Les fr. 29 et 134 ont une même structure : un versant négatif précédant un versant positif de la divinité ; non pas un dieu aux formes humaines les plus extérieures (avec, dans le fr. 29, la métaphore curieuse des branches jaillissant du dos), non pas un dieu présentant les formes des êtres éphémères, mais un dieu qui s'inscrit dans la vie des racines de toutes choses. Le dieu positif du fr. 29 est le *Sphairos*. Le dieu positif du fr. 134 serait le soleil. Je suppose qu'Empédocle, à la fin de la *Physique*, critiquait les représentations communes du divin, que ce soit dans les propos et les images inconsidérées des poètes, ou bien dans les représentations

---

l'eau ; fr. 20.7 : les κύμβαι pour désigner les oiseaux en général ; fr. 72, fr. 74.1 : les καμασῆνες pour désigner les poissons ; fr. 99 : ὄζος pour dire l'oreille.

63. Voir Picot 2000, p. 63-66.

64. Dans le fr. 109, Empédocle donne les quatre éléments (γαίηι μὲν γὰρ γαῖαν ὀπώπαμεν, ὕδατι δ' ὕδωρ, / αἰθέρι δ' αἰθέρα δῖον, ἀτὰρ πυρὶ πῦρ ἀίδηλον). Il précise que l'éther est divin (δῖον). Ce n'est sans doute pas là un simple ajout pour compléter un hexamètre ou une pure imitation d'une association présente déjà chez Homère (*Iliade* XVI, 365, *Odyssée* XIX, 540). Tous les éléments, en fait, sont divins chez Empédocle. À travers un seul, il parle de tous. L'air en nous est aussi divin que l'air en dehors de nous (αἰθέρι δ' αἰθέρα δῖον). Et le feu en nous est aussi divin que le feu en dehors de nous.

picturales ou plastiques des dieux. Il en venait alors à parler d'Apollon (fr. 134) – sans dire explicitement qu'il parlait du soleil[65] –, et finissait par le *Sphairos* (fr. 29). Aux yeux de l'Agrigentin, le *Sphairos*, dieu bien plus honoré qu'Apollon, était le mot de la fin de la *Physique*[66]. L'objectif de son propos aurait été, comme dans le fr. 6, de souligner que les dieux véritables font corps avec la nature : les dieux sont ici et maintenant dans les racines de toutes choses[67]. Certes le *Sphairos* n'est pas visible comme le soleil, car il appartient à un autre temps (passé et futur). Il n'est pas possible de l'amener devant nos yeux, ni de le saisir avec les mains[68]. Mais il est imaginable, puisqu'il est le mélange le plus harmonieux des quatre racines de toutes choses sous l'action de *Philotès*-Aphrodite. Empédocle aidait à visualiser le *Sphairos*.

La conception des dieux (θεοί) chez Alcméon a pu faire l'objet d'une réflexion critique de la part d'Empédocle. Selon Aristote (*De anima*, 405 a 29 – 405 b 1), Alcméon pense que tous les êtres divins (τὰ θεῖα : dont le soleil, les astres, le ciel) sont animés d'un mouvement continu et perpétuel[69]. Platon rapporte dans le *Cratyle* (397 C-D) que les dieux, identifiés au soleil, aux astres, au ciel, tireraient leur nom « θεοί » du fait qu'ils courent toujours (θέοντα). Dans sa conception d'Apollon (le dieu traditionnel et le dieu solaire), Empédocle souligne l'importance du mouvement ou de la course : rappelons le redoublement de l'adjectif θοός entre les vers 3 et 5 du fr. 134 et soulignons maintenant que θοός appartient à la même famille étymologique que le verbe θέω, courir. Rapide est la pensée (*Iliade* XV, 80-83), rapide est Apollon (*Hymne homérique à Apollon*, 186, 448),

---

65. Empédocle n'est pas explicite quand, dans le fr. 6, il énonce Zeus, Héra, *Aïdôneus* et *Nestis*. Il nous laisse deviner qu'il parle de choses aussi concrètes que le feu, l'air, la terre et l'eau. Et même quand cela est acquis, il reste, toujours en suspens, la redoutable question de l'attribution univoque d'un dieu à un élément. Empédocle n'est pas non plus explicite quand il parle des θεοὶ δολιχαίωνες au fr. 21.12. Qui sont-ils ? On ne sera alors guère surpris qu'il parle d'Apollon sans nous dire explicitement à quoi, concrètement, il se réfère.

66. PRIMAVESI 2011, p. 562-563, place à la fin de la *Physique* les fr. 27 (*Sphairos*) et 134 (précisément fr. 27 = 191 R, fr. 134 = 192 R, dernier fragment de la *Physique*). Je fais un pas de plus : le fr. 29 viendrait à proximité du fr. 134 et après lui. Pour PRIMAVESI, la *phrèn hierè* est à la fois le *Sphairos*, le cosmos nommé au fr. 134.5 et Apollon. On aura compris que je ne conçois pas que la *phrèn hierè* soit le *Sphairos* et le cosmos nommé au fr. 134.5.

67. Un fragment du corpus orphique présenterait certains échos à la pensée d'Empédocle : le fr. 168 KERN (243 BERNABÉ). L'univers y est décrit comme le corps de Zeus. Les yeux de Zeus sont le soleil et la lune. L'éther est son intellect. Des ailes lui permettent de voler sur tout. La terre lui est un ventre sacré.

68. Le fr. 133 a vraisemblablement pour objet le *Sphairos*.

69. Dans le *De caelo* (270 b 4-11, 270 b 22-24), Aristote affirme que l'éther, l'être divin le plus élevé dans le ciel, a été ainsi nommé par de nombreux anciens en raison de sa course permanente (ἀεὶ θεῖν).

rapide est le soleil (Mimnerme, fr. 11a 1-2, fr. 14.11), par associations successives Empédocle pouvait faire du soleil qui rayonne la *phrèn* divine engagée dans une course circulaire comme les autres corps célestes. Cela étant précisé, nous savons que, pour Empédocle, il existe un dieu autrement plus valorisé que les dieux qui courent, à savoir le dieu immobile, sans mouvement, le *Sphairos*.

Le sens d'ἀθέσφατος pour qualifier la φρήν

La φρήν du fr. 134.4 est dite ἀθέσφατος. C'est une qualification unique de la *phren* (ou des *phrenes*) dans le corpus du grec ancien. Il conviendrait de retenir ici le sens d'« immense », *i.e.* ce qui ne peut pas (ou plus) être mesuré – et non pas le sens de « indicible », « ineffable », souvent lu dans les traductions, qui est peu précis, et qui risquerait de faire de la *phrèn* un être transcendant. Expliquons.

Nous disposons de 15 occurrences du mot *athesphatos* dans le corpus grec du Ve s. avant J.-C. et avant. Empédocle – qui composait ses vers au Ve s. avant J.-C. – a selon toute vraisemblance utilisé le mot ἀθέσφατος avec son sens alors courant en poésie. Homère utilise huit fois le mot. Chez cet auteur, les substantifs qui sont qualifiés d'*athesphatos* sont : la pluie, la mer, le vin, la nuit (ou les nuits), le pain, les bœufs. Tous les substantifs sont concrets. Le sens d'*athesphatos* est d'exprimer un excès de quantité, une grande abondance, ce qui est innombrable, ce qui est très long ou très étendu. Hésiode utilise deux fois *athesphatos*. Dans la *Théogonie* (v. 830), il qualifie le son complexe émis par les cent têtes terribles de Typhée. Dans les *Travaux et les Jours* (662), il qualifie un hymne. Dans le premier cas, le son peut être dit indescriptible ou inimaginable et donc indicible. Il est sans doute très puissant – en accord avec ce qui caractérise Typhée par ailleurs. Comme chez Homère, l'adjectif *athesphatos* continue donc de signifier l'excès. Il ne dit pas le merveilleux ou l'admirable, car il appartient à une bête effroyable. Dans les *Travaux et les Jours*, l'hymne qualifié d'*athesphatos* est sans limite. On retrouve, là, l'idée homérique de la longueur dans le temps, qui s'appliquait à la nuit. Chez Hécatée de Milet (fr. 328 a 2 Jacoby), la pluie est *athesphatos*, autrement dit : elle est d'une abondance inhabituelle. Dans l'*Hymne homérique à Apollon* (v. 298), les familles humaines sont *athesphata*, c'est-à-dire innombrables. Dans l'*Hymne homérique à Héraclès* (v. 4), la terre *athesphatos* est une terre de vaste étendue, une terre immense, que l'on ne peut plus mesurer. Enfin, chez Euripide (*Iphigénie à Aulis*, 232), le spectacle des nombreux navires, qualifié d'*athesphatos*, signale la difficulté pour le regard de saisir l'étendue de la flotte. Il est assurément impressionnant, hors norme. Ce que nous retiendrons de cet inventaire, c'est l'importance quantitative et non pas qualitative du mot *athesphatos*. Quand *athesphatos* pourrait signifier indicible – ce qui n'est pas le sens le plus commun jusqu'au Ve s. avant J.-C. –, ce n'est pas pour signaler explicitement le merveilleux, ou ce qui dépasse l'entendement humain, mais pour signaler ce qui impressionne par l'étendue ou la puissance. De là, nous écartons toute interprétation du mot ἀθέσφατος au fr. 134.4 qui voudrait que la *phrèn hierè* soit à ce point extraordinaire qu'elle soit inaccessible aux sens, inaccessible à la pensée ordinaire des hommes, transcendante comme l'Un des néoplatoniciens[70]. Pour la *phrèn*, que nous considérons comme un objet aussi concret que la pluie, la terre ou la mer, le sens « immense » convient[71]. La notion est quantitative avant d'être qualitative. Certes, le quantitatif peut parfois mener au merveilleux, comme lorsque Empédocle s'écrit θαῦμα ἰδέσθαι face à dix mille races de mortels ayant des formes de toutes sortes (fr. 35.16-17). Mais il est de bonne méthode de ne pas en préjuger dans le cas précis du fr. 134.4.

Eschyle rapporte que la *phrèn* de Zeus est μεγάλα et ἀπέρατος, soit vaste et sans borne ; la vue que l'on peut en avoir est abyssale (*Suppliantes*, 1048-1049, 1057-1058). Cette *phrèn* reçoit chez Empédocle l'épithète ἀθέσφατος.

Le soleil et ses rayons couvrent une étendue immense. Souligner ce fait permet d'entrevoir l'excellence du choix des mots *phrèn* et *phrontides* pour parler d'Apollon et de Zeus, dieux d'une grande connaissance

---

70. *Contra* (1) M. SCHOFIELD dans KIRK, G.S., J.E. RAVEN & M. SCHOFIELD (éd.), *The presocratic philosophers: a critical history with a selection of texts*, Cambridge, Cambridge University Press, 1983², p. 312 : « *But he is mind alone, holy and beyond description* […] *the power of his mind* [*the god of fr. 134*] *transcends the limitations of our minds* » ; (2) A. TONELLI, « Cosmogony is psychogony is ethics: some thoughts about Empedocles' fragments 17, 110, 115, 134 DK, and P. Strasb. Gr. Inv. 1665 – 1666d, vv. 1-9 », dans PIERRIS, A.L. (dir.), *The Empedoclean Κόσμος: s*[t]*ructure, process and the question of cyclicity*, Patras, Institute for Philosophical Research, 2005, p. 318, 324 ; (3) STAMATELLOS 2007, p. 38. Certes STAMATELLOS a bien vu la liaison entre Apollon, le soleil (*Sun God*), et l'« *intelligent source of heavenly fire* » ; il inscrit Empédocle dans la tradition pythagoricienne. Mais, partant de l'idée que « *Empedocles' God, like that of Xenophanes, is an incorporeal 'holy mind'* », il considère ἀθέσφατος (« inexpressible ») comme l'anticipation chez Plotin de l'« *ineffability and supra-transcendence of the One* ». Sur ce point particulier, il faudrait préférer la lecture de F.M. CLEVE, *The giants of pre-sophistic Greek philosophy, II*, The Hague, Martinus Nijhoff, 1973³ (1965¹), p. 355 (n. 3) : « *It is easily understood that a fifth century A.D. neoplatonistic such as Ammonios took* φρὴν ἱερή *for something like a* Spiritus sanctus […] ἀθέσφατος *does not mean 'superhuman', but simply 'indescribably' large, 'enormous'.* » – Apollonios de Rhodes, *Argonautiques*, III, 294-295, aide à confirmer le sens que nous voulons retenir d'*athesphatos* : l'éclat d'un feu (σέλας) formidablement grand (ἀθέσφατον) s'élève d'un petit tison (ὀλίγοιο δαλοῦ).

71. Si la terre est dite *athesphatos*, on comprendra alors que le soleil apparent, qui est égal à la terre, selon Empédocle rapporté par Aétius (II, 21.2 = A 56), puisse aussi être dit *athesphatos*.

selon la tradition. Toutefois, chez Empédocle, la connaissance dont
il est question ici est visuelle. Aussi rapides que soient les *phrontides*,
aussi vaste que soit l'espace qu'elles couvrent, elles ne sont que du
feu qui ne connaît que le feu et rien d'autre : le semblable se borne
à connaître le semblable (fr. 109)[72]. La lumière s'arrête à la terre
et ne pénètre guère les profondeurs marines. La chaleur solaire
va sans doute au-delà des rayons lumineux, mais elle-même trouve
rapidement, dans les parties obscures, la limite de son influence.
L'Apollon empédocléen a les limites du système conceptuel dans
lequel il s'insère.

L'Apollon solaire d'Empédocle et l'Apollon de la tradition

Complétons ce qu'il faudrait entendre, chez Empédocle, entre
l'Apollon solaire et l'Apollon de la tradition. Quand Empédocle dit
que le divin dont il parle est seulement (μοῦνον) une φρὴν ἱερὴ καὶ
ἀθέσφατος, l'adverbe μοῦνον supporte un double sens. Le premier
sens vient du fait que la *phrèn*, partie percevante d'un corps, s'oppose à plusieurs parties de corps énoncées dans les premiers vers
(fr. 134 O^mg.1-3) : la tête, les mains, les genoux, le sexe poilu. Il est
donc logique de dire : le dieu n'est pas toutes ces choses humaines
visibles, il est seulement cette chose : la *phrèn*. Notons au passage
la tonalité critique de l'expression « sexe poilu » (μήδεα λαχνήεντα).
Le deuxième sens suggère que le divin est réduit à une *phrèn* et rien
d'autre. Empédocle dévalorise un dieu anthropomorphique pour
introduire la *phrèn*, et, en même temps, il en fait la vue et la pensée
du vraie Zeus (celui du fr. 6.2) avec l'ombre d'une critique. Dans
cette pensée, l'Amour, qui sait assembler les quatre éléments, est
absent. Que l'on se souvienne que l'œil humain est l'œuvre d'une
Aphrodite qui parvient à harmoniser les quatre éléments autour d'une

---

72. Suite à l'étude du fr. 100 (clepsydre et respiration) faite par M. RASHED
(« De qui la clepsydre est-elle le nom ? Une interprétation du fragment 100
d'Empédocle », *Revue des études grecques*, 121, 2, 2008, p. 443-468), *Nestis* apparaît
intimement liée à la main et au diaphragme qui agit dans la respiration. Quand
il est identifié avec la main (absente du dieu du fr. 134.4-5), le diaphragme est
le siège possible d'une vaste connaissance humaine (voir J.-C. PICOT, « Water
and bronze in the hands of Empedocles' Muse », *Organon*, 41, 2009, p. 59-84).
On ne s'étonnera pas, après cela, qu'Empédocle puisse opposer le diaphragme
sacré sous la puissance de Zeus ou d'Apollon (fr. 134.4-5) au diaphragme humain
sous la puissance de *Nestis* (fr. 100, fr. 143). La qualification « sacrée » (ἱερή)
convient à la divinité. Elle ne prétend pas signifier que la connaissance acquise
par cette *phrèn hierè* est plus riche et plus diversifiée qu'une connaissance humaine.
Le paradoxe doit être soutenu. La richesse de la connaissance ne constitue pas
une valeur en soi : en témoigne le *Sphairos*.

fonction[73]. Le soleil et ses rayons ne sont pas l'œuvre d'Aphrodite ; et assurément, si le soleil est un type d'œil, il n'utilise pas, à la différence de l'œil humain, l'eau (*Nestis*, κούρη) pour son fonctionnement. Or l'eau, proche de l'Amour[74], paraît agréger les savoirs en accueillant en elle les autres éléments, et en suivant un cycle qui joint le haut et le bas. Sous son nom divin de *Nestis*, elle est probablement la Muse d'Empédocle[75]. L'Apollon qui se confond avec la *phrèn hierè* est un dieu de la connaissance, mais d'une connaissance limitée à ce que peut appréhender la lumière et la chaleur solaires. Comme nous l'avons vu dans le fr. 6, Empédocle avait réduit le champ de compréhension de Zeus par rapport au Zeus-roi de la tradition. Il ferait de même, ensuite, avec Apollon dans le fr. 134. Il demeure néanmoins qu'en plus de sa dimension cognitive la *phrèn hierè* diffuse lumière et chaleur propices aux œuvres d'Aphrodite.

Essayons maintenant d'appréhender ce que pourrait représenter pour Empédocle un Apollon de lumière. Dans les *Catharmes*, la vie sur terre après l'âge de Cypris (fr. 128) se situe, au moins de façon figurée, dans un antre (fr. 120). Dans la mesure où cet antre fait penser à l'Hadès traditionnel, l'Hadès empédocléen demeure un dieu d'en bas. Mais – point fondamental – il ne se cache plus. Il ne se cache plus car il est la terre dans son entier, sa surface et sa profondeur. Ainsi, pour Empédocle, le soleil qui inonde la terre de lumière laisse les mortels – aussi paradoxal que cela puisse paraître – dans l'obscurité d'un antre. La lumière et la pensée apolliniennes (conçues par Empédocle) ne permettraient pas de voir ce que l'on devrait aussi voir. C'est la Muse, *Nestis*, paradoxalement sans lien direct avec Apollon, qui permet de sortir de cette obscurité.

Nous en venons à une objection simple : n'est-il pas contradictoire qu'Empédocle désigne le soleil comme une *phrèn* alors qu'il est évident que le soleil est visible et qu'une *phrèn* est invisible ? Qu'il fasse d'Apollon un dieu visible alors qu'Apollon est invisible ? Que l'on me permette de répondre comme si la réponse venait d'Empédocle ; l'exposition en sera plus facile. « La *phrèn* dont je parle est la *phrèn* d'un dieu, et c'est aussi un dieu : Apollon. Ce n'est pas la *phrèn* d'un simple mortel, cachée dans un corps éphémère qui comprend en particulier une tête, des membres, des mains, des genoux, un sexe. Je parle bien de la φρὴν ἱερὴ καὶ ἀθέσφατος. La *phrèn* des mortels est-elle immense, ἀθέσφατος ? Non elle ne l'est pas. Est-elle sacrée ? Non, elle ne l'est pas. Parcourt-elle le cosmos ? Non plus. Ne croyez donc pas que la φρὴν ἱερὴ καὶ ἀθέσφατος devrait être aussi peu visible,

---

73. Voir RASHED 2007, p. 30-33.

74. Voir B 19. Et les commentaires autour de B 19 dans PICOT 2000, p. 45 n. 17, 49, 68, 74, 77-78.

75. Voir PICOT 2009, p. 76-81.

c'est-à-dire simplement cachée au regard, que la *phrèn* d'un simple mortel. En outre, bien des mortels ne voient pas les dieux tels qu'ils sont, là, sous leurs yeux. Ainsi des racines divines. Les quatre racines de toutes choses sont-elles cachées comme le sont les racines d'un arbre ? Non, elles ne le sont pas. Ce qui est *argès*, tel Zeus, telle la foudre, se donne au regard des hommes. Mais, assurément, ce que bien des hommes ne voient pas ce sont les quatre dieux : Zeus, Héra, *Aïdôneus*, *Nestis*. Leurs noms en tant que racines divines sont cachés. Dans toutes les manifestations du feu, de l'air, de la terre, de l'eau, bien des hommes ne voient pas les dieux que j'ai nommés. Ils ne savent pas voir non plus *Philotès*, comme je le dis dans ces vers τὴν οὔ τις μετὰ τοῖσιν ἑλισσομένην δεδάηκε / θνητὸς ἀνήρ. J'apprends à Pausanias la bonne façon de voir cette déesse : τὴν σὺ νόωι δέρκευ. Certes, Philotès ne se donne pas à voir de la même façon que Zeus, Héra, *Aïdôneus*, *Nestis*. Une puissance n'est pas une racine. Mais, ici et là, l'obscure croyance à propos des dieux doit être dénoncée, et je m'y emploie. La *phrèn hierè* est perçue par une *phrèn* mortelle qui sait utiliser la vue et le toucher, qui forme un tout avec les organes des sens. Apollon, le dieu qui est la *phrèn hierè*, est aussi visible que son Père, Zeus. »

Le fr. 134 et le fr. 29. Le soleil et le *Sphairos*

Supposons qu'Ammonius connaissait aussi bien les vers du fr. 29 que ceux du fr. 134. Pourquoi Ammonius a-t-il alors choisi de citer les vers du fr. 134 (vraisemblablement le fr. 134 O^mg, auquel s'est ensuite introduit le vers 2, au fil de la transmission des manuscrits) et non pas les vers du fr. 29, puisque les deux passages pouvaient servir à illustrer la critique des dieux aux formes anthropomorphiques[76] ?

Rappelons de nouveau le fr. 29, cité par Hippolyte au IIIe siècle ap. J.-C. :

οὐ γὰρ ἀπὸ νώτοιο δύο κλάδοι ἀΐσσονται,
οὐ πόδες, οὐ θοὰ γοῦν(α), οὐ μήδεα γεννήεντα,
ἀλλὰ σφαῖρος ἔην καὶ <πάντοθεν> ἶσος ἑαυτῶι.

Le vers 1 du fr. 29, concernant les deux branches (δύο κλάδοι), serait spécifique à ce fragment, puisque nous considérons le vers 2 du fr. 134 – semblable au fr. 29.1 – comme un vers interpolé sous l'influence du fr. 29.1. Nous voulons bien croire que ces deux

---

76. Sur Ammonius et la critique de l'anthropomorphisme, voir E. TEMPELIS, *The school of Ammonius, son of Hermias, on knowledge of the divine*, Athènes, Ekdoseis Philologikou Syllogou Parnassos, 1998, p. 101.

branches sont une métaphore végétale pour des membres. Mais de quels membres s'agit-il ? Les deux branches ne sont pas des bras, même si l'on observe que les Cent-Bras de la *Théogonie* hésiodique (v. 150, v. 671 : τῶν ἑκατὸν μὲν χεῖρες ἀπ᾽ ὤμων ἀίσσοντο) ont des bras (χεῖρες) qui jaillissent (ἀίσσοντο), tout comme les branches jaillissent (fr. 29.1 : ἀίσσονται). Les bras des Cent-Bras jaillissent des épaules (ἀπ᾽ ὤμων), tandis que les branches jaillissent du dos (ἀπὸ νώτοιο)[77]. La différence est notable (mais n'a que rarement été retenue). Puisque les Grecs ne confondaient pas le dos (νῶτος, νῶτον) et les épaules (ὤμοι), nous admettrons que ce qui jaillit du dos n'est rien d'autre que des ailes[78]. Les branches sont une métaphore pour dire des ailes. Empédocle nous aide par ailleurs à passer des branches aux ailes en rapprochant les feuilles des arbres et les plumes des oiseaux (fr. 82.1)[79]. Certaines divinités féminines ont des ailes : Iris, *Nikè*, Éris, Ényo, les Harpyes. Un cheval divin a des ailes : Pégase. Mais peu de dieux mâles ont des ailes – même si les dieux se déplacent en volant. Seuls dieux ailés importants : Hermès et Éros[80]. Aristophane, dans les *Oiseaux* (v. 696-697) précise qu'Éros a des ailes situées dans le dos (Ἔρως ὁ ποθεινός, / στίλβων νῶτον πτερύγοιν χρυσαῖν). Dans le fr. 29, où deux branches (δύο κλάδοι) s'élancent du dos (ἀπὸ νώτοιο), où le dieu empédocléen est le *Sphairos* – dieu de l'Amour vainqueur –, un Éros ailé, dieu des poètes et des artistes, pourrait se tenir en arrière-plan, dans les deux premiers vers du fragment[81]. Empédocle opposerait ainsi le *Sphairos* à une représentation traditionnelle du dieu de l'Amour. Si l'on retient cette lecture qui établit un lien direct entre l'Éros ailé et le *Sphairos*, on admettra que l'Apollon traditionnel, obligatoirement sans ailes, ne peut pas faire, dans les mêmes conditions, le pendant au *Sphairos*, alors qu'il peut effectivement être suggéré par les vers 1 et 3 du fr. 134 O[mg]. La tête, les mains, les genoux rapides et le sexe poilu conviendraient à l'Apollon traditionnel. Dans le fr. 134 O[mg], deux vers du versant négatif brossent une image anthropomorphique d'Apollon, deux vers du versant positif brossent sa réalité empédocléenne (l'Apollon solaire, fils de Zeus-feu) ; dans le fr. 29, deux vers du versant négatif brossent une image anthropomorphique et fantastique d'Éros ailé, un vers du versant positif brosse l'image de l'Éros empédocléen, qui a pour nom le *Sphairos*.

---

77. Aristote, *Histoire des animaux*, 493 b 26-27, *Parties des animaux*, 693 b 1-2.

78. Nous rejoignons ici W. KRANZ (1949) qui traduit κλάδοι par *Flügelzweige*.

79. Par ailleurs, le végétal ὄζος sert à désigner le pavillon de l'oreille, le rameau charnu, au fr. 99.

80. Aristophane les nomme tous deux : *Oiseaux*, 572-574.

81. Chez Apollonios de Rhodes, *Argonautiques*, IV, 770-771, 779, Iris a des ailes et des genoux rapides (cf. *Hymne à Apollon*, 107-108 où les pieds d'Iris sont dits rapides). On peut supposer qu'Éros peut, lui aussi, avoir à la fois des ailes et des genoux rapides.

S'il en est bien ainsi, Ammonius ne pouvait pas mentionner Apollon à propos des vers du fr. 29, car Apollon est attaché uniquement au fr. 134 O^{mg}. Or, pour parler du divin en général, la mention d'Apollon semblait plus appropriée que celle d'Éros, surtout dans contexte explicatif suivant. À la suite de Proclus, Ammonius s'intéresse à l'être le plus élevé, non corporel, transcendant : l'Un. Il voit dans la φρὴν ἱερὴ καὶ ἀθέσφατος une cause au-delà de l'Intellect (ὑπὲρ νοῦν), qui s'accorderait avec un Apollon sans caractéristiques anthropomorphiques. Sous l'influence de l'interprétation que Syrianus et Proclus avaient de la pensée d'Empédocle[82], Ammonius ferait donc de cette *phrèn* l'Un transcendant, au-dessus du *Sphairos* – ce dernier étant conçu lui-même comme κόσμος νοητός (Hippolyte), monde intelligible dominé par l'Amour – et au-dessus du monde sensible, pénétré par la Haine. Dans cette perspective, la *phrèn hierè* serait une divinité supérieure au *Sphairos*. S'il avait simplement visé le *Sphairos*, Ammonius n'aurait donc pas valorisé une cause au-delà de l'Intellect. Tel serait son choix en faveur de la *phrèn* au détriment du *Sphairos*. Ammonius n'a ou bien pas perçu – car Empédocle n'était pas explicite – que la *phrèn hierè* est le soleil, ou bien a-t-il compris l'allusion au soleil comme une vieille métaphore qui fait du dieu Soleil une image du dieu Suprême, de l'Un[83]. Nul n'est besoin d'insister sur le fait que le néo-platonisme, attaché à son interprétation mythique, non littérale et non-temporelle d'Empédocle, ne voyait pas la *phrèn* et le *Sphairos* tels qu'ils étaient dans l'esprit de l'Agrigentin, au Ve s. avant J.-C[84].

Conclusion

Dans un univers cyclique, lorsque le *Sphairos* est brisé par le retour de la Haine qui prend à son tour sa part d'honneurs, les éléments alors se séparent, et des grandes masses apparaissent, dont la terre, dont le soleil. Si le *Sphairos* est l'équivalent d'une période bienheureuse, le monde du multiple, quant à lui, plus ou moins déchiré par la Haine, peut être conçu comme une période d'exil des éléments

---

82. Voir D. O'Brien, *Pour interpréter Empédocle*, Paris, Les Belles Lettres, Leyde, Brill, 1981, p. 77-90, 101-107.

83. C'est une idée devenue banale, au moins depuis Platon (*République* VI, 508 C-509 B, VII, 517 B-C) que le Soleil dans le monde visible est l'équivalent du Bien dans le monde intelligible. Voir la reprise de cette idée avec l'Un à la place du Bien chez Philopon (*In phys.* 16.163.2-12).

84. J'emprunte à O'Brien 1981, p. 81, 83, 90, les expressions « interprétation mythique », « interprétation non littérale », « interprétation non-temporelle » d'Empédocle. Selon O'Brien, p. 103, dont j'adopte ici l'analyse : « Il ne serait pas venu à l'esprit d'un commentateur néo-platonicien de s'en tenir à une interprétation littérale du poème d'Empédocle ».

divins. Puis viendra la fin de l'exil et le temps du retour du *Sphairos*. Le feu en exil dans le multiple prendrait notamment la forme d'un Apollon solaire. Selon Plutarque, les hommes d'autrefois croyaient qu'Apollon et le soleil sont un seul et même dieu[85]. Il n'est pas exclu qu'Empédocle soit de ces hommes, d'autant qu'une parole étrange de Plutarque dans le *De exilio*, juste avant la citation du fr. 115, invite à penser que le *daimôn* chassé du séjour céleste, en exil sur terre, serait une réplique d'Apollon chassé du séjour céleste et en exil sur terre[86]. Empédocle a donc pu concevoir d'une part, à l'échelle de l'univers, l'exil du feu sous la forme d'un Apollon solaire, et d'autre part, à l'échelle lunaire et sublunaire, un exil des *daimones* sous la forme des êtres vivants éphémères. Les hommes, les animaux, les plantes vivent au rythme du soleil. On distinguera cependant le dieu et le *daimôn*. Si les deux parcourent un cycle, l'Apollon solaire ne connaît ni la faute sanglante ni le parjure ni les malheurs du *daimôn* renvoyé de lieu en lieu ici-bas.

Nous avons lu le fr. 134 en considérant la liaison que pouvait entretenir un Apollon et un Zeus – tous deux conçus de façon positive – dans le cadre de la pensée d'Empédocle. Dans la mesure où Zeus est le feu (fr. 6), son fils Apollon est le soleil. En conséquence, la φρὴν ἱερὴ καὶ ἀθέσφατος est un Apollon solaire. Ce résultat dépend évidemment de l'importance que nous accordons au fr. 6. G. Zuntz critiquait Diels de ne pas voir ce qu'il y a de religieux dans le poème physique. Ainsi, en se référant selon toute vraisemblance au fr. 6, qui est sans conteste dans le Poème physique, Zuntz disait : « *The divine names of the elements are anything but irrelevant decoration*[87] ». Nous le rejoignons. C'est en croyant que les noms de Zeus, Héra, *Aïdôneus*, *Nestis* ne font que de la figuration dans la *Physique*, que l'on s'interdit de retrouver les liens que les expressions les plus étranges de l'Agrigentin peuvent tisser avec la mythologie. Pour le fr. 134, on pourrait encore s'interroger sur le fait qu'Empédocle n'a pas appelé le soleil de son nom ἠέλιος et a choisi une expression aussi peu courante que φρὴν ἱερή. Mais le poète parle par métaphore. Il ne dit pas nécessairement οὖς pour dire oreille ; parfois il dit ὄζος (fr. 99). Pour désigner l'éther, il ne dit pas toujours αἰθήρ ; au moins une fois, au fr. 21.4, dit-il de façon assez énigmatique ἄμβροτα. Il ne dit pas les organes des sens, αἰσθητήρια, ou quelque chose de proche,

---

85. Plutarque, *De defectu oraculorum*, 42 D.

86. Plutarque, *De exilio*, 607 C. Plutarque cite Eschyle, *Suppliantes*, 214, avant de citer Empédocle. Concernant le fr. 115, voir M. RASHED, « Le proème des *Catharmes* d'Empédocle. Reconstitution et commentaire », *Elenchos*, 29, 1, 2008, p. 7-37.

87. G. ZUNTZ, *Persephone. Three essays on religion and thought in Magna Graecia*, Oxford, Clarendon Press, 1971, p. 218.

πέντε αἰσθήσεις, il dit παλάμαι (fr. 2.1). Il peut appeler le soleil, ἥλιος (fr. 21.3) ou Τιτάν (fr. 38.4), et le rattacher à la racine divine Zeus (fr. 6.2) en s'affranchissant des généalogies établies. On ne devrait donc pas s'étonner que, dans ces habituels changements de registre, le soleil soit devenu, dans un vers, la *phrèn hierè*. Varron nous a légué une parole d'Épicharme qui tendrait à montrer que le Soleil pouvait, déjà au temps d'Empédocle, se dire d'un mot comme φρήν ou νοῦς : *itaque Epicharmus cum dicit de mente humana ait istic est de sole sumptus ignis, idem de sole : isque totus mentis est*[88].

Note additionnelle I
– La joie, la pensée et le *Sphairos*

Le *Sphairos* est joyeux. Empédocle le dit par deux fois dans les vers à notre disposition.
Fr. 27 :

> ἔνθ᾽ οὔτ᾽ ἠελίοιο διείδεται ὠκέα γυῖα
> οὐδὲ μὲν οὐδ᾽ αἴης λάσιον μένος οὐδὲ θάλασσα·
> οὕτως Ἁρμονίης πυκινῶι κρύφωι ἐστήρικται
> Σφαῖρος κυκλοτερὴς μονίηι περιηγέι γαίων.

Fr. 28 :

> ἀλλ᾽ ὅ γε πάντοθεν ἶσος <ἐοῖ> καὶ πάμπαν ἀπείρων
> Σφαῖρος κυκλοτερὴς μονίηι περιηγέι γαίων.

La joie chez les hommes peut s'accompagner de mouvements. Mais rien ne dit que, pour Empédocle, il en soit de même dans le *Sphairos*. Même si l'on accordait que la joie du *Sphairos* s'accompagne de mouvements, pourquoi ces mouvements seraient-ils rapides comme le sont les *phrontides* du fr. 134.5 ? Puisque, selon Eudème, l'absence de mouvement caractérise le *Sphairos*, on retiendra plutôt que, le *Sphairos* se réjouit (γαίων) sans mouvement, dans une béatitude sereine. Par ailleurs, on ne lit pas dans le fr. 134.4-5, ou dans son contexte chez Ammonius ou chez Tzetzès, que la *phrèn* et ses *phrontides* expriment la joie ou bien sont associées à la joie. S'il en avait été ainsi, il aurait été facile d'assimiler la *phrèn* et ses *phrontides* au *Sphairos*.

Toutes choses ont une pensée (φρόνησις ; fr. 110.10). Le *Sphairos* a donc une pensée. Est-ce suffisant pour dire que le *Sphairos* a une pensée rapide ou des pensées rapides, à l'instar des *phrontides thoai* du fr. 134.5 ? On ne se risquera pas à attribuer au *Sphairos* des pensées rapides comme celles d'un homme (*Iliade* XV, 80-83 ;

---

88. Varron, *De lingua latina*, V.10.3.

Hymne à Hermès, 45-46) ou d'un dieu sur terre (Hermès dans l'Hymne cité). En effet, comme le suggère *Iliade* XV, 80-83, la pensée est rapide dans la mesure où des idées différentes défilent rapidement dans l'esprit, où des lieux différents y défilent (cf. Xénophon, *Mémorables*, I.4 17.7-8 : « Penser à des choses ici, en Égypte ou en Sicile »). La rapidité requiert des contenus différents et concrets. En partant d'une carapace de tortue, Hermès imagine, dans ses *prapides* (v. 49 ; on comprendra *prapides* = *phrenes* = *phrèn*), les différentes étapes de la fabrication d'une lyre. Tout cela se passe dans le monde déployé en dehors du *Sphairos*. Il est exclu que le dieu *Sphairos*, homogène, puisse penser des choses différentes, tel Hermès, et donc que sa pensée puisse rapidement passer d'une chose à une autre. Sa pensée est fixe.

Lorsque le *Sphairos* existe, il n'existe plus rien à saisir en dehors de lui par les sens. Le *Sphairos* n'a rien à connaître, excepté la simplicité qu'il représente lui-même, à savoir le mélange homogène – ce qui ne constituerait pas une richesse de savoir telle que celle du sage du fr. 129. Certains commentateurs[89] font remarquer que le *Sphairos* a la même composition que le sang, à savoir des parts égales des quatre éléments ; or, puisque le sang est le siège de la pensée chez les hommes (fr. 105), ils déduisent que le *Sphairos* est un organe de pensée, et donc qu'il est la *phrèn hierè*. Toutefois, chez l'homme, le sang est en mouvement (fr. 105.1) et s'associe à des organes sensoriels : il n'y a rien de tel avec le *Sphairos*.

Note additionnelle II – Le cosmos et le *Sphairos*

La présente note voudrait revenir sur l'affirmation d'un des meilleurs spécialistes actuels d'Empédocle, O. Primavesi, selon lequel, chez Empédocle, le cosmos est « une union harmonieuse des quatre éléments et, en particulier, le *Sphairos* »[90]. Primavesi dit emprunter cette lecture du cosmos à K. Reinhardt (1916)[91]. Toutefois, notre

---

89. R. Scoon, *Greek philosophy before Plato*, Princeton, Princeton University Press, 1928, p. 91 ; A.M. Frenkian, *Études de philosophie présocratique. II : La philosophie comparée, Empédocle d'Agrigente, Parménide d'Élée*, Paris, J. Vrin, 1937, p. 52 ; Finkelberg, 1998, p. 113 ; Drozdek 2007, p. 73, 77, 80.

90. Primavesi 2007, p. 67. On ajoutera du même auteur une formulation équivalente et plus détaillée en 2006, p. 72 : « Kosmos […] *does not and cannot, in Empedocles, designate our sad world of plurality, but only the perfect blend of the four elements produced by Love, as its two other Empedoclean occurrences clearly show* [= B 26.5 and *P.Strasb.* a (i) 6] : kosmos *is the ultimate goal of the movement from Many to One* ».

91. Martin & Primavesi 1999, p. 183 : « Nous suivons l'avis de K. Reinhardt, selon lequel κόσμος est là [= fr. 26 D., 5] synonyme de Σφαῖρος. » K. Reinhardt, *Parmenides und die Geschichte der griechischen Philosophie*, Bonn, F. Cohen, 1916, p. 174.

auteur va au-delà de ce qu'affirme Reinhardt. Il fait, par ailleurs, de cosmos = *Sphairos* un point fondamental de son interprétation du fr. 134[92].

La notion de cosmos héritée d'Héraclite, de Parménide et des premiers Pythagoriciens n'évoque pas l'Un. Elle évoque un Multiple organisé, notre monde perçu dans son organisation avec un ciel étoilé, un soleil en mouvement, et une terre fixe au centre. Selon Primavesi, ce sens n'est plus celui d'Empédocle, au moins dans les trois fragments à notre disposition :

> fr. 26.5 :   ἄλλοτε μὲν Φιλότητι συνερχόμεν' εἰς ἕνα κόσμον
> a(i) 6 :   ... συνερχό]μεθ' εἰς ἕνα κόσμον
> fr. 134.5 : φροντίσι κόσμον ἅπαντα καταΐσσουσα θοῇσιν

Reinhardt avait rapporté le fr. 26, et identifié εἷς κόσμος (au vers 5) avec le σφαῖρος κυκλοτερής (fr. 27.4 ou fr. 28.2). Ici, il ne s'agit donc pas du κόσμος mais de εἷς κόσμος, à savoir le cosmos pris dans son unité interne. Le fr. 17.7 présente une formule du même type :

> ἄλλοτε μὲν Φιλότητι συνερχόμεν' εἰς ἓν ἅπαντα

Toutes choses (ἅπαντα) sont unies (συνερχόμενα), grâce à *Philotès* (Φιλότητι), dans l'Un (εἰς ἕν). Mais le cosmos du fr. 26.5 désigne-t-il l'Un ? Désigne-t-il le σφαῖρος κυκλοτερής comme le voudraient Reinhardt puis Primavesi ? Rien n'est moins sûr ! Selon Rangos, dans le contexte du fr. 26.4-5 le cosmos désigne « *an individual 'ordered structure' such as an individual human being or an individual animal*[93] », et l'idée de l'Un et du Tout est seulement énoncée au vers fr. 26.7. En suivant ici Rangos, nous n'admettons pas que, chez Empédocle, le mot κόσμος désigne nécessairement, et en particulier au fr. 134.5, le *Sphairos*. En outre, Empédocle est capable d'utiliser le même mot κόσμος avec des sens différents, comme il le fait, par exemple, pour *phusis* au fr. 8 et au fr. 63.

---

92. Dans son analyse du fr. 134, FINKELBERG 1998, p. 112-113, avait déjà défendu la même idée, à savoir cosmos = *Sphairos*. FINKELBERG admettait aussi que, dans le fr. 26.5, « one κόσμος » est le *Sphairos*.

93. RANGOS 2012, p. 323, n.28. L'idée était déjà énoncée par S. TRÉPANIER, « Empedocles on the ultimate symmetry of the world », *Oxford studies in ancient philosophy*, 24, 2003, p. 29-30. D. SEDLEY, dans sa lecture de εἰς ἕνα κόσμον au fr. 26.5 (*Creationism and its critics in Antiquity*, Berkeley-Los Angeles-Londres, University of California Press, 2007, p. 40, 63) n'adopte pas la lecture de TRÉPANIER, mais ne fait pas pour autant du cosmos le *Sphairos* ; selon lui « one world-order (εἰς ἕνα κόσμον) [*means*] *the world governed by Love (as in B 128), a blissful unity but not yet a homogeneous sphere.* »

UN NOM ÉNIGMATIQUE DE L'AIR
CHEZ EMPÉDOCLE (FR. 21.4 DK)*

Depuis le début des commentaires modernes portant sur les vers d'Empédocle, le mot ἄμβροτα, dans le texte suivant (fr. 21.1-6[1]), est compris soit en référence à l'éther ou l'air, soit à quelque chose lié à l'éther – tels des corps célestes :

ἀλλ᾽ ἄγε, τόνδ᾽ ὀάρων προτέρων ἐπιμάρτυρα δέρκευ,	1
εἴ τι καὶ ἐν προτέροισι λιπόξυλον ἔπλετο μορφῇι,	2
ἠέλιον μὲν λευκὸν ὅρα καὶ θερμὸν ἀπάντηι,	3
ἄμβροτα δ᾽ ὅσσ᾽ εἴδει τε καὶ ἀργέτι δεύεται αὐγῆι,	4
ὄμβρον δ᾽ ἐν πᾶσι δνοφέοντά τε ῥιγαλέον τε·	5
ἐκ δ᾽ αἴης προρέουσι θέλυμνά τε καὶ στερεωπά.	6

Ce texte – dont l'essentiel est fourni par Simplicius (*Commentaire à la* Physique *d'Aristote*, p. 159, 13-18) – reprend l'édition de Diels-Kranz (*Die Fragmente der Vorsokratiker*, 1951) à trois modifications près (ὅρα *vs* ὁρᾶν, δνοφέοντα *vs* δνοφόεντα, θέλυμνα *vs* θελεμνά), ou bien l'édition d'O. Primavesi (*Empedokles* Physica *I*, 2008) avec deux modifications (ὅρα *vs* ὁρᾶν, δνοφέοντα *vs* δνοφόεντα).

τόνδ᾽ Wilamowitz : τῶνδ᾽ Simplicius, 159, 13, Diels λευκὸν ὅρα καὶ θερμὸν Aristote, *GC*, A1, 314 b 21 Rashed : θερμὸν ὁρᾶν καὶ λαμπρὸν Simplicius, 159, 15, Diels : λαμπρὸν ὅρα καὶ θερμὸν Plutarque, *De primo frigido*, 949 F ὅσσ᾽ εἴδει τε Kranz, Primavesi : ὅσσ᾽ἴδει τε Diels : ὅσσα ἐδεῖτο Simplicius, 159, 16 δνοφέοντά Aristote, *GC*, A1, 314 b 22 Rashed,

---

Article paru dans *Les études philosophiques*, 110, 3, 2014, p. 343-373, reproduit avec quelques légères modifications.

* Je remercie les personnes qui ont lu une première mouture de ce texte, et m'ont apporté bien des remarques utiles me permettant de remettre en question certaines positions, d'éviter certaines erreurs et d'aboutir à l'article final : R. Saetta Cottone, M.M. Sassi, L. Iribarren, A.P.D. Mourelatos, D. O'Brien et M. Rashed. Je porte bien sûr seul la responsabilité des erreurs qui subsisteraient.

1. Tous les fragments (fr.) cités ici, sans autre précision, sont issus de H. Diels & W. Kranz, *Die Fragmente der Vorsokratiker*, I, Berlin, Weidmann, 1951[6], et concernent Empédocle (DK 31). Pour le fragment et ses sources, sur internet : http://www.placita.fr.

Simplicius, 159, 16 : δνοφόεντά Plutarque, Diels, Kranz, Primavesi
θέλυμνά Diels, Primavesi : θελεμνά Kranz : θέλημά Simplicius, 159, 18.

Je traduis :

Mais viens, vois le témoignage suivant de mes précédents
[discours,   1
Dans le cas où quelque chose, de mes affirmations
[précédentes, manquerait encore de forme réelle ;   2
Vois le soleil blanc et chaud partout,   3
et toutes ces <u>choses immortelles</u> qui sont imbibées de chaleur
[et d'éclatante lumière,   4
et la pluie, en tout sombre et froide,   5
et, hors de terre, l'enraciné et le solide qui s'écoulent.   6

Dans ces vers, Empédocle invite son disciple Pausanias à voir ou à
considérer (δέρκευ, ὄρα) certaines manifestations des quatre éléments
(feu, éther ou air, eau, terre) qui constituent le monde autour de lui.
Ces quatre éléments sont connus au moins grâce au fr. 17.18 (πῦρ καὶ
ὕδωρ καὶ γαῖα καὶ ἠέρος ἄπλετον ὕψος), qui est, avec certitude, énoncé
peu avant le fr. 21[2]. L'éther chez Empédocle est un autre nom de
l'air, et non pas du feu, même si l'éther ou l'air sont souvent traversés
par la lumière (αἰθέρι παμφανόωντι au fr. 98.2), qui est par elle-même
une des manifestations du feu (πῦρ δ' ἔξω διίεσκον, ὅσον ταναώτερον
ἦεν au fr. 84.11, en écho à φῶς δ' ἔξω διαθρῷσκον, ὅσον ταναώτερον
ἦεν au fr. 84.5)[3]. Le fr. 100 (concernant la respiration et la clepsydre)
fait usage du mot « αἰθήρ » pour l'air inspiré ou expiré – ce qui prouve
qu'Empédocle avait une utilisation souple et étendue du mot éther[4].
Sans autre précision, je m'autoriserai donc à employer le mot air chez
Empédocle pour désigner indifféremment l'air ou l'éther.

Dans le fr. 21, Empédocle nomme le soleil (ἠέλιον), puis
les ἄμβροτα, la pluie (ὄμβρον) et ce qui sort de la terre (θέλυμνά τε
καὶ στερεωπά). On devine que le soleil (v. 3) est une manifestation du
feu, que la pluie (v. 5) est une manifestation de l'eau, et que ce qui
sort de terre (v. 6) correspond à la terre. Dans un système à quatre

---

2. Simplicius précise qu'Empédocle énonce les vers du fr. 21 après les vers
du fr. 17 et quelques autres choses (*CAG*, 9, 159.10-11).

3. Je retiens ici les analyses et la conclusion de P. KINGSLEY (*Ancient philosophy,
mystery, and magic. Empedocles and Pythagorean tradition,* Oxford, Clarendon Press,
1995, p. 15-35), qui lit l'« éther » chez Empédocle comme le mot équivalent à
« air », et jamais comme un mot qui signifierait le feu ou un mélange d'air et
de feu.

4. Le mot αἰθήρ apparaît 17 fois dans les fragments recueillis par DIELS ; tandis
que ἀήρ apparaît 4 fois. Empédocle utilise αἰθήρ aussi bien pour l'air que l'on
respire (fr. 100.5, 7, 18, 24) que l'éther qui enserre toute chose (fr. 38.4) ou pour
le vaste éther (fr. 39.1). Le papyrus de Strasbourg n'a pas apporté de nouvelles
occurrences d'αἰθήρ ou bien d'ἀήρ.

éléments connus (feu, air, terre, eau) où trois éléments sont facilement identifiables (feu, eau, terre), les *ambrota* se déduisent comme
étant l'air ou au moins quelque chose intimement associé à l'air.
Mais, si nous n'avions pas le contexte, l'embarras serait total pour
deviner, ici, à quoi le mot ἄμβροτα se réfère. Même si la traduction
la plus simple d'ἄμβροτα – un adjectif neutre pluriel pris comme
un substantif – est les « choses immortelles », même si nous croyons
qu'il s'agit de l'air ou une manifestation de l'air, le référent du pluriel
intrigue, car le grec ancien ne désigne jamais l'air ou l'éther par
un pluriel[5]. Et il faut bien se résoudre à lire un pluriel, sans espérer
réduire le pluriel à un singulier grâce au recours à un pluriel de
majesté ou de généralisation par exemple, car l'adjectif-pronom relatif
ὅσσα souligne définitivement la pluralité.

Le pluriel et le fait même que des objets sont à voir (δέρκευ, ὅρα)
semblent écarter la référence directe à l'air dans sa parfaite transparence. Pour mémoire, Hadès, l'invisible, est parfois dit de l'air.
De plus, dans la mesure où ce qui est transparent apparaît comme
homogène, aucune pluralité ne pourrait donc s'y distinguer.

Empédocle n'utilise le mot ἄμβροτα dans aucun autre fragment
à notre disposition. Il utilise l'adjectif ἄμβροτος pour qualifier soit
l'élan de l'Amour (fr. 35.13 : ἄμβροτος ὁρμή), soit le dieu qu'il serait
lui-même (fr. 112.4 : ἐγὼ δ᾽ ὑμῖν θεὸς ἄμβροτος) ou encore sa Muse
(fr. 131.1 : ἄμβροτε Μοῦσα). Aucun de ces trois cas ne nous aide à
saisir *ambrota* au fr. 21.4.

Simplicius est notre seul témoin antique du vers qui concerne
les *ambrota*. Curieusement, cet auteur fait d'αὐγή, dans ce même vers,
une façon de parler de l'air (τὸ μὲν πῦρ ἥλιον καλῶν τὸν δὲ ἀέρα αὐγὴν
καὶ οὐρανόν), là où l'on attendrait les ἄμβροτα – il nous faudra y
revenir. C'est un fait que les *ambrota* font mystère. Au XIXᵉ siècle, dans
un siècle d'audace philologique, on avait déjà imaginé de corriger
le vers. Ainsi, F. Panzerbieter (1844) : ἄβρομα δ᾽ ὅσσα πνέει τε καὶ
ἀργέτι δεύεται αὐγῆι. E. Zeller (1856) : αἰθέρα θ᾽ ὡς χεῖται [τε καὶ ἀργέτι
δεύεται αὐγῆι] – signalons ici, au passage, que la métrique autorise
la mise en place de l'élément attendu : l'éther. Th. Bergk (1870) :
ὑγρὰ δ᾽, ὁπόσσ᾽ἄεταί τε καὶ ἀργέτι δεύεται αὐγῆι. Aucune de ces corrections n'a convaincu. Diels (1884, 1901, 1922), à la suite de H. Stein
(1852), conserva ἄμβροτα. Depuis lors, les éditeurs les plus modernes
conservent eux aussi les *ambrota*. Nous leur donnons raison. Mais
le plus difficile reste à faire : comprendre.

---

5. LSJ, *Greek-English lexicon. Revised Supplement*, Oxford, Clarendon Press, 1996,
ἄμβροτος *s.v.* : « neut. pl. as subst., *divine* or *undying things* (? *heavenly bodies*),
Emp. B 21.4 D.-K. ». Chez Homère, un adjectif de la même famille et au neutre
(ἀμβρόσιον) peut être pris comme un substantif au premier pied également de
l'hexamètre (*Odyssée* XVIII, 193) : ἀμβροσίῳ, pour dire « avec de l'ambroisie ».

Les interprétations existantes

De façon schématique, les interprétations concernant les *ambrota* peuvent entrer sous quatre rubriques[6] – j'y associe le nom de certains savants qui ont défendu chacune de ces interprétations, et j'apporte des précisions en note.

(1) Les *ambrota* sont l'air (notamment celui des régions célestes) : F.W. Sturz (1805), P. Tannery (1887), O. Gilbert (1907), E. Bignone (1916), J. Bollack (1969), O. Primavesi (2012)[7].

(2) Les *ambrota* sont des corps célestes (tels la lune et les étoiles), majoritairement faits d'air. L. Preller (1837), S. Karsten (1838), et H. Stein (1852), H. Diels (1884), J. Burnet (1892), M.R. Wright (1981), C. Megino Rodríguez (2011)[8].

(3) Les *ambrota* sont des particules d'air. W.K.C. Guthrie (1965)[9].

---

6. Pour un aperçu des diverses lectures d'ἄμβροτα, voir T. Vítek, *Empedoklés. III, Komentář*, Prague, Herrmann & synové, 2006, p. 246-247.

7. Voici par exemple ce que dit O. Gilbert (*Die meteorologischen Theorien des griechischen Altertums*, Leipzig, B.G. Teubner, 1907, p. 108-109) : « *Man kann in den* ἄμβροτα [ἄμβρωτα *sic*, que je corrige ici et après] *nur die Beziehung auf den* ἀήρ *erkennen, der hier aber ganz* αἰθήρ *ist. Man hat in den* ἄμβροτα *wohl einen poetischen Ausdruck zu sehen für die unendliche Fülle des göttlichen Äthers, der mit Wärme und strahlendem Glänze gleichsam getränkt ist.* »

8. Précisons la parole de Diels (« Gorgias und Empedokles », *Sitzungsberichte der königlich preussischen Akademie der Wissenschaften zu Berlin*, 19, 1884, p. 343-368, à la page 366 n.1) : « *Dass die göttlichen Gestirne, Sonne, Mond und die Planeten, welche das zweite Element, die Luft vertreten* [...] *ist nach dem System selbstverständlich* ». Dans les quatre premières éditions de *Die Fragmente der Vorsokratiker* (1903, 1906, 1912, 1922), Diels traduit les *ambrota* par : *die unsterblichen Himmelskörper*. Burnet (1892, 1908, 1920) suit Diels : « *The immortal things* » ; « *The reference is to the moon, etc., which are made of solidified Air, and receive their light from the fiery hemisphere* ». Récemment, C. Megino Rodríguez (« La transmigración en la poesía de Empédocles », dans Bernabé, A., M. Kahle & M.A. Santamaría Álvarez (dir.), *Reencarnación: La transmigración de las almas entre Oriente y Occidente*, Madrid, Abada, 2011, p. 269-282, à la page 272) : « *Estos "inmortales" son cuerpos que se nombran en representación del aire. Por tanto, es muy posible que se trate, como han señalado algunos autores, de los astros, que, o son de aire condensado y rodeado por el fuego, como la luna (cf. Aecio II 25.15 = 31 A 60 D.-K.), o de fuego contenido por el aire, como las estrellas (Aecio, II 13.2 = 31 A 53 D.-K.), en una interacción de aire y fuego que cuadra bien con la referencia al "baño" de calor que reciben del sol.* »

9. W.K.C. Guthrie (*A history of Greek philosophy, II, The presocratic tradition from Parmenides to Democritus*, Cambridge-Londres-New York, Cambridge University Press, 1965, p. 159) écrit : « *It is more likely that by the plural he [= Empedocles] intended only the particles of air, but the line remains obscure.* » On pourrait ajouter J. Bollack, *Empédocle. III, Les Origines, commentaire, 1*, Paris, Éditions de Minuit, 1969, p. 173 : « ἀργέτι qualifie l'éclat, blanc comme le soleil, où baignent les parcelles d'air dans le ciel ». Mais lorsque Bollack commente les *ambrota*, dans le même ouvrage, à la p. 111-112, cette lecture des parcelles d'air n'est pas reprise.

(4) Les *ambrota* sont des *daimones* faits d'air, visibles sous la forme de poussière dans les rayons du soleil. M.L. Gemelli Marciano (2009)[10].

Le plus souvent les auteurs ne s'expliquent pas sur le fondement de leur interprétation. Sans doute considèrent-ils qu'ils avancent une évidence. Mais parfois certains arguments sont exprimés. Voici ce qui pourrait soutenir chacune des interprétations.

(1) (L'air.) L'air des régions célestes est pénétré de chaleur et de lumière (εἴδει τε καὶ ἀργέτι δεύεται αὐγῆι). Selon Bignone, le pluriel neutre ἄμβροτα pourrait avoir un équivalent en latin avec le mot pluriel *caerula*, qui peut se traduire en français par un singulier : le ciel azuré.

(2) (Les corps célestes.) Les *ambrota* sont dans la lumière et la chaleur du soleil, comme le sont les corps célestes. Le pluriel *ambrota* convient à la pluralité effective des corps célestes. Ajoutons que l'idée que les corps célestes sont des dieux est ancienne (par ex. le soleil *Hélios*, la lune *Sélénè*, les Pléiades, filles du dieu Atlas) ; s'ils sont des dieux, ils sont donc des Immortels ; or le sens le plus simple d'*ambrota* renvoie à des objets immortels[11], et offre ainsi une proximité conceptuelle entre les *ambrota* et les corps célestes et divins.

(3) (Des particules d'air.) Le pluriel suggère qu'Empédocle pensait l'air sous forme de particules. Dans la physique empédocléenne, la notion de particules ou de masses minuscules, valable pour les quatre éléments, pourrait s'appuyer sur quelques témoignages anciens réunis sous DK 31 A 43 : Aristote, *De generatione et corruptione*, 334 a 26-30, Aétius, I, 13, 1 et I, 17,3, Galien, *In Hippocratis de natura hominis librum commentarii*, III, 15.49.13-50.3[12].

(4) (Des *daimones* – poussières.) L'éther est considéré comme la substance du ciel et de l'âme. Le pluriel *ambrota* signalerait les âmes divines.

Des critiques existent contre chacune de ces quatre thèses – qu'elles aient déjà été formulées ou bien que je complète, voire propose.

---

10. M.L. GEMELLI MARCIANO (*Die Vorsokratiker, II, Parmenides, Zenon, Empedokles. Griechisch-lateinisch-deutsch – Auswahl der Fragmente und Zeugnisse, Übersetzung. und Erläuterungen von M.L. G.M.*, Düsseldorf, Patmos, Artemis & Winkler, 2009, p. 387) écrit : « *Die 'unsterblichen Wesen'* [...] *können unmöglich die Fixsterne sein, weil diese aus Feuer bestehen* [A 53], *wohl aber die Sonnenstäubchen, die in den Sonnenstrahlen sichtbar sind* [...]. *Es handelt sich sehr wahrscheinlich um einen rätselhaften Hinweis auf die ätherischen Seelen-Dämonen.* »

11. Les corps célestes sont des dieux : voir Hésiode, *Théogonie*, 19-21, 371, *Les Travaux et les Jours*, 383 ; Épicharme, fr. 8 DK ; Alcméon, A 12 DK ; Diogène Laërce, VII, 27 ; Platon, *Cratyle*, 397 C-D, *Les Lois*, 886 A, D ; Aristote, *De caelo*, 270 b.

12. Voir GUTHRIE 1965, p. 149-150, 152.

(1) (L'air.) Contre Bignone, qui avance que les *ambrota* doivent être une désignation pure et simple de l'éther parce que l'immortalité, impliquée par le mot même d'*ambrota*, s'attache à un élément et non pas à un mélange[13], on peut douter que cette exigence d'un élément immortel provienne d'Empédocle lui-même. En effet, le soleil n'est pas uniquement un astre de feu, car un de ses composants est l'éther[14] ; cela n'empêche pas Empédocle de faire du soleil le représentant du feu dans le fr. 21.3. On se paie vite de mots en disant que le pluriel *ambrota* désigne des régions de l'air, comme les espaces célestes baignés de lumière. Car le Grec n'utilise guère le pluriel pour les régions ou les espaces célestes, ou même les régions de l'atmosphère[15].

(2) (Les corps célestes.) Certes, Empédocle enseignera à Pausanias que la lune est faite d'air solidifié ou cristallisé (DK 31 A 30 et A 60, où se lit ἀήρ). Mais la position du fr. 21 dans le poème *Physique* vient bien avant cet enseignement sur la nature de la lune ; et, qui plus est, cette nature n'a pas un fort degré d'évidence tant la lune est opaque, et l'air est transparent. Avant tout enseignement d'Empédocle est-il alors évident pour Pausanias que la lune est faite d'air ? Rien n'est moins sûr ! Pausanias aurait pu déjà entendre des choses différentes. Selon Anaximandre, la lune ressemble à une roue de char dont le centre est rempli de feu[16]. Selon Xénophane, c'est un nuage compressé et incandescent[17]. Aux yeux de certains Pythagoriciens, la lune est terreuse[18]. Qu'en est-il des étoiles ? Pourraient-elles être faites d'air ? Selon Thalès, elles sont faites de terre et sont enflammées. Xénophane en fait des nuages incandescents[19]. Héraclite les voit comme des cônes solides et creux tournés vers la terre et recueillant du feu (DK 22 A 1.9). Empédocle lui-même les considère faites de feu (DK 31 A 53). Par conséquent, à supposer que Pausanias sache déjà quelque chose des corps célestes par l'entremise d'autres

---

13. E. Bignone, *I poeti filosofi della Grecia. Empedocle. Studio critico*, Turin, Fratelli Bocca, 1916, p. 412.

14. A 56 DK, A 30 DK : le soleil reflet, soleil cristallin (à comprendre avec A 51). Sur la question du soleil, voir R. Saetta Cottone, « Aristophane et le théâtre du soleil. Le dieu d'Empédocle dans le chœur des *Nuées* », dans Laks, A. & R. Saetta Cottone (dir.), *Comédie et philosophie : Socrate et les « Présocratiques » dans les* Nuées *d'Aristophane*, Paris, Éditions Rue d'Ulm, 2013, p. 61-85, aux pages 67-68.

15. Rapportons au moins une exception : τῶν μετεώρων χωρίων pour les régions de l'air dans les *Oiseaux* d'Aristophane, v. 818 (ces régions, dans le contexte, sont associées aux nuées).

16. Anaximandre A 22 DK.

17. Xénophane A 43 DK. Voir A.P.D. Mourelatos, « The cloud astro-physics of Xenophanes », dans Curd, P. & D. Graham (dir.), *The Oxford handbook of presocratic philosophy*, Oxford-New York, Oxford University Press, 2008, p. 134-168, aux pages 140, 147-149 (« *the moon is both* pepilêmenon *and* pepyrômenon, 'compressed and incandescent' »), et 151-152.

18. Philolaos A 20 DK.

19. DK 21 A 32, A 38. Voir Mourelatos 2008, p. 141, 146.

poètes, penseurs ou sages, aucune évidence ne le conduirait à comprendre, immédiatement, que les étoiles sont des manifestations de l'air (et non pas de la terre ou du feu). Dire aussi, comme Diels[20], que le soleil serait parmi ces *ambrota* est un défi au bon sens, non seulement parce que le composant majeur du soleil est le feu, mais aussi parce que le soleil est déjà nommé au vers 3. Ajoutons encore une invraisemblance à vouloir identifier les *ambrota* avec les corps célestes. En réponse à la demande d'Empédocle de voir les *ambrota*, Pausanias pourra parfois voir la lune en plein jour, mais pas les étoiles (fixes). Le meilleur moment pour voir les corps célestes, en dehors du soleil, reste évidemment la nuit, quand le soleil ne diffuse pas sa chaleur et sa brillante lumière.

(3) (Des particules d'air.) On pourrait certes voir des choses petites aussi concrètes que des étincelles de feu, des gouttes de pluie, des poussières de terre, mais la fluidité de l'air semble interdire que des particules d'air soient visibles et donc repérables pour Pausanias. Même si Empédocle a bien conçu que toute matière pouvait exister sous forme de masses de grosseurs différentes, c'est autre chose de dire que de petites masses, appelées particules, sont visibles lorsque celles-ci sont faites d'air.

(4) (Des *daimones* – poussières.) Il est vrai que chez Leucippe et Démocrite les âmes sont comparées à des poussières (ξύσματα). Chez certains pythagoriciens l'âme serait même ces poussières (Aristote, *De l'âme*, 403 b 31 – 404 a 18). Mais on s'étonnera que des poussières (*Sonnenstäubchen*) dans des rayons de soleil (*Sonnenstrahlen*) soient comprises par Empédocle (et Pausanias) comme des particules d'air, et non pas comme des particules de terre ou même de feu. Selon P. Kingsley et Gemelli Marciano, les *daimones* (fr. 115.5) sont les âmes faites d'éther, qu'il faudrait qualifier d'impur pendant l'exil ici-bas. Mais cette impureté permet-elle de dire que les *daimones* sont des poussières ? On doutera du fait qu'Empédocle puisse parler des *daimones* comme étant des *ambrota*, en prenant *ambrota* pour les Immortels, *athanatoi*. Et que des âmes célestes soient données à voir à Pausanias.

Aucun des quatre types d'interprétation que nous avons rapportés n'explique pourquoi Empédocle a choisi le mot *ambrota* pour désigner ce qu'il veut désigner. Pour les corps célestes, le mot μετέωρα aurait pu être choisi. Pour l'air ou bien les particules d'air ou bien encore les zones de l'air, les mots ἠέρα ou αἰθέρα auraient pu faire

---

20. DIELS 1884, p. 366 n.1, et par la suite jusqu'en 1922 (*Die Fragmente der Vorsokratiker*, 1912³, 1922⁴) : « ἄμβροτα *sind die von der Zentralsonne* [21 A 56] *gespeisten, in der Luft schwebenden Kristalllinsen (Sonne, Mond usw.), die hier als Vertreter des zweiten Elementes Luft erscheinen* ». KRANZ, à partir de 1934, nuancera, voire prendra quelques distances : « *Eher die Luftteile selbst* ».

partie d'une expression explicite. Pour les *daimones*-poussières divines, le vers permettait d'introduire δαίμονες. Mais Empédocle a choisi ἄμβροτα.

S'il fallait résumer la situation présente concernant les *ambrota*, ce que W.K.C. Guthrie disait, déjà en 1965, serait encore d'actualité :

> « *Verse 4 must* [...] *describe the air, but its exact text and meaning are uncertain.* [...] *the line remains obscure*[21]. »

L'obscurité du mot pour dire la chose demeure. Et c'est bien là ce qui retient notre attention. Il ne nous suffit pas de tenir la conclusion – l'éther ou l'air –, nous voulons en savoir plus sur le cheminement d'Empédocle. En outre, rien ne garantit a priori que le vrai sens d'*ambrota* ne soit qu'un détail, sans conséquence.

Qu'est-ce qui devait être présent à l'esprit de Pausanias pour lui permettre de comprendre assez rapidement le mot *ambrota* ? Je proposerai ici une explication qui exige (a) une connaissance d'Homère, à laquelle Empédocle fait souvent appel, et (b) une prise en compte de l'identité d'Héra et de l'air, en accord avec ce qu'Aétius livre du fr. 6 et de son interprétation. On m'accordera d'emblée que Pausanias connaissait Homère et pouvait saisir les allusions poétiques d'Empédocle qui renvoient à Homère. Mais on ne m'accordera pas aussi facilement que Pausanias considérait que l'air signe la présence d'Héra. Pourtant cette supposition est fondamentale ; la suite de l'argumentation espère montrer que la déesse empédocléenne Héra et les *ambrota* sont liés. Relisons déjà le fragment 6.

Le fragment 6

Dans le corpus du grec ancien à notre disposition, les vers d'Empédocle qui, dans le recueil de Diels, constituent aujourd'hui le fr. 6 du poète, sont parmi les plus cités par les auteurs anciens :

τέσσαρα γὰρ πάντων ῥιζώματα πρῶτον ἄκουε·	1
Ζεὺς ἀργὴς Ἥρη τε φερέσβιος ἠδ᾽ Ἀιδωνεύς	2
Νῆστίς θ᾽, ἣ δακρύοις τέγγει κρούνωμα βρότειον.	3

---

21. GUTHRIE 1965, p. 159. – J'ai jusqu'ici passé sous silence la position de U. VON WILAMOWITZ-MOELLENDORFF (« Lesefrüchte », *Hermes*, 65, 3, 1930, p. 245-250, aux pages 247-248), parce que sa compréhension des *ambrota* repose sur une inversion d'ordre des vers 4 et 5, si bien que ὅσσα au vers 4 (devenu 5) s'étendrait aux neutres pluriels du vers 6. En n'associant pas les *ambrota* à l'air, WILAMOWITZ ajoute un peu plus à l'obscurité. Voici ce qu'il conclut : « *So sehen wir an Naturdingen, die uns* ἄμβροτα *scheinen, weil ohne sie die Natur gar nicht bestehen kann, die entgegengesetzten Eigenschaften* ». WILAMOWITZ assimile les *ambrota* aux choses de la Nature que l'on peut voir sur terre.

> En effet, apprends d'abord les quatre racines de toutes choses :
> Zeus brillant et Héra porte-vie et *Aïdôneus*
> Et *Nestis* qui, avec ses larmes, mouille la source mortelle[22].

Plusieurs auteurs des premiers siècles après J.-C. nous apprennent que les quatre divinités – racines de toutes choses – correspondent à ce qu'il est convenu, après Platon et Aristote, d'appeler les éléments (στοιχεῖα) : feu, air, eau, terre. Certains de ces auteurs attribuent un élément à chacun des quatre noms divins[23]. Ils se divisent en deux groupes, pour deux attributions divergentes. L'attribution la plus répandue est : Zeus = feu, Héra = terre, *Aïdôneus* = air, *Nestis* = eau ; l'autre attribution inverse les identifications d'Héra et d'*Aïdôneus* (Héra = air, *Aïdôneus* = terre)[24]. Des auteurs tels qu'Aristote, Théophraste, Plutarque, Simplicius – qui sont pour nous des témoins majeurs de l'œuvre de l'Agrigentin, et qui avaient ses poèmes en leur possession – ne s'expriment pas sur les divinités du fr. 6. Tout au plus trouvera-t-on Aristote qui signale que les éléments sont des dieux (DK 31 A 40).

Dans un article précédent[25], j'ai défendu à la fois l'attribution Zeus = feu, Héra = air, *Aïdôneus* = terre, *Nestis* = eau, et l'importance de cette attribution ou de ce code pour interpréter certains fragments de l'Agrigentin[26]. Le présent article voudrait offrir un exemple concret où l'attribution d'Héra à l'air permet de comprendre ce que les *ambrota* sont pour Empédocle.

On ne commet pas d'erreur à penser aux quatre éléments en parlant des quatre divinités, car celles-ci sont les éléments dans toutes leurs manifestations ; toutefois, la mise en scène de ces divinités dans le fr. 6, où elles sont appelées racines de toutes choses, ne devrait pas être négligée. Les racines divines disent plus que les éléments ;

---

22. *Aïdôneus* est un autre nom d'Hadès, habituellement choisi en fin d'hexamètre (Hésiode, *Théogonie*, 913 ; *Odyssée* XX, 61 ; *Hymne homérique à Déméter*, 2, 84, 357, 376). *Nestis* est une déesse sicilienne de l'eau. La source mortelle est vraisemblablement la terre (voir J.-C. PICOT, « L'Empédocle magique de P. Kingsley », *Revue de philosophie ancienne*, 18, 1, 2000, p. 25-86, aux pages 63-66).

23. Ces auteurs sont Probus, Héraclite l'allégoriste, Aétius, Athénagoras, Diogène Laërce, Achille Tatius, Hippolyte, Eusèbe, Stobée.

24. Voir désormais G. JOURNÉE sur la question de la transmission des vers du fr. 6 : « Empédocle, B6 DK : remarques sur les deux lignées de DIELS », *Anais de Filosofia Clássica*, 6, 11, 2013, p. 32-62.

25. PICOT 2000, p. 61-78.

26. Je trouverais étonnant qu'Empédocle demande à son disciple Pausanias d'apprendre en premier lieu les racines de toutes choses sous leurs noms divins, et que cet apprentissage s'avère inutile pour le reste de l'enseignement. D'où ma conviction que les noms divins ont une importance (*contra* GUTHRIE 1965, p. 146, pour qui : « *Fortunately the question is of little importance for Empedocles's thought* »).

les dieux disent plus que les masses de matière simplement animées par l'attirance des semblables. La chose est d'autant plus importante pour notre propos que le fr. 21 met les éléments en scène, comme s'ils étaient des racines.

Le fr. 6 présente une mythologie du cycle de l'eau où les quatre divinités contribuent chacune à leur façon à la vie. Héra, l'air porte-vie, est tournée vers la terre porteuse de vie[27]. *Nestis* qui pleure, aux larmes de pluie (?), est pensée en fonction de la terre (= κρούνωμα βρότειον) d'où sortent les mortels. *Aïdôneus*, sans épithète, serait la terre, qui accueille l'eau fécondatrice assemblée dans le ciel grâce à Héra[28]. Le Zeus de la foudre brillante (Ζεὺς ἀργής) accompagne les nuées noires faiseuses de pluie, qui fécondent la terre.

Les vers du fr. 6 viennent en opposition à un passage de la *Théogonie* hésiodique qui fait état des racines de la terre et de la mer inféconde (v. 728 : γῆς ῥίζαι πεφύασι καὶ ἀτρυγέτοιο θαλάσσης). Ces racines sont situées à l'embouchure du Tartare, là où les Titans défaits par Zeus sont jetés pour ensuite y rester prisonniers[29]. Aux ῥίζαι du lointain Tartare, Empédocle oppose les ῥιζώματα de toutes choses, racines qu'il installe dans le monde le plus immédiat et vivant. Les quatre racines de toutes choses sont des divinités qui sont là, devant nos yeux (la brillance de Zeus est à voir). Empédocle fait descendre l'éther, classiquement situé dans les espaces supérieurs, jusque dans notre respiration (fr. 100). Or l'éther est Héra.

Ce qui est caché (le fait d'être en terre comme des racines), c'est le nom des quatre divinités. Empédocle les révèle à Pausanias, tout comme il lui révélera plus tard le nom et la présence *Philotès* (fr. 17.20-26). Le Zeus empédocléen du fr. 6 n'est plus l'assembleur de nuées qu'Hésiode nommait (v. 730 : βουλῇσι Διὸς νεφεληγερέταο) dans le fameux passage des Titans jetés dans le Tartare ; c'est désormais

---

27. Notons en passant qu'Héra, lorsqu'elle est porte-vie au fr. 6, n'est pas l'éther des hauteurs extrêmes (fr. 17.18, fr. 38.4), qui ne nourrit apparemment personne, qui s'étend aux confins du monde, là où la Haine a son lieu propre (selon la lecture du fr. 35 adoptée par D. O'BRIEN, et retenue par plusieurs interprètes).

28. On se refuse parfois à penser qu'Hadès puisse être la terre chez Empédocle, car la terre a incontestablement pour tous les grecs une identité féminine : elle est Gaia ou Déméter. Empédocle n'aurait alors pas pu subvertir à ce point cette identité. Mais Empédocle a une conception de la terre qui va au-delà de ce que Gaia et Déméter représentent. Pour lui, la terre, comme élément, ne se limite pas à la terre fertile, qui donne naissance ; elle est aussi la terre dans toute sa profondeur, non fertile. Lorsque tous les éléments sont séparés dans le *dinos*, lorsque la Haine a triomphé, la terre au centre est, telle le Tartare, le lieu qui enferme *Philotès*-Aphrodite.

29. Cf. J. ALTHOFF, « Presocratic discourse in poetry and prose : the case of Empedocles and Anaxagoras », *Studies in history and philosophy of science*, 43, 2, 2012, p. 293-299, à la page 297.

Héra *pheresbios*, l'air, qui est l'assembleur de nuées (fr. 149 : ἀέρα.. νεφεληγερέτην)[30].

Dans le fr. 6, Héra serait l'air associé aux nuages[31]. Pour Pausanias, quelques passages de Pindare, d'Hésiode ou d'Homère pouvaient conforter cette idée. Dans la *Pythique* II, 36-40, de Pindare, Ixion s'unit à une nuée (νεφέλᾳ) que Zeus avait façonnée en forme (εἶδος) d'Héra, piège (δόλον) d'une beauté fatale (καλὸν πῆμα). Une mésaventure du même type était aussi arrivée à Endymion, si l'on en croit une scholie aux *Argonautiques* d'Apollonius de Rhodes. « Dans les *Grandes Éhées*, il est dit qu'Endymion fut porté par Zeus au ciel et qu'épris d'Héra il fut trompé par un simulacre de nuée [νεφέλης], et que chassé à cause de cet amour il descendit dans l'Hadès[32] ». Les premiers vers du chant XV de l'*Iliade* confirment le lien d'Héra et des nuages. Ainsi Homère attribue à Zeus les paroles suivantes qui visent Héra (*Iliade* XV, 20-21) : σὺ δ᾽ ἐν αἰθέρι καὶ νεφέλησιν / ἐκρέμω.

Nous devons conclure ce détour. Que voulions-nous établir ? Les *ambrota* font partie d'une présentation de certaines manifestations des quatre éléments, qui, dans l'ordre du fr. 21, sont : feu, air, eau, terre ; les *ambrota* viennent à la place de l'air. Les racines de toutes choses, au fr. 6, sont quatre dieux dans une mise en scène qui suggère le cycle de l'eau et la vie des mortels. D'un intérêt particulier pour notre propos sur les *ambrota*, retenons Héra. C'est, chez Empédocle (fr. 6.2), la déesse porte-vie, qui s'identifie à l'air dans toutes ses manifestations, et qui est paradoxalement (contre le Zeus de la tradition) l'air assembleur de nuages, νεφεληγερέτης.

À partir d'Homère...

Il n'existe qu'un seul vers hexamétrique à notre disposition (en dehors du vers d'Empédocle au fr. 21.3) dans lequel sont présents à la fois le soleil (ἠέλιος) et l'épithète « blanc » ou « brillant » (λευκός) :

---

30. Puisque, selon Empédocle, l'air est νεφεληγερέτης, on attendrait que certains témoignages anciens rapportent que, pour l'Agrigentin, Zeus est l'air, et en aucun cas le feu. La chose serait naturelle et en droite ligne du lien traditionnel qui associe Zeus à l'éther et aux nuages (*Iliade* XV, 192). Mais les quelques auteurs (Héraclite allég., Aétius, Stobée) qui font de la racine Zeus l'éther prennent le mot éther pour le feu, et ont soin de le distinguer de l'air (qu'ils attribuent alors à *Héra* ou à *Aïdôneus*).

31. Bien des Anciens comprenaient que Héra est la terre, chez d'Empédocle, car l'idée la plus simple et la plus immédiate face à Héra *pheresbios* au fr. 6 est le rapprochement avec Hésiode (*Théogonie*, 693) et les *Hymnes homériques* où le qualificatif *pheresbios* est régulièrement rapporté à la terre. Mais Empédocle a pris le contre-pied de cet usage. Voir PICOT 2000, p. 41-43, 63-67.

32. Hésiode, fr. 198 MOST (= 260 MW), traduction Ph. BRUNET.

c'est le vers d'*Iliade* XIV, 185, qui précise que le voile d'Héra (v. 184) est d'un blanc éclatant comme le soleil[33] :

<u>κρηδέμνῳ</u> δ᾽ ἐφύπερθε καλύψατο δῖα θεάων	184
καλῷ νηγατέῳ· λευκὸν δ᾽ ἦν ἠέλιος ὥς·	185

Le fr. 21.3, avec ἠέλιον et λευκόν, rappelle donc *Iliade* XIV, 185, un passage qui renvoie au voile (κρήδεμνον) d'Héra, la déesse divine entre toutes. Le lien est étroit. Mais, en aucun cas, Héra n'est le soleil chez Empédocle. Le fait qu'Héra soit suggérée au fr. 21.3 ne peut alors être qu'une anticipation. C'est un point majeur pour qui attend, parmi les manifestations des éléments, le domaine d'Héra. Ajoutons une remarque. Si le voile d'Héra, juste suggéré chez Empédocle par un arrière-plan homérique, est comme enchâssé dans un développement sur le soleil, il en est assurément ainsi du mot *ambrota* venant après le soleil blanc et chaud, et avant la chaleur et l'éclatante lumière de ce soleil. Dans la transposition qu'Empédocle ferait du passage iliadique, les *ambrota*, imbibés de la chaleur et de l'éclatante lumière du soleil, sont en position du voile d'Héra.

La couleur blanche, aussi bien chez Homère que chez Empédocle, pourrait être mise en doute au profit de la seule brillance. Un passage de l'*Odyssée* XIX, 232-234, conforterait ce doute :

τὸν δὲ χιτῶν᾽ ἐνόησα περὶ χροῒ σιγαλόεντα,
οἷόν τε κρομύοιο λοπὸν κάτα ἰσχαλέοιο·
τὼς μὲν ἔην μαλακός, λαμπρὸς δ᾽ ἦν ἠέλιος ὥς.

Que le soleil soit qualifié de λαμπρός et non pas de λευκός est habituel[34]. Dans les vers de l'*Odyssée* ci-dessus, le *chitôn* est qualifié de σιγαλόεντα, ce qui justifie ensuite le rapprochement avec l'épithète *lampros* du soleil.

Empédocle connaissait vraisemblablement un autre passage, dans l'*Hymne homérique à Aphrodite* (v. 85-87), où la thématique des vêtements brillants (εἵματα σιγαλόεντα) est exprimée en comparaison avec une source lumineuse, cette fois-ci le feu :

---

33. Les traducteurs des vers d'Empédocle traduisent généralement λευκός au fr. 21.3 par brillant (comme KRANZ : *hell*). GUTHRIE fait exception, en traduisant ἠέλιον λευκὸν ὁρᾶν par *the sun white to see*. Les traducteurs de l'*Iliade* XIV, 185, traduisent souvent λευκός par blanc, tout comme ceux d'Aristote (*GC,* 314 b 21). – Pour une discussion sur λευκός voir M. BRIAND, « L'"esprit blanc" de Pélias. Remarques sur Pindare, *Pythique IV*, v. 109 », *Mètis*, 8, 1-2, 1993, p. 103-128, et M.M. SASSI, « Entre corps et lumière : réflexions antiques sur la nature de la couleur », dans CARASTRO, M. (dir.), *L'Antiquité en couleurs*, Grenoble, Jerôme Millon, 2009, p. 277-300, à la page 281.

34. *Iliade* I, 605, V, 120, VIII, 485. Hésiode, *Les Travaux et les Jours*, 155, fr. 58.12, 362.1. Rappelons que Simplicius, qui rapporte le même vers d'Empédocle, a λαμπρός et non pas λευκός.

Ἀγχίσης δ᾽ ὁρόων ἐφράζετο θαύμαινέν τε
εἶδός τε μέγεθος καὶ εἵματα σιγαλόεντα.
πέπλον μὲν γὰρ ἔεστο φαεινότερον πυρὸς αὐγῆς

L'adjectif σιγαλόεις qualifie souvent des tissus ou des vêtements (*Iliade* XXII, 154, 468-470, *Odyssée* VI 26, 38, XIII, 118, XV, 60, XIX, 318), et notamment un voile (*Iliade* XXII, 470). Un autre adjectif, synonyme, est employé : λιπαρός[35]. Nous devons tenir compte du fait qu'une pratique des Grecs serait d'imprégner parfois d'huile des vêtements, ce qui leur apporterait alors de la brillance, signalée par les adjectifs σιγαλόεις ou λιπαρός[36]. D'autre part, l'utilisation de fils de lin permettrait, à la différence de fils de laine, d'obtenir aussi de la brillance – avant même l'ajout d'une huile[37]. Sur ces bases, qui nourrissent le doute, on pourrait donc prétendre – au moins momentanément – que le voile d'Héra est brillant sans pour autant qu'il soit blanc ; après tout, les olives enrobées d'huile brillent, alors que tout le monde sait que les olives ne sont pas blanches ; et il existe des voiles sombres pour les déesses, tel celui que porte Thétis[38].

Mais le doute ne sera que momentané. Le soleil peut être perçu comme blanc[39]. Sur ce point, on retiendra le témoignage d'Homère et d'Aristote. Homère compare les chevaux de Rhésos aux rayons du soleil après avoir dit que ces chevaux sont blancs comme neige[40]. La déduction est alors facile : les rayons du soleil sont blancs. En *Odyssée* VI, sur le sommet de l'Olympe, sans nuage, règne une blanche clarté (λευκὴ αἴγλη). Cette clarté ne peut provenir que du soleil. Aristote, dans le *De sensibus*, 440 a 10-12, dit que le soleil nous apparaît blanc, et qu'il en est différemment lorsqu'un brouillard s'intercale entre lui et nous : ὁ ἥλιος καθ᾽ αὑτὸν μὲν λευκὸς φαίνεται, διὰ δ᾽

---

35. Les voiles éclatants de Pénélope (λιπαρὰ κρήδεμνα) : *Odyssée* I, 334, XVI, 416, XVIII, 210, XXI, 65. Le voile de la mère d'Hector (λιπαρὴν καλύπτρην) : *Iliade* XXII, 406.

36. *Iliade* XVIII, 595-596. *Odyssée* VII, 107. Plutarque, *Vie d'Alexandre*, XXXVI, 3. Pour l'habillement chez Homère, voir H.L. LORIMER, *Homer and the monuments*, Londres, Macmillan, 1950, p. 370-391. Pour un débat concernant le traitement des vêtements avec de l'huile en *Iliade* XIV, 172, voir (1) R. JANKO, *The Iliad: a commentary. Volume IV, books 13-16*, Cambridge, Cambridge University Press, p. 175 ; (2) A. BALLABRIGA, « La nourriture des dieux et le parfum des déesses », *Mètis*, 12, 1997, p. 119-127.

37. Dans son commentaire de l'*Iliade* XIV, 185, W. LEAF (*The Iliad. Vol. II, books XIII-XXIV*, Londres, Macmillan, 1902², p. 79) écrit à propos de λευκόν : « *The description clearly indicates linen as the material* ». Pour l'usage du lin, voir LORIMER 1950, p. 59, 370-372.

38. *Iliade* XXIV, 93-94 (κάλυμμα κυάνεον).

39. Sur la question du soleil blanc, voir P. ELLINGER, *La légende nationale phocidienne. Artémis, les situations extrêmes et les récits de guerre d'anéantissement*, Athènes, École française d'Athènes, 1993, p. 96.

40. *Iliade* X, 437, 547.

ἀχλύος καὶ καπνοῦ φοινικοῦς. Deux autres passages d'Aristote vont dans le même sens : *Météorologiques*, I, 3, 341 a 35-36 et III, 6, 377 b 9, b 22-23. Certes, nous pourrions aussi trouver des témoignages servant à avancer que le soleil est jaune comme l'or, et non pas blanc[41]. Mais notre propos ici a pour seul but d'établir que dans l'expression λευκὸν δ᾽ ἦν ἥλιος ὥς il est possible de lire λευκός pour dire « blanc éclatant », et non pas seulement « brillant » sans qu'il soit question de la couleur[42]. On aura encore loisir de nous objecter que la qualification λευκόν pour le voile (κρήδεμνον) se limite à certains manuscrits de l'*Iliade* (que notre édition retient), mais que d'autres manuscrits ont λαμπρόν. Admettons un instant que l'on retienne que le voile d'Héra est λαμπρόν (et non pas λευκόν). Cela n'écarterait toutefois pas que le voile d'Héra est blanc. Deux raisons peuvent être invoquées. Il est hautement probable qu'Héra, déesse du ciel, souveraine de l'Olympe, soit vêtue d'une couleur claire dans son entreprise de séduction (*Iliade* XIV) ; le blanc – couleur estimée – est alors la couleur la plus probable, surtout si le voile est fait de lin[43]. D'autre part, le blanc a pour caractéristique (à la différence d'une couleur sombre) de renvoyer facilement la lumière. On comprend qu'un voile, s'il est blanc, soit comparé au soleil, qui émet de la lumière.

Dans le domaine vestimentaire, les adjectifs qui disent le blanc sont souvent associés au thème ἀργ- : ἀργής[44], ἀργεννάων[45], ἀργύφεος[46]. Apollonios de Rhodes décrit la toilette de Médée, en *Argonautiques*, III, 832-835, en s'inspirant de celle d'Héra en *Iliade* XIV ; pour parler du voile de Médée, il utilise l'expression (v. 834-835) : καλύπτρην ἀργυφέην. Le voile est d'un blanc éclatant. Nous ne doutons pas qu'il en soit rétrospectivement de même pour celui d'Héra.

Peut-on associer κρήδεμνον à ἄμβροτα ? Ailleurs, dans l'*Odyssée* (V, 346-347), un voile (v. 346 : κρήδεμνον) donné à Ulysse par Ino-Leucothéa, la déesse blanche, est qualifié d'ἄμβροτον, au premier pied du vers suivant. Le fr. 21.4 présente *ambrota* au premier pied.

41. Pindare, *Pythique* IV, 144 ; Euripide, *Hécube*, 636-637.

42. Notons pour finir sur ce point que d'après le témoignage de Théophraste (DK 31 A 69a), Empédocle dit que le blanc est la couleur du feu (τὸ μὲν λευκὸν τοῦ πυρός). L'Agrigentin pourrait donc voir le soleil, manifestation majeure du feu dans le monde, comme étant blanc.

43. La robe d'Athéna, déesse olympienne, est *argupheos* dans le fr. 69.95 Most du corpus hésiodique. – Concernant la teinture éventuelle du lin, voir Lorimer 1950, p. 373-374.

44. *Iliade* III, 419 (le voile d'Hélène, d'un blanc éclatant, selon la trad. de P. Mazon).

45. *Iliade* III, 141.

46. *Odyssée* V, 230, X, 543 ; Hésiode, *Théogonie*, 574. – On lit dans un vers de Sophocle (fr. 534) le mot ἀργινεφῆ. – Toutefois, l'adjectif *leukos* peut être aussi utilisé pour dire le blanc ; ainsi, chez Hésiode, les voiles blancs d'*Aidôs* et *Némésis* reçoivent cet adjectif (*Les Travaux et les Jours*, 198).

Et le voile d'Héra d'un blanc éclatant est tout aussi immortel que celui de la déesse blanche. Toutefois, le pluriel *ambrota* reste encore à expliquer.

Intéressons-nous au mot ἄμβροτα pris dans le corpus du grec ancien avant le IVᵉ s. av. J.-C., et particulièrement dans des hexamètres où Empédocle aurait pu puiser sa matière poétique. Le mot ἄμβροτα en tant que substantif n'existerait pas en dehors d'Empédocle. Quand il est un adjectif au pluriel, ἄμβροτα qualifie :

- des vêtements portés par des dieux ou offerts par des dieux (εἵματα : *Hymne homérique à Apollon*, 184 ; *Hymne homérique à Aphrodite*, II, 6 ; *Iliade* XVI 670, 680 ; *Odyssée* VII, 260, 265, XXIV, 59) ; en dehors d'*Odyssée* VII, 260, l'expression trouvée régulièrement dans les six autres occurrences est ἄμβροτα εἵματα ; ἄμβροτα se trouve au premier pied dans l'*Hymne homérique à Apollon*, 184.
- des dons des dieux (δῶρα : *Hymne homérique à Apollon*, 190, *Odyssée* XVIII, 191) ;
- des armes offertes par les dieux (ἄμβροτα τεύχεα) et que l'on revêt comme un vêtement (τεύχεα δῦνε : *Iliade* XVII, 194 ; τεύχεα δύνεις : *Iliade* XVII, 202).

Étant donné le nombre élevé d'occurrences concernant l'association de l'adjectif ἄμβροτα avec des vêtements (au neutre pluriel), il s'ensuit que le fait de dire ἄμβροτα peut suggérer assez facilement le complément εἵματα. On peut dès lors associer le voile d'Héra, d'un blanc éclatant comme le soleil, aux ἄμβροτα εἵματα. S'il en était encore besoin, remarquons qu'Héra, toujours au chant XIV iliadique, se vêt d'une robe divine (v. 178 : ἀμβρόσιον ἑανὸν ἕσατο), avec la résonance pour tout Grec familier des vers épiques des ἄμβροτα εἵματα[47].

L'adjectif *ambrota* ne dit pas que les choses qu'il qualifie sont par elles-mêmes immortelles, comme les divinités peuvent l'être ; il dit seulement que ces choses appartiennent à une (ou des) divinité(s) ou bien proviennent d'une (ou de) divinité(s). Le fait qu'il s'agisse d'un adjectif au neutre est essentiel : il ne concerne pas la divinité elle-même, qui est ou bien au masculin ou bien au féminin. Certes, on veut bien admettre que le sang immortel – ἄμβροτον αἷμα – d'une déesse ou d'un dieu pourrait être immortel tant que ce sang fait corps avec cette divinité, mais le sang qui, suite à une blessure, s'échappe de la divinité n'est pas en lui-même immortel. Par ailleurs, l'adjectif ἄμβροτος n'est pas nécessairement un équivalent d'ἀθάνατος. Un bon exemple se trouve dans l'*Hymne à Hermès*, 71, 118-120. Hermès s'empare des vaches immortelles des dieux bienheureux (θεῶν μακάρων

---

47. Le mot ἀμβρόσια, adjectif au neutre pluriel, est un synonyme de ἄμβροτα, rencontré aussi dans le domaine vestimentaire : par trois fois chez Homère (*Iliade* XXIV, 341, *Odyssée*, I, 97 et V, 45) ἀμβρόσια qualifie des sandales (πέδιλα).

βόες ἄμβροτοι), puis il en tue certaines. Ces vaches dites immortelles sont en fait mortelles. Même au masculin ou au féminin, ἄμβροτος n'apporte pas la garantie de l'immortalité.

Ajoutons maintenant une observation, en lisant le vers suivant en *Odyssée* VI, 98 :

> εἵματα δ' ἠελίοιο μένον τερσήμεναι αὐγῇ.

J'ai souligné les mots qui semblent avoir un écho dans le fr. 21.4 :

> ἄμβροτα δ' ὅσσ' εἴδει τε καὶ ἀργέτι δεύεται αὐγῇ

L'*Odyssée*, qui par 16 fois place εἵματα en début de vers, nous aide à voir qu'ἄμβροτα est le mot que l'on peut remplacer, dans la même métrique, par le pluriel εἵματα[48]. Le vers cité d'*Odyssée* VI, 98 fournit l'éclat du soleil, au datif et au dernier pied (αὐγῇ), comme il en est précisément dans le fr. 21.4. Ajoutons que l'*Hymne homérique à Aphrodite*, v. 87, décline une variation de la matrice thématique des vêtements (εἵματα σιγαλόεντα au v. 86) et de la lumière, avec le *peplos* au premier pied de l'hexamètre et *augè* au dernier pied :

> πέπλον μὲν γὰρ ἕεστο φαεινότερον πυρὸς αὐγῆς

Des nuages blancs

Dès que l'on imagine les *ambrota* comme une façon elliptique de parler des vêtements d'origine divine, et que l'on pense à Héra comme l'air avec ses nuages (fr. 149 : ἀέρα.. νεφεληγερέτην), le vers suivant du chant iliadique XIV (v. 282) permet de lier les ἄμβροτα εἵματα et une formation atmosphérique proche d'un nuage :

> ἠέρα ἑσσαμένω ῥίμφα πρήσσοντε κέλευθον.
> revêtus d'un brouillard, tous deux firent rapidement la route.

Sont « revêtus [ἑσσαμένω] d'un brouillard [ἠέρα] » Sommeil et Héra, qui se dirigent vers le mont Ida. Ce brouillard cache Sommeil et Héra aux yeux des mortels. Certes il existe une différence entre un brouillard et un nuage – quoiqu'en montagne la différence peut parfois être difficile à faire –, mais l'essentiel est de voir ici que

---

48. Il n'existe pas dans la tradition épique une expression au singulier telle qu'*ambroton heima*. S'il s'agit de vêtement(s) immortel(s), l'expression est nécessairement au pluriel. Rarement *heima* se dit au singulier dans la poésie ; toutefois, quelques exemples : en *Iliade* XVIII, 538, il s'agit du vêtement sur l'épaule de la Kère, un vêtement rouge du sang des hommes (cf. Hésiode, *Bouclier*, 159) ; en *Odyssée* XIV, 501, il s'agit du manteau de Thoas (correspondant à une *chlaîna*) ; dans un fragment d'Hésiode (69.97 Most = 43a 73 Merkelbach-West), c'est la robe argentée d'Athéna ; chez Pindare (*Pythique* IV, 231), c'est le vêtement safrané de Jason.

le brouillard qui flotte dans l'air comme le nuage permet de dissimuler, tel un vêtement. Le premier mot « ἠέρα » suggérerait au plan phonique Héra ("Ηρα)[49] ; il occupe le premier pied du vers comme *ambrota*. Le deuxième mot fait le lien avec les vêtements : le participe aoriste moyen ἑσσαμένω vient en place des εἵματα. Que faut-il alors comprendre ? Dans la transposition qu'Empédocle ferait de l'*Iliade* XIV, 185, le voile d'Héra, parce qu'il est blanc, serait l'équivalent d'un nuage blanc. Sous la figure d'Héra, les *ambrota* du fr. 21.4 seraient des nuages blancs qui ont une certaine opacité – et, en conséquence, qui couvrent ou dissimulent comme un vêtement.

Ailleurs, avec un participe du verbe καλύπτω, nuage (νεφέλη) et brouillard (ἀήρ) sont des phénomènes atmosphériques proches[50], qui l'un et l'autre masquent notamment un dieu aux yeux des mortels. Ainsi : νεφέλη κεκαλυμμένος, qui concerne Apollon dans *l'Hymne homérique à Hermès* (v. 217) ; ἠέρι γὰρ πολλῇ κεκαλυμμένος, de nouveau pour Apollon en *Iliade* XVI, 790 ; κεκαλυμμέναι ἠέρι πολλῷ pour les Muses dans la *Théogonie* hésiodique, v. 9 ; dans l'*Odyssée*, deux expressions presque identiques ἠέρι καὶ νεφέλη κεκαλυμμέναι (VIII, 562) et ἠέρι καὶ νεφέλη κεκαλυμμένοι (XI, 15) signalent que brouillard et nuée ont la même fonction de recouvrir. Le déplacement de deux déesses (*Aidôs* et *Némésis*) quittant la terre, et souhaitant vraisemblablement rester invisibles aux yeux des mortels, enchaîne le participe καλυψαμένω aux voiles blancs : λευκοῖσιν φάρεσσι καλυψαμένω χρόα καλόν (Hésiode, *Travaux et les Jours*, 198). Tout se passe là comme si νεφέλη ou ἠέρι pouvaient être équivalents à λευκοῖσιν φάρεσσι.

Bien que postérieure de quelques dizaines d'années à l'œuvre d'Empédocle, l'*Hélène* d'Euripide développe une thématique autour d'Héra qui, on le suppose, a des racines anciennes. Ces dernières s'accorderaient à notre propos. L'*Hélène* met en scène Héra maîtresse du vent, du leurre visuel (εἴδωλον), du nuage qui cache ou bien qui

---

49. Cf. Platon, *Cratyle*, 404 C : « Peut-être aussi le législateur, occupé des phénomènes célestes, a-t-il, sous une forme déguisée, donné le nom d'Héra à l'air (*aer*) [ὁ νομοθέτης τὸν ἀέρα "'Ηραν" ὠνόμασεν ἐπικρυπτόμενος], en mettant le début du mot à la fin ; tu t'en rendrais compte, si tu répétais plusieurs fois le nom d'Héra » (trad. L. MÉRIDIER). MÉRIDIER ajoute dans une note : « Si l'on répète plusieurs fois de suite le mot "Ηρα sans observer de pause, l'oreille entend aussi bien ἀήρ que "Ηρα. » Chez Homère, ce jeu phonique n'est pas praticable de la même façon. Homère utilise bien ἀήρ (*Iliade* V, 864 ; *Odyssée* IX, 144), mais il utilisera la forme ionienne d'Héra, à savoir "Ηρη. En revanche, le jeu des sons est néanmoins perceptible en *Iliade* XXI, 6 : ἠέρα δ᾽ "Ηρη.

50. W.K.C. GUTHRIE écrit (dans « The presocratic world-picture », *The Harvard theological review*, 45, 2, 1952, p. 87-104, à la page 92) : « *In Greek thought in general, both popular and philosophical, aer was the less pure substance which filled the lower reaches of the sky around the earth. It meant cloud as much as air.* » Dans le *De primo frigido*, 948 E-F, Plutarque affirme que l'air assemblé et condensé a été appelé νέφος parce qu'il est privé de lumière, tout comme κνέφας.

leurre : [Ἥρα] ἐξηνέμωσε τᾰμ᾽ Ἀλεξάνδρωι λέχη (v. 32), [Ἥρα δίδωσι] εἴδωλον ἔμπνουν οὐρανοῦ ξυνθεῖσ᾽ ἄπο (v. 34, cf. v. 582-586, v. 1136), [avec l'aide d'Hermès, v. 243-247] λαβὼν δέ μ᾽ Ἑρμῆς ἐν πτυχαῖσιν αἰθέρος / νεφέληι καλύψας (v. 44-45), νεφέλης ἄγαλμ᾽ ἔχοντες ἐν χεροῖν λυγρόν (v. 705 : l'εἴδωλον assimilé à un nuage, cf. v. 1219).

Dans les *Argonautiques* d'Apollonios de Rhodes (III, 210-214), Héra répand sur la ville d'Aiétiès un brouillard épais (ἠέρα πουλύν) pour cacher Jason et ses compagnons vis-à-vis des Colques (ὄφρα λάθοιεν Κόλχων μυρίον ἔθνος). Apollonios désigne ensuite ce brouillard (ἠήρ) par le mot νέφος (v. 214). En *Iliade* XVII, 551, Athéna, au milieu des Achéens, s'enveloppe (πυκάσασα) d'un nuage (νεφέλη) ; ce nuage signale une présence divine favorable aux Achéens et incite au combat.

Après ces divers exemples, il convient maintenant de conclure sur le rapprochement à faire entre *ambrota* et nuages. Puisque les *ambrota* sont imbibés de chaleur et d'éclatante lumière, nous retiendrons que le référent des *ambrota* concerne uniquement les nuages blancs, aux formes détachées dans un ciel de beau temps. Qu'un nuage puisse recevoir l'adjectif λευκός (tout comme le voile d'Héra est λευκόν) s'entend chez Xénophon – ὥσπερ νεφέλη λευκή (*Anabase* I, 8.8.2-3) –, chez Théophraste (*Des signes du temps*, 20.3 Sider-Wolfram Brunschön) ou chez Aristote (*Météorologiques*, 374 b 25-27). Aristote nous apprend que lorsqu'un nuage (νέφος) est vu à proximité du soleil, il apparaît blanc (λευκόν). C'est la situation qui, selon nous, serait exposée dans le fr. 21.3-4. Le neutre pluriel ἄμβροτα renvoie à τὰ εἵματα qui renverrait lui-même, de façon prosaïque, à τὰ νέφη.

On a parfois fait remarquer que Lucrèce, dans son *De rerum natura*, V, 281-282, utilisait une expression proche de celle d'Empédocle au fr. 21.3-4 pour décrire l'action du soleil et notamment le fait que le soleil baigne le ciel[51] : *Largus item liquidi fons luminis, aetherius sol, / irrigat adsidue caelum candore recenti.* Le rapprochement est intéressant. Ce que l'on n'a toutefois pas rapporté, c'est la suite. Lucrèce dit : *quod simul ac primum nubes succedere soli / coepere et radios inter quasi rumpere lucis, / extemplo inferior pars horum disperit omnis / terraque inumbratur qua nimbi cumque feruntur.* Nous relevons les nuages, le fait que ces nuages arrêtent les rayons du soleil – comme dans l'*Odyssée* XI, 15-16 (ἠέρι καὶ νεφέλη κεκαλυμμένοι· οὐδέ ποτ᾽ αὐτοὺς / Ἥλιος φαέθων καταδέρκεται ἀκτίνεσσιν) –, et ensuite la terre et l'ombre. Même si la pluie est absente, Lucrèce pouvait avoir ici pour modèle les quatre vers d'Empédocle (fr. 21.3-6), et avoir compris que les *ambrota* sont

---

51. Voici deux auteurs qui citent le *De rerum natura*, V, 281-282 : (1) F. Panzerbieter, « Beiträge zur Kritik und Erklärung des Empedokles », dans *Einladungs-Programm des Gymnasium Bernhardinum in Meiningen*, Meiningen 1844, p. 18 ; (2) H. Diels 1884, p. 366 n.1.

les nuages. Plus loin, dans le même livre, Lucrèce, dira (V, 466) que
« les nuages voilent le ciel » : *subtexunt nubila caelum*[52]. Le verbe *subtexo*
renvoie au tissu d'un voile.

Héra cache ou couvre (καλύψατο) sa tête avec son voile (κρηδέμνῳ).
Le brouillard (ἠήρ, ἀήρ) dans lequel elle se déplace sert à la cacher
aux yeux des mortels. Les nuages couvrent ou cachent, tels des vêtements. Dans le fr. 21.4, l'Héra empédocléenne serait assimilée à ses
atours vestimentaires : que ce soit sa parure ou que ce soit les nuages
blancs. Il y aurait donc un déplacement paradoxal de la personne
(Héra) à ce qui la vêt (ses atours vestimentaires). Ce n'est plus, là,
le schéma anthropomorphique développé par Homère (une déesse
s'habille comme s'habille une mortelle). Est-ce paradoxal du point de
vue d'Empédocle ? Non. Dans le fr. 6.2 (Ζεὺς ἀργὴς Ἥρη τε φερέσβιος
ἠδ' Ἀιδωνεύς), où Zeus est qualifié d'*argès* – l'épithète de la foudre –,
Empédocle n'imagine pas un Zeus portant et lançant la foudre *argès* ;
il n'imagine pas un dieu aux formes humaines (pourvu d'une tête et
de bras) différent de la foudre. Dans ce fragment, Zeus est la foudre,
et la foudre est une manifestation du feu, qui lui aussi, sous toutes ses
manifestations (dont le soleil), est Zeus[53]. Héra chez Empédocle se
pense de la même façon que Zeus par rapport à la foudre ou toute
autre manifestation du feu : elle n'est pas une déesse à côté de l'air.
Elle est l'air et ses manifestations tout à la fois. Elle ne peut pas être
séparée de ses atours vestimentaires : elle est ses atours immortels,
elle est ses ἄμβροτα [εἵματα][54]. Il y a bien évidemment un jeu de mots
sur le mot ἀήρ (ἠήρ) lui-même, qui veut dire à la fois brouillard (chez
Homère), et à la fois air transparent (au temps d'Empédocle), et qui
peut résonner (pour qui veut l'entendre ainsi après avoir compris

52. Voir aussi Lucrèce, *De rerum natura*, VI, 482.

53. Sous DK 31 A 63 sont rapportés les témoignages d'Aristote et d'Aétius
qui affirment que l'éclair est produit par les rayons du soleil emprisonnés dans
les nuages. Chez Empédocle, la lumière est un feu très fin (fr. 84.5 et 11). On
devine le chemin qui va du soleil à l'éclair et la foudre (Zeus), en passant par
la lumière. Il s'agit toujours du feu. – La relation entre le Zeus du fr. 6 et le feu est
une relation d'identité. Empédocle n'avait pas un référent physique strictement
défini du feu. Pour lui, le feu (tout comme les trois autres éléments) est quelque
chose de divin, ayant une vie, une personnalité, ayant la possibilité d'exister
en différentes manifestations, ayant un caractère à la fois propre et fluctuant
selon les circonstances, selon les rapports entretenus à un moment donné avec
les autres éléments. La déification empédocléenne de la nature est un retour
à l'archaïsme d'un Hésiode qui pensait le ciel sous la figure du dieu Ouranos
et la terre sous la figure de la déesse Gaia. L'étape hésiodique ultérieure, où
les dieux olympiens se distinguent des grandes masses du monde, est repensée
par Empédocle de façon critique. En nommant Zeus, Héra, *Aïdôneus*, l'Agrigentin
identifie chaque élément à un dieu olympien qui n'est pas ce que la tradition
homérico-hésiodique enseigne.

54. Pour Empédocle, le voile blanc d'Héra serait une partie de ses *ambrota
heimata,* et Héra elle-même.

les attributions du fr. 6) comme un écho d'Héra. Le jeu de mots serait appuyé par une conception des nuages exprimée déjà par Anaximène, et que l'on retrouve plus tard chez Épicharme et Anaxagore pour ne citer que ces deux auteurs : l'air en se condensant devient vent puis nuages[55]. Les nuages pourraient donc, pour Empédocle, être une des manifestations de l'air.

La clé de compréhension des *ambrota* du fr. 21.4 est donc poétique. En multipliant les références à Homère et à Hésiode, nous avons tenté de montrer dans quelle matrice thématique, associant divinité, vêtement, blancheur, lumière, dissimulation et nuage, le mot *ambrota* pouvait s'inscrire. Schématiquement, le voile d'Héra, d'un blanc éclatant comme le soleil, induit de superposer deux expressions liées par un sous-entendu qui est le vêtement :

ἄμβροτα	[εἵματα]
ἠέρα	[ἑσσαμένω]

Avec seulement le mot ἄμβροτα, et en supposant un tour elliptique pour dire ce qui habille, Empédocle suggérerait des nuages où la part de l'air est prépondérante. Héra est cachée sous son voile et sous les nuages.

Le blanc est la couleur principale d'Héra : en témoignent son association avec Argos – la cité blanche –, avec la fleur de lis, avec la voie lactée, et ses bras blancs[56]. Le voile d'Héra, d'un blanc éclatant comme le soleil, suggère que les *ambrota* sont, eux aussi, blancs. Plutarque rapporte que l'air ajouté à l'eau apporte de la blancheur au mélange[57]. Aristote remarquait que l'air confère de la blancheur à l'écume et à la neige[58]. Selon lui, « en tout, le blanc est produit par l'air vaporeux qui y est enfermé[59] ». De là, on peut supposer

---

55. Anaximène, DK 13 A 5, A7, A 17. Épicharme, DK 23 B 53. Anaxagore, DK 59 A 85. Aristote affirmera plus tard que la condensation de l'air en eau forme un nuage (*Météorologiques*, 346 b 32-33 ; cf. 349 a 18) – ce qui fait d'un nuage un composé d'air et d'eau. Aristote lie en outre l'existence des nuages à la présence d'air (*Météorologiques*, 340 b 30-32).

56. Dans la mesure où Héra est l'air, une de ses manifestations chez Empédocle serait la lune, car pour l'Agrigentin la lune est de l'air cristallisé (A 30, A 60). La lune est blanche. Plusieurs auteurs ont vu, indépendamment de toute référence à Empédocle, une association possible d'Héra avec la lune : W.H. Roscher, O. Gruppe, Ch. Kerényi. – Concernant Héra, air, blancheur, nuage, voir P. Sauzeau, *Les partages d'Argos : sur les pas des Danaïdes*, Paris, Belin, 2005, p. 82, 84, 101.

57. Plutarque, *Propos de table*, 691 F.

58. Aristote, *De la génération des animaux*, 735 b. Plutarque, *Propos de table*, VI, 691 F.

59. Aristote, *De la génération des animaux*, 786 a 12-13 (trad. P. Louis) : τὸ δὲ λευκὸν ὁ ἀτμιδώδης ἀὴρ παρέχεται ἐγκατακλειόμενος ἐν πᾶσιν. Aristote considère que

que déjà pour Empédocle la présence prépondérante de l'air par rapport à l'eau, dans un nuage, donnerait à ce nuage sa couleur blanche. La couleur résultante est question de proportion des composants. La présence plus forte de l'eau – considérée comme noire par l'Agrigentin[60] – par rapport à l'air ferait passer le nuage du blanc au gris sombre[61].

Au début de cette étude nous avons conclu que ἄμβροτα δ' ὅσσα faisait nécessairement référence à une pluralité. Mais il faut remarquer, maintenant, que si les ἄμβροτα renvoient aux ἄμβροτα εἵματα, ces derniers se réfèrent souvent à un singulier. Ainsi, le singulier de l'objet est hautement probable pour Apollon (*Hymne homérique à Apollon*, 184), que l'on imagine vêtu uniquement d'un *chitôn*, pour Aphrodite (*Hymne homérique à Aphrodite*, II, 6), dont les *ambrota heimata* désignent une robe, pour Sarpédon, mort, (*Iliade* XVI 670 et 680) vêtu sans doute d'un simple *chitôn*, et de même pour Achille, mort (*Odyssée* XXIV, 59 – le singulier utilisé en *Odyssée* XXIV, 67, ἔν τ' ἐσθῆτι θεῶν, alors que le pluriel ἐσθῆσι aurait été métriquement possible, désigne la même chose qu'en *Odyssée* XXIV, 59). Certes, le singulier n'est pas toujours le nombre du référent. Si en *Odyssée* VII, 260, on peut douter que les vêtements divins désignent autre chose qu'un *chitôn*, en revanche, en *Odyssée* VII, 265, Ulysse dispose vraisemblablement sur son radeau d'autre chose que de son *chitôn* ; pour se protéger du froid, il disposerait d'une *chlaîna* (cf. *Odyssée* V, 229, où la *chlaîna* et le *chitôn* constituent l'habillement d'Ulysse). Mais, au total, l'expression ἄμβροτα εἵματα désigne souvent un seul vêtement immortel[62]. Le voile d'Héra est bien évidemment au singulier. Quelle conclusion

---

l'air est plutôt blanc (*Météorologiques*, 374 a 2-3). Il présente ailleurs l'association du blanc et de l'air comme un lieu commun (*De la mémoire*, 452 a 12-16).

60. DK 31 A 69a.

61. Dans « La brillance de Nestis (Empédocle, fr. 96) » (*Revue de philosophie ancienne*, XXVI, 1, 2008, p. 75-100), j'argumente en faveur d'une lecture de l'expression Νήστιδος αἴγλη (la brillance de *Nestis*) qui servirait à désigner un mélange d'eau et d'air, et non pas à désigner l'eau uniquement (cf. Platon, *Phédon*, 110 C 7 – D 1). Avec les *ambrota*, nous serions aussi dans le cas d'un mélange, où la présence de l'air est suffisante pour donner au mélange la couleur blanche, et masquer ainsi la noirceur de l'eau. – Cf. Plutarque, *De Iside et Osiride*, 364 B 5-6 et *De primo frigido*, 950 A 2-10.

62. Donnons trois autres exemples concernant les vêtements, où le pluriel semble être un pluriel de majesté ou de généralisation. (1) En *Odyssée* I, 334 (λιπαρὰ κρήδεμνα), le référent singulier est vraisemblable tant il est difficile d'imaginer que Pénélope soit vêtue de plusieurs voiles à la fois. (2) En *Iliade* III, 141, Hélène se couvre d'un voile éclatant de blancheur, alors que ce voile est dit au pluriel (ὀθόνῃσιν). (3) Aphrodite, dans l'*Hymne homérique à Aphrodite* (v. 85-89), a des εἵματα σιγαλόεντα, mais la description qui suit se borne, pour ce qu'il en est des vêtements, à parler seulement du *peplos*. – Sur le pluriel servant à désigner un singulier, voir R. KÜHNER, *Ausführliche Grammatik der griechischen Sprache*, besorgt von B. GERTH, I, 2, Hanovre-Leipzig, Hahn, 1898, p. 15-19,

tirerons-nous pour la lecture du fr. 21.4 ? La plus simple qui soit :
dans la transposition des vêtements aux nuages, Empédocle a pris
des libertés par rapport à son modèle. Selon le point de vue qu'il
adopte, les nuages blancs se valent tous les uns les autres. Qu'il y en
ait un ou plusieurs, cela ne change pas grande chose par rapport à
l'enseignement. Mais, dans la réalité, il y a souvent plusieurs nuages
présents en même temps dans le ciel.

J'ai largement appuyé l'interprétation des *ambrota* sur ce qui est
dit d'Héra au chant XIV de l'*Iliade*. Le cumul des allusions possibles
autour d'une même thématique et dans un même lieu poétique
fait sens. Aucun élément pris de façon isolée ne permettrait d'expliquer le cheminement d'Empédocle. Seul le faisceau d'éléments
convergents compte. Homère sert à lire Empédocle. Cela est connu.
Mais on sait aussi qu'Empédocle prend ses distances par rapport
à Homère. Dans le cas concret qui nous occupe, il faut juger sur
le résultat obtenu. Dans la mesure où, grâce à Homère, Héra se
devine dans des *ambrota* illuminés par un soleil d'un blanc éclatant,
il n'est pas nécessaire d'aller chercher ailleurs le chemin emprunté
par Empédocle.

Les mélanges

Les ἄμβροτα se donnent à voir et dissimulent toutefois ce qu'ils
sont. La pluie sombre se comprend d'emblée. Le fait que les deux
premières syllabes des vers 4 et 5 sont pratiquement identiques,
ἄμβρ– et ὄμβρ –, et le fait que les ἄμβροτα sont mouillés ou imbibés
(δεύεται) tendent à joindre les deux vers. C'est une évidence que
la pluie suggère les nuages. Ce n'est alors peut-être pas un hasard
dans le choix des sons, des mots et des enchaînements si les *ambrota*
– nuages blancs – sont un mélange, où l'air a la part principale, mais
où l'eau est déjà présente[63].

Pas plus que le fr. 6, le fr. 21.3-6 ne fournit les éléments ou corps
simples dans toute leur pureté[64]. Le soleil (fr. 21.3) n'est pas une boule

---

§ 348 ; H.W. SMYTH & G.M. MESSING, *Greek Grammar*, Cambridge (Mass.), Harvard
University Press, 1956, p. 270-271, § 1000-1012.

63. Plutarque, *De primo frigido*, 950 D9 – E3, 951 B2-4. Une image donnée
par Lucrèce, *De rerum natura*, VI, 503-504, suggère que le nuage est un support
absorbant contenant l'eau absorbée : « Souvent aussi, comme les toisons suspen-
dues, / les nuées recueillent beaucoup d'humidité marine » (trad. J. KANY-TURPIN).
Nommer l'air et l'eau – parce que la présence de ces éléments est une évidence
dans les nuages – ne signifie pas pour autant que les *ambrota*, pour Empédocle,
ne contiennent aucun autre élément.

64. La « pureté chimique » (pour reprendre une expression de O. PRIMAVESI,
dans son article « Empédocle : divinité physique et mythe allégorique », *Philosophie*

de feu ; sa forme relativement stable, qui n'est pas celle d'une flamme, implique la présence d'un support solide[65]. Son existence visible résulte d'un contact avec un corps qui est d'une autre nature que lui-même. Puisque le soleil ne s'appréhende pas dans une séparation – qui serait la marque par excellence de la pureté –, il sera alors difficile d'affirmer qu'il est le feu dans toute sa pureté. Passons maintenant à l'eau et à la terre, où l'évidence des mélanges doit être soulignée. La pluie froide (fr. 21.5), aussi froide soit-elle, n'en est pas moins liquide ; le feu sous forme de chaleur empêcherait la pluie d'être de la neige ou de la grêle. Pour être plus affirmatif sur ce dernier point, il faudra prouver l'identité du feu et de la chaleur chez Empédocle[66]. Je diffère pour l'instant cette preuve. Reste la terre. Ce qui en sort (fr. 21.6 : ἐκ δ' αἴης) mérite une attention spéciale.

Empédocle ne dit pas à Pausanias : regarde la terre – ce qui aurait été la chose la plus simple, désignant sans conteste l'élément terre. Il procède différemment. Il donne à voir deux choses – dans un neutre pluriel, tel les *ambrota* –, à savoir : θέλυμνα et στερεωπά. Ces deux mots sont des hapax. On hésite sur la leçon et la signification à retenir pour le premier des deux mots[67]. Empédocle a,

---

antique, 7, 2007, p. 51-89, à la page 64) est la trace de la Haine ; elle ne serait présente que dans la séparation totale, à savoir dans le Δῖνος. B. INWOOD (*The Poem of Empedocles. A text and translation with an introduction*, Toronto-Buffalo-Londres, University of Toronto Press, 1992, p. 36) dit avec raison : « *The roots can never be observed as pure elements by men; in our world they are always blended to some degree or another* ».

65. Il y a bien sûr l'imaginaire mythologique et poétique du char qui transporte *Hélios*. Le char n'est pas *Hélios* lui-même, il n'est pas du feu ou de la lumière, mais il est quelque chose de solide, sans doute fait de bois et de métal ; *Hélios* n'apparaîtrait pas dans le ciel s'il n'y avait pas ce char tiré par des chevaux. Le soleil, *Hélios*, que l'on voit, est donc tributaire de son char. Les philosophes ont rompu avec l'image du char. Mais ils n'ont pas rompu avec l'idée d'un support solide, qui n'est donc ni le feu ni la lumière. Xénophane croit que le soleil est un nuage incandescent ou encore des particules ignées associées par des exhalaisons humides (DK 21 A 40), Héraclite croit qu'il s'agit d'une cuve (terreuse ?) remplie de feu, d'un feu qui se nourrit des exhalaisons venant de la mer (DK 22 A 12), plus tard Anaxagore y verra une pierre incandescente (DK 59 A 19, A 72 et A 73). Quelle est, pour Empédocle, la nature du soleil visible ? Les témoignages en A 30, A 56 et le fr. 44 disent que ce dernier résulte d'un reflet, ce qui suppose que le support du reflet, essentiel pour la constitution du soleil, n'est pas du feu. Voir note 14. Le support solide du feu solaire chez Empédocle serait de l'air cristallisé, tel, le firmament.

66. La question de l'identité du feu et de la chaleur vaut d'être soulevée. On a en mémoire la question de Socrate à Cébès (*Phédon*, 103 D 2-3) : « Mais le chaud est-il autre chose que le feu, et le froid autre chose que la neige ? » Et la réponse de Cébès, qui satisfait Socrate : « Oui ». Empédocle aurait eu une réponse différente, sans pour autant confondre le froid et la neige.

67. Voir la discussion dans D. O'BRIEN, *Empedocles' cosmic cycle, a reconstruction from the fragments and secondary sources,* Cambridge, Cambridge University Press, 1969, p. 266-267.

pour le moins, et après les mystérieux *ambrota*, choisi un vocabulaire précieux. Au demeurant, je comprends par θέλυμνα ce qui est
compact et fortement enraciné. Mais voici le plus important et le plus
étrange. Les mots θέλυμνα et στερεωπά forment le groupe sujet du
verbe προρέουσι dans la proposition ἐκ δ' αἴης προρέουσι θέλυμνά τε
καὶ στερεωπά. Les deux formes substantivées au neutre doivent donc
être considérés comme des nominatifs commandant un verbe au
pluriel. Toutefois, Empédocle veut également en faire des accusatifs
du verbe δέρκευ (fr. 21.1), à l'instar de ἠέλιον, ἄμβροτα, ὄμβρον (qui
constituent le témoignage – ἐπιμάρτυρα – de son discours, qui s'offrent
au regard). La deuxième étrangeté concerne le verbe προρέουσι
associé à στερεωπά. En effet, ce qui s'écoule n'est pas ordinairement
quelque chose de solide. Empédocle ne suivrait-il pas, ici, la même
ligne de pensée que dans le fr. 6.3, lorsqu'il parle de la source
mortelle (κρούνωμα βρότειον) ? Je m'explique. En suivant une suggestion de C. Gallavotti, j'interprète la « source mortelle » comme étant
la terre d'où naissent, par écoulement, les hommes mortels (et sans
doute d'autres éphémères). La terre est grosse des mortels, sous l'action des larmes de *Nestis* qui mouillent la terre, telles des gouttes de
pluie fécondantes. Empédocle dit aussi, en utilisant le verbe χέομαι,
qu'à partir du mélange (des éléments) des dizaines de milliers d'espèces vivantes s'écoulent (fr. 35.6 : τῶν δέ τε μισγομένων χεῖτ' ἔθνεα
μυρία θνητῶν). Dans le fr. 21, la pluie est présente (v. 5) et tout se
passe comme si le résultat de son action était retenu dans le vers
suivant : de la terre s'écoulent (προρέουσι) – comme d'une source –
des êtres qui sont enracinés en elle et qui sont solides. Quels sont
ces êtres ? Vraisemblablement des arbres, des arbustes, une végétation
montante. Ce sont des êtres vivants éphémères, faits d'un mélange
d'éléments, où la terre est prépondérante[68]. Ainsi en témoigne

---

68. Selon A.P.D. MOURELATOS (« Quality, structure, and emergence in later
pre-socratic philosophy », dans CLEARY, J.J. (dir.), *Proceedings of the Boston area colloquium in ancient philosophy*, 2, 1987, p. 127-194, à la page 190), le verbe προρέουσι
pourrait concerner la cendre et la lave qui coulent d'un volcan. Il ajoute toutefois qu'Empédocle pense presque certainement au processus par lequel la terre
constitue la coquille des mollusques et la carapace des tortues (fr. 76), et à l'infil-
tration de la terre dans les troncs, les branches et les feuilles des arbres. GEMELLI
MARCIANO 2009, p. 182, 185, traduit θέλυμνά τε καὶ στερεωπά par « *was Wurzeln hat,
und das Feste* ». Pour elle (*ibid.*, p. 387-388), θέλυμνα concerne les plantes, qui ont
des racines. Quant aux στερεωπά, elle suppose que ce sont des rocs, des rochers
(*Felsen*), et renvoie au témoignage sous A 69 DK. L'expression θέλυμνά τε καὶ
στερεωπά recouvrirait alors deux objets distincts. Pourrait-on penser à la descendance des hommes à partir du chêne et du rocher (*Odyssée* XIX, 163) ? La chose
n'est pas vraisemblable : Empédocle n'admettrait pas cette descendance, différente de ce qui se lit dans le fr. 62. – En listant, dans l'ordre, soleil, *ambrota*, pluie
et pour finir *stereôpa* – des rochers ? de la lave ? –, Empédocle suivrait-il Anaximène
(DK 13 A 5, A 7), qui énonçait feu (πῦρ), nuage (νέφος), eau (ὕδωρ), pierre

Aétius (A 70) pour qui, selon Empédocle, les arbres croissent et grandissent sous l'effet de la chaleur contenue dans la terre, et sont des parties de la terre. Associer la terre à la végétation se trouve ailleurs chez Empédocle. Dans le fr. 27.1-2, la terre est associée à sa puissance velue (αἴης λάσιον μένος). Cette puissance velue, c'est la végétation. Avec les arbres que l'on devine au fr. 21.6, Empédocle est donc loin de signaler à Pausanias l'élément « terre » dans toute sa pureté, *i.e.* excluant les trois autres éléments. S'il en est bien ainsi, on ne peut pas, là aussi, exiger que les *ambrota* soient purement et simplement l'air. Ils peuvent être un mélange, sous réserve que l'air y soit dominant.

Soulignons au passage une proximité possible entre arbres et hommes. Au fr. 21.10, les hommes et les femmes semblent pousser (ἐβλάστησε) comme les arbres. Qu'Empédocle fasse des θέλυμνα et des στερεωπά des arbres est en droite ligne de sa vision animiste et résolument non mécaniste. Les racines de toutes choses qui font les mélanges vivants tels les arbres, les hommes et les femmes, les poissons et les dieux à la longue vie aux honneurs les plus riches (fr. 21.10-12) ne sont pas les quatre éléments immortels, masses homogènes et pures, totalement séparées sous le règne sans partage de la Haine (fr. 35.14). L'importance du bois – un mélange – serait annoncée de façon implicite dans la promesse à Pausanias. Empédocle utilise en effet le terme λιπόξυλον, un hapax, au fr. 21.2, pour qualifier un propos (ὀάρων προτέρων [...] εἴ τι καὶ ἐν προτέροισι λιπόξυλον). La signification immédiate est : qui manque de bois, ou faible, pauvre (λιπο-) en bois (-ξυλος)[69]. Cependant on traduit souvent le mot en perdant la spécificité du bois, que l'on remplace par « substance » ou « forme ». Empédocle réutilise λιπόξυλος au fr. 71.1 pour qualifier une conviction (λιπόξυλος... πίστις). Dans les deux cas, ce qui est jugé λιπόξυλος (un propos, une conviction) permet d'introduire un développement sur les mélanges mortels issus des quatre manifestations des éléments – des quatre racines pour reprendre la métaphore végétale. Un propos ou une conviction λιπόξυλος ne serait pas porteur du déploiement visible des racines de toutes choses et de la puissance d'Aphrodite. Dit autrement, il serait stérile, aride. Le verbe ἐβλάστησε (fr. 21.10), à forte connotation végétale, appliqué aussi bien aux arbres qu'aux hommes et autres êtres vivants, invite en retour à considérer le mot λιπόξυλον au pied de la lettre.

(λίθοι) ? Je ne le pense pas. Il est plus probable que l'expression en question, *stereôpa,* ne concerne qu'une végétation montante et rigide (excluant les herbes, les mousses).

69. Signalons qu'Empédocle utilise dans le fr. 81 le mot ξύλον pour du bois sur pied (celui de la vigne) et non pas du bois coupé ou sec.

Après avoir entendu ce qu'Empédocle disait de la pluie, Pausanias pouvait comprendre le sens et l'allusion des *ambrota*. De haut en bas, prenant place entre le soleil (fr. 21.3) et la pluie (fr. 21.5), viennent assez facilement les nuages[70]. Ils se devinent d'autant mieux que la déesse Héra est attendue.

Le dévoilement des *ambrota*

Osons maintenant un pas interprétatif supplémentaire. Empédocle dit au fr. 21.3 : εἴδει τε καὶ ἀργέτι δεύεται αὐγῆι. L'épithète *argès* rappelle l'épithète de Zeus au fr. 6.2 (Ζεὺς ἀργής). Rien d'étonnant à ce que le Zeus empédocléen, que des anciens comprenaient comme étant le feu parmi les quatre éléments, soit aussi la lumière (αὐγή) du fr. 21.3, une des manifestations du feu (fr. 84.11) en dehors de la foudre. Ainsi, dans le fr. 21.3 se tiendrait de façon implicite le Zeus du fr. 6. Les *ambrota* feraient couple avec la lumière, autrement dit avec Zeus, tout comme Héra fait couple avec Zeus dans le fr. 6.2, tout comme l'éther brille de lumière au fr. 98.2 (αἰθέρι παμφανόωντι)[71]. Héra identifiée aux *ambrota* dans le fr. 21.4 est sous l'emprise, oserait-on dire amoureuse, d'un Zeus de lumière. Mais le verbe δεύεται, un passif, a deux compléments d'agent[72]. Nous avons parlé de la lumière brillante (ἀργέτι αὐγῆι) ; il faut maintenant

---

70. Les nuages, tels des flocons de laine, précèdent la pluie : Aratos, *Phénomènes*, 939.

71. Lorsque Stobée (*Eclogae*, I, 10.11b) rapporte les vers du fr. 6, il commente ceux-ci en disant que selon Empédocle Zeus est l'éther et qu'Hadès est l'air, car ce dernier n'a pas de lumière qui lui soit propre mais se trouve éclairé par le soleil, la lune et les astres. Stobée ne semble alors pas connaître le fr. 98.2, puisque l'éther (Zeus ?) dans ce fragment n'est pas quelque chose de différent de l'air (Hadès ?). Mais, d'autre part, ce que Stobée suggère de l'air ne trouvant de lumière que de façon externe vaudrait précisément pour αἰθέρι παμφανόωντι. Stobée rattache (faussement) l'air à Hadès, en s'inspirant de la traditionnelle image d'Hadès, invisible, loin de la lumière dans son royaume souterrain. Mais l'éclairement de l'air par le soleil, la lune et les astres, contredit l'image d'un Hadès fuyant la lumière. *Pace* Stobée, chez Empédocle, l'air n'est pas Hadès.

72. Je parle ici de « complément d'agent » pour des éléments naturels (avec l'exemple d'*Odyssée* VI, 43-44), qui ne sont pas considérés dans le contexte comme les instruments d'un agent personnel. La grammaire française considère comme « agent » ce qui, dans une phrase transformée de la voix passive à la voix active, serait le sujet du verbe. Empédocle considère en outre que les éléments naturels sont divins, et personnalisés : ce sont Zeus, Héra, *Aïdôneus* et *Nestis* (fr. 6). – Après DIELS (ἴδει ; 1922) puis J. WACKERNAGEL (1931) et W. KRANZ (1934) et bien d'autres, je retiens εἴδει pour ἴδει, de la même famille étymologique que ἴδος (sueur, cf. ἱδρώς), ἰδίω (suer, transpirer). Cette lecture se défend à partir de l'emploi de εἴδεος au fr. 62.5, qui signifie chaleur. Il serait néanmoins possible de lire εἴδει, dans le fr. 21.4, avec le sens habituel de forme (et non pas avec le sens rare de chaleur). Je n'ai pas suivi cette voie.

mentionner à part égale la chaleur (fr. 21.3 : εἴδει). Lumière et chaleur sont l'expression du feu solaire. Lorsqu'elle vient du fond de l'œil (fr. 84.5 et 11), la lumière est considérée comme du feu par Empédocle ; il serait alors cohérent que la chaleur émanant du soleil, tout comme la lumière solaire, tout comme la lumière venant du fond de l'œil, soit, elle aussi, du feu. Le feu n'est pas exclusivement la brillance visible de la flamme : en témoigne encore au fond de l'œil le feu *ôgugion* (fr. 84.7), qui n'est pas visible ; en témoigne aussi tous les êtres qui contiennent du feu et qui ne brillent pas pour autant. Aétius rapporte (en A 85) que selon Empédocle la mort est la séparation de l'élément igné (διαχωρισμῶι τοῦ πυρώδους), que l'on comprend par déduction être la séparation de la chaleur présente dans le sang (ἐν τῶι αἵματι θερμοῦ). Dans le fr. 62.5 (ἀμφοτέρων ὕδατός τε καὶ εἴδεος αἶσαν ἔχοντες), Empédocle met sur le même plan l'eau et la chaleur, dont les êtres faits d'une seule pièce (οὐλοφυεῖς) auraient une part (αἶσα) de chaque. Si l'on conçoit aisément une part d'eau, il n'en est pas de même pour une part de chaleur dans la mesure où cette dernière serait autre chose que l'un des trois éléments restant (feu, air, terre) ou un mélange de deux ou trois ces éléments[73]. La solution simple est alors de concevoir que la chaleur est une des manifestations du feu[74]. Comprenant sans détour l'équation chaleur

---

73. DIELS (1901) pensait que ἴδεος au fr. 62.5 est la chaleur de l'air (*aeris calor*). Il s'agirait donc pour lui d'un mélange de feu et d'air. Mais pourquoi ne pas concevoir un mélange avec de la terre (de la terre et du feu, ou bien de la terre de l'air et du feu) ? Sur la critique de la lecture de DIELS, voir O'BRIEN 1969, p. 203-205, puis « L'Empédocle de Platon », *Revue des études grecques*, 110, 2, 1997, p. 381-398, aux pages 386-387. Sans explication, on voit l'arbitraire qu'il y a à faire d'ἴδεος ou d'εἴδεος un mélange. Mais, en soi, le mélange dans une distribution de parts n'est pas une absurdité ; à la suite d'une explication, je conclus dans le fr. 96 (l'os), que deux parts de la brillance de *Nestis* signifient deux parts d'un mélange d'air et d'eau. – Aétius et Stobée (A 33) font de Zeus chez Empédocle (fr. 6.2) le bouillant et l'éther : Δία [...] λέγει τὴν ζέσιν καὶ τὸν αἰθέρα. Dans ces deux témoignages l'éther n'est pas l'air ; il est très étroitement associé au feu du ciel, et donc à ζέσις. On admet que le rapprochement phonique et pseudo étymologique entre Ζεύς et ζέσις est tardif. Mais on néglige alors dans le fr. 22.3 (ἠλέκτωρ τε χθών τε καὶ οὐρανὸς ἠδὲ θάλασσα) l'allusion probable au vers 847 de la *Théogonie* hésiodique (ἔζεε δὲ χθὼν πᾶσα καὶ οὐρανὸς ἠδὲ θάλασσα) : ἠλέκτωρ vient à la place de ἔζεε (verbe de la même famille que ζέσις), et fait écho à Ζεύς, premier nommé des quatre racines de toutes choses (fr. 6). Si la terre bout (ἔζεε δὲ χθών), c'est notamment sous la foudre de Zeus (v. 846). En mettant le Brillant (ἠλέκτωρ) à la place du verbe bouillir (ἔζεε), Empédocle n'exclut pas pour autant l'action de la foudre sur la terre, car foudre et chaleur sont liées. Il reste près de Zeus *argès* – Zeus-foudre qui brille –, une manifestation du feu (fr. 6.2). Bref, il probable qu'en plus de Zeus *argès* Empédocle ait pensé Zeus comme le bouillant de chaleur.

74. L'idée que la chaleur est une des manifestations du feu s'exprime chez d'autres auteurs qu'Empédocle. Aristote, *De la génération des animaux*, 736 b 33 – 737 a 7, défend avec vigueur l'idée que la chaleur vitale n'est pas le feu, mais,

= feu, D. O'Brien rend compte du fait que les οὐλοφυεῖς ont des parts d'eau et de chaleur comme suit : « *They have (probably equal) shares of fire and water*[75] ». La lumière et la chaleur ne sont pas le produit d'un mélange. Elles sont l'une et l'autre une manifestation du feu (qui n'est pas exclusivemment solaire), l'une exclusivement visible, l'autre exclusivement appréhendable par le toucher. L'une et l'autre marquent la présence de Zeus, tout comme la foudre ou toute autre manifestation du feu.

On risque de ne plus saisir ici le sens propre du verbe δεύομαι utilisé ici par l'Agrigentin en le traduisant dans le fr. 21.4, comme de nombreux traducteurs, par « être baigné »[76]. Un arrière-plan métaphorique est devenu trop familier pour nous : le bain de soleil. À l'époque d'Empédocle, le verbe δεύομαι n'a pas encore ce sens métaphorique. Il implique un liquide : l'eau (*Odyssée* V, 53, VI, 44), le sang (*Iliade* XIII, 655 ; Sophocle, *Ajax*, 376, et Empédocle lui-même, fr. 128.8), le vin (*Iliade* XXIII, 220), le lait (*Iliade* II, 471), les larmes (*Odyssée* VII, 260, VIII, 522). Il implique une matière qui peut couler, tel le miel (Platon, *Lois*, 782 C 4) ; mais certes pas de la chaleur et de la lumière. Selon toute vraisemblance, Empédocle a donc inventé la métaphore. Il n'a cependant pas omis le lien de δεύεται avec un liquide, et avec le premier d'entre eux, l'eau. Pour s'en convaincre, commençons par lire *Odyssée* VII, 259-260 :

> ἔνθα μὲν ἑπτάετες μένον ἔμπεδον, εἵματα δ᾽ αἰεὶ
> δάκρυσι δεύεσκον, τά μοι ἄμβροτα δῶκε Καλυψώ.

Ulysse mouille de ses larmes les vêtements immortels qui lui ont été donnés par Calypso. On relève dans le vers 260 le mot ἄμβροτα et le verbe δεύω accompagné d'un datif (δάκρυσι) ; c'est ce qui s'observe au fr. 21.4 – à la voix passive près. Dans l'*Odyssée*, le verbe

---

en même temps, il donne à la chaleur solaire la même capacité d'engendrement que la chaleur animale. Pour Empédocle, il n'y aurait pas de distinction à faire entre feu et chaleur, car le feu ne se borne pas pour l'Agrigentin à la manifestation d'une flamme. Platon avait déjà bien vu qu'il existe plusieurs sortes de feu (*Timée*, 58 C 5 – D1), tout comme il existe plusieurs sortes d'air. Cicéron (*De natura deorum*, II, chap. IX-X, 24-26), rapportant la théorie de Cléanthe, développe l'idée que la chaleur, en tant que feu, est présente dans l'eau (sinon l'eau serait de la neige ou de la grêle) et dans l'air. Peut-être faut-il compléter ici avec Sénèque, *Q. N*, III, 10, et dire que l'air sans feu ou sans chaleur serait immobile et solide ; voir aussi Diogène Laërce, *Vies*, VII, 137, 2-3, avec l'affirmation stoïcienne que le feu est le chaud : εἶναι δὲ τὸ μὲν πῦρ τὸ θερμόν. Je crois qu'Empédocle avait déjà pensé les choses ainsi.

75. O'BRIEN 1969, p. 205.

76. Voir par exemple P. TANNNERY (1887), L. ROBIN (1923), J. ZAFIROPULO (1953), J. BRUN (1966), J. BOLLACK (1969), Y. BATTISTINI (1997), J. BIÈS (2010). Les traductions anglaises jouent sur le même registre, avec *to bath* (WRIGHT, 1981), *to drench* et l'idée de ce qui est *sun-drenched* (K. FREEMAN, 1948 ; B. INWOOD, 1992 ; R.D. MCKIRAHAN, 2010).

δεύω concerne des larmes, *i.e.* un liquide. Les vêtements immortels ne sont pas baignés, au sens d'être entourés ou enveloppés par quelque chose ; ils sont en contact avec des larmes, dont le tissu des vêtements s'imbibe en partie. Empédocle avait bâti le vers qui nous occupe avec des matériaux prélevés principalement en *Iliade* XIV, et – nous le découvrons maintenant – avec ceux d'*Odyssée* VII, 259-260. Les *heimata* sont sous-entendus derrière la forme substantivée *ambrota* ; et en plus, un liquide est sous-entendu derrière la chaleur et la lumière solaire. Comment fonctionne cette forme elliptique ?

Dans la mesure où εἴδει appartient à la même famille étymologique que ἶδος (sueur, cf. ἱδρώς), ἱδίω (suer, transpirer), un double sens est possible : la chaleur ou la sueur – un liquide – imprègne ou pénètre la texture nuageuse des ἄμβροτα [εἴματα]. Empédocle aurait donc voulu souligner l'action en profondeur du soleil sur les nuages blancs. La chaleur pénètre dans ces nuages, et – cela peut se supposer – la lumière y pénètre aussi (car leur texture est aérée) et contribue à leur donner leur couleur et leur brillance[77]. Cette compréhension du verbe δεύεται lié à deux agents qui, par leur nature non humide, induisent une métaphore, écarte l'identification des *ambrota* à des corps célestes lointains, que personne (hormis Xénophane) n'oserait situer dans l'air humide (voir la différence entre ὑγρὸς ἀήρ et αἰθήρ au fr. 38.3-4). Nous risquerons une interprétation supplémentaire. La chaleur chez Empédocle donne une forme : c'est le cas avec la lune, avec le firmament, tous deux faits d'air solidifié par le feu (A 30, A 51, A 60), c'est le cas encore avec une forme vivante dans le fr. 73, c'est le cas des os blancs (fr. 96) où la part du feu est importante par rapport aux autres éléments. La chaleur pourrait alors donner leur forme à certains nuages, tels des cumulus, aux formes bourgeonnantes ou floconneuses, épars dans un ciel de beau temps[78].

Dans la mesure où Empédocle nous invite à opposer le vers 3 (soleil, blanc lumineux, chaud) au vers 5 (pluie, sombre, froide), il est tentant de voir ce qu'il en est du vers 4 par rapport au vers 6. Dans ce dernier cas, il n'y pas d'oppositions marquées, mais plutôt des similitudes. On remarquera les neutres pluriels : *ambrota* d'une part et d'autre part *thelumna* et *stereôpa*. Puis le vocabulaire du registre des liquides : *deuetai* et *proreousi*. Si, comme nous le pensons, les *thelumna* et *stereôpa* sont des arbres, le fait qu'ils sortent de terre (ἐκ δ᾽ αἴης) est dû à la chaleur que la terre contient – Aétius (A 70) rapporte en effet cette action de la chaleur. Sachant que la chaleur

---

77. Que la chaleur pénètre dans des nuages dont la substance est majoritairement de l'air se lit chez Plutarque, *De frigido*, 950 D-E.

78. BOLLACK avait déjà souligné le double sens du mot εἶδος (*Empédocle. I, Introduction à l'ancienne physique*, Paris, Éditions de Minuit, 1965 p. 288). Il écrit : « Le feu et l'air chaud durcissent et créent les formes ».

donne des formes stables, on rapprochera alors le premier mot du vers 4 et le dernier mot du vers 6 : *ambrota* et *stereôpa*. N'en tirons pas la conclusion que les nuages sont solides comme les arbres ! Le rapprochement servirait seulement à dire que les nuages blancs ont des formes, fussent-elles passagères, comme les arbres, et que ces formes sont aussi dues à la chaleur. Nous avons choisi de lire εἴδει pour dire la chaleur (à travers la sueur), parce que cette lecture fait sens dans le vers 4. Mais ce même mot qui désigne ordinairement la forme doit être apprécié avec son double sens[79]. Chez Empédocle, la chaleur donne des formes. Les *ambrota* imbibés de la chaleur qui façonne se rapprochent un peu plus des *stereôpa*. Je n'écarterai pas la promesse de départ d'Empédocle (fr. 21.2) à Pausanias : donner à voir une forme réelle (μορφῆι). Le poète est expert en mots et parfois en doubles sens[80].

Certains seront tentés de dire que les nuages aux formes changeantes, qui viennent et qui disparaissent, ne peuvent pas être des choses immortelles. Assurément, les nuages ne sont pas immortels. Mais *ambrota* n'évoque rien d'autre que le lien de la chose en question avec un Immortel. Les vêtements d'un dieu ne sont pas immortels en eux-mêmes ; les vêtements que Calypso offre à Ulysse ne le sont pas plus ; les armes d'Achille, que revêt Patrocle, ne le sont pas non plus. Qui est sous le voile des nuages ? Héra. La déesse immortelle, qui est l'air, se présente au gré du devenir et des lieux sous des formes différentes. Héra est tout à la fois les nuages, le firmament, la lune, le vent, l'éther ou l'air humide, et l'air dans le *Sphairos*. Aucune des manifestations de l'Héra empédocléenne n'est immortelle. L'immense majorité des interprètes comprend – avec raison – qu'Empédocle a voulu faire des *ambrota* un mot uniquement représentatif de l'air ; il restait cependant à comprendre ce qui pouvait être spécifiquement immortel dans ce cas.

Pourquoi Empédocle a-t-il appelé les nuages ἄμβροτα – un mot si peu explicite pour nous – et pas simplement νεφέλας ou νέφη, des mots que l'on comprendrait d'emblée ? J'écarte la réponse de la métrique dans le vers 4 tel qu'il est, car le poète aurait tourné autrement ce vers pour y inclure νεφέλας ou νέφη s'il l'avait voulu. Je suppose qu'ἄμβροτα est une réponse à Xénophane. Pour Xénophane, tout le domaine céleste tient du nuage et ne doit rien à

---

79. Je dois à A. Mourelatos l'impulsion de départ de ma réflexion sur le double sens de εἴδει. Je l'en remercie vivement. Il est possible que je me sois aventuré dans une direction (où je conjugue chaleur et forme) qui ne serait toutefois pas celle qu'il avait imaginée au départ. Ma responsabilité sur ce point est entière.

80. Exemples de doubles sens : fr. 3.3 (πολυμνήστη), fr. 27.4 (μονίη), fr. 68 (πύον), fr. 100.4 (ῥινῶν), fr. 109.2 (ἀίδηλον).

la présence des dieux de la tradition[81]. Empédocle a une conviction différente et l'affiche. Il ne confond pas le soleil et les nuages. Il fait des éléments naturels, dont le feu et l'air, des dieux de même rang portant, pour trois d'entre eux, le nom des Olympiens (Zeus, Héra, *Aïdôneus*). Pour lui, les nuages sont attachés au divin : ce sont des *ambrota*. Et là où Xénophane ne voit dans les phénomènes atmosphériques et célestes que des transformations de l'eau[82], Empédocle entend dire que, parmi les nuages, ceux qui ne sont pas sombres et gorgés de pluie, ceux qui sont blancs se rattachent à l'air et non pas à l'eau. Et en plus, ils sont le lieu d'Héra. Même si Empédocle emprunte parfois à Xénophane – par exemple dans la critique d'Homère et d'Hésiode –, il sait aussi décocher ses critiques contre le Colophonien[83].

Et il y a encore plus. Allons jusqu'au bout du chemin tracé par la présence de Zeus, d'Héra et de ce mot *ambrota* attaché à Héra. Dans le fr. 6, Héra *pheresbios* dépossède Zeus d'une de ses prérogatives traditionnelles : les nuages porteurs de la pluie, ceux qui porteront la nourriture pour la vie terrestre. Elle s'interpose entre le feu du ciel et la terre, entre Zeus *argès* et *Aïdôneus* (fr. 6.2). Dans le fr. 21.3-4, un seul mot suffit pour limiter la puissance de la lumière solaire : *ambrota*. Ce ne sont pas les rayons lumineux, par ailleurs dits indestructibles (fr. 84.6), qui sont les *ambrota* – ces choses mystérieusement immortelles –, ce sont les nuages. Au-dessous des *ambrota*, il n'y a plus la lumière et le chaud (fr. 21.3-4), il y a le sombre et le froid (fr. 21.5). Même les nuages blancs (donc pas seulement les nuages sombres, pluvieux) coupent, ou au moins limitent, la puissance solaire vers la terre. Le positionnement physique des vers, dans le sens de la lecture, porte en lui-même une signification : la lumière et la chaleur d'en-haut (v. 3) sont brisées dans leur chemin vers la terre (v. 6) par la seule présence des *ambrota* (v. 4) ; Zeus rayonnant est limité dans sa puissance par la puissance d'Héra ; Zeus est affaibli par des choses dites immortelles : de simples nuages blancs. Ces nuages, cela est sous-entendu, pourront se transformer ensuite

---

81. Pour un aperçu de la conception de Xénophane concernant le monde céleste et les divers corps ou phénomènes célestes, ainsi que sa façon d'écarter les dieux traditionnels de la nature, voir MOURELATOS 2008, en particulier aux pages 136-138, 147 (« *all the meteôra are clouds* »), p. 149 (« *Xenophanes' project of demythologizing the phenomena in the skies* »).

82. DK 21 B 30.

83. Qu'Empédocle connaissait Xénophane est rapporté par Diogène Laërce, *Vies*, VIII, 56 et IX, 20. Selon Aristote, *Du ciel*, 394 a 21, Empédocle, dans certains de ses vers (fr. 39), s'opposait à ceux qui affirment que la terre a une profondeur infinie. Or Aristote précise que Xénophane (voir DK 21 B 28) soutenait cette thèse. On peut alors penser qu'Empédocle, dans sa critique, visait aussi Xénophane.

en nuages porteurs de pluie (v. 5). Soyons à la fois sensibles au sens et à l'esthétique poétique de l'Agrigentin.

Les *Nuées*

Si notre interprétation des *ambrota* est exacte, une influence possible de ces *ambrota* sur la poésie ultérieure mérite d'être notée. Dans sa pièce *Les Nuées*, Aristophane fait des nuages des déesses à la forme immortelle (*Nuées*, v. 289 : ἀθανάτας ἰδέας). Ce serait là le prolongement des nuages prétendument immortels (les *ambrota*) du fr. 21.4, qu'Empédocle signale au regard de Pausanias[84]. Le passage suivant des *Nuées* (285-290) viendrait en écho du fr. 21.3-6 :

> ὄμμα γὰρ αἰθέρος ἀκάματον σελαγεῖται   285-286
> μαρμαρέαισιν αὐγαῖς.
> ἀλλ᾽ ἀποσεισάμεναι νέφος ὄμβριον   288
>   ἀθανάτας ἰδέας ἐπιδώμεθα
>   τηλεσκόπῳ ὄμματι γαῖαν.   290

> Car l'œil infatigable de l'éther brille
> De ses rayons éclatants
> Mais secouons le nuage pluvieux
>   De notre forme immortelle, que nous contemplions
>   La terre avec notre regard qui voit au loin.

Ce passage est centré sur la vision (ὄμμα, τηλεσκόπῳ ὄμματι). Il en est de même dans le fr. 21 avec les verbes δέρκευ et ὄρα – nous ne négligeons toutefois pas que, dans un cas, c'est Pausanias qui voit, et que, dans l'autre, ce sont les Nuées qui voient (tout comme le Soleil qui voit tout). L'œil de l'éther (ὄμμα αἰθέρος), chez Aristophane, est le soleil (comme dans le fr. 21.3). Il est fait mention de ses rayons lumineux (les μαρμαρέαισιν αὐγαῖς répondent à l'ἀργέτι αὐγῆι du fr. 21.4). Puis vient la nuée qualifiée de pluvieuse (νέφος ὄμβριον) : c'est d'une certaine façon un écho de la pluie sombre et froide du fr. 21.5. Puis la forme immortelle des Nuées (v. 289 : ἀθανάτας ἰδέας). Et la terre (v. 290 : γαῖαν). La forme immortelle, que nous comprenons comme les *ambrota* imbibés d'un εἴδει, n'apparaît que lorsque, dégagée de la pluie, cette forme peut se montrer sous le soleil, dans un ciel suffisamment clair[85]. Puisque les *ambrota* sont imbibés d'une αὐγῆ l'on

---

84. L'influence d'Empédocle dans les *Nuées* est de plus en plus reconnue. Voir récemment A. LAKS & R. SAETTA COTTONE (dir.), *Comédie et philosophie : Socrate et les « Présocratiques » dans les* Nuées *d'Aristophane*, Paris, Éditions Rue d'Ulm, 2013.

85. Le Socrate d'Aristophane dit que les Nuées deviennent tout ce qu'elles veulent (centaure, léopard, loup, taureau : v. 346-348). Mais, en plus de ces

pourrait déduire qu'ils acquièrent la possibilité de voir comme le soleil (qui traditionnellement voit tout). Les Nuées ont sans conteste cette faculté de voir : ἐπιδώμεθα / τηλεσκόπῳ ὄμματι γαῖαν. Aristophane présente dans l'ordre : le soleil (avec ses rayons), la nuée pluvieuse, la forme immortelle (la nuée non pluvieuse), la terre. Empédocle présente le soleil (avec ses rayons), les *ambrota* (les nuages non pluvieux), la pluie (que l'on sait venir de nuages pluvieux), la terre dans ses manifestations. À l'inversion près de la nuée pluvieuse et de la nuée non pluvieuse, le parallélisme entre les deux listes ne manque pas de frapper.

On appréciera aussi que pour Strepsiade – le profane qu'il faut initier –, les Nuées ne pas reconnues d'emblée pour ce qu'elles sont, à savoir des déesses (*Nuées*, v. 321-329), et que chez Empédocle les *ambrota* se donnent à voir pour Pausanias et dissimulent toutefois ce qu'ils sont, à savoir des nuages blancs, lumineux, sous la présence d'Héra. Là aussi, il est difficile de ne croire qu'à des coïncidences fortuites entre Aristophane et Empédocle.

Pour finir, bien plus loin dans la pièce, le poète comique parlera de l'éther en droite ligne de la racine divine Héra *pheresbios* (fr. 6.2). Les Nuées révèlent que l'Éther – un de leurs deux pères (Océan : v. 278 ; Éther : v. 569) – nourrit tous les êtres vivants (v. 569-570 : καὶ μεγαλώνυμον ἡμέτερον πατέρ' // Αἰθέρα σεμνότατον, βιοθρέμμονα πάντων). Une telle affirmation va à l'encontre de la croyance traditionnelle selon laquelle la terre nourrit les êtres vivants (γαῖα φερέσβιος) ; mais elle rejoint la conception de l'Agrigentin concernant Héra *pheresbios*, l'éther porte-vie. Certains se limiteront à croire que l'éther *biothremmôn* ou *pheresbios* désigne l'air à respirer et rien d'autre. Toutefois, chez Empédocle, Héra est l'air, notamment assembleur de nuées (fr. 149) et porteur des pluies fécondantes ; de la sorte, par anticipation, Héra contribue à nourrir les êtres qui vivent des fruits de la terre. Le verbe τρέφω, que l'on comprend dans βιοθρέμμονα, a d'abord un sens propre que l'on ne peut pas totalement négliger au profit d'un sens figuré qui admet que les vivants puissent se nourrir de l'air respiré. Le double sens reste possible.

Simplicius

Au terme de cet article, je voudrais tenter de comprendre une surprenante remarque de Simplicius concernant le fr. 21.4. Avant de citer les vers du fr. 21, Simplicius affirme qu'Empédocle parle

---

formes, l'on sait que les nuages peuvent se transformer de non pluvieux en pluvieux.

de l'air à travers des mots comme αὐγή et οὐρανός (*Commentaire à la* Physique *d'Aristote*, 9.159.11-12) :

> τὸ μὲν πῦρ ἥλιον καλῶν τὸν δὲ ἀέρα αὐγὴν καὶ οὐρανόν, τὸ
> δὲ ὕδωρ ὄμβρον καὶ θάλασσαν. λέγει δὲ οὕτως· [fr. 21].

Que l'air soit appelé οὐρανός, on en conviendra à la lecture du fr. 22.2 (ἠλέκτωρ τε χθών τε καὶ οὐρανὸς ἠδὲ θάλασσα). Mais que l'air soit appelé αὐγή, et que le lien se fasse avec le fr. 21.4, voilà quelque chose de surprenant. On attendrait ἄμβροτα, et non pas αὐγή – la lumière, l'éclat lumineux –, qui serait un autre nom du feu. Nous voulons admettre que Simplicius ne s'est pas trompé et que les manuscrits servant à notre édition moderne sont sur ce point fidèles à ce que qu'avait écrit Simplicius. Alors la question se pose : pourquoi faire d'αὐγή (et non pas d'ἄμβροτα) le mot pour parler de l'air ?

L'explication serait des plus triviales. Simplicius a immédiatement compris – comme d'autres – que le référent des *ambrota* est obscur. Supposant alors que le mot *ambrota* était probablement porteur d'allusions littéraires, dans lesquelles il ne voulait pas entrer (et qui ne l'intéressait pas plus que le nom des racines divines de toutes choses, qu'il ne rapporte pas), n'ayant d'intérêt que pour les quatre *stoicheia* dont parle Aristote à propos de l'Agrigentin, Simplicius[86] a tout simplement esquivé la difficulté de la présence des *ambrota* dans son propos, qu'il a remplacés par *augè*, présent dans le même vers[87]. Faisons-nous un instant l'avocat de ce coup de force. Puisque les *ambrota* sont imbibés de chaleur et de lumière, ils sont d'une certaine façon cette chaleur et cette lumière. Le tour rhétorique reposerait alors sur une métonymie. Pour Simplicius, l'air – ici le contenant – prendrait le nom d'un de ses deux contenus : αὐγή. Ce transfert était facilité par le rapprochement de la lumière et du ciel (αὐγὴν καὶ οὐρανόν), du fr. 21.4 et du fr. 22.2, et peut-être par la mémoire du fr. 98.2 (αἰθέρι παμφανόωντι) que Simplicius citait par ailleurs[88]. Il reste néanmoins que nous sommes face à un coup de force – inacceptable.

---

86. Face aux obscurités littéraires d'Empédocle, Simplicius réagissait vraisemblablement de la même façon que Théophraste, qui lui aussi ignorait les divinités du fr. 6 et préférait ne s'en tenir qu'aux éléments : il convient de ne pas perdre son temps à interpréter. Je rejoins ici J. MANSFELD qui écrit à propos du fr. 6 (« Critical note: Empedocles and his interpreters », *Phronesis*, 40, 1995, p. 109-115, aux pages 114-115) : « *Why should Theophrastus quote a riddle in need of allegoresis rather than lines that list the four elements by their common names, fire, air, water and earth?* [...] *We should accept the undeniable evidence that Theophrastus quoted and interpreted Empedoclean passages which were sufficiently clear.* »

87. Parmi ceux qui adoptent le propos de Simplicius, citons : M.R. WRIGHT, P. KINGSLEY, D.W. GRAHAM. WRIGHT 1981, p. 23, range αὐγή parmi les manifestations de l'air, et va jusqu'à y omettre les *ambrota*.

88. Simplicius, *Commentaire à la* Physique *d'Aristote*, p. 32, 7.

PENSER LE BIEN ET LE MAL
AVEC EMPÉDOCLE*

Dans le monde conçu par Empédocle, depuis un temps immémorial et pour tous les temps à venir, Nécessité régit l'alternance de pouvoir entre l'Amour (*Philotès*) et la Haine (*Neikos*). L'Amour et la Haine sont les deux puissances qui agissent sur les quatre racines divines (fr. 6[1] : Zeus, Héra, *Aïdôneus* et *Nestis*) – autrement connues comme les quatre éléments (feu, air, terre, eau) – et sur les êtres formés à partir de ces éléments[2]. Toute la matière du monde est

Article paru dans χώρα· *Revue d'études anciennes et médiévales*, 15-16, 2017/2018, p. 381-414, reproduit avec quelques légères modifications.

* Je remercie Anca VASILIU de m'avoir donné l'occasion d'exposer certaines vues concernant Empédocle lors d'une journée d'étude « Le Soleil, image du Bien ». Je remercie Ivanete PEREIRA et Anne-Laure THERME qui ont bien voulu m'apporter ensuite leurs critiques et leurs conseils à la lecture d'un premier projet de cet article. Marwan RASHED m'a aidé pour les derniers pas. Je reste seul responsable des interprétations et des éventuelles erreurs qui subsisteraient dans la présente version.

1. Tous les fragments (fr.) cités ici, sans autre précision, sont issus de H. DIELS & W. KRANZ, *Die Fragmente der Vorsokratiker*, I, Berlin, Weidmann, 1951[6], et concernent Empédocle (DK 31). Pour un fragment et ses sources, sur internet voir http://www.placita.fr. Je désigne par B suivi de la numérotation de DIELS le contexte donné par DIELS (sources antiques) et le fragment (fr.) édité correspondant à ce contexte. La lettre A suivi de la numérotation de Diels, sans autre précision, concerne un témoignage relatif à Empédocle. Le Papyrus de Strasbourg édité par A. MARTIN et O. PRIMAVESI (*L'Empédocle de Strasbourg* [P. Strasb. gr. *Inv. 1665-1666*], Strasbourg-Berlin-New York, B.N.U.S. – W. de Gruyter, 1999) est signalé par MP. L'ouvrage de A. LAKS et G. MOST, *Les débuts de la philosophie. Des premiers penseurs grecs à Socrate*, Paris, Fayard, 2016, est signalé par l'abréviation LM.

2. Il existe sept êtres divins strictement immortels chez Empédocle : Nécessité, *Philotès* et *Neikos*, et les quatre racines divines correspondant aux quatre éléments. On parle souvent des six principes d'Empédocle, sans inclure Nécessité. Toutefois, Simplicius témoigne de sept principes empédocléens en *Physique*, 197, 10. Voir J. BOLLACK, *Empédocle. I, Introduction à l'ancienne physique*, Paris, Éditions de Minuit, 1965, p. 155-156. – Je retiens la correspondance suivante des racines divines (fr. 6) aux éléments : Zeus = feu, Héra = air, *Aïdôneus* = terre, *Nestis* = eau. Sur cette question, voir J.-C. PICOT, « L'Empédocle magique de P. Kingsley », *Revue de philosophie ancienne*, 18, 1, 2000, p. 25-86. La correspondance ne se réduit pas

entraînée dans un cycle cosmique qui se répète à l'infini, allant progressivement de la séparation stricte des quatre éléments (le *dinos*[3]) à l'union de ces éléments en un vaste mélange intime, un dieu de forme sphérique (*Sphairos*), pour ensuite revenir progressivement à leur séparation, et ainsi de suite. Divers êtres vivants et mortels existent dans les périodes intermédiaires entre les deux pôles du *dinos* et du dieu *Sphairos*[4].

Selon Aristote, chez Empédocle, l'Amour est la cause du bien et la Haine la cause du mal[5]. Rapportons les mots mêmes d'Aristote (*Métaphysique*, A, 4, 985 a 4-10) :

εἰ γάρ τις ἀκολουθοίη καὶ λαμβάνοι πρὸς τὴν διάνοιαν καὶ μὴ πρὸς ἃ ψελλίζεται λέγων Ἐμπεδοκλῆς, εὑρήσει τὴν μὲν φιλίαν αἰτίαν οὖσαν <u>τῶν ἀγαθῶν</u> τὸ δὲ νεῖκος <u>τῶν κακῶν</u>· ὥστ᾿ εἴ τις φαίη τρόπον τινὰ καὶ λέγειν καὶ πρῶτον λέγειν <u>τὸ κακὸν</u> καὶ <u>τὸ ἀγαθὸν</u> ἀρχὰς Ἐμπεδοκλέα, τάχ᾿ ἂν

une identification, car les noms divins (les racines) disent plus que les appellations profanes des éléments (voir J.-C. Picot, « Un nom énigmatique de l'air chez Empédocle [fr. 21.4 DK] », *Les études philosophiques*, 110, 3, 2014, p. 343-373, à la page 351).

3. Ce terme (δῖνος = tourbillon), introduit par A. Martin et O. Primavesi, se devinerait dans le papyrus de Strasbourg en d 8, à l'accusatif, pour supporter un adjectif qualificatif : πολυβενθ[έα Δῖνον ?]. Voir Martin & Primavesi 1999, p. 146-147, 304-306. L'édition de R. Janko en 2004 (« Empedocles, *On Nature* I 233-364: a new reconstruction of P. Strasb. gr. Inv. 1165-6 », *Zeitschrift für Papyrologie und Epigraphik*, 150, 2004, p. 1-26) reprend la conjecture (avec seulement le passage de la capitale initiale Δ à une minuscule ; je suis en accord avec Janko sur la minuscule). L'édition de Primavesi en 2011 et 2012 (dans Mansfeld J. & O. Primavesi (éd.), *Die Vorsokratiker*, Stuttgart, Philipp Reclam jun., 2011 et 2012) maintient l'édition Martin-Primavesi de 1999. Le terme de *dinos* est utile pour désigner le temps de la séparation totale, caractérisé par un fort mouvement des masses élémentaires.

4. Il va sans dire que cette brève présentation de la philosophie d'Empédocle ne fait pas l'unanimité chez les spécialistes d'Empédocle. Mais il faut partir de quelque part et mettre rapidement un certain nombre de cartes sur table. Concernant ce point, je m'appuie sur les travaux de M. Rashed, *La jeune fille et la Sphère. Études sur Empédocle*, Paris, Presses de l'Université Paris-Sorbonne, 2018.

5. Aristote n'est pas seul à commenter ainsi les vers d'Empédocle. Sous A 29, Platon (*Sophiste*, 242d-243a) fait dire à l'Étranger d'Élée : « Certaines Muses […] de Sicile [*i.e.* Empédocle] […] disent que le tout est alternativement un et ami du fait d'Aphrodite, et multiple et hostile à lui-même en raison d'une certaine discorde ». Sous B 18, Plutarque (*Isis et Osiris*, 370 D) dit : « Empédocle appelle le principe qui produit le bien Amour (*Philotès*) et Amitié (*Philiè*), et souvent Harmonie […] ». Sous B 131, Hippolyte ou Pseudo-Hippolyte (*Réf. Hérésies*, 31.3.1-4) dit : « Car Empédocle dit qu'il y a un monde administré par Discorde la mauvaise, et un autre, intelligible, administré par l'Amour, et que ce sont là les deux différents principes du bien et du mal […] » (trad. R88 LM). En *Métaphysique* Λ, 1075 b 1-4, Aristote confirme et développe son affirmation du livre A au sujet de l'Amour : ἀτόπως δὲ καὶ Ἐμπεδοκλῆς· τὴν γὰρ φιλίαν ποιεῖ τὸ ἀγαθόν, αὕτη δ᾿ ἀρχὴ καὶ ὡς κινοῦσα (συνάγει γάρ) καὶ ὡς ὕλη· μόριον γὰρ τοῦ μίγματος. Le μῖγμα dont parle Aristote n'exclurait pas le *Sphairos*.

λέγοι καλῶς, εἴπερ τὸ τῶν ἀγαθῶν ἀπάντων αἴτιον αὐτὸ τἀγαθόν ἐστι [καὶ τῶν κακῶν τὸ κακόν].

Car si on poursuivait le raisonnement d'Empédocle, et si on le prenait dans son esprit et non dans son expression littérale qui n'est qu'un balbutiement, on trouverait que l'Amitié est la cause du bien, et la Haine, celle du mal. Par conséquent, si l'on soutenait qu'Empédocle, en un sens, a mentionné, et mentionné le premier, le Bien et le Mal comme principes, peut-être aurait-on raison, s'il est vrai que la cause de tous les biens est le Bien lui-même, [et la cause de tous les maux, le Mal].

(Trad. J. Tricot)

Aristote prend suffisamment de précautions de langage pour que l'on soit sûr qu'Empédocle n'exprimait pas de façon claire et concise que « l'Amitié est la cause du bien, et la Haine, celle du mal ». Connaisseur de l'œuvre d'Empédocle, Aristote procède par déduction. En étudiant le corpus empédocléen aujourd'hui à notre disposition, je voudrais mettre en lumière les passages de l'œuvre qui valident l'affirmation d'Aristote, et aussi montrer les subtilités qui font que les choses sont parfois moins simples que ce que dit Aristote. Ce sera la tâche du présent article de penser le Bien et le Mal à partir du point de vue d'Empédocle, autrement dit à partir de ce que l'on peut comprendre des vers du poète[6].

Introduire le Bien chez Empédocle

Une question que l'on se pose immédiatement est de savoir si, dans les vers à notre disposition, Empédocle a usé d'un vocabulaire propre à un discours sur le bien, à savoir par exemple : (τὸ) ἀγαθόν, (τὸ) καλόν, (τὸ) χρηστόν. La réponse est non. Nous disposons

---

6. Un article précédent traite dans une de ses parties du Bien chez Empédocle : G. JOURNÉE, « Dualités présocratiques », *Chôra* (Dualismes), H.-S., 2015, p. 113-140, aux pages 131-139. La question du Bien et du Mal dans la *Physique* d'Empédocle (*Les Origines* selon J. BOLLACK) a été abordée dans une section de l'ouvrage de BOLLACK 1965, p. 60-64, section intitulée 'Au-delà du Mal (*Métaphysique* Λ 10, A 4.)'. La question est reprise çà et là dans son opuscule, *Empédocle. Les Purifications. Un projet de paix universelle*, Paris, Éditions du Seuil, 2003, (mais Bien et Mal ne sont pas dans l'« Index des choses, thèmes, concepts »). « Reprise çà et là » : *ibid.*, p. 12-13, 17-18, 20, 25, 57, 66, 76-78, 83, 87, 92-93, 104, 109-110, 123-126, 130. On trouvera un développement concernant l'éthique d'Empédocle dans (1) J.-F. BALAUDÉ, *Le Savoir-vivre philosophique : Empédocle, Socrate, Platon*, Paris, Grasset et Fasquelle, 2010, p. 87-128 ; (2) A. LAKS, « Sur quelques modalités de la raison pratique dans les cosmo-ontologies présocratiques », dans ROSSI, G. (dir.), *Nature and the best life: Exploring the natural bases of practical normativity in ancient philosophy*, Hildesheim-Zürich-New York, Georg Olms, 2013, p. 15-41 aux pages 30-38.

néanmoins de quelques passages où des mots, adjectifs ou substantifs, ou encore des expressions, méritent l'attention. Je les souligne dans les fragments suivants :

- Fr. 131

εἰ γὰρ ἐφημερίων ἕνεκέν τινος, ἄμβροτε Μοῦσα,
ἡμετέρας μελέτας <ἅδε τοι> διὰ φροντίδος ἐλθεῖν,
εὐχομένωι νῦν αὖτε παρίστασο, Καλλιόπεια,
ἀμφὶ θεῶν μακάρων <u>ἀγαθὸν λόγον</u> ἐμφαίνοντι.

- Fr. 112

ὦ φίλοι, οἳ μέγα ἄστυ κατὰ ξανθοῦ Ἀκράγαντος
ναίετ᾽ ἀν᾽ ἄκρα πόλεος, <u>ἀγαθῶν</u> μελεδήμονες <u>ἔργων</u>,
[ξείνων αἰδοῖοι λιμένες, κακότητος ἄπειροι,]
χαίρετ᾽· ἐγὼ δ᾽ ὑμῖν θεὸς ἄμβροτος, οὐκέτι θνητός

- Fr. 132

<u>ὄλβιος</u>, ὃς <u>θείων πραπίδων</u> ἐκτήσατο <u>πλοῦτον</u>,
δειλὸς δ᾽, ὧι σκοτόεσσα θεῶν πέρι δόξα μέμηλεν.

Il apparaît que l'Amour n'est pas associé à un adjectif comme ἀγαθός ou καλός. Toutefois, il faut compléter le tableau. Empédocle dit de l'Amour :

- Fr. 35.13

<u>ἠπιόφρων</u> Φιλότητος <u>ἀμεμφέος</u> ἄμβροτος ὁρμή

Et de la Haine :
- Fr. 17.19

Νεῖκός τ᾽ <u>οὐλόμενον</u> δίχα τῶν, ἀτάλαντον ἁπάντηι,

- Fr. 109

ὀπώπαμεν
[…] νεῖκος δέ τε νείκεϊ <u>λυγρῶι</u>.

L'Amour ne reçoit jamais les qualificatifs de la Haine, et inversement. L'action de l'Amour est bonne. Celle de la Haine est mauvaise. En dehors du repérage de vocabulaire, posons maintenant la question plus largement : qu'en est-il du Bien chez Empédocle ? Je distinguerai quatre niveaux de réalité pour formuler des réponses :

(1) Le *Sphairos*, chef d'œuvre de l'Amour.
(2) Les choses du monde.
(3) La connaissance et la conduite particulière des hommes.
(4) Les dieux Bienheureux, les plus grands en honneurs.

(1) Le *Sphairos*, chef d'œuvre de l'Amour

Il occupe un âge du cycle cosmique qui en comporterait trois[7]. Il est le mélange des quatre éléments pris dans la totalité de leurs manifestations. Selon Aristote, Empédocle fait seulement l'éloge du mélange[8] ; on pourrait donc supposer qu'Empédocle serait élogieux à l'égard du plus vaste des mélanges possibles, à savoir le *Sphairos*, qu'Aristote comprend comme un (ou mieux : le) dieu pour Empédocle[9]. Alors qu'Aristote ne prononce jamais le mot *Sphairos*, Simplicius en parle clairement (*De anima*, 11.70.17) : τοῦ σφαίρου, ὃν Ἐμπεδοκλῆς θεὸν ὑμνεῖ[10]. Et confirme l'éloge (ὑμνεῖ) de ce dieu. Voici un fragment majeur, puis un témoignage, sur le *Sphairos* :

• Fr. 27 (selon le témoignage de Simplicius)

ἔνθ᾽ οὔτ᾽ ἠελίοιο διείδεται ὠκέα γυῖα	1
[...]	
οὕτως Ἁρμονίης πυκινῶι κρύφωι ἐστήρικται	
Σφαῖρος κυκλοτερὴς μονίηι περιγηθέι γαίων.	3

Là, nul ne distingue ni les membres rapides du soleil	1
[...]	
ainsi donc fixé dans l'épaisse cache d'Harmonie	
le *Sphairos* arrondi se réjouissant dans sa solitude	
[joyeuse.	3

• Contexte fr. 109 – Aristote, *Métaphysique*, B4, 1000 b 3-6 :

διὸ καὶ συμβαίνει αὐτῷ τὸν εὐδαιμονέστατον θεὸν ἧττον φρόνιμον εἶναι τῶν ἄλλων· οὐ γὰρ γνωρίζει ἅπαντα· τὸ γὰρ νεῖκος οὐκ ἔχει.

De là vient aussi que, d'après lui [= Empédocle], Dieu [= le *Sphairos*], quoique souverainement heureux, est moins sage que les autres êtres : en effet, il ne connaît pas tous les éléments, puisqu'il n'a pas en lui la Haine. (Trad. J. Tricot)

---

7. Voir (1) M. RASHED, « La chronographie du système d'Empédocle : addenda et corrigenda », *Les études philosophiques*, 110, 3, 2014, p. 315-342. Puis (2) O. PRIMAVESI, « Empedocles' cosmic cycle and the Pythagorean *tetractys* », *Rhizomata*, 4, 1, 2016, p. 5-29. (3) O. PRIMAVESI, « Tetraktys und Göttereid bei Empedokles: Der pythagoreische Zeitplan des kosmischen Zyklus », dans KITTLER, Fr. *et al.* (dir.), *Götter und Schriften rund ums Mittelmeer*, Paderborn, Wilhelm Fink, 2017, p. 229-316.

8. Voir A 40 (*GC*, 333 b 19-20 : ὁ δὲ τὴν μίξιν μόνον ἐπαινεῖ).

9. À la suite du passage précédent, lisons *GC*, 333 b 20-21 : Καίτοι τά γε στοιχεῖα διακρίνει οὐ τὸ νεῖκος, ἀλλ᾽ ἡ φιλία τὰ φύσει πρότερα τοῦ θεοῦ.

10. J. BOLLACK rapporte cette parole de Simplicius (*Empédocle. II, Les Origines, édition des fragments et des témoignages*, Paris, Éditions de Minuit, 1969, p. 38, témoignage 80) et commente (*Empédocle. III, Les Origines, commentaire 1*, Paris, Éditions de Minuit, 1969, p. 132) : « Le commentateur se sert d'une expression qu'Aristote employait également pour le mélange des choses : ὁ δὲ τὴν μίξιν μόνον ἐπαινεῖ ».

Le *Sphairos* est un dieu. Il est immobile et caché. Il se réjouit (γαίων) ; il est souverainement heureux[11]. Les commentateurs modernes le considèrent souvent comme étant le Bien suprême au sein du cycle cosmique[12]. « Souvent », mais pas toujours, car depuis quelques années les travaux de P. Kingsley contestent l'interprétation commune. Il nous faut traiter cette exception.

Kingsley prétend que pour Empédocle l'Amour rend prisonnier et la Haine libère ; de telle sorte que le Bien se trouve du côté du triomphe de la Haine (le *dinos*), et le Mal du côté du triomphe de l'Amour (le *Sphairos*). Ce qui est prisonnier ou bien libéré, ce sont les quatre racines divines. Kingsley ne prononce jamais les mots de *dinos* ou de *Sphairos*. Le *Sphairos* est pour lui « *sphere of Love* »[13], mais aussi « *womb* »[14], « *perfect mixture* »[15], « *cosmic blood bath* »[16]. Kingsley retient l'avis de F.W. Sturz (1805) sur le *Sphairos*[17] :

> His [= Sturz] own definite conclusion about Empedocles' perfect sphere of love, a conclusion he kept coming back to and restating, was very direct. "I reckon it has to be explained as being a state of crude and chaotic matter."

---

11. Je rapproche la parole d'Aristote « τὸν εὐδαιμονέστατον θεόν » de la parole d'Empédocle : Σφαῖρος […] γαίων. Dans un autre vers d'Empédocle (fr. 28.2), une leçon rapporte : σφαῖρος […] χαίρων. Ce n'est pas une banalité chez Empédocle de parler de la joie d'un dieu. Les dieux du panthéon empédo-cléen ne sont pas tous des Bienheureux. La meilleure preuve est *Nestis* (fr. 6.3) ; elle pleure. Au fr. 116, *Charis* (vraisemblablement une figure de *Philotès*) hait Nécessité. La haine de quelqu'un ne signale pas le bonheur de celui ou de celle qui hait. Les dieux qui animent l'éther, la terre, la mer, le soleil (fr. 115.-11) haïssent (fr. 115.-12). En revanche, un autre nom de *Philotès* est Γηθοσύνη (fr. 17.24). Signaler que le *Sphairos* est heureux ou joyeux souligne quelque chose de spécifique à ce dieu.

12. Par « suprême » je ne fais aucune allusion au souverain Bien d'Aristote (τὸ ἄριστον, *Métaphysique* A, 2, 982 b ; Λ 7, b 19-30) ; je pourrais écrire « le plus grand bien possible, qui ne dure qu'une période du cycle d'un univers cyclique, et qui revient éternellement », au lieu de « suprême » ; mais j'écris brièvement « suprême ». – À titre d'exemple parmi les commentateurs modernes, B. INWOOD dit du *Sphairos* (B. INWOOD, *The Poem of Empedocles. A text and translation with an introduction*, Toronto-Buffalo-Londres, University of Toronto Press, 2001², p. 47) : « *this most blessed and admirable, but still mortal, god.* » Et p. 51 : « *When love alone is active among the roots a perfect compound is produced, the sphere, a long-lived and blessed god, but a mortal god none the less.* »

13. P. KINGSLEY, *Reality*, Inverness, The golden Sufi Center, 2003, p. 400.

14. KINGSLEY 2003, p. 353 : « *Everything enters a great womb, everything becomes the womb, is forgotten in the womb of itself. And Love has her final victory, her total domination over all there is.* » Pour « womb », voir aussi p. 401.

15. KINGSLEY 2003, p. 354.

16. KINGSLEY 2003, p. 354 : « *The consistency of the four elements in this perfect mixture is more or less identical to the consistency of flesh. But there is one substance that it resembles even more closely – blood. The goddess of love has produced a cosmic blood bath.* »

17. KINGSLEY 2003, p. 400.

Pour Kingsley, le Bien est dans la libération des quatre éléments de l'emprise de l'Amour, avec ce point essentiel : l'âme est l'éther pur, c'est-à-dire Zeus[18]. L'âme des hommes pourrait donc, en étant libérée de l'Amour, être pleinement Zeus, qui est l'une des quatre racines divines (fr. 6), souvent appelées du nom profane d' « éléments ».

Je n'entrerai pas ici dans une critique détaillée des idées de Kingsley sur Empédocle. Il me suffira seulement de rappeler qu'Aristote dit qu'Empédocle glorifie le mélange et qu'aucun témoignage de l'Antiquité à notre disposition ne dit le contraire[19]. Toutefois, il existe de longue date une mise en valeur de la pureté, à laquelle participe aujourd'hui Kingsley. Dans l'*Epsilon de Delphes*, Ammonios, le maître de Plutarque, critique le mélange, et défend la pureté. C'est donc une position diamétralement opposée à celle d'Empédocle, puisque le *Sphairos*, le plus vaste mélange, n'est en aucun· cas le pur. Ou bien s'il est pur, par rapport à quelque chose, c'est de la Haine. Le monde rassemblé dans le *Sphairos* s'est purifié de la Haine, qui est alors maintenue extérieure à lui.

Parmi les quatre éléments, l'élément qui recherche la pureté, celui qui est réticent au mélange : c'est le feu. En effet, par deux fois, Aristote dit que pour Empédocle la terre, l'air et l'eau – qui ne formeraient qu'une seule nature (ὡς μιᾷ φύσει) – s'opposent au feu[20]. Kingsley, lui, valorise l'âme = éther, l'air pur. Cela ne s'accorde pas avec ce que le corpus empédocléen livre : si l'éther (= Zeus pour Kingsley) est la chose la plus importante qui doit se libérer de tout mélange, on ne comprend alors pas pourquoi Empédocle insiste sur le fait que le feu – qui n'est pas l'éther ; Kingsley a soin de le préciser – se sépare des trois autres éléments, qui eux-mêmes

---

18. Kingsley 2003, p. 527.

19. Kingsley prend donc une position (contre l'Amour, et en faveur de la Haine) qui n'est soutenue par aucun élément du corpus empédocléen à notre disposition. Lorsque qu'il défend, après F. Knatz (1891), que chez Empédocle Zeus = éther = air et que Hadès = feu, il adopte là aussi une position qui n'est soutenue par aucun élément du corpus empédocléen, et qui va à l'encontre des témoignages anciens qui s'accordent pour dire Zeus = feu.

20. A 36 : *De la génération et la corruption*, 330 b 19-21 (Ἔνιοι δ᾿ εὐθὺς τέτταρα λέγουσιν, οἷον Ἐμπεδοκλῆς. Συνάγει δὲ καὶ οὗτος εἰς τὰ δύο· τῷ γὰρ πυρὶ τἆλλα πάντα ἀντιτίθησιν.) Sous A 37 : *Métaphysique*, 985 a 33 – b2 (οὐ μὴν χρῆταί γε τέτταρσιν ἀλλ᾿ ὡς δυσὶν οὖσι μόνοις, πυρὶ μὲν καθ᾿ αὐτὸ τοῖς δ᾿ ἀντικειμένοις ὡς μιᾷ φύσει, γῇ τε καὶ ἀέρι καὶ ὕδατι). On remarquera ce qui exprime l'opposition des trois éléments au feu : ἀντιτίθησιν, ἀντικειμένοις. Voir W.D. Ross (éd.) dans son commentaire à *Métaphysique* A 984 b 6-8 (*Aristotle's* Metaphysics, I, Oxford, Clarendon Press, 1924, p. 135) : « *The opposition of fire to all the other elements is not known to have been a feature of Pythagoreanism, and it is known to have been a feature of Empedocles' doctrine, at least as conceived by Aristotle. is doubtless thinking of the fact that fire plays a leading part in Empedocles' account of the origin of the world and in his biology* (cf. fr. 62, Burnet, §§ 112-15). »

ne formeraient qu'une seule nature en opposition au feu. J'en dirai plus sur le rôle du feu chez Empédocle, dans une prochaine section.

Kingsley récuse la validité de la tradition aristotélicienne pour reconstruire la pensée d'Empédocle ; je ne la récuse pas ; nos chemins sont alors différents. Cela étant précisé, un point mérite d'être ici retenu en prolongement de la réflexion de Kingsley. Le pôle opposé au *Sphairos*, à savoir le *dinos*, ne fait pas du *dinos* le Mal, opposé au Bien. En lui, il n'y a aucun vivant susceptible de sensation ou d'émotion ; certes aucune joie comme l'exprime le *Sphairos*, mais non plus aucune souffrance ou peine.

Sphairos n'a aucune Haine en lui. La Haine, dont le propre est de séparer, a été chassée des éléments, désormais tous mélangés. Elle a été repoussée aux limites extérieures du mélange. C'est sans doute aux yeux d'Empédocle cette éviction totale de la Haine, porteuse du mal, qui fait du *Sphairos* le Bien suprême. En lui, la Joie, le bonheur et le Bien coïncident[21]. Il exclut toute possibilité de souffrance en lui et en dehors de lui puisqu'il réunit les quatre éléments. Il est le Bien suprême, mais il ne se stabilise jamais comme tel. La Nécessité, qui commande le cycle temporel, empêche cette stabilisation. *Sphairos* est le Bien, mais il est toujours vaincu par la nécessité de l'alternance des pouvoirs dans le cycle. Et il doit être, à son heure, démembré par la Haine.

Sphairos est inatteignable pour l'homme, puisqu'il est toujours d'un autre temps, ou bien dans un lointain passé ou bien dans un lointain futur. S'il peut être vécu ce n'est que par la réincarnation, comme tous les vivants mortels[22]. Il serait ainsi permis pour l'homme d'es-

---

21. La Joie est un autre nom de l'Amour (Aphrodite) : fr. 17.24 (Γηθοσύνη). Le bonheur est dit par Aristote (sous B 109, *Métaphysique*, B4, 1000 b 3-4 : τὸν εὐδαιμονέστατον θεόν.)

22. Cela n'est pas dit expressément dans le corpus empédocléen ; mais on peut le déduire. Empédocle croit en la réincarnation (fr. 117 par exemple). Il croit avoir été un Bienheureux (fr. 115) dans le monde déployé en dehors du *Sphairos*. Plusieurs commentateurs pensent que ce Bienheureux n'est autre que le *Sphairos* ; ils admettent donc que le *Sphairos* est un moment pris dans le fil de toutes les réincarnations. (Voir en particulier INWOOD 2001², p. 60-61, 63.) Cette déduction me semble juste, même si je considère que le séjour des Bienheureux en filigrane du fr. 115 n'est pas le *Sphairos*, mais la lune (« Empédocle pouvait-il faire de la lune le séjour des Bienheureux ? », *Organon*, 37(40), 2008, p. 9-37). Dans le *De exilio*, Plutarque ne se serait pas privé de dire que nous, êtres en exil, venons du *Sphairos* – si tel avait été le cas –, mais il dit que nous venons du ciel et de la lune. Le *Sphairos* est le seul être vivant et mortel au temps où il existe. Comme pour tous les êtres vivants et mortels, il est possible – par le processus de la réincarnation – d'y entrer (naissance) et d'en sortir (mort). J'écarte la possibilité que des mortels puissent, par réincarnation, devenir des êtres sans naissance comme le sont les sept puissances divines. En particulier, je ne peux pas souscrire à la lecture suivante de PRIMAVESI 2016, p. 8 : « *The elements themselves neither arise nor pass away; thus, if we* are *anything at all, we are the divine*

pérer pouvoir, bien plus tard dans le futur, se confondre avec le Bien et la Joie. Le *dinos*, qui n'est pas le Mal, ne peut cependant pas être un bien relatif atteignable par la réincarnation, puisque en lui aucun être vivant ne nait. Le *dinos* n'est pas un dieu tel le *Sphairos*[23]. Les créatures terrestres d'Aphrodite n'ont rien à entreprendre pour faire revenir le *Sphairos*. Aucune action, aucune purification, aucune prière ne valent. Son retour est mécaniquement programmé par Nécessité, après un certain temps d'honneur accordé à la Haine.

Même physiquement absent du monde des êtres mortels et éphémères, le *Sphairos* y joue un rôle paradigmatique. Le *Sphairos* est le paradigme du mélange, le guide de l'action à long terme de *Philotès* – autrement nommée Harmonie, Cypris ou Aphrodite – dans le monde des choses multiples, occupé aussi par la Haine. Le sang et la chair ont la même composition que le *Sphairos*. Ils sont présents presque partout dans le corps humain et dans celui de nombreux animaux. Faire couler le sang est la mauvaise action emblématique selon Empédocle. D'une certaine façon, faire couler le sang revient à petite échelle à répéter l'acte de la Haine, voulu par Nécessité, qui disloque le *Sphairos*. L'acte engagé contre le Bien est précisément le Mal.

Parvenus à ce point nous ne devons pas passer sous silence la complexité de l'action d'Aphrodite dans le monde. Certes, Aphrodite mélange des éléments pour former des êtres vivants ; le sang et la chair (fr. 98) et l'os (fr. 96) en témoignent. Mais elle ne fait pas que mélanger sur le modèle du *Sphairos*, qui est un mélange intime, *i.e.* un mélange presque homogène d'éléments. Elle associe de façon astucieuse divers éléments pris en masse, sans les mélanger, en maintenant clairement et volontairement des séparations entre ces masses. C'est le cas de l'œil. Avec l'œil Aphrodite réussit quelque chose de plus complexe que le sang ou la chair, en intégrant le pouvoir de séparation de la Haine, et ce n'est pas le moindre paradoxe, en ayant à peu près la forme d'une sphère. Nous reviendrons sur cet exemple.

---

elements. *As first shown by the Strasbourg Empedocles papyrus, the mortal teacher of the* Physica *expresses this quite aptly by occasionally passing over the transitory individuality of the isolated combinations altogether and speaking instead directly in the name of the four elements themselves: "Under Love's dominion, we [= the elements] come together into the* Sphairos*"* ».

23. Selon KINGSLEY 2003, p. 401-402, l'âme est faite d'éther, donc identifiée à une des quatre racines divines ; elle trouverait son épanouissement (sa liberté) dans le *dinos*.

(2) Les choses du monde

2.1 Le feu

Le feu est globalement décrit de façon négative chez Empédocle. Deux passages l'attestent directement.

- B 19

    Plutarque, *De primo frigido*, 16, 952 B

    ἧι καὶ παρέσχεν Ἐμπεδοκλῆς ὑπόνοιαν ὡς τὸ μὲν πῦρ Νεῖκος οὐλόμενον, σχεδύνην δὲ Φιλότητα τὸ ὑγρὸν ἑκάστοτε προσαγορεύων.

    C'est ce à quoi Empédocle faisait allusion, disant que le feu [πῦρ] est la Haine funeste [Νεῖκος οὐλόμενον] et appelant à chaque occasion l'humide [τὸ ὑγρὸν] Philotès attachante [σχεδύνην... Φιλότητα].

- Fr. 109

    γαίηι μὲν γὰρ γαῖαν ὀπώπαμεν, ὕδατι δ' ὕδωρ,
    αἰθέρι δ' αἰθέρα δῖον, ἀτὰρ πυρὶ πῦρ ἀίδηλον,

    car par la terre nous voyons la terre, par l'eau, l'eau,
    par l'éther l'éther divin, mais par le feu le feu destructeur [πῦρ ἀίδηλον],

Le feu serait un allié fréquent de la Haine. Plus que les autres éléments, il se prêterait aux œuvres de la destruction, à savoir la séparation dans les mélanges. Rappelons que, d'après le témoignage d'Aristote sur Empédocle, la terre, l'air et l'eau s'opposent au feu. Nous n'aurons pas de difficulté à penser que les éléments lourds tels que la terre et l'eau se meuvent vers le bas à l'opposé du feu, qui naturellement s'élève. De là, par leur proximité relative en bas, la terre et l'eau formeraient une certaine unité face au feu, en haut. Mais ce raisonnement bute alors sur l'air. L'air s'étend aussi bien vers le bas que vers le haut. Le feu se trouve là où l'air réside aussi. Selon cette perspective des lieux naturels, l'opposition du feu à l'air intrigue. Empédocle suivrait une autre ligne de pensée. Retenons simplement que le feu se singularise par rapport aux trois autres éléments, qui ne formeraient qu'une seule nature, selon Aristote. Signalons en outre que dans le Multiple, le feu (flamme, lumière)[24] est bien plus mobile que chacun des autres

---

24. Le feu chez Empédocle ne se réduit pas à la flamme. Pourtant, c'est bien la flamme qui est parfois sous-entendue dans le mot πῦρ, quand celui-ci est qualifié de destructeur au fr. 109.3. Je ne veux pas entrer ici dans le traitement des trois manifestations du feu selon Empédocle – flamme, lumière, chaleur –, que lui-même n'appellerait pas du nom profane πῦρ, mais du nom divin Ζεύς (fr. 6.2). Empédocle suit souvent le langage profane. Quand il veut désigner le feu dans le monde, il ne signale pas une flamme, il signale

trois éléments[25]. La singularité du feu par rapport aux trois autres éléments, et sa puissance destructrice en font un bras armé de la Haine.

Un fragment relate la naissance des ancêtres de l'humanité, émergeant de la terre sous l'action du feu qui se sépare [κρινόμενον πῦρ] pour rejoindre son semblable dans le ciel (fr. 62.1-2, 6) :

> νῦν δ' ἄγ', ὅπως ἀνδρῶν τε πολυκλαύτων τε γυναικῶν
> ἐννυχίους ὅρπηκας ἀνήγαγε κρινόμενον πῦρ,
> [...]
> τοὺς μὲν πῦρ ἀνέπεμπε θέλον πρὸς ὁμοῖον ἱκέσθαι,

Cet épisode est classiquement attribué à la croissance de la Haine dans le monde après la rupture du *Sphairos*. L'attirance des semblables, notamment quand le feu se sépare de la terre pour rejoindre le feu céleste, fait le jeu de la Haine. La séparation annonce une perspective de tristesse ; les prototypes humains – appelés les οὐλοφυεῖς τύποι (fr. 62.4) – sont dans les vers ci-dessus appelés des jeunes pousses (ὅρπηκας) des hommes et des femmes aux pleurs abondants (ἀνδρῶν τε πολυκλαύτων τε γυναικῶν). Ce n'est pas le feu qui, sous la surface de la terre, forma les ancêtres humains. C'est Aphrodite, la déesse des mélanges, qui le fit. Mais au total, par l'entremise du feu qui jaillit comme d'un volcan, les humains apparaîtront sur terre. Aphrodite aura créé des mortels aux pleurs abondants, donc malheureux. La parole d'Aristote selon laquelle « l'Amour est la cause du bien et la Haine la cause du mal » sonnerait alors faux. Le bien ne peut pas être le malheur des mortels. En outre, il est difficile de défendre qu'Aphrodite n'aurait conçu les humains que pour une existence souterraine où ils auraient été heureux, s'ils n'avaient pas été élevés à la lumière par le feu. Et tout aussi difficile de défendre que le feu soit à lui seul la cause des humains malheureux.

Certains événements échappent à l'action – au vouloir ? – d'Aphrodite. C'est le cas des οὐλοφυεῖς τύποι (fr. 62.4) sortant de terre. Le feu, allié fréquent de la Haine, peut être néanmoins dompté par Aphrodite. La déesse l'utilise dans des mélanges ou en association

---

le soleil, à la fois lumière et chaleur. Et ce soleil ne serait pas exactement Zeus, mais son fils, Apollon (fr. 134.4-5). Mais pas d'Apollon sans d'abord Zeus, racine de toutes choses. Empédocle nous oblige à décoder et à relativiser.

25. En *Métaphysique* 984 b 6-8 (χρῶνται γὰρ ὡς κινη τικὴν ἔχοντι τῷ πυρὶ τὴν φύσιν, ὕδατι δὲ καὶ γῇ καὶ τοῖς τοιούτοις τοὐναντίον), Aristote oppose le feu aux autres éléments du point de vue du mouvement : le feu est de nature cinétique alors que les trois autres éléments ne le sont pas. Les autres éléments ne sont pas pour autant dans un repos permanent. L'attirance des semblables fait, par exemple, que la terre va vers la terre. L'eau s'élève par évaporation, puis retombe sous forme de pluie. Les vents sont de l'air en mouvement.

avec d'autres éléments. Il perd alors son image négative. Rapportons deux fragments (fr. 73 et fr. 84) :

• Fr. 73

> ὡς δὲ τότε χθόνα Κύπρις, ἐπεί τ᾽ ἐδίηνεν ἐν ὄμβρωι,
> εἴδεα ποιπνύουσα θοῶι πυρὶ δῶκε κρατῦναι...

Cypris se sert du feu vif (θοῶι πυρί) pour durcir un mélange d'eau et de terre. La technique s'apparente à celle de la poterie. Certes, dans cet exemple, le feu n'est pas destructeur puisqu'il joue un rôle positif, mais il sert néanmoins à faire évaporer l'eau du mélange. La pâte humide dont la forme n'est pas assurée ou solide devient ferme sous l'action du feu, grâce notamment à la séparation de l'eau. Toutefois, à la séparation s'ajoute une fusion. Empédocle, tout comme les potiers, sait empiriquement que la seule évaporation de l'eau, sans l'apport de la chaleur d'un four, n'est pas suffisante pour rendre suffisamment solide une poterie. La chaleur permet la fusion de parties de la terre entre elles. Empédocle a observé le phénomène des alliages tel que celui du cuivre et de l'étain (B 92). La formation du bronze grâce à l'effet d'une forte chaleur sur un mélange savamment dosé de cuivre et d'étain aboutit à un alliage plus solide que le cuivre seul et que l'étain seul. Empédocle dit aussi que la pétrification des roches dans le sol s'opère par la chaleur (A 69). En bref, la chaleur agit sur des morceaux de terre pour provoquer un résultat homogène, non friable. On apprend aussi qu'aux limites du monde le feu agit pour solidifier l'air et constituer le firmament. La lune elle-même serait aussi un air solidifié par l'action du feu (comprenons une des manifestations du feu qu'est la chaleur).

Cypris, la déesse du mélange, fait bon usage du pouvoir de séparation. Nous allons retrouver ce bon usage dans le cas emblématique de l'œil.

• Fr. 84.7-11 (reproduit en tenant compte de l'apport de M. Rashed[26]) :

> ὣς δὲ τότ᾽ ἐν μήνιγξιν ἐεργμένον ὠγύγιον πῦρ   7
> γόμφοισ᾽ ἀσκήσασα καταστόργοισ᾽ Ἀφροδίτη,   7a
> λεπτῆσ᾽ εἰν ὀθόνηισιν ἐχεύατο κύκλοπα Κούρην·   8
> αἳ δ᾽ ὕδατος μὲν βένθος ἀπέστεγον ἀμφινάεντος,
> πῦρ δ᾽ ἔξω διίεσκον, ὅσον ταναώτερον ἦεν,
> ἢ χοάνηισι διάντα τετρήατο θεσπεσίηισιν.   11

---

26. M. RASHED, « The structure of the eye and its cosmological function in Empedocles: reconstruction of fragment 84 D.-K. », dans STERN-GILLET, S. & K. CORRIGAN (dir.), *Reading ancient texts. I: Presocratics and Plato – Essays in honour of Denis O'Brien*, Leyde-Boston, Brill, 2007, p. 21-39, à la page 31.

Le feu, dit *ôgygion* (primitif), joue un rôle majeur dans le mécanisme de la vision. Aphrodite l'a installé dans des membranes (ἐν μήνιγξιν) tout comme elle a versé Κούρην, à savoir l'eau de la pupille[27], dans de fines tuniques (λεπτῇσ' εἰν ὀθόνῃσιν ἐχεύατο). Ce qui est essentiel ici tient au fait que l'agencement de l'œil n'est pas un mélange. Aphrodite tient séparé le feu de l'eau, grâce à des membranes et/ou des fines tuniques. Cela permet à un feu très fin (v. 10), *i.e.* à la lumière émise par le feu *ôgygion*, de passer à travers les pores de la membrane et/ou des fines tuniques, puis de passer à travers l'eau, sans que l'eau éteigne le feu *ôgygion*. L'agencement est astucieux. Le feu joue un rôle positif comme émetteur de lumière, qui permettra la vision. En termes empédocléens, la séparation est maîtrisée au profit d'un organisme vivant, où existent par ailleurs des mélanges tels que le sang, la chair et les os. Dans l'œil, le feu, agent privilégié de la Haine, est asservi par Aphrodite. Un point essentiel de la structure de l'œil est l'équilibre réalisé entre le feu et l'eau.

2.2 Le soleil

Le soleil est parfois directement associé à la Haine. Aristote en témoigne dans une allusion à Empédocle en *Métaphysique*, α, 994a.5-a.7 :

οἷον τὸν μὲν ἄνθρωπον ὑπὸ τοῦ ἀέρος κινηθῆναι, τοῦτον δ' ὑπὸ τοῦ ἡλίου, τὸν δὲ ἥλιον ὑπὸ τοῦ νείκους [...]

L'homme par exemple étant mis en mouvement par l'Air, l'Air par le Soleil, le Soleil, par la Haine [...] (Trad. J. Tricot ; < 318 Bollack)[28]

Le soleil met en mouvement ; or chez Empédocle le mouvement dépend notamment de l'action de la Haine, comprenons ici de l'action de séparation[29].

---

27. Empédocle a pu observer ou apprendre (lors de blessures, ou bien par une simple coupe sur des yeux d'animaux morts) que la pupille de l'œil, *i.e.* la κόρη, contient de l'eau. Son raisonnement serait alors le suivant : (1) *Nestis* est la racine divine de l'eau (fr. 6.3) ; (2) *Nestis* est un autre nom de Perséphone, épouse d'*Aïdôneus* (tout comme Héra est épouse de Zeus, voir fr. 6) ; (3) Perséphone a aussi pour nom Κούρη ou Κόρη ; (4) l'appellation traditionnelle de la pupille de l'œil, à savoir la κόρη, renvoie à l'eau (via Perséphone, via *Nestis*).

28. Ross 1924, p. 216, commente ainsi ce passage : « 994 ᵃ 6-7. *The reference to Strife shows that Aristotle is taking an illustration from the cosmology of Empedocles. According to this, the sun was* πυρὸς ἄθροισμα μέγα *(Diog. Laert. viii. 77). I. e. it was formed by Strife, which leads to the segregation of the elements from each other and the aggregation of each together. The same impulse which formed it was doubtless thought to give it its motion. And the sun in turn, being fire, acts on the other elements (cf. A. 984 ᵇ 6, 985 ᵇ 1), and in particular on air* (Aet. ii. 8. 2). »

29. Peut-on objecter que le soleil, évidemment présent dans notre monde au temps de la Haine croissante, n'est pas plus associé à la Haine que chacune

Le soleil dessèche, sépare ; c'est le cas dans la formation du sel (fr. 56) :

ἅλς ἐπάγη ῥιπῇσιν ἐωσμένος ἠελίοιο.

Le sel se solidifia, repoussé par le rayonnement du soleil.

Le sel se solidifie parce que le soleil favorise l'évaporation de l'eau de mer. Les marais salants aménagés par les hommes, pour leur bien, utilisent l'évaporation. Quand Cypris met au feu vif une pâte pour la solidifier (fr. 73), il s'agit là aussi de provoquer une évaporation, donc une séparation.

Le soleil et la lumière, de façon générale, ne sont pas pour Empédocle une image du Bien. Il suffit de rappeler ce qu'est le *Sphairos*, qui, lui, est le Bien dans toute sa perfection possible ; le fr. 27 cité plus haut rapporte que le *Sphairos* existe quand le soleil n'est pas (ἔνθ' οὔτ' ἠελίοιο διείδεται ὠκέα γυῖα) ; le *Sphairos* est fixé dans une cache épaisse, immobile (οὕτως Ἁρμονίης πυκινῶι κρύφωι ἐστήρικται). Contrairement au *Sphairos*, le soleil n'est pas immobile (je me place du point de vue des Grecs anciens) ; au cours de son mouvement autour de la terre il se cache et se dévoile régulièrement pour les hommes.

Dans les *Catharmes* (fr. 115.9-12), le soleil avec ses rayons (αὐγὰς ἠελίου), tout autant que les autres éléments, hait les *daimones*[30] :

αἰθέριον μὲν γάρ σφε μένος πόντονδε διώκει,
πόντος δ' ἐς χθονὸς οὖδας ἀπέπτυσε, γαῖα δ' ἐς αὐγὰς   10
ἠελίου φαέθοντος, ὁ δ' αἰθέρος ἔμβαλε δίναις·   11
ἄλλος δ' ἐξ ἄλλου δέχεται, στυγέουσι δὲ πάντες.

Empédocle laisse entendre que sur terre nous vivons dans un antre (fr. 120). Selon Porphyre l'antre est le symbole du monde. Or l'antre est un lieu privé de soleil, un lieu obscur. Ne croyons pas pour cela que cette obscurité nous met dans la même situation que le *Sphairos* dans la cache d'Harmonie. Pour Empédocle, le soleil qui inonde la terre de lumière laisse les mortels – aussi paradoxal que cela puisse paraître – dans l'obscurité. Cette obscurité est prise au sens figuré. Elle est liée aux opinions communes sur les dieux et sur la marche du monde (fr. 122.4, 132, 136). Schématiquement : sur terre, là où le soleil brille, règne une obscurité de connaissance, car les hommes entretiennent d'obscures croyances concernant les dieux (fr. 132.2 :

---

des autres manifestations des éléments que nous observons ? L'objection tiendrait à mon avis peu cas du mouvement, au centre du propos d'Aristote, qui différencie le feu (donc le soleil) par rapport aux autres éléments. C'est bien le soleil qui est directement mis en mouvement par la Haine.

30. Un *daimôn* en exil enchaîne les existences d'un certain nombre de mortels sur terre ; il est rejeté d'un lieu vers un autre lors de la mort du mortel auquel il est momentanément attaché.

δειλὸς δ', ὧι σκοτόεσσα θεῶν πέρι δόξα μέμηλεν), et ils ne comprennent pas qu'ils vivent un exil ; la terre est le lieu du mal (fr. 121). En revanche, là où le soleil ne brille pas, au temps du *Sphairos*, il n'est pas question d'une obscurité de connaissance ; la connaissance et l'exil sont attachés au Multiple[31].

Cela étant, le soleil est énoncé sans critique dans divers fragments de la *Physique* : 7 occurrences chez DK ; et 2 occurrences supplémentaires dans MP. Quand il s'agit de montrer une manifestation du feu dans le monde, Empédocle signale le soleil – la chose se montre plus facilement à Pausanias que le feu existant sous terre, ou même jaillissant de l'Etna. Prenons trois exemples. Dans le fr. 21.3 : ἡέλιον μὲν λευκὸν ὅρα καὶ θερμὸν ἁπάντηι. Dans le fr. 22.1 : ἠλέκτωρ τε χθών τε καὶ οὐρανὸς ἠδὲ θάλασσα (ἠλέκτωρ renvoie au soleil ou à Hypérion : *Iliade* VI, 513 ; XIX, 398) ; dans le fr. 71 : πῶς ὕδατος γαίης τε καὶ αἰθέρος ἠελίου τε.

Il existe toutefois un passage de la *Physique* où le soleil visible serait appelé Titan, ce qui laisse entrevoir une pointe critique ou ironique. Voici le fr. 38 (dont le premier vers reprend l'édition d'O. Primavesi en 2011-2012) :

εἰ δ' ἄγε τοι λέξω πρῶθ' ἀρχὴν Ἡελίοιο
ἐξ ὧν δῆλ' ἐγένοντο τὰ νῦν ἐσορῶμεν ἅπαντα,
γαῖά τε καὶ πόντος πολυκύμων ἠδ' ὑγρὸς ἀήρ
Τιτὰν ἠδ' αἰθὴρ σφίγγων περὶ κύκλον ἅπαντα.

Le dernier vers se traduit ainsi : Titan et Éther enserrant sur son pourtour le cercle entier[32]. Titan ne se confond pas avec ce qui est dit de l'éther (contrairement à bien des traductions). Selon la tradition, notamment reprise par Hésiode, un Titan est un dieu primitif ; Zeus, fils du Titan Cronos, vient après. Scandale généalogique, le Titan en question dans le fr. 38.4 serait second par rapport à Zeus, le feu primitif lui donnant naissance. Il y aurait une certaine malice de la part d'Empédocle à appeler Titan le soleil, qui, dans la conception du monde physique de l'Agrigentin, doit son existence à Zeus *argès* (fr. 6.2).

Si le soleil est un œil[33], il ne l'est toutefois pas de la même façon que l'œil des êtres vivant sur terre, façonné par Aphrodite. Cet œil

___

31. Cf. B 109 et Aristote, *De l'âme*, I, 5, 410 b 4-7. J'admets toutefois que le *Sphairos* puisse connaître sa solitude et sa joie. Il ne connaît rien d'autre que lui-même.

32. Je tiens compte ici de M. RASHED, « Le Soleil ou les ruses de l'Amour : édition du fr. 38 », dans RASHED 2018, p. 113-148. Le cercle dont il est question serait la sphère du monde (l'expression reste approximative puisque le monde a une forme ovoïde : cf. A50).

33. Le soleil voit : *Iliade* III, 277 ; *Hymne homérique à Déméter*, 62, 69-71 ; Hésiode, *Théogonie*, 760. Une contribution essentielle sur cette question : J. JOUANNA,

des êtres terrestres contient un feu (fr. 84.7)[34], comme le soleil, mais
– ce point sera essentiel – il contient notamment de l'eau. L'eau est
dite sous le nom de Κούρη (fr. 84.9), dont on reconnaît l'autre nom
de *Nestis* (voir note 27).

Le soleil visible, par l'intermédiaire de la chaleur et de la lumière
qu'il diffuse, entre dans le jeu de l'Amour et dans la constitution
des êtres vivants[35]. Face aux milliers d'espèces d'êtres vivants éphémères, Empédocle s'écrie *thauma idesthai* (fr. 35.17) ; cet émerveillement pour les yeux n'est possible que grâce à la lumière du soleil.
Empédocle reconnaît la beauté des œuvres éphémères et multiples
d'Aphrodite, qui n'apparaîtraient pas sans le soleil. Il nous faudra
revenir plus tard sur les implications de cette expression *thauma idesthai*. Il y a plus à dire tout de suite sur une valorisation du soleil.

Le soleil serait Apollon dans le fr. 134. Or cet Apollon solaire, qui
n'est pas l'Apollon de la tradition, est mis en valeur par Empédocle.
Je reprends ci-après les principaux points de l'argument que j'ai
soutenu dans un article précédent[36].

Relisons d'abord le fr. 134, dans le contexte d'Ammonius, *De
interpr.*, 249, 1-10, notre principal citateur :

διὰ ταῦτα δὲ καὶ ὁ Ἀκραγαντῖνος σοφὸς ἐπιρραπίσας τοὺς περὶ θεῶν ὡς
ἀνθρωποειδῶν ὄντων παρὰ τοῖς ποιηταῖς λεγομένους μύθους, ἐπήγαγε
προηγουμένως μὲν περὶ Ἀπόλλωνος, περὶ οὖ ἦν αὐτῶι προσεχῶς ὁ λόγος,
κατὰ δὲ τὸν αὐτὸν τρόπον καὶ περὶ τοῦ θείου παντὸς ἁπλῶς ἀποφαινόμενος

οὐδὲ γὰρ ἀνδρομέηι κεφαλῆι κατὰ γυῖα κέκασται,	1
οὐ μὲν ἀπαὶ νώτοιο δύο κλάδοι ἀίσσονται,	
οὐ πόδες, οὐ θοὰ γοῦν(α), οὐ μήδεα λαχνήεντα,	
ἀλλὰ φρὴν ἱερὴ καὶ ἀθέσφατος ἔπλετο μοῦνον,	4
φροντίσι κόσμον ἅπαντα καταΐσσουσα θοῆισιν.	5

Pour ces raisons, le sage d'Acragas critiquait aussi les histoires que
les poètes racontent à propos des dieux ayant des formes humaines,

---

« 'Soleil, toi qui vois tout' : variations tragiques d'une formule homérique et
nouvelle étymologie de ἀκτίς », dans VILLARD, L. (dir.), *Études sur la vision dans
l'Antiquité classique*, Publications des Universités de Rouen et du Havre, 2005,
p. 39-56. Le soleil est un œil : Sophocle, *Antigone*, 879. Pour Aristophane, le soleil
est l'œil de l'éther (*Nuées*, 285).

34. Dans le fr. 84.7 le feu est dit primitif, ὠγύγιον. L'expression ὠγύγιον πῦρ
est étrange. Dans la même métrique, on attendrait quelque chose de plus homérique : ἀκάματον πῦρ. Pour une explication de ὠγύγιον πῦρ voir RASHED 2007,
p. 34-35 (repris en français dans RASHED 2018, p. 168). Je retiens l'explication de
RASHED qui signale que le feu dans l'œil est entouré de l'eau odysséenne (voire
cyclopéenne) comme l'île d'Ogygie.

35. Ne négligeons toutefois pas que les premiers vivants sont constitués sous
la surface de la terre, avec la chaleur ou le feu qui s'y trouvent (B 62).

36. J.-C. PICOT, « Apollon et la φρὴν ἱερὴ καὶ ἀθέσφατος (Empédocle, fr. 134
DK) », *Anais de Filosofia Clássica*, VI, 11, 2012, p. 1-31.

et – d'abord sur Apollon, qui était le sujet immédiat de son propos, mais également sur la totalité du divin en général – il avançait :

Car il ne dispose pas d'une tête d'homme
[sur ses membres,   1
deux branches ne jaillissent pas de son dos[37],
il n'a pas de pieds, pas de genoux rapides, pas de sexe
[poilu, mais il est seulement une *phrèn* sacrée
[et immense,   4
se projetant dans tout le cosmos grâce à ses pensées
[rapides.   5

La « *phrèn* sacrée et immense » est l'Apollon authentique selon Empédocle. Il est difficile de concevoir que cette φρήν en mouvement (καταΐσσουσα) avec ses φροντίσι rapides (θοῆισιν) dans le cosmos soit prise au sens propre. Empédocle a choisi le terme de φρήν plutôt que celui de νόος – qui est pourtant facilement associé à la rapidité, voir *Iliade* XV, 80-83 – pour en venir au développement qu'il fait au dernier vers (v. 5), avec le mot φροντίσι apparenté à φρήν. Le vers 5 serait premier dans l'explication de la présence de φρήν au vers précédent. Ordinairement, une *phrèn* est la *phrèn* de quelqu'un ; elle ne se confond pas avec ce quelqu'un ; cette fois-ci elle est ce quelqu'un lui-même, Apollon ; Apollon est seulement (μοῦνον) une *phrèn*. L'affaire est suffisamment étrange pour que l'on en vienne à privilégier un sens figuré de φρήν plutôt que le sens propre et habituel d'organe de pensée (diaphragme). La φρήν serait ici une métaphore empédocléenne pour désigner le soleil, et celle-ci ne se comprendrait qu'à condition de joindre φροντίδες à φρήν. Les *phrontides* seraient les rayons du soleil[38]. L'argument soutenant la métaphore tient à

---

37. Ce vers 2 n'est vraisemblablement pas authentique. Il serait une copie du premier vers du fr. 29 (fragment visant le *Sphairos*), insérée ensuite dans le fr. 134. Le scholiaste à Olympiodore (*In Platonis Gorgiam commentaria* 4.3.36, dans le *Marc. gr.* Z. 196) rapporte le fr. 134 sans le vers 2, et avec une modification dans le vers 1 (οὔτε γὰρ ἀνδρομέη κεφαλὴ […]) et le vers 3 (οὐ χέρες). Ce serait là, contre la transmission d'Ammonius et de Tzetzès, le fr. 134 authentique. M.R. WRIGHT (*Empedocles: the extant fragments*, New Haven-Londres, Yale University Press, 1981, p. 253-254) défend la réduction à quatre vers du fr. 134 ; je pense qu'elle a raison. (PRIMAVESI 2016, p. 11 n. 29, s'est prononcé en faveur du fr. 134 réduit, mais n'a pas repris le nominatif ἀνδρομέη κεφαλή du premier vers.) – Les deux branches qui sortent du dos sont une métaphore pour des ailes (et non pas des bras comme on le croit généralement, ainsi BOLLACK 1969 [*III*], p. 141-142). Les images traditionnelles d'Apollon ne le montrent jamais avec des ailes ; ce serait donc maladroit de la part d'Empédocle de brosser une image anthropomorphique d'un Apollon ailé, et inexistant, pour dire ensuite que son vrai Apollon n'est pas ailé !

38. Apollonios de Rhodes fournit un passage, dans les *Argonautiques*, III, 755-760, où la lumière du soleil (ἠελίου… αἴγλη) bondit (ἀΐσσουσα) dans une maison. Cette lumière est réfléchie par de l'eau agitée dans un récipient, et vient, apparemment, se projeter de façon aléatoire contre des murs et un plafond

la relation de filiation entre Zeus et Apollon. Je prends d'abord au sérieux le fr. 6 quand Empédocle nomme son Zeus (différent de celui de la tradition) :

τέσσαρα γὰρ πάντων ῥιζώματα πρῶτον ἄκουε·
Ζεὺς ἀργὴς Ἥρη τε φερέσβιος ἠδ᾽ Ἀιδωνεύς
Νῆστίς θ᾽, ἣ δακρύοις τέγγει κρούνωμα βρότειον.

Le Zeus qualifié d'ἀργής – comme la foudre ou comme la lumière (fr. 21.4) – n'a pas ici une épithète traditionnelle. Il n'est pas l'un des trois dieux mâles et olympiens qui, aux dires de Poséidon, en *Iliade* XVI, 190-192, se partagent une grande partie du monde. Il n'est pas le père des hommes et des dieux. Le Zeus du fr. 6 n'est pas celui de la tradition. C'est le feu dans toutes ses manifestations[39]. Le soleil est une manifestation de Zeus-feu. De là, on peut avancer qu'Apollon, fils de Zeus, pourrait être le soleil dont l'origine est Zeus-feu. L'Apollon d'Empédocle vient en opposition à ce que racontent les poètes, mais l'opposition à la tradition ne serait pas totale. Je suppose que l'Apollon du fr. 134.4-5 reste le fils de Zeus, et se signale par sa rapidité, comme la pensée dans l'*Hymne homérique à Apollon*, 448-450[40]. Cet hymne qui brosse un Apollon anthropomorphe est vraisemblablement en arrière-plan du propos d'Empédocle. Dans le fr. 134, Empédocle critiquerait l'Apollon traditionnel de l'hymne, et en même temps lui emprunterait des traits pour son Apollon authentique (rapidité, pensée).

Rayons du soleil, les *phrontides* ont un sens positif : soin, attention, diligence. Les rayons agiraient de façon attentionnée sur le cosmos, dont la terre. Le soleil, émetteur de lumière et de chaleur, fait du bien : ce dont personne ne doute pour la vie des plantes et par conséquent pour celle des animaux qui dépendent des plantes, et pour celle de l'homme. Le soleil facilite l'évaporation, la formation des nuages. Puis avec l'accumulation des nuages viennent la pluie et

plus ou moins dans l'ombre. Ce passage fait plus qu'associer ἠελίου αἴγλη à ἀίσσουσα, à l'instar de ce que j'interprète de la *phrèn* καταΐσσουσα avec ses *phrontides* dans le fr. 134. Chez Apollonios, la maison représente la poitrine de Médée ; la lumière qui bondit à l'intérieur de la maison représente le cœur qui bondit follement dans sa poitrine (v. 760 : ὡς δὲ καὶ ἐν στήθεσσι κέαρ ἐλελίζετο κούρης). Transposons : le cœur (chez Apollonios) serait la *phrèn* (chez Empédocle) ; la lumière qui bondit serait la *phrèn* avec ses *phrontides* ; la maison ou la poitrine serait le cosmos. Voir un écho de la comparaison faite par Apollonios : Virgile, *Énéide*, VIII, 18-25.

39. Sur les identifications du fr. 6, voir note 2.

40. Cette partie de l'hymne constitue une matrice poétique qui aurait permis à Empédocle de construire les vers du fr. 134. Une étude approfondie de cette matrice est à paraître dans un article écrit en collaboration avec W. Berg : « Apollo, Eros, and epic allusions in Empedocles, frr. 134 and 29 DK ». Empédocle ne rompt pas totalement avec les figures mythologiques qu'il critique et détourne.

la fécondation de la terre. Ensuite ce sera la sortie des végétaux, et de nouveaux l'évaporation. Le soleil facilite le cycle de l'eau[41].

Apollon, fils de Zeus-feu, serait le soleil visible, en mouvement, et se projetant par ses rayons dans le cosmos. Aussi étrange que cela paraisse, Empédocle pourrait soutenir à la fois que le soleil est Titan (fr. 38.4) et qu'il est Apollon (fr. 134.4-5), parce que ni le Titan qu'il croit vrai n'est hésiodique, ni l'Apollon qu'il croit vrai n'est homérique. Restons attentif à μοῦνον, « seulement », dans ἀλλὰ φρὴν ἱερὴ καὶ ἀθέσφατος ἔπλετο μοῦνον. L'Apollon authentique serait le soleil, et rien d'autre. Avec μοῦνον, Empédocle trace un trait sur toute une mythologie consacrée à Apollon. Le geste est aussi critique que de faire d'Apollon un Titan[42]. Il ne met en valeur la divinité de son Apollon, comme on le comprend d'Ammonius, que pour dénier la réalité de l'Apollon de la tradition.

Le soleil, tout comme le feu, est chargé d'ambivalence chez Empédocle. On semble loin ici de la valorisation quasiment absolue de la lumière qui existe chez Platon ou d'autres auteurs. Pensons aussi à la connaissance – forcément lumineuse. Empédocle adopte cette image quand il dit à Pausanias : comprends chaque chose de façon claire (fr. 3.13). Ou bien quand il s'en prend à la croyance obscure des dieux (fr. 132.2). Toutefois, le fr. 122 montre la complexité à juger de la lumière :

> ἔνθ' ἦσαν Χθονίη τε καὶ Ἡλιόπη ταναῶπις,   1
> [...]
> Νημερτής τ' ἐρόεσσα μελάγκαρπός[43] τ' Ἀσάφεια.   4

Face à *Asapheia* – l'absence de clarté –, il n'y a ni la lumière ni une déesse solaire (telle *Heliopè* présente ailleurs au fr. 122.1), il y a Némertès, une déesse marine, qui appartient au domaine de *Nestis*, la racine divine de l'eau (fr. 6). *Asapheia* serait du côté du mal, avec ses fruits noirs (μελάγκαρπος). Némertès serait du côté du bien, et de l'amour, tant elle est aimable (ἐρόεσσα). Némertès ne pourrait être brillante que lorsqu'elle fait mélange avec l'air pour être l'écume

---

41. M. RASHED m'a suggéré une idée que j'adopte volontiers : la *phrèn* Apollon-soleil serait à la vie dans le cosmos ce que la *phrèn-Nestis* serait à la respiration du corps. Sur la *phrèn-Nestis* (une interprétation de la petite fille qui régit l'alternance de l'eau et de l'air dans une clepsydre), voir M. RASHED, « De qui la clepsydre est-elle le nom ? Une interprétation du fragment 100 d'Empédocle », *Revue des études grecques*, 121, 2, 2008, p. 443-468, à la page 456 (repris dans RASHED 2008, p. 188). Le mot φρήν est un équivalent des πραπίδες pour signifier le diaphragme.

42. Dans « Apollon chez Empédocle », j'essaie de montrer qu'Empédocle est loin d'honorer Apollon (*contra* l'avis de A. BOUCHÉ-LECLERCQ, *Histoire de la divination dans l'Antiquité*, I, Paris, E. Leroux, 1879, p. 32, qui considère Empédocle comme un « lieutenant d'Apollon »).

43. μελάγκαρπος selon l'édition de BOLLACK 2003, p. 78.

(cf. fr. 96.2 : la brillance de *Nestis*). Sinon, elle est noire, parce que l'eau est noire chez Empédocle (A 69a). À *Asapheia* ne s'oppose donc pas la lumière.

2.3 L'eau

La parole de Plutarque, citée plus haut, à l'appui du rapprochement du feu et de la Haine (*De primo frigido*, 16, 952 B = 31 B 19 DK), servira maintenant au rapprochement de l'eau et de l'Amour :

> σχεδύνην δὲ Φιλότητα τὸ ὑγρὸν ἑκάστοτε προσαγορεύων.

> et appelant à chaque occasion l'humide *Philotès* attachante.

Mentionnons deux fragments qui vont dans le même sens.

* Fr. 34 :

> ἄλφιτον ὕδατι κολλήσας...

L'eau sert à coller (ὕδατι κολλήσας).

Or coller est le propre de l'Amour, sous le nom d'Harmonie, comme le prouve le fr. 96.4.

* Fr. 96.3-4 :

> τὰ δ᾽ ὀστέα λευκὰ γένοντο
> Ἁρμονίης κόλλησιν ἀρηρότα θεσπεσίηθεν.

Dans un autre fragment – le fr. 23 sur la peinture –, deux peintres agissent au service de l'Amour pour lui offrir des tableaux représentant des êtres vivants et mortels[44]. Ils utilisent des pigments de couleur. Même si cela n'est pas dit explicitement, ils utilisent aussi de l'eau. La peinture ne se réalise que grâce à l'eau qui sert à fixer la couleur sur le support. L'eau est une colle pour les pigments. Nous avons vu plus haut que la chaleur permet de fusionner les parties de terre dans le travail du potier – or fusionner est une façon de coller –, il faut ajouter dans le même registre que l'eau permet de coller des parties de terre (les pigments) sur d'autres parties de terre (le support de peinture).

Maintenant que l'association de l'eau et de l'Amour est dite de façon directe et sans ambigüité, il est possible de lire deux fragments qui font de *Nestis* l'alliée privilégiée de l'Amour, donc du principe du Bien.

Le fr. 6 (cité plus haut) énonce les quatre racines divines. Dans cet énoncé, Empédocle imite et varie la formule du grand serment

---

44. Pour un développement concernant les deux peintres du fr. 23 : voir note 65.

des dieux *(Hymne à Apollon* I, 83-85 ; *Iliade* XV, 36-37 ; *Odyssée* V, 184-185[45]). Le grand serment présente en deux vers et dans l'ordre Terre et Ciel dans le premier vers, puis Styx dans le second. Styx, la célèbre Océanide, est une déesse de l'eau. Empédocle livre quatre divinités en deux vers. Trois dans le premier vers, dont assurément deux disent indirectement la terre et le ciel *(Aïdôneus* et Héra) ; et la quatrième divinité dans le second vers : *Nestis*, l'eau. Comparée à Terre et Ciel (que l'on peut lire comme des divinités très anciennes), Styx est une déesse mineure. Pourtant, c'est elle qui est en place d'honneur dans le grand serment des dieux. *Nestis* est, elle aussi, une divinité mineure – du moins apparemment –, comparée à Zeus, Héra et Hadès cités avant elle dans le fr. 6. Mais c'est sur *Nestis*, avec un vers entier, que nous en savons comparativement le plus[46]. L'eau du Styx est dite κατειβόμενον dans le grand serment ; ce mot se dit souvent pour les larmes. Empédocle parle de larmes (δακρύοις), celles de *Nestis*.

On peut supposer qu'Empédocle, en dehors de toute étymologie véritable, a fait un jeu de mots sur *Nestis* : Νῆστις pour Νη-Στύξ, celle qui n'est pas Styx. Expliquons. Par son nom (apparenté à στυγῶ), Styx est associée à l'horreur qui fait frissonner[47], et en conséquence à la Haine. Son alliance de la première heure avec le Zeus de la *Théogonie* hésiodique fixe, pour Empédocle, cette association négative. Que ce soit Zeus-roi, dans un âge de la Haine, en opposition à l'âge de Cypris-reine (fr. 128), ou que ce soit Zeus-foudre (fr. 6.2, ἀργής est une épithète de la foudre), avec le feu allié de la Haine (B 19), Zeus chez Empédocle projette dans son ombre une image maléfique de Styx. Dans le fr. 6, Zeus n'est pas le Zeus en majesté ; Styx est exclue au profit de *Nestis*. *Nestis* n'est pas celle qui provoque l'horreur et la Haine. Elle est l'eau qui s'oppose à l'eau redoutable et infernale de Styx (Hésiode, *Théogonie*, 775 et suiv.). En conséquence, dans le monde bipolaire d'Empédocle, partagé entre Amour et Haine, *Nestis* apparaît dans le fr. 6 comme l'alliée privilégiée de l'Amour.

---

45. *Odyssée*, V, 184-186 :
    ἴστω νῦν τόδε γαῖα καὶ οὐρανὸς εὐρὺς ὕπερθε
    καὶ τὸ κατειβόμενον Στυγὸς ὕδωρ, ὅς τε μέγιστος
    ὅρκος δεινότατός τε πέλει μακάρεσσι θεοῖσι

46. On pourrait ne pas s'en étonner en pensant que nul n'est besoin de préciser ce que sont Zeus, Héra et *Aïdôneus*, – les Olympiens célèbres –, alors que *Nestis*, presque inconnue, a besoin d'être précisée. Mais on ferait en partie fausse route. Les Zeus, Héra et *Aïdôneus* du fr. 6 sont trois racines de toutes choses, en rupture avec la religion traditionnelle. Ils sont en particulier un point de départ absolu, sans ascendants (voir fr. 7). Si *Nestis* est, comme plusieurs savants le croient, et comme je le crois aussi, un autre nom de Perséphone dans le fr. 6, elle est alors une Perséphone sans père (Zeus) ni mère (Déméter).

47. Voir Hésiode, *Théogonie*, 775-776, 792.

C'est un fait que le nom de Styx est absent du corpus empédocléen à notre disposition. Les savants les plus sceptiques et les plus prudents pourraient trouver là un argument pour refuser toute interprétation qui engagerait l'image traditionnelle de Styx face à *Nestis*. Je crois qu'un tel refus prend le risque de la sous-interprétation. Voici un vers d'Empédocle où la présence de Styx est sous-entendue en opposition à *Nestis* (fr. 122.4 selon l'édition de J. Bollack) :

Νημερτής τ᾽ ἐρόεσσα μελάγκαρπός τ᾽ Ἀσάφεια.

Depuis longtemps, on a reconnu dans le catalogue des Néréides et des Océanides l'arrière-plan d'inspiration des déesses de ce fragment. Il est utile d'en tirer une conséquence. Νημερτής est la dernière nommée des Néréides. Dans la conception empédocléenne, Νημερτής, déesse marine, est sous la dépendance directe de *Nestis*, et serait même plus : une figure de *Nestis*[48]. On appréciera alors l'épithète de Νημερτής, jamais lue par ailleurs chez Empédocle : ἐρόεσσα. Après avoir affirmé la proximité de *Nestis* et de l'Amour, nous constatons que Νημερτής τ᾽ ἐρόεσσα abonde dans le même sens. Qui est Ἀσάφεια, qui s'oppose à Νημερτής ? Cette Ἀσάφεια, aux fruits noirs, inquiétante, pourrait être la première des Océanides faisant face à la première des Néréides : Styx face à Némertès, Styx qui provoque la Haine face à *Nestis* qui provoque l'Amour. Je ne prétends pas ici épuiser la signification de *Asapheia*. Dans la mesure où Νημερτής se comprend comme Sans-Erreur ou Sans-Tromperie, Νημερτής s'oppose à Ἀσάφεια, Ἀ-σαφής, Sans-Clarté. Ἀσάφεια serait Erreur et Tromperie possibles. Empédocle a pu tenir Némertès comme une figure de la sagesse (Σόφη au fr. 123.3) en opposition à Ἀσάφεια[49].

Le jeu de mots sur *Nestis* – Νῆστις pour Νη-Στύξ, celle qui n'est pas Styx – serait en filigrane dans le fr. 122.4. Si Némertès est Nestis, alors

---

48. Les commentateurs du fr. 122.4 n'ont pas considéré jusqu'ici le lien étroit existant entre Némertès et *Nestis*. À cela deux raisons probables : (1) les fragments 6 et 122 sont depuis STEIN (1852) dans des poèmes différents ; il n'y aurait donc pas de raison de rapprocher Némertès et *Nestis* ; (2) pour nombre de commentateurs les noms divins ne sont qu'ornementaux ou poétiques, et ne servent pas pour la compréhension du poème ou des poèmes. W.K.C. GUTHRIE affirme ainsi (*A history of Greek Philosophy, II, The presocratic tradition from Parmenides to Democritus*, Cambridge-Londres-New York, Cambridge University Press, 1965, p. 146) : « *Fortunately the question* [*of the divine names of the elements*] *is of little importance for Empedocles's thought* ». Il va mieux en le disant : je n'adhère pas à ces raisons. Allant dans le même sens, avec une prise de position forte et récente contre le recours à la « *poetic fancy* » ou au « *garment of misleading poetic metaphor* » : C. ROWETT, « Love, Sex and the Gods: why things have divine names in Empedocles' poem, and why they come in pair*s* », *Rhizomata*, 4, 1, 2016, p. 80-110.

49. Voir J.-C. PICOT, « Sagesse face à Parole de Zeus : une nouvelle lecture du fr. 123.3 DK d'Empédocle », *Revue de Philosophie Ancienne*, XXX, 1, 2012, p. 23-57, aux pages 53-57.

Némertès, tout comme *Nestis*, n'est pas Styx ; ce qui laisse supposer que *Asapheia*, à laquelle Némertès s'oppose, est Styx.

Nestis est, selon toute vraisemblance, la Muse d'Empédocle, porteuse de vérité. Certes, il n'existe pas de témoignage ou de fragment à notre disposition qui dise explicitement que *Nestis* est la Muse d'Empédocle. Cette identité peut toutefois être induite à partir de plusieurs indices. Selon Hippolyte, *Réfutation de toutes les hérésies,* 7.31.3-4 (B 131), la Muse d'Empédocle est le *dikaios logos,* proche de l'Amour ; elle se bat aux côtés de l'Amour pour assembler les choses dans l'Un (= le *Sphairos*). Or, l'eau est associée à l'Amour chez Empédocle (Plutarque, *De primo frigido,* 952, B10-11, « σχεδύνην » δὲ « Φιλότητα » τὸ ὑγρὸν ἑκάστοτε προσαγορεύων ; B 19). La Muse d'Empédocle n'est pas une appellation poétique, une divinité allégorique ou un simple nom sans référent physique. Elle se bat (συναγωνιζόμενον) aux côtés de l'Amour. On peut alors se risquer à rapprocher le *dikaios logos* de la source qui coule des lèvres inspirées de l'Agrigentin (fr. 3.2 : ἐκ δ᾽ ὁσίων στομάτων καθαρὴν ὀχετεύσατε πηγήν). La parole juste, qui est la Muse selon Hippolyte, se confondrait avec l'eau pure[50]. La pureté dont il est ici question ne laisse pas de place aux obscures croyances.

Il faut prendre au sérieux Empédocle quand il dit lui-même que sa Muse est immortelle (ἄμβροτε Μοῦσα au fr. 131.1). Parce qu'elle peut révéler le cycle cosmique, la Muse est prise, à l'instar des autres racines divines, dans le cycle du monde. Parmi les racines divines, *Nestis*, l'eau, est la meilleure identification de cette Muse, proche des éphémères – entendons en particulier des hommes (fr. 131). *Nestis* pleure (fr. 6.3), ce qui la rapproche des hommes et des femmes (fr. 62.1) ; ses larmes contribuent à la naissance des mortels (fr. 6.3). *Nestis* est une figure féminine à l'instar des Muses. Ajoutons que, selon la tradition, les Muses sont honorées près des sources, des cours d'eau et des fontaines[51]. *Nestis* est en particulier l'eau des sources. Dernier point, le fr. 122.4 place Némertès, figure de *Nestis*, du côté de la parole vraie en opposition à une parole obscure[52]. La Muse d'Empédocle est assurément du côté de la parole vraie.

---

50. La chaîne de raisonnement est longue pour parvenir à ce résultat ; elle soulèvera spontanément le doute chez les savants qui s'accrochent au plus simple. Mais sous-interpréter les données à notre disposition n'est pas à mes yeux le plus raisonnable.

51. Voir ainsi (1) la fontaine mentionnée par Hésiode dans *Théogonie,* 1-4, (2) la source Dircé dont Pindare prétend utiliser l'eau que les Muses ont fait jaillir (*Isthmique,* VI, 74-75), (3) l'*Hymne à Apollon* cité par Porphyre dans *L'Antre des nymphes,* 8, 4-10.

52. Le fait que Styx dans la *Théogonie* hésiodique serve à découvrir la vérité (vers 783-787) ne serait pas pour Empédocle critiquable. Ce qui fonde l'obscurité de Styx, c'est son alliance avec Zeus en tant que maître des hommes et des dieux. Pour Empédocle, Zeus n'est pas, en réalité (dans le fr. 6), le maître des hommes

(3) La connaissance
et la conduite particulière des hommes

Voici ce qu'Empédocle attendrait des hommes :

- qu'ils acquièrent le trésor de pensées divines ;
- qu'ils reconnaissent l'existence de la réincarnation ;
- qu'ils respectent les vivants, condamnent les sacrifices sanglants, et s'abstiennent de procréer (au temps de la Haine) ;
- qu'ils recherchent un équilibre entre les opposés (fr. 122).

3.1 Le trésor de pensées divines

Trois fragments nous éclairent :
- Fr. 132

ὄλβιος, ὃς θείων πραπίδων ἐκτήσατο πλοῦτον,
δειλὸς δ᾽, ὧι σκοτόεσσα θεῶν πέρι δόξα μέμηλεν.

Heureux, celui qui a acquis un trésor de pensées divines,
malheureux, celui qui entretient une obscure croyance aux dieux.

- Fr. 131

παρίστασο, Καλλιόπεια,	3
ἀμφὶ θεῶν μακάρων ἀγαθὸν λόγον ἐμφαίνοντι.	4

Viens en assistance, Calliope,
à qui proclame [= Emp.] une bonne doctrine concernant les dieux bienheureux.

- Fr. 110

εἰ [...]	1
εὐμενέως καθαρῆισιν ἐποπτεύσηις μελέτηισιν,	
ταῦτά τέ σοι μάλα πάντα δι᾽ αἰῶνος παρέσονται,	
ἄλλα τε πόλλ᾽ ἀπὸ τῶνδ᾽ ἐκτήσεαι [...]	4

Si [...]
avec de pures attentions tu gardes un œil bienveillant [sur les éléments]
ils te seront tous présents en abondance durant ta vie
Et tu obtiendras beaucoup d'autres choses à partir d'eux [...]

Pour l'homme, une certaine connaissance des dieux rend heureux ; la méconnaissance des dieux rend malheureux. La méconnaissance conduira aux mauvaises actions.

---

et des dieux. Le Zeus auquel Styx est attachée est le Zeus-*basileus* du fr. 128.2, pris dans la mouvance d'Arès et de Tumulte. La stabilité du monde, après l'accession au pouvoir de Zeus et la mise en place du serment entre les dieux, garanti par Styx, serait pour Empédocle une pure illusion. Le véritable serment est celui qui est associé à Nécessité.

Le trésor de pensée divine (fr. 132.1) et la bonne doctrine (fr. 131.4) sont des pièces maîtresses de la conception empédocléenne des dieux. Cette conception impose de reconnaître les quatre racines divines, les deux puissances, Nécessité, le *Sphairos*, les Bienheureux et l'exil daimonique des Bienheureux coupables d'une faute. Cette connaissance s'oppose à la religion olympienne, où il n'y aurait qu'opinions obscures. Le partage du monde des trois Olympiens, Zeus, Hadès et Poséidon est remis en question dans le fr. 6. Zeus y a perdu de sa superbe. Héra et *Nestis* – cette dernière, déesse quasiment inconnue – se sont invitées dans le partage du monde entre les trois dieux mâles. Poséidon est exclu.

Empédocle demande à l'homme de supprimer en lui les opinions obscures de la religion traditionnelle. Il prône une purification, qui conduira à la bonne connaissance : celle qu'il expose. Notons que le mélange, tant de fois prisé, n'est ici pas de mise. La purification est une séparation. En termes empédocléens, la séparation est le travail de la Haine. Cependant, Empédocle agit pour le Bien (selon lui) ; il agit en faveur de l'Amour, en utilisant la Haine pour se purifier des opinions obscures. Nous avons déjà vu ce paradoxe dans l'œuvre d'Aphrodite qu'est l'œil. Il faut encore le souligner dans un autre passage, quand Empédocle s'adresse à son disciple Pausanias au fr. 4 :

> ἀλλὰ κακοῖς μὲν κάρτα μέλει κρατέουσιν ἀπιστεῖν·
> ὡς δὲ παρ' ἡμετέρης κέλεται πιστώματα Μούσης,
> γνῶθι, διατμηθέντος ἐνὶ σπλάγχνοισι λόγοιο.

Dans ce fragment, suivons, pour le vers 3, l'édition de Bollack, ou celle de Wright, qui retiennent contre Diels-Kranz la leçon διατμηθέντος au lieu de διασσηθέντος. C'est précisément διατμηθέντος qui mobilisera notre intérêt. Le participe διατμηθέντος ne voudrait pas dire ici simplement « séparer en deux », mais « ouvrir » pour puiser. Avec διατμηθέντος ἐνὶ σπλάγχνοισι se devine le jeu des verbes couper et puiser que l'on observe dans διὰ δ' ἔντερα χαλκὸς ἄφυσσε / δηώσας chez Homère (*Iliade* XIV, 517-518). La coupure, qui a indéniablement un sens négatif et agressif chez Homère, a ici, chez Empédocle, une vertu. L'ouverture est profitable. Elle permet l'accès au contenu qui était d'une certaine façon caché[53]. Dans ce contexte, je traduirais διατμηθέντος ἐνὶ σπλάγχνοισι λόγοιο, par une paraphrase : ma parole étant ouverte et puisée par toi, dans tes entrailles. Empédocle dirait donc à Pausanias : avec les gages de vérité de notre Muse, tu sauras tirer de mes paroles ce qu'il faut y entendre, et que les autres ne comprennent pas. Le point important est de prôner l'usage conscient

---

53. Clément d'Alexandrie est citateur du fr. 4 (*Stromate* V, 18.4). Il introduit la citation d'Empédocle après avoir cité *Proverbes*, 10.14 : « Les sages cachent la connaissance. »

d'un acte de coupure pour accéder à une véritable connaissance. La Muse d'Empédocle n'est pas réservée à Empédocle. Le disciple d'Empédocle y a accès à condition que – paradoxe apparent – il use en bien de l'arme de la Haine.

3.2 La réincarnation

Le cycle, régi par la déesse Nécessité, est la figure fondamentale qui guide la pensée d'Empédocle. Le monde change en passant de façon périodique par les mêmes étapes. Une mort n'est que le retour à une autre naissance, une autre vie – elle aussi mortelle. Un être mortel ne peut jamais quitter le cycle des morts et des renaissances[54]. Parmi les connaissances essentielles pour agir selon le Bien, Empédocle énoncerait la reconnaissance de l'enchaînement temporel et continu entre les vies des mortels, que je désignerai par le mot de réincarnation[55.] On déduit cet enchaînement d'une lecture des fr. 8, 9, 11, 115, 117, 125, 126, 127, 136, 137.

Les vers les plus connus qui font état de la croyance d'Empédocle en la réincarnation sont (fr. 127) :

ἤδη γάρ ποτ᾽ ἐγὼ γενόμην κοῦρός τε κόρη τε
θάμνος τ᾽ οἰωνός τε καὶ ἔξαλος ἔλλοπος ἰχθύς

Reconnaître l'existence de la réincarnation ne suppose pas *ipso facto* d'admettre la possibilité de la mémoire des vies antérieures et la possibilité d'accroître ainsi son savoir. Empédocle possède un grand savoir qui remonte bien au-delà de l'existence des mortels sur terre. Il ne tient pas ce savoir de la réincarnation, mais de sa Muse. La valeur de la réincarnation est ailleurs. Elle suppose une continuité entre tous les êtres vivants et mortels[56]. Aucun néant ne les sépare irrémédiablement. Chacun est lié au passé du monde vécu par d'autres

---

54. L'idée du cercle ou du cycle des réincarnations n'est pas expressément dite chez Empédocle. On trouvera ce genre d'expression chez Diogène Laërce VIII, 14 : κύκλος ἀνάγκης. – Voir le cas du *Sphairos* atteignable par réincarnation et la note 22.

55. D'un point de vue théorique, il serait souhaitable de préciser l'usage de mots tels que réincarnation, métempsychose, palingénésie, transmigration. Dans le présent article, ce travail théorique n'aurait guère d'utilité. J'utilise « réincarnation » pour englober plusieurs notions.

56. Je suis conscient de la difficulté posée par le mot « continuité ». On peut penser à une continuité objective ou bien subjective, intrinsèque ou perceptive. Dans un fil de laine, chaque fibre peut être pensée comme continuité. Mais le fil, qui est le mélange intime de fibres, peut aussi être pensé comme une continuité, bien qu'il ne repose que sur la discontinuité des fibres qui le composent. À quelle échelle faut-il raisonner du point de vue d'Empédocle ? Je ne m'aventurerai pas plus loin ici, laissant à une étude ultérieure le traitement de ce sujet en lien avec une conception possible de la réincarnation.

êtres vivants et mortels, et à son avenir qui sera vécu par d'autres êtres. La conséquence est éthique. L'autre mortel sera, en un autre temps, un autre soi-même. La réincarnation implique un perpétuel échange des rôles. Une morale pourrait en émerger : ne pas tuer si l'on ne veut pas ensuite être tué (fr. 136 et 137).

La réincarnation est en action dans les vers 9-12 du fr. 115 :

αἰθέριον μὲν γάρ σφε μένος πόντονδε διώκει,
πόντος δ' ἐς χθονὸς οὖδας ἀπέπτυσε, γαῖα δ' ἐς αὐγὰς   10
ἠελίου φαέθοντος, ὁ δ' αἰθέρος ἔμβαλε δίναις·
ἄλλος δ' ἐξ ἄλλου δέχεται, στυγέουσι δὲ πάντες.

La Haine est à l'œuvre à travers la présence, en arrière-plan, de Styx. Le dernier vers signe cette présence : (1) l'expression ἄλλος δ' ἐξ ἄλλου δέχεται se lit à un détail près dans la *Théogonie*, v. 800, à propos du parjure sur l'eau du Styx ; (2) le verbe στυγέουσι renvoie à la même famille étymologique que Στύξ (l'odieuse déesse dans *Théogonie*, v. 775-776)[57]. Sachant que l'eau du Styx partage le cours d'Océan, le fleuve qui va coulant vers sa source (*Théogonie*, v. 776) et s'enroule autour de la terre (*Théogonie*, v. 790), Empédocle reprendrait du Styx hésiodique le mouvement circulaire avec la mise en scène du cercle éther – mer – terre – soleil – éther.

Lors du colloque « Hesiod and the Presocratics », tenu à Leyde en juin 2016, M.A. Santamaría Álvarez a comparé les vers 115.1-2 avec la *Théogonie* hésiodique, v. 805-806[58] ; il a montré de façon pertinente qu'Empédocle reformulait à sa façon ce que disait Hésiode. Il souligna en particulier qu'Empédocle avait substitué le terme ψήφισμα au terme ὕδωρ lu chez Hésiode, terme qui est associé à Styx (Στυγὸς ἄφθιτον ὕδωρ). À partir de cette observation, je suppose que le décret des dieux (θεῶν ψήφισμα) est dans l'ombre de Styx, agent de la Haine. Pour une audience attentive, qui saisit l'allusion à Hésiode, ὕδωρ a été remplacé mais Styx reste en arrière-plan. Assurément, le décret est en accord avec Nécessité, qui régit imperturbablement les alternances et la récurrence des cycles. Autant dire que ce décret n'est pas (pour Empédocle) un décret qui scelle un engagement d'Amour. Il ne s'agit pas d'un décret qui protégerait toutes les vies mortelles (les œuvres d'Aphrodite) en promettant une punition à qui le transgresserait. Il ne s'agit pas d'un décret s'appuyant sur la loi du fr. 135,

---

57. Empédocle prend le contre-pied de ce qu'Hésiode dit en *Théogonie* 736-739, repris en 807-810. Chez Hésiode, les dieux (dont les Olympiens) détestent les sources de toutes choses (πάντων πηγαί). Chez Empédocle, les racines de toutes choses (πάντων ῥιζώματα, au fr. 6.1, manifestées dans le fr. 115.9-11) détestent le *daimôn* en exil (qui est un équivalent du dieu parjure chez Hésiode).

58. Fr. 115.1-2 : ἔστιν Ἀνάγκης χρῆμα, θεῶν ψήφισμα παλαιόν, / ἀίδιον, πλατέεσσι κατεσφρηγισμένον ὅρκοις. *Théogonie*, 805-806 : τοῖον ἄρ' ὅρκον ἔθεντο θεοὶ Στυγὸς ἄφθιτον ὕδωρ / ὠγύγιον· τὸ δ' ἵησι καταστυφέλου διὰ χώρου.

et inspiré par μὴ κτείνειν τὸ ἔμψυχον, comme nous allons peu après en rendre compte. Une autre certitude : le décret annonce clairement une punition (l'exil loin des Bienheureux). On sait qu'il s'agit du cycle des réincarnations ici-bas, avec des vies de douleur. L'enchaînement des faits conduisant à la punition garde un certain mystère, mais on sait en revanche que ce cycle infernal fonctionne. Le pessimisme d'Empédocle reposerait sur la reconnaissance de ce décret des dieux, qui charrie avec lui le malheur sur terre. Je prolongerai ici ce que J. Bollack avait écrit dans son article « Styx et serments », où cet auteur faisait de Styx une enceinte, un enclos, une muraille extérieure[59]. Chez Empédocle, au fr. 115.1-2, il faudrait comprendre que le décret dans l'ombre de Styx, les vastes serments et Nécessité elle-même concernent le cercle qui enserre, la contrainte qui lie les acteurs du monde (à commencer par les six principes-dieux, les θεοί du vers 1[60]), l'histoire cyclique et récurrente du monde, l'enchaînement inexorable des réincarnations.

3.3 Respecter les vivants, condamner les actes sanglants
et s'abstenir de procréer

Aristote écrit dans la *Rhétorique* (1373 b 4-17) :

> C'est aussi celle [= *la loi qui n'est ni d'aujourd'hui ni d'hier, qui est éternelle et dont personne ne connaît l'origine*[61]] dont Empédocle s'autorise pour interdire de tuer un être animé [μὴ κτείνειν τὸ ἔμψυχον] ; car on ne peut prétendre que cet acte soit juste pour certains, et ne le soit pour d'autres :
>
> > *Mais la loi pour tous s'étend de façon continue à travers l'éther qui règne au loin et la lumière infinie.*
>
> > (Trad. M. Dufour, sauf pour la citation d'Empédocle
> > où je respecte notamment le grec
> > ici retenu ἀπλέτου αὐγῆς.)

Empédocle révèlerait une éthique (μὴ κτείνειν τὸ ἔμψυχον = ne pas tuer un être animé) qui, indépendamment de son propre engagement (fr. 128, 136, 137, 139, d 5-6 MP), s'étend dans le monde, et précisément à travers l'éther et la lumière. Empédocle serait

---

59. J. BOLLACK, « Styx et serments », *Revue des études grecques*, 71, 334-338, 1958, p. 1-35, aux pages 19-35.

60. Je suis ici – *pace* BOLLACK (et bien d'autres) – l'interprétation d'Hippolyte (ou Ps.-Hippolyte), *Réfutation de toutes les hérésies*, VII, 29, 23.6-24.1. Voir la note 67.

61. Parole de l'*Antigone* de Sophocle (v. 456-457), qui selon Aristote correspond au droit naturel.

le porte-parole d'une loi de la nature (qui, pour Aristote, est une loi commune) et non pas d'une loi particulière, seulement humaine. Les deux vers d'Empédocle constituent le fr. 135. Aristote en est notre seul témoin.

L'injonction de ne pas tuer des êtres animés serait une loi de l'Amour, une des deux puissances, selon Empédocle, agissant dans le monde. L'Amour lutte pour que la Haine, la puissance rivale, ne détruise pas ses œuvres, à savoir les mélanges mortels. L'Amour est une puissance qui peut agir dans toute l'étendue du monde et qui, donc, peut porter avec lui, dans l'éther et la lumière, cette loi. Mais l'Amour ne règne pas en maître sur le monde à tous les moments du cycle cosmique. Face à l'Amour, il existe la Haine, à part égale. Nécessité, la déesse gouvernant le cycle cosmique, commande la répartition en alternance du pouvoir entre l'Amour et la Haine, elle régit les temps. Parfois, l'Amour s'élance vers les honneurs. Et la Haine progressivement recule. Parfois la Haine s'élance vers les honneurs. Et l'Amour progressivement recule. Certaines périodes du monde où les êtres mortels vivent – dont les hommes – ne connaissent pas la franche domination d'un des deux pouvoirs. Il existe alors un équilibre instable entre l'Amour et la Haine.

L'âge de Cypris-reine (fr. 128. 3-10) est un âge du monde pendant lequel les êtres animés existent, ainsi que l'éther et la lumière, et pendant lequel l'Amour règne sans que la Haine soit totalement absente. Pour les êtres animés terrestres, éphémères, appartenant à l'âge où Cypris était reine, la loi μὴ κτείνειν τὸ ἔμψυχον aurait un sens[62]. Parmi ces êtres, il y a des hommes. Ils sont heureux. Ils ont néanmoins une idée du mal, puisqu'ils conçoivent que le plus grand crime serait de priver de la vie un animal, et de se nourrir de ses membres (fr. 128. 9-10). On peut supposer, en partant de l'idée que l'exil est traditionnellement une réponse au meurtre, que l'infraction à la loi énoncée dans le fr. 135 aurait pour conséquence l'exil hors de la communauté respectueuse de la loi.

Lorsque l'âge heureux de Cypris (fr. 128) viendra à disparaître, lorsque les forces de la Haine installeront le règne de Zeus (fr. 128.2), alors la loi de l'Amour continuera à exister mais elle perdra de son sens. Le meurtre sera monnaie courante. Le sang coulera ici et là, et il n'y aura plus que quelques cas de sanction qui lui seront attachés. Il n'y a pas d'âge pire que l'âge qui, sans même le savoir, fait de l'infraction à la loi commune de l'Amour sa nouvelle loi. Au

---

62. N. VAN DER BEN (*The Proem of Empedocles' Peri physios: towards a new edition of all the fragments*, Amsterdam, B. R. Grüner, 1975, p. 196) commente le fr. 135 (son fr. 18) et écrit : « *Once, in the beginning of human life, men had lived up to this principle (see* fr. 128 DK.). [...]. *Then, even beasts and birds were tame and gentle to man* (130 DK.). »

temps de Zeus-roi les sacrifices sanglants sont à l'honneur, il y a des guerres justes avec des chefs qui cherchent la gloire en première ligne, il y a de grands poètes qui chantent la gloire des héros qui tuent, il y a des devins qui croient avoir besoin de tuer des animaux et d'en examiner les entrailles pour pratiquer leur art. Ce temps de Zeus-roi est celui où vit Empédocle. Même si l'on peut soutenir que l'Amour n'y est pas absent – puisque tous les êtres vivants éphémères de cet âge tiennent leur existence de la puissance de l'Amour – et donc que l'injonction de ne pas tuer continue à s'étendre dans l'éther et la lumière, en fait cette loi commune est souvent non respectée sur terre ; les conséquences sont inaperçues. Les hommes sont inconscients (fr. 136), et souvent malheureux (fr. 112.10-12, fr. 113.2, fr. 124).

Qu'en est-il de la procréation ? Voici ce qu'Hippolyte dit :

> Empédocle, conscient de l'ordre que la Haine néfaste établit dans ce monde, conseille à ses disciples de s'abstenir de toute nourriture animale ; [...] et il leur apprend dans de tels vers à se maîtriser dans leur commerce avec les femmes, afin de ne pas collaborer et de ne pas coopérer aux œuvres que produit la Haine, qui détruit sans cesse et ruine l'œuvre de l'Amitié.
>
> (Trad. J.-P. Dumont)

En première lecture, et compte tenu de l'intérêt d'Empédocle pour Aphrodite, on pourrait refuser le témoignage d'Hippolyte. La procréation est une conséquence des travaux d'Aphrodite. Comment alors Empédocle pourrait-il aller contre les naissances, comment pourrait-il prôner l'abstinence ? Pour en comprendre le sens, il faut inscrire cette abstinence dans une époque de la Haine montante. Faire naître à cette époque serait offrir à la Haine des créatures sur laquelle elle pourrait exercer sa puissance. Une façon de combattre la Haine consiste donc à ne pas lui donner prise, à limiter le nombre de mortels qui sous sa forte influence se livreront inévitablement à des violences.

3.4 Rechercher un équilibre entre les opposés

Dans sa conception du Bien et du Mal pour l'homme, Empédocle a pu être influencé par Alcméon[63]. Selon Diogène Laërce (DK 24 A 1 = DL VIII.83), Alcméon « écrit que la plupart des choses humaines vont par deux ». Aristote affirme (DK 24 A 3 = *Met.* A 5 986a 22 – b 3) que la table pythagoricienne des dix principes – en fait celle

---

63. Les traductions d'Alcméon qui suivent sont de D. DELATTRE, dans J.-P. DUMONT et *al.*, *Les Présocratiques*, Paris, Gallimard, 1988.

des dix couples en opposition –, « semble avoir été celle d'Alcméon de Crotone », et encore qu'Alcméon avait songé à « toutes sortes d'opposition possibles, comme blanc/noir, doux/amer, bon/mauvais, grand/petit », et enfin que, pour lui, « les opposés sont les principes des êtres ». Aétius rapporte que (DK 24 B 4 = Aetius II 16.2) :

> Selon Alcméon, c'est l'équilibre des puissances, comme l'humide et le sec, le froid et le chaud, l'amertume et la douleur, etc., qui produit et conserve la bonne santé ; c'est au contraire la prédominance de l'une d'elles qui provoque la maladie et, quand deux de ces puissances prédominent, la mort s'ensuit. [...] Mais pour en revenir à la bonne santé, elle est le mélange harmonieux des qualités.
>
> (Trad. D. Delattre)

Rapprochons maintenant les propos qu'aurait tenus Alcméon de ce que rapporte Plutarque d'Empédocle lorsqu'il introduit, cite et commente au moins brièvement ce qui constituera pour nous le fr. 122[64] :

Selon Euripide :

> Biens et maux ne sauraient exister séparés
> Et pour que tout soit bien, il faut certains mélanges,

on ne doit pas se décourager, ni renoncer à cause des vices, mais comme les musiciens harmonisent toujours les notes les plus basses avec les plus hautes, il faut envelopper les mauvaises choses dans les bonnes pour faire de sa vie un mélange harmonieux et qui nous convienne [...]
selon Empédocle, deux destinées, deux génies nous prennent en charge, nous gouvernent dès notre naissance [fr. 122] :

> ἔνθ' ἦσαν Χθονίη τε καὶ Ἡλιόπη ταναῶπις,
> Δῆρίς θ' αἱματόεσσα καὶ Ἁρμονίη θεμερῶπις,
> Καλλιστώ τ' Αἰσχρή τε, Θόωσά τε Δηναίη τε,
> Νημερτής τ' ἐρόεσσα μελάγκαρπός τ' Ἀσάφεια.

> On trouvait là Terre et Soleil aux yeux perçants,
> Discorde ensanglantée et timide Harmonie,
> Beauté, Laideur, Rapidité, Retardement,
> Aimable Exactitude, Équivoque aux fruits noirs.

Ainsi de chacun de ces deux états d'âme nous avons reçu à notre naissance les germes mêlés et c'est pourquoi notre nature présente un tel déséquilibre, et si l'homme sensé souhaite le meilleur, il s'attend au pire, mais use des deux en évitant l'excès.

(Trad. J. Dumortier)

---

64. Plutarque, *De la tranquillité de l'âme*, 474 A 8 – C 6.

Je pars du principe que Plutarque connaissait le contexte de sa citation d'Empédocle et que son commentaire reprend des idées présentes dans ce contexte. Quelque chose pourrait alors surprendre et rendre perplexe. L'homme ne doit pas seulement faire effort vers le Bien ; en effet, « il faut envelopper les mauvaises choses dans les bonnes », « l'homme sensé souhaite le meilleur, il s'attend au pire, mais use des deux en évitant l'excès ». Et en reprenant Euripide : « pour que tout soit bien, il faut certains mélanges » précisément des mélanges de biens et de maux. La surprise vient de la conciliation du Bien et du Mal, et du fait que la purification absolue du Mal, comme éthique – sans compromis ou compromission avec le Mal – n'est pas défendue, alors que l'on voudrait qu'Empédocle prône cette purification absolue du Mal. Force est de constater, si nous entendons bien Plutarque, que nous devons accepter une certaine complexité sur le sujet.

Le *thauma idesthai* du fr. 35.17 dit l'émerveillement d'Empédocle face aux myriades d'espèces mortelles produites par le mélange des éléments. Ce n'est pas un émerveillement face à un simple mélange comme l'os ou le sang ; mais l'émerveillement face à des ensembles articulés, face à des constructions subtiles. Je veux croire que l'émerveillement reconnaît le tour de force et le déploiement d'astuce d'Aphrodite, qui a su dompter la Haine, l'utiliser positivement pour faire des êtres vivants diversifiés et complexes. Nous savons qu'Aphrodite, grande artisane des mélanges, asservit des forces de séparation au profit d'êtres organisés. La construction de l'œil en est un bel exemple. Dans l'émerveillement d'Empédocle, il reste une ambivalence du même type que celle d'Hésiode face aux parements de Pandore, qui est en elle-même un mal destiné aux humains (Hésiode, *Théogonie*, 575, 581). Ce qui est merveilleux et beau cache un mal profond. Le Bien suprême n'est pas dans les œuvres sophistiquées d'Aphrodite, mais dans son œuvre magistrale et simple : le *Sphairos*, l'Un. Mais pour les hommes, le *Sphairos* est inatteignable. Les hommes sont dans le Multiple. Il leur faut, tout comme Aphrodite, divine artisane, composer bon gré mal gré avec la séparation, avec la dualité[65].

---

65. Aphrodite est artisane et artiste. Dans le fr. 23, deux peintres reproduisent des formes vivantes (à partir de diverses matières colorées) : des arbres, des hommes et des femmes, des bêtes, des poissons, et des dieux à la longue vie. Les deux peintres, mis sur le même plan, sont une métaphore dans le propos d'Empédocle. Faut-il croire qu'un de ces peintres est l'Amour et l'autre peintre la Haine ? C'est impossible. La Haine ne fait pas le même travail que l'Amour, et surtout ne peindrait pas des formes vivantes qui sont l'œuvre d'Aphrodite. Si la Haine avait à peindre, elle peindrait le *dinos* ! Mais la Haine ne peint pas. Les deux peintres sont au service de l'Amour ; ils peignent des tableaux en l'honneur de l'Amour. La dualité utilisée pour peindre dirait les deux mains

La dualité, c'est précisément ce qui est au cœur de la réflexion que nous avons rapportée d'Alcméon, et ce qui constitue les couples de divinités en opposition du fr. 122.

(4) Les dieux Bienheureux, les plus grands en honneurs

On sait peu de choses sur les Bienheureux chez Empédocle. Ils jouent pourtant un rôle important dans sa philosophie. Leur existence est attestée dans le fr. 115, appartenant aux *Catharmes*.

- Fr. 115

> [...] ὅς κ' ἐπίορκον ἁμαρτήσας ἐπομόσσηι,   4 (= 18 Rashed)
> δαίμονες οἵ τε μακραίωνος λελάχασι βίοιο,   5
> τρίς μιν μυρίας ὥρας ἀπὸ μακάρων ἀλάλησθαι,   6
>
> « quiconque, après avoir fauté, prononce un parjure,
> ô démons qui avez obtenu une longue vie en partage,
> qu'il erre trente mille saisons loin des Bienheureux, »

(Trad. M. Rashed)

Un *daimôn* en exil ne peut pas être facilement appelé Bienheureux – puisqu'il vit une punition –, et, néanmoins, il est la survivance de ce Bienheureux. Le parjure dont il est question (v. 4) est prononcé par un Bienheureux, vivant dans un séjour céleste loin des soucis terrestres, en un temps qui est aussi celui des êtres mortels et éphémères, dont nous sommes. Dans un précédent article[66], j'ai avancé que ce séjour céleste serait la lune ; les Bienheureux (μακάρων) du fr. 115 seraient donc des dieux lunaires. La scène de référence, adaptée ensuite par Empédocle à l'histoire qu'il raconte, se trouverait dans la scène du parjure sur l'eau du Styx chez Hésiode (*Théogonie*, 782-806). Chez Empédocle, le parjure a pour conséquence l'exil sur terre et son lot de malheurs[67]. Les Bienheureux

---

d'Aphrodite. Prise dans le Multiple, Aphrodite utilise ses deux mains (ici les peintres), et toute la palette des différences de formes, de couleurs, pour ses propres œuvres. Les peintures sont données à l'œil (lui aussi œuvre d'Aphrodite) comme offrande. Pour faire des êtres vivants organisés, la déesse a asservi la Haine, puissance de séparation, de dualité. Voir L. IRIBARREN, « Les peintres d'Empédocle (DK 31 B23) : enjeux et portée d'une analogie préplatonicienne », *Philosophie antique*, 13, 2013, p. 83-115.

66. Voir note 22.

67. Certains éditeurs et commentateurs (F. KNATZ, U. WILAMOWITZ, G. ZUNTZ, O. PRIMAVESI, M.L. GEMELLI MARCIANO) ne reconnaissent pas le vers 4 comme authentique. Bien des commentateurs (qu'ils admettent ou pas le vers 4) considèrent que le meurtre est la rupture d'un serment. Ce serment serait un engagement sur un comportement futur (à savoir une promesse ; et non pas un serment

sont des dieux, tout comme chez Hésiode, mais ce ne sont pas des dieux olympiens, puisque chez Empédocle Zeus et Héra en particulier (fr. 6) sont des racines de toutes choses, en rupture avec la filiation olympienne. Le *Sphairos* n'est en aucune façon le lieu de séjour des Bienheureux, ni de façon physique ni de façon symbolique ou allégorique. Mais il est le plus grand des Bienheureux, quand le Multiple où vivent les Bienheureux du séjour céleste a été résorbé en lui.

On trouve encore la trace des Bienheureux sous la forme des dieux les plus grands en honneurs (θεοὶ τιμῇσι φέριστοι) au fr. 146.3, sans doute étroitement lié au fr. 147, et appartenant aux *Catharmes* (tout comme le fr. 115) :

- Fr. 146

> εἰς δὲ τέλος μάντεις τε καὶ ὑμνοπόλοι καὶ ἰητροί
> καὶ πρόμοι ἀνθρώποισιν ἐπιχθονίοισι πέλονται,
> ἔνθεν ἀναβλαστοῦσι θεοὶ τιμῇσι φέριστοι.

- Fr. 147

> ἀθανάτοις ἄλλοισιν ὁμέστιοι, αὐτοτράπεζοι
> ἐόντες, ἀνδρείων ἀχέων ἀπόκληροι, ἀτειρεῖς.

Les θεοὶ τιμῇσι φέριστοι (fr. 146.3) viendront à se confondre vraisemblablement avec les immortels (ἀθάνατοι) du fr. 147.1. Prenons garde toutefois au vocabulaire qu'emploie Empédocle. Pour lui, le mot ἀθάνατοι ne veut pas dire la même chose que chez Homère et Hésiode. Les ἀθάνατοι d'Empédocle ont une longue vie par rapport aux éphémères qui vivent sur terre, mais ils meurent. Leur éloignement des mélanges terrestres, instables, justifierait leur appellation. Ils sont dits indestructibles, ἀτειρεῖς, mais le mot ne doit pas être lui-même pris au pied de la lettre[68]. En effet, le *dinos* et le *Sphairos* supprimeront de façon inéluctable tous les Bienheureux, tous

---

attestant la vérité d'un comportement dans le passé, *i.e.* une déclaration). Il serait un des serments énoncés au fr. 115.2 ; les Bienheureux seraient les dieux du fr. 115.1. Contre ce scénario, le témoignage d'Hippolyte ou Ps.-Hippolyte (*Réfutation*, VII, 29, 23.6-24.1) précise que les dieux du fr. 115.1 sont les six principes. Or les six principes ne peuvent pas être des Bienheureux, et ne peuvent pas vivre un exil terrestre avec un rejet par les quatre éléments (fr. 9-12). Qui veut continuer à défendre que les dieux du fr. 115.1 sont des Bienheureux doit donc rejeter le témoignage d'Hippolyte. Je ne rejette pas ce témoignage et je ne crois pas que l'exil soit déclenché automatiquement sans la rupture d'un serment. Le serment en jeu ne serait pas une promesse mais une déclaration, comme chez Hésiode avec l'épisode de la déclaration sur l'eau du Styx (ou comme chez Homère avec le serment d'Héra en *Iliade* XV, 36-46). Rien n'est formellement attesté. On doit accepter, sinon une part d'arbitraire, au moins une part de reconstruction probable.

68. Voir D. Babut, « Sur l'unité de la pensée d'Empédocle », *Philologus*, 120, 1976, p. 139-164, à la page 161.

les dieux nés lors des deux périodes intermédiaires entre la période du *dinos* et celle du *Sphairos*.

Comment peut-on deviner, sinon savoir, que les θεοὶ τιμῇσι φέριστοι du fr. 146.3 ne sont rien d'autre que les Bienheureux, les μάκαρες dont il est question au fr. 115.6 ? On le devine en supposant une fin heureuse à l'exil de 30 000 saisons qui est imposé au Bienheureux parjure, tout comme il existe une fin heureuse pour le dieu parjure de la *Théogonie* hésiodique, après 9 ans de punition : ce dieu parjure, une fois puni, retrouve les conversations et les banquets des Bienheureux. Chez Empédocle, tout comme chez Hésiode, le point d'arrivée, *i.e.* la sortie de l'exil, correspondrait au point de départ, le lieu avant l'exil. Et des vies terrestres, qui sont loin d'être bienheureuses, existeraient en parallèle des vies célestes.

De quels honneurs (τιμαί) les dieux en question sont-ils grands ? Il ne s'agit vraisemblablement pas chez Empédocle des marques d'honneurs venant des hommes, car les hommes, à quelques exceptions près, ignorent ces Bienheureux. Le lot de ces dieux Bienheureux, leur τιμή, c'est leur séjour céleste et le bonheur d'y vivre, loin des souffrances terrestres[69]. Au sein du Multiple, le bonheur est leur bien en propre, tout comme à un niveau encore plus grand, hors du Multiple, la joie et le bonheur sont le lot du *Sphairos*. Les Bienheureux n'agissent sur rien. Ils ne s'occupent pas des affaires du monde. Ils n'ont pas de domaine propre à la différence de nombre de dieux de la tradition. Ils ne surveillent rien. Ils passent leur temps autour d'une table (fr. 147). Les Bienheureux ont des vies qui s'accordent au plus près du Bien selon Empédocle. Un danger menace cependant leur existence paisible. C'est celui de commettre un parjure (fr. 115.4). J'avancerai ici un scénario, hypothétique, en posant qu'Empédocle imite et varie la scène du dieu parjure sur l'eau du Styx chez Hésiode. Le dieu hésiodique se parjure en niant de façon mensongère son implication dans une mauvaise action passée. Le Bienheureux empédocléen ferait de même. Il mentirait sur son passé. Mais cette fois-ci la mauvaise action en question existerait dans une de ses vies antérieures terrestres, et non pas simplement dans sa longue vie céleste. Je recours à la réincarnation pour expliquer la logique du parjure, alors que rien n'atteste de ce lien dans le corpus à notre disposition ; je n'accorde donc à ce scénario du mensonge sur une vie antérieure que de la vraisemblance. Toutefois il fait cohérence avec ce que nous savons par ailleurs. Empédocle reproche aux hommes leur ignorance du Tout (fr. 2.1-6, 39.2-3) ; le même reproche vaudrait

---

69. Dans le fr. 119 (ἐξ οἵης τιμῆς τε καὶ ὅσσου μήκεος ὄλβου) le mot τιμή désigne le lot ou la prérogative qu'Empédocle a perdu en passant du statut de Bienheureux à celui d'exilé loin du séjour céleste.

pour les Bienheureux du fr. 115. Le mal pour les Bienheureux, tout comme pour les hommes, passerait par la méconnaissance de la réincarnation, qui concerne tous les êtres vivants et mortels. Croire être séparé des autres vies par la naissance et par la mort, c'est croire sans fondement à une puissance de *Neikos* qui rendrait impossible la réincarnation, alors que la Nécessité interdit une telle puissance.

Conclusion

Le Bien, pris dans le meilleur sens possible, est le *Sphairos*, œuvre d'Aphrodite. Tout être vivant, éphémère ou dieu à la longue vie, emporté dans le Multiple, soumis à la Haine, peut espérer un jour être le dieu *Sphairos*. Mais il doit alors savoir que la vie du *Sphairos*, aussi longue soit-elle, est elle aussi transitoire. Pour le présent de l'être vivant emporté dans le Multiple, il faut concilier au mieux le bien (une vie inoffensive, comme l'est la vie du *Sphairos*) et le mal, tous les déchirements imposés par la Haine active dans le Multiple. Le cycle éternel de l'alternance de l'Amour et de la Haine, de l'Un et du Multiple – ce cycle voulu par Nécessité, l'éternelle puissance au dessus de l'Amour et de la Haine – est, du point de vue de l'Amour, un mal. Ce qui pour l'homme est un bien, quant à la connaissance, c'est de reconnaître l'éternité du cycle et de reconnaître une de ses figures : la réincarnation. La réincarnation se déroule selon un cycle qui ne peut jamais être rompu, dans lequel sont entraînés les êtres vivants mortels, à savoir le *Sphairos* et les mortels du Multiple. Pour les hommes, le bon discours à propos des dieux bienheureux et lunaires consistera en particulier à comprendre en quoi ceux-ci sont le jouet des sept dieux qui régissent le monde. Le destin des Bienheureux est soumis aux conflits, aux arrangements, aux désirs d'honneur des grandes puissances divines. Un tel savoir est un trésor. Pour les hommes, agir bien consistera notamment à limiter les œuvres de Haine et à donner à cette puissance le moins d'emprise possible sur terre, tout en sachant que l'exil terrestre d'un *daimôn*, dont chaque homme dépend, est irrémédiablement fixé à 30 000 saisons. Faute de mieux, il faut rendre l'exil le moins pénible possible.

SPHAIROS, OU LE DIEU CACHÉ (SUR LE FR. 29 DK D'EMPÉDOCLE)*

Les fr. 29 et 134 d'Empédocle apparaissent liés[1] : l'un et l'autre concernent une affirmation de la divinité, l'un et l'autre énoncent ce qu'un dieu en question n'est pas (versant négatif) pour ensuite dire ce qu'il est (versant positif), l'un et l'autre ont certaines expressions identiques dans leur versant négatif.

Hippolyte est notre unique témoin du fr. 29, qu'il livre dans le passage suivant[2] :

---

* J'ai écrit une première mouture de ce texte en prolongement d'une réunion avec Oliver Primavesi et Marwan Rashed, tenue en janvier 2016, où il fut notamment question du *Sphairos*. Je remercie Oliver Primavesi d'avoir bien voulu nous apporter des éclaircissements quant à l'interprétation de quelques passages de ses écrits. La cordialité des débats dans une telle réunion n'allait pas, toutefois et parfois, sans la divergence de certaines analyses. C'est le cas sur le fr. 29 DK. J'ai ensuite poursuivi l'échange avec Oliver Primavesi en lui communiquant ce que j'avais déjà écrit. L'article actuel, largement remanié à partir de ces derniers échanges, fait état d'explications et de justifications qu'Oliver Primavesi n'avait pas jusqu'ici livrées. Je remercie Marwan Rashed de ses remarques et conseils à la lecture d'une précédente mouture de ce texte. Denis O'Brien a bien voulu me faire part de ses réflexions concernant le fr. 134 et le fr. 29. Je l'en remercie. En dépit de nos divergences dans la lecture de ces fragments, j'ai essayé néanmoins de tirer profit de ces réflexions.

1. Les fragments (fr.) cités ici, sans autre précision, sont issus de H. Diels & W. Kranz, *Die Fragmente der Vorsokratiker*, Berlin, Weidmann, 1951[6], et concernent Empédocle (DK 31). Pour le fragment et ses sources, sur internet : http://www.placita.fr. Je désigne par B suivi de la numérotation de Diels le contexte donné par Diels (sources antiques) et le fragment édité correspondant à ce contexte. Je réserve le mot fragment à un fragment (fr.) de l'œuvre de l'Agrigentin (hexamètres ou morceaux d'hexamètre). La lettre A suivi de la numérotation de Diels, sans autre précision, concerne Empédocle. « LM » désigne l'édition Laks & Most (2016).

2. Hippolyte, *Réfutation de toutes les hérésies*, VII, 29, 13.1-14.3 Wendland. Le texte du fragment lui-même est rapporté selon l'édition d'O. Primavesi (Emp. 76 R, dans J. Mansfeld & O. Primavesi [éd.], *Die Vorsokratiker*, Stuttgart, Philipp Reclam jun., 2011. « R » pour Reclam, attesté dans les concordances p. 767-769). Les différences avec l'édition de Diels-Kranz sont mineures : ἀΐσσονται vs ἀΐσσονται, γοῦν' vs γοῦν(α), Σφαῖρος vs σφαῖρος, ⟨ἐ⟩αυτῶι vs ἑαυτῶι. L'édition

καὶ περὶ μὲν τῆς τοῦ κόσμου ἰδέας, ὁποία τίς ἐστιν ὑπὸ τῆς Φιλίας κοσμουμένη, λέγει τοιοῦτόν τινα τρόπον·

οὐ γὰρ ἀπὸ νώτοιο δύο κλάδοι ἀΐσσονται,   1
οὐ πόδες, οὐ θοὰ γοῦν᾽, οὐ μήδεα γεννήεντα,   2
ἀλλὰ Σφαῖρος ἔην καὶ ⟨πάντοθεν⟩ ἶσος ⟨ἑ⟩αυτῶι.   3

τοιοῦτόν τι καὶ κάλλιστον εἶδος τοῦ κόσμου ἡ Φιλία ἐκ πολλῶν ἓν ἀπεργάζεται· τὸ δὲ Νεῖκος, τὸ τῆς τῶν κατὰ μέρος διακοσμήσεως αἴτιον, ἐξ ἑνὸς ἐκείνου ἀποσπᾶι καὶ ἀπεργάζεται πολλά.

Laks-Most traduisent de la façon suivante le fr. 29 (D 92 LM) :

Car de son dos ne s'élancent pas deux rameaux,
Pas de pieds, pas de genoux rapides, pas de parties génitales
Mais il était Sphairos [*i.e.* sphérique], et ⟨*partout*⟩ égal à lui-même.

Hippolyte cite le fr. 29 pour signaler la plus belle forme du monde (κάλλιστον εἶδος τοῦ κόσμου), à savoir l'Un que l'Amour produit ou ordonne (κοσμουμένη, ἀπεργάζεται) à partir du Multiple (ἐκ πολλῶν).

Concernant le fr. 134, je partage avec O. Primavesi la conviction que le fragment authentique n'est pas celui des cinq vers que livrent Ammonius ou Tzetzès – fragment retenu dans le recueil de H. Diels (1922[4]) ou de H. Diels et W. Kranz (1934[5], 1951[6]) –, mais celui de quatre vers livrés par un scholiaste aux manuscrits du *In Platonis Gorgiam commentaria* d'Olympiodore[3]. Les raisons qui me poussent

---

du fragment selon M. MARCOVICH dans son *Hippolytus. Refutatio omnium haeresium* (Berlin-New York, W. de Gruyter, 1986, p. 307) est la suivante :

οὐ γὰρ ἀπὸ νώτοιο δύο κλάδοι ἀΐσ(σ)ονται,
οὐ πόδες, οὐ θοὰ γοῦν᾽, οὐ μήδεα γεν(ν)ήεντα,
ἀλλὰ σφαῖρος ἔην ⟨μοῦνός τε⟩καὶ ἶσος [ἐστὶν] ⟨ἑ⟩αυτῷ.

3. Lors d'un colloque en 2011, PRIMAVESI a exposé sa conviction en faveur de l'authenticité de la citation faite par le scholiaste. Toutefois, son édition d'Empédocle en 2011 (dans MANSFELD & PRIMAVESI 2011) n'en tient pas compte (voir l'item 192 b R). N'en tient pas compte, non plus, ce qu'il reprend du fr. 134 dans son article en 2015 « Die Zerstörungskraft der göttlichen Liebe : Empedokles im XII. Gesang von Dantes *Inferno* », *Deutsches Dante-Jahrbuch*, 90, 2015, p. 36-74, à la page 65 n.87. En 2016, la situation change. PRIMAVESI affiche alors sa conviction (« *the text* [...] *is here corrected after Olympiod. In Gorg. 4.3, Cod. Marc. Gr. Z. 196 [= 743]* in margine ») dans son article « Empedocles' cosmic cycle and the Pythagorean *tetractys* », *Rhizomata*, 4, 1, 2016, p. 5-29, à la page p. 11, n.29. Malencontreusement, une coquille existe dans cette note 29 : il faudrait lire le nominatif ἀνδρομέη κεφαλή et non pas le datif ἀνδρομέῃ κεφαλῇ. Cette coquille est en fait commise par plusieurs auteurs. Elle se trouve déjà chez G. ZUNTZ (1971, 2005), C. GALLAVOTTI (1975), M.R. WRIGHT (1981), J.-C. PICOT (2012, *AFC*). En 1901, DIELS n'avait pas rapporté le nominatif κεφαλή dans le seul vers que cite Olympiodore. DIELS ne connaissait pas la scholie, mise en évidence seulement en 1930. Dans J. MANSFELD & O. PRIMAVESI (éd.), *Die Vorsokratiker*, Stuttgart, Philipp Reclam jun., 2021[2], p. 562 (sous 192 c), PRIMAVESI écrit ἀνδρομέη⟨ι⟩ κεφαλῇ⟨ι⟩. L'insertion des ⟨ι⟩ permet à PRIMAVESI de traduire des datifs. Remarque : le scholiaste n'a pas pour habitude d'omettre les iotas

à faire ce choix en faveur du scholiaste seront exposées plus loin,
lorsque sera éclairci le sens à donner au fr. 134 et au fr. 29. Tzetzès
affirme que les deux derniers vers du fr. 134 appartiennent au troisième livre de la *Physique*. Les éditeurs d'Empédocle considèrent que
le fr. 29 est un fragment issu de la *Physique*. Je place le fr. 134 du
scholiaste – que j'écris désormais fr. 134 O[mg] – suivi du fr. 29, dans
le troisième livre de la *Physique*[4].

Voici le fr. 134, selon Ammonius et Tzetzès[5] :

οὐδὲ γὰρ ἀνδρομέηι κεφαλῆι κατὰ γυῖα κέκασται,   1
οὐ μὲν ἀπαὶ νώτοιο δύο κλάδοι ἀίσσονται,
οὐ πόδες, οὐ θοὰ γοῦν(α), οὐ μήδεα λαχνήεντα,   3
ἀλλὰ φρὴν ἱερὴ καὶ ἀθέσφατος ἔπλετο μοῦνον,
φροντίσι κόσμον ἅπαντα καταΐσσουσα θοῇσιν.   5

Voici le fr. 134 O[mg], selon le scholiaste (dans les mss. du *Marc.
gr.* Z 196)[6] :

_____

adscrits ; il écrit correctement θοῇισιν avec un iota adscrit. Dans le *Marc. Gr. Z.*
196 le scholiaste (tout comme le copiste d'Olympiodore) écrit un nominatif,
et accentue correctement κεφαλὴ avec un accent grave (et non pas circonflexe)
avant le mot suivant.

4. J'écris « O[mg] » pour distinguer ce fragment, en marge (mg) d'un manuscrit
d'Olympiodore (O), du fr. 134 chez DIELS-KRANZ. Certaines raisons de l'ordre
fr. 134 O[mg] puis fr. 29 sont exposées dans J.-C. PICOT & W. BERG, « Apollo, Eros,
and epic allusions in Empedocles, frr. 134 and 29 DK », *American journal of philology*, 139, 2018, p. 365-396, aux pages 366, 387-390.

5. Je rapporte l'édition de DIELS construite à partir du *De interpretatione*
d'Ammonius (éd. BUSSE), de deux ouvrages de Tzetzès (*Chiliades, Epistolae*), du
commentaire au *Gorgias* de Platon par Olympiodore et de la *Réfutation de toutes
les hérésies* d'Hippolyte. On trouve les cinq vers du fr. 134 chez Ammonius et
Tzetzès. Olympiodore ne donne que le premier vers (avec des variantes par
rapport à Ammonius et Tzetzès). La *Réfutation* est utilisée pour le vers 2. DIELS a
fait des choix parmi les différentes leçons des éditions disponibles. Voici le vers
source du fr. 134.2 rapporté presque à l'identique par Ammonius et Tzetzès
(Ammonius a parfois δύο parfois δύω, Tzetzès a δύο *vs* δύω) : οὐ μὲν ἀπαὶ νώτων
γε δύω κλάδοι ἀίσσουσιν.

6. La scholie est pour la première fois rapportée et commentée par C. HORNA,
« Empedocleum », *Wiener Studien*, 48, 1930, p. 3-11, aux pages 3-5. La scholie
se lit dans (1) W. NORVIN, *Olympiodori Philosophi in Platonis Gorgiam commentaria*, Leipzig, Teubner, 1936, p. 29 ; (2) L.G. WESTERINK, *Olympiodori in Platonis
Gorgiam commentaria*, Leipzig, Teubner, 1970, p. 33. En 1934, dans la cinquième
édition de *Die Fragmente der Vorsokratiker*, KRANZ rapporta la référence d'HORNA et
les deux premiers vers du scholiaste, en respectant le nominatif ἀνδρομέη κεφαλή.
Olympiodore avait écrit : οὐδὲ γὰρ ἀνδρομέηι κεφαλὴ κατὰ γυῖα κέκασται. Le scholiaste est vraisemblablement plus proche du texte d'Empédocle en écrivant οὔτε
à la place de οὐδὲ. On notera que H. GROTIUS, dans *Criticorum sacrorum sive anno-
tatorum ad Pentateuchum*, I, 2, *ad Leviticum, Numeros et Deuteronomium*, Amsterdam,
1698, 'Annotata ad Deuteronomium', Cap. IV, p. 37, rapporte les cinq vers du
fr. 134 selon un manuscrit d'Ammonius, à la différence près que le premier vers
mentionne des nominatifs et non pas des datifs. Ce vers est donc en accord avec

οὔτε γὰρ ἀνδρομέη κεφαλὴ κατὰ γυῖα κέκασται,   1
οὐ χέρες, οὐ θοὰ γοῦν', οὐ μήδεα λαχνήεντα   3
ἀλλὰ φρὴν ἱερὴ καὶ ἀθέσφατος ἔπλετο μοῦνον,   4
φροντίσι κόσμον ἅπαντα καταΐσσουσα θοῇσιν.   5

Et une traduction possible :

> Car aucune tête humaine ne se distingue parmi les membres
> Ni des mains, ni des genoux rapides, ni des parties sexuelles velues,
> Il est seulement un esprit sacré et immense,
> Parcourant tout le cosmos avec ses pensées rapides.

Le vers 2 du fr. 134 est absent du fr. 134 O^mg. En outre, οὐ πόδες dans le fr. 134 vient à la place de οὐ χέρες du fr. 134 O^mg. En comparant les deux fragments, on peut soit croire que le scholiaste a oublié un vers (le fr. 134.2) en considérant que le fr. 134 est authentique, soit croire que le fr. 134.2 a été ajouté à un moment donné d'une transmission du fr. 134 O^mg, considéré comme seul authentique, ou soit croire enfin que les deux versions sont également authentiques, mais proviennent d'endroits différents de l'œuvre d'Empédocle[7]. J'espère apporter des arguments en faveur de l'inauthenticité de la version d'Ammonius et Tzetzès.

Dans le fr. 134, il est habituel de considérer que le versant négatif des trois premiers vers désigne un être divin à forme humaine ; la présentation qu'Ammonius fait de ce fragment est explicite en ce sens[8] :

> le sage d'Akragas critiquait aussi les histoires que les poètes racontent à propos des dieux ayant des formes humaines, et – d'abord sur Apollon, qui était le sujet immédiat de son propos, mais également sur la totalité du divin en général – il avançait [fr. 134].

---

ce que livre le scholiaste pour le fr. 134.1 O^mg. Le manuscrit sur lequel s'appuie GROTIUS serait absent de l'édition de A. BUSSE.

7. N. VAN DER BEN (*Empedocles' Poem on natural philosophy, I – A radical edition*, Posthumous writings, Google Sites, empedocles.acragas, 2019) n'écarte pas le fr. 134.2 mais en propose une édition fort différente qui supprime en particulier le dos et les δύο κλάδοι (F42.2 VdB) : οὐδὲ χέρες τ' ὦμοί τε καὶ ὠλέναι ἀΐσσουσαι. Le F42 concerne selon lui l'Amour (*Philotès*) et non pas Apollon (p. 676 : « *There can be no question of him* [= Empédocle] *having used Apollo as a symbolic tutelary god of Natural Philosophers* »). Empédocle dénierait à *Philotès* une tête humaine, des mains, des épaules, des bras, des pieds, des organes génitaux (féminins). Pour VAN DER BEN 2019, p. 676 : « *The omission of v. 2 is no sufficient ground for rejecting the line for this fragment and attributing it to fr. 78 alone* [= fr. 29 DK], *as Horna proposed.* »

8. Contexte d'Ammonius (*In Aristotelis de interpretatione commentarius*, dans l'édition A. BUSSE, Berlin, G. Reimer, 1897 ; *Commentaria in Aristotelem Graeca*, 4.5, 249.1-249.5) sous B 134 DK : ὁ Ἀκραγαντῖνος σοφὸς ἐπιρραπίσας τοὺς περὶ θεῶν ὡς ἀνθρωποειδῶν ὄντων παρὰ τοῖς ποιηταῖς λεγομένους μύθους, ἐπήγαγε προηγουμένως μὲν περὶ Ἀπόλλωνος, περὶ οὗ ἦν αὐτῶι προσεχῶς ὁ λόγος, κατὰ δὲ τὸν αὐτὸν τρόπον καὶ περὶ τοῦ θείου παντὸς ἁπλῶς ἀποφαινόμενος [fr. 134 DK].

Le fait d'adopter le fragment transmis par le scholiaste (fr. 134 O[mg]) ne changera pas ce qu'Ammonius nous apprend ci-dessus. Seul Ammonius parle d'Apollon. Tzetzès parle de dieu ou de la divinité sans autre précision.

Le vers 1 du fr. 29 est assez proche du vers 2 du fr. 134. Le vers 3 du fr. 134 est assez proche du vers 2 du fr. 134 O[mg], et assez proche du vers 2 du fr. 29. Sommairement : le fr. 29 et le fr. 134 – que ce soit DK ou bien le scholiaste – ont une part commune significative dans le versant négatif de la divinité.

En 2011[9], Primavesi joignait au texte grec du fr. 29 (son 76 R) la remarque et la traduction suivantes :

> [*Abweisung einer anthropomorphen Vorstellung des Sphairos-Gottes*]
> *Nicht springen von seiner Oberfläche zwei Zweige; nicht Füße,*
> *nicht schnelle Knie, nicht Glieder voll Zeugungskraft, sondern ein*
> *Kugler war er, von allen Seiten sich selbst gleich.*

Ordinairement, ἀπὸ νώτοιο est rendu en allemand par *von dem Rücken* (Diels, 1922), [*von*] *dem Rücken* (Kranz, 1949), *von einem Rücken* (Capelle, 1953), [*von*] *seinem Rücken* (Mansfeld, 1986 ; Gemelli Marciano, 2009), *vom Rücken* (Primavesi, 2005[10], 2008[11])[12]. La traduction inaugurée par Primavesi, en 2011, de νώτοιο par *Oberfläche* – un synonyme de *Fläche*, *i.e.* surface en français – est unique et fait ici mon

---

9. Voir MANSFELD & PRIMAVESI 2011, p. 479.

10. O. PRIMAVESI, « Theologische Allegorie: Zur philosophischen Funktion einer poetischen Form bei Parmenides und Empedokles », dans HORSTER, M. & Ch. REITZ (dir.), *Wissensvermittlung in dichterischer Gestalt*, Stuttgart, Franz Steiner, 2005, p. 69-93, à la page 85. PRIMAVESI traduit le vers 1 et le début du vers 2 du fr. 29 ainsi : « *Nicht schwingen sich (ihm) vom Rücken zwei Zweige nicht Füße, nicht hurtige Knie...* ». Et le vers 2 et le début du vers 3 du fr. 134 ainsi (p. 86) : « *nicht schwingen sich vom Rücken zwei Zweige, nicht Füße, nicht schnelle Knie...* ».

11. O. PRIMAVESI, *Empedokles. Physika I. Eine Rekonstruktion des zentralen Gedankengangs*, Berlin-New York, W. de Gruyter, 2008, p. 76. PRIMAVESI traduit le vers 1 du fr. 29 ainsi : « *Nicht schwangen sich vom Rücken zwei Zweige,* ».

12. « Ordinairement » : notons que H. RITTER en 1829 et en 1836 (*Geschichte der Philosophie. Alter Zeit*, I, Hambourg, F. Perthes, 1829, p. 514, et 1836², p. 541) traduisait le fr. 134.2 (d'après l'édition de F.W. STURZ, *Empedocles Agrigentinus*, Leipzig, Göschen, 1805, vers 296 : οὐ μὲν ἀπαὶ νώτων γε δύο κλάδοι ἀΐσσουσιν) ainsi : « *Nicht vom Nacken herab ein Paar des Gezweige ihm ausstrebt* ». La nuque (*Nacken*) se trouve effectivement dans le dos, mais la traduction est fausse, sans doute guidée par l'idée que les deux branches se situent à la même hauteur que les épaules. En 1835, C.-J. TISSOT traduisit le texte de RITTER en français (*Histoire de la philosophie*, I, 1, Paris, Ladrange, 1835, p. 435-436) : « il n'a pas deux bras qui descendent de ses épaules ». A.J.W. MORRISON (*The history of ancient philosophy*, I, trad. A.J.W. MORRISON, Oxford-Londres, D. A. Talboys, 1838, p. 495-496) fit de même mais en anglais : « *Nor yet with two branches down from the shoulders outstretching* ». La nuque (*Nacken*) s'est transformée en « épaules » ou « *shoulders* ». STURZ n'avait pas traduit ἀπαὶ νώτων, mais en comprenant que les δύο κλάδοι sont les bras il avait ouvert la voie pour que le dos puisse devenir des épaules.

étonnement. En effet, dans le contexte, la traduction attendue de νῶτον est *Rücken*, à savoir dos, et en particulier le dos d'un être vivant. Primavesi lui-même a considéré, des années durant, que νῶτον est *Rücken*. Il a donc ensuite repensé le fr. 29 pour arriver à une nouvelle traduction, originale. Pourquoi désormais choisir *Oberfläche* ? Primavesi reste cohérent quand, dans la même édition de 2011, il traduit le vers 2 du fr. 134 (Ammonius et Tzetzès) ainsi : « *nicht springen von seiner Oberfläche zwei Zweige;* »[13]. À la ponctuation finale près (« ; »), la traduction est identique entre les deux fragments. Nous essaierons de mettre en lumière ce que l'étrange *Oberfläche* sous-entend. Mais plus encore, indépendamment de la lecture de Primavesi, nous allons tenter de comprendre le premier vers du fr. 29 (absent du fr. 134 O^mg, mais semblable au fr. 134.2 DK), avec son non moins étrange δύο κλάδοι – traduit sans surprise par deux branches, *zwei Zweige*. Nous proposerons ensuite une compréhension du fr. 29 en liaison avec la pensée développée dans la *Physique*, et en liaison avec le fr. 134 O^mg que nous supposons précéder de peu le fr. 29, et préparer le contenu du fr. 29.

« *Oberfläche* »

Le mot νῶτον au fr. 29.1 est-il lui-même nié, tout comme les branches, les pieds, etc. ? Ou bien se conserve-t-il en liaison avec le *Sphairos* ? La syntaxe ne permet pas de trancher. Primavesi a fait le choix de penser que νῶτον est conservé à travers les négations, et qu'il s'étend au *Sphairos*. Dans le fr. 29, la traduction de ἀπὸ νώτοιο par « *von seiner Oberfläche* » servirait à établir l'idée que la surface du *Sphairos*, dieu énoncé (avec une majuscule) au vers 3, est lisse, sans excroissance vivante d'aucune sorte. Et plus précisément : sans l'émergence de deux branches, sans l'émergence de pieds, de genoux rapides, de sexe.

Dans νώτοιο, Primavesi comprend le sens de surface, utilisé de nombreuses fois chez Homère pour la surface de la mer. Son argument en faveur de *Oberfläche* s'appuie ensuite sur une syntaxe possible des deux premiers vers. Les nominatifs du vers 2 sont des sujets du verbe ἀΐσσονται tout comme les κλάδοι du vers 1. Le complément ἀπὸ νώτοιο est lié au verbe ἀΐσσονται. Il s'appliquerait donc, tout comme ce verbe, aux nominatifs du vers 2. Dans cette application ou ce

---

13. P RIMAVESI traduit ainsi le fr. 134 (192b R) :
   Denn nicht ist er an seinen Gliedern mit einem menschlichen Haupte versehen, nicht springen von seiner Oberfläche zwei Zweige; nicht Füße, nicht schnelle Knie, nicht haarige Schamglieder – sondern er war allein ein heiliger und unermesslicher Geist, der seinen ganzen schonen Bau mit schnellen Gedanken durcheilte.

prolongement, on voit alors que νώτοιο ne peut pas désigner le dos d'un animal, d'un homme, ou d'un dieu anthropomorphe. En effet il serait ridicule de dire que les pieds jaillissent du dos d'un tel être, et de même pour les genoux et le sexe. En conséquence, le mot νώτοιο doit signifier « surface », et non pas prendre le sens premier de dos. On ne peut taxer de ridicule le fait de dire que les pieds jaillissent d'une surface, et de même pour les genoux et le sexe – même si une telle expression apparaît étrange. En outre, la surface dont il est question serait en fait la surface du *Sphairos*. De la surface du *Sphairos* ne jaillissent ni deux branches, ni des pieds, ni des genoux, ni un sexe. Cela a du sens. Voilà ce que comprendrait Primavesi et ce qui justifierait sa traduction *Oberfläche*.

L'affaire est-elle entendue ? Je ne le crois pas. Prenons toute chose dans le détail. D'abord les acceptions de νῶτον. Puis le sens à donner à δύο κλάδοι. Puis la question de syntaxe.

1 – νῶτον

Le sens propre de νῶτον (ou de νῶτος) est dos (humain ou animal, ou dieu à forme humaine). Chez Homère et Hésiode, le contexte permet de savoir de quel dos il s'agit ; et, de fait, il est rarement précisé, par un génitif complément du nom, qu'il s'agit du dos d'un homme ou d'un animal. Le singulier est souvent utilisé (νῶτον, νώτου, νώτῳ)[14]. Le pluriel (νῶτα, νώτοισιν) concerne le dos d'un animal ou d'un homme (Ulysse, Thoon, Polydore ou d'autres), ou des parts de viande (venant du dos d'un animal)[15]. Le sens figuré de νῶτον – celui qui est concerné par la traduction « *Oberfläche* » – permet

---

14. ἐπὶ νῶτον : *Iliade* II, 765 (le dos des deux juments du fils de Phérès. Les deux juments ne sont pas précisées dans le même vers). κατὰ νῶτον : *Odyssée* XVII, 463 (le dos d'Ulysse. Ulysse est précisé dans le même vers, mais n'est pas complément du nom). νῶτον : *Iliade* IX, 207 (un dos de brebis, de chèvre. L'animal est précisé dans le même vers), *Iliade* XIII, 473 (le dos d'un sanglier. L'animal n'est pas précisé dans le même vers), Hésiode, *Erga*, 468 (le dos des bœufs. Complément au génitif dans le même vers). ἐνὶ νώτῳ : *Iliade* XIII, 289 (le dos d'un homme, de Mérion. L'homme n'est pas précisé dans le même vers). ἐπὶ νώτῳ : Hésiode, *Erga*, 544 (le dos d'un homme. L'homme n'est pas précisé dans le même vers). ἀπὸ νώτου : *Iliade* V, 147 (la mort d'Hypeiron – « le coup sépare l'épaule de la nuque et du dos ». Le nom de Hypeiron n'est pas précisé dans le même vers). ὑπὲρ νώτου : *Iliade* XX, 279 (le dos d'Énée. Le nom d'Énée n'est pas précisé dans le même vers), *Iliade* XXI, 269 (le dos d'un homme, Lycaon. L'homme n'est pas précisé dans le même vers). νώτου : *Odyssée* VIII, 475 (le dos d'un porc. L'animal n'est pas précisé dans le même vers).

15. Empédocle utilise le pluriel νώτοις dans le fr 83.2 pour désigner le dos des hérissons.

d'entendre par exemple la surface de la mer (νῶτα θαλάσσης) – soulignons alors l'utilité du complément θαλάσσης pour préciser le sens figuré. Dans ce sens, le pluriel est toujours utilisé chez Homère et Hésiode (νῶτα, νώτοισιν). Apollonios de Rhodes utilise νῶτα pour la surface de la terre (νῶτα χθονός). Le sens figuré désigne une grande surface à l'échelle de la nature.

En dehors de la poésie épique, on peut trouver la surface de la terre avec un pluriel (Pindare, *Pythique* IV, 26 : νώτων ὕπερ γαίας ; Euripide, *Iphigénie en Tauride*, 46 : χθονὸς δὲ νῶτα ; 161 : γαίας ἐν νώτοις), ou moins fréquemment avec un singulier, chez Pindare (*Pythique* IV, 228) : νῶτον γᾶς ; (*Pythique*) I, 28 : πεδῳ [...] νῶτον.

Le fait que, dans la poésie épique dont Empédocle s'inspire, le sens figuré de « vaste surface » pour νῶτον est exclusivement rendu en grec par un pluriel (νῶτα, νώτοισιν) est significatif pour notre propos. L'association de νῶτον avec une sphère pourrait être suggérée dans le *Phèdre* de Platon, lorsque ce dernier parle de la voûte du ciel (ἐπὶ τῷ τοῦ οὐρανοῦ νώτῳ)[16]. Nous devrons revenir sur cet exemple, mais là encore il faut remarquer que νῶτον est directement accompagné d'un complément, τοῦ οὐρανοῦ, pour être compréhensible. En somme, dans le fr. 29.1, Primavesi entend le sens figuré de surface pour ἀπὸ νώτοιο, en ayant pour référence principale νῶτα θαλάσσης, alors que le singulier νώτοιο rend improbable ce rapprochement[17], et que l'absence d'un complément au génitif qui viendrait préciser νώτοιο pour signaler soit la terre (en accord avec des branches[18]) soit le *Sphairos* ajoute à l'improbabilité.

Encore une remarque : jamais νῶτον (ou νῶτος) ne sert à désigner la partie d'une plante. Deux branches pourraient s'élancer d'un tronc d'arbre (στέλεχος, πρέμνον) – ce qui serait une banalité –, ou du dos de la terre – ce qui étonnerait sans être formellement à exclure (car il existe des arbres sans tronc principal) –, mais pas du dos d'une plante. Le chiffre deux (δύο κλάδοι) rend invraisemblable que les branches en question soient réellement prises au sens propre, à savoir soient des parties végétales.

Primavesi ne considère pas que νῶτον soit le dos de la terre. Il traduit « *von seiner Oberfläche* » où le possessif concerne le *Sphairos*. De fait, on ne voit pas comment deux branches vivantes, d'une plante, pourraient s'élancer d'une surface qui n'est ni une autre partie de

---

16. Platon, *Phèdre*, 247 B7-C1.

17. On pourrait argumenter en faveur d'un pluriel νώτων au fr. 29.1 en s'inspirant de la transmission d'Ammonius (éd. BUSSE) pour le fr. 134.2 : οὐ μὲν ἀπαὶ νώτων γε δύω κλάδοι ἀΐσσουσιν.

18. PRIMAVESI parle de *Erdoberfläche* à propos du fr. 62 (son item 164 R en 2011), quand de jeunes arbres (*Schößlinge* traduisant ὄρπηκας) sortent de terre (de sa surface).

cette même plante, ni la terre. Empédocle dirait assurément quelque chose d'étrange et banal s'il se limitait à dire que d'une surface parfaitement sphérique, sans excroissance, ne sortent pas deux branches.

2 – Deux branches jaillissant du dos

Les deux branches seraient-elles une métaphore servant à désigner deux bras ? Cette interprétation des bras remonte à G. W. Sturz, en 1805, et se trouvera répétée ensuite par divers commentateurs[19]. L'interprétation porte au départ sur le fr. 134.2 DK – selon Sturz : οὐ μὲν ἀπαὶ νώτων γε δύο κλάδοι ἀΐσσουσιν –, mais elle s'appliquera également au fr. 29.1, lorsque ce fragment sera plus tard incorporé au corpus empédocléen[20]. À son vers 296 (= fr. 134.2 DK), Sturz joint la remarque suivante[21] :

---

19. S. KARSTEN (*Empedoclis Agrigentini carminum reliquiae, de vita ejus et studiis disseruit,* fragmenta explicuit, philosophiam illustravit, Amsterdam, J. Müller, 1838) : « κλάδοι intell. *brachia.* ἀΐσσουσι, ut Hesiod. Theog. 150 » (p. 268). A. SIOUVILLE (1928) : « Ici, κλάδοι (rameaux) signifie *bras.* » M.R. WRIGHT (1981) : « *The absence of arms, legs, and generative organs also characterizes the* οὐλοφυεῖς τύποι *of the* 53(62) ». A. TONELLI (2002) : « *dal suo dorso non si slanciano due braccia* ». J. BOLLACK (1969) : « le corps et ses bras (νῶτον, κλάδοι) » ; (2003) : « Les branches que sont les bras assimilent la poussée du corps à la croissance de végétaux ». Le dictionnaire (*Lexicon*) de LIDELL et SCOTT (à partir de 1869), puis avec JONES, LSJ (1940) valide, si l'on peut dire, l'équivalence des deux bras : « metaph., ἀπὸ νώτοιο δύο κλάδοι ἀΐσσονται two *arms*, Emp. 29.1 » Le dictionnaire d'A. BAILLY d'une part et, d'autre part, celui de V. MAGNIEN & M. LACROIX font de même. En 2006, A. ROSENFELD-LÖFFLER (*La poétique d'Empédocle. Cosmologie et métaphore*, Bern, Peter Lang, 2006, p. 19) n'a pas de doute sur le sens de la métaphore : « Or, ces branches sont à assimiler sans aucun doute aux bras de la créature qui est ici évoquée. » En 2006, Ch. RIEDWEG (« 'Sphaira', or the magic of perfect roundedness in Greek thought », dans BERTOLDINI M. [dir.], *Esprit sphérique*, Milan, Edizioni Charta, 2006, 309-319 à la page 314) écrit : « *any likeness of the* sphairos *to a human being is* […] *negated: "It is not two branches [i.e. arms] that spring from his back* […]" ». En 2007 (« Teologia fisica, mitica e civile in Empedocle », dans CASERTANO, G. [dir.], *Empedocle tra poesia, medicina, filosofia e politica*, Naples, Loffredo, 2007, p. 30-47, à la page 36), PRIMAVESI adoptait la métaphore branches = bras lorsqu'il traduisait en italien le fr. 29.1 : « *Infatti non spuntano due rami (scil. braccia) dal suo dorso* ».

20. STURZ (1805) ignorait l'existence des vers du fr. 29, qui seront révélés en 1851 avec la première édition par E. MILLER des *Réfutations de toutes les hérésies,* attribuées alors à Origène. La même année, F.W. SCHNEIDEWIN publia un article, « Neue Verse des Empedokles » (*Philologus*, 6, 1851, p. 155-167), où se trouvaient les vers du fr. 29 (p. 160). SCHNEIDEWIN rapprochait le fr. 29 du fr. 134. H. STEIN, *Empedoclis Agrigentini fragmenta*, Bonn, A. Marcus, 1852, p. 75, n'édite pas de façon séparée les vers du fr. 29 ; il utilise le vers 1 du fr. 29 pour modifier les vers livrés par Ammonius et Tzetzès. Ainsi, il écrit par exemple νώτοιο à la place de νώτων (son vers 348 – οὐ μὲν ἀπαὶ νώτοιο δύο κλάδοι ἀΐσσονται – sera repris par DIELS pour le fr. 134.2). STURZ éditait ce qu'il lisait chez Ammonius et Tzetzès. KARSTEN 1838, p. 138, éditait : οὔτ' ἀπό οἱ νώτων γε δύω κλάδοι ἀΐσσουσιν.

21. STURZ 1805, p. 629.

Κλάδοι sunt *brachia*, atque adeo ἀΐσσειν, quod alias *prorumpere* significat, h. l. est *enasci*. Sic ap. *Hesiod.* theog. 150. 152. ἀΐσσοντο et ἐπέφυκον fere idem valent.

L'assimilation des branches (κλάδοι) aux bras (*brachia*) trouve un appui, sinon une justification, sur le passage hésiodique des Cent-Bras (*Théogonie*, 150-152), où les bras (χεῖρες) de ces êtres fabuleux sont dits s'élancer ou jaillir (ἀΐσσοντο) de leurs épaules (ἀπ' ὤμων). Dans la *Théogonie* le verbe ἀΐσσοντο est en dernière position dans l'hexamètre tout comme ἀΐσσονται (ἀΐσσουσιν pour Sturz) est en dernière position dans le fr. 134.2[22]. Voici *Théogonie*, 150-152 :

τῶν ἑκατὸν μὲν χεῖρες ἀπ' ὤμων ἀΐσσοντο,
ἄπλαστοι, κεφαλαὶ δὲ ἑκάστῳ πεντήκοντα
ἐξ ὤμων ἐπέφυκον ἐπὶ στιβαροῖσι μέλεσσιν·

On appréciera que Sturz, dans son vers 296 (= fr. 134.2 DK), pouvait lire le pluriel de νῶτον – νώτων lu chez Ammonius et Tzetzès – comme si ce pluriel (qui est en fait un pluriel poétique, équivalent à un singulier) pouvait suggérer le pluriel ὤμων. Sturz signale la métaphore des branches pour signifier les bras. Il ne dit pas que les trois vers du versant négatif pourraient brosser à grands traits un dieu anthropomorphe, en opposition à un dieu non anthropomorphe sommairement décrit dans les deux vers du versant positif. Mais c'est tentant d'avancer dans ce sens. En effet, le dieu supposé du versant négatif aurait une tête humaine (ἀνδρομέηι κεφαλῆι), des membres (γυῖα), des pieds (πόδες), des genoux rapides (θοὰ γοῦν[α]), des parties génitales poilues (μήδεα λαχνήεντα). Le vers 2 compléterait alors le portrait : ce dieu possède deux bras, un dos (νώτων). La logique de description consisterait à passer du haut (la tête humaine au vers 1) vers le bas (les pieds au vers 3) en passant au vers 2 par des bras, en position intermédiaire entre le haut et le bas. Ce dieu possédant deux bras serait l'Apollon des poètes, qui fait l'objet de la critique engagée par Empédocle[23].

---

22. Le participe καταΐσσουσα au vers 5 pourrait venir en écho au ἀΐσσονται du vers 2. En *Iliade*, XXIII, 627-628, le verbe ἐπαΐσσονται sert aussi à dire que les bras (χεῖρες) jaillissent des épaules (ὤμων). Apollonios de Rhodes (*Argonautiques* I, 944-945) n'utilise pas ce verbe, mais décrit des Fils de Terre qui ont six bras dont deux partent des épaules.

23. En réalité, Sturz (p. 628-629) ne parle pas d'Apollon, bien qu'il emprunte à Ammonius – qui parle d'Apollon – les vers qui lui servent pour son édition. Il emprunte son interprétation à Tzetzès (*Chiliades*, XIII, 79-84) qu'il lisait notamment chez H. Estienne (*Poesis philosophica*, Genève, 1573, p. 30) : Ἐμπεδοκλῆς τί ὁ θεὸς, τάδε κατ' ἔπος λέγει. Plus tard, Karsten 1838, p. 136-139, p. 267-268, citera lui aussi les vers d'Ammonius (avec quelques modifications au vers 2) sans parler non plus d'Apollon. L'idée restera longtemps dominante que le fr. 134 concerne le dieu ou la divinité sans autre précision. Voici

Mais en regardant les choses de plus près on ne peut pas prendre les deux *kladoi* pour des bras, comme le voudrait Sturz. Empédocle (selon Ammonius et Tzetzès) ne dit pas que les deux branches jaillissent des épaules (ἀπ' ὤμων), ce qui aurait permis avec une haute probabilité de prendre les deux branches pour deux bras. Selon Ammonius et Tzetzès, les deux branches jaillissent du dos (ἀπαὶ νώτων[24]). Dans le corpus du grec ancien précédant le ivᵉ s. av. J.-C., je n'ai trouvé ni des bras qui sortiraient du dos, ni le dos signifiant les épaules, ni « dos » au pluriel pour signifier épaules. Il est vrai que les omoplates utilisent la référence aux épaules (ὠμοπλάται = les palettes de l'épaule) et se situent en fait dans le dos[25]. Mais regardons ce qu'Empédocle lui-même dit des bras dans l'un de ses vers qui nous est parvenu. Dans le fr. 57 (certaines parties de corps sortant de la terre), Empédocle suppose que les bras étaient privés d'épaules (sous-entendus privés de leur lieu naturel d'attachement) : γυμνοὶ δ' ἐπλάζοντο βραχίονες εὔνιδες ὤμων. Il ne suppose pas de lien avec le dos. Puisqu'il admet ici la liaison bras – épaules, on ne voit guère pourquoi il dirait ailleurs que deux bras (sous la métaphore des branches) sortiraient du dos ou des dos. Puisque les Grecs distinguent le dos et les épaules, il n'y a guère de raison de faire du dos, à la place des épaules, le lieu de départ des bras[26].

Je n'ai pas trouvé une métaphore attestée, en dehors d'Empédocle, où les branches (κλάδοι) serviraient à dire des bras[27]. Pour être bien choisie, la métaphore des δύο κλάδοι servant à dire des bras nécessiterait d'imaginer deux branches sans feuillage, sans rameaux. Après une taille systématique, ces branches, telles des bâtons, pourraient ressembler à des bras. Mais κλάδος suppose des ramifications et un feuillage autour d'une branche centrale. Au bout du compte, cela réduit la vraisemblance de l'hypothèse selon laquelle Empédocle aurait voulu faire des δύο κλάδοι deux bras. Sturz se trompe sur le sens

---

un exemple avec J. ZAFIROPULO (*Empédocle d'Agrigente*, Paris, Les Belles Lettres, 1953, p. 300) qui traduit le fr. 134.4 ainsi : « Elle demeure, par contre, uniquement un esprit sacré et ineffable ». Le « Elle » renvoie à la « Divinité », objet du fr. 133, qui concernerait aussi le fr. 134. Mais que serait la « Divinité » ou le dieu, sans précision, chez Empédocle, alors que ce dernier nomme des dieux avec des caractéristiques bien différentes les uns des autres : *Philotès*, *Neikos*, *Sphairos*, Zeus, Héra, *Kalliopeia*, etc. ?

24. Plus tard DIELS éditera le singulier νώτοιο (repris du fr. 29.1) contre le pluriel νώτων trouvé dans les manuscrits d'Ammonius et de Tzetzès.

25. Voir Aristote : *Histoire des animaux*, 493 b 12.

26. Le Pseudo-Hésiode, *Le Bouclier*, 75-76, fait partir les bras des épaules, tout comme Hésiode dans la *Théogonie*, v. 150 et dans *Les Travaux et les Jours*, 148-149.

27. Un cas marginal mérite tout de même d'être noté : Euripide, *Andromaque*, 894-895 ; des bras (ὠλένας) sont pris pour des rameaux de suppliantes (στεμμάτων). Dans les *Métamorphoses* d'Ovide, des bras se transforment en branches : I, 550, II, 352, X 493, XI 82-83.

de la métaphore. Et avec lui ceux qui ont repris ses paroles, en interprétant les deux *kladoi* comme des bras[28].

En 1894, F. Dümmler suggéra incidemment la lecture la plus vraisemblable des deux branches : celles-ci représentent des ailes (*Flügel*)[29]. « Incidemment », car Dümmler mettait alors en rapport certains vers orphiques concernant un dieu identique au monde (par après le fr. 168 Kern = 243 Bernabé) avec les vers d'Empédocle 347-351 Stein (devenus avec Diels le fr. 134). Dümmler traduisait en particulier quelques vers orphiques (168.24-26 Kern = 243.24-26 Bernabé) de la façon suivante :

> *Schultern und Brust und breiter Rucken des Gottes ist die gewaltige Luft und Flügel sind ihm daraus gewachsen, mit welchen er überallhin fliegt* […]

Et il commentait le dieu du versant positif du fr. 134 ainsi :

> *Er ist eine* ἱερὴ φρήν *und nicht mit Flügeln, sondern mit schnellen Gedanken durcheilt er die ganze Welt.*

Dümmler faisait apparemment le rapprochement entre les deux branches du fr. 134.2 et les ailes (*Flügel*) du dieu orphique. Son

---

28. L'erreur est possible quand on cherche à retrouver une image de l'Apollon des poètes et des artistes. Ainsi, P. Tannery (*Pour l'histoire de la science hellène. De Thalès à Empédocle*, Paris, Félix Alcan, 1887, p. 337) traduit le début du fr. 134 : « (Apollon) n'a pas un corps surmonté d'une tête humaine, | deux bras ne sortent pas de ses épaules, ». Le mérite, s'il en est, de cette fausse traduction – qui tente de faire sens – est de montrer que le fr. 134.2, traduit correctement, ne répondrait pas à l'image d'Apollon, donc le fr. 134.2 n'a pas sa place dans le fr. 134. (Tannery n'est pas seul en 1887 à trouver un sens à travers une fausse traduction : voir A.-É. Chaignet, *Histoire de la psychologie des Grecs*, I, Paris, Hachette et Cie, 1887, p. 95.) A. Diès (*Le cycle mystique : la divinité, origine et fin des existences individuelles dans la philosophie antésocratique*, Paris, Félix Alcan, 1909, p. 90) paraphrase le fr. 29 de la façon suivante : « A son dos ne pendent point deux bras ; point de pieds, point de genoux légers, point de membres générateurs ; c'est une sphère de toutes parts égale à elle-même. » Et les deux premiers vers du fr. 134 : « La divinité n'a point une tête humaine liée à ses membres, point de bras qui pendent à son dos, […] ». Certes les mains ou les bras peuvent être dans le dos, ballants ou croisés. C'est une attitude que personne ne niera. Mais Empédocle dit autre chose : les deux branches (admettons un instant que ce soient des bras) s'élancent à partir du dos. Le point de départ est le dos ; ce qui n'est pas rendu correctement par « pendre à son dos ». En outre, Diès comprend que la sphère aurait un dos. Ce qui est discutable. Primavesi suggèrera avec plus de vraisemblance qu'elle a une surface. La rigueur de la traduction de ἀπὸ νώτοιο est souvent faible, peut-être à la mesure de l'intérêt du traducteur pour ce genre de détail. J. Burnet traduit le fr. 134.2 ainsi : « *two branches do not sprout from his shoulders* » (*Early Greek Philosophy*, Londres-Édimbourg, Adam and Charles Black, 1892[1], p. 233 ; 1908[2], p. 259 ; 1920[3], p. 225). Et pour le fr. 29.1 il écrit « *back* » et non pas « *shoulders* ».

29. F. Dümmler, « Zur orphischen Kosmologie », *Archiv für Geschichte der Philosophie*, 7, 2, 1894, p. 147-153, à la page 151.

intention était de montrer qu'Empédocle opposait son dieu, *i.e.* la « ἱερὴ φρήν », à la description orphique.

Plus tard, en 1935[30], W. Kranz comprit les branches comme étant des ailes : « *Die vollständigere, stufenweis von oben nach unten gehende Beschreibung der Gottheit in den Katharmoi – diese hat keinen Menschenkopf (134, 1), am Rücken keine Flügel (134, 2)* [...] ». En 1949, Kranz traduisit κλάδοι par *Flügelzweige* au fr. 29.1 (= fr. 73 Kranz)[31] :

> *Denn es entschwingen sich nicht zwei Flügelzweige dem Rücken,* [...]

et de même au fr. 134 (= fr. 26 Kranz) :

> *Auch entschwingen sich nicht zwei Flügelzweige dem Rücken,* [...]

Il ajouta une remarque pour justifier sa lecture des deux branches comme étant des ailes[32] :

> *Auch die archaische griechische Kunst gestaltet in Gemälde wie plastischer Darstellung Flügel als Zweige.*

En 1937, F. M. Cornford signale – semble-t-il pour la première fois – un rapprochement possible entre le monde sphérique du démiurge de Platon dans le *Timée*, et le fr. 29 d'Empédocle[33] :

> *A creature which requires no nourishment has no need to seek it by moving from place to place. So the sphere has no limbs, as Empedocles said: 'No two branches (arms or wings?) spring from his back, no feet, no swift-moving knees, no parts of generation; but he was a Sphere every way equal to itself'* (frag. 29).

On remarque « *arms or wings?* ». Cornford a bien saisi une métaphore ; pour lui, les bras ne s'imposent pas ; il admet la possibilité que les *kladoi* soient des ailes[34].

---

30. W. KRANZ, « Vorsokratisches III. Die *Katharmoi* und die *Physika* des Empedokles », *Hermes*, 70, 1, 1935, p. 111-119, à la page 115.

31. W. KRANZ, *Empedokles. Antike Gestalt und romantische Neuschöpfung*, Zürich, Artemis, 1949, p. 134 puis 143.

32. *Ibid.*, p. 360 n. 20. Dans le corpus du grec ancien, il est facile de trouver des ailes sortant du dos ou sur le dos : Pindare, *Pythique* IV, 182-183 ; Aristophane, *Les Oiseaux*, 697 ; Sophocle, fr. 29 ; Euripide, *Iphigénie en Tauride*, 1141, *Hécube*, 1264, fr. 911.1 ; Aristote, *PA*, 693 b 2 ; Nicandre, *Ther.*, 801.

33. F.M. CORNFORD, *Plato's cosmology: The* Timaeus *of Plato*, Londres, Kegan Paul, Trench, Trubner & Co, 1937, p. 56.

34. Mais, charitablement, il faudra oublier la façon dont CORNFORD traduisait le fr. 134.2 en 1923 (*Greek religious thought from Homer to the age of Alexander*, Londres-Toronto, J.M. Dent & sons, New York, E.P. Dutton, 1923, p. 69) : « *he has not arms, springing as two branches from his shoulders* ».

En 1950, K. Reinhardt s'est étonné de la traduction et de la remarque de Kranz en 1949, concernant « *die archaische griechische Kunst* »[35] :

> *Sollte Kranz an Ranken oder Voluten denken? Aber dann wäre die Frage allgemein zu stellen. Empedokles liebt in seinem Lehrgedicht die Vertauschung zwischen Pflanzlichem und Menschlich-Animalischem, das Ohr heisst ihm « ein fleischiges Reis » (Fr. 99), die Bäume « brüten Eier » (Fr. 79) usw. Er liebt den naturphilosophischen* γρῖφος. *Hat sein Vitalismus mit der bildenden Kunst zu tun? Hier kann ich nicht mehr mit. Wo bleiben denn neben den Beinen dann die Arme?*

Reinhardt a partiellement raison. On aura peine à découvrir dans l'art grec des ailes représentées par des branches. Kranz était trop elliptique dans sa remarque. D'ailleurs, son interprétation en faveur des ailes (à l'instar de celle de Dümmler) a été peu suivie : on admettait bien une métaphore, mais les branches sont restées des bras pour bien des commentateurs d'Empédocle[36].

Empédocle rapproche ce qui est végétal de ce qui est animal. Le fr. 99 et le fr. 79 sont deux bons exemples, comme le relève Reinhardt. Il faudrait y ajouter les prototypes humains pris pour de jeunes arbres sortant de terre (fr. 62.2 et 4), et surtout les feuilles des arbres rapprochées des plumes des oiseaux (fr. 82.1). Empédocle aime saisir certains symboles ou signes de la nature. Mais Reinhardt n'a pas compris ce que pouvait signifier deux ailes émergeant d'un dos, ou bien il n'a pas voulu s'aventurer sur le chemin emprunté par Kranz.

---

35. K. REINHARDT, « Empedokles, Orphiker und Physiker », *Classical philology*, 45, 3, 1950, p. 170-179, à la page 175.

36. Quatre exceptions : (1) A. OLERUD (*L'idée de macrocosmos et de microcosmos dans le* Timée *de Platon*, Uppsala, Almqvist & Wiksells Boktryckeri, 1951, p. 44) : « *Sphairos* ne possède pas de 'branches', métaphore employée probablement pour les ailes, ni de jambes ni de sexe. » Et il ajoute en note : « Le dieu cosmique des Orphiques avait des ailes, ce qui symbolisait l'air ». (2) Cl. RAMNOUX (*Héraclite ou l'homme entre les choses et les mots*, Paris, Les Belles Lettres, 1968, p. 159), imaginant la fin du *Sphairos*, comme celle d'un œuf fécondé contenant un poussin : « On voit se détacher du dos des petites ailes faites comme des branches (Fr. 29) ! ». L'interprétation de RAMNOUX est fantastique ; mais il n'en reste pas moins que les bras ne s'y imposent pas. (Remarquons par ailleurs que RAMNOUX, *ibid.* p. 195, écrit : « (On ne voyait pas encore)… deux petites branches se séparer d'un dos », ce qui, en respect de la concordance des temps, conviendrait au temps passé du dernier vers et à son interprétation : « il était le *Sphairos* […] »). (3) Récemment, D. SEDLEY (« Empedoclean Superorganisms », *Rhizomata*, 4, 1, 2016, p. 111-125, à la page 122) écrit à propos du *Sphairos* au fr. 29 : « *his lack of wings (if that is how the 'pair of branches issuing from his back' is to be understood), feet and knees* ». (4) Dans la même livraison de *Rhizomata*, 4, 1, 2016, C. ROWETT (« Love, Sex and the Gods », p. 80-110, à la page 105) comprend sans hésitation que « *pair of branches* » se réfère à des « *wings* ».

Une branche pour dire un bras procéderait d'une métaphore visuelle uniquement intelligible en faisant abstraction du feuillage et des rameaux émergeant de cette branche. Une branche avec son feuillage permet plus facilement de penser à une aile avec ses plumes – par aile entendons ici une aile d'oiseau et non pas l'aile d'un insecte volant, faite d'un seul bloc. Rien de tel pour les bras, qui n'ont bien sûr pas de plumes. Le fr. 82, qui identifie les feuilles aux plumes, vient à propos appuyer la métaphore. Mais une branche entourée de son feuillage n'a en général pas la forme plate d'une aile. Nous sommes alors face à une métaphore aussi peu soutenue visuellement que cette autre métaphore empédocléenne, à savoir le rameau charnu (fr. 99), qui évoquerait le pavillon de l'oreille[37]. Il faudra alors expliquer pourquoi Empédocle a risqué une mauvaise métaphore visuelle dans le fr. 29, alors qu'il était plus simple d'appeler des ailes des ailes, et ainsi d'être compris d'emblée[38].

Ailes et dos ont partie liée. C'est parce que je considère νώτοιο au sens propre (ce qui est le plus naturel en l'absence d'un complément) que je conçois les deux branches comme une métaphore pour deux ailes. Le chiffre deux oblige à penser νώτοιο comme le dos d'un être zoomorphe ou divin.

Oublions un instant les ailes. Pourquoi Empédocle précise-t-il deux branches, pourquoi deux et seulement deux ? Une réponse qui serait en accord avec le raisonnement qui soutient « *von seiner Oberfläche* » paraît difficile à trouver. En effet, Empédocle aurait dû dire « aucune branche » ou bien « des branches », et non pas « deux branches ». Mais il a dit « deux ». Ce chiffre invite à penser une métaphore végétale pour une paire de membres d'un corps animal, humain ou

---

37. Voir J.-C. Picot, « Sur un emprunt d'Empédocle au *Bouclier* hésiodique », *Revue des études grecques,* 111, 1, 1998, p. 42-60, aux pages 44, 46, 56. Dans cet article, j'ai commis trois erreurs : (1) adoption du fr. 134.2 censé être authentique ; (2) compréhension des deux branches du fr. 29.1 comme étant des bras ; (3) adoption du fr. 143 selon l'édition de M.R. Wright, *Empedocles: the extant fragments*, New Haven-Londres, Yale University Press, 1981, p. 146 (son fr. 129 W).

38. J'avais esquissé l'idée que les deux branches sont des ailes dans J.-C. Picot, « Apollon et la φρὴν ἱερὴ καὶ ἀθέσφατος (Empédocle, fr. 134 DK) », *Anais de Filosofia Clássica*, VI, 11, 2012, p. 1-31, aux pages 25-26. La présentation actuelle est un développement. – Empédocle est connu pour ses métaphores. Aristote s'en plaint dans les *Météorologiques*, 357 a 24-28, à propos du fr. 55, et dans la *Génération des animaux*, 777 a 8-12 (fr. 68). (Aristote critique par ailleurs le style d'Empédocle en *Rhétorique* 1407 a 31-38.) Diogène Laërce affirme qu'Empédocle était doué pour la métaphore (*Vies*, 8.57, R1.b LM). B.A. van Groningen (« Empédocle, poète », *Mnemosyne*, 24, 2, 1971, p. 169-188, à la page 182) dit à juste titre : « [...] la technique poétique. Un domaine qui constitue même un terrain privilégié du poète. C'est celui de l'expression imagée, de la métaphore. [...] le texte d'Empédocle abonde en métaphores. » Mais van Groningen ne juge pas de la qualité de ces métaphores.

d'un divin anthropomorphe. Retenir que « deux branches » dans le fr. 29 serait seulement là pour exprimer le végétal serait une sous-interprétation fautive, une cécité soudaine face au travail poétique.

Revenons maintenant sur la syntaxe suggérée par Primavesi.

3 – Syntaxe du fr. 29

Le verbe ἀΐσσονται peut avoir comme sujets les substantifs du fr. 29.2. Peut-être y-a-t-il un peu de malice ou de moquerie de la part d'Empédocle à associer les μήδεα γεννήεντα avec le verbe ἀΐσσονται. Mais faut-il joindre obligatoirement ἀπὸ νώτοιο à ce verbe étendu au vers 2 ? Primavesi le suppose, mais c'est loin d'être certain. Quand ἀΐσσονται s'étend au vers 2, il ne s'ensuit pas que son complément au vers 1 (ἀπὸ νώτοιο) fasse de même. Il y aurait là une figure de disjonction incidente, observable dans un zeugma[39]. Regardons *Iliade* XVIII, 330-322 où, pour éviter une faute de logique, il faut abandonner νοστήσαντα comme complément de καθέξει, tout en conservant le complément ἐμέ[40] :

> αὐτοῦ ἐνὶ Τροίῃ, ἐπεὶ οὐδ᾽ ἐμὲ νοστήσαντα
> δέξεται ἐν μεγάροισι γέρων ἱππηλάτα Πηλεὺς
> οὐδὲ Θέτις μήτηρ, ἀλλ᾽ αὐτοῦ γαῖα καθέξει.

Bien que la syntaxe soit peu classique, il n'est pas interdit dans le fr. 29 de réserver ἀΐσσονται au seul vers 1 ; les substantifs du fr. 29.2 ne seraient alors pas des sujets de ce verbe ; ils seraient sans verbe exprimé, comme pour dire : sans pieds, sans genoux rapides, etc.

Un point surprend dans le propos d'Hippolyte. Ce dernier rapporte le vers du *Sphairos* à l'imparfait (ἀλλὰ Σφαῖρος ἔην…) alors que son commentaire laisse entendre un présent (ἐστιν… κοσμουμένη… ἀπεργάζεται). Et qu'en outre les deux branches sont rattachées à un verbe au présent (ἀΐσσονται). Puisque du point de vue d'Hippolyte le *Sphairos* est un κόσμος νοητός[41], il était et il est toujours, il coexiste avec le monde sensible. Hippolyte lirait donc l'imparfait comme un présent. Mais nous tenons que cette lecture platonisante ne s'applique en fait pas à Empédocle. Je retiens alors la lecture suivante. Empédocle dirait que le *Sphairos*, qui n'est plus, ne ressemblait pas aux représentations présentes d'un être par certains côtés (v. 2) anthropomorphe. Au présent, il existe des représentations d'êtres divins qui ne lui correspondent pas. Et, dans le futur – c'est ce

---

39. Voir H.W. SMYTH & G.M. MESSING, *Greek Grammar*, Cambridge [Ma], Harvard University Press, 1956, p. 83.
40. Je remercie M. RASHED de m'avoir signalé cet exemple de disjonction.
41. Hippolyte, *Refutatio*, VII, 29, 17.3.

qu'il faut ajouter en accord avec le monde cyclique d'Empédocle –, le *Sphairos* de nouveau existera tel qu'il était avant. Concevoir le futur n'est pas en contradiction avec ce qu'Hippolyte commente. En effet, Hippolyte fixe le *Sphairos* comme terme du mouvement temporel qui va du Multiple (πολλῶν) vers l'Un (ἓν) : τοιοῦτόν τι καὶ κάλλιστον εἶδος τοῦ κόσμου ἡ Φιλία ἐκ πολλῶν ἓν ἀπεργάζεται. Le Multiple se pense au présent. Après le Multiple, il y a l'Un-*Sphairos*.

Retour à « *Rücken* »

Par définition, le *Sphairos,* dont le nom en lui-même dit sa forme, n'a aucune excroissance. Aucune nécessité ne nous contraint à penser qu'il a un dos. Certes, il a une surface extérieure, arrondie comme un dos. Mais cela ne devrait pas conduire à traduire νώτοιο par *Oberfläche* au vers 1, car *Oberfläche* exclut indûment ce qui vient à l'esprit : *Rücken.*

En 2011, Primavesi traduit νῶτον dans le fr. 134.2 (192b.2 R) par *Oberfläche* parce qu'il croit que le dieu mentionné aux vers 4 et 5 de ce fragment n'est rien d'autre que le *Sphairos*[42]. En d'autres termes, les fr. 134 et 29 sont pour lui superposables : un versant négatif pour exprimer des excroissances vivantes que le *Sphairos* n'a pas, suivi d'un versant positif pour dire d'une façon ou d'une autre le *Sphairos.* En remplaçant le dos par la surface, Primavesi rend difficile, sinon

---

42. PRIMAVESI n'est pas le premier à faire cette interprétation. On peut en voir déjà les premières expressions, avant même que le fr. 29 fut édité, chez KARSTEN 1838, p. 504-506. Puis, après l'édition du fr. 29, avec BURNET 1892, p. 269-270 (n. 160). Ensuite DÜMMLER 1894, p. 151. Une reprise de DÜMMLER chez DIÈS 1909, p. 91. Parmi les auteurs plus récents : W. JAEGER, *The theology of the early Greek philosophers*, Oxford, Clarendon Press, 1947, p. 162, 242 n.1 ; KRANZ 1949, p. 48 ; H. LAMBRIDIS, *Empedocles. A philosophical investigation*, Alabama, University of Alabama Press, 1976, p. 116-118 ; J. BARNES, *Early Greek philosophy*, Londres, Penguin Books, 2001², p. 140 ; A. FINKELBERG, « On the history of the Greek ΚΟΣΜΟΣ », *Harvard studies in classical philology*, 98, 1998, p. 103-136 aux pages 112-113. – Citons DÜMMLER : « *E.* [= *Empedokles*] *kann etwa gesagt haben Apollon ist nicht, wie ihr ihn euch vorstellt, sondern ist die Welt in ihrer vollkommensten Form, der Sphairos oder die Weltvernunft* [...] *E. kann aber auch ebenso, wie er den Elementen Götternamen gab, den Sphairos wegen der in ihm herrschenden Harmonie Apollon genannt haben.* » – E. ROHDE, en 1894 (dans *Psyche: Seelencult und Unsterblichkeitsglaube der Griechen*, Fribourg-en-B.-Leipzig, J.C.B. Mohr, p. 480 n.1), écarte l'idée qu'Empédocle ait pu identifier la φρὴν ἱερή et le σφαῖρος, mais imagine que la φρὴν ἱερή est enfermée dans le σφαῖρος. PRIMAVESI 2005, p. 87, adopterait sans doute ce point de vue, car selon lui le cosmos au fr. 134.5 serait le *Sphairos* contenant la φρὴν ἱερή et ses pensées rapides. Et du même auteur, « Apollo and other gods in Empedocles », dans SASSI, M.M. (dir.), *La costruzione del discorso filosofico nell'età dei Presocratici / The construction of philosophical discourse in the age of the Presocratics*, Pise, Edizioni della Normale, 2006, p. 51-77, aux pages 71-72. Il n'en reste pas moins qu'Empédocle oppose la φρὴν ἱερή, et non pas le cosmos, au dieu du versant négatif.

impossible, la compréhension de deux membres d'un corps animal
ou humain, saisis par l'intermédiaire d'une métaphore végétale. Avec
« *Oberfläche* », le plus simple serait donc de lire « *zwei Zweige* » comme
deux branches d'un arbre et rien d'autre. Sans métaphore. La ponctuation forte du point-virgule que Primavesi installe entre « *zwei
Zweige* » et « *nicht Füße* » serait là pour ne pas mettre sur le même plan
d'énumération le végétal et des membres d'apparence humaine[43].
Primavesi n'est pas seul à vouloir identifier uniquement le végétal au
vers 1 du fr. 29, pour le différencier de l'animal ou de l'humain au
vers 2. Ainsi, J. Frère en 2005 commente le fr. 29[44] :

> Corps donc, mais sans rien de végétal, d'animal, d'humain.

Primavesi est dans la même logique : le *Sphairos* n'a rien de végétal,
rien d'humain ni d'animal. Et plus encore, pour qu'il n'y ait aucun
doute, il substitue surface (*Oberfläche*) à dos (*Rücken*)[45]. Là, il va trop
loin. Quelle étrangeté de parler d'un dieu avec un mot aussi peu
chargé de vie, aussi peu divin, que *Oberfläche* !

En superposant étroitement les fragments 134 et 29, Primavesi tire
du fr. 29 que le fr. 134 doit en conséquence concerner le *Sphairos*,
et tire du contexte du fr. 134 que le fr. 29 doit concerner Apollon ;
en clair : selon Primavesi le nom divin du *Sphairos* est Apollon[46].

---

43. La ponctuation par un point-virgule entre le fr. 134.1 et 2 d'une part
(voir note 13), et entre le fr. 29.1 et 2 d'autre part (voir plus haut dans le texte
principal), est rare. C'est pour cela que je souligne le fait. LAMBRIDIS 1976, p. 30,
53, 116, utilisait déjà cette ponctuation (fr. 29 : « *From its back no twin branching
arms are swinging; it has no feet...* » ; fr. 134 DK : « *nor do two branching arms from
his back swing; he has no feet...* ») sans qu'il soit question pour elle de séparer
le végétal d'autre chose. Le point-virgule s'expliquerait dans ce cas par la syntaxe :
la séparation de deux propositions indépendantes. De même avec R.J. ROECKLEIN
(*Plato versus Parmenides. The debate over coming-into-being in Greek philosophy*, Lanham
[Maryland], Lexington Books, 2011, p. 67) pour le fr. 29 : « *For there do not start
two branches from his back; he has no feet, no swift knees, no organs of reproduction; but
he was a sphere, and in all directions equal to himself* ».

44. J. FRÈRE, « Les dieux d'Élée et d'Agrigente », dans DILLON, J. & M. DIXSAUT
(dir.), *Agonistes. Essays in honour of Denis O'Brien*, Aldershot, Ashgate, 2005, p. 3-12,
à la page 10. FRÈRE traduit le début du fr. 29 ainsi : « On ne voit point pousser
deux branches sur son dos, pas de pieds, pas de prompts genoux et pas de sexe.
Il était sphère (*sphairos*) [...] »

45. PRIMAVESI ne va cependant pas jusqu'à dire, à l'instar de ce qu'il rapporte
d'un manuscrit du XIIIᵉ s. (dans FLASHAR, H., D. BREMER & G. RECHENAUER (dir.),
*Grundriss der Geschichte der Philosophie. Die Philosophie der Antike, I, Frühgriechische
Philosophie*, Bâle, Schwabe, 2013, p. 667-739, aux pages 677, 726) que le dieu
Sphairos n'a même de surface (*Oberfläche*) localisable. Dans cette contribution
de 2013 concernant Empédocle PRIMAVESI livre en allemand un passage initialement en latin de Hélinand de Froidmont (in *Chronicon* XVI, 21) : « *Zuschreibung
einer Gottesdefinition an Empedokles: Gott sei eine Kugel, deren Zentrum sich überall und
deren Oberfläche sich nirgends befinde.* »

46. L'idée remonte à PRIMAVESI 2005, p. 87-88. Plus récemment, PRIMAVESI
2013, p. 709, 718. Et PRIMAVESI 2016, p. 11.

Certes, en 2016, Primavesi supprimera le vers 2 du fr. 134 et adoptera la transmission du scholiaste d'Olympiodore[47]. Mais le raisonnement de fond qui le conduisait à traduire ἀπὸ νώτοιο par « *von seiner Oberfläche* » dans le fr. 29.1 demeure (et demeure aussi l'idée que le fr. 29 et le fr. 134 O^mg concernent tous deux le *Sphairos*, dont le nom divin est Apollon[48]).

Compte tenu des difficultés que nous venons de signaler, il nous faut désormais abandonner « *von seiner Oberfläche* » censé rendre ἀπὸ νώτοιο ; et revenir à une traduction longtemps admise, et que Primavesi lui-même formulait ainsi en 2008 :

> *Nicht schwangen sich vom Rücken zwei Zweige,*
> *nicht Füße, nicht hurtige Knie, nicht Glieder voll Zeugungskraft,*
> *sondern ein Kugler war es und von allen Seiten sich selbst gleich.*

En clair : le dieu *Sphairos* (= « *Kugler* ») n'a pas deux branches, il n'a ni pieds, ni genoux agiles, ni sexe. S'il a un dos, ce n'est que de façon métaphorique.

Dans son exposé sur Empédocle, Hippolyte introduit le fr. 29 pour souligner la beauté de la forme du monde quand le monde devient le *Sphairos* sous l'action de l'Amour. Hippolyte donne un sujet au fr. 29 : la forme du cosmos (περὶ μὲν τῆς τοῦ κόσμου ἰδέας), quand elle est arrangée ou ordonnée par l'Amour (ὁποία τίς ἐστιν ὑπὸ τῆς Φιλίας κοσμουμένη). Cette forme est le résultat d'un processus à partir d'une autre forme du cosmos qui est déployée dans le Multiple. Nous savons, grâce à Aétius (A 50), que cette forme déployée dans le Multiple est ovoïde. Celle du *Sphairos* serait mise en opposition avec cette dernière. Quand Empédocle dit νῶτον, de qui ou de quoi pense-t-il le dos ? Je conteste que la réponse implicite de Primavesi – à savoir le νῶτον (*Oberfläche*) du *Sphairos* – soit à la fois exclusive et juste. Le dos dont il est question dans le fr. 29 est d'abord celui d'un être vivant qui n'est précisément pas le *Sphairos*, et qui n'est pas non plus le cosmos déployé dans le Multiple. Pour appuyer cette position, je m'appuie sur le parallélisme entre le fr. 134 O^mg et le fr. 29. Les deux vers du versant négatif du fr. 29 suggéreraient dans les grandes lignes un dieu anthropomorphe (ou au moins en partie anthropomorphe) tout comme dans le fr. 134 (ou 134 O^mg) le versant négatif suggérerait l'Apollon des poètes et des artistes.

---

47. Voir Primavesi 2016, p. 11.

48. En introduction de sa traduction du fr. 29 (en 2011), Primavesi écrit : *Abweisung einer anthropomorphen Vorstellung des Sphairos-Gottes*. L'idée d'un rejet d'une conception anthropomorphique est ici étonnante. En effet, deux branches sortant d'une surface (vaste, étendue) ne disent rien d'une conception anthropomorphique. Ne faudrait-il pas parler d'une conception thériomorphique ou dendromorphique ?

Dans le fr. 134 O^mg, il n'est pas concevable de lire que la *phrèn* puisse avoir une tête humaine, des genoux, etc. Le premier vers nie qu'une tête humaine émerge parmi des membres. Dans le fr. 29 le premier vers nie que deux branches jaillissent d'un dos. Tout comme les membres du fr. 134.1 O^mg ne sont pas les membres de la *phrèn*, le dos au sens propre d'où jaillisent des ailes n'est pas le dos du *Sphairos* ou de la forme du cosmos – même si un dos au sens métaphorique reste possible. On comprend que, dans le fr. 134 O^mg, l'Apollon qu'il faudrait appeler cosmique, ou de la nature, n'a pas une tête, des genoux, etc. ; cet Apollon est uniquement une *phrèn* en mouvement avec ses *phrontides* rapides. Empédocle considère deux dieux différents sous le seul nom d'Apollon : d'une part, l'Apollon des poètes et des artistes, qui est aussi l'Apollon de la religion traditionnelle (fr. 134.1 et 3 O^mg) et, d'autre part, l'Apollon cosmique (fr. 134.4-5 O^mg)[49]. Pour le fr. 29, gardons le même schéma : le *Sphairos* est le dieu cosmique (fr. 29.3) qu'il faut opposer à un autre dieu des poètes et des artistes qui, selon Empédocle, aurait le même nom (fr. 29.1-2).

Depuis 2005, Primavesi veut que le *Sphairos* soit Apollon[50]. Il n'y a certes pas de difficulté à dire que l'Apollon cosmique n'est pas l'Apollon qui a des pieds (ou des mains), des genoux agiles, et un sexe. Mais dans le fr. 29 personne ne songerait à dire qu'Apollon n'a pas deux branches (= deux ailes) s'élançant de son dos. Évidemment ! Le dire serait aussi ridicule que de dire qu'Apollon n'a pas de cornes, n'a pas de nageoires, n'a pas de fleurs et ainsi de suite en énonçant toutes choses du monde sans rapport avec les représentations traditionnelles d'Apollon. Je ne crois pas qu'Empédocle pouvait suggérer quelque chose de ridicule. Dès que nous abandonnons l'étrange « *Oberfläche* » pour revenir à « *Rücken* », dès que nous supprimons la disjonction (végétal/animal ou humain) entre le premier et le second vers, nous ne savons plus comment soutenir, à partir du fr. 29, que le *Sphairos* est Apollon.

---

49. Empédocle offre un autre exemple de deux dieux différents ayant le même nom : le Zeus *argès* du fr. 6.2 et le Zeus-roi du fr. 128.2. Le premier est celui de la nature, le second est celui qui intervient dans la vie culturelle des hommes à la faveur du pouvoir prépondérant de la Haine. Il serait imprudent de prétendre que le premier est authentique ou véritable et que le second est seulement une illusion, un dieu sans consistance. Quand je dis que ces deux dieux sont différents, il faudrait tout de suite ajouter qu'ils seraient néanmoins liés. Le Zeus de la nature (ou cosmique) – une des quatre racines de toutes choses (fr. 6) – a de multiples manifestations. Zeus-roi fait partie des dieux comblés d'honneurs (fr. 21.12 et fr. 23.8), qui ont un réel pouvoir et qui nécessairement dépendent des racines et des puissances. Une tâche resterait à mener à bien : saisir le lien existant entre d'une part les quatre racines divines et les deux puissances, et d'autre part les dieux de la vie culturelle des hommes.

50. PRIMAVESI 2005, 2013, 2016.

Éros, le dieu le plus beau parmi les dieux

Dans le fr. 29, Empédocle oppose, à l'aide d'une comparaison implicite, un dieu (traditionnel ou populaire ou propre à un courant mystique) à son dieu *Sphairos*, tout comme, dans le fr. 134 O[mg], il oppose l'Apollon traditionnel à un dieu qu'il veut aussi appeler Apollon, et qui n'a pas la figure anthropomorphe de l'Apollon traditionnel. J'avais déjà mis en doute, ailleurs, que le *Sphairos* soit Apollon[51]. Confirmons cette avancée. Si le versant négatif du fr. 29 esquisse un dieu traditionnel à l'instar du versant négatif du fr. 134 O[mg], où l'on peut deviner l'Apollon des poètes, il est alors exclu que cet Apollon soit aussi esquissé au fr. 29, car Apollon n'a pas d'ailes. Quel est alors le dieu qui pourrait avoir des ailes dans le dos et qui pourrait, en raison d'une certaine proximité de sens, être mis en opposition au *Sphairos* ? Un nom s'impose : Éros. Les multiples représentations de ce dieu le montrent avec des ailes – ce qui n'exclut pas ses bras[52]. En outre Éros est, selon une tradition bien attestée, le fils d'Aphrodite ; or, le *Sphairos* est d'une certaine façon l'enfant d'Aphrodite, son chef d'œuvre. Mais il y a plus encore. Le *Sphairos* précède notre monde actuel. Chez Hésiode, Éros est avec Terre un dieu des commencements (*Théogonie*, 117-123), un dieu qui précède. Il apparaît, dans deux fragments d'Acousilaos (DK 9 B1, B2) parmi les dieux les plus anciens. Selon certains récits orphiques, un Éros ailé, identifié parfois à *Protogonos*, est au commencement de notre monde[53]. Aristophane, dans les *Oiseaux* (v. 696-697), s'appuie

---

51. Picot 2012. Le nom divin du *Sphairos* a déjà fait l'objet de plusieurs interprétations. En dehors d'Apollon (défendu par Primavesi), on notera (1) Déméter (voir A. Motte, *Prairies et jardins de la Grèce antique : de la religion à la philosophie*, Bruxelles, Palais des Académies, 1973, p. 356-357) ; (2) Zeus (voir G. Betegh, « Empédocle, Orphée et le papyrus de Derveni », dans Morel, P. & J.-Fr. Pradeau (dir.), *Les anciens savants : études sur les philosophies préplatoniciennes*, Strasbourg, Université Marc Bloch, 2001, p. 47-70, aux pages 54-56) ; (3) Dionysos (A.L. Pierris, « OMOION OMOIΩ and ΔINH: nature and function of Love and Strife in the Empedoclean system », dans Pierris, A.L. (dir.), *The Empedoclean Κόσμος: s[t]ructure, process and the question of cyclicity*, Patras, Institute for Philosophical Research, 2005, p. 189-224, aux pages 217, 223, et (4) Adonis (T. Vítek, « Le *Sphairos* d'Empédocle et son substrat mythologique », *Elenchos*, 31, 1, 2010, p. 23-49, aux pages 36-38, 41).

52. Voir le *Lexicon Iconographicum Mythologiae Classicae*, III, 1, p. 851, et les représentations du dieu ailé sur les vases (un exemple : Éros 755, jouant à la balle). Voir aussi : H. Cassimatis, « Éros en Italie méridionale », *Pallas*, 76, 2008, p. 51-65 ; *Éros dans la céramique à figures rouges italiote* : essai d'interprétation iconographique et iconologique, Paris, Boccard, 2014.

53. Sur la question du dieu orphique du commencement, voir Santamaría Álvarez, M. A., « Did Plato know of the Orphic God Protogonos? », dans Martín-Velasco, M.J. & M.J. García Blanco (dir.), *Greek philosophy and mystery cults*, Newcastle upon Tyne, Cambridge Scholars Publishing, 2016, p. 205-231.

sans doute sur un de ces récits quand il précise qu'Éros, né de Nuit, a des ailes situées dans le dos ("Ἔρως ὁ ποθεινός, / στίλβων νῶτον πτερύγοιν χρυσαῖν). Ce détail – des ailes dans le dos – soutient notre propos[54]. Je reviendrai plus avant sur une source orphique possible en arrière-plan du fr. 29.

Hésiode dit encore d'Éros qu'il est le plus beau des dieux (*Théogonie*, v. 120 : ἠδ' Ἔρος, ὃς κάλλιστος ἐν ἀθανάτοισι θεοῖσι)[55]. Or Hippolyte, rapportant le fr. 29, dit du *Sphairos* qu'il est la plus belle forme du monde (κάλλιστον εἶδος τοῦ κόσμου). Cette forme est un dieu, car Hippolyte précise que, pour Empédocle, Dieu, c'est l'Un, et que l'Un est le *Sphairos*[56]. Par ailleurs, Proclus dit (*In Parm.* II, 723.23-27[57]) : « [Empédocle] appela donc ʻ*Sphairos*ʼ la totalité de l'intelligible parce qu'il est unifié en lui-même, et s'incline vers lui-même à cause du dieu de la beauté (τοῦ κάλλους θεόν) qui produit la beauté (καλλοποιόν) et l'unité (ἑνοποιόν). Car toutes les choses qui s'aiment (ἐρῶντα) l'une l'autre [...] »[58]. On peut, et même on doit, ne pas retenir ici la conception néo-platonicienne du *Sphairos* comme totalité intelligible. Mais ce dieu de la beauté et de l'unité (ou de la cohésion) qui, en relation avec le *Sphairos*, serait à retenir est très vraisemblablement Éros. Le témoignage de Proclus rejoint celui d'Hippolyte sur la beauté attachée au *Sphairos*.

---

54. L'imagination fantastique de RAMNOUX 1968, p. 159, 195, sur l'œuf *Sphairos* et l'embryon de poussin qu'il faudrait deviner, deviendrait moins fantastique dans le cadre d'une mythologie orphique. De son côté, DÜMMLER 1894 partait d'un mythème orphique pour supposer des ailes dans le fr. 134.2 (fr. 134.2 = fr. 29.1).

55. La beauté d'Éros est un thème récurrent. Voir Platon, *Banquet*, 195 A ; F. LASSERRE, *La figure d'Éros dans la poésie grecque*, Lausanne, Imprimeries réunies, 1946, p. 25, 28, 40, 44, 95.

56. Le *Sphairos* est l'Un (*Refutatio* VII, 29.13.5 & 14.1-2) : σφαῖρος [...] τοιοῦτον <οὖν> τι <τέλειον> καὶ κάλλιστον εἶδος τοῦ κόσμου ἡ φιλία ἐκ πολλῶν ἓν ἀπεργάζεται. L'Un est dieu (*Refutatio*, VII, 29.14.6 : θεὸν καλῶν τὸ ἕν. – Je crois qu'Hippolyte se trompe en interprétant φυγὰς θεόθεν (*Refutatio*, VII, 29.14.5, fr. 115.13) comme « en fuyant à partir du Dieu ». Hippolyte voit en θεόθεν le mouvement à partir d'un seul dieu, et rapproche ce dieu de l'Un et donc du *Sphairos*. Ce rapprochement seul est important pour ce que je veux montrer concernant Hippolyte. Je demeure par ailleurs convaincu qu'il faut lire un pluriel dans θεόθεν, et que ce pluriel (des dieux) correspond aux Bienheureux, lesquels Bienheureux ne sont pas dans le *Sphairos* mais dans un séjour céleste (vraisemblablement sur la lune). Hippolyte pouvait aussi connaître la parole d'Aristote selon laquelle l'Un est le Dieu d'Empédocle. Hippolyte se trompe dans son raisonnement bâti à partir du fr. 115.13, mais sa conclusion reste juste : *Sphairos* = Un = Dieu. – Notons, par ailleurs, que selon Platon le démiurge a formé le monde de telle sorte qu'il soit le plus beau (τό κάλλιστον, *Timée*, 30 B, 30 D) et le Dieu sensible (*Timée*, 92 C).

57. Σφαῖρον ἀπεκάλει πᾶν τὸ νοητὸν ὡς ἡνωμένον ἑαυτῷ, καὶ εἰς ἑαυτὸν συννεύον διὰ τὸν καλλοποιὸν καὶ ἑνοποιὸν τοῦ κάλλους θεόν. πάντα γὰρ ἐρῶντα ἀλλήλων [...]

58. Voir R61 LM (à qui j'emprunte la traduction). Et S.E. GERSH, *ΚΙΝΗΣΙΣ ΑΚΙΝΗΤΟΣ: a study of spiritual motion in the philosophy of Proclus*, Leyde, E. J. Brill, 1973, p. 126.

En somme, Empédocle nierait que l'Éros dont parle Hésiode soit le plus beau des dieux, et affirmerait que le *Sphairos* est le plus beau des dieux. Tout comme il y a deux dieux portant le nom d'Apollon (fr. 134 O[mg]), il y aurait deux dieux portant le nom d'Éros : un Éros de la tradition, ailé, et un Éros proprement empédocléen, qui est le *Sphairos*. Bien plus qu'une référence au dos, c'est la référence implicite à un même nom divin – Éros – qui justiferait le rapprochement du versant négatif avec le versant positif, dans le fr. 29.

Empédocle livre un indice à l'appui du fait que le *Sphairos* est le dieu le plus beau. Le fr. 27.3-4 nous apprend que la déesse Harmonie est étroitement liée au *Sphairos*. Cette déesse est aussi nommée dans le fr. 122, au vers 2 :

ἔνθ' ἦσαν Χθονίη τε καὶ Ἡλιόπη τανα῀ωπις,
Δῆρίς θ' αἱματόεσσα καὶ Ἁρμονίη θεμερ῀ωπις,
Καλλιστώ τ' Αἰσχρή τε, Θόωσά τε Δηναίη τε,
Νημερτής τ' ἐρόεσσα μελάγκουρός τ' Ἀσάφεια.

Je suppose que la suite Ἁρμονίη θεμερ῀ωπις, Καλλιστώ τ' est signifiante. Ce sont deux déesses (Harmonie et Beauté) qui s'accordent. De la même façon, il faudrait lire Δῆρίς θ' αἱματόεσσα s'accordant à Αἰσχρή τε (Bataille et Laideur). Si Harmonie et Beauté vont de pair, on peut supposer alors que le *Sphairos*, qui s'accorde avec Harmonie (fr. 27), est une figure de Καλλιστώ. Καλλιστώ est une déesse comme toutes les divinités du fr. 122. Cela n'empêche pas que sous Καλλιστώ puisse se cacher le plus beau des dieux, Éros-*Sphairos*. Le féminin n'empêche pas une identification avec le masculin, tout comme sous la déesse Ἡλιόπη se cache au masculin le soleil (Ἥλιος), et le dieu du feu, qui est Zeus au fr. 6.2.

Considérons maintenant la parole d'Aristote. Voici ce que ce dernier dit dans la *Métaphysique*, 984 b 32 – 985 a 7 (sous A 39) :

> Comme il était visible que les opposés aux biens existent dans la nature, qu'il n'existe pas seulement ordre et beauté [τάξις καὶ τὸ καλόν], mais désordre et laideur [ἀταξία καὶ τὸ αἰσχρόν], [...], alors un autre introduisit l'Amitié [φιλίαν] et la Haine [νεῖκος], chacune étant cause l'une des uns, l'autre des autres. Car si l'on poursuit et si l'on s'attache à l'esprit, et non à la lettre des propos d'Empédocle, qui ne sont que de misérables bégaiements, on trouve que l'Amitié est la cause des biens, et la Haine celle des maux.
>
> (Trad. J.-P. Dumont)

Aristote relie « ordre et beauté » à l'action de l'Amour (φιλία). Puisque l'Amour produit le *Sphairos*, il n'est pas difficile de déduire que le *Sphairos* est beau. En outre, si l'on accepte que l'ordre est une façon de parler d'Harmonie, et le désordre une façon de parler de Bataille (Δῆρις), on repère dans le propos d'Aristote une allusion possible aux vers du fr. 122 : τάξις καὶ τὸ καλόν renvoyant à Ἁρμονίη et Καλλιστώ, puis ἀταξία καὶ τὸ αἰσχρόν renvoyant à Δῆρις et Αἰσχρή. J'ajouterais une dernière remarque concernant Harmonie. Puisque Harmonie est liée au *Sphairos* (fr. 27.3-4), il serait possible qu'Empédocle ait choisi cette déesse (plutôt que *Philotès* ou Aphrodite par exemple) car Éros et Harmonie sont frère et soeur, tous deux enfants d'Aphrodite.

Ajoutons une autre perspective. Éros est dans certains récits et certaines représentations picturales le dieu-enfant à la balle[59]. Cette balle n'est pas seulement un jouet d'enfant, comme les osselets le sont. Anacréon présente un Éros qui lance sa balle vers Anacréon pour l'inciter à jouer avec une femme – une incitation à l'amour. Empédocle pouvait connaître le poème d'Anacréon. Mais pour l'Agrigentin, l'Éros à la balle – une balle d'amour – s'insérerait dans une autre histoire. Éros serait en réalité la balle elle-même, étendue à toutes les racines du monde, la sphère qui contient tout (sauf la Haine) ; il serait le *Sphairos*[60]. Cette interprétation s'accorderait avec une autre interprétation faite à propos d'un passage d'Apollonios de Rhodes, *Argonautiques* III, 135, où Cypris promet à Éros la balle (σφαῖρα) qui servait de jouet à Zeus. Cette balle a été comprise par certains commentateurs comme étant l'univers[61]. Admettons qu'Apollonios exploitait un vieux mythème. On peut, comme souvent chez Empédocle, penser alors à une réappropriation, pour ne pas dire un détournement d'un récit existant. Si la balle dans son acception minimale pouvait être le symbole de la totalité de l'être (tout comme

---

59. Anacréon, fr. 358 PAGE (= 13 GENTILI) ; Apollonios de Rhodes, *Argonautiques* III, 131-141 ; Méléagre (dans *l'Anthologie palatine*, V, 214). Voir *Lexicon Iconographicum Mythologiae Classicae*, III, 1, p. 914 (Éros joue à la balle ou tient une balle), en particulier la représentation Éros 755 (Œnochoé attique à figure rouge, Louvre G 575). Voir l'article riche en informations et références de E. BABELON, « Éros sphériste », *La gazette archéologique*, 1880, p. 31-39 et planche IV (p. 232) concernant une terre cuite (venant apparemment de Pagae en Mégaride) qui représente un Éros ailé tenant une balle. Cette planche est reproduite à la fin du présent article.

60. Trois exemples chez Empédocle pourraient venir en parallèle de l'affirmation selon laquelle Éros n'est plus l'Éros qui lance la balle, il est la balle elle-même. Le Zeus du fr. 6 n'est pas le Zeus qui lance la foudre, il est la foudre elle-même ; *Nestis* n'est pas différente de ses pleurs, elle est les pleurs ; Héphaïstos n'est pas celui qui manie le feu, il est le feu lui-même.

61. Voir (1) le commentaire de R.L. HUNTER dans son édition *Apollonius of Rhodes. Argonautica, book III,* Cambridge, Cambridge University Press, 1989, p. 113 ; (2) la note de F. VIAN dans son édition et commentaire de *Apollonios de Rhodes, Argonautiques, chant III*, Paris, Les Belles Lettres, 1995², p. 115, n.134 ; (3) les remarques de P. KYRIAKOU, dans son article « Empedoclean echoes in Apollonius Rhodius' 'Argonautica' », *Hermes*, 122, 3, 1994, p. 309-319, à la page 316.

chez Parménide, la sphère est l'être), on pourrait alors concevoir que l'Agrigentin a fait de cette balle le *Sphairos* sous l'emprise d'Éros.

Tournons-nous maintenant vers une littérature d'un tout autre type. Dans les *Papyri graecae magicae* (IV, 1760, 1778-1779), Éros est le dieu caché (ὁ κρύφιμος, κρυφίων πάντων ἄναξ). Or il se trouve que le *Sphairos* est le dieu caché (fr. 27.3-4) :

οὕτως Ἁρμονίης <u>πυκινῶι κρύφωι</u> ἐστήρικται
Σφαῖρος κυκλοτερὴς μονίηι περιηγέι γαίων.

Éros n'apparaît nommément dans aucun des fragments d'Empédocle à notre disposition. Cela ne signifie pas pour autant que, parmi les divers noms de l'Amour, Empédocle ne l'ait pas utilisé. Deux témoignages de Plutarque sur Empédocle livrent incidemment le nom d'Éros : sous B 17, et sous B 27. Certes, on ne peut pas en déduire formellement qu'Empédocle mentionnait Éros, mais toutefois la parole de Plutarque le laisserait supposer[62]. Cela étant, je ne suis pas prêt à dire que le fait de suggérer un nom divin du *Sphairos* – le dieu caché – avait une réelle importance pour Empédocle. Il en irait de même pour l'Apollon identifié à la *phrèn hierè*. Ce qui avait de l'importance, c'était, je crois, plus globalement, la polémique contre les fausses et obscures croyances en la divinité (fr. 132) :

ὄλβιος, ὃς θείων πραπίδων ἐκτήσατο πλοῦτον,
δειλὸς δ᾽, ὧι σκοτόεσσα θεῶν πέρι δόξα μέμηλεν.

Des dieux anthropomorphes pris dans une polémique

Empédocle pose son dieu *Sphairos* face à certaines représentations d'Éros qu'il estime être, en raison du nom et des prérogatives de ce dieu, en concurrence avec son dieu[63]. Cette lecture s'éloigne de l'idée selon laquelle le poète dirait seulement : le *Sphairos* est

---

62. *Pace* J. BOLLACK, *Empédocle. I, Introduction à l'ancienne physique*, Paris, Éditions de Minuit, 1965, p. 167 n.1, 206 n.3.

63. La seule considération de la description négative (fr. 29.1-2) ne permet pas de déduire en positif le *Sphairos*. Mais dès que l'on sait qu'Empédocle veut en arriver au *Sphairos*, alors, par déduction, on peut supposer que l'Éros ailé est visé par la description négative. Certes, des genoux rapides paraîtraient étranges pour un être qui sait voler, et qui n'aurait donc pas besoin de genoux rapides, tels les hommes et les chevaux par exemple. Mais l'un (l'aptitude à voler) n'empêcherait pas l'autre (les genoux rapides). Δρόμιος est une épiclèse d'Hermès, qui sait voler, comme tous les dieux. Il y a plus avec Éros, qui court vite, εὔδρομος, dans un hymne orphique. Notons que si l'on ne peut pas déduire l'Éros ailé de la seule lecture des deux vers du fr. 29.1-2, on ne peut pas non plus déduire l'Apollon de la tradition des deux seuls vers du fr. 134.1 et 3 O^mg. Les inférences reposent sur le commentaire d'Ammonius, qui livre le nom d'Apollon.

une sphère vivante, parfaite dans sa rotondité, sans aucune protu-
bérance, sans les formes que l'on peut voir chez les êtres vivants sur
terre. Assurément, le versant positif du dieu dont Empédocle parle
ne possède pas les caractéristiques du versant négatif ; mais plus que
cela : Empédocle oppose son dieu à un autre dieu, et pas n'importe
lequel, à un dieu dont il veut modifier la conception commune ou
propre à certains mouvements religieux. Ce qui vaut pour son dieu
Sphairos vaut aussi pour l'autre dieu, *phrèn hierè*, qu'il est prudent de
distinguer : Éros n'est pas Apollon. Dans les deux cas, on ne devrait
pas considérer que ce qui est dit de façon négative (les deux premiers
vers du fr. 134 O^{mg}, les deux premiers vers du fr. 29) ne concerne
aucun dieu en particulier, qu'il s'agirait de quelques traits physiques
pris ici ou là, au hasard, à partir de diverses représentations d'êtres
divins du panthéon traditionnel, ou bien simplement des hommes,
des animaux et des plantes. Comme en d'autres endroits lorsqu'il
s'agit des dieux (notamment des racines divines de toutes choses),
Empédocle peut faire les frais d'une lecture moderne, parfois bana-
lisante et dépersonnalisante.

Je voudrais maintenant souligner la progression apparente du
propos entre le fr. 134 O^{mg} et le fr. 29. Dans le fr. 134 O^{mg} et le fr. 29,
la même expression se lit sur le versant négatif : οὐ θοὰ γοῦν(α). Dans
le fr. 134 O^{mg}, le dieu du versant positif n'a pas de genoux, mais il
se signale par sa rapidité : la *phrèn* se projette grâce à ses φροντίσι
θοῇσιν dans le cosmos. Le même adjectif (θοά, θοῇσιν) est répété sur
le versant négatif et sur le versant positif. La rupture entre les deux
versants du fr. 134 O^{mg} n'est donc pas radicale du point de vue du
mouvement. La *phrèn* et ses *phrontides* sont en mouvement, et qui
plus est dans le cosmos tout entier. En revanche, il n'en est plus ainsi
avec le *Sphairos* dans le fr. 29. Le *Sphairos* se signale par l'absence de
mouvement. On sait par ailleurs qu'il est fixé dans l'épaisse cache
d'Harmonie (fr. 27.3-4). Empédocle est passé du mouvement (Éros
ailé) au repos (Éros sans aile, *Sphairos*).

Encore une remarque : l'Apollon cosmique est le sujet du participe καταΐσσουσα ; quant aux deux branches – comprenons les ailes
de l'Éros traditionnel –, elles sont le sujet du verbe ἀΐσσονται. À
travers deux mots d'une même famille verbale, l'Apollon cosmique
est ainsi rapproché de l'Éros traditionnel, tous deux appartiennent
au Multiple, où règne le mouvement. Le *Sphairos*, à savoir l'Éros sans
mouvement[64], n'a plus rien à voir avec l'Apollon cosmique lui-même.
Le passage du mouvement (dans la totalité du fr. 134 O^{mg} et dans

---

64. D. O'Brien (*Empedocles' cosmic cycle: a reconstruction from the fragments and
secondary sources*, Cambridge, Cambridge University Press, 1969, p. 22-25) a montré
que le *Sphairos* n'a pas de mouvement de rotation sur lui-même.

le versant négatif du fr. 29) au repos (uniquement le versant positif
et final du fr. 29) milite pour l'ordre fr. 134 O^{mg} puis fr. 29.

Dans un article écrit en collaboration avec W. Berg[65], j'espère
que la preuve a été apportée que le fr. 134 O^{mg} fut conçu par
un Empédocle puisant à une matrice poétique : l'*Hymne homérique
à Apollon*, v. 186-187, 448-450. Le vers 1 du fr. 29 se rattacherait lui
aussi à cette matrice dans la mesure où ce vers concernerait un dieu
qui vole (Éros), tout comme l'Apollon traditionnel est dit voler (sans
ailes) dans l'*Hymne* en question (πέτεσθαι au vers 448). L'*Hymne
homérique à Apollon* souligne le fait qu'Apollon, aux traits humains,
est un dieu de lumière en mouvement. Berg et moi-même faisons
de la φρὴν ἱερή avec ses φροντίδες, un dieu de lumière en mouvement, mais qui n'est plus anthropomorphe : le soleil. La φρὴν ἱερή
serait une métaphore pour dire le disque solaire, les φροντίδες θοαί
une métaphore pour dire les rayons lumineux[66]. La conjonction d'un
singulier (φρήν) et d'un pluriel (φροντίδες, φροντίσι) répond à ce qui
se dit ordinairement pour le soleil et ses rayons : ἐς αὐγὰς / ἠελίου
(fr. 115.10-11). Pourquoi Empédocle enchaînerait-il Apollon et Éros ?
Certes ils ont le port de l'arc en commun, certes ils ont la possibilité
du mouvement rapide en commun, mais ce lien paraît encore assez
ténu. La source orphique, bien que de date tardive, reste à explorer.
Elle pourrait nous aider à répondre à la question de l'enchaînement
chez Empédocle entre Apollon et Éros.

Nous possédons un *Hymne orphique à Éros* et un autre à *Protogonos*,
l'autre nom du dieu du commencement du monde[67]. L'*Hymne
orphique à Éros* apporte plusieurs éléments significatifs pour notre
propos. Éros est présenté ainsi :

> [...]   ἡδὺν Ἔρωτα,   1
> τοξαλκῆ, πτερόεντα, πυρίδρομον, εὔδρομον ὁρμῆι,   2
> [...]

Éros est un dieu archer (τοξαλκῆ) – tout comme Apollon. Éros
possède des ailes (πτερόεντα) – c'est le trait correspondant au
dieu que nous imaginons à partir du fr. 29.1. Il s'élance, court
vite (εὔδρομον) sur un chemin de feu (πυρίδρομον). La répétition
d'un adjectif composé à partir de δραμεῖν peut faire écho aux θοὰ

---

65. Picot & Berg 2018.
66. Picot & Berg 2018, p. 379 : « The phrontides *are a metaphor just as the sun's*
γυῖα [fr. 27.1] *are a metaphor. Nevertheless, the speed of the* φροντίδες θοαί *of the* φρήν
is to be taken literally, just as the speed of the ὠκέα γυῖα *of the sun is to be taken literally:
Apollo is the* phrēn *and its* phrontides, *the sun and its sunbeams.* »
67. Je m'appuie sur A.N. Athanassakis & B.M. Wolkow, *The Orphic Hymns.*
Translation, introduction, and notes by A.N.A. & B.M.W., Baltimore, The Johns
Hopkins University Press, 2013. L'édition suivie est principalement celle de
W. Quandt.

γοῦν(α). La course d'Éros sur un chemin de feu étonne. Le mot πυρίδρομος ne se trouve que dans les *Hymnes orphiques* (7.9, 8.11, 20.2, 58.2). Ce chemin pourrait être celui du soleil (*Hymne orphique au Soleil*, v. 11). Le mot εὔδρομος est aussi attribué au soleil dans l'hymne qui lui est dédié (v. 6 : εὔδρομε). L'*Hymne orphique à Éros* dira ensuite d'Éros (v. 4-7) qu'il possède les clés de toutes choses (ciel, mer, terre, vents, Tartare) – confirmant ainsi la dimension cosmique du dieu.

L'*Hymne orphique à Protogonos* complète le tableau d'Éros :

Πρωτόγονον καλέω διφυῆ, μέγαν, αἰθερόπλαγκτον,   1
ᾠογενῆ, χρυσέαισιν ἀγαλλόμενον πτερύγεσσι,
ταυροβόαν, γένεσιν μακάρων θνητῶν τ' ἀνθρώπων,   3
σπέρμα πολύμνηστον, πολυόργιον, Ἠρικεπαῖον,
ἄρρητον, <u>κρύφιον</u> ῥοιζήτορα, παμφαὲς ἔρνος,   5
ὄσσων ὃς σκοτόεσσαν ἀπημαύρωσας ὀμίχλην
πάντη δινηθεὶς πτερύγων ῥιπαῖς κατὰ κόσμον
λαμπρὸν ἄγων φάος ἁγνόν, ἀφ' οὗ σε Φάνητα κικλήσκω   8

Protogonos, né d'un œuf, possède des ailes d'or (v. 2) – comme l'Éros dont parle Aristophane dans *Les Oiseaux* (v. 697). Il est le géniteur des Bienheureux et des hommes (v. 3) – on pense alors aux parties génitales (μήδεα γεννήεντα) du dieu du fr. 29.2. *Protogonos* est un rejeton lumineux (v. 5), il répand la lumière, il est appelé *Phanès* (v. 8). *Protogonos* est un dieu de lumière. Nous tenons là un lien probable de la progression du fr. 134 au fr. 29 : le soleil Apollon se prolonge dans un dieu de lumière et un Éros ailé, πυρίδρομος et εὔδρομος comme le soleil[68].

Ajoutons un qualificatif donné à *Protogonos* : κρύφιον (v. 5). Il est le dieu caché (c'est évidemment paradoxal avec le fait d'être un dieu de lumière). Nous avons déjà évoqué cela avec les *Papyri graecae magicae*. Le dieu *Sphairos* du fr. 29.3 et du fr. 27.3 est aussi le dieu caché. Pour penser le *Sphairos*, Empédocle nierait certains attributs de l'Éros traditionnel et orphique (les ailes, les formes humaines, l'arc, le mouvement), mais il conserverait un trait majeur : il est caché. Ce n'est certes pas le seul trait ; le nom même d'Éros restera foncièrement attaché à la puissance d'unification.

---

68. Le fr. 27.1 (ἔνθ' οὔτ' ἠελίοιο διείδεται ὠκέα γυῖα) attribue des membres (γυῖα) au soleil. Le fr. 40 (dans l'édition BOLLACK) lui attribue aussi des membres (ὀξυμελής). Cela semblerait contredire l'idée qu'Empédocle pensait le soleil de façon non anthropomorphique, sans membre, par opposition à l'Apollon de la tradition. En fait, les *guia* du soleil seraient une métaphore pour dire les rayons de lumière (GALLAVOTTI 1975, p. 222), tout comme les *phrontides*. Empédocle dénierait de véritables membres (bras, jambes) à l'Apollon cosmique, et lui attribuerait des membres métaphoriques, qui sont ses rayons lumineux s'élançant de son corps (s'élançant du disque ou de la sphère solaire).

Au total, il y a dans ces deux hymnes orphiques des éléments intéressants de soutien d'un Éros au fr. 29.1-2. Il est probable que certains traits relevés dans ces deux hymnes existaient déjà antérieurement à Empédocle, dans un texte aujourd'hui perdu pour nous. Aristophane, peu après Empédocle, a eu accès à une œuvre où il trouvait un Éros aux ailes d'or sortant d'un œuf primordial ; ce pouvait être ce texte qui nous manque et qui aurait aussi été utilisé par Empédocle. Cela reste une supputation. Néanmoins, avec la lumière, nous disposerions d'un lien supplémentaire possible entre l'Apollon cosmique – qui selon notre interprétation est le soleil et ses rayons rapides – et l'Éros orphique, *Protogonos* et *Phanès*.

Nous aurions conservé deux variantes d'une critique empédocléenne des représentations d'un dieu particulier : une variante concernant Apollon (fr. 134 O[mg]) et une variante concernant Éros (fr. 29). Dans un schéma différent, Empédocle faisait déjà une critique de Zeus dans le fr. 6 et dans le fr. 128. Le Zeus du panthéon traditionnel (fr. 128.2) est le dieu qui lance la foudre, toutefois il existe un autre Zeus – primitif et éternel, une des quatre racines de toutes choses – qui dans une de ses manifestations est la foudre elle-même (fr. 6.2).

Des branches et des racines

Nous n'avons pas épuisé le sens des *kladoi* dans le fr. 29.1. Cette mauvaise métaphore – ou cette bonne devinette, c'est selon – sollicite mon regain d'intérêt chez un penseur qui sait faire de la poésie et qui ne craint pas d'être subtil.

Dans la *Physique*, Empédocle rapproche le végétal de l'animal ou de l'humain (fr. 62, 72, 74, 79, 82, 99). Toutefois, la présence des *kladoi* dans le fr. 29 n'est pas que le signe de ce rapprochement. Rien n'aurait été plus simple que d'appeler des ailes des ailes, d'éviter une métaphore douteuse, et que l'on reconnaisse facilement Éros. Mais il n'en est pas ainsi. La présence des *kladoi* est surdéterminée. Assurément, le divin *Sphairos* n'a pas les deux *kladoi* qu'aurait l'Éros de la tradition. Pourquoi aurait-il des branches ? Serait-il en lui-même le lieu des racines ? Oui, il l'est[69]. Sous le vocable « racines » (ριζώματα), le fr. 6 nomme les quatre dieux[70] qui composent toutes

---

69. Je reprends ici une idée que j'avais avancée en 1998, dans « Sur un emprunt d'Empédocle au *Bouclier* hésiodique », *Revue des études grecques*, 111, 1, 1998, p. 42-60, à la page 58. Je n'avais en particulier pas compris en 1998 l'importance de saisir des ailes sous la métaphore des branches. Mais le couple possible branches-racines me semble toujours, aujourd'hui, et peut-être plus qu'avant, une clé de compréhension.

70. Zeus, Héra, *Aïdôneus, Nestis*.

choses (= tous les mélanges du monde). Les non-branches du *Sphairos* sont en rapport avec ce qui constitue le *Sphairos*, à savoir les racines entremêlées sous l'influence de l'Amour, des racines qui ne cessent pas d'exister mais des racines inactives, qui ne produisent alors pas de branches. Le *Sphairos* était (Σφαῖρος ἔην) ; plus tard, quand il disparut, les branches purent naître dans le Multiple. La succession temporelle est importante. Même si nous lisions dans le fr. 134.4 O^mg que la *phrèn* sacrée était (ἔπλετο), avant la présence d'un être anthropomorphe, il serait pour le moins difficile d'affirmer que cette *phrèn* est le rassemblement des quatre racines d'où pourraient plus tard sortir des branches.

Les *kladoi* disent le déploiement du Multiple, qui n'est justement pas de mise en parlant du *Sphairos*. Il ne faut pas avoir en tête le vocabulaire post-empédocléen ou non-empédocléen des *stoicheia* pour comprendre l'introduction des *kladoi*, mais celui des *rhizômata*. À la métaphore des *rhizômata* répondrait la métaphore des *kladoi*. On pourrait alors trouver que la métaphore des *kladoi* est tout compte fait assez heureuse.

Dans la mesure où Empédocle voulait en priorité parler des deux branches dans le Multiple, de façon à suggérer les racines inactives du *Sphairos*, il lui fallait alors préciser d'où sortaient ces deux branches. En disant seulement « sans deux branches », comme il disait « sans pieds », « sans genoux rapides », il aurait couru de façon flagrante le risque que l'on comprenne les deux branches comme une métaphore pour dire deux bras. Or, précisément, il voulait signifier des ailes. Il ne pouvait pas dire non plus que les branches jaillissaient du corps : pour la même raison, cela aurait été trop vague et propice à générer une confusion. Il lui a donc fallu ajouter que les deux branches jaillissaient du dos. Le dos serait présent pour soutenir la métaphore des branches-ailes. Si Empédocle avait d'emblée parlé des ailes, tout comme il parlait, sans métaphore, des pieds et des genoux (fr. 29.2), il n'aurait bien sûr pas produit le renvoi possible des branches aux racines du fr. 6, et par conséquent aux quatre dieux amoureusement unis dans le *Sphairos*, sous l'empire d'Éros victorieux.

Apollon

Apollon serait-il un autre nom du *Sphairos* ? Empédocle pouvait-il imaginer cela ? Je ne le crois pas. Apollon est fils de Zeus. Chez Empédocle, cette relation traditionnelle père-fils garderait encore un sens en étant transposée dans une relation de dépendance. Zeus dans le fr. 6 est la racine divine du feu – cela s'entend de toutes les manifestations du feu. Or ce qui représente souvent le feu, chez Empédocle, c'est le soleil[71]. Il ne serait alors pas étonnant qu'Apollon, en quelque sorte une manifestation de Zeus, soit précisément le soleil. Empédocle est capable de pratiquer ce mélange des genres. En revanche, je ne vois aucun lien entre le Zeus du fr. 6 et le *Sphairos* – si ce n'est que le Zeus en question est une des quatre composantes du *Sphairos*. Le *Sphairos* n'est pas une des manifestations du feu. Un Apollon-*Sphairos* n'aurait aucun lien de filiation avec le Zeus du fr. 6. Imaginer un Apollon-*Sphairos* se fait sans tenir compte des racines divines comme clé de lecture possible ; c'est une des raisons pour lesquelles je ne crois pas chez Empédocle à un Apollon-*Sphairos*, mais à un Apollon-soleil, manifestation de Zeus. Notons que, s'il en ainsi, Empédocle ne retiendrait pour son Apollon cosmique que les traits lancés sous forme de lumière (Φοῖβος, le dieu archer) et le mouvement. L'arc et le mouvement seraient, quant à eux, niés au *Sphairos*-Éros.

Que le *Sphairos* pense, comme toutes choses pensent dans l'univers empédocléen, n'est pas contestable. Ce qui est contestable, c'est de croire que la rapidité de la pensée constatée dans le Multiple, constatée avec les *phrontides thoai*, puisse s'appliquer à l'Un[72]. Le témoignage d'Eudème (fr. 110 Wehrli) est à prendre en compte : « Eudème conçoit que l'absence totale de mouvement se produit sous la domination de l'Amour au sein du Sphairos » (trad. Martin-Primavesi[73]). Il faut donc admettre que la joie du *Sphairos* ne suppose aucun mouvement, aucune agitation ; ce serait une béatitude sereine. De plus, comment imaginer, dans le *Sphairos*, qu'un corps ou organe nommé *phrèn hierè* puisse être identifiable, *i.e.* différent du reste du *Sphairos*, et puisse se déplacer (καταΐσσουσα) à l'intérieur du *Sphairos* ? Aucun indice ne permet d'étayer l'existence d'un tel corps ou organe différencié dans le *Sphairos*. Penser le *Sphairos* comme un Éros ne suppose pas un tel corps ou organe.

---

71. Fr. 21.3 (et le commentaire de Simplicius sous B 21), 22.2, 71.2, 115.11.

72. La rapidité de la pensée est exprimée dans l'*Odyssée* VII, 36, dans l'*Hymne homérique à Hermès*, 43, et par Thalès dans DK 11 A 1.35. Sur la critique du mouvement de la pensée à l'intérieur du *Sphairos*, voir PICOT 2012, note additionnelle 1, p. 29-30.

73. A. MARTIN & O. PRIMAVESI, *L'Empédocle de Strasbourg* (P. Strasb. gr. *Inv. 1665-1666)*. Introduction, édition et commentaire, Strasbourg-Berlin-New York, Bibliothèque Nationale et Universitaire de Strasbourg, W. de Gruyter, 1999, p. 58. PRIMAVESI a réitéré en 2018 sa conviction selon laquelle le *Sphairos* est sans mouvement (« Das ewige Widerspiel von Liebe und Streit: Neues zum kosmischen Zyklus des Empedokles, *der blaue reiter*, 42, 2018, p. 63-67, à la page 64) : « *Während der Lebensdauer des Sphairos gibt es keinerlei Bewegung: In seiner Einheit, Unveränderlichkeit und Kugelförmigkeit wirkt der Sphairos wie eine poetische Veranschaulichung der von Parmenides getroffenen Bestimmungen des Seienden als solchem.* »

Apollon, d'après certaines croyances déjà présentes au Ve s. av. J.-C., serait le soleil[74]. Un Apollon-soleil dépendant de Zeus, racine divine du feu, s'accorderait à la pensée d'Empédocle. Quand Ammonius dit qu'Empédocle énonce les vers du fr. 134 dans un contexte immédiat où il parle d'Apollon[75], on est conduit alors à faire le rapprochement avec le Zeus du fr. 6[76], et à supposer que le contexte immédiat en question établit un lien entre Apollon et le soleil. Le fait de savoir qu'Empédocle parle de l'Apollon cosmique dans le fr. 134.4-5 O[mg] permet d'interpréter la *phrèn hierè* et ses *phrontides* comme étant la sphère solaire et ses rayons. Cette lecture dépend de l'importance accordée aux racines divines[77].

La *phrèn* et ses *phrontides* parcourant le cosmos seraient une métaphore suggérant le soleil et ses rayons. La métaphore s'éclaire grâce à la mise en évidence d'une matrice poétique, prise dans l'*Hymne homérique à Apollon*, où Empédocle aurait puisé pour construire ses vers du fr. 134.4-5 O[mg78]. L'Apollon de l'*Hymne homérique à Apollon*, entouré de lumière (v. 440-447), se caractérise par sa rapidité de mouvement à l'instar de la rapidité de la pensée (v. 186-187, 448-450). Cette rapidité de la pensée expliquerait le recours à la *phrèn* et aux *phrontides* dans le fr. 134.4-5 O[mg]. Le jeu de comparaisons se résumerait ainsi : Apollon en mouvement rapide est comparé à la pensée rapide (*H.h. Apollon* et fr. 134.4-5 O[mg]), le soleil est comparé à la pensée rapide, à la *phrèn* et ses *phrontides* (fr. 134.4-5 O[mg]). La conclusion possible (sans être toutefois nécessaire) est une identité : Apollon en mouvement rapide est le soleil.

Nous n'avons guère de raison de refuser la pertinence du commentaire d'Hippolyte quand il dit que le *Sphairos* est la plus belle forme du cosmos, qu'il est l'Un et lorsqu'il ajoute que l'Un est dieu. Or, le dieu qui a la plus belle forme n'est pas Apollon, c'est Éros.

74. Eschyle, *Bassarides*, dans Ératosthène (10.B.83a Mette, 536 T Bernabé) ; Théagène de Rhégion, DK 8 A 2.8 ; Ménandre, DK 31 A 23.

75. Il est sans doute utile de préciser que, dans le corpus d'Ammonius à notre disposition, le nom d'Apollon n'apparaît qu'une seule fois : celle qui concerne Empédocle. Par ailleurs, *Phoibos*, épiclèse d'Apollon, n'est pas mentionné dans le corpus en question. Nous n'avons donc aucune preuve qu'Ammonius projetait ses propres idées sur Apollon dans son commentaire d'introduction aux vers d'Empédocle. Il est de bonne méthode de croire à ce commentaire et de lire le fr. 134 O[mg] avec Apollon en filigrane.

76. Ce ne peut pas être avec le Zeus-roi du fr. 128.2.

77. Voir Picot 2012, p. 5-7, 13, 28.

78. Voir Picot & Berg 2018.

Pourquoi choisir la transmission du scholiaste contre celle d'Ammonius et Tzetzès ?

J'ai différé jusqu'ici une question qu'il convient maintenant d'aborder. Avant toute réflexion sur le sens du fr. 134 ou du fr. 134 O^{mg}, il n'y aurait pas plus de raison de croire à la transmission d'Ammonius et de Tzetzès d'une part qu'à celle du scholiaste d'Olympiodore d'autre part. J'exclus de premier abord que les deux versions soient tout autant authentiques l'une que l'autre, venant d'endroits différents du ou des poèmes, car cette solution ne peut être envisagée que lorsque rien ne permet d'expliquer autrement les deux versions. Commencer par dire que tout est authentique est une solution de facilité, appuyée sur l'évidence que nous n'avons pas les œuvres en entier, et donc une solution difficilement falsifiable. Essayons plutôt et d'abord de saisir une distorsion possible affectant une des deux versions.

Je pars de quatre certitudes :

- Empédocle est un penseur assez cohérent, qui ne dit pas des absurdités.
- Deux branches sortant du dos sont deux ailes et non pas deux bras.
- Le fr. 134 O^{mg} concerne un Apollon cosmique (celui d'Empédocle) en opposition à un Apollon traditionnel. L'Apollon traditionnel est brossé dans le fr. 134.1+3 O^{mg}.
- Le vers 2 du fr. 134, rapporté par les manuscrits d'Ammonius et Tzetzès, n'est pas celui édité par Diels. Il est : οὐ μὲν ἀπαὶ νώτων γε δύο κλάδοι ἀΐσσουσιν.

À partir de là, je conclus que le vers 2 du fr. 134 est une absurdité, car l'Apollon traditionnel n'a pas deux ailes sortant de son dos. Empédocle n'a pas pu écrire le vers 2 du fr. 134 rapporté par Ammonius et Tzetzès. La version authentiquement empédocléenne est celle du scholiaste (fr. 134 O^{mg}), qui ne présente pas le vers 2 du fr. 134 – que ce soit le vers largement corrigé par Diels ou bien celui transmis dans les manuscrits. Dans une lignée de transmission des vers, dont Ammonius et Tzetzès témoignent, le fr. 134 O^{mg} a subi l'interpolation du premier vers du fr. 29, avec plusieurs adaptations, pour devenir le fr. 134 selon Ammonius et Tzetzès.

Reste à essayer de comprendre comment la version fausse s'est établie, et a perduré. Les fragments 134 O^{mg} et 29 sont à proximité l'un de l'autre ; certaines similitudes entre les deux fragments sont évidentes, dont en particulier le fait que le fr. 134.3 O^{mg} est à peu près identique au fr. 29.2. (Je suppose que le fr. 29.1-2 est conforme à l'original d'Empédocle ; il serait néanmoins possible que les manuscrits en possession d'Ammonius et Tzetzès présentaient un fr. 29 modifié.) Le point de départ de l'interpolation serait l'idée que la similitude était bancale avec χέρες dans un cas (134.3 O^{mg}) et πόδες dans l'autre (29.2), et l'idée que l'on aurait perdu le vers 134.2, similaire au vers 29.1, lors de la transmission au fil des siècles (plus de 8 siècles séparent Empédocle d'Ammonius). Avec cette perte d'un vers, le mot πόδες, considéré comme authentique (fr. 29.2) et nécessaire dans le fr. 134.3, aurait été remplacé par χέρες (134.3 O^{mg})), pour tenter de retrouver un tableau cohérent entre la tête et le bas du corps. Par ailleurs, grâce au fr. 134.2 un verbe au pluriel, ἀίσσουσιν (et non plus au singulier : κέκασται), pouvait facilement accepter des nominatifs au masculin (πόδες) et au neutre (γοῦνα, μήδεα). La bonne (?) correction consista alors à substituer πόδες à χέρες et à restituer, juste avant πόδες, le vers supposé manquant, celui des deux branches, repris en écho un peu plus loin dans le poème (fr. 29.1). Ainsi la similitude entre le fr. 134 et le fr. 29 pouvait être correctement rétablie. Il y avait quelques détails auxquels il fallait toutefois remédier en reprenant le fr. 29.1. On a cru de bonne foi que les deux branches étaient une métaphore pour signifier deux bras – d'ailleurs χέρες serait bien la trace et la preuve du besoin des bras après la perte (supposée) du vers 2. On devinait là une allusion au vers hésiodique présentant les Cent-Bras (*Théogonie*, 150), où le verbe ἀίσσοντο, en dernière position de l'hexamètre, pouvait avoir pour écho ἀίσσονται en même position chez Empédocle. Certes, il y avait des épaules (ὤμων) chez Hésiode, et un dos (νώτοιο) chez Empédocle, mais cela pouvait n'être qu'une variation sans importance. Grosso modo, les épaules appartiennent en partie au dos. Peut-être même fallait-il croire qu'Empédocle avait écrit non pas νώτοιο mais νώτων – un pluriel poétique qui lui aurait servi à jouer implicitement avec ὤμων, que l'on attendait. Et puis γάρ lu dans le fr. 29.1 ne convenait pas après le fr.134.1, il fallait trouver le plus probable : ce fut μέν. On préféra substituer ἀπαί (rare mais attesté dans un hexamètre[79]) à ἀπό pour une des deux raisons suivantes : soit l'allongement nécessaire du o de ἀπό au temps fort du deuxième pied paraissait peu probable (pourtant il s'explique devant une nasale), soit on croyait qu'Empédocle aurait choisi d'utiliser une forme rare et déjà connue par ailleurs[80]. Ainsi

---

79. Denys le Périégète, 51 ; *Oracles chaldéens*, 13.1, 160.1 ; Manéthon, *Apotelesmatica*, 6, 326. Ces exemples sont tardifs.

80. Empédocle pouvait-il écrire ἀπαί ? S'il le pouvait (ce dont je doute) pourquoi éditer le fr. 134.2 avec ἀπαί et le fr. 29.1 avec ἀπό ? DIELS a conservé cet ἀπαί pour son fr. 134, en pensant sans doute que cela ne faisait que respecter Ammonius et Tzetzès. DIELS aurait eu au moins une façon de se

de suite vinrent des adaptations destinées à rendre vraisemblable la restitution. Au total, on aboutissait à interpoler le vers 2 qu'on lit désormais chez Ammonius et Tzetzès : οὐ μὲν ἀπαὶ νώτων γε δύο κλάδοι ἀίσσουσιν. Grâce à ce vers tout devenait cohérent. Des bras étaient introduits entre la tête (134.1) et les pieds (134.3), de telle sorte que le tableau, en allant du haut vers le bas, fût complet, et ressemblât mieux aux deux vers du fr. 29.1-2. La modification du texte pouvait avoir été réalisée sur des manuscrits qui furent ensuite disponibles au temps d'Ammonius. Le scholiaste d'Olympiodore aurait eu accès, de son côté, à une transmission différente, non altérée.

Notons, pour finir sur ce point, que puisque le fr. 134 s'inscrit dans une critique de l'anthropomorphisme, il va alors de soi que les branches sont des bras et non pas des ailes, car les hommes n'ont pas d'ailes.

On peut comprendre pourquoi le vers 2 du fr. 134 a été ajouté (ce que j'ai supposé plus haut). En revanche, on ne voit pas pourquoi le scholiaste aurait oublié ce vers 2, issu du fr. 29.1. De plus, le scholiaste rapporte au vers 3 des mains à la place des pieds. De fait, dans le fr. 134 O^{mg}, la description allant du haut du corps vers le bas du corps est cohérente.

Excursus platonicien

Dans le *Timée*, Platon raconte la formation du monde. Sur plusieurs points, cette formation prend le contre-pied des idées d'Empédocle. Bien qu'Empédocle ne soit jamais cité dans le *Timée*, l'analyse de ce texte menée par D. O'Brien rend évident le travail de dépassement

---

sortir d'une petite incohérence avec le fr. 29. Il pouvait croire que le fr. 29 avait été écrit dans la jeunesse d'Empédocle (écriture de la *Physique*) et que le fr. 134 avait été écrit dans la vieillesse d'Empédocle (les *Catharmes*). Deux âges différents, deux poèmes différents, deux objets différents : l'incohérence était presque inexistante. Mais le rapprochement des deux fragments dans un seul poème (la *Physique*) change désormais la donne. Voici pourquoi il est très improbable qu'Empédocle ait pu écrire ἀπαί (qu'ἀπαί soit tardif ou pas). Non seulement nous disposons des manuscrits d'Hippolyte apportant οὐ γὰρ ἀπὸ νώτοιο, qui prouve l'allongement du o devant nasale (ν), mais nous disposons aussi des manuscrits de Plutarque apportant τρίς μιν μυρίας ὥρας ἀπὸ μακάρων ἀλάλησθαι (fr. 115.6), qui confirme chez Empédocle la pratique de l'allongement du o devant nasale (μ) au temps fort du pied. WILAMOWITZ (1929) et ZUNTZ (1971) ont tous deux édités le fr. 134.2 avec ἀπό au lieu de ἀπαί. Reste évidemment que le fr. 134.2 – quel qu'il soit – n'est en réalité pas d'Empédocle. Exemples chez Homère de l'allongement du o devant nasale : *Iliade* VIII, 300, 309, XI, 476, 664, XVI, 773, VII, 131, XIII, 672, *Odyssée* XV, 354, XVII, 398.

et d'enfouissement de l'Agrigentin mené par Platon[81]. Je voudrais prolonger ici l'analyse et les conclusions d'O'Brien[82].

Platon affirme qu'en dehors du monde (cosmos) – à savoir en dehors du sensible, de l'univers dans lequel se trouveront les êtres vivants – il n'y a rien d'autre[83]. Toute la matière (les quatre éléments que Platon reprend d'Empédocle[84]) réside dans ce monde unique, si bien qu'aucune destruction de ce monde ne serait possible puisque seule une destruction venant de l'extérieur aurait été envisageable[85]. Le démiurge donne au monde la forme la plus parfaite et la plus belle : celle de la sphère[86]. Une fois constitué, le monde sera éternel[87]. Ce faisant, Platon a plus ou moins consciemment refusé le cycle cosmique

---

81. D. O'BRIEN, « Plato and Empedocles on evil », dans CLEARY, J.J. (dir.), *Traditions of Platonism. Essays in honour of John Dillon*, Aldershot (Hampshire)-Brookfield (Vt.), Ashgate, 1999, p. 3-27, aux pages 12-23 ; « Space and Movement: two anomalies in the text of the *Timaeus* », dans NATALI, C. *et al.* (dir.), *Plato Physicus. Cosmologia e antropologia nel* 'Timeo', Amsterdam, Adolf M. Hakkert, 2003, p. 121-148, aux pages 121-123, 129-134, 143-148 ; « Life beyond the stars: Aristotle, Plato and Empedocles (*De Caelo* I.9 279a11-22) », dans KING, R.A.H. (dir.), *Common to body and soul*. Philosophical approaches to explaining living behaviour in Greco-Roman Antiquity, Berlin-New York, W. de Gruyter, 2006, p. 49-102, aux pages 95-96.

82. Citons en particulier O'BRIEN 1999, p. 18 : « *Timaeus is making his world soul take up both the position that had been occupied by Love in Empedocles' universe and the position that had been occupied by Strife. When the world soul is stretched from the centre to the circumference of the universe, she takes up the place that Love had occupied when the elements were united in the blissful Sphere. When the world soul is also wrapped round the universe 'from outside' (ἔξωθεν), that is because she is taking up the position of Strife, when Strife has been driven by Love outside the elements, outside the Sphere. […] There is no evil god, there is no Strife, in Plato's world. The position of the world soul, outside the universe, taking up the place that had been occupied by Empedocles' evil god, is meant as a graphic demonstration of the point that the universe is ruled by a single divine power, Empedocles' god of Love, the world soul, crafted and put in place by the demiurge.* »

83. Le passage qui intéresse notre propos est *Timée*, 29 E1 – 37 A2.

84. Empédocle n'utilise pas le terme στοιχεῖα, éléments. Comme d'autres, et par facilité, j'emploie néanmoins ce terme pour désigner rétrospectivement πῦρ, ὕδωρ, γαῖα, αἰθήρ que l'on trouve dans le fr. 66b 249 R (πῦρ καὶ ὕδωρ καὶ γαῖα καὶ αἰθέρος ἄπλετον ὕψος) qui fait référence pour conceptualiser la théorie des éléments chez Empédocle. (J'utilise ici l'édition de PRIMAVESI 2011, préférant αἰθέρος à ἠέρος lu dans le fr. 17.18.)

85. *Timée*, 31 B4 – 33 B1.

86. *Timée*, 33 B1 – C1 ; 34 A8 – B3. Selon Hippolyte le *Sphairos* (sous B 29) est la plus belle forme du cosmos (κάλλιστον εἶδος τοῦ κόσμου). Platon répète à l'envi que le monde formé par le démiurge est beau (*Timée*, 28 A8, 29 A2) ou le plus beau (*Timée*, 29 A5 : ὁ μὲν γὰρ κάλλιστος τῶν γεγονότων ; 30 A7 : τὸ κάλλιστον ; 30 B5 : ὅτι κάλλιστον). Hippolyte pourrait avoir attribué au *Sphairos* l'idée platonicienne de la forme sphérique la plus belle. Mais il est aussi possible qu'Empédocle lui-même ait souligné la beauté du *Sphairos*, ou la beauté du dieu Éros, dans des vers que nous ne possédons pas. Voir ci-dessus le fr. 122 et le rapprochement fait avec Aristote. En dehors de Platon, les pythagoriciens disaient que parmi les solides la plus belle figure est la sphère (DK 58 C 3.35 = 10c D22.35 LM).

87. *Timée*, 31 B3 (εἷς ὅδε μονογενὴς οὐρανὸς γεγονὼς ἔστιν καὶ ἔτ' ἔσται), 32 C3 (ἄλυτον), 33 A2.

empédocléen, le *Sphairos*, la forme ovoïde du monde (avant et après le *Sphairos*)[88], et l'existence de la Haine qui, chez Empédocle, se tient en dehors de la matière (*i.e.* des quatre éléments).

Lorsque Platon affirme la forme sphérique du monde, il précise que ce monde n'a pas d'yeux, d'oreilles, de respiration, d'organes pour absorber de la nourriture ou éjecter des résidus, de mains, de pieds, de jambes[89]. Il est probable que Platon ait en tête les vers d'Empédocle qui constituent pour nous le fr. 29[90]. Mais il n'évoque ni les branches ni le dos. Certes, il parle de mains qui saisissent (χειρῶν en *Timée*, 33 D3), mais on ne se hasardera pas à affirmer qu'il a pris les branches pour des bras, et de là qu'il en a déduit des mains. S'il a compris des ailes en lisant οὐ γὰρ ἀπὸ νώτοιο δύο κλάδοι ἀΐσσονται, il n'en a rien fait. Il semble avoir ignoré le vers aux deux branches et avoir complété le portrait anthropomorphique à sa façon. Seuls les pieds sont communs au fr. 29 et à la description trouvée dans le *Timée*. Platon donne bien plus de détails qu'Empédocle. Pour lui, l'essentiel ne serait pas tant de combattre un dieu anthropomorphe (ce qui est selon nous le propos d'Empédocle), que de souligner que le monde, qui est un dieu bienheureux, n'a pas d'extériorité, qu'il n'a aucun endroit extérieur à lui-même à voir, à toucher, où se déplacer, où agir, où puiser sa respiration et sa nourriture. Bref, encore et encore, qu'il est seul[91]. Cette idée martelée se trouverait déjà chez Empédocle pour le *Sphairos*, mais de façon moins insistante. Je tiens pour probable que Platon réagissait au fr. 29.1-2 mais aussi aux vers suivants d'Empédocle que Stobée nous a rapportés (fr. 28)[92] :

ἀλλ' ὅ γε πάντοθεν ἶσος <ἐοῖ> καὶ πάμπαν ἀπείρων
Σφαῖρος κυκλοτερὴς μονίηι περιηγέι γαίων.

Le *Sphairos* est seul (μονίηι)[93]. C'est précisément le point qui chez Platon est amplement développé. Chez Empédocle, le *Sphairos* du

---

88. Aétius (sous A 50) affirme que selon Empédocle le monde (κόσμος) a la forme d'un œuf : κατὰ τοῦτο τοῦ οὐρανοῦ μᾶλλον ἀναπεπταμένου διὰ τὸ ὠιῶι παραπλησίως τὸν κόσμον κεῖσθαι.

89. *Timée*, 33 C1 – 34 A7.

90. Cornford 1937, p. 56, avait déjà fait le lien entre le monde non anthropomorphe du *Timée* et le fr. 29. O'Brien 1969, p. 144 n.4, a aussi mentionné ce lien, en ajoutant – à mon avis avec moins de pertinence – le fr. 134 en entier. R. Brague a développé l'idée dans « The body of the speech: a new hypothesis in the compositional structure of *Timaeus*' monologue », dans O'Meara, D.J. (dir.), *Platonic investigations*, Washington, Catholic University of America Press, 1985, p. 53-83, aux pages 57-58.

91. *Timée*, 31 A2 (ἕνα οὐρανόν), 31 A3 (ἕνα), 33 A7 (ἕνα ὅλον), 31 B3 (εἷς ὅδε μονογενὴς οὐρανός), 34 B5 (οὐρανὸν ἕνα μόνον ἔρημον).

92. Wright 1981, p. 104-105, assemble le fr. 29.1-2 suivi du fr. 28, et en fait son fr. 22 Wright.

93. Sur μονίηι, voir D. O'Brien, « Μονίηι in Empedocles: Slings' "iron rule" », *Mnemosyne*, 63, 2, 2010, p. 268-271.

fr. 28, dans sa solitude, n'a aucun endroit où voler, où marcher, ni personne avec qui s'accoupler. Il est – nous le savons par ailleurs grâce au fr. 27.3-4 – dans l'épaisse cache d'Harmonie (Ἁρμονίης πυκινῶι κρύφωι). Cette cache ne désigne pas un contenant matériel ou une enceinte constituée à partir de certains éléments, puisque ces éléments constituent le *Sphairos*. Elle est sans doute une façon de dire l'obscurité qui est propre au *Sphairos* et qui l'entoure, comme l'expose J. Bollack[94]. Quand tout est Un, il n'y a plus de lumière, ni à l'intérieur de l'Un ni à l'extérieur (pour mémoire, il n'y a aucun soleil comme le dit Simplicius dans *In phys.* 1183.28 – 1184.1). Un extérieur au *Sphairos* existe pourtant : s'y trouvent la Haine (rejetée aux confins du monde ; fr. 35.9-10) et une matière inerte (A 47)[95]. Platon ne nierait pas Harmonie comme autre nom de *Philia*[96] ; mais avec certitude il nie le *Sphairos* (sans mouvement propre), la Haine et la matière inerte. En aucun cas Platon ne peut accepter la Haine et l'idée que le monde sphérique puisse être détruit par cet intervenant surgissant de l'extérieur. Or c'est bien ce qui se passe dans la théorie d'Empédocle : lorsque son temps vient après le temps de l'Amour (fr. 30, fr. 31), la Haine détruit le *Sphairos*.

Le rapprochement du passage du *Timée* sur la formation du monde avec le fr. 29 me conduit à faire une dernière remarque à propos de la traduction de νῶτον (fr. 29.1) par *Oberfläche*. Le *Timée* nie des caractéristiques zoomorphiques et anthropomorphiques du dieu-monde, mais il ne dit rien concernant le dos. En revanche, on lit (*Timée*, 33 B7 – 33 C1) : λεῖον δὲ δὴ κύκλῳ πᾶν ἔξωθεν αὐτὸ ἀπηκριβοῦτο. Dans ce passage, concernant le monde dans sa forme sphérique, ἔξωθεν est parfois rendu par « surface »[97] ou en allemand par *Außenfläche ou Außenseite*, qui dans le contexte seraient des synonymes de *Oberfläche*. Un autre passage de Platon concernant aussi la sphère du monde sensible apporte le précieux mot νῶτον : ἔξω πορευθεῖσαι ἔστησαν ἐπὶ τῷ τοῦ οὐρανοῦ νώτῳ (*Phèdre*, 247.B 7 – C 1)[98]. Le dos de la voûte céleste

---

94. Bollack 1969, p. 135-136. Ramnoux 1968, p. 184, 203, 205, présentait déjà en 1968 des idées semblables.

95. Seul Aétius (sous A 47) témoigne d'une matière inerte (ἀργὴ ὕλη) à l'extérieur du monde (κόσμος) : Ἐμπεδοκλῆς δὲ κόσμον μὲν ἕνα, οὐ μέντοι τὸ πᾶν εἶναι τὸν κόσμον, ἀλλὰ ὀλίγον τι τοῦ παντὸς μέρος, τὸ δὲ λοιπὸν ἀργὴν ὕλην. Le sens de ὕλη pour dire matière n'est pas attesté avant Aristote. On pourrait donc douter de la fiabilité du témoignage d'Aétius, au moins pour le vocabulaire. Je suis favorable à conserver toutefois l'idée qu'Empédocle imaginait quelque chose de matériel là où se trouvait le dernier repli de la Haine, à l'extérieur du monde.

96. Voir le recours à *Philia* et à l'harmonie dans le *Timée* : 32 B3, 32 C2, 35 A8, 36 E1, 37 A1.

97. Voir O'Brien 2003, p. 143-147.

98. Je remercie D. O'Brien de m'avoir signalé le premier ce rapprochement. Il y a plus ensuite. Dans un article intitulé « Empédocle dans la palinodie du *Phèdre* », *Les études philosophiques*, 194, 4, 2019, p. 623-661, E. Ponce tire le meilleur

est assurément la surface externe de cette voûte. *Oberfläche* pourrait ici trouver un appui. Le dieu-monde sphérique de Platon a donc un dos.

Il est probable que Platon ait voulu reprendre ici Empédocle, et s'y opposer. Le fr. 29 peut laisser entendre que le dos au vers 1 est à la fois le dos de l'être suggéré au vers 1 et 2, et le dos du *Sphairos*. D'où parfois la traduction « son dos » au vers 1, où le « son » renvoie au *Sphairos* du vers 3. Mais – point essentiel –, le dos de l'être suggéré est pris au sens propre, tandis que le dos supposé du *Sphairos* serait pris au sens figuré pour uniquement signifier sa surface arrondie. Pris en deux sens différents, le dos aiderait toutefois à superposer mentalement deux êtres, de façon à montrer ce qui leur serait commun et ce qui les différencie. Platon aurait compris les choses ainsi. Or, il refuse l'existence du *Sphairos*. Il voudrait alors substituer au *Sphairos* immobile, dont il retiendrait le dos, la Sphère du monde sensible où règne le mouvement. Ainsi, Empédocle serait nié.

---

parti, pour la lecture du dialogue de Platon, de l'Éros ailé et du *Sphairos*-Éros supposés désormais au fr. 29. En suivant PONCE, on découvre comment, sans le dire, Platon récupère Empédocle et s'oppose au *Sphairos*-Éros.

EROS SPHÉRISTE

TERRE CVITE

APOLLON CHEZ EMPÉDOCLE*

Diogène Laërce rapporte que, selon Aristote, Empédocle a écrit un *Prélude à Apollon* (προοίμιον εἰς Ἀπόλλωνα)[1]. Parfois, les commentateurs d'Empédocle ont pris ce titre, qu'ils lisaient dans le grec, pour un *Hymne à Apollon*[2]. Selon eux, Empédocle louerait – ce qui est le propre d'un hymne – Apollon. L'honneur ainsi rendu par Empédocle serait en accord avec le fait établi que le penseur appartenait à la mouvance pythagoricienne, dont on connaît l'intérêt

---

* Je remercie José Torres Guerra, Constantin Macris, Rossella Saetta Cottone, Alexander Egorov et André Laks de leurs conseils avisés. Je reste seul responsable des erreurs qui pourraient subsister dans cet article.

1. Diogène Laërce, *Vies*, VIII, 57 (= P25 LM). « *Prélude à Apollon* » est la traduction de Laks & Most (et en traduction anglaise : *Prelude to Apollo*) pour προοίμιον εἰς Ἀπόλλωνα. Le fragment d'Aristote concerné est le frag. 10 Janko (= frag. 70 Rose). Un article essentiel pour une mise au point sur le sens de προοίμιον : B. Maslov, « The real life of the genre of *Prooimion* », *Classical philology*, 107, 3, 2012, p. 191-205.

2. Voici 7 exemples. (1) H. Diels, « Über die Gedichte des Empedokles », *Sitzungsberichte der königlich preussischen Akademie der Wissenschaften zu Berlin*, 31, 1898, p. 396-415, à la page p. 405 ; (2) F. Solmsen « Empedocles' hymn to Apollo », *Phronesis*, 25, 1980, p. 219-227 ; (3) R. Janko, *Aristotle. Poetics I* [...] *The fragments of the* On Poets, translated with notes by R. J., Indianapolis-Cambridge, Hackett, 1987, p. 64 ; (4) J.-P. Dumont, *et al.* (éd.), *Les Présocratiques*, Paris, Gallimard, 1988, p. 321 ; (5) B. Inwood, *The Poem of Empedocles. A text and translation with an introduction*, Toronto-Buffalo-Londres, University of Toronto Press, 2001², p. 11 ; (6) M.L. Gemelli Marciano, *Die Vorsokratiker, II, Parmenides, Zenon, Empedokles*, Düsseldorf, Patmos, Artemis & Winkler, 2009, p. 149, 364, 421 ; (7) O. Primavesi, « Empedokles », dans Flashar, H., D. Bremer & G. Rechenauer (dir.), *Grundriss der Geschichte der Philosophie. Die Philosophie der Antike, I*, Frühgriechische Philosophie, Bâle, Schwabe, 2013, p. 667-739, aux pages 681, 683. – Par ailleurs, E. Bignone, *I poeti filosofi della Grecia. Empedocle. Studio critico, traduzione e commento delle testimonianze e dei frammenti*, Turin, Fratelli Bocca, 1916, p. 64, 106, parle d'un « *Proemio ad Apollo* » qu'il associe à un culte à Apollon : « *Come Pitagora, anche Empedocle ha un culto speciale per Apollo* ». J. Zafiropulo, *Empédocle d'Agrigente*, Paris, Les Belles lettres, 1953, p. 65, parle d'un « poème à la gloire d'Apollon ».

particulier pour ce dieu[3]. Déjà au XIX[c] A. Bouché-Leclercq abonde dans ce sens ; il écrit[4] :

> [L'école de Pythagore] est, avant tout, un institut religieux qui prend son mot d'ordre dans le sanctuaire le plus révéré de la mantique sacerdotale, à Delphes ou Pytho, dont Pythagore est l'organe (Πυθαγόρας). C'est dans la même voie mystique que nous rencontrons, un siècle plus tard, Empédocle, qui se donnait, lui aussi, pour un révélateur et comme un lieutenant d'Apollon.

Plus loin, Bouché-Leclercq trouve d'autres expressions qui vont dans le même sens[5] : « Empédocle, prophète d'Apollon », « Apollon

---

3. Diogène Laërce, *Vies*, VIII, 54-55. Cependant Empédocle était vêtu de pourpre (*Vies*, VIII, 73 ; A 18), alors que les Pythagoriciens portaient des vêtements blancs (*Vies*, VIII, 19, 33 ; Jamblique, *Vie*, 100 ; Diodore de Sicile, X, 9, 6). Pour une critique d'un vêtement pourpre, telle la robe perse, voir DK 19 2a. (La teinture pourpre – πορφύρα – provient notamment des gastéropodes appelés murex.) De façon plus large, la physique d'Empédocle est éloignée de celle des Pythagoriciens de son temps. Ces Pythagoriciens ne pouvaient pas admettre les quatre dieux-racines de toutes choses (où de surcroît Apollon est absent), la Haine comme être divin d'importance égale à l'Amour, et le cycle cosmique où l'harmonie est régulièrement détruite. Néanmoins, Empédocle, tout comme les Pythagoriciens, vise à décrypter la nature, cultive le secret (fr. 5), délivre un enseignement de type initiatique, qui procède par étapes (fr. 2, fr. 3, fr. 4, fr. 143, fr. 110), croit à sa façon en la réincarnation, et prône le respect de toute vie en suivant des règles strictes. C'était suffisant pour que de façon allusive Simplicius fasse d'Empédocle un élève des pythagoriciens (A 7).

4. A. BOUCHÉ-LECLERCQ, *Histoire de la divination dans l'Antiquité, I*, Paris, E. Leroux, 1879, p. 32.

5. A. BOUCHÉ-LECLERCQ, *Histoire de la divination dans l'Antiquité, II*, Paris, E. Leroux, 1880, p. 123 (« Empédocle, prophète d'Apollon »), puis *III*, Paris, E. Leroux, 1880, p. 157. – E. ROHDE, un peu plus tard abondait dans le même sens. Il écrivait en 1894 (*Psyche: Seelencult und Unsterblichkeitsglaube der Griechen*, Fribourg-en-B.-Leipzig, J.C.B. Mohr, 1894, p. 474, n.2) : « *Empedokles scheint (wie Pythagoras) dem Apollo vorzügliche Verehrung gewidmet zu haben: von einem προοίμον εἰς Ἀπόλλωνα das er gedichtet habe, verlautet etwas bei Laert. D. 8, 57; die hochgesteigerten Vorstellungen von einer Gottheit, die, sinnlicher Wahrnehmung entzogen, nur φρὴν ἱερή sei, die E. in v. 389 – 396 ausführt, galten ihm zunächst –περὶ Ἀπόλλωνος (Ammon. in Schol. Aristot. ed. Brand. 135 a, 23).* » Avant BOUCHÉ-LECLERCQ, un auteur anonyme de *The North British Review*, XLV, en 1866, écrivait (p. 221) : « [*Empedocles*] *claimed to be a favourite of Phoebus* » ; (p. 222) « *he had held communion with Phoebus the purifier, and received the special favour of that god* » ; (p. 223) « *friend of Phoebus* ». En 2006, G. LAMPIS écrit (dans « Empedocle. Una metafisica della colpa », *Atopon*, 2, 2006, p. 5-59, à la page 11) : « *Empedocle è devote a Apollo.* » Selon R. SAETTA COTTONE (« Le soleil comme reflet et la question de la connaissance dans la pensée d'Empédocle : aux origines d'une image », χώρα • REAM, 15-16, 2017/2018, p. 415-444), Empédocle est « le poète apollinien » (p. 436). D. HERNÁNDEZ CASTRO imagine en 2019 que les vers d'Empédocle à notre disposition faisaient partie d'un poème dédié à Apollon (« Aphrodite Ζείδωρος: the subversion of the myth of Prometheus and Pandora in Empedocles », ΣΧΟΛΗ, 13, 2, 2019, p. 430-450 aux pages p. 430, 447-448). Sa thèse est ensuite amplement soutenue et étendue dans D. HERNÁNDEZ

peut [...] parler au monde par la bouche de Pythagore [...] ou par l'organe quasi-prophétique d'Empédocle, thaumaturge couronné de 'bandelettes delphiques' ». À ce tableau on pourrait ajouter qu'Ammonius introduit de façon positive des vers d'Empédocle où il serait question d'Apollon (B 134)[6] : l'Agrigentin critiquait les représentations anthropomorphiques du dieu, et croyait à un Apollon identifié à une *phrèn hierè* se projetant grâce à ses *phrontides* dans le cosmos tout entier[7].

Le témoignage d'Ammonius invite à distinguer l'Apollon de la tradition et l'Apollon d'Empédocle. L'Apollon de la tradition, anthropomorphe et notamment associé à l'*Hymne homérique à Apollon*, dispose d'un sanctuaire à Delphes. Il parle. On pourrait croire que Bouché-Leclercq a cet Apollon en tête lorsqu'il fait d'Empédocle « un révélateur et comme un lieutenant d'Apollon ». Faut-il croire avec Bouché-Leclercq qu'Empédocle se donnait comme un « lieutenant d'Apollon », en comprenant cette expression comme le lieutenant de l'Apollon de Delphes[8] ? Nous avons ici un champ à explorer.

CASTRO, « Las *Purificaciones* de Apolo: revolución, ritual y mito en Empédocles de Akragas », *Pensamiento al margen*, 12, 2020, p. 135-203.

6. Les fragments (fr.) qui seront cités sont issus de H. DIELS & W. KRANZ, *Die Fragmente der Vorsokratiker*, Berlin, 1951[6] ; sans autre précision, ils concernent Empédocle (DK 31). La lettre B suivie d'un chiffre désigne le fragment et son contexte reproduits par DIELS. Pour un fragment et ses sources, sur internet : http://www.placita.fr. « LM » désigne l'édition LAKS & MOST 2016, « MP » l'édition MARTIN & PRIMAVESI 1999.

7. Fr. 134.4-5 :   ἀλλὰ φρὴν ἱερὴ καὶ ἀθέσφατος ἔπλετο μοῦνον,   4
φροντίσι κόσμον ἅπαντα καταΐσσουσα θοῆισιν.   5

N. VAN DER BEN (*Empedocles' Poem on natural philosophy, I – A radical edition*, Posthumous writings, Google Sites, empedocles.acragas, 2019, p. 50, 84, 362) récuse en partie l'authenticité de ces vers. Il édite (F42.4-5 VdB) : ἀλλὰ θεὸς φρήν θ' ἐστὶ σοφὴ καὶ ἀμήχανος ὁρμή, / φροντίσι κόσμον ἅπαντα καταΐσσουσα θοῆισι. Le sujet serait selon lui *Philotès* et non pas Apollon (F42.1 VdB) : οὐδὲ μὲν ἀνθρώπου κεφαλὴ φιλότητι τέτυκται – arguments à la p. 361). VAN DER BEN écrit, p. 676 : « *Ammonius' remark that the fragment was 'principally' (προηγουμένως) and 'directly' (προσεχῶς) about Apollo finds no support in any of the extant parts of the poem, in which the name Apollo does not occur. The Proem clearly implies that, as far as Empedocles was concerned, Apollo would have gone the way of all the gods of traditional Greek religion. There can be no question of him having used Apollo as a symbolic tutelary god of Natural Philosophers.* » À la différence de VAN DER BEN, je ne remets en cause ni l'authenticité du fr. 134.4-5, ni le fait que le sujet principal du fr. 134 soit Apollon. Il reste néanmoins une véritable question quant à la position d'Empédocle face à l'Apollon de la tradition.

8. CORNFORD disait en 1952 (*Principium sapientiae: the origins of Greek philosophical thought*, Cambridge, Cambridge University Press, 1952, p. 124) : « *He [= Empedocles] reproduces with singular completeness every form of Plato's divine madness, every corresponding aspect of his god Apollo and his prototype Orpheus* ». L'idée d'un Empédocle dévoué à Apollon est encore présente chez LAMPIS 2006, p. 11-12 : « *Empedocle è devoto a Apollo. In contrasto con la religione di Omero, il suo dio non ha figura umana, è pura luce sacra non definibile, è l'universo intero in forma di luce e rivelazione, "unicamente una mente sacra e ineffabile che con veloci pensieri si estende tutta attraverso il cosmo"*

Il en existe un autre. O. Primavesi accorde aujourd'hui une place majeure à Apollon dans la pensée d'Empédocle, en tant que nom du dieu *Sphairos*, le dieu le plus valorisé par Empédocle[9]. Faut-il suivre Primavesi ?

Nous ne disposons d'aucun vers, ou d'aucunes bribes de vers du corpus empédocléen, qui fasse état du nom d'Apollon ou d'une de ses épiclèses. Les témoignages des anciens se limitent à ce que disent Diogène Laërce, Ammonius et le rhéteur Ménandre (A 23). Ménandre laisse entendre qu'Empédocle traitait de la nature d'Apollon ou de Zeus, et qu'Apollon pouvait être le soleil. Dans le corpus poétique concernant Empédocle, qui est à notre disposition, on relèverait seulement des allusions à ce dieu ou à ce qu'il représente. Et quand on y regarde de plus près, en exploitant ces allusions, Empédocle paraît s'écarter de plusieurs façons du dieu de Delphes. Il ne reconnaîtrait pas sa sagesse. Son identité et son rôle dans le monde reposerait sur sa filiation avec Zeus, or chez l'Agrigentin Zeus n'est plus le dieu hautement vénéré, père des hommes et des dieux, de la tradition religieuse. C'est du moins ce qui se déduit du fr. 6, et si l'on considère le fr. 128, la situation est encore moins brillante : Zeus-roi est associé à Arès et *Kudoimos*, en opposition à Cypris-reine.

Une dizaine d'exemples est présentée ci-dessous à l'appui d'une vision empédocléenne critique d'Apollon. Entendons-nous déjà sur une limite : l'Apollon, objet de la critique, est l'Apollon traditionnel que l'on peut cerner dans l'*Iliade* et dans les hymnes homériques. J'y ajouterai l'Apollon de Pindare, car Pindare, en raison de son séjour à Agrigente, a pu influencer Empédocle. Il n'est question

---

(fr. 134) ». Et chez Hernández Castro 2020, p. 140, n.5 : « [...] *resulta bastante consistente con la mayoría de estos fragmentos y testimonios que Empédocles compusiera una sola obra a la que él y algunas de nuestras fuentes consideraron un gran himno (o himnos) dedicado a Apolo.* » Selon Hernández Castro, il conviendrait de distinguer deux époques à Delphes : celle d'un Apollon des parfaites hécatombes (en accord avec l'*Hymne homérique à Apollon*), avant le Vᵉ siècle avant J.-C., puis celle d'un Apollon désormais sans démesure, rejetant les parfaites hécatombes. Empédocle soutiendrait ce nouvel Apollon de sagesse.

9. (1) O. Primavesi, « Empedocles: physical and mythical divinity », dans Curd, P. & D.W. Graham (dir.), *The Oxford handbook of presocratic philosophy*, Oxford, Oxford University Press, 2008, p. 250-283. (2) Puis du même auteur : « Empedokles », dans Mansfeld, J. & O. Primavesi (dir.), *Die Vorsokratiker. Griechisch / Deutsch*, ausgewählt, übersetzt und erläutert von J. M. & O. P., Stuttgart, Philipp Reclam jun., 2011, p. 392-563, aux pages 394, 397-398, 408, 563. (3) « Empedokles », dans Flashar, H., D. Bremer & G. Rechenauer (dir.), *Grundriss der Geschichte der Philosophie. Die Philosophie der Antike, I*, Frühgriechische Philosophie, Bâle, Schwabe, 2013, p. 667-739, aux pages 672, 709, 714-715. (4) « Empedocles' cosmic cycle and the Pythagorean *tetractys* », *Rhizomata*, 4, 1, 2016, p. 5-29, à la page 11. (5) « Pythagorean ratios in Empedocles' *Physics* », dans Harry, C.C. & J. Habash (dir.), *Brill's Companion to the reception of Presocratic natural philosophy in later classical thought*, Leyde, Brill, 2021, p. 113-192, à la page 154.

dans mon propos ni de l'Apollon solaire des pythagoriciens, ni de l'Apollon de Délos avec son autel jamais taché de sang, ni de l'Apollon hyperboréen[10]. Certes Empédocle adhère au végétarisme des pythagoriciens, mais rien ne dit pour autant qu'il ait vénéré comme eux un Apollon compatible avec ce végétarisme. Enfin, il existe une seconde limite. Pour juger de la position d'Empédocle par rapport à Apollon, je ne peux m'appuyer que sur le corpus de vers à notre disposition, et accessoirement sur quelques témoignages et contextes de citation des vers. Cela signifie que l'Empédocle dont je parle est celui de la période de sa vie où il a composé ces vers. On peut imaginer que la période du *Prélude à Apollon* n'est pas celle de la *Physique* et des *Catharmes* (les vers à notre disposition), et qu'entre ces deux périodes la vision d'Empédocle sur Apollon a changé. Ce n'est pas impossible ; mais cela est invérifiable[11]. Je m'en tiens prioritairement ici à l'Empédocle des vers à notre disposition, et vise seulement à signaler combien Empédocle est loin d'être un « prophète d'Apollon » ou un « lieutenant d'Apollon », et combien il est loin d'avoir adopté ladite sagesse delphique.

Fr. 2

Dans le fr. 2.8, Empédocle s'adresse à son disciple Pausanias en utilisant une expression (σὺ δ᾽ οὖν, ἐπεὶ ὧδ᾽ ἐλιάσθης) qui vient en écho à *Iliade* XXII, 12 (σὺ δὲ δεῦρο λιάσθης), quand Apollon, sous les traits d'Agénor, s'adresse à Achille[12]. À première vue, Empédocle

---

10. Diogène Laërce (*Vies*, VIII, 53) rapporte qu'Empédocle sacrifia (ἔθυσε) un bœuf fait de miel et de farine. On pourrait tenter de faire un lien avec l'autel de Délos. Mais rien ne dit qu'Empédocle faisait le sacrifice en l'honneur d'un Apollon.

11. Tout aussi invérifiable le fait que le titre προοίμιον εἰς Ἀπόλλωνα est le titre donné par Empédocle à son texte.

12. Ce rapprochement est fourni par W. KRANZ dans H. DIELS & W. KRANZ, *Die Fragmente der Vorsokratiker*, I, Berlin, Weidmann, 1934, p. 309. Il est repris ensuite par W.K.C. GUTHRIE, *A history of Greek philosophy*, II, Cambridge-Londres-New York, Cambridge University Press, 1965, p. 138, n.4. Repris par P. KINGSLEY, « Empedocles for the new millennium », *Ancient philosophy*, 22, 2002, p. 333-413, à la page 367, n.81. Puis repris par GEMELLI MARCIANO 2009, p. 325, 367. L'expression δεῦρο λιάσθης est unique dans le corpus homérique, d'où son intérêt si Empédocle écrivait en se positionnant par rapport à Homère. Il faut aussi remarquer que ὠκύμοροι au fr. 2.4 est un adjectif qui, au singulier, qualifie en premier lieu Achille (voir J. BOLLACK, *Empédocle, I*, Paris, Les éditions de Minuit, 1965, p. 277, et *Empédocle, III, 1*, Paris, Les éditions de Minuit, 1969, p. 11). Le rapprochement du fr. 2.8 avec *Iliade* XXII, 12 ne peut donc pas être une fantaisie dont il ne faudrait tirer aucune conséquence sérieuse. Cela étant précisé, il est aussi vrai que le fr. 2.8 semble venir en écho à la parole de la déesse chez Parménide (DK 28 B1.26-27) : « Ce ne fut point en effet un destin funeste qui t'envoya

se placerait ainsi sous l'autorité d'Apollon[13], puisqu'il reprend grosso modo la parole du dieu. Mais un fait essentiel renverse cette première impression : dans l'*Iliade* (XXI, 599-605, XXII, 8-16), Apollon trompe Achille, alors que dans son poème Empédocle dit la vérité à Pausanias. Le chemin d'Apollon que suit Achille égare ce dernier ; le chemin d'Empédocle que suivra Pausanias, loin des grandes routes empruntées par les hommes, devrait être le bon chemin (fr. 2.8-9, 17.26[14]), celui de la vérité. Sous la métaphore du chemin, le fr. 2 nous apprend qu'Empédocle souhaite opposer sa parole à celle d'un Apollon traditionnel qui trompe.

Fr. 123.3

La parole d'Apollon est l'« ὀμφή jaillissant du fond du sanctuaire de Delphes[15] ». Mais Delphes est un haut lieu de sacrifices sanglants. Gardons en tête les mots de l'Archer (*Hymne à Apollon*, I, 287-289) :

---

cheminer en cette voie – car cette voie est à l'écart des hommes, loin du chemin qu'ils fréquentent » (trad. D. O'BRIEN, J. FRÈRE). Dans la transposition empédocléenne, Empédocle s'adresserait à Pausanias, à la fois sur le modèle de la déesse s'adressant à Parménide, et sur le modèle d'Apollon s'adressant à Achille. – Il reste toujours possible au plan théorique que l'expression trouvée dans l'*Iliade* se trouvait ailleurs, dans un autre contexte, dans un poème ignoré de nous auquel Empédocle pouvait faire référence. Il reste néanmoins qu'Homère est la référence majeure.

13. GEMELLI MARCIANO 2009 retient de la comparaison avec l'*Iliade* qu'Empédocle affiche sa nature apollinienne (p. 367) : « *Durch die Anspielung auf diese Stelle weist Empedokles auf seine apollinische Natur (Apollon ist das Vorbild für den* iatromantis*) hin, was mit der pythagoreischen Tradition im Einklang steht* ». Plus p. 325 et 429.

14. Au fr. 17.26, Empédocle s'adresse à Pausanias et lui demande de prendre part à l'équipée non trompeuse de sa parole (λόγου στόλον οὐκ ἀπατηλόν). Il y a dans στόλος l'idée du voyage, à rapprocher de l'idée de la sortie hors de la route commune présente dans le fr. 2. Le fr. 17.26 est une critique de Parménide (DK 28 B 8.52). Sur στόλος, voir R. NÜNLIST, « Poetological imagery in Empedocles », dans PIERRIS, A.L. (dir.), *The Empedoclean Κόσμος: s[t]ructure, process and the question of cyclicity*, Patras, Institute for philosophical research, 2005, p. 73-92, aux pages 76-78, 82. – On pourrait ajouter une critique de la route commune au fr. 133.3 (mais les vers du fr. 133 ne s'adressent peut-être pas à Pausanias), et la valorisation d'un sentier de montagne au fr. 24 (voir J.-C. PICOT & W. BERG, « Along a mountain path with Empedocles », *Elenchos*, 33, 1, 2012, p. 5-20, et « Cleombrotus cites Empedocles in Plutarch's *De defectu*: a question of method in interpreting fr. 24 DK », *Elenchos*, 35, 1, 2014, p. 127-148).

15. J'emprunte cette formule à M. DETIENNE, *Apollon le couteau à la main* : une approche expérimentale du polythéisme grec, Paris, Gallimard, 1998, p. 169. – Pour les Grecs anciens, il existe sans doute un lien sémantique entre ὀμφαλός et ὀμφή. Sur ce point voir F. ILDEFONSE, *Plutarque. Dialogues pythiques*, Paris, GF Flammarion, 2006, p. 311, et le témoignage de Cornutus, *Compendium de Graecae Theologiae traditionibus*, 2018, 56.6-8 TORRES (= 67.12-14 LANG), qui affirme que

ἐνθάδε δὴ φρονέω τεύξειν περικαλλέα νηὸν,
ἔμμεναι ἀνθρώποις χρηστήριον, οἵ τέ μοι αἰεὶ
ἐνθάδ᾽ ἀγινήσουσι τεληέσσας ἑκατόμβας […]

J'ai l'intention de bâtir ici un temple magnifique,
oracle pour les hommes qui sans cesse, pour me consulter, conduiront
à mes autels de parfaites hécatombes.

(Trad. J. Humbert)

Pour Apollon, dispenser des oracles permet d'obtenir de parfaites hécatombes. Or Empédocle s'élève avec véhémence contre les sacrifices sanglants (fr. 136-137). En conséquence, même si Apollon est traditionnellement associé à la sagesse[16], la parole d'Apollon, qui fait connaître les desseins des Immortels à travers ses oracles, est entachée de sang – et donc condamnable[17]. Il n'y aurait rien de surprenant

---

le centre de la terre (ὁ τόπος ὀμφαλὸς τῆς γῆς) situé à Delphes est moins géographique que divin, car la voix oraculaire qui y est émise est la parole divine (ἀλλ᾽ ἀπὸ τῆς ἀναδιδομένης ἐν αὐτῷ ὀμφῆς, ἥτις ἐστὶ θεία φωνή).

16. Sur ce point, voir l'oracle conservé en particulier par Diodore de Sicile, *Bibliothèque*, 9.3.2.1-2, et par Diogène Laërce, *Vies*, I, 28.6-7 : ἔκγονε Μιλήτου, τρίποδος πέρι Φοῖβον ἐρωτᾷς; τίς σοφίᾳ πρῶτος πάντων, τούτου τρίποδ᾽ αὐδῶ (= Thalès A 1.28 Diels). Voir aussi dans l'*Iliade* (I, 68-73) Calchas, devin inspiré par Apollon, dont la parole est sage. Par ailleurs, Socrate tenait en haute estime la parole de la Pythie.

17. L'article de M. DETIENNE, « L'Apollon meurtrier et les crimes de sang », *QUCC*, N.S. 22.1, 1986, p. 1-17, est édifiant. Rappelons le début de cet article : « Parmi les philosophes, la réputation d'Apollon n'est plus à faire. Un large consensus reconnaît en lui le dieu de la supériorité morale. […] Il est un dieu de clarté et de lumière ; philosophe avant la naissance de la philosophie. Il apporte avec lui l'attitude de la connaissance. Socrate confesse qu'il en est le dévot et l'esclave, tandis que Pythagore, un siècle plus tôt, captive les villes de l'Italie du Sud en se proclamant la réincarnation de l'Apollon Hyperboréen. […] autour d'un Apollon immoraliste se découvre un champ d'action sous-tendu par les exigences du sacrifice alimentaire et les impératifs du crime de sang. Comme si les bizarreries du dieu de Delphes se manifestaient principalement autour d'un faisceau de questions majeures dans la cité archaïque : qu'il faut tuer pour sacrifier et pour manger ». – D. HERNÁNDEZ CASTRO, « Empedocles without horseshoes. Delphi's criticism of large sacrifices », *Symposion*, 6, 2, 2019, p. 129-146, aux pages 132,139-141, avance que le sanctuaire de Delphes au Vᵉ siècle av. J.-C. honore un Apollon qui aurait désormais rejeté les parfaites hécatombes de l'*Hymne homérique*, un Apollon purifié et de sagesse, se satisfaisant de petits sacrifices. Pour autant, même si les excès ont été réfrénés au Vᵉ siècle, il n'en reste pas moins que le sanctuaire de Delphes est encore un haut lieu de sacrifices sanglants. Nous ne disposons d'aucune preuve concrète qu'Empédocle aurait suivi la nouvelle pratique de Delphes et qu'il aurait toléré des sacrifices sanglants sans démesure, censés être devenus raisonnables en quantité. Au contraire, avec le fr. 137, nous disposons d'un indice qui va dans le sens inverse : la scène n'est pas celle d'une hécatombe, mais celle d'un homme seul qui soulève un animal à sacrifier. Empédocle condamne cet homme. Si l'animal est soulevé, il doit être de petite taille. On est loin du sang des taureaux du fr. 128.8. Le sacrifice sanglant, quelle que soit son ampleur, est un acte refusé par Empédocle.

à ce que la sagesse empédocléenne s'opposât en particulier à cette parole divine.

Cela serait confirmé par la nouvelle édition du fr. 123.3 que j'ai proposée en 2012[18] :

> Ἀφορίη τε Σόφη τε καὶ Ὀμφαίη <σκοτόεσσα>.
>
> Et Stérilité, Sagesse et obscure Parole de Zeus[19].

Pour mémoire, voici l'édition de Diels, fondamentalement différente[20] :

> καὶ Φορύη, Σωπή τε καὶ Ὀμφαίη...
>
> Et la Souillure, le Silence et la Parole.

(Trad. Zafiropulo)

L'édition de Diels a jusqu'ici été très largement suivie par de nombreux éditeurs d'Empédocle. La validité de Σόφη contre Σωπή doit donc désormais être défendue. Et, dans le même temps, la lecture d'Ὀμφαίη suggèrera l'Apollon porteur de la Parole de Zeus.

Notre seul témoin ancien du fr. 123 est Cornutus ; nous sommes par conséquent tributaires d'une édition de Cornutus pour comprendre ici Empédocle. Une difficulté de l'édition du fr. 123.3 tient au fait que Cornutus ne cite pas fidèlement le vers d'Empédocle mais transpose en prose une grande partie de ce que le vers devait être. C. Lang en 1881 éditait ainsi Cornutus (30.3-7)[21] :

> ὡς γὰρ Ἐμπεδοκλῆς Φυσικοῖς ἐξαριθμεῖται
>
> Φυσώ τε Φθιμένη τε καὶ Εὐναίη καὶ Ἔγερσις   fr. 123.1
>
> Κινώ τ᾽ Ἀστέμφης τε πολυστέφανος τε Μεγιστώ   fr. 123.2
>
> καὶ Φορυὴν καὶ Σιωπήν τε καὶ Ὀμφαίην καὶ πολλὰς ἄλλας   [fr. 123.3 ?]

On lit des accusatifs (Φορυήν, Σιωπήν, Ὀμφαίην) là où le vers supposé présenterait des nominatifs (comme dans les vers 1 et 2 du fr. 123),

---

La sagesse empédocléenne ne serait pas la sagesse en demi-teinte d'un Apollon mature du vᵉ siècle à Delphes. En outre, dans le fr. 139 et d 6 MP, Empédocle condamne sa consommation passée de viande.

18. J.-C. PICOT, « Sagesse face à Parole de Zeus : une nouvelle lecture du fr. 123.3 DK d'Empédocle », *Revue de philosophie ancienne*, 30, 1, 2012, p. 23-57, aux pages 54 et 55.

19. Rendre Ὀμφαίη par « Parole de Zeus » est une interprétation plus qu'une traduction simple. Je l'assume par souci de précision. Car, face à Sagesse, il faut préciser de quelle Parole il s'agit. Il faut nommer. Je crois que la « traduction simple », qui ne nommerait pas le Zeus *panomphaios*, ne répondrait pas à l'opposition voulue par Empédocle (Σόφη τε καὶ Ὀμφαίη).

20. Avant DIELS, H. STEIN en 1852 donnait prudemment son v. 399 entre des étoiles, pour signaler une reconstruction problématique. Mais cette prudence n'a pas duré. Ont suivi DIELS (1901, 1903 et plus) : W. KRANZ, J. MANSFELD, C. GALLAVOTTI, J. BOLLACK, A.L. PIERRIS, T. VÍTEK, O. PRIMAVESI, D.W. GRAHAM.

21. C. LANG, *Cornuti, Theologiae Graecae compendium*, Leipzig, Teubner, 1881.

on lit une suite de mots qui n'entrent pas tous dans un hexamètre, et probablement un « καί » de liaison et introductif qui n'était pas dans le vers d'Empédocle. Dans cette ligne de prose, la leçon presque unanime des manuscrits est σοφή(ν) ou σόφη(ν) (La Sage, Sagesse). Dans les manuscrits, Σιωπήν[22] ou Σωπήν sont totalement absents. Pour souligner le fait que Σωπή n'est rien d'autre qu'une conjecture savante (celle de Th. Bergk, au départ en 1835), j'ajoute aujourd'hui en annexe les leçons de cinq manuscrits qui n'ont pas été pris en compte par Lang, mais qui occupent une place dans le stemma reconstruit par P. Krafft en 1975[23]. J'y ajoute aussi la nouvelle édition de Cornutus en 2018, par J. B. Torres[24]. Cette édition substitue désormais

καὶ Ἀφορίην καὶ Σόφην τε καὶ Ὀμφαίην καὶ πολλὰς ἄλλας

à l'édition de Lang (καὶ Φορυὴν καὶ Σιωπήν τε καὶ Ὀμφαίην καὶ πολλὰς ἄλλας).

La nouvelle édition est en accord avec les manuscrits, à l'exception de la correction Ἀφορίην, retenue à la place de la leçon presque constante des manuscrits : φορίη(ν)[25].

La correction Σ(ι)ωπήν à la place de Σόφην – motivée par la perspective de restituer ensuite un vers souhaitable – laissait penser que Ὀμφαίη n'est que la Parole (en général) face au Silence (Σωπή). L'opposition des deux termes n'impliquerait aucun jugement de valeur. Si l'on précise que Ὀμφαίη est la Parole divine (en général), celle-ci s'imposerait alors positivement face au Silence (Σωπή) – ce

---

22. LANG éditait Σιωπήν sous l'influence de F.W.A. MULLACH, éditeur d'Empédocle. F.W.A. MULLACH, *Fragmenta philosophorum graecorum*. Poeseos philosophicae caeterorumque ante Socratem philosophorum quae supersunt, Paris, A. F. Didot, 1860, p. 1, 1.28, éditait : καὶ Φορυὴ καὶ δῖα Σιωπή τ' Ὀμφαίη τε.

23. P. KRAFFT, *Die handschriftliche Überlieferung von Cornutus' Theologia Graeca*, Heidelberg, C. Winter, 1975. Voir Annexe.

24. J.B. TORRES (éd.), *Lucius Annaeus Cornutus. Compendium de Graecae Theologiae traditionibus*, recensuit J.B. T., Berlin-Boston, W. de Gruyter, 2018, p. 25.

25. Une raison de la correction de Σόφη en Σωπή était la difficulté à faire entrer Σόφη τε après un début d'hexamètre dactylique que l'on voulait faire commencer par « καί ». STURZ (1805) écrivait καὶ Φορίη. BERGK (1835) καὶ Ἀφορίη. KARSTEN (1938) καὶ Φορύη. MULLACH (1860) καὶ Φορυή. STEIN (1852) καὶ Φορύη. DIELS (1901) καὶ Φορύη. On a donc longtemps sacrifié Σόφη dans l'expression la moins contestable livrée par les manuscrits, à savoir Σόφη(ν) τε καὶ [...], alors que le début possible de vers καὶ Φορύη était loin d'être aussi bien attesté ; disons même plus : καὶ Φορύη n'est lisible que dans un seul manuscrit – le Baroccianus gr. 125 (désigné par la lettre G par C. LANG et P. KRAFFT) –, qui n'est pas majeur pour la reconstitution du texte initial de Cornutus. Toutefois, pour défendre l'authenticité de Φορύη – indépendamment de sa présence dans « G » –, certains avanceront que Φορίη est une déformation systématique par iotacisme. Voir PICOT 2012, p. 43-49. Reste la question essentielle du sens : Φορύη fait-elle suffisamment sens face à πολυστέφανος Μεγιστώ ? Répondre correctement à cette question supposerait d'identifier la déesse qui, chez Empédocle, pourrait être dite πολυστέφανος Μεγιστώ. Voir Annexe.

qui revient à valoriser toute Parole divine. Mais la réhabilitation de Σόφη bouscule cet équilibre, car Σόφη est nécessairement valorisée (cf. σοφίη au fr. 3.8). Face à Σόφη – déesse positive de la sagesse –, la déesse Ὀμφαίη désignerait pour Empédocle une parole spécifique et trompeuse : celle du Zeus porte-égide et πανομφαῖος de la religion traditionnelle (*Iliade* VIII, 250)[26]. Comment cela serait-il possible ?

L'hapax Ὀμφαίη renvoie au mot bien attesté ὀμφή, qui se trouve notamment en *Iliade* II, 41, et qui concerne Zeus. L'ὀμφή désigne en cet endroit la voix divine qui, par l'entremise de Songe funeste, porte le mensonge de Zeus à Agamemnon. Ce mensonge induit Agamemnon à engager les Achéens dans des combats où nombre d'entre eux mourront. L'Agrigentin, qui prône l'Amour et l'absence de tromperie[27], qui s'insurge contre le sang qui coule[28], pouvait retenir contre Zeus le mensonge et la bataille sanglante qui s'ensuivit[29]. Face au mensonge (*Iliade* II, 41), il y aurait Sagesse (Σόφη). L'occurrence iliadique apporte une première tonalité négative à Ὀμφαίη. Il y en a une seconde provenant des vers d'Empédocle. Dans le fr. 128.1-2, Zeus-roi – le Zeus de la tradition – appartient au temps de la Haine. Empédocle condamne ce Zeus et voudrait lui substituer Cypris-reine (fr. 128.3). Au total, il condamnerait le Zeus menteur et πανομφαῖος qui est Zeus-roi.

Comment s'exprime la parole de Zeus ? Par l'intermédiaire de son fils, porteur de sa parole, l'Apollon de la tradition, l'Apollon delphique. Et, auprès des hommes, grâce à la Pythie. La conséquence serait que, selon Empédocle, l'Apollon traditionnel proférerait une parole trompeuse[30]. Ce que nous avons dit à propos du

---

26. Ce Zeus πανομφαῖος, qu'Empédocle dirait volontiers βασιλεύς (fr. 128.2), n'est pas le Zeus *argès* du fr. 6, car dans ce fragment le Zeus empédocléen n'est plus roi, il n'est plus le père des hommes et des dieux. Il est un des quatre dieux, qui sont tous égaux entre eux dans le partage du monde.

27. Pour l'absence de tromperie : fr. 17.26, fr. 23.9.

28. Voir fr. 128.8, fr. 136 et fr. 137.

29. Sur le mensonge de Zeus voir G. Sissa et M. Detienne, *La vie quotidienne des dieux grecs*, Paris, Hachette, 1989, p. 126-131.

30. En 1543, K. Clauser (*Cornuti sive Phurnuti de natura deorum gentilium commentarius, e graeco in latinum conversus per Conradum Clauserum,...* Bâle, Oporinus (?), 1543, p. 36), traduisant en latin le texte grec de Cornutus alors à sa disposition (mais qu'il ne livre pas), écrivait *sapientiam et stultitiam* pour Σόφην τε καὶ Ὀμφαίην ou plutôt Σόφην τε καὶ Ὀμφάλην. Sagesse (*sapientia*) contre Sottise ou Niaiserie voire Folie (*stultitia*) : il est difficile d'être plus explicite ! En 1688, Th. Gale (*Opuscula mythologica, physica et ethica*. Graece et Latine, Amsterdam, H. Wetstein, 1688², p. 41) donna le grec suivant : καὶ σοφὴν, καὶ ὀμφάλην (repris apparemment des mss C du stemma de Krafft et Torres). Qu'il traduisit ainsi : *sapientiam et stultitiam*. La traduction est équivalente à celle de Clauser. Pour Gale, ὀμφάλη serait un équivalent de ὀμφαί ou ὀμφαίη. Clauser et Gale ont, selon moi, dit sans détour ce qu'il faut penser du couple comprenant σόφη. Ce qui s'oppose à σόφη est jugé de façon négative. Mais ont-ils imaginé que *stultitia* pouvait

fr. 2.8, où Empédocle s'oppose à l'Apollon qui trompe Achille, va dans le même sens.

Fr. 111

Le fameux « connais-toi toi-même » de Delphes est un précepte de bonne conduite humaine. Mais chez Empédocle, l'Apollon qui fige l'homme dans sa condition mortelle, et le voit se consumer comme une feuille, est un dieu trompeur[31]. Empédocle ne croit pas en effet à la séparation radicale entre mortels et immortels ; des hommes peuvent s'asseoir, selon lui, à la table des immortels (fr. 146, 147) et échapper à la vieillesse (fr. 111.1-2) :

φάρμακα δ' ὅσσα γεγᾶσι κακῶν καὶ γήραος ἄλκαρ
πεύσηι, ἐπεὶ μούνωι σοὶ ἐγὼ κρανέω τάδε πάντα.

La promesse empédocléenne concernant la vieillesse va à l'encontre de ce que les Muses aux belles voix chantent en présence d'Apollon (*Hymne à Apollon*, I, 192-193).

Fr. 140

Dans le fr. 140, Empédocle enjoint de s'abstenir des feuilles de laurier. Le laurier est apollinien ; la Pythie mâche ses feuilles. Puisque « l'oracle ne doit pas mâcher la vie des feuilles[32] », comme le dit J. Bollack, Empédocle adresserait un reproche à la Pythie (qu'il ne nomme pas), et s'écarterait indirectement de l'Apollon de Delphes.

Fr. 143

Dans l'*Iliade* XII, 1-33, Homère nous apprend comment le mur des Achéens, qui fut construit sans l'offrande d'illustres hécatombes

concerner la parole trompeuse de l'Apollon de Delphes ? Plus tard (1835-2015) un consensus se fera pour inverser le sens proposé par CLAUSER et GALE. On fit disparaître Σόφη au profit de Σωπῆ, ce qui par contre-coup pouvait valoriser Ὀμφαίη. Ainsi le risque de mêler Apollon à une parole sacrilège (lui dénier la sagesse) était écarté. – Selon HERNÁNDEZ CASTRO 2020, p. 172, 175-176, le mot κόσμος dans le fr. 134.5 signifierait l'ordre des mots prononcés par Apollon. Cela s'entendrait positivement : un bon discours, une histoire d'origine divine. L'auteur ne considère pas l'apport du fr. 123.

31. *Iliade* V, 440-442 ; XXI, 462-465. D'autres dieux figent aussi les hommes dans leur condition mortelle.

32. BOLLACK 2003, p. 105.

due aux dieux, fut détruit par Apollon, Poséidon et Zeus. Le mur, qui ne pouvait être ἔμπεδος (*Iliade* XII, 19, 13), fut notamment emporté grâce au cours rassemblé de huit rivières, détournées de leur lit par Apollon. Dans une étude antérieure, j'espère avoir montré qu'au fr. 143 (κρηνάων ἄπο πέντε ταμών...) le détournement de cinq sources, prises de façon métaphoriques, serait un enseignement d'Empédocle[33]. Si l'on veut bien accepter qu'Empédocle reprend et corrige Homère à sa façon[34], l'action décrite dans ce fragment irait à l'encontre du travail destructeur d'Apollon[35]. En effet, en unissant les flux de cinq sources – qui, dans le contexte gnoséologique livré par Théon de Smyrne, seraient les données des cinq sens –, le disciple d'Empédocle construirait une connaissance solide, que l'Agrigentin jugerait probablement ἔμπεδος. Le fait de rassembler des cours d'eau mène à la destruction dans l'*Iliade*, mais à une construction au terme du travail suggéré par Empédocle. D'un côté, avec l'Apollon de la tradition, ce qui n'est pas ἔμπεδος ; de l'autre, dans l'écho des mots, ce qui est ἔμπεδος avec Empédocle[36].

La Muse

Empédocle parle sous l'inspiration de sa Muse (fr. 3, fr. 4, fr. 131). Il la nomme : *Kalliopeia* (fr. 131.3) – un nom que l'on écrirait autrement Calliope. Calliope est une des neuf Muses dont le père est Zeus, comme l'affirme Hésiode ; en importance, elle est la première de toutes. Il serait alors facile d'avancer qu'Empédocle, non seulement puise à la même source d'inspiration qu'Hésiode, mais en plus qu'il se met sous le patronage d'Apollon musagète, puisque Calliope est sous sa dépendance. Mais il n'en est rien. Empédocle utilise le nom *Kalliopeia* pour désigner sa Muse, qui n'est pas la Calliope de la tradition. Ce n'est pas un hasard. Le philosophe détourne un nom pour en refonder le sens.

---

33. Voir J.-C. Picot, « Les cinq sources dont parle Empédocle », *Revue des études grecques,* 117, 2, 2004, p. 393-446. Corrigenda dans *Revue des études grecques*, 118, 1, 2005, p. 322-325. Le fr. 143 est cité par Théon de Smyrne dans son ouvrage *Expositio rerum mathematicarum ad legendum Platonem utilium*, p. 15.10-11 (éd. Hiller 1878).

34. J. Bollack écrit (*Empédocle, III, Les Origines, commentaire, 1*, Paris, Éditions de Minuit, 1969, p. 10) : « Dès le proème, Empédocle se substitue à Homère. »

35. Voir J.-C. Picot, « Water and bronze in the hands of Empedocles' Muse », *Organon*, 41, 2009, p. 59-84, à la p. 81 n.1.

36. Sur ἔμπεδος et Empédocle, voir M. Rashed, « De qui la clepsydre est-elle le nom ? Une interprétation du fragment 100 d'Empédocle », *Revue des études grecques*, 121, 2, 2008, p. 443-468, aux pages 461-462.

Nestis, déesse de l'eau, une des quatre racines divines de toutes choses (fr. 6[37]), est selon toute vraisemblance la Muse immortelle d'Empédocle[38]. Certes, il n'existe pas de témoignage ou de fragment qui dise explicitement que *Nestis* est la Muse d'Empédocle. Cette identité peut toutefois être induite à partir de plusieurs indices. Selon Hippolyte, *Réfutation de toutes les hérésies*, 7.31.3-4, la Muse d'Empédocle est le *dikaios logos* qui se bat (συναγωνιζόμενον) aux côtés de l'Amour pour assembler les choses dans l'Un. Or, l'eau est associée à l'Amour chez Empédocle (Plutarque, *De primo frigido*, 952, B10-11 : « σχεδύνην » δὲ « Φιλότητα » τὸ ὑγρὸν ἑκάστοτε προσαγορεύων[39]). La Muse d'Empédocle n'est pas une appellation poétique, une divinité allégorique ou un simple nom sans référent physique. Elle se bat aux côtés de l'Amour. Il faut prendre au sérieux Empédocle quand il dit lui-même que sa Muse est immortelle (ἄμβροτε Μοῦσα au fr. 131.1). Parce qu'elle peut révéler le cycle cosmique, la Muse est, à l'instar des autres racines divines, et immortelles, prise elle-même dans le cycle du monde. Parmi les racines divines[40], *Nestis*, l'eau, est la meilleure identification de cette Muse, proche des éphémères, entendons en particulier des hommes (fr. 131). *Nestis* pleure (fr. 6.3), ce qui la rapproche des hommes (fr. 62.1) ; ses larmes contribuent à la naissance des mortels (fr. 6.3)[41]. *Nestis* est une figure féminine à l'instar des Muses. Ajoutons que les Muses sont honorées près

---

37. Fr. 6.3 : Νῆστίς θ᾽, ἣ δακρύοις τέγγει κρούνωμα βρότειον. Sur *Nestis* voir (1) P. KINGSLEY, *Ancient philosophy, mystery, and magic. Empedocles and Pythagorean tradition*, Oxford, Clarendon Press, 1995, p. 348-358 (*chapter* 22) ; (2) A. PIERRIS, *The emergence of reason from the spirit of mystery. Volume II, Mystery and philosophy*, Patras, Institute for philosophical research, 2007, p. 155-158 ; (3) RASHED 2008, p. 457-464.

38. J'ai déjà introduit cette thématique dans (1) « Sur un emprunt d'Empédocle au *Bouclier* hésiodique », *Revue des études grecques*, 111, 1, 1998, p. 42-60, aux pages 59-60 ; (2) « L'Empédocle magique de P. Kingsley », *Revue de philosophie ancienne*, 18, 1, 2000, p. 25-86, aux pages 46-48 ; (3) « Les cinq sources dont parle Empédocle », *Revue des études grecques*, 117, 2, 2004, p. 393-446, aux pages 435-442 ; (4) « Water and bronze in the hands of Empedocles' Muse », *Organon*, 41, 2009, p. 59-84, aux pages 76-81 ; (5) « L'image du πνιγεύς dans les *Nuées*. Un Empédocle au charbon », dans LAKS, A. & R. SAETTA COTTONE (dir.), *Comédie et philosophie : Socrate et les « Présocratiques » dans les* Nuées *d'Aristophane*, Paris, Éditions Rue d'Ulm, 2013, p. 113-129, à la page 129 ; (6) « Penser le Bien et le Mal avec Empédocle », *χώρα• REAM*, 15-16, 2017/2018, p. 381-414 à la page 402.

39. Sous B 19.

40. Fr. 6 :
τέσσαρα γὰρ πάντων ῥιζώματα πρῶτον ἄκουε·
Ζεὺς ἀργὴς Ἥρη τε φερέσβιος ἠδ᾽ Ἀιδωνεύς
Νῆστίς θ᾽, ἣ δακρύοις τέγγει κρούνωμα βρότειον.

41. Voir PICOT 2000, p. 63-67.

des sources, des cours d'eau et des fontaines[42]. *Nestis* est en particulier l'eau des sources.

Dans la mesure où *Nestis* est la Muse d'Empédocle, et puisqu'elle est une des quatre racines de toutes choses (fr. 6), elle n'est sous le patronage d'aucun autre dieu. Apollon, fils de Zeus, ne peut être, chez Empédocle, que la manifestation d'une autre racine ; le Zeus *argès* du fr. 6 serait tout désigné. La Muse d'Empédocle ne dépend pas d'Apollon. En d'autres termes, *Nestis* ne dépend pas de Zeus.

Dans le fr. 6, l'eau (*Nestis*) et le feu (Zeus) sont en position extrême et même en opposition : Zeus le premier nommé, *Nestis* la dernière nommée, Zeus déchu de sa superbe en tant que père des hommes et des dieux, *Nestis*, la déesse inconnue parvenue au rang des premiers olympiens et occupant à elle seule un vers entier. Avec *Nestis* endossant le rôle de Muse pour Empédocle, le fr. 122.4,

Νημερτής τ᾽ ἐρόεσσα μελάγκαρπός τ᾽ Ἀσάφεια[43],

se lit d'une nouvelle façon. Le mot Νημερτής se comprend comme Sans-Erreur ou mieux : Sans-Tromperie ; Νημερτής s'oppose à Ἀσάφεια, Ἀ-σαφής, Sans-Clarté. Ἀσάφεια serait Erreur et Tromperie possibles. Empédocle a pu tenir Némertès comme une figure de la sagesse (Σόφη au fr. 123.3), toutes deux valorisées, en opposition à Ἀσάφεια, qui ferait allusion à l'obscurité des mots. Némertès, déesse marine, est – point essentiel pour notre propos – une manifestation de *Nestis*, déesse de l'eau et Muse *Kalliopeia*[44].

Ajoutons ici une lecture de l'*Hymne homérique à Apollon* concernant la source Telphouse. Apollon détruit cette source et construit pour lui-même un autel près de la source disparue. Le récit de la violence du dieu envers la source, appartenant au domaine de *Nestis*, pourrait aux yeux d'Empédocle s'ajouter à la liste de ses critiques envers l'Apollon de la tradition. L'existence incontestable du récit et sa diffusion sont un témoignage contre l'honneur d'une source, contre *Nestis-Kalliopeia*.

---

42. Voir (1) la fontaine mentionnée par Hésiode dans *Théogonie*, 1-4 ; (2) la source Dircé dont Pindare prétend utiliser l'eau que les Muses ont fait jaillir (*Isthmique*, VI, 74-75) ; (3) l'hymne à Apollon cité par Porphyre dans *L'antre des nymphes*, 8, 4-10.

43. À la place de μελάγκουρος édité par DIELS, je retiens μελάγκαρπος avec BOLLACK, lequel suit les manuscrits de Plutarque. LM (D21) et VAN DER BEN 2019 (F11 VdB) retiennent aussi μελάγκαρπος.

44. Nous n'avons pas épuisé le sens d'*Asapheia*. Dans « Héra aux deux visages », j'apporte des arguments afin d'établir qu'*Asapheia* est une figure de la mauvaise Héra, racine divine de l'éther.

Fr. 112

Dès l'instant où sont réunis suffisamment d'indices pour appuyer l'idée qu'Empédocle pouvait opposer sa parole véridique à celle du dieu qui rend ses oracles à Delphes, on peut supposer que, dans le fr. 112[45], Empédocle affichait non sans malice une posture d'apparence apollinienne pour tenter d'entraîner, loin de la parole delphique, ceux qui l'écoutaient. Selon Diogène Laërce et la *Souda*, Empédocle portait une ou des bandelette(s) delphique(s)[46]. Dans le fr. 112, Empédocle se raconte parmi une foule. La tenue d'Empédocle pouvait être remarquée. Rien ne dit cependant que les bandelettes (ταινίαις) mentionnées au fr.112.6 (= 5 Rashed), qu'Empédocle dit porter, soient les bandelettes delphiques rapportées par les témoignages de Diogène Laërce et de la *Souda*. Toujours est-il que l'apparence apollonienne d'Empédocle dans le fr. 112 n'a pas échappé à un commentateur tel que J. Bollack[47] :

> L'émissaire de la divinité rayonne partout comme un astre, comme un Apollon solaire parmi les hommes [...]. Le « je » porte ainsi les insignes du dieu, bandelettes et couronnes de verdure. La distinction religieuse lui est reconnue, comme par délégation ; elle prétend aux honneurs suprêmes [...] Dans les mots du vers 6, le dieu est deux fois couronné, d'abord par la parure qui l'enveloppe, puis, avec les feuilles, grâce à une floraison qui le désigne pour un triomphe.

Empédocle pouvait ainsi dire la vérité à la place de celle qui s'exprime à Delphes, laquelle croit dire la vérité (ἀπὸ τρίποδος), mais ne la dirait pas[48]. On reconnaîtra ici une application du schème du détournement. Je suis en accord avec Bollack lorsqu'il dit dans son commentaire du le fr. 112[49] :

---

45. Fr. 112.5-6 : πωλεῦμαι μετὰ πᾶσι τετιμένος, ὥσπερ ἔοικα, / ταινίαις τε περίστεπτος στέφεσίν τε θαλείοις. Fr. 112.10-11 : οἱ μὲν μαντοσυνέων κεχρημένοι, οἱ δ᾽ ἐπὶ νούσων / παντοίων ἐπύθοντο κλυεῖν εὐηκέα βάξιν.

46. Diogène Laërce : DK 31 A 1.73 (στέμμα Δελφικόν) ; la *Souda* : A 2 (στέμματα Δελφικὰ ἐν ταῖς χερσίν). Pour les bandelettes delphiques associées à Apollon, voir *Iliade* I, 14 et I, 373. – BOUCHÉ-LECLERCQ 1880 (*III*) cité plus haut disait : « Apollon peut [...] parler au monde par la bouche de Pythagore [...] ou par l'organe quasi-prophétique d'Empédocle, thaumaturge couronné de 'bandelettes delphiques' ».

47. BOLLACK 2003, p. 56.

48. Selon Lucrèce, *De la nature*, 716-739, Empédocle, couvert d'éloges, se voit hissé, avec d'autres philosophes, mais encore plus haut que d'autres, au-dessus de la Pythie. Cette parole de Lucrèce appuierait l'idée qu'Empédocle rivalise avec la Pythie.

49. BOLLACK 2003, p. 57.

elle [= la persuasion] concerne le chemin qui, dans la vie des hommes, conduit à un avantage (*kerdos*). [...] ils se rendaient à Delphes ou à Dodone pour cela. La mantique explicative, reposant sur une meilleure connaissance des lois de la nature, s'y substitue. Malades, ils demandent à être guéris par des interventions qui les délivrent des méfaits de la religion et des croyances inculquées.

Changement de route ! Empédocle, en Sicile ou à Olympie, substituerait en particulier son discours à celui de la Pythie.

Fr. 146

Voici le fr. 146 :

εἰς δὲ τέλος μάντεις τε καὶ ὑμνοπόλοι καὶ ἰητροί
καὶ πρόμοι ἀνθρώποισιν ἐπιχθονίοισι πέλονται,
ἔνθεν ἀναβλαστοῦσι θεοὶ τιμῇσι φέριστοι.

Empédocle voit notamment les devins, poètes, médecins – autant d'hommes qui pourraient se placer sous le patronage d'Apollon[50] – s'épanouir en tant que dieux les plus grands en honneurs. Les poètes seraient honorés parmi les hommes avant de devenir des dieux (θεοὶ τιμῇσι φέριστοι). Empédocle, lui aussi, est poète, et en passe de divinisation. Il se placerait donc, si l'on s'en tient à ces seules remarques, sous le patronage d'Apollon. Mais on aurait tort de confondre tous les poètes[51]. Ammonius nous apprend qu'Empédocle critique les poètes qui cèdent à l'anthropomorphisme lorsqu'ils parlent des dieux[52]. Aristote de son côté nous apprend qu'Empédocle critique Xénophane (*De caelo*, 294 a 21 ; = DK 31 B 39), poète lui aussi. Empédocle prône l'Amour et se bat contre les sacrifices sanglants. Ce n'est le cas ni d'Homère, ni d'Hésiode, ni d'Eschyle, ni de Pindare ni de tant d'autres poètes. Ce n'est pas en particulier le cas de l'auteur de l'*Hymne homérique à Apollon*, qui chante les saintes hécatombes en l'honneur d'Apollon. Dans la triade apollinienne du fr. 146.1, le mot ὑμνοπόλος vise particulièrement cet auteur de l'Hymne.

---

50. Voir F. Graf, *Apollo*, Londres-New York, Routledge, 2009. Divination : p. 29, p. 43-46. Poésie : p. 33-38. Médecine : p. 65-70. On pourra aussi consulter S. Anastase, *Apollon chez Pindare*, Athènes, 1975, qui offre de nombreuses illustrations de l'Apollon, dieu de la poésie et de la divination. Le quatrième domaine d'excellence d'Apollon est la science de l'arc (Graf 2009, p. 12-14).

51. À partir d'ici je reprends certaines idées d'un article écrit en collaboration avec W. Berg : « Lions and *promoi*: final phase of exile for Empedocles' *daimones* », *Phronesis*, 60, 4, 2015, p. 380-409.

52. Ammonius, *In Aristotelis librum de interpretatione commentarius*, 249.1-3. (= B 134.)

Que dire des devins ? Ils comptent parmi eux des hommes qui sacrifient des animaux pour pratiquer leur art à partir des entrailles, ou dans le crépitement des chairs. Calchas recommande le sacrifice d'Iphigénie pour apaiser Artémis. On dira avec certitude que les devins sont sous la coupe d'Apollon, et avec la même certitude qu'Empédocle ne pouvait pas approuver les devins qui pratiquent des sacrifices sanglants ou les font pratiquer (voir également Pythagore dans Jamblique, *Vie de Pythagore*, 93). Empédocle ne veut pas faire couler le sang. Le sage du fr. 129 est un devin qui a la considération d'Empédocle. Grâce à sa Muse, Empédocle possède une capacité de connaissance supérieure à celle du sage du fr. 129, et à celle des autres devins.

Que dire des médecins ? Des écoles de médecine étaient en concurrence (Galien rapporté en A 3). Tout comme les devins et les poètes, il existait plusieurs types de médecins, si bien qu'il serait imprudent de penser qu'aux yeux d'Empédocle – médecin lui-même – tous les médecins répondaient à son éthique. Les témoignages ont gardé la critique d'Empédocle envers le médecin Acron (A 1.65, fr. 157, la Souda en A 3)[53]. On sait par ailleurs que les pythagoriciens désapprouvaient la pratique des saignements (Jamblique DK 58 D 163[54]). Empédocle, pythagoricien d'une certaine façon, pouvait être de ceux-là.

Bref, tous les poètes, tous les devins, tous les médecins, tous ces hommes des arts que l'on place sous la tutelle divine d'Apollon ne sont pas, du seul fait de leur art, en accord avec l'éthique d'Empédocle.

Peut-on considérer que les *promoi* sont sous le patronage d'Apollon ? Dans la tradition homérique les *promoi* sont les chefs (Achéens ou Troyens) qui se mettent en avant dans le combat. Cette acception est en général refusée par les traducteurs et commentateurs d'Empédocle. Ceux-ci choisissent une désignation non guerrière pour le fr. 146 : princes, chefs, chefs de cité, conducteurs d'hommes, rois, magistrats. Ils supposent qu'Empédocle ne retenait plus ici le sens homérique de *promoi* mais retenait un sens nouveau, pacifique[55]. En fait, il n'y a là aucune certitude ; je préfère m'en tenir à l'inclination bien avérée

---

53. La critique ne porte pas sur l'art médical en lui-même, mais sur la demande d'un privilège ou d'un honneur. Selon le témoignage, Empédocle apparaît comme un défenseur de l'égalité entre les hommes.

54. Je remercie Stavros KOULOUMENTAS de m'avoir signalé cette occurrence.

55. On oublierait en particulier Apollonios de Rhodes, *Arg.* I, 1047 ; II, 21. L'arrière-plan de la résistance contre le sens du combat est le désir de ne voir dans les hommes de talents du fr. 146 que des hommes acquis à l'éthique non sanglante de l'Agrigentin. Pour cet arrière-plan voir en particulier G. OBEYESEKERE, *Imagining karma*, Berkeley-Los Angeles-Londres, University of California Press, 2002, p. 227, 232.

d'Empédocle à puiser dans des références homériques. Il y a plus. Si l'on reconnaît que devins, poètes et médecins exercent des compétences placées sous le patronage d'Apollon, ne faut-il pas alors se demander s'il existe un autre domaine de compétence du dieu ? Le *Cratyle* (405 A 2) a une réponse : la science de l'arc. Apollon est le dieu-archer[56] Après avoir mentionné trois compétences d'Apollon, Empédocle ne pouvait pas exclure la quatrième. Autrement dit, il conviendrait de comprendre les *promoi* du fr. 146.2 comme instruits de la science apollinienne de l'arc. On constate que dans l'*Iliade* certains *promoi* (ou *promachoi*) tiennent l'arc[57]. Certes l'arc n'cst pas l'arme de choix des *promoi*. Cependant, le cas le plus emblématique chez Homère est Ulysse. Ulysse est un *promos*[58]. Son art en tant qu'archer est célèbre[59]. Son errance est en partie une source d'inspiration pour la vie errante du dieu puni dans le fr. 115[60]. Il ne serait alors pas surprenant qu'à la fin de l'exil daimonique, juste avant le retour céleste, Ulysse en *promos*, recevant une faveur d'Apollon-archer[61], soit en quelque sorte suggéré par Empédocle. Insistons sur un point. Ulysse révèle son talent d'archer à la fin de son pénible périple, lors du retour en Ithaque, tout comme il faudra attendre la dernière étape d'un exil des 30 000 saisons pour que des hommes révélant leurs talents apolliniens puissent accéder au divin. En bref, les *promoi* du fr. 146.2 sont des chefs qui manient l'arc, et dont le dieu, tout comme pour les devins, poètes et médecins, est Apollon[62].

56. Voir en particulier Ph. Monbrun, *Les voix d'Apollon : l'arc, la lyre et les oracles,* Rennes, Presses Universitaires de Rennes, 2007. Et Graf 2009, p. 13-14. – Par ailleurs, il existe quelques similitudes entre Apollon et Arès. En première approche, voir W.H. Roscher, *Studien zur vergleichenden Mythologie der Griechen und Römer, I, Apollon und Mars,* Leipzig, W. Engelmann, 1873.

57. Alexandre, *Iliade* III, 16-17, XI, 369-370, 581-582. Pandare (*Iliade* II, 827) dont l'arc est un don d'Apollon. Mérion (*Iliade* VII, 166, *Iliade* XIII, 270-271 et *Iliade* XXIII, 870-876). Ulysse (*Iliade* X, 500).

58. Ulysse fait partie des hommes nommés comme *promoi* en *Iliade* VII, 161-169 (en écho à VII, 75 et 116).

59. *Odyssée,* VIII, 215-220, XXI, 404-411, 419-423, XXII, 116-118, XXIV, 176-182.

60. Voir M. Herrero de Jáuregui, « L'hostilité des éléments cosmiques, d'Homère à Empédocle », *Revue des études grecques,* 130, 1, 2017, p. 23-42.

61. *Odyssée* XXI, 336-342, XXII, 5-7.

62. Cf. R. Saetta Cottone écrit (dans « Aristophane et le théâtre du soleil. Le dieu d'Empédocle dans le chœur des *Nuées* », dans Laks, A. & R. Saetta Cottone (dir.), *Comédie et philosophie : Socrate et les « Présocratiques » dans les* Nuées *d'Aristophane,* Paris, Éditions Rue d'Ulm 2013, p. 61-85 à la page 65 n.16) : « La catégorie des πρόμοι, les 'princes', nommée en quatrième position, englobe les trois catégories précédentes, dont elle représente en quelque sorte un accomplissement, en polémique ouverte avec Homère, où les πρόμοι étaient les héros sanguinaires, princes de la guerre. M.R. Wright, *Empedocles…* [*: the extant fragments,* New Haven-Londres, Yale University Press, 1981], p. 255, a insisté à juste titre sur le caractère "apollinien" des activités mentionnées dans ce fragment. » Notons

Dans un monde où la Haine s'élance vers les honneurs (fr. 30), dans une cosmogonie où s'accroît de plus en plus le pouvoir de la Haine – modèle traditionnel défendu notamment par D. O'Brien, O. Primavesi et M. Rashed –, on ne peut pas attendre que les hommes jouissant de considération par leurs talents (ceux du fr. 146) correspondent systématiquement aux valeurs d'Empédocle, qui, elles, sont tournées vers l'Amour[63]. Le fait que l'Agrigentin croit à une divinisation des poètes et des devins, dont ceux qu'il combat, ne signe pas pour autant son adhésion à l'Apollon de la tradition. Ce n'est là qu'un trait fondamental de sa croyance en la réincarnation et de sa théorie de l'attirance des semblables : ce qui est honoré va vers plus d'honneurs encore. Les devins, poètes, médecins, et chefs de bataille sont honorés. À la fin de leur exil terrestre de 30 000 saisons, ils iront vers plus d'honneurs encore : ils seront des dieux bienheureux (fr. 115, fr. 146-147). Empédocle est poète et médecin. Lui aussi, sans pour autant se réclamer d'Apollon, sera ensuite un dieu bienheureux. Seuls les talents compteraient ; ils ne sont pas exclusivement sous la coupe d'Apollon.

Une question reste en suspens : comment se fait-il que, dans le fr. 146, Empédocle mette à l'honneur Apollon alors que lui-même ne se penserait pas sous la coupe du dieu apollinien à l'arc ? Je crois que la réponse tient à ce qu'Empédocle considère Apollon comme un dieu de lumière. Dans notre fr. 134.4-5, il le tiendrait pour le soleil (tout en refusant l'Apollon anthropomorphe de la tradition)[64]. Dans le fr. 115.10-11, le soleil propulse les *daimones* vers le haut (les

_____

que M.R. WRIGHT suggère uniquement le caractère apollinien des « *prophets, minstrels, and healers* » du fr. 146.1 (= 132.1 WRIGHT). L'activité des *promoi* ne serait donc pas apollinienne selon WRIGHT. Nous soutenons que les πρόμοι du fr. 146.2 sont apolliniens. Contrairement à ce qu'avance SAETTA COTTONE, ils ne sont pas en polémique ouverte avec Homère : ils suggèrent la science de l'arc, chère à Apollon ; parmi les *promoi*, le nom d'Ulysse est célèbre.

63. Dans le fr. 127, parmi les réincarnations possibles, le laurier est mis à l'honneur à côté du lion. Là aussi, on aurait tort de croire qu'Empédocle honore Apollon à travers l'arbre qui lui est consacré. Empédocle prétend faire un constat des meilleures réincarnations possibles pour l'homme, sous-entendu celles qui permettent d'accéder ensuite aux dieux bienheureux (fr. 146-147). Il n'énonce pas nécessairement ses propres valeurs. Le laurier et le lion apparaissent tout aussi enviables l'un que l'autre, alors qu'il est hautement probable que le lion – carnassier – n'est pas un animal répondant aux valeurs empédocléennes. Sur le fr. 146, J.-C. PICOT, « Empédocle pouvait-il faire de la lune le séjour des Bienheureux », *Organon* 37(40), 2008, p. 9-37 aux pages 29-30, et PICOT & BERG 2015, p. 399, 403, 409. Empédocle qui défend l'Amour ne fait jamais gagner définitivement l'Amour. Il vit dans un monde où alternativement l'Amour ou la Haine gagne. Il doit donc s'accomoder de cet état de fait.

64. Pour le fr. 134, voir plus bas la section 'Un Apollon cosmique (B 134)'. Dans l'*Œdipe roi*, 660-661, Sophocle dit du soleil qu'il est un *promos*. Pure coïncidence ?

tourbillons de l'éther). À la fin de l'exil, les hommes du fr. 146 sont mis en lumière – au sens figuré cela s'entend – et élevés au rang des dieux.

Fr. 115

Dans le *De exilio* (607 C), Plutarque introduit plusieurs vers de notre fr. 115 après une citation d'Eschyle, *Suppliantes*, 214 :

ἁγνόν τ' Ἀπόλλω φυγάδ' ἀπ' οὐρανοῦ θεόν

Il est tentant de rapprocher ce vers du dernier vers d'Empédocle que Plutarque citera peu après (fr. 115.13) :

τὴν[65] καὶ ἐγὼ νῦν εἰμι[66], φυγὰς θεόθεν καὶ ἀλήτης

Dans ce vers, Empédocle (ἐγώ) parle de lui : il est un exilé des dieux (φυγὰς θεόθεν)[67]. On en déduira que, pour Plutarque, il en serait d'Empédocle, comme d'Apollon, l'un et l'autre seraient des dieux exilés du ciel (φυγάδ' ἀπ' οὐρανοῦ θεόν). Notons qu'Empédocle avait toutes les chances de connaître les *Suppliantes* d'Eschyle, et qu'il avait probablement en mémoire les vers 223-224 lorsqu'il composa le vers de notre fr. 115.4[68], si bien que le parallèle entre le vers 214 des *Suppliantes* et le vers du fr. 115.13 est pertinent – cela indépendamment de l'indice donné par Plutarque. La question est alors de savoir si Empédocle imaginait être lui-même Apollon.

Le mythe de l'exil d'Apollon sur terre, auquel Eschyle fait référence, est vraisemblablement lié à la période de servage du dieu, en tant que bouvier, auprès d'Admète. Ce servage d'Apollon fut imposé par Zeus, en punition du meurtre des Cyclopes, commis par Apollon.

---

65. Les manuscrits de Plutarque livrent τήν et non pas τῶν que l'on trouve seulement chez Hippolyte.

66. Les manuscrits de Plutarque supposent εἶμι (et non pas εἰμί), en accord avec τήν (l'article d'un ὁδόν élidé).

67. Mais selon HERNÁNDEZ CASTRO 2000 (p. 139-140, 151-152, 178-179), ce n'est pas Empédocle qui dit ἐγώ, car le narrateur est Apollon ; p. 183 : « *la identidad del narrador de todos los fragmentos o citas que hemos conservado de Empédocles es Apolo.* » – θεόθεν peut signifier un pluriel : des dieux ; ou bien un singulier : du dieu, d'un dieu, du divin. Le choix retenu – le pluriel – est en accord avec l'idée que les dieux dont Empédocle s'est séparé sont des Bienheureux (fr. 115.6). Une autre interprétation, avec le singulier, serait que le dieu dont Empédocle s'est séparé est le *Sphairos* (fr. 27). Cette dernière interprétation est celle d'Hippolyte, suivie en particulier par C. OSBORNE, J. BOLLACK, A. LAKS et G. MOST. Un pluriel se référant aux dieux-éléments dans le *Sphairos* est défendu par INWOOD 2001[2], p. 60.

68. Voir J.-C. PICOT, « Empedocles, fragment 115.3: Can one of the Blessed pollute his limbs with blood? », dans STERN-GILLET, S. & K. CORRIGAN (dir.), *Reading ancient texts. Volume I: Presocratics and Plato – Essays in honour of Denis O'Brien*, Leyde-Boston, Brill, 2007, p. 41-56, aux pages 48-52.

Empédocle aurait voulu exprimer que l'exil des *daimones* (fr. 115.5), loin du séjour céleste des Bienheureux, est une punition divine sur terre tout comme la servitude chez Admète est une punition divine pour Apollon, exilé de l'Olympe. Entre le mythe de l'exil d'Apollon et le récit d'Empédocle, il existerait un même enchaînement d'événements :

1. un meurtre sur terre (celui des Cyclopes dans le mythe ou bien celui d'un éphémère chez Empédocle) ; les Cyclopes vivent ou vivaient, puis mourront comme de simples mortels terrestres ;
2. une condamnation prononcée dans un séjour céleste (celle prononcée par Zeus contre l'Apollon du mythe, celle décidée par les six divinités – Zeus, Héra, *Aïdôneus, Nestis, Neikos, Philiè*[69] – contre un Bienheureux fautif, chez Empédocle) ;
3. une chute du séjour céleste sur terre (l'exil) ;
4. une punition sur terre (chez Admète pour Apollon ; dans des réincarnations successives d'éphémères chez Empédocle) ;
5. un retour dans le séjour céleste à la fin de la punition.

Cela étant dit, notons les différences de contenu entre les deux histoires mises en parallèle :

(a) Empédocle n'adhère pas au mythe d'un Apollon assassin[70]. Empédocle croit qu'Apollon est une *phrèn hierè*, qui n'est pas un des êtres divins aux formes humaines des mythes d'Hésiode, d'Homère, ou d'autres poètes. L'Apollon d'Empédocle n'a pas de bras, il n'est pas un Archer ; il n'a pas des mains souillées de sang (fr. 115.3). L'Apollon du mythe, aux formes humaines, tue de son arc, puis travaille pour le mortel Admète ; il n'est donc pas cette *phrèn hierè*, qu'Empédocle considère être l'Apollon cosmique[71].

(b) le meurtre chez Empédocle n'est pas celui des Cyclopes, c'est le meurtre ordinaire des animaux qui se mangent les uns les autres (fr. 139, d5-6 MP), c'est le meurtre dans un sacrifice sanglant, c'est le meurtre pratiqué par certains devins, c'est celui des guerriers, ou d'autres meurtres entre éphémères ;

---

69. Nous suivons et interprétons ici Hippolyte, *Refutatio* VII, 29, 23.6-24.1. Voir PICOT 2008, p. 34, n.1.

70. Voir B 134 et la critique d'un Apollon anthropomorphe. Cf. Plutarque, *De defectu*, 417 E, où Plutarque, à travers la parole de Cléombrote, affirme que le récit de l'exil et de la servitude d'un dieu ne concerne, en fait, pas un dieu, mais un *daimôn*. Plutarque cite alors les *Suppliantes* d'Eschyle v. 214 en désavouant Eschyle. Apollon est clairement visé. Empédocle aurait sur ce point précis la même position que Plutarque.

71. J'utilise l'adjectif « cosmique » en liaison avec le fait que la *phrèn hierè* (= l'Apollon qui n'est pas l'Apollon des mythes) se projette avec ses *phrontides* rapides dans tout le cosmos (fr. 134.5 : φροντίσι κόσμον ἅπαντα καταΐσσουσα θοῇσιν).

(c) dans le mythe, le séjour céleste est vraisemblablement l'Olympe où se tient Zeus ; chez Empédocle ce serait la lune[72] ;

(d) la condamnation d'un Bienheureux chez Empédocle ne vient pas explicitement de Zeus ; elle procède d'un parjure (fr. 115.4) et engage les six dieux immortels[73] ;

(e) la punition chez Empédocle n'est pas le servage d'un an chez Admète ; elle est faite de morts et de renaissances sous toutes les formes de vie terrestre (fr. 115.7), et dure bien plus longtemps (30 000 saisons = 10 000 ans) que le temps de servage d'Apollon chez un mortel. Apollon – que ce soit celui du mythe ou la *phrèn hierè* d'Empédocle – ne se réincarne pas, et parait étranger à l'idée même de la réincarnation. Pour se réincarner, il faut d'abord mourir. Sans mort, il s'agit seulement de métamorphoses. L'Apollon de la tradition ne meurt pas pour renaître en tant que bouvier. Au prétexte qu'Empédocle appartient à la mouvance pythagoricienne, il serait hâtif d'importer ici la croyance de Pythagore en ses propres vies antérieures, et l'autre croyance selon laquelle il était l'Apollon hyperboréen en personne. Empédocle est un pythagoricien dissident. Nous ne disposons pas de témoignage attestant son adhésion à la croyance selon laquelle Pythagore serait l'Apollon hyperboréen. En conséquence, il est prudent d'en rester à la position d'Empédocle vis-à-vis de la tradition commune, véhiculée en particulier par les poètes.

Le mythe hésiodique du dieu parjure (*Théogonie*, 775-807), qui ne concerne en rien l'Apollon mythique, paraît important dans la construction du récit empédocléen sur les *daimones* en exil. Il est suggéré par le fr. 115.12, qui vient en écho à Hésiode, *Théogonie*, 800 : ἄλλος δ'ἐξ ἄλλου δέχεται[74].

La folie de l'âme (A 98)

L'interprétation platonicienne pèse sur la lecture d'Empédocle. Un exemple en est donné par l'interprétation d'un propos de Caelius Aurelianus, rapporté dans le témoignage A 98.

Voici le texte de Caelius Aurelianus[75] :

---

72. Voir PICOT 2008, p. 21-27.

73. Sur le parjure voir (1) PICOT 2007, p. 41-56. (2) PICOT 2008, p. 30-35. (3) M. RASHED, « Le proème des *Catharmes* d'Empédocle. Reconstitution et commentaire », *Elenchos*, 29, 1, 2008, p. 7-37, aux p. 20-24.

74. Voir G. MOST, « ἄλλος δ' ἐξ ἄλλου δέχεται. Presocratic philosophy and traditional Greek epic », dans BIERL, A., R. LÄMMLE & K. WESSELMANN (dir.), *Literatur und Religion 1*, Wege zu einer mythisch-rituellen Poetik bei den Griechen, Berlin-New York, W. De Gruyter, 2007, p. 271-302, aux pages 286-288.

75. Voir G. BENDZ & I. PAPE, *Caelius Aurelianus. Akute Krankheiten, Buch I-III. Chronische Krankheiten, Buch I-V.* Teil I, Berlin, Akademie, 1990, p. 516.

*item Stoici duplicem furorem dixerunt, sed alium insipientiae genus, quo
omnem imprudentem insanire probant, alium ex alienatione mentis et corporis
compassione, item Empedoclem sequentes alium dicunt ex animi purgamento
fieri, alium alienatione mentis ex corporis causa siue iniquitate, de quo nunc
scripturi sumus, quem Graeci (manian uocant)* [...]

Ce qui fait notre intérêt dans ce texte, c'est « *Empedoclem sequentes
alium [furorem] dicunt ex animi purgamento fieri* », je traduis (en accord
avec des traductions actuelles) : les adeptes d'Empédocle affirment
qu'[une forme de folie] consiste en la purification de l'âme. Il
faut souligner d'emblée le paradoxe. Dans la mesure où la folie est
considérée de façon négative et où la purification est considérée
de façon positive, on attendrait non pas que la folie soit la purification de l'âme mais qu'elle soit la souillure de l'âme. Mais nous
devons retenir l'apparent paradoxe. Une façon de le résoudre a
été avancée par A. Delatte en 1934, dans son article de référence
« Les Conceptions de l'enthousiasme chez les philosophes présocratiques »[76] :

> il est vraisemblable, à première vue, que la distinction de deux sortes
> de délire que nous rencontrons ici [= A 98] est celle que nous trou-
> vons chez beaucoup d'écrivains de l'antiquité et qui est bien connue,
> par exemple, par le *Phèdre* de Platon : la folie maladive et le délire
> enthousiaste qui devine l'avenir, qui inspire les artistes, qui crée et
> vivifie la religion.
> [...]
> Arrivé au terme de l'expiation et de la purification du génie divin qui
> est en lui, Empédocle apparaît dans tous les transports de l'exaltation
> causée par cet état de conscience : pour parler le langage de l'époque,
> il est inspiré, enthousiaste, il est saisi du délire sacré. Tel est le sens
> qu'il faut donner au texte de Caelius.

Delatte est suivi en 1965 par W.K.C. Guthrie (qui, en faisant
la synthèse d'un sujet, exprime souvent ce qu'il est raisonnable
de penser...). Guthrie écrit dans une section de son chapitre
« Empedocles », section qu'il intitule « *Madness* »[77] :

> *A late medical writer, Caelius Aurelianus* (Morb. chron. *1.5, A98), attributes
> to him the origin of the belief that madness* (furor, Greek mania) *is of two sorts.
> One is a consequence of 'purification of the soul'* (ex animi purgamento),
> *the other of 'mental alienation due to physical causes, namely imbalance of
> mixture'. Mania to the Greeks was by no means necessarily an evil: it might*

---

76. A. DELATTE, « Les conceptions de l'enthousiasme chez les philosophes
présocratiques », *L'Antiquité classique*, 3, 1, 1934, p. 5-79, Empédocle aux
pages 21-27.
77. GUTHRIE 1965, p. 227.

be a sign of divine possession, as in the Dionysiac mania *of the maenads or the behaviour of the Pythia when prophesying.* Plato in the Phaedrus *(244a) speaks of 'the greatest of blessings coming to men by* mania' […]

La référence au *Phèdre* est précise. Rappelons qu'elle est accompagnée d'une mention à la prophétesse de Delphes. Nous sommes sur le territoire d'Apollon.

Je ne crois pas que pour expliquer le propos de Caelius il faille se référer au *Phèdre*. Il est de bonne méthode, ici comme ailleurs, d'identifier les certitudes provenant des vers d'Empédocle, et d'en faire le point de départ de l'interprétation. Plusieurs vers sont à citer. Rien n'y indique que la folie de l'âme soit pensée de façon favorable, comme elle l'est dans le *Phèdre*. Au contraire : Empédocle la juge de façon négative. Voici les vers :

D44 LM (fr. 3.1-2)

ἀλλὰ θεοὶ τῶν μὲν μανίην ἀποτρέψατε γλώσσης,
ἐκ δ᾽ ὁσίων στομάτων καθαρὴν ὀχετεύσατε πηγήν.

Mais, dieux, écartez de ma langue leur folie
Et dérivez, de lèvres pieuses, un flot pur.

D113 LM (fr. 39.2-3 avec remplacement de ἐλθόντα par ῥηθέντα)

ὡς διὰ πολλῶν δὴ γλώσσας ῥηθέντα ματαίως
ἐκκέχυται στομάτων ὀλίγον τοῦ παντὸς ἰδόντων.

Comme disent les vaines paroles coulant de la langue
De nombreuses bouches chez ceux qui voient peu du tout.

D28 LM (fr. 136)

οὐ παύσεσθε φόνοιο δυσηχέος; οὐκ ἐσορᾶτε
ἀλλήλους δάπτοντες ἀκηδείῃσι νόοιο;

Ne cesserez-vous pas le meurtre à la sinistre clameur ? Ne voyez-vous pas
Que vous vous dévorez les uns les autres dans l'insouciance de votre esprit ?

(Traductions Laks-Most pour ces trois fragments)

Puisqu'il est clair que la folie est jugée de façon négative (fr. 3.1)[78], comment alors penser la purification ? Un avantage de penser une folie positive ou favorable était de respecter un sens spontanément positif ou favorable de la purification – ce qui paraît à première vue raisonnable. Mais, puisque la folie est négative du point de vue d'Empédocle, la purification devrait l'être aussi. Comment cela

---

78. Pour l'analyse du fr. 3, voir en particulier A. & I. Petrovic, *Inner purity and pollution in Greek religion, I, Early Greek religion*, Oxford, Oxford University Press, 2016, p. 93-97.

pourrait-il être possible ? Au lieu de se tourner vers Platon, c'est d'Héraclite qu'il faut maintenant attendre un éclairage. Héraclite dit (9 D15 LM = 22 B5 DK que je rapporte ci-après) :

> καθαίρονται δ' ἄλλως αἵματι μιαινόμενοι οἷον εἴ τις εἰς πηλὸν ἐμβὰς πηλῷ ἀπονίζοιτο. μαίνεσθαι δ' ἂν δοκοίη εἴ τις αὐτὸν ἀνθρώπων ἐπιφράσαιτο οὕτω ποιέοντα. καὶ τοῖς ἀγάλμασι δὲ τουτέοισιν εὔχονται, ὁκοῖον εἴ τις δόμοισι λεσχηνεύοιτο, οὔ τι γινώσκων θεοὺς οὐδ' ἥρωας οἵτινές εἰσι.

> Ils se purifient en vain, puisqu'ils se souillent (*miainomenoi*) avec du sang, comme si quelqu'un, étant entré dans la boue, se lavait avec de la boue ; si quelque [*scil.* autre] homme s'apercevait qu'il agit ainsi, il penserait qu'il est fou (*mainesthai*). Et ils adressent des prières à ces statues, comme si quelqu'un s'entretenait avec des maisons sans savoir ce que sont les dieux et les héros.

> (Traduction Laks-Most)

Se purifier du sang par le sang n'est qu'une prétendue purification. Un acte fou. Empédocle – si certains de ses vers taxaient de folie la purification de l'âme – puiserait à la même veine qu'Héraclite. Selon Empédocle, il existerait une mauvaise purification. Mauvaise, parce qu'illusoire. Mauvaise, parce qu'au lieu de rapprocher du divin, elle éloignerait en réalité du divin, ou empêcherait une bonne purification de prendre place. Les hommes qui ne saisissent pas le Tout ont de fausses idées sur le monde (fr. 2.3-8 ; fr. 39.2-3) ; ils agissent follement en pratiquant des sacrifices sanglants (fr. 136). La folie des hommes, que l'on devine au fr. 3.1, tiendrait à leur obscure conception des dieux (fr. 132.2 : δειλὸς δ', ᾧ σκοτόεσσα θεῶν πέρι δόξα μέμηλεν). Allons plus loin. Ces hommes prennent Apollon pour le dieu des purifications. Mais ce serait folie de croire aux purifications de l'âme en suivant ce dieu de la tradition. Il existe, en revanche, une bonne purification[79]. Empédocle énoncerait ce qui selon lui est la véritable purification, à savoir celle de la connaissance (fr. 143)[80].

---

79. L'opposition d'une bonne purification à une mauvaise purification n'apparaît pas dans les vers d'Empédocle à notre disposition. Toutefois, l'idée de mettre en évidence les deux faces, bonne et mauvaise, d'une même chose, ne serait pas étrangère à la pensée de l'Agrigentin. Ainsi, par exemple, l'opposition d'un bon amour à un mauvais amour est rapportée dans un témoignage d'Agostino Nifo, *De pulchro et amore* (édition et traduction de L. BOULÈGUE aux Belles Lettres). Je remercie Victor GYSEMBERGH de m'avoir signalé ce témoignage. Voir V. GYSEMBERGH, « Source et valeur des fragments antiques sans parallèle dans le *Livre de l'Amour* d'Agostino Nifo », *Revue de philologie*, 90, 2, 2016, p. 29-45, à la page 39. (Cf. la bonne *Eris* et mauvaise *Eris* chez Hésiode.)

80. Voir PICOT 2004. Le fr. 143 viendrait à proximité du fr. 3, place qu'adopte PRIMAVESI 2011, p. 442-445. Cependant, dans la nouvelle édition Reclam de 2021 (O. PRIMAVESI dans J. MANSFELD & O. PRIMAVESI [éd], *Die*

L'eau n'y sert pas à laver les souillures du sang[81]. L'eau est celle de la Muse d'Empédocle, *Nestis*, qui n'est pas sous la dépendance d'Apollon. Cette eau doit aussi être prise de façon métaphorique ; non seulement dans le fr. 143 (où il ne s'agit pas de se laver les mains comme le voulaient Diels et Burnet), mais de façon totalement explicite dans le fr. 3.2 lorsqu'Empédocle dit : « dérivez, de [mes] lèvres pieuses, un flot pur ». Ainsi, Pausanias, pourra se purifier au flot verbal de son maître Empédocle. Ce flot provient de la Muse aux bras blancs, *Nestis*.

Pour conclure, dans le propos de Caelius, la « purification de l'âme » ne concernerait pas celle prônée par Empédocle, mais procèderait d'une croyance obscure des dieux, qui mène à la folie.

Un Apollon cosmique (B 134)

Tout serait simple – et nous pourrions dire avec Bouché-Leclercq qu'Empédocle est un « lieutenant d'Apollon » – si nous pouvions affirmer que pour Empédocle le *Sphairos* est Apollon. Avec beaucoup d'autres nous sommes convaincus que le *Sphairos* est le dieu le plus vénéré de l'Agrigentin, le Bien le plus souhaitable, le meilleur état du monde lors du cycle cosmique[82]. Par conséquent, si le *Sphairos* était Apollon, ce qu'il faut penser de positif du *Sphairos* s'étendrait par identité à Apollon. On minimiserait alors la dizaine de points négatifs que nous avons relevés concernant Apollon chez Empédocle. Mais comment ce dernier pourrait-il concevoir un dieu de la tradition qu'il critique, devenu sous le même nom son dieu le plus vénéré ? Un effort d'imagination ne serait sans doute pas nécessaire, car l'assurance que le *Sphairos* est Apollon n'existe pas. Il convient de rappeler pourquoi.

Vorsokratiker, Stuttgart, Reclam jun., 2021²), PRIMAVESI a changé d'avis. Il range désormais le fr. 143 dans les *Catharmes*, comme le faisait DIELS. – Le détournement et la substitution sont deux schèmes importants de la pensée d'Empédocle. Détourner l'eau de certains cours d'eau : A1.70, fr. 35.1-3, fr. 143. Substituer un sens à un autre tout en gardant le même nom (ce qui est un type de détournement) : fr. 6, fr. 134. Substituer une purification à une autre : fr. 3.2. Substituer une connaissance à une autre : fr. 2, fr. 3, fr. 4, fr. 11, fr. 15, fr. 39, fr. 114, fr. 128, fr. 136, fr. 137. Substituer un objet à un autre : le propre des métaphores, A 1.53 et A 11, offrir un bœuf en gâteau à la place d'un bœuf véritable (A 1.53, A 11).

81. Une souillure suivie d'une purification est célèbre : ayant tué Python, Apollon part ensuite se purifier dans l'eau de la vallée de Tempé.

82. Voir J.-C. PICOT, « Penser le Bien et le Mal avec Empédocle », χώρα • *REAM*, 15-16, 2017/2018, p. 381-414, aux pages 385-389, 414.

Grâce au témoignage d'Ammonius (sous B 134) nous savons que la *phrèn hierè* avec ses *phrontides*[83] est l'Apollon cosmique pour Empédocle. Cet Apollon est un dieu qui n'est pas le dieu anthropomorphe des poètes. Mais Ammonius ne dit pas que la *phrèn hierè* est le *Sphairos*, ce qui aurait permis alors de déduire que le *Sphairos* est Apollon. La supposition que la *phrèn hierè* est le *Sphairos* provient d'un rapprochement avec le fr. 29, où le *Sphairos* est présenté comme un dieu non-anthropomorphe[84]. Là encore, faut-il raisonner avec prudence. Empédocle peut avoir conçu plusieurs dieux non anthropomorphes, et pas seulement Apollon. Rien ne dit dans le contexte du fr. 29 que le dieu concerné est la *phrèn hierè* ou l'Apollon cosmique Un détail du fr. 29 rendrait particulièrement étrange qu'Empédocle oppose une nouvelle fois (en dehors de B 134) son Apollon à l'Apollon des poètes. Le *Sphairos* n'est pas un être qui a deux branches s'élançant du dos (fr. 29.1). L'Apollon des poètes n'a bien sûr pas, non plus, de telles branches. Deux branches s'élançant du dos (et pas des épaules) sont une métaphore pour désigner des ailes. On peut alors supposer qu'Empédocle oppose le *Sphairos* à un dieu ailé, tel l'Éros des poètes et des artistes, et non pas à l'Apollon traditionnel – qui n'a pas d'ailes[85]. Bref, puisque seul le rapprochement du fr. 134 et du fr. 29 permet à certains d'imaginer une identité entre Apollon et le *Sphairos*, la certitude que le *Sphairos* est Apollon n'existe pas.

Empédocle est critique vis-à-vis d'Apollon. C'est ce que j'espère avoir montré à partir de quelques exemples. Mais, dans le fr. 134, Empédocle sauve à sa façon l'image du dieu. Il n'est plus le tueur avec son arc. Il ne trompe plus. Il n'est plus un faux dieu de sagesse. Il ne parle pas. J'ai tenté de montrer dans un article précédent que l'Apollon d'Empédocle, *phrèn hierè*, est le soleil[86]. Il faudrait admettre

---

83. Fr. 134.4-5 :

ἀλλὰ φρὴν ἱερὴ καὶ ἀθέσφατος ἔπλετο μοῦνον,
φροντίσι κόσμον ἅπαντα καταΐσσουσα θοῆισιν.

84. Fr. 29 :

οὐ γὰρ ἀπὸ νώτοιο δύο κλάδοι ἀίσσονται,   1
οὐ πόδες, οὐ θοὰ γοῦν(α), οὐ μήδεα γεννήεντα,
ἀλλὰ σφαῖρος ἔην καὶ <πάντοθεν> ἶσος ἑαυτῶι.   3

85. Voir J.-C. Picot, « Apollon et la φρὴν ἱερὴ καὶ ἀθέσφατος (Empédocle, fr. 134 DK) », *AFC*, VI, 11, 2012, p. 1-31. Voir avec plus de détails et d'arguments l'article écrit ensuite avec W. Berg, « Apollo, Eros, and epic allusions in Empedocles, frr. 134 and 29 DK », *American journal of philology*, 139, 3, 2018, p. 365-396. Cet article défend une édition du fr. 134 en accord avec une scholie du *Marc. gr.* Z. 196 d'Olympiodore, *In Platonis Gorgiam commentaria*, 4.3.36. Dans cette scholie, le vers 2 du fr. 134 rapporté par Ammonius est absent.

86. Picot 2012 (*AFC*), p. 15-25. Voir aussi Picot & Berg 2018, p. 376-385. – Sur l'Apollon solaire : P. Boyancé, « L'Apollon solaire », dans Heurgon, J., W. Seston & G. Charles-Picard (dir.), *Mélanges d'archéologie, d'épigraphie et d'histoire offerts à Jérôme Carcopino*, Paris, Hachette, 1966, p. 149-170 ; A. Moreau, « Quand Apollon devint Soleil », dans Bakhouche B., A. Moreau & J.-C. Turpin

ici une métaphore propre à Empédocle, car désigner le soleil comme une φρήν est insolite. Voici ce qui motive à saisir une telle métaphore. Le fr. 134.4-5 nous apprend que cette φρήν se projette (καταΐσσουσα) avec ses *phrontides* rapides dans le cosmos tout entier. Dans le corpus grec à notre disposition pour le Vᵉ s. avant J.-C., et antérieurement, jamais une φρήν – que ce soit une partie du corps tel le diaphragme ou que ce soit l'esprit – agit en se projetant dans le cosmos tout entier. Avec une telle φρήν, le corps, humain ou animal, n'est plus de mise. Cette φρήν n'a pas ici un sens habituel et anthropomorphique – cela était attendu du propos d'Ammonius. L'étrangeté incite à s'ouvrir à une nouvelle lecture. Encore plus étrange : cette φρήν n'est pas la φρήν d'un dieu, elle est le dieu lui-même. L'Apollon cosmique se réduirait ainsi à une *phrèn* avec ses *phrontides*, le tout en mouvement dans le cosmos. C'est exceptionnel. Le saut conceptuel conduit à se demander si Empédocle, habile en métaphores[87], n'a pas tout simplement pensé la *phrèn* avec ses *phrontides* comme une métaphore. On peut partir du constat que les deux mots, *phrèn* et *phrontides*, sont intimement liés par l'étymologie. Dans le cosmos, que peut-on imaginer qui soit en mouvement, et qui apparaisse sous deux formes intimement liées ? Une réponse simple est le soleil avec ses rayons. Les *phrontides* rapides seraient les rayons du soleil, qui serait appelé *phrèn*. Apparentées à φρήν, les *phrontides* aident à concevoir la métaphore du soleil. Le rôle positif des rayons solaires sur la terre est suggéré par les *phrontides*, des pensées diligentes ou attentionnées[88].

Empédocle oppose son Apollon cosmique ou solaire à l'Apollon de la tradition. De façon évidente, le soleil ne parle pas, ne trompe pas ; il est totalement prévisible. Le soleil, avec sa chaleur et sa lumière, entre dans le jeu de l'Amour et dans la constitution des êtres vivants. Face aux milliers d'espèces d'êtres vivants éphémères, Empédocle s'écrie *thauma idesthai* (fr. 35.17) ; l'émerveillement n'est possible que grâce à la lumière du soleil. Empédocle reconnaît la beauté des œuvres éphémères et multiples d'Aphrodite (le fr. 23 s'ajoute au fr. 35.17), qui n'existerait pas sans l'Apollon solaire. Cela n'est pas incompatible avec la critique de l'Apollon traditionnel. Mettre en valeur le soleil comme étant un dieu non anthropomorphe, dont les bienfaits sont évidents, ne signifie pas pour autant que le dieu en question est

---

(dir.), *Les astres. Actes du Colloque International de Montpellier, 23-25 mars 1995, I*, Montpellier, Publications de la Recherche. Université Paul-Valéry, 1996, p. 11-35.

87. Diogène Laërce affirme qu'Empédocle était doué pour la métaphore (*Vies*, 8.57, R1.b LM). B.A. van Groningen (« Empédocle, poète », *Mnemosyne*, 24, 2, 1971, p. 169-188, à la page 182) dit : « le texte d'Empédocle abonde en métaphores. »

88. « *Caring thoughts* » dit avec justesse S. Rangos dans « Empedocles on divine nature », *Revue de métaphysique et de morale*, 75, 2012, 3, p. 315-338, à la page 323.

le dieu suprême de l'Agrigentin. Non seulement il ne l'est pas mais il ne faudrait pas masquer quelques côtés négatifs du soleil.

Le soleil sépare l'eau de la terre ; dans l'excès de sa présence, il dessèche la terre et supprime des vies. La séparation reste la marque de la Haine. Les batailles entre les hommes ont lieu en plein jour et s'arrêtent à la nuit. Le soleil accompagne le combat[89]. Est-ce un hasard si dans le fr. 122 la déesse du soleil (*Héliopè*) vient juste avant *Dèris* qui aime le sang ? Cet enchaînement se justifierait de la même façon que, dans le même fragment, Beauté suit Harmonie, que Rapidité suit Laideur (car le mouvement est attaché à la Haine qui brise le *Sphairos*), que Sans-Tromperie suit Lenteur[90]. Rappelons enfin que le *Sphairos* – le dieu loué par Empédocle – est sans soleil (fr. 27)[91].

Fr. 142

Un papyrus d'Herculanum livre deux vers d'Empédocle qui forment aujourd'hui notre fr. 142 (ci-dessous 22 D12 LM) :

τὸν δ᾽ οὔτ᾽ ἄρ τε Διὸς τέγεοι δόμοι αἰγ[ιόχοιο]
οὔ]τε τ[ί π]ῃ Ἅιδου δέ[χεται πυ]κι[νὸ]ν στέγος [-]δ[-]

lui, ni les demeures couvertes de Zeus porte-égide
ne l'accueillent ni d'aucune façon le toit compact d'Hadès […][92]

---

89. *Iliade* II, 385-387, VII, 279-282, 290-293, VIII, 485-502. Le combat s'arrête faute de lumière. Si ce n'est pas la nuit, il s'arrête quand la visibilité est insuffisante, quand le soleil ne luit pas : *Iliade* XVII, 649-650.

90. T. MACKENZIE, *Poetry and poetics in the presocratic philosophers: reading Xenophanes, Parmenides and Empedocles as literature*, Cambridge-New York, Cambridge University Press, 2021, p. 118, considère que, dans le fr. 122, *Swiftness* (Θόωσα, Rapidité) doit être pensée de façon positive parce que dans le fr. 134 les *phrontides thoai* sont associées à la *phrèn hierè* qui serait un produit de l'Amour. La remarque retient l'attention. Mais on pourrait lui objecter la rapidité du grand tourbillon (*dinos*) lors de la séparation totale des racines, qui ne s'accorde pas avec l'Amour. Et le temps idéal du *Sphairos*, sans mouvement. Je ne crois pas que la rapidité des rayons du soleil soit pour Empédocle la référence positive qui inspire Rapidité face à Lenteur. En outre, MACKENZIE ne fournit pas d'analyse du fr. 134.

91. Qu'Empédocle ait pensé Apollon comme étant le soleil n'est pas à mettre en rapport avec les théories sur l'origine solaire de l'Apollon traditionnel (sur ces théories voir M.D. KONARIS, *The Greek gods in modern scholarship: interpretation and belief in nineteenth and early twentieth century Germany and Britain*, Oxford, Oxford University Press, 2016). Il y a toutefois dans le corpus d'Apollon au Vᵉ s. av. J.-C. certains éléments qui peuvent être récupérés pour appuyer l'existence d'un Apollon solaire. Empédocle s'en est sans doute emparé. Mais rien ne va au-delà. L'Apollon delphique n'est pas solaire. Source de réflexion pour Empédocle, l'*Hymne homérique à Apollon* distingue clairement *Hélios* et Apollon.

92. J'ai modifié la traduction livrée dans LM : là où j'écris « lui », LM écrivent « Elle [*i.e.* la divinité exilée] ». Dans la version anglaise de LM (Loeb 528), on lit : « *Him [i.e. the exiled demon]* ».

Le contexte de cette citation (faite par Démétrios Lacon) ne permet pas de savoir à quoi (à qui) τόν se réfère[93]. Ordinairement, les interprètes s'accordent pour identifier le référent de τόν à un *daimôn* parmi les *daimones* du fr. 115.5, un de ceux qui, dans une ronde malheureuse, seraient renvoyés d'une masse élémentaire à une autre, qui ne seraient recueillis par aucune, haïs de toutes, selon ce que l'on lit au fr. 115.9-12[94]. Le verbe δέχεται, présent dans le fr. 142.2 et le fr. 115.12, aide à faire cette liaison. Je ne crois cependant pas à la pertinence de ce rapprochement et au τόν mis pour *daimôn*.

Une raison m'incite à penser que le fr. 142 n'est pas lié au fr. 115. Le pronom σφε dans le fr. 115.9 a toutes les chances de renvoyer à un pluriel (les *daimones* du fr. 115.5), car c'est ainsi que nos deux citateurs, Plutarque et Hippolyte, le comprennent. Le singulier τόν ne s'accorde pas au pluriel σφε[95]. Pour conclure sur ce premier point, Empédocle utiliserait le pluriel pour parler des *daimones* en tant qu'exilés ou entités qui transmigrent. Il serait alors étrange qu'il utilise le singulier τόν pour parler d'un *daimôn* en train de transmigrer (ce qui est la supposition de nombreux commentateurs du fr. 142).

C. Gallavotti comprend le fr. 142 en rapport avec B 134[96]. Selon Gallavotti le τόν se réfère à un Apollon non anthropomorphe, non

---

93. Le contexte concerne une remarque grammaticale illustrée par deux vers de l'épigramme VII (v. 3-4) de Callimaque et par les deux vers d'Empédocle : un verbe commun à un sujet au pluriel et un autre au singulier peut être soit au pluriel soit au singulier. Dans le cas d'Empédocle : le verbe est au singulier (δέχεται) pour les sujets δόμοι (pluriel) et στέγος (singulier). (Chez Callimaque, le cas est inverse : le verbe est au pluriel.)

94. Voir LM (note 92), où τόν est censé se référer à un *daimôn*. Cette lecture a été celle de DIELS dès 1897, donc à l'aube de sa réflexion sur ce qui deviendra ensuite le fr. 142 en 1901. On en trouvera bien plus tard un écho chez A. ROSTAGNI (1923), N. VAN DER BEN (1975), M.R. WRIGHT (1981), J. MANSFELD (1986), A. MARTIN (2003), O. PRIMAVESI (2003), J. BOLLACK (2003), M.L. GEMELLI MARCIANO (2009), R.D. McKIRAHAN (2010). Notons l'avis de G. ZUNTZ (*Persephone. Three essays on religion and thought in Magna Graecia*, Oxford, Clarendon Press, 1971, p. 229) qui s'oppose à l'identification τόν = *daimôn* : « *The adoption of traditional mythological notions by Empedokles is, however, surprising. It definitely forbids tracing these verses to the description of the lot of the fallen daimons or to the novel 'Theogony' in the* Katharmoi; *but they may conceivably come from a warning for those who transgress the 'universal law' of fr. 135.* »

95. Dans le témoignage de Porphyre sur le fr. 126, un certain *daimôn* (destin ou nature) enveloppe d'un manteau étranger de chair des « âmes », entendons sous ce mot des *daimones* au sens du fr. 115.5. Ce *daimôn* (destin ou nature) est en fait pris au féminin dans le fr. 126. Il (= elle) ne conviendrait pas comme référent du masculin τόν. – VAN DER BEN 2019, p. 46, contourne la difficulté en éditant le fr. 115.9 (F5.1 VdB) ainsi : ἀλλὰ τὸν αἰθέριον μέρος ἐς πόντου μέρος ὦθεῖ. VAN DER BEN substitue ainsi τόν à σφε, ce qui lui permet de lier directement le fr. 142 (F4 VdB) au fr. 115.9-12 (F5 VdB).

96. C. GALLAVOTTI, *Empedocle. Poema fisico e lustrale*, Milan, Arnoldo Mondadori, 1975, p. 222-224.

traditionnel, proprement empédocléen[97]. J'ai sur ce point la même conviction, toutefois avec de notables différences quant au contexte. Gallavotti pense que dans le contexte immédiat du fr. 142 (= 31 Gallavotti) Empédocle expose sa propre conception du divin, qui s'oppose à l'opinion populaire concernant les dieux (fr. 132.2 = 32 G). Que les fr. 142 (= 31 G), 132 (= 32 G), 133 (= 33 G) et 134 (= 34 G) se suivent. Que l'Apollon du fr. 142 est l'intellect divin que l'on trouverait dans le fr. 134.4 (la *phrèn hierè*).

À la différence de Gallavotti, je vois dans le référent de τόν le Titan-*Hélios*-Apollon. Rien qui soit ici de l'ordre de l'intellect. Rien qui échappe à la vue ou au toucher (fr. 133)[98]. Le Titan dont il est question est celui du fr. 38.4, c'est *Hélios*[99]. Son autre nom est Apollon dans la métaphore de la *phrèn hierè* avec ses rapides *phrontides* (fr. 134.4-5). Il n'a pour séjour ni l'Olympe de Zeus ni l'Hadès traditionnel. Il est en mouvement perpétuel autour du monde. Sa ronde le conduit à illuminer le haut et le bas, les lieux imaginaires que sont l'Olympe et l'Hadès. Le soleil illumine le dessous de la terre. Pendant la nuit, la lumière spéculaire de la lune atteste de la permanence du rayonnement du soleil, alors que ce dernier est masqué par la terre (fr. 48). La nuit serait la seule manifestation concrète

---

97. Déjà en 1953, J. ZAFIROPULO (*Empédocle d'Agrigente*, Paris, Les Belles lettres, 1953, p. 303) supposait que le τόν (« celui-ci ») « désigne ici 'le vrai dieu', celui qu'Empédocle décrit en Fr. 134, v. 4-5 ». En clair, si l'on suit Ammonius, ce serait l'Apollon empédocléen. ZAFIROPULO connaît cette identification, toutefois, pour le fr. 134.4-5, il préfère retenir d'Ammonius « la Divinité en général ». En 1984, E. PUGLIA (« Demetrio Lacone e Empedocle », Atti del XVII Congresso internazionale di papirologia, Naples, Centro internazionale per lo studio dei papiri ercolanesi, 1984, p. 437-446) trouve plausible l'interprétation de GALLAVOTTI en faveur d'Apollon. En 1987, E. RUOCCO (« Daimon, Sphairos, Ananke. Psicologia e teologia in Empedocle », dans CAPIZZI, A. & G. CASERTANO (dir.), *Forme del sapere nei Presocratici*, Rome, Edizioni dell'Ateneo, 1987, p. 187-221) trouve convaincante l'argumentation de GALLAVOTTI. En 1995, R. LAURENTI écrit (« Le Proème à Apollon d'Empédocle dans les fragments d'Aristote », dans JANNONE, A. *et al.* (dir.), *L'Aristote perdu*, Rome-Athènes, Comitato di studi sulla società contemporanea, 1995, p. 103-119, à la page 115) : « Il s'agit donc peut-être d'Apollon, dans l'acception dont il a déjà été question : étant φρὴν ἱερή, esprit pur, il n'est pas limité par les réalités humaines, telles les demeures que la conception anthropomorphique attribue aux dieux. » En 1997, Y. BATTISTINI (*Empédocle. Légende et œuvre* : Sur la nature, Purifications, Paris, Imprimerie nationale Éditions, 1997, p. 156) écrit : « *Lui*, le sphaïros, le dieu, 'intelligence sacrée et ineffable' fr. 134. » En 2004, S. TRÉPANIER (*Empedocles: an interpretation*, New York-Londres, Routledge, 2004, p. 94) associe le fr. 142 au fr. 134 : « *On the level of physical capacities, the god transcends human limitations of space and time (B 134, 142)* ».

98. Le fr. 133 viserait le *Sphairos*, donc un être différent de la *phrèn hierè* parcourant le cosmos.

99. J'adopte l'édition et la lecture du fr. 38 proposées par M. RASHED (*La jeune fille et la Sphère. Études sur Empédocle*, Paris, Presses de l'Université Paris-Sorbonne, 2018, p. 131-148).

pour les hommes d'un Hadès sombre, provoqué par la terre cachant le soleil (fr. 120).

Le fr. 142 appartiendrait à la *Physique*[100]. Je suppose que les vers d'Empédocle précédant les vers du fr. 142 comprenaient le fr. 38 (consacré au soleil, avec Titan), puis le fr. 41 (ci-dessous D124 LM, avec traduction) :

> ἀλλ' ὁ μὲν ἁλισθεὶς μέγαν οὐρανὸν ἀμφιπολεύει.

> Mais lui [*i.e.* le soleil], concentré (*halistheis*), fait le tour du vaste ciel[101].

Viendrait ensuite le fr. 142 :

> lui, ni les demeures couvertes de Zeus porte-égide [etc.]

On pourrait faire suivre le fr. 44 (= D123 LM) :

> ἀνταυγεῖ πρὸς Ὄλυμπον ἀταρβήτοισι προσώποις.

> Tourné vers l'Olympe, il [*i.e.* le soleil] brille en retour d'un visage intrépide.

Et le fr. 47 (= D138LM), qui identifie le soleil à un prince ou seigneur (ἄναξ) :

> ἀθρεῖ μὲν γὰρ ἄνακτος ἐναντίον ἀγέα κύκλον.

> Car elle [*i.e.* la lune] regarde en face le cercle lumineux du prince [*i.e.* du soleil].

Le fr. 142 appartiendrait ainsi à un groupe de vers consacré au Titan-*Hélios*, au prince au visage intrépide, qui est une manifestation de Zeus *argès* (fr. 6.2). On devinera un Apollon non anthropomorphe, fils de Zeus dans la tradition, et souvent nommé ἄναξ.

La présente lecture du fr. 142 écarte ce fragment du fr. 115. La ronde du soleil-Apollon n'est pas la ronde malheureuse des *daimones*. Le fr. 142 prendrait place dans un passage de la *Physique* consacré au soleil, où le nom d'Apollon y est seulement suggéré. Le fr. 134 viendrait bien plus tard, dans le troisième livre de la *Physique*, lorsqu'il s'agit de combattre les fausses croyances concernant les dieux (fr. 132). Dans ce troisième livre le nom d'Apollon serait prononcé – pas avant. Le soleil n'y serait pas directement évoqué.

Empédocle a-t-il rompu totalement avec les dieux Zeus et Hadès de la tradition ? Non. Le soleil est un Apollon lié de façon intime au Zeus empédocléen, une des racines de toutes choses, tout comme l'Apollon traditionnel a un lien de filiation avec Zeus, père des hommes

---

100. DIELS, GEMELLI MARCIANO, PRIMAVESI, LAKS & MOST rangent le fr. 142 dans les *Purifications*.

101. Pour l'interprétation de l'origine et de la nature du soleil, voir RASHED 2018, p. 113-148, en particulier p. 129-130. – Le témoignage d'Aétius recueilli en A 50 et A 58 atteste que le trajet du soleil se déroule à la limite du monde, donc sous le firmament (A 51).

et des dieux. Le Zeus empédocléen est notamment lumière (ἀργέτι αὐγῆι au fr. 21.4 renvoie à Ζεὺς ἀργής) ; le soleil est lumière. Tout l'intérêt du fr. 142 serait de fournir un contraste entre l'Apollon cosmique, sans scrupule nommé aussi Titan, et le monde illusoire des Olympiens.

Avec le fr. 142, Empédocle nierait de façon non frontale (oblique ?) l'existence des demeures couvertes de Zeus et du toit compact d'Hadès – un peu d'humour et de malice perceraient dans son expression. On a raison de comparer le fr. 6 avec le fr. 142[102]. Les différences doivent toutefois être soulignées. Le fr. 6 énonce les quatre dieux racines de toutes choses, pour tous les cycles et toute l'histoire du monde. Le propos est éminemment sérieux et fondamental. Le fr. 142 énonce deux dieux de la tradition (Zeus et Hadès), qui ont perdu leurs prérogatives dans le système d'Empédocle. Les demeures de Zeus et d'Hadès n'accueillent pas le soleil, *i.e.* notamment le Titan (fr. 38.4). C'est au moins une évidence qu'un Titan ne se trouve ni dans la demeure de Zeus ni dans celle d'Hadès. Ces dieux ne peuvent pas reconnaître non plus l'Apollon cosmique sous la forme du soleil ; pour eux *Hélios* n'est pas Apollon. Le propos est presque anecdotique. Le Zeus du fr. 6 n'est en aucune façon le Zeus du fr. 142, lequel Zeus, dans son palais, est le Zeus du fr. 128.2, Zeus-roi de la tradition au temps de la Haine, qui n'est pas un domaine élémentaire en lui-même. Le Titan *Hélios* du fr. 38.4 est l'Apollon solaire lié étroitement au Zeus-lumière et feu du fr. 6. Empédocle a choisi de dire que la représentation traditionnelle n'accueille pas la nouveauté – en réalité la chose la plus ancienne – que lui, poète et penseur, défend.

Le firmament, fait d'éther solidifié (A 30, A 51), jouxte le siège de la Haine (fr. 35.9-10, fr. 36). Selon cette topologie empédocléenne, imaginer les Olympiens sur le firmament ne les valoriserait pas. Dans un article précédent (« L'image du πνιγεύς dans les *Nuées* : un Empédocle au charbon »[103]), j'avais supposé que le *pnigeus* dont parle Aristophane est pour les hommes-charbons un toit où résideraient les Olympiens, et, comme tel, un toit qui étouffe ces hommes. L'inspiration de cette image viendrait en définitive d'Empédocle. Je

---

102. Diels avait déjà fait cette mise en rapport dans les 'Nachträge' à son édition des *Fragmente der Vorsokratiker* en 1922. A. Martin (« Empédocle, Fr. 142 D.-K. Nouveau regard sur un papyrus d'Herculanum », *Cronache ercolanesi*, 33, 2003, p. 43-52) et plus particulièrement O. Primavesi (« Die Häuser von Zeus und Hades: zu Text und Deutung von Empedokles B 142 » D.-K, *Cronache ercolanesi*, 33, 2003, p. 53-68) ont réfléchi sur un lien existant entre le fr. 142 et le fr. 6. Van der Ben 2019, p. 46, 298, 616, croit même utile d'ajouter au fr. 142 (F4 VdB) un vers (F4.3 VdB) qui anticiperait le fr. 6 (fr. 39 VdB). Selon lui, les dieux du fr. 142 ne sont pas différents des dieux du fr. 6.

103. « L'image du πνιγεύς dans les *Nuées*. Un Empédocle au charbon », dans Laks, A. & R. Saetta Cottone (dir.), *Comédie et philosophie : Socrate et les « Présocratiques »* dans les *Nuées d'Aristophane*, Paris, Éditions Rue d'Ulm, 2013, p. 113-129.

ne citais pas le fr. 142 à l'appui de mon propos. Désormais j'ajoute que le fr. 142, qui recèle une moquerie visant des Olympiens dans leurs palais aux limites du monde, contribuerait à l'image du *pnigeus*. Le Socrate des *Nuées* regarde le soleil. Sous le *pnigeus*, les hommes-charbons ne voient pas le soleil ; ils ne verraient que les Olympiens. Avant le Socrate des *Nuées*, Empédocle s'en prenait aux Olympiens et s'intéressait au soleil.

Nous avons ouvert le présent article avec le *Prélude à Apollon*. Si ce *Prélude*, dont nous ignorons le contenu, avait été écrit dans le même esprit que ce que nous venons d'examiner, assurément ce ne pouvait pas être un texte en l'honneur de l'Apollon de l'*Iliade* et des *Hymnes homériques*. Se pouvait-il que ce *Prélude* soit consacré au soleil ? Dans ce cas, il serait en accord avec ce que nous comprenons du fr. 134. Mais il ne serait pas un hymne. Empédocle n'honore pas le soleil. C'est sans doute là une différence majeure par rapport à certains pythagoriciens immortalisés ensuite dans la peinture des pythagoriciens célébrant le lever du soleil de Fyodor Bronnikov (1869).

**Annexe – Réflexions autour de quelques manuscrits
de l'*Abrégé de théologie grecque* de Cornutus**

(Je remercie J. B. Torres et G. W. Most de leur aide dans l'obtention des manuscrits.)

Dans son ouvrage *Die handschriftliche Überlieferung von Cornutus'*
Theologia Graeca (1975), P. Krafft propose un stemma de l'*Abrégé de
théologie grecque* de Cornutus, qui diffère de celui C. Lang, éditeur de
ce traité en 1881[104]. Krafft a analysé 40 manuscrits ; Lang fit reposer
son édition sur seulement 9 manuscrits. Krafft n'a pas fait d'édition de
Cornutus. J. B. Torres, en 2018, s'est appuyé sur l'étude et les conclusions de Krafft pour réaliser une nouvelle édition de Cornutus[105].

Torres édite ainsi le passage qui livre les vers d'Empédocle :

ὡς γὰρ Ἐμπεδοκλῆς φυσικῶς[106] ἐξαριθμεῖται

Φυσώ τε Φθιμένη τε καὶ Εὐναίη καὶ Ἔγερσις
Κινώ τ' Ἀστεμφής τε πολυστέφανός τε Μεγιστώ

καὶ Ἀφορίην καὶ Σόφην τε καὶ Ὀμφαίην καὶ πολλὰς ἄλλας […]

Dans cette dernière ligne en prose, notons deux changements
importants par rapport à l'édition de Lang (c. 17, p. 30, l. 6-7) qu'il
est d'abord bon de rappeler :

καὶ Φορυὴν καὶ Σιωπήν τε καὶ Ὀμφαίην καὶ πολλὰς ἄλλας […]

Désormais, dans l'édition de Torres, Ἀφορίην remplace Φορυὴν, et
Σόφην remplace Σιωπήν. Torres s'éloigne le moins possible des manuscrits reconnus comme étant essentiels dans la transmission du texte
d'origine. Il faut cependant deviner καὶ Ἀφορίην derrière la leçon
plusieurs fois transmise καὶ φορίην.

Examinons quelques manuscrits soutenant à la fois φορίη(ν) et
σόφη(ν). Krafft identifie deux branches à partir de l'archétype ω :
a (*consensus* λx) et *δ* (*consensus* mbφ). La branche « *a* » comporte
7 manuscrits, dont le Vaticanus gr. 942 (V), le Laurentianus 57,

---

104. On lira un compte rendu à la fois critique et positif de l'ouvrage de
P. KRAFFT par P. CANART dans *Gnomon*, 51, 4, 1979, p. 385-388.

105. J.B. TORRES (éd.), *Lucius Annaeus Cornutus. Compendium de Graecae
Theologiae traditionibus*, recensuit J.B. T., Berlin-Boston, W. de Gruyter, 2018.

106. F. OSANN (*L. Annaeus Cornutus. De natura deorum*, ex schedis Iohannis
Bapt. Casp. d'Ansse de Villoison, Göttingen, Lib. Dieterichiana, 1844) avait corrigé
φυσικῶς en Φυσικοῖς ; LANG avait conservé cette correction dans son édition.
TORRES 2018, p. 25, rapporte dans l'apparat critique le témoignage indirect de
Clément d'Alexandrie (*Strom.* 5,14,103,6), qui justifierait de conserver φυσικῶς,
lu dans plusieurs manuscrits.

24 (L), et le Baroccianus gr. 131 (x)[107]. Ces trois manuscrits (V, L, x) sont parmi les manuscrits majeurs que Lang avait retenus pour son édition[108]. Voir P. Krafft, *op. cit.*, p. XIV-XV, 212. La branche « δ » comprend 33 manuscrits. Elle se ramifie en m, b, φ. De ces trois sous-banches nous allons examiner cinq passages de manuscrits, concernant Empédocle, qui n'ont pas été utilisés par Lang. Lang justifiait son édition « καὶ Φορυὴν […] » à partir du manuscrit nommé « G », qui appartient maintenant à « δ » (par b). Bon nombre d'éditions d'Empédocle (dont celle de Diels) retiennent Φορύη (de préférence à Φορυή lu chez Lang), d'où l'importance aujourd'hui de montrer que Φορύη (ou Φορυή) ne devrait plus être retenu[109].

Les cinq passages en question proviennent des manuscrits suivants :
• T, qui dépend directement de ρ[110], ce dernier de π, ce dernier de b. Voir Krafft, p. 250.
• m, qui dépend directement de δ. Voir Krafft, p. 323.

---

107. À titre d'exemple, voici dans le Baroccianus gr. 131, fol. 67 r. lignes 24-25, le passage qui nous intéresse : καὶ φορίην σοφήν τε, καὶ ὀμφαίην, καὶ πολλὰς ἄλλας […]

108. J'ajoute une remarque que m'a faite J. TORRES (et que je traduis en français) : « LANG accordait la plus haute valeur aux manuscrits P et M ; il ne savait pas que ces derniers étaient des apographes de V après l'intervention d'une seconde main (V²) ». Ces deux manuscrits P et M sont maintenant rattachés à V dans un stemma de KRAFFT 1975, p. 212.

109. S. KARSTEN a introduit Φορύη dans son édition d'Empédocle en 1838, à Amsterdam, p. 88, vers 30. Il l'a fait en s'appuyant sur une note de Th. GALE dans son édition de Cornutus en 1671, réimprimée à Amsterdam en 1688 (*Opuscula mythologica, physica et ethica, graece & latine,* Cambridge, 1671, p. 41 ; Amsterdam, 1688, p. 176). φορύη est un hapax dont on devine le sens (= saleté), à partir de φορύνω, φορυτός ; cela, à la différence de φορίη, un autre hapax, dont on ne saisit pas le sens en opposition à πολυστέφανός τε μεγιστώ. – On trouve uniquement la leçon φορύη dans le Baroccianus 125 (appelé G), un manuscrit conservé à la Bodléenne. GALE est un anglais, qui pouvait avoir assez facilement accès aux manuscrits de cette bibliothèque, et qui pouvait donc signaler φορύη. Ainsi, pourrait-on comprendre comment la leçon φορύη, dans un livre publié à Amsterdam, s'est trouvée mise en valeur ensuite dans l'édition de KARSTEN. – Signalons une erreur matérielle, malencontreuse, dans l'édition PRIMAVESI 2021 (Reclam), p. 426. L'entrée du fr. 123 (= 14 R) signale la page et deux lignes de la nouvelle édition de Cornutus par J. B. TORRES chez Teubner : « S. 25, 5–6 T. ». Primavesi n'exclut bien sûr pas des sources la ligne 7, novatrice, de l'édition TORRES (καὶ Ἀφορίην καὶ Σόφην τε καὶ Ὀμφαίην […]), mais il préfère s'en tenir pour son v. 14.7 à la vieille édition de DIELS-KRANZ (καὶ Φορύην […]). Il demeure important d'argumenter contre ce conservatisme. Je n'ose pas imaginer que PRIMAVESI puisse défendre indirectement Σωπή (non attesté dans les manuscrits) pour mettre le Silence des disciples de Pythagore, et le silence demandé à Pausanias (fr. 5), face à la Parole du maître, l'Apollon hyperboréen et delphique.

110. TORRES 2018, p. XXVI, transpose le stemma de KRAFFT 1975, p. 250. ρ désigne pour KRAFFT le *consensus* AᵐT. (Dans TORRES, p. XXVI, une coquille substitue Q à ρ.)

- Q dépend directement de φ, Voir Krafft, p. 315, 323.
- C dépend directement de φ, Voir Krafft, p. 315, 323.
- K dépend directement de κ, ce dernier de C, ce dernier de φ. Voir Krafft, p. 316.

Voici T (Matritensis 4808) p. 17 (fol. 129r), l. 13-14.

[...] πολυστέφανός τε. μεγιστὼ,
καὶ φορίη. φόφη τε καὶ ὀμφαίη. καὶ πολλὰς ἄλλας

m (Ambrosianus gr. 110) 13 (fol. 95 v), l. 11-13.

[...] πολυστέφανός τε μεγίστω
καὶ φορίη. σόφη τε καὶ ὀμφίλη καὶ πολλὰς ἄλλας

Q (Laurentianus plut. 31 cod. 37) 355r, l. 11-12.

[...] πολυστέφανός τε. μεγιστὼ
καὶ φορίη σόφη τε καὶ ὀμφάλη. καὶ πολλὰς ἄλλας

C (Vaticanus gr. 1314) page 200 (fol. 198r), l. 25-26.

[...] πολυστέφανον, καὶ μεγιστὼ,
φορίην, καὶ σόφην, καὶ ὀμφάλην, καὶ πολλὰς ἄλλας

K (Londinensis – addit. 18494) fol. 12r, l. 8-10.

[...] πολυστέφανον καὶ μεγιστώ.
φορίην. καὶ σοφὴν. καὶ ὀμφάλην καὶ πολλὰς ἄλλας

Je retiens de ces quelques passages les points suivants :

- La leçon φορίη(ν) est régulièrement attestée. On ne rencontre pas φορύη, leçon tirée du manuscrit G (Baroccianus gr. 125), mise en avant par Lang pour son édition. « G » appartient à la branche δ – comme les cinq autres manuscrits que nous venons d'examiner. « G » est rattaché indirectement à b (à travers π, σ, τ ; voir Krafft 1975, p. 250), comme l'est « T » (toutefois dans une autre sous-branche). La leçon φορύη est isolée dans la branche δ (33 manuscrits). « G » est de faible importance, compte tenu de son rang dans le stemma[111].

- Les manuscrits C et K ne présentent ni la liaison par ailleurs habituelle καί entre μεγιστώ et φορίη(ν), ni l'enchaînement habituel τε καί après σόφη(ν). Ils transforment le τε postposé (σόφην τε) en καί préposé (καὶ σόφην). Un point essentiel de l'établissement d'un hexamètre après μεγιστώ est de savoir si l'hexamètre commence ou pas par καί. S'il commence par καί on ne voit pas comment insérer ensuite σόφη dans une métrique correcte sans bousculer complètement le vers (d'où ensuite la tentation de remplacer σόφη par Σωπή)[112]. Notons que la présence de καί

---

111. TORRES 2018, p. 25, n'en tient pas compte dans son apparat critique, si ce n'est qu'il rappelle la leçon retenue par LANG.

112. La défense de Σόφη dans un hexamètre suppose, pour des raisons métriques (deux brèves de suite), l'introduction d'un τε qui précèderait Σόφη et qui remplacerait un καί de début de vers. Maintenir καὶ φορίη empêche le placement facile et immédiat de Σόφη. J'ai déjà donné des arguments (PICOT 2012 [RPhA], p. 45) pour le passage, au fil de la transmission manuscrite, de Ἀφορίη τε à καὶ φορίη. – J'écarte l'idée suivante : dans le fr. 123.3, à la différence du fr. 123.2, Cornutus aurait accolé trois divinités, qui ne seraient pas prises dans un même vers d'Empédocle ; il ne faudrait donc pas chercher à reconstituer un seul vers qui suivrait le fr. 123.2. Contre cette idée, j'avance trois remarques : (1) pourquoi Cornutus irait-il piocher dans des vers différents, alors qu'il est si simple de reprendre un seul vers ? ; (2) le nombre total des divinités du fr. 123 est de 10 ; ce nombre est le même que dans le fr. 122 ; cela tend à prouver qu'Empédocle a écrit des suites de divinités par ensembles de 10 (le déploiement d'une tetraktys ?) ; (3) Ἀφορίη a du sens face à πολυστέφανός τε Μεγιστώ. La vraie question qui se pose néanmoins serait de comprendre pourquoi Cornutus serait passé de la citation de deux vers à une citation de mots puisés chez Empédocle,

devant φορίην s'explique facilement par le passage à la prose. Il n'implique pas que ce καί appartenait au vers. Je voudrais signaler un accident curieux de la transmission pour un autre vers d'Empédocle, où un καί semble débuter un vers alors qu'il n'appartient pas au vers authentique. Il s'agit du pseudo fr. 109.3 livré par Hippolyte, dans *Refutatio omnium haeresium*, 6.11.1.6-10. Or, nous savons, grâce à Aristote et grâce à Sextus Empiricus, que le fr. 109.3 est privé d'un καί au premier pied, et possède en revanche un δέ juste après στοργήν qui occupe le premier pied.

- Le mot Σωπή, que la plupart des éditions d'Empédocle retiennent à la place de σόφη, n'apparaît pas dans les cinq manuscrits ci-dessus. La correction Σωπή, quoique utile pour la construction simple et rapide d'un hexamètre, est en fait fantaisiste. Retenir σόφη face à ὀμφαίη est un point d'appui essentiel pour la critique de l'Apollon traditionnel, porteur de la voix de Zeus *panomphaios*. Cet Apollon n'a pas la sagesse.

- À la place de σόφη on relève une leçon incompréhensible dans le manuscrit T : φόφη.

- La leçon ὀμφαίη n'est pas aussi dominante que ce que Lang pensait. Elle n'apparaît qu'une seule fois dans le groupe considéré. Elle est concurrencée par ὀμφάλη(ν) ou quelque chose d'approchant (ὀμφίλη). Je crois néanmoins que la leçon authentique est ὀμφαίη (exclusive dans les branches « *a* » et « *b* »). Je ne sais pas expliquer le passage à ὀμφάλη, tout en remarquant la proximité d'idées entre le lieu delphique, nombril (ὀμφαλός) du monde, et le lieu de la parole divine (ὀμφή) de type olympien[113]. La déesse du nom de Ὀμφάλη se tiendrait à Delphes. Mais Ὀμφάλη demeure improbable dans l'hexamètre.

- Le fr. 122 comporte 10 noms et 5 adjectifs. Le fr. 123 comporte 10 noms (ce qui laisse penser que nous disposons d'un bloc complet comme pour le fr. 122 ; rappelons l'importance du nombre 10 chez les Pythagoriciens, et leur table des 10 principes, arrangée en deux séries parallèles) et un seul adjectif (πολυστέφανος). Cornutus ne s'intéresse pas, dans ce passage de son Abrégé, aux épithètes mais à l'étymologie des Titans. On pourrait alors supposer qu'en plus de l'enchaînement possible entre la Parole *Omphaiè* et le sonore Japet[114], il a choisi le fr. 123

---

qui ne forment plus un vers, mais qui – c'est ma conviction – pourraient former un vers (le fr. 123.3) grâce à quelques adaptations et en suggérant un adjectif à Ὀμφαίη.

113. Je crois qu'il faut rapprocher un mot comme ὀμφάλη de ὀμφαλός et d'ὀμφή, comme nous y invite Cornutus lui-même. Voir note 15.

114. Pourquoi Cornutus enchaîne-t-il *Omphaiè* et Japet ? La réponse s'appuierait – me semble-t-il – sur le lien entre Ὀμφαίη, ὀμφή, φωνή et Japet. On sait déjà

pour son manque relatif d'adjectif. Serait-il possible qu'un adjectif, quel qu'il soit à la fin du vers 3, ait gêné Cornutus dans son désir d'établir un lien entre *Omphaiè* et Japet ? Dans l'affirmative, cela pourrait expliquer qu'il ait décidé de poursuivre en prose après la citation des deux premiers vers, plutôt que de fournir un vers supplémentaire un peu incomplet.

C'est une chose essentielle de disposer d'une édition fiable de Cornutus (cela s'entend par rapport aux manuscrits), de façon à ensuite éditer les vers d'Empédocle. L'édition de Torres vient heureusement remplacer celle de Lang, dont on saisit encore plus aujourd'hui les défaillances.

Tenter de retrouver le fr. 123.3 derrière la prose de Cornutus est un exercice dont le résultat peut être discuté. Pour mémoire, dans ses *Poetarum philosophorum fragmenta* (1901), Diels avait édité Cornutus d'une façon différente de celle de Lang (sous B 123) :

καὶ Φορύην καὶ Σοφήν τε καὶ Ὀμφαίην καὶ πολλὰς ἄλλας

Contre Σιωπήν chez Lang, Diels maintenait le Σοφήν de nombreux manuscrits. C'était du bon sens. Mais, quand il s'est agi d'éditer ensuite le vers d'Empédocle, Diels ne retint pas Σοφή ; il introduisit la correction de Bergk : Σωπή. Surprenant ! Plus que discutable ! En bref, l'éditeur d'Empédocle se donne la liberté de ne pas retenir un mot de l'édition de Cornutus qu'il reconnaît pourtant comme valide. En soutenant que le vers d'Empédocle lu par Cornutus est Ἀφορίη τε Σόφη τε καὶ Ὀμφαίη […], je n'aurai au moins pas à m'expliquer d'une liberté prise par rapport à l'édition de Cornutus établie par Torres. L'erreur de Diels, selon moi, a été de ne pas partir de ce qui se présente avec la plus grande certitude dans les manuscrits de Cornutus, et de ce qui a du sens, à savoir καὶ Σοφήν τε καὶ

---

que, du point de vue de l'étymologie, Ὀμφαίη renvoie à ὀμφή. Ensuite, à propos de l'oracle de Delphes et de l'explication de l'ὀμφαλός, Cornutus dit lui-même en 56.7-8 TORRES (section 32 consacrée à Apollon) : ἀλλ᾿ ἀπὸ τῆς ἀναδιδομένης ἐν αὐτῷ ὀμφῆς, ἥτις ἐστὶ θεία φωνή. Il faut repérer ici l'enchaînement ὀμφή puis φωνή. Reste maintenant le lien entre φωνή et Japet. En 25.10-11 TORRES, le lien est établi entre Japet et φωνή. Via ὀμφή et φωνή le lien est donc établi entre *Omphaiè* et Japet. Cornutus ne suppose pas que Ὀμφαίη est la voix de Delphes. Il présente les divinités du fr. 123 comme des Titans. Pour lui, Ὀμφαίη ne pourrait pas être la Parole de Zeus ou bien la Parole de l'Apollon traditionnel qui porte la Parole de Zeus. Cornutus ne livrerait pas les éléments d'un vers hautement polémique. Il laisserait seulement entendre que Ὀμφαίη-Japet n'a pas la Sagesse. Ce qui ne dérangerait personne. Mais Empédocle réduisait-il les divinités de notre fr. 123 à des Titans ? Cela est une autre question. Plutarque présente les divinités du fr. 122 comme des *daimones* ou des Moires, et non pas des Titans. Gardons cependant en mémoire que le soleil est un Titan dans le fr. 38.4. Or le soleil serait l'Apollon cosmique (fr. 134).

Ὀμφαίην[115]. Il ne fallait alors pas remettre en cause Sagesse, Σοφή, au moment d'éditer Empédocle, mais construire à partir d'elle[116]. On pouvait ensuite remettre en cause le mot φορίη, parfaitement attesté, mais qui ne fait pas sens. Puis s'inspirer de ce que Bergk en 1835[117] avait immédiatement corrigé et compris : Ἀφορίη – et que Diels connaissait. De l'édition de Bergk, Diels a choisi Σωπή et refusé Ἀφορίη. Il fallait faire le contraire.

Quittons la transmission manuscrite – en théorie toujours suspecte ici ou là d'une corruption possible, volontaire ou pas – et intéressons-nous au sens probable. Je voudrais ajouter un argument en faveur de Ἀφορίη, Stérilité. Juste avant καὶ φορίη, nous lisons πολυστέφανός τε Μεγιστώ. Qui est cette Μεγιστώ ? Je crois qu'il s'agit d'Aphrodite[118]. Parmi les épithètes connues d'Aphrodite, relevons : ζείδωρος (fr. 151), εὐστέφανος, χρυσοστέφανος, φιλοστέφανος, ἰοστέφανος[119]. L'épithète πολυστέφανος pourrait allonger cette liste et signifier la floraison. Mais il y a plus. À Agrigente, il a été découvert à l'époque moderne une stèle (de l'époque gréco-romaine), portant la mention πολυστεφάνω<ι> σωτείρα<ι>[120]. Σώτειρα pourrait convenir à Aphrodite. Toutefois, la déesse à qui serait dédiée cette stèle (πολυστεφάνω<ι> σωτείρα<ι>) serait *Feronia*, une déesse latine

---

115. Encore fallait-il comprendre ce que Ὀμφαίη peut signifier de négatif. Cf. B.A. van Groningen, « Trois notes sur Empédocle », *Mnemosyne*, 9, 3, 1956, p. 221-224, à la page 222 : « Toutes les éditions ont accepté à juste titre la conjecture de Bergk, Σωπή, qui forme l'antithèse exacte de Ὀμφαίη. » Oui, c'est vrai que Silence peut s'opposer aisément à Parole. Mais la question est de savoir quelle Parole spécifique Empédocle pourrait-il avoir en tête, en disant Ὀμφαίη. Voir une critique dans Picot 2012 (*RPhA*), p. 32-42.

116. Diels écrit Σοφήν là où je crois plus juste d'écrire Σόφην, avec Torres. La position de l'accent n'a pas d'importance quant au sens. Sur l'accent récessif, voir Picot 2012 (*RPhA*), p. 27 n.10.

117. Th. Bergk, « Schedae criticae. Fasciculus II », *Zeitschrift für die Alterthumswissenschaft*, 39, 1835, p. 313-320, à la page 314.

118. Bergk 1835, qui proposa et défendit pour la première fois Ἀφορίη, suggéra Déméter (*Ceres*) pour Μεγιστώ. L'opposition Déméter / Stérilité (Ἀφορίη) fait sens. Mais identifier Μεγιστώ à Déméter est hautement improbable. Dans la pensée d'Empédocle, Déméter ne peut pas être la plus grande (Μεγιστώ) devant Aphrodite. Il y a aussi une autre raison. Dans le fr. 6, il faut comprendre que *Nestis* est une Perséphone. Or cette *Nestis*-Perséphone n'a pas de parents (c'est une racine ; fr. 7) : Déméter est exclue. Si Déméter avait été possible, Empédocle aurait pu écrire (fr. 6.2) Δηώ τε φερέσβιος (que tout le monde comprendrait comme étant la terre) plutôt que le difficile Ἥρη τε φερέσβιος (l'éther).

119. Je reprends volontiers ici une liste lue dans A. Motte, *Prairies et jardins de la Grèce antique : de la religion à la philosophie*, Bruxelles, Palais des Académies, 1973, p. 125. Ajoutons aussi les commentaires sur la Déesse printanière, *ibid.* p. 126.

120. J.A. de Waele, *Acragas Graeca: Die historische Topographie des griechischen Akragas auf Sizilien, I*. Historischer Teil, 's-Gravenhage, Staatsdrukkerij, 1971, p. 33, 204-205, planche V.

de la fertilité, des récoltes et de l'abondance[121]. Ce qui nous importe ici est de tisser un lien, fût-il ténu, entre πολυστέφανός τε Μεγιστώ (vraisemblablement Aphrodite) et la fertilité qui est impliquée par la déesse πολυστέφανος σωτείρα à Agrigente. Ce lien conforterait l'idée que l'opposition à la déesse de la fertilité au fr. 123.3 devrait être une déesse de l'infertilité, que l'on pourrait dire Stérilité (Ἀφορίη). Dès que l'on fait l'effort d'identifier Μεγιστώ chez Empédocle, il vient alors que Φορύη (Saleté) n'a pas de sens en tant qu'opposition supposée à Aphrodite[122].

La déesse empédocléenne Σόφη apparaîtrait en filigrane dans le *Cratyle* de Platon, lorsque Socrate, qui défend les recherches étymologiques d'un certain Euthyphron, évoque Φερρέφαττα ou Φερσεφόνη, c'est-à-dire Perséphone ou Corè[123]. Socrate avance que le nom Φερρέφαττα ou Φερέπαφα signale le contact avec le mouvement et la sagesse (“Φερέπαφα” οὖν διὰ τὴν σοφίαν καὶ τὴν ἐπαφὴν τοῦ φερομένου). Le lien entre Perséphone et sagesse surprend – Perséphone n'est pas Athéna. Toutefois, j'ai défendu en plusieurs endroits que *Nestis*-Perséphone est la Muse d'Empédocle[124], celle qui lui apporte la connaissance du monde, et l'on pourra déduire : la sagesse. Elle n'est pas sous l'influence d'Apollon. Au fr. 122.4, l'aimable Némertès, une divinité aquatique – rattachée à *Nestis* –, apparaît porteuse de vérité face à *Asapheia*, Sans-Clarté. *Nestis* existe donc sous plusieurs figures : Perséphone, Φερρέφαττα, la Muse *Kalliopeia*, Némertès, et Σόφη. *Nestis*, déesse du cycle de l'eau, est en contact avec le mouvement comme le voudrait Socrate dans le *Cratyle* – puisque ce cycle est un mouvement.

Le fr. 3 oppose la folie à la sagesse. La folie (μανίην) est dite au vers 1 : Empédocle invoque des dieux (Aphrodite et *Nestis* ?) pour le garder de la folie. Sa parole sera pure (vers 2). Il vise ensuite la sagesse (vers 8, σοφίης). Le fr. 123.3 nous livrerait un indice pour cerner ce qu'Empédocle entend par folie au fr. 3.1. Il s'agirait de la parole de Zeus *panomphaios*, relayée par Apollon, et relayée au plus près des hommes par la Pythie.

---

121. Sur *Feronia*, voir Denys d'Halicarnasse, *Antiq. Rom.*, III, 32.1.5-7 ; G. DUMÉZIL, *La religion romaine archaïque*, Paris, Payot, 1974², p. 416-422.

122. Sans même identifier Μεγιστώ, VAN GRONINGEN 1956, p. 222, refusait l'opposition Μεγιστώ / Φορύη. Mais il préféra ensuite remettre en cause Μεγιστώ plutôt que Φορύη.

123. Je remercie M. RASHED d'avoir attiré mon attention sur ce passage du *Cratyle*, 404 C-D.

124. Voir ci-dessus note 38.

PETITE HISTOIRE
D'UNE MARGINALISATION
(EMPÉDOCLE, FR. 6 DK,
LES RACINES DE TOUTES CHOSES)*

The mythological names which Empedokles gave to the four « roots » are, in the main, an accident of the poetical form in which he saw fit to cast his system.

John BURNET (1892)

Dans le corpus des textes en grec ancien à notre disposition, les vers d'Empédocle qui, dans le recueil de Diels, forment aujourd'hui le fr. 6[1], présentent quatre dieux de façon insolite :

---

* Une première version de ce texte a bénéficié des remarques et suggestions de Simon TRÉPANIER. Je l'en remercie vivement. Je remercie également Ivanete PEREIRA, Anne-Laure THERME, William BERG, Alexander EGOROV, Leopoldo IRIBARREN, André LAKS, Marwan RASHED et Leon WASH des conseils qu'ils m'ont prodigués à la lecture d'une nouvelle version du texte. Je reste seul responsable des manques ou des erreurs qui subsisteraient.

1. Les fragments (fr.) cités ici, sans autre précision, et les témoignages des Anciens (A suivi d'un numéro), sont issus de H. DIELS & W. KRANZ (éd.), *Die Fragmente der Vorsokratiker, I*, Berlin, Weidmann, 1951[6], et concernent Empédocle (DK 31). B suivi d'un numéro désigne le fragment et son (ses) contexte(s) de citation chez DK. Pour le fragment et ses sources, sur internet : http://www.placita.fr. – La nouvelle édition des Pré-platoniciens (A. LAKS & G.W. MOST, *Les débuts de la philosophie. Des premiers penseurs grecs à Socrate*, édition et traduction A. LAKS et G.W. MOST, avec la collaboration de Gérard JOURNÉE et le concours de Leopoldo IRIBARREN et David LÉVYSTONE, Paris, Librairie Arthème Fayard, 2016) cite le fr. 6 sous LM 22 D57 ; une seule différence existe par rapport à DK : τῶν remplace γάρ dans le premier vers. LM traduit le premier vers ainsi : « Écoute d'abord les quatre racines de toutes les choses ». Le changement de τῶν à la place de γάρ n'a pas d'impact sur mon propos. Pour les sources du fr. 6, voir G. JOURNÉE, « Empédocle, B6 DK : Remarques sur les deux lignées de Diels », *Anais de Filosofia Clássica*, 6, 11, 2012, p. 32-62.

τέσσαρα γὰρ πάντων ῥιζώματα πρῶτον ἄκουε·   1
Ζεὺς ἀργὴς Ἥρη τε φερέσβιος ἠδ᾽ Ἀιδωνεύς   2
Νῆστίς θ᾽, ἣ δακρύοις τέγγει κρούνωμα βρότειον.   3

En effet, apprends d'abord les quatre racines de toutes choses :
Zeus brillant et Héra porte-vie et *Aïdôneus*
Et *Nestis* qui, avec ses larmes, mouille la source mortelle[2].

Le présent article voudrait être une contribution à la réception du fr. 6. Cette contribution vise à mettre en lumière le processus de marginalisation ou d'effacement des dieux Zeus, Héra, *Aïdôneus* et *Nestis,* dans ce qui deviendra la théorie empédocléenne des quatre éléments (feu, eau, terre, éther). L'ornement poétique, l'habillage, le déni de l'importance, la banalisation, le silence ou la substitution, l'affabulation sont les principales figures du processus en question. Du point de vue d'Empédocle, les noms de Zeus, Héra, *Aïdôneus* et *Nestis* ne relèvent-ils que du détail, à la marge de sa pensée, ou pas ? Le débat est là. Soutenir une possible marginalisation des dieux au fil de la réception – avec le sous-entendu critique d'un tel éclairage – supposera de soutenir l'envers, à savoir le point de vue qui ne marginalise pas les dieux du fr. 6, qui leur fait jouer un rôle non négligeable dans la pensée d'Empédocle. L'envers positif justifiera par contraste le sens de la marginalisation.

Nous apprenons tardivement grâce à Tzetzès (XIIᵉ s.) que les vers du fr. 6 se trouvaient dans le premier livre de la *Physique,* le poème initiatique dédié à Pausanias, le disciple d'Empédocle. Quelques citateurs des premiers siècles de notre ère affirment que chaque divinité (Zeus, Héra, *Aïdôneus, Nestis*) correspond à un des quatre éléments traditionnels (le feu, l'eau, la terre, l'éther [ou l'air]) ; ils avancent une correspondance censée être celle d'Empédocle entre les quatre divinités et les quatre éléments[3]. Sans les commentaires de ces cita-

---

2. Je traduis ἄκουε par « apprends », alors qu'une traduction stricte serait « écoute ». Empédocle s'adresse à Pausanias, en lui demandant non pas d'écouter ce que les racines pourraient dire (ce que sous-entendrait la traduction stricte), mais d'apprendre ce que sont les racines en écoutant ce qu'Empédocle dit. – *Aïdôneus* est un autre nom d'Hadès, habituellement choisi en fin d'hexamètre. *Nestis* est une déesse sicilienne ; voir A. MAGGIO, « Sulle tracce della dea Nesti: Empedocle e Alessi », *Incontri di filologia classica,* 18, 2018-2019, p. 103-150, et C. MACRIS, « Ascèse, pureté, abstinence et jeûne dans la tradition pythagoricienne », dans BENKHEIRA, H. & S. DE FRANCESCHI (dir.), *La dîme du corps : doctrines et pratiques du jeûne,* Turnhout, Brepols, à paraître. La source mortelle (κρούνωμα βρότειον) est vraisemblablement la terre (voir J.-C. PICOT, « L'Empédocle magique de P. Kingsley », *Revue de philosophie ancienne,* 18, 1, 2000, p. 25-86, particulièrement pages 63-66).

3. Pour les citateurs, voir notamment A 1.74 (Diogène Laërce), A 33 (Aétius, Stobée, Hippolyte) et Athénagore, *Supplique,* XXII, 1-2. Le texte de Philodème cité par DIELS sous A 33 n'est pas fiable : voir C. GALLAVOTTI, « Empedocle nei papiri ercolanesi », dans BINGEN, J., G. CAMBIER & G. NACHTERGAEL (dir.), *Le monde grec,*

teurs, nous serions réduits à deviner que les quatre divinités nommées concernent les quatre éléments. Pour toute aide nous aurions le fait que ces divinités sont présentées à l'origine de toutes choses comme le sont les éléments ou des manifestations de ces éléments présents dans divers fragments de l'Agrigentin (fr. 17.18, 21.3-6, 22.2, 71.2).

Clément d'Alexandrie ne commente pas les vers de notre fr. 6, mais apporte une confirmation indirecte de la relation des racines (ῥιζώματα) aux éléments. Il cite Empédocle ainsi[4] :

τέσσαρα τῶν πάντων ῥιζώματα πρῶτον ἄκουε·	1 – fr. 6.1
πῦρ καὶ ὕδωρ καὶ γαῖαν ἰδ' αἰθέρος ἄπλετον ὕψος·	2 – ≈ fr. 17.18
ἐκ γὰρ τῶν ὅσα τ' ἦν ὅσα τ' ἔσσεται ὅσσα τ' ἔασιν.	3 – ? fr. 21.9

Cet auteur cite le premier vers du fr. 6 (à un détail près : γὰρ/ τῶν) qu'il fait suivre immédiatement d'un vers qui énonce clairement les quatre éléments (πῦρ, ὕδωρ, γαῖα, αἰθήρ)[5]. Clément fait-il une citation littérale et continue de ce qui se lisait chez Empédocle ? Aucune édition depuis celle de Diels (1901) ne retient la suite de ces trois vers pour authentique. La citation serait un montage de Clément, établi à partir d'une parole attribuée à Athamas le Pythagoricien[6]. Il demeure que l'affirmation de Clément est claire : les quatre racines sont des éléments. On appréciera que cet auteur pousse l'équivalence en mettant à l'accusatif γαῖα (devenu γαῖαν) de façon à faire dépendre de ἄκουε les ῥιζώματα et les éléments du second vers, qui sont ainsi supposés être les ῥιζώματα. Clément laisserait croire que les racines chez Empédocle sont profanes, ou comme on le dira couramment : que ce sont des éléments. Or, en fait, ce

---

hommages à Claire Préaux, Bruxelles, Éditions de l'Université de Bruxelles, 1975, p. 153-161. – Comme bien des auteurs, j'utilise le mot éléments (la traduction de στοιχεῖα), bien qu'Empédocle n'utilisât pas ce mot. L'essentiel, de mon point de vue, est de ne pas le confondre avec le mot racines (la traduction de ῥιζώματα), qui lui est empédocléen, et qui a un sens plus étendu qu'éléments (ce point sera explicité).

4. Clément d'Alexandrie, *Stromate* VI, 17.4. Ce passage n'est cité ni dans le recueil de DIELS & KRANZ ni dans celui de LAKS & MOST. Il l'était au XIXᵉ s. (F.W. STURZ, S. KARSTEN, F.W.A. MULLACH). M.R. WRIGHT, *Empedocles: the extant fragments*, New Haven-Londres, Yale University Press, 1981, p. 164, mentionne Clément comme une source du fr. 6.1 et suggère ensuite un montage avec les fr. 17 et 21.

5. Le vers 2 ressemble au fr. 17.18 (voir note 41). Le vers 3 ressemble au fr. 21.9.

6. Selon Clément, Athamas aurait affirmé avant Empédocle l'existence des « quatre racines, le feu, l'eau, l'air, la terre ». Les trois vers d'Empédocle seraient ensuite le montage de Clément pour justifier en particulier le lien entre le mot ῥιζώματα censé avoir été prononcé par Athamas et les quatre éléments. Remarque : toutefois, Athamas aurait dit « air » (ἀήρ), alors qu'Empédocle disait « éther » (αἰθέρος). Concernant la vraisemblable fausse attribution du premier découvreur des quatre éléments à Athamas, voir M. HERRERO DE JÁUREGUI, *Orphism and Christianity in late antiquity*, Berlin-New York, De Gruyter, 2010 p. 203-204.

sont des divinités bien particulières[7]. On trouve chez Athénagore une citation du fr. 6.2-3 – les dieux que Clément ne cite pas –, suivie d'un petit commentaire, puis une version légèrement différente du fr. 17.18 de DK[8]. Le fr. 17.18 est donc associé à une démarche interprétative des ῥιζώματα ou des dieux du fr. 6.

Aristote, Plutarque, Simplicius, tous trois grands citateurs d'Empédocle, ne disent rien des dieux du fr. 6. Ils n'utilisent pas le mot ῥιζώματα pour les « éléments » d'Empédocle ; ils utilisent le mot στοιχεῖα[9]. L'absence de ῥιζώματα chez Aristote, Plutarque et Simplicius ne tient pas aux hasards dc la transmission. Empédocle n'aurait utilisé qu'une seule fois le mot ῥιζώματα, pour introduire les quatre divinités du fr. 6.2-3. Or Aristote, Plutarque et Simplicius ne s'intéressent pas à ces divinités. De plus, Aristote a régulièrement utilisé στοιχεῖα, terme devenu standard pour parler des éléments, à la suite d'un premier emploi par Platon dans le *Timée*. Quand Empédocle fait allusion assez directement aux « éléments » ou aux grandes masses élémentaires cosmiques, il dit souvent ταῦτα ou τά[10].

---

7. LSJ comprend ῥίζωμα (en dehors du sens propre : « *the mass of roots* of a tree ») comme « *element* » et cite « Emp. 6.1 » et « Pythag. 15 ». « Pythag. 15 » désigne le serment pythagoricien de la tétraktys (DK 58 B 15).

8. Athénagore, *Legatio sive Supplicatio pro Christianis*, 22,1-2. Pour le fr. 17.18, Athénagore écrit : πῦρ καὶ ὕδωρ καὶ γαῖα καὶ ἠέρος ἤπιον ὕψος. Le commentaire d'Athénagore consiste à dire que Zeus est πῦρ, Héra est γῆ, Aïdôneus est ἀήρ, *Nestis* est ὕδωρ ; comme tels, ils ne seraient pas des dieux mais des éléments (στοιχεῖα) seulement matériels.

9. Pour l'histoire des στοιχεῖα, désignant les éléments : A. LUMPE, « Der Begriff "Element" im Altertum », *Archiv für Begriffsgeschichte*, 7, 1962, p. 285-293 ; T.J. CROWLEY, « On the use of *stoicheion* in the sense of 'element' », *Oxford studies in ancient philosophy*, XXIX, 2005, p. 367-394 ; A. LEBEDEV, « The metaphor of *liber naturae* and the alphabet analogy in Heraclitus' logos-fragments (with some remarks on Plato's "dream theory" and the origin of the concept of elements) », dans FANTINO, E. *et al.* (dir.), *Heraklit im Kontext*, Berlin-Boston, W. de Gruyter, 2017, p. 231-267, aux pages 251-253. Pour les ῥιζώματα : J. LONGRIGG, « Roots », *The classical review*, 17, 1, 1967, p. 1-4 ; J. LONGRIGG, « The "Roots of all things" », *Isis*, 67, 1976, p. 420-438 ; J. MANSFELD, *Heresiography in context: Hippolytus'* Elenchos *as a source for Greek philosophy*, Leyde-New York-Cologne, Brill 1992, p. 209-213 ; M.M. SHAW, « Aither and the four roots in Empedocles », *Research in phenomenology*, 44, 2, 2014, p. 170-193. – Par rapport à Aristote et à Simplicius, Plutarque utilise relativement peu στοιχεῖα (18 occurrences dans le corpus). Pour Empédocle, on compte 3 occurrences explicites : *Demetrius*, V, 1, 1 ; *Quomodo adulator*, 63 D 9 (cf. fr. 17.18) ; *Adv. Col.*, 1112 A 8. – Aristote conserverait du fr. 6 le chiffre 4 (τέσσαρα) ; ainsi il dit (*De generatione et corruptione*, 314a.26-27) : « ὁ [Empédocle] μὲν γάρ φησι πῦρ καὶ ὕδωρ καὶ ἀέρα καὶ γῆν στοιχεῖα τέσσαρα καὶ ἁπλᾶ εἶναι ». Pour la présence de ἀήρ à la place de αἰθήρ, voir note 41. Le chiffre 4 se trouve dans le fr. 6.1 et le fr. 96.3 (4 parts d'Héphaïstos).

10. Empédocle utilise le pronom démonstratif ταῦτα pour désigner ce que l'on considère être les éléments. Ex. : fr. 17.27, 17.34, 21.9, 21.13, 23.11, 26.3, 110.3 et 5. Il utilise aussi le pronom τά : fr. 17.19-20, 35.7, 35.14-16, 36.1, 96.3.

Probus, Athénagore, Diogène Laërce, Héraclite l'Allégoriste, Hippolyte et Stobée rapportent le fr. 6 et affirment que dans ces vers Zeus = feu (parfois avec le mot αἰθήρ, parfois avec πῦρ), Héra = terre, *Aïdôneus* = air (avec le mot ἀήρ), *Nestis* = eau. Un autre témoignage, celui d'Aétius d'après Diels (I 3, 20 sous A 33) – souvent considéré comme plus fiable –, affirme que Zeus = feu (avec le mot αἰθήρ), Héra = air (avec le mot ἀήρ), *Aïdôneus* = terre, *Nestis* = eau[11]. Aucun des témoignages anciens ne mentionne que *Nestis* serait un autre nom d'une Perséphone repensée par Empédocle. Dans les temps modernes, il a été défendu que, selon Empédocle, la correspondance dieux/éléments ne serait pas ce que les anciens nous ont livré, mais serait Zeus = air ou éther, Héra = terre, *Aïdôneus* = feu, *Nestis* = eau[12]. Compte tenu des divergences de lecture existant déjà dans l'Antiquité, certains concluent qu'Empédocle n'avait nulle part livré lui-même la correspondance qu'il pouvait avoir en tête. Et plus : Empédocle aurait attaché au fond peu d'importance à une telle correspondance ; seule comptait l'idée attestée par Aristote que les éléments sont des dieux[13] – peu importait les noms divins particuliers. Et plus encore, sans même parler du divin : pour Empédocle, les quatre racines de toutes choses sont le feu, l'eau, la terre, l'éther. Rien de plus simple.

Dans le mouvement de doute quant à l'intérêt des dieux du fr. 6, on ne s'étonnera pas de lire chez W. K. C. Guthrie, en 1965[14] : « *Fortunately the question* [*of the ascription of the Gods to the elements*] *is of little importance for Empedocles's thought.* » Guthrie, comme bien d'autres auteurs modernes, ne dit rien de l'équivalence possible *Nestis*

Le mot γυῖα se référant aux éléments est utilisé au fr. 31, le mot μέλεα au fr. 27a et au fr. 35.11.

11. DIELS suppose qu'Aétius tenait ses informations de Théophraste, donc d'un auteur qui connaissait l'œuvre d'Empédocle, et qui pouvait être fiable. Mais cette interprétation, par la valeur de la source, doit ici être remise en question. Rien ne subsiste pour nous ni chez Aristote ni chez Théophraste de l'intérêt de ces derniers pour les dieux du fr. 6. Pourquoi, alors, auraient-ils sur ce point un meilleur jugement que Probus, Diogène Laërce, Héraclite l'Allégoriste, Hippolyte, Stobée ? Pour une critique des auteurs anciens et une défense de Héra = éther, *Aïdôneus* = terre, voir l'Annexe « Sur l'attribution des éléments aux dieux ». L'usage du mot ἀήρ pour désigner l'un des quatre éléments fut répandu par Platon puis par Aristote. Empédocle aurait, lui, utilisé le mot αἰθήρ.

12. F. KNATZ (1891), J. BURNET (1892), G. THIELE (1897), E. BODRERO (1906), A. TRAGLIA (1931), P. KINGSLEY (1995), R. LAURENTI (1999), C. BORDIGONI (2004), A. WILLI (2008), L. GEMELLI MARCIANO (2009), C. ROWETT (2016), T. MACKENZIE (2021).

13. Aristote, *De la génération et corruption*, II, 6, 333 b 21-22 (= A 40).

14. W.K.C. GUTHRIE, *A history of Greek philosophy, II, the presocratic tradition from Parmenides to Democritus*, Cambridge-Londres-New York, Cambridge University Press, 1965, p. 146.

= Perséphone[15]. La mouvance intellectuelle dans laquelle s'inscrit la conclusion de Guthrie se perpétue de différentes façons jusqu'à nous. Je vise ici à faire notamment le point des arguments, des habitudes de langage et des silences des commentateurs qui, comme Guthrie, marginalisent les dieux nommés dans le fr. 6. Je finirai par une réflexion sur la signification des racines divines dans la conception empédocléenne de la nature. J'espère montrer que le schème théologique permet à Empédocle de réunir sous une même identité divine la diversité des aspects d'un élément physique. Pour éclairer l'enjeu du présent article, partons de deux interrogations concrètes : l'une concernant Zeus, l'autre *Nestis*.

Zeus brillant et la brillance de *Nestis*

Dans l'expression Ζεὺς ἀργής du fr. 6.2, peut-on substituer le feu à Zeus, autrement dit substituer πῦρ à Ζεύς, en lisant le neutre πῦρ avec une épithète de la même famille qu'ἀργής (ἀργήεις, ἀργός)[16] ? Non pas. Nulle part dans le corpus du grec ancien à notre disposition πῦρ ne reçoit une telle épithète. Et il en est de même pour φλόξ, la flamme, qui est par excellence une manifestation concrète du feu[17]. Et il en serait encore de même pour un mot tel que ζέσις qu'Aétius et Stobée (A 33) imaginent à la place de Zeus. L'épithète ἀργής convient traditionnellement à la foudre (κεραυνός). Or la foudre n'est pas le feu sous la figure de la flamme (φλόξ). La flamme (le feu) monte ; la foudre (l'éclair) descend. Si la foudre est souvent pensée comme le feu[18], c'est parce que le choc sur terre de l'éclair déclenche un feu ou bien parce que l'on imagine qu'à l'origine de toute lumière

---

15. Sur cette équivalence possible, voir ci-dessous C.G. Heyne, note 116, puis la page des notes 118 à 122.

16. On notera qu'ἀργής est un substantif (LSJ, *s.v.*), qui peut être masculin ou féminin ; le neutre est plus rare et seulement attesté à partir du IIe s. av. J.-C. Il est habituel de traduire ἀργής par un adjectif qualificatif : brillant, éclatant de blancheur.

17. LSJ, *s.v.* πῦρ, indique en premier lieu qu'on allume du feu, donc que l'on produit une flamme. La flamme (φλόξ) est la référence centrale du feu chez Platon, *Timée*, 57 D. Dans le fr. 109.2, le feu est dit destructeur (πῦρ ἀίδηλον). Il est évident qu'il s'agit alors de la flamme dévorante et l'on pense à *Iliade* IX, 436, XI, 155. Dans πῦρ ἀίδηλον, le mot πῦρ est une synecdoque généralisante, là où il ne s'agit que de φλόξ. Aristote lui aussi utilise πῦρ lorsqu'il s'agit en fait de φλόξ (*Gén. et corr.*, 331 b 25, 333 b 28, 334 a 4, et souvent ailleurs). Sur le feu dans l'*Iliade* et l'*Odyssée*, voir L. Graz, *Le feu dans l'*Iliade *et l'*Odyssée *: ΠΥΡ, champ d'emploi et signification*, Paris, Klincksieck, 1965 (en particulier p. 114 pour le feu destructeur). – Après avoir mentionné les significations qui impliquent une flamme ou des flammes, LSJ indique *lightning, light, or heat of the sun*.

18. Chez Pindare, la foudre serait le feu éternel, voir *Pythique* I, 5-6.

il y a un feu. Si Zeus est le feu dans le fr. 6, ce n'est pas au sens de φλόξ, mais au sens de la lumière, φῶς, qui est pour Empédocle une forme de feu qui traverse le vent et l'eau (fr. 84.5 et 11)[19]. De façon significative, Empédocle qualifie αὐγή – un synonyme de φῶς – d'ἀργής (fr. 21.4). Ce qui confirme que Zeus – en tant que lumière et foudre – reçoit l'épithète ἀργής. Dans le fr. 109.3, πῦρ est qualifié d'ἀίδηλον, destructeur. Dans ce cas, il s'agit de la flamme dévorante : le feu qui détruit. Le Zeus ἀργής n'est pas cette manifestation du feu. Il en est une autre, car la lumière, tout en étant du feu, n'est pas destructrice.

Aristote nie que la lumière soit du feu (sans précision de sa forme). Rappelons ce qu'il dit dans le *De anima* (II, 7, 418 b) :

> Ainsi, ce qu'est le diaphane, ce qu'est la lumière [φῶς], on l'a dit : celle-ci n'est ni du feu [πῦρ], ni en général un corps ou un effluve d'un corps quelconque (car elle serait un corps même en ce dernier cas) [...]
> Erronée est donc l'opinion d'Empédocle et de quiconque l'a jamais professée : selon lui, la lumière se propagerait et s'étendrait, à un moment donné, entre la terre et la périphérie de l'univers[20], mais à notre insu.

(Trad. E. Barbotin)

---

19. DIELS retient φῶς au fr. 84.5 contre les leçons de certains manuscrits qui ont πῦρ. En 2021, PRIMAVESI retient πῦρ (« 7. Kapitel: Empedokles », dans MANSFELD J. & O. PRIMAVESI (éd.), *Die Vorsokratiker*. Griechisch/Deutsch, ausgewählt, übersetzt und erläutert von J.M und O.P, Stuttgart, Philipp Reclam jun., 2021², p. 392-563, à la page 510). Il est certain qu'au fr. 84.5 le mot πῦρ est générique pour parler en fait de la lumière. Théophraste (A 86.7) comprend que de façon spécifique il faut parler de φῶς (καθάπερ τὸ ἐν τοῖς λαμπτῆρσι φῶς). – Chez Platon, *Timée*, 57 D, la lumière (φῶς) est une variété du feu (πῦρ). P. KINGSLEY, *Ancient philosophy, mystery, and magic*, Oxford, Clarendon Press, 1995, écrit (p. 28, n.21) : « *For Empedocles*, φῶς *of course is fire* (B84 ; Parm. B8.56-9, B9). » – Sur la lumière et le feu, voir Ch. MUGLER, « La lumière et la vision dans la poésie grecque », *Revue des études grecques*, 73, 344-346, 1960, p. 40-72, aux pages 43-46. Les témoignages réunis sous A 57 (Aristote, Philopon, Anomyme) tendent à prouver qu'Empédocle avait une conception matérielle de la lumière. Selon lui, la lumière agit comme un corps ayant une grande vitesse. Si la lumière était immatérielle l'argument des pores spécifiques développé dans le fr. 84 n'aurait aucun sens.

20. La remarque d'Aristote est surprenante : la lumière irait notamment de la terre vers la périphérie de l'univers (*De anima* 418 b 21-23 : ὡς φερομένου τοῦ φωτὸς καὶ γιγνομένου ποτὲ μεταξὺ τῆς γῆς καὶ τοῦ περιέχοντος). J. BOLLACK a son interprétation (*Empédocle. III, Les Origines, commentaire, 1*, Paris, Éditions de Minuit, 1969, p. 269) : « Aristote se rapporte à la théorie de la constitution du soleil chez Empédocle [item 322 BOLLACK = A 56], plutôt qu'à la perception visuelle. Il y trouve la description du cheminement des rayons du feu, partis de l'hémisphère igné, frappant la terre, se réfléchissant sur la voûte de l'univers ». M. RASHED (*La jeune fille et la Sphère. Études sur Empédocle*, Paris, Presses de l'Université Paris-Sorbonne, 2018, p. 114-130) a montré cependant les difficultés attachées à la théorie du trajet lumineux proposée par Aétius (A 56).

Aristote conçoit ses *stoicheia* à partir du toucher, à l'exclusion des autres sens[21]. De fait, cette restriction écarte par nature la lumière qui ne se touche pas. Empédocle ne livre aucune restriction de ce genre pour définir les racines ou plus concrètement πῦρ, ὕδωρ, γαῖα, et αἰθήρ[22]. Pour Aristote, le propre du feu est d'être chaleur[23]. Le soleil n'est ni chaud ni lumineux en lui-même ; il n'est pas du feu ; il répand de la lumière et de la chaleur en raison seulement de son mouvement qui s'accompagne d'un frottement dans l'air[24]. On comprendrait donc que la lumière, qui n'est pas du feu (418 b), n'est pas chaudc en elle-même (même si elle est souvent accompagnée de chaleur). Aristote sait par ailleurs qu'il existe sur terre de la lumière sans chaleur. Il signale en particulier des corps qui semblent ignés et brillants, tels que l'agaric, la corne, la tête des poissons, les écailles, les yeux, et le phénomène de production de lumière autour de rames battant l'eau dans l'obscurité[25]. Aristote ne sait pas expliquer ces phénomènes de lumière ni chaude ni froide sur terre. Il rapporte des observations connues depuis longtemps, que l'on range aujourd'hui sous le mot de luminescence, avec en particulier la bioluminescence[26]. Empédocle pouvait disposer des mêmes données, et ne pas vouloir à tout prix limiter, par définition, le feu à ce qui brûle et donc à la chaleur. Sous feu (πῦρ), assurément il rangeait ce qui brûle (fr. 52) mais aussi φῶς ou αὐγή ou σέλας. Pour Empédocle, le spectacle de l'Etna entre novembre et mars lui permettait de constater la présence de la neige près du sommet (au-dessus de 3 000 m), en pleine lumière, alors même que la neige était absente en plaine. Dissocier la lumière et la chaleur

---

21. *Gén. et Corr.* II, 2, 329 b 7 – 3, 330 b 5.

22. Dans le fr. 3, Empédocle considère que les organes sensoriels sont des *palamai*. C'est un rapprochement avec l'organe du toucher. Toutefois, *palamai* est ici une métaphore. Les organes attrapent les flux du monde tout comme des paumes ou des mains attrapent des objets. Dans le même fragment, Empédocle recommande à son disciple de saisir le monde par tous les moyens sensoriels à sa disposition (fr. 3.9-13).

23. *Gén. et Corr.* II, 3, 330 b 25-26 ; *Météorologiques* I, 3, 340 b 23. Dans son *De igne*, Théophraste abondera dans le même sens. Le feu est nécessairement associé à ce qui brûle et à la chaleur (*De igne*, 4). La chaleur est un phénomène plus général que le feu (*De igne*, 6). Le soleil n'est pas du feu, et la lumière ne provient pas du feu (*De igne*, 6). Très souvent, Théophraste réduit le mot πῦρ à la flamme, bien qu'il reconnaisse que le feu présente plusieurs formes (*De igne*, 9, 57).

24. Aristote, *Du ciel*, II, 7, 289 a ; *Météorologiques*, I, 3, 339 b 36 – 340 a 3, 341 a 12-25.

25. Aristote, *Météorologiques*, II, 9, 370 a 12-14.

26. Voir E.N. Harvey, *A history of luminescence: from the earliest times until 1900*, Philadelphie, The American philosophical society, 1957, p. 23-26, 40-43. Plus récent, mais moins précis du point de vue historique : B. Valeur, *Lumière et luminescence*, Paris, Belin, 2005, p. 166-170.

était chose facile[27]. En bref, Aristote ne comprend pas le feu de la même façon qu'Empédocle. Aristote exclut que la lumière soit du feu, alors qu'Empédocle en fait du feu dans une acception élargie.

C'est un raccourci pratique de dire que Zeus est le feu. Je ne le refuse pas, je l'utilise moi-même, et je l'utiliserai encore. Toutefois, on peut et doit se poser la question de savoir si tous les auteurs qui posent l'équation Ζεύς = πῦρ dans l'expression Ζεὺς ἀργής ont conscience du fait que, dans ce cas, πῦρ doit être le plus sûrement αὐγή et non pas φλόξ. La simple substitution avec πῦρ laisse de côté les limites du vocabulaire commun et privilégie un mot aux contours mal précisés. Certes, il existe des exemples dans la littérature ancienne où la foudre ou l'éclair sont dits le feu du ciel[28], des exemples où le feu du soleil désigne sa lumière et sa chaleur, où le feu désigne l'éclat des astres[29]. Mais le plus souvent πῦρ renvoie à φλόξ ; de fait, cela n'aide pas à comprendre comment Ζεὺς ἀργής pourrait être simplement πῦρ.

En outre, puisque nous ne disposons pas de l'œuvre poétique d'Empédocle dans son entier, il n'est pas exclu que Zeus en tant qu'une des racines de toutes choses ne se limite pas à être qualifié d'ἀργής. D'autres épithètes pourraient lui être attribuées. Un dieu a une personnalité, des comportements différents, des humeurs différentes, des manifestations différentes. De la même façon, le Zeus empédocléen, selon qu'il est lumière, foudre, flamme, et chaleur, par exemple, pourrait recevoir des épithètes différentes. Ce Zeus n'est pas un corps simple ou homogène, même s'il n'est pas composé à partir d'autre chose.

On veut souvent réduire les quatre racines à quatre mots profanes que tout le monde comprendrait spontanément, sans entrer dans les détails de la pensée empédocléenne. Dans ce contexte, πῦρ

---

27. Empédocle pouvait constater qu'un lac gelé est gelé en surface, au contact de la lumière, et non pas dans sa profondeur sombre où l'eau bien que froide reste néanmoins liquide. Et constater aussi que la température dans les grottes, sans lumière, permet rarement à l'eau, qui y ruisselle ou coule, de geler, alors que la température extérieure en hiver permet le gel. – Aristote croyait que la réflexion des rayons lumineux sur la terre générait de la chaleur près de la terre, alors que l'éloignement de la terre – donc du lieu de réflexion des rayons – expliquait le froid en altitude (voir *Météorologiques*, I, 3, 340 a 24-27).

28. Je m'appuie sur LSJ (πῦρ, 5 *lightning*) pour les références suivantes : Eschyle, *Prométhée*, 1044, Pindare, *Pythique* I, 6, Sophocle, *Œdipe Roi*, 470, *Antigone*, 131, *Philoctète*, 728. Toutefois, je ne suis pas certain de la pertinence de toutes ces références par rapport à *lightning* ; en particulier, la référence *Philoctète*, 728, ne renvoie-t-elle pas plutôt au soleil (plutôt qu'à un éclair) ?

29. LSJ (πῦρ, I.5.b *light, or heat of the sun* [...] *of the stars* [...]) : Pindare, *Pythique* III, 50, Platon, *Lois*, 865 B, Sophocle, *Antigone*, 1146. Les *Trachiniennes* de Sophocle offrent deux exemples où la flamme (φλόξ) du soleil désigne en réalité la lumière : v. 95-96, 696-697. Au vers 606, la lumière (φέγγος) est indiquée.

est un mot utile, pratique, mais il est insuffisant. Le mot à retenir pour le principe matériel empédocléen dont πῦρ est une expression est : Zeus. Insistons : ce principe matériel est un dieu, avec toute la complexité d'un être animé. Tolérons les approximations et les raccourcis de langage à partir du moment où les choses sont claires sur le fond, et où l'on sait décoder sérieusement ce qui est dit de façon rapide. Les racines disent plus que les éléments. Le divin dit plus que le profane.

Tous les commentateurs d'Empédocle, anciens et modernes, qui se sont intéressés aux quatre racines de toutes choses, admettent que la divinité nommée *Nestis* représente l'eau. Quand il s'agit du grec, bon nombre de ces commentateurs ont simplement remplacé Νῆστις par ὕδωρ (tout comme ils ont remplacé Ζεύς par πῦρ). Jusque-là on ne peut pas refuser un raccourci bien pratique. Mais voyons le danger potentiel qui consiste à ne pas saisir qu'il s'agit seulement d'un raccourci. Un remplacement de ὕδωρ à la place Νῆστις se trouve dans de nombreux commentaires du fr. 96 (la composition de l'os)[30] :

> ἡ δὲ χθὼν ἐπίηρος ἐν εὐστέρνοις χοάνοισι
> τὼ δύο τῶν ὀκτὼ μερέων λάχε Νήστιδος αἴγλης,
> τέσσαρα δ᾽ Ἡφαίστοιο· τὰ δ᾽ ὀστέα λευκὰ γένοντο
> [...]

Par brillance de *Nestis* (Νήστιδος αἴγλης) on entend, grâce à une substitution simple, la brillance de l'eau, et pour faire encore plus simple : l'eau. Mais est-ce justifié ? Certes, Νήστιδος, un mot commençant par une consonne, évite un hiatus que ὕδατος aurait fait après λάχε. Toutefois, si le poète avait voulu s'en tenir à ὕδατος il aurait pu éviter le hiatus en ajoutant un ν final à λάχε, et écrire ainsi λάχεν ὕδατος[31]. Mais il ne l'a pas fait. Il a parlé de *Nestis*, la racine, pour dire plus que l'eau, pour dire plus que le liquide de la pluie et des rivières et des flots. La brillance d'une divinité a un sens par elle-même ; toutefois, deux parts de la brillance de *Nestis* ne manquent pas d'étonner quand on sait que la brillance est surtout attachée à Zeus *argès*, une autre racine de toutes choses, et non pas à *Nestis*[32].

---

30. Pour faire simple, je citerai seulement GUTHRIE 1965, p. 212. GUTHRIE synthétise souvent la position des commentateurs qui l'ont précédé. Voir J.-C. PICOT, « La brillance de Nestis (Empédocle, fr. 96) », *Revue de philosophie ancienne*, 26, 1, 2008, p. 75-100, à la page p. 83.

31. Voir *Odyssée* V, 475, pour ὕδατος avec un υ long après un ν et deux brèves (σχεδὸν ὕδατος).

32. La « brillance de *Nestis* » ne se lit pas de la même façon que « les hauteurs immenses de l'éther » (une traduction que j'adopterais pour αἰθέρος ἄπλετον ὕψος livré par Clément d'Alexandrie, pour le fr. 17.18. Voir note 41). En effet, l'éther présente en lui-même un volume, et Empédocle peut considérer l'immensité de ce volume dans les hauteurs du ciel. Si bien que l'expression « les hauteurs immenses de l'éther » reviendrait à dire plus simplement l'éther. Mais la chose est

De plus, l'eau est noire pour Empédocle[33], ce qui ne permet pas de comprendre comment elle peut être brillante (λευκός ?). Ainsi, en y regardant de près, les choses se compliquent. Substituer simplement eau à *Nestis* ne suffit pas pour comprendre de quoi parle l'Agrigentin. L'expression « deux parts de la brillance de l'eau » est mystérieuse. En fait, l'eau dont il est question ici n'est pas simplement l'eau de la pluie ou d'une rivière ou d'un flot. Cette eau intervient en mélange avec de l'air pour former quelque chose de blanc qui jaillit à la lumière[34]. La clé d'interprétation tiendrait au jaillissement de *Nestis*-Perséphone, sous forme d'un geyser blanc et bouillonnant, puis à sa retombée en terre[35]. C'est ce mélange tout en blancheur et brillance, caractérisé par un volume, qui permettrait ainsi à Empédocle d'en tirer deux parts en le comparant aux autres parts. L'os serait composé à partir des quatre éléments (2 parts de terre, 1 part d'eau, 1 part d'air, 4 parts de feu[36]). Quelque chose de complexe serait dit dans le fr. 96.2. Toutefois, chez bien des commentateurs ou des utilisateurs de ce fragment, la lecture se réduit au simple : deux parts de la brillance de *Nestis* sont deux parts d'eau – le tout exprimé de façon poétique. De là, on devrait tirer du fr. 96 que trois éléments entrent seulement en composition (terre, eau, feu). Certains auteurs utilisent le fr. 96

différente pour la brillance de *Nestis,* car la brillance n'appartient pas à *Nestis* en propre. Si l'éther est parfois lumineux (fr. 98.2) ; le corpus empédocléen à notre disposition ne livre pas que l'eau ou la glace ou la vapeur est parfois lumineuse.

33. L'eau est noire : Théophraste (A 69a, A 86.7).

34. J'ai défendu cette lecture dans PICOT 2008, p. 91-93.

35. Voir PICOT 2008, p. 93-99. J'ajoute aujourd'hui l'allusion possible à une Perséphone, qui transite en cycle entre le bas et le haut. Empédocle retiendrait de la Perséphone de la tradition (une des deux déesses, qui partage son temps entre le royaume d'Hadès et la lumière) une caractéristique particulière : le mouvement bas-haut-bas-haut, qu'il pouvait associer au cycle de l'eau sous le nom de *Nestis.*

36. Dans les fr. 96 et 98, je constate qu'Empédocle donne un chiffre rond de part(s) à chaque élément. En conséquence, dans le fr. 96 je suis conduit à couper les 2 parts de brillance en 2 parts égales, et donc à attribuer un même poids à l'éther et à l'eau. – Dans le fr. 96, la part du feu est étonnamment grande (4/8). Le mode de production de l'os rappelle le travail du forgeron (*Théogonie,* 861-866). Dans la recette (si l'on peut dire) de l'os, je soupçonne qu'Empédocle ait fait un amalgame entre les ingrédients et la condition de production. Pour produire de l'étain à partir du minerai, ou du bronze à partir du cuivre et de l'étain, une grande quantité de chaleur est nécessaire ; il en serait de même pour produire l'os. Mais la chaleur se dissipe lors de la production. Elle ne fait pas entièrement corps avec la chose qu'elle permet de produire. L'étain ou le bronze ne sont sans doute pas constitués, après leur formation et leur refroidissement, d'une grande part de feu. Leur constituant principal serait la terre (au sens d'Empédocle). De la même façon, l'os perdrait beaucoup de feu, après l'étape de sa formation. Le modèle du forgeron n'est sans doute pas exclusif pour comprendre la formation de l'os. On peut aussi penser au modèle du potier (fr. 73) : la chaleur provoque la séparation de l'eau qui apportait une fluidité au mélange, et conduit à la dureté du résultat (l'os).

pour arriver à la conclusion que l'os est un mélange de plusieurs éléments, dans des proportions différentes. Pour eux, peu importe au fond que ce soit avec 4 éléments ou bien avec 3 éléments. Les deux formules conviennent tout aussi bien à la conclusion à laquelle ils veulent aboutir (l'os est un mélange de plusieurs éléments)[37]. On se satisfait de l'idée générale. Dans le présent article, nous voulons traiter de la question des racines et des éléments sans confondre *a priori* ces deux vocables. Quand il s'agit de l'os, il n'est pas inutile de savoir pourquoi Empédocle introduit la racine *Nestis* et de savoir si 3 composants ou bien 4 composants sont en question du point de vue d'Empédocle – le détail critique et le mode d'expression d'Empédocle sont ce qui nous intéresse[38].

Nestis ne se réduit pas à l'eau, que l'on imagine spontanément fluide, humide (précisément : elle mouille, τέγγει, dans le fr. 6.3) et lourde. Elle est tous les états de l'eau : de la glace ou de la neige à la vapeur qui se voit ou bien à la vapeur invisible, et qui résulte de l'évaporation. La glace n'est pas fluide et n'est pas vraiment humide (le doigt qui s'y pose reste sec, s'il ne la fait pas fondre) ; elle est solide. Elle se rapproche par certaines propriétés de la pierre[39]. La neige est

---

37. Voici un exemple, avec J. PALMER, *Parmenides and presocratic philosophy*, Oxford, Oxford University Press, 2009, p. 301. PALMER s'intéresse à l'os chez Empédocle afin de mettre en évidence que le prétendu collage des différents éléments impliqués dans sa composition (fr. 96.4) est en fait une fusion de ces éléments, au sens où ceux-ci perdent leur identité et font émerger quelque chose de nouveau : l'os. PALMER traduit τὰς δύο τῶν ὀκτὼ μοιράων λάχε Νήστιδος αἴγλης (éd. SIDER) par « *received two out of eight parts of gleaming Nestis [sc. water]* ». La traduction est en partie incorrecte : αἴγλης est un substantif qui ne peut pas se traduire par *gleaming* servant d'adjectif à *Nestis*. PALMER voit dans « *gleaming Nestis* » l'eau, tout simplement, et considère que la composition de l'os comprend deux parts sur huit d'eau. Bien évidemment, corriger PALMER là où il se trompe n'a aucune importance sur ce qu'il veut mettre en évidence. – Voici un autre exemple avec D. O'BRIEN (« Empedocles on the identity of the elements », *Elenchos*, 37, 1-2, 2016, p. 5-32, à la page 17) : « *Bone, for example, is made up from the elements (three or four, depending on how we interpret fr. 96 and on which secondary source we choose to follow)* ». Le savant se garde bien de rentrer ici dans le débat, et de trancher entre 3 ou 4 ; vis-à-vis du but qu'il poursuit, trancher n'a pas d'importance. Mais en conséquence, il met sur le même plan une vérité et une erreur.

38. X. GHEERBRANT, *Empédocle, une poétique philosophique*, Paris, Classiques Garnier, 2017, p. 412, n'a pas conceptualisé la différence entre racines et éléments : « Le vers 17.18 [πῦρ καὶ ὕδωρ καὶ γαῖα καὶ ἠέρος ἄπλετον ὕψος] présente lui aussi un point doctrinal important de la pensée de l'Agrigentin – la mention des quatre racines qui constituent toutes choses, et dont on sait que le rapport aux quatre divinités du fragment 6 a été discuté depuis les sources anciennes. » GHEERBRANT parle ici de « racines » alors qu'il ne s'agit que des éléments. J'ai moi-même, plusieurs fois par le passé, parlé de cette façon, que je juge aujourd'hui inappropriée.

39. Aristote par deux fois associe la glace et la pierre (*Météorologiques* 386 a 10, 387 a 18-19).

blanche alors que l'eau est noire[40]. La vapeur est humide (mais moins que l'eau liquide), fluide sans être lourde, puisqu'elle flotte dans l'air. Il y a un mot pour dire glace (κρύσταλλος ou πάγος) et un autre pour dire vapeur (ἀτμός). Il y a un mot pour dire eau (ὕδωρ), un liquide, qui n'est pas le mot pour dire glace ou celui pour dire vapeur. On ne confond pas les choses. Personne ne s'y trompe. Toutefois, pour Empédocle, toutes les manifestations de l'eau dans le monde ont un seul nom : *Nestis*, une divinité bien identifiée. Ses manifestations s'étendent à des mélanges où interviennent plus ou moins d'air, et surtout plus ou moins de chaleur (une manifestation du feu). *Nestis* n'est pas qu'un élément, c'est une racine (sous-entendue divine) de toutes choses. Au contact de Zeus-chaleur, *Nestis* se manifeste en tant que liquide. Au contact de Zeus-chaleur en grande quantité, et de la divinité de l'air, *Nestis* se manifeste en tant que vapeur. Face à la présence d'autres dieux, la déesse réagit et se transforme. Cela étant précisé, nous continuerons, par facilité pratique, à écrire rapidement que *Nestis* = ὕδωρ. Et aussi, par exemple, que Zeus = πῦρ, comme si le fr. 17.18 (πῦρ καὶ ὕδωρ καὶ γαῖα καὶ ἠέρος ἄπλετον ὕψος) suffisait à donner sens au fr. 6[41].

Nous avons insisté sur une complexité. Un élément pris dans un sens empédocléen, ou mieux une racine divine, n'est pas immuable. L'éther peut être fluide (ce qui répond à notre expérience) ou bien solide (la lune, le firmament, A 30, A 51, A 60). Le feu n'est pas immuable, car sous le mot πῦρ il faut ranger des manifestations aussi différentes que la chaleur, la flamme (destructrice des mélanges), la lumière, le rougeoiement sans flamme d'une braise, l'éclair qui descend du ciel en zigzag, et peut-être encore d'autres (une flamme non destructrice, sans l'action de la Haine ?), puisque rien ne garantit qu'Empédocle ait pensé une limite aux manifestations de Zeus. Zeus se métamorphose. Ce Zeus est en soi insaisissable. On ne l'approche que sous certains angles et il reste toujours quelque chose de mystérieux et d'indéfinissable dans le passage d'une manifestation à une autre[42]. Aristote fait du feu la conjonction

---

40. Théophraste assure que chez Empédocle l'eau est noire : A 69a, A 86.7.

41. Je recopie le fr. 17.18 selon DK. Je crois cependant que le texte authentiquement empédocléen portait αἰθέρος et non pas ἠέρος. Pour Empédocle, l'éther comprend l'air, et peut à proximité de la terre se dire à la place de l'air (fr. 100). Les hauteurs immenses (ἄπλετον ὕψος), en éloignement par rapport à la terre, correspondent à l'éther et non pas à l'air. La leçon ἠέρος dénote une double influence, platonicienne et aristotélicienne. Contre DK, l'édition que je choisirais serait celle de PRIMAVESI 2011 avec le vers 66b.249 R d'Empédocle.

42. Dans son article « Empédocles, Aristóteles e os elementos », *Anais de filosofia clássica*, 6,12, 2012, p. 39-55, F. SANTORO développe l'idée d'un changement de masques des éléments empédocléens. Cette idée va à l'encontre de

du chaud et du sec, et pense ainsi avoir défini le feu. Il n'a pas saisi ou n'a pas voulu saisir le feu d'Empédocle[43]. Ce qui vaut pour le feu vaut aussi pour les autres éléments. Les racines divines ne sont pas figées dans un seul type d'expression (fr. 17.34-35). Mais le registre de manifestations d'un dieu n'empiète pas sur celui d'un autre dieu. Même à travers les mélanges que nous observons les quatre dieux restent parfaitement distincts et éternellement les mêmes. La théologie d'Empédocle brièvement exprimée dans le fr. 6 permet de penser la nature, là où le vocabulaire commun a opéré un découpage conceptuel qui s'avère insuffisant.

Quand on part de ces réflexions, on peut concevoir que les historiens de la philosophie, et commentateurs d'Empédocle, qui ont voulu voir dans les quatre éléments une façon pour Empédocle de tenir compte de l'apport de Parménide sur les caractéristiques de l'Un, ont eu du mal à reconnaître l'intérêt du fr. 6. Soyons plus précis. Lisons par exemple M. Furth en 1993[44] :

> *What really IS cannot come-to-be, or cease-to-be. This is straightforward in Empedocles, for example, where the real BEINGS are the Four Roots of all things (Earth, Water, Air, Fire, later known as "elements"), whose nature is described in terms as near as possible to those which Parmenides had "proved" to be necessary for anything that really "is": each is a single, unique, positive nature [...], predicatively or qualitatively (they are each entirely unchanging, unalterable). As far as can be, they are four Parmenidean "Ones" (save they are four, not one).*

Furth ne cite pas les véritables racines et s'en tient à une vision fixiste des éléments empédocléens : « *they are each entirely unchanging, unalterable* ». Furth n'est pas un novateur dans ce domaine. Bien au contraire ! On peut déjà faire remonter cette vision à H. Ritter en 1829[45],

---

la conception aristotélicienne. Je ne sais pas si le cadre dionysiaque que Santoro utilise s'applique à Empédocle, mais en revanche je rejoins l'intuition des multiples masques se superposant sans qu'il existe, en fait, aucune face ou aucun noyau essentiel masqué.

43. Certains auteurs comme J. Burnet (1896), F.M. Cornford (1926, 1952), C.H. Kahn (1960) ou encore J. Longrigg (1976) imaginent qu'Empédocle a conçu ses *rhizômata* à partir des oppositions chaud/froid, sec/humide, empruntées à des réflexions anciennes (en particulier Anaximandre). Il est vrai que Stobée (A 33) relie les racines empédocléennes aux quatre éléments composés à partir des opposés sec/humide, chaud/froid.

44. M. Furth, « A 'philosophical' hero? Anaxagoras and the Eleatics », dans Sharples, R.W. (dir.), *Modern thinkers and ancient thinkers*, The Stanley Victor Keeling memorial lectures at University College London, 1981-1991, Londres, UCL Press, 1993, p. 27-65, aux pages 33-34.

45. H. Ritter, *Geschichte der Philosophie. Alter Zeit*, I, Hambourg, F. Perthes, 1829, p. 506, 520-521. Ritter pensait qu'Empédocle faisait partie de l'école éléatique. Il était donc prêt à admettre que les quatre racines sont immuables.

relayée ensuite par E. Zeller (1856)[46], et d'autres[47]. Citons en particulier
F. Solmsen en 1960[48], dont la position, assez emblématique, justifiera
ensuite quelques commentaires :

> When the four elements were set up by Empedocles as the "roots" of every-
> thing else, they were eternal and unchanging, in fact, they were deities,
> and Empedocles would have considered it absurd that these divine beings
> should change into one another – or that one god should appear in
> various forms and shapes.

(1) La question est de savoir comment les quatre éléments sont
    appréhendés pour être équivalents aux racines dont parle
    Empédocle. Sont-ils appréhendés en compréhension ? Aucun
    vers, aucun témoignage ne nous aide dans ce sens. Sont-ils
    appréhendés uniquement en extension ? C'est vraisemblable.
    Deux cas concrets : l'élément feu inclut la lumière (ce
    qu'Aristote n'admettrait pas), l'élément éther inclut l'éther
    en montagne qui peut être froid et sec (ce qui échappe à
    la définition de l'air, chaud et humide selon Aristote, et qui
    ne correspond pas à l'éther d'Aristote).

(2) Chez Empédocle le fait d'être « *eternal and unchanging* » ne
    définit pas en soi des « *deities* ». Le *Sphairos* est un dieu. Or
    il n'est pas éternel. Il est vrai que les quatre racines sont
    des dieux et qu'ils sont éternels. Mais si Zeus se manifeste
    sous la forme d'une flamme dévorante dans le Multiple, il
    ne se manifeste pas sous cette forme dans le *Sphairos*. On ne
    peut donc pas dire qu'il ne change pas. Cependant Zeus ne
    change pas dans le sens où il ne prend aucune des formes
    que peut prendre *Nestis*. Et inversement.

(3) C'est vrai que « *Empedocles would have considered it absurd that these
    divine beings should change into one another* ». À aucun moment du
    cycle du monde, Zeus ne se transforme en Héra ou Aïdôneus ou
    Nestis. Aucun dieu ne se transforme jamais en un autre dieu.

(4) Solmsen s'avance trop loin quand il dit « *Empedocles would have
    considered it absurd [...] that one god should appear in various forms*

---

46. E. ZELLER, *Die Philosophie der Griechen in ihrer geschichtlichen Entwicklung*, I,
Tübingen, L.F. Fues, 1856², p. 500-504.

47. J. BURNET, *Early Greek philosophy*, Londres-Édimbourg, Adam and Charles
Black, 1892, p. 240. F.M. CORNFORD, *Principium sapientiae: the origins of Greek philosophical thought*, Cambridge, Cambridge University Press, 1952, p. 151 : « *Empedocles and
Anaxagoras, while admitting that their material elements were indestructible and unchanging,
saw the necessity of providing a moving cause.* » GUTHRIE 1965, p. 146-147. LONGRIGG
1976, p. 421-422. WRIGHT 1981, p. 30. P. CURD, *The legacy of Parmenides: eleatic monism
and later presocratic thought*, Princeton, Princeton University Press, 1998, p. 155, 158.

48. F. SOLMSEN, *Aristotle's system of the physical world: a comparison with his predecessors*, Ithaca (NY), Cornell University Press, 1960, p. 339.

and shapes. » Solmsen ne désigne pas concrètement les dieux qui
sont racines de toutes choses, et qui ne sont en rien des dieux
anonymes (il reste dans le vague tout comme Aristote, quand
celui-ci dit que chez Empédocle les éléments sont des dieux). Ce
faisant, Solmsen refuse à Empédocle de considérer que le Zeus
du fr. 6 pourrait avoir une personnalité disposant de plusieurs
modes d'expression, plusieurs comportements, « *various forms
and shapes* », tout comme le Zeus de la tradition. Le Zeus du
fr. 6 peut se métamorphoser tout comme le Zeus du mythe
d'Europe. Le Zeus du fr. 6 peut être flamme, lumière, chaleur,
étincelle, sans que cette liste soient entièrement circonscrite.

La fixité des éléments empédocléens, dans le sillage de Parménide,
est devenue une évidence. En 2009, J. Palmer a eu le mérite de
secouer cette « évidence »[49], mais sans pour autant s'interroger sur
le sens à donner à Zeus, Héra, *Aïdôneus, Nestis.*

La marginalisation des dieux du fr. 6

Dans le corpus du grec ancien à notre disposition, le premier
auteur qui parla des racines de toutes choses en faisant disparaître
les dieux au profit des éléments est Clément d'Alexandrie[50]. Nous
l'avons cité. On s'accorde aujourd'hui pour dire que ce qu'il livre ici
est un montage de trois vers d'Empédocle pris en différents endroits
de l'œuvre de l'Agrigentin. Sans doute ce montage est-il pédagogique.
Il est en effet utile de savoir que les racines renvoient à quelque chose
de concret et non pas à des dieux lointains et inaccessibles. Il est aussi
utile de faire ici référence aux quatre éléments matériels. Clément sur
ce point ne fait pas œuvre originale ; il rejoint des prédécesseurs tels
que Probus, Héraclite l'Allégoriste et Aétius. Mais le résultat est bien
là : les racines ainsi réduites à quatre mots du vocabulaire commun
(πῦρ, ὕδωρ, γαῖα, αἰθήρ) ne sont plus expressément divines ; la lumière
jetée sur les éléments pousse dans l'ombre Zeus, Héra, *Aïdôneus* et
Nestis[51]. Après Clément, et dans la même veine, Philopon rapporte

---

49. PALMER 2009, p. 260-304. Les analyses de PALMER sont fortement docu-
mentées.

50. Il existe un cas inverse, avec Diogène Laërce (*Vies,* VIII, 76, 1-5), qui laisse
croire en les citant que les quatre dieux du fr. 6.2-3 sont des στοιχεῖα (le mot
ῥιζώματα n'est pas utilisé).

51. Un cas moins frappant existe chez Hippolyte (ou Pseudo-Hippolyte) dans
la *Réfutation de toutes les Hérésies,* X, 7.4–7.5.1. Hippolyte vient de citer le fr. 6 dans
son intégralité (X, 7.3), il poursuit avec Ochellos et Aristote en renvoyant aux
quatre éléments – τοῖ(ς) (τέ)σσ(α)ρσι στοιχείοις – et ajoute : ἐκ δὲ τῶν ἓξ τὴν τῶν
πάντων ὑπέθεντο γένεσιν οἱ περὶ τὸν Ἐμπεδοκλέα. ἐν οἷς μὲν γὰρ λέγει· τέσσαρα τῶν

qu'Empédocle avait quatre causes matérielles (τέσσαρα [...] τὰ ὑλικὰ αἴτια) qu'il désignait par τῶν πάντων ῥιζώματα[52]. Et il n'en dit pas plus, gardant le silence sur les dieux qui, seuls, sont en fait les ῥιζώματα. Le montage de Clément trouve encore un écho aujourd'hui. On ne compterait plus les exemples où des auteurs écrivent à propos d'Empédocle « éléments ou racines », « *elements or roots* », sans citer le moins du monde les quatre divinités[53]. La marginalisation de ces divinités est ancienne, et, avec elle, une réception appauvrie de la pensée d'Empédocle.

G. Nélod, en 1959[54], écrivait à propos des noms divins du fr. 6 : « Ces dénominations mythiques n'ont aucune importance au point de vue de la pensée empédocléenne, car elles n'influent en rien sur la réalité phénoménale des éléments ; elles ne sont que des qualifications poétiques et non des personnifications mythologiques véritables. [...] Il aurait été difficile à notre philosophe de trouver mieux pour exprimer poétiquement des concepts aussi nouveaux que les siens ». « Aucune importance » disait Nélod – on ne peut être plus clair ! Nélod exprimait de façon abrupte ce que bon nombre de spécialistes d'Empédocle disaient déjà de façon plus nuancée, et ce qui se dira encore après lui[55]. C'est en effet un des poncifs des études empédocléennes que de considérer que l'attribution des racines divines (Zeus, Héra, *Aïdôneus*, *Nestis*) aux éléments (feu, air, terre, eau = les *stoicheia* de Platon et d'Aristote) est sans conséquence ou presque pour la compréhension de la pensée de l'Agrigentin. Pour l'instant, je conserve le sens habituel de l'attribution (habituel et ancien pour Probus, Aétius, Athénagore, Diogène Laërce, Héraclite l'allégoriste, Hippolyte, Stobée) : des dieux aux éléments, alors que l'on pourrait s'interroger sur l'opportunité de parler de l'attribution inverse, à savoir des éléments aux dieux.

Dans les temps modernes, la marginalisation du nom des dieux commencerait en 1820, chez H. Ritter. Elle s'observe dans un texte qui, abordant notamment la question des éléments divins, ne cite

---

πάντων ῥιζώματα πρῶτον ἄκουε, ἐκ τεσσάρων ποιεῖ τὴν γένεσιν. Dans ce contexte, le fr. 6.1 renvoie non pas aux divinités mais aux éléments.

52. Philopon, *In Aristotelis physicorum libros commentaria*, 16.88.4-6 : ὁ δὲ Ἐμπεδοκλῆς τέσσαρα ὑπετίθετο τὰ ὑλικὰ αἴτια· ταῦτα δὴ τὰ πολυθρύλητα στοιχεῖα (διὸ καὶ ῥιζώματα πάντων αὐτὰ ἐκάλει, «τέσσαρα» λέγων «τῶν πάντων ῥιζώματα»).

53. Un exemple parmi mille, avec G.L. CAMPBELL (*Strange creatures: anthropology in Antiquity*, Londres, Duckworth, 2008, p. 6) : « *He* [= Empedocles] *posited four elements, or 'roots' as he called them, of matter: earth, air, fire, and water.* »

54. G. NÉLOD, *Empédocle d'Agrigente*, Bruxelles, Office de publicité, 1959, p. 59.

55. Mentionnons au passage que NÉLOD, p. 56, voit les quatre éléments sous l'influence de l'apport de Parménide : « Empédocle, transportant l'arrière-faix des croyances ioniennes et essayant de les concilier avec la doctrine parménidéenne, tentera de fournir une solution qui mènera à la recherche de l'immuable (quatre éléments) sous le changement ». Notons ainsi qu'indirectement les divinités du fr. 6 seraient figées dans « l'immuable ».

cependant pas le nom des quatre dieux, et ne voit dans les dieux d'Empédocle qu'un effet de son langage poétique (« *Dichtersprache* »), de sa conception panthéiste et du lien que le divin entretient avec l'éternité[56]. « Poétique », le mot pourrait être flatteur, si ce n'est le confinement au registre esthétique qu'il suppose ; on sait l'écho négatif qu'il aura plus tard chez Nélod. En 1829, Ritter précise qu'Empédocle décore (« *schmückt* ») les éléments avec des noms divins[57] ; le verbe *schmücken*, pour « décorer » est significatif de la marginalisation de ces noms.

E. Zeller écrit en 1856[58] :

> *An den gleichen Volksglauben schliesst sich Empedokles da an, wo er die Elemente und die bewegenden Kräfte Dämonen nennt und mit Götternamen bezeichnet ; indessen ist doch hier die mythische Hülle so durchsichtig, dass wir diesen Gebrauch der Götternamen geradezu als Allegorie betrachten können: seiner eigentlichen Meinung nach sind die sechs Urwesen zwar absolute und ewige Wesen, denen insofern das Prädikat „göttlich" sogar ursprünglicher zukommt, als den gewordenen Göttern, aber eine Persönlichkeit ist diesen Wesen nur von dem Dichter vorübergehend geliehen.*

Dans ce texte, les dieux correspondent (1) à l'enveloppe mythique (*die mythische Hülle*) des éléments ; (2) à une allégorie (*Allegorie*) ; (3) uniquement à l'expression d'un poète (*nur von dem Dichter*). Zeller sera largement suivi.

Pour Ch. A. Brandis, en 1862[59], le faible intérêt attaché à une recherche d'attribution des noms divins aux éléments concernait explicitement Héra et *Aïdôneus* (« *es ist von geringer Erheblichkeit* »).

---

56. H. RITTER, « Über die philosophische Lehre des Empedokles », dans WOLF, F.A. (dir.), *Litterarische Analekten*, vorzüglich für alte Litteratur und Kunst, deren Geschichte und Methodik, IV, 4, Berlin, G.C. Nauck, 1820, p. 411-460, aux pages 442-443 : « [*Er spricht auch*] *von vielen andern Dingen als von göttlichen, und nennt die Elemente, jedes einzelne, und die bewegenden Kräfte, jede einzelne, Götter, auch die Nothwendigkeit nennt er eine Gottheit und die Seelen göttlich, allein diese Ausdrücke sind theils auf seine Dichtersprache zurückzuführen, theils auf seine pantheistische Vorstellungsart und die Verbindung des Begriffs des Göttlichen mit dem Begriffe des Ewigen.* »

57. RITTER 1829, p. 520 : « *Diese* [*vier*] *Elemente, welche er mit Götternamen schmückt, die alte Mythologie in physischem Sinne deutend, denn sie erscheinen als göttliche, unsterbliche Kräfte in der Natur* [...] »

58. E. ZELLER, *Die Philosophie der Griechen, in ihrer geschichtlichen Entwicklung, I*, allgemeine Einleitung, vorsokratische Philosophie, Tübingen, L. F. Fues, 1856, p. 553.

59. C.A. BRANDIS, *Geschichte der Entwickelungen der griechischen Philosophie und ihrer Nachwirkungen im römischen Reiche, I*, Berlin, G. Reimer, 1862, p. 109 : « *Die mythischen Bezeichnungen, Zeus, Hera, Nestis und Aidoneus, wechseln mit den eigentlichen, Feuer, Luft, Wasser und Erde, und es ist von geringer Erheblichkeit, ob die lebenbringende Here ihm die Luft und Aidoneus die Erde, oder umgekehrt, dieser die Luft und jene die Erde bedeutet habe, obgleich ersteres ohngleich wahrscheinlicher als letzteres.* »

Héra est-elle l'air et *Aïdôneus* la terre, ou bien est-ce l'inverse ? Le savant ne tranchait pas. Brandis pouvait croire que si l'identification d'Héra et d'*Aïdôneus* n'avait guère d'importance, celle de Zeus et de *Nestis* ne devait guère en avoir plus. Dans cette même année 1862, H. Winnefeld considérait[60] que les racines (ῥιζώματα) de toutes choses sont la terre, l'eau, l'air et le feu, et que les noms mythologiques habillaient (verbe *kleiden*) des matières. L'idée de l'habillage, proche de celle de la décoration introduite par Ritter, était destinée à un avenir certain. On la retrouvera par exemple en 1969 chez Cl. Ramnoux[61] : « Il [= Empédocle] a habillé la science naissante de formes religieuses ».

En 1891, F. Knatz affirma que Zeus chez Empédocle est l'éther (l'air) et *Aïdôneus* le feu[62]. Une évidence était rompue : Zeus n'était plus nécessairement le feu, comme les commentateurs anciens (A 33) et modernes le croyaient. L'arbitraire semblait prendre de plus en plus de place dans l'interprétation du fr. 6. Le jugement sensiblement dépréciatif de Brandis à l'égard des attributions allait dès lors s'étendre. Écoutons J. Burnet en 1892[63] :

> *The mythological names which Empedokles gave to the four "roots" are, in the main, an accident of the poetical form in which he saw fit to cast his system. [...] We might, therefore, pass these names by in silence, if it were not that there has been a great deal of controversy as to their appropriation to the various elements.*

---

60. H. Winnefeld, *Die Philosophie des Empedokles,* Rastatt, W. Mayer, 1862, p. 7 : « *welche er* [= Empedokles] *Wurzeln,* ῥιζώματα, *nannte, als Grund der Dinge, Erde, Wasser, Luft und Feuer. Wie diess vor ihm schon die Orphiker und Pythagoräer thaten, kleidete auch er diese Urstoffe im mythologische Namen und nennt sie Aïdoneus, Nestis, Here und Zeus, welch' letztrer auch mit Hephaestus und Titan abwechselt.* » Winnefeld s'appuyait sur le témoignage de Clément d'Alexandrie, *Stromate* VI, 17.4, pour passer directement des ῥιζώματα aux *stoicheia*. En 1820, Ritter faisait de même ; le témoignage en question se trouvait déjà dans l'édition d'Empédocle de F.W. Sturz (1805 ; v. 160-163) ; il disparaîtra des éditions après celle de F.W.A. Mullach (1860).

61. Cl. Ramnoux, « Empédocle », dans Parain, B. (dir.), *Histoire de la philosophie, I, Orient – Antiquité – Moyen Âge,* Paris, Gallimard, 1969, p. 439-442, aux pages 440-442.

62. F. Knatz, « Empedoclea », dans Universität Bonn (dir.), *Schedae philologae Hermanno Usener a sodalibus Seminarii Regii Bonnensis oblatae,* Bonn, F. Cohen, 1891, p. 1-9.

63. Burnet 1892, p. 241. Les éditions suivantes (1908, 1920) ne comportent plus ce passage. Toutefois, en 1908 (p. 264-265) : « [...] *there is a conflict of opinion as to the other three* [= Zeus, Hera, Aidoneus *and their apportionment to the elements*]. *This, however, need not detain us. We are already prepared to find that Empedokles called the elements gods; for all the early thinkers had spoken, in this way of whatever they regarded as the primary substance.* [...] *the use of divine names is in the main an accident of the poetical form in which he cast his system.* » En 1920 (p. 230), Burnet supprima « *the use of divine names* [...] *system* ».

On n'hésitera plus ensuite à voir dans les divinités du fr. 6 un simple jeu poétique, pratiqué occasionnellement par Empédocle. Ainsi l'exprimait P. Decharme, en 1904[64] :

> N'est-il pas évident en même temps que ce sont là [= Zeus, Héra, *Aïdôneus, Nestis*] des formes mythologiques du langage[65], et que le poète anime un instant seulement, et comme pour se jouer, les éléments de la nature, en leur prêtant un semblant de vie personnelle, qui est bien loin de sa pensée philosophique ? Les dieux, en effet, les dieux traditionnels, ne sont nés qu'ensuite, et précisément de la combinaison des quatre premiers éléments[66].

Sur ce point, Decharme est passé aveuglément à côté de la critique religieuse des Grecs, laquelle était pourtant son centre d'intérêt.

Le jeu poétique se prolonge encore tout près de nous. En 2007, avec D. Macauley[67] : « *In a style that might be called either poetic philosophy or philosophical poetry, he* [= *Empedocles*] *writes: "And first the fourfold root of all things hear!/ White gleaming Zeus,* [...] *"* ». En 2017, avec J. S. Nethercut, dans son commentaire sur le fr. 6[68] : « *Empedocles offers poetic circumlocutions for his four substances* ». Que pourrait bien signifier « poétique » pour tous les auteurs qui décernent cet adjectif aux vers du fr. 6 ? Certainement pas qu'Empédocle s'est exprimé en vers ! Ce

---

64. P. Decharme, *La critique des traditions religieuses chez les Grecs* : des origines au temps de Plutarque, Paris, A. Picard et fils, 1904, p. 60.

65. Déjà en 1879, Th.-M. Martin (« Mémoire sur les hypothèses astronomiques des plus anciens philosophes de la Grèce étrangers à la notion de la sphéricité de la terre », *Mémoires de l'Institut national de France, Académie des Inscriptions et Belles-Lettres*, 29, 2, 1879, p. 29-252, à la page 217) disait : « Empédocle est poète en même temps que philosophe : c'est une raison pour ne pas prendre trop au sérieux certains détails qui, dans son œuvre, peuvent n'être que des ornements mythologiques ». Il ajoutait en note de bas de page : « Par exemple, l'*Amitié* et la *Discorde* sont peut-être, dans sa pensée, des *faits personnifiés* poétiquement, plutôt que des causes réelles et indépendantes. » Ce qui est dit de *Philotès* et *Neikos* pourrait se dire de Zeus, Héra, *Aïdôneus* et *Nestis*. Toutefois – et ce point est essentiel –, Martin n'est pas dupe de la tendance des commentateurs à inventer des ornements mythologiques ou des manières poétiques de mise en scène. Il s'attache dans la suite de son propos à dénoncer ceux qui ne prennent pas Empédocle au sérieux. Cette attitude n'est pas relayée par Decharme.

66. Decharme 1904, p. 61, dira : « Dans la succession de la vie de l'univers, les dieux sont donc loin de tenir la première et la plus ancienne place, et ils ne sont pas nés autrement que les arbres, que les hommes et les femmes, que les bêtes fauves [...] ». L'idée que les dieux du fr. 6 feraient partie des dieux à la longue vie des fr. 21.12 et 23.8 trouverait ici une de ses premières expressions. On la retrouvera plus tard chez Primavesi.

67. D. Macauley, « The flowering of environmental roots and the four elements in presocratic philosophy: from Empedocles to Deleuze and Guattari », *Worldviews*, 9, 3, 2005, p. 281-314, à la page 284.

68. J.S. Nethercut, « Empedocles' "Roots" in Lucretius' *De rerum natura* », *American journal of philology*, 138, 1, p. 85-105, à la page 89.

serait trivial. Par « poétique », ils ont sans doute l'idée d'une beauté de l'expression et des images, ajoutée à une réalité en fait assez sobre. Il y a dans « poétique » une part de fiction, d'invention. Empédocle voudrait frapper l'imagination, mais s'écarterait de la réalité.

En 1905, A. Rivaud s'exprimait ainsi[69] : « L'amitié et la haine ressemblent à l'Éros fécond d'Hésiode, à la discorde invoquée par les aèdes. Pareillement, la doctrine des éléments redevient aussi en partie légendaire. Un symbolisme ingénu, qu'il est difficile d'expliquer entièrement, colore la nomenclature. » Une note renvoie alors au fr. 6. Le « symbolisme ingénu », qui renvoie aux divinités, signale la distance que la pensée rationnelle et instruite doit prendre vis-à-vis du fr. 6. Je ne sais pas si J. Warren en 2007[70] avait en tête le propos de Rivaud, toujours est-il que Warren rend lui aussi avec couleur le fr. 6 :

> We learn about the principal and fundamental constituents of the universe – what Empedocles terms the "roots" – in B6: "First, hear the four roots of all things: shining Zeus, […]". Empedocles' colourful verse is a far cry from the grammatically simple, plain and repetitive prose of Anaxagoras. Here, for example, he uses the names of various traditional Greek gods to refer to his four roots. Other fragments, however, suggest that these are also identified as, probably in respective order, fire, air, earth and water.

Quel sens donner à « *colourful* », quel sens donner au « symbolisme […] qui colore la nomenclature » ? Pourquoi suggérer une certaine fantaisie ou un coloriage décoratif dans l'expression du fr. 6 ? Pourquoi suggérer éventuellement un Empédocle fantasque, pourquoi ne pas le prendre au sérieux ?

En 1908, C. E. Millerd[71] écrivait : « *The mythological names used for the elements have no great significance. Their employment seems to be merely a play of fancy* »[72]. Pour justifier l'arbitraire des noms divins, K. Freeman (1946) esquissait un argument, tout en introduisant

---

69. A. RIVAUD, *Le problème du devenir et la notion de matière dans la philosophie grecque depuis les origines jusqu'à Théophraste*, thèse à la Faculté des lettres de l'Université de Paris, Paris, F. Alcan, 1905, p. 185. La thèse a ensuite été publiée en 1906, avec le même titre (chez Alcan), sans la mention « thèse », et sans changement pour ce qui concerne notre citation.

70. J. WARREN, *Presocratics*, Stocksfield, Acumen, 2007, p. 137.

71. C.E. MILLERD, *On the interpretation of Empedocles*, Chicago, The University of Chicago Press, 1908, p. 33.

72. E. BIGNONE (*I poeti filosofi della Grecia. Empedocle. Studio critico, traduzione e commento delle testimonianze e dei frammenti*, Turin, Fratelli Bocca, 1916, p. 181, n.4) reproche à MILLERD, que nous venons de citer, de reproduire l'opinion commune (« *A torto la Millerd, p. 33, riproducendo l'opinione comune* »). BIGNONE rappelle alors Ménandre, A 23. Après avoir cité le fr. 6, il disait à la p. 179 : « *Ed in questi versi è più che una figurazione poetica.* » Ce savant avait pressenti que le fr. 6 avait quelque chose de profond. Il est significatif qu'il voyait une « *opinione comune* » autour du fr. 6.

l'expression « *of little importance* » : « *The names were of little importance to Empedocles: elsewhere he calls Fire Hephaestus* »[73]. En 1951, A. Olerud ira dans le même sens :

> Dans la théologie naturaliste d'Empédocle, les noms n'ont qu'une importance secondaire, et ils présentent une grande variété dans les termes, le même élément pouvant être désigné sous divers noms de dieux, ainsi le feu, appelé aussi bien Zeus qu'Héphaïstos. Ce qui est important c'est seulement qu'ils sont considérés comme des dieux[74].

Cette dernière phrase est largement partagée parmi les spécialistes d'Empédocle ; elle vient en écho à ce qu'Aristote – silencieux sur les vers du fr. 6 – a laissé entrevoir (A 40) : chez Empédocle les éléments sont des dieux. Peu importe de quels dieux précis il s'agit[75]. Parfois cette généralité est associée à l'immortalité des dieux[76]. On pourrait

---

73. K. FREEMAN, *The pre-socratic philosophers. A companion to Diels,* Fragmente der Vorsokratiker, Oxford, Blackwell, 1946, p. 181. Héphaïstos apparaît aux fr. 96.3 et 98.2, en place du feu.

74. A. OLERUD, *L'idée de macrocosmos et de microcosmos dans le* Timée *de Platon,* Uppsala, Almquist & Wiksells, 1951, p. 83.

75. Quelques exemples de cette position : (1) G. VLASTOS (« Theology and philosophy in early Greek thought », *The philosophical quarterly,* 2, 7, 1952, p. 97-123, à la page 120, n.101) : « *All Empedocles means by calling them 'gods'* [= *the four roots*] *is to call attention to their (a) privileged immortality against the mortality of all other physical substances* [...] *and (b) joint and equal share along with Love and Strife in the maintenance of the cosmic order* » ; (2) F. MONTEVECCHI (*Empedocle d'Agrigento,* Naples, Liguori, 2010, p. 61) : « *recuperando in maniera originale e critica l'uso omerico ed esiodeo, Empedocle pare associare li radici a nomi divini per sigillare in maniera sacra il conferimento di senso, ma a differenza della tradizione dell'*epos *egli si concentra non tanto sui nomi delle divinità,* [...] *quanto sul discorso della conoscenza che, pur suggestionato e provocato dal mito, non trova più soltanto nel mito il nodo centrale.* » (3) G. REALE, « Empedocle », dans REALE, Giovanni, *Storia della filosofia antica, I, Dalle origini a Socrate,* Milan, Vita e pensiero, 1987⁵, p. 151-161, à la page 152 : « *Queste sostanze sono precisamente quattro: fuoco, acqua, etere o aria e terra. Sono quelle sostanze che saranno poi denominate "i quattro elementi", ma che Empedocle designa poeticamente con l'espressione 'radici di tutte le cose', e indica anche con nomi di numi, per sottolineare la loro eternità e quindi divinità.* »

76. C'est le cas de REALE 1987, p. 152, dans la précédente note. Mais aussi : (1) WRIGHT 1981, p. 22 : « *In calling his roots by divine names Empedocles is showing that they are the new gods; he sets them up as worthy, because of their eternal and unchanging nature, of the respect and wonder with which the Olympians were traditionally viewed.* » (2) V. HLADKÝ, « Empedocles' Sphairos », *Rhizomata,* 5(1), 2017, p. 1-24, à la page 2 : « *Empedocles calls the four elements 'gods' since they have no beginning and no end, and eternal existence is one of the basic properties of traditional Greek gods* ». Admettons ! Mais comment HLADKÝ argumentera-t-il pour dire que *Sphairos* est un dieu (fr. 31), qui a un début et une fin, une naissance et une mort ? Empédocle appelle le *Sphairos* un dieu, et l'honore, or celui-ci est mortel ; il renaît de façon cyclique, toujours égal à lui-même. Chez Empédocle, être immortel peut simplement vouloir dire : à l'écart des mélanges éphémères (fr. 35.14, fr. 147), lesquels connaissent de multiples destructions (fr. 113.2). Il ne faudrait pas tirer de là que les éléments

rapprocher la parole d'Olerud de l'habillage mythologique dont avait parlé Winnefeld. Les habits ou les dieux peuvent changer, ce qui compte, c'est ce qui est derrière les habits : la terre, l'eau, l'air, le feu.

Entre 1912 et 1943, F. M. Cornford a consacré quelques dizaines de pages à Empédocle. Jamais il ne nomme Zeus, Héra, *Aïdôneus* et *Nestis*. En revanche, il mentionne les « *roots* ». Voici le cas emblématique[77] :

> *He* [= Empedocles] *reconstructed the system of Anaximander* [...] *The theory offered is a remodelling of Anaximander's scheme of an undifferentiated unity, part of which remained in its original state enveloping the world, while part was differentiated by the separation of opposite powers out of the primal fusion. This process led to the world order, in which the four elementary masses occupied their concentric regions.* [...] *If the opposite powers, Hot, Cold, Wet, and Dry, came out of the One, they must previously have been in it; 'coming out' means only separation, not that what was not before begins to exist. The four powers, always conceived rather as things than 'qualities' (a later term), are ultimate, immutable 'elements' in the strict sense, for which Empedocles' term is 'roots.'*

Les racines (fr. 6) seraient le Chaud, le Froid, l'Humide et le Sec, toutes ces qualités ou pouvoirs diraient autrement Zeus (Chaud ?), Héra (Froid ?), *Nestis* (Humide ?), *Aïdôneus* (Sec ?). C'est difficilement croyable. Qui pensera par exemple que le Froid est un dieu ou une déesse connue ? En dehors du seul témoignage de Stobée (A 33), rien n'étaye l'importance des couples Chaud/Froid, Humide/Sec chez Empédocle[78]. Les fr. 122 et 123, formés de couples en opposition, ne disent rien du Chaud/Froid, et du Sec – tout au plus trouvera-t-on Némertès pour l'Humide, mais *Asapheia* en opposition ne signale pas nécessairement le Sec. Pour conclure, Cornford en utilisant le mot « *roots* » a expurgé le fr. 6 de ses dieux[79].

---

pris dans des mélanges éphémères, et donc mortels, sont mortels comme les mélanges eux-mêmes, et donc ne sont pas divins. Les éléments pris dans tous les mélanges sont toujours les quatre racines divines de toutes choses, qui nourrissent et soutiennent en permanence tous les déploiements du monde. Empédocle est un panthéiste.

77. F.M. CORNFORD, « Mystery religions and pre-socratic philosophy », dans BURY, J.B., S.A. COOK & F.E. ADCOCK (dir.), *The Cambridge ancient history, IV, The Persian empire and the West*, Chapter XV, Cambridge, Cambridge University Press, 1926, p. 522-578, aux pages 563-564. Voir en outre l'œuvre posthume suivante : CORNFORD 1952, p. 34, 167.

78. Voir G.E.R. LLOYD, « The hot and the cold, the dry and the wet in Greek philosophy », *The journal of Hellenic studies*, 84, 1964, p. 92-106, aux pages 93-94, 96, et en particulier n.3, n.4. LLOYD apporte des éléments critiques contre la position de CORNFORD (quand celui-ci projette les oppositions d'Anaximandre sur les racines divines d'Empédocle). Toutefois, LLOYD, tout comme CORNFORD, ne mentionne pas les dieux.

79. J'emploie « expurgé » en écho à ce qu'écrit CORNFORD à propos d'Anaximandre (CORNFORD 1926, p. 541 : « *Thus Anaximander unsuspectingly*

En 1924, en commentaire de στοιχεῖα lu dans la *Métaphysique* d'Aristote, W. D. Ross écrit : « *Empedocles' own word for elements was ῥιζώματα (fr. 6)* »[80] C'est vrai qu'Aristote semble alors prêter à Empédocle l'idée des στοιχεῖα et qu'il ne précise rien des ῥιζώματα (en outre, Aristote ne s'aventure jamais à parler des ῥιζώματα qu'il sait concerner des dieux). Fallait-il pour cela que Ross mette en équivalence στοιχεῖα et ῥιζώματα, sans dire un mot des dieux ? Ce n'est pas sûr. T. J. Crowley, qui rapporte l'affirmation de Ross, garde prudemment ses distances : « *this is an assumption that we might well afford to treat with some caution* »[81]. Et il ajoute plus loin[82] : « *By perhaps the late 5th c. or so, however, things appropriately called στοιχεῖα are taken to be inanimate material entities, and not divinities (see, e.g., Plato's* Laws *889b1f.). Now this general observation in itself may introduce further hesitancy regarding a ready identification of the* ῥιζώματα *with* στοιχεῖα. »

Dans son ouvrage *Aristotle's criticism of presocratic philosophy* (1935), H. Cherniss offre un cas remarquable de marginalisation par le silence[83]. Cherniss nomme 500 fois Empédocle, il cite de nombreux fragments, utilise 43 fois le mot « *roots* » pour désigner les éléments d'Empédocle ; il parle la plupart du temps des « '*four roots*' », et deux fois des « *four 'eternal roots'* », il note qu'Empédocle a utilisé le mot « *god* » pour les « *elements* »[84]. Mais jamais il ne citera le fragment le fr. 6 (en tout ou partie), jamais il ne donnera le nom des dieux. Cherniss critique abondamment Aristote dans son traitement des Présocratiques. Il ne dit toutefois rien de l'amalgame qu'Aristote impose à Empédocle à propos des corps simples et

---

accepted from tradition not only the problems of cosmogony but the framework of the solution. The result is as if he had taken (say) the Orphic cosmogony and expurgated every element he could identify as mythical or anthropomorphic—above all personification and the sex – […] ». Rappelons que Cornford imagine qu'Empédocle est dans le sillage d'Anaximandre.

80. W.D. Ross, *Aristotle's* Metaphysics. A revised text with introduction and commentary, I, Oxford, Clarendon Press, 1924. La citation concerne στοιχεῖα lu en 985 a 25.

81. T.J. Crowley, « Aristotle, Empedocles, and the reception of the four elements hypothesis », dans Harry, C.C. & J. Habash (dir.), *Brill's Companion to the reception of presocratic natural philosophy in later classical thought*, Leyde, Brill, 2021, p. 352-376, à la page 354.

82. *Ibid.*, p. 355.

83. H. Cherniss, *Aristotle's criticism of presocratic philosophy*, Baltimore, The Johns Hopkins Press, 1935.

84. Cherniss 1935, p. 232, n.64 : « *Empedocles, however, seems to have used the name of god for many things beside the Sphere and especially of the elements (cf. fragments 21 and 23, Aetius, I, 7, 28) which would have been quite in the Ionic tradition* ». On notera que dans le fr. 21.12 et le fr. 23.8, où sont mentionnés les dieux à la longue-vie, il est improbable qu'Empédocle ait ainsi désigné les *four 'eternal roots'*.

des quatre éléments définis chacun par un simple mot du langage commun (πῦρ, ὕδωρ, ἀήρ, γῆ)[85].

En 1956, F. Buffière écrivait[86] : « Empédocle, dans sa nomenclature des éléments, n'a pas encore renoncé à l'affabulation mythique. » Après avoir prévenu que les vers du fr. 6 sont « quelque peu obscurs » et « qu'il faut retrouver, sous ces noms étranges, les quatre éléments », Buffière examina les différentes attributions des divinités aux éléments et conclut « Quoi qu'il en soit, nous devons retenir ce fait capital : Empédocle a donné des noms mythiques aux quatre éléments. [...] Empédocle est un savant qui s'exprime en poète »[87].

Au fil des années, la marginalisation prendra encore de nouvelles formes. En 1976, dans son article « The "Roots of all things" », J. Longrigg affirme[88] :

> *Empedocles does not seem to have regarded the allocation of divine names [= shining Zeus, life-bringing Hera, Aidoneus, and Nestis] to the elements as important; for on two occasions elsewhere he calls fire Hephaistos. His allegorical personification of the four roots in general is of much greater significance. [...] Empedocles deliberately diminishes the status of the Olympians. Although*

---

85. Les quatre éléments simples (στοιχεῖα τέσσαρα καὶ ἁπλᾶ) qu'Empédocle aurait affirmés, selon Aristote, se lisent par exemple en *De gen. et corr.*, 314 a 26-27. Théorie des corps simples (ἁπλᾶ σώματα) appliquée à Empédocle : *De gen. et corr.*, 330 b 7-9, b 19-20 ; *Met.*, 984 a 6-8. CHERNISS 1935, assume sans critique la théorie d'Aristote, p. 59 : « *Empedocles represents a different system, for he treats the four simple bodies as equally primary and explains genesis and destruction as a combination and segregation of these elements.* » Pages 226-227 : « *Some have spoken of a material cause,* [...], *the Italians making it the unlimited, Empedocles the four simple bodies, Anaxagoras the infinity* [...] ». Rappelons toutefois qu'Aristote disait dans le *De gen. et corr.*, 330 b 21-22 : Οὐκ ἔστι δὲ τὸ πῦρ καὶ ὁ ἀὴρ καὶ ἕκαστον τῶν εἰρημένων ἁπλοῦν, ἀλλὰ μικτόν. En clair, Aristote ne reconnaît pas les quatre éléments du langage commun comme des corps simples, mais il voudrait qu'Empédocle les eût reconnus comme tels. Dans les vers d'Empédocle à notre disposition, l'expression ἁπλᾶ σώματα est absente ; de même l'adjectif ἁπλόος-οὖς. Sur la théorie des corps simples chez Aristote, voir T.J. CROWLEY, « *De generatione et corruptione* 2.3 : does Aristotle identify the contraries as elements? », *Classical quarterly*, 63.1, 2013, p. 161-182. Voir en particulier le développement concernant la distinction entre les « *genuine elements* » ou les « *apparently simple bodies* » ou les στοιχεῖα, (τὰ ἁπλᾶ), et d'autre part les « *ordinary, everyday phenomena we call fire, air, water, and earth* » ou « *mixed bodies* », qui sont les « *ordinary counterparts* » des « *truly simple bodies* ». Quand il s'intéresse à Empédocle (p. 176), CROWLEY parle des « *roots* » sans nommer les dieux ; en conséquence, il prend « *elements* » pour « *roots* ». Il use néanmoins d'une expression utile, « *characterization of the roots* », qui pourrait désigner les manifestations des racines.

86. F. BUFFIÈRE, *Les mythes d'Homère et la pensée grecque*, Paris, Les Belles Lettres, 1956, p. 82.

87. *Ibid.*, p. 96-98.

88. LONGRIGG 1976, p. 423.

he describes them as « long-lived » (δολιχαίωνες) and « richest in honor »
(τιμῇσι φέριστοι; B21.12), he nevertheless claims that they, no less than « trees,
men and women, beasts and birds, » are combinations of the elements (21.12
and 23.8)[89]. *For Empedocles the elements are the new immortal gods*[90].

L'argument de la disqualification des noms divins est subtil.
Empédocle a voulu faire des éléments – entendons « *earth, air, fire, and*
water » – des dieux qui détrôneraient les dieux olympiens traditionnels
de leur prérogative d'immortalité. Il a alors donné des noms d'Olympiens à trois de ces éléments. Il importait peu que tel nom qu'il avait
choisi parmi les quatre racines divines soit attribué à tel élément ou tel
autre. Il suffisait qu'il y ait des noms connus pour diviniser des éléments
immortels ; ce qui, par contre-coup, rabaissaient les mêmes noms de
la théologie traditionnelle en dieux mortels. Une fois que cela est dit,
il n'est plus question de parler de Zeus, d'Héra, d'*Aidoneus*, et il n'est
même pas raisonnable de perdre du temps à mentionner quelque
part que *Nestis* pourrait être l'autre nom d'une Perséphone. Il faut
uniquement parler de « *earth, air, fire, and water* ». Le reste serait de
l'ordre de l'allégorie. La ligne de recherche que Longrigg abandonne,
au profit des éléments communs, concerne la subversion de la tradition
religieuse. Ce n'est pas anodin. Bien des philosophes se désintéressent
de cette ligne de recherche. Guthrie – encore lui –, après avoir lancé
« *Fortunately the question is of little importance* », avait renvoyé la question
du fr. 6 à un autre champ de recherche : « *It does however raise points*
of some interest for the history of Greek philosophical religion ».

S'avancer à dire que l'attribution des noms divins aux éléments
semble ne pas avoir d'importance aux yeux d'Empédocle, comme
le dit Longrigg, ou qu'elle est « *of little importance* », comme le dit
Guthrie, dans un domaine aussi large que la pensée d'Empédocle
(« *Empedocles's thought* »), où la question divine est centrale, voilà qui
est pour le moins audacieux[91].

---

89. Les dieux à la longue-vie (fr. 21.12, fr. 23.8, a(ii)2 = D73.272 LM) sont
aussi matériels que les plantes, les hommes et les animaux. Ils procèdent d'un
mélange à partir de plusieurs des quatre racines divines ou de toutes. Compte tenu
du fait qu'au temps de la Haine prédominante chez les hommes les principaux
Olympiens de la tradition disposent de temples et de sanctuaires, Empédocle
pouvait effectivement les compter parmi les dieux les plus riches en honneurs.
L'ensemble des dieux riches en honneurs serait hétérogène ; il comporterait aussi
bien les dieux honorés au temps de la Haine prédominante (fr. 128.1-2, fr. 142)
que les dieux du fr. 147, les Bienheureux dans un séjour céleste, que le *Sphairos*
lui-même. – GUTHRIE 1965, p. 257-258, admettait tout comme LONGRIGG que
les dieux à la longue vie d'Empédocle sont les dieux de la religion traditionnelle.

90. On trouvait déjà une anticipation de cette idée chez W. NESTLE ; voir
note 204.

91. D.W. GRAHAM (*The texts of early Greek philosophy: the complete fragments and*
selected testimonies of the major Presocratics, I, Cambridge, Cambridge University Press,

En 1981, dans un ouvrage au titre prometteur – *Pour interpréter Empédocle* –, D. O'Brien mentionne plusieurs fois le fr. 6[92]. Mais rien n'y est dit des quatre dieux. À la page 24 (avec suite p. 25), on lit : « [Sextus Empiricus] cite une énumération des éléments qui débute par l'expression πρῶτον ἄκουε (fr. 6 ; cf. *Adv math.* X 315) ». En fait, Sextus ne cite pas les quatre éléments, mais les quatre divinités (fr. 6.2-3) sans donner aucune équivalence entre celles-ci et les éléments. À la page 31 (n.1) O'Brien écrit : « Nous reprenons ici le terme d'"éléments", anachronique en l'occurrence, pour désigner les quatre "racines" énumérées au fr. 6 : l'air, l'eau, le feu, la terre. » Or nous savons que les « "racines" énumérées au fr. 6 » – un fragment notamment livré par Sextus – ne sont pas les éléments indiqués[93], mais des dieux. L'emploi du verbe « énumérer » est ici malencontreux. Plus qu'une marginalisation, le procédé d'énumération est celui de la substitution ou de l'étouffement. En 1996, O'Brien brosse en une douzaine de pages la philosophie d'Empédocle[94]. Il écrit[95] : « Pour Empédocle, quatre "racines", l'air, le feu, l'eau et la terre (les quatre "éléments" d'Aristote et de Ptolémée[96]) permettront d'expliquer, par leur mélange et par leur séparation, la venue à l'existence et la destruction de tous les objets que nous voyons dans l'Univers ». Pour O'Brien, il serait accessoire de préciser que ces « racines » sont à strictement parler Zeus, Héra, *Aïdôneus* et *Nestis*. O'Brien réduit les racines au langage aristotélicien des éléments, et ne dira nulle part dans ce texte de 1996 que pour Empédocle les racines sont des dieux. En 2005, dans « Empedocles: a synopsis », les racines sont toujours identifiées aux éléments[97], mais cette fois-ci une note

---

2010, p. 423) a trouvé une formule qui s'accorde au détachement de GUTHRIE. Il clôt le débat sur la question de l'attribution des dieux aux éléments par : « *The important thing is that there are four elements, which are eternal and combine at times to make up compound things, which are transitory.* » Il n'est pas difficile de lire en creux que le reste serait « *of little importance* ». – Les études empédocléennes évoluent vers une unité de plus en plus grande de la pensée qui s'investit dans la *Physique* et les *Catharmes*. Une conséquence est la reconnaissance d'un discours divin au sein de la *Physique*.

92. D. O'BRIEN, *Pour interpréter Empédocle*, Paris, Les Belles Lettres, Leyde, Brill, 1981. Le fr. 6 : p. 4, 10, 24, 28, 31, 63.

93. C'est dans le fr. 17.18 livré par Diels – lequel suit Sextus (*Adv. math.* IX 10.5) – que se lit l'air (ἠέρος) à côté des autres éléments. O'Brien ne pouvait pas trouver ailleurs la liste des éléments avec l'air.

94. D. O'BRIEN, « Empédocle », dans BRUNSCHWIG, J. & G.E.R. LLOYD (dir.), *Le savoir grec. Dictionnaire critique*, Paris, Flammarion, 1996, p. 632-645.

95. O'BRIEN 1996, p. 634-635.

96. Denis O'BRIEN m'a aimablement précisé la source de sa référence à Ptolémée : *De judicandi facultate et animi principatu*, dans LAMMERT, Fr. (éd.), *Claudii Ptolemaei opera quae exstant omnia, vol. 3.2*, Leipzig, Teubner, 1961², p. 19, l.9 et suiv.

97. D. O'BRIEN, « Empedocles: a synopsis », dans RECHENAUER, G.W. (dir.), *Frühgriechisches Denken*, Göttingen, Vandenhoeck & Ruprecht, 2005, p. 316-342, à la page 323.

de bas de page apporte une information supplémentaire : « *For the elements as "roots", see fr. 6, where earth, air, fire and water are presented under the* alibi *of four divine names (Zeus, Hera, Aidoneus and Nestis).* » Comprenons *alibi* comme une façon de dire un nom d'emprunt ou un autre nom. Il en ressortirait que la vérité profonde ou première (qui n'est pas celle de l'*alibi*) serait celle des éléments. Les quatre divinités seraient donc l'apparence ou la couverture sous laquelle apparaîtraient les éléments. Un lecteur non averti pourrait croire qu'il suffit de penser les éléments au sens d'Aristote ou d'autres auteurs plus tardifs pour savoir ce qu'il en est des « *roots* » chez Empédocle. Ce serait fort réducteur.

En 2016, O'Brien s'intéresse à l'expression αὐτ(ά) ἐστιν ταῦτα (fr. 17.34, 21.13, 26.3) et entend montrer que dans cette expression Empédocle veut se distinguer d'Anaxagore pour lequel tout est dans tout. Il écrit[98] :

> *Empedocles' elements, his four "roots" (fr. 6.1), are not "made up from" anything else, which is, again, why Aristotle speaks of them as "elements". Nor do they have to have, within them, any part of anything other than themselves.*

Il en viendra à poser quelques questions, que je commenterai[99] :

> *Does water, unless it is ice, not contain some admixture of fire? Does the dark air of night-time not contain some admixture of water? Does the air we breathe in the daytime not have in it some portion of fire? If so, can any one of the elements, in the world we live in, properly be said to be "itself alone"? [...] let us imagine dear Pausanias asking the question: "What is it?" [...] If he asks the question about bone or blood or flesh, he gets one answer, he is told what it is made up of. If he asks the question about earth or air or fire or water, he gets a quite different answer, he is told: "It is itself". An answer that has point and purpose because it is an answer that is true only of the elements, and not of the compounds that are made up from the elements. [...] a "reply" to Anaxagoras' claim that "in everything there is a part of everything".*

Je crains que la réponse d'Empédocle qu'O'Brien imagine (*"It is itself"*) n'aurait pas été aussi simple qu'il le dit pour l'un des quatre éléments. Par exemple, pour l'eau (ὕδωρ), la réponse serait bien plus vraisemblablement : *Nestis* et Zeus. L'eau – entendons le liquide, la pluie froide et non pas la grêle – contient toujours de la chaleur, laquelle est une manifestation de Zeus. Tout comme l'os, l'eau n'est

---

98. O'Brien 2016, p. 16.
99. O'Brien 2016, p. 28, puis 31-32. Je n'exclus pas qu'O'Brien en écrivant « *Does water, unless it is ice, not contain some admixture of fire?* » fasse allusion à Picot 2014, p. 363 : « le feu sous forme de chaleur empêcherait la pluie d'être de la neige ou de la grêle. »

pas un corps simple, c'est un composé – même s'il est vrai que l'eau est un composé moins complexe que l'os, qui comprend les quatre racines. Ce n'est que pour les racines que la réponse *"It is itself"* serait imaginable[100]. *Nestis* est toujours elle-même et seulement elle-même (relire ainsi le fr. 17.34-35 avec ταῦτα se référant aux ῥιζώματα). Mais O'Brien, en 2016, ne distingue pas les « *roots* » des « *elements* ». Son seul renvoi est au fr. 17.18.

Pour O'Brien, l'essentiel est que le monde conçu par Empédocle soit fait de quatre composants matériels, ces quatre composants étant les quatre éléments bien connus par ailleurs[101], qui ont un rapport avec les quatre racines. O'Brien pourrait avancer le fait que parler des dieux ou des éléments ne changerait rien à son argumentation. Mais cet argument – celui de l'enjeu d'un propos – autorise en lui-même des amalgames et des approximations quant aux moyens mis en œuvre[102]. Nous avons suggéré ce qu'il pourrait en être de la réponse à la question : qu'est-ce que l'eau ? C'est un mélange. La réponse n'est pas la même qu'à la question : qu'est-ce que *Nestis* ? Les dieux Zeus, Héra, *Aïdôneus* et *Nestis* n'entrent presque jamais[103]

---

100. O'BRIEN paraît être en accord avec ce que BURNET 1892, p. 243, disait en parlant d'Empédocle : « *Above all, the elements are ultimate. All other bodies, Aristotle tells us, might be divided till you came to the elements; but Empedokles could give no account of those without saying (as he does not) that there is an element of which Fire and the rest are in turn composed.* » Mais, précisément, les noms traditionnels des quatre éléments, réduits à un seul mot pour chaque élément (feu, terre, eau, air), sont issus du langage commun ; ils reproduisent des visions partielles (fr. 2.3-8, fr. 9.4-5, fr. 39.2-3) et s'accordent avec la théorie des corps simples d'Aristote. Ils ne sont pas ultimes (« *ultimate* »). Seuls les dieux, racines, sont ultimes. Et ces dieux sont des personnalités avec une certaine complexité de comportement. – En suivant le fr. 17.18, O'BRIEN utilise « *air* » et non pas « *aether* » pour désigner l'élément éther. Voir O'BRIEN 1969, p. 290-292. Selon lui, chez Empédocle, « *aether is not strictly an element* », « *aether* » serait « *a mixture of fire and air* », « fiery air ». Dans ce cas, la réponse à ce qu'est l'éther conduirait évidemment à « *a mixture* ».

101. Cf. J. MANSFELD & D.T. RUNIA, *Aëtiana. The method and intellectual context of a doxographer, II, The compendium*, 1, Leyde-Boston, Brill, 2009, p. 164-165 : « *One is tempted to compare 'four-elements-Empedocles' with expressions of oral fame such as 'swiftfooted-Achilles'* ». C'est évidemment au fr. 6 que le chiffre 4 nous renvoie. Voir note 157. Il reste à préciser l'extension des manifestations pour chacun des éléments. Cette extension peut différer sensiblement d'un interprète d'Empédocle à l'autre. Exemples concrets : la glace sera-t-elle considérée comme de la terre ou comme de l'eau ? L'air humide comme de l'éther ou comme de l'eau ? Ce que l'on respire de froid et sec dans un endroit gelé (en haut d'une montagne par exemple) sera-t-il de l'air ou selon la définition d'Aristote de la terre ? L'huile sera-t-elle de l'eau ou de la terre ? La lumière sera-t-elle du feu ou de l'éther ?

102. On retrouverait ici le type de défense de ceux qui veulent conclure que l'os est le mélange, selon des proportions précises, de plusieurs éléments. Peu importe alors qu'il y ait 3 ou 4 éléments dans l'os, la conclusion reste toujours vraie.

103. Dans D. O'BRIEN, *Empedocles' cosmic cycle: a reconstruction from the fragments and secondary sources*, Cambridge, Cambridge University Press, 1969, p. 140, Zeus

dans l'œuvre pourtant considérable – plus de mille pages – de ce savant sur Empédocle. On n'y trouvera pas non plus de considération sur la possible identification de *Nestis* avec une Perséphone repensée par Empédocle.

Ne faisons pas à O'Brien un mauvais procès. O'Brien n'est pas le seul commentateur à parler des racines sans s'intéresser – au moins dans ses écrits – aux dieux du fr. 6[104]. Cette histoire est ancienne avec des noms comme Clément d'Alexandrie ou Philopon. Pour un commentateur d'Empédocle, le vocabulaire des « racines » est devenu une façon commune de parler des éléments au sens aristotélicien, tout en signalant qu'il s'agit d'Empédocle et non pas d'Aristote[105]. Il faut reconnaître et souligner que, de toute façon, Empédocle pense au feu, à l'éther, à la terre et à l'eau en désignant Zeus, Héra, *Aïdôneus* et *Nestis*. Reste bien sûr à savoir ce que l'Agrigentin incluait comme phénomènes sous feu (πῦρ), éther (αἰθήρ, ἀήρ), terre (γαῖα), eau (ὕδωρ). Là, les choses se compliquent par rapport aux idées communes – nous l'avons déjà entrevu, nous y reviendrons. Encore plus : il faut reconnaître et souligner qu'il est plus facile, pour être concret et s'adresser à un large public, de mentionner le feu, l'air, la terre et l'eau que de mentionner uniquement les quatre racines divines. Mais cela étant dit, parler de

---

apparaît : « *Four elements are enumerated, and fire and water are furthest apart in fr. 6, if, as seems likely, Ζεὺς ἀργής represents fire, and in frr. 22 and 71.* » À la page 140, O'Brien affirme : « *in fr. 96, Love fuses three elements to form bone* ». Selon cette lecture, *Nestis* serait l'eau, et la brillance de *Nestis* serait également l'eau. C'est oublier cette fois-ci qu'il n'y a aucune idée de brillance dans la *Nestis* du fr. 6.3, et pas plus dans l'eau sombre et froide, une autre figure de *Nestis* au fr. 21.5. Dans son compte rendu de l'ouvrage de P. KINGSLEY, *Ancient philosophy, mystery, and magic,* dans *Isis,* 89, 1998, p. 122-124, O'BRIEN n'omet pas de parler des dieux du fr. 6. Il était certes difficile de ne pas en parler, sachant que l'ouvrage de KINGSLEY est une large réflexion sur le fr. 6.

104. Citons par exemple O. LAGERCRANTZ, *Elementum: eine lexikologische Studie,* Uppsala-Leipzig, Almqvist & Wiksel, 1911, p. 6 : « *Empedokles nannte Feuer, Luft, Wasser und Erde* ῥιζώματα τῶν πάντων ». Un appel de note renvoie alors à « Vgl. DIELS Vorsokrat. S. 167, 13 und Fr. 6 ». LUMPE 1962, p. 288 : « *Die bekannte Lehre von den vier Elementen Erde, Wasser, Luft und Feuer wurde von Empedokles begründet; [...]. Er nannte diese Grundstoffe* ῥιζώματα *(frg. 6,1), wobei er wohl an die mythologische Vorstellung vom Weltenbaum anknüpfte* ». REALE 1987, p. 160 : « *Dopo aver elencato le quattro "radici" o elementi, Empedocle scrive [...]* ». O. PRIMAVESI écrit dans « Empedocle: il problema del ciclo cosmico e il Papiro di Strasburgo », *Elenchos,* 19, 2, 1998, p. 241-288, à la page 244 : « *i quattro elementi* » auxquels renvoie une note : « B 6, 1 D.-K.: τέσσαρα ῥιζώματα. »

105. Un vieil exemple : dans son ouvrage *The religious teachers of Greece* (Aberdeen, Aberdeen University, 1908, p. 244), J. ADAM écrit : « *According to Empedocles, the four "roots" of the Universe are Fire, Air (or, as he generally calls it, Aether), Water, and Earth.* » Et pour que les choses soient claires pour le lecteur, ADAM ajoute une courte note de bas de page censée être explicite : « *fr. 6* ». La confusion est totale.

« racine », sans autre précision, pour dire simplement « élément », et ne viser que le feu, l'air, la terre et l'eau, est un détournement du vocabulaire empédocléen moins innocent qu'il n'y paraît. D'un seul mot – détourné – on écarte ou marginalise ainsi la dimension divine du fr. 6 et l'on restreint l'étendue de chacun des quatre éléments.

En 1999, A. Martin et O. Primavesi font paraître *L'Empédocle de Strasbourg*, un ouvrage d'une importance considérable pour les études empédocléennes[106]. Un chapitre traite de la doctrine d'Empédocle. Les auteurs y rappellent « Les faits universellement admis » avec une sous-section sur « Les principes ». Je cite[107] :

> Empédocle distingue six principes : les quatre éléments [note 2], à savoir le feu, l'eau, la terre et l'air, et deux puissances, l'Amour et la Haine.

> fr. 17 D., 18   ... πῦρ καὶ ὕδωρ καὶ γαῖα καὶ ἠέρος ἄπλετον ὕψος,
>   19   Νεῖκός τ' οὐλόμενον δίχα τῶν, ἀτάλαντον ἁπάντηι,
>   20   καὶ Φιλότης ἐν τοῖσιν, ἴση μῆκός τε πλάτος τε...

> « ... feu, eau, terre et hauteur immense de l'air, la Haine funeste à l'écart d'eux, pesant partout d'un poids semblable, l'Amour parmi eux, égal en longueur et en largeur... »
> [...]
> Note 2 : Dans le fr. 6 D., 1, Empédocle désigne les éléments au moyen de l'expression τέσσαρα ῥιζώματα, « les quatre racines ». [...]

On remarquera que les « éléments » sont appelés « racines », et que les racines réelles ne sont pas énoncées. Nulle part dans l'ouvrage de Martin-Primavesi le fr. 6 ne sera reproduit. Nulle part ne seront évoqués Zeus, Héra, *Aidôneus, Nestis*. Les quatre dieux du fr. 6 ne sont pas considérés comme étant des principes. La marginalisation procède par le silence.

On s'accordera à dire que la correspondance à établir entre les noms divins et les éléments est sans conséquence pour la théorie du cycle cosmique ou pour la zoologie d'Empédocle. Or ces deux thématiques sont essentielles pour Martin et Primavesi. Cela pouvait-il toutefois justifier le silence sur ce qu'Empédocle lui-même disait à Pausanias : « Apprends d'abord les quatre racines de toutes choses » ? Le « d'abord », πρῶτον, semblait bien concerner des principes.

Avec Primavesi, en 2007, est apparue une nouvelle façon de parler des noms divins du fr. 6. Dans un texte de synthèse – remarquable de clarté –, cet auteur déclare que « les quatre racines divines

---

106. A. MARTIN & O. PRIMAVESI, *L'Empédocle de Strasbourg* (P. Strasb. gr. *Inv. 1665-1666*). Introduction, édition et commentaire, Strasbourg-Berlin-New York, Bibliothèque Nationale et Universitaire de Strasbourg, W. de Gruyter, 1999.

107. MARTIN & PRIMAVESI 1999, p. 53.

de B 6 sont les quatre masses pures considérées dans un état de séparation totale »[108]. Primavesi distingue ainsi ces « quatre masses pures » (= Zeus, Héra, *Aïdôneus*, *Nestis*) – lorsque la Haine règne en maître sur le monde (un temps que j'appelle le *dinos*[109]) – des quatre éléments impliqués dans des mélanges lors des états transitoires du monde entre le *Sphairos* et le *dinos*, et inversement. Selon cet auteur, Empédocle combine le mode mythologique (avec les noms des dieux, que Primavesi appelle « les noms allégoriques des quatre masses pures » ou « les noms divins allégoriques ») et le mode philo-sophique (les éléments physiques ou les unités de base de l'univers : feu, air, terre, eau), en ayant recours à la « fonction allégorique », laquelle à partir de 2008 sera conçue comme une fonction miroir[110].

---

108. O. Primavesi, « Empédocle : divinité physique et mythe allégo-rique », *Philosophie antique*, 7, 2007, p. 51-89, aux pages 65-66. Ce texte a été repris en anglais, avec quelques changements, dans : « Empedocles: physical and mythical divinity », dans Curd, P. & D.W. Graham (dir.), *The Oxford handbook of presocratic philosophy*, Oxford, Oxford University Press, 2008, p. 250-283 (*Chapter* 8). Dans son article en anglais (2008), Primavesi traduit souvent l'adjectif « allégorique(s) » (lu fréquemment dans l'article français de 2007) par « *mythical* ». Le changement est surprenant, car *allegorical* aurait convenu pour traduire « allégorique(s) ». (Primavesi n'est pas victime d'un traducteur ; il connaît parfaitement l'anglais.) Mieux ! *allegorical* convenait, car le texte français de 2007 avait été conçu à partir d'un article, en anglais, publié en 2006 (« Apollo and other gods in Empedocles », dans Sassi, M. M. (dir.), *La costruzione del discorso filosofico nell'età dei Presocratici*, Pise, Edizioni della Normale, 2006, p. 51-77), où l'adjectif « *allegorical* » apparaît un grand nombre de fois. Et ce texte lui-même avait été précédé en 2005 par un texte programmatique : « Theologische Allegorie: Zur philosophischen Funktion einer poetischen Form bei Parmenides und Empedokles », dans Horster, M. & Ch. Reitz (dir.), *Wissensvermittlung in dichterischer Gestalt*, Stuttgart, Franz Steiner, 2005, p. 69-93. Après 2007, Primavesi a apparemment adopté sinon une autre clé de lecture que l'allégorie, du moins un changement de vocabulaire.

109. J'emprunte le mot *dinos* à Martin & Primavesi 1999, p. 147 (d 8), p. 96-97, p. 304-306. Toutefois je ne mets pas de majuscule à l'initiale. Le *dinos* est un « grand tourbillon » dans le pôle opposé au *Sphairos*, mais il n'est pas un dieu (avec majuscule) en opposition au *Sphairos*. Primavesi 2011 (p. 397-398, 402, 484-485) et 2013 (p. 707) conservera ensuite le « Tourbillon » (*Wirbel, der große Wirbel*), en opposition au *Sphairos*, pendant lequel les quatre masses élémen-taires sont pures. Il lui donnera en 2017-2021 une définition réduite : l'« *abiotische Schlussphase* » de 10 *Chronoi* clôturant le pouvoir croissant de la Haine. Après l'« *abiotische Schlussphase* », le pouvoir croissant de l'Amour commencerait par une période de 10 *Chronoi* pendant laquelle les quatre masses élémentaires sont pures (« *abiotische Anfangsphase: Vier reine Elementmassen* »). Dans Primavesi 2016 (p. 24), le δῖνος qui dure 10 *Chronoi* avait pour nom σῆψις. Sans précision parti-culière, je n'utilise pas *dinos* dans sa définition réduite. J'en reste au *dinos* de Martin & Primavesi 1999.

110. Comparer Primavesi 2007, p. 66-67 avec Primavesi 2008, p. 257. Primavesi 2007 : « la procédure suivie par Empédocle peut être décrite comme suit : l'auteur combine, dans un seul poème [= la *Physique* en l'occurrence], les deux modes poétiques de référence au divin déjà établis, c'est-a-dire le mode mythologique

En 2007-2008, Primavesi ne se prononçait pas sur une attribution vraisemblable d'une divinité à un élément physique ; il avouait que la question est difficile. En 2013, il adopte la correspondance qui fait d'Héra la terre et d'Hadès l'air[111]. Mais que lui importe en fait de connaître une attribution plutôt qu'un autre à partir du moment où Zeus, Héra, *Aïdôneus* et *Nestis* sont toujours cantonnés dans le temps de la séparation totale ? L'attribution, s'il y en a une, n'aurait, par construction, aucun impact dans les mondes transitoires du mélange, où les plantes, les animaux et les hommes vivent, puisque Zeus, Héra, *Aïdôneus* et *Nestis* sont exclus de ces mondes[112]. Primavesi ne se préoccupe apparemment pas de savoir pourquoi Empédocle a donné ces noms divins plutôt que d'autres. Seule lui importe l'idée que les noms divins sont exclus des mondes de mélanges. Le confinement poétique (allégorique ? mythique ?) s'est sublimé en confinement temporel. Le sujet est clos. Nous restons alors avec des questions sans réponse. Pourquoi *Nestis* pleure-t-elle et mouille-t-elle de ses pleurs la source mortelle (κρούνωμα βρότειον) ? (Notons incidemment que cette source mortelle aurait des difficultés à exister dans le temps du *dinos*.) Et si *Nestis* est cantonnée dans l'état de séparation extrême des racines – comme le veut Primavesi –, comment expliquer alors qu'elle intervienne nommément dans la composition de l'os (fr. 96.2 : Νήστιδος αἴγλης) ? Pourquoi Héra est-elle appelée porte-vie (φερέσβιος) alors que dans le *dinos* Héra ne peut rien apporter à autre

---

et le mode philosophique, et il les met en relation l'un avec l'autre en ayant recours à la fonction allégorique. » PRIMAVESI 2008, p. 257 : « *Empedocles' procedure can be described as follows: he combines, within one and the same poem, the two established poetical modes of referring to the divine, that is, both the mythological and the philosophical one, so that they are mirrored in each other. The philosophical purpose of this mirroring function […]* ».

111. O. PRIMAVESI, « Empedokles », dans FLASHAR, H., D. BREMER & G. RECHENAUER (dir.), *Grundriss der Geschichte der Philosophie. Die Philosophie der Antike, I*, Frühgriechische Philosophie, Bâle, Schwabe, 2013, p. 667-739, à la page 691 : « *Hier werden, ausdrücklich als erstes Lehrstück des Naturgedichts, die vier Wurzelwerke (ῥιζώματα) aller Dinge mitgeteilt, und zwar durch die Angabe der vier Götternamen Zeus, Hera, Aidoneus (= Hades) und Nestis. Gemeint sind die vier empedokleischen Grundstoffe Feuer und Erde, Luft und Wasser im Zustand ihrer temporären Unsterblichkeit als chemisch reine Massen* ».

112. PRIMAVESI 2013, p. 709, écrit : « *Die metaphorische Bezeichnung 'Wurzelwerke' besagt, dass alle organischen Verbindungen und in gewissem Sinne auch der Umlauf des Kosmischen Zyklus im Ganzen aus den vier reinen Massen hervorgehen werden* […]. *Dies gilt unabhängig von der Zuweisung der einzelnen Götternamen zu den einzelnen Elementen* […] » Ainsi, la vérité qui compte, indépendamment de la correspondance divinités/éléments, tiendrait au fait que les divinités sont les masses pures des éléments. PRIMAVESI rejoint une remarque de J. MANSFELD en 1992 (*Heresiography in context: Hippolytus'* Elenchos *as a source for Greek philosophy*, Leyde-New York-Cologne, Brill, 1992, p. 211, n. 10) : « *At* Vorsokr. *31B6.1 the four divine elements are still at the stage of being "roots" – that is to say, they have not yet combined to form individual things.* »

chose qu'elle-même[113] ? Primavesi pourrait dire que les épithètes ou les qualifications de Zeus, Héra et *Nestis* dans le *dinos* anticipent les qualifications des éléments dans le monde des mélanges. Cette anticipation serait étrange[114]. En outre, pourquoi Empédocle aurait-il cantonné Zeus, Héra et *Nestis* dans le *dinos*, alors que les noms divins peuvent s'appliquer au monde des mélanges, tout comme les dieux du fr. 128.1-3, tout comme les déesses des fr. 122 et 123 ? En 2016, Primavesi continue de justifier l'appellation Zeus, Héra, *Aïdôneus* et *Nestis* pour les éléments divinisés grâce au *dinos*[115]. Mais un nouveau

---

113. Le cantonnement des quatre divinités du fr. 6 dans le *dinos* a pour origine une lecture singulière du fr. 35.14 (αἶψα δὲ θνήτ' ἐφύοντο, τὰ πρὶν μάθον ἀθάνατ' εἶναι). Selon PRIMAVESI, les dieux du fr. 6 sont des Immortels, ce qui implique-rait qu'ils n'appartiennent pas au monde des mélanges mortels. Encore selon PRIMAVESI, les quatre éléments constituent les mélanges mortels ; à un moment du cycle, ils apprennent (fr. 35.14) à devenir les Immortels du fr. 6 en se sépa-rant des mélanges. Le *dinos* est la période du cycle où ces éléments parvien-draient à s'immortaliser. Remarques : les Immortels du fr. 147.1 (ἀθανάτοις) sont autour d'une table (αὐτοτράπεζοι) ; or il n'existe pas de table lors du *dinos*. Empédocle joue en fait avec les mots empruntés à la tradition, avec « Immortels » tout comme avec l'adjectif « indestructibles » (ἀτειρεῖς) dont les Immortels seraient indirectement qualifiés dans le fr. 147.2. Les Immortels du fr. 147.1 (ἀθανάτοις) ne sont pour Empédocle que des dieux à la longue vie, donc mortels. En revanche, les dieux du fr. 6 sont assurément des Immortels, au sens où ils existent de façon permanente à travers les cycles cosmiques (*pace* PRIMAVESI). Ils (et non pas les *stoicheia*, au neutre) sont immuables (le masculin : ἀκίνητοι) à travers le cycle (fr. 17.13).

114. Quand Homère au début de l'*Iliade* répète l'expression « Achille aux pieds rapides » (πόδας ὠκὺς Ἀχιλλεύς), alors qu'Achille n'est pas en train de courir (*Iliade* I, 58, 84, 148, 215, 364), il faut admettre qu'il y a là un trait du héros, en anticipation de la rapidité à la course qu'il saura démontrer plus tard (*Iliade* XXII, 8, 24, 188, 229-230). Cet exemple chez Homère exige que le sujet auquel s'applique la qualification soit le même lorsque la qualification ne se vérifie pas et lorsque la qualification se vérifie. Si la qualification « aux pieds rapides » se justifie lorsqu'Achille est au repos, c'est parce que la scène fondamentale prise en compte pour la qualification est Achille lors d'une course à pied. Chez Empédocle, il ne faut donc pas considérer le *dinos* comme scène fondamentale du fr. 6 – comme le fait Primavesi –, et refuser les noms divins dans le monde des mélanges, mais au contraire situer ces divinités lors des mondes de mélange, et en particulier dans le monde où nous vivons.

115. O. PRIMAVESI, « Empedocles' cosmic cycle and the Pythagorean *tetractys* », *Rhizomata*, 4, 1, 2016, p. 5-29, à la page 11 : « *Strife's centripetal inva-sion, by contrast, leads to a state in which the four elements have assembled themselves, by the inherent attraction of like to like, in four concentric masses with an earthly sphere at the centre, surrounded by the spherical shells of water, air, and fire; these masses rotate around each other at maximum speed. Like the Sphairos (Apollo), these four perfect masses are regarded as gods, which also justifies the attribution of the names of two divine couples to the four elements as such* – Zeus *(Fire)* & Hera *(Air)*, Aidoneus/Hades *(Earth)* & Nestis *(Water)*. » Cette interprétation est confirmée dans O. PRIMAVESI, « Das ewige Widerspiel von Liebe und Streit: Neues zum kosmischen Zyklus des Empedokles », *der blaue reiter*, 42, 2018, p. 63-67, à la page 64. – À partir de 2016, PRIMAVESI réduit la durée de la période des quatre masses pures de 40

pas est franchi. Primavesi abandonne Hadès = air et Héra = terre : il écrit : « Zeus (*Fire*) & Hera (*Air*), Aidoneus/Hades (*Earth*) & Nestis (*Water*) ». La nouvelle attribution d'Hadès est appuyée par une citation de C. G. Heyne (1776[116]). Heyne voyait en *Aidoneus* la terre, et en *Nestis* l'eau, en pensant au couple chtonien *Pluto/Proserpina*. Je n'aurais aucune critique à formuler à ce rapprochement ; je suis en effet convaincu que *Nestis* est une figure de Perséphone et qu'*Aidoneus* est effectivement la terre dans le fr. 6. Mais en retenant Heyne, Primavesi rend alors instable sa conception des dieux cantonnés aux quatre masses pures (dites aussi abiotiques). Heyne dit, à l'appui d'une *Nestis-Proserpina*, « *das Wasser fließt ja unter der Erde* ». Cela va à l'encontre de la position relative des éléments produits par le *dinos*, telle que l'imagine Primavesi : « *an earthly sphere at the centre, surrounded by the spherical shells of water, air, and fire* ». L'eau sous la terre, qui permet de penser *Nestis-Proserpina*, épouse d'un *Aïdôneus*-terre, ne se trouve évidemment pas dans une période du cycle où l'eau est au-dessus de la terre. La façon de sortir de cette contradiction serait de ne pas cantonner *Nestis* et *Aïdôneus* dans la période des quatre masses pures.

On ne peut pas quitter ainsi les travaux du Primavesi sans rapporter un revirement en 2017 puis en 2021[117]. En 2017, Primavesi abandonne l'idée que les *rhizomata* – et donc les quatre dieux – soient cantonnés dans un état de séparation totale (2017, p. 246) :

Der Begriff der Rhizomata *wird in diesem Fragment* [= fr. 6] *appositiv durch vier* Götternamen *erläutert. Die damit festgestellte Göttlichkeit der vier Elemente manifestiert sich primär in dem nach Empedokleischer Auffassung ,unsterblichen', d.h.* göttlichen Zustand vier chemisch reiner, konzentrischer Sphären *[…]. Gleichwohl wäre es zu rigide, den Geltungsbereich der Bezeichnung* Rhizomata *auf den vollkommen göttlichen Zustand der reinen Trennung einzuschränken. Vielmehr werden in dem genannten Fragment die vier* Rhizomata *durch den hinzugesetzten Genetiv ,aller Dinge'* (πάντων) *auf alle Verbindungen bezogen, die im Laufe des Zyklus aus ihnen, d.h. aus den*

temps à seulement 10 temps ; il place cette période après le point de basculement du monde quand l'Amour commence sa croissance. Il réserve alors le terme de *dinos* à une période de 10 temps précédant les quatre masses pures, période qui appartient à la fin de la croissance de la Haine (jusqu'au point de basculement).

116. C.G. HEYNE, « Vorrede », dans TIEDEMANN, D., *System der stoischen Philosophie, I*, Leipzig, Bey Weidmanns Erben und Reich, 1776, p. III–XVIII, aux pages VIII-IX (note).

117. O. PRIMAVESI, « Tetraktys und Göttereid bei Empedokles: Der pythagoreische Zeitplan des kosmischen Zyklus », dans KITTLER, Fr., P. BERZ, J. STRAUSS, P. WEIBEL & G. SCHARBERT (dir.), *Götter und Schriften rund ums Mittelmeer*, Paderborn, Wilhelm Fink, 2017, p. 229-316. – O. PRIMAVESI, « Pythagorean ratios in Empedocles' *Physics* », dans HARRY, C.C. & J. HABASH (dir.), *Brill's Companion to the reception of presocratic natural philosophy in later classical thought*, Leyde, Brill, 2021, p. 113-192.

> *Elementen gebildet werden. Dem entspricht, dass auch ihre Gleichsetzung mit*
> *den vier Göttern in einer Weise ausgestaltet ist, die [...] an die Präsenz der*
> Rhizomata *in unserer Welt denken lässt [...]*

Il conserve en 2017 (p. 246) l'attribution des éléments aux dieux pensée en 2016 :

> *Zeus als das ‚strahlend-helle' Feuer des Blitzschlags, Hera als die ‚lebens-*
> *pendende' (Atem)luft, Aidoneus/Hades als die das Totenreich bergende Erde,*
> *die Totengöttin Nestis/Persephone schließlich als das Wasser, das sich in den*
> *Tränen der um ihre Toten trauernden Sterblichen verströmt:* [fr. 6].

En 2021, il va plus loin. Je cite (2021, p. 142) :

> *We conclude that the term* rhizomata *refers to the four elements with regard*
> *to their powerful presence* in our world of coming-to-be and passing-away:
> *Zeus who throws lightning bolts at the earth, Hera who ensures our survival*
> *by offering crops, Aïdoneus/Hades into whose foggy realm we will disappear*
> *after our death, and his consort, Nēstis/Persephone, who feeds our tears when*
> *we mourn our kin—and therefore fast (*Nēstis *'the fasting one').*

Et encore (p. 143) :

> *We conclude that* rhizōmata *is* not *just an equivalent of* rhizai, *and that*
> *we must free ourselves from the widespread undertranslation of* rhizōmata
> *as 'roots'. In particular, the term* rhizōmata *does* not *designate the elements*
> *qua 'roots', i.e., starting points, of the cosmic cycle; in other words: the term*
> *does not characterize the four elements during the state of total separation*
> *when they have formed four concentric, chemically pure spheres. Rather, the*
> *technical meaning of* rhizōma *in Empedocles is 'elemental network'. By*
> *forming four elemental networks, the divine elements maintain their indi-*
> *vidual unity, albeit in a diminished form, during the transitional phases*
> *of the cosmic cycle [...]*

Le revirement est donc double. Primavesi (2021) abandonne Héra = air, Hadès = terre (version 2016, 2017), et revient à Héra = terre, Hadès = air (version 2013). Plus important encore pour notre propos, il abandonne en 2017 et 2021 l'idée que les dieux du fr. 6 sont cantonnés dans l'état de séparation complète (2007, 2008, 2016). En 2021, il le dit désormais indirectement en insistant sur son interprétation des *rhizōmata* comme étant des *elemental networks* (et non plus comme une source et le point de départ d'un cycle cosmique). En effet, il est assez évident que dans « *the state of total separation* » les *rhizōmata* ne forment pas un *elemental network*, puisque la séparation – antinomique d'un réseau – y domine. Or les *rhizōmata* sont les dieux précis qu'il lit et interprète comme des éléments dans le fr. 6. Notons toutefois que Primavesi conçoit une « *diminished form* » des dieux « *during the transitional phases of the cosmic cycle* ». On se demandera alors en quoi Zeus *argès* serait-il diminué. Pourquoi ne serait-il plus lui-même dans les périodes de transition entre les deux périodes abiotiques (*dinos* suivi directement des quatres masses pures) et le *Sphairos* ? Ne serait-ce pas plutôt l'inverse : Zeus n'est-il pas totalement lui-même durant ces périodes de transition, et diminué dans « *the state of total separation* » ?

La marginalisation des dieux du fr. 6 s'étend aussi à l'identité de *Nestis*. Qu'en est-il, dans les temps modernes, de la reconnaissance possible d'une Perséphone sous le nom de *Nestis* ? Comme nous venons de le voir, Heyne (1776) l'évoque. En 1805, Sturz mentionne Heyne, et signale le couple Pluton-Proserpine[118]. A. B. Krische (1840[119]) et E. Zeller (1856[120], 1892[121]) font de même, sans en tirer aucune conséquence. Puis un long silence, de plus de 70 ans, s'installe. Il correspondrait à la venue de Diels sur l'avant-scène des études empédocléennes. L'identité de *Nestis* avec Proserpine (comprenons Perséphone) réapparaît chez J. Bollack en 1969[122], puis chez C. Gallavotti (1975), M. R. Wright (1981), V. Andò (1982-1983), P. Kingsley (1995) et d'autres, dont Primavesi (2016, 2017 et 2021). La question qui nous entraînerait ici trop loin serait de savoir quelle Perséphone se cache derrière *Nestis* : celle de la tradition (à laquelle pense par exemple Primavesi en 2021), ou bien une Perséphone aussi différente de celle de la tradition que le Zeus *argès* est différent du Zeus maître du vaste ciel de l'*Iliade* XV, 192 ?

Je voudrais clore cette section sur la marginalisation des dieux du fr. 6 avec la position de N. Van der Ben, recueillie en 2019 à partir d'écrits posthumes[123]. Van der Ben édite son fr. 39 VdB, qui correspondrait au fr. 6, ainsi :

τέccαρα τῶν πάντων ῥιζώματα κόcμου ἐόντων.
ἔcτων Ζεύc θ' Ἥρη τε φερέcβιοc ἠδ' Ἀϊδωνεὺc
Νηρεύc θ', οἳ δὴ ἔφυν ὁμὸν ἓν γένοc ἀλλοιωπῶν,

Il le fait précéder de (fr. 38 VdB) :

---

118. F.W. Sturz, *Empedocles Agrigentinus*. De vita et philosophia eius exposuit, carminum reliquias ex antiquis scriptoribus collegit, recensuit, illustravit, praefationem et indices adiecit M. F.G.S., Leipzig, Göschen, 1805, p. 213, 550.

119. A.B. Krische, *Die theologischen Lehren der griechischen Denker, eine Prüfung der Darstellung Cicero's* (= *Forschungen auf dem Gebiete der alten Philosophie*, vol. 1), Göttingen, Dieterich, 1840, p. 128.

120. Zeller 1856², p. 507, n.2.

121. E. Zeller, *Die Philosophie der Griechen in ihrer geschichtlichen Entwicklung*, I, 2, Leipzig, O.R. Reisland, 1892⁵, p. 758, n.3.

122. Bollack 1969 (*commentaire, 1*), p. 174-175. Bollack cite Heyne.

123. N. van der Ben, *Empedocles' Poem on natural philosophy, I – A radical edition*, Posthumous writings, Google Sites, empedocles.acragas, 2019.

Παυσανίη, cὺ δὲ κλῦθι, δαΐφρονος Ἀγχίτου υἱέ,

et suivre de son fr. 40.1 VdB

ἠέλιός τε χθών τε καὶ οὐρανὸς ἠδὲ θάλασσα.

L'introduction de Nérée, à la place de *Nestis*, surprend. L'auteur croit impossible qu'Empédocle ait mentionné une déesse inconnue ou presque, et retient à la place un nom largement répandu : Nérée. En conséquence, il n'est plus question de Perséphone. Toutefois, la chose nouvelle la plus étonnante réside dans le fait que Van der Ben soutient que pour Empédocle les quatre dieux sont déjà morts au moment où l'Agrigentin s'adresse à Pausanias. Il écrit (p. 672, 674) :

> [fr. 39 Vdb] *The mention* [= *the mention of the four proper names*] *is rather a sort of farewell, saying that from now on* ἠέλιός (πῦρ) τε χθών (αἶα, γῆ) τε καὶ οὐρανὸς (αἰθήρ, ὄλυμπος) ἠδὲ θάλασσα (ὕδωρ, ὄμβρος) *are going to refer to the individual* δαίμονες *or* ταῦτα.
> [...] *Scholars have written a huge amount on these theonyms* [Ζεύc, Ἥρη, etc.]. *Ironically, however, the matter is of minor importance, since (a) these names do not recur to denote the Elements, and (b) Empedocles' statement remains intact irrespective of the ascription of the names (see, e.g., Guthrie,* HGP *II, 1965, 144-7 and Burkert,* Gnomon *44, 1972, 434-5). For the point in his use of these names is that the divine persons who were their original bearers do not (i.e. not any longer, as the Proem makes clear) exist. Surely, neither had the Natural Philosopher made it his business to produce allegorical interpretations of what he considered to be non-existent in the first place, nor did he intend his readers to understand that what they traditionally used to believe to be Zeus and the other personal gods in truth were the Elements after all.*

Et page 911-912 :

> Ζεύς [...] *Empedocles' use of the name as a proper name of 'Constituent Air' emphasizes that the traditional proper name has lost all meaning, because its original bearer is no longer alive. The name is free to be applied to something else. The same holds for the proper names* Ἥρη, Ἀϊδωνεύς, *and* Νηρεύς *being applied to* 'δαίμων Earth', 'δαίμων Fire', *and* 'δαίμων Water' *respectively. Empedocles' common noun of the Element Air is* οὐρανός. Ζεύς *is not used as an appellative for 'air'* (αἰθήρ, *also* ὄλυμπος).

Les quatre dieux nommés en personne sont donc congédiés. En 2016, Primavesi les confinait encore dans la période de la séparation totale. Ils disparaissaient pendant un temps long, pendant lequel les hommes existaient, puis revenaient périodiquement à l'issue du *dinos*, quand les hommes avaient depuis longtemps disparu. Van der Ben, qui ne croit pas au cycle cosmique, les congédie définitivement.

Pour désigner les quatre éléments, il utilise l'impersonnel δαίμονες ou ταῦτα[124].

L'intérêt récent pour le fr. 6

Parmi les commentateurs modernes, quelques auteurs n'acceptent pas la marginalisation du fr. 6. Il s'agit tout d'abord de P. Kingsley, de M. L. Gemelli Marciano et de C. Rowett[125].

Considérant avec attention le fr. 6, Kingsley a dénoncé avec vigueur le propos d'Olerud et de Guthrie[126]. Son interprétation de la correspondance des divinités aux éléments (Zeus = éther, Héra = terre, *Aïdôneus* = feu, *Nestis* = eau) était celle déjà soutenue initialement par F. Knatz (1891). Kingsley n'a pas cherché à utiliser cette correspondance pour comprendre des vers d'Empédocle, qui seraient obscurs[127]. En revanche, il l'a utilisée à l'appui de sa critique de la théorie des deux soleils – théorie que l'on trouve

---

124. Il utilise le mot δαίμων ainsi (VAN DER BEN 2019, p. 666) : « *used in reference to the four Elements (ταῦτα) as contributing some of their μοῖραι, μέρεα or parts (i.e. the parts, microscopically small in quantity but infinitely rich in variety, that are suitable, reported as μέρη ὁμοιομερῆ by Aëtius [...] to the formation (by mixing in currents) of living things or μέλεα, βίος. [...] Empedocles [...] convinced of the need for religion to be replaced with science as a foundation for knowledge and civilization to be built upon, applied the word to the realm of science (given its probably frequent use in popular religion, there may be a polemical side to this move) and, without having to alter its lexical sense, which does not in itself connote anything religious, chose it as a designation of the four basic and permanent groups of stuffs in the universe, out of certain parts of which the world of living things (κόσμος ἐόντων) was formed.* »

125. (1) KINGSLEY 1995. (2.1) M.L. GEMELLI MARCIANO, « Die empedokleische "Vierelementenlehre": Überlegungen über die Anfänge einer "naturwissenschaftlichen" Theorie », dans *ELEMENTE – ΣΤΟΙΧΕΙΑ – ELEMENTA*: antike und moderne Naturwissenschaft zum Ursprung der Dinge, Schweizerischer Altphilologenverband, Lucerne, 2012, p. 25-36. (2.2) M.L. GEMELLI MARCIANO, « Feuer bei Heraklit und Empedokles: Aspekte und Funktionen einer göttlichen Kraft », dans HORNUNG, E. & A. SCHWEIZER (dir.), *Feuer und Wasser, Beiträge der* Eranos *Tagungen 2011 und 2012*, Bâle, Schwabe, 2013, p. 133-157. (3) C. ROWETT, « Love, sex and the gods: why things have divine names in Empedocles' poem, and why they come in pairs », *Rhizomata*, 4, 1, 2016, p. 80-110.

126. KINGSLEY 1995, p. 392-393.

127. Selon KINGSLEY 1995 il n'y a pas lieu de lire Empédocle pour dégager des cohérences intellectuelles ou pour s'intéresser à des doctrines rationnelles ; Empédocle aurait seulement écrit pour tracer le chemin d'une ascèse personnelle de libération de l'âme. Voir Chapitre XXIII. Notamment p. 359 : « *the very framework as well as the purpose of Empedocles' poetry was clearly initiatory and magical.* » Pages 362-363 : « *The initial riddle of the elements is itself a seed containing the potential of its future growth, an enigma capable of being resolved through a process of pondering; the hearer provides the solution, not Empedocles. As for the poem as a whole, it is an initiatory text in that its declared purpose is not just to provide facts and information but to induce a process of inner transformation.* »

dans un témoignage d'Aétius (A 56) –, afin de faire sortir le soleil apparent des entrailles de la terre où se tiendrait *Aïdôneus* = feu. Concevoir que le lieu naturel ou originel d'*Aïdôneus*-feu est sous la terre permet à Kingsley de rester en accord avec le traditionnel séjour des morts où règne Hadès[128]. Empédocle aurait donc conservé un royaume des morts. Kingsley a aussi utilisé sa correspondance des divinités aux éléments pour justifier la croyance selon laquelle l'âme chez Empédocle, identifiée à un *daimôn*, est une parcelle d'éther (« *a fragment of* aithêr »), donc assimilable à Zeus[129]. Kingsley affirme par ailleurs, arguments à l'appui, que *Nestis* est Perséphone. Mais, bien évidemment, à la différence de Heyne il ne voit plus dans le couple Pluton-Proserpine, ou *Aïdôneus-Nestis*, le mariage de la terre et de l'eau. Pour lui, il s'agit désormais du mariage du feu et de l'eau.

Gemelli Marciano et Rowett ont adopté la même correspondance des divinités aux éléments que celle de Kingsley, ainsi que l'identité de *Nestis* et de Perséphone. Gemelli Marciano procède à un renversement de lecture important entre les éléments et les dieux (figures mythiques) qui leur correspondent. Dans son article « Die empedokleische "Vierelementenlehre" »[130], elle écrit : « *In diesem Bezug sind also nicht mit Primavesi die sogenannten mythischen Figuren "the surface under which a deeper, physical level of meaning has been hiding*[131]*", sondern umgekehrt sind die Naturerscheinungen die Oberfläche, die eine tiefere religiöse Bedeutung verbergen.* » Gemelli Marciano illustre ce renversement en s'appuyant sur quelques exemples qui mettent en œuvre le feu. À l'époque de la Haine croissante, le feu s'élève du sol et entraîne avec lui, à partir des profondeurs de la terre, les ancêtres des humains (fr. 62, en particulier le vers 2 : ἐννυχίους ὄρπηκας ἀνήγαγε κρινόμενον πῦρ). Empédocle ferait ici allusion à un Hadès = feu, qui fait revivre les morts, les fait remonter des entrailles de la terre vers le jour, les libère après l'engloutissement des vivants dans le *Sphairos*. L'Hadès-feu

---

128. Voir Picot 2000, p. 49-59 (Hadès sous la terre). Il est évident que si, pour Empédocle, Hadès est la terre, et non pas quelque chose sous la terre, il n'est alors plus question de l'Hadès traditionnel. Conséquence : pas de catabase possible, une réincarnation sans royaume des morts (soit une conception différente de celle de Platon).

129. Voir Kingsley 1995, p. 49-68 ; P. Kingsley, « Empedocles for the new millennium », *Ancient philosophy*, 22, 2002, p. 381-382 ; P. Kingsley, *Reality*, Inverness, The Golden Sufi Center, 2003, p. 358-360, 401-402 (« *a fragment of* aithêr »), 527 (« *To Empedocles, Zeus was a uniquely important god.* [...] *Zeus is the one he allows to represent* aithêr – *the element of our own immortality and pure divinity, the substance of our soul* »).

130. Gemelli Marciano 2012, p. 31.

131. Primavesi 2008, p. 257.

est un Hadès libérateur qui opère la réincarnation des *daimones*[132]. Il existerait donc un arrière-plan mythologique important qui associe le feu à Hadès, et qui permet de comprendre le sens d'une scène (fr. 62.2) décrite sommairement par Empédocle. Par ailleurs, Gemelli Marciano entend montrer que, dans le fr. 96.1, Empédocle, qualifiant la terre de ἐπίηρος (bienveillante) lors de la croissance de l'Amour, renvoie par allusion à *Iliade* I, 572[133]. Dans cette occurrence, Héphaïstos adresse un mot bienveillant à sa mère, Héra ; Homère emploie l'expression ἐπὶ ἦρα φέρων. Gemelli Marciano voit là un jeu de mots entre Héra et ἦρα qu'Empédocle exploiterait pour signaler que la terre ἐπίηρος est Héra. Voici un dernier exemple d'interprétation, concernant le fr. 38.4 (Τιτὰν ἠδ᾽ αἰθὴρ σφίγγων περὶ κύκλον ἅπαντα) et le fr. 44 (ἀνταυγεῖ πρὸς Ὄλυμπον ἀταρβήτοισι προσώποις). Selon Gemelli Marciano, Titan est le soleil, tandis que l'éther qui encercle et presse (σφίγγων) est le Ciel[134]. Le fr. 38.4 fixerait un instant de la séparation croissante après la rupture du *Sphairos*. Il ferait allusion à Ouranos qui, dans la *Théogonie* hésiodique, presse Terre, et empêche alors la naissance des Titans, puis ferait allusion à la libération des Titans après l'émasculation d'Ouranos. Gemelli Marciano enchaîne cette lecture avec celle du fr. 44, dont le sujet de ἀνταυγεῖ est le soleil. Le soleil, Titan, n'éprouve pas de crainte (ἀταρβήτοισι προσώποις) devant l'Olympe – entendons les dieux Olympiens – avant l'issue de la Titanomachie. À travers cet exemple, Gemelli Marciano souhaite montrer que des phénomènes naturels peuvent cacher une signification mythologique. Mais, aussi intéressante que soit cette lecture du fr. 44 lié au fr. 38.4, force nous est de constater qu'elle ne dit rien des dieux du fr. 6, qui sont au cœur de « Die empedokleische "Vierelementenlehre" ». On se demande comment Titan, identifié – avec certitude – au soleil *Hélios* au fr. 38.4, pourrait être Hadès (puisque chez Empédocle le soleil est une figure du feu, et le feu est Hadès, selon Gemelli

---

132. Pour appuyer son argumentation, Gemelli Marciano 2012, p. 32, a recours (1) à Sophocle, *Œdipe à Colone*, 1559 (« *Aidoneus als* ἐννυχίων ἄναξ »), *Trachiniennes* 501, en écho apparemment à fr. 62.2, (2) à Eschyle, *Les Perses*, 649 (l'appel du chœur à Aïdôneus pour faire remonter au jour le roi Darios), qui fait lien avec le même fr. 62.2, où se lit le verbe ἀνάγειν, possible écho de ἀναπέμπειν chez Eschyle. Le texte Gemelli Marciano 2013 relatif à Empédocle est pour l'essentiel une reprise, souvent mot pour mot, de Gemelli Marciano 2012 ; l'exposé est parfois simplifié (en vue d'une vulgarisation).

133. Gemelli Marciano 2012, p. 33-34. Gemelli Marciano 2013, p. 153-154.

134. Gemelli Marciano 2012, p. 35. Absent de Gemelli Marciano 2013. Cf. Rashed 2018, p. 113-148, pour un chapitre intitulé : « Le soleil ou les ruses de l'Amour : édition du fr. 38 ». Dans ce chapitre, p. 131-132, Rashed prend position en faveur de Titan = soleil.

Marciano). La réponse renverrait à Kingsley : le soleil a pour origine une partie du feu souterrain qui, dans un lointain passé, s'est élevé dans le ciel. Mais pourquoi Hadès-Soleil éprouverait-il de la crainte face aux dieux olympiens ? Si Hadès est le feu qui illumine, il ne craint pas la lumière du jour et la luminosité qui entoure l'Olympe, à la différence de l'Hadès traditionnel. Gemelli Marciano ne fait pas cette interprétation ; elle se limite au Titan-Soleil. Jusqu'ici, à partir des divinités du fr. 6, Gemelli Marciano n'a pas offert ou tenté d'offrir une clé de lecture d'un passage autrement obscur d'Empédocle. Elle relit des passages déjà assez clairs en eux-mêmes. Elle suggère des allusions littéraires. Mais ne résout pas d'énigme. Il en est différemment de Rowett, qui admet elle aussi l'identification Hadès = Feu, dans le sillage de Kingsley.

En 2016, Rowett dénonce avec force ce que j'énonce, moi-même, comme une « marginalisation ». Elle dit[135] :

> Traditional two-poems readings of Empedocles used to think of the four elements as four kinds of inert material stuff – earth, air, fire, and water [...] For such readings, Empedocles' habit of describing these elements as gods or daimones would have to be a kind of poetic fancy, metaphorical at best, confusing at worst. For, surely, they would say, these stuffs would be the least alive things in the entire cosmos.
> [...] My thesis is that Empedocles' cosmos is not like that at all, but is composed entirely of personal beings with intelligence and desires, who change their dispositions at will, and have no fixed character that is immune to change.
> [...]
> These reflections should remove the temptation to think of B6 as a list of four elemental stuffs, curiously encoded with the names of random gods. We shall no longer complain that Empedocles has wrapped something simple and scientific in a garment of misleading poetic metaphor. It is better to start from the assumption that he is talking about something for which these are the right terms, and that he has chosen them because they provide a fuller causal account of the phenomena that he is trying to explain.

Remarquons la prise de distance vis-à-vis de « a kind of poetic fancy » et d'un « garment of misleading poetic metaphor », et remarquons d'autre part le soutien à « personal beings [...] who change their dispositions at will, and have no fixed character that is immune to change ». C'est là une approche du fr. 6 que je partage.

Par ailleurs, Rowett souligne un point qui lui servira de clé pour résoudre une énigme du fr. 96 :

> If Nestis is Persephone and Aidoneus is Hades, Persephone's chthonic spouse, we should surely think of these gods more as pairs of male and female divinities,

---

135. ROWETT 2016, p. 83 et p. 88.

and less as a list of four single elements. B6 is not a list of four co-equal elemental gods. It mentions two marital couples.

Voici ce fr. 96 :

> ἡ δὲ χθὼν ἐπίηρος ἐν εὐστέρνοις χοάνοισι
> τὼ δύο τῶν ὀκτὼ μερέων λάχε Νήστιδος αἴγλης,
> τέσσαρα δ᾽ Ἡφαίστοιο· τὰ δ᾽ ὀστέα λευκὰ γένοντο
> Ἁρμονίης κόλλησιν ἀρηρότα θεσπεσίηθεν.

L'os mélange huit parts (τῶν ὀκτὼ μερέων) d'éléments différents selon les proportions suivantes : quatre parts d'Héphaïstos (τέσσαρα δ᾽ Ἡφαίστοιο), deux parts de la brillance de *Nestis* (δύο... [μέρει]... Νήστιδος αἴγλης), et, par soustraction de 6 à 8, deux parts supposées de terre (χθών). Aétius comprend que deux parts de la brillance de *Nestis* signifient deux parts d'eau[136].

Rowett affirme : « *bones contain equal numbers of male parts to female* »[137]. Du point de vue des couples homme/femme, la situation est harmonieuse grâce au chiffre 8. Ainsi quatre hommes (= quatre parts d'Héphaïstos) répondent à quatre femmes (deux fois Héra = terre[138], plus deux fois *Nestis*). C'est donc la prise en compte des mariages du fr. 6 (le couple Zeus-Héra d'une part, le couple *Aïdôneus*-Perséphone d'autre part) et le fait de poser Héra = terre qui permettraient de comprendre la logique qui préside aux proportions dans le fr. 96. Je me limiterai ici à une seule remarque : une même interprétation du chiffre 8 pourrait être faite avec l'attribution antique Zeus = feu, Héra = terre, Hadès-*Aïdôneus* = air, *Nestis* = Perséphone = eau. Dans ce cas, Héphaïstos serait une figure de Zeus au lieu d'être celle d'*Aïdôneus* – ce qui ne change rien dans le compte des hommes et des femmes, qui seul importe ici pour Rowett. Son explication possible du chiffre 8 à partir de l'équation Héra = terre et des mariages serait en fait commune à deux lectures différentes de Zeus et d'Hadès dans le fr. 6. Ce constat ne devrait pas satisfaire Rowett, qui ne défend qu'une seule identification. Voilà présentés quelques défenseurs

---

136. Aétius, *Opinions*, V, 22 (= A 78). ROWETT 2016, p 89 (n.16) suppose qu'Aétius explicite correctement le point de vue d'Empédocle. J'ai défendu une composition différente (voir plus haut la section « Zeus brillant et la brillance de *Nestis* »).

137. *Ibid.*, p. 89.

138. Ayant dit « *Earth was apparently "Hera" in B6, but she must be the one called Chthon in B96* », ROWETT joue sur le fait qu'en grec χθών est du genre féminin, tout comme Héra. Et sur le fait qu'Héphaïstos est du genre masculin tout comme *Aïdôneus*. Il existerait, selon elle, une cohérence et un équilibre entre les genres exprimés au fr. 96 et ceux exprimés au fr. 6.

d'une interprétation du fr. 6 en accord avec l'équation *Aïdôneus-*Hadès = feu, et qui accordent de l'importance à cette interprétation[139].

G. Cerri s'est intéressé, quant à lui, au fr. 6 pour défendre la correspondance ancienne Zeus = feu, Héra = terre, *Aïdôneus* = éther, *Nestis* = eau[140]. Selon cet auteur le fr. 6 révèle une relation privilégiée entre le poème physique et un rite local de type démétriaque, pratiqué probablement à Agrigente, et présent plus tard dans la colonie panhellénique de Thurii[141]. Pour Cerri les noms divins sont un voile (« *velame* ») sous lesquels il faut reconnaître les éléments canoniques[142]. Les épithètes attachées aux noms divins ne sont pas des ornements ; elles sont fonctionnelles, avec un sens fort[143]. Cerri

---

139. On pourrait ajouter quelques noms soutenant la même équation, mais qui n'accordent guère d'importance aux noms divins donnés dans le fr. 6, ainsi : R. LAURENTI (1999), T. VÍTEK (2001), N. VAN DER BEN (2019). VAN DER BEN 2019, en particulier, dit expressément que les noms des dieux ont peu d'importance (p. 674) : « *the matter is of minor importance* ». On pense à GUTHRIE. Adhérant à l'équation soutenue par KINGSLEY, T. MACKENZIE (*Poetry and poetics in the presocratic philosophers: reading Xenophanes, Parmenides and Empedocles as literature*, Cambridge-New York, Cambridge University Press, 2021, p. 171) affirme par ailleurs la redéfinition des noms divins chez Empédocle – « *Zeus and Hera still exist in Empedocles' cosmos, but they are actually identified with, rather than figuratively representative of, the cosmic masses to which they correspond* » (p. 170) – et conserve pour ces noms le sens d'une personnalité : « *In Empedocles' cosmos, the traditional, anthropomorphic names for the six permanent entities are inaccurate insofar as they imply a humanlike shape, but not insofar as they imply a human-like personality* » (p. 173).

140. G. CERRI, « L'ideologia dei quattro elementi da Omero ai Presocratici », *Annali dell'Istituto Universitario Orientale di Napoli*, 20, 1998, p. 5-58, aux pages 26-32. L'auteur a soin de souligner que la correspondance entre divinités et éléments doit être comprise à partir des épithètes de Zeus et Héra (p. 27 : « *epiteti che si rivelano, ad un'analisi attenta, non ornantes, bensì funzionali e qualificativi in senso forte* »). La première idée qui vient est alors de remarquer que *pheresbios* qualifie traditionnellement la terre, si bien qu'Héra *pheresbios* devrait être la terre. CERRI croit qu'Empédocle a emprunté ce chemin traditionnel.

141. G. CERRI, « Empedocle narratore di miti: la vicenda cosmica », *AION*, 28, 2006, p. 49-63, à la page 52. Voir aussi du même auteur « Poemi greci arcaici sulla natura e rituali misterici (Senofane, Parmenide, Empedocle) », *Mediterraneo antico*, 3, 2, 2000, p. 603-619, à la page 606 : « [*la dottrina dei quattro elementi in termini rigorosamente teologici*] *si inseriva in un'operazione esegetica autorevole, esercitata su un rito misterico locale di Agrigento, la patria del poeta-filosofo, e/o di Turi, la sua patria di adozione durante gli anni dell'esilio.* »

142. G. CERRI, « Il poema di Empedocle 'Sulla natura' ed un rituale siceliota », dans CANNATÀ FERA, M. & S. GRANDOLINI (dir.), *Poesia e religione in Grecia: studi in onore di G. Aurelio Privitera*, Naples, Edizioni Scientifiche Italiane, 2000, p. 205-212, à la page 207 : « (fr. 6): […] *Il primo verso ci assicura che nei due seguenti sono elencati, sotto il velame dei nomi divini, i quattro elementi canonici del pensiero empedocleo* ». CERRI dira plus loin (p. 212) : « *la teoria fisica dei quattro elementi era presentata come esegesi teologica di un culto incentrato su una dea delle acque.* » Interprétons : sous l'apparence notamment d'une déesse de l'eau (*Nestis*) et de son culte, qui associe d'autres divinités, il faut en définitive découvrir les quatre éléments.

143. *Ibid.*, p. 208.

n'a pas cherché jusqu'ici à tirer parti de la correspondance qu'il défend sur le corpus empédocléen. Il s'interroge sur l'intérêt de la symbolique qui relie les éléments canoniques à des dieux, dans la mesure où cette symbolique est en apparence gratuite[144]. Il résout cette question en supposant que la symbolique renvoie à un rite local démétriaque[145]. Mais une fois que cela est dit, l'enquête s'arrête. Le voile est tiré. Les éléments ont pris la première place.

J'ai moi-même défendu la troisième correspondance : Zeus = feu, Héra = éther ou air, *Aïdôneus* = terre, *Nestis* = eau. Et fait usage de ce que l'on sait de *Nestis* au fr. 6.3 pour comprendre l'expression Νήστιδος αἴγλη au fr. 96.2. La brillance qui est attachée à l'eau provient de la blancheur du mélange de l'air et de l'eau. Par ailleurs, l'importance que *Nestis*-Perséphone occupe dans le fr. 6, ses métamorphoses dans le cycle de l'eau qui la met en affinité avec le schème du cycle – essentiel pour la conception d'Empédocle –, et sa proximité avec l'Amour (B 19, fr. 34, fr. 96.4) sont autant de caractéristiques qui en font la candidate la plus vraisemblable pour être le nom caché de la Muse immortelle d'Empédocle (B 131). Plus récemment, j'ai utilisé la correspondance Héra = éther ou air pour comprendre la signification des *ambrota* dans le fr. 21.4[146].

Reconnaissant Perséphone derrière le nom de *Nestis*, M. Rashed a tiré parti de cette identité vraisemblable de *Nestis* pour interpréter deux fragments : le fr. 84 (la lanterne et l'œil) et le fr. 100 (la clepsydre et la respiration)[147]. L'avancée interprétative est, dans les deux cas, spectaculaire. Je veux souligner ci-après et à titre d'exemple l'avancée faite dans le fr. 84.

La tradition mythologique qui entoure les deux déesses d'Éleusis ne fournit pas de raison de penser que Perséphone est la divinité de

---

144. *Ibid.*, p. 210 : « *Una volta individuati i referenti 'fisici' di ogni singola divinità nominata nel frammento, resta da risolvere un problema non meno arduo. Perché Empedocle ha fatto ricorso a simboli così astrusi ed apparentemente gratuiti?* »

145. CERRI suppose que *Nestis* est un autre nom d'une Coré-Perséphone. Il suppose aussi que les parents de cette Coré sont Zeus et Héra au fr. 6.2. Cette Héra est une Héra atypique, déesse de la fertilité, une Héra *pheresbios* comme l'est Déméter *pheresbios*. Voir « Il poema di Empedocle 'Sulla natura' ed un rituale siceliota », p. 212. Mais dans ce raisonnement, CERRI néglige une donnée majeure : les divinités du fr. 6 n'ont pas de parents, car elles n'ont pas de naissance. Il est donc inutile de chercher des généalogies dans des cultes.

146. J.-C. PICOT, « Un nom énigmatique de l'air chez Empédocle (fr. 21.4 DK) », *Les études philosophiques*, 110, 3, 2014, p. 343-373.

147. M. RASHED, « The structure of the eye and its cosmological function in Empedocles: reconstruction of fragment 84 D.-K. », dans STERN-GILLET, S. & K. CORRIGAN (dir.), *Reading ancient texts. Volume I: Presocratics and Plato – Essays in honour of Denis O'Brien*, Leyde-Boston, Brill, 2007, p. 21-39 ; « De qui la clepsydre est-elle le nom ? Une interprétation du fragment 100 d'Empédocle », *Revue des études grecques*, 121, 2, 2008, p. 443-468. Les deux articles sont maintenant repris dans RASHED 2018. Je les citerai dans cet ouvrage.

l'eau – et plus encore, qu'elle est la plus grande divinité de l'eau. Seul le fr. 6 conduit, par la déduction de deux mariages consécutifs (Zeus avec Héra, *Aïdôneus* avec *Nestis*), à imaginer qu'une Perséphone se cache sous le nom de *Nestis*. Empédocle aurait mélangé un fait traditionnel – l'épouse d'Hadès – avec une assertion surprenante : l'épouse d'Hadès est la plus grande divinité de l'eau. Étrange certes, mais Empédocle pratique le mélange des genres. La meilleure preuve en est qu'il fait de Zeus au fr. 6 une des quatre racines de toutes choses, assimilé à l'éclat lumineux de la foudre, sans être le fils de Cronos ni le père des hommes et des dieux ; et si l'on veut plus, il nomme « Titan » (fr. 38.4) une manifestation de Zeus-feu. Dans ce contexte, il est alors possible de penser que, dans le fr. 84.8 (λεπτῆισίν <τ'> ὀθόνηισι λοχάζετο κύκλοπα κούρην), Empédocle a repris le mot κούρη pour faire un jeu de mots sur jeune fille (qui est notamment Perséphone avant son mariage) et pupille de l'œil, ainsi que pour faire une allusion à *Nestis*-Perséphone, et donc à l'eau[148]. Rashed a alors édité d'une façon nouvelle le vers en question : λεπτῆσ' εἰν ὀθόνησιν ἐχεύατο κύκλοπα Κούρην[149]. La leçon ἐχεύατο qui se trouvait dans des manuscrits dignes d'intérêt avait depuis longtemps été écartée en faveur d'une autre leçon, λοχάζετο (et ensuite de la correction λοχεύσατο). Mais la restitution de ἐχεύατο, avec pour sujet Aphrodite, permet de comprendre la logique du vers : « elle [= Aphrodite] versa Korê à l'œil rond en des voiles léger » (trad. Rashed). Le verbe « verser » convient parfaitement pour de l'eau. La partie de l'œil que l'on appelle pupille contient de l'eau – non seulement Empédocle le pensait, mais en plus c'est vrai[150]. Cette lecture écarte les interprétations précédentes qui font de κούρην le lieu du feu[151]. On pourra toujours dire que la lecture de Rashed

---

148. RASHED 2018, p. 163. – La pupille (κόρη ou κούρη) désigne notamment le disque noir au centre de l'iris. Chez des poètes, le mot κόρη peut désigner l'œil en entier. Voir F. SKODA, *Médecine ancienne et métaphore : le vocabulaire de l'anatomie et de la pathologie en grec ancien*, Paris, Peeters/Selaf, 1988, p. 143-145. R. CAPRINI, & R. RONZITT, « Studio iconomastico dei nomi della 'pupilla' nelle lingue indoeuropee e nei dialetti romanzi », *Quaderni di semantica*, 28, 2, 2007, p. 287-325. Et J. MÉNDEZ DOSUNA, « El secreto de sus ojos: niñas y pupilas en Homero *Ilíada* 8.168 y Aristófanes, *Tesmoforiantes* 406 », *Studia philologica Valentina*, 18, n.s. 15, 2016, p. 229-240. Empédocle utilisait probablement κούρη pour désigner le disque pupillaire, avec l'idée que la pupille est noire tout comme l'eau est noire (A 69a, A 86.7, A 86.17, A 91). Reste à comprendre l'iris qui cache souvent une partie de la pupille.

149. RASHED 2018, p. 164-165. Le fr. 84.7,7a, 8 de cette édition :

ὣς δὲ τότ' ἐν μήνιγξιν ἐεργμένον ὠγύγιον πῦρ	7
γόμφοισ' ἀσκήσασα καταστόργοισ' Ἀφροδίτη,	7a
λεπτῆσ' εἰν ὀθόνησιν ἐχεύατο κύκλοπα Κούρην·	8

150. Aristote le savait (*De anima*, 425 a 4) : la pupille (κόρη) est faite d'eau.

151. BURNET 1892, p. 232 ; W.D. ROSS (éd.), *Aristotle. Parva naturalia. A revised text with introduction and commentary*, Oxford, Clarendon Press, 1955, p. 190 ;

est trop subtile et trop complexe pour être vraie[152]. Mais ces propos ne tiendraient pas, ou pas suffisamment, compte de l'apport du fr. 6.

Dans une contribution dont le titre est « Le soleil ou les ruses de l'amour : édition du fr. 38 »[153], Rashed explique la rotondité stable du soleil – figure de Zeus-feu – grâce aux liens aimants d'Aphrodite, seule capable de donner une forme sphérique à cette masse cosmique de feu[154]. Rashed montre aussi que le vers 1 du fr. 38 consacré à l'origine du soleil reprend en écho une parole de Zeus dans l'*Iliade* I, 524 – εἰ δ' ἄγε τοι. C'est un nouvel indice validant l'interprétation ancienne selon laquelle, chez Empédocle, Zeus est le feu.

La théorie de l'ornement et de l'habillage poétique a-t-elle définitivement cédé la place à la reconnaissance de l'importance des noms divins pour la pensée d'Empédocle ? Rien n'est moins sûr. Pour les commentateurs sceptiques, il sera facile aujourd'hui de souligner les divergences d'interprétation entre les tenants d'une attribution spécifique des dieux aux éléments et les tenants d'une autre attribution. La critique pourrait même porter sur les tenants

---

GUTHRIE 1965, p. 235 ; J. BOLLACK, *Empédocle. III, Les Origines, commentaire, 2*, Paris, Éditions de Minuit, 1969, p. 325-326 (Bollack avait reconnu Perséphone derrière *Nestis*, mais n'établissait pas de relation avec la pupille de l'œil) ; WRIGHT 1981, p. 240 ; J. SVENBRO, « Voir en voyant. La perception visuelle chez Empédocle », *Métis*, N. S. 2, 2004, p. 47-70, aux pages p. 56-57, 60. – A.G. WERSINGER (« Empédocle et la *poétique* de l'analogie dans le fragment 84 », *ΦΙΛΟΣΟΦΙΑ*, 42, 2012, p. 41-65, à la page 56) reconnaît les identités pupille = *Korè* = *Nestis-Perséphone* = eau, mais conserve l'édition de DIELS pour le fr. 84.8 (le feu ogygien demeure le sujet du verbe λοχάζετο).

152. Voir GHEERBRANT 2017, p. 288, 305-307. Dans sa critique de l'équation pupille = *Korè* = *Nestis*-Perséphone = eau, GHEERBRANT concède que dans le contexte polémique du fr. 6 *Nestis* puisse être Perséphone, mais refuse d'étendre l'identification au fr. 84.8. Il dit en particulier (p. 307) : « Il est […] vraisemblable que ces caractéristiques – qu'elle soit une Κούρη, qu'elle soit παῖς de Déméter – soient neutralisées dans le cadre de la théologie subversive d'Empédocle. » Mais GHEERBRANT ne voit apparemment pas que la subversion passe par la réutilisation du vocabulaire commun tel que Κούρη. Empédocle avoue au fr. 9.5 utiliser lui aussi les expressions courantes parmi les hommes. Cela ne veut pas dire que sous les mêmes mots il signifie les mêmes choses que ces hommes. Empédocle détourne et dédouble (il y aura ainsi la Perséphone, fille de Déméter, et la Perséphone empédocléenne, *Nestis*, qui est sans parents) ; il mêle le traditionnel et l'innovant.

153. Contribution dans RASHED 2018, p. 113-148.

154. Je suis désormais RASHED sur ce point. Aphrodite donne sa forme solaire au feu céleste. Néanmoins les rayons en eux-mêmes ne sont pas l'œuvre d'Aphrodite. Ils sont une des manifestations de Zeus. Il serait utile de distinguer le temps de la formation du soleil, quand l'Amour avait de l'importance, et le temps du soleil lorsque la Haine prend de plus en plus le pas sur l'Amour. Le feu sous la terre rejoindrait de plus en plus le feu céleste. Une conséquence serait le desséchement de la surface de la terre sous la chaleur de plus en plus intense du soleil, et la puissance néfaste du soleil contre les mortels terrestres, œuvres d'Aphrodite.

d'une même attribution, qui divergeraient dans leurs interprétations. Un bon exemple de divergence existerait avec le fr. 96. Examinons.

On peut soutenir que le nombre 8 s'explique parce que la brillance de *Nestis* signale le mélange de 2 éléments : l'éther et l'eau. Soit parce que l'éther, étant Zeus *argès* (fr. 6.2), confère sa brillance à *Nestis*. Soit parce que l'éther, étant Héra, transforme la noirceur de l'eau en blancheur et lui donne un aspect brillant. On peut soutenir que le nombre 8 s'explique par l'équilibre des mariages : deux parts féminines de terre (Héra) plus deux parts féminines d'eau (*Nestis*) se marient avec quatre parts masculines de feu : Héphaïstos, figure d'Hadès, ou bien figure de Zeus. Il y a donc quatre interprétations identifiées. Le sceptique aura vite fait de conclure que tout cela n'est que jeu de l'esprit, que tout reste embrouillé et bien loin de la pensée d'Empédocle ; les attributions n'expliqueraient rien de façon convaincante et univoque. Il faudrait donc en revenir à la position énoncée par Guthrie : *the question* [*of the ascription of the Gods to the elements*] *is of little importance for Empedocles's thought*. Si, face aux divergences d'interprétation, et face à l'incapacité à résoudre correctement une énigme, ce retour à la marginalisation du fr. 6 serait compréhensible, je ne crois pas qu'il sera définitif. Il y a des essais et des erreurs. C'est le processus normal de la recherche. Rien ne devra se juger sur un seul cas de figure (comme nous l'avons fait sur le fr. 96). L'utilité du fr. 6 devra se juger sur le fait de pouvoir résoudre plusieurs énigmes avec une même clé de lecture.

Mise en perspective

Empédocle utilise le mot ῥιζώματα – pour le dire vite : racines. Que veut-il dire par là ? Au moins deux choses. D'abord, les racines sont les points de départ ou les origines de ce qui se développe ensuite. Pour comprendre le visible, l'arborescence du Multiple, il faut s'en remettre à des racines qui sont spontanément cachées au regard. Le propos d'Empédocle est de faire voir ces racines dans leur capacité à produire une variété de manifestations, et dans leur capacité à former des mélanges. Les quatre dieux-racines ne sont pas des personnalisations si l'on entend par personnalisations des allégories d'entités physiques, sans réalité matérielle[155]. Les dieux-racines sont à la fois cachés et agissant.

---

155. Voici certains avis contraires : (1) J. BIDEZ, « XIII. Observations sur quelques fragments d'Empédocle et de Parménide », *Archiv für Geschichte der Philosophie,* 9, 1896, p. 190-207, à la page 196 : « Empédocle personnifie la science comme il personnifie toute chose ». (2) E. BARBOTIN (traduction et notes), *Aristote. De l'âme,* Paris, Les Belles Lettres, 1966, traduit le fr. 96.1-3, p. 23, et ajoute

Le second point est de suggérer que le monde est vivant. Les racines sont des vivants qui participent activement à un monde aussi vivant qu'un arbre. Empédocle veut que son enseignement ne soit pas λιπόξυλος (fr. 21.2, fr. 71.1)[156]. Cet hapax ne devrait pas être traduit de façon vague par « insuffisant », « déficient », « manquant de corps », « manquant de matière », « manquant de consistance ». Afin de ne pas perdre le fil de la pensée d'Empédocle, il faut traduire littéralement : λιπόξυλος signifie faible en bois. C'est du bois dont il est question de façon spécifique. Ce bois (ξύλον) renvoie aux racines (ῥιζώματα). À l'instar du déploiement d'un arbre, le déploiement de la nature, et le déploiement de l'enseignement d'Empédocle sont à penser avec les ῥιζώματα. Appeler les racines des dieux précis souligne que les quatre composants sont vivants. Et plus encore qu'ils sont des dieux avec une complexité de manifestations. Les quatre dieux sont à la fois cachés comme le sont des ῥιζώματα au sens propre, et en même temps ils se déploient et se manifestent dans le visible comme des arborescences qui sortent des racines. *Nestis* fait partie de l'os (fr. 96).

Par la suite, avec Platon et surtout Aristote, le mot *stoicheia* est devenu le mot dominant pour parler des quatre corps primaires, constitutifs des corps composés. Par rapport aux *rhizômata* d'Empédocle, la substitution a fait perdre au moins le point concernant le vivant. Les dieux ont facilement disparu, ils se sont effacés aux marges – je

---

une note à sa traduction : « Nestis est la personnification divine de l'eau ». (3) LONGRIGG 1976, p. 423 : « *His allegorical personification of the four roots in general is of much greater significance.* » (4) B. INWOOD, « Empedocles, c. 492–432 BCE », *Oxford Classical Dictionary,* Digital ed., New York, Oxford University Press, 2016 : « *his* [Empedocles'] *four 'roots' or elements, which moved under the influence of Love and Strife. All six of Empedocles' realities were often personified as gods.* » – Je mentionnerais à part M. GARANI, *Empedocles* Redivivus: *Poetry and analogy in Lucretius,* New York-Abingdon, Routledge, 2007, qui a intitulé un de ses chapitres "*Personification*". GARANI dit à la fois, p. 33 : « *Empedocles generally resorts to personification in order to present his pupil with a comprehensible image of both the motive forces of creation and destruction and the unchangeable first beginnings of things, i.e. his roots.* » Et p. 245 : « *As far as Earth's external appearance is concerned* [fr. 55], *Empedocles probably envisaged it as endowed with human features. This description is in consistence with Empedocles' personification of all four roots along with their basic manifestations in the world.* » GARANI affirme ainsi que les racines sont divines, mais semble mettre le nom des dieux au compte de la personnification qui servirait d'image signifiante pour un enseignement. – Dans son article « Quelques survivances dans la pensée philosophique des Grecs d'une mentalité primitive », *Revue des études grecques,* 49, 230, 1936, p. 255-292, L. ROBIN voit dans la réflexion d'Empédocle les traces d'une « mentalité primitive » (p. 264) : « les quatre corps qui sont les "racines" de tous les mixtes y ont souvent l'apparence de Divinités (par exemple, fr. 6) ; de sorte que ces choses *de la nature,* sont, comme cela a lieu dans la mentalité primitive, des personnes *surnaturelles* ». Et ROBIN de citer LÉVY-BRUHL, *La mythologie primitive.*

156. Une thématique déjà abordée dans PICOT 2004, p. 441, et PICOT 2014, p. 365.

ne parle même pas de l'avis qui voudrait réduire l'essentiel du fr. 6 au chiffre 4 (composants) [157]. De temps en temps, c'est vrai, l'on a rappelé que les racines d'Empédocle sont des dieux. Mais il aurait fallu ne pas parler un langage général, détaché du concret et appauvri. Il aurait fallu surtout dire qu'il s'agit de certains dieux précis et pas d'autres, les nommer et comprendre pourquoi Empédocle les avait choisis. Là, bien des philosophes qui (dans une grande prudence méthodologique et de spécialisation) se sont tenus à l'écart des réflexions mythologiques ont joué la carte du silence. Par « dieux » ils voulaient simplement dire : non mortels, éternels. Quant à Zeus, Héra, *Aïdôneus* et *Nestis*, ce n'était pas leur affaire. Ils laissaient volontiers cela à d'autres études, à d'autres disciplines. Soit ! mais pour comprendre suffisamment le point de vue d'Empédocle, il faut faire l'effort d'intégrer avec sérieux ses dieux particuliers dans la réflexion. Le passage des ῥιζώματα – exclusivement associés à Zeus, Héra, *Aïdôneus* et *Nestis* – aux στοιχεῖα est réducteur du point de vue de la pensée d'Empédocle.

Dans l'expression « les quatre racines de toutes choses » (τέσσαρα [...] πάντων ῥιζώματα), on a tendance à penser « toutes choses » comme étant exclusivement les mélanges. De fait, les racines sont pensées comme les composants d'origine de ces mélanges, tout comme les éléments sont les composants d'une unité qu'ils contribuent à former. Toutefois, il y a dans « racines » une autre idée possible, qui jouerait cette fois-ci sur le repérage spatial : l'appui, la base, l'assise – ce sur quoi le tronc se tient. De qui ou de quoi les quatre racines du fr. 6 seraient-elles l'assise ? Ces racines supportent les deux puissances

---

157. La valorisation du chiffre 4 procèderait du raisonnement suivant : (1) le monde est composé de quatre éléments différents, lesquels quatre éléments peuvent être associés de façon certaine, et dans une relation exclusive, aux quatre racines, qui elles-mêmes composent le monde ; (2) les quatre éléments ont donc les mêmes référents que les quatre racines. On peut ainsi parler indifféremment chez Empédocle des quatre éléments ou des quatre racines. Le raisonnement vise la référence (dénotation). Peu importe d'établir quel élément est lié exclusivement à quelle racine. Peu importe même de connaître l'extension concrète de chaque élément pour autant qu'aucun élément n'empiète sur le domaine d'un autre et que l'on ait l'assurance que la totalité du monde puisse se décomposer intégralement dans les quatre éléments. La faiblesse du raisonnement tiendrait au fait qu'il reste silencieux quant aux manifestations concrètes qu'il faut mettre sous « éléments » d'une part, et sous « racines » (Zeus, Héra, *Aïdôneus* et *Nestis*) d'autre part. – Le serment pythagoricien de la tétraktys (DK 58 B 15) utilise le mot ῥιζώματα. Le mot pourrait renvoyer à Empédocle ; dans ce cas, il ne saurait poindre vers les quatre dieux, qui, recyclés, n'ont rien à voir avec les croyances pythagoriciennes, et dont aucun n'est Apollon. En fait, l'association la plus évidente de ῥιζώματα pour des pythagoriciens tardifs serait uniquement le chiffre 4 avec « toutes choses ». Ce serait là ce qu'ils pourraient retenir et honorer : τέσσαρα [...] πάντων ῥιζώματα. – Sur la réception des quatre *rhizomata* ou éléments d'Empédocle chez Aristote, voir Crowley 2021. Sur le serment pythagoricien et Empédocle, voir Primavesi 2021.

Philotès et *Neikos*, autrement dit Aphrodite (fr. 17.24) et les Querelles (fr. 20.4). L'Amour est l'amour des racines entre elles. La Haine est la haine des racines entre elles. Empédocle présente régulièrement les deux puissances après avoir présenté certaines manifestations des racines (fr. 17.18-20, fr. 21.3-8, fr. 71.2-4, fr. 109). Sans les racines, l'Amour et la Haine n'existeraient pas et ne se déploieraient pas. Ni l'Amour ni la Haine ne sont conçus dans l'absolu. Les racines sont leur condition et leur objet nécessaire. Hésiode (*Théogonie*, 117-118) fait de la déesse Terre l'assise des Immortels. Empédocle fait des quatre dieux-racines l'assise des deux Immortels, Amour et Haine. Dans le fr. 6, un schème d'organisation, celui de l'Amour, et un schème de séparation, celui de la Haine, coexistent.

Philotès, tout comme Aphrodite, est une déesse. La déesse intervient non pas sur des matières inertes, mais sur des dieux et des déesses, sur des personnalités. Il existe une relation étroite entre les racines, qui sont divines, et ce qui opère sur les racines, à savoir deux divinités. Par l'imaginaire qu'ils véhiculent, les éléments (στοιχεῖα) ne sont pas en eux-mêmes une assise pour des divinités. Ils se limitent à être des composants ou des constituants de mélanges[158].

Je voudrais reprendre maintenant la question de la nature des dieux, en faisant d'abord front à deux objections possibles.

---

158. Deux auteurs, en particulier, ont valorisé les racines par rapport aux éléments, sans pour autant attacher beaucoup d'importance à la correspondance des éléments aux racines : A. GUZZO, *Empedocle d'Agrigento*, Palerme, Presso l'Accademia, 1964, et J. SALLIS, *The figure of nature: on Greek origins*, Bloomington-Indianapolis, Indiana University Press, 2016. Pour GUZZO, p. 179 : « *Empedocle, invece, nè separa nè identifica le quattro radici, da una parte, con le forze, dall'altra* […]. *E badiamo che son 'radici' vive, che mettono germogli vivi, e non 'elementi', come son chiamati, che possano soltanto accumularsi o esser aggregati in composti di cui restino inerti a 'materiali' ingredienti.* […] *Ma, nella distinzione, non avrebbero nessun senso nè vigore le 'radici' senza le Forze, nè queste senza quelle: il corriferimento, l'interriferimento è essenziale e costitutivo tanto delle 'radici' come tali quanto delle Forze di nome antropomorfico, come tali.* » Pour SALLIS, p. 52 : « *Fragment B6 again names—again differently—the four archaic moments.* […] *Later sources such as Simplicius use the word* στοιχεῖον (*elementum, element*) *in their reports of Empedocles' "theories," in this connection following Aristotle and Theophrastus. But the word does not occur in any of the Empedoclean Fragments, and with good reason: the four are not elements from which things are made.* » Cette dernière affirmation est surprenante, et discutable : « *the four are not elements from which things are made* ». Mais elle a le mérite de ne pas confondre totalement les racines avec des composants. SALLIS dira encore p. 52 : « *For Empedocles the four are not elements from which things are composed, but rather are roots from which things emerge and grow into the light. Et p. 56-57 : « The many names given to the four moments, even the generic name root, are not to be dismissed as mere poetic metaphor or as mythological personifications of natural phenomena.* »

Les dieux sont-ils nommés au hasard ?

Faisons-nous un instant l'écho de contradicteurs, auquel je répondrai ensuite. Empédocle n'avait pas un seul nom divin pour désigner l'Amour. Ce pouvait être *Philotès* (fr. 17.20) ou bien Aphrodite (fr. 71.4) ou bien *Philiè* (fr. 18) ou bien Harmonie (fr. 96.4). Il est difficile de soutenir que l'un de ces noms est englobant par rapport aux trois autres, autrement dit que l'un de ces noms a une préséance sur les trois autres et dit plus que ces derniers. À partir de ce constat on pourrait alors penser qu'il en est de même avec les noms des dieux du fr. 6. Ainsi, Empédocle aurait simplement choisi quelques noms divins, mais il aurait pu en donner d'autres à la place. Dans le fr. 98, n'avait-il pas mis Héphaïstos à la place de Zeus que l'on attendait pour le feu ? Il ne faudrait donc pas s'attacher à Zeus, Héra, *Aïdôneus* et *Nestis*. Empédocle ne tentait pas de nommer de façon unique et absolue chacune des racines[159]. Il ne lui importait pas de fixer prioritairement un dieu pour une racine, mais il lui fallait bien indiquer quelques noms, pour être concret. Son objectif était simplement d'ajouter du divin à ces noms profanes qu'il mentionne ici ou là : πῦρ, φλόξ, φλογμός, φῶς, αὐγή, ἀκτίς, σέλας, ἀήρ, οὐρανός, αἰθήρ, χθών, γαῖα, ὕδωρ, ὄμβρος, πόντος, θάλασσα[160]. Avec les noms divins, on sait désormais que les éléments, sous diverses formes, ne sont pas purement passifs. Ils peuvent vouloir (ex. : fr. 62.6) ou désirer (fr. 110.9), ou apprendre (fr. 35.14), tout comme des dieux olympiens. Rien de plus.

Que peut-on objecter à ce raisonnement possible de nos contradicteurs ? Il n'est d'abord pas certain qu'Empédocle ait pensé les dieux du fr. 6 sur le modèle des désignations de l'Amour, lesquelles ne conduisent pas à fixer un nom unique et englobant. Il existe une solennité dans le fr. 6 et une énigme qui sont éloignées des multiples désignations de l'Amour ici et là. Rien n'interdit qu'Empédocle ait pensé l'Amour d'une façon et les racines d'une autre façon. La difficulté principale de la position de nos contradicteurs vient du fait que les quatre noms divins qu'Empédocle a choisis dépendent étroitement les uns des autres. Il faut les penser en bloc, dans un même tableau expressif – cela n'est pas nouveau mais mérite d'être développé.

---

159. Cf. J. BOLLACK, *Empédocle. I, Introduction à l'ancienne physique*, Paris, Éditions de Minuit, 1965, p. 287-288 (Polyonymie).

160. C. GALLAVOTTI (*Empedocle. Poema fisico e lustrale*, Milan, Arnoldo Mondadori, 1975, p. 173) écrit : « *Naturalmente, come* ῥιζώματα *al v. 53, anche questi nomi divini non hanno un significato tecnico; altrove E., per designare gli elementi, usa teonimi diversi, oppure nomi diversamente figurativi; dice pioggia o mare, per l'acqua; oppure Efesto, sole, Titano, elettro, invece di fuoco* ».

Zeus et Héra forment un couple marital. *Aïdôneus* et *Nestis* en formeraient un autre, si bien que *Nestis* serait un autre nom d'une Perséphone empédocléenne. Le choix de deux olympiens de premier rang tels que Zeus et *Aïdôneus* conduit immédiatement à penser au partage du monde des trois grands olympiens en *Iliade* XV, 189-192, et à l'absence de Poséidon chez Empédocle. Cette absence, comblée par *Nestis*, est voulue. De la même façon, on repèrera une autre absence, celle de Styx, qui vient en dernière position dans le grand serment des dieux. Chez Empédocle, *Nestis* remplace Styx – ce n'est pas par hasard. Je pourrais encore, en adoptant la thèse selon laquelle Héra est l'air, défendre l'idée d'une mise en scène du cycle de l'eau dans le fr. 6[161]. Bref, le choix des noms divins dans le fr. 6 procède d'une réflexion élaborée et d'un esprit de système. Mis à part les problèmes de métrique, Némertès (fr. 122.4) ne pouvait pas remplacer *Nestis*. Héphaïstos ou *Hélios* ou Hestia ou Titan ne pouvaient pas remplacer Zeus. Borée ou Zéphyr ne pouvaient pas remplacer Héra. Gaia ne pouvait pas remplacer Hadès. Empédocle n'a pas tiré au hasard les noms divins qui sont les quatre racines de toutes choses. Ces quatre noms sont retenus parce que, dans leur enchaînement, ils racontent une histoire unique. Une partie de cette histoire n'est rien moins que la suppression du monde des morts, régi par un Hadès traditionnel. Une autre partie est le cycle de l'eau et la naissance des mortels. Empédocle n'avait, selon moi, qu'une seule mise en scène, qui pour lui s'imposait. Quand on ne s'intéresse ni aux dieux effectivement retenus pour le fr. 6, ni à la subversion de la répartition iliadique entre les trois grands olympiens, ni à la présence masquée d'une Perséphone empédocléenne, alors on peut croire en cet endroit à une loterie sur les noms divins, et imaginer la fantaisie du poète sur le modèle des divers noms de l'Amour. Mais dès que l'on reconnaît le travail de composition et les conséquences de cette composition, alors l'interchangeabilité des noms devient impossible. Et il faut conclure au plus simple : Zeus est le nom ultime et divin qui englobe tout ce qui concerne le feu et ses manifestations associées, et de même pour Héra identifiée à un autre élément et à ses manifestations associées, etc.

---

161. Voir PICOT 2000, p. 66-67 ; J.-C. PICOT, « Apollon et la φρὴν ἱερὴ καὶ ἀθέσφατος », *AFC*, 11, 2012, p. 1-31, à la page 18 ; PICOT 2014, p. 351.

L'objection de K. Freeman

Dans son commentaire du fr. 6, Freeman disait[162] : « *The names were of little importance to Empedocles: elsewhere he calls Fire Hephaestus.* » Cette remarque dans la veine de ce que nous venons de traiter mérite encore attention. On attendrait en effet qu'Empédocle reprenne plusieurs fois les noms de Zeus, Héra, *Aïdôneus* et *Nestis* là où il parle du feu, de l'éther, de la terre, et de l'eau (fr. 17, fr. 109, fr. 96, fr. 98, fr. 115). Puisqu'il ne le fait pas, ne serait-ce pas la preuve que les noms divins ont, tout compte fait, peu d'importance pour lui ? Je ne le crois pas. L'Agrigentin fournit une clé de lecture dans le début de son poème. Il ne lui parut pas ensuite utile de revenir sur cette clé. Et cela d'autant plus qu'il souhaitait être concret en adoptant le langage commun. Feu, éther, terre, eau sont plus concrets que les noms des dieux, même si le langage commun, avec un simple mot pour chaque dieu, est réducteur. Freeman interprète mal le fait qu'Empédocle désigne le feu par Héphaïstos, dans deux fragments : fr. 96 et fr. 98. L'Agrigentin n'a pas abandonné le nom d'une racine (Zeus) au profit d'un nouveau dieu (Héphaïstos). Le terme d'Héphaïstos est dans l'*Iliade* un équivalent de feu[163]. Le poète a donc simplement utilisé un terme iliadique, en suggérant une manifestation du feu portée par l'image du dieu qui forge, qui construit, et non pas l'image d'un dieu destructeur[164]. Dès lors qu'il a donné la clé au départ, Empédocle ne montre ensuite aucune rigidité dans la désignation des racines. On doit avoir appris à traduire. Cela peut nous dérouter. Cela ne le gênait apparemment pas, car il savait ce qu'il faut avoir en référence au-delà des mots. Le fr. 96 est un excellent exemple de cette souplesse de désignation. La terre est *gaia*, ce que tout le monde comprend d'emblée. Il n'utilise pas la racine, *Aïdôneus*. Pour le feu, il utilise Héphaïstos, un nom homérique que tout le monde comprend. S'il avait utilisé Zeus, la confusion aurait été possible avec l'éther. Reste *Nestis* ; cette fois-ci la racine est mise en avant ; les choses sont plus obscures. Il se pourrait que *Nestis* soit une divinité connue de l'eau[165]. La seule diffi-

---

162. F\textsc{reeman} 1946, p. 181.

163. *Iliade* II, 426. Voir aussi cet usage métonymique dans Hésiode, *Théogonie*, 866.

164. Cf. S\textsc{allis} 2016, p. 51.

165. A. D\textsc{elatte}, *Études sur la littérature pythagoricienne*, Paris, H. Champion, 1915, p. 147, 180, comprend Νᾶστιν comme un équivalent de *Nestis*, et comme une divinité de l'eau (p. 147), dans un résumé des *Theologoumena* de Nicomaque, lu chez Photius (*Bibl.* 187.143b.40). Dans le Lexique de Photius (*Lexicon* E–Ω), on lit : « Νήστης· Σικελικὴ θεός· Ἄλεξις ». Sous Νήστης, on comprend *Nestis* ; il n'est pas dit de Νήστης que cette déesse sicilienne est une déesse de l'eau. A. B\textsc{ernabé} & A.I. J\textsc{iménez} S\textsc{an} C\textsc{ristóbal} (*Instructions for the netherworld: The Orphic gold tablets*, Leyde-Boston, Brill, 2008, p. 137, 145-146,

culté est la brillance attachée à la déesse *Nestis*, qui par elle-même ne se déploie pas dans le registre de la brillance. Mais c'est là une autre histoire déjà racontée[166].

Parménide développait d'abord un discours de Vérité avant d'en venir à l'Opinion, où rien n'est sûr, mais qu'il faudrait tout de même connaître. Pourquoi Empédocle ne prendrait-il pas les choses en sens inverse, même très brièvement ? Il demanderait ainsi à Pausanias d'entendre d'abord un propos sans rigueur sur les quatre dieux (fr. 6), puis il en viendrait à dire des choses certaines, en énonçant le feu, l'eau, la terre et l'éther. Poussons encore plus loin. Il serait bon que Pausanias connaisse d'abord ce qui n'est pas sérieux, quelques fantaisies mythologiques issues des âges obscurs, qu'il s'en débarrasse, qu'il purifie ainsi sa connaissance, et qu'enfin il s'ouvre au discours de Vérité, avec des propos à la pointe des réflexions sur la nature. Pourquoi pas ? Cette présentation est assurément provocante, toutefois les gestes de marginalisation des modernes vont implicitement dans ce sens. On voudrait élever Empédocle vers les discours scientifiques et rationnels des siècles qui ont suivi. Homme des temps modernes, je ne doute pas un instant, pour moi-même, que les dieux du fr. 6 sont une fantaisie et une sottise. Empédocle se trompait, il enseignait des erreurs. Mais il y croyait. Il avait sa logique. C'est cela qui fait sens : sa logique. Contre tous les gestes de marginalisation des dieux, je crois que pour comprendre Empédocle il convient de ne pas le hisser trop vite sur le piédestal de la science ou de la philosophie des siècles qui suivent, là où les Zeus et autre *Nestis* n'ont plus droit de cité[167].

L'*'inference pattern'* de J. Palmer

Dans un article dont le titre est « Elemental changes in Empedocles », J. Palmer écrit indifféremment « *roots* » pour « *elements* »

148-149, 263) décryptent *Nestis* après « ἀέρ, πῦρ, Μᾱτερ », dans une lamelle de Thurii (L 12, l.5). Dans ce contexte, *Nestis* serait une divinité de l'eau (après l'air, le feu, la terre). BERNABÉ et JIMÉNEZ SAN CRISTÓBAL rapprochent le texte de la lamelle de celui du fr. 6, sans toutefois souligner l'absence de correspondance entre Air, Feu, Mère d'une part et, d'autre part, les Zeus, Héra et *Aïdôneus* du fr. 6.

166. Voir plus haut avec PICOT 2008.

167. Nous avons déjà pu observer comment plusieurs auteurs démythologisent le propos d'Empédocle. Je voudrais souligner la position de VAN DER BEN 2019 qui entend sciemment supprimer les dieux du message empédocléen. Ce commentateur multiplie les appellations d'Empédocle sous l'expression « *Natural Philosopher* », il en fait un philosophe de la « *Philosophy of Enlightenment* ».

et ne rapporte pas les dieux du fr. 6 (ni même le premier vers avec ῥιζώματα)[168]. Jusqu'ici ce n'est que banalités. L'article est intéressant lorsque l'auteur souligne l'importance chez Empédocle d'aller au-delà des mots pour l'Amour (Γηθοσύνη, Ἀφροδίτη) et de saisir le principe cosmique de l'Amour (fr. 17. 21-26, que l'auteur appelle « *Hymn to Love* »[169]), d'aller au-delà des perceptions immédiates et de saisir le Tout (fr. 2, fr. 39), d'aller au-delà des pensées étroites et d'avoir des pensées longues (δολιχόφρονες au fr. 11.1), et enfin d'avoir recours selon l'expression de Palmer à l'« *inference pattern* ». Mais, sans faiblir, Palmer identifie les « roots » ainsi : « *fire, water, earth, and air* »[170]. Palmer ne dit pas qu'à propos des « éléments » Empédocle pouvait penser la même chose que ce qu'il fallait inférer de l'Amour, au-delà de Γηθοσύνη et d'Ἀφροδίτη dont les hommes parlent. C'est pourtant ce qui devrait venir assez vite à l'esprit ; et c'est – je le crois – le sens même du fr. 6. Autrement dit, Empédocle demande à ce que nous étendions nos références étroites à un champ plus large, que nous donnions une autre extension à certains mots. Un mot est par exemple Γηθοσύνη, comme le dit Palmer. D'autres mots de départ à traiter avec l'« *inference pattern* » seraient πῦρ, ὕδωρ, γαῖα, αἰθήρ. Le mot qui englobe πῦρ est Ζεύς. Le mot qui englobe αἰθήρ est Ἥρη. Etc. Le schème important est celui de l'extension, bien signifié au fr. 11.1, avec cette épithète et hapax : δολιχόφρων.

---

168. J. PALMER, « Elemental change in Empedocles », *Rhizomata*, 4, 1, 2016, p. 30-54. Pour « *roots or elements* » : p. 36, 38, 40. PALMER utilise souvent « *roots* » tout seul, et utilise l'expression « *elemental roots* » (p. 30, 35, 36, 38, 39, 45, 46, 48, 50, 53). Le seul emploi de « *gods* » dans cet article est à la p. 45 : « *the gods themselves, among whom are to be counted fire, water, air, and earth* ».

169. *Ibid.*, p. 35.

170. C'est l'ordre de présentation donné dans le fr. 17.18 (qui retient air et non pas éther). Dans l'article de PALMER : p. 30, 39, 45, 46, 49, 51, 52, 53. Mais parfois : « *fire, water, air, and earth* » (p. 42, 45). – PALMER ne pose jamais la question sur le fond : qu'est-ce que l'eau pour Empédocle ? qu'est-ce que le feu pour Empédocle ? Il arrive à la conclusion suivante (*ibid.* p. 52) : « *Empedoclean Love and Strife would be regarded as principles, while fire, water, earth, and air would be regarded merely as elements because they are subject to generation and destruction – not only at the reconstitution of the cosmic sphere under Love's absolute sway but also in the formation of local compounds* ». Cette conclusion est en droite ligne de ce qu'on lisait déjà dans PALMER 2009, p. 279-304. PALMER considère que *Nestis* perd son identité dans la formation de l'os (fr. 96). Ainsi les dieux-racines disparaîtraient en participant à l'émergence des êtres vivants terrestres. Mais ils continueraient à exister quand ils ne sont pas pris dans des mélanges. *Pace* PALMER, voir un point de vue différent dans PICOT 2014, 360-363. Les choses immortelles du fr. 21.4 seraient des nuages blancs, Héra et son voile blanc sous le soleil, l'éther en mélange avec de l'eau dans des formations nuageuses.

Le chemin des dieux

Les dieux Zeus, Héra, *Aïdôneus* et *Nestis* entrent dans les mélanges et ne se transforment pas les uns dans les autres – Zeus ne sera jamais Héra et inversement. Dans le corpus des fragments et témoignages à notre disposition, Empédocle ne les définit pas. Il ne définit pas plus πῦρ, ὕδωρ, γαῖα, αἰθήρ ou ἀήρ. Ce fait a été déjà remarqué[171].

Empédocle a appelé Zeus (fr. 6.2) ce qu'il considère comme le feu, et a considéré que toutes les manifestations du feu dans le monde, même celles que le langage commun n'appelle pas feu – comme la lumière –, sont des expressions différentes, des manifestations ou encore des métamorphoses de Zeus dans le monde[172]. Ce qui vaut pour Zeus vaut aussi pour Héra, *Aïdôneus* et *Nestis* : tous se métamorphosent. Pour une large part, les métamorphoses d'un dieu se font au contact d'un ou de plusieurs autres dieux. Dans notre monde de mélanges, les contacts sont habituels. Si bien que saisir ce qu'est un dieu sans ces contacts – à l'état pur ? – n'est pas immédiat.

1 – Héra

L'éther[173] est le domaine d'Héra et de ses métamorphoses. Parmi celles-ci, nous pourrions nommer l'air (fr. 100.13), les nuages blancs (fr. 21.4), le vent (fr. 111.3), le souffle (fr. 84.4, fr. 100.15 et 21, fr. 111.5), le ciel (fr. 22.2), le firmament ou la matière solide de la lune (A 1.77, A 51, A 60), la lune (fr. 40). L'éther ou l'air permet d'introduire une remarque d'étendue générale.

Anaximène, pour qui toute matière est de l'air sous une forme raréfiée ou condensée, a initié un raisonnement qui aurait pu servir ensuite à Empédocle. Précisons. Anaximène suggérait que le feu est

---

171. Le fait est noté chez (1) Kranz 1949, p. 43 ; (2) Longrigg 1976, p. 428, n.39.

172. En commentant le fr. 35.14 (des choses qui avaient apprises à être immortelles subitement naissaient mortelles), C. Calogero avait déjà pensé à parler de la métamorphose de Zeus en cygne pour séduire Léda (*Storia della Logica Antica, I, l'età arcaica*, Bari, Laterza, 1967, p. 221). La mythologie offre en de nombreux exemples la possibilité des métamorphoses pour les dieux. Empédocle avait vraisemblablement cette possibilité en tête en subsumant des observations concrètes saisies par le vocabulaire commun (feu, soleil, flamme, chaleur, lumière, étincelle, etc.) sous les racines (*i.e.* les quatre divinités), insaisissables à l'état pur. Les racines d'un arbre constituent la partie d'un arbre qui ne se voit spontanément pas. Les quatre divinités, elles aussi, sont cachées, ou portent différents masques.

173. L'éther : fr. 98.2, fr. 100, fr. 109.2, fr. 115.9 et 11, fr. 135.2, et le vers 66b.249 R qu'il conviendrait de substituer au fr. 17.18 (voir note 41). Voir aussi note 174.

de l'air raréfié, et que les pierres sont de l'air condensé[174]. Ce dernier point – les pierres – est contre-intuitif. Contre-intuitif à l'excès, puisque pour tout un chacun l'air n'est ni solide ni lourd, il est fluide et léger, ce qui n'a rien à voir avec une pierre. Empédocle ira presque aussi loin qu'Anaximène : il concevra le firmament ou la lune comme constitués d'air solidifié ou cristallisé[175]. Ainsi constitués, ces solides célestes resteraient légers. D'Anaximène, Empédocle pourrait avoir retenu une idée fondamentale : le langage commun qui découpe notre saisie du réel (feu, pierres, etc.) ne peut pas nous guider à saisir le lien intime qui existe entre différentes matières. Empédocle ne dira cependant pas que le feu et les pierres ont le même lien intime qui serait l'air. Il ne posera pas un seul repère fondamental, mais quatre. Un de ces repères sera l'éther. Comme Anaximène, il y verra une divinité[176] – une divinité susceptible de prendre différentes formes. Autrement dit, Empédocle admettra que des espèces différentes peuvent être subsumées sous un même genre, une même divinité. L'éther, selon Empédocle, peut avoir la fluidité du vent ou la solidité du firmament ou de la lune. L'éther, c'est notamment ce que les mortels terrestres respirent (fr. 100)[177]. Mais l'éther ne sera jamais la flamme ni la lumière ni la terre ni l'eau. Empédocle installe des séparations physiques là où Anaximène n'en met pas ; il désigne sciemment par un nom précis une divinité (Héra pour l'éther), dont le contour échappe au simple mortel, là où Anaximène ne désigne apparemment pas un dieu connu. Le pas subversif accompli par Empédocle est d'avoir donné les noms de divinités olympiennes de premier plan (Zeus, Héra, *Aïdôneus*) à trois des racines, sans que le lien entre ces Olympiens et ces racines soit évident à première lecture, et d'avoir écarté Styx ou Poséidon ou même Océan pour désigner la quatrième racine.

---

174. D1 LM (= DK 13 A 5), D3 LM (= DK 13 A7). Les témoignages de Simplicius, Pseudo-Plutarque, Hippolyte, Aristote et Aétius concernant Anaximène (7 D1 à D5 LM) mentionnent tous l'air (ἀήρ) et non pas l'éther (αἰθήρ). Était-ce le vocabulaire d'Anaximène ? C'est probable dans la mesure où plusieurs métamorphoses de l'air sont des formes à proximité de la terre : vent, nuage, eau, terre, pierres.

175. Les témoignages d'Aétius et de Plutarque (A 51, A 60) rapportent le mot ἀήρ. Mais on peut être quasiment certain qu'Empédocle n'aurait pas utilisé ce mot pour l'air céleste. Il utilise αἰθήρ pour l'air que l'on respire (fr. 100). À plus forte raison, il aurait utilisé αἰθήρ pour l'air céleste, tout comme en *Iliade* XIV, 288, Homère distingue l'air à proximité du sol et l'éther plus haut.

176. L'air comme dieu chez Anaximène : D5 et D6 LM (= DK 13 A10).

177. Ce point est essentiel pour ne pas se méprendre sur l'extension du mot éther chez Empédocle. Dans l'*Iliade* XIV, 286-290, l'oiseau sonore perché au-dessus de l'air se trouve dans l'éther ; on peut en déduire que l'oiseau respire l'éther. Selon Empédocle l'air (en contact avec la terre, ou l'eau, voir fr. 100.13) serait une espèce du genre qu'est l'éther.

Chaque fois qu'un commentateur d'Empédocle considère l'air (ἀήρ) comme étant l'une des quatre racines, on est en droit d'imaginer que cette racine désigne un fluide, car ce simple mot du langage commun, ἀήρ, ne désigne rien d'autre. Chez Empédocle, effectivement, l'air serait uniquement un fluide (fr. 77-78, fr. 100.13, 21). Mais l'air n'est pas une racine, et ne désigne pas toute l'étendue des manifestations d'Héra. La lune et le firmament ne sont pas constitués d'un fluide. Ce sont des solides[178]. La généralisation du mot air (ἀήρ) dans les commentaires sur Empédocle véhicule un anachronisme.

2 – Zeus

Parmi les métamorphoses de Zeus, nous pourrions nommer (en allant parfois au-delà de ce qui nous reste des vers de l'Agrigentin) : la foudre (fr. 6.2) ou l'éclair qui descend du ciel en zigzag, le soleil (fr. 21.3, fr. 22.2, fr. 27.1, fr. 38.4, fr. 40, fr. 56, fr. 71.2, fr. 115.11), *Héliopè* (fr. 122.1), la flamme (fr. 85), la lumière (fr. 21.4, fr. 45, fr. 48, fr. 84.2, fr. 84.5, fr. 115.10, fr. 135.2), la chaleur (fr. 21.4, fr. 62.5, A 23), et peut-être – c'est ce que j'imagine – les étincelles, le rougeoiement de la braise ou d'un charbon ardent, qui est sans flamme[179]. Cette liste ne saurait être exhaustive. Le Zeus d'Empédocle est tout aussi bien la flamme montante vers le ciel (fr. 62.2) que la foudre (fr. 6.2) qui descend du ciel vers la terre, que la lumière du soleil (fr. 21.4) qui illumine le cosmos et en particulier la terre, que le soleil tout simplement (fr. 21.3, fr. 22.2)[180], que la chaleur qui monte. Tout comme la lumière peut exister en dehors d'une flamme – c'est le cas de la lumière de la foudre ou de la lumière de la bioluminescence, ou encore des étincelles produites par le choc entre un silex et une pyrite ou une marcassite –, la chaleur peut exister sans flamme, quand elle est produite par frottement, par oxydation et fermentation. La racine Zeus dit plus que le simple mot πῦρ, retenu pour parler le langage des éléments. On écrit « Zeus = feu », mais une écriture

---

178. À partir des témoignages A 30, A 51 et A 60, on peut imaginer que, sous l'action de la chaleur, l'évaporation totale de l'eau que portait l'éther a conduit à une solidification de l'éther, tout comme, sous l'action de la chaleur, l'évaporation totale de l'eau comprise dans la boue conduit à durcir la terre. Le modèle serait celui du potier (fr. 73).

179. Voir ici un passage du *Timée* où Platon énonce trois manifestations du feu, πῦρ (58 C et D) : φλόξ, φῶς, τό τε φλογὸς ἀποσβεσθείσης ἐν τοῖς διαπύροις καταλειπόμενον αὐτοῦ (ce qui s'appellerait la braise). Notons que Platon fait procéder la lumière et la braise de la flamme : πῦρ est clairement exprimé par φλόξ. Conçoit-il la chaleur associée à la braise ?

180. Dans la littérature, le soleil est parfois identifié ou associé à la flamme, alors que le comportement de la flamme qui s'élève, sautille, n'est ni celui du soleil ni de ses rayons : Eschyle, *Prométhée enchaîné*, 22 ; Sophocle, *Œdipe-roi*, 1425-1426 ; *Trachiniennes*, 696-697 ; Euripide, *Phéniciennes*, 3 ; *Hélène*, 629 ; *Iphig. Taur.*, 1207.

moins restrictive et plus appropriée serait : Zeus ≥ feu. Pour Aristote, le feu combine le chaud et le sec. C'est au fond, là, une idée largement partagée. Selon Empédocle la lumière est du feu ; mais elle n'est pas pour autant chaude.

Qu'est Zeus, ou quelle forme prend Zeus, quand il n'est pas impliqué dans des mélanges ? Aucun texte ne nous renseigne sur ce sujet. Une réponse ne peut être que spéculative. Je m'aventurerai à dire que, dans le *dinos*, Zeus n'est ni une flamme ni un flamboiement, car ceux-ci s'alimentent, de façon destructrice, dans les mélanges, à partir des autres racines[181]. Restent au moins chaleur et lumière. Le mystère réside dans la cohésion de ces deux manifestations, et peut-être d'autres qui échappent à notre expérience, et qu'Empédocle pouvait supposer. Le Zeus empédocléen dans le *dinos* est insondable. Il l'est tout autant dans le *Sphairos*, quand les racines sont dans un mélange intime. Les quatre divinités ne disparaissent alors pas, ni ne fusionnent ; le registre de leurs manifestations n'est plus celui qui se déployait dans le Multiple[182]. Dans le *Sphairos*, les racines sont en sommeil.

---

181. Dans le fr. 84.7 (la lanterne et l'œil), Empédocle fait état d'un ὠγύγιον πῦρ, un feu primitif et isolé : « primitif » selon une épithète attachée à Styx dans la *Théogonie* hésiodique, v. 806 ; « isolé » selon un renvoi à l'île d'Ogygie, voir Rashed 2018, p. 168, et ci-dessus note 149. Même si la comparaison avec une lanterne, où la flamme (fr. 84.2) se nourrit de l'huile, inciterait à penser que dans l'œil l'ὠγύγιον πῦρ est aussi une flamme destructrice, on peut néanmoins douter qu'Empédocle ait pensé l'ὠγύγιον πῦρ comme un πῦρ ἀίδηλον. La flamme destructrice (des mélanges) n'est pas primitive et n'existe pas dans l'isolement (une séparation), *i.e.* dans le lieu primitif de la séparation qu'est le *dinos*. – D'une façon plus systématique, chaque occurrence de πῦρ dans le corpus empédocléen (fragments, contextes, témoignages) incite à s'interroger : de quoi parle-t-on ici ? Est-ce πῦρ dans un sens générique qui inclurait toutes les formes que peut prendre Zeus (dans le vers 66b.249 R par exemple) ? Est-ce uniquement la flamme (dans πῦρ ἀίδηλον au fr. 109.2) ? Est-ce la flamme et la chaleur (fr. 52, fr. 62.2, fr. 62.6, fr. 73.2) ? Est-ce uniquement la lumière (fr. 84.11) ? Est-ce une flamme non destructrice (l'ὠγύγιον πῦρ du fr. 84.7) ? Est-ce une flamme non destructrice et la lumière (le soleil en A1.77) ?

182. La physique moderne des objets quantiques nous a apporté des notions qui, très loin d'Empédocle, personnalisent la matière : étrangeté, charme, particules charmées, saveur, dualité, bizarrerie. Comment pourrions-nous refuser au vieil Agrigentin, jouant les physiciens, l'intuition d'une part irréductible de mystère dans les personnalités des quatre divinités du fr. 6, notamment à des moments extrêmes du cycle cosmique ? – Palmer 2009, p. 260-317, soutient que, dans les mélanges mortels, les éléments (ou racines) meurent, au sens où disparaissent alors leurs qualités propres. Mais comment peut-on connaître l'étendue des qualités propres de Zeus ? D'Héra ? Etc. Et donc savoir que toutes les qualités propres disparaissent dans les mélanges produits par Aphrodite ?

3 – *Aïdôneus*

Après Zeus, poursuivons avec *Aïdôneus*, la terre. Il serait les rochers (A 69), le sel (fr. 55), la coquille (fr. 76), les métaux (B 92, fr. 100.9, fr. 143), *Chthoniè* (fr. 122.1), et sans doute la glèbe, l'argile, le sable, ainsi que le bitume ou l'asphalte liquide[183], l'huile qui ne se mêle pas à l'eau et les fumées. Reconnaissons qu'il est difficile pour le langage courant de saisir que la glèbe – que l'on veut fertile, *pheresbios* – ait un lien intime avec le cuivre ou l'étain, qui ne sont en rien fertiles. Pourtant, pour Empédocle, le lien intime entre ces terres différentes est *Aïdôneus*. Il est aussi difficile d'admettre spontanément qu'un liquide tel que l'huile, humide et froide au toucher (pour penser en termes aristotéliciens), n'est en fait pas associé à l'eau. L'huile ne se mêle pas à l'eau (B 91), elle alimente les lanternes (ce que ne fait évidemment pas l'eau). Là aussi, ce serait *Aïdôneus*.

La terre serait selon Aristote, dans la *Métaphysique*, 984 a, l'élément qu'Empédocle a ajouté à l'eau, l'air et le feu, déjà considérés avant lui comme éléments, pour constituer sa théorie des quatre éléments. Ce n'est sans doute pas un hasard si la terre vient chronologiquement en dernier. Elle est en effet d'une grande hétérogénéité. Il est donc plus difficile que pour l'air, par exemple, d'imaginer, sans le truchement d'un dieu, qu'elle puisse avoir une unité.

4 – *Nestis*

Nestis est l'eau sous toutes ses formes. Elle est la pluie (fr. 21.5, fr. 98.2), la mer (fr. 22.2, fr. 38.3, fr. 55, fr. 71, fr. 115), Némertès (fr. 122.4), les larmes (fr. 6.2), et vraisemblablement les nuages noirs, la glace, la grêle, la vapeur d'eau. Les métamorphoses les plus concrètes admettent au moins pour certaines des mélanges. Ainsi pour l'eau, on ne trompera personne sur la différence à faire entre l'eau de pluie et l'eau de mer lorsque les deux sont bues[184]. L'eau de pluie ne comprend pas le sel que l'eau de mer comprend de

---

183. Dioscorides, *De materia medica*, I, 73. 1.5-8, rapporte l'existence d'une « huile sicilienne », qui flotte dans des puits, aux alentours d'Agrigente, et qui sert pour alimenter des lampes.

184. Empédocle recommande de connaître chaque chose en sollicitant tous les sens (fr. 3.9-11). Ni la vue, ni le toucher, ni l'ouïe, ni l'odorat ne permettront de distinguer l'eau de pluie de l'eau de mer placées dans deux récipients différents. C'est au goût que la différence sera flagrante. L'eau de pluie, assurément froide (fr. 21.5), comprend néanmoins un peu de chaleur (plus de chaleur que la glace). L'eau de mer comprend elle aussi un peu de chaleur et au moins du sel. Que l'eau liquide, l'humidité, contienne du « feu », πῦρ, est admis par Théophraste dans le *De igne*, 8, 4-5. À travers ce mot πῦρ il faut sans doute ici entendre chaleur.

façon manifeste. Le sel est une manifestation de *Aïdôneus*-terre. Mais pour Empédocle *Nestis* est aussi bien la pluie que la mer (qui contient plus d'eau que de sel). D'une certaine façon, on rejoint ici la logique des proportions des composants pour l'identification d'un homéo-mère chez Anaxagore. Dans l'eau de mer sont présents à la fois *Nestis*, *Aïdôneus* (sel et autres minéraux) et Zeus (chaleur qui donne la flui-dité de l'eau). *Nestis* y domine largement ; ainsi l'eau de mer entre dans les manifestations de *Nestis*.

Quelle forme prendrait *Nestis*, quand elle n'est pas prise dans des mélanges ? Ce serait la glace, car l'eau est une glace rendue fluide par un mélange avec de la chaleur (Zeus)[185]. La question de l'eau et de la glace chez Empédocle apparaît dans un commentaire moderne. Dans le chapitre qu'il intitule « *Empedocles and the invention of elements* », et dans le premier sous-titre « *The four roots* »[186], D. Furley s'exprime ainsi, après avoir parlé de façon conventionnelle des éléments chez Empédocle :

> *His theory of elements claimed that there are just four substances in the physical world: earth, water, air, and fire. There is a finite and unvarying quantity of each of them, and between them they make up all the material objects that there are, by mixing in different proportions.*
> [...]
> *In Empedocles' theory, [...] all properties of compounds must be derived from properties of elements [...]. Thus, earth gives solidity to a compound, water gives fluidity or pliancy, and so on. The properties of the simple bodies belong to them unalterably: if a pond freezes hard, we must interpret that not as a case of the element water losing its fluidity, but as an incursion of earthy matter into the pond.*

Le mérite de ce texte est de mettre à nu ses présupposés et de se risquer à une explication concrète – celle d'un étang gelé[187]. Du point de vue de la pensée d'Empédocle, cette explication (« *we must interpret that* ») est-elle juste ? Je ne le crois pas. Comment se risquer à avancer que, pour l'Agrigentin, l'eau au sens de *Nestis* est néces-sairement fluide ? L'eau fluide possède de la chaleur (Zeus) en elle. L'eau gelée ne possède pas de chaleur. Ce n'est pas l'incursion de la terre dans l'étang qui forme la glace, c'est le fait que la chaleur

---

185. Selon Platon (*Timée* 59 D-E), l'eau qui perd le feu (πῦρ) qui est en elle à l'état liquide est la grêle ou la glace ou la neige. (Platon parle du feu là où nous pensons à la chaleur.) En *Timée* 58 E-59 A, nous comprenons que l'eau privée de feu est conçue de façon pure, et donc primitive.

186. D. Furley, *The Greek cosmologists, I, The formation of the atomic theory and its earliest critics*, Cambridge, Cambridge University Press, 1987, p. 79-83, aux pages 79-81.

187. Pour le passage de l'eau en pierres et en terre, voir Platon, *Timée*, 49 B7-C1, bien que Platon ne mentionne pas à cet endroit la glace ou le gel.

se séparant de l'eau liquide rend alors celle-ci solide : l'eau devient solide – comme la terre est parfois solide – quand l'eau ne contient plus de chaleur. La terre, sous forme de roche ou sous forme de métal, devient fluide lorsqu'elle est fortement pénétrée de chaleur. La lave qui sort de l'Etna en éruption en témoigne. Au temps d'Empédocle, les forgerons savaient depuis longtemps que le cuivre porté à haute température est fluide. En outre, à une température de seulement quelques degrés, la terre peut être sous une forme fluide, tels le sable, la fumée, le bitume, l'huile. Furley postule – à tort – des propriétés figées et réduites pour l'eau et la terre en tant qu'éléments de la physique empédocléenne[188]. Cet exemple est significatif de la position contre laquelle j'argumente ; Zeus n'est pas figé, pas plus que *Nestis* ou *Aïdôneus* ; les racines sont vivantes, animées.

Nestis, dans ses différentes métamorphoses, est intimement associée au cycle – ce que les autres divinités ne sont pas. L'eau sans chaleur est la glace. La pénétration de la chaleur, fond la glace, et fait de l'eau un liquide. La plus forte pénétration de la chaleur fait du liquide une vapeur visible, puis une humidité invisible dans l'air. L'élévation de cette humidité dans l'air produit des nuages. Les nuages sombres sont chargés d'eau qui ensuite se déverse en pluie, l'eau à l'état liquide. Parfois, des nuages tombe de la grêle, l'eau à l'état solide, qui est glace. Quand l'eau sur terre est privée de chaleur, elle devient glace. Puis quand la chaleur de nouveau pénètre la glace, le cycle peut recommencer. Il existe un cycle de l'eau, qui fonctionne entre le bas (la mer, les lacs et fleuves, la terre humide) et le haut (le lieu d'arrivée de l'évaporation, les nuages, l'éther). Ce cycle fait penser au cycle de Perséphone, entre l'Hadès et l'Olympe. Je ne repère pas de cycle entre les divers états de Zeus. Certes de la chaleur peut sortir la flamme, et de la flamme peut sortir la lumière, mais je ne vois pas ensuite le passage de la lumière à la chaleur. Et je ne vois pas plus de cycle dans les états de la terre, et dans ceux de l'éther. Seule *Nestis*, parmi les quatre racines, se déploie selon le schème du

---

188. À la page 82 de son ouvrage ici mentionné, FURLEY cite le fr. 21 et commente : « *There is a brief mention in the opening lines of the qualities associated with the elements: fire (the sun) is* bright *and* hot, *water is* dark *and* cold, *earth is the origin of* solidity *(line 4 is textually corrupt and very obscure : it should refer somehow to air)*. Or, il ne faudrait pas tirer du fr. 21 des propriétés ou qualités essentielles et exclusives des éléments. Des manifestations particulières des éléments (soleil, pluie, par exemple) ne sont pas les racines dans toute leur diversité de manifestation. Il ne faudrait pas conclure à partir du fr. 21 que le feu est toujours brillant (ou blanc) et chaud, que l'éther est toujours chaud et lumineux, que l'eau est toujours sombre et froide, que la terre est toujours solide. L'« air » sans feu et sans eau est froid et sec ; il est sombre et froid comme la pluie au fr. 21.5. La logique des qualités ou propriétés maniée sans pertinence conduit à des absurdités.

cycle, qui est par ailleurs celui du cosmos. Le moteur de ce cycle de *Nestis* est Zeus – Zeus quand il est chaleur, quand il s'unit plus ou moins à *Nestis*, quand il produit l'évaporation.

5 – Allégorie

On a pu voir dans les dieux du fr. 6 une allégorie[189]. Effectivement, il y a dans ces vers une allégorie si, sous un tel vocable pris au sens étymologique (à savoir : l'allégorie comme une autre façon de dire), on signifie par exemple que le Zeus empédocléen est une autre façon de parler du Zeus d'Homère et d'Hésiode. En portant le même nom que le Zeus d'Homère et d'Hésiode, le Zeus empédocléen ajoute une nouvelle représentation au Zeus traditionnel. Il faudrait cependant souligner que, chez Empédocle, cette façon de faire est critique – ce qui n'est pas le plus courant pour une allégorie. La critique ira jusqu'à donner priorité à la nouvelle représentation, et à dévaloriser la représentation traditionnelle. Tant est si bien que l'allégorie pourra dériver en quiproquo. Un exemple suffira pour le montrer. Spontanément, *Aïdôneus*, à savoir Hadès, évoque le dieu des morts[190]. On pense alors au monde souterrain des Enfers, peuplé des ombres d'humains décédés, dont Hadès est le souverain. Dans le fr. 6, *Aïdôneus* est donné sans qualificatif immédiat. Sans autre information, il devrait donc s'agir du dieu des morts. Erreur ! Chez Empédocle, il n'existe pas de royaume des morts. Il existe des mortels, mais pas de morts subsistant quelque part. Quand ils meurent, les mortels se réincarnent immédiatement. On peut espérer que dans le poème où se trouvaient les vers du fr. 6, le contexte aidait l'auditeur ou le lecteur à ne pas se tromper sur l'identité d'*Aïdôneus*, en tant que racine divine. Les fr. 8, 9, 10, 11, 12, 15, placés avant le fr. 6 (contre l'ordre proposé par Diels), aideraient à deviner l'écart possible entre l'*Aïdôneus* auquel Empédocle croit et l'*Aïdôneus* de la tradition. Une affirmation de la réincarnation repensée par Empédocle et venant avant le fr. 6 empêcherait le quiproquo possible. Mais tout cela reste incertain. Il demeure qu'Empédocle parle autrement, *i.e.* de façon allégorique, de trois divinités olympiennes de premier plan (Zeus, Héra, *Aïdôneus*). Il ne le fait ni par hasard ni sans arrière-pensée.

---

189. Voir par exemple M. DOMARADZKI, « Theagenes of Rhegium and the rise of allegorical interpretation », *Elenchos*, 32, 2, 2011, p. 205-227, aux pages 223-224, n.29.

190. « Hadès est le dieu des morts », telle est la première définition d'Hadès, lue dans le *Dictionnaire de la mythologie grecque et latine* de P. GRIMAL (Paris, Presses Universitaires de France, 1988⁹, p. 171). En *Iliade* XX, 61, la signification d'*Aïdôneus* avec sa prérogative essentielle est claire : ἔδεισεν δ᾽ ὑπένερθεν ἄναξ ἐνέρων Ἀϊδωνεύς.

Il y a également allégorie si l'on signifie que le Zeus empédo-cléen a un référent physique associé à un « élément », tel le feu, pris cependant dans un sens large. Ce Zeus est une autre façon de parler d'un domaine de la nature, qui contourne le vocabulaire commun. Parfois l'allégorie rend plus clair et plus concret le référent dont elle est une image expressive. Dans le fr. 6, ce n'est pas le cas. Bien au contraire, l'allégorie est ici énigmatique. On ne saisit pas immédia-tement ce que sont, pour Empédocle, Zeus, Héra, *Aïdôneus*, ou bien on se trompe (quiproquo) en s'attachant à la signification commune. Mais comment pourrait-on comprendre tout le sens contenu en quelques mots seulement ? L'énigme vient de la densité.

La présentation des quatre dieux brosserait notamment un tableau du cycle de l'eau qui génère les mortels terrestres[191]. Ainsi dans ce tableau imaginaire se suivraient la foudre de l'orage, les nuages flottant dans l'air, la terre, la pluie qui humecte la terre d'où sortent les mortels. Cela se devinerait avec Zeus-le Brillant, Héra porte-vie qui assemble les nuages (B 149), Hadès, et *Nestis* qui pleure sur la terre[192]. Si nous retenons le vocabulaire de l'allégorie, il faut de suite préciser que, du point de vue d'Empédocle, celle-ci serait sans fiction. On ne devrait pas voir dans les dieux du fr. 6 des images expressives ou pédagogiques ou poétiques sans rapport intime avec la réalité.

Entre 2005 et 2013, Primavesi est le défenseur principal d'une certaine lecture allégorisante (ou mythique)[193]. Précisons. À la diffé-rence de plusieurs commentateurs, Primavesi ne fait pas des divinités du fr. 6 une façon allégorique de parler des éléments présents dans les mélanges. Il veut que ces divinités soient uniquement une allégorie des masses élémentaires pures[194] :

> *The four names (Zeus, Here, Aidoneus, Nestis) are generally thought to be allegorical terms for the four elements as such. But given that, according to B 35.14, the four elements do not count as immortal before they have reached the state of unmixed purity, the divine names of B 6 will not refer to the four elements as such but only to the four homogeneous elementary masses which exist during the forty* aiones *of total Strife. This restriction has the additional benefit of sparing us the strange concept, otherwise unavoidable, of one god (Sphairos) consisting of four other gods (the Elements). […] the*

---

191. Voir Picot 2000, p. 66-68 ; Picot 2014, p. 351-352, 357-362.

192. Les pleurs suggèrent les gouttes de pluie. Voir Picot 2000, p. 66. L'idée se trouve déjà exprimée par F. Panzerbieter, « Beiträge zur Kritik und Erklärung des Empedokles », dans *Einladungs-Programm des Gymnasium Bernhardinum in Meiningen*, Meiningen, 1844, p. 26, n.2. Et par Guzzo 1964, p. 153.

193. Primavesi 2005. Voir plus haut, avec la note 108.

194. Primavesi 2006, p. 70. Cette référence est reprise dans Primavesi 2013, p. 709.

> *four divine elementary masses under total Strife are seen to be equipped with allegorical divine names.*

Ce texte appelle plusieurs remarques.

(1) Les quatre divinités du fr. 6 entrent dans un tableau qui brosse la naissance des mortels terrestres à partir d'une pluie fécondante. Ce tableau (éclair d'orage, nuages, pluie, terre mouillée, mortels terrestres) n'est vrai que dans les mondes intermédiaires, et pas dans le *dinos*.

(2) Primavesi lit le fr. 6.2-3 comme si ces vers ne comprenaient aucune épithète, aucun prédicat, comme s'ils se bornaient à donner simplement le nom des dieux.

(3) *Nestis* est un des constituants de l'os (fr. 96) ; l'os n'est pas constitué dans le *dinos*.

(4) Il n'y a aucune difficulté à penser le *Sphairos* gros de quatre divinités ; chez Hésiode, Cronos avale ses enfants pour les régurgiter ensuite, Zeus avale Métis ; chez certains orphiques Zeus avale *Protogonos* puis régurgite l'univers[195].

(5) Selon Primavesi les dieux à la longue-vie des fr. 21.12 et 23.8 désignent en particulier les dieux du fr. 6[196], lesquels seraient présents exclusivement dans le *dinos*. Mais comment Empédocle aurait-il pu dire que les dieux du fr. 6 présents au sommet du pouvoir de la Haine sont les plus riches en honneurs (τιμῇσι φέριστοι) ? Dans un monde de séparation totale, d'où viendraient ces honneurs ? Si dans l'expression τιμῇσι φέριστοι l'on veut comprendre les *timai* comme étant les privilèges, ou les domaines propres ou les sphères d'influence de chaque dieu, alors on ne comprend pas comment le pluriel τιμῇσι, appuyé par φέριστοι, pourrait s'appliquer à des dieux repliés sur eux-mêmes dans le *dinos*. En effet, dans le *dinos*, chaque dieu est dans un état singulier et pur. Il ne se déploie pas au contact des autres. Il n'est plus question de la pluralité de ses manifestations. En quoi serait-il riche ? La mer n'est plus un domaine privilégié de *Nestis*, les fleuves non plus, la pluie non plus. Et ainsi de suite. Dans le *dinos*, le pluriel *timai* attaché à chaque dieu n'aurait pas de sens.

(6) Primavesi juge que les divinités ont des *allegorical divine names*. Comment comprendre ici *allegorical* ? Sans garantie, je m'aventurerai à dire qu'il ne s'agit ici que d'un équivalent de *mythical*[197].

---

195. Voir M.L. WEST, *The Orphic poems*, Oxford, Clarendon Press, 1983, p. 88-93, p. 108.

196. PRIMAVESI 2006, p. 69 : « *the long-lived gods of B 21.12 seem to be five in number : the Sphairos on the one hand and the four homogeneous elementary masses on the other.* » Or, comme le dit ensuite Primavesi, à la p. 70, « *the divine names of B 6* » se réfèrent aux « *four homogeneous elementary masses* ».

197. PRIMAVESI 2007, p. 65, intitule une section de son article : « Les noms allégoriques des quatre masses pures ». PRIMAVESI 2008, p. 257, rebaptise cette

Selon Primavesi l'existence des divinités du fr. 6 tient à une pratique connue :

> Mais pourquoi Empédocle désigne-t-il les quatre masses divines au moyen de quatre noms divins traditionnels ? Assurément ces noms ne peuvent pas être pris au pied de la lettre au point qu'il faille penser, par exemple, que l'une des masses pures est à tous égards identique au Zeus Olympien anthropomorphe dont Homère peint le portrait. La réponse évidente est qu'Empédocle s'inspire d'une méthode de déchiffrement des dieux homériques qui était courante dans l'Occident grec depuis le VIᵉ siècle avant notre ère. Selon cette méthode, attestée déjà pour Théagène de Rhégion, *les dieux homériques représentent des unités de base de l'univers physique*, comme des qualités élémentaires ou les éléments eux-mêmes. La représentation anthropomorphique traditionnelle de ces dieux est donc redéfinie comme une simple surface sous laquelle s'est toujours caché un niveau de signification physique plus profond[198].

Même si Primavesi a raison d'avancer une « réponse évidente », il lui resterait tout de même à expliquer pourquoi ces dieux-là (Zeus, Héra, *Aïdôneus, Nestis*) ont-ils été choisis plutôt que d'autres, pourquoi une attribution d'un dieu à un élément plutôt qu'une autre. Mais Primavesi ne cherchait apparemment pas de réponses à ces questions.

Un des sens du mot allégorie est celui qu'Héraclite l'Allégoriste fournit à l'aide d'un exemple : la guerre est comparée aux vagues déchaînées (dans ce contexte les vagues sont allégoriques), les troubles de la tyrannie sont comparés à une mer agitée sous la tempête. Et l'Allégoriste de conclure : « on fait entendre ce que l'on veut dire au moyen d'évocations toutes différentes » (trad. F. Buffière). Je ne crois pas qu'Empédocle fasse de l'allégorie dans le fr. 6 avec ce sens avancé par l'Allégoriste, qui repose sur une analogie entre deux réalités différentes[199]. Mais en revanche, j'ai l'impression que bon nombre de commentateurs d'Empédocle lisent ainsi le fr. 6. Ces commentateurs croient qu'Empédocle faisait entendre feu, « air », terre et eau avec des évocations mythologiques plus ou moins proches du feu, de l'« air », de la terre et de l'eau. Et que tout compte fait, nul

---

section : « *Mythical names of the four pure masses* ». Les adjectifs « allégoriques » et « *mythical* » apparaissent interchangeables, à la langue près.

198. PRIMAVESI 2007, p. 66.

199. A.A. LONG (*Stoic studies*, Cambridge, Cambridge University Press, 1996, p. 63) prétend que ce sens du mot allégorie ne doit pas être maintenu, car selon lui il ne s'agit là que d'une métaphore. Nul n'est obligé de suivre LONG sur ce point, et je ne le suis pas. Voir par ailleurs D.A. RUSSELL & D. KONSTAN (éd.), *Heraclitus:* Homeric problems, Atlanta, Society of biblical literature, 2005, p. XIII-XXVII. Et F. SANTORO, « Allégories et rondeaux philosophiques dans le *Poème de la Nature* d'Empédocle », χώρα, 11, 2013, p. 183-200, à la page 197.

n'est besoin de ces évocations, prises comme de simples ornements poétiques ou d'un habillage, pour penser correctement ce vers quoi pointeraient Zeus, Héra, *Aïdôneus* et *Nestis*.

L'idée d'une lecture allégorisante est loin d'être nouvelle. Citons Tzetzès[200] qui, après avoir rapporté les trois vers de notre fragment 6, dit : πάντως ἀλληγορικῶς, καὶ οὐ μυθικῶς φασιν. Selon Tzetzès, Empédocle et d'autres poètes que le byzantin citait avant lui ne racontaient pas des histoires à propos des dieux (οὐ μυθικῶς φασιν), mais ils parlaient de façon allégorique. Empédocle, comme d'autres, utilisait des noms divins pour désigner des choses ou des phénomènes de la nature, il parlait en utilisant des allégories (ἀλληγορικῶς). Dans un monde fortement christianisé, Tzetzès, presque avec certitude, ne croyait pas à l'existence des dieux des poètes grecs. De plus, selon lui, ces poètes ne croyaient pas non plus en l'existence de ces dieux et des mythes dans lesquels ils étaient impliqués. Ils parlaient de façon plaisante pour des hommes peu instruits. Avec le langage des mythes, ils racontaient en fait une autre histoire (physique notamment) de façon cryptée, pour les plus savants[201]. C'était tout l'art de Tzetzès de raconter cette histoire, et donc de dévoiler la vérité profonde voulue par les poètes grecs. Bien des commentateurs modernes qui attribuent à Empédocle une volonté de parler en allégorie seraient dans la même veine que Tzetzès.

Je ne crois pas qu'il était dans l'intention d'Empédocle de cacher ou de masquer le nom du feu sous le nom de Zeus – ce qu'un certain usage du mot allégorie supposerait[202]. Empédocle ne dissimule pas, il détourne le nom d'un dieu, et dédouble ce dieu. Il détourne : c'est le cas des racines divines, où Zeus n'est plus le Zeus de la tradition, Héra non plus, *Aïdôneus* non plus. Empédocle dédouble. Le Zeus du fr. 6 n'a pas supprimé le Zeus de la tradition. Ainsi le fr. 128.2 affirme un Zeus-roi. Deux Zeus coexistent dans la pensée d'Empédocle.

Empédocle délivre son message avec une telle densité que celui-ci devient énigmatique. Mais il suffira de suivre la suite de son discours

---

200. G. HERMANN, *Draconis Stratonicensis liber De metris poeticis. Ioannis Tzetzae in Homeri Iliadem*, Leipzig, G. Weigel, 1812, p. 53 (dans la partie concernant Tzetzès) ligne 26.

201. Sur l'histoire de l'allégorie (dont l'art de Tzetzès) : L. BRISSON, *Introduction à la philosophie du mythe, I*, Sauver les mythes, Paris, J. Vrin, 2005², (1996¹). Sur Tzetzès : A. GOLDWYN, « Theory and method in John Tzetzes' allegories of the *Iliad* and allegories of the *Odyssey* », *Scandinavian journal of byzantine and modern Greek studies*, 3, 2017, p. 141-171.

202. Voir par exemple cet usage explicité dans A. FORD, *The origins of criticism: literary culture and poetic theory in classical Greece*, Princeton-Oxford, Princeton University Press, 2002, p. 76 et suiv. (*The uses of hidden meanings*).

pour que les choses s'éclairent. C'est en ce sens qu'il n'y aurait pas une volonté de cacher ; tout au plus, la présentation du fr. 6 intrigue et incite à découvrir.

6 – La nature déifiée[203]

Après l'étape de l'allégorisme de Théagène de Rhégium, à savoir le passage des dieux de la tradition aux phénomènes de la nature qui ne sont pas en eux-mêmes divins, Empédocle a pu, dans un mouvement inverse, déifier la nature, parce qu'il comprenait cette nature à partir de quatre éléments, qui eux-mêmes devaient être des dieux[204]. Ce mouvement retourne à l'archaïsme d'un Hésiode qui pensait le début du monde sortant du chaos avec le Ciel sous la figure du dieu Ouranos et la Terre sous la figure de la déesse Gaia. Empédocle conserve le même schème du haut (Ouranos) et du bas (Gaia). Pour le haut, il fixe désormais Zeus et Héra. Pour le bas, *Aïdôneus* et *Nestis.* Ouranos n'était pas un dieu qui régnait sur le ciel. Il était lui-même le Ciel. Gaia n'était pas une déesse qui s'était vue attribuer la terre. Elle était la Terre. Le Zeus *argès* auquel Empédocle pense n'est plus l'Olympien qui brandit la foudre. Il est en particulier la foudre. *Aïdôneus* n'est pas un dieu qui règne dans un domaine brumeux sous la surface de la terre. Il est la terre. Les noms des dieux du fr. 6 ne sont pas des antonomases ou autres figures de style servant à associer occasionnellement des figures divines avec les manifestations les plus matérielles du monde. Ils sont dans une relation d'identité avec ces manifestations.

Lorsque l'on a pris la mesure de la substitution des quatre dieux du fr. 6 à Ouranos et Gaia, on peut alors comprendre pourquoi Empédocle ose appeler « Titan » le soleil, au fr. 38.4 (Τιτὰν ἠδ' αἰθὴρ σφίγγων περὶ κύκλον ἅπαντα), alors qu'il aurait pu simplement dire Ἥλιος (comme au fr. 40)[205]. Le mot Τιτάν renvoie en particulier à

---

203. Dans cette section, je reproduis et traduis des parties d'un texte que j'avais publié avec W. BERG, « Empedocles vs. Xenophanes: differing notions of the divine », *Organon*, 45, 2013, p. 5-19, aux pages 15-19.

204. *Contra* W. NESTLE, « Der Dualismus des Empedokles », *Philologus*, 65, 1906, p. 545-557, à la p. 554 : « *Was ist die Natur des Apollo, des Zeus, der Hera? Und man antwortete darauf: Apollo ist die Sonne, Hera die Luft. Zeus die Wärme. So identifizierte auch Empedokles seine 4 Elemente mit Göttern oder vielmehr er löste die Götter in die Elemente auf: Zeus wurde dem Feuer. Hera der Erde, Hades der Luft und die sizilische Lokalgöttin Nestis dem Wasser gleichgesetzt.* » Je souligne ici le point d'opposition : « *er löste die Götter in die Elemente auf* ».

205. L'expression Τιτὰν ἠδ' αἰθήρ ne peut pas se traduire par « Et le Titan éther », ce qui signifierait que l'éther est un Titan – une bizarrerie dont il faudrait s'expliquer puisque l'éther n'est pas un Titan au sens de la *Théogonie* hésiodique. L'expression doit se traduire par « Titan et l'éther », ce qui signifie que Titan et éther sont distincts. Le Titan en question est le soleil. Il en est ainsi parce

la généalogie des dieux exposée dans la *Théogonie* hésiodique. Chez Empédocle, sa présence intrigue par rapport à Zeus *argès*, racine dont une des manifestations est le soleil. Comment imaginer que dans le monde déployé, brossé en quelques traits dans le fr. 38, Empédocle tolère l'appellation de Titan, qui laisserait croire que son Zeus vient chronologiquement après ce Titan traditionnel ? Incroyable ! La réponse qui rend la chose possible se ferait en deux temps : (1) le Zeus *argès* du fr. 6 n'est pas le Zeus traditionnel (il n'est donc pas celui de la généalogie hésiodique) ; (2) le Zeus du fr. 6 a pris la place (avec Héra) d'Ouranos. Pour qui s'attache encore à la généalogie des dieux, il serait antérieur aux Titans. Le soleil-Titan deviendrait une manifestation de ce Zeus. Pure malice de la part d'un Empédocle qui s'affirme face à Hésiode ! Un peu plus loin, avec la même malice, Empédocle dira que le soleil se réfléchit vers l'Olympe avec sa face intrépide, ἀνταυγεῖ πρὸς Ὄλυμπον ἀταρβήτοισι προσώποις (= fr. 44). L'Olympe dont il est question serait notamment le lieu traditionnel des dieux olympiens, où réside Zeus, père des hommes et des dieux. À travers son apparence de Titan-*Hélios*, le Zeus-racine affirme en fait sa puissance face aux dieux de l'Olympe[206].

Un Titan, dans la *Physique* d'Empédocle, a quelque chose d'énigmatique. Le papyrus de Strasbourg a apporté une autre étrangeté : les Harpies. On y lit (D76.4 LM correspondant à d5 MP) : « Les Harpies avec les lots de la mort seront bientôt là ». Je doute que cette mention des Harpies soit uniquement là pour rendre un effet

---

que Hypérion est un Titan. Son fils *Hélios* est assimilé à un Titan. La traduction fautive « Et le Titan éther » ignore la possibilité d'une asyndète en début de vers, et imagine par contre-coup un ἠδέ postposé, alors que le cas est non attesté par ailleurs. Pour la dénonciation de l'erreur de syntaxe, voir P. KINGSLEY, « Notes on air: four questions of meaning in Empedocles and Anaxagoras », *The classical quarterly*, 45, 1, 1995, p. 26-29, à la page 26, n. 4. L'erreur est apparue avec ZELLER (1856), puis s'est répétée avec BURNET (1892) et DIELS (1901), et bien d'autres. Avant KINGSLEY 1995, GALLAVOTTI en 1975 (Milan), p. 47 et 229, ne la commettait pas (et comprenait le soleil et l'éther, air). Notons qu'un ἠδέ faussement postposé avait aussi été imaginé par F.W. SCHNEIDEWIN (1851) dans sa compréhension du fr. 6.2. Selon lui, l'épithète *pheresbios* dépendrait d'*Aïdôneus*, et non pas d'Héra. L'erreur de syntaxe dans le fr. 38.4 se perpétue encore en 2014 avec M.M. SHAW, « Aither and the four roots in Empedocles », *Research in phenomenology*, 44, 2, 2014, p. 170-193, à la page 175, qui utilise une curieuse règle : « *Sea covered with waves is joined to moist air by ἠδ'* [= fr. 38.3], *the same particle that links Titan and aither* [fr. 38.4]. *Much hinges on whether this particle unites or distinguishes. It seems most likely that it unites, so that sea, waves, and moist air all describe water, while Titan designates another name for aither.* » Toutefois, SHAW aurait raison d'interpréter « *moist air* » comme une manifestation de l'eau et non pas de l'éther (*contra* WRIGHT 1981, p. 23). – Notons que Clément d'Alexandrie, qui rapporte le fr. 38 (*Stromate* V, 48.3), interprète l'éther comme étant le Sphinx (avec une pseudo-étymologie de Σφίγξ sur σφίγγω), or le Sphinx n'est pas un Titan.

206. Cette interprétation diffère donc de celle de GEMELLI MARCIANO 2012, vue plus haut.

poétique ou pour apporter une touche de pittoresque. Tout comme pour la survenue du Titan, il faut souligner d'abord l'incongruité : puisque les Harpies sont filles de divinités antérieures aux Olympiens – Thaumas et Électre dans la *Théogonie* hésiodique –, on ne peut pas croire qu'Empédocle utilise « Harpies » dans le même sens qu'Hésiode. Ces Harpies n'ont pas pu précéder les dieux aux noms olympiens du fr. 6.2. Tout comme Empédocle prend Titan pour le soleil, en accord avec la tradition, il utiliserait certaines attributions traditionnelles des Harpies[207] : elles ont des ailes, ce sont des ravisseuses d'âmes, elles agissent avec une grande rapidité. Les Harpies d'Empédocle agissent au profit de la puissance de séparation, *i.e.* de la Haine. Je suppose que les Harpies de D76.4 sont des vents furieux. Elles seraient une manifestation d'Héra, air ou éther.

L'étape où, chez Hésiode, les dieux olympiens se distinguaient des grandes masses du monde est réfutée par Empédocle (même si ce dernier n'hésite pas à mettre en avant Zeus, Héra, *Aïdôneus*). Dans un mouvement de retour aux dieux anciens qui ne se distinguaient pas des grandes masses du monde, l'Agrigentin a reconnu dans chaque élément un dieu qui n'est pas ce que la tradition aurait pu imaginer. Jamais le Zeus olympien n'avait été conçu comme le feu. Jamais l'eau sous toutes ses formes n'avait été conçue comme étant *Nestis*. La déification nouvelle n'était pas un retour aux dieux anthropomorphes d'Homère et d'Hésiode. Empédocle a produit une synthèse originale.

Chacun à leur façon, Platon et Aristote nous aident à comprendre de façon simple ce qu'est le feu. Pour Platon, c'est un tétraèdre. Pour Aristote, c'est la conjonction du chaud et du sec. Cette approche leur permet de penser des transformations entre les quatre éléments. Pour Platon et Aristote, ni le tétraèdre, ni le chaud, ni le sec ne sont des dieux. À la différence de ces deux auteurs, Empédocle ne définit pas physiquement ce qu'est le feu ; il le conçoit à travers ses manifestations concrètes et comme l'expression d'un dieu, Zeus. Il lui est alors facile d'avancer que le feu reste le même dans les mélanges. Personne ne penserait à dire que Zeus, pourtant si différent entre ses moments amoureux et ses colères, ou ses diverses métamorphoses, n'est pas toujours le même. Une personnalité divine, comme humaine, joue sur divers registres. Elle a quelque chose d'insaisissable. Faut-il penser qu'en plaçant au plus haut de son système ontologique quatre racines divines Empédocle a en fait évité des incohérences possibles que la rigueur d'une définition claire entraînerait ? Je ne suis pas loin de le croire.

---

207. Voir *Odyssée*, I, 241-251, XIV, 371, XX, 63-78. Hésiode, *Théogonie*, 267-269. Phérécyde, 4 D13 LM.

On pourrait distinguer trois niveaux décroissants quant à la conceptualisation des racines et des éléments :

(1) les racines : Zeus, Héra, *Aïdôneus, Nestis.*

(2) les éléments, qui signalent dans un vocabulaire commun ce que recouvrent en général les racines : πῦρ, αἰθήρ, γαῖα, ὕδωρ (66b 249 R, fr. 109.1-2).

(3) les manifestations[208] ou métamorphoses des racines au niveau le plus concret :

> (a) (pour Zeus et πῦρ) flamme, chaleur, soleil, éclair, lumière, étincelle, braise, ctc.
>
> (b) (pour Héra et αἰθήρ) air, vent, souffle, nuage blanc, lune, firmament, etc.
>
> (c) (pour *Aïdôneus* et γαῖα) glèbe, rochers, métaux, sel, asphalte, huile, etc.
>
> (d) (pour *Nestis* et ὕδωρ) pluie, rivière, mer, vapeur d'eau, glace, grêle.

J'utilise fréquemment le mot « manifestation » quand il s'agit de décliner de façon concrète une présence, une expression, une figure à partir d'une racine[209]. Les phénomènes particuliers tels que flamme, vent, rocher, grêle, sont souvent des manifestations des éléments (compris dans le vocabulaire usuel avec ses références immédiates) et toujours des racines. Le vocabulaire des éléments prend le risque d'être figé par l'usage du langage commun. Je suppose que la découverte par Empédocle du niveau conceptuel le plus élevé – celui des racines – finalise ses observations et ses réflexions. Le cheminement d'Empédocle qui mène aux vers du fr. 6 se ferait alors comme suit.

Force est de constater que le vocabulaire commun manque d'un mot pour dire ce qui est à la fois la flamme, la chaleur et la lumière, trois manifestations qui ont un certain lien entre elles. Le mot πῦρ est insuffisant. Il manque aussi un mot pour dire ce qui est à la fois la glace, l'eau et la vapeur. Le mot ὕδωρ dit mal la glace et la vapeur.

---

208. Cf. WRIGHT 1981, p. 22 : « *At their first appearance in the* Physics *these roots* [= *four eternally existing roots*] *are given the names of gods and goddesses, but there is no attempt to establish a technical or even consistent vocabulary for any of them. They are variously designated by the terms fire, air, earth, and water, by the names of divinities, and by their most obvious manifestations in the physical world.* »

209. O'BRIEN 1969, p. 51 (et p. 103 n.1, p. 333), utilise le mot « *manifestations* » pour signifier des *daimones* ou *moirai* qui, dans le cadre du fr. 122, dépendent de *Philotès* ou bien de *Neikos* (« [...] *we do find Speed and Slowness included along with Movement and Rest in a list of μοῖραι καὶ δαίμονες. These daimones are evidently in some way manifestations of Love and Strife* »). L'emploi que je fais de « manifestations » pour les racines reste dans le même esprit. Remarquons accessoirement que, dans le fr. 122, O'BRIEN 1969, p. 333, ne considère pas que Χθονίη, Ἡλιόπη et Νημερτής sont des manifestations directes de certains dieux du fr. 6 (par exemple, Ἀιδωνεύς, Ζεύς et Νῆστις). Pourtant rien n'empêcherait qu'il en soit ainsi.

Un seul mot manque pour dire à la fois la terre qui peut être labourée, les roches, les métaux, le sel. Personne ne dirait que les métaux sont γαῖα si γαῖα est spontanément comprise comme φερέσβιος. Il manque enfin un mot pour dire l'air, le vent, et la matière solide du firmament et de la lune. La solidité du firmament et de la lune ne se laisse pas comprendre par le mot αἰθήρ. Bref, le vocabulaire usuel ne permet pas de saisir par un seul mot l'étendue de chacun de ces quatre domaines physiques qui, en dépit de la variété des phénomènes, ont une certaine unité en eux-mêmes. Cela n'est au fond pas étonnant, car les hommes plongés dans leur quotidien ne raisonnent pas en physiciens (cf. fr. 2). Ces domaines sont quatre dieux qui se manifestent dans le monde de la façon la plus concrète possible. Il manque cependant les noms des quatre dieux. Un dieu se manifeste parfois en flamme, parfois en chaleur, parfois en lumière. Un autre dieu en glace, en eau, en vapeur d'eau. Et ainsi de suite. Ainsi, quatre dieux se métamorphosent. Il serait possible de donner un nom inconnu à chacun de ces dieux. Mais il est vraisemblable que certains dieux connus sont en fait les dieux recherchés. Les dieux olympiens ont été mal interprétés. L'exemple emblématique se trouve dans l'*Iliade* lorsque Poséidon rapporte le partage du monde établi avec ses frères. Il est nécessaire de rétablir la vérité. Les dieux des quatre domaines physiques sont Zeus, Héra, *Aïdôneus* et *Nestis*. Pour faire simple, πῦρ, αἰθήρ, γαῖα, ὕδωρ renvoient à ces dieux. La répartition du monde entre ces dieux diffère de la répartition énoncée par Poséidon, qui laisse en particulier l'Olympe et la terre sans répartition. La totalité du monde est répartie entre Zeus, Héra, *Aïdôneus* et *Nestis*.

Ce cheminement – bien sûr spéculatif – souligne l'importance de penser l'attribution des éléments aux dieux, plutôt que l'inverse, qui serait une réduction profane. Le fait d'installer dans la nature des dieux aussi connus que Zeus et Héra marque la proximité des dieux par rapport aux hommes. Ces dieux ne sont plus dans un lointain Olympe. Concevoir que le feu est Zeus, c'est rompre avec l'image traditionnelle qui veut que Zeus soit associé à l'éther. Concevoir qu'Héra est φερέσβιος et que l'éther est Héra, c'est à la fois rompre avec Déméter ou *Gaia* φερέσβιος, et dans le même temps mettre la racine Héra à la place du Zeus de l'éther. Chez Empédocle, il n'y a pas de religion des racines, et par conséquent il n'y a pas de nouveau culte attaché aux quatre dieux redéfinis. Toutefois, une racine aurait les honneurs de l'Agrigentin : *Nestis*, s'il s'agit bien de sa Muse, éternelle, proche de l'Amour.

Annexe – Sur l'attribution des éléments aux dieux

On sait qu'Empédocle mentionnait quatre éléments : feu, eau, terre, éther (66b 249 R, fr. 109.1-2)[210]. Il mentionnait aussi quatre dieux (fr. 6 : Zeus, Héra, *Aïdôneus*, *Nestis*) que l'on peut mettre en relation avec les quatre éléments. L'attribution incontestée est celle de *Nestis* avec l'eau. Les larmes de *Nestis* au fr. 6.3 font directement penser à l'eau ; dans le fr. 96, la présence de *Nestis* à côté de la terre et du feu (Héphaïstos) peut s'accorder avec le fait que *Nestis* est l'eau.

Le fr. 6 conteste le partage du monde lu en *Iliade* XV, 187-193. En *Iliade* XV, le monde est énoncé en cinq domaines (mer, ombre brumeuse du monde souterrain des morts, ciel, terre, Olympe), qui, pour les trois premiers d'entre eux ont un souverain olympien – les trois frères issus de Cronos et Rhéa : Poséidon (pour la mer), Hadès (pour l'ombre brumeuse), Zeus (pour le ciel). Dans le fr. 6, le monde est entièrement réparti entre quatre divinités qui sont présentées sans lien de parenté. Deux déesses sont introduites (Héra, *Nestis*) à côté de Zeus et d'Hadès. Poséidon, qui énonçait le partage en *Iliade* XV, n'apparaît plus.

Des auteurs anciens, tels que Probus, Aétius, Diogène Laërce, Héraclite l'allégoriste, Hippolyte, Stobée proposent une clé d'interprétation pour identifier les quatre dieux du fr. 6. Quand ils veulent justifier leur interprétation certains de ces auteurs s'appuient souvent sur une étymologie plus ou moins imaginaire du nom des dieux[211].

Ainsi Probus :

> *ut accipiamus* Ζεὺς ἀργής *ignem, qui sit* ζέων *et candens, quod ignis est proprium* [...]
> *unde* τὴν Ἥραν *quidam* ἔραν *appellarunt.*

Aétius :

> Δία μὲν γὰρ λέγει τὴν ζέσιν καὶ τὸν αἰθέρα.

Stobée :

> Ἐ. Δία μὲν λέγει τὴν ζέσιν <καὶ> τὸν αἰθέρα [...]
> ἀέρα δὲ τὸν Ἀιδωνέα, ἐπειδὴ φῶς οἰκεῖον οὐκ ἔχει, ἀλλὰ ὑπὸ ἡλίου καὶ σελήνης καὶ ἄστρων καταλάμπεται [...]

---

210. La répétition du mot ἀήρ (ou ἠήρ) dans le corpus empédocléen serait due à l'influence de Platon et surtout d'Aristote, qui utilise systématiquement ἀήρ pour l'un des quatre éléments. Voir déjà les notes 11 et 93.

211. Cf. ROWETT 2016, p. 85 : « *The interpretations from antiquity are clearly mostly guesswork, based on total bafflement. Their main technique for decoding the text is etymology. So for instance, the Placita (ps-Plutarch) appeals to the word for boiling, zesis, in its attempt to link the name "Zeus" to heat, so as to make "Zeus" mean elemental fire* ».

Selon Stobée, *Aïdôneus* n'a pas de lumière propre ; l'auteur s'appuie sur l'ancienne croyance qui veut qu'Hadès soit, de par son étymologie, « celui que l'on ne peut voir », l'Invisible (ἀ, ἰδεῖν).

Hippolyte :

> Ἀιδωνεὺς δὲ ὁ ἀήρ, ὅτι πάντα δι' αὐτοῦ βλέποντες μόνον αὐτὸν οὐ καθορῶμεν

Hippolyte aurait en tête qu'Hadès est l'Invisible (ἀ, ἰδεῖν).

> Νῆστις δὲ τὸ ὕδωρ· μόνον γὰρ τοῦτο ὄχημα τροφῆς αἴτιον γινό μενον πᾶσι τοῖς τρεφομένοις, αὐτὸ καθ' αὐτὸ τρέφειν οὐ δυνάμενον τὰ τρεφόμενα.

Νῆστις serait rapportée à νηστεία, le jeûne, et donc à l'absence de nourriture.

Quand les auteurs anciens établissent une correspondance permettant de passer des dieux à ce que l'on désigne couramment par les éléments, ils ne rapportent pas des vers du corpus d'Empédocle qui pourraient justifier cette correspondance[212]. Ils vont au plus simple. Soit ils énoncent ce qui leur paraît être la correspondance sans rien ajouter de commentaire (Diogène Laërce, Athénagore, Héraclite l'allégoriste), soit ils énoncent ce qui leur paraît être la correspondance en s'appuyant souvent sur une attribution vraisemblable qui se dégagerait des noms eux-mêmes. Ils pourraient ne pas se tromper sur la conclusion. Ainsi, lorsque Hippolyte dit que *Nestis* est l'eau parce qu'elle ne nourrit pas, il peut justifier de la sorte une conclusion admise selon laquelle *Nestis* est l'eau. Ainsi lorsque Stobée ou Aétius disent que selon Empédocle Zeus est ζέσις (bouillonnement), ils s'accordent avec la correspondance admise qui rapporte le feu (sous le mot toutefois non empédocléen d'αἰθήρ) à Zeus.

Mais, on en conviendra, la méthode est hasardeuse. Empédocle s'appuyait-il sur des étymologies pour attribuer les éléments aux dieux ? Rien ne nous le garantit. Une méthode bien plus sûre consiste à partir (1) des vers d'Empédocle, voire de quelques témoignages, pour remonter aux dieux ; (2) de l'identité déjà établie pour *Nestis* et (3) de l'opposition d'Empédocle au partage du monde en *Iliade* XV. Évidemment, cette méthode est laborieuse. Peut-être est-elle décourageante, lorsque l'on dispose déjà d'une méthode rapide et peu contestée par ses pairs, que l'on peut immédiatement mobiliser. Enfin, la méthode serait peu engageante, car trop polémique

---

212. Hippolyte ne rapporte pas de vers pour appuyer son argument concernant *Nestis*, mais il affirme : εἰ γὰρ ἔτρεφε, φησίν, οὐκ ἄν ποτε λιμῶι κατελήφθη τὰ ζῶια, ὕδατος ἐν τῶι κόσμωι πλεονάζοντος ἀεί. διὰ τοῦτο Νῆστιν καλεῖ τὸ ὕδωρ, ὅτι τροφῆς αἴτιον γινόμενον τρέφειν οὐκ εὐτονεῖ τὰ τρεφόμενα.

quand il s'agit de souligner l'opposition d'Empédocle à une tradition religieuse établie. Mais voici ce que l'on pourrait attendre de cette méthode :

- ἀργής qualifie αὐγή, la lumière, au fr. 21.4. Or αὐγή est un synonyme de φῶς, une sorte de feu (πῦρ) comme cela se comprend au fr. 84.5 et 11. On peut donc associer Zeus ἀργής (fr. 6.2) au feu. Cela s'oppose à *Iliade* XV où Zeus a pour lot le vaste ciel.
- Ni le feu – maintenant rapporté à Zeus – ni l'eau (*Nestis*) ne peuvent être rapportés à *Aïdôneus*. L'éther le peut-il ? Dans l'affirmative, ce pourrait faire écho à la souveraineté d'Hadès sur l'ombre brumeuse (ζόφος ἠερόεις) mentionnée en *Iliade* XV. Or Empédocle s'oppose à ce partage. Pourquoi l'air souterrain serait-il attribué à *Aïdôneus* chez Empédocle alors que l'on refuse, avec la même référence iliadique, que le ciel soit attribué au Zeus *argès* ? Par ailleurs, Empédocle croit en la réincarnation, ce qui va à l'encontre du souverain des morts qui ne relâche jamais ses sujets. Reste qu'*Aïdôneus* peut se voir attribuer la terre, un domaine qui était sans souveraineté unique en *Iliade* XV.
- Après les attributions de l'eau, du feu et de la terre, reste l'éther. Héra *pheresbios* serait l'éther, non seulement en s'attribuant le domaine traditionnel de Zeus mais aussi l'Olympe, car chez Empédocle l'Olympe est le firmament, qui est un éther solide (A 30, A 51, fr. 44).

L'attribution des éléments aux dieux serait donc : le feu à Zeus, l'éther à Héra, la terre à *Aïdôneus* et l'eau à *Nestis*. Seuls les manuscrits grecs du Pseudo-Plutarque présentent une attribution identique[213].

---

213. Que ces manuscrits, que l'on voudrait rattacher à Aétius, aient ce que nous considérons comme étant l'attribution juste ne valide en rien cette attribution. La traduction arabe de ces manuscrits grecs livre une attribution différente en accord avec les manuscrits de Stobée (Héra = terre, *Aïdôneus* = air). Sur la source aétienne du fr. 6, voir J. MANSFELD & D. RUNIA, *Aëtiana V* : an edition of the reconstructed text of the *Placita* with a commentary and a collection of related texts, 4 vols., Leyde-Boston, Brill, 2020, p. 206, 260-262. Si Empédocle n'a jamais livré en clair son attribution – ce qui paraît hautement vraisemblable –, les commentateurs ne font que livrer leurs interprétations. Sans analyse du corpus empédocléen, la tendance toute naturelle est de considérer que Héra φερέσβιος est la terre. Ce qui explique que l'attribution où Héra est la terre est dominante parmi les manuscrits anciens. Les manuscrits grecs du Pseudo-Plutarque divergent quant à cette attribution sans donner l'ombre d'une explication. Ils n'ont donc guère de valeur pour prétendre livrer l'attribution juste. Reconnaissons tout de même que la divergence contribue à tenir comme hautement vraisemblable le fait qu'Empédocle n'avait rien dit de l'attribution à laquelle il croyait. Si Héra n'est pas la terre, la question est alors de savoir pourquoi – apparemment – Empédocle nous lancerait sur une fausse piste.

Les auteurs qui se fondent sur des étymologies plus ou moins imaginaires pour Héra ou *Aïdôneus* ont une autre correspondance. Il n'est pas indifférent de signifier une attribution des dieux aux éléments, ou bien à l'inverse : des éléments aux dieux. La première attribution fixe la réduction au vocabulaire profane. La seconde met en valeur les dieux. En commentant le partage iliadique personne ne dirait que Zeus est attribué au vaste ciel. C'est le contraire qu'il est convenable de dire : le ciel est attribué à Zeus. Chez Empédocle, il en irait de même, si ce n'est que, chez lui, le dieu ne se distingue pas de l'élément – pris comme l'ensemble de ses manifestations physiques – qui lui est attribué.

HÉRA AUX DEUX VISAGES

Dans le corpus du grec ancien à notre disposition, les vers d'Empédocle qui forment aujourd'hui le fr. 6 dans le recueil de Diels-Kranz[1] présentent quatre dieux de façon insolite :

τέσσαρα γὰρ πάντων ῥιζώματα πρῶτον ἄκουε·	1
Ζεὺς ἀργὴς Ἥρη τε φερέσβιος ἠδ' Ἀιδωνεύς	2
Νῆστίς θ', ἣ δακρύοις τέγγει κρούνωμα βρότειον.	3

En effet, apprends d'abord les quatre racines de toutes choses :
Zeus brillant et Héra porte-vie et *Aïdôneus*
Et *Nestis* qui, par ses larmes, mouille la source mortelle[2].

Je remercie André Laks de ses remarques à la lecture d'une précédente mouture de ce texte.

1. Tous les fragments (fr.) cités ici, sans autre précision, sont issus de H. Diels & W. Kranz, *Die Fragmente der Vorsokratiker*, Berlin, Weidmann, 1951[6], et concernent Empédocle (DK 31). Pour le fragment et ses sources, sur internet : http://www.placita.fr. Dans l'édition Laks-Most (2016), pour 22 D57.1, « γὰρ » est remplacé par « τῶν » ; cette édition (en abrégé : LM) s'accorde mieux avec les sources, sans que cela affecte toutefois le sens du fragment.

2. *Aïdôneus* est un autre nom d'Hadès, habituellement choisi en fin d'hexamètre. *Nestis* est une déesse sicilienne. Au temps d'Empédocle κρούνωμα apparaît comme un hapax. Bien plus tard, l'occurrence κρουνώμασιν apparaît dans Eusèbe, *Praep. Evang.*, 4.9.2.24-25. Chez Eusèbe κρουνώμασιν désigne les lieux d'un surgissement, en l'occurrence du sang sortant des gorges d'animaux sacrifiés. La source mortelle (κρούνωμα βρότειον) est vraisemblablement une métaphore pour dire la terre (voir J.-C. Picot, « L'Empédocle magique de P. Kingsley », *Revue de philosophie ancienne*, 18, 1, 2000, p. 25-86, particulièrement aux pages 63-66). La traduction que je donne du fr. 6.3 est très proche de celle de LM : « Et Nestis, qui mouille de ses larmes la source mortelle ». En 1892, J. Burnet faisait de la source mortelle une apposition à *Nestis* : « And Nestis, dripping with tears, the well-spring of mortals ». Selon Burnet, « 'κρούνωμα βρότειον' is the σπέρμα ; cf. Aet. i. 3.20. ». – Je traduis ἄκουε par « apprends », et non pas par les classiques « écoute » ou « entends », car « apprends » semble convenir au contexte où Empédocle requiert l'écoute de Pausanias pour lui révéler les quatre dieux-racines. J. Bollack (*Empédocle. II, Les Origines, édition des fragments et des témoignages*, Paris, Éditions de Minuit, 1969) avait trouvé une formulation habile pour conserver « écoute » au fr. 6.1 (p. 64) : « D'abord les quatre racines du monde, écoute, les voici : [...] ». « écoute » vaut ici pour : écoute-moi. La difficulté de la syntaxe du fr. 6 est signalée par N. van der Ben,

Le fr. 6 surprend de bien des façons. Au vers 2, on ne s'attend pas à ce que les racines de toutes choses soient des Olympiens. Juste après avoir cité le fr. 6.1, Clément d'Alexandrie ajoute le vers suivant, censé provenir d'Empédocle[3] : πῦρ καὶ ὕδωρ καὶ γαῖαν ἰδ᾽ αἰθέρος ἄπλετον ὕψος. On reconnaît là le feu, l'eau, la terre et l'éther, qui sont les quatre éléments, immédiatement compréhensibles. Mais on sait aujourd'hui que la véritable suite du fr. 6.1 énonce des Olympiens et non pas des éléments. Il existe assurément un lien entre les uns et les autres. Mais ce lien est obscur.

Par ailleurs, ces Olympiens, puisqu'ils sont racines de toutes choses, n'ont pas d'ascendants. Pas de Cronos, pas de Rhéa. Cl. Ramnoux dénonçait déjà ici un scandale[4]. Quelle surprise ensuite de voir Héra qualifiée de φερέσβιος, une épithète qu'elle n'avait jamais reçue dans la tradition à notre disposition ! J. Bollack disait – mais il est vrai en dehors de son commentaire sur le fr. 6 – qu'Empédocle « intègre, partout, tant qu'il peut, la tradition littéraire et culturelle » ; et le savant soulignait que cela n'était pas pour suivre docilement cette tradition mais pour rompre avec elle, et parfois pour la subvertir[5].

Au vers 3, on ne s'attend pas non plus à trouver, en quatrième racine, une déesse dont le nom est presque inconnu (*Nestis*), occupant un vers entier, une déesse qui semble ne pas avoir de lien avec les grands Olympiens du vers précédent. Les vers 2 et 3 sont à ce point surprenants que l'on pourrait s'interroger sur leur authenticité. Le fait que Tzetzès déclare que ces vers appartiennent au premier livre de la *Physique* n'apporte pas une garantie absolue quand on sait que Tzetzès n'est pas, par ailleurs, un témoin parfaitement fiable. Mais pourtant, il faut se rendre à l'évidence. Les vers du fr. 6, rapportés par des sources différentes[6], sont authentiques et présentent

---

Empedocles' Poem on natural philosophy, I – A radical edition, Posthumous writings, Google Sites, empedocles.acragas, 2019, p. 350-352.

3. *Stromate* VI, 17.4. Le vers correspond au fr. 17.18. Il est important de considérer comme authentique l'éther (αἰθέρος) et non pas l'air (ἠέρος, dans DK).

4. Cl. RAMNOUX, *Héraclite ou l'homme entre les choses et les mots*, Paris, Les Belles Lettres, 1968², p. 186 : « un usage scandaleusement libre des généalogies ». Page 187 : « le fragment 6 est écrit en registre de théogonie, bien que le poète prenne des libertés scandaleuses avec les généalogies traditionnelles ».

5. J. BOLLACK, *Empédocle. Les* Purifications *: un projet de paix universelle*, édité, traduit du grec et commenté par J.B., Paris, Éditions du Seuil, 2003, p. 66. Les pages 9 à 14 de cet opuscule disent la rupture et la subversion opérée par Empédocle. En 1969, dans son ouvrage sur les *Origines*, BOLLACK n'évoquait guère cette démarche d'Empédocle. Le commentaire de BOLLACK sur le nom des dieux (*Empédocle. III, Les Origines, commentaire, 1*, Paris, Éditions de Minuit, 1969, p. 169-185) ne signale de la part d'Empédocle aucune rupture, aucune subversion, aucune opposition par rapport à la tradition. Voir plus bas la note 93 et le refus d'un Zeus « sacrilège ».

6. Probus, Aétius, Héraclite l'allégoriste, Hippolyte, Athénagore, Sextus Empiricus, Diogène Laërce, Eusèbe, Stobée, Tzetzès.

une facture poétique digne d'Empédocle[7]. Je vais m'attacher ici à comprendre ce qu'Héra φερέσβιος signifie. Quel sens aurait, en outre, Héra dans la pensée d'Empédocle – pensée exprimée dans la *Physique* et les *Catharmes*.

Héra *pheresbios*

Quelle est l'association probable que la tradition religieuse des Grecs au Ve s. avant J.-C. proposerait entre ses dieux et déesses d'une part et d'autre part chacun des quatre éléments – le feu, l'éther, la terre, l'eau ? Osons des réponses. Pour le feu : Héphaïstos, *Hélios*, Hestia. Pour l'éther : Zeus et Ouranos. Pour la terre : Gaia, Déméter, Hestia. Pour l'eau : Poséidon, Océan, Styx. Avec de telles réponses, on mesure la distance entre le fr. 6 d'Empédocle et les associations communes ou spontanées[8]. Le fr. 6 mentionne Zeus, mais son association avec l'éther chez Empédocle est uniquement récente (F. Knatz, 1891). Les témoins antiques du fr. 6 associent Zeus avec le feu, en partie sur des jeux étymologiques avec ζέσις et αἰθήρ-αἴθω, vraisemblablement aussi en raison de son épithète ἀργής qui ne qualifie jamais l'air ni l'éther, mais qui qualifie la foudre, une manifestation du feu associée au Zeus traditionnel. Les autres divinités retenues

---

7. X. GHEERBRANT (*Empédocle, une poétique philosophique*, Paris, Classiques Garnier, 2017, p. 410-412) a souligné l'originalité de composition de ce fragment. VAN DER BEN 2019, p. 350-353, 672-674, conteste l'authenticité. Il propose une nouvelle édition où Zeus, Héra et *Aïdôneus* sont certes conservés, mais où *Nestis* est remplacée par Nérée. Son édition (F39 VdB) :

τέσσαρα τῶν πάντων ῥιζώματα κόσμου ἐόντων.
ἔστων Ζεύς θ' Ἥρη τε φερέσβιος ἠδ' Ἀϊδωνεύς
Νηρεύς θ', οἳ δὴ ἔφυν ὁμὸν ἐν γένος ἀλλοιωπῶν,
complétée par F40.1 VdB :
ἠέλιός τε χθών τε καὶ οὐρανὸς ἠδὲ θάλασσα.

8. Dans l'ouvrage de P.J. RHODES & R. OSBORNE, *Greek historical inscriptions, 404-323 BC*, Oxford, Oxford University Press, 2003, p. 247, un serment d'alliance entre Philippe II et les Chalcidiens, en 357/356, invoque Zeus, Gaia, *Hélios*, Poséidon. Selon les auteurs de l'ouvrage, « *Zeus, Earth, Sun, and Poseidon represent Empedocles' four elements of air, earth, fire, and water: they appear in other oaths in 53, 76.* » Précisons le sens de « *in 53* » : *Alliance between Athens and Thracian, Paeonian, and Illyrian kings, 356/5.* Et « *76* » : *Common Peace and League of Corinth, 338/7.* Si les auteurs voient juste, Zeus serait mis en place de l'air. Bien évidemment, Gaia, *Hélios* et Poséidon ne sont pas nommés par Empédocle dans le fr. 6. – C'est précisément parce qu'il existe un écart considérable entre d'une part les associations spontanées des éléments aux noms des dieux traditionnels et, d'autre part, la réalité des attibutions des éléments aux divinités du fr. 6 que l'on ne peut pas dans le fr. 6 parler d'antonomase du nom propre pour signifier un nom commun. Zeus ne dit pas spontanément le feu (rapporté par des témoignages antiques, voir A 33). Héra ne dit pas plus spontanément la terre que l'éther.

par Empédocle, Héra, *Aïdôneus* et *Nestis*, ne sont pas les divinités que l'on attend pour désigner un élément.

On peut et on doit s'étonner qu'une obscure déesse comme *Nestis* ait évincé Poséidon, Océan et Styx, qu'elle fasse jeu égal avec trois Olympiens de premier plan, et qu'elle occupe à elle seule un vers entier. On peut et on doit aussi s'étonner que la célèbre répartition d'une grande partie du monde entre les trois dieux mâles olympiens (Poséidon, Hadès, Zeus), complétée par les deux parties communes (terre et Olympe), en *Iliade* XV, 190-193, ait volé en éclats ; deux déesses se sont introduites dans le partage du monde, et il n'y a plus de parties communes. D'une certaine façon, les divinités du fr. 6 remplacent Terre, Ciel et Styx nommés dans le grand serment des dieux (*Hymne à Apollon*, I, 84-86). Il convient alors de remarquer comment *Nestis*, dernière nommée et qui pleure, a remplacé Styx dernière nommée dont l'eau tombe comme des pleurs[9].

Encore quelques questions. Quelle est la divinité ou les divinités que la tradition religieuse des Grecs associerait à l'épithète φερέσβιος ? Il n'y a aucun doute : Gaia ou Déméter (ou son autre nom *Dèô*). Peut-on confondre Gaia et Héra, ou Héra et Déméter ? Non. Ce sont des déesses différentes. N'est-ce pas alors étrange qu'Empédocle qualifie Héra de φερέσβιος ?

Empédocle polémique avec la tradition religieuse de son temps[10]. On a donc tort de vouloir rechercher dans les correspondances des dieux nommés (Zeus, Héra, *Aïdôneus*, *Nestis*) aux éléments (terre, eau, feu, éther) le plus grand accord possible avec la tradition, de façon à pouvoir déclarer que cette correspondance serait aussi assumée par Empédocle. Ici comme ailleurs, il ne faut pas s'arrêter à des généralités, il faut travailler au cas par cas. L'adjectif *pheresbios*, appliqué à Héra, est dans le corpus du grec ancien à notre disposition réservé à la terre[11]. En conséquence, il obligerait à penser qu'Héra est la terre. D'où, déjà, une première étrangeté

---

9. Voir Picot 2000, p. 48-49.

10. Cette affirmation n'est pas nouvelle. On la trouve reprise par Gheerbrant 2017, p. 306-307, en particulier pour le fr. 6.

11. Voir Hésiode, *Théogonie*, 693. Voir aussi : *Hymne homérique à Apollon*, 341, *Hymne homérique à la Terre*, 9. En outre, un des qualificatifs de la terre est πολύφορβος (*Iliade* IX, 568, XIV, 200). – O. Primavesi, « Pythagorean ratios in Empedocles' *Physics* », dans Harry, C.C. & J. Habash (dir.), *Brill's Companion to the reception of presocratic natural philosophy in later classical thought*, Leyde, Brill, 2021, p. 113-192, aux pages 138-139, affirme l'identité d'Héra avec la terre chez Empédocle : « *the elemental aspect of Hera seems to be hinted at by her epithet pheresbios (φερέσβιος 'life-bringing'). Since this epithet is exclusively used in connection with Earth or her crops by poets from Hesiod onwards, its use as an epithet of Hera strongly suggests the equation of that Goddess with Earth—the hieros gamos of Zeus and Hera being actualized, as it were, whenever a fiery lightning bolt strikes the earth.* »

manifeste, car chez Homère, y compris dans les *Hymnes homériques*, et chez Hésiode, Héra n'est pas la terre. Certes, on trouvera ici ou là, notamment à Samos et Argos, des éléments mythiques ou cultuels permettant de faire d'Héra une divinité de la fertilité et de la terre[12]. Mais pour l'essentiel, une Héra *pheresbios*, qui serait la terre à côté de Zeus, son frère et époux, mériterait une large explication. Pourquoi Empédocle l'a-t-il choisie plutôt que Gaia ? Mais il y a une seconde étrangeté. Si, en vérité pour Empédocle, Héra est l'air, comme l'affirme une certaine transmission d'Aétius[13], pourquoi Empédocle attribue-t-il le qualificatif *pheresbios* à Héra ? Soyons clair : cette qualification est dérangeante.

M. R. Wright, qui défend la correspondance Héra = air (ou éther), peine à convaincre avec les trois arguments suivants[14] :

[1] *Aidoneus (i.e., Hades) is most easily understood as earth (cf. the arguments put forward by Millerd Empedocles p. 31)* ; [2] φερέσβιος, *an epithet of earth in Hesiod and the* Homeric Hymns, *may well have been deliberately transferred by E. to the root of air, which in one form is the breath essential to life (cf. Aristophanes Nubes 570:* Αἰθέρα σεμνότατον, βιοθρέμμονα πάντων*)* ; [3] *this would be in accordance with his custom of putting established phrasing in a new-setting.*

---

12. Voir en particulier (1) L.R FARNELL, *The cults of the Greek states*, I, Oxford, Clarendon Press, 1896, p. 215-217, 221 ; (2) B. SNELL, « Hera als Erdgöttin », *Philologus*, 50, 1943, p. 159-160 ; (3) R. RENEHAN, « Hera as earth-goddess: a new piece of evidence », *Rheinisches Museum für Philologie*, 117, 3-4, 1974, p. 193-201 ; et (4) J.V. O'BRIEN, *The transformation of Hera: a study of ritual, hero, and the goddess in the* Iliad, Lanham (Maryland), Rowman & Littlefield, 1993, p. 4-7, 35-39, 63-74. Toutefois, du point de vue historique, l'équation Héra = terre doit être nuancée et contextualisée si l'on en croit V. PIRENNE-DELFORGE & G. PIRONTI, *L'Héra de Zeus : ennemie intime, épouse définitive*, Paris, Les Belles Lettres, p. 16, 95, 240, 248 – Une épithète d'Héra en Sicile est Πεδιώ (voir LSJ, *s.v.*) ; ce qui justifierait que Héra, Plaine, puisse être la terre pour Empédocle. Soit pour la fertilité, mais il demeure qu'Héra n'est pas reconnue comme une déesse des profondeurs de la terre, à la différence d'*Aïdôneus*.

13. Aétius (Pseudo-Plutarque grec), *Placita philosophorum*, 878.A.8-10 : Δία μὲν γὰρ λέγει τὴν ζέσιν καὶ τὸν αἰθέρα, Ἥρην τε φερέσβιον τὸν ἀέρα, τὴν δὲ γῆν τὸν Ἀιδωνέα, Νῆστιν δὲ καὶ κρούνωμα βρότειον οἱονεὶ τὸ σπέρμα καὶ τὸ ὕδωρ. Selon PRIMAVESI 2021, p. 141, cette transmission ne préserverait pas la source authentique : « *thanks to the first edition of Quṣṭā ibn Lūqā's Arabic translation of Ps.-Plutarch's Placita (1980) we know that the Arabic Ps.-Plutarch shares with Stobaeus the equation of Hera with Earth and of Aïdoneus with Air. Now, the Arabic translation of Ps.-Plutarch's* Placita *is the only source to offer the correct reading of Ps.-Plutarch in some passages, so its authority matches that of the Greek transmission of Ps.-Plutarch. Therefore, the agreement of the Arabic Ps.-Plutarch and Stobaeus in our passage proves that Stobaeus has faithfully preserved the Aëtian equations. These equations were also in the original text of Ps.-Plutarch as correctly rendered by the Arabic translation, and it is the Greek transmission of Ps.-Plutarch that has gone astray.* »

14. M.R. WRIGHT, *Empedocles: the extant fragments*, New Haven-Londres, Yale University Press, 1981, p. 23, 165.

Il est facile de rétorquer :

- Si *Aïdôneus* est la terre, on ne comprend pas pourquoi *pheresbios* s'applique à Héra et non pas à *Aïdôneus*[15]. Pourquoi cette confusion évidente ?
- La terre est désignée dans les vers d'Empédocle par ἡ γαῖα (fr. 17.18, 38.3, 71.2, 109.1, 115.10), ἡ αἶα (fr. 21.6, 27.2), ἡ χθών (fr. 22.2, 62.4, 73.1, 96.1, 98.1, 115.10), ἡ γῆ (fr. 39.1). Il n'y a aucun doute : la terre a toujours pour référent un substantif féminin. Ce serait donc très étrange qu'Empédocle associe à la terre le dieu *Aïdôneus*, alors que la déesse Héra conviendrait parfaitement.
- Ce n'est pas une absurdité de croire que l'air ou l'éther pourrait être *pheresbios*, mais si Empédocle a délibérément transféré *pheresbios* de la terre à l'air ou à l'éther, il devait avoir une bonne raison. Laquelle ? Sans une raison forte, il est simple de conclure qu'Héra est la terre. De plus, dans la biographie d'Héra, des arguments existent pour justifier qu'elle fut la terre, et en particulier la terre fertile qui s'accorde avec *pheresbios*[16].
- Invoquer une habitude d'Empédocle (*putting established phrasing in a new-setting*) ne permet pas de justifier l'association précise d'Héra et de *pheresbios*.
- Si Empédocle avait voulu associer Héra à l'éther, sans prendre le risque d'être incompris avec *pheresbios*, il aurait pu trouver un adjectif qualificatif convenable, et de même scansion que φερέσβιος. Ainsi, avec en tête αἰθέρι παμφανόωντι (fr. 98.2), cela aurait pu être σελασφόρος ou φαεσφόρος[17].

Que l'on prenne la question d'une façon ou d'une autre, tant que l'on ne trouvera pas, du point de vue d'Empédocle, une raison forte et délibérée d'associer Héra à *pheresbios*, et de prétendre qu'ainsi Héra est l'éther, bon nombre de contradicteurs auront toujours raison : Héra est la terre, car son adjectif est – tout simplement – celui de la terre, parce que certaines traditions locales et anciennes supportent cette identification, et parce que la terre est féminine en grec. Ils

---

15. F.W. SCHNEIDEWIN (« Neue Verse des Empedokles », *Philologus*, 6, 1851, p. 155-67) avait transféré l'adjectif *pheresbios* de Héra à *Aïdôneus* : preuve du malaise ressenti à maintenir *pheresbios* pour Héra = éther. Mais SCHNEIDEWIN n'a pas été suivi ; il supposait qu'un ἠδέ postposé est possible, ce que nous refusons (de même que dans le fr. 38.4 traduit par ZELLER et DIELS). Nous n'avons pas trouvé jusqu'ici de lecteur de SCHNEIDEWIN qui ait critiqué cet auteur sur la torsion syntaxique qu'il imposait au grec.

16. Voir note 12.

17. Pour dire Héra *Teleia* (Τέλεια), sans pour autant écarter l'air ou l'éther : τελεσφόρος. Une présentation d'Héra, qui conviendrait aussi dans la métrique du vers : γαμοστόλος.

auront toujours raison, même s'ils n'ont aucune explication pour justifier l'attribution étrange du qualificatif *pheresbios* à Héra, à côté du Zeus olympien, son frère et époux.

La transmission grecque du Pseudo-Plutarque concernant l'interprétation du fr. 6 pourrait dépendre d'Aétius, lequel dépendrait lui-même de Théophraste. Si l'on s'en tient à cette transmission, Aétius affirmerait qu'Héra *pheresbios* est l'air (Ἥρην τε φερέσβιον τὸν ἀέρα). Mais ce n'est évidemment pas cette transmission qui peut garantir qu'Héra est effectivement l'air (ou l'éther) aux yeux d'Empédocle. Et ce n'est pas plus la traduction arabe du Pseudo-Plutarque, affirmant au contraire qu'Héra *pheresbios* est la terre, qui peut assurer de l'authenticité du point de vue d'Empédocle. Ces transmissions, ainsi que celle de Stobée, remonteraient à Théophraste. Or Théophraste ne montrait guère plus d'intérêt qu'Aristote sur la question des dieux chez l'Agrigentin. Il n'y a alors pas de raison de croire que Théophraste puis Aétius (par le Pseudo-Plutarque grec ou bien arabe) détiendraient l'interprétation juste de la correspondance dieux-éléments dans le fr. 6[18].

Un commentaire moderne et une objection au fait qu'Héra soit l'air chez Empédocle consiste à remarquer que Héra = air est une affirmation stoïcienne[19]. La transmission grecque du Pseudo-Plutarque véhiculerait cette affirmation ; on devrait donc douter que du point de vue d'Empédocle Héra soit l'air. Un autre commentaire moderne pointe le fait que Héra = terre est le propre des allégoristes homériques. On voudrait alors suggérer qu'Empédocle ne pouvait pas soutenir que Héra = terre ; il devait soutenir que Héra = air. Ces considérations de la critique moderne qui exploitent la réception antique, allant parfois dans un sens, parfois dans un autre, sont sans importance quand il s'agit de déterminer ce qu'Empédocle pensait réellement de l'attribution des éléments aux dieux de notre fr. 6. Pour cette détermination, on ne peut compter que sur des travaux

---

18. PRIMAVESI 2021, p. 138-142, affirme la justesse de l'équation Héra = terre en s'appuyant sur Stobée et la traduction arabe du Pseudo-Plutarque, sources qui diraient mieux la parole d'Aétius que le Pseudo-Plutarque grec (voir note 13). On prend trop souvent le parti de ne pas remettre en question ce que dit Aétius, car on y voit la vérité sur Empédocle délivrée par le sérieux Théophraste, bien informé. Mais ici comme ailleurs il convient de garder notre esprit critique. Je tiens pour une erreur ce qu'Aétius avance pour la composition de l'os (A 78) : Aétius comprend deux parts de la brillance de *Nestis* comme étant deux parts d'eau, alors que *Nestis* seule ne peut pas être les deux parts de brillance. Théophraste, qui ne s'intéresse pas plus à *Nestis* qu'aux autres racines divines (tout comme Aristote), pouvait être à l'origine de l'erreur. Je tiens pour une autre erreur ce que la tradition livre d'Aétius sur le soleil, en A 56. Voir le démontage en règle fait par M. RASHED, *La jeune fille et la Sphère. Études sur Empédocle*, Paris, PUPS, 2018, p. 127-130.

19. Le rapprochement entre Héra et l'air est notamment stoïcien : Athénagore, *Legatio sive Supplicatio pro Christianis*, 22, 4.

d'enquête à partir des fragments d'Empédocle et de quelques témoignages antiques qui ne concernent pas le fr. 6. Aucune source ancienne à notre disposition, postérieure à Empédocle, n'apporte de garantie quant à la fiabilité de son analyse et de son jugement pour fixer l'attribution des éléments aux racines. Les rapprochements que font les modernes en faveur tantôt d'Aétius, tantôt des stoïciens, tantôt des homéristes, ne sont pas concluants.

Dans un cadre interprétatif – ce qui est le cas de la correspondance des divinités avec les éléments –, certains esprits se fient au plus simple, à ce qui nécessite le moins d'explication possible, pour établir le vrai ou le vraisemblable[20]. Ils n'admettront donc pas facilement que Héra *pheresbios* = air ou éther, puisque le cheminement pour y parvenir n'est pas immédiat. Les esprits qui veulent comprendre pourquoi Empédocle a accolé l'épithète *pheresbios* à Héra, et qui sont prêts sur ce cas précis à se détacher de l'évidence imposée par la tradition homérico-hésiodique (*pheresbios* : le qualificatif de la terre), accepteront plus facilement le paradoxe Héra *pheresbios* = air ou éther.

Air et éther

Faisons dès maintenant un point de vocabulaire sur air (ἀήρ) et éther (αἰθήρ)[21]. Dans le corpus des vers à notre disposition, Empédocle utilise beaucoup plus souvent αἰθήρ (17 fois) qu'ἀήρ ou ἠήρ (4 fois : fr. 38.3, fr. 78, fr. 100.13, fr. 17.18). Ce compte de ἀήρ ou ἠήρ, qui procède du recueil de Diels-Kranz, est quelque peu généreux. Pour le fr. 38.3, il n'y a certes aucun débat, toutes les éditions s'accordent ; il faut lire : γαῖά τε καὶ πόντος πολυκύμων ἠδ' ὑγρὸς ἀήρ. L'air a ici le sens précis et ancien de l'air humide, que l'on confond parfois avec la vapeur, la brume, le brouillard, et

---

20. La logique est économique. Le choix du plus simple tend à évacuer, par ailleurs, l'usage de tours rhétoriques tels que métaphores, métonymies, synecdoques.

21. Le sujet a été traité par P. KINGSLEY dans « Notes on air: four questions of meaning in Empedocles and Anaxagoras », *The classical quarterly*, 45, 1, 1995, p. 26-29, et dans *Ancient philosophy, mystery, and magic. Empedocles and Pythagorean tradition*, Oxford, Clarendon Press, 1995, p. 15-35. Kingsley tend à supprimer ἀήρ ou ἠήρ des vers authentiques d'Empédocle. Il conserve ἀήρ du fr. 38.3, mais en raison de son adjectif ὑγρός il n'en fait pas un élément. G. CERRI a pris position contre certaines affirmations dogmatiques (« *tesi dogmatica* ») de KINGSLEY. Voir G. CERRI, « Il poema di Empedocle "*Sulla natura*" ed un rituale siceliota », dans CANNATÀ FERA, M. & S. GRANDOLINI (dir.), *Poesia e religione in Grecia: studi in onore di G. Aurelio Privitera*, Naples, Edizioni Scientifiche Italiane, 2000, p. 205-212, aux pages 205-206. Voir, plus récemment, une défense de αἰθήρ et une critique nourrie contre Aristote dans M.M. SHAW, « Aither and the four roots in Empedocles », *Research in phenomenology*, 44, 2, 2014, p. 170-193.

parfois même avec l'eau (voir Théophraste dans 31 A 86.8 et 14).
En outre, au fr. 38.4, αἰθήρ aux confins du monde n'est précisément pas l'air humide sur la mer, ou les nuages sombres chargés de
pluie[22]. Pour le fr. 78, qui fournit la raison d'une abondance de fruits,
les éditions se partagent pour l'essentiel entre deux corrections, κατ'
ἠέρα et κατήρεα, là où les manuscrits livrent la leçon κατῆρα, qui ne
s'accorde pas avec la métrique du vers[23]. Si l'on retient la présence
de l'air (ἠήρ) avec κατ' ἠέρα (= DK), il est ici possible de penser cet
air comme un mélange particulier où l'humidité est notable. Je ne
trancherai pas entre les deux corrections. Aristote livre seul le fr. 100
(la clepsydre et la respiration). Le mot αἰθήρ y est utilisé 4 fois, le mot
πνεῦμα 2 fois, et le mot ἀήρ une seule fois, au vers 13 (ἀέρος). Plusieurs
auteurs (H. Stein, J. Burnet, P. Kingsley, M. L. Gemelli Marciano)
ont déjà supposé qu'il fallait corriger ἀέρος en αἰθέρος. Mais cette
correction dans le fr. 100.13 ne s'impose pas ; ne s'imposerait pas
plus l'idée que l'éther privé de lumière à l'intérieur de la clepsydre
(au v. 13) soit mieux appelé ἀήρ qu'αἰθήρ (cf. le fr. 54 où l'éther – et
non pas l'air – s'enfonce sous terre). Reste le cas emblématique du
fr. 17.18 : πῦρ καὶ ὕδωρ καὶ γαῖα καὶ ἠέρος ἄπλετον ὕψος. Les sources
antiques se partagent en deux : Sextus Empiricus, Athénagore et
Simplicius ont ἠέρος ; Plutarque et Clément d'Alexandrie ont αἰθέρος.
Les modernes ont largement suivi Diels (ἠέρος). Toutefois, certaines
éditions récentes (T. Vítek, Gemelli Marciano, O. Primavesi) adoptent
αἰθέρος. Elles ont raison, car si l'on s'accorde pour dire qu'Empédocle
réserve ἀήρ pour l'air humide (fr. 38.3) ou bien l'air de l'intérieur de
la clepsydre plongée dans l'eau (fr. 100.13), on ne voit pas pourquoi
Empédocle emploierait ἀήρ en soulignant l'immensité de sa hauteur
(ἠέρος ἄπλετον ὕψος), entendons ce qui s'étend jusqu'au firmament
inclus (cf. fr. 38.4), et/ou le domaine immense qu'il occupe dans
les hauteurs, alors que le mot qui convient pour cet usage de l'air
dans toute son extension est αἰθήρ. Lorsqu'il s'agit de lister les quatre
éléments de la façon la plus générale possible – ce qui est le cas dans

---

22. Pour la lecture du fr. 38 voir Rashed 2018, p. 122, 147-148.

23. Voir sous B 77-78. Diels a corrigé κατῆρα, lu dans les manuscrits, en
κατ'ἠέρα. En dépit du désaccord de Kingley 1995 (*CQ*), p. 27-28, qui avec
Scaliger préfère lire κατήρεα, la correction de Diels a été adoptée par Gemelli
Marciano 2009 (106 GM) et par Laks & Most 2016 (D253 LM). Toutefois,
Graham 2010 (F90b G) et Primavesi 2011 (27 R) ont κατήρεα. L'édition de
B. Einarson et G.K.K. Link du *De causis plantarum* (Loeb, 471, 1976) a κατ'ἠέρα
(une conjecture déjà présente, bien avant Diels, dans un livre consacré au *De
causis plantarum* et imprimé par M. de Vascosan en 1550, à Paris). Retenons
la présence de l'air, sous sa forme ionienne (ἠήρ). Selon Plutarque l'ajuste-
ment des pores des feuilles permet une alimentation convenable. Théophraste
cite le vers du fr. 78 pour illustrer l'importance de la qualité de l'air pour
les arbres.

le fr. 17.18 –, le mot le plus opportun du point de vue d'Empédocle
est αἰθήρ et non pas ἀήρ. Le fr. 109 (que l'on verra plus loin) liste
à sa façon les quatre éléments et présente αἰθήρ et non pas ἀήρ[24]. Je
ne retiendrai donc pas le fr. 17.18 de Diels comme authentique ; je
préfère une édition qui choisit αἰθέρος contre ἀέρος. Cela étant dit,
il faut admettre que ἀήρ est mieux compris spontanément que αἰθήρ.
Le risque existe qu'en lisant αἰθήρ l'on comprenne uniquement l'air
de la hauteur du ciel ; ce qui chez Empédocle serait une limitation
inacceptable de la dénotation. Ou bien que l'on comprenne le feu
– un total contre sens. Pour Empédocle, αἰθήρ désigne l'air dans
toutes ses manifestations : l'air sous la surface de la terre (fr. 54), l'air
que l'on respire (fr. 100), l'air qui entre dans la composition du sang
(fr. 98.2), et l'air de la totalité du ciel, dont la lune et le firmament.
Comme bien d'autres, je ne m'interdirais pas de dire parfois « air »
pour signifier l'αἰθήρ chez Empédocle, sauf quand un vers précis
requiert de dire « éther » – par exemple dans le fr. 17.18.

Empédocle serait à l'origine de la théorie des quatre éléments[25].
S'il en est bien ainsi, Platon aurait ensuite remplacé l'αἰθήρ d'Empédocle par ἀήρ (*Timée*, 32 B, 48 B). Aristote a ensuite joué un rôle
important dans les habitudes d'écriture concernant αἰθήρ et ἀήρ.
Parfois Aristote introduit le fr. 53 d'Empédocle en disant que le sujet
de ce vers est ἀήρ (*Physique*, 196 a 21), parfois – avec plus de rigueur –
que le sujet est αἰθήρ (*De generatione*, 334 a 1). Aristote parle toujours
des quatre éléments d'Empédocle en mentionnant ἀήρ, et non pas
αἰθήρ (*De generatione*, 314 a 25-27, 329 a 1-3, *Métaphysique*, 988 a 27-28,
993 a 22). Mais il y a une différence de dénotation entre ἀήρ et αἰθήρ
chez Empédocle : ἀήρ est spécifique (l'air à proximité de la surface
de la terre) ; αἰθήρ ne l'est pas. Les deux mots sont une manifestation de la même racine[26]. L'éther (dont l'air) se rapporterait à

---

24. Il convient ici de rapporter le commentaire que Sextus Empiricus adjoint
au fr. 109 (qu'il cite pourtant correctement avec αἰθέρι δ' αἰθέρα), en *Adversus
mathematicos*, VII, 121, 4-6 : ἐμφαίνων ὡς γῆν μὲν καταλαμβανόμεθα μετουσίᾳ γῆς,
ὕδωρ δὲ κατὰ μετοχὴν ὕδατος, ἀέρα δὲ μετουσίᾳ τοῦ ἀέρος, καὶ ἐπὶ πυρὸς τὸ ἀνάλογον.
Pourquoi dans son commentaire substitue-t-il ἀήρ à αἰθήρ ? La réponse est sans
doute simple : c'est une habitude de langage pour être compris du lecteur ; on
pourrait parler d'une vulgarisation de la parole d'Empédocle. Au moins aussi
intéressante est l'erreur de citation du fr. 109 commise par Sextus Empiricus en
Adversus mathematicos, I, 303, 8, quand il écrit ἠέρι δ' ἠέρα δῖον à la place de αἰθέρι
δ' αἰθέρα δῖον qu'il cite pourtant correctement en VII, 92, 9 et en VII, 121, 2.
La tendance est très forte de remplacer αἰθήρ par ἀήρ ou ἠήρ.

25. Voir Aristote, *Métaphysique*, A, 985 a 32. Sur cette question, T.J. CROWLEY,
« Aristotle, Empedocles, and the reception of the four elements hypothesis », dans
HARRY, C.C. & J. HABASH (dir.), *Brill's Companion to the reception of presocratic natural
philosophy in later classical thought*, Leyde, Brill, 2021, p. 352-376.

26. SHAW 2014 consacre de l'énergie à distinguer éther et air, et à argumenter
pour faire d'éther la véritable racine (*root*), qui serait selon lui Héra (p. 182, 190).

Héra. Il est remarquable que αἰθήρ, l'éther traditionnellement éloigné des hommes, soit le mot choisi par Empédocle à la place de ἀήρ pour signifier l'air qui est respiré (fr. 100). Tout comme chez Platon, le mot ἀήρ chez Aristote sert à désigner l'un des quatre éléments (un exemple parmi une vingtaine : *Météorologiques*, 339 a 15-16).

Deux chemins

Un chemin est facile à prendre. On reconnaît Zeus *argès*, Zeus à la foudre, comme dieu de lumière, et l'on peut admettre qu'il s'agit du feu. Puis on se fie à *pheresbios* pour déduire qu'Héra est la terre. *Aïdôneus* fait mystère ; il n'a pas d'épithète. Mais *Nestis*, qui vient ensuite, ne fait aucun doute, c'est l'eau. De là, on déduit qu'*Aïdôneus* est l'air ou l'éther. Au premier abord, la chose n'est pas impossible en pensant à *Iliade* XV, 191 (Ἀΐδης δ' ἔλαχε ζόφον ἠερόεντα) : le royaume d'Hadès est celui de l'obscurité brumeuse, ζόφος ἠερόεις. Dans cette expression, il y a l'adjectif ἠερόεις, qui renvoie à l'air. Il serait alors possible qu'Empédocle soit passé de l'adjectif au substantif, ἠήρ, ἀήρ. La référence *Iliade* XV, 191 est la seule référence qui puisse appuyer qu'*Aïdôneus* est l'air ou l'éther. Incidemment, ce chemin admettrait une conception homérique d'Hadès, en tant que dieu des morts. Mais ce qui est simple fait maintenant problème. En effet, la pensée d'Empédocle est en rupture avec cet Hadès homérique, sous la terre. Empédocle croit en la réincarnation (fr. 117, fr. 127). Ce qui signifie que le royaume d'Hadès – le dieu qui ne relâche pas ses morts – vole alors en éclats. Il n'est plus question de l'ombre brumeuse des morts. En outre, chez Empédocle, *Aïdôneus* n'est pas cantonné à l'air sombre d'une caverne souterraine. Il est aussi l'éther traversé de lumière (fr. 98.2 : αἰθέρι παμφανόωντι) : ce qui n'a plus rien à voir avec l'Hadès d'Homère et d'Hésiode notamment. Et encore un point de cohérence. Si l'on est convaincu qu'il faut lire le fr. 17.18 avec αἰθήρ et non pas ἀήρ, on ne voit alors pas pourquoi Empédocle aurait puisé son inspiration dans un Hadès de l'obscurité brumeuse, ζόφος ἠερόεις[27]. Voici enfin une difficulté supplémentaire pour qui veut s'appuyer sur *Iliade* XV, 191. Alors même qu'Hadès est

---

Ce faisant, il s'est écarté de KINGSLEY (p. 179). Mais SHAW confond facilement *elements* et *roots*. Si bien qu'il ne conçoit pas qu'une même divinité puisse avoir des manifestations physiques différentes, avec des mots différents. Pourtant, Zeus serait tout à la fois flamme, chaleur, lumière. Héra serait tout à la fois éther, souffle, vent, air, nuage blanc, ciel.

27. C'est un paradoxe de la position de PRIMAVESI 2021 que de tenir pour authentique le vers du fr. 17.18 construit avec αἰθήρ (p. 118, n.24 : « Emp. fr. 66b.249 MP (DK 31 B 17.18) : πῦρ καὶ ὕδωρ καὶ γαῖα καὶ αἰθέρος ἄπλετον ὕψος. ») et de soutenir que, dans le fr. 6, *Aïdoneus* est l'air, sur le modèle de l'Hadès de

associé à l'ἀήρ, Zeus est associé (v. 192) à l'αἰθήρ. On devrait non pas choisir l'un et rejeter l'autre, mais prendre les deux en même temps. La situation est alors inextricable puisque, chez Empédocle, Zeus est le feu et non pas l'αἰθήρ. Quant à ἀήρ et αἰθήρ, ils vont ensemble pour une seule divinité ; ils ne sont pas disjoints comme le sont les deux domaines de Zeus et d'Hadès chez Homère. Comment croire qu'Empédocle se soit appuyé sur *Iliade* XV, 191, pour concevoir Hadès = air ? Le chemin emprunté sans difficulté avec « Héra = terre » se termine par une impasse.

Il est possible de rebrousser chemin, et de trouver plus avant un second chemin. Celui-ci est moins engageant à première vue : Héra *pheresbios* = éther[28]. On perçoit de suite une double difficulté. Comment expliquer l'association surprenante de *pheresbios* avec l'éther ? Si, par déduction, Hadès est la terre, pourquoi n'est-il pas qualifié de *pheresbios* plutôt qu'Héra, pour laquelle l'épithète est inhabituelle ? Sans réponse immédiate à ces questions, au moins peut-on se dire qu'Hadès évoque spontanément ce qui est en bas (Hadès n'est pas un habitué des hauteurs olympiennes), or la terre est ce qui est au plus bas, c'est la masse élémentaire la plus lourde. Un Hadès qui serait l'air devrait être aussi l'éther et se trouver dans la partie la plus haute de l'univers, au firmament – ce qui est une bizarrerie peu acceptable.

La présentation des dieux olympiens dans le fr. 6 est en rupture avec la tradition (*Iliade* XV, 189-192). Un Hadès qui serait la terre a l'avantage de ne pas être une reprise d'*Iliade* XV, 191, 193. Après Zeus et Hadès chez Empédocle, on attendrait Poséidon. Or il est absent. Une réflexion serait à mener sur ce sujet d'autant que Poséidon est néanmoins présent au fr. 128.2. Mais cela est hors de notre sujet. En tant que racines de toutes choses, les Zeus, Héra et Hadès n'ont aucun parent possible. Si *Nestis* est une Perséphone, cette Perséphone n'a pas de mère et n'est pas la reine d'un royaume infernal[29]. La rupture avec

---

l'obscurité brumeuse (p. 139 : « *the equation of Aïdoneus/Hades and aër is entirely plausible* », et l'auteur de s'appuyer sur *Iliade* XV, 191).

28. Je simplifie en ne présentant que deux chemins. Depuis la fin du XIXᵉ s. certains savants ont défendu que Zeus = éther, Héra = terre, Aïdôneus = feu. VAN DER BEN 2019 (p. 352, 673, 825, 911, 912, 916) défend encore cette thèse. Il existe aussi une interprétation qui voudrait dépasser l'alternative primaire enfermant le débat entre Héra = terre ou bien Héra = éther, les deux branches de l'alternative s'excluant mutuellement. Pour un tel dépassement, voir S. PERCEAU & G. WERSINGER TAYLOR, « Phono-rythmie dans l'hymne des racines (Empédocle, F. 6) », *Revue de métaphysique et de morale*, 3, 2019, p. 247-266.

29. Cette idée est difficilement acceptée. Ainsi récemment, I. PEREIRA, *Ριζώματα: Raízes na cosmologia de Empédocles*, thesis, Universidade Federal de São Paulo (Orientador: Mauricio Pagotto Marsola), 25 October 2019, p. 147-148. Dès que Perséphone est reconnue sous le nom de *Nestis* le souhait est fort de conserver la tradition des deux déesses, en clair de faire de Déméter la mère de *Nestis*. – Lire les dieux du fr. 6 avec l'idée que ceux-ci sont dans une relation d'antonomase

la tradition est forte. Les mots semblent largement dépouillés de leur sens habituel. Mais insistons : Empédocle joue sur deux tableaux en même temps. Il utilise des noms connus (Zeus, *Aïdôneus*) et des relations connues (Héra, épouse de Zeus ; Perséphone épouse d'*Aïdôneus*) qu'il détourne pour affirmer sa théologie. Il mélange des données traditionnelles avec ses convictions proprement subversives. Il décompose et recompose.

Héra *pheresbios* est l'éther

Réduisons d'abord la force d'une objection sur les genres (masculin/féminin), qui obligerait à attribuer la terre à une déesse, en l'occurrence Héra (puisque l'autre déesse du fr. 6, *Nestis*, est sans conteste la déesse de l'eau).

Qu'en est-il pour l'eau et pour le feu ? Le genre des substantifs attachés aux deux divinités possibles de ces deux éléments ne fixe pas automatiquement l'attribution à un dieu ou à une déesse. Ainsi *Nestis*, une déesse, est associée bien plus souvent à un substantif masculin, ὁ ὄμβρος (7 occurrences), ὁ πόντος (3 occurrences), qu'à un substantif féminin, ἡ θάλασσα (3 occurrences). Le neutre, τὸ ὕδωρ, apparaît 12 fois. Contre la prévalence des manifestations au masculin sur celles au féminin, contre l'appellation au neutre, tout le monde accordera néanmoins que la divinité de l'eau chez Empédocle est la déesse *Nestis*. Zeus, le feu, est associé aussi bien à un substantif masculin, ὁ ἥέλιος ou ὁ ἥλιος (7), ὁ ἠλέκτωρ (1), ὁ Τίταν (1), ὁ Ἥφαιστος (2), qu'à un substantif féminin, ἡ αὐγή (5), ἡ φλόξ (1), qu'à un substantif neutre, τὸ πῦρ (9), τὸ φῶς (3), τὸ σέλας (1), τὸ εἶδος (2). Le neutre l'emporte en nombre d'occurrences (15) devant le masculin (11) et plus loin devant le féminin (6). Mais ces rapports de calculs sont artificiels ; ils ont au fond moins d'importance que le simple fait que Zeus en tant que racine n'est pas associé exclusivement au genre masculin de ses manifestations énoncées selon le vocabulaire commun. Quelle divinité – dieu ou déesse ? – serait maintenant associée à ὁ αἰθήρ, ὁ ἀήρ, ὁ οὐρανός, ἡ σελήνη, τὸ πνεῦμα, τὰ ἄμβροτα ? Compte tenu de l'exemple de l'eau, je résiste – bien que le masculin l'emporte – à conclure qu'il s'agirait nécessairement d'un dieu. Bref, l'objection du

---

avec les éléments (ou avec des registres de manifestations physiques) permet de conserver les généalogies traditionnelles. Lire avec l'idée d'une identité (ce que je soutiens) ne le permet pas. – Selon PRIMAVESI 2021, p. 138, « '*Nēstis*' *may well be a Sicilian cult-name for Persephone and thus be familiar to Empedocles.* » Pourquoi pas ? Toujours est-il qu'Empédocle ne conserverait pas plus la fille de Déméter qu'il ne conserve le fils de Rhéa et de Cronos. Le fr. 6 exige une rupture avec les généalogies.

genre n'est pas contraignante pour l'attribution de l'éther (masculin) à Héra.

Dans un article précédent[30], j'espère avoir montré que dans le fr. 21.4 les énigmatiques ἄμβροτα – que la grande majorité des commentateurs associe avec raison à l'éther ou à l'air – sont une manifestation d'Héra au voile d'un blanc brillant comme le soleil (*Iliade* XIV, 184-185). S'il en est bien ainsi, le fr. 21.6 (ἐκ δ' αἴης προρέουσι θελεμνά τε καὶ στερεωπά), qui suggère la terre nourricière (traditionnellement qualifiée de *pheresbios*), ne peut pas être en même temps associé à Héra ; il doit être associé au seul dieu encore possible dans le fr. 6 : *Aïdôneus*.

Empédocle croit qu'en dehors des êtres vivants sur terre, il existe d'autres êtres vivants et mortels ailleurs : dans un domaine céleste, et précisément sur la lune[31]. La lune, en tant qu'éther solidifié, serait un domaine d'Héra. Les mortels terrestres sont des éphémères (fr. 3.4, fr. 131.1) ; les mortels lunaires sont des dieux à la longue vie, des Bienheureux. Dans le poème *Physique*, les Bienheureux seraient désignés, par trois fois, sous l'expression : θεοὶ δολιχαίωνες τιμῇσι φέριστοι[32]. Vis-à-vis des êtres mortels éphémères, la terre est *pheresbios*. Vis-à-vis des Bienheureux – autres types de mortels – la lune pourrait être *pheresbios*. Tant que l'on reste sur l'idée que *pheresbios* ne peut s'adapter qu'à la terre, on privilégie une tradition qui n'imagine pas des Bienheureux sur la lune. Empédocle s'inscrit contre cette tradition qui ne verrait qu'une partie du tout[33]. Il entendrait utiliser désormais

---

30. J.-C. Picot, « Un nom énigmatique de l'air chez Empédocle (fr. 21.4 DK) », *Les études philosophiques*, 110, 3, 2014, p. 343-373.

31. En avançant « la lune », je m'appuie sur mon article J.-C. Picot, « Empédocle pouvait-il faire de la lune le séjour des Bienheureux ? », *Organon*, 37(40), 2008, p. 9-37. Rashed 2018, p. 59, 228, 246, a adopté l'interprétation du séjour lunaire des Bienheureux.

32. Fr. 21.12. Fragment a(ii)2 M.P. : *idem* fr. 21.12. Fr. 23.8 : θεοὺς δολιχαίωνας τιμῇσι φερίστους. Pour appuyer l'identification, voir Picot 2008 (*Organon*), p. 11-12. Je n'exclus pas que le *Sphairos* puisse être lui aussi un Bienheureux, comblé d'honneurs. Mais il n'existe pas dans un séjour céleste, à l'instar des autres Bienheureux, comblés d'honneurs. Comment décrypter l'usage qu'Empédocle fait de τιμῇσι φέριστοι ? Les honneurs viennent-ils également des contemporains d'Empédocle ? Dans ce cas – que je ne veux pas exclure –, les Bienheureux ne seraient pas les Bienheureux auxquels croit l'Agrigentin. Ces Bienheureux seraient ceux de la tradition – ceux à qui sont offerts notamment des sacrifices sanglants. Les θεοὶ δολιχαίωνες τιμῇσι φέριστοι incluraient donc les dieux qui ont des temples ou des sanctuaires. En somme, Empédocle ferait un usage singulier et large de l'expression τιμῇσι φέριστοι : sont comblés d'honneurs les dieux tournés vers l'Amour auxquels Empédocle fait référence (*Sphairos*, Bienheureux lunaires), et sont aussi comblés d'honneurs les dieux qui ont des temples ou des sanctuaires, mais qui ne sont pas tournés vers l'Amour (Arès, Zeus-roi, Poséidon par exemple, fr. 128.1-2).

33. C'est une critique répétée pour tous les hommes : fr. 2.3, 5-6, fr. 39.3.

pheresbios dans un sens élargi, qui n'est pas réservé à la terre. Héra, l'éther, apporte vie aussi bien sur terre que sur la lune. Sur terre, c'est l'éther respiré par les mortels (fr. 100). C'est l'air favorable à la fructification, comme l'indiquerait le fr. 78 (= D253 LM) : « Avec profusions de fruits pendant toute l'année, en raison de l'air [*aêr*] »). Sur la lune, ce serait probablement l'éther que les Bienheureux respirent (pour mémoire, le lion de Némée, qui vient de la lune, respire). L'air ou l'éther fait vivre ceux qui respirent. Mais en plus, l'air ou l'éther est porteur de l'eau, qui est essentielle à la terre pour être féconde, et qui est directement bue par les mortels. Le fr. 149 dit de l'air qu'il est l'assembleur de nuées, νεφεληγερέτης. À travers les nuages, l'air apporte la pluie sur terre, et permet de nourrir les mortels. Sans doute chargé d'humidité, il apporte la rosée sur la lune[34]. Cette rosée pourrait contribuer à la vie des Bienheureux. Ici ou là, l'air ou l'éther entretient la vie. Notons en passant une opposition possible à Homère pour qui l'éther serait stérile : αἰθέρος ἀτρυγέτοιο (*Iliade*, XVII, 425 ; *Hymne hom. à Déméter*, 67, 457).

Wright avait déjà relevé une parole d'Aristophane, dans les *Nuées*, v. 570, où l'éther pouvait être qualifié de βιοθρέμμων, un mot assez proche du sens de φερέσβιος : Αἰθέρα σεμνότατον, βιοθρέμμονα πάντων. Aristophane ré-utilise-t-il le fr. 6 d'Empédocle ? Ré-utilise-t-il une expression déjà existante avant Empédocle ? Ou bien invente-t-il une fonction de l'éther ? On sait au moins qu'un fragment d'Euripide (adesp. 112 Nauck = 908b Collard-Cropp) dit : ὅθεν ἅπασιν ἤρξατο / τρέφειν ὅδ᾽ αἰθὴρ ἐνδιδοὺς θνητοῖς πνοάς. Il est alors hautement vraisemblable qu'Aristophane n'invente pas l'idée que l'éther nourrit les mortels ; elle est présente aussi chez Euripide. Cela étant, Parménide pourrait nous guider maintenant vers une réponse.

Le détournement empédocléen d'une prérogative attachée à la terre au profit de l'éther était déjà amorcé chez Parménide, fr. 11 :

πῶς γαῖα καὶ ἥλιος ἠδὲ σελήνη   1
αἰθήρ τε ξυνὸς γάλα τ᾽ οὐράνιον καὶ ὄλυμπος
ἔσχατος ἠδ᾽ ἄστρων θερμὸν μένος ὡρμήθησαν   3
γίγνεσθαι.

Parménide nomme la terre (vers 1) puis nomme l'éther (vers 2) en disant de lui qu'il est commun : ξυνός. Puis il termine son vers par ὄλυμπος. Tout grec qui connaît par cœur le passage célèbre

---

34. Il existe plusieurs témoignages de la présence de rosée sur la lune : voir Cl. PRÉAUX, *La lune dans la pensée grecque*, Bruxelles, Palais des Académies, 1970, p. 64, 183. Dans *L'Icaroménippe*, 13, Lucien prétend qu'Empédocle, sur la lune, se nourrit de rosée. Dans les *Histoires vraies*, I, 20, la rosée est un tribut que les Sélénites doivent verser aux Héliotes.

de l'*Iliade* (XV, 190-193) sur le partage du monde entre les trois frères olympiens notera immédiatement le détournement opéré par Parménide : ce n'est plus la terre (γαῖα) qui est commune (ξυνή), c'est l'éther (αἰθήρ)[35]. Parménide a mis l'éther à la place de la terre. Voici le passage iliadique, avec en particulier le v. 193, que Parménide détournerait :

ἤτοι ἐγὼν ἔλαχον πολιὴν ἅλα ναιέμεν αἰεὶ	190
παλλομένων, Ἀΐδης δ' ἔλαχε ζόφον ἠερόεντα,	191
Ζεὺς δ' ἔλαχ' οὐρανὸν εὐρὺν ἐν αἰθέρι καὶ νεφέλῃσι·	192
γαῖα δ' ἔτι ξυνὴ πάντων καὶ μακρὸς Ὄλυμπος.	193

Mettons en évidence la grille de lecture de la composition empédocléenne, articulée sur deux matrices :

(Matrice 1)	γαῖα	ξυνή	*Iliade*, XV, 193
(Matrice 2)	αἰθήρ	ξυνός	Parménide, fr. 11.2
(Composition)	Ἥρη	φερέσβιος	Empédocle, fr. 6.2

Dans cette grille, il est essentiel que Parménide et Empédocle aient le même texte en référence, à savoir *Iliade*, XV, 193. On pourrait même ajouter que Parménide puisait à une autre matrice poétique, elle aussi connue d'Empédocle, à savoir : Hésiode, *Théogonie*, v. 108-114, où il est notamment question de la répartition des honneurs entre les dieux. Empédocle pouvait réaliser le jeu poétique déjà fait par son prédécesseur. Par un seul adjectif (ξυνός), Parménide parle de l'éther (αἰθήρ) comme si c'était la terre (γαῖα). Empédocle est sur les traces de Parménide ; lui aussi détourne : il fait de l'éther ce qui est commun (de la terre à la lune). Par un seul adjectif (φερέσβιος), il parle d'Héra comme si elle était la terre (*Théogonie*, v. 693 : γαῖα φερέσβιος). Dans sa perspective, qui est toutefois différente de celle de Parménide, il veut préciser que l'éther soutient la vie des mortels

---

35. Bien évidemment, dans le fr. 11, l'Olympe n'est pas commun. A.H. Coxon (*The fragments of Parmenides*: a critical text with introduction, translation, the ancient testimonia and a commentary, Assen-Maastricht, Van Gorcum, 1986, p. 231) commente αἰθήρ τε ξυνός ainsi : « *There is some resemblance of both sound and context with Homer's* γαῖα δ' ἔτι ξυνὴ πάντων καὶ μακρὸς Ὄλυμπος *['but the earth and tall Olympus are common to all'],* Il. O 193 (sc. common to Poseidon, Hades and Zeus), which is strengthened by P.'s choice of the term ὄλυμπος ['olympus'] for the conclusion of his verse. » Dans son commentaire du fr. 11 de Parménide, J. Bollack, *Parménide, de l'Étant au Monde*, Lagrasse, Verdier, 2006, p. 252, a bien repéré l'écho iliadique produit par l'adjectif ξυνός : « La division des règnes divins entre les trois dieux, Zeus, Poséidon et Hadès (*Iliade*, XV 187-193) contient un vers où le même adjectif désigne la partie qui appartient en commun aux trois : "la terre en outre est commune, et le haut Olympe" (v. 193). La lecture de Parménide se déchiffre grâce à ce texte. Il transpose le sens de "commun" […] ». (Je n'adhère pas à la suite du commentaire de Bollack.)

partout : ce n'est plus la terre qui mérite seulement le qualificatif *pheresbios*, c'est l'éther (sous le nom d'Héra) qui le mérite bien plus largement.

Nous pouvions penser qu'en énonçant Héra *pheresbios* Empédocle menait sur une fausse piste. Nous n'en connaissions pas la raison. Il apparaît maintenant qu'en matière de détournement Parménide constitue un précédent pour Empédocle, d'autant que ce dernier a été largement influencé par l'Éléate. Empédocle aurait donc suivi la piste de Parménide ; il ne cherchait pas à mettre son lecteur à l'épreuve. Un fait est encore utile à rapporter. Parménide dit ἥλιος ἠδὲ σελήνη (fr. 11.1). C'est évidemment une banalité de mentionner la lune après le soleil. Cette relation devient peu banale chez Empédocle, qui nomme Héra après Zeus dans le fr. 6.2, jointe au fait que le soleil est un lieu du feu donc de la présence de Zeus, et la lune un lieu de l'éther donc de la présence d'Héra. Rappelons la présence des Bienheureux vivant grâce à l'éther sur la lune tout comme les êtres mortels terrestres vivent aussi de l'éther sur terre. L'éther est commun aux Bienheureux et aux mortels terrestres. Si tout cela est bien établi, il devient assez vraisembable qu'Aristophane – qui connaît l'œuvre d'Empédocle – ait pu trouver chez Empédocle l'idée Αἰθέρα σεμνότατον, βιοθρέμμονα πάντων.

Nous pensons avoir compris l'association du qualificatif *pheresbios* à Héra. Nous n'avons cependant pas encore épuisé le sens de cette association. Ni expliqué pourquoi, dans le fr. 6, *Aïdôneus* serait effectivement la terre dans toutes ses manifestations – car il faut bien qu'une autre divinité corresponde à la terre, si Héra ne lui correspond pas.

Nestis et *Aïdôneus*

Constater dans le fr. 6 que Zeus-Héra forme un couple mari-épouse conduit à poser que *Nestis* serait, par symétrie, l'épouse d'*Aïdôneus*, à savoir Perséphone[36]. Plusieurs arguments ont déjà été mis en avant pour appuyer le bien-fondé de cette déduction[37]. De plus en plus de spécialistes d'Empédocle s'y rallient[38]. Parmi ces arguments, retenons

---

36. Gardons en tête qu'Empédocle « joue sur deux tableaux » (sous 'Deux chemins'). Il détourne la tradition.

37. BOLLACK 1969 (*commentaire, 1*), p. 175-176. V. ANDÒ, « Nestis o l'elemento acqua in Empedocle », *Kokalos*, 28-29, 1982-3, p. 31-51. P. KINGSLEY, *Ancient philosophy, mystery, and magic*, Oxford, Clarendon Press, 1995, chap. 22 Nestis, p. 348-358.

38. Dernier en date, O. PRIMAVESI, « Empedocles' cosmic cycle and the Pythagorean *tetractys* », *Rhizomata*, 4, 1, 2016, p. 5-29, à la page 11, n.30 ; « Tetraktys und Göttereid bei Empedokles: Der pythagoreische Zeitplan des kosmischen Zyklus », dans KITTLER, Fr. *et al.* (dir.), *Götter und Schriften rund ums Mittelmeer*,

qu'Agrigente est la cité de Perséphone et que *Nestis*, par son nom, renvoie à *Nesteia*, le jour du jeûne dans les célébrations consacrées aux déesses Déméter et Perséphone[39]. Le jour du jeûne est un jour de tristesse[40] ; les pleurs de *Nestis* (Νῆστίς θ᾽, ἣ δακρύοις τέγγει […]) expriment une tristesse. L'identification de *Nestis* à Perséphone serait une clé de lecture utile[41]. Gardons toutefois en tête qu'en raison du fait que Zeus, Héra, *Aïdôneus* et *Nestis* sont des points de départ absolus (c'est le sens des *rhizômata*), *Nestis*-Perséphone nie l'existence d'une Déméter qui serait sa mère. L'écart par rapport à la tradition est ici remarquable[42].

En théorie, Empédocle avait deux choix possibles pour parler sans détour de la terre φερέσβιος :

Ζεὺς ἀργὴς Δηώ τε φερέσβιος ἠδ᾽ Ἀιδωνεύς
Ζεὺς ἀργὴς καὶ Γαῖα φερέσβιος ἠδ᾽ Ἀιδωνεύς

Dans le premier cas, il s'avère que Déméter (Δηώ) n'est concevable que si *Nestis* n'est pas Perséphone. En choisissant Héra, Empédocle a choisi le détour qui permet de suggérer Perséphone derrière *Nestis*. Gaia permettrait, elle, de maintenir *Nestis*-Perséphone. Mais Empédocle entend apparemment imposer des Olympiens, en s'opposant au partage des trois frères en *Iliade* XV, 190-192. Au couple des origines Ouranos / Gaia – haut et bas –, il a substitué Zeus + Héra / *Aïdôneus* + *Nestis* (Perséphone), une autre version de haut et bas. Cette logique d'une nouvelle façon de penser le haut et le bas serait également une objection contre l'identité de la terre avec Héra *pheresbios*.

Héra n'est pas la terre. *Aïdôneus* est la terre. Mais comment s'assurer de ce dernier point sans parler d'Héra ? Constatons déjà un manque dans le fr. 6.2-3. On ne sait apparemment rien d'*Aïdôneus*, alors que

---

Paderborn, Wilhelm Fink, 2017, p. 229-316 à la page 246. Et PRIMAVESI 2021, p. 138-139, 142.

39. Les Thesmophories duraient trois jours, le deuxième jour était celui du jeûne (Νεστεία). Polyaneus rapporte dans *Stratagème* V.1.20 l'existence des Thesmophories à Agrigente au temps de Phalaris – donc avant Empédocle.

40. Plutarque, *De Iside et Osiride,* 69.

41. Utile pour penser l'intimité de *Nestis* avec le phénomène cyclique, au centre de la pensée d'Empédocle – cycle de l'eau, cycle de Perséphone entre le haut et le bas, Muse du poète, porteuse du savoir essentiel –, utile en particulier pour comprendre la nature de la pupille de l'œil. Voir sur ce dernier point RASHED 2018, p 163-166.

42. Il est hautement probable que l'*Hymne homérique à Déméter* présentait une histoire inacceptable pour Empédocle. *Nestis* n'est pas Corè, fille de Déméter ; elle ne jouait pas avec les Océanides, dont Styx, et les violentes Athéna et Artémis (v. 424 : Παλλάς τ᾽ ἐγρεμάχη καὶ Ἄρτεμις ἰοχέαιρα). *Nestis* s'accorde avec les Néréides (avec Némertès au fr. 122.4, voir PICOT 2000, p. 47). Il reste néanmoins un point un point important d'accord avec la tradition : la proximité d'Hadès et de *Nestis*.

Zeus est dit *argès*, qu'Héra est dite *pheresbios*, que *Nestis* a des larmes. Ce que l'on peut savoir d'*Aïdôneus* se trouverait en fait au vers 3. *Nestis*, par ses pleurs, mouille la source mortelle (τέγγει κρούνωμα βρότειον). Que l'eau (*Nestis* ou ses pleurs) mouille une source véritable d'où jaillit de l'eau serait étrange. Ordinairement, de l'eau n'est pas mouillée par de l'eau. Dans le sens de mouiller, humecter, le verbe τέγγω admet souvent comme complément d'objet direct une partie du corps (pieds, mains, joues, yeux, visage, poitrine), un vêtement ou des tissus. Ce complément est supposé être sec ou au moins relativement sec (l'œil). Il n'y a pas de raison particulière qui ferait qu'Empédocle se soit écarté de cet usage. Peut-on admettre que *Nestis* qui pleure – divinité anthropomorphe – mouille son corps relativement sec, si bien que le vers 3 signifierait que le corps de *Nestis* est la source mortelle mouillée de ses larmes ? Je pose cette question, car l'analyse ne peut l'éviter. Mais l'explication anthropomorphique ne paraît pas pertinente. *Nestis* n'a pas un corps relativement sec, car elle est l'eau sous toutes ses manifestations. Les larmes sont une image pour dire la pluie et le malheur des hommes, qui sont formés à partir des larmes mouillant la source[43]. Avec le sens « mouiller, humecter » pour τέγγω, la source mortelle (la source produisant en particulier des hommes) devrait être quelque chose d'extérieur à *Nestis*. Dans le contexte, le complément le plus vraisemblable est la terre, assez sèche pour être mouillée par de l'eau[44]. L'histoire suggérée en arrière-plan est celle de l'autochtonie[45]. *Aïdôneus* qui n'avait ni épithète ni prédicat, à la différence

---

43. L'idée que les larmes de *Nestis* suggèrent la pluie est déjà exprimée par F. PANZERBIETER, « Beiträge zur Kritik und Erklärung des Empedokles », dans *Einladungs-Programm des Gymnasium Bernhardinum in Meiningen*, Meiningen, 1844, p. 26, n.2. Puis BOLLACK 1969 (*commentaire, 1*), p. 176 : « Ses larmes arrosent la croissance »). Cf. J.-C. PICOT « Les dieux du fr. 128 et le mythe des races », *Revue de métaphysique et de morale*, 75, 3, 2012, p. 339-356, aux pages 351-352, n. 27.

44. J'ai développé ce point dans PICOT 2000, p. 64-67. Voir aussi note 2. P. KINGSLEY s'est mépris sur le sens de la source mortelle. Il traduit à un moment donné κρούνωμα par le pluriel « *springs* » (voir PICOT 2000, p. 29, 63). Ce n'est pas là une coquille typographique, car KINGSLEY entend dire que *Nestis* est associée aux sources. – Héraclite l'allégoriste (*Les allégories d'Homère*, 24), lisant Empédocle, croyait que Héra est la terre et, quoique féru en métaphores de toutes sortes, il passait à côté de la métaphore de la source mortelle. Il lisait la chose la plus simple : la source mouillée par les larmes est l'eau.

45. Cf. fr. 62, qui au premier vers mentionne les hommes et les femmes couverts de larmes, pitoyables (le sens passif et ancien de πολυκλαύτων serait à retenir : WRIGHT 1981, p. 215 ; mais ce sens ne peut pas être exclusif, car les hommes et les femmes se caractérisent aussi par leurs pleurs face aux malheurs). J. BOLLACK (*Empédocle. III, Les Origines, commentaire, 2*, Paris, Éditions de Minuit, 1969), qui retenait le sens actif de πολυκλαύτων (les hommes et les femmes pleurent), avait vu néanmoins le rapprochement avec *Nestis* lorsqu'il écrivait (p. 429) : « Les ébauches sont pétries dans la boue. L'argile ruisselle de *larmes* (150, 3). » Les « ébauches » sont les οὐλοφυεῖς τύποι du fr. 62.4 (= 510.4 BOLLACK). La référence « 150, 3 » dans l'ouvrage de BOLLACK signale le fr. 6.3.

des trois autres divinités, serait la terre, dite par une métaphore « source mortelle » (quand elle est mouillée par *Nestis*). *Nestis*, par ses pleurs, mouille la terre qui a pour nom *Aïdôneus*. Le fr. 6.3 suggère ainsi la pluie tombant sur terre. La pluie (ὅ ὄμβρος) – il faut le souligner – est la manifestation principale de l'eau chez Empédocle[46]. Ainsi, dans le fr. 98, la terre nommée en premier est le réceptacle des trois autres éléments, dont la pluie, pour constituer le sang. Bien sûr, les mortels terrestres ne s'écoulent pas uniquement du seul mélange de la terre et de l'eau, les deux autres éléments sont nécessaires. Mais la source mortelle au fr. 6.3 est avant tout la terre comme réceptacle des larmes de pluie, avant de produire – par mélange avec l'éther et le feu – les mortels terrestres. C'est bien de la terre, au fr. 21.6, que s'écoulent (προρέουσι) l'enraciné et le solide, ce que l'on peut comprendre comme étant des végétaux.

Rappelons aussi que *Nestis* serait – au moins chez Empédocle – un autre nom d'une Perséphone. Les pleurs de la Perséphone de la tradition tomberaient sur Hadès. À la différence de cette Perséphone, *Nestis*-Perséphone ne pleure pas d'avoir été éloignée d'une mère – Déméter selon la tradition la plus répandue, ou Styx selon une autre tradition rapportée par Apollodore – qu'elle n'a pas. Proche de l'Amour (B 19), elle pleurerait sans doute d'être entraînée à faire naître les hommes et les femmes au destin malheureux (fr. 62.1, fr. 112.12, fr. 124).

Tout comme les trois autres divinités, *Aïdôneus* a donc une détermination dans le fr. 6. Il est la source mortelle, métaphore de la terre[47].

Il est donc remarquable que BOLLACK se réfère ici à *Nestis* et en vienne à envisager indirectement que la « source mortelle » soit « l'argile », la « boue », donc *Aïdôneus* mouillé par *Nestis*. Mais dans BOLLACK 1969 (*commentaire, 1*), p. 177, BOLLACK conclut vite : « il faut conserver à l'image de Νῆστις son unité […] l'eau fécondante représente l'ensemble des éléments ». Ce qui en clair signifie que la « source » doit être prise au sens propre : une source de larmes, un flux d'eau. BOLLACK ne retient pas pour τέγγει le sens de mouiller mais de « faire couler » (son fragment 150, 3) : « Nestis, qui, de ses larmes, fait couler la source mortelle. » Le sens de « faire couler » pour τέγγω est certes possible (il est utilisé par DK et d'autres), mais il est mal adapté à l'image de la pluie qui tombe sur la source. Il tend à égaliser : *Nestis* = larmes = source.

46. Dans le corpus des vers empédocléens, ὕδωρ apparaît 11 fois, ὄμβρος 7 fois, θάλασσα 3 fois, πόντος 3 fois.

47. Ovide a lu certains passages d'Empédocle. Ainsi M. MOSER a montré qu'Ovide pouvait réutiliser Empédocle, fr. 6, pour son propre compte en *Métamorphoses*, I, 10-14 (« Ovide lecteur d'Empédocle : pour une réinterprétation du fr. 6 DK », *Bulletin de l'association Guillaume Budé*, 1, 2017, p. 80-96). MOSER repère que chez Ovide la suite Titan-lumière, Lune (*Phoebe*), Terre (*Tellus*), Amphitrite, serait une réinterprétation de Zeus = feu (lumière, soleil), Héra = air (lune), *Aïdôneus* = terre, *Nestis* = eau. Non seulement Ovide validerait cette interprétation, mais plus encore il validerait la lecture Titan = Soleil (sans être l'éther) au fr. 38.4, et validerait le rapprochement de *Nestis* avec une Néréide,

S'il en est bien ainsi, Héra, qui n'est ni le feu ni l'eau ni la terre dans toutes leurs manifestations, est l'éther. Sans même avoir recours aux Bienheureux, on peut de la sorte déduire l'identité d'Héra en analysant ce qui est dit dans le fr. 6.

La terre *pheresbios* dans un sens homérique ou hésiodique[48], autrement dit la terre fertile, qui porte la nourriture, est suggérée au fr.6.3. Ce sont les pleurs de *Nestis*-Perséphone qui rendent la terre fertile. Les pleurs font de la déesse une source, en soulignant par cette métaphore l'importance de l'eau[49].

L'épithète *argès* attachée à Zeus semble limiter la manifestation de Zeus à la lumière, puisque seule la lumière – celle du soleil (fr. 21.4) ou de la foudre – est dite *argès*. Or Zeus, dans tout son être, est à la fois feu, chaleur et lumière. Dans le fr. 6, *Aïdôneus* sans épithète est présenté sans aucune limitation. Il peut être conçu dans toutes ses manifestations possibles. *Aïdôneus* au fr. 6 est tout à la fois roches, sels, bitume, métaux et la terre susceptible, en mélange avec de l'eau, de porter la nourriture aux animaux et aux hommes. *Aïdôneus* est tout ce qui, dans un sens très large, correspond à la « terre » sèche[50].

La bonne et la mauvaise Héra

Une épithète ne donne qu'une facette du nom auquel elle se rapporte. Nous croyons qu'il en est ainsi pour Zeus *argès*, il en serait de même pour Héra *pheresbios*. L'épithète *pheresbios* invite à penser la bonne Héra, qui fait vivre. Héra nourrit les êtres mortels sur terre et sur la lune. Prenant la forme de la lune (constituée d'éther figé,

---

puisque Amphitrite est une Néréide. Moser souligne également (p. 93-95) le fait qu'Amphitrite étende « ses bras le long des rivages de la terre » semble valider l'existence d'une métaphore chez Empédocle où « source mortelle » (fr. 6.3) serait mis pour terre. Lors d'un séminaire consacré au fr. 6 (Centre L. Robin, 26 janvier 2019), M. Rashed a proposé de lire ce même passage des *Métamorphoses* avec en parallèle le fr. 38. D'une part, les scènes concrètes de ce fragment s'accordent avec le passage d'Ovide, d'autre part le Titan est repris tel quel pour le soleil, et le participe σφίγγων du fr. 38.4 avec l'idée de l'encerclement trouveraient un écho dans les bras d'Amphitrite étendus le long des rivages de la terre.

48. *Hymne homérique à Déméter*, 450, 451, 469, *Hymne homérique à Apollon*, 341, *Hymne homérique à la Terre*, 9, Hésiode, *Théogonie* 693. φερέσβιος qualifie certes γαῖα, mais seulement dans la mesure où γαῖα est ἄρουρα, la terre labourée ou labourable.

49. La source mortelle désigne aussi bien le lieu d'où, par autochtonie, sortent les premiers hommes, que le lieu d'où sortent les vivants terrestres, que le lieu qui porte les végétaux qui nourrissent les animaux et les hommes.

50. Je conserve le mot « terre » pour désigner aussi les sels et les métaux ; ce qui est évidemment une bizarrerie de l'usage de la langue.

comme le firmament ; A 30, A 60), Héra accueille les Bienheureux. Un vers d'Empédocle (fr. 40) lui attribue une épithète favorable (ἱλάειρα, douce[51]) : Ἥλιος ὀξυβελὴς ἠδ᾽ ἱλάειρα Σελήνη. Sur terre, Héra se manifesterait en particulier dans des souffles compensateurs ou réparateurs (παλίντιτα πνεύματα) au profit des hommes (fr. 111.5). Elle se fait assembleur de nuées (fr. 149) avec la possibilité de générer des pluies fécondantes (fr. 111.8). Nous avons déjà parlé de ce visage. Mais il y a l'autre visage : celui de la mauvaise Héra[52]. Avec elle, ce sont les vents malfaisants pour les cultures (fr. 111.3-4). Empédocle, protecteur des cultures, aurait installé des peaux pour dévier les vents étésiens néfastes, et aurait été surnommé Empêche-vents[53]. La mauvaise Héra, c'est notamment l'éther furieux (fr. 100.7)[54]. Ce serait l'air qui, selon le témoignage d'Alexandre d'Aphrodise, obstrue les pores du fer et empêche le fer de se laisser attirer par l'aimant (la pierre d'Héraclée)[55]. Et d'autres points que je voudrais maintenant développer.

Considérons le fr. 122 (dans l'édition Bollack, suivie par LM) :

ἔνθ᾽ ἦσαν Χθονίη τε καὶ Ἡλιόπη ταναῶπις,
Δῆρίς θ᾽ αἱματόεσσα καὶ Ἁρμονίη θεμερῶπις,
Καλλιστώ τ᾽ Αἰσχρή τε, Θόωσά τε Δηναίη τε,
Νημερτής τ᾽ ἐρόεσσα μελάγκαρπός τ᾽ Ἀσάφεια.

---

51. L'épithète ἱλάειρα qualifie aussi φλόξ dans le fr. 85. Elle est parfois traduite par « bienfaisante ».

52. SHAW 2014 n'envisage pas les manifestations négatives d'Héra. L'auteur reste sur une position magnifiant l'éther (= Héra), en particulier p. 189 : « *Aither names a glorious and mysterious stuff, integral to shining beauty, organic animation, and the structure of the heavens* ». Le fr. 98.2, avec l'expression αἰθέρι παμφανόωντι, lui suggère *shining beauty*. Selon Empédocle, l'éther serait-il en lui-même lumineux ? Il ne le serait pas plus que *Nestis* est brillante en elle-même (fr. 96.2). La luminosité de l'éther requiert la lumière (un feu très fin).

53. Voir M. TODOUA, « Empédocle : empêche-vents ou dompteur des mauvais génies ? Réflexions autour du fr. 111 Diels-Kranz », *Bulletin de l'association Guillaume Budé*, 1, 2005, p. 49-81. TODOUA y suggère (p. 74) un rapprochement intéressant entre d 3-4 MP (les Harpies porteuses de mort) et *Odyssée*, XX, 63-85 (les vents de tempêtes ou tourbillons, θύελλαι, qui emportent vers la mort comme le font les Harpies). Voir aussi le commentaire de M.L. WEST sur les Harpies et les vents dans son *Hesiod. Theogony*, Oxford, Clarendon Press, 1966, p. 242.

54. Voir M. RASHED, « De qui la clepsydre est-elle le nom ? Une interprétation du fragment 100 d'Empédocle », *Revue des études grecques*, 121, 2, 2008, p. 443-468, aux pages 445, 459-460.

55. A 99. Voir A.-L. THERME, « Est-ce par un tourbillon que l'amour empédocléen joint ? L'hypothèse de l'aimantation », *Philosophie antique*, 7, 2007, p. 91-119, à la page 109 : « La Haine agit comme l'air sur le fer : son pouvoir de résistance se manifeste en ce qu'elle fait obstacle à l'attraction ; mais la contrainte qu'elle exerce sur les racines est progressivemenr levée par l'Amour. » Si THERME rapproche la Haine et l'air dans le cas concret de l'aimantation, elle ne parle cependant pas d'Héra.

Ces quatre vers, énonçant tout comme dans le fr. 123 dix déesses, forment apparemment une unité. Le nombre 10 n'est pas sans intérêt quand on sait qu'Empédocle retenait la *tetraktys* pour penser le cycle cosmique[56]. Avec 10, on clôt une boucle, on saisit un tout.

Le vers 1 suggère deux éléments sous le nom de deux divinités : la terre (Χθονίη) et le feu (Ἡλιόπη). Pour la terre, la lecture est directe. Pour le feu, il faut reconnaître la présence d'*Hélios* dans Ἡλιόπη et avoir à l'esprit qu'Empédocle signale plusieurs fois l'élément feu (πῦρ) par la manifestation du soleil (fr. 21.3, 71.2, 115.11), qu'il appelle aussi ἠλέκτωρ au fr. 22.1. Les vers 2 et 3 du fr. 122 ne suggèrent aucun élément (j'écarte cependant le fait que Θόωσα est une déesse marine, peu connue). Le vers 4 suggère un élément : l'eau (avec Νημερτής). Némertès est une déesse marine, la plus emblématiques des filles de Nérée. Empédocle désigne parfois l'élément eau par la manifestation physique de la pluie (fr. 21.5, 98.2) et parfois par celle de la mer : fr. 22.2 (θάλασσα), fr. 38.3 (πόντος), fr. 115.10 (πόντος). La déesse Némertès, Sans-Tromperie, serait donc une figure de *Nestis*, l'eau sous toutes ses formes et la Muse d'Empédocle, qui dit la vérité du monde au poète[57]. Je dois faire ici deux remarques essentielles.

Empédocle ne croit pas à la Némertès d'Hésiode ou des autres poètes. Il ne croit pas aux généalogies qui feraient remonter Némertès à Nérée et à Pontos, tout comme il ne croit pas qu'Océan puisse être à l'origine du monde (Aristote, *Métaphysique*, A 3, 983 b), ou bien qu'il puisse être le père de Styx, tout comme il ne croit pas non plus au Poséidon d'Homère et d'Hésiode[58]. Empédocle croit en

---

56. Voir RASHED 2018, p. 52-83, en particulier p. 59-65. – L'autre référence pythagoricienne en arrière-plan du fr. 122 (et fr. 123) est la table des 10 principes en paires d'opposés, rapportée par Aristote (*Métaphysique*, I, 986 a 22-26). Empédocle aurait repris l'esprit de cette table, en réduisant chaque table à un bloc de 5 paires, et surtout en transformant chaque terme en une divinité féminine. La suite des divinités empédocléennes fait penser aux catalogues de Néréides et d'Océanides, et des enfants de Nuit. – L'étude jusqu'ici la plus approfondie des fr. 122 et 123 est celle de GHEERBRANT 2017, p. 447-491, 804-807. Mon approche diffère de celle de GHEERBRANT, lequel n'accorde que peu d'importance au fr. 6 (voir p. 306-307, 410-412).

57. Pour affirmer ici « la Muse », je m'appuie sur PICOT 2000, p. 47-48, J.-C. PICOT, « Les cinq sources dont parle Empédocle », *Revue des études grecques*, 117, 2, 2004, p. 393-446, à la page 442. Corrigenda dans *REG* 118, 1, 2005, p. 322-325, « Water and bronze in the hands of Empedocles' Muse », *Organon*, 41, 2009, p. 59-84, aux pages 76-77, 81, « L'image du πνιγεύς dans les *Nuées*. Un Empédocle au charbon », dans LAKS, A. & R. SAETTA COTTONE (dir.), *Comédie et philosophie : Socrate et les « Présocratiques » dans les* Nuées *d'Aristophane*, Paris, Éditions Rue d'Ulm, 2013, p. 113-129, à la page 129.

58. Une série de questions se pose néanmoins à partir du fait que Poséidon est un dieu ayant une réalité dans le fr. 128.2. Quelle est cette réalité ? Poséidon serait l'un des dieux à la longue vie comblés d'honneurs (fr. 21.12 et fr. 23.8). Voir

l'existence de *Nestis*, une des quatre racines de toutes choses. Cela étant, il emprunte et détourne la tradition comme bon lui semble. Il supprime ce qui ne répond pas à son système, il garde ce qui peut lui être utile. C'est le cas avec le nom de Némertès. Elle devient un autre nom de *Nestis*. Elle est positionnée dans le fr. 122 pour faire écho à la liste célèbre des Néréides, et indirectement à celle des Océanides. Elle sert pour l'étymologie de son nom. L'auditeur ou le lecteur est invité à accepter une part de la tradition attachée à Némertès, saisir des allusions, et ne pas oublier la refonte principale du fr. 6. Empédocle mélange les genres.

La seconde remarque est la suivante. Les commentateurs du fr. 122 ne relèvent pas que Némertès est mise pour l'eau. Ils retiennent juste la signification de Sans-Tromperie qui s'attache à son nom et qui vient immédiatement à l'esprit face à *Asapheia*, Sans-clarté. Ces commentateurs s'en tiennent à la première strate de sens : Vérité contre Erreur, ou Clarté contre Obscurité, ou Certitude contre Équivoque[59].

Le fragment 122 montre par ailleurs les deux puissances : la Haine et l'Amour, au vers 2 sous les noms de Δῆρις (Bataille) et Ἁρμονίη (Harmonie). Bref, dans le fr. 122, on dispose de façon patente de cinq des six principes – 5 : terre, feu, Haine, Amour, eau. Est-il alors possible qu'Empédocle ait oublié le sixième principe ? J'ai peine à le croire. Le principe manquant – l'éther – est masqué. Le commentateur doit alors prendre le risque de dévoiler ce qui ne saute pas aux yeux[60]. L'élément manquant serait nommé en dernier – Ἀσάφεια –

---

plus haut note 32. Poséidon est-il un *daimôn* à l'instar des *daimones* des fr. 122 et 123, agissant sur les hommes ? Comment *Nestis* et Poséidon peuvent-ils co-exister ? Qu'en est-il des autres dieux de la tradition comme Zeus ou Cronos ou Arès ? Une piste de réflexion : l'Amour aurait produit au départ des dieux à la longue vie qui seront ensuite comblés d'honneurs, tout comme l'Amour a produit au départ tous les animaux, même ceux (fr. 130) qui ensuite deviendront des carnassiers (lions, aigles, etc.). Au fil du temps, avec la croissance de la Haine, certaines œuvres de l'Amour seraient détournées au profit de la Haine, la puissance qui pousse à la rancune et à la colère (fr. 21.7), qui pousse au meurtre.

59. Cette lecture répond au principe d'économie. Voir ici la note 20, et le choix du plus simple. Pour les commentateurs qui croient à la séparation conceptuelle forte entre la *Physique* et les *Catharmes*, et qui croient après H. STEIN et H. DIELS que le fr. 122 appartient aux *Catharmes*, il n'y a guère de raison de rechercher les quatre éléments de la *Physique* dans les *Catharmes*.

60. Le vers 3 (Belle et Laide, Rapide et Lente – trad. GHEERBRANT) n'apporte rien à l'inventaire des six principes. Mais en revanche, ce vers semble dire l'alternance entre le *Sphairos* (l'Un) et le Multiple où se joue l'action de l'Amour et de la Haine. Explicitons. Belle fait suite à Harmonie au vers précédent. Cela suggère que Belle est une manifestation associée au *Sphairos*. Deux raisons se conjuguent. (1) Le *Sphairos* vient après Harmonie au fr. 27.3-4. (2) Hippolyte dit que le *Sphairos* est la plus belle forme du cosmos que l'Amour a produite à partir du Multiple (*Refutatio*, VII, 29, 14.1-2). Si Belle est associée à Harmonie, Laide serait associée à la Haine qui produit le Multiple (le *Sphairos* éclaté sous l'action de la Haine). Un chiasme se repère dans le vers 3 : l'Un (Belle), le Multiple (Laide), le Multiple

comme pour signaler son importance dans ce qu'Empédocle cherche à dire, ou laisse à deviner.

Puisque l'ensemble de dix divinités semble former une unité, puisque la physique d'Empédocle comprend notoirement quatre éléments pour quatre divinités, il ne faut pas attendre, dans un autre vers que la transmission ne nous a pas laissé, que l'éther ou l'air soit attribué à une autre déesse qu'Ἀσάφεια. Après la terre (fr. 122.1), après une allusion au soleil (fr. 122.1), après une allusion à la mer (Némertès, fr. 122.4), *Asapheia* compléterait la liste des divinités suggérant des éléments, tout comme ces éléments sont suggérés dans le fr. 22.2, où οὐρανός est une manifestation de l'éther, à côté du soleil, de la terre et de la mer. μελάγκαρπος Ἀσάφεια serait une figure de l'éther. Que l'éther soit dit Sans-Clarté surprend. Pourtant, il l'est quand il n'est pas baigné par la lumière du soleil (quand il n'est pas l'éther lumineux du fr. 98.2). La nuit manifeste l'existence de l'air sombre qui est fait d'éther[61].

Suite à l'analyse conduite plus haut, nous tenons pour assuré le fait qu'Héra est la racine de l'air ou de l'éther. En conséquence, Ἀσάφεια serait une figure d'Héra[62]. Précisons : de la mauvaise Héra. Mauvaise car Ἀσάφεια, Sans-Clarté, est à prendre avec une connotation négative.

(Rapide), l'Un (Lente). La rapidité du mouvement des éléments augmente à mesure que le *dinos* se constitue. La lenteur du mouvement des éléments s'accroît à mesure que le *Sphairos* se constitue (le *Sphairos* constitué est au repos – voir RASHED 2018, p. 52). Les 10 déesses forment un tout : le monde. Faisons un pas de plus. Puisque Empédocle qualifie χθών de ἐπίηρος, agréable, au fr. 96.1, Χθονίη pourrait être aussi pensée de façon positive. Par déduction, la déesse Ἠλιόπη, en opposition à Χθονίη, serait pensée de façon négative (un contre-sens possible serait de croire que la lumière, souvent valorisée dans le monde grec, est nécessairement valorisée par Empédocle). L'enchaînement Ἠλιόπη – Δῆρίς soutiendrait cette déduction, car c'est une évidence que la bataille suit le lever du soleil, se déroule le jour et s'arrête au coucher du soleil (*Iliade* II, 411-415 ; VIII, 66-67, 485-488 ; XI, 735-736 ; XVII, 370-372, 453-455, 649-650 ; XVIII, 241-242). Sans doute pourra-t-on rapprocher ταναῶπις qualifiant Ἠλιόπη de αὐγὴ ἡελίου ὀξεῖα en XVII 371-372. La suite des divinités du fr. 122 serait construite autour des pôles Bien/Mal ou Positif/Négatif, selon l'enchaînement Bien-Mal-Mal-Bien-Bien-Mal-Mal-Bien-Bien-Mal. L'Amour correspond au Bien, le Mal à la Haine.

61. Sur la nuit : fr. 48, B 49 (σκοτεινὸς γὰρ ὢν ὁ ἀὴρ κατ' Ἐμπεδοκλέα νυκτὸς ἐρημαίης ἀλαώπιδος...). Si μελάγκαρπος, lu chez Plutarque, n'était pas la leçon à retenir au fr. 122.4, s'il fallait alors retenir μελάγκουρος comme le fait DIELS en lisant Tzetzès, alors l'idée de la pupille aveugle parce que noire (?) pourrait s'accorder avec l'adjectif ἀλαώπιδος, caractérisant la nuit et l'air obscur (σκοτεινὸς γὰρ ὢν ὁ ἀήρ) sous B 49. Sur μελάγκουρος voir WRIGHT 1981, p. 281, et la note 63, ci-dessous.

62. Imaginons que nous n'ayons pas cette assurance. Deux autres éventualités se présenteraient : *Aïdôneus* ou Zeus. Sans-Clarté évoquerait facilement le royaume sombre de l'Hadès traditionnel, nommé en *Iliade* XV, 191 (Ἀΐδης δ' ἔλαχε ζόφον ἠερόεντα). Or précisément, dans le fr. 6, Empédocle s'inscrit en contre de la répartition du monde entre les trois dieux, Poséidon, Hadès et Zeus (*Il.* XV, 189-192). Croyant en la réincarnation, il conteste l'existence du royaume des morts. Quand vient à l'esprit que Zeus chez Empédocle (fr. 6.2) pourrait être l'air ou mieux

Son épithète μελάγκαρπος est un hapax[63]. Le noir est traditionnellement un signe funeste, en témoignent les voiles noires du bateau de Thésée. Bollack traduit μελάγκαρπός τ᾽ Ἀσάφεια par « Confusion aux fruits noirs », et commente l'épithète μελάγκαρπος ainsi : la « fructification est morte ». Les fruits noirs seraient donc ceux de la stérilité ou du malheur ; ils s'opposent à l'image positive d'Héra *pheresbios*. On trouve déjà chez Eschyle (*Les Sept*, 693) un sens figuré du mot fruit dans un adjectif composé : πικρόκαρπος, le(s) fruit(s) amer(s), au sens des douloureuses conséquences. Avec μελάγκαρπος, Empédocle serait dans la même ligne d'inspiration. Le fait qu'à proximité de πικρόκαρπος Eschyle utilise par deux fois la couleur noire (*Les Sept*, 695, 699) contribue à donner l'impression qu'Eschyle a pu influencer l'Agrigentin.

En quoi Héra serait-elle Ἀσάφεια, Sans-Clarté ? Certes, elle n'est pas énoncée clairement, à la différence de Némertès, déesse connue. C'est déjà cela Héra : se montrer Sans-Clarté. Mais il y a plus. Relisons maintenant l'*Iliade* en particulier au chant XIV, au chant XV et au chant XIX, de façon à rappeler ce qu'Empédocle pouvait avoir en tête en pensant à la mauvaise Héra. Les exemples ne manquent pas.

Héra est nommée dans quatre vers identiques qui, avec le participe δολοφρονέουσα, disent sa perfidie (XIV, 197, 300, 329 ; XIX, 106) :

τὸν δὲ δολοφρονέουσα προσηύδα πότνια Ἥρη

Ajoutons les vers qui relient directement Héra avec la pratique de la tromperie (mot dérivé de ἀπάτη ou de ἀπαφίσκω) :

XIV, 159-160

μερμήριξε δ᾽ ἔπειτα βοῶπις πότνια Ἥρη
ὅππως ἐξαπάφοιτο Διὸς νόον αἰγιόχοιο·

XIV, 253

[...] σὺ δέ οἱ κακὰ μήσαο θυμῷ[64]

XIV, 360

Ἥρη δ᾽ ἐν φιλότητι παρήπαφεν εὐνηθῆναι.

---

l'éther, c'est en relation avec *Iliade* XV, 192. On ne voit alors pas comment Zeus pourrait être Sans-Clarté. La critique empédocléenne d'*Il.* XV, 189-192 demeure.

63. Cette épithète provient des manuscrits de Plutarque (*De tranquillitate animi*, 15, 474 B). Une autre épithète, retenue notamment par DIELS, se trouve chez Tzetzès : μελάγκουρος. Cette épithète est traduite parfois par « à la noire chevelure », parfois par « à la noire pupille ». Parfois, un commentateur y voit un signe de deuil (la noire chevelure), parfois de cécité (la noire pupille). Dans les deux cas, le sens de l'épithète est plutôt négatif. Voir N. VAN DER BEN, *The Proem of Empedocles' Peri physios: towards a new edition of all the fragments*, Amsterdam, B.R. Grüner, 1975, p. 162. VAN DER BEN 2019, p. 314, opte désormais pour μελάγκαρπος (F11.5 VdB : νημερτής τ᾽ ἐρόεσσα μελάγκαρπός τ᾽ ἀσαφείη).

64. Cf. *Hymne homérique à Apollon*, v. 325 a.

XV, 31-33

τῶν σ᾽ αὖτις μνήσω ἵν᾽ ἀπολλήξῃς ἀπατάων,
ὄφρα ἴδῃ ἤν τοι χραίσμῃ φιλότης τε καὶ εὐνή,
ἣν ἐμίγης ἐλθοῦσα θεῶν ἄπο καί μ᾽ ἀπάτησας.

XIX, 96-97

[...] ἀλλ᾽ ἄρα καὶ τὸν
Ἥρη θῆλυς ἐοῦσα δολοφροσύνης ἀπάτησεν,

La méchanceté d'Héra est dite ainsi :
XV, 14

ἦ μάλα δὴ κακότεχνος ἀμήχανε σὸς δόλος Ἥρη[65].

À ce vers, il convient d'ajouter, dans d'autres chants, le soutien
d'Héra à la querelle :
V, 891-893 :

αἰεὶ γάρ τοι [= Arès] ἔρις τε φίλη πόλεμοί τε μάχαι τε.
μητρός τοι μένος ἐστὶν ἀάσχετον οὐκ ἐπιεικτὸν
Ἥρης· τὴν μὲν ἐγὼ σπουδῇ δάμνημ᾽ ἐπέεσσι·

XXI, 512-513

σή μ᾽ ἄλοχος στυφέλιξε πάτερ λευκώλενος Ἥρη,
ἐξ ἧς ἀθανάτοισιν ἔρις καὶ νεῖκος ἐφῆπται.

Et déjà au chant I (518-521) Zeus souligne la proximité d'Héra
avec *neikos* :

ἦ δὴ λοίγια ἔργ᾽ ὅ τέ μ᾽ ἐχθοδοπῆσαι ἐφήσεις
Ἥρη ὅτ᾽ ἄν μ᾽ ἐρέθῃσιν ὀνειδείοις ἐπέεσσιν·
ἣ δὲ καὶ αὔτως μ᾽ αἰεὶ ἐν ἀθανάτοισι θεοῖσι
νεικεῖ [...]

De façon encore notable, Héra est par trois fois associée au grand
serment des dieux, qui se jure traditionnellement sur le Styx[66] : XIV,
270-279, XV, 34-38, XIX, 108-113. Au chant XV, 34-42, dans un serment
de déclaration, la ruse et la malhonnêteté d'Héra transparaissent.
Elle réussit sur le Styx à tromper Zeus, et d'une certaine façon Styx
elle-même (si l'on pense à la *Théogonie* d'Hésiode, v. 783-806, où
Styx serait garante de la vérité ou de la fausseté d'une déclaration)[67].

---

65. Cf. *Hymne homérique à Apollon*, v. 325 a. On rapprochera aussi l'*Hélène*
d'Euripide, 608-610. Les machinations d'Héra conduisent à faire mourir
des hommes.

66. Il existe dans l'*Odyssée* un serment sur le Styx juré par Calypso (V, 184-186),
laquelle a soin de souligner son honnêteté (V, 190-191).

67. Je relève une note de PIRENNE-DELFORGE & PIRONTI 2016, p. 47 (n. 103), qui
commente le serment d'Héra : « Hom., *Il.* XV, 36-40. Le contenu du serment est
intéressant : Héra jure solennellement de ne pas avoir envoyé Poséidon contrer,

Ni chez Homère, ni dans des hexamètres épiques, ne se trouve un lien permettant d'associer un mot de la même famille linguistique qu'Ἀσάφεια avec Héra. Si le lien entre Héra et Ἀσάφεια était avéré dans le fr. 122.4, il faudrait donc conclure qu'Empédocle a établi un lien qui n'avait pas d'évidence épique auparavant. On accordera que ce qui est Sans-Clarté cache quelque chose, n'apparaît pas limpide, et que, d'autre part dans l'*Iliade*, Héra menteuse, trompeuse et perfide, cache précisément ses intentions et la vérité.

La mauvaise Héra est celle qui manipule (voir la célèbre scène d'amour avec Zeus sur le mont Ida), qui ment et qui fait mentir. Héra fait mentir Zeus dans le chant XIX. Elle guide *Atè*. Laquelle *Atè* est présente chez Empédocle dans notre fr. 121.4 (= v. 33 Rashed), et s'accompagne de l'obscurité (Ἄτης ἀν λειμῶνα κατὰ σκότος ἠλάσκουσιν). Dans l'*Iliade* Héra trompe Zeus, mais aussi Aphrodite. Ce dernier point est d'importance. Héra sollicite l'aide d'Aphrodite de façon à mettre un terme à certaines querelles entre Océan et Téthys (XIV, 205), et à provoquer chez eux le désir d'amour. Mais plus sournoisement Héra utilisera l'aide d'Aphrodite pour séduire Zeus, et, dans le même temps, elle fera grandir la querelle entre Troyens et Achéens. Derrière une façade d'Amour se cache la Haine. Aphrodite croyant faire œuvre d'Amour contribue sans le savoir – trompée par Héra – à des œuvres de Haine. L'affaire ne pouvait pas laisser Empédocle indifférent. Sa plus grande déesse était ridiculisée dans une histoire mémorable. Je crois par ailleurs que la mise en beauté d'Héra en *Iliade* XIV, lorsque celle-ci met son voile d'un blanc brillant comme un soleil (v. 184-185), est une référence essentielle pour comprendre les *ambrota* au fr. 21.3-4, qui sont précisément la présence voilée d'Héra[68]. En bref, Héra se joue d'Aphrodite, et de Zeus, et de Styx.

En *Iliade* XXI, 487-494, Héra fait valoir son savoir au combat ; elle montre sa fureur (μένος) face à Artémis. Violente, elle gifle Artémis, et la fait fuir comme une palombe fuit devant un épervier. L'image de la fuite face au rapace (porteur de *Neikos*), répétée en *Iliade* XXII 139-141, pourrait être en filigrane du fr. 115, comme j'espère l'avoir montré dans « Empedocles, fragment 115.3: Can one of the Blessed pollute his limbs with blood? »[69].

---

sur le champ de bataille, le plan de son époux en faveur des Troyens, ce qui est vrai. Mais ce n'est pas toute la vérité. [...] Dans ce serment qu'elle prononce pour se défendre des reproches de Zeus à l'issue de la *Dios apatè,* Héra ne se parjure pas à proprement parler, mais se présente cependant comme une habile manipulatrice de la parole juratoire ».

68. Voir Picot 2014, p. 357-362.

69. J.-C. Picot, « Empedocles, fragment 115.3: Can one of the Blessed pollute his limbs with blood? », dans Stern-Gillet S. & K. Corrigan (dir.), *Reading ancient texts. Volume I: Presocratics and Plato – Essays in honour of Denis O'Brien*, Leyde-Boston,

Némertès, Sans-Tromperie, s'oppose à *Asapheia*, qui par opposition serait Tromperie. La tromperie s'accorderait aisément avec l'air ou l'éther si l'on s'en tient à deux récits que pouvait connaître Empédocle. Le premier concerne Ixion qui tenta de violer Héra[70]. De ses mains et à partir d'une nuée, Zeus forma un leurre d'Héra afin de tromper Ixion. On sait que pour Empédocle les nuées – blanches, comme l'apparence de la déesse Héra – sont associées à l'air ou à l'éther (fr. 21.4 : les *ambrota*). Le second récit concerne Endymion qui eut le même désir pour Héra, et qui lui aussi fut piégé par Zeus avec une nuée[71]. Plus tard, Euripide racontera comment, à partir du ciel (autrement nommé l'éther), Héra formera un leurre d'Hélène pour Pâris[72]. Et dans les *Bacchantes*, comment à partir d'un morceau d'éther Zeus fit un simulacre de Dionysos pour tromper Héra, et la détourner du véritable Dionysos[73].

C'est un fait de la tradition la plus ancienne : l'air ou l'éther mis en forme, à l'image d'Héra, sert à tromper. Euripide poursuivra la formation des leurres avec l'image d'Hélène et celle de Dionysos.

Nous n'avons pas épuisé le sens possible d'Ἀσάφεια. Parmi les vingt déesses des fr. 122 et 123, la présence de Némertès intrigue. Pourquoi Empédocle a-t-il inséré ce nom ? Si l'on s'attache à l'idée qu'il voulait citer à la fois une déesse marine ou aquatique (pour signaler l'eau) et signifier l'absence de tromperie, il pouvait alors mentionner la Néréide Ἀψευδής (*Iliade* XVII, 46) ; le mot s'insérait parfaitement dans la métrique du début de vers. Mais son choix a été différent. Empédocle a mis en scène Νημερτής et non pas Ἀψευδής. Pourquoi ? Némertès est la dernière et la plus grande des Néréides. Dans un système d'oppositions, on peut s'attendre qu'elle soit présentée face à la dernière et la plus grande des Océanides, à savoir Styx[74]. Sans Némertès on ne devinerait pas Styx sous le nom d'*Asapheia*. Styx est odieuse (στυγερή), dangereuse (δεινή). Némertès, au contraire, est aimable (ἐρόεσσα). La Styx hésiodique est une eau infernale. C'est une eau de mort[75]. Toutefois, dans le langage empédocléen, elle n'est pas l'eau. Car Νῆστις est l'eau, et s'oppose à Styx. Prenons le temps de comprendre les sous-entendus de cette situation.

Brill, 2007, p. 41-56. Le papyrus de Strasbourg révèle en d 6 MP des griffes ou serres (χηλαῖς) qui pourraient être celles d'un rapace.

70. Pindare, *Pythique*, II, 36-40. Voir aussi Diodore de Sicile, IV, 69.4-5.

71. Scholie à Apollonios de Rhodes, *Argonautiques*, IV, 58, recueillie dans les fragments hésiodiques des *Grandes Éhées* (fr. 198 Most).

72. Euripide, *Hélène*, 31-34, 582-586, 704-708.

73. Euripide, *Bacchantes*, 288-294.

74. Voir Hésiode, *Théogonie*, v. 262 (Némertès) et v. 361 (Styx). Encore sur Styx : v. 775-776.

75. Pausanias, VIII, 18.3.7-6.10 et VIII, 19.3.3-7.

Par déduction des six principes, *Asapheia* est liée à Héra, l'éther. Par une autre déduction à partir des Néréides et des Océanides, *Asapheia* révèle Styx en opposition à Némertès. Le fr. 6 apporte ensuite une clé de lecture. Νῆστις, dernière nommée au fr. 6, vient à la place de la dernière nommée du grand serment des dieux, à savoir Στύξ. Un jeu de mots permet d'entendre Νῆστις comme Νη-Στύξ[76]. On peut alors décoder le fr. 122.4 ainsi :

En bonne part (*Philotès*)	En mauvaise part (*Neikos*)
Némertès *eroessa*	*melankarpos Asapheia*
Némertès, eau	Héra, éther
Némertès, dernière Néréide	Styx, dernière Océanide
Nestis (Νη-Στύξ)	Styx
Nestis, alliée de Cypris *basileia*[77]	Styx, alliée de Zeus *basileus*[78]

La Styx repensée par Empédocle apparaît comme une Héra, prise en mauvaise part, une manifestation de l'éther. Souvenons-nous, par ailleurs, que l'éther fut le premier à se séparer du mélange primordial des éléments (le *Sphairos*) et à atteindre les confins du monde, là où la Haine faisait irruption (A 30, Aétius sous A 49 : αἰθέρα πρῶτον διακριθῆναι). Cet évènement de la cosmogonie empédocléenne ferait écho au mouvement de Styx, qui, dans la *Théogonie* hésiodique (v. 397), fut la première à arriver sur l'Olympe pour rallier Zeus. L'éther prompt à se séparer ferait allégeance à la puissance de séparation qui brise le *Sphairos*, tout comme Styx faisait allégeance à Zeus, prêt à combattre les Titans.

Si dans le fr. 6 *Nestis* est la dernière nommée, qui remplace Styx, en revanche, dans le fr. 122, la dernière nommée, c'est *Asapheia*, la figure d'une mauvaise Héra, où maintenant l'on entrevoit une Styx repensée par Empédocle. Dans le fr. 122, la dernière place traditionnellement mise en valeur retiendrait positivement quelque chose de la Styx hésiodique. Notre monde où *Dèris aimatoessa* intervient (fr. 122.2), monde où les hommes existent et se battent, et où parmi

---

76. J'ai déjà introduit cette idée dans PICOT 2000, p. 47.

77. Cf. B 19 pour le rapprochement entre l'eau et *Philotès*. Cypris *basileia* se lit dans le fr. 128.3 (voir note suivante). Pour Empédocle, Cypris est une figure de *Philotès*.

78. Le fr. 128.1-3 livre ce Zeus, *basileus*, dans le sillage d'Arès (le fils d'Héra et de Zeus), et oppose Zeus *basileus* à Cypris *basileia*.

les démones du fr. 122 il faut compter *Asapheia,* ce monde-là est selon toute vraisemblance celui où s'inscrit l'exil du Bienheureux parjure. Il est dominé par la Haine. La démone *Asapheia* y occupe la place d'honneur, en dernière position. De la même façon, dans le fr. 123 – là aussi avec 10 démones, une unité – la place d'honneur est occupée par *Omphaiè,* à savoir Parole de Zeus[79] – entendons le Zeus *panomphaios* et *basileus,* qui a pour alliée Styx.

Dans l'*Iliade,* Zeus et Héra font un mauvais usage de la parole. Au début du chant II, Zeus demande à Songe funeste de communiquer un message à Agamemnon pendant son sommeil : « maintenant, [Agamemnon] peut prendre la cité des Troyens. Les Immortels s'accordent sur ce point ». C'est une tromperie. Il s'ensuivra de nombreux morts parmi les Achéens. Dans le chant XV, vers 31-46, Héra est présentée comme trompeuse, et elle trompe Zeus en prétendant ne pas être impliquée dans la reprise des combats provoquée par Poséidon ; pour appuyer ses mots ailés et trompeurs, elle jure sur le grand serment des dieux. Empédocle est un héritier de cette histoire iliadique. Dans la mesure où l'on reconnaît des couples de déesses en opposition Bien / Mal dans les fr. 122 et 123, le fr. 123.3 nous apprend que, du point de vue d'Empédocle, *Omphaiè* est dévalorisée par rapport à Sagesse[80]. Il est alors facile de rapprocher *Asapheia* – aussi funeste que Songe – d'*Omphaiè,* aussi trompeuse qu'Héra.

Il est probable que la liste des figures de la mauvaise Héra ne s'arrête pas à *Asapheia.* Le Papyrus de Strasbourg livre en d 4 MP = D76.4 LM : « Les Harpies avec les lots de la mort seront bientôt là » (trad. Laks-Most). Or les Harpies sont traditionnellement des divinités associées aux vents furieux, aux tourbillons aériens[81]. Il faudrait donc considérer que les Harpies empédocléennes, qui d'après le contexte appartiendraient au poème *Physique,* sont aussi un visage de la mauvaise Héra.

Dans l'*Iliade* au chant XXI, 512-513, Homère dit d'Héra qu'elle attache ἔρις καὶ νεῖκος aux Immortels. Pour Empédocle, la mauvaise

---

79. Pour cette identification voir J.-C. PICOT, « Sagesse face à Parole de Zeus : une nouvelle lecture du fr. 123.3 DK d'Empédocle », *Revue de philosophie ancienne,* 30, 1, 2012, p. 23-57, aux pages 49-54.

80. Pour la mise en avant de Sagesse (Σόφη), voir la nouvelle édition de Cornutus dans J.B. TORRES (éd.), *Lucius Annaeus Cornutus. Compendium de Graecae Theologiae traditionibus,* recensuit J.B. T., Berlin-Boston, W. de Gruyter, 2018, p. 25.

81. Apollonios de Rhodes, *Argonautiques,* II, 187-277, fournit un long passage montrant l'action des Harpies, qui arrachent (v. 188-189, 223) la nourriture au vieux devin Phinée, puni d'avoir trop dévoilé les desseins de Zeus. Pour ce faire, les Harpies volent rapidement dans les airs (v. 227) ; elles interviennent comme de sinistres ouragans (v. 267 : ἄελλαι ἀδευκέες). Sur une terre cuite à figure noire (Martin von Wagner Museum, L 164) les Harpies sont représentées avec des ailes. Héra *pheresbios* apporte la nourriture. Chez Apollonios, les Harpies la suppriment.

Héra, comme chez Homère, contribue aux œuvres de la Haine (νεῖκος). La mauvaise Héra serait-elle la déesse de l'infertilité et de la stérilité ? Serait-elle la face inversée d'Héra *pheresbios* ? Dans ce cas *Asapheia* aux fruits noirs aurait pour écho *Aphoriè* au fr. 123.3, selon la restitution que j'ai proposée ailleurs et qui apparaît désormais dans la nouvelle édition de Cornutus établie par J. B. Torres[82]. La bonne Héra donne sur terre les fruits qui font vivre. *Asapheia* et *Aphoriè* nuisent à ces fruits. On rejoindrait ici le sens des vers du fr. 111.3-5 qui lient le vent (une manifestation d'Héra[83]) aux récoltes :

> παύσεις δ' ἀκαμάτων ἀνέμων μένος οἵ τ' ἐπὶ γαῖαν   3
> ὀρνύμενοι πνοιαῖσι καταφθινύθουσιν ἀρούρας·
> καὶ πάλιν, ἢν ἐθέλῃσθα, παλίντιτα πνεύματ(α) ἐπάξεις·   5

Parfois les vents sont malfaisants (v. 3-4). Parfois, ils sont bienfaisants (v. 5). Empédocle était surnommé « Empêche-vent »[84], en mémoire de son action contre les vents malfaisants. Je ne crois pas qu'il s'agisse d'une légende sans appui concret.

Héra, au double visage, se dissimule. Elle paraît insaisissable (Zeus disait qu'elle est indomptable). Dans le fr. 96, elle est apparemment absente. En réalité, elle est dans la brillance, cette gerbe blanche qu'elle constitue avec *Nestis*, nommée, elle, en toutes lettres[85]. Dans le fr. 21.4, elle se cache dans des choses immortelles (*ambrota*), des nuages blancs qui chez Homère dissimulent Héra, filant avec son complice Sommeil[86] ; Héra prépare alors le retour de la bataille entre Achéens et Troyens. Dans le fr. 6, Héra est *pheresbios* ; elle est difficilement reconnaissable derrière

---

82. Picot 2012 (*RPhA*), p. 54. Torres 2018, p. 25 (l.7). – Pour les fruits, gardons aussi en mémoire ce qu'Hippolyte dit d'Héra *pheresbios* (*Refutatio* VII, 29.5.1-2) : Ἥρη δὲ φερέσβιος ἡ γῆ, ἡ φέρουσα τοὺς πρὸς τὸν βίον καρπούς. Même si Hippolyte ne saisit pas, selon moi, le véritable sens d'Héra chez Empédocle, en revanche il écrit avec justesse qu'Héra est liée aux fruits.

83. Gardons aussi en tête que, dans l'*Iliade* (XXI, 331-341), Héra déclenche deux vents, Zéphyr et *Notos*, qui attisent le feu contre les Troyens.

84. Diogène Laërce, *Vies*, VIII, 60 (A 1.60). *Souda* sous A 2.

85. J.-C. Picot, « La brillance de Nestis (Empédocle, fr. 96) », *Revue de philosophie ancienne*, 26, 1, 2008, p. 75-100.

86. Picot 2014, p. 353-370. Dans cet article, j'avais attiré l'attention sur deux textes où un nuage pouvait prendre la forme d'Héra (p. 352). L'idée était alors de soutenir l'association d'Héra et d'un nuage blanc, qui est avant tout de l'air. Il conviendrait d'ajouter maintenant l'*Hélène* d'Euripide : Héra construit un simulacre (εἴδωλον) à partir du ciel (v. 34), autrement dit de l'éther (v. 584-586). Cette histoire pouvait avoir des précédents dans certaines traditions ou légendes, sans bien sûr n'avoir aucun lien direct avec Empédocle (voir C.W. Marshall, *The Structure and Performance of Euripides'Helen*, Cambridge, Cambridge University Press, 2014, p. 57-61). Empédocle lui-même s'appuyait aussi sur des traditions et légendes.

une épithète qui n'est pas la sienne. Dans le fr. 122.4, elle n'est pas nommée, pas plus que ne l'est une divinité associée à l'air ou l'éther. Et pourtant elle serait là : sous le nom d'*Asaphéia*. Héra est la plus énigmatique des racines.

Un vers transmis par Aristote (fr. 54) serait une allusion au double visage d'Héra, entendue comme l'éther :

αἰθὴρ... μακρῆισι κατὰ χθόνα δύετο ῥίζαις.

éther..., par de longues racines, s'enfonçait sous terre.

Ce qui retient notre attention ici, ce n'est pas simplement le fait qu'il y a de l'éther sous la surface de la terre, ce sont les longues racines qui s'enfoncent[87]. Les racines sont une métaphore. L'éther se présente étrangement comme un arbre. La métaphore des racines de l'éther renverrait à la métaphore des racines du fr. 6. Il est en effet difficile de croire – comme le voudrait sans doute les plus sceptiques – qu'Empédocle n'ait fait aucune liaison entre ses deux métaphores des racines. Et si l'éther a de longues racines, il convient alors de comprendre qu'Héra a de longues racines. C'est là où une nouvelle observation intervient. Le fr. 54 vient en écho aux *Travaux et les Jours*, v. 19-20, où la bonne Éris a ses racines dans la terre :

θῆκε δέ μιν Κρονίδης ὑψίζυγος, αἰθέρι ναίων,   19
γαίης [τ'] ἐν ῥίζῃσι καὶ ἀνδράσι πολλὸν ἀμείνω·
ἥ τε καὶ ἀπάλαμόν περ ὁμῶς ἐπὶ ἔργον ἐγείρει·   21
[...] ἀγαθὴ δ' Ἔρις ἥδε βροτοῖσιν.

Avec ce texte hésiodique en arrière-plan du fr. 54, Empédocle prendrait Héra pour la bonne Éris. Cela a du sens quand on pense à Héra *pheresbios*. Sous la surface de la terre, le feu est présent (fr. 52) ; l'éther pourrait entretenir la flamme souterraine dont la chaleur serait favorable à la croissance des plantes. Avec l'arrière-plan des *Travaux et les Jours*, v. 19-20, se devine chez Empédocle le bon visage de la déesse Héra ; dans le même temps, l'allusion signale qu'il existe cependant un mauvais visage. La bonne Éris chez Hésiode n'est énoncée que parce qu'il existe une mauvaise Éris. Empédocle transposerait Hésiode, en parlant à sa façon de la racine Héra.

---

87. Il est peu habituel de traduire κατά + accusatif par « sous » (voir WRIGHT 1981, p. 198). Mais le verbe s'enfoncer et le complément d'agent les racines forcent la traduction. BOLLACK 1969 (*Empédocle. II*) traduit (p. 86) : « entrait sous Terre ». M. RASHED (*Aristote. De la génération et la corruption. Texte établi et traduit par M. R.*, Paris, Les Belles Lettres, 2005) traduit (p. 68) : « au sein de la terre ».

Le divin éther (fr. 109)

Dans le fr. 109, Empédocle affirme que l'éther est divin (αἰθέρα δῖον) :

> γαίηι μὲν γὰρ γαῖαν ὀπώπαμεν, ὕδατι δ' ὕδωρ,
> αἰθέρι δ' αἰθέρα δῖον, ἀτὰρ πυρὶ πῦρ ἀίδηλον,
> στοργὴν δὲ στοργῆι, νεῖκος δέ τε νείκεῑ λυγρῶι.

La terre (γαῖα), l'eau (ὕδωρ) et le feu (πῦρ) seraient-ils mortels par rapport à l'air qualifié seul de divin (αἰθέρα δῖον) ? Pas du tout ! Dans la physique d'Empédocle les quatre éléments ni ne naissent ni ne disparaissent. On peut seulement dire qu'ils se manifestent de façon différente dans le monde au fil des circonstances. La terre, l'eau et le feu sont aussi divins, aussi immortels, que l'éther l'est[88]. Peut-on avancer qu'Empédocle a simplement fait un remplissage métrique avec δῖον, un adjectif qui dans sa physique n'apporte aucune information quand il s'agit de qualifier un élément ? Peut-on avancer qu'il parle de l'éther divin tout comme Homère parle de l'éther divin (*Iliade* XVI, 365, αἰθέρος ἐκ δίης ; *Odyssée* XIX, 540, ἐς αἰθέρα δῖαν) et Hésiode de l'air divin (*Théogonie*, 697) – sans qu'il y ait une intention spéciale ? Peut-être. Mais je préfère suivre Plutarque, quand il rappelle comment Empédocle utilise savamment les épithètes[89]. Il est au moins de bonne méthode de ne pas conclure rapidement au simple remplissage esthétique ou métrique. Et de chercher une raison probable.

---

88. Parmi les cinquante Néréides mentionnées dans la *Théogonie* hésiodique, seule *Menippè* est divine (v. 260). Mais qui peut affirmer que les autres ne le sont pas ?

89. Plutarque, *Propos de table*, V, 8, 2, 683 D-E. – Un autre exemple à mettre en parallèle avec αἰθέρα δῖον est ὠγύγιον πῦρ au fr. 84.7. Le sens immédiat de ὠγύγιον est antique. L'adjectif est rare. Dire que le feu est antique n'exprime rien de spécifique par rapport à un autre élément tel l'eau, aussi présente dans le fr. 84 ; l'eau, elle aussi, mériterait d'être dite antique, tout comme dans le fr. 109 tous les éléments sont divins et pas seulement l'éther. Le mot ἀκάματον renvoie facilement à πῦρ (voir *Iliade* V, 4, XV, 731, XVI, 122, etc.). Le mot ὠγύγιον n'y renvoie pas. Le mot ἀκάματον s'adapterait avec la bonne métrique en qualificatif de πῦρ dans le fr. 84.7. Pourquoi Empédocle a-t-il préféré l'étrange ὠγύγιον ? Il existe deux sources importantes, épiques, de la mise en œuvre de ὠγύγιος : (1) l'île de Calypso chez Homère, dont le nom est Ὠγυγίη (*Odyssée*, I, 85) ; (2) l'eau du Styx chez Hésiode (*Théogonie* 805-806). En suivant le chant V de l'*Odyssée* avec la construction d'un radeau par Ulysse, M. RASHED a montré (« The structure of the eye and its cosmological function in Empedocles: reconstruction of fragment 84 D.-K. », dans STERN-GILLET, S. & K. CORRIGAN (dir.), *Reading ancient texts. I: Presocratics and Plato – Essays in honour of Denis O'Brien*, Leyde-Boston, Brill, 2007, p. 21-39, aux pages 34-35) qu'Empédocle avait suggéré que le feu dans l'œil est entouré d'eau, comme l'île de Calypso, Ὠγυγίη, et que l'œil, tout comme le radeau ulysséen, signale l'œuvre favorisant le voyage du retour (vers Ithaque ou le *Sphairos*).

Dans le fr. 109, je constate que trois « principes » sont qualifiés et les trois autres ne le sont pas[90]. Non qualifiés : γαῖα, ὕδωρ, στοργή. Qualifiés : αἰθήρ, πῦρ, νεῖκος. Une hypothèse vient alors. Cette hypothèse se formulerait ainsi : le groupe de trois « non qualifiés » concerne l'Amour, le groupe de trois « qualifiés » concerne la Haine. Pour tenter de valider cette qualification, il conviendrait de partir du *De primo frigido*, XVI, 952 B, où Plutarque dit :

> Empédocle nous offre une interprétation allégorique, car c'est le feu qu'en toute occasion, il appelle « Haine funeste » et l'humide « Amour liant ».

(Trad. Bollack)

« Haine funeste » traduit Νεῖκος οὐλόμενον. « Amour liant » traduit : « σχεδύνην Φιλότητα ». Avec la clé de répartition du feu et de l'eau donnée par Plutarque, il n'est pas surprenant que dans le fr. 109 πῦρ se range du côté de νεῖκος, et que ὕδωρ se range du côté de στοργή (Φιλότης). On sait par ailleurs que le feu sépare (fr. 62.2) et que cette séparation est le signe de la Haine ; l'eau, elle, colle (fr. 34), ce qui est le signe de l'Amour (cf. fr. 96.4). Nous avons fait une partie du chemin de validation. Reste à comprendre pourquoi γαῖα se rangerait du côté de Φιλότης, et pourquoi αἰθήρ se rangerait du côté de Νεῖκος.

La réponse serait à trouver dans le mariage implicite des dieux au fr. 6. Dans ces vers, Zeus est le feu, Héra, l'air ou l'éther, *Aïdôneus*, la terre, et *Nestis* l'eau – pour faire simple avec le langage commun des éléments. Deux mariages sont implicites : Zeus et Héra d'une part, *Aïdôneus* et *Nestis*-Perséphone d'autre part. Cette présentation est une seconde clé de lecture. Elle aboutit à lier le feu et l'éther (Zeus et Héra)[91]. Si le feu est associé à *Neikos*, par alliance l'éther devient aussi associé à *Neikos*. Le schéma se complète avec la terre et l'eau (*Aïdôneus* et *Nestis*-Perséphone) : si l'eau est associée à *Philotès*, alors, par alliance, la terre devient aussi associée à *Philotès*. À partir de ces deux clés de lecture, une explication devient maintenant possible de la présence de l'adjectif δῖον.

Dans les vers du fr. 109, Empédocle aurait voulu constituer deux groupes, l'un dans le sillage de *Philotès* et l'autre dans le sillage de *Neikos*. La constitution de ces groupes serait en accord avec ce qu'il

---

90. Je remercie Tomáš VÍTEK d'avoir attiré mon attention sur ce point.

91. Voir BOLLACK 1969 (*commentaire, 1*), p. 171. BOLLACK dit fort justement : « Dans la cosmogonie, l'éther et le feu partagent leur destin ; ils se détachent du mélange originel pour former les couches extérieures ; l'eau pesante s'agglomère au centre, sous la terre. Le feu et l'air s'identifient sans difficulté aux divinités du ciel, Zeus et Héra, pénétrée par le feu ».

exprime dans le fr. 6, et avec le comportement le plus significatif des éléments dans le monde d'Empédocle, sous l'empire de la Haine croissante. Il fallait que αἰθήρ soit doté d'un adjectif, pour faire groupe avec πῦρ et νεῖκος. Empédocle a choisi un adjectif traditionnel, δῖον. De plus, il existe un jeu de mots possible et connu du *Cratyle* de Platon (397 D1-4 ; 410 B6-8), qui pourrait associer éther et divin : αἰθήρ décomposé en ἀεί et θεῖν (« ἀειθεήρ ») et le jeu de mots sur θεόν, θεῖον (dieu, la divinité) et θέον, θεῖον (courir). Empédocle pourrait avoir associé le mouvement qui est le propre de la manifestation de la Haine (mise en mouvement du *Sphairos*, *dinos*) à un éther en mouvement rapide (θεῖν, θέον) aux limites de l'univers, et divin (θεῖος, θεῖον, δῖος, δῖον).

Le fr. 109 se prête d'une autre façon au rassemblement des deux groupes précédemment établis sur la base des adjectifs, présents ou pas, pour chacun des six principes. Cette fois-ci il s'agit de repérer l'ordre de présentation. Le premier vers (la terre et l'eau) correspond à la première partie du troisième vers (στοργὴν δὲ στοργῆι). Le deuxième vers (l'éther et le feu) correspond à la deuxième partie du troisième vers (νεῖκος δέ τε νείκεϊ λυγρῶι). La terre et l'eau sont associées à στοργή. L'éther et le feu sont associés à νεῖκος.

Mais est-ce possible que le divin soit associé à la Haine ? Une lecture mal fondée serait de croire que dans la mesure où l'éther est qualifié de δῖος, divin, il est nécessairement jugé positivement par Empédocle, et de croire en plus qu'il serait nécessairement associé à l'Amour, car l'Amour est jugé de façon positive. Cette lecture – d'un simple bon sens – doit être écartée, car aussi bien la Haine que l'Amour sont des divinités dans la pensée d'Empédocle : *Neikos* est mis au même rang que la déesse *Philotès*, appelée aussi Aphrodite (fr. 17.7-8, 19-20, 24). Tous les deux ont leur part d'honneurs (fr. 30). Les dieux opposés à Cypris existent (fr. 128.1-3). Dans le fr. 122.2, *Dèris* est une divinité qui fait face à Harmonie. Hippolyte fait de la Haine le démiurge (*Refutatio*, VII, 29.9).

Concluons sur l'adjectif δῖον lu au fr. 109. La signification immédiate de δῖος, divin, associé à l'éther est, dans l'absolu, sans guère d'intérêt. L'intérêt vient d'un réseau d'affinités des éléments par rapport aux deux puissances, Amour et Haine, avec l'établissement de deux groupes correspondant aux deux puissances. Empédocle met en scène un des schèmes directeurs de sa physique.

Les conclusions de l'analyse menée sur le fr. 109 pourraient ne tenir qu'à des coïncidences fortuites. Il y a cependant une limite à un appel au hasard. Cette limite, c'est la multiplication des indices allant dans le même sens. Dans le fr. 109, Empédocle a semble-t-il rangé l'éther du côté de la Haine. Il en aurait fait de même dans le fr. 122.4 sous le masque d'*Asapheia*.

Je voudrais enfin ajouter une remarque concernant πῦρ ἀίδηλον. La traduction habituelle est : le feu destructeur[92]. La traduction de l'adjectif est inspirée de l'*Iliade* (II, 455 ; IX, 436 ; XI, 155). C'est, selon moi, la bonne traduction, quoique Bollack en dise et conteste, en préférant « étincelant »[93]. Il convient de remarquer que πῦρ, dans le cas du fr. 109, en droite ligne de l'*Iliade*, ne désigne ni la lumière ni la chaleur, mais une flamme agressive, dévorante. Une généralisation abusive consisterait à croire que toutes les formes de feu (lumière, chaleur), que toutes manifestations de Zeus sont destructrices. Le commentaire de Plutarque (sous B 19) – le feu est associé à la Haine – n'échappe pas à cette généralisation. Nous devons être attentifs à ne pas suivre cette tendance facile. De la même façon, l'épithète δῖος telle que nous l'avons interprétée n'implique pas que l'éther se range toujours du côté de la Haine. Dans le contexte du fr. 6, il faut lire de façon positive Héra-éther qualifiée de *pheresbios*. Certes, tout cela n'est pas simple. C'est dommage ! Mais c'est ainsi.

---

92. Exemples : ZAFIROPULO 1953, LAKS-MOST 2016 (sous D207). Une autre traduction est « feu dévorant » : DUMONT 1988, BATTISTINI 1997.

93. Voir BOLLACK 1969 (*Empédocle. II*), p. 190-191 (fragment 522 BOLLACK), et BOLLACK 1969 (*commentaire, 2*), p. 450. BOLLACK refuse notamment la traduction « destructeur » avec l'argument suivant : « il serait sacrilège de nommer Zeus (cf. 150 [= fr. 6]) destructeur ». Mais, *pace* le BOLLACK de 1969, Empédocle est sacrilège, subversif... Cf. note 5. Sur cet exemple, BOLLACK admettait de lire Zeus pour πῦρ, en dehors du fr. 6 et de son interprétation liée au fr. 17.18. – E. BODRERO a refusé, d'une autre façon, le feu destructeur (*Il principio fondamentale del sistema di Empedocle*. Studio preceduto da un saggio bibliografico e dalla traduzione dei frammenti Empedoclei, Rome, E. Loescher, 1904, p. 72-74, 80-87). BODRERO interprète le feu chez Empédocle comme une force puissante et invisible : (p. 72) « *È naturale infatti il pensare che il fuoco non possa esser considerato allo stesso modo dell'aria, dell'acqua e della terra. Il fuoco infatti è qualche cosa che esorbita dalla materia, può essere la forma sensibile di una forza, ed un modo della materia, può far parte della materia ma non concepirsi come materia esso stesso* » ; (p. 74) « *Poiché con la terra noi sentiamo la terra [...], ma col fuoco il fuoco invisibile [...]* ἀίδηλον = *invisibile.* » : (p. 87) : « *[...] come* ἀίδηλον *debba tradursi invisibile, e ricondursi così al suo significato etimologico (*ἀ-ἰδεῖν*) contrariamente all'opinione del Mullach che traduce* edax, *secondo me inopportunamente. [...] È inoltre logico pensare che il fuoco come forza sia invisibile, cioè non visibile come gli altri elementi.* »

EMPÉDOCLE ET LE SPECTACLE DIVIN
DE LA RÉINCARNATION

I – Renaître
Le cycle des morts et des renaissances
Un point de méthode
Palingénésie, métempsychose, réincarnation
La réincarnation concerne-t-elle les quatre éléments, les deux
puissances ?
Palingénésie
Diverses expressions de la réincarnation
Réincarnation ou métamorphose ?
La mémoire des vies antérieures
La Muse
L'apport de J.-F. Balaudé
L'improbable métempsychose

II – Les acteurs du Proème des *Catharmes*
Le Proème des *Catharmes*
La question du τῶν
Le récit démonologique d'Hippolyte
L'odieux chemin de l'exil
L'enjeu du choix en faveur de τήν contre τῶν
Styx
Le spectacle divin qu'offrent les *daimones*
La volonté de voir l'exécution d'une punition au-delà de la mort
Un exil de 30 000 saisons sous surveillance
Des *daimones* sous le regard des dieux
Les *daimones* selon Plutarque dans le *De Iside* et le *De esu*
Des mortels terrestres, entraînés dans un exil, guidés par des *daimones*
Le sort d'un Bienheureux parjure
Les *daimones*, ballottés d'élément en élément. Le jeu de la balle
L'hypothèse de la spirale ascendante
Des *daimones* rejetés en raison de leur impureté ?
L'offense

III – Mourir avec ou sans *daimones*
Origine et nature des *daimones*
Purifications
La démone habilleuse (B 126)
Figurer ou pas dans le spectacle

Annexe 1 – Un aperçu des avis concernant la nature des *daimones* dans le Proème
Annexe 2 – Les colombes fuyant les éperviers dans les *Suppliantes* d'Eschyle

La question de l'origine et de la nature des *daimones* dans le fr. 115[1] est une question sur laquelle les avis des commentateurs divergent fortement[2]. En donnant maintenant mon avis, j'espère apporter un nouvel éclairage fondé sur une étude critique des vers d'Empédocle, mais je crains aussi d'accroître le champ des divergences. J'ai rompu en 2017 avec quelques idées que j'avais assumées auparavant dans des écrits antérieurs. En revanche, ma position s'appuie toujours sur (1) la prise en compte du point de vue des dieux qui formulent l'exil d'un Bienheureux fautif ; (2) le modèle du dieu parjure pris dans la *Théogonie* hésiodique ; et (3) la conviction d'une unité de pensée entre la *Physique* et les *Catharmes*.

Je remercie Mathilde BRÉMOND, Ivanete PEREIRA, Pénélope SKARSOULI, Emma PONCE, Xavier GHEERBRANT, André LAKS, Marwan RASHED, Tomáš VÍTEK, Jaap MANSFELD et Constantin MACRIS pour leurs précieuses remarques et critiques à la lecture d'une version précédente de cet article. J'ai essayé d'en tirer profit tout en gardant la ligne principale de mon argumentation. Parfois, je me suis risqué à ne pas suivre quelques conseils…

1. Les fragments (fr.) cités ici, sans autre précision, et les témoignages des Anciens (A suivi d'un numéro), sont issus de H. DIELS & W. KRANZ, *Die Fragmente der Vorsokratiker, I,* Berlin, Weidmann, 1951⁶, et concernent Empédocle (DK 31). B suivi d'un numéro désigne le fragment inclus dans son (ses) contexte(s) de citation. Pour les fragments et leurs sources, sur internet : http://www.placita.fr. La dernière édition d'Empédocle selon A. LAKS & G.W. MOST (*Les débuts de la philosophie*, Paris, Librairie Arthème Fayard, 2016) est signalée par LM.

2. R. GAGNÉ, *Ancestral fault in ancient Greece*, Cambridge-New York, Cambridge University Press, 2013, p. 461 : « *The text* [= *Empedocles* B 115] *is an aggregate of lines quoted in different contexts, and almost every element of the passage is a matter for dispute.* » Je porte en Annexe 1 des citations de divers auteurs s'exprimant sur la nature de ces *daimones*.

I – Renaître

Le cycle des morts et des renaissances

Le cycle est la figure fondamentale qui guide la pensée d'Empédocle. Le monde change en repassant de façon périodique par les mêmes étapes. Une mort n'est qu'un retour à une autre vie mortelle. Dans un monde qui lui-même ne sort jamais de son propre cycle de changements, un être mortel ne peut jamais quitter le cycle des morts et des renaissances. C'est une loi de la déesse Nécessité. Le présent article s'intéresse au cycle des morts et des renaissances auquel croit Empédocle. Dans notre vocabulaire moderne nous parlerons d'une croyance à la réincarnation. Quelques vers d'Empédocle serviront à introduire le sujet.

Fr. 11 (dans la *Physique*) :

> νήπιοι· οὐ γάρ σφιν δολιχόφρονές εἰσι μέριμναι,
> οἳ δὴ γίγνεσθαι πάρος οὐκ ἐὸν ἐλπίζουσιν
> ἤ τι καταθνήισκειν τε καὶ ἐξόλλυσθαι ἁπάντηι.

> Naïfs : car ils n'ont pas des pensées qui s'étendent loin
> Ceux qui croient que ce qui n'était pas vient à être
> Ou que quelque chose meurt et est complètement détruit.

Fr. 117 (dans les *Catharmes*) :

> ἤδη γάρ ποτ' ἐγὼ γενόμην κοῦρός τε κόρη τε
> θάμνος τ' οἰωνός τε καὶ ἔξαλος ἔλλοπος ἰχθύς.

> Car un jour j'ai déjà été un garçon et une fille
> Et un buisson et un oiseau et un poisson muet [bondissant] hors de l'eau.

Fr. 127 (dans les *Catharmes*) :

> ἐν θήρεσσι λέοντες ὀρειλεχέες χαμαιεῦναι
> γίγνονται, δάφναι δ' ἐνὶ δένδρεσιν ἠυκόμοισιν.

> Parmi les bêtes, ils deviennent des lions couchant à terre en montagne
> Parmi les arbres à la belle parure, ils deviennent des lauriers.

Vers 18-22 du Proème des *Catharmes*, selon l'édition de M. Rashed[3] :

---

3. M. RASHED « Le proème des *Catharmes* d'Empédocle. Reconstitution et commentaire », *Elenchos*, 29, 1, 2008, p. 7-37. L'article est reproduit dans M. RASHED, *La jeune fille et la Sphère. Études sur Empédocle*, Paris, Presses de l'Université Paris-Sorbonne, 2018, p. 213-243. Il n'existe pas de différence quant à l'édition et la traduction entre les deux publications. – Les vers 18-22 RASHED correspondraient au fr. 115.4-8. Le Proème des *Catharmes* est composé de 33 vers (v. 1-33 RASHED) ; il inclut les fr. 112, 114, 115, 113, 119, 121. Certains vers de DK sont édités d'une nouvelle façon.

[...] ὅς κ' ἐπίορκον ἁμαρτήσας ἐπομόσσηι,   18 Rashed (115.4 DK)
δαίμονες οἵ τε μακραίωνος λελάχασι βίοιο,
τρίς μιν μυρίας ὥρας ἀπὸ μακάρων ἀλάλησθαι,   20   (115.6 DK)
φυόμενον παντοῖα διὰ χρόνου εἴδεα θνητῶν,
ἀργαλέας βιότοιο μεταλλάσσοντα κελεύθους.   22   (115.8 DK)

« quiconque, après avoir fauté, prononce un parjure,
ô démons qui avez obtenu une longue vie en partage,
qu'il erre trente mille saisons loin des Bienheureux,
naissant à travers le temps sous toutes les formes des mortels,
empruntant successivement les chemins pénibles de la vie ! »

(Trad. Rashed)

Et, dans les *Catharmes*, le passage hautement célèbre du fr. 115 (vers 13-14 = 22 D10.13-14 LM = v. 29-30 Rashed) où Empédocle se met en scène :

τῶν καὶ ἐγὼ νῦν εἰμι, φυγὰς θεόθεν καὶ ἀλήτης,
Νείκεϊ μαινομένῳ πίσυνος [...]

C'est de ceux-là [*daimones*] que moi aussi je suis maintenant, exilé
[du divin et errant,
Vassal de Discorde en folie.

(Trad. Laks-Most, où j'ai ajouté
daimones pour la compréhension[4].)

Empédocle croit à la réincarnation. Plusieurs fragments de son œuvre en témoignent ; je me suis limité pour l'instant à en citer quatre. À partir de là, une série de questions se posent. Comment Empédocle croit-il à la réincarnation ? Que se représente-t-il ? Peut-on dire qu'il croit à la métempsychose ? Comme Pythagore[5] ? Comme Platon ? A-t-il lui-même repensé ce que la réincarnation pouvait signifier ? A-t-il construit sa propre croyance ? Le corpus

---

4. C'est là une différence importante entre l'édition de DIELS-KRANZ suivie par LM, et celle de RASHED (v. 29-30) : le τῶν chez DK et LM renvoie à des *daimones*, tandis que chez RASHED le τῶν renvoie à des hommes mortels. Nous discuterons amplement ce point plus avant.

5. Pour Empédocle appartenant à la mouvance pythagoriciennne, voir : Diogène Laërce, VIII, 54 et 55 (31 A 1 D-K., Timée, Néanthe), Simplicius, *In phys.*, p. 25, 20 (31 A 7 D-K.), Athénée, I, 5, 3e (31 A 11 D-K.), Nicomaque (cité par Jamblique, 31 A 13 D-K.), Hippolyte, *Réfutation de toutes les hérésies*, I, 3 (31 A 31 D-K.), Cicéron, *République*, III, 11, 19 (31 B 135 D-K.), Sextus, *Adv. math.*, IX, 127 (31 B 136 D-K.), Origène, *Contre Celse*, V, 49 (31 B 137 D-K.), Aulu-Gelle, *Nuits attiques*, IV, 11, 9 (31 B 141 D-K.). Pour Pythagore et la métempsychose, voir l'abondante littérature citée dans la notice de C. MACRIS consacrée à « Pythagore de Samos » et Annexe II, « Les Pythagoriciens anciens », dans GOULET, R. (dir.), *Dictionnaire des philosophes antiques*, *VII*, Paris, CNRS éditions, 2018, p. 681-850 et 1025-1174, aux pages 702, 711, 833-836, 1069-1070, 1162.

empédocléen ne fournit pas immédiatement les réponses attendues. Les études empédocléennes peinent à répondre à ce type
de questions[6]. Pourtant ces questions ne sont pas d'un moindre
intérêt dès que l'on veut acquérir une conviction sur la place relative
des *Catharmes* – le poème religieux où se déploierait la croyance à
la réincarnation – et de la *Physique*[7].

On ne manque pas de résumés de la pensée d'Empédocle qui
mélangent une croyance banalisée de la réincarnation et des allusions aux fragments de l'Agrigentin. En voici un exemple, à travers
la notice de N. C. McClelland dans son *Encyclopedia of reincarnation
and karma*[8] :

> *Empedocles of Acragas (495–435 ?). This Greek philosopher firmly supported
> the idea of metempsychosis as suggested by Pythagoras. In fact, he believed that
> he could remember past lives as a plant, a fish, a bird, and a woman. In his
> work* Purifications, *of which only a part has survived, Empedocles describes
> the descent of the soul from an original state of unity and blessedness into the
> rebirth cycle due to sin and the lengthy process of purification needed for it to
> ascend back to life among the gods. This process begins with the soul first going
> through many lives in the vegetable realm until it is reborn as a laurel, the
> highest form in that realm. From this tree the soul goes into the animal realm
> until it is reborn as a lion and from there it can be reborn into a human form.
> Empedocles understood corporeal existence as punishment for the original sin
> of killing for food or sacrificial rites. Such killing, according to Empedocles,
> was the equivalent to murder because human souls were reborn into animals
> and vice versus, therefore, in killing animals, sooner or later, we would kill
> (murder) a body inhabited by a human soul. Also, according to Empedocles,
> as well as the later Platonists, the soul could only be liberated from this bodily
> rebirth by living a pious, philosophical, and vegetarian life style. It seems that
> Empedocles may have become convinced of metempsychosis later in life since his
> earlier work* On Nature *appears to deny the immortality of the soul.*

Cette notice fait d'emblée d'Empédocle un adepte de la métempsychose dans le droit fil de ce que croyait Pythagore[9] ; elle passe

---

6. Dans son article « Who do we think we are? », dans REIS, B. (dir.), *The
virtuous life in Greek ethics*, Cambridge-New York, Cambridge University Press, 2006,
pages 230-243, à la page 231, B. INWOOD constate le manque d'intérêt pour la question de la réincarnation chez Empédocle : « *This is a theory [reincarnation or metempsy-
chosis] that we regard as highly unlikely to be true and one which can therefore be readily
marginalized. Reincarnation, for most of us, is a theory as familiar as it is implausible* ».

7. L'existence de ces deux poèmes séparés ne fait toutefois plus l'unanimité
depuis les travaux de C. OSBORNE (1987) et B. INWOOD (1992).

8. N.C. MCCLELLAND, *Encyclopedia of reincarnation and karma*, Jefferson-Londres,
McFarland & Company, 2010, p. 87. MCCLELLAND n'est pas un spécialiste d'Empédocle ; comme tel il véhicule (selon moi) ce qui est ordinairement rapporté
de la pensée d'Empédocle, et qu'il imagine pouvoir faire à peu près consensus.

9. On pourrait répéter à l'envi les citations des spécialistes des Présocratiques
qui s'expriment de la même façon sur Empédocle. Prenons seulement deux

sous silence ou, peut-être, ne saisit pas vraiment les difficultés du texte d'Empédocle. Elle parle d'âme (*soul*) en croyant se référer au mot essentiel qu'Empédocle utilise dans un fragment célèbre de son poème religieux (v. 19 Rashed = fr. 115.5) : *daimones* (des divinités qui seraient des âmes). Cette notice suppose qu'Empédocle usait d'une mémoire des vies antérieures, attachée à sa croyance à la métempsychose (fr. 117). L'âme selon Empédocle aurait donc cette mémoire. Est-ce sûr ? McClelland avance que « *Empedocles describes the descent of the soul from an original state of unity and blessedness into the rebirth cycle* ». Cet état d'unité et de félicité correspondrait au *Sphairos* nommé par Empédocle dans le poème physique. Mais la descente de l'âme se fait-elle véritablement à partir du *Sphairos* ? Et les dieux retrouvés, quand l'âme partage à nouveau la vie de ces dieux (« *back to life among the gods* »), étaient-ils et sont-ils en dehors du cycle ou de la roue des renaissances ? Quelles sont les paroles d'Empédocle qui pourraient appuyer les affirmations de McClelland ? Voilà d'où je pars, avec l'objectif de faire la clarté sur le sujet. J'ajoute une remarque préliminaire : Empédocle était, et est encore dans l'ombre de Pythagore[10]. Ce que l'histoire a retenu de la croyance de Pythagore sur l'enchaînement des vies est facilement compréhensible, c'est la métempsychose. Si Empédocle avait eu une croyance différente, moins facile à comprendre spontanément, cette croyance aurait eu moins de chance d'être retenue. Non seulement le simple à comprendre est souvent préféré, mais, en plus, la grande image de Pythagore tendra à s'imposer face à un penseur de moindre importance. La transmission historique est sélective.

---

exemples. (1) R.D. McKirahan, Jr., *Philosophy before Socrates*, Indianapolis-Cambridge, Hackett, 1994, p. 285 (deuxième édition en 2010, même page) : « *Empedocles' doctrine of reincarnation depends heavily on Pythagorean beliefs. He lists his own previous incarnations in 14.15 [= fr. 117] and describes Pythagoras in a way suggestive of this doctrine (9.6) [= fr. 129]* ». (2) T. Mackenzie, *Poetry and poetics in the presocratic philosophers: reading Xenophanes, Parmenides and Empedocles as literature*, Cambridge-New York, Cambridge University Press, 2021, p. 103 : « *The doctrine of metempsychosis is used as a basis for injunctions against animal sacrifice, the consumption of meat [fr. 136] and even eating certain vegetables [fr. 140, fr. 141] since they may contain the souls of our kin [fr. 137].* » Et p. 142 : « *the doctrines of reincarnation and vegetarianism are paralleled in Pythagoreanism and Orphism, groups that practised initiatory rituals. This connection is strengthened by the fact that the unnamed sage of D38 = B129 is most plausibly identified as Pythagoras.* »

10. Voir, par exemple, J. Palmer, « Presocratic interest in soul's persistence after death », dans Sisko, John, E. (dir.), *Philosophy of mind in Antiquity*, New York, Routledge, 2018, p. 23-43, à la page 27 : « *A great admirer of Pythagoras, Empedocles accepted the doctrine of the metempsychosis as the foundation for an ethical way of life […]* ».

Un point de méthode

S'il était avéré qu'Empédocle croyait à la métempsychose, selon la conception ordinaire que l'on accorde à ce terme – à savoir la survie d'une âme individuelle qui, après la mort, vient s'incarner dans un autre corps vivant –, alors la présente étude perdrait de son sens. Ce qui donne un sens à cette étude, c'est le fait que la *Physique* empédocléenne – ou du moins ce que nous en savons – nie la survie d'une âme individuelle (A 85). Celle-ci ne serait qu'un mélange qui se dissoudrait à la mort comme tous les autres organes du corps[11]. Pourtant, dans l'Antiquité, bon nombre de commentateurs d'Empédocle dont nous avons encore les témoignages supposent qu'Empédocle croyait à la métempsychose – indépendamment de la présence du mot lui-même, μετεμψύχωσις, qui est tardif. Ils sont notamment influencés par Platon et des croyances communes plus ou moins liées au pythagorisme et à l'orphisme[12].

---

11. F.M. CORNFORD, *From religion to philosophy. A study in the origins of Western speculation*, Londres, E. Arnold, 1912, p. 224 : « *The current opinion is that the religious views contained in the* Purifications *are inconsistent with the physical theory of the other poem* ». Et (p. 230) : « *Now it is chiefly, if not solely, on the ground of this doctrine of immortality, that the* Purifications *have been condemned as inconsistent with the poem* On Nature, *where it is generally held that "there can be no question* [here] *of an immortal soul"* ». CORNFORD cite ainsi J. BURNET (*Early Greek philosophy*, Londres, Adam and Charles Black, 1908², p. 283), défenseur de la séparation conceptuelle entre les deux poèmes. BURNET écrira plus tard en 1920 (*Early Greek philosophy*, Londres, Adam and Charles Black, p. 250) : « *the cosmological system of Empedokles leaves no room for an immortal soul, which is presupposed by the* Purifications. » – À propos d'Aétius (V, 25) sous A 85, voir A. LAKS, « Sommeils présocratiques », dans LEROUX, V. *et al.* (dir.), *Le sommeil*, Paris, Honoré Champion, 2015, p. 29-50, aux pages 37-38. Voir J. MANSFELD & D. RUNIA, *Aëtiana V* : an edition of the reconstructed text of the *Placita* with a commentary and a collection of related texts, 4 vols., Leyde-Boston, Brill, 2020, p. 1999 (5.25.4), p. 2004-2005. – L'entrée A 85 introduite par DIELS dans les *Poetarum philosophorum fragmenta* (1901) s'appuie exclusivement sur le témoignage du Pseudo-Plutarque. DIELS a écarté les témoignages de Théodoret (V, 23.1-3) et de Tertullien (*De anima*, LIV, 1, 2), qui affirment au contraire l'indestructibilité ou l'immortalité de l'âme chez Empédocle. Théodoret nomme Empédocle à côté de Pythagore, Anaxagore, Diogène, Platon et Xénocrate. Tertullien, à côté de Pythagore et Platon. Dans les deux cas, on peut douter de la fiabilité de l'affirmation concernant Empédocle, et soupçonner un amalgame autour d'une idée dominante (l'immortalité de l'âme). Le Pseudo-Plutarque (sous V, 25, 4 et, IV, 24, 2) ne parle que d'Empédocle, et fournit un développement explicatif. Cette précision du témoignage serait une garantie de sa fiabilité. Par la suite, je conserve A 85, sans me prononcer sur une relation à Aétius. En outre, le témoignage de Stobée rapporté sous A 32, qui affirme la divinité des âmes, serait à rapprocher d'une interprétation qui attribue à Empédocle une croyance à la métempsychose en lien avec les vers du fr. 115, où en particulier les δαίμονες sont pris pour des âmes.

12. Ce serait une étude à entreprendre à part que d'établir la liste de ces témoignages et de leurs relations, de saisir les croyances de l'orphisme et du

De fait, ma méfiance envers la véracité de leurs témoignages est grande. Certes, Empédocle est parti de la croyance à la métempsychose partagée par des pythagoriciens de son temps, et héritée de leur maître. Mais Empédocle est un penseur. On peut s'attendre à ce qu'il remette en question les données auxquelles il a accès. Sur un sujet aussi important que celui de la vie et de la mort, comment aurait-il pu ne pas se poser les questions fondamentales suivantes : sur quoi s'appuie la métempsychose ? comment est-elle possible ? que dois-je croire maintenant, pour moi-même, dans le cadre de ma propre conception du monde, qui n'est pas exactement celle de Pythagore ? Le point de départ – la croyance à la métempsychose des pythagoriciens – n'est donc pas nécessairement, pour Empédocle, son point d'arrivée. Je souhaite déduire la croyance d'Empédocle à partir de ses vers et non pas à partir des propos des commentateurs antiques – trop prompts à l'amalgame et aux synthèses. Je réduis donc le corpus utile à ma recherche. Ce corpus se réduira encore d'une autre façon.

Une partie importante du corpus empédocléen qui nous occupe dépend de la *Refutatio* attribuée à Hippolyte de Rome (ou au pseudo-Hippolyte). Cet auteur affirme que les Bienheureux (les dieux que rapporte McClelland) sont dans le *Sphairos*, à savoir l'Un[13]. Il n'apporte cependant aucune preuve par des vers. Il ne fait qu'affirmer. Certains commentateurs d'Empédocle s'en tiennent à cette affirmation et construisent une interprétation de l'exil des *daimones* à partir de cela[14].

pythagorisme qui ont pu être attribuées à Empédocle. Pour l'heure, on dispose notamment des travaux de H.S. LONG, *A study of the doctrine of metempsychosis in Greece: from Pythagoras to Plato*, (diss. 1942), Princeton, 1948 ; M. DÉTIENNE, *De la pensée religieuse à la pensée philosophique. La notion de* daïmôn *dans le pythagorisme ancien*, Paris, Les Belles Lettres, 1963 ; J.-P. VERNANT, « Aspects mythiques de la mémoire », dans VERNANT, J.-P., *Mythe et pensée chez les Grecs. Études de psychologie historique, I*, Paris, François Maspero, 1965 ; W. BURKERT, *Lore and science in ancient pythagoreanism*, tr. by E.L. MINAR, Jr, Cambridge (Mass.), Harvard University Press, 1972 ; Ch. RIEDWEG, « Orphisches bei Empedokles », *Antike und Abendland*, 41, 1995, p. 34-59 ; G. CASERTANO, « Orfismo e pitagorismo in Empedocle? », dans TORTORELLI GHIDINI, M. *et al.* (dir.), *Tra Orfeo e Pitagora*, Naples, Bibliopolis, 2000, p. 195-236 ; J.N. BREMMER, « Orphism, Pythagoras and the rise of the immortal soul », dans BREMMER, J.N., *The rise and fall of the afterlife*, Londres-New York, Routledge, 2002, p. 11-26, p. 139-145 ; C. MEGINO RODRÍGUEZ, *Orfeo y el Orfismo en la poesía de Empédocles: influencias y paralelismos*, Madrid, UAM Ediciones, 2005. – On peut au moins dire que la mémoire d'une vie antérieure et l'espoir d'un salut personnel obtenu grâce à un comportement adapté (avec des purifications) sont parmi ces croyances.

13. Hippolyte, *Refutatio*, 7.29.17.2-3 : μάκαρας καλῶν τοὺς (σ)υνηγμένους ὑπὸ τῆς φιλίας ἀπὸ τῶν πολλῶν εἰς τὴν ἑνότη(τ)α τοῦ κόσμου τοῦ νοητοῦ. Le κόσμος νοητός est pour Hippolyte une façon de parler de l'Un ou du *Sphairos*. Il connaît le nom *Sphairos* (*Refutatio*, 7.29.13-14) mais choisit de l'appeler l'Un.

14. CORNFORD 1912 ; D. O'BRIEN, *Empedocles' cosmic cycle: a reconstruction from the fragments and secondary sources*, Cambridge, Cambridge University Press,

Assurément, ils retiennent le témoignage antique d'un auteur qui paraissait bien informé de la pensée d'Empédocle. Mais sur le point précis en question (les Bienheureux dans le *Sphairos*) il est hautement improbable qu'Hippolyte soit fiable. Ch. Kahn et O. Primavesi ont montré cette improbabilité[15]. Le *Sphairos*, qui ne connaît aucun mouvement, ne peut pas être le lieu d'actions des Bienheureux. De plus, une communauté de Bienheureux continue d'exister alors que le *Sphairos* a disparu[16]. Nous sommes donc contraints d'écarter sur un point précis, qui n'est pas qu'un détail, ce témoignage d'Hippolyte. J'aurai l'occasion de montrer le peu de fiabilité de cet auteur sur d'autres points. Et en particulier à propos de vers qu'il cite, mais dont on peut douter de la stricte authenticité. Hippolyte reconstruit un Empédocle qui convient à la propre histoire qu'il entend raconter (son plaidoyer contre l'hérétique Marcion).

Bref, je ne ferai appel aux témoignages antiques que dans la mesure où ceux-ci ne défendent pas chez Empédocle une survie de l'âme individuelle sans preuve concrète fournie par des vers. En dehors de la question de la métempsychose, l'apport d'Hippolyte est certes essentiel pour reconstituer la pensée d'Empédocle – je dois évidemment en tenir compte –, mais toutes choses qu'il rapporte, dont les vers, doivent être scrutées au cas par cas.

La difficulté de mon entreprise vient de son objet même. Il est vraisemblable qu'Empédocle n'a jamais été explicite, dans ses vers, sur sa façon de concevoir la réincarnation. Rien d'exceptionnel ici dans

---

1969 ; B. INWOOD, *The Poem of Empedocles. A text and translation with an introduction*, Toronto, University of Toronto Press, 1992.

15. C.H. KAHN, « Religion and natural philosophy in Empedocles' doctrine of the soul », *Archiv für Geschichte der Philosophie*, 42, 1960, p. 3-35, aux pages 25-26 : *« Neither the common hearths and feasting of the daimons nor the possibility that they may be guilty of perjury and bloodshed is compatible with the view that they are to be fused into a single Deity, as the elements seem to be fused within the cosmic Sphere. »* O. PRIMAVESI, « Apollo and other gods in Empedocles », dans SASSI, M.M. (dir.), *La costruzione del discorso filosofico nell'età dei Presocratici / The construction of philosophical discourse in the age of the Presocratics*, Pise, Edizioni della Normale, 2006, p. 51-77, à la page 65 : *« The cosmic 'One' cannot be identical with the communion of the blessed ones, since the cosmic One, i.e., the Sphairos as an individual God, cannot contain a community of feasting blessed ones [fr. 147.1], some of which are committing crimes such as bloodshed. »*

16. PRIMAVESI 2006, p. 65 : *« the One regularly disappears within the cosmic alternation of unification and separation, whereas the communion of the blessed ones does not seem to disappear when some of its members are sent into exile : the exiled daimon, during his wanderings, is "far away from the blessed ones" [fr. 115.6], which implies that the blessed ones are still 'somewhere'. »* – Le lieu des Bienheureux du fr. 115.6 ne peut pas non plus être sur terre lorsque Cypris était reine (fr. 128.3-7). La Haine vint en effet à détruire le royaume terrestre de Cypris. Or les Bienheureux sont censés exister alors même qu'Arès est dieu parmi les hommes, que Zeus est roi (fr. 128.2), qu'Empédocle s'exprime (fr. 115.13, fr. 117). Voir note 122.

sa façon de procéder. Quand il parle des dieux qui sont les quatre racines de toutes choses (fr. 6), on est bien en peine depuis longtemps d'établir de façon certaine la correspondance supposée entre chaque dieu et chaque élément de la nature[17]. Quand il donne des indications sur le cycle cosmique, le débat s'engage dès l'Antiquité pour savoir s'il parlait de façon littérale ou de façon non-littérale. Et de nos jours des débats existent toujours pour savoir s'il faut parler d'une zoogonie ou de deux zoogonies dans un cycle complet[18]. Ces deux exemples sont loin d'être les seuls où les interprétations divergent sur le sens de plusieurs vers, d'un vers, ou d'un mot.

Je cherche à reconstituer une conception de la réincarnation reposant sur ce que les vers d'Empédocle à notre disposition peuvent laisser entendre. « Les vers à notre disposition » : nous sommes tributaires des citateurs de l'Antiquité, de ce qui les intéresse, de ce qu'ils veulent léguer et qui souvent appuierait leur propre conviction. « Laisser entendre » : la difficulté de la reconstitution est là. Mon propos est donc en partie spéculatif.

Si, pour tenter de comprendre ce que pense Empédocle de la réincarnation, et en particulier de comprendre comment il conçoit les *daimones* du Proème des *Catharmes*, on veut tenir compte de tout le corpus empédocléen à notre disposition, à savoir les témoignages et les fragments, et n'ajouter rien ou presque rien au plan théorique à ce corpus, on agira assurément en historien attaché aux textes, mais en même temps on donnera du poids à des témoignages biaisés, et l'on tentera de concilier trop de données entre elles. Je préfère m'engager sur une autre voie : faire un travail théorique de reconstitution en même temps que je garderai un œil attentif sur les vers de l'Agrigentin pour ne pas les trahir.

Palingénésie, métempsychose, réincarnation

Comme le fr. 11 l'indique, il n'y a pas de naissance et il n'y a pas de mort. Cela doit s'entendre ici de la naissance absolue et de

---

17. Ainsi deux thèses différentes existent dans l'Antiquité (A 33), auxquelles s'ajoute une nouvelle thèse dans les temps modernes (F. Knatz, « Empedoclea », dans Universität Bonn [dir.], *Schedae philologae Hermanno Usener a sodalibus Seminarii Regii Bonnensis oblatae*, Bonn, F. Cohen, 1891, p. 1-9, aux pages 1-6). Les trois thèses se distinguent notamment par l'identification d'Hadès : pour l'une Hadès est l'air, pour l'autre il est la terre, pour la dernière (Knatz 1891) il est le feu.

18. Quelques points de repère concernant ces débats : C.H. Kahn, « [Review of] Jean Bollack: *Empédocle. Bd. 1* », *Gnomon*, 41, 5, 1969, p. 439-447 ; A.A. Long, « Empedocles' cosmic cycle in the sixties », dans Mourelatos, A.P.D. (dir.), *The Pre-Socratics: a collection of critical essays*, Princeton, Princeton University Press, 1993[2], p. 397-425 ; D. Sedley, *Creationism and its critics in Antiquity*, Berkeley-Los Angeles-Londres, University of California Press, 2007, p. 33-52, 62-71.

la mort absolue, avec le néant en arrière-plan ; le fr. 15 (D52 LM) le confirme :

οὐκ ἂν ἀνὴρ τοιαῦτα σοφὸς φρεσὶ μαντεύσαιτο,
ὡς ὄφρα μέν τε βιῶσι, τὸ δὴ βίοτον καλέουσι,
τόφρα μὲν οὖν εἰσίν, καί σφιν πάρα δειλὰ καὶ ἐσθλά,
πρὶν δὲ πάγεν τε βροτοὶ καὶ <ἐπεί> λύθεν, οὐδὲν ἄρ' εἰσιν.

Un homme sage ne saurait en ses pensées présumer ceci –
Que tant qu'ils vivent ce qu'ils appellent une vie,
Ils sont, et malheurs et bonheurs sont leurs,
Mais qu'avant que les mortels aient pris consistance et < après > s'être
[dissous, ils ne sont rien.

(Trad. Laks-Most)

Le fr. 8 (D53 LM) souligne la continuité des mélanges :

ἄλλο δέ τοι ἐρέω· φύσις οὐδενός ἐστιν ἁπάντων
θνητῶν, οὐδέ τις οὐλομένου θανάτοιο τελευτή,
ἀλλὰ μόνον μῖξίς τε διάλλαξίς τε μιγέντων
ἐστί, φύσις δὲ βροτοῖς ὀνομάζεται ἀνθρώποισιν.

Je te dirai autre chose : de rien il n'y a naissance, parmi toutes
Les choses mortelles, et il n'est pas de fin de [*i.e.* qu'apporte] la mort
[funeste,
Mais seuls existent le mélange et l'échange de choses mélangées
Et « naissance » est un nom donné par les hommes mortels.

(Trad. Laks-Most)

Dans le monde conçu par Empédocle, le néant n'est pas un lieu de séjour – éternel ou pas – pour les êtres qui meurent, car le néant n'existe tout simplement pas[19]. Les êtres mortels ne sortent jamais du cycle cosmique. Mais ils n'y entrent jamais, non plus. Aucun néant ne pourrait constituer un lieu d'origine d'où ces êtres pourraient sortir ou naître. Les êtres mortels sont des mélanges qui certes n'ont pas de stabilité dans le temps. Nécessité contraint à ce que rien n'entre ni ne sorte du cycle cosmique[20]. Si le néant n'est ni une origine ni une issue, l'Hadès, séjour éternel pour la plupart des mortels, ne l'est pas plus. Empédocle a fait d'Hadès une des quatre racines de toutes choses et l'a identifié à la terre (fr. 6)[21]. Cette terre participe à

---

19. Empédocle a adopté la thèse de Parménide sur l'impossibilité du non-être.

20. Euripide dit dans le *Chrysippe* (fr. 839 NAUCK) : « De ce qui naît, rien ne meurt : chaque corps se dissocie entre ses éléments et reparaît sous forme différente » (trad. V.H. DEBIDOUR).

21. Je réaffirme ici une position prise dans « L'Empédocle magique de P. Kingsley », *Revue de philosophie ancienne*, 18, 1, 2000, p. 25-86, reprise ensuite dans « Apollon et la φρὴν ἱερὴ καὶ ἀθέσφατος (Empédocle, fr. 134 DK) », *Anais de Filosofia Clássica*, VI, 11, 2012, p. 1-31 (en ligne), et de nouveau discutée dans

la formation des vivants (A 78, fr. 96 et fr. 98). Elle est un lieu d'où sortent les mortels terrestres (fr. 62) ; de fait, elle n'est pas l'Hadès traditionnel, qui reçoit mais ne donne pas[22]. En elle, les mélanges se dissolvent et d'elle d'autres mélanges sortent. Chez Empédocle, ce n'est plus un espace caverneux pour les morts[23].

Cela étant posé, soyons attentifs à respecter les limites qui conviennent dans le cadre de la *Physique* d'Empédocle. Les mélanges mortels n'ont pas plus pour origine ou pour fin la terre, ou l'eau, ou l'air ou le feu. Les quatre éléments correspondent à des dieux éternels, les quatre racines de toutes choses (fr. 6 : Zeus, Héra, *Aïdôneus*, *Nestis*), qui, par association sous la puissance de *Philotès*-Aphrodite, forment des mélanges d'où une vie mortelle émerge. Il n'est pas

_____

« Héra aux deux visages ». – Un point essentiel mérite encore d'être souligné. Ce serait une incohérence majeure de la part d'Empédocle, lequel est en rupture avec Homère et Hésiode, d'associer l'air obscur du royaume des morts (*Iliade* XV, 191) à l'Hadès du fr. 6.2, qui n'est aucunement le souverain du royaume des morts. Pourtant, bien des commentateurs (anciens et modernes) font de l'Hadès du fr. 6.2 l'air en croyant au rapprochement avec l'*Iliade* XV, 191, après avoir décidé que Héra *pheresbios* devait nécessairement être la terre. Ils font fausse route, car ils ne résolvent pas l'énigme du fr. 6 en lui maintenant sa force subversive et en prenant appui sur la conception de la mort propre à Empédocle. *Pace* O. PRIMAVESI, « Pythagorean ratios in Empedocles' *Physics* », dans HARRY, C.C. & J. HABASH (dir.), *Brill's Companion to the reception of presocratic natural philosophy in later classical thought*, Leyde, Brill, 2021, p. 113-192, à la page 139 : « *Now if we keep in mind that the epic meaning of* aër *is 'fog', which was only generalized to 'air' in post-Homeric Greek, the equation of Aïdoneus/Hades and* aër *is entirely plausible* [...] *Thus, Empedocles suggests the following equations in his presentation of the four rhizomata: 'Zeus = Fire', 'Hera = Earth', 'Aïdoneus = Air', 'Nēstis = Water'.* »

22. Le fr. 8.2 suggère la disparition de l'Hadès traditionnel : οὐδέ τις οὐλομένου θανάτοιο τελευτή.

23. On pourrait arguer que dans le fr. 111.9 une promesse d'Empédocle est de faire sortir de l'Hadès le *menos* d'un homme mort. S'il en est ainsi, l'Hadès traditionnel existerait pour l'Agrigentin. Mais il n'en est rien ! Dans le cas (selon moi vraisemblable) où le fr. 111 serait authentiquement d'Empédocle (contrairement à ce qu'en pense B.A. VAN GRONINGEN, « Le fragment 111 d'Empédocle », *Classica et Mediaevalia*, 17, 1956, p. 47-61), il est possible de lire le vers avec Hadès = terre, et de ne percevoir rien d'autre que la réapparition d'un mélange mortel dans la perspective de la réincarnation (avec Hadès interprété comme *krounôma broteion*, source mortelle, dans le fr. 6.3). J'ai développé cette thématique dans PICOT 2000, p. 50-55, 63-66. Un mot du fr. 111.9 n'est pas du tout à sa place dans l'Hadès traditionnel : *menos*. Dans cet Hadès, les morts sont des ἀμενηνὰ κάρηνα, des têtes sans force, des têtes sans μένος ; Homère nous le répète par quatre fois dans l'*Odyssée* (X, 521, 536, XI, 29, 49). Cela prouve que l'Hadès dont parlerait Empédocle n'est pas l'Hadès traditionnel. Empédocle joue avec les mots et les représentations. Resterait à savoir ce que le *menos* d'un homme mort signifie pour Empédocle. – En reconnaissant qu'*Aïdôneus* correspond au nom divin de la terre dans le fr. 6, K. ALT (« Einige Fragen zu den 'Katharmoi' des Empedokles », *Hermes*, 115, 4, 1987, p. 385-411) a défendu avec force que chez Empédocle il n'y a pas d'âme des morts, pas de lieu souterrain pour les morts (aux pages 389-395).

permis que cette vie mortelle sorte d'un seul de ces dieux ou y entre. Chacun des quatre dieux reste lui-même pendant l'éternité des cycles du monde[24]. Le célèbre « tu deviendras poussière » – comprenons : tu deviendras terre ou mieux encore Hadès – est impossible du point de vue d'Empédocle. Une racine divine peut certes apparaître de différentes façons dans le monde, se manifester sous divers visages au fil du cycle cosmique et au contact d'une autre racine, mais elle reste immuablement elle-même, tout comme Socrate reste au fond lui-même dans le rire et le sérieux, le sommeil et la veille, le désir de questionner et le désir de faire partager ses vues.

La réincarnation concerne-t-elle les quatre éléments,
les deux puissances ?

Les quatre racines de toutes choses sont des dieux que l'on peut considérer comme des êtres vivants avec une certaine personnalité. Hippolyte est notre seul témoin antique d'une mort des quatre éléments, et implicitement des dieux auxquels il les sait rattachés : Τὸ δὲ πῦρ <καὶ τὸ ὕδωρ> καὶ ἡ γῆ καὶ ὁ ἀὴρ θνήσκοντα καὶ ἀναβιοῦντα[25]. Il n'en tire aucune conclusion quant à la réincarnation. Toutefois, de nos jours, l'idée d'une mort des éléments a inspiré J. Palmer. En 2009[26], Palmer, lors d'un long traitement d'Empédocle, parle à la fois de « *metempsychosis* »[27] et de la perte de l'identité des racines dans des mélanges fusionnels (le *Sphairos,* ou des composés tels que l'os ou le sang), puis de la récupération de cette identité hors des mélanges[28].

---

24. Voir Aristote, *Métaphysique*, A, 984 a, qui parle de quatre corps simples pour désigner le feu, l'air, la terre et l'eau. Même si une analyse approfondie peut montrer que le référent de ce qui est dit simple – le feu, πῦρ, par exemple – ne l'est pas autant que ce qui se dit en un mot (voir par exemple Platon, *Timée*, 58 C-D), il n'en demeure pas moins que simple s'oppose à mélange (avec un ou plusieurs autres éléments). – Sur la question des éléments chez Empédocle voir D. O'BRIEN, « Empedocles on the identity of the elements », *Elenchos*, 37, 1-2, 2016, p. 5-32 (spécialement la section : III. « *Themselves alone* »).

25. Hippolyte, *Réfutation*, VII, 29.10.9-11.1.

26. J. PALMER, *Parmenides and presocratic philosophy*, Oxford, Oxford University Press, 2009.

27. *Ibid.*, p. 261 : « *Metempsychosis is one important manifestation of the cyclical and reciprocal changes Empedocles saw operating at both the microcosmic and macrocosmic levels* ».

28. Racines n'est pour PALMER qu'un autre nom pour éléments : les deux mots « *roots* » et « *elements* » sont utilisés indifféremment. – En 1987, C. OSBORNE (« Empedocles recycled », *The classical quarterly*, 37, 1987, p. 24-50, aux pages 42-45) avait déjà développé la thématique de l'Un-*Sphairos* comme fusion totale des éléments, avec perte d'identité (« *characteristics* », « *properties* », « *character* », « *the differentiae of the elements* ») de ces éléments, puis une re-création des éléments avec leurs qualités propres sous l'impulsion de la Haine (« *Strife's rôle then is to create differences where there were* no *differences before and to set things*

Palmer suggère que, sur le modèle de la métempsychose (ou de la « *transmigration* »), les racines vivent avec leur identité propre en état de séparation, meurent ou périssent dans des mélanges, et renaissent en retrouvant leur identité propre lorsque les mélanges se désagrègent[29]. À la différence de Palmer, je ne considère pas que les dieux Zeus, Héra, *Aïdôneus* et *Nestis*, véritables racines de toutes choses, puissent périr et renaître. Les quatre divinités sont des origines absolues (*rhizômata*), indépendamment de la Haine. Les racines sont immortelles – c'est la thèse classiquement admise à laquelle j'adhère. Elles ne peuvent pas en elles-mêmes se réincarner. Elles peuvent tout au plus apparaître différemment à un moment plutôt qu'à un autre ; elles peuvent se métamorphoser dans certaines limites. Ainsi l'eau peut se transformer en glace ou en vapeur, par exemple. La vapeur peut redevenir de l'eau. Mais cela n'est pas une réincarnation. Le *Sphairos* maintient les quatre racines, il ne les fusionne pas en une seule et nouvelle racine en tout point différente des quatre racines dont elle émergerait[30].

---

at odds with each other. [...] *What the sin does is to turn a unity in which there were no differences into a mixture of different things. This means the one god turns into blood because the mixture that results is a mixture of the four elements in equal proportions and a mixture of that sort is blood, as we know from B98* »).

29. PALMER 2009, p. 311-312. Page 311 : « *Cyclical processes of transmigration and transmutation extend throughout his system, at both the microcosmic and macrocosmic levels, and the roots too have their own life cycles of transformation and reconstitution.* » Page 312 : « *The roots 'grew mortal', however, when they began to interact with one another to fuse into compounds and then the vast array of mortal creatures. Empedocles obviously means for us to understand that the generation of mortal creatures from the elements' mingling and interaction involves their own 'mortality', that is, the loss of their qualitative identities as they are transformed into new things with qualitative identities of their own. [...] The roots' mortality, of course, is limited, for while they 'perish into each other' they also 'grow [out of each other] in decreed turns' (fr. 26. 2), that is, they 'die' only to be reborn and transformed into new forms, like everything else in Empedocles' cosmology except Love and Strife. The roots have their own life cycles of 'birth', 'death', and new 'birth'.* » PALMER semble utiliser indifféremment « *identities* », « *characteristics* », « *properties* », « *qualities* » pour parler de l'identité propre des éléments. – PALMER réaffime sa position et fournit un prolongement avec l'équation *daimones* = air dans J. PALMER, « Ethics and natural philosophy in Empedocles », dans WOLFSDORF, D. C. (dir.), *Early Greek ethics*, Oxford, Oxford University Press, 2020, p. 54-73, aux pages 69-71. – L'idée selon laquelle la métempsychose chez Empédocle concernerait non pas les êtres vivants, faits de mélanges, mais les racines, plus souvent appelées les éléments, est loin d'être nouvelle. On peut déjà mentionner H. RITTER en 1820 dans WOLF, F.A. (dir.), *Litterarische Analekten*, II, Berlin, G.C. Nauck, 1820, p. 453-454. E. ZELLER rejette l'idée avancée par RITTER dans *Die Philosophie der Griechen, in ihrer geschichtlichen Entwicklung, I*, allgemeine Einleitung, vorsokratische Philosophie, Tübingen, L.F. Fues, 1856, p. 551.

30. Autrement dit, la Haine ne produit pas les quatre racines du fr. 6. Le *Sphairos* n'est pas quelque chose de totalement homogène, où les quatre racines

Palmer imagine une métempsychose ou une réincarnation pour les éléments. Bien que refusant que les éléments puissent mourir – à la différence de Palmer –, Primavesi considère que les éléments constituent des « nous » ; ils serviraient de fondement physique à une réincarnation prise dans un sens allégorique ou mythique. Développons. Selon Primavesi, les *Catharmes* sont dans une relation spéculaire avec la *Physique*. Primavesi considère que les « éléments » ont pour correspondants dans un registre mythique ou allégorique les *daimones* des *Purifications* (fr. 115.5). La réincarnation (attachée aux *daimones*) est mythique ou allégorique. Elle a pour fondement physique le devenir des éléments sous l'action initiale de la Haine qui détruit le *Sphairos*. Reconnaissons avec Primavesi que les éléments migrent d'un mélange vivant qu'ils servent à constituer à un autre mélange vivant qu'ils servent plus tard à constituer. Les différents êtres mortels éphémères ou à longue vie recyclent au fil du temps les éléments qui toujours les constituent (fr. 23). Les éléments censés être toujours identiques à eux-mêmes assurent donc une continuité au fil du temps entre les mélanges mortels qui en émergent çà et là, et qui eux sont en discontinuité entre eux.

Par ailleurs, le fr. 59 de la *Physique* livre qu'un *daimôn* se mêle à un autre *daimôn* pour constituer des mélanges. À partir de 2008, Primavesi comprend qu'il s'agit là du mélange d'un élément avec un autre élément, et retient la possible identité de ces *daimones* de la *Physique* avec les *daimones* du fr. 115.5[31]. Le « nous », déjà observé par trois fois dans le Papyrus de Strasbourg – a(i)6 = 1.267, a(ii)17 = 1.287, c3 = 1.303 –, aura pour traduction les quatre éléments de toutes choses : « nous » les éléments[32], nous les *daimones*, « nous » les référents physiques des *daimones* allégoriques du fr. 115. Mais cela est-il suffisant pour effacer, grâce au recours à l'allégorie, la signification de

---

ont disparu. On ne comprendrait pas comment, à chaque éclatement du *Sphairos* sous l'action de la Haine, pourrait se former le même nombre de racines, avec des identités toujours identiques de cycle en cycle. La Haine n'a pas ce pouvoir de formation de quatre racines.

31. O. PRIMAVESI, « Empedocles : physical and mythical divinity », dans CURD, P. & D.W. GRAHAM (dir.), *The Oxford handbook of presocratic philosophy*, Oxford, Oxford University Press, 2008, p. 250-283, aux pages 265-268.

32. O. PRIMAVESI, « Empedocles' cosmic cycle and the Pythagorean *tetractys* », *Rhizomata*, 4, 1, 2016, p. 5-29, à la page 8 : « *if we* are *anything at all,* we are the divine elements. *As first shown by the Strasbourg Empedocles papyrus, the mortal teacher of the* Physica *expresses this quite aptly by occasionally passing over the transitory individuality of the isolated combinations altogether and speaking instead directly in the name of the four elements themselves: "Under Love's dominion,* we *[= the elements] come together into the* Sphairos". »

la réincarnation ? Je ne le crois pas[33]. L'allégorie a ici bon dos. Primavesi lui-même écrivait en 2007[34] :

> le *daimon* [du fr. 115], lorsqu'il appartient à la communion des bienheureux, ne peut être identique au sens strict au *Sphairos*, puisque le *Sphairos* est, en raison de l'absence de victimes potentielles, incapable de commettre un crime marqué par un épanchement de sang. De plus, la communion des bienheureux semble jouir d'une continuité qui ne trouve pas d'exacte contrepartie dans le cycle cosmique : le *daimon*, au fil de ses errances, est « loin des bienheureux », ce qui implique, tout compte fait, que les bienheureux sont encore *quelque part*. Nous devons donc assigner à un niveau allégorique certains traits de base du cycle du dieu coupable.

Je souligne : « Nous devons donc assigner à un niveau allégorique ». En fait, il n'y a aucune obligation (« devons ») d'agir ainsi. Mais Primavesi a choisi ce mode d'interprétation plutôt qu'un autre. Il a pu être influencé au départ par la synthèse de F. M. Cornford qui rabattait l'histoire des *daimones* du fr. 115 sur l'éclatement du *Sphairos*. Même après avoir abandonné les *daimones* morceaux d'Amour (contaminés par la Haine) chers à Cornford, Primavesi est resté attaché à la superposition des *Catharmes* sur la *Physique*. Puisque de toute évidence plusieurs données des *Catharmes* ne correspondaient pas à la *Physique*, la solution a consisté alors à recourir à l'allégorie[35].

---

33. Je ne suis pas le seul. Lire par exemple la critique de S. Trépanier, « From Hades to the stars: Empedocles on the cosmic habitats of soul », *Classical antiquity*, 36, 1, 2017, p. 130-182, à la page 138. Par ailleurs, Trépanier soutient que le texte authentique d'Empédocle ne comprenait pas de « nous » là où Martin et Primavesi retiennent ces « nous » (à la place d'un participe neutre pluriel) pour leur édition du Papyrus de Strasbourg. A. Laks soutient les « nous », après une analyse de chaque occurrence, dans son article « Reading the readings: on the first person plurals in the Strasburg Empedocles », dans Caston, V. & D.W. Graham (dir.), *Presocratic philosophy*, Aldershot, Ashgate, 2002, p. 127-137. LM conserve les « nous » (D73, D76). En revanche, en 2008, J. Mansfeld & K. Algra (« Interpretative *Thêtas* in the Strasbourg Empedocles », dans Houtman, A., *et al.* (dir.), Empsychoi logoi – *Religious innovations in Antiquity*. Studies in honour of P.W. van der Horst, Leyde-Boston, Brill, 2008, p. 317-328) défendent avec de nouveaux arguments l'authenticité d'un participe (συνερχόμεν[α]) à la place de la troisième personne du pluriel (συνερχόμεθ[α]).

34. O. Primavesi, « Empédocle : divinité physique et mythe allégorique », *Philosophie antique,* 7, 2007, p. 51-89, aux pages 78-79.

35. Avant Cornford, le parallélisme entre *Catharmes* et *Physique* était déjà esquissé par A. Diès, *Le cycle mystique : la divinité, origine et fin des existences individuelles dans la philosophie antésocratique*, Paris, Félix Alcan, 1909, p. 88-90. On veillera à ne pas confondre allégorie et analogie (sur l'analogie, voir A. Laks, *Le vide et la haine*, Paris, PUF, 2004, p. 39-42). Par ailleurs, Primavesi 2008, p. 261-262, a obscurci, bien malgré lui, la compréhension de la réincarnation dans le fr. 115 en introduisant Pythagore comme une incarnation d'Apollon : « *the cycle of the daimon is clearly modeled on* one specific Olympian god: Apollo. [...] *it is Apollo who actually*

L'identification des *daimones* aux éléments n'a rien d'une certitude dans le fr. 59[36]. Mais en plus, et surtout, il n'y a aucune assurance qu'Empédocle utilisait le mot *daimôn* avec la même signification dans le fr. 115 (où la punition et son suivi sont constitutifs de l'existence des *daimones*) et le fr. 59 (sans punition). Des exemples de mots avec deux emplois différents dans le corpus empédocléen existent, ainsi : *palamai, Zeus, guia, theoi, korè, ombros, pharmaka*[37]. Toutefois, le point le plus faible de l'interprétation de Primavesi vient après. Empédocle peut-il prendre la parole au nom des quatre éléments, dans le monde de l'accroissement de l'Amour (a[i]6, c3), où il n'est pas – puisqu'il appartient au monde de l'accroissement de la Haine ? Empédocle utilise-t-il le « nous » pour se désigner en tant qu'un des quatre

experienced what the Empedoclean law prescribes. First, there is the legend of Pythagoras, according to which Pythagoras is an incarnation of the Hyperborean Apollo. The series of incarnations from Apollo to Pythagoras is attested in several versions, among which the sequence Apollo-Euphorbus-Pythagoras is probably the earliest. Since the Empedoclean account of a series of incarnations is clearly based on the legend of Pythagoras [B129 refers to Pythagoras], the obvious paradigm for his account of a divine being (daimon) subject to incarnations is Apollo. » Remarques : (1) Les témoignages à notre disposition ne disent pas que Pythagore est une « *incarnation* » d'Apollon Hyperboréen ; ils ne parlent pas d'incarnation, ils disent directement que Pythagore est cet Apollon. Voir D. L., *Vies*, VIII, 11 ; Jamblique, *Vie*, 30, 91, 140 ; voir LM 10a P34, P35, et MACRIS 2018, p. 814 ; autrement dit, les témoignages sur l'Apollon Hyperboréen ne renvoient pas à la thématique de la réincarnations ; (2) « *incarnation* » ne signifie pas nécessairement réincarnation, or seule la réincarnation fait l'intérêt du fr. 115 ; (3) puisque Apollon ne meurt pas, l'incarnation d'Apollon s'entendrait comme une métamorphose (les dieux se métamorphosent facilement, cela ne veut pas dire qu'ils se réincarnent) ; la légende selon laquelle Pythagore est Apollon ne sert pas pour la compréhension du fr. 115 ; (4) la réincarnation suppose le passage par la mort, avec une discontinuité matérielle : les éléments du corps abandonné ne sont pas les éléments du corps de renaissance ; la métamorphose suppose en revanche une continuité matérielle ; (5) le fr. 129 ne concerne pas nécessairement Pythagore, et en tout cas ne dit rien de la réincarnation ou de la métempsychose ; le fr. 129 parle de la capacité de divination d'un homme exceptionnel.

36. PRIMAVESI 2007, p. 70, 75, croyait en 2007 que les *daimones* du fr. 59 étaient des membres vivants, et non pas des éléments. Puis, PRIMAVESI 2008, p. 260, écrit : « *The only remaining possibility is to equate the* daimones *with the four elements.* » – Voir une note concernant l'identité des *daimones* du fr. 59 dans O'BRIEN 1969, p. 325-327.

37. *Palamai* : fr. 2.1, fr. 75.2. Zeus : fr. 6.2, fr. 128.3. *Guia* : fr. 27.1, fr. 31.1, fr. 115.3. *Theoi* : fr. 3.1, fr. 146.3. *Korè* : fr. 84.8, fr. 117.1. *Ombros* : fr. 21.5, fr. 100.12. *Pharmaka* : fr. 23.3, fr. 111.1 Par ailleurs, les déesses sous B 122 sont appelées des *daimones* par Plutarque. Si Plutarque avait recopié le mot *daimones* lu chez Empédocle, alors il apparaîtrait encore plus évident que les *daimones* du fr. 59 ne sont pas les déesses du fr. 122 et pas ceux du fr. 115.5. La même chose vaut pour la *daimôn* du fr. 126. C'est une banalité (même chez Empédocle) : un même mot peut avoir des emplois différents ou bien un même emploi. Il y a quelque chose d'arbitraire à prendre comme une évidence que *daimôn* dans le fr. 59 doit nécessairement avoir le même sens que les *daimones* du fr. 115.5.

éléments, et pour désigner les trois autres éléments, qui suivent le même destin ? Cela paraît hautement improbable et se trouve éloigné de la réincarnation des êtres vivants et mortels susceptibles d'être punis. J'envisagerais une autre possibilité s'il fallait tenter de sauver la *lectio difficilior* que représente le « nous ». Le « nous » procéderait d'un effet narratif en a(i)6 et c3. En commentant le passage du Multiple vers l'Un, Empédocle s'engagerait de façon imaginaire dans le mouvement conduit par l'Amour vers le *Sphairos*. Il se projetterait, loin dans le temps, dans ce mouvement qu'il désire, faisant corps avec tous les êtres vivants et mortels entraînés dans le mouvement. Ce ne sont pas les éléments en eux-mêmes qui justifieraient le « nous », mais les êtres de mélanges, créatures d'Aphrodite, qui vont se transformer en un seul mélange joyeux, le chef d'œuvre d'Aphrodite. Dans ce cas, il n'y aurait pas de relation avec les *daimones* du fr. 115.5. Resterait à expliquer le « nous » en a(ii)17, cette fois-ci dans le monde d'accroissement de la Haine auquel Empédocle appartient. Ce « nous » correspondrait encore à l'appartenance aux créatures d'Aphrodite, ou ce qu'il peut en rester avant de disparaître dans une séparation totale des éléments.

Après la lecture de Primavesi que reste-t-il de la cause qui conduit un Bienheureux à être exilé de son séjour céleste ? Que reste-t-il des 30 000 saisons ? Que reste-t-il de l'idée de la punition ? Que reste-t-il de la réincarnation dans son sens le plus habituel ? Peu de chose. La lecture allégorique a écrasé les spécificités du discours des *Catharmes*. Pour cette raison et parce que l'histoire qui retient l'attention d'Empédocle est celle des créatures mortelles de l'Amour et non pas l'histoire des véritables immortels que sont les quatre racines, je ne retiens pas la lecture de Primavesi. La réincarnation pensée par Empédocle est autre chose que la migration des éléments (ou des racines)[38].

Assez logiquement, un groupe de plusieurs éléments différents, assemblés par la puissance de l'Amour, ne tomberait pas sous la même critique visant un élément unique. L'élément unique ne peut pas renaître parce qu'il ne meurt pas. S'il constitue un « je », le groupe d'éléments différents peut mourir et donc entrer dans le cycle de la réincarnation. Mais soulignons cette condition : s'il constitue un « je ». Un mélange tel que de la boue chaude – mélange fait de terre, d'eau et de feu – n'est pas un mélange qui permet de constituer un « je », à savoir une capacité de ressentir. Il faut bien plus que le seul rapprochement d'éléments, qui de façon transitoire constitue un corps ayant une certaine unité, pour faire émerger

---

38. Cf. une critique contre la réduction de la réincarnation à une migration des éléments dans TRÉPANIER 2017, p. 138-139.

un « je ». Le sang tout seul ou l'os tout seul ne font pas non plus, chacun, émerger un « je ».

On n'admettra pas non plus – autre limite – que des mélanges mortels se dissolvent dans l'Amour ou dans la Haine. Amour et Haine sont des dieux éternels, ayant une certaine matérialité et présence physique (fr. 17.19-20, fr. 30.1, fr. 35.3-4, fr. 35.9-10, fr. 36, fr. 73, fr. 95), qui conservent éternellement leur être, tout comme les dieux-racines. Nulle possibilité à un moment donné pour un « je » de pouvoir fusionner avec l'Amour ou avec la Haine. Nul accès à l'intimité de ces puissances, nulle sortie non plus hors de ces êtres éternels. L'esprit de système qui interdit l'accès au néant aux êtres physiques (fr. 8, fr. 11, fr. 15), qui écarte l'Hadès traditionnel (fr. 6), qui rend impossible le passage des mélanges mortels aux six êtres divins et éternels, principes du monde (fr. 6, fr. 21, fr. 23)[39], et inversement, cet esprit de système impose la continuité d'une présence au monde, sous la forme d'une succession de vies mortelles[40].

Palingénésie

En dépit des discontinuités objectives, les mélanges mortels se perpétuent dans des mélanges mortels. Ce serait là une loi de Nécessité, appuyée sur une déduction logique et le refus de l'absurde. Cette loi universelle, je l'appelle palingénésie[41]. Il ne s'agit que d'une croyance, appuyée cependant sur une intuition : il sera impossible de ne pas être de nouveau un être qui nait et qui meurt si l'on est déjà un être qui a eu une naissance, et qui est voué à mourir. Ce qui s'est fait une fois doit – c'est là, avec ce « doit », la croyance – se refaire une infinité de fois. La logique est simpliste. On peut ne pas y adhérer pour soi-même, mais notre propos ne cherche pas à savoir ce qui est vrai ; il cherche à savoir ce que pouvait croire Empédocle. L'investigation se fait sur des croyances,

---

39. Traditionnellement, on parle de six principes dans la philosophie d'Empédocle ; on omet alors Nécessité. Nécessité apparaît dans le fr. 115.1 et dans le fr. 116. C'est une déesse. Le fait que Platon, dans un passage du *Phèdre* qui semble d'inspiration empédocléenne, nomme la déesse *Adrastée* à la place d'*Anankè* suggère que Platon a perçu une déesse en *Anankè*, et non pas un mécanisme purement physique.

40. Voir (1) A. WATTS, *The essence of Alan Watts*, Millbrae, Celestial Arts, 1974, p. 95-104 ; (2) M. HULIN, *La face cachée du temps*, Paris, Fayard, 1985, p. 33-36 sur « l'expérience de la non-mort », p. 60-61.

41. Je choisis le mot palingénésie plutôt que palingénèse, car le mot palingénésie me semble plus employé que palingénèse, qui en est parfois un synonyme. Palingénésie dit le retour à la vie, la renaissance. Elle peut concerner un individu. C'est le sens que je veux retenir contre un autre sens où palingénésie concernerait des sociétés entières, le retour périodique des mêmes événements dans l'univers, et même la renaissance de l'univers.

sans guère de possibilité de se confronter avec la réalité au-delà de ces croyances.

La palingénésie – telle que je l'entends – signifie une continuité subjective, sans impliquer une continuité de mémoire, ni d'expérience, ni de lieu ou de temps, sans impliquer que les mêmes éléments, au sens strict, soient concernés par une succession de vies. Elle n'implique aucune continuité physique ou matérielle entre les vies particulières qui se succèdent. La continuité subjective est la succession, sans rupture ressentie, de « je » différents d'un point de vue extérieur, séparés par la mort et la naissance. Qu'entendre ici par « je » ? Un être mortel capable de ressentir. Dans la pensée d'Empédocle, le ἐγώ concerne des plantes, des animaux, des hommes (fr. 117), sans que cette liste donnée dans le fr. 117 soit en fait limitative. Il ne faut pas chercher à mettre des personnalités ou des intelligences élaborées dans le « je » ou ἐγώ ainsi défini. Le fait d'accorder un « je » à des plantes devrait signaler immédiatement une présence primitive d'être au monde. J'écrirai toujours « je » avec des guillemets français pour signaler un sujet qui ressent, dans le cadre de la palingénésie. Le ressenti est précisément la subjectivité attachée à la palingénésie.

Les divers *daimones* que l'on rencontre dans le corpus empédocléen peuvent-ils entrer dans le champ de la palingénésie, en clair être des « je » ? Il y a certes les *daimones* du v. 19 Rashed (= fr. 115.5), mais il faut encore ajouter ceux du fr. 59, ceux (celles) du fr. 122 (B 122) et la *daimôn* du fr. 126. La question pourrait ne pas admettre une réponse simple, compte tenu de la diversité des êtres qui peuvent être dits « *daimones* ». Essayons de le signaler sur quelques exemples.

(A) Dans le fr. 59, trois significations du mot *daimôn* sont possibles : (1) un membre ou organe d'un être vivant, tels que bras, pied, œil ; (2) l'Amour ou la Haine ; (3) une racine divine prise parmi les quatre énoncées au fr. 6. Nous avons écarté les solutions 2 et 3 de la palingénésie. Mais il reste un doute pour la solution 1. Un bras peut-il prétendre être un « je » (un être qui ressent, souffre ou éprouve un contentement) ? Si oui, il entre dans le champ de la palingénésie. Si non, il n'y entre pas.

(B) Le fr. 122 énonce la Terreuse et la Solaire, la Dispute et l'Harmonie[42]. Ces *daimones* sont des figures des racines divines ou bien de la Haine et de l'Amour ; en conséquence, elles n'entrent pas elles-mêmes dans le champ de la palingénésie (précisément parce

---

42. On pourrait ajouter les divinités du fr. 123, que Plutarque n'énonce pas, mais qui nous sont connues grâce à Cornutus. Cornutus ne dit pas que ces divinités sont des *daimones*, il les présente comme des Titans. Soyons prudents en ce qui concerne Cornutus. Empédocle ne croit pas aux Titans hésiodiques.

que ce ne sont pas des mélanges éphémères au sein du Multiple, voir la critique plus haut concernant les *daimones*-éléments).

(C) Au fr. 126, la démone qui enveloppe des âmes (des « âmes », ψυχάς, selon le témoignage de Stobée) d'un manteau de chair semble être affectée au travail de l'incarnation, et donc de la palingénésie. Mais cette démone peut-elle être elle-même un « je » mortel, dans lequel il est possible d'entrer et de sortir ? Est-elle elle-même comprise dans le champ de la palingénésie ? J'en doute.

D'une façon générale, je suis enclin à penser qu'Empédocle n'étendait pas les « je » au-delà des êtres vivants et mortels nommés dans les fr. 21.10-12 ou 23.6-8 : les végétaux, les animaux, les hommes et certains dieux à la longue vie, riches en honneurs (θεοὶ δολιχαίωνες τιμῆισι φέριστοι) [43]. Les membres ou organes d'un être vivant seraient

---

43. Qui sont ces dieux ? Disons déjà ce qu'ils ne sont pas. (1) Les dieux à la longue vie, riches en honneurs, ne pourraient pas être les *daimones* en exil (fr. 115.9-12), qui assurément ne jouissent pas d'honneurs. Les *daimones*, rejetés par les dieux-racines (fr. 115.9-12), sont entachés de déshonneurs. Reste à savoir si dans le Proème des *Catharmes* le mot *daimones* concerne les Bienheureux ou pas. S'il concerne uniquement les Bienheureux, il va alors de soi que les Bienheureux sont riches en honneurs, et donc que des Bienheureux appelés des *daimones* appartiendraient à la liste des dieux à la longue vie, riches en honneurs. Mais dans le Proème des *Catharmes* il paraît impossible de limiter *daimones* aux Bienheureux, avant toute faute provoquant la chute terrestre. On entend notamment par *daimones* les Bienheureux en exil (qui, lors de leurs multiples réincarnations douloureuses, ne sont plus vraiment des Bienheureux). Comment peut-on alors maintenir « riches en honneurs » pour des *daimones* avant et après la faute, avant et pendant la punition ? Je crois qu'on ne le peut pas. (2) Dans les fr. 21.12 et 23.8, les dieux à la longue vie, riches en honneurs, viennent à la suite de la présentation des mélanges que sont les arbres, les hommes et les femmes, les bêtes, les oiseaux, les poissons. Il est donc naturel de penser que ces dieux sont aussi des mélanges. Qui dit mélange vivant renvoie à l'action d'Aphrodite sur plusieurs éléments. En conséquence, un des « dieux à la longue vie, riches en honneurs » n'est pas un des quatre éléments. En aucun cas, Aphrodite ne produit les éléments à partir d'un mélange ; en outre, les éléments ne sont pas pour Empédocle l'objet d'honneurs particuliers. Seule la déesse *Nestis*, qui serait la Muse d'Empédocle, pourrait faire exception. Mais une fois de plus, elle n'est pas un mélange. – Il existe un débat entre les commentateurs modernes d'Empédocle pour savoir ce que recouvrent ces dieux à la longue vie. Voir W.K.C. GUTHRIE, *A history of Greek philosophy, II, the presocratic tradition from Parmenides to Democritus*, Cambridge, Cambridge University Press, 1965, p. 255, 257-258 ; S. TRÉPANIER, *Empedocles: an interpretation*, New York-Londres, Routledge, 2004, p. 73-74, 84-85, puis « Early Greek theology: god as nature and natural gods », dans BREMMER, J.N. & A. ERSKINE (dir.), *The gods of ancient Greece: identities and transformations*, Édimbourg, Edinburgh University Press, 2010, p. 273-317, aux pages 307-308, et TRÉPANIER 2017, p. 136-138 ; E. STEHLE, « The addressees of Empedokles, *Katharmoi* Fr. B112: performance and moral implications », *Ancient philosophy*, 25, 2, 2005, p. 247-272, aux pages 253, 262-266. PRIMAVESI 2007, p. 63-69 ; O. PRIMAVESI, « Empedokles », dans FLASHAR, H., D. BREMER & G. RECHENAUER (dir.), *Grundriss der Geschichte der Philosophie. Die Philosophie der Antike*, I, Frühgriechische Philosophie, Bâle,

donc exclus. Les dieux à la longue vie qui pourraient être des « je » comprendraient les Bienheureux nommés au fr. 115.6 (v. 20 Rashed, μακάρων), les dieux du fr. 146.3, et le *Sphairos* (fr. 27)[44]. Le *Sphairos* est un « je » singulier : il naît, il se réjouit, il meurt, dans une solitude totale. C'est un être mortel produit par Aphrodite, qui, parce qu'il se réjouit, est capable de ressentir. Tout « je » dans le Multiple a été et sera un jour ce « je » singulier qu'est le *Sphairos*. Bien qu'à la longue-vie et honorés, les dieux qui ont des temples et des sanctuaires ne me semblent pas être des « je ».

Complétant la liste du fr. 117, les « je » possibles concerneraient également les Bienheureux et le *Sphairos*. Je m'expliquerai plus loin sur les Bienheureux du v. 20 Rashed. J'aurai bien sûr à traiter la question essentielle de savoir si les *daimones* du v. 19 sont des « je ». De nombreux commentateurs retenant le cadre de la métempsychose admettent que ces *daimones* sont des âmes, porteuses d'une personnalité. Dans ce cadre, j'écrirai des âmes-*daimones*, en pensant que ce sont des 'je+'. Car il y a plus (+) dans ces âmes que dans le « je », lequel est sans contenu personnel ou distinctif. Pour l'heure, concluons que les *daimones*, en dehors de ceux du v. 19, sont exclus du champ de la palingénésie.

Diverses expressions de la réincarnation

Il est habituel de lire « palingénésie » pour « réincarnation », « réincarnation » pour « transmigration », « transmigration » pour « métempsyc(h)ose », et même d'ajouter que « métempsyc(h)ose » vaut pour « métensomatose »[45]. J'éprouve le besoin de fixer mon

Schwabe, 2013, p. 667-739, aux pages 669, 673, 708 (« *Götter, langlebige* ») ; S. RANGOS, « Empedocles on divine nature », *Revue de métaphysique et de morale*, 75, 3, 2012, p. 315-338, aux pages 317-319.

44. Pour les Bienheureux et le *Sphairos*, voir J.-C. PICOT, « Empédocle pouvait-il faire de la lune le séjour des Bienheureux ? », *Organon* (Varsovie), 37(40), 2008, p. 9-37, aux pages 11-13. Les dieux à la longue vie, riches en honneurs, recouvrent-ils aussi les dieux traditionnels, tels que Zeus, Poséidon, Héra, Apollon, Arès, Déméter par exemple ? Ces dieux jouissent assurément des honneurs de nombreux Grecs au temps d'Empédocle. Ils sont représentés par des peintres (fr. 23.8) ou d'autres artistes. Au même titre qu'*Asapheia* (fr. 122.4), ou *Dèris* (fr. 122.2), ou *Omphaiè* (fr. 123.3), ils existeraient d'une certaine façon, et disparaîtraient lors du *Sphairos* ou du *dinos*. Reste une interrogation : de quoi chacun d'eux serait-il le mélange, et comment ce mélange se serait-il produit ?

45. Voir C.A. KETLER dans HANEGRAAFF, W.J. *et al.* (dir.), *Dictionary of gnosis and Western esotericism*, Leyde-Boston, Brill, 2006, p. 980, pour l'entrée *Reincarnation I: Antiquity*: « *Reincarnation, or metempsychosis, metensomatosis, transmigration, is the belief in the passing of a spiritual being, the soul, after death into some other body. The four terms quoted are synonymous* [...] ». Chez cet auteur la palingénésie n'est pas considérée dans ce registre de notions autour de la réincarnation. Elle l'est en revanche dans l'*Encyclopedia of religion*, 14, Detroit, Thomson Gale, 2005², p. 9325 : « *Transmigration* [...] *Other terms often used in this context are rebirth, especially in connection with Indian religions,* palingenesis (*from Greek* palin, *"again," and* genesis,

propre emploi de ce vocabulaire, sans pour autant m'éloigner trop de ce que l'on entend spontanément derrière chaque mot. Point n'est besoin pour le lecteur de chercher des preuves historiques dans ce que je vais avancer maintenant. Ce serait peine perdue. Pour tenter de concevoir ce qui retient notre attention ici, il faut se donner un cadre théorique.

La métempsychose suggère le mouvement d'une supposée âme personnelle (un 'je+'), allant d'un corps mortel à un autre corps mortel. Cette âme est censée être sensible, capable de connaître et de mémoriser ses vies antérieures. Elle anime les corps dans lesquels elle séjourne.

La métensomatose ne dit pas forcément autant que la métempsychose. Elle pourrait seulement désigner le passage d'un corps à un autre, sans pour autant signifier que l'âme personnelle et sensible va d'un corps à un autre.

Avec les préfixes palin – et ré – dans « palingénésie » et « réincarnation » (à la différence des mots avec préfixes trans –, mét –), la compréhension serait avant tout celle du mouvement de retour à la vie, ou de la répétition de la vie. Les mots « réincarnation » et « palingénésie » ne disent pas nécessairement qu'une âme personnelle ou une entité singulière qui n'est pas une âme personnelle migrent d'un corps mortel à un autre corps mortel[46].

Je choisis souvent d'utiliser « réincarnation », car ce mot est assez répandu. Un verbe et un nom demeurent aussi utiles : transmigrer, transmigration. Comme l'atteste le fr. 115.9-11[47], les *daimones* passent

---

"birth,"), metempsychosis (from Greek meta, "again," and psychê, "soul") and, increasingly in modern popular parlance, reincarnation (from Latin re "back" and caro, "flesh"). »

46. Je suis en accord avec C. GALLAVOTTI, *Empedocle. Poema fisico e lustrale*, Milan, Arnoldo Mondadori, 1975, p. XV, quand il dit : « *Quindi la dottrina etica di Empedocle, e la stessa teoria della palingenesi, derivano direttamente dalla sua teoria fisica, e concordano con essa in maniera perfetta.* » Et encore (p. 278) : « *Platone parla di anima e di anime, ψυχαί, mentre in E. non c'è né il nome né il concetto di anima : non c'è la distinzione fra corpo e anima, perché nella materia risiede il principio noetico, e la materia è già l'anima delle cose* ("con la terra vediamo la terra": n. 1 vv. 56-8). *Perciò è un errore parlare di metempsicosi a proposito della dottrina di Empedocle; si può parlare solo di metamorfosi o meglio di palingenesi: ved. n. 112* [= fr. 126 DK]. » GALLAVOTTI refuse de parler de métempsychose chez Empédocle, et préfère parler de palingénésie. Avec raison il rattache la palingénésie à la conception physique (*teoria della palingenesi, derivano direttamente dalla sua teoria fisica*). GALLAVOTTI conçoit ainsi la palingénésie (p. 286) : « *si tratta della rigenerazione (palingenesi) dei medesimi* στοιχεῖα *dissolti dalla morte, che vengono ricomposti dalla natura in altre forme corporali; sono diverse le forme, ma non gli elementi.* » Mais il relie la palingénésie aux purifications et au salut individuel (p. 293) : « *Agli uomini è offerta una possibilità di purificazione, per le colpe gravi (n. 103* [= fr. 115]*), attraverso la palingenesi* ». Cette conception de la palingénésie est peu éclairante.

47. Fr. 115.9-11 :
αἰθέριον μὲν γάρ σφε μένος πόντονδε διώκει,
πόντος δ᾽ ἐς χθονὸς οὖδας ἀπέπτυσε, γαῖα δ᾽ ἐς αὐγὰς
ἠελίου φαέθοντος, ὁ δ᾽ αἰθέρος ἔμβαλε δίναις·

d'un lieu de vie à un autre (éther, mer, terre, lumière du soleil) – ce qu'il faut entendre, dans le contexte : d'un corps mortel à un autre. On parlera ici de transmigration (ou migration). Avec certitude, les *daimones* transmigrent (ou migrent). Reste à savoir bien sûr ce qu'ils sont. Le fait de les identifier rapidement au mot « âme », sans rien en dire de plus, ne fait que déplacer la difficulté de compréhension d'un mot sur un autre. La transmigration d'une âme personnelle, support d'une personnalité, autrement dit la transmigration d'un 'je+' concret serait le cas particulier de la métempsychose[48].

Dans le contexte empédocléen, j'utilise exclusivement « palingénésie » pour signifier une réincarnation sans transmigration (= sans migration d'une quelconque entité psychique ou physique). La palingénésie exclut la continuité identifiable d'une âme ou d'une quelconque entité singulière et concrètement identifiable à travers des êtres vivants et mortels. Elle exclut que quelque chose transmigre, en particulier un *daimôn*. Dans une étude de la réincarnation chez Empédocle, ce serait une erreur de ne pas considérer la palingénésie à sa juste place au motif que la réincarnation supposerait obligatoirement une âme qui transmigre. Disons-le autrement. Pour des processus ou des phénomènes qui ne sont pas tangibles ou objectivables, les définitions de ces processus ou phénomènes ont une part considérable d'arbitraire. Personne n'osera dire qu'un chien a six pattes ; le référent du « chien » étant admis par tous : chacun sait qu'un chien a quatre pattes. Mais pour un processus ou un phénomène invisible, impalpable, uniquement de l'ordre de l'intuition et de la croyance, il est facile de donner une définition arbitraire, et il serait absurde de prétendre que cette définition doit s'imposer parce qu'elle est vraie. Elle n'est pas vraie ; on est seulement dans l'ordre de la convention de langage. C'est pour cette raison qu'il me paraît essentiel de fixer ici des points de vocabulaire, et des distinctions certes arbitraires, mais utiles pour la suite du propos.

Une signification de la palingénésie est de prétendre que l'on est toujours au monde sous la forme d'un « je » capable de ressentir, ancré dans un présent permanent ; ce « je » que l'on est une fois

---

Le mot σφε renvoie, chez STEIN et DIELS, aux *daimones*. Ces vers seront étudiés plus loin (dans « Le Proème des *Catharmes* »).

48. H.S. LONG, « The unity of Empedocles' thought », *American journal of philology*, 70, 1949, p. 142-158, à la page 157 : « *It is the* δαίμων *that provides the constant substratum of personality without which transmigration is meaningless* ». Cela est vrai de la métempsychose, éventuellement de la métensomatose. Mais pour un concept selon moi moins contraignant que la réincarnation, qui ne se pose pas nécessairement la question de la « *personality* », c'est une autre histoire. LONG présuppose dans le *daimôn* empédocléen la présence d'un constant substrat de personnalité que je ne reconnais pas spontanément. De plus, il affirme de façon dogmatique l'absurdité d'une transmigration sans « *constant substratum of personality* ».

de façon particulière n'est pas un événement exceptionnel, mais un événement qui s'est répété une infinité de fois sous d'autres façons particulières et qui se répétera une infinité de fois. Certes, le « je » diffère selon que ce « je » est celui d'une plante (capable de sensation selon Empédocle, A70), d'un animal, ou d'un homme, mais c'est toujours un « je ». La discontinuité de vécu est évidente entre des « je » différents. Mais il y a une continuité imaginaire de la présence au monde à travers le « je » qui se répète.

Je suppose que l'intuition de la palingénésie est première par rapport à celle de la transmigration. La question de la relation objective existant entre deux « je » – une possible transmigration – se pose après avoir posé l'évidence des « je ». En ce sens, la transmigration se greffe sur la palingénésie de façon à satisfaire un besoin d'enchaînement réel et de suivi personnel. Une étape ultérieure serait l'adjonction d'une loi morale. L'action morale d'un 'je+' est censée assurer une meilleure incarnation ultérieure, dans le cadre de la transmigration. Le 'je+' que l'on est aujourd'hui, son bonheur ou son malheur, dépendrait directement des actions d'un 'je+' antérieur. En Inde, ce serait la loi de rétribution des actes, le *karma*. Mais une loi morale ne s'associe pas forcément à la réincarnation pensée par Empédocle[49]. Cela reste bien sûr à étayer de différentes façons.

Parmi les commentateurs d'Empédocle, antiques et modernes, la tendance est forte à penser que, dans les *Catharmes*, *daimôn* = 'je+' = âme d'un Bienheureux en exil, et à croire que la réincarnation est la transmigration de ce *daimôn*. Je ne rejoins pas ces commentateurs. Des distinctions sont à faire là où la prétendue sagesse du simple n'en fait pas. Mon point d'appui sera les vers d'Empédocle. Le style elliptique du poète est une difficulté pour l'interprète. Depuis longtemps on a vite comblé les silences avec ce qui est le plus simple à croire, en s'appuyant sur l'environnement intellectuel du pythagorisme et du platonisme. Ainsi, le *daimôn* empédocléen serait une âme individuelle, dotée d'une mémoire et d'une sensibilité. On a cru que l'Empédocle qui écrivait les *Catharmes* ne pouvait pas être en même temps celui qui écrivait la *Physique*, car les principes de la *Physique*

---

49. Avec W. BERG, j'espère avoir déjà montré, dans J.-C. PICOT & W. BERG, « Lions and *promoï*: final phase of exile for Empedocles' *daimones* », *Phronesis*, 60, 2015, p. 380-409, que la progression des vies lors de l'exil jusqu'à la sortie des 30 000 saisons ne répond pas à l'éthique empédocléenne, toute dévouée à l'Amour (p. 403, 407). *Pace* M. DI MARCO, « La metensomatosi in Empedocle », dans DI MARCO, Massimo, *Sapienza italica: studi su Senofane, Empedocle, Ippone*, Rome, Edizioni Studium, 1998, p. 33-68, aux pages 49-50. ALT 1987, p. 401, 408, affirme la non-responsabilité des lions (fr. 127) par rapport à leur comportement de prédateurs. Elle les distingue des hommes et des dieux. Mais chez Empédocle l'ascension dans l'échelle des réincarnations ne semble pas se faire à l'aune d'une responsabilité morale, que ce soit pour les lions ou pour les hommes.

ne laisseraient pas subsister un *daimôn*-âme individuelle en dehors du corps mortel qui l'avait hébergé. Ou bien, si aujourd'hui l'on ne croit pas à deux Empédocle (par exemple un jeune et un vieux, en accord avec la conviction de Diels), on croit que les *Catharmes* ne disent rien de physique. Tout y serait allégorie, mythe, fantaisie de mise en scène ; il ne faudrait pas chercher des appuis physiques dans les *Catharmes* ; il faudrait accepter de se laisser porter seulement par un récit de purification et de salut possible. Je ne parviens pas à accepter cela. Ma part d'aventure est de croire que les principes de la *Physique* sont (déjà ?) présents dans les *Catharmes*[50]. Peu d'allégorie, peu de mythe (au sens où le mythe ne serait qu'une expression fantaisiste de la réalité), peu de pensée symbolique dans ce qui va suivre[51]. Même dans les *Catharmes*, Empédocle s'attacherait à dire la réalité physique – qui se confond pour lui avec l'existence des dieux et de leurs actions.

D'une façon formelle, je conçois la palingénésie (P) comme un ensemble disjoint de l'ensemble de la transmigration[52]. La transmigration (T) est un ensemble qui contient deux sous-ensembles disjoints : celui de la métempsychose (M) et un sous-ensemble que j'appelle X qui correspond à la transmigration d'une entité singulière et concrètement identifiable sans être l'âme personnelle (laquelle caractérise la métempsychose). J'hésite à substituer métensomatose

---

50. Je suis enclin à croire que *Les Purifications* précèdent chronologiquement la *Physique*. Et qu'Empédocle avait déjà conçu les grands principes de sa *Physique* lors de la rédaction de ses *Purifications*. Il est possible que le poème *Physique* reprenne des vers écrits pour les *Catharmes*.

51. M. HERRERO DE JÁUREGUI écrit (« L'hostilité des éléments cosmiques, d'Homère à Empédocle », *Revue des études grecques*, 130, 1, 2017, p. 23-42, à la page 25) : « les *Katharmoi* doivent être interprétés comme le reflet mythologique de la théorie cosmologique des *Physika*. » Non pas ! Non seulement la mythologie est partout chez Empédocle (le fr. 6 en fait foi), mais elle touche directement au réel. Réduire les *Catharmes* à un reflet, avec sa charge d'inconsistance, appauvrirait l'interprétation. HERRERO DE JÁUREGUI n'est pas isolé dans sa façon d'interpréter les *Catharmes* ; il est au moins précédé par PRIMAVESI 2013, p. 674.

52. Dans sa courte section sur la transmigration enseignée par Pythagore (§ 42), J. BURNET (*Early Greek philosophy*, Londres, Macmillan, 1930⁴, p. 93) écrit en note de bas de page : « The proper Greek for this [= transmigration] *is* παλιγγενεσία, *and the inaccurate term* μετεμψύχωσις *only occurs in late writers.* » L'affirmation concernant παλιγγενεσία s'appuierait sur Aristoxène (fr. 12.5), un témoignage qui remonte au IVᵉ s. av. J.-C. Dans l'emploi que je fais du mot palingénésie, je ne suis donc en accord ni avec l'usage fait par Aristoxène, ni avec le propos de BURNET. Je m'en tiens à une définition telle que « retour à la vie, renaissance qui est en même temps une régénération » (CNRTL). Il est certain que Pythagore croyait à la transmigration ; je crois qu'il s'agissait pour lui de quelque chose qui tient à la transmigration de l'âme et que l'on devrait donc mettre sous l'étiquette métempsychose. Voir aussi E. ROHDE, *Psyché*, trad. A. REYMOND sur la 10ᵉ édition en 1925, Paris, Payot, 1928, p. 364 n.2 et p. 374 n.3.

à X, car j'ai l'impression que métensomatose a souvent le sens de métempsychose ; je préfère donc retenir « X ». La réincarnation est l'ensemble qui contient les deux ensembles de la palingénésie et de la transmigration.

Voici un schéma qui résumerait cette formalisation :

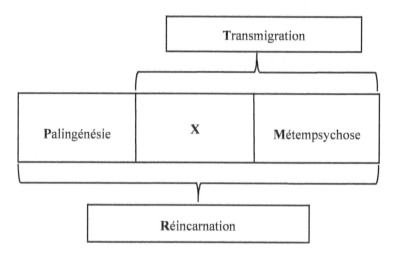

De façon certaine les *daimones* du Proème des *Catharmes* appartiennent à T. La question est ensuite de savoir s'ils appartiennent à M ou à X. L'interprétation dominante est qu'ils appartiennent à M. On lit souvent qu'Empédocle est une divinité déchue, à savoir un *daimôn*, qui est en fait l'âme d'un Bienheureux qui a commis une faute et qui est puni. Quelques exemples :

Th. Gomperz[53] :

> Nous trouvons chez notre philosophe, si l'expression est permise, la *théologie de l'âme*. Chaque âme est un « démon » qui, précipité de sa patrie céleste, est tombé dans la « prairie ténébreuse », dans le « lieu sans joies », dans la vallée de larmes. Là, il prend les formes les plus variées, tantôt jeune garçon, tantôt jeune fille, tantôt arbrisseau, oiseau ou poisson (Empédocle affirme avoir subi lui-même toutes ces métamorphoses[54]) [...] C'est la doctrine orphico-pythagoricienne de l'âme, revêtue des couleurs éclatantes de la poésie, de la magie d'une éloquence inspirée et enthousiaste. Le penseur d'Agrigente célèbre

---

53. Th. GOMPERZ, *Les penseurs de la Grèce : histoire de la philosophie antique*, trad. de A. REYMOND, Paris, Alcan, et Lausanne, Payot, 1908, (2ᵉ éd. rev. et corr.), p. 263-264.

54. La phrase allemande ne stipule pas de « métamorphoses » : « *dies alles weiß Empedokles von sich selbst zu melden* ». Mais c'est au moins intéressant de constater que REYMOND interprète les choses ainsi.

le puissant esprit de Pythagore et lui paie le tribut de l'admiration la plus reconnaissante.

M. Detienne[55] :

> Empédocle est un de ces démons, exilé de sa condition divine. Une interprétation semble s'imposer : les démons sont des âmes tombées dans la génération. […] Si nulle part dans les fragments d'Empédocle nous n'avons une preuve formelle de l'équivalence ψυχή-δαίμων, nous trouvons chez les Anciens confirmation de l'interprétation qui nous paraît s'imposer : tel Hippolyte, qui affirme qu'Empédocle appelle les âmes, des démons. Aussi, rares sont les exégètes modernes qui ont élevé des doutes sur ce point.

C. Megino Rodríguez[56] :

> *Se puede hablar en Empédocles de transmigración de una entidad personal que cambia de cuerpo a lo largo de las generaciones.*
> *A esta entidad, que otros autores denominan « alma », Empédocles le da el nombre de demon* […]

Les propos de ces savants sont largement influencés par le témoignage d'Hippolyte concernant Empédocle, et donc par l'édition des fragments d'Empédocle par H. Stein (1852), suivie par Diels (1901), et ensuite largement diffusée (DK 1934). Hippolyte identifie clairement les *daimones* de notre fr. 115 avec des âmes (*Refutatio omnium haeresium* VII, 29.16.3) : δαίμονας τὰς ψυχὰς λέγων, μακραίωνας. Diels (1922) puis Kranz (1934) éditent le fr. 115.12-13 ainsi :

ἄλλος δ᾽ ἐξ ἄλλου δέχεται, στυγέουσι δὲ πάντες.	12
τῶν καὶ ἐγὼ νῦν εἰμι, φυγὰς θεόθεν καὶ ἀλήτης,	13

Einer nimmt sie vom andern auf, es hassen sie aber alle.
Zu diesen gehöre jetzt auch ich, ein von Gott Gebannter und Irrender […]

(Trad. Kranz, 1934)

Cette édition met en valeur la leçon du manuscrit d'Hippolyte (τῶν καὶ ἐγώ εἰμι) pour le vers 13, qui, dans la restitution de Stein

---

55. M. DETIENNE, « La 'démonologie' d'Empédocle », *Revue des études grecques*, 72, 339-343, 1959, p. 1-17, aux pages 2-4. Voir aussi de M. DETIENNE, « Xénocrate et la démonologie pythagoricienne », *Revue des études anciennes*, 30, 3-4, 1958, p. 271-279, aux pages 273-274.

56. C. MEGINO RODRÍGUEZ, « La transmigración en la poesía de Empédocles », dans BERNABÉ, A., M. KAHLE & M.A. SANTAMARÍA ÁLVAREZ (dir.), *Reencarnación: La transmigración de las almas entre Oriente y Occidente*, Madrid, Abada, 2011, p. 269-282, aux pages 279-280.

et Diels, conduit à comprendre : moi, Empédocle, je suis l'un des *daimones* (haïs des éléments), je suis l'une des âmes en exil. Nous aurons à développer cette thématique en tenant compte de l'édition du Proème des *Catharmes*, par Rashed. Au préalable, plusieurs points sont à éclaircir.

Réincarnation ou métamorphose ?

A. Zucker commente le mot μετοίκησιν qu'Élien utilise quand il introduit notre fr. 127[57] :

> Le terme grec signifie littéralement « émigrer vers un autre foyer ». On le traduit parfois improprement par réincarnation. [...] Selon Empédocle et de nombreux penseurs de son époque, la mort est en fait le moment d'une métamorphose, et « mort » et « naissance » ne sont que des mots trompeurs pour désigner des transformations du vivant[58].

Zucker a-t-il raison de privilégier « métamorphose » à « réincarnation » ? Il est admis que l'exil du Bienheureux, suggéré dans le Proème des *Catharmes*, se comprend comme une suite d'incarnations dans des mortels terrestres. Cela sous-entend que le Bienheureux se réincarne. La croyance d'Empédocle à la réincarnation ou à un autre mot comme métempsychose serait en arrière-plan. Mais, ne peut-on pas lire ce Proème avec la seule clé de la « métamorphose », comme nous pourrions le déduire de la compréhension de la mort selon Zucker ?

La métamorphose est le processus par lequel la chenille devient papillon, par lequel Zeus devient un cygne. Ni la chenille ni Zeus ne meurent. Leur substance ou leur corps se transforme, sans qu'il y ait une discontinuité entre leur être de chenille ou de Zeus, d'une part, et leur être de papillon ou de cygne d'autre part. Les mêmes éléments du corps se recomposent différemment, et produisent alors

---

57. Élien, *De natura animalium*, XII, 7.31-37 : λέγει δὲ καὶ Ἐμπεδοκλῆς τὴν ἀρίστην εἶναι μετοίκησιν τὴν τοῦ ἀνθρώπου, εἰ μὲν ἐς ζῷον ἡ λῆξις αὐτὸν μεταγάγοι, λέοντα γίνεσθαι· εἰ δὲ ἐς φυτόν, δάφνην. ἃ δὲ Ἐμπεδοκλῆς λέγει, ταῦτά ἐστιν

ἐν θήρεσσι λέοντες ὀρειλεχέες χαμαιεῦναι
γίνονται, δάφναι δ' ἐνὶ δένδρεσιν ἠυκόμοισιν.

58. A. ZUCKER, *Élien. La personnalité des animaux. Livres X à XVII et index*, traduit et commenté par A. Z., Paris, Les Belles Lettres, 2002, p. 216. Notons que A. SOUILHÉ (« L'énigme d'Empédocle », *Archives de philosophie*, 9, 3, 1932, p. 1-23, à la page 18), écrivait déjà : « Comme tous les êtres vivants, il [= Empédocle] est mort bien des fois, mais ces morts successives n'étaient que changements d'aspect [...] sur les métamorphoses des différents êtres, fgs. 126 et 127 ». SOUILHÉ mêlait ainsi la mort aux métamorphoses, en particulier à propos du fr. 127.

une manifestation différente. Il en va ainsi, par ailleurs, des compagnons d'Ulysse que Circé transforme en porcs (*Odyssée* X, 237-240). La réincarnation est un processus (?) dans lequel il existe(rait) une discontinuité de substance ou de corps entre l'être qui est mort et l'être qui renaît. Les mêmes éléments, au sens strict, ne sont pas réutilisés entre le corps mort et le corps de naissance. Ce n'est donc pas une métamorphose. Dans la palingénésie, la discontinuité est totale, alors que dans la métempsychose, le corps est détruit, mais quelque chose que l'on appelle âme n'est pas détruit, quelque chose subsiste, transmigre, pour se loger dans un autre corps, fait avec d'autres éléments que ceux qui ont été dispersés à la désintégration du corps mort. Les quatre dieux-racines se métamorphosent de bien des façons dans le Multiple. Mais ils ne meurent pas et ne renaissent pas[59]. Donc, ils ne se réincarnent pas. L'Amour et la Haine ni ne se métamorphosent ni ne se réincarnent. Dans le Proème des *Catharmes*, il ne conviendrait pas de parler des métamorphoses d'un Bienheureux lors de son exil terrestre. Ce sont de ses réincarnations dont il s'agit, parce qu'il y a mort puis renaissance[60]. Zucker ne réalise apparemment pas que si Empédocle dénonce l'illusion d'une mort débouchant sur le néant ou bien d'une naissance provenant du néant (fr. 8, fr. 11, fr. 15), il ne nie pas pour autant la mort d'un être vivant dans un lieu, suivie d'une naissance dans un autre lieu avec d'autres éléments. Les mots « mort » et « naissance » ne sont trompeurs que si l'on croit à la réalité du néant.

Réincarnation et métamorphose ne doivent pas être confondues. Un mot nous guide pour affirmer la réincarnation dans le Proème,

---

59. *Contra* Hippolyte, *Refutatio omnium haeresium*, VII, 29.10.9-11.1 : Τὸ δὲ πῦρ <καὶ τὸ ὕδωρ> καὶ ἡ γῆ καὶ ὁ ἀὴρ θνήσκοντα καὶ ἀναβιοῦντα.

60. D. HERNÁNDEZ CASTRO, « Las *Purificaciones* de Apolo: revolución, ritual y mito en Empédocles de Akragas », *Pensamiento al margen*, 12, 2020, p. 135-203, a un avis différent. Selon cet auteur, l'exil relaté dans le fr. 115 est l'exil d'un δαίμων qui est en réalité Apollon (p. 178) – le ἐγώ du fr. 115.13. Durant le grand nombre de saisons de son exil, Apollon ne meurt pas ; il se transforme par exemple en dauphin, en corbeau, en laurier, en Pythie (p. 149) : « *Escuchando las palabras del dios, uno podía imaginar que aquel extraño delfín con el que su barco se había cruzado camino de Rodas, o aquel cuervo que se posó sobre el altar del templo de Apolo, o aquel hermoso joven desconocido que unos comerciantes habían encontrado a las afueras de la ciudad, era el dios que estaba recorriendo los penosos caminos de la vida para limpiar la mancha de su desmesura. Lo que está claro es que para la inmensa mayoría de los griegos de la época de Empédocles era mucho más fácil considerar que se habían cruzado con Apolo en la forma de un hermoso joven, un pájaro, un delfín, un arbusto de laurel, o una joven poseída por el dios, que aceptar la extraña idea de que los dioses morían y se reencarnaban en cada una de estas cosas.* » Puisqu'il n'y a pas de mort pour le dieu en exil, il faudrait donc parler – selon moi – de ses métamorphoses. – Avec une perspective différente de celle de HERNÁNDEZ CASTRO, STEHLE 2005, p. 268, imagine que « *advanced humans like doctors and seers can ascend to the final goal without dying first.* »

c'est φυομένους dans le fr. 115.7, ou φυόμενον dans l'édition de Rashed, v. 21. La traduction est « naissant ». S'il y a naissance, il n'y a pas de métamorphose telle que nous l'avons définie. La naissance sous toutes les formes des mortels est un processus différent de la transformation d'une forme à une autre pour un être qui ne meurt pas. Naître et renaître (après une mort), sans supposer le néant, est la marque théorique de la réincarnation.

Si la punition d'un Bienheureux consiste en un exil, loin de son séjour céleste, un exil fait de réincarnations sur terre, il faut alors présupposer la mort de ce Bienheureux pour que cet exil soit possible – sans oublier que cette mort est le début concret de la punition. Mais les Anciens et les Modernes sont discrets sur ce sujet ! Plutarque et Hippolyte ne disent pas qu'un (ou des) Bienheureux fautif(s) meur(en)t. Les Modernes parlent de « bannissement », et évitent de conjuguer ce bannissement avec une mort[61]. Nous n'aurons pas ici ce souci de discrétion. Certains Modernes ont tendance à prendre les *daimones* pour des Bienheureux, autrement dit à comprendre les Bienheureux à partir de ce qui possède nécessairement une certaine stabilité et unité dans le temps de façon à pouvoir transmigrer – dans ce cas la mort du Bienheureux devient effectivement absurde, et le mot bannissement, moins tragique, convient. Je voudrais réaffirmer que les Bienheureux feraient partie des dieux à la longue vie (fr. 21.12, fr. 23.8)[62] ; comme tels ils seraient des mélanges à partir des éléments, et comme tous les mélanges ils seraient mortels. Ils ne seraient pas uniquement une âme, faite d'un seul élément (l'éther par exemple). Ils auraient un corps fait de plusieurs éléments, susceptible comme tel de se désagréger.

---

61. Voir par exemple X. GHEERBRANT, *Empédocle, une poétique philosophique*, Paris, Classiques Garnier, 2017, dans une longue étude sur le fr. 115, p. 648-705. M.R. WRIGHT, *Empedocles: the extant fragments*, New Haven-Londres, Yale University Press, 1981, p. 69 : « *exile results from shedding blood and swearing falsely, and these are given as the acts committed by the daimon, resulting in his present banishment* ». PRIMAVESI 2013, p. 667 : « *Das Gesetz besagt, dass ein mit Mordblut befleckter Gott* (daimon *genannt) zwangsläufig aus der Tischgemeinschaft der Seligen in ein irdisches Strafexil verbannt wird und dort zum Zweck seiner Reinigung für eine gewisse Zeit an der allgemeinen Seelenwanderung der sterblichen Wesen teilnehmen muss. Die Kenntnis dieses Gesetzes will der Erzähler eigener Erfahrung verdanken : Er selbst gibt sich als einen solcherart exilierten Gott zu erkennen.* » Chez Primavesi, le bannissement sert aussi à désigner la sortie des éléments hors du *Sphairos* (p. 670) : « *Eben dieser Kosmische Zyklus lässt sich nun, wie Bignone gesehen hat, prinzipiell mit dem Inkarnationsmythos parallelisieren: Das organische Leben im Zyklus macht nach der Verbannung der vier Grundstoffe aus dem Einheitszustand zunächst – als Pendant der mythischen Bestrafung – eine Phase zunehmender Fragmentierung durch, der auch das gegenwärtige Weltalter angehört, bevor die Grundstoffe dermaleinst wieder in eine Phase zunehmender organischer Verbindung eintreten werden* ».

62. Voir plus haut les notes 43 et 44 et pages correspondantes.

La mémoire des vies antérieures

Le fr. 117 ne vient pas nécessairement à l'appui d'une mémoire. Empédocle ne dit pas qu'il se souvient avoir été un garçon et une fille et un buisson ; il affirme directement l'avoir déjà été. Cela n'est pas la même chose. S'il n'en a pas la mémoire, comment alors le sait-il ? Il peut le déduire de sa croyance en la palingénésie. Sans même admettre l'existence d'un lien physique entre les cinq vies qu'il nomme, Empédocle peut croire les avoir vécues et bien d'autres aussi (car il n'affirme pas avoir vécu seulement ces cinq vies). Il peut le déduire plus vraisemblablement de sa croyance à ses vies antérieures d'exil, étalées sur près de 30 000 saisons, et possédant un lien physique entre elles. Dans le fr. 117, Empédocle balaye des vies différentes les unes des autres : le garçon, la fille, le végétal enraciné en terre, l'oiseau, l'animal marin. Un esprit de système, investi dans une vision cosmique, se devine. Précisons.

La mémoire des vies antérieures est une capacité souvent associée à la croyance en la réincarnation, et en particulier à la métempsychose[63]. Pour tendre à prouver que la réincarnation existe – ce qui n'est, pour le moins, pas facilement vérifiable –, la mémoire de faits survenus dans des vies antérieures est un excellent moyen d'attester la réalité de la réincarnation, avec la preuve de l'existence d'une âme personnelle, connaissante, qui transmigre. Rappeler des faits concrets très anciens d'une autre vie, dans un autre lieu, et en même temps garantir que ces faits ne pouvaient pas être connus autrement que par une mémoire individuelle subsistant à travers la mort du corps, voilà la plus belle preuve d'une âme individuelle hébergeant cette mémoire. Les biographes de Pythagore parlent de cette mémoire, et affirment que le Samien en disposait[64]. Mais faut-il pour autant affirmer qu'Empédocle croyait à ladite mémoire ? Rien n'est moins sûr. Cela ne veut pas dire toutefois qu'il ne croyait pas à la réincarnation – car il y croyait véritablement. Si Empédocle ne croyait pas à la mémoire des vies antérieures, tout en croyant à la réincarnation, les principes de sa croyance

---

63. Pensons à Platon, *Ménon*, 81 B-D. Il n'est pas sûr qu'Empédocle soit parmi les poètes divins que Platon désigne sans les nommer. En faveur d'une mémoire des vies antérieures, voir récemment Ch. FERELLA, Abstract of « The interaction between mind and soul in Empedocles' philosophy », reproduit dans *Pythagoras foundation, newsletter*, 24, Mars 2019, p. 16-17. Selon FERELLA *« Empedocles has a notion of soul as a principle constituting and preserving the individual person beyond bodily consciousness, that is, beyond those body organs endowing the living being with life and consciousness […] soul is shaped by the "products" of mind and preserves memory of them during the life of the body and beyond. »*

64. Jamblique, *Vie de Pythagore*, 14. Porphyre, *Vie de Pythagore*, 45. Diogène Laërce, *Vies*, Livre VIII, 4, 11.

deviendraient difficiles à expliciter, puisqu'ils n'entreraient plus dans le moule commun[65].

Dans le fr. 117, Empédocle peut procéder par déduction logique (Nécessité et palingénésie) et vouloir donner des exemples différents de ses vies antérieures[66]. De son point de vue, Empédocle avancerait quelque chose qui fut forcément vrai à un moment ou à un autre de ses vies antérieures – sans qu'il ait besoin de recourir à un souvenir précis. Remarquons l'imprécision de son expression, « un garçon et une fille », et le terme générique « buisson » ou « oiseau », là où les biographes de Pythagore étaient d'une précision stupéfiante : Pythagore aurait déclaré, en s'appuyant sur sa mémoire, avoir été Euphorbe, Aethalides (fils d'Hermès), Hermotime, Pyrrhus (un pêcheur de Délos). Rien n'empêchait Empédocle de dire au moins où, sinon quand, il fut garçon ou fille, de dire où il fut oiseau, buisson, poisson ou dauphin. Un peu de précision aurait écarté la déduction logique. S'il est entendu qu'Empédocle mesure chacune de ses paroles, on ne pourra pas s'empêcher de penser que le manque de précision pourrait être voulu – précisément parce qu'Empédocle ne partagerait pas la même croyance à la réincarnation que celle de Pythagore.

Bien des commentateurs et spécialistes d'Empédocle appuient leur affirmation de ladite mémoire sur le fr. 129, qui selon eux parlerait d'un sage admiré pour ses capacités de connaissance, fondées sur sa mémoire des vies antérieures[67], à savoir : Pythagore. Face à leurs

---

65. Par rapport à Pythagore, Empédocle se signalerait déjà par une différence notable dans sa croyance à la réincarnation : Empédocle croit à une réincarnation dans les plantes (fr. 117, fr. 127), alors que Pythagore n'y croit apparemment pas. Voir C. HUFFMAN, « The Pythagorean conception of the soul from Pythagoras to Philolaus », dans FREDE, D. & B. REIS (dir.), *Body and soul in ancient philosophy*, Berlin-New York, Walter de Gruyter, 2009, p. 21-43, à la page 38, n.50.

66. WRIGHT 1981, p. 59 : « *It would be natural to infer that he* [= Empedocles] *had passed through the required births as* thneta, *and since this involves different elements in turn, previous lives would be as bird, fish, plant, and human. This need not imply that Empedocles remembers being in these states; it is an inference from the law that the daimon of necessity takes on a variety of forms* » ; p. 69 : « *It has been shown that Empedocles' assertion that he has been born as boy, girl, plant, bird, and fish need not imply a personal remembrance of such states but is rather an inference from the universal law ordaining that the daimons be born in all elements as different kinds of* thneta » ; p. 257-258, 276. PALMER 2020, p. 70 : « *When he* [Empedocles] *says that he has already been boy, girl, bush, bird, and mute fish in the sea (Emp. 31B117 DK), it cannot be that he actually recalls his past incarnations, as Pythagoras reportedly claimed to do (D. L. 8.5). [...] he has been reborn as all manner of living creatures himself.* »

67. O'BRIEN 1969, p. 335, n.1 : « *It is true that in fr. 129 transmigration brings knowledge of the past lives* ». D. O'BRIEN, « Empedocles revisited », *Ancient philosophy*, 15, 1995, p. 403-470, à la page 453 n. 129 : « *The word 'daimon' does not appear in fr. 129. But, as stated in the text, I assume that the knowledge acquired 'through ten and twenty generations of men' has been acquired through successive incarnations. I further assume that the subject of the successive incarnations implied in fr. 129, and which are*

allégations, remarquons d'abord que nous ne disposons d'aucun témoignage ancien qui indiquerait, chez Empédocle, le travail de la mémoire en général, alors que ce travail est essentiel dans la vie des pythagoriciens[68]. En outre, aucun mot concernant la mémoire n'existe dans le fr. 129, et pas plus dans le contexte de citation du fr. 129 (Porphyre, *Vie de Pythagore*, 30 ; Jamblique, *Sur le mode de vie pythagoricien*, 67). Le fr. 129 a été étudié pour lui-même, sans présumer de l'identité du sage, dans un article co-signé par C. Macris et P. Skarsouli[69]. Les auteurs concluent que le sage n'est probablement pas Pythagore, et que les capacités particulières de ce sage ressortissent à la capacité d'un devin et non pas à la mémoire des vies antérieures[70].

Sans l'apport d'une preuve historique concrète, l'affirmation subsiste néanmoins selon laquelle l'Agrigentin croyait à une mémoire des vies antérieures[71]. Elle reposerait sur l'attribution à Empédocle

---

described explicitly in fr. 117 and fr. 146, is the migrating daimon *of fr. 115. – The verses quoted from fr. 129 are commonly given the meaning that I give them here, namely, as applying to knowledge of the past acquired through a succession of lives (cf. O'Brien 1969, 335n1).* »

68. Dans le fr. 3.3, la Muse d'Empédocle est qualifiée de πολυμνήστη. On peut croire que le sens de cette épithète est « qui se souvient beaucoup ». Même s'il en était ainsi, cela ne concernerait pas nécessairement les mortels et Empédocle lui-même ; d'autre part, ce serait la moindre des choses qu'une Muse immortelle apporte un vaste savoir qui dépasse le savoir restreint des éphémères. Voir l'analyse convaincante de GHEERBRANT 2017, p. 115-119, qui soutient l'autre sens possible de πολυμνήστη : « aux multiples prétendants ».

69. C. MACRIS & P. SKARSOULI, « La sagesse et les pouvoirs du mystérieux τις du fragment 129 d'Empédocle », *Revue de métaphysique et de morale*, 75, 2012, 3, p. 357-377. Lire en particulier p. 360-362, 371.

70. S. TOR (*Mortal and divine in early Greek epistemology*, Cambridge, Cambridge University Press, 2017, p. 323 n.34) conteste cette conclusion, mais de façon peu argumentée. Voir WRIGHT 1981, p. 257-258 ; L. ZHMUD, *Pythagoras and the early Pythagoreans*, Oxford, Oxford University Press, 2012, p. 39-41, 388. – Selon N. VAN DER BEN (*Empedocles' Poem on natural philosophy, I – A radical edition*, Posthumous writings, Google Sites, empedocles.acragas, 2019, p. 623), Empédocle (« *a Natural Philosopher* ») ne pouvait pas croire à la mémoire des vies antérieures, puisqu'il ne croyait déjà pas à la réincarnation : « *The question of recollection of former lives does not arise in Natural Philosophy, which knows no survival after death of individuals* […]. *It depends entirely on the theological postulate of an immortal soul suffering trans-migration and reincarnations.* »

71. Sans remonter trop loin dans le temps, je mentionnerai déjà le texte majeur de LONG 1948, p. 48-51. Plus près de nous, voici quelques autres textes. Après avoir cité le fr. 117, MEGINO RODRÍGUEZ 2011 écrit p. 273 : « *La mejor forma de interpretar ese tránsito en varias formas mortales conservando la propia identidad es concibiendo el demon como una entidad personal que transmigra de unos cuerpos a otros, de forma paralela a como se concebía el alma transmigrante tanto en el orfismo como en el pitagorismo, dos movimientos que ejercieron una gran influencia en Empédocles a este respecto.* » Mais c'est précisément de cela dont il est question : peut-on assimiler purement et simplement la croyance d'Empédocle à la réincarnation à celle de Pythagore, ou d'autres ? avait-il des idées originales sur ce sujet ? Il y a une faci-lité évidente à gommer les différences possibles entre les penseurs, et à combler

d'une certaine croyance à la métempsychose et sur une question de bon sens : comment Empédocle saurait-il par exemple ce qui s'est passé il y a longtemps sous le règne de Cypris (fr. 128), s'il ne disposait pas de cette mémoire des vies antérieures ? Face au silence possible devant une telle question, la conclusion du recours à la mémoire s'imposerait.

Il est vrai que si la parole tenue dans le fr. 117 ne vient pas nécessairement à l'appui d'une mémoire, elle pourrait être néanmoins celle d'un Empédocle qui croirait à cette mémoire. Prétendre que le fr. 117 est une preuve irréfutable de la mémoire des vies antérieures – et donc d'un sujet qui transmigre avec cette mémoire – va au-delà de ce que l'on peut établir. Mais, à l'inverse, prétendre que le fr. 117 à lui seul n'atteste en rien ladite mémoire est tout aussi peu raisonnable. Bref, la simple lecture du fr. 117 ne permet pas de décider formellement dans un sens ou dans un autre en faveur de la mémoire des vies antérieures.

Ce qui me conduit à croire que la mémoire des vies antérieures est contestée par Empédocle tient au point de départ de ma réflexion qui, par principe, refuse de séparer la croyance à la réincarnation d'Empédocle de sa *Physique*. La mort détruit le corps et l'âme, qui ne sont que des mélanges instables. J'adosse cette affirmation à un témoignage du Pseudo-Plutarque (A 85)[72]. Il n'y a là rien qui pourrait convaincre ceux qui croient fermement que les *Catharmes* sont dans une rupture conceptuelle avec la *Physique*, et/ou ceux qui considèrent que ce qu'avance le Pseudo-Plutarque sous A 85 ne concerne pas la réincarnation et ne concerne en tout cas pas les *daimones* du fr. 115.5.

Diels imaginait que les *Catharmes*, auxquelles il rattachait la croyance à la réincarnation, avaient été pensées par un vieil

---

les manques d'information sur l'un par des influences prises dans son milieu socio-culturel et par des informations prises sur les autres. Cela ne convainc que ceux qui sont par avance acquis au procédé. – D. SEDLEY fait partie des auteurs qui font l'amalgame entre Pythagore, mémoire des vies antérieures, transmigration et Empédocle ; il l'énonce clairement et suggère en plus que le fr. 12, d'inspiration parménidéenne, soutiendrait une survivance de l'âme (*Lucretius and the transformation of the Greek wisdom*, Cambridge, Cambridge University Press, 1998, p. 33). Il existe un autre amalgame avec, cette fois-ci, Platon, comme en témoigne INWOOD 1992, p. 53 (p. 56 de l'édition révisée en 2001) : « *Because of its role here in a theory of reincarnation, it is hard not to connect the daimon to what Plato and others called 'soul.' I shall assume in what follows that this is more or less right and that the daimon is the bearer of the moral and intellectual continuity for each person.* » Pour finir : TOR 2017, p. 323, 331-332, est suivi par C. PELLÒ, « The lives of Pythagoras: a proposal for reading Pythagorean metempsychosis », *Rhizomata*, 6, 2, 2018, p. 135-156, aux pages 148-152.

72. Sur cette question de l'âme, voir W.K.C. GUTHRIE, *A history of Greek philosophy, I, the earlier Presocratics and the Pythagoreans*, Cambridge, Cambridge University Press, 1962, p. 314.

Empédocle, qui avait pris ses distances avec son œuvre de jeunesse – la *Physique*. Il existe vraisemblablement des commentateurs encore fidèles à la rupture dielsienne entre la *Physique* et les *Catharmes*. Mais la tendance à considérer, contre Diels, l'unité de l'œuvre au-delà des titres des deux poèmes, s'est accrue avec la découverte d'un texte proche du fr. 139 (*Catharmes*) dans le Papyrus de Strasbourg[73]. Mon propos ici n'est pas de rappeler tout ce qui fonde cette unité. Je la tiens pour acquise. De fait, les explications de la *Physique* rendent invraisemblable l'existence d'une âme personnelle qui transmigrerait, et donc invraisemblable la subsistance d'une mémoire individuelle à travers des vies différentes. En outre, pour accroître ses connaissances, Empédocle n'a pas besoin d'une telle mémoire, dite des vies antérieures, qui serait forcément limitée et entachée de nombreux biais. Il a sa Muse (fr. 3, fr. 4, fr. 131)[74]. Elle lui apporte sur le monde toute la connaissance qui est essentielle. Elle fournirait à elle seule la réponse à la question de bon sens que nous avions soulevée sur le fait de connaître l'existence d'un ancien règne de Cypris (fr. 128).

La Muse

C'est un point remarquable qu'Empédocle, en tant que penseur de la nature, ait recours à une Muse. Empédocle est souvent dans une relation d'emprunt et d'opposition avec Homère et Hésiode, qui avouaient une inspiration divine. La Muse empédocléenne est nommée au fr. 131, c'est *Kalliopeia*. Cette Calliope est-elle la même que la Calliope d'Hésiode ? En apparence, oui, puisque le nom est le même. Et en réalité non, puisque la Calliope d'Empédocle ne dit pas la même chose que la Calliope d'Hésiode, et qu'elle n'a pas pour père Zeus[75]. Sur ce dernier point, en effet, le Zeus empédocléen

---

73. Le texte d 5-6 MP du Papyrus de Strasbourg a été rapproché du fr. 139 livré par Porphyre ; d 5 MP = fr. 139.1, mais d 6 présente un vers assez différent du fr. 139.2. Il y a débat. Ou bien l'on considère que le texte d'Empédocle a subi une déformation à travers la transmission, et que seule l'une des deux sources (le Papyrus ou bien Porphyre) est fiable. Ou bien l'on considère que les deux sources sont également fiables, mais concernent des textes différents, à savoir des reprises par Empédocle d'une même thématique avec des variantes dans deux endroits différents de son œuvre. (Dans un article à venir, D. SIDER réfléchit sur cette problématique.) On lira déjà J. BOLLACK, « "Voir la Haine". Sur les nouveaux fragments d'Empédocle », *Methodos*, 1, 2001, p. 173-185, qui soutient que les deux sources sont également fiables, et proviennent de poèmes différents.

74. Je suppose que la Muse mentionnée dans le poème *Physique* (fr. 3 et fr. 4) est identique à la Muse des *Catharmes* (fr. 131. Voir note 79). À partir du moment où l'on admet que la pensée d'Empédocle a une unité et une cohérence, le fait de distinguer deux œuvres ne rend pas vraisemblable la possibilité de deux Muses différentes.

75. Chez Hésiode, *Théogonie*, 25, 36, 53-54, les Muses (dont Calliope) ont pour père Zeus, le dieu tout-puissant, et pour mère, Mnémosyne.

– une des quatre racines divines de toutes choses (fr. 6) – n'est pas le Zeus d'Hésiode, seigneur de l'Olympe[76]. Le Zeus empédocléen n'a pas pour père Cronos. Et il n'est pas tout-puissant : trois autres divinités (Héra, *Aïdôneus* et *Nestis*) sont son égal. Le fr. 6 met à bas les généalogies divines hésiodiques. Enfin, quand Empédocle parle du Zeus-roi, au fr. 128, il s'agit bien cette fois-ci du Zeus hésiodique dont on pourrait attendre Calliope, sa fille, mais le Zeus-roi du fr. 128 est présenté dans le sillage d'Arès, au temps de la Haine croissante. Impossible alors que la Calliope de ce Zeus-roi soit la Muse d'Empédocle.

Ce qu'Empédocle sait du passé et de l'avenir, il ne le tiendrait pas de sa mémoire personnelle. Il le tiendrait de sa Muse, *Kalliopeia*, qui est immortelle (fr. 131.1 : ἄμβροτε Μοῦσα) et proche alliée de l'Amour (B 131 = R88 LM). C'est donc parmi les Immortels conçus par Empédocle qu'il faut reconnaître sa Muse. Ses Immortels sont au nombre limité de sept : *Anankè*, *Philotès*, *Neikos*, Zeus, Héra, *Aïdôneus* et *Nestis*. Quel serait parmi eux l'Immortel proche allié de l'Amour ? Plutarque (sous B 19) nous a indirectement apporté une réponse : l'alliée de *Philotès* est l'eau. De là, nous déduisons que la Muse immortelle est *Nestis*. *Kalliopeia* est un autre nom – pas plus innocent que celui de Zeus dans le fr. 6 – pour *Nestis*.

La parole d'Empédocle vient d'une source pure et divine (fr. 3). Cette source est éternelle ; elle existe dans tous les cycles du monde, car son nom est *Nestis*[77]. Une voix divine a plus de poids que toute mémoire humaine, qui pourrait au mieux cumuler les mémoires des vies antérieures de certains êtres vivants et mortels. Rappelons que les êtres vivants et mortels n'ont pas existé dans tous les temps des cycles du monde.

Empédocle affirme posséder un savoir divin : fr. 23.11, fr. 132. Grâce à sa Muse, il peut énoncer bien des choses sur le monde, qui ne sont pas accessibles par la perception des sens. Sa connaissance s'étend au cycle cosmique, au-delà de ce qui pourrait être acquis lors de vies antérieures[78].

---

76. Chez Hésiode, *Théogonie*, 842-843, 881-885. Zeus est le père [au sens métaphorique] des hommes et des dieux : *Théogonie*, 542, 643, 838.

77. Voir PICOT 2000, p. 46-48 ; J.-C. PICOT, « Water and bronze in the hands of Empedocles' Muse », *Organon*, 41, 2009, p. 59-84 ; J.-C. PICOT, « L'image du πνιγεύς dans les *Nuées*. Un Empédocle au charbon », dans LAKS, A. & R. SAETTA COTTONE (dir.), *Comédie et philosophie : Socrate et les « Présocratiques » dans les* Nuées *d'Aristophane*, Paris, Éditions Rue d'Ulm, 2013, p. 113-129, à la page 129. – Le savoir par divination, aussi grand soit-il, resterait limité à 20 générations d'hommes dans le passé et autant dans l'avenir (fr. 129.6) ; il est considérablement plus faible que le savoir dispensé par une Muse immortelle.

78. Depuis une cinquantaine d'années, bon nombre de textes s'intéressent à la Muse d'Empédocle : (1) M. SIMONDON, « La Muse d'Empédocle : patronage

Empédocle faisait appel à sa Muse dans le poème physique ; plusieurs commentateurs doutent qu'il l'invoquait dans les *Catharmes*[79]. Néanmoins, ce qu'Empédocle sait de ce qui échappe à toute observation de la part des êtres mortels, telle la transmigration des *daimones*, pouvait lui venir de sa Muse. Même un dieu mortel,

---

mythique des formes du savoir », dans *Formation et survie des mythes, travaux et mémoires, Actes du Iᵉ colloque du Centre d'études mythologiques de l'Université Paris X, Nanterre, 19-20 avril 1974*, Paris, Les Belles Lettres, 1977, p. 21-29 ; (2) P. SKARSOULI, « Calliope, a Muse apart: some remarks on the tradition of memory as a vehicle of oral justice », *Oral Tradition*, 21, 1, 2006, p. 210-228 ; (3) D. DE SANCTIS, « La Musa πολυμνήστη: Penelope nella poetica di Empedocle », *Studi classici e orientali*, 53, 2007 (published in 2010), p. 11-30 ; (4) A. HARDIE, « Empedocles and the Muse of the agathos Logos », *American journal of philology*, 134, 2, 209-246 ; (5) J. PALMER, « Revelation and reasoning in Kalliopeia's address to Empedocles », *Rhizomata*, 1, 2, 2013, p. 308-329 ; (6) GHEERBRANT 2017, p. 99-213 ; (7) TOR 2017 p. 318-339 ; (8) M. HERRERO DE JÁUREGUI, « *Ipsissima verba* de la Musa: Empédocles B 3.6-13 y B 111 DK », dans ÁLVAREZ-PEDROSA, J.A., A. BERNABÉ, E. LUJÁN & F. PRESA (dir.), *Ratna: Homenaje a Julia Mendoza*, Madrid, Escolar y Mayo, 2017, p. 233-241. Parmi ces textes, aucun ne fait le lien entre *Kalliopeia* et *Nestis*, lien qui est pourtant suggéré par la métaphore de la source dans le fr. 3.2. De plus, l'existence de la Muse n'est pas reconnue comme étant susceptible de rendre inutile la mémoire des vies antérieures quand il s'agit d'obtenir une connaissance élargie du monde. Toujours est-il que l'intérêt récent pour la Muse d'Empédocle ne s'accorde pas à la parole pour le moins critiquable de O. FALTER en 1934 (*Der Dichter und sein Gott bei den Griechen und Römern*, Diss. Würzburg, Würzburg, K. Triltsch, 1934, p. 40) : « *Empedokles, der seine Philosophie in dichterisches Gewand kleidete, ruft sowohl in seinem Gedichte „über die Natur" als auch in den „Sühnungen" die Muse (im letzteren Falle allerdings namentlicher Anruf der Kalliope). [...] die Ausführungen des Empedokles, soweit sie die Musenanrufungen betreffen, sicher nichts anderes sind als nur poetische Einkleidung, Motiv, keineswegs aber aus wahrem Glauben erwachsen.* »

79. Le fr. 3 et le fr. 4 sont sans conteste attribués à la *Physique*. Il y a un doute en ce qui concerne le fr. 131. DIELS et KRANZ (puis d'autres) l'affectent aux *Catharmes*. Tandis que H. STEIN (1852), suivi par E. BIGNONE (1916), et plus près de nous, GALLAVOTTI (1975), WRIGHT (1981), M.L. GEMELLI MARCIANO (2009), PRIMAVESI (2011), l'affectent à la *Physique*. Toute la question tient à l'identification des dieux bienheureux (fr. 131.4 : ἀμφὶ θεῶν μακάρων ἀγαθὸν λόγον ἐμφαίνοντι). Empédocle pouvait-il dire notamment que les dieux racines de toutes choses, Zeus, Héra, *Aïdôneus* et *Nestis*, au fr. 6 de la *Physique*, sont bienheureux ? Pour mémoire, *Nestis* pleure. Qui dira qu'elle fait partie des Bienheureux ? Les dieux, racines de toutes choses, ne sont pas éloignés des soucis des êtres mortels, puisqu'ils constituent les mortels. Le propre des Bienheureux est de participer à un banquet dans un séjour céleste. C'est le cas des « Immortels » du fr. 147. Ce n'est pas le cas des dieux du fr. 6. Pour ces raisons, je comprends que les dieux bienheureux du fr. 131.4 sont les Bienheureux du fr. 115.6, dans un séjour céleste, ou bien les « Immortels » du fr. 147. En plaçant le fr. 115 juste après le fr. 131, INWOOD (1992) comprendrait lui aussi que les dieux bienheureux du fr. 131.4 ne sont pas les quatre racines de toutes choses, mais les Bienheureux du fr. 115.6. En revanche, GALLAVOTTI 1975, p. 163-164, soutient que les dieux du fr. 131.4 sont « *i sei fattori dell'universo, elementi e potenze* ». En clair : Zeus, Héra, *Aïdôneus*, *Nestis*, l'Amour et la Haine. GALLAVOTTI n'apporte aucun commentaire au mot μακάρων ; or, c'est bien là le terme qui permet de différencier certains dieux parmi d'autres, et qu'il convient de commenter.

comme un Bienheureux (fr. 115.6, fr. 131.4, fr. 147), ne pourrait avoir accès à un tel savoir sans la Muse, éternelle, qui fait partie des sept principes divins.

Empédocle s'appuie sur sa Muse et sur ce qui est nécessairement vrai, procédant d'un raisonnement logique. J'ai supposé ce raisonnement dans le fr. 117. Parvenu à la fin de son exil, Empédocle peut logiquement affirmer qu'il a déjà été un buisson et un oiseau, puisqu'il a déjà parcouru toutes les formes de vie terrestre. Le même type de raisonnement vaudrait pour le fr. 137. Comment Empédocle sait-il que l'homme qui est en train de tuer un animal de sacrifice tuerait, sans le savoir, son fils qui a changé de forme ? Ce savoir précis (l'animal sacrifié serait le fils du père-sacrificateur) ne provient pas de la mémoire d'Empédocle concernant ses propres vies antérieures ; en effet, Empédocle n'est évidemment pas le prétendu fils, qui pourrait reconnaître son père. L'affirmation dépendrait d'une logique appuyée sur la croyance en la réincarnation. Dans un passé indéterminé, le sacrificateur fut le père (en tant qu'homme, ou en tant qu'animal) d'un enfant (homme ou animal) qui s'est réincarné plus tard dans l'animal soulevé pas le sacrificateur. Assurément, le sacrificateur n'est pas au présent le père de l'animal. Toutefois, en supposant les chaînes des réincarnations possibles, Empédocle imaginerait l'existence d'une ancienne relation père/fils entre deux êtres vivants dont les chaînes respectives de réincarnation arriveraient au sacrificateur et à l'animal. Improuvable mais difficilement contestable dès lors que la réincarnation est admise ! Empédocle transposerait au présent l'ancienne relation père/fils pour épingler la folie qu'il y a à tuer un membre de sa famille et à le manger[80]. Tout comme dans le fr. 117, les affirmations ne dépendraient pas de souvenirs ; elles dépendraient de ce qui sur une longue période passée a nécessairement dû arriver à un moment ou à un autre, dans le cadre des multiples réincarnations.

L'apport de J.-F. Balaudé

Sur plusieurs points, je suis en accord avec des réflexions critiques de J.-F. Balaudé, développées dans ses travaux sur les *daimones* du fr. 115 et l'âme chez Empédocle. Il me faut par conséquent rappeler ces réflexions. Dans le même temps, je signalerai certains désaccords

---

80. D. HERNÁNDEZ CASTRO, « Empedocles without horseshoes. Delphi's criticism of large sacrifices », *Symposion*, 6, 2, 2019, p. 129-146, aux pages 134-136, ne suppose pas le recours à une croyance d'Empédocle à la réincarnation pour expliquer la relation père/fils dans fr. 137. Il n'y aurait là, selon lui, qu'une métaphore pour souligner l'unité des êtres vivants et pour impressionner ses contemporains.

que j'ai avec cet auteur, quand ce dernier, au-delà de ses critiques, propose sa propre vision du *daimôn*.

Selon Balaudé, le *daimôn* n'est pas une âme (ψυχή), contrairement à ce que dit la tradition post-platonicienne qui commente Empédocle ; il est une figure narrative[81] dont le référent physique est volontairement sous-déterminé. Une fonction du mot *daimôn* en tant que sujet des réincarnations serait de permettre de raconter facilement le processus de la réincarnation. Dans son intervention lors du colloque « Empédocle d'Acragas et les nouveaux fragments de Strasbourg », en 2000 à Paris[82], Balaudé disait que « les démons sont des supports de représentation qui aident à penser ce que la théorie physique ne prend pas en compte ; ils aident à penser la naissance, la mort, le 'je'. » Plus tard, Balaudé écrira[83] :

> Empédocle promeut le démon au rang de principe subjectif et personnel. Ce qui désire, ce qui agit, ce qui est tenu pour responsable,

---

81. J.-F. BALAUDÉ, *Le Savoir-vivre philosophique : Empédocle, Socrate, Platon*, Paris, Grasset et Fasquelle, 2010, écrit à la p. 94 : « Si l'on ne veut pas spiritualiser le principe démonique, comme l'on a commencé à le faire dès les interprétations antiques d'inspiration platonicienne, en identifiant le démon à l'âme, la partie essentielle de l'homme et même du vivant, il faut s'en tenir à ceci : que le démon constitue la figure centrale d'un ensemble narratif dont certains éléments ont des correspondants physiques, et d'autres pas ». Page 95 : « Le démon est, fondamentalement, le 'je' objectivé dans une narration », « Faut-il se demander quelle est la consistance ontologique de ces figures narratives que sont les démons exilés de B 115 ? », « [les démons] permettent de mettre en scène quelque chose qui n'est peut-être pas figurable autrement, et qui n'a en tout cas pas à être retraduit en termes physiques ». BALAUDÉ écrivait déjà dans le *Dictionnaire de l'Antiquité* (dans LECLANT, J. [dir.], Paris, Presses Universitaires de France, 2005, p. 791) : « L'être du démon n'est ainsi que symbolique, et le récit qui le porte (dans son être singulier/pluriel) est lui-même symbolique, pétri de références essentielles à des récits antérieurs, qu'il recompose et réécrit : l'épisode du grand serment des dieux et de l'exil du parjure dans la *Théogonie* d'Hésiode, l'errance ulysséenne dans l'*Odyssée*. » – U. VON WILAMOWITZ-MOELLENDORFF (« Die Καθαρμοί des Empedokles », *Sitzungsberichte der preussischen Akademie der Wissenschaften zu Berlin*, 27, 1929, p. 626-661, à la page 658), avait déjà signalé que le *daimôn* empédocléen n'est pas une âme : « *Auf den Schluß habe ich mir vorbehalten, das zu zeigen, von dem ich am Anfang absah, daß es unerlaubt ist, bei Empedokles von Seelenwanderung zu reden.* […] *er* [= ROHDE] *schließt sich doch den späten Berichterstattern an, die in dem Dämon von 115 die Seele finden. Er erkennt ganz deutlich, daß die Physika keine „substantiell bestehende Seele" kennen, und wenn wir in dem, was bei ihm wahrnimmt und denkt, eine Seele finden wollten, diese „mit der Auflösung verschwinden muß, wie sie mit der Vereinigung der Elemente einst entstanden war", und dennoch soll derselbe Empedokles zugleich ein Dämon sein, der durch alle Einkörperungen auch als Baum und Fisch derselbe bleibt.* »

82. Colloque International « Empédocle d'Acragas et les nouveaux fragments de Strasbourg », 26-27 mai 2000, Palais de l'Unesco, Paris. L'intervention de J.-F. BALAUDÉ (27 mai) était intitulée : « Quels êtres sont les démons d'Empédocle ? ».

83. J.-F. BALAUDÉ, *Le vocabulaire des Présocratiques*, Paris, Ellipses, 2002, p. 16.

ce qui endure et cherche son salut, c'est le démon. C'est bien pourquoi les platoniciens ont ensuite vu dans le démon d'Empédocle l'âme telle que Platon la définit. Mais la retraduction est abusive, pour autant que le démon empédocléen n'est pas le principe vital des vivants, ni ne leur permet de sentir et penser. Il n'est ni principe d'animation ni principe de connaissance, et en fait n'est pas davantage de nature physique. Quel statut lui reconnaître alors ? Certainement pas celui d'un être substantiel, mais il constitue une sorte de fonction ou de faculté, qui se surajoute à toutes les autres fonctions qui caractérisent le composé vivant, et cette faculté est celle d'une conscience morale, qui désire, se pense et s'oriente en fonction de ce qu'il se représente comme bien ou mal, au point de constituer un véritable principe éthique de responsabilité.

Dans le sillage de sa critique du *daimôn* = âme, Balaudé nie qu'Empédocle ait cru en la « métempsycose »[84] :

> L'étude attentive des fragments d'Empédocle et des témoignages anciens le concernant fait ressortir l'inadéquation totale de la doctrine de la métempsycose généreusement attribuée par les Anciens à Empédocle. Elle est l'effet d'un décalque platonisant sur le poème d'Empédocle : les démons qu'Empédocle met en scène dans son poème ont été interprétés comme des âmes, le récit de leur bannissement et de leur errance assimilé au mythe du *Phèdre*. Les incarnations du démon ont été comprises à partir des mythes eschatologiques platoniciens.
> [...] On peut estimer que Platon semble avoir des arguments en faveur du végétarisme, du moins ne lie-t-il jamais explicitement végétarisme et réincarnation. Si cet argument vaut, il vaut donc contre ceux qui

---

84. J.-F. Balaudé 2010, p. 112, 113, 114 dans une section intitulée « Empédocle sans métempsycose ». – Dans sa critique de l'attribution de la croyance à la « métempsycose » à Empédocle, Balaudé avait notamment été précédé par N. van der Ben (*The Proem of Empedocles' Peri physios: towards a new edition of all the fragments*, Amsterdam, B. R. Grüner, 1975, p. 134-135) : « *It is quite mistaken to try to interpret the δαίμων here in such a way that it can stand for the constant substratum of personality. Such an interpretation becomes necessary, as soon as it is assumed that the doctrine of metempsychosis (stricto sensu) is contained in this myth.* [...] *We know for certain from the surviving fragments of Empedocles that there was for him no immortal substratum in the personality of a mortal.* [...] *It must be clear then that in Empedocles there is no room for an immortal soul, a detachable and perennial bearer of personality. Nor, a fortiori, for a belief in the transmigration of the soul.* » Van der Ben 2019 reste sur la même ligne d'interprétation (p. 326) : « *the belief in the reincarnation of the soul (ψυχή) and its παλιγγενεσία (cp. μετοικίζει), which is alien to the natural philosopher* » ; p. 337 : « *Empedocles' philosophy knows neither transmigration of souls nor Circean- or Ovidian-style metamorphosis* ». – H. Diels (*Poetarum philosophorum fragmenta*, Berlin, Weidmann, 1901, p. 157, à propos du fr. 126) attribuait à Empédocle la croyance à la métempsychose : « *nam agitur de metempsychosi* ».

croient que le végétarisme d'Empédocle est fondé sur une théorie
de la métempsycose.

[...] cette dernière [= la métempsycose] est une possibilité que l'on a
déduite de l'existence reconnue d'une réalité telle que l'âme, définie
comme indépendante du corps (Platon ou peu avant lui).

Je ne suivrai pas Balaudé dans sa dématérialisation du *daimôn* et
dans son attribution au *daimôn* d'une faculté de conscience morale
et de responsabilité. Je ne le suivrai pas non plus dans l'amalgame
implicite qu'il fait entre « métempsycose » et réincarnation, amalgame
qui le conduit à réduire son analyse à la seule « métempsycose ».
En affirmant un « Empédocle sans métempsycose », Balaudé néglige
la possibilité d'une croyance à la réincarnation, et la possibilité d'une
forme de transmigration. En revanche, je lui emprunterai deux orientations de lecture : (1) le *daimôn* permet de raconter une histoire ;
selon moi, cette histoire est un spectacle conçu du point de vue
des dieux qui font le monde, et qui condamnent un Bienheureux
à l'exil ; (2) le *daimôn* n'est pas l'âme telle que Platon la définit ;
Empédocle ne croyait pas à la métempsychose.

Je crois à une matérialisation des *daimones* chez Empédocle, que
ce soient ceux du Proème des *Catharmes* ou d'autres – par exemple
les divinités du fr. 122. Diogène d'Apollonie voyait dans l'âme, l'air ;
Héraclite y voyait le feu[85]. Tout comme des philosophes ont pensé
que le mot ψυχή pouvait s'appliquer à un élément matériel comme
l'air ou le feu, Empédocle aurait pu penser que les *daimones* (ceux de
notre fr. 115) – acteurs dans un spectacle divin – sont sous certaines
conditions un élément matériel.

Cornford avait imaginé une définition du *daimôn* empédocléen,
qui par la suite a rencontré un certain succès. Selon Cornford,
le *daimôn* est un morceau d'Amour et de Haine, provenant de
l'éclatement du *Sphairos* sous l'action de la Haine[86]. Cette théorie

---

85. Pour se rendre compte de l'étendue des différentes conceptions de l'âme
chez les Présocratiques, voir : Pseudo-Plutarque, *Opinions des philosophes*, IV, 898A-
899C ; Théodoret de Cyr, *Thérapeutique des maladies helléniques*, V, 16-27. Selon
Théodoret (V, 18, 9-10) : ὁ δὲ Ἐμπεδοκλῆς μῖγμα ἐξ αἰθερώδους καὶ ἀερώδους
οὐσίας. Trépanier 2017 a relevé, après Vítek, ce passage mis de côté par Diels
(et d'autres, dont récemment Laks & Most), et en a tiré parti (p. 144) pour sa
propre compréhension du *daimôn* = feu + air.

86. Cornford 1912, p. 238-239 : « *the two soul-substances compose a fallen,
impure soul, in which a portion of Love, now scattered like a fluid into drops, is mixed
with a portion of Strife. The principle of division has broken up the one all-pervading
God, or Soul, of the Sphere into a plurality of daemons, each composed of Love and
Strife, of good and evil. Such a daemon can pass from one body to another and go the
round of the elements [...]* ». Ont souscrit à cette définition (toutefois en retenant
surtout *a portion of Love* et en ayant tendance à omettre *a portion of Strife*) : H.S.
Long, J.E. Raven, Ch. Kahn, D. O'Brien, O. Primavesi, et avec plus de réserve,

s'accorde avec l'idée que le séjour des Bienheureux est le *Sphairos* (c'est aussi le point de vue d'Hippolyte). Je n'adhère pas à ce lieu de séjour ; selon moi les Bienheureux existent dans un séjour céleste – la Lune[87] – contemporain aux existences terrestres. C'est une des raisons pour laquelle je n'adopte pas la définition de Cornford. Toutefois, je retiens l'idée d'un éclatement matériel sous l'action de la Haine en imitation de ce qui s'est produit sur le *Sphairos*, et le fait que les *daimones*, à la suite de cette action, porteraient en eux une part de Haine.

L'improbable métempsychose

Compte tenu de son importance pour la transmission d'Empédocle, Plutarque serait une excellente source pour la compréhension du Proème des *Catharmes*. Cela étant, il est aussi le meilleur appui pour soutenir une adhésion d'Empédocle à la doctrine de la métempsychose. Dans le *De exilio*, Plutarque avance clairement que, dans les vers d'Empédocle qu'il rapporte, l'exil doit se lire comme l'exil de l'âme. Notre âme, à nous humains, était auparavant dans un ailleurs – le ciel et la lune (*De exilio*, 607 E 5-6 : οὐ Σάρδεων Ἀθήνας οὐδὲ [...] ἀλλ' οὐρανοῦ καὶ σελήνης) – puis chassée par des lois divines elle est venue sur terre, désormais exilée et errante. La substance de l'âme n'est pas un mélange de sang et d'air (αἷμα, πνεῦμα), car ces éléments ne servent qu'à composer des natures terrestres et périssables. Cette âme d'origine céleste souffre ici-bas. Voilà donc la lecture de Plutarque.

B. INWOOD. Citons KAHN 1960, p. 19 : « *The entire religious poem makes clear that Strife is the daimon's mortal enemy. It is Strife which has stained his godhead, as it is the elemental world in which he must be punished and purified. Hence, if the daimon corresponds to any principle in the physical poem, it can only be to the principle of Love. And most attempts to reconcile the doctrines of the two poems have in fact insisted upon a close connection, if not an outright Identification, of the incarnate daimon and the physical principle of Love.* »

87. J'ai défendu cette idée dans PICOT 2008 (*Organon*). L'idée a été reprise dans RASHED 2008, p. 22-24. Puis dans RASHED 2018, p. 59 n.42, 223 n.27, 228, 230, 246 n.2. – Le séjour céleste des Bienheureux se tient traditionnellement dans l'Olympe (*Iliade*, V, 360) ou dans le ciel (*Iliade*, I, 497 ; Sophocle, *Œdipe roi*, 866-867). Avec Parménide et Empédocle l'Olympe s'est élevé au-dessus du célèbre Mont de Thessalie, pour atteindre la partie la plus haute du ciel, et s'installer au pourtour du monde. Selon Empédocle ce pourtour est un firmament ressemblant à du cristal (A 1.77, A 51). Le firmament empédocléen est constitué d'éther solidifié tout comme la lune (A 51, A 30, A 60). Mais ce firmament, qui est une limite, jouxte le domaine d'où la Haine régulièrement s'élance et où elle se replie (fr. 35.3-13). L'Amour dissout le firmament au moment de la formation du *Sphairos*, lorsqu'elle a temporairement fait reculer la Haine hors des racines (fr. 36). À moins de contester cette topologie (voir M.R. WRIGHT 1981, p. 76, 201, 207), il est inconcevable que les Bienheureux dont Empédocle veut parler en bien (fr. 131.4) puissent vivre sur l'Olympe à proximité de la Haine. Pour les Anciens, la Lune est assez proche de la Terre.

Plutarque n'écrit pas explicitement que les *daimones* sont des âmes, mais on peut déduire de son propos qu'il fait cette identification. Selon lui, l'âme qui transmigre n'est pas composée des éléments terrestres et périssables.

Cette âme, qui était selon toute vraisemblance heureuse dans le séjour céleste, et qui, ensuite, souffre en nous, vient en contradiction avec l'âme qui disparaît totalement à la mort (A 85). De plus, Aétius rapporte que, selon Empédocle, la partie qui régit l'âme réside dans le sang (A 97). Aristote affirme (B 109) que chez Empédocle l'âme est formée de tous les éléments. Plutarque nie que l'âme ait à voir avec le sang et l'air. De là, il faudrait apparemment conclure que sous le même mot « âme » Plutarque d'une part et Aétius et Aristote d'autre part ne parleraient pas de la même chose. Le choix que j'ai fait et que je confirme est de m'en tenir à Aétius. Plutarque pose alors problème : l'âme dont il parle souffre, le *daimôn* souffrirait. Or, c'est le propre de l'âme individuelle ou personnelle de souffrir. C'est le propre de l'âme dont parle Aétius de souffrir. Dans ce cas, Plutarque et Aétius parleraient de la même âme ! Mais cela n'est pas possible. Plutarque est ici difficilement fiable. D'une part, il suppose une seule âme impérissable sans éléments terrestres, d'autre part, afin de compatir au malheur ressenti par son ami en exil, il attribue à cette âme (d'origine céleste) la possibilité de souffrir sur terre. Cette souffrance s'accorde mal avec une composition sans éléments terrestres. En outre, il est difficile de suggérer une punition s'il n'y a pas de souffrance. La *Théogonie* hésiodique elle-même ne peut pas en rester au coma du dieu parjure. Pour concrétiser la punition, le dieu doit ensuite ressentir cruellement sa privation de l'assemblée des dieux toujours vivants, et sa privation des banquets.

Quel est chez Empédocle le référent de φυγάς dans φυγὰς θεόθεν καὶ ἀλήτης (au fr. 115.13, traduit par « exilé du divin et errant »), passage que cite Plutarque dans son *De exilio* ? Est-ce une âme sans éléments terrestres ou bien est-ce un être vivant terrestre ? Si je le comprends correctement, Plutarque répondrait l'âme sans éléments terrestres. Mais d'autres auteurs, au moins de façon littérale, répondraient un être vivant terrestre : Plotin (« Empédocle [...] lui-même est "exilé du divin" »[88]), Hiéroclès (« l'homme descend et tombe à l'écart de la région bienheureuse, comme le dit Empédocle le Pythagoricien, "exilé du divin et errant" »[89]), Proclus (« les nombreuses choses qui nous frappent, misérables que nous sommes véritablement, puisque nous sommes des "exilés du divin", émoussent notre contemplation

---

88. 22 R50 LM. Plotin ajoute que « il [= Empédocle] n'est pas clair parce qu'il écrit de la poésie ».
89. 22 R53 LM.

des choses qui sont »[90]). Mentionnons aussi Hermias qui, curieusement, fait de « ce qui est sans dieu et obscur » le sujet de « exilé du divin et errant »[91]. Concluons qu'il est loin d'être évident que le référent de φυγάς soit une « âme » dans le sens où l'entend Plutarque. Bien évidemment, si le référent est un être vivant terrestre (Empédocle en particulier), il est impossible que ce même référent fût tel quel dans le séjour céleste des Bienheureux. On comprend alors le désir de trouver une solution avec une « âme » immortelle. Mais la solution, simple, de Plutarque est spéculative. Elle suppose que l'âme d'un Bienheureux est différente dans sa composition de ce que l'on imagine de l'âme d'un mortel terrestre à partir du témoignage d'Aétius. Plutarque nous demanderait en outre de croire (1) que l'âme d'un Bienheureux ne se désagrège pas lors de sa mort, et pourrait donc transmigrer dans des corps mortels terrestres, et, (2) que l'âme de tous les hommes est identique à l'âme des Bienheureux. Il existerait donc une physique supraterrestre de l'âme qui supplanterait la fausse croyance en une physique terrestre s'appliquant à la totalité du monde[92]. D'un côté, la vérité d'une âme en quelque sorte immortelle ou du moins hautement durable (jusqu'au *dinos*), qui est l'entité qui transmigre, et de l'autre la fausse croyance en une âme fragile qui se dissiperait à la mort des mortels terrestres tout comme les parties de leur corps. Chaque homme, sans âme propre, hébergerait une âme immortelle, en transit. Encore pourrait-on imaginer que l'homme dispose de son âme mortelle, propre, et en plus d'une âme immortelle en transit, mais Plutarque impose une substitution pure et simple en faveur de l'âme immortelle[93]. Cela évite – il faut le reconnaître – les questions qui surgiraient inévitablement à propos de la relation entre les deux âmes dans un même corps. Plutarque dit de quoi l'âme immortelle n'est pas faite, mais il ne dit pas de quoi elle est faite. Il faudrait donc le croire uniquement sur parole.

L'éloignement des Bienheureux par rapport à la terre aiderait à soutenir la possibilité d'une physique lointaine différente de

---

90. 22 R54 LM.

91. 22 R55 LM.

92. J'utilise « supraterrestre » ; A. ROSTAGNI, *Il verbo di Pitagora*, Forli, Victrix, 2005², (1924¹), p. 76, utilise « *soprannaturale* » en rapportant lui aussi le *De exilio*. Voir Annexe 1.

93. La dualité est pensée par J. BOLLACK, *Empédocle. Les* Purifications *: un projet de paix universelle*, Paris, Éditions du Seuil, 2003, p. 22 : « Y a-t-il une âme dans chaque être, même dans les plantes, et les "démons" désignent-ils un destin réservé à certains hommes privilégiés ? On dira que l'âme, aussi diversifiée qu'il le faut, fait partie de tous les êtres, et que tous les hommes – mais au départ les hommes seulement – sont doublés d'un démon, qui s'allie au corps sur lequel il tombe par hasard. [...] Les démons se distinguent entièrement de l'âme corporelle, de nature matérielle. Il y a lieu d'introduire cette distinction et ce dualisme. » En faveur d'un certain dualisme, voir en outre la note 97 ci-dessous.

la physique terrestre. Pour mémoire, la lune est de l'air solidifié (A 30, A 60) – ce qui évidemment ne s'observe pas sur terre. Cela permettrait d'imaginer que l'âme immortelle d'un Bienheureux, vivant sur la lune, est de l'air solidifié, et n'est donc pas un mélange de sang (αἷμα) et d'air (πνεῦμα)[94]. Aucun commentateur ne s'est aventuré, à ma connaissance, sur cette piste, que la lecture de Plutarque pourrait suggérer.

Du point de vue de la palingénésie, la question d'un point de départ est absurde : puisqu'aucune âme ne transmigre, aucune âme n'est alors première par rapport aux autres. En revanche, la question a du sens pour la métempsychose. Quelle est l'âme – immortelle par définition – qui pourrait transmigrer, s'enrichir en mémoire et en connaissance au fil des expériences dans des corps mortels ? Dans sa lecture d'Empédocle, Plutarque apporte la réponse : c'est l'âme d'un être supraterrestre, qui est un Bienheureux. Puisqu'il existe plusieurs Bienheureux (fr. 115.6, en accord avec la transmission du *De exilio*), nous devinons que les hommes hébergent les âmes en exil de cette pluralité de Bienheureux. Plutarque nous invite à penser qu'il y a autant de *daimones* que de Bienheureux poussés à l'exil, autant de *daimones* que d'âmes (immortelles) prenant le nom de *daimones*. Une difficulté de ce schéma – remarquablement simple et compréhensible – réside cependant dans le passage chez Empédocle du singulier (τις) au pluriel (δαίμονες). Dans le *De exilio*, Plutarque ne s'en explique pas. Il parle d'une âme qui, chassée d'ailleurs (ἀλλαχόθεν : le ciel et la lune), est venue en exilée ici-bas, tout en affirmant que tous les hommes possèdent des âmes exilées. En bref, non seulement Plutarque suppose une âme immortelle supraterrestre sans préciser sa composition, mais il suppose en outre que le singulier de l'âme qui transmigre équivaut à un pluriel pour les hommes. Dans l'état de nos sources, sa version de la métempsychose empédocléenne manque de point d'appui.

Suivons toujours Plutarque. La supposition d'une âme immortelle, uniquement octroyée aux Bienheureux, aboutit à un constat frappant. Il n'existerait pas de métempsychose entre les mortels terrestres tant qu'un Bienheureux n'a pas libéré son âme. La libération d'une telle âme est violente ; elle correspond à une punition (un exil de 30 000 saisons), suite à une faute grave. La métempsychose entre les mortels terrestres s'arrêterait donc brusquement lorsque les âmes immortelles (= les *daimones*) sont arrivées à la fin de leur exil. On n'imagine pas spontanément que l'existence de la métempsychose soit la conséquence d'une sanction supraterrestre,

---

94. Plutarque, *De exilio*, 607.D.3-6 : « οὐ γὰρ αἷμα » φησίν « ἡμῖν οὐδὲ πνεῦμα συγκραθέν, ὦ ἄνθρωποι, ψυχῆς οὐσίαν καὶ ἀρχὴν παρέσχεν, ἀλλ᾽ ἐκ τούτων τὸ σῶμα συμπέπλασται γηγενὲς καὶ θνητόν ».

et qu'elle puisse disparaître après l'exécution de la sanction. Cela est étrange. Rien n'indique une telle conception chez Pythagore. Mais voici ce qui m'apparaît encore moins probable dans la version de Plutarque. Puisque les hommes sont nombreux, et que chaque homme héberge une âme immortelle, il faut donc supposer qu'autant de Bienheureux, que d'hommes, ont été punis, qu'autant d'âmes que d'hommes ont été violemment libérées des corps des Bienheureux. On aboutit alors à une disparition vertigineuse des Bienheureux. Pourquoi un tel événement aurait-il eu lieu ? On ne trouve pas dans le texte d'Empédocle de réponse[95]. Pour le dire simplement : je ne m'explique pas comment Empédocle aurait pu penser à une disparition massive de Bienheureux.

Empédocle dit avoir déjà été un arbuste (θάμνος ; fr. 117). Si l'on admet un instant de suivre Plutarque, peut-on croire que cet arbuste puisse avoir pour seule âme l'âme en exil d'un Bienheureux, à l'égal de l'homme ? Depuis longtemps, les plantes ne sont pas sérieusement considérées dans le cycle des transmigrations[96]. Mais, indirectement, Plutarque hisserait la plante au niveau de l'homme. Or, si Empédocle incluait les plantes dans sa conception de la réincarnation, il n'est pas sûr qu'il les ait toutefois hissées aussi haut. Une preuve en serait donnée dans le fr. 146 ; ce sont des hommes seuls et non des plantes qui, à la fin de l'exil, accèderont au rang des dieux bienheureux (fr. 147). La métempsychose attribuée par Plutarque à Empédocle est improbable.

Ajoutons une difficulté d'ordre général. La métempsychose suppose que l'âme possède en elle-même l'enchaînement des vies d'exil imposées par Nécessité. En clair, l'âme du Bienheureux fautif n'accomplira pas son parcours de pénitence dans un total hasard.

---

95. En suivant une route différente de celle de Plutarque, en supposant que les âmes qui transmigrent sont arrachées par la Haine au *Sphairos*, Hippolyte aboutit lui aussi à imaginer une pluralité d'âmes en exil. Hippolyte, *Refutatio*, VII, 29.15-18 αὕτη γάρ ἐστιν, ἡ καταδίκη καὶ ἀνάγκη τῶν ψυχῶν, ὧν ἀποσπᾷ τὸ νεῖκος ἀπὸ τοῦ ἑνὸς καὶ δημιουργεῖ καὶ ἐργάζεται [...] δαίμονας τὰς ψυχὰς λέγων, μακραίωνας, ὅτι εἰσὶν ἀθάνατοι καὶ μακροὺς ζῶσιν αἰῶνας. [...] ἀλλὰ κολάζεσθαι ἐν πάσαις κολάσεσιν ὑπὸ τοῦ νείκους τὰς ψυχάς, μεταβαλλομένας σῶμα ἐκ σώματος.

96. Une preuve se trouve déjà chez Platon, dans le *Timée*. Platon s'y inspire de l'œuvre d'Empédocle ; sa réutilisation du fr. 29 est frappante. Platon reconnaît une sensibilité aux plantes (77 A-B), mais néanmoins il écarte les plantes du champ de la transmigration à la fin du *Timée* (92 A-C). Platon va, par conséquent, à l'encontre d'Empédocle (fr. 117). Par ailleurs, Kranz, en suivant Schahrastani (H. Diels & W. Kranz, *Die Fragmente der Vorsokratiker, I*, Berlin, Weidmann, 1934 [puis 1951], p. 358-359), écrit à propos du fr. 117 : « [...] *liegt hier wohl ein richtiger Kern, nämlich die Stufenfolge: Pflanze, Tier, Mensch, Gott zugrunde* ». La plante serait positionnée à l'échelon le plus bas d'une échelle des réincarnations. Mais voir plus loin mon commentaire sur le fr. 127 et le fr. 115.9-12. En bref, les réflexions qui marginalisent ou minimisent ou ignorent les plantes dans la conception de la réincarnation selon Empédocle font fausse route.

Elle devra vivre les différentes formes mortelles, et ne sera l'âme d'un devin, poète, médecin ou chef de bataille (fr. 146) qu'à proximité des 30 000 saisons, soit peu de temps avant sa libération. Il est exclu que l'âme punie soit l'âme d'un de ces quatre types d'homme avant d'avoir été l'âme des différentes formes mortelles (fr. 115.7-11). Le hasard est donc écarté. Il faut un ordre de succession et un comptage du temps. Mais qui fera le comptage du temps ? Peut-on laisser l'âme en punition procéder elle-même à ce comptage et se libérer elle-même au bout de son propre compte ? Comment expliquer l'action des éléments, ou mieux des racines divines, dans le fr. 115.9-12 ? Dans ces vers, les *daimones* sont passifs face aux éléments. Or si les *daimones* étaient les âmes des Bienheureux fautifs, programmées pour exécuter la punition, ils seraient actifs et n'auraient pas besoin de l'action des racines divines pour les mener d'un lieu dans un autre. Le fr. 115.9-12 conduit à croire que, sans l'intervention des dieux-racines, les *daimones* ne pourraient pas, par eux-mêmes, exécuter leur punition de 30 000 saisons dans différents milieux de vie. La métempsychose seule ne rend pas compte de la passivité des *daimones.*

Nous avons abordé brièvement la question d'une dualité d'âmes. E. Rohde serait le premier à introduire dans la compréhension de la réincarnation chez Empédocle cette dualité. Elle fut plusieurs fois reprise[97]. Selon Gomperz[98] :

> Pour lui [= Empédocle], l'âme-démon – tout comme l'« âme » proprement dite (*psychê*) pour plupart de ses prédécesseurs – est loin d'être le support des qualités psychiques qui caractérisent un individu ou une espèce d'êtres [...]
> pour Homère, la *psychê* joue dans l'existence terrestre des hommes un rôle aussi inutile que celui de l'« âme-démon » d'Empédocle. Elle ne semble exister que pour se séparer du corps au moment de la mort et pour lui survivre dans le monde souterrain. Pas une seule fois, elle n'est désignée comme l'agent qui, en nous, pense, veut ou sent. Toutes ces fonctions sont attribuées à un être tout autrement organisé, à un être périssable qui, à la mort des hommes ou des animaux, se dissipe dans les airs. On est donc fondé à parler d'une âme double chez Homère. Cette seconde âme, mortelle, s'appelle *thymos.*

---

97. E. ROHDE en 1894 (*Psyche*, Fribourg-en-B.-Leipzig, J.C.B. Mohr [Paul Siebeck], 1894, p. 475-479) ; puis Th. GOMPERZ, *Griechische Denker. Eine Geschichte der antiken Philosophie, I*, Leipzig, Veit & comp., 1896, p. 199-200 ; ROSTAGNI 2005² (1924¹) ; E.R. DODDS, *Les grecs et l'irrationnel*, traduit de l'anglais par M. GIBSON, Paris, Flammarion, 1977, p. 157, 174-175 (texte d'origine paru à Berkeley en 1959) ; M. PERIS, *Of death and rebirth: the ancient Greek doctrines of reincarnation (from Orpheus to Plato)*, Colombo, S. Godage & Brothers, 2018, p. 315-317, 353.

98. GOMPERZ 1908, p. 264-265, traduction avec de légères modifications.

Chez une même personne il y aurait donc deux âmes à ne pas confondre : l'âme mortelle et l'âme immortelle – cette dernière étant le *daimôn*, qui transmigre, dont parle Empédocle. Voici comment Dodds, reprenant cette thématique de la dualité des âmes, s'exprime[99] :

> Que l'homme ait deux « âmes », l'une d'origine divine, l'autre terrestre, cela était déjà enseigné (s'il faut en croire nos sources tardives) par Phérécyde de Syros. [...]. Pour lui [= Empédocle], semble-t-il, la *psychê* est la valeur vitale qui se résorbe, à la mort, dans l'élément ardent d'où elle est sortie (cette conception est assez répandue au Vᵉ siècle. Quant au soi occulte qui persiste à travers les incarnations successives, il l'appelle non pas « *psychê* » mais « *daimôn* ». Ce *daimôn*, n'a apparemment aucun rapport avec la perception ou la pensée, lesquelles étaient d'ailleurs, de l'avis d'Empédocle, mécaniquement déterminées ; la fonction du *daimôn* est d'être chargé de la divinité en puissance de l'individu et de sa culpabilité actuelle. [...] il a acquis un caractère moral en prenant la forme d'un porteur de culpabilité, et le monde des sens est devenu l'Hadès dans lequel il souffre ses tourments[100].

Selon Dodds, le « soi occulte » (*occult self*) souffrirait. Une telle interprétation est intriguante car le soi occulte n'est précisément pas le soi empirique (ou « la personnalité empirique » ou « l'homme empirique »), qui assurément souffre. Dans le même individu, deux entités pourraient donc souffrir. Retenons pour l'instant que la distinction chez Empédocle du *daimôn* par rapport à la « *psychê* » incite à penser que la croyance au *daimôn* qui transmigre – lequel ne serait rien d'autre que le « soi occulte » qui transmigre –, cette croyance se séparerait de la croyance en la métempsychose, qui suppose une transmigration de la « *psychê* ». Par rapport au schéma que nous avons présenté plus haut, la croyance au « soi occulte » serait un cas entrant dans la case « X ». Mais pour Empédocle, cela n'est pour l'instant guère concret. Ce qui nous intéresse ce n'est pas de trouver un cas général auquel nous pourrions bon an mal an raccrocher la conception de la transmigration d'Empédocle. Ce qui

---

99. DODDS 1977, p. 157.

100. Cf. ROSTAGNI 2005², p. 76 : « *Tuttavia, oltre agli elementi e alle loro facoltà di coscienza, oltre all'anima naturale, ecco presentarsi un'anima di apparenza misteriosa e soprannaturale, che Empedocle chiama, con parola più appropriata e meno equivoca, il* demone (δαίμων) ; p. 78 : « *Cambiano i nomi e le interpretazioni logiche; ora si parla di un'anima divisa in più parti; ora di un corpo animato e cosciente, tutto corruttibile, con accanto un demone sempiterno; ora di due anime, l'una mortale, l'altra immortale.* » Cf. PERIS 2018, p. 316, qui écrit : « *the 'soul' which figures in the* Purification *is called 'daimon' and is an immortal and occult self that has nothing directly to do with either thought or perception.* »

nous intéresse, c'est l'étude du cas particulier empédocléen. Pour cela, il nous faut étudier de près les vers d'Empédocle.

II – Les acteurs du Proème des *Catharmes*

Le Proème des Catharmes

Rapportons maintenant le passage du Proème des *Catharmes* qui est la pièce centrale à notre disposition pour comprendre le décret des dieux greffé sur l'existence supposée de la réincarnation. Voici ce passage, selon l'édition de M. Rashed[101], que nous suivrons en priorité :

ἔστι τι Ἀνάγκης χρῆμα, θεῶν ψήφισμα παλαιόν,	15 (= fr. 115.1)
ἀίδιον, πλατέεσσι κατεσφρηγισμένον ὅρκοις,	
εὖτέ τις ἀμπλακίηισι φόβωι[102] φίλα γυῖα μιήνηι	17 (= fr. 115.3)
< θνητῶν > · ὅς κ' ἐπίορκον ἁμαρτήσας ἐπομόσσηι[103],	18 (= fr. 115.4)
δαίμονες οἵ τε μακραίωνος λελάχασι βίοιο,	
τρίς μιν μυρίας ὧρας ἀπὸ μακάρων ἀλάλησθαι,	20 (= fr. 115.6)
φυόμενον[104] παντοῖα διὰ χρόνου εἴδεα θνητῶν,	
ἀργαλέας βιότοιο μεταλλάσσοντα κελεύθους.	22 (= fr. 115.8)
αἰθέριον μὲν γάρ σφε μένος πόντονδε διώκει,	23 (= fr. 115.9)
πόντος δ' ἐς χθονὸς οὖδας ἀπέπτυσε, γαῖα δ' ἐς αὐγὰς	
ἠελίου φαέθοντος, ὁ δ' αἰθέρος ἔμβαλε δίναις·	25 (= fr. 115.11)
ἄλλος δ' ἐξ ἄλλου δέχεται, στυγέουσι δὲ πάντες.	
ἀλλὰ τί τοῖσδ' ἐπίκειμ' ὡσεὶ μέγα χρῆμά τι πράσσων,	27 (= fr. 113.1)
εἰ θνητῶν περίειμι πολυφθερέων ἀνθρώπων;	28 (= fr. 113.2)

---

101. RASHED 2018, p. 237-239.

102. DIELS a φόνωι (une correction du XVIe s.) et non pas φόβωι (mss. de Plutarque).

103. DIELS a < νείκεῖ θ' > et non pas < θνητῶν >. En 2016, M. MEULDER a proposé ὅς κεν < ἑκὼν > précédant ἐπίορκον. – Ce vers, rapporté uniquement par Hippolyte, est considéré comme une interpolation par F. KNATZ (1891), U. VON WILAMOWITZ-MOELLENDORFF (1935), G. ZUNTZ (1971), J. BARNES (1986), J. MANSFELD (1986), R. WATERFIELD (2000), O. PRIMAVESI (2001), P. KINGSLEY (2003), M.L. GEMELLI MARCIANO (2009). Mais, contrairement à ces éditeurs, nous le considérons comme authentique (voir aussi WRIGHT 1981, p. 138 et 273 ; BOLLACK 2003, p. 66-67 ; LAKS-MOST 2016 ; GHEERBRANT 2017, p. 797-798). – L'aoriste de ἁμαρτάνω utilisé par de nombreux auteurs anciens, dont Homère, est un aoriste second et non pas sigmatique. Toutefois, cet aoriste sigmatique ἁμαρτήσας chez Empédocle ne fait problème ni pour P. CHANTRAINE, ni BOLLACK 2003, p. 66-67, ni VAN DER BEN 1975, p. 132, ni GALLAVOTTI 1975, p. 76, ni WRIGHT 1981, p. 273, ni LM, p. 680-681 [= 22 D10 LM], ni MEULDER 2016 (*Elenchos*), ni GHEERBRANT 2017.

104. DIELS a φυομένους (ms. d'Hippolyte) et non pas φυόμενον (correction introduite par STEIN, suivie notamment par WILAMOWITZ, ZUNTZ, GALLAVOTTI, WRIGHT, PRIMAVESI, RASHED). Voir l'apparat critique chez T. VÍTEK, *Empedoklés. II, Zlomky*, Prague, Herrmann & synové, 2006, p. 384.

τῶν[105] καὶ ἐγὼ νῦν εἰμι, φυγὰς θεόθεν καὶ ἀλήτης,
Νείκεϊ μαινομένωι πίσυνος, < κατ’ >
                    [ἀτερπέα χῶρον,   30 (= fr. 115.14 + 121.1)
ἐξ οἵης τιμῆς τε καὶ ὅσσου μήκεος ὄλβου·   31 (= fr. 119)

Et la traduction donnée par Rashed :

c’est un fait de Nécessité, un décret antique des dieux,   15
éternel, scellé par de larges serments,
quand l’un des mortels, par ses erreurs, dans sa fuite,
                    [souille ses propres membres :
« quiconque, après avoir fauté, prononce un parjure,   18
ô démons qui avez obtenu une longue vie en partage,
qu’il erre trente mille saisons loin des Bienheureux,   20
naissant à travers le temps sous toutes les formes
                    [des mortels,
empruntant successivement les chemins pénibles de la vie ! »   22

—

La force de l’éther le poursuit en effet vers la mer,   23
la mer le recrache vers les seuils de la terre, la terre vers les flammes[106]
du soleil resplendissant, et celui-ci le projette
                    [dans les tourbillons de l’éther ;
chacun le reçoit de chacun, et tous le haïssent.   26
Mais pourquoi m’appesantir là-dessus comme si je faisais
                    [quelque chose de grand
en surpassant des hommes mortels, sujets à tant
                    [de destructions ?   28
Moi aussi je suis pour le moment l’un des leur,
                    [exilé des dieux et errant,   29
m’abandonnant à la Haine furieuse, dans un pays sans joie,

---

105. τῶν est livré par Hippolyte, là où Plutarque a τήν, accordé à la possibilité de lire le verbe aller (εἶμι) à la place du verbe être (εἰμι). VAN DER BEN
(1975), WRIGHT (1981), INWOOD (1992), RASHED (2008) et LAKS & MOST (2016)
adoptent l’édition de DIELS (ou de D.-K) : τῶν καὶ ἐγὼ νῦν εἰμι, φυγὰς θεόθεν
καὶ ἀλήτης. Plusieurs éditeurs ont choisi cependant la leçon de Plutarque (τήν
καὶ ἐγὼ νῦν εἶμι...) : S. KARSTEN (1838), G.N. BERNARDAKIS (1891), WILAMOWITZ-
MOELLENDORFF (1929), G. ZUNTZ (1971), J. MANSFELD (1986), A. MARTIN et
O. PRIMAVESI (1999), J. BOLLACK (2003), P. KINGSLEY (2003), M.L. GEMELLI
MARCIANO (2009). En 1838, S. KARSTEN (*Empedoclis Agrigentini carminum reliquiae. De vita ejus et studiis disseruit, fragmenta explicuit, philosophiam illustravit*,
Amsterdam, J. Müller, 1838, p. 162) ne connaissait pas le τῶν du manuscrit
d’Hippolyte, jusqu’alors inconnu ; mais il savait que τῶν, proposé par J. SCALIGER
et D. WYTTENBACH, pouvait remplacer la leçon difficile τήν ; KARSTEN éditait
néanmoins τήν (« *Sed* τήν *retinendum est, intellecto* ὁδόν *vel* πλάνην. [...] *Lectio
autem* εἶμι *satis constat.* »). J’ai retenu cette leçon dans PICOT 2008 (*Organon*),
p. 9 n.1. La leçon τήν suppose l’ellipse d’un référent (ὁδόν ?) dans les vers
qui nous sont transmis. GALLAVOTTI 1975, p. 76, a choisi une correction, τῇ,
en plaçant le vers juste après κελεύθους (v. 22 RASHED).

106. Je retiendrai « rayons » là où RASHED écrit « flammes ». Le mot « rayons »
est une traduction plus traditionnelle que « flammes » pour αὐγάς. On verra plus
avant que le choix de « rayons » a une importance quant au sens.

après quelles prérogatives et quelle étendue de bonheur !   31

Plutarque nous a légué une partie de ce passage dans le *De exilio*, 607 C, pour les vers 15, 17, 19, 20, 29, et dans le *De Iside*, 361 C (et le *De vitando*, 830 F 2 – 831 A 1) pour les vers 23 à 26 (le v. 26 est tronqué dans le *De vitando*).

Dans le *De Iside*, Plutarque faisait précéder sa citation par Ἐμπεδοκλῆς δὲ καὶ δίκας φησὶ διδόναι τοὺς δαίμονας ὧν <ἂν> ἐξαμάρτωσι καὶ πλημμελήσωσιν. Dans le *De vitando*, par ἀλλὰ πλάζονται καθάπερ οἱ θεήλατοι καὶ οὐρανοπετεῖς ἐκεῖνοι τοῦ Ἐμπεδοκλέους δαίμονες. Dans les deux cas, on comprend que le σφε du v. 23 renvoie aux *daimones*. Plutarque lit le σφε du v. 23 comme un pluriel, et non pas comme un singulier retenu dans la traduction de Rashed[107]. Dans le grec archaïque d'Homère, σφε est souvent compris comme un pluriel ; ce serait le grec le plus adapté au propos d'Empédocle, en accord avec le pluriel au v. 19.

Peu avant de citer les vers d'Empédocle dans le *De exilio*, Plutarque cite un vers des *Suppliantes* d'Eschyle concernant l'exil d'Apollon (v. 214) :

ἁγνόν τ᾽ Ἀπόλλω φυγάδ᾽ ἀπ᾽ οὐρανοῦ θεόν

Il est tentant de rapprocher ce vers du dernier vers d'Empédocle que Plutarque citera peu après :

τὴν καὶ ἐγὼ νῦν εἶμι[108], φυγὰς θεόθεν καὶ ἀλήτης

Dans ce vers, Empédocle (ἐγώ) parle de lui : il est un exilé des dieux (φυγὰς θεόθεν)[109]. On en déduira que, pour Plutarque, il en serait d'Empédocle, comme d'Apollon, l'un et l'autre seraient des dieux exilés du ciel (φυγάδ᾽ ἀπ᾽ οὐρανοῦ θεόν). Notons qu'Empédocle avait toutes les chances de connaître les *Suppliantes* d'Eschyle, si bien que le parallèle entre le vers 214 des *Suppliantes* et le v. 29 du Proème des *Catharmes* est pertinent – cela indépendamment de l'indice donné

---

107. En complément sur la question du σφε, voir ci-dessous la note 135 (et la page correspondante) plus la note 206.

108. On doit déduire εἶμι en accord avec τήν ; ce τήν désignerait de façon elliptique un chemin. Voir note 105. Depuis l'édition en 1891 de G.N. Bᴇʀɴᴀʀᴅᴀᴋɪs (*Plutarchi Chaeronensis Moralia, 3,* Leipzig, Teubner, 1891, p. 573), les éditions du *De exilio* ont εἶμι (et non pas εἰμί). Bᴇʀɴᴀʀᴅᴀᴋɪs retient la lecture de Kᴀʀsᴛᴇɴ 1838.

109. Je ne doute pas qu'Empédocle parle de lui – tout simplement. Mais certains commentateurs modernes (Vᴀɴ ᴅᴇʀ Bᴇɴ, Pʀɪᴍᴀᴠᴇsɪ, Hᴇʀɴᴀ́ɴᴅᴇᴢ Cᴀsᴛʀᴏ) font un choix différent : Empédocle ne parle pas lui, il met en scène un narrateur. – θεόθεν peut signifier un pluriel : des dieux ; ou bien un singulier : du dieu, d'un dieu (c'est anciennement le choix d'Hippolyte, qui identifie ce dieu au *Sphairos*), du divin. Le choix retenu ici – le pluriel – entend faire référence aux Bienheureux. Il est vrai que le singulier ne signifierait pas nécessairement le *Sphairos*, il pourrait faire référence au Bienheureux parjure qu'Empédocle imagine avoir été.

par Plutarque. Empédocle serait un dieu en exil, comprenons par ce dieu un Bienheureux. On pourrait déduire de là qu'Empédocle est un *daimôn*, au sens du mot pris dans le *De Iside*, 361 C ou le *De vitando* 830 F 2 – 831 A ; mais cette déduction ne s'impose pas. On pourrait simplement déduire qu'il existe un lien entre Empédocle et un Bienheureux fautif sans que la nature de ce lien soit jusqu'ici clairement établie.

Quel est le contenu du décret antique et éternel ? Ce sont les v. 18 (sauf < θνητῶν > qui complète le vers précédent), 20 à 22 qui le livrent. Dans ces vers il n'existe pas le « ne pas tuer les êtres animés » (μὴ κτείνειν τὸ ἔμψυχον) tel que le rapporte Aristote en introduction des vers de notre fr. 135. Aucun témoignage antique n'affirme que le contenu du décret serait « ne pas tuer les êtres animés ». Pourtant, bon nombre de commentaires modernes estiment que cette injonction est au cœur du décret, et qu'elle explique l'exil terrestre si elle n'est pas respectée par un Bienheureux. Mais ce n'est pas parce qu'Empédocle condamne avec certitude les sacrifices sanglants (fr. 128, fr. 137) qu'un fait de Nécessité, décret antique et éternel, abonde dans le même sens.

Qu'est-ce qu'un Bienheureux ? Ce serait un être vivant, œuvre de l'Amour, habitant dans un séjour céleste. Dans un article précédent, j'ai défendu l'idée que ce séjour serait la lune[110] ; ce lieu prendra toute son importance dans les développements qui vont suivre. Le Bienheureux est un des dieux à la longue vie, riches en honneurs, dont parlent les fr. 146.3, 21.12, 23.8 et a(ii) 2 MP. Il n'est pas hors du temps, il est dans le temps[111]. C'est un mortel dont la durée de vie est bien plus longue que celle des mortels terrestres. Le Bienheureux

---

110. PICOT 2008 (*Organon*). Aucun vers d'Empédocle à notre disposition ne permet d'affirmer en toute certitude que les Bienheureux empédocléens vivent sur la lune. J'ai fait cette déduction à partir d'un commentaire de Plutarque dans le *De exilio*. Plusieurs témoignages remontant au Vᵉ s. avant J.-C. font état d'une croyance en l'existence d'êtres vivant sur la lune (voir BURKERT 1972, p. 346, 361-364). Notons en particulier l'*akousma* pythagoricien qui affirme que le soleil et la lune sont les îles des Bienheureux. En s'inspirant de cet a*kousma* Empédocle pouvait faire de la lune le siège de ses Bienheureux. Cela étant précisé, il demeure qu'un commentateur comme BURNET 1908 (p. 289 ; 1920, p. 250), qui ne s'aventure pas à parler de la lune, admet que les Bienheureux ont pour séjour le ciel (*heaven*) : « *According to a decree of Necessity, "daemons" who have sinned are forced to wander from their home in heaven for three times ten thousand seasons* (fr. 115). » Le ciel et la lune sont le domaine de l'éther, le domaine d'Héra (PICOT 2000, p. 67 ; PICOT 2008, p. 21). Les Bienheureux vivent quelque part, dans un lieu qui n'est pas symbolique ou métaphorique, dans un lieu physique qui existe en même temps qu'existe le lieu terrestre où vivent des mortels, dans un séjour céleste qui n'est pas le *Sphairos*.

111. *Contra* BOLLACK 2003, p. 64, qui affirme : « L'éternité d'une existence hors du temps des 'bienheureux' ».

qui se parjure meurt. Nous parlerons ensuite de son exil terrestre, loin
de ses pairs. Notons tout de suite les pièges du langage qu'il faudra
tenter de déjouer. Le Bienheureux parjure meurt en ne laissant à sa
mort aucune âme immortelle ou du moins aucune âme susceptible
de conserver son intégrité pendant 30 000 saisons. Si une telle âme
pouvait exister nous serions ramenés au cas de la métempsychose,
que nous avons critiqué en rapportant en particulier la parole de
Plutarque dans son *De exilio*. Il reste alors la difficulté conceptuelle de
pouvoir soutenir, sans le recours au postulat de l'âme, que la punition
du Bienheureux réside dans son exil aux multiples réincarnations
terrestres s'étalant sur 30 000 saisons. Un lien direct existe entre
les Bienheureux et les *daimones* – nous aurons à tenter de l'élucider.
Mais rien ne permet d'affirmer dans les vers en notre possession que
les Bienheureux dans leur séjour céleste sont déjà des *daimones*[112].
Les *daimones* apparaissent à la suite de la faute d'un Bienheureux. Ils
sont intimement liés à l'exil d'un Bienheureux parjure.

Une interprétation fort répandue dans la lecture du v. 17, où
Rashed conserve l'unique leçon des manuscrits φόβωι contre la correction habituelle φόνωι, est de croire que le τις dont il est question est
un dieu Bienheureux ou un *daimôn*[113]. Pour ceux qui s'attachent
au mythe d'Apollon, ce serait Apollon avant son exil chez Admète.
Nous adoptons avec Rashed une lecture différente du τις. Le τις est
un éphémère terrestre, éloigné des Bienheureux ; ce que Rashed, en
rajoutant < θνητῶν > au v. 18 a traduit par « l'un des mortels », sous-
entendu terrestres[114]. Le fragment d 5-6 MP signale qu'Empédocle
s'identifie avec regret à un être qui tue ou tuait, qui serait un animal

---

112. Je reprendrai ce point en commentant le *De Iside* (361.C.3-5) de
Plutarque. – *Contra* SEDLEY 2007, p. 39, 70, lorsqu'il affirme que les Bienheureux
sont des *daimones*.

113. GHEERBRANT 2017 a mené une étude approfondie de plusieurs vers du
fr. 115 (p. 648-705, 788-798). GHEERBRANT suit J. BOLLACK lorsque celui-ci refuse
de voir au fr. 115.1 les six principes énoncés par Hippolyte (p. 693, n. 122). Il
appelle les dieux du fr. 115.1 « la communauté divine » (p. 693) ; ce seraient
les Bienheureux (p. 694), dont le nom ne pourrait être prononcé qu'après l'exclusion de l'un des membres de cette communauté pour transgression, à savoir
le meurtre d'un vivant terrestre (hors de la communauté). Un dieu expulsé, en
exil sur terre, est un *daimôn*. Selon GHEERBRANT, les Bienheureux sont nommés
par opposition aux *daimones*.

114. Remarquons que « mortels » dans le fr. 23.10, en même position du
premier pied dans le vers qu'au v. 18 RASHED, aurait un sens plus large que
mortels terrestres. Il inclurait les Bienheureux considérés comme des dieux à
la longue vie, comblés d'honneurs (fr. 23.8). Mais le τις du v. 17 est un mortel
dont les membres sont souillés, ce qui ne peut pas en faire un dieu comblé
d'honneurs ; on devine que la souillure est du sang provenant d'un autre mortel
terrestre (dans le *De exilio* Plutarque écarte la présence du sang pour les âmes
dans leur séjour céleste). Les fr. 128, 136, 137, 139, d 5-6 MP, qui entrent dans
la condamnation du meurtre, viennent alors à l'esprit.

à griffes (rapace ou félin par exemple). L'animal à griffes qui est un mortel terrestre pourrait être un τις.

Je retiens φόβωι contre la correction φόνωι en faisant l'hypothèse que le v. 17 fait allusion à une sortie violente hors du règne de Cypris sur terre (fr. 128)[115]. Dans le fr. 128, cette sortie des hommes et des animaux qui vivaient en harmonie s'est faite sous l'impulsion d'Arès, figure de proue de la Haine[116]. Le dieu qui dans l'*Iliade* accompagne Arès et qui met en fuite est *Phobos*[117]. Cela vaudrait aussi pour le fr. 128. Dans les *Sept contre Thèbes* (v. 42-45), Eschyle fait mention d'un serment prêté dans le sang d'un taureau (θιγγάνοντες χερσὶ ταυρείου φόνου) en invoquant Arès, *Enyô* et *Phobos* qui aime le sang (φιλαίματος). À partir de là, l'interprétation que j'adopte face au fr. 128 – où le sang des taureaux est mentionné au vers 8 – est la suivante : après avoir été mis en fuite par *Phobos,* les êtres vivants qui basculèrent du règne de Cypris au règne de Zeus, et leurs descendants, firent eux-mêmes usage de *Phobos*, et s'en remirent à Arès. Les hommes qui jurent dans le sang d'un taureau en invoquant *Phobos* seraient de ceux-là chez Eschyle.

---

115. Le correcteur initial, Estienne au XVIᵉ s., n'a pas envisagé ou bien n'a pas retenu que φόβωι pouvait avoir le sens de fuite, déroute ; il a trouvé une correction donnant un sens immédiat, et qui s'accorde avec le contexte : φόνωι. Van der Ben 2019, p. 295, comprend la mise à l'écart de φόβωι : « *since a pollution is not contracted 'in fear'* ». Il omet lui aussi le sens homérique de « en fuite », « en fuyant ». Il ne croit pas cependant que φόβωι se soit substitué à φόνωι. Il retient σαρκί.

116. Porphyre, notre témoin du fr. 128, souligne l'importance d'Arès, premier nommé des cinq divinités qui s'opposent à Cypris (*De l'abstinence*, II, 22) : « Mais quand vinrent à régner Arès et le Tumulte, ainsi que tous les conflits et sources de guerre, dès lors, en vérité, nul n'épargna plus un seul des êtres qui lui étaient appropriés » (trad. J. Bouffartigue). Arès est le dieu qui représente la Haine dans toute sa brutalité (ἐνυάλιος, μαλερός, βροτολοιγός, ἀνδρειφόντης, ῥινοτόρος, πτολίπορθος). Arès ne craint pas de se souiller de sang dans les batailles (μιαιφόνος, qualifié aussi de φιλαίματος par Anacréon). Le dernier des dieux nommés dans le fr. 128 est Poséidon, à la place d'honneur des catalogues archaïques. Il faut alors rapprocher les taureaux égorgés (fr. 128.8), animaux qui lui sont souvent sacrifiés (voir les multiples occurrences de ce type de sacrifice à Poséidon dans l'*Iliade*, l'*Odyssée*, et les tragiques, dans le *Thesaurus cultus et rituum antiquorum [ThesCRA]*, I, Los Angeles, Getty publications, 2004, p. 87). Ainsi il y a toujours du sang qui coule, soit avec le premier nommé (Arès), soit avec le dernier nommé (Poséidon).

117. Voir notamment *Iliade* IV, 440, XIII, 298–300 (ajoutons une anticipation de la déroute, liée à Arès, en *Iliade* II, 767) ; Hésiode, *Théogonie*, v. 933-934. Dans le fr. 128.1, seul le dieu *Kudoimos* accompagne Arès. Mais on peut penser qu'Empédocle fait signe ainsi, avec un seul dieu (*Kudoimos* est un dieu en *Iliade* XVIII, 535), aux autres dieux qui souvent accompagnent Arès : Φόβος, Δεῖμος, Ἔρις, Ἐνυώ. Ce serait là son procédé habituel de suggérer le tout en signalant seulement une partie (synecdoques particularisantes que l'on trouve par exemple dans les fr. 6.2, 21.3 et 71.2, 21.10, 73.1 et 100.12, 74.1, 99, voir dans Picot 2012 [*AFC*], p. 19, n.62).

Avec cet arrière-plan, on comprendrait ainsi qu'un éphémère terrestre soit dit « en fuite » (φόβωι) dans le v. 17 : εὖτέ τις ἀμπλακίηισι φόβωι φίλα γυῖα μιήνῃ. Le choix du mot φόβωι (plutôt que le commun φυγῇ) serait motivé par l'intention de rappeler le dieu *Phobos*, qui aime le sang[118]. Ce dieu, dans l'*Iliade*, met en fuite des humains (et pas des dieux). Parfois les Achéens mettent en fuite les Troyens (*Iliade* XVI, 356-374), parfois c'est l'inverse (*Iliade* VIII 93-96, 107-108, 139 ; XII 144). Tous assument à leur avantage, et à côté d'eux, la présence de *Phobos*. Au fil du temps, l'agressé devient agresseur et inversement. Le mot φόβωι pour dire la fuite sous l'impulsion de la peur est un archaïsme, mais il n'est pas totalement abandonné par des poètes inspirés par Homère, tels qu'Apollonios de Rhodes, Oppien ou Nonnos de Panopolis[119]. Énoncer un décret antique (ψήφισμα παλαιόν) en employant un mot pris dans une acception archaïque n'aurait rien d'étonnant. C'est – j'en suis convaincu – ce qu'Empédocle a fait. Changer φόβωι en φόνωι – comme le font bien des éditeurs – revient dans le contexte à une perte d'information ; cela simplifie et affadit le sens du v. 17. Or, il est important que le τις soit compris dans le mouvement[120], et particulièrement dans un mouvement de

118. GHEERBRANT 2017, p. 658-666, conteste le choix de φόβωι à la place de φόνωι. Voir en Annexe 2 ma défense de φόβωι au sens de « en fuite » dans un passage des *Suppliantes* d'Eschyle qui aurait influencé Empédocle. Je suppose que le choix de φόβωι au v. 17 est déterminé à la fois par un écho au v. 224 des *Suppliantes* et par l'intervention de *Phobos* dans un événement particulier où la Haine s'en prend aux œuvres de Cypris.

119. Apollonios de Rhodes, *Argonautiques*, IV, v. 43-49 ; dans ces vers, la peur est associée à une fuite ; φόβῳ ἵκετο au v. 48 a pour sens « elle [Médée] arriva lors de sa fuite sous l'emprise de la peur ». Oppien, *Halieutiques*, IV, 572 ; les poissons fuient par peur du bruit (νήπιαι, αἳ δούποιο φόβῳ μόρον εἰσεπέρησαν) ; φόβῳ a pour sens « dans leur fuite sous l'emprise de la peur ». Nonnos, *Dionysiaques*, XXIII, 4-5 : διωκόμενοι [...] κτείνοντο φόβῳ ; ceux qui étaient poursuivis moururent dans leur déroute ; dans ce contexte guerrier, φόβῳ a le sens homérique de déroute, une fuite sous l'effet de la peur. Notons que ces auteurs (jusqu'au tardif Nonnos) utilisent aussi, ailleurs, φόβῳ pour dire simplement « par (la) peur », « en raison de l'effroi », sans que le contexte véhicule aucun mouvement de fuite. En complément : Annexe 2 (Les colombes fuyant les éperviers).

120. Je soupçonne Apollonios de Rhodes, dans le chant II, 541-546 de ses *Argonautiques* (éd. VIAN), d'avoir pris une partie de son inspiration dans les vers du Proème des *Catharmes* (une autre partie est bien connue : *Iliade* XV, 80-85). Apollonios parle d'un exilé et de son malheur. Ce qui me frappe, c'est l'enchaînement : le vers 541 avec un τις en errance loin de sa patrie (ὅτε τις πάτρηθεν ἀλώμενος), comme s'il s'agissait d'un Bienheureux en exil dans des réincarnations terrestres, ou d'un Empédocle φυγὰς θεόθεν καὶ ἀλήτης, mais c'est aussi le τις (un mortel terrestre) du v. 17 RASHED ; puis le vers 542 (dans une incise avec un nominatif pluriel ἄνθρωποι, et les malheurs) en écho du v. 19 avec ses *daimones* ; puis le vers 544 (qui revient à un sujet au singulier – le τις est supposé –, et qui affiche un κέλευθος en fin de vers) en écho du v. 22 (où RASHED suppose un sujet au singulier avec κελεύθους en fin de vers) ; puis le vers 545 (avec la mer et la terre) en écho du v. 24 (avec la mer et la terre). Le vers 544 présente le mot

désorganisation, qui est le propre de la Haine ; φόβωι appuie ce sens. Pour finir sur ce point, je ne supprime pas l'idée supportée par φόνωι. Je crois que le sang est sous-entendu avec le verbe μιήνηι. Un être terrestre, en fuite, souille ses membres (de sang). Seul Plutarque rapporte notre v. 17, avec une leçon μιν en fin de vers, qu'il a fallu corriger en μιήνηι pour fournir un sens acceptable. Il est possible que, dans cette mauvaise transmission des manuscrits, nous ayons aussi perdu le vers suivant (v. 18) que seul Hippolyte rapporte en partie, et qui fournirait dans la citation de Plutarque l'allusion au Bienheureux qui commet la faute (le parjure) déclenchant son exil (v. 20). Il est difficile d'imaginer que Plutarque ait volontairement omis le v. 18 – un vers essentiel à la compréhension que le lecteur peut avoir de son propos.

Plusieurs traductions ou commentaires font du τις au v. 17 un *daimôn*, et font d'un Bienheureux un *daimôn*[121]. Mais comment expliquer que ce *daimôn* ou ce Bienheureux puisse avoir les mains

---

δόμους compris comme étant la patrie de l'exilé (le τις). Le vers 545 avec ἄλλοτε δ' ἄλλη résonne étrangement en écho de l'ἄλλος δ' ἐξ ἄλλου au v. 26 du Proème. Si le rapprochement avec Empédocle a un sens, il faut rapporter le τις du vers 541 à l'errance des mortels terrestres, loin de leur « patrie » tels que Plutarque les présente dans le *De exilio* 607 D : « nous tous, 'qui êtres de passage ici-bas, sommes des étrangers' et des exilés. [...] l'âme est exilée et errante, chassée par les décrets » (trad. Hani avec modification). Le passage d'Apollonios induit à se remémorer l'exil d'un Bienheureux, même si chez Apollonios aucune faute, aucune punition, ne sont suggérées. Apollonios nous invite à découvrir une référence circulaire dans le Proème : le τις serait à la fois une personne externe à l'exil (v. 17) et un exilé (v. 29). Relevons la présence d'Athéna (vers 537-540, 598-599) qui veille sur les Argonautes, et l'insistance sur la vision (par l'esprit et en réalité). Chez Empédocle, les dieux du décret sont spectateurs de l'exil et acteurs dans le déroulement de l'exil. Apollonios n'a certes pas évoqué la présence d'Athéna en pensant à Empédocle. Elle s'imposait dans le récit du Rhodien. Toutefois, jointe au récit de l'exilé, sa présence rend un bon écho. Dans la progression du récit des *Argonautiques,* le passage sur l'exilé vient, à mon avis, de façon quelque peu forcée et étrange.

121. W. JAEGER, *The theology of the early Greek philosophers*, Oxford, Clarendon Press, 1947, p. 145, traduit le fr. 115.3-7 : « [...] *whenever a demon who draws a long life for his lot / Shall sinfully soil his hands with murderous blood / Or forswear himself [in the service of Strife], he thrice / Must stray from the homes of the blest for a myriad years / And be born in time in all manner of mortal forms,* [...] ». O'BRIEN 1969, p. 65 : « *The* daimones *who have stained their limbs with blood are doomed to wander apart from the gods for thirty thousand seasons* ». D. O'BRIEN, « Empédocle », dans BRUNSCHWIG, J. & G.E.R. LLOYD (dir.), *Le Savoir grec. Dictionnaire critique,* Paris, Flammarion, 1996, p. 632-645, à la page 640, écrit : « Les malheurs de la vie humaine sont en effet, pour Empédocle, la conséquence d'un crime (meurtre ? parjure ?) commis par des êtres divins, des 'démons', qui, pour expier leur faute, sont condamnés à 'errer pendant trois fois mille saisons, loin des Bienheureux, en naissant sous les formes diverses des êtres mortels' ». LAKS 2004, p. 34-35 : « Quand, dans son aveuglement, l'une [= une divinité, un démon] souille de sang ses membres [...], Divinités qui ont reçu en partage une vie de longue durée ».

souillées de sang ? Il est impossible de dire que le séjour des Bienheureux est terrestre[122] ; par conséquent, le Bienheureux qui va tuer devrait se déplacer sur terre, là où le sang peut couler – mais pourquoi le ferait-il ? La motivation du déplacement du Bienheureux n'est jamais explicitée. On peut croire qu'en dehors du séjour céleste, un *daimôn* vit des vies terrestres. Cette fois-ci la question du déplacement ne ferait plus mystère et la possibilité de tuer serait plus facile. Admettons ce meurtre. Mais alors ce n'est pas l'âme-*daimôn* en elle-même, sans membre, qui pourrait avoir ses membres souillés de sang. Même si, charitablement, on admettait que des membres sont animés par l'âme-*daimôn*, et que, par extension, l'âme-*daimôn* pouvait avoir ses membres souillés, on ferait alors du *daimôn* un être déjà sur terre avant que l'exil soit prononcé ! Tout est bien plus facile à comprendre si l'on comprend le τις au v. 17 sans penser déjà aux *daimones* et aux Bienheureux qui sont énoncés plus tard dans le Proème. Un rapace (d 6 MP), un animal carnivore, un animal omnivore, un homme, un τις tue. Il faut partir de cette certitude dans le « décret des dieux ».

Chez certains interprètes, le *tis* est un des dieux mentionnés au v. 15[123]. En plus d'être un meurtrier (v. 17), le *tis* est aussi celui qui

---

122. Si le séjour des Bienheureux était terrestre (sur les îles des Bienheureux par exemple, ou bien lors du règne de Cypris évoqué au fr. 128, ou bien à Mécônè lorsque les dieux vivaient avec les hommes), on ne pourrait pas comprendre que les *daimones* soient jetés de l'éther dans la mer (v. 23). La présence de l'éther au début du circuit daimonique impose que le séjour des Bienheureux soit dans l'éther. Voir Picot 2008 (*Organon*) et Picot 2012 (*RMM*), p. 354-355. Voir aussi note 16, plus haut. *Contra* Peris 2018, p. 318-319, 324-325, qui voudrait que les Bienheureux soient les hommes de l'âge de Cyris-reine. Selon cet auteur toute l'histoire des *Purifications* se déroulerait uniquement sur terre.

123. Voir la traduction de 22 D10 LM (le *tis* est « l'un d'eux », à savoir l'un des dieux mentionnés pour l'« antique décret »). Les dieux auteurs du décret (θεῶν ψήφισμα) seraient des *daimones*. De même, Van der Ben 1975, p. 107 : « *There is an oracle delivered by Necessity, voted for by the gods long ago, a law everlasting, sealed by broad oaths, to the effect that whenever one of them sinfully defiled his own limbs with blood, who by his crime breaks the oath he has sworn by Her (i.e. Necessity), deities whose lot is to live a long time* ». L'auteur ajoute à la p. 136 : « *We find that δαίμονες stands in apposition to* τις, *sc.* θεῶν, *so that δαίμονες and θεοί must be essentially the same here.* » Voir aussi M. Garani 2007, « Cosmological oaths in Empedocles and Lucretius », dans Sommerstein, A.H. & J. Fletcher (dir.), *Horkos: the oath in Greek society*, Exeter, Bristol Phoenix Press, p. 189-202, à la page 192 : « In DK31 B115 *Empedocles narrates a story involving an eternal oracle of Necessity and some long-living daemons who ratified an ancient decree and sealed it with broad oaths.[…] the gods are represented as 'voting to accept and swearing to abide by what must inevitably happen'. However, as the story goes on, one of them commits a real crime, i.e. bloodshed, and most importantly perjury, which result in his exile from the cohort of gods for thirty thousand seasons* ». Et C. Santaniello, « Il demone in Empedocle », dans Gnoli, G. & G. Sfameni Gasparro (dir.), *Potere e religione nel mondo indo-mediterraneo tra ellenismo e tarda antichità*, Incontro di studio della Società Italiana di Storia delle

se parjure (v. 18), il est aussi un *daimôn* parmi d'autres (v. 19), il est un Bienheureux coupable, exilé, puni, et souffrant (v. 20-22). Si bien que l'équation suivante peut se déduire : un des θεῶν du v. 15 = τις = *daimôn* = un Bienheureux coupable = celui qui erre (v. 20) et souffre (v. 22). Primavesi formule à sa façon le « cycle du daimon » ou « cycle du dieu coupable », qui s'accorde avec cette équation[124] :

> (i) Tous les dieux appartiennent à la communauté des bienheureux ;
> (ii) quand l'un d'entre eux commet un certain crime (de sang ?), il est condamné à l'exil ;
> (iii) le *daimon* coupable est puni et purifié en une série d'incarnations ;
> (iv) après expiation, le *daimon* rejoint les bienheureux ;
> (i^bis) tous les dieux appartiennent à la communauté des bienheureux...

Précisons. Avec (i), lire : θεῶν du v. 15 = μακάρων du v. 20. – Avec (ii), lire : un des θεῶν du v. 15 = τις (v. 17) = μιν (v. 20). – Avec (iii), lire : *daimôn* (pour mémoire Primavesi corrige δαίμονες en δαίμων au v. 19[125]) = μιν (v. 20) = σφε (v. 23). – Avec (iv), lire : *daimôn* = un des μακάρων du v. 20.

L'équation recevrait souvent une autre identification au v. 29 : Empédocle = *daimôn*, ou au moins ἐγώ = *daimôn*[126]. Ainsi, de proche

---

Religioni [Roma, 28-29 ottobre 2004], Rome, Isiao, 2009, p. 329-361, à la page 341 (voir plus bas note 177).

124. PRIMAVESI 2007, p. 73. Reproduit en anglais dans PRIMAVESI 2008, p. 261. Dans PRIMAVESI 2006, p. 52, le cycle est déjà présenté en anglais, comme il le sera en 2008. En 2006, « *the daimones* » forment la communauté des Bienheureux, en 2008 ce sont « *All gods* ».

125. PRIMAVESI 2007 ne fournit pas le v. 19. Mais pour ce vers, nous connaissons l'édition de PRIMAVESI en 2001 (« La daimonologia della fisica empedoclea », *Aevum antiquum*, N.S. 1, 2001, p. 3-68, texte réellement publié en 2003), p. 30-31 : δαίμων, οἵ τε μακραίωνος λελάχασι βίοιο. Elle reste presque identique en 2011 : δαίμων – οἵ τε μακραίωνος λελάχασι βίοιο –. Mais en 2021, PRIMAVESI abandonne le singulier, et adopte la leçon des manuscrits, δαίμονες (O. PRIMAVESI, « 7. Kapitel: Empedokles », dans MANSFELD J. & O. PRIMAVESI (éd.), *Die Vorsokratiker*. Griechisch/Deutsch, ausgewählt, übersetzt und erläutert von J.M und O.P, Stuttgart, Philipp Reclam jun., 2021², p. 392-563, à la page 420 [8b.4]).

126. Voici un exemple de l'équation Empédocle = *daimôn* = ἐγώ, suivie par J. BRUN, *Empédocle ou le philosophe de l'Amour et de la Haine*, Paris, Seghers, 1966, p. 59 : « Sur cette terre, l'homme est donc un être errant et exilé. Empédocle lui-même se connaît comme tel : *Et moi, je suis l'un de ceux-là, un vagabond exilé des dieux* [...] (fgt 115) » ; page à compléter par les p. 108 et 109 : « Ainsi l'âme est un démon déchu qui erre sur ce lieu d'exil qu'est la terre », « Empédocle se donne pour un démon exilé sur la terre ». Un autre exemple de 'Empédocle = ἐγώ' se lit chez O'BRIEN 1995, p. 467 : « *the two most dramatic verses that have survived from all Antiquity, are introduced by a demonstrative in the plural, followed by a new (?) singular, Empedocles himself (verses 13-14 : τῶν καὶ ἐγὼ νῦν εἰμι...).* » – Mentionnons trois exceptions. (1) VAN DER BEN 1975, p. 57, 95. VAN DER BEN

en proche, on en arriverait à affirmer que la plupart des acteurs du Proème sont des *daimones*[127]. Il est difficile de faire plus simple. Certains penseront que la simplicité est le signe de la vérité. La route que je suis est différente ; je maintiens des distinctions là où elles existent dans le texte grec. Quant au ἐγώ lu dans le Proème des *Catharmes*, et dans le fr. 117, je ne le considère pas comme une personne mise en scène dans un mythe ou un récit fabuleux, qui serait différente d'Empédocle lui-même. Avec cet ἐγώ il s'agirait, sans écart, sans distance, d'Empédocle, l'homme d'Agrigente. Mon présupposé est qu'Empédocle croit directement en ce qu'il dit. Pour l'essentiel, Empédocle fait partager, sans masque, ses convictions personnelles.

Au v. 19, Rashed a fait une avancée interprétative qui retient l'attention : « voir dans le pluriel δαίμονες non pas un nominatif, mais un vocatif »[128]. Je lis le « ô démons qui avez obtenu une longue vie en partage » comme une incise qui, à l'occasion de la condamnation d'un Bienheureux parjure, signale l'existence de plusieurs « démons » concernés par l'exil punitif – reste à comprendre bien sûr comment ce passage du singulier au pluriel est possible. Je développerai plus loin cette thématique.

Un pas interprétatif supplémentaire est franchi quand au v. 20, le sujet au singulier (« il » = μιν) du verbe errer (ἀλάλησθαι) renvoie de

---

refuse de reconnaître Empédocle dans le ἐγώ du v. 29 (= fr. 7.1 VdB). Cet ἐγώ serait celui du narrateur d'un mythe. Voir note 252. (2) PRIMAVESI 2007 s'en remettrait lui aussi à un tel narrateur. Ainsi, p. 72 : « À la fin de B 115, celui que fait parler Empédocle révèle qu'il est lui-même un *daimon* coupable. » La question laissée en suspens est : Empédocle est-il lui aussi un *daimon* coupable ? En 2011 (PRIMAVESI 2011, p. 395), la réponse favorise l'interprétation selon laquelle l'Empédocle historique n'est pas le narrateur qui serait, lui, un *daimon* coupable : « [fr. 146, fr. 112] *Der hier vom textimmanenten Erzähler erhobene Anspruch ist später in trivialisierendem Kurzschluss dem historischen Autor Empedokles zugeschrieben und zu der bekannten Legende vom Tod des Empedokles weitergebildet worden.* » Citons encore O. PRIMAVESI, « Tetraktys und Göttereid bei Empedokles: Der pythagoreische Zeitplan des kosmischen Zyklus », dans KITTLER, Fr. *et al.* (dir.), *Götter und Schriften rund ums Mittelmeer*, Paderborn, Wilhelm Fink, 2017, p. 229-316, à la page 231, n.16. (3) HERNÁNDEZ CASTRO 2020. Selon HERNÁNDEZ CASTRO tous les ἐγώ des vers d'Empédocle correspondent à la prise de parole d'Apollon dans une représentation cultuelle à Acragas (p. 150-152, 154, 160, 183-185). – O'BRIEN 1996, p. 641 : « Le 'je' des deux derniers vers du fragment [= fr. 115], c'est bien entendu l'auteur du poème. » Ce « bien entendu » mérite d'être souligné face à ceux (VAN DER BEN, PRIMAVESI) qui voient dans le 'je' le narrateur d'un mythe et non pas Empédocle lui-même.

127. L'intérêt quelque peu excessif des Modernes pour les *daimones* du fr. 115 viendrait de la dénotation étendue que les Modernes prêtent à ce mot.

128. RASHED 2008, p. 19. Depuis longtemps il y eut des tentatives de correction du pluriel δαίμονες en singulier δαίμων, ce qui permettait de faire un nominatif en apposition facile avec τις. Ainsi, par exemple : A.H.L. HEEREN en 1794, F.W. STURZ en 1805 ; plus près de nous avec G. ZUNTZ en 1971, T. VÍTEK en 2006, O. PRIMAVESI en 2011-2012.

fait au sujet du verbe ἐπομόσσηι (v. 18), à savoir « quiconque » (« après avoir fauté »). Ce « il » erre 30 000 saisons loin des Bienheureux et naît « à travers le temps sous toutes les formes des mortels »[129]. Celui qui se parjure au v. 18 est donc un Bienheureux qui, en punition, devra errer « trente mille saisons loin des Bienheureux ». La difficulté est alors de savoir comment articuler le Bienheureux parjure (v. 18) avec les *daimones* (v. 19). Tout le monde admet – et moi de même – que l'errance des 30 000 saisons concerne les *daimones*. Puisque les *daimones* ont une longue vie (v. 19), on infère, grâce au v. 20, qu'ils transmigrent pendant la durée de l'exil de 30 000 saisons.

Plutarque rapporte que la naissance (γένεσις) de l'âme (comprenons dans le contexte un *daimôn*) est nommée ἀποδημία, voyage, par Empédocle[130]. Les *daimones* (v. 19) apparaissent au moment du parjure d'un Bienheureux ; leur destin est le voyage – un mot moins dur qu'exil. Mais quelle relation doit-on supposer entre le Bienheureux parjure et les *daimones* ? Une réponse connue consiste à supposer qu'il y a autant de Bienheureux parjures, bannis, que de *daimones*, et donc autant d'âmes humaines que de Bienheureux parjures. J'ai déjà relevé que derrière le « bannissement » il faut comprendre la mort, comme premier moment de la punition ; et j'ai conclu que la disparition massive de Bienheureux paraît étrange. La question reste alors ouverte de savoir comment le « il » du v. 20, en errance, peut à la fois supporter un singulier (un Bienheureux parjure) et un pluriel (les *daimones*).

Un point remarquable du proème des *Catharmes* – et en même temps une difficulté de lecture – est le passage du singulier au pluriel parmi les acteurs, et inversement. Le singulier serait réservé au τις (v. 17), au Bienheureux parjure (v. 18), à celui qui erre (v. 20, 21, 22), à Empédocle (v. 29), tandis que le pluriel serait réservé aux dieux (v. 15), aux *daimones* (v. 19), aux Bienheureux (v. 20)[131]. Deux niveaux de lecture semblent mis en parallèle.

---

129. Les 30 000 saisons seraient à prendre au pied de la lettre. Cependant, bien des commentateurs ne voient dans ce nombre qu'une durée longue, et en réalité imprécise.

130. *De exilio*, 607 D 7-8. Pour une raison qui m'échappe, le mot ἀποδημία – pourtant explicitement rapporté à Empédocle, avec un α long final ou un η ionien qui pourrait s'abréger par correption épique (cf. Oppien, *Hal.* II, 109) – n'entre pas dans les éditions d'Empédocle. Chez DK il existe cependant quelques fragments d'un seul mot : fr. 7, fr. 18, fr. 69, fr. 70, fr. 97, fr. 153. Le fait que le mot était utilisé par Platon dans le *Phédon* (61 E, 67 C) n'empêche pas qu'il fût déjà utilisé par Empédocle. Pourquoi Plutarque ne serait-il pas fiable ici ? Voir M. BRÉMOND, *Empédocle chez Hippolyte de Rome*, mémoire de Master II, Lettres Classiques et Philosophie, Université Paris IV Sorbonne, 2011-2012, p. 157.

131. Sur la question du singulier et du pluriel concernant les acteurs du fr. 115 (à travers les pronoms personnels, et le nombre attaché aux verbes et participes), voir notamment (1) G. ZUNTZ, *Persephone. Three essays on religion*

La question du τῶν

Soulignons maintenant l'enchaînement que fait Rashed aux v. 28 et 29, et le sens qui est alors donné au τῶν du v. 29 :

ἀλλὰ τί τοῖσδ' ἐπίκειμ' ὡσεὶ μέγα χρῆμά
                [τι πράσσων,   27 (= fr. 113.1)
εἰ θνητῶν περίειμι πολυφθερέων ἀνθρώπων;   28 (= fr. 113.2)
τῶν καὶ ἐγὼ νῦν εἰμι, φυγὰς θεόθεν καὶ ἀλήτης, 29 (= fr. 115.13)

Mais pourquoi m'appesantir là-dessus comme si je faisais quelque chose de grand
en surpassant des hommes mortels, sujets à tant de destructions ?
Moi aussi je suis pour le moment l'un des leur, exilé des dieux et errant,

« des leur » (τῶν) renvoie à « des hommes mortels » (θνητῶν ἀνθρώπων) au vers précédent. Chez Hippolyte (à qui l'on doit τῶν), τῶν renvoie à des choses ou êtres multiples (πολλά) produits par la Haine à partir des morceaux qu'elle a arrachés hors de l'Un (*Sphairos*)[132]. Hippolyte fait d'Empédocle un de ces êtres, tout en affirmant qu'Empédocle

---

and thought in Magna Graecia, Oxford, Clarendon Press, 1971, p. 197. ZUNTZ écrit : « *Since the number has to be equalized* [suit un alignement sur le singulier, initié par τις] ». (2) C. OSBORNE, *Rethinking early Greek philosophy: Hippolytus of Rome and the Presocratics*, Londres, Duckworth, 1987, p. 116-117. (3) O'BRIEN 1995, p. 466-467. (4) O. PRIMAVESI uniformise sur le singulier (« Empedokles », dans MANSFELD, J. & O. PRIMAVESI (éd.), *Die Vorsokratiker*, Griechisch/Deutsch, ausgewählt, übersetzt und erläutert von J.M. & O.P., Stuttgart, Philipp Reclam jun., 2011, p. 420-421, 8b R ; « R » pour Reclam, attesté dans les concordances p. 767-769). (5) D.W. GRAHAM (*The texts of early Greek philosophy: the complete fragments and selected testimonies of the major Presocratics, I*, Cambridge, Cambridge University Press, 2010, p. 345), uniformise sur le singulier en retenant un génitif artificiel (« *one of the deities* ») pour traduire δαίμονες (comme l'avait déjà fait DIELS en allemand). (6) SANTANIELLO 2009, p. 334, (en suivant BOLLACK), uniformise sur le pluriel : « *L'esigenza di conservare al v. 7 il pl.* φυομένους *impone di intendere come plurale anche* μιν *(v. 6), sebbene questa possibilità sia documentata in modo sicuro solo in Apollonio Rodio (cfr. Lidell, Scott e Jones, s.v.* μιν *II); e di interpretare* μεταλλάσσοντα *(v. 8) come pl. n. concordato con* εἴδεα θνητῶν *(v. 7).* » – En revanche, ni GEMELLI MARCIANO 2009 (160 GM) ni LM (22 D10 LM) ni GHEERBRANT 2017, p. 798, ne cherchent à uniformiser. C'est le parti que je prends.

132. *Refutatio*, VII, 29, 14.2-5 (WENDLAND) : τὸ δὲ νεῖκος, τὸ τῆς τῶν κατὰ μέρος διακοσμήσεως αἴτιον, ἐξ ἑνὸς ἐκείνου ἀποσπᾷ καὶ ἀπεργάζεται πολλά. καὶ τοῦτό ἐστιν ὃ λέγει περὶ τῆς ἑαυτοῦ γεννήσεως ὁ Ἐμπεδοκλῆς·
τῶν καὶ ἐγὼ <νῦν> εἰμι φυγὰς θεόθεν καὶ ἀλήτης.
En 1986, dans son édition d'Hippolyte, MARCOVICH remplace le vers (tronqué) lu dans les manuscrits (et rapporté ci-dessus en ajoutant νῦν) par le vers complet lu dans le *De exilio* de Plutarque (= fr. 3.12 ZUNTZ). Cela dénote le peu de confiance que MARCOVICH accordait ici au manuscrit d'Hippolyte. Mais, tout en partageant ce peu de confiance dans ce cas précis, je crois qu'il ne faut pas confondre l'édition d'Hippolyte avec celle de Plutarque. La torsion qu'Hippolyte aurait pu faire du vers d'Empédocle est intéressante en soi. Il faut la conserver.

– ou l'âme d'Empédocle ? qui serait un *daimôn* ? – était préalablement dans l'Un[133].

Dirc avec Rashed qu'Empédocle est un homme mortel est une évidence, où il n'y a rien à redire sinon que la formule pourrait tomber dans la banalité – à moins de penser qu'Empédocle est déjà un dieu et aucunement un homme mortel, ce qui alors ne s'accorderait plus avec l'édition de Rashed. Toutefois, en ajoutant « pour le moment », Rashed laisse entendre un autre moment où Empédocle sera un dieu, ce qui estompe la banalité.

Tout comme H. Stein[134], dont il s'était inspiré, Diels fit précéder son fr. 115.13 (où se lit τῶν) des quatre vers cités par Plutarque dans le *De Iside*, 361 C. Ces vers concernent des *daimones* (fr. 115.9-12). En effet, grâce aux deux autres contextes de citation des mêmes vers, en tout ou partie (Plutarque, *De vitando*, 830 F ; Hippolyte, *Refutatio*, VII, 29.18.3-19.5), nous sommes assurés que σφε au fr. 115.9 correspond à un pluriel, et renvoie aux *daimones*[135]. L'innovant et génial montage de Stein donnait ainsi sens au τῶν dans le fr. 115.13, venant juste après les vers des *daimones* circulant entre les éléments. Mais l'édition de Rashed que nous suivons est différente. Il faut éclaircir ici les enjeux.

Selon la reconstruction de Stein retenue par Diels, il faudrait comprendre dans τῶν καὶ ἐγὼ νῦν εἰμι qu'Empédocle est maintenant (νῦν) un *daimôn* (parmi les *daimones*, objets des v. 9-12 du fr. 115, visés par le pronom τῶν), en exil, loin de son séjour céleste[136]. Être

---

133. *Refutatio*, VII, 29, 14.6-7 : [τουτέστι] θεὸν καλῶν τὸ ἓν καὶ τὴν ἐκείνου ἑνότητα, ἐν ᾧ ἦν [sujet du verbe = Empédocle] πρὶν ὑπὸ τοῦ νείκους ἀποσπασθῆναι καὶ γενέσθαι ἐν τοῖς πολλοῖς τούτοις.

134. H. STEIN, *Empedoclis Agrigentini fragmenta*. Disposuit, recensuit, adnotavit H.S., Bonn, A. Marcus, 1852, p. 78-79.

135. Hippolyte (*Refutatio*, VII, 29.18.3-19.5) parle de ψυχαί et non pas de δαίμονες. Selon toute vraisemblance, Hippolyte interprète ou vulgarise (comme bien d'autres). – Le pluriel serait de nouveau supposé dans le témoignage de Diogène d'Œnoanda, lorsque celui-ci écrit (fr. 42 SMYTH, traduction A. ETIENNE & D. O'MEARA) : « Il serait [mieux] de regarder les âmes comme immortelles [...] et ne pas les entraîner dans un long voyage ». « Les âmes » traduit « τὰς ψυχάς » dans le texte grec ; on peut supposer que ce sont les *daimones*, chez Empédocle. Dans la mesure où elles sont entraînées ou mieux jetées dans un « long voyage » (εἰς μακρὸν ἐνβαλεῖν αὐτὰ[ς] περίπλουν) les âmes-*daimones* seraient le référent du σφε au v. 23 (= fr. 115.9). Le « voyage », περίπλουν, ferait écho à ἀποδημία dans le *De exilio*, 607 D7. Sur l'équivalence *daimones* = âmes, et la lecture de Diogène d'Œnoanda, voir B. INWOOD, « Empedocles and *metempsychôsis*: the critique of Diogenes of Oenoanda », dans FREDE, D. & B. REIS (dir.), *Body and soul in ancient philosophy*, Berlin-New York, Walter de Gruyter, 2009, p. 71-86. Notons p. 86 : « *the critique of Empedocles by Diogenes teaches us next to nothing about Empedocles' own theory [about transmigration]* ». L'Antiquité ne savait guère plus de choses que nous, car Empédocle s'était apparemment bien gardé d'être explicite sur le sujet de la transmigration des *daimones*.

136. ZUNTZ 1971, p. 198, critique la lecture de DIELS où τῶν renvoie aux *daimones* avec l'insertion jugée inopportune de νῦν, et préfère soutenir, après

un *daimôn* sous-entendrait être toutes les vies d'exil, enchaînées dans une destinée commune. Mais que faire alors du présent (νῦν) ? Le *daimôn* strictement identifié à l'homme qu'est Empédocle au présent ne peut pas avoir été en même temps un buisson et un oiseau (fr. 117), car un buisson et un oiseau ne sont pas un homme. Quand Empédocle dit qu'il est « un exilé des dieux et errant », il suggère son appartenance à une suite de vies qui sont liées par son *daimôn* lors de l'exil. Ce n'est donc pas un « maintenant » au sens strict ou restreint du terme qu'il faudrait comprendre, mais quelque chose comme : aussi maintenant, ou bien un « maintenant » désignant l'ensemble des vies en exil par rapport aux vies des Bienheureux dans leur séjour céleste. Le νῦν aurait fait problème pour Hippolyte ; ce dernier n'aurait pas vu que « maintenant » pouvait recouvrir une période longue (une suite de vies terrestres) en comparaison d'une autre période plus ancienne (la vie dans le *Sphairos*). Il aurait alors supprimé le νῦν. Empédocle serait un exilé parce qu'il était avant un Bienheureux dans le *Sphairos*.

Afin de lisser la difficulté de l'homme strictement compris au présent, une façon de lire le passage serait de prendre le je, ἐγώ, pour l'âme d'Empédocle, commune au buisson, à l'oiseau, au Bienheureux, et à bien d'autres existences qu'Empédocle fut dans le passé. Ainsi, la difficulté tomberait car le sujet ne serait plus l'homme particulier, saisi dans un présent – et rien que dans ce présent – mais une âme unique, constante et commune aux vies d'un exil particulier. Bien des commentateurs ont adopté cette interprétation. Toutefois, cette interprétation de ἐγώ apparaît étrange eu égard aux autres emplois du même mot dans d'autres vers (fr. 35.1, 111.2, 112.4, 114.2, 117.1, 139.1). Dans ces vers, c'est bien de l'Empédocle concret, historique, dont il s'agit, et non pas d'une âme parcourant des vies différentes, ou bien d'un dieu qui va de métamorphoses en métamorphoses, sans jamais mourir.

Un des mérites de l'édition de Rashed est d'avoir rompu ici avec le montage de Stein largement popularisé par Diels et Kranz. En clair pour notre propos : Rashed a éloigné le fr. 115.13 des vers 9 à 12 du fr. 115. En choisissant le τῶν lu chez Hippolyte, à la suite des vers concernant la circulation des *daimones*, Diels, en raison de sa notoriété, avait imposé la lecture immédiate : je (ἐγώ) = Empédocle = un des *daimones*. Certes, il était déjà possible, avant Rashed, de ne pas adopter cette lecture. On pouvait retenir Sturz ou Gallavotti, qui ont corrigé le τήν en τῇ, et qui ni l'un ni l'autre ne faisaient précéder τῇ des v. 23-26 (= fr. 115.9-12)[137]. On pouvait retenir S. Karsten, U. von

---

WILAMOWITZ-MOELLENDORFF 1929, p. 633-634, la leçon τήν trouvée dans les manuscrits de Plutarque.

137. Pour obtenir un apparat critique apparemment complet du fr. 115.13 voir VÍTEK 2006, p. 385.

Wilamowitz-Moellendorff, G. Zuntz, J. Barnes (1982[2]), J. Mansfeld, P. Kingsley ou bien J. Bollack, qui ont adopté le τήν lu dans les manuscrits du *De exilio* de Plutarque. Ce τήν, associé à εἶμι, indiquerait de façon sous-entendue l'ὁδόν, le chemin, et plus précisément dans le contexte : l'odieux chemin de l'exil. Nous y reviendrons. Cela étant, Wilamowitz, Zuntz, Mansfeld et Bollack avaient fait précéder le fr. 115.13 des vers 9 à 12 du fr. 115, comme Diels le faisait en suivant Stein[138] !

Il faut se rendre à l'évidence : l'attraction exercée par l'édition de Diels est toujours considérable. Pour preuve, l'édition de A. Laks et G. Most reprend sur ce point – à savoir le τῶν à la suite immédiate des vers 9 à 12 du fr. 115 – l'édition de Diels[139]. Rashed a donné pour antécédent à τῶν (v. 29) les hommes mortels (v. 28 = fr. 113.2). S'il faut retenir τῶν – ce qui toutefois ne s'impose pas –, il ne faut alors pas retenir les *daimones* comme antécédent ; les hommes mortels seraient l'antécédent.

Le récit démonologique d'Hippolyte

Hippolyte présente le *Sphairos* à travers le fr. 29 ; peu après, il cite Empédocle ainsi : τῶν καὶ ἐγώ εἰμι φυγὰς θεόθεν καὶ ἀλήτης. Cet ordre est voulu. Hippolyte veut commencer le récit démonologique, et la naissance d'Empédocle, par le *Sphairos*. Or rien ne laisse croire que le *Sphairos* soit en fait présent, chez d'autres témoins anciens, dans les *Catharmes*.

Le τῶν renvoie aux choses multiples (πολλά) issues de l'Un[140], à savoir issues du *Sphairos*. Hippolyte affirme qu'Empédocle était dans

---

138. KARSTEN 1838, p. 84, faisait précéder τήν (sous-entendu ὁδόν) d'un vers proche du v. 21 RASHED. En 1839, Th. BERGK (*Commentatio de prooemio Empedoclis*, Ankündigungschrift... des Königlichen Joachimsthalschen Gymnasiums, September 28 1839 [diss.], Berlin, 1839, p. 33) corrigeait le τήν en τώς, en faisant précéder τώς d'un vers proche du v. 21. On pouvait comprendre que ἐγώ (v. 29 RASHED) était une forme mortelle. Plus près de nous, GALLAVOTTI 1975, p. 76, édite son vers 103.9 « τῇ καὶ ἐγὼ νῦν εἰμι φυγὰς θεόθεν, καὶ ἀλήτης » après le vers « ἀργαλέας βιότοιο μεταλλάσσοντα κελεύθους. » Et il traduit τῇ par « Così » (v. 103.9 : *Così ora sono esule anch'io per il decreto divino, ed errante*). – En suivant le manuscrit d'Hippolyte on peut supposer que le fr. 115.7-8 est suivi des vers 9-12, mais pas que le vers 13 – avec ou sans le τῶν – suit le vers 12. Seul le besoin de trouver à proximité du τῶν un antécédent pluriel convenable au τῶν a poussé STEIN à juxtaposer le fr. 115.9-12 avec le fr. 115.13. Sans ce besoin (avec τήν en particulier) la juxtaposition peut être remise en question.

139. LM, p. 680. C'était aussi le cas de l'édition de PRIMAVESI dans MANSFELD-PRIMAVESI 2011 (voir 8b R, p. 420). Mais en 2001 PRIMAVESI avait choisi τήν, lu dans Plutarque. Et en 2004, LAKS choisissait aussi τήν (LAKS 2004, p. 35).

140. Voir texte sous la note 132. Je suppose qu'Hippolyte utilise sciemment τῶν par rapport à son propre contexte. Cf. J. MANSFELD, *Heresiography in context: Hippolytus'Elenchos as a source for Greek philosophy*, Leyde-New York-Cologne, Brill, 1992, p. 216-217.

l'Un[141]. Déduisons qu'Empédocle ou son âme-*daimôn* était une partie du *Sphairos*. Puisque tous les morceaux du *Sphairos* se valent, la singularité d'Empédocle dans le *Sphairos* serait donc gommée. Toutefois, bien qu'Hippolyte ne soit pas totalement explicite, Empédocle ne serait pas la seule âme-*daimôn* dans le *Sphairos*[142]. Le *Sphairos* contiendrait toutes les âmes-*daimones* qui naîtront ensuite, arrachées par une Haine agissant en mauvaise accoucheuse. Dans cette veine, τῶν καὶ ἐγώ εἰμι signifierait : je suis l'une des âmes-*daimones* qui – toutes égales entre elles – entrent dans la constitution du *Sphairos*. De là il faut composer avec la suite : φυγὰς θεόθεν καὶ ἀλήτης. Les âmes-*daimones*, morceaux du *Sphairos* arrachés par la Haine, doivent connaître l'exil – entendons un périple dans le Multiple, dominé par la Haine. Exilées, ces âmes connaissent alors la Haine ; elles se transforment.

Hippolyte rapporte le parjure (v. 18), commis apparemment (*i.e.* selon le contexte) par un Bienheureux. Du point de vue d'Hippolyte, il y aurait donc une faute – le parjure – expliquant l'intervention de la Haine, qui arrache les âmes au *Sphairos*. L'affaire est nébuleuse ; on comprend mal comment un parjure pourrait avoir lieu à l'intérieur du *Sphairos*, et comment ce parjure pourrait justifier l'action de la Haine qui produit l'exil. Si le parjure existe, il devrait exister en dehors du *Sphairos*.

Puis Hippolyte cite ce qui deviendra le v. 19. Précisons que le manuscrit a δαιμόνιοί τε en début de vers, et non pas δαίμονες οἵτε, qui est la leçon de Plutarque, retenue avec raison par Diels pour le fr. 115.5. Chez Homère (*Odyssée*, IV, 774 ; XVIII, 406), dans l'*Hymne homérique à Dionysos* (v. 17), et chez Apollonios de Rhodes (I, 865 ; II, 880), le pluriel δαιμόνιοι en début de vers a une connotation négative (δαιμόνιοι que V. Bérard traduit par « Pauvres amis », et E. Delage par « Malheureux ! »). L'erreur de copiste recèlerait quelque chose de juste par rapport au vers authentique : le pluriel et la connotation négative. De là, il serait prudent de ne pas corriger trop rapidement la leçon δαίμονες par le singulier δαίμων, comme l'ont fait Sturz (1805), Bergk (1839), Stein (1852), Mullach (1860), Zuntz (1971), Mansfeld (1986), Primavesi (2001), Kingsley (2003). D'autre part, les *daimones* ne sont pas les Bienheureux dans leur séjour céleste, avant tout parjure. Les *daimones* sont liés à l'exil, au

---

141. Voir le texte sous la note 133. Empédocle est le sujet du verbe dans ἐν ᾧ ἦν.

142. Le propos est le suivant : αὕτη γάρ ἐστιν, <φησίν,> ἡ καταδίκη καὶ ἀνάγκη τῶν ψυχῶν, ὧν ἀποσπᾷ τὸ νεῖκος ἀπὸ τοῦ ἑνὸς καὶ δημιουργεῖ καὶ <ἀπ>εργάζεται <πολλάς>. Quand il mentionnera ensuite les Bienheureux, Hippolyte aidera à comprendre que dans le *Sphairos* de nombreuses âmes-*daimones* existent (VII 29, 17) : μάκαρας καλῶν τοὺς (σ)υνηγμένους ὑπὸ τῆς φιλίας ἀπὸ τῶν πολλῶν εἰς τὴν ἑνότη(τ)α τοῦ κόσμου τοῦ νοητοῦ.

malheur[143]. C'est la connotation négative attachée aux *daimones* à laquelle j'adhère.

Dans le manuscrit d'Hippolyte le pluriel du participe présent φυομένους (au v. 21) trouve à s'expliquer par le contexte. Hippolyte enchaîne les v. 19, puis 20, puis 21 en retenant un pluriel pour le v. 19 et un pluriel pour le v. 20, qui conduisent assez logiquement à introduire un pluriel au v. 21 (φυομένους). Tout cela serait acceptable si le v. 20 (τρίς μιν μυρίας ὥρας ἀπὸ μακάρων ἀλάλησθαι) attestait sans conteste un pluriel avec μιν. Mais ce n'est pas le cas.

D'abord, une première mise au point. Avec de notables variantes, le v. 21 est rapporté également par Origène (*Contre Celse*, VIII, 53) à la suite du v. 20[144] :

εἶθ᾽
ὑπὸ παθημάτων τινῶν τῆς ψυχῆς βαρυνθείσης, μέχρι ἂν
<ἐν> ταῖς τεταγμέναις περιόδοις ἐκκαθαρθῇ· δεῖ γὰρ κατὰ
τὸν Ἐμπεδοκλέα
τρίς μιν μυρίας ὥρας ἀπὸ μακάρων ἀλάλησθαι,		v. 20
γινομένην παντοίαν διὰ χρόνου ἰδέαν θνητῶν· πειστέον οὖν
ὅτι παραδέδονταί τισιν ἐπιμεληταῖς τοῦδε τοῦ δεσμωτηρίου.

Dans ce texte γινομένην est un accusatif féminin singulier qui renvoie à ψυχή. Il vient à la place de φυομένους chez Hippolyte. Une seconde mise au point : les manuscrits d'Origène et d'Hippolyte ont μέν après τρίς ; la correction qui s'est imposée pour offrir un sujet à l'infinitif ἀλάλησθαι est μιν. C'est μιν, pour ce v. 20, que nous lisons dans les manuscrits du *De exilio* de Plutarque, et qui est largement retenu. Nous admettrons qu'Hippolyte lisait μιν, et que plus tard un défaut de copie a substitué μέν (simple intensif). Le pronom μιν peut être lu comme une troisième personne soit du singulier soit du pluriel[145]. Hippolyte lirait μιν

---

143. Apollonios de Rhodes, I, 865-866, a une résonance étonnamment empédocléenne : « Malheureux ! Le meurtre d'un parent nous tient-il éloignés de notre patrie ? » (trad. E. DELAGE).

144. L'édition que je suis est celle de M. BORRET (Paris, Cerf, 1969, p. 290). En ne mettant pas en retrait de citation γινομένην παντοίαν διὰ χρόνου ἰδέαν θνητῶν, BORRET considère qu'Origène ne rapporte pas ici le vers authentique d'Empédocle (alors que le v. 20, avec retrait, est donné comme authentique). Il y a de grandes similitudes entre ce qu'Origène rapporte après le v. 20 et l'authentique v. 21, mais c'est un fait que le texte d'Origène n'entre pas dans un hexamètre (le ν final de παντοίαν empêche un quatrième pied correct et provoque un déséquilibre en chaîne).

145. Voir la note 131. Le pronom à l'accusatif μιν est compris au singulier dans la poésie archaïque. Le pluriel est tardif. Il est donc probable qu'Hippolyte comprenait spontanément un pluriel, à la différence d'Empédocle, habitué au singulier. Dans le fr. 100.12-13 (οὐδείς ἄγγοσδ᾽ ὄμβρος ἐσέρχεται, ἀλλά μιν εἴργει/ ἀέρος ὄγκος [...]), Empédocle emploie μιν pour un singulier, à savoir l'eau (« [...] car l'en empêche la masse de l'air »). C'est la seule autre occurrence certaine du corpus empédocléen à notre disposition. Il me paraît donc raisonnable de

comme un pluriel renvoyant à τούτους οὖν φησιν ἀλάλησθαι (*Refutatio*, VII, 29.17.3). Le pronom τούτους a pour référent les Bienheureux dans le commentaire qu'Hippolyte fait du v. 20 (*Refutatio*, VII, 29.17.2 : μάκαρας καλῶν τοὺς (σ)υνηγμένους). Ainsi, de façon quelque peu surprenante, ceux qui errent seraient les Bienheureux. Sans doute Hippolyte voulait-il dire que plusieurs Bienheureux sont exilés du séjour céleste, et errent, quand plusieurs autres Bienheureux demeurent dans ce séjour. Des Bienheureux qui ont commis un parjure s'éloignent (ἀπὸ μακάρων) de ceux qui n'en ont pas commis (μακάρων). Accordons aussi à Hippolyte que, pour lui, les Bienheureux qui errent sont précisément les *daimones* qu'il comprend au v. 19. Puis vient son enchaînement (*Refutatio*, VII, 29.17.3-5) :

> τούτους οὖν φησιν ἀλάλησθαι
> [καὶ]
> φυομένους παντοῖα διὰ χρόνου [ε]ἴδεα θνητῶν,

Clairement, φυομένους a pour référent le pluriel du démonstratif τούτους. On pourrait croire (comme Diels, Van der Ben, Bollack, Laks-Most notamment) que φυομένους est la leçon authentique, en conformité avec le poème d'Empédocle, et que dans ce cas Hippolyte a fait la bonne déduction du pluriel pour μιν au v. 20. Mais on peut aussi croire qu'Hippolyte a corrigé un singulier φυόμενον pour répondre à sa lecture du v. 20.

Tout comme Hippolyte, Diels lit ce v. 20 au pluriel et enchaîne φυομένους, rattachant ce participe au pluriel δαίμονες. Kranz, en 1949[146], refuse de suivre Diels sur ce terrain ; il traduit les vers 5, 6 et 7 du fr. 115 ainsi :

> – *Göttliche Wesen, die lang andauerndes Leben erloset –*   5
> *Dreimal zehntausend Horen soll fern er den Seligen*
>   [*schweifen,*   6(20 Rashed)
> *Soll in allerlei Form von sterblichen Wesen entstehen*   7(21 Rashed)
> *Hin durch die Zeit* [...]

---

retenir que dans le v. 20 Empédocle signifiait aussi un singulier. Le v. 20 se lit dans le *De exilio* de Plutarque. Les traductions en Loeb et aux Belles Lettres retiennent le singulier : (1) « *He must for seasons thrice ten thousand roam far from the Blest* » ; (2) « il doit, pendant trois fois dix mille saisons, errer loin du séjour des Bienheureux ».

146. W. KRANZ, *Empedokles. Antike Gestalt und romantische Neuschöpfung*, Zürich, Artemis, 1949, p. 130. En 1934 (puis en 1951), KRANZ n'avait modifié qu'à la marge la traduction de DIELS datant de 1922 (dans *Die Fragmente der Vorsokratiker*). DIELS écrivait : « *wer ferner im Gefolge des Streites einen Meineid schwört aus der Zahl der Dämonen, die ein ewig langes Leben erlost haben, die müssen* [...] ». KRANZ (1934, 1951) écrivait : « *wer ferner im Gefolge des Streites (?) einen Meineid schwor aus der Zahl der Dämonen, die ein sehr langes Leben erlost haben, die müssen* [...] ». On notera « aus der Zahl », désormais dans un caractère différent afin de signaler clairement l'ajout par rapport au grec – ce que DIELS ne faisait pas.

Les *daimones* sont traduits comme un nominatif, et sont insérés désormais dans une incise. Le singulier est clairement affiché dans le vers 6 (v. 20 Rashed) : « *soll er* ». De fait, le singulier prévaut aussi dans le vers 7 (v. 21). Kranz a abandonné φυομένους pour φυόμενον.

Certains éditeurs adoptent le pluriel lu chez Hippolyte : Bollack (2003), par exemple. D'autres, non : Inwood (1992). Le contexte du *Contre Celse* d'Origène, qui cite lui aussi le v. 20, laisse entendre qu'il s'agit de l'âme ; Origène lirait donc un singulier. Sans me prononcer sur l'opportunité de parler de l'âme, je retiens néanmoins la lecture d'un singulier (φυόμενον). Cette décision s'avérera ensuite cruciale : le singulier φυόμενον ne renvoie pas au pluriel δαίμονες, mais au singulier ἐπομόσσηι (v. 18). Les lignes du singulier et du pluriel ne se confondent pas. La conséquence portera sur la nature même des *daimones*, sur ce que vivent ou pas ces *daimones*.

Hippolyte raconte une histoire improbable. Elle est improbable dès son point de départ, à savoir dès l'existence supposée des âmes-*daimones* dans le *Sphairos*. Plutarque ne raconte rien de tel dans le *De exilio* ou ailleurs, alors que l'on est en droit de supposer que, compte tenu de sa connaissance approfondie du texte d'Empédocle, il connaissait l'existence du *Sphairos*. Plutarque fait venir les âmes-*daimones* du ciel et de la lune : οὐ Σάρδεων Ἀθήνας οὐδὲ […] ἀλλ' οὐρανοῦ καὶ σελήνης (*De exilio*, 607 E 5-6). Dans son texte, on pourrait substituer *Sphairos* à « ciel et lune » sans que cela ne fasse aucun problème pour le sens. Mieux, le *Sphairos* donnerait plus de majesté au propos. Imaginer que les âmes-*daimones* tombent de la lune comme le lion de Némée est en effet moins glorieux que d'affirmer qu'elles viennent du *Sphairos*. Mais Plutarque ne parle pas du *Sphairos* ; il faut le suivre. Avec le *Sphairos*, Hippolyte soutient une version glorieuse (qui, sans surprise, aura plus de postérité que celle de Plutarque). Qui invente ? Plutarque (avec le ciel et la lune) ou Hippolyte (avec le *Sphairos*) ? C'est Hippolyte et non pas Plutarque. Hippolyte veut accrocher son récit de la naissance d'Empédocle à la plus belle des formes (B 29), l'Un-*Sphairos*. Cela n'aurait pas de sens, pour lui, que le séjour des Bienheureux soit le ciel ou la lune, qui sont déjà dans le Multiple, et déjà des produits de la Haine, dans le monde sensible. Hippolyte profite aussi d'une imprécision d'un mot d'Empédocle : θεόθεν. Hippolyte donne à θεόθεν la signification suivante : venant du dieu, venant de l'Un-*Sphairos*. Certes, θεόθεν peut renvoyer à un singulier : un dieu, le divin. D'où, ensuite, une identification possible de ce dieu ou de ce divin avec le *Sphairos*[147]. Mais il peut aussi renvoyer à un pluriel : venant des dieux. Ces dieux seraient les Bienheureux

---

147. Le « divin » pourrait suggérer le divin monde des Bienheureux. La question serait alors de savoir si ce monde est le *Sphairos* ou bien un séjour céleste en dehors du *Sphairos*.

(v. 20). Hors de question pour Hippolyte : ce dernier veut simplement comprendre l'Un-*Sphairos*[148].

Son point de départ est improbable. Il est en outre impossible de concevoir des âmes-*daimones* séparées dans un milieu presque homogène (le *Sphairos*) d'où la Haine est exclue – à moins bien sûr de croire que les âmes-*daimones* sont les quatre racines de toutes choses. Hippolyte donne à τῶν une double référence : d'abord les choses multiples issues de l'Un-*Sphairos* puis les âmes-*daimones* dans l'un-*Sphairos*. C'est trop ! Ma conviction est que le τῶν est un τῶν de circonstance, passe-partout (en accord avec un référent aussi bien au masculin, au féminin qu'au neutre), inventé par Hippolyte pour répondre à son histoire. Hippolyte aurait lu τήν, comme le rapportent les manuscrits de Plutarque, et peut-être indépendamment des manuscrits de Plutarque. Mais, ne comprenant pas ce τήν, Hippolyte aurait cru qu'il s'agissait là d'une corruption. Il aurait donc corrigé le τήν dans un τῶν qui l'arrangeait. Notons qu'il était peu probable qu'Hippolyte, au IIᵉ s. ap. J.-C., puisse confondre en onciales THN et ΤΩΝ[149]. Plus tard, le grand helléniste J. Scaliger, sans connaître l'œuvre d'Hippolyte, proposera de lire τῶν dans le *De exilio*[150]. Pour lui, la correction de τήν en τῶν se comprenait en conservant le verbe être qu'il lisait ainsi dans le manuscrit (en minuscules). Car c'est une évidence, on ne peut pas commencer à comprendre τήν sans substituer le verbe aller, εἶμι, au verbe être, εἰμί[151]. Scaliger a fait un choix de cohérence avec

---

148. Plotin adopterait la lecture d'Hippolyte (*Ennéades* IV, 8.5.5-6) : οὐδ' ἡ Ἐμπεδοκλέους φυγὴ ἀπὸ τοῦ θεοῦ καὶ πλάνη οὐδ' ἡ ἁμαρτία, ἐφ' ᾗ ἡ δίκη. Plotin lit θεόθεν avec le sens de ἀπὸ τοῦ θεοῦ.

149. Dans une écriture plus tardive, en minuscules, et sous forme d'abréviation, la chose aurait été possible de la part d'un copiste.

150. Voir H. ESTIENNE, *Poesis philosophica, vel saltem, reliquiae poesis philosophicae, Empedoclis, Parminidis,* [etc.], Genève, 1573, p. 216 (= la page où se trouvent les notes de SCALIGER, dont la note concernant la p. 25 où sont rapportés les vers d'Empédocle cités dans le *De exilio*). Au XVIᵉ s., SCALIGER lisait « τὴν » en minuscules, ainsi que « εἰμὶ » ; il pouvait donc croire à une erreur ancienne de copie concernant τήν ; ce qui justifiait alors sa correction τῶν pour retrouver, croyait-il, le texte authentique d'Empédocle.

151. Les onciales, sans accent, ne permettaient pas de distinguer les deux sens possibles de EIMI. Le contexte devait alors faire la différence. Le passage aux minuscules (accentuées) optait nécessairement pour l'un des deux sens possibles. Le manuscrit d'ESTIENNE du *De exilio* (1572) et son *Poesis philosophica* (1573) ont « τὴν » et « εἰμι » (1572) ou « εἰμὶ » (1573). Le manuscrit de XYLANDER du *De exilio* (1574) a lui aussi « τὴν » et « εἰμι ». Quand le verbe « être » est tenu pour authentique, il est tentant ensuite de corriger τὴν en τῶν. – La première correction en faveur du verbe εἶμι serait due à J. WINDET (mort en 1664) qui écrivait (dans un texte posthume repris ensuite dans Th. CRENIUS (dir.), *Fasciculus quartus – opusculorum quae ad historiam ac philologiam sacram*, Rotterdam, 1694, p. 85) :

Δὴν καὶ ἔγω νῦν εἶμι φυγὰς θεόθεν καὶ ἀλήτης
Iampridem sed et ipse vagor divinitus exsul.
Pro Δὴν *vulgo legitur* τὴν, *pro* εἶμι *eo,* εἰμί *sum, perperam.*

le verbe être. Mais il ne dit pas à quoi renverrait le pronom τῶν. On peut supposer que le renvoi immédiat serait à μακάρων.

Là où Hippolyte serait bien plus blâmable, c'est dans la suppression du νῦν qu'il avait aussi probablement lu. Hippolyte veut autant que possible citer un vers qui corresponde à la naissance (γεννήσεως) d'Empédocle : καὶ τοῦτό ἐστιν ὃ λέγει περὶ τῆς ἑαυτοῦ γεννήσεως ὁ Ἐ. 'τῶν... ἀλήτης'. Or le νῦν du vers rapporté par Plutarque ne s'accorde pas avec ce projet. Hippolyte pouvait alors penser que le vers étant corrompu, comme le prouvait le τήν selon lui incompréhensible, le νῦν pouvait être lui aussi remis en question et supprimé. Bien plus qu'une disparition accidentelle lors de la transmission, cette suppression du νῦν, ajoutée au passage du τήν au τῶν, serait en réalité un bricolage d'Hippolyte à partir d'un texte bien transmis[152]. Un Empédocle dans l'Un-*Sphairos*, conçu par Hippolyte, évitait l'absurdité grâce à un hexamètre bancal, c'est-à-dire privé de νῦν. Les modernes qui ajoutent νῦν ne donnent en fait guère de chance au texte d'Hippolyte d'éviter l'absurdité.

À la suite de Stein, Diels a accordé de l'importance au τῶν καὶ ἐγώ εἰμι livré par un unique manuscrit d'Hippolyte. En plaçant immédiatement ce début de vers (avec νῦν inséré) après les vers qui racontent le périple des *daimones* rejetés par l'éther, la mer, la terre, les rayons du soleil, Diels, tout comme Stein, a négligé la référence essentielle aux yeux d'Hippolyte : τῶν καὶ ἐγώ εἰμι concerne la naissance dans le Multiple d'une âme-*daimôn*, parmi d'autres, qui résidait préalablement dans le *Sphairos*. Le τῶν καὶ ἐγώ εἰμι ne renvoie pas aux *daimones*, après le parjure, ballotés d'une grande masse élémentaire à une autre (fr. 115.9-12 = v. 23-26 Rashed). Mais aux parties directement arrachées du *Sphairos*. Hippolyte énoncera plus tard les v. 23-26. Dans quel contexte Hippolyte pouvait-il lire le v. 29 ? Cela ne pouvait être dans l'édition reconstruite par Stein-Diels, car Hippolyte n'aurait alors pas pu imaginer les multiples choses arrachées au *Sphairos* ; il aurait directement parlé des *daimones*, comme le veulent précisément Stein et Diels. Cela ne pouvait être dans la reconstruction de Rashed, car le τῶν y renvoie à des hommes mortels – un renvoi qui aurait interdit la mise en scène d'Hippolyte. En revanche, cela pouvait être dans la version fournie dans le *De exilio* ou bien dans un vers isolé sans antécédent explicite, mais en liaison avec l'exil sanctionnant la faute d'un Bienheureux.

Cette correction du verbe n'empêchait pas WINDET de vouloir aussi corriger « τὴν ». Pourquoi ? Ou bien ne percevait-il pas la possible ellipse de ὁδόν avec l'article τήν, ou bien ne l'acceptait-il pas.

152. Cf. GEMELLI MARCIANO 2009, p. 429 : « *Hippolytos, der übrigens das unmetrische* τῶν καὶ ἐγώ εἰμι *anführt, hat den empedokleischen Text manipuliert* [...] ».

L'odieux chemin de l'exil

Il faut une bonne dose d'imagination pour admettre à partir seulement d'Hippolyte que τῶν renvoie aux *daimones*. Mais peut-on admettre plus facilement ce renvoi à partir de la lecture de Plutarque ? Voici une pierre de touche pour tester le montage de Stein-Diels. Admettons un instant de remplacer le τήν par un τῶν et εἶμι par εἰμί dans le *De exilio* de Plutarque[153] :

ἔστι τι Ἀνάγκης χρῆμα, θεῶν ψήφισμα παλαιόν,	
εὖτέ τις ἀμπλακίηισι φόβωι φίλα γυῖα μιήνηι,	v. 17
δαίμονες οἵ τε μακραίωνος λελάχασι βίοιο,	19
τρίς μιν μυρίας ὥρας ἀπὸ μακάρων ἀλάλησθαι,	20
[τῶν] καὶ ἐγὼ νῦν [εἰμι], φυγὰς θεόθεν καὶ ἀλήτης,	29

À quoi renverrait le τῶν du v. 29 ? Ce pourrait être μακάρων au vers précédent. Mais ce renvoi qui a le mérite de la proximité pose néanmoins un problème compte tenu du νῦν. Empédocle n'est en effet pas l'un des Bienheureux dans leur séjour céleste au moment où il parle (νῦν), puisqu'il se pense au présent comme un exilé (φυγὰς θεόθεν καὶ ἀλήτης). C'est l'exil signalé par ἀπό (μακάρων) qui compte ; si bien qu'un référent possible de τῶν qui viendrait ensuite à l'esprit après l'improbable μακάρων est le pronom μιν. Il faudrait que μιν (l'exilé loin des Bienheureux) soit alors un pluriel pour s'accorder au pluriel τῶν. Or μιν est ici un singulier[154]. Il faut donc abandonner μιν et le v. 20. Pour tenter de trouver le référent possible de τῶν, il faudrait ensuite remonter un vers plus haut (v. 19) avec, enfin, les δαίμονες – qui permettent cette fois-ci d'affirmer avec Stein-Diels qu'Empédocle est un *daimôn* parmi plusieurs *daimones*. On peut s'accommoder de l'éloignement de deux vers dans ce que livre Plutarque pour faire sens du τῶν, ou bien trouver qu'il s'agit là d'une bizarrerie. Je pense qu'il s'agit d'une bizarrerie. La lecture du *De exilio* ne permet pas de saisir immédiatement que τῶν (substitué à τήν) renvoie à *daimones*. Or c'est cela que l'on espérerait en corrigeant τήν en τῶν. Je conserve donc le τήν, qui n'est certes pas sans

---

153. J'ai eu une discussion avec Denis O'BRIEN portant sur la question de τήν et τῶν. Je tiens à le remercier des éclaircissages qu'il m'a apportés et des erreurs possibles d'analyse qu'il m'a signalées. O'BRIEN est un partisan de longue date de τῶν (attaché au montage de STEIN-DIELS). L'argument principal en faveur de τῶν résiderait dans le renvoi assez facilement compris du pronom démonstratif au génitif pluriel correspondant aux *daimones*, alors que l'ellipse du nom que l'article τήν introduirait n'est guère comprise. De fait, Empédocle ne pouvait pas avoir écrit τήν. J'ai pris une autre route.

154. Voir note 131 et note 145. Même si μιν était un pluriel, cela ne garantirait pas que ce pronom soit mis pour *daimones*. Les partisans de τῶν dans la reconstitution de STEIN-DIELS attendent que τῶν renvoie sans ambiguïté à des *daimones*.

difficulté, mais qui appartient à un hexamètre correctement transmis par tous les manuscrits de Plutarque, et qui peut faire sens. J. Hani, éditeur et traducteur du *De exilio* pour les Belles Lettres (1980), n'a aucune difficulté à conserver τήν ; il traduit le vers livré par Plutarque ainsi : « voilà le chemin que je suis à présent moi aussi, exilé du pays des dieux et errant. » Les traducteurs du *De exilio* pour la collection Loeb (1959) traduisent : « *such is the path I tread, I too a wanderer and exile from heaven* ». Karsten (1838), Wilamowitz (1929), Zuntz (1971), Bollack (2003) et Gemelli Marciano (2009) conservent τήν dans leur édition d'Empédocle. Le τήν introduit le chemin de l'exil douloureusement vécu par Empédocle. Toutefois, ce chemin est aussi celui qui, à son terme, mènera aux dieux Bienheureux (fr. 146, fr. 147).

L'enjeu du choix en faveur de τήν contre τῶν

Pourquoi dépenser tant d'énergie sur cette question de τήν et τῶν ? L'enjeu est de savoir si Empédocle dit clairement être un *daimôn* ou pas. Le τήν n'exclut pas qu'il se considère être un *daimôn* – la considération restant toutefois à préciser –, mais surtout le τήν ne l'affirme pas. Tandis que le τῶν l'affirme spontanément dans le cas du montage de Stein-Diels, puisque ce τῶν renvoie à σφε = les *daimones*, au fr. 115.9 (v. 23 Rashed). En fait, une lecture métonymique de τῶν καὶ ἐγὼ νῦν εἰμι pourrait éviter de conclure à l'équation ἐγώ = un des *daimones* = Empédocle. Précisons. Empédocle ne dirait pas directement « je suis maintenant un des *daimones* » ; il dirait seulement (= métonymie) : « je suis maintenant lié ou attaché à un des *daimones* ». Je ne connais personne qui ait fait cette lecture métonymique – sans doute parce qu'elle n'est ni directe ni séduisante.

Peut-on justifier le τῶν à partir de ce que dit Empédocle au fr. 112.4 (= v. 3 Rashed) : ἐγὼ δ' ὑμῖν θεὸς ἄμβροτος, οὐκέτι θνητός ? Puisqu'Empédocle se présente comme un dieu immortel (θεὸς ἄμβροτος), il serait un *daimôn*, une divinité[155]. En conséquence, τῶν renvoyant à δαίμονες serait justifié. Mais nous ne pouvons pas retenir cette conséquence. Nous avons pris soin de ne pas confondre les *daimones* avec les Bienheureux. Les *daimones* disent clairement

---

155. Voir les remarques d'O'Brien sur l'argument de Stein qui vise à lier le fr. 115 au fr. 112 dans O'Brien 2001, p. 152. O'Brien reformule l'argument : « *Only Empedocles' vision of himself as a daimon can explain his apparent claim to divinity in fr. 112.* » O'Brien 1995, p. 445, adhère à l'argument de Stein : « *twice in the surviving fragments Empedocles does nonetheless apparently refer to the* daimon *as immortal. For in the opening verses of the* Purifications, *as recorded by Diogenes (D.L. viii 62, fr. 112.4), Empedocles tells his friends at Acragas that he moves among them 'an immortal god, mortal no longer'* [...] *And in verses quoted by Clement (Strom. iv 150.1 [ii 314.25-29 Stählin], fr. 147) he tells us that, when we arrive at the end of our succession of incarnations, we 'share the hearth and share the table of the other immortals'* [...]. » Voir aussi, *ibidem*, p. 451-452 (*'An immortal god, mortal no longer'*).

l'exil, l'expiation. La tonalité du fr. 112.4 n'est pas d'énoncer cet exil. Bien au contraire, le message est positif. Par anticipation, Empédocle s'identifie au Bienheureux qu'il sera à sa prochaine réincarnation (fr. 146-147). Avec justesse Bollack écrit à propos du fr. 112.4-5[156] : « il [= Empédocle] était arrivé au bout, ayant avec son démon, traversé toute l'étendue de la mortalité et du vivant. » La formule « avec son démon » souligne bien l'écart à maintenir entre celui qui se présente comme un dieu d'une part et son « démon » d'autre part. Bollack dit encore que le démon est « une tierce chose » à l'intérieur de l'être mortel[157]. C'est la lecture que j'adopte, même si sur bien d'autres points je diffère de la lecture de Bollack.

On pourrait comprendre τήν comme un article suggérant un substantif en accord avec le verbe de mouvement εἶμι. Le substantif élidé serait un accusatif d'objet interne du verbe εἶμι. On pensera immédiatement à ὁδόν, car εἶμι admet ὁδόν comme complément d'objet direct (par exemple en *Odyssée* X, 103) ; de plus ὁδός est parfois implicite dans des tournures du grec ancien[158]. Je retiens un exemple cumulant le verbe εἶμι et l'ellipse de ὁδόν : ἴθι τὴν ὀρεινὴν [sc. ὁδὸν] καὶ [...] (Xénophon, *Cyropédie*, II, 4, 22.7). Wilamowitz avait fourni par ailleurs deux exemples de la tournure de l'accusatif d'objet interne sous-entendu[159] :

- Euripide, *Héraclès*, 680-681 : τὰν Ἡρακλέους / καλλίνικον ἀείδω.
  τὰν et le verbe ἀείδω suggèrent le substantif féminin manquant : ἀοιδάν.
- Aristophane, *Grenouilles*, 191 : εἰ μὴ νεναυμάχηκε τὴν περὶ τῶν κρεῶν. Le substantif féminin s'impose immédiatement avec le verbe νεναυμάχηκε, il s'agit de μάχην.

Dans ces deux exemples, le mot manquant peut facilement se déduire du verbe (ἀοιδάν pour ἀείδω, μάχην pour νεναυμάχηκε). Dans l'exemple de la *Cyropédie*, l'adjectif ὀρεινήν aide à compléter, et à trouver ὁδόν. Chez Empédocle, le verbe εἶμι peut conduire à l'accusatif ὁδόν, mais le tour demeure surprenant du fait d'une parole dense du poète[160]. Le chemin dont il serait question au v. 29 ne serait pas à

---

156. BOLLACK 2003, p. 55.

157. BOLLACK 2003, p. 65.

158. LSJ rapporte pour ὁδός (*s.v.*) : « ὁδός *is freq. omitted*, ἐπορευόμην τὴν ἔξω τείχους Pl. *Ly.* 203a; ἡ ἐπὶ θανάτου. »

159. U. VON WILAMOWITZ-MOELLENDORFF, *Euripides. Herakles*, erklärt von U.v.W, vol. II, Berlin, Weidmann, 1895, p. 156-157. Voir d'autres exemples dans R. KÜHNER & B. GERTH, *Ausführliche Grammatik der griechischen Sprache, II, 2*, Hanovre-Leipzig, Hahn, 1904, p. 558-559 (§ 596 I Ellipse).

160. De fait, d'un point de vue grammatical, il restera des hellénistes attachés à τῶν plutôt que τήν – je pense en particulier à D. O'BRIEN.

prendre au sens propre. Ce n'est pas un chemin concret qui mènerait d'une ville à une autre par exemple – pensons au *De exilio* (607 E) qui suggère le passage de Sardes à Athènes, de Corinthe à Lemnos. Ce n'est pas un sentier de montagne ou bien une route où pourraient circuler des chars. C'est un chemin à la fois spatial et temporel, c'est le chemin de l'exil (φυγὰς θεόθεν), ou de l'errance (ἀλήτης), de l'expiation, dans le cadre de la réincarnation. Le contexte permet ce développement[161]. La reconstitution de Rashed autorise une telle lecture, dès lors que l'on remplace τῶν καὶ ἐγὼ νῦν εἰμι par τὴν καὶ ἐγὼ νῦν εἶμι.

M. R. Wright écrit[162] : « Zuntz, *Persephone* p. 198, *defends Plutarch's reading and translates, "this way I myself am now going"; but which way? Hippolytus' note is more appropriate* ». Une seule question (« *but which way?* ») sans réponse suffisait à Wright pour disqualifier τήν en faveur de τῶν. C'est un peu court... Empédocle n'a pas pour habitude d'être explicite ; il demande souvent à son destinataire de prolonger la réflexion, de combler les silences.

En 2019, Van der Ben est resté sur son refus de 1975 de retenir τήν, et sur son choix en faveur de τῶν. Il écrit[163] : « *Reading τὴν εἶμι proposed by Bernardakis and Karsten creates a doubtful phrase, which yields no satisfactory sense.* » Déjà, en 1975[164], le savant trouvait que τῶν... εἰμι devait être restauré dans le *De exilio*, car « *this reading gives a good sense* ». Et de fait, « *τήν is a mere copyist's error.* » Mais en 2019, tout comme en 1975, Van der Ben ne considère pas que l'antécédent de τῶν soit les *daimones* ! Il imagine que l'antécédent est tous les hommes (1975) ou plus largement « *the ever-different forms of living beings* » (2019)[165]. Pour lui, en 1975, les *daimones* sont les dieux du v. 15, identiques aux θεοὶ δολιχαίωνες du fr. 21.12. En 2019, ce sont les éléments. Toujours est-il que Van der Ben a

---

161. Le texte livré par les manuscrits de Plutarque fait précéder le v. 29 par le v. 20 (τρίς μιν μυρίας ὥρας ἀπὸ μακάρων ἀλάλησθαι). Le verbe ἀλάλησθαι, errer, invite assez facilement à comprendre le τήν qui suit par un lieu où l'on erre, ce serait le chemin de l'errance. Les chemins pénibles de la vie (ἀργαλέας βιότοιο... κελεύθους) constituent les lieux de l'exil, ils disent l'errance. Empédocle emprunte ces chemins. Empédocle suggérerait le chemin de l'exil et de l'errance (ὁδόν en ellipse) qui rassemblerait les chemins (κελεύθους) pénibles de la vie.

162. WRIGHT 1981, p. 275.

163. VAN DER BEN 2019, p. 310.

164. VAN DER BEN 1975, p. 156.

165. VAN DER BEN 1975, p. 156. VAN DER BEN 2019, p. 622 : « *The antecedent to which τῶν refers is* [...] *'the ever-different forms of living beings', in the sense that 'I was born a member of the endless succession of varied and short-lived living beings'.* [...] *The reference of this ἐγώ, like that of ἐγώ at fr. 1, 3* [= fr. 112.4 = v. 4 RASHED], *of course is to the narrator who is internal to, and a structural element of the poem, not to Empedocles the author who is external to it.* »

vite écarté la leçon de Plutarque τὴν... εἶμι sans expliquer en quoi le sens serait insatisfaisant.

Verbe être ou verbe aller, il faut choisir l'un des deux, choisir entre deux accentuations que les onciales EIMI ne faisaient pas voir. Asclépius et Philopon[166], deux témoins anciens du v. 29, auraient-ils pu écrire ὡς καὶ ἐγὼ δεῦρ᾽εἰμὶ φυγὰς θεόθεν καὶ ἀλήτης, selon le choix du verbe être fait par certains éditeurs ? Ou bien, avec Karsten, Wilamowitz et Zuntz, auraient-ils écrit le verbe aller, εἶμι, et non pas le verbe d'état, εἰμί ? Le ἐγώ du v. 29 tel qu'il était compris par Asclépius et Philopon est-il explicitement en mouvement ? Plotin témoignerait dans ce sens avec le verbe ἥκειν (*Ennéades*, IV, 8.1.19-20) : αὐτὸς φυγὰς θεόθεν γενόμενος ἥκειν πίσυνος μαινομένῳ νείκει. Bref, en dehors d'Hippolyte et des choix faits ici ou là en faveur de εἰμί, il est possible de soutenir que certains témoignages anciens (Asclépius, Philopon, Plotin) rapportaient un Empédocle en mouvement (εἶμι) plutôt que de stipuler un Empédocle identifié à quelque chose qui précéderait le v. 29, et qu'il faudrait relier à des *daimones* en mouvement selon le montage de Stein-Diels.

En 2006, Primavesi écrit[167] : « *At the end of B 115 the Empedoclean speaker discloses that he himself is a guilty* daimon ». Cependant, il soutient l'édition d'un v. 29 en accord avec Plutarque, dont il traduit ce vers ainsi : « *Such is the road I now follow, a fugitive from the gods and a wanderer*[168]. » Et il ajoute une note : « B 115.13 ; *for the identification as such it does not matter whether we read, on the basis of Hippolytus,* τῶν καὶ ἐγὼ νῦν εἰμι or, with Plutarch, τὴν καὶ ἐγὼ νῦν εἶμι[169]. » Mais justement, c'est cela qui importe ! L'identification, ou plus précisément l'identité, ou pas ! En 2006, Primavesi traduit le v. 29 en retenant Plutarque, mais il pense ou interprète ce vers en retenant Hippolyte. Il néglige le fait qu'avec Hippolyte retenu dans la reconstruction de Stein, suivie par Diels (la suite fr. 115.12-13), le τῶν permet d'affirmer qu'Empédocle

---

166. Asclep., *Meta.* 197.20 ; Philop., *GC* 266.4, *Opicio mundi* 81.16-18, *An.* 73.32, *Phys.* 24.20.

167. PRIMAVESI 2006, p. 52.

168. O. PRIMAVESI 2006, p. 53. C'était également ce qu'il assumait avec A. MARTIN dans *L'Empédocle de Strasbourg* (P. Strasb. gr. *Inv. 1665-1666*). Introduction, édition et commentaire, Strasbourg-Berlin-New York, Bibliothèque Nationale et Universitaire de Strasbourg, W. de Gruyter, 1999, p. 62. Puis en 2001, dans PRIMAVESI 2001, p. 32. En 2006, PRIMAVESI commença à hésiter entre τήν et τῶν (voir sa n.162). PRIMAVESI 2007, p. 72, n.103, et PRIMAVESI 2008 (Oxford University Press), p. 276, n.103, restent sur une indifférenciation entre τήν et τῶν. Toutefois, en 2008, dans *Empedokles* Physika *I. Eine Rekonstruktion des zentralen Gedankengangs*, Berlin-New York, W. de Gruyter, 2008, p. 49, 51-52, PRIMAVESI opte pour τῶν. En 2011, PRIMAVESI édite le fr. 115.13 (son 8b R) avec τῶν. Il n'est désormais plus question de τήν ; on ne sait pourquoi la leçon des manuscrits de Plutarque a été écartée.

169. PRIMAVESI 2006, p. 52, n.5.

est un *daimôn*, alors que si l'on retient τήν et le contexte de Plutarque dans le *De exilio*, on ne peut pas l'affirmer. Dans l'édition de Rashed le τῶν est maintenu, mais cette fois-ci, contre Diels, ce τῶν ne renvoie pas à des *daimones*, mais à des hommes mortels. Rashed n'est pas parti de l'*a priori* qu'Empédocle est évidemment un *daimôn* ; il a fait d'Empédocle un homme mortel, et pas nécessairement un *daimôn*. Je réfléchis sur la même ligne de pensée, si ce n'est que je retiens le τήν lu chez Plutarque (avec εἶμι) contre le τῶν lu chez Hippolyte (avec εἰμί).

Styx

La scène de l'épreuve de vérité sur l'eau du Styx et de l'exil du dieu parjure, scène décrite dans la *Théogonie* hésiodique, est une source majeure d'inspiration du Proème. Certes, dans aucun des vers à notre disposition Empédocle ne mentionne Styx. Mais pourtant, l'odieuse déesse – στυγερὴ θεός, δεινὴ Στύξ[170] – est en arrière-plan de son propos. En comparant le fr. 115.1-2 (ἔστιν Ἀνάγκης χρῆμα, θεῶν ψήφισμα παλαιόν, / ἀίδιον, [...]) avec la *Théogonie* hésiodique, v. 805-806, M. A. Santamaría Álvarez a signalé la présence de Styx derrière le terme empédocléen ψήφισμα[171]. Il observe que ψήφισμα vient en écho chez Hésiode à ὅρκος et ὕδωρ, lesquels sont associés à Styx (*Théogonie*, 805-806) : τοῖον ἄρ' ὅρκον ἔθεντο θεοὶ Στυγὸς ἄφθιτον ὕδωρ / ὠγύγιον [...]. Le mot ψήφισμα est qualifié par Empédocle de παλαιόν et ἀίδιον, deux adjectifs qui sont synonymes des adjectifs ὠγύγιον et ἄφθιτον qui qualifient l'eau du Styx (et le serment) chez Hésiode. À partir de ces observations faites par Santamaría Álvarez, je suppose que le décret des dieux (θεῶν ψήφισμα) est dans l'ombre de Styx, agent de la Haine. Pour une audience attentive, qui saisit l'allusion à Hésiode, ὕδωρ a été remplacé par ψήφισμα, mais Styx reste en arrière-plan. Depuis longtemps, le verbe στυγέουσι lu au v. 26 signale sa présence.

Ce faisceau d'indices autour de la présence de Styx conduit à penser que dans le contexte du Proème le chemin de l'exil et de l'errance serait une στυγερὴ ὁδός, imitée d'*Odyssée* III, 288 et d'*Odyssée* XIV, 235[172].

---

170. Hésiode, *Théogonie*, 775-776.

171. Cette comparaison a été faite dans le cadre du colloque « Hesiod and the Presocratics », tenu à Leyde en juin 2016. On lira déjà A. TRAGLIA, *Studi sulla lingua di Empedocle*, Bari, Adriatica Editrice, 1952, p. 37.

172. En *Odyssée* III, 288-289, Zeus déclenche des bourrasques contre Ménélas et sa flotte : τότε δὴ στυγερὴν ὁδὸν εὐρύοπα Ζεὺς / ἐφράσατο. En *Odyssée* XIV, 235 (quand Ulysse mentionne son voyage vers Troie, qui anticipe des malheurs) : ἀλλ᾽ ὅτε δὴ τήν γε στυγερὴν ὁδὸν εὐρύοπα Ζεὺς / ἐφράσαθ᾽ [=ἐφράσατο]. L'expression στυγερὴν ὁδόν se trouve aussi chez Eschyle, *Les Sept*, v. 335. Il s'agit là de dire la route horrible de l'exil que pourraient emprunter les jeunes filles de Thèbes. – Il existe toutefois une éventualité complémentaire. Les *Argonautiques orphiques* font dire à Orphée (v. 41-42) : Ταίναρον ἡνίκ᾽ ἔβην σκοτίην ὁδὸν, Ἄϊδος εἴσω, / ἡμετέρῃ πίσυνος κιθάρῃ δι᾽ ἔρωτ᾽ ἀλόχοιο. Le verbe ἔβην (marcher) correspondrait au verbe

Ces deux références donnent l'exemple d'un voyage maritime chargé de souffrances, et commandé par Zeus. Ce Zeus serait compris par Empédocle comme étant le Zeus *basileus* (fr. 128.2), dont Styx chez Hésiode est l'alliée. M. Herrero de Jáuregui a montré l'influence du voyage d'Ulysse sur la composition du fr. 115[173]. Une allusion aux malheurs des voyages maritimes est donc possible. Soulignons deux points : l'épithète στυγερή est fortement associée à Styx, de par son étymologie, et de par la désignation στυγερὴ θεός lue chez Hésiode (*Théogonie*, 775) ; d'autre part, l'errance est ressentie sur mer, lorsque le ciel se déchaîne, lorsque le navire n'est plus contrôlable, lorsqu'il n'existe plus de points de repère pour le marin. Ces deux points contribuent à saisir l'importance possible pour Empédocle de l'expression στυγερὴ ὁδός, l'odieux chemin, qu'il entendait dans l'*Odyssée*.

En somme, le mot absent dans le v. 29, ὁδός, donne à penser. Au v. 22, les chemins (κελεύθους) de la vie – ceux de l'exil – sont qualifiés de « pénibles » (ἀργαλέας). C'est le moins qui puisse être dit des chemins d'un « pays sans joie » (v. 30 Rashed) où les mortels terrestres rencontrent des fléaux. En fait, l'ὁδός est sans doute chargée de l'horreur attachée à l'exil et à l'errance. Horreur inspirée par ailleurs par Styx, qu'il faut aussi deviner en arrière-plan. Empédocle ne prononce pas directement certains mots. Tout se passe comme s'il évitait par prudence d'évoquer la terrible déesse.

Le spectacle divin qu'offrent les **daimones**

Relisons la traduction des premiers vers du Proème (v. 15-22).

c'est un fait de Nécessité, un décret antique des dieux,	15
éternel, scellé par de larges serments,	
quand l'un des mortels, par ses erreurs, dans sa fuite,	
[souille ses propres membres :	
« quiconque, après avoir fauté, prononce un parjure,	18

εἶμι (aller) au v. 29 du Proème. La demeure d'Hadès à ἀτερπέα χῶρον au v. 30 RASHED (pour mémoire ἀτερπέα χῶρον chez Empédocle est une reprise d'*Odyssée* XI, 94, le lieu d'Hadès d'où Tirésias parle). Une formule au datif avec πίσυνος serait commune aux deux poètes. Et σκοτίην dans la catabase d'Orphée aurait pour écho σκότος au v. 33 RASHED. Ces correspondances impressionnent, toutefois Empédocle n'avait nulle chance de s'inspirer des *Argonautiques orphiques*, puisque celles-ci datent du Vᵉ s. après J.-C. Il faudrait donc imaginer que l'auteur de ces *Argonautiques* recopiait des vers de catabase composés au moins un millénaire plus tôt, ce qui aurait permis à Empédocle d'en avoir eu connaissance. Ce n'est pas impossible (voir déjà l'indice d'une certaine ancienneté chez Virgile, *Géorgiques*, IV, 467-468 et *Énéide*, VI, 119-120), mais cela reste à prouver. Ce que je tiens pour certain : la présence d'Orphée dans des *Argonautiques* est ancienne ; puisqu'Empédocle ne croit pas en un Hadès souterrain, il ré-écrirait à sa façon la catabase pour en faire une descente du séjour céleste vers la terre des vivants-mortels.

173. HERRERO DE JÁUREGUI 2017 (*REG*).

ô démons qui avez obtenu une longue vie en partage,
qu'il erre trente mille saisons loin des Bienheureux,   20
naissant à travers le temps sous toutes les formes des mortels,
empruntant successivement les chemins pénibles de la vie ! »   22

Bien des malentendus concernant ces vers proviennent du fait que de nombreux commentateurs n'identifient pas suffisamment les acteurs en jeu, ce que font ces acteurs, dans quel temps – dans quelle histoire du monde – ils le font, dans quel lieu ils le font, et quelles sont alors les relations entre ces acteurs.

Les données textuelles à notre disposition sont elliptiques par nature. Nous ne disposons pas du poème des *Catharmes* dans son entier, mais même avec la restitution intégrale du Proème selon l'édition de Rashed sur laquelle le présent travail s'appuie, même dans ce cas-là, Empédocle n'est pas explicite. Il faut retrouver ce qui est sous-entendu à partir de la forme dense et elliptique de ses vers. On entre alors fatalement dans une partie interprétative. Je comblerai le(s) sous-entendu(s) en exploitant la scène du dieu parjure chez Hésiode et en précisant des données de la *Physique* empédocléenne qui s'accorderaient au message des *Catharmes*.

Pour la *Physique*, il est essentiel que je rappelle mon adhésion à l'interprétation selon laquelle Empédocle croyait à l'éternité des cycles cosmiques et situait l'homme actuel dans une période de la Haine croissante. Du cycle cosmique en perpétuelle répétition il faut déduire l'existence d'un monde précédant immédiatement le *Sphairos* – appelé le monde A selon le vocabulaire d'A. Martin et d'O'Primavesi, choisi dans *L'Empédocle de Strasbourg* – et l'existence d'un monde venant immédiatement après le *Sphairos*, le monde B, dans lequel nous sommes censés vivre. Une infinité de mondes A et B et de *Sphairoi* ont déjà existé avant notre présence dans le monde B, et il en existera une infinité dans le futur[174]. Cette interprétation est dite traditionnelle ou orthodoxe. Elle s'oppose à une autre interprétation qui voudrait qu'un *Sphairos* et un seul ait précédé notre monde actuel. Ce *Sphairos* serait l'origine absolue d'un monde qui, après la destruction du *Sphairos*, tendrait à reconstituer son origine, sans qu'un nouveau cycle puisse recommencer. Le fait qu'Empédocle demande à Pausanias d'écouter d'abord les quatre racines de toutes choses (fr. 6) et le fait que dans le fr. 17 Empédocle présente d'abord et systématiquement le passage du Multiple à l'Un avant de présenter

---

174. Pour le monde A et le monde B, avec répétition du cycle, voir MARTIN & PRIMAVESI 1999, p. 87-88, 96. On notera l'ordre alphabétique, A puis B, qui signale la logique du commencement d'un cycle avec le δῖνος (et non pas avec le *Sphairos*).

le passage de l'Un au Multiple, ces deux faits prouvent, selon moi, qu'il ne convient pas de poser le *Sphairos* – et donc le repos – comme origine absolue du monde dans lequel nous vivons. Au commencement, il n'y a pas le *Sphairos*, il y a la séparation et le mouvement. Le monde passe du mouvement à un repos temporaire (le *Sphairos*). Par un retour au mouvement, un cycle s'accomplit. Le cycle cosmique se répète indéfiniment.

Quel est le « fait de Nécessité » ? Avant de répondre, tournons-nous vers Hésiode. Dans la *Théogonie* hésiodique, Zeus, qui commande à tous, impose qu'il n'y ait plus ἔρις καὶ νεῖκος parmi les dieux immortels (v. 782). Dit autrement, sous la juste tutelle de Zeus la paix et l'harmonie doivent régner. Dans le cas où cette paix serait menacée, il faut en trouver le coupable, et sanctionner durement celui qui n'avouerait pas avoir troublé l'ordre. L'énoncé de la sanction possible pourrait agir de façon dissuasive.

Dans le monde empédocléen que régit Nécessité, et non pas Zeus, il est hors de question de supprimer ἔρις καὶ νεῖκος. Il est hors de question d'affirmer que le passé n'a pas connu ἔρις καὶ νεῖκος et hors de question que le futur ne connaisse pas ἔρις καὶ νεῖκος. Nécessité garantit les équilibres entre l'Amour et la Haine. On croit parfois que le fait (ou l'oracle) de Nécessité serait en faveur de l'Amour ; que l'histoire racontée dans le fr. 115 serait un soutien à la loi universelle de « ne pas tuer » (B 135)[175]. Mais comment cela serait-il possible ? Nécessité peut-elle prendre parti contre la Haine ? Elle ne le peut pas. Elle veille aux équilibres de deux puissances qui sont en conflit dans le monde[176]. Empédocle s'est démarqué sur ce point du récit hésiodique. Il a conservé quelque chose d'essentiel : la perspective de la punition divine.

Qui sont les dieux du v. 15, auxquels est attaché un décret antique, éternel (θεῶν ψήφισμα παλαιόν, ἀίδιον) ? Ce sont les six principes : Zeus, Héra, *Aïdôneus, Nestis, Philotès, Neikos* – Hippolyte l'atteste même si, à la place des quatre racines, il choisit de dire « feu, eau, terre, air »[177]. Cette réponse implique que les dieux du v. 15 ne sont ni

---

175. Voir en particulier VAN DER BEN 1975, p. 128 : « *The oracle states the eternal law of nature that commands respect for life and forbids bloodshed; the fact that it is Necessity who states this symbolizes the law's being essential.* »

176. Concernant Nécessité, on lira désormais, dans le cadre de la « nouvelle interprétation du cycle cosmique », RASHED 2018, p. 77-80.

177. Voir Hippolyte, *Refutatio*, VII, 29, 23.6-24.1. Il est opportun de remplacer les noms des éléments par ceux des racines, car des dieux-racines sont bien plus des acteurs des serments que des éléments. Empédocle renverse les serments homériques où Ciel et Terre sont invoqués mais ne prêtent jamais serment eux-mêmes. Il confère une nouvelle personnalité à Ciel et Terre en les faisant prêter serment sous les noms d'Héra et d'Hadès. Contrairement à ce que pense BOLLACK 2003, p. 62, il n'y a pas de raison concrète de refuser la parole d'Hippolyte qui dévoile

les *daimones* (v. 19) ni les Bienheureux (v. 20). Et que celui qui se
parjure au v. 18 (rapporté en partie et seulement par Hippolyte) n'est
pas un des six principes, pour la raison simple qu'il est inconcevable
qu'un principe puisse se parjurer et soit ensuite condamné à l'exil[178].
Le fait de reconnaître dans les θεοί les six principes, et non pas
les Bienheureux du v. 20, est crucial pour l'interprétation que je
propose. Dans ces conditions, l'affaire des *daimones* ne reposera
pas sur un supposé décret des Bienheureux. Étant loin des soucis
terrestres, les Bienheureux n'avaient pas de raison de s'imposer, de
toute éternité, une loi prévoyant pour l'un d'entre eux une sanction
terrible. Qui aurait pu mettre en œuvre cette loi ? Il est difficile de
croire que cela aurait pu être un Bienheureux ou bien l'Amour.
Et comment imaginer alors que les Bienheureux auraient pu faire
appel à la Haine pour soutenir leur loi ? Les Bienheureux sont
des mortels – même si dans un clin d'œil homérique Empédocle
leur prête le nom commun d'ἀθάνατοι (fr. 147.1) –, ils dépendent
des décisions des véritables Immortels, dont les six principes. C'est
à ce niveau des véritables Immortels que s'est prononcé le décret
mettant en œuvre l'oracle de Nécessité.

Le décret est scellé par de larges serments (πλατέεσσι [...] ὅρκοις).
La pluralité des serments engage une pluralité d'acteurs. Quels sont

---

l'identité des dieux du décret. Le refus de BOLLACK repose sur deux raisons :
(1) sa volonté de maintenir séparées la *Physique* (= les *Origines*) et les *Catharmes*
(*ibid.* p. 15), donc de ne pas introduire dans les *Catharmes* les six principes qui
seraient essentiellement du registre de la *Physique* ; (2) sa volonté de voir dans
les dieux du fr. 115.1 les « garants astraux » (*ibid.*, p. 62) dans leur félicité, bref
(si je comprends les sous-entendus de BOLLACK) : les Bienheureux. Ses raisons
ne sont pas convaincantes. Étant donné que les Bienheureux sont des dieux
mortels, comment serait-il possible que des mortels déterminent un décret éternel
(ἀΐδιον) ? SANTANIELLO 2009, p. 341, refuse lui aussi la parole d'Hyppolyte, en
soutenant un point de vue souvent partagé : « *Ma chi sono gli dèi di B115.1, per
nulla imparentati con la teogonia esiodea, se non per il comportamento violento e sleale?
Sono evidentemente i 'démoni i quali hanno in sorte lunga vita' del v. 5, costretti a vivere
per 'trentamila stagioni' lontano dai beati. I 'beati' sono invece quelli, fra gli stessi dèi del
v. 1, che non essendosi macchiati di colpa continuano a vivere in comunione, formando
una sorta di unità mistica.* » WRIGHT 1981, p. 273 : « *The daimons are the gods of
line 1* ». En revanche, GALLAVOTTI 1975, p. 272, retient la parole d'Hippolyte :
« θεῶν: *non sono gli dei olimpici* [...], *ma gli dei della cosmologia empedoclea, gli elementi
e le forze.* » – Remarquons enfin qu'Hippolyte parle de l'air (ἀήρ) alors que dans
le vocabulaire empédocléen il devrait parler d'éther. Mais pour lui l'éther est
le feu. La suite « feu, eau, terre, air » correspond au fr. 17.18 livré par Sextus
Empiricus, Athénagore, Simplicius (tandis que Plutarque et Clément d'Alexandrie, deux sources ici plus fiables, livrent l'éther – αἰθήρ – à la place de ἀήρ).

178. Chez Hippolyte, l'identification des dieux du v. 15 aux six principes ne
serait pas contredite par Plutarque. Elle ne sert pas les thèses d'Hippolyte dans
la *Refutatio*. Elle validerait, à mon avis, le fait que le parjure au v. 18 est celui
d'un Bienheureux et non pas d'un des six dieux.

les acteurs qui prêtent serments ? Le texte ne le dit pas[179]. Je suppose que ce sont les dieux qui ont promulgué le décret, qui prêtent serment, et cela pour trois raisons : (1) il n'y a pas d'autres acteurs énoncés dans les deux premiers vers, donc, par défaut, les serments sont prêtés par les dieux du vers 1 ; (2) si les dieux sont les six principes, il va de soi qu'ils s'engagent, dans le monde qu'ils constituent, à faire respecter le décret qu'ils ont scellé ; (3) l'épithète « larges » (πλατέεσσι) implique une dimension cosmique tout comme dans le fr. 30 (πλατέος [...] ὅρκου)[180] ; cette dimension est bien plus celle des six principes que celle des Bienheureux sur la lune. L'engagement par de larges serments des six principes interdit le fait que le décret antique puisse se tenir dans le *Sphairos*, qui est un lieu sans action. De plus, le *Sphairos* réunit Zeus, Héra, *Aïdôneus, Nestis* et *Philotès,* mais exclut *Neikos.* Seul le Multiple peut être le cadre du décret antique et des serments. L'idée même d'un serment – qui est un lien fort – rend impossible toutefois que le décret antique puisse se sceller dans le *dinos,* au temps où tous les liens entre les divers principes sont inexistants. Chacun des six dieux jurerait en invoquant les cinq autres dieux, témoins de l'engagement, et, tout aussi vraisemblablement, Nécessité. La scène se tiendrait dans le monde B.

Au v. 15, l'identification des dieux aux six principes peut trouver confirmation dans un témoignage autre que celui d'Hippolyte. Simplicius cite les v. 15-16 (citation avec toutefois une variante au v. 16) entre deux passages attribués sans conteste à la *Physique* : le fr. 17.29 et le fr. 30[181]. Le fr. 17.29 concerne les éléments qui dominent à

---

179. Les commentateurs qui admettent l'authenticité du v. 18 (partiellement livré par Hippolyte) pourraient avoir tendance à supposer que les Bienheureux prêtent les serments mentionnés au v. 16, ce qui permettrait de comprendre ensuite qu'ils puissent se parjurer (v. 18). Notons une lecture qui imagine que le décret antique des dieux puisse être violé (G. PUGLIESE CARRATELLI, *Les lamelles d'or orphiques : instructions pour le voyage d'outre-tombe des initiés grecs*, Paris, Les Belles Lettres, 2003, p. 13) : « 'l'antique décret des divinités, éternellement valide', qui prescrit pour les âmes (δαίμονες [...]) de ceux qui le violeraient une expiation qui les tiendra éloignées du siège des bienheureux ». Comment l'antique décret pourrait-il être violé ? Il le serait si son contenu était « ne pas tuer les êtres animés » (B 135). Mais il n'y a de cela aucune preuve.

180. Pour la compréhension du fr. 30, voir RASHED 2018, p. 73-80. BOLLACK 1969, p. 161, voyait dans πλατέος... ὅρκου (= fr. 30.3) la clôture, l'enceinte sur le pourtour de l'univers. Commentant le fr. 115.2, BOLLACK 2003, p. 62, reprend l'étendue spatiale du serment en l'élargissant au pluriel : « [ces serments qui s'étendent jusqu'aux limites du monde] sont les larges bandes stellaires et peut-être l'enceinte même si l'on se règle sur les 'serments des dieux', scellés sur cette largeur. » Je ne suis pas certain de comprendre les allusions de BOLLACK en 2003, mais je retiens au minimum de son propos la dimension cosmique des serments.

181. Simplicius, *In Phys., CAG,* 10, 1184 9-10.

tour de rôle dans le cercle du temps. Le fr. 30 concerne l'alternance des pouvoirs de l'Amour et de la Haine, réglée par un large serment. Simplicius ne dit pas qui sont les dieux au v. 15, mais il est hors de doute que ce ne sont pas les Bienheureux dans un séjour céleste (même si, dans le poème physique, les Bienheureux se comptent vraisemblablement parmi les dieux à la longue vie comblés d'honneurs, au fr. 21.12 et au fr. 23.8)[182]. Pour Simplicius, ces dieux seraient les quatre éléments (implicitement désignés dans le fr. 17.29) et les deux puissances, Amour et Haine (fr. 30). On remarquera ici que l'ordre des éléments donné dans le fr. 17.18, à savoir feu, eau, terre, air (ou éther), est précisément celui donné par Hippolyte, par trois fois, pour Empédocle (*Refutatio*, VII, 29,10.9 ; VII, 29,12.3, VII, 29, 23.7[183]), dont celui du commentaire du v. 15. Cet ordre est aussi celui de l'interprétation qu'Hippolyte fait du fr. 115.9-12, en *Refutatio*, VII, 29, 20.2-5[184].

Compte tenu de ces différentes données, il est difficile de croire qu'Empédocle ait eu deux façons de concevoir ceux qui scellent par de larges serments le décret antique : une fois pour dire des Bienheureux qui pourraient être punis, une autre fois pour dire les six principes. Le plus vraisemblable est qu'Empédocle signale exclusivement les six principes, qui sont des dieux.

Où sont ces principes-dieux ? Partout dans le monde, car ils font le monde.

Que signifient les larges serments jurés par les dieux ? Ils signifient que ces dieux s'engagent dans la bonne exécution du décret. Preuve en est que les quatre grandes masses élémentaires (éther, mer, terre, soleil) sont impliquées dans la mise en œuvre du décret (v. 23-25). Le décret et les serments des six dieux laissent supposer qu'il existe un équilibre des pouvoirs entre les six dieux. Plus particulièrement : le décret ne serait pas plus favorable à l'Amour qu'à la Haine. L'Amour et la Haine y trouveraient chacun

---

182. BOLLACK 1969 (*commentaire, 1*), p. 151-152, défend l'idée selon laquelle Simplicius ne cite pas des vers appartenant aux *Catharmes* ; il citerait des vers appartenant à la *Physique*. Habituellement, les deux vers cités par Simplicius sont cependant compris comme appartenant aux *Catharmes*. Voir A. LAKS, « Some thoughts about Empedoclean cosmic and demonic cycles », dans PIERRIS, A.L. (dir.), *The Empedoclean Κόσμος: s[t]ructure, process and the question of cyclicity*, Patras, Institute for philosophical research, 2005, p. 265-282, aux pages p. 270-271. Et 22 D10 LM.

183. Hippolyte cite aussi les quatre éléments (toujours avec « air »), dans cet ordre, en *Refutatio*, VI, 53.1.1.

184. L'interprétation est erronée. Hippolyte prend l'éther du v. 23 pour le feu, alors qu'il s'agit de l'air chez Empédocle. Puis il en vient soit à omettre les rayons du soleil (v. 24-25), soit à les confondre avec l'air. Simplicius prend lui aussi les rayons du soleil pour l'air sous B 21. Ce qui est une mécompréhension surprenante.

leur compte. L'Amour produit des vies éphémères, mélanges des quatre éléments. La Haine s'en prend à ces vies éphémères pour les détruire[185]. Mais pas seulement. Elle permet la diversité des formes (fr. 21.7). Et l'Amour – habile artisane – utilise la capacité de séparation de la Haine (fr. 23, fr. 84) pour donner forme à ses êtres mortels[186].

La volonté de voir l'exécution d'une punition au-delà de la mort

L'Amour a produit des êtres mortels, éphémères ou bien à longue vie. Éphémères, tels sont les mortels terrestres dont l'existence est peu enviable – surtout avec le pouvoir croissant de la Haine. À la longue vie, tels sont les Bienheureux, sur la lune, loin des soucis terrestres. Avec ses productions l'Amour a produit des « je » et introduit incidemment un phénomène de continuité subjective qui est la palingénésie. La palingénésie est un phénomène invisible, non traçable d'aucune façon. Aucun lien physique n'existe entre deux vies mortelles et singulières. Il est donc impossible de repérer et d'affirmer que telle vie (telle naissance) est la suite de telle autre vie (telle mort).

Ce constat, qui estompe la chaîne causale, viendrait en conflit avec la vieille idée selon laquelle la vie terrestre, malheureuse (fr. 124), est la punition d'une faute antérieure et antique. Pour mémoire, chez Hésiode, le malheur des hommes tient aux agissements de Prométhée et d'Épiméthée[187]. Les êtres mortels terrestres paient pour cette faute. De son côté, l'histoire centrale des *Catharmes* identifie le responsable d'une faute dont les conséquences pèsent sur les mortels terrestres : c'est un Bienheureux.

Dans la *Théogonie* hésiodique, il existe une punition précise, prévue pour un dieu parjure. Lors de cette punition le dieu parjure ne meurt pas. Il subit, tout en restant lui-même, deux épreuves. Les autres

---

185. GALLAVOTTI 1975 admet que les dieux du fr. 115.1 sont les six principes, dont la Haine. Mais dans sa réflexion sur l'erreur du parjure qui donne lieu à l'exil, il suppose que les hommes sont acteurs du parjure, et que le décret divin se confond avec le serment qui peut faire l'objet d'un parjure (au fr. 115.4). Les Bienheureux, qui ne sont pas les hommes, sont alors oubliés (GALLAVOTTI 1975, p. 274) : « *Il participio* ἁμαρτήσας *ha valore causale: chi sbaglia, diventa spergiuro, perché manca al giuramento che vincola ogni uomo al patto indicato nei vv. 1-2* [= fr. 115.1-2]; *infatti il decreto divino è sottoscritto "con giuramento" da tutti gli uomini in quanto tali; è la "legge universale"* [= fr. 135] *della natura nella sua essenza fisica* ».

186. J'ai développé cette idée dans PICOT 2017/2018.

187. Voir le mythe de Pandore chez Hésiode, *Théogonie*, 511-512, 570-572, 588-590, 600-602, *Travaux et Jours*, 47-105 ; Pindare, fr. 133 BERGK (SNELL ou RACE – cité dans Platon, *Ménon*, 81 B-C) ; Platon, *Cratyle*, 400 C. Voir U. BIANCHI, « Péché originel et péché 'antécédent' », *Revue de l'histoire des religions*, 170, 2, 1966, p. 117-126.

dieux, dont Zeus et Styx, peuvent suivre facilement la bonne exécution de la punition. Dans le schéma empédocléen, la punition d'un dieu Bienheureux commence par la mort de celui-ci, ce qui pose immédiatement la question du moyen qui permettrait, pour les autres dieux, de suivre l'exécution de la punition qui doit s'étendre sur 30 000 saisons (v. 20). Les dieux immortels ont besoin de suivre la punition qu'ils imposent, nonobstant le processus aveugle de la palingénésie.

Le Bienheureux fautif est condamné à un exil qui consistera à renaître sous différentes formes de vie terrestres. La transmigration des *daimones* issus du Bienheureux permettra aux dieux immortels (v. 15) de rendre visible pour eux-mêmes le lien entre le fautif et les mortels terrestres, censés être des réincarnations du Bienheureux, qui paient pour la faute.

Dans l'*Iliade* et particulièrement dans l'*Odyssée*, qui raconte une pérégrination, les dieux olympiens sont spectateurs et acteurs de ce qui se passe chez les mortels, sur mer et sur terre. Empédocle prolongerait à sa façon ce type de récit. Ses dieux (dont certains ont des noms d'Olympiens, ce qui n'est peut-être pas qu'une coïncidence) veulent voir l'exécution d'une punition qu'ils ont infligée, et qui va au-delà de la mort du fautif. Chez Empédocle, il n'existe pas l'Hadès ou le Tartare où sont jetés les Tantale, Ixion ou autre Sisyphe, pour subir leur châtiment – et cela, en théorie, sous le regard d'un Zeus qui voit tout. Chez Empédocle, la mort conduit à une renaissance parmi les vivants, selon la palingénésie. Il faudrait alors supposer que les dieux immortels veulent être témoins d'un processus mystérieux qui spontanément leur échappe. Grâce aux *daimones* qui ont une longue vie, la traçabilité de l'enchaînement des vies mortelles lors de l'exil serait assurée et garantirait que l'exil dure effectivement 30 000 saisons. Grâce à eux, les dieux qui condamnent un Bienheureux guideront l'enchaînement de ses réincarnations de telle sorte que tous les types de vie soient vécus lors de l'exil. Ils doivent veiller à l'exécution de la modalité punitive du décret qu'ils ont scellé :

> [naître] à travers le temps sous toutes les formes des mortels,   21
> empruntant successivement les chemins pénibles de la vie !   22

Les dieux ont vraisemblablement fixé le grand nombre de 30 000 saisons de façon à ce que les *daimones* puissent enchaîner les nombreux types de vie terrestre (fr. 35.16 : ἔθνεα μυρία θνητῶν). Les *daimones* n'errent pas. Ils concrétisent la modalité punitive d'un plan divin, tout comme dans la *Théogonie* hésiodique l'enchaînement sommeil profond (v. 798 : κῶμα) puis conscience d'être exclu des banquets est la modalité punitive d'un plan divin pour le dieu parjure. Chez

Empédocle, le plan est plus complexe. Quant aux mortels terrestres, ils errent car ils ignorent le plan divin dans lequel ils sont impliqués.

Un exil de 30 000 saisons sous surveillance

Le décompte du temps de la punition est opéré par les dieux qui pilotent les *daimones* d'une vie à l'autre. Ordinairement les commentateurs du fr. 115 ne se préoccupent pas de savoir qui est le garant du temps de la punition et donc de la libération ; ou certains prennent comme une évidence que les *daimones* comptent le temps et se libèrent par eux-mêmes.

Même si les *daimones* étaient des âmes personnelles douées de mémoire, ayant un sens du temps qui passe et une perception des saisons qui s'enchaînent, cela serait étrange que les dieux qui punissent laissent à ces *daimones* l'initiative de leur sortie d'exil. En outre, ce n'est pas sur les êtres mortels eux-mêmes, pris dans une succession temporelle faite de discontinuités, qu'il faut faire reposer le compte forcément continu des 30 000 saisons. Ne parlons pas non plus des animaux et des plantes des cavernes et des fonds marins qui, dans l'obscurité, ne perçoivent pas le passage des saisons. Seuls les dieux qui punissent peuvent veiller à la bonne exécution de la punition durant 30 000 saisons.

Quand on sait le dialogue imaginaire et critique qu'Empédocle entretient avec Hésiode, il convient d'être attentif au renvoi possible du nombre τρὶς […] μυρίας (v. 20) au nombre τρὶς […] μύριοι des Immortels dans *Les Travaux et les Jours* (v. 252-253). On peut débattre pour savoir si l'adjectif μύριοι (ou μυρίοι dans certaines éditions) signale uniquement chez Hésiode un très grand nombre, quelque chose d'innombrable, ou bien 10 000. On peut aussi s'interroger de la même façon sur la durée avec μυρίας. Cependant, pour désigner un temps de punition, limité dans le temps (les fr. 146 et 147 signalent un aboutissement), μυρίας désignait très vraisemblablement pour Empédocle un nombre grand mais précis, à savoir 10 000. Peut-être à tort, Empédocle pouvait-il comprendre « τρὶς […] μύριοι » chez Hésiode comme 30 000, à savoir là aussi un nombre précis.

Au service de Zeus, les 30 000 Immortels des *Travaux et des Jours* surveillent les mortels dans leurs agissements vis-à-vis de la justice. Assurément, les saisons (au v. 20) chez Empédocle ne sont pas les Immortels. Néanmoins, Empédocle semble transférer dans son récit une association forte, celle du nombre 30 000 et du besoin de surveillance. Les τρὶς […] μύριοι répondent chez Hésiode au besoin de surveillance des mortels dans le cadre de la justice soumise aux Olympiens. Chez Empédocle, la décision de justice divine – condamnation d'un Bienheureux – doit être suivie, en particulier par certains dieux aux noms d'Olympiens (Zeus, Héra, *Aïdôneus*), pendant 30 000 saisons[188].

On admet d'ordinaire que dans le fr. 115.6 (v. 20) ὥρα signifie le tiers de l'année, donc une des trois saisons que distinguaient Homère et Hésiode (voir LSJ, s.v.). Qu'Empédocle exprime en termes de saisons, et non pas d'années, la durée de l'exil d'un Bienheureux n'est probablement pas un hasard. Les saisons évoquent un cycle temporel immuable et récurrent de trois séquences de nature différente, rythmées par le mouvement du soleil. Empédocle ne prononce pas le mot cycle (cf. Hérodote, II, 4 ; Aristote, *GC*, 338 b 4) cependant tout laisse penser qu'il a en tête ce mot important pour lui. La durée des trois fois dix mille saisons s'inscrit entre le *menos* de l'éther (v. 23) et les tourbillons de l'éther (v. 25), en trois vers. On peut lire ce passage comme une simple boucle, ou bien comme la répétition d'un cycle entre trois milieux de vie (voir ci-dessous « l'hypothèse de la spirale ascendante »).

Des daimones *sous le regard des dieux*

L'être qui tue et qui est en fuite est un mortel terrestre (le τις au v. 17) ; ce n'est pas un *daimôn* ; il est possible toutefois que cet être mortel héberge un *daimôn*. Le τις n'est pas non plus un Bienheureux. Hippolyte ne cite pas ce *tis* qui tue. En revanche, il énonce l'être qui jure (le singulier ἐπομόσσηι, au v. 18) sans supposer que cet être est un meurtrier. Le fait que le fragment de vers livré par Hippolyte vienne en écho du vers 793 de la *Théogonie* laisse penser que chez Empédocle le sujet de ἐπομόσσηι est aussi un Bienheureux. Rien chez Hippolyte ne va à l'encontre de cette supposition. Dans la reconstitution que je propose le sujet de ἐπομόσσηι est un mortel lunaire, autrement nommé Bienheureux (v. 20). Il se parjure (v. 18) par rapport à des actes passés – je développerai ce point, en relation avec le parjure sur le Styx dans la *Théogonie* hésiodique. Ce Bienheureux parjure est puni (v. 20). Sa punition passe par sa mort et des réincarnations sur terre (v. 21-22). Les *daimones* sont introduits pour tracer physiquement la punition

---

188. Je n'exclus pas l'idée qu'Empédocle ait utilisé l'expression τρίς [...] μυρίας ὥρας en prolongeant un jeu de mots observé chez Hésiode dans la *Théogonie*, jeu de mots concernant le nom des Heures. Hésiode dit en effet (v. 901-903) : δεύτερον ἠγάγετο λιπαρὴν Θέμιν, / ἣ τέκεν Ὥρας, Εὐνομίην τε Δίκην τε καὶ Εἰρήνην τεθαλυῖαν, / αἵ τ᾽ ἔργ᾽ ὠρεύουσι καταθνητοῖσι βροτοῖσι. On remarque Ὥρας et ὠρεύουσι, un même début de mot en dehors d'une accentuation différente. Les Heures surveillent. Dans *Les Travaux et les Jours*, les 30 000 Immortels surveillent. Chez Empédocle, les *daimones* – hébergés par des mortels – sont surveillés par les sept Immortels (Nécessité, Zeus, Héra, *Aïdôneus, Nestis, Philotès, Neikos*), pour que leur périple terrestre atteigne 30 000 ὥραι.

(v. 19-20). Par leur présence dans des êtres terrestres, ils signalent aux dieux éternels les réincarnations successives du Bienheureux, ses vies de punition. Chaque être mortel terrestre qui héberge un *daimôn* pourrait s'identifier avec ce *daimôn*, qui fait partie de lui-même, et qui lui trace son destin. Quand Empédocle dit suivre maintenant le chemin (τὴν [ὁδόν]), en tant qu'exilé (φυγάς) et errant (ἀλήτης), il reconnaît la présence en lui d'un *daimôn* qui lui trace depuis longtemps le chemin commun de l'exil, et, face au destin, Empédocle affiche l'ignorance générale des mortels terrestres en errance.

Soulignons tout de suite une anomalie, qui ne dépend pas de notre interprétation. L'errant ne sait pas où il va. Or, Empédocle a le privilège de connaître son destin. Il sait qu'après sa mort il sera un Bienheureux retrouvant le séjour céleste qu'il avait quitté il y a de cela 30 000 saisons. Mais alors, pourquoi se perçoit-il en errant (ἀλήτης, v. 29) ? Comment répondre à cette anomalie ? Une réponse probable serait : le chemin qu'Empédocle suit est le chemin commun des exilés et des errants. Ce chemin est de bout en bout celui de tous les exilés ; il est, dès son départ, celui des errants, et, seulement à son terme, il serait le chemin de privilégiés (Empédocle, ses disciples) qui n'errent plus vraiment car ils savent le bonheur qui les attend. Ceux-là ne sont qu'un petit nombre parmi tous les devins, les poètes, les médecins et les chefs (fr. 146), qui tous, à leur mort, accéderont à la table des Immortels (fr. 147). Hormis Empédocle et ses disciples, tous ces hommes socialement valorisés sont ignorants du bonheur qui les attend à leur mort. Ils errent. Bien que savant, inspiré par sa Muse, Empédocle s'identifie un instant au destin commun. Empédocle – un homme mortel – vit encore dans le cadre de l'errance voulue par le décret des dieux (v. 20-22).

Soyons attentifs au vocatif δαίμονες. Le décret des dieux se limite aux v. 18 à 22. Rashed le signale dans sa traduction par des guillemets[189]. Le vocatif intervient dans une incise (v. 19) qui interrompt – je crois – le décret par une parole étrangère. Le vocatif serait uniquement la parole d'Empédocle. Sur ce point je diffère de ce que Rashed écrit[190] :

> L'injonction s'adresse aux auditeurs d'Empédocle et à tous les démons. [Puis, en note de bas de page, Rashed ajoute :] Formellement, le vocatif appartient au décret scellé par les larges serments des dieux. Mais c'est aussi Empédocle qui parle, et qui insère ce discours divin dans son propre discours aux Agrigentins.

---

189. Rashed 2018, p. 239.
190. Rashed 2018, p. 226.

Il me semble que le v. 19 (avec son vocatif) est le commentaire d'Empédocle. Le décret ne mentionnerait pas les *daimones*. Le penseur en appelle aux *daimones* dont il ne dit rien d'inquiétant ; au contraire : il leur accorde une longue vie (οἵ τε μακραίωνος λελάχασι βίοιο). Et pourtant, on comprendra ensuite la charge négative que ces *daimones* portent en eux. Empédocle introduit les *daimones* afin d'introduire le repère dont les dieux ont besoin pour rendre le décret applicable. Le décret ne mettrait pas ces *daimones* au centre de ce qu'il énonce. En prenant la parole avec le vocatif, Empédocle suggère que ces *daimones* sont aussi pour nous – les êtres mortels terrestres – un repère. Nous sommes liés aux *daimones*.

J'ai la conviction qu'Empédocle a intuitivement saisi la différence entre deux processus (?), que j'ai définis sous les mots de palingénésie et de transmigration. La façon de passer de l'un à l'autre – de la palingénésie (sans continuité objective) à la transmigration (avec continuité objective) – se serait faite, pour lui, en postulant les *daimones* du v. 19. Empédocle a été peu explicite sur ces *daimones*. Les commentateurs antiques ont dit sur eux ce qu'Empédocle n'y mettait pas. Les Modernes ont beaucoup parlé des *daimones*.

L'exil d'un seul Bienheureux (le singulier ἐπομόσσηι au v. 18) se repère par une pluralité de *daimones* (v. 19). Un mortel terrestre qui héberge un de ces *daimones* se trouve entraîné dans l'exil de ce Bienheureux. L'exil du Bienheureux engage donc simultanément plusieurs mortels terrestres, hébergeurs de la totalité des *daimones* provenant du Bienheureux. Cette logique du singulier et du pluriel est une des difficultés du Proème[191].

Un *daimôn* ne serait pas l'âme immortelle du Bienheureux fautif[192]. Si l'on poursuivait l'idée d'un *daimôn*-âme du Bienheureux, on aurait bien des difficultés à expliquer qu'un seul Bienheureux, ayant une seule âme, puisse libérer à sa mort non pas une seule âme-*daimôn* mais une pluralité, puisqu'il faut s'en tenir au pluriel *daimones* livré au v. 19[193].

---

191. BOLLACK 2003, p. 64-65, a vu l'importance de conserver le pluriel *daimones*, mais il en a fait une opposition au *tis*. RASHED 2018, p. 225-226, a retenu un vocatif pluriel pour *daimones* et un *min* singulier dans une syntaxe cohérente. LAKS 2004, p. 35, et F. GAIN (« Le statut du "daimon" chez Empédocle », *Philosophie antique*, 7, 2007, p. 121-150, aux pages 126-128), ont suivi BOLLACK, et lisent comme lui un *min* pluriel au fr. 115.6.

192. *Contra* Plutarque dans le *De exilio* ; voir notre critique dans la section « L'improbable métempsychose ». – Nous ne disposons d'aucune preuve qu'Empédocle ait utilisé le mot ψυχή. Le fr. 138 ne peut pas être attribué avec certitude à Empédocle. Le mot ψυχή n'y désigne de toute façon pas l'âme mais la vie. Le fr. 138 est absent de l'édition LM – à juste titre.

193. Pour mémoire, DIELS a retenu l'idée d'un *daimôn* confondu avec le Bienheureux parjure. Il retient δαίμονες au fr. 115.5 comme l'équivalent d'un

Un *daimôn* ne serait ni la série des « je » qui se réincarnent, ni une âme sensible et connaissante ('je+') commune à toutes les incarnations. Il serait un être physique qui relie une série discontinue de « je » mais qui ne se confond pas avec elle, un être physique qui établit un lien singulier pour une série initiée par la mort d'un Bienheureux, là où précisément la palingénésie ne donne aucun lien matériel ; un *daimôn* comble pour les dieux le manque de visibilité existant entre deux incarnations. Ce *daimôn* ainsi défini n'est pas coupable en lui-même, il n'a pas eu les mains souillées de sang ; il n'a pas commis de parjure. Il ne souffre pas comme un « je » incarné souffre lors de l'exil – la souffrance n'est pas vécue en double, par un « je » concret, et en plus par un *daimôn* sensible attaché temporairement à ce « je » concret. Ce *daimôn* ne peut pas être dit puni. Il ne fait que signaler les vies particulières éphémères qui, sur terre, constituent les punitions successives du Bienheureux parjure. Ce sont les êtres mortels terrestres hébergeant des *daimones*, qui souffrent et ressentent la punition. Un *daimôn* matérialise seulement la continuité de la punition. Il est conçu pour migrer dans chacune des existences terrestres qui doivent s'enchaîner lors de l'exil du Bienheureux parjure. C'est, au service des dieux éternels, une divinité intermédiaire qui accompagne des mortels terrestres successifs.

Nul besoin d'insister sur le fait que cette définition encore sommaire du *daimôn* va à l'encontre de la définition minimale – un être coupable, puni, souffrant, assimilé à l'âme humaine qui serait immortelle, substrat de la personnalité qui transmigre – sur laquelle s'accordent nombre de spécialistes d'Empédocle[194]. Cet accord s'appuie sur au moins une parole de Plutarque, qui est sans

---

génitif pluriel. GRAHAM 2010, par exemple, a suivi DIELS. D'autres (STEIN 1852, ZUNTZ 1971, PRIMAVESI 2011) ont corrigé δαίμονες en δαίμων.

194. GAGNÉ 2013, p. 462 : « *The μιήνη of line 3 (an emendation of Estienne) presents the fault as a pollution* [...]. *It is a pollution that taints the φίλα γυῖα of the* daimōn ». HERRERO de JÁUREGUI 2017 (*REG*) exprime la culpabilité et la punition du *daimôn* (p. 23, 27, 36) : « Empédocle décrit dans le fragment 115 DK la punition du *daimôn* pour s'être parjuré », « [l'exil] cette punition du *daimôn* qui viole son serment », « Le parjure du *daimôn* implique son expulsion et le condamne à errer », « la transgression du serment initial du *daimôn* ». Voir aussi MEULDER 2016 (*Elenchos*), p. 63 : « le démon déchu perd sa qualité quelque peu divine, en attendant d'être totalement purifié de ses fautes, de ses souillures et de son parjure, et revêt provisoirement une enveloppe corporelle de mortel. » Et T. MACKENZIE, « Empedocles, personal identity, and the narrative of the fallen daimōn », à paraître : « *the* daimōn *has a separate psychological identity from that of the organism in which it is embodied* [...] *the* daimōn *is effectively a separate person from the organisms in which it comes to be embodied* [...] *certain* daimones *are exiled into mortal forms if they commit bloodshed* [...] ». L'article de MACKENZIE offre néanmoins une critique intéressante, quoique indirecte, de la métempsychose.

ambiguïté mais qu'il faudrait contester[195] : Ἐμπεδοκλῆς δὲ καὶ δίκας φησὶ διδόναι τοὺς δαίμονας ὧν <ἂν> ἐξαμάρτωσι καὶ πλημμελήσωσιν (les v. 23-26 suivent[196]). Il faut s'en expliquer dès maintenant.

Les daimones *selon Plutarque dans le* De Iside *et le* De esu

Dans le *De Iside* (361 C), Plutarque considère que les *daimones* ont commis des fautes (ἐξαμάρτωσι, πλημμελήσωσιν), et qu'ils doivent ensuite payer ou être punis pour ces faits (δίκας [...] διδόναι). Ces *daimones*, acteurs jugés responsables, auraient existé avant leur condamnation et leur punition (avant l'exil punitif à travers les grandes zones élémentaires qui les haïssent). Juste avant cette condamnation, ils devaient être des Bienheureux fautifs. Plutarque l'affirme. Sa parole est certes importante. Mais nous ne disposons d'aucun vers d'Empédocle qui permette d'appuyer son propos. Faut-il en conséquence croire Plutarque sur parole en pensant que ce dernier savait ce que nous ne savons pas ? Je ne le crois pas. Le doute sur l'assimilation des *daimones* à certains Bienheureux est permis. Plutarque interprète Empédocle avec la clé de la métempsychose (même si ce mot ne fait pas partie de son vocabulaire ; il utilise parfois παλιγγενεσία[197]) et des références platoniciennes[198]. Il esquisse l'histoire de quelqu'un – un *tis*, un Bienheureux-*daimôn* – dont l'âme est immortelle. Certes dans les v. 23-26, qui suivent le propos de Plutarque, les *daimones* restent identiques à eux-mêmes au fil de l'exil (je reviendrai sur ce point) ; mais Plutarque va au-delà en supposant que ces *daimones* étaient précédemment des Bienheureux aux agissements répréhensibles, qui, après avoir été châtiés et purifiés par l'exil, reprendront leur place parmi les Bienheureux[199].

---

195. Plutarque, *De Iside et Osiride*, 361.C.3-5.

196. Avec une petite variante au v. 25. Les manuscrits de Plutarque ont ἀκάμαντος, tandis que le v. 25 a φαέθοντος. Sur cette question de l'adjectif à privilégier voir récemment M. MEULDER, « Empédocle FVS 31 B 115, 11 D.-K. : ἠελίου φαέθοντος ou ἠελίου ἀκάμαντος ? », *Revue belge de philologie et d'histoire*, 94, 2016, p. 47-67.

197. Plutarque utilise aussi παλιγγενεσία pour dire renouvellement sans qu'il soit question d'une transmigration de l'âme.

198. Dans le *De exilio*, Plutarque comprend les *daimones* comme des âmes, et l'exil comme l'exil de l'âme. BALAUDÉ a développé la critique de la conception de Plutarque concernant les *daimones* empédocléens dans sa thèse, *Le démon et la communauté des vivants*, Lille III, 1992, p. 586-628. On lit en particulier à la page 597 : « [Plutarque] estime ainsi [en accordant Empédocle avec Platon] qu'Empédocle pense l'antériorité de l'âme sur le corps. »

199. Plutarque, *De Iside et Osiride*, 361 C.10-D.1 : ἄχρι οὗ κολασθέντες οὕτω καὶ καθαρθέντες αὖθις τὴν κατὰ φύσιν χώραν καὶ τάξιν ἀπολάβωσι.

Plutarque livre dans le *De esu* des éléments importants de son interprétation d'Empédocle, relatifs à la transmigration des âmes. Faisant allusion au Proème des *Catharmes*, il dit[200] :

> Dans ces vers, en effet, il [= Empédocle] s'exprime de manière allégorique. Il veut décrire le châtiment des âmes, attachées à des corps mortels pour avoir versé le sang du meurtre, dévoré des chairs et s'être mangées entre elles.

(Trad. F. Jourdan)

Et Plutarque dit ensuite, en livrant le mot παλιγγενεσία, traduit ci-dessous par « réincarnation »[201] :

> Le démembrement que subit Dionysos, d'après le mythe, l'audace des Titans qui s'attaquèrent à lui, leur châtiment, c'est-à-dire leur foudroiement pour avoir goûté au sang du meurtre, tout cela constitue un mythe qui, à mots couverts, évoque la réincarnation.

(Trad. F. Jourdan)

Le *De esu* complète utilement le *De Iside*. Le *De esu* nous apprend que, selon Plutarque, Empédocle s'exprimait « de manière allégorique » (ἀλληγορεῖ). Autant dire que la lecture de Plutarque concernant la nature des *daimones* ne repose pas sur des vers parfaitement explicites. Le Chéronéen interprète (avec ses grilles de lecture). De plus, sa compréhension passe par le mythe orphique du démembrement de Dionysos par les Titans. Pourquoi pas ? Le propos d'Empédocle semble toutefois assez lointain. La métempsychose prend les *daimones* pour des âmes immortelles, afin que l'enchaînement faute-punition – en clair : meurtre puis châtiment dans l'exil – soit direct et immédiatement compréhensible pour tous. C'est une interprétation. En nous accrochant en priorité aux vers d'Empédocle, nous avons pris un chemin différent.

---

200. Plutarque, *De esu carnium*, 996 B.10-C.1 : ἀλληγορεῖ γὰρ ἐνταῦθα τὰς ψυχάς, ὅτι φόνων καὶ βρώσεως σαρκῶν καὶ ἀλληλοφαγίας δίκην τίνουσαι σώμασι θνητοῖς ἐνδέδενται. Ce texte et le suivant du *De esu* rapporté à la note 201 ne sont cités ni par DIELS 1922, ni DIELS-KRANZ 1951, WRIGHT 1981, GALLAVOTTI 1991, INWOOD 1992, BOLLACK 2003, GRAHAM 2010, PRIMAVESI 2011, GEMELLI MARCIANO 2013. Néanmoins ils sont importants. VAN DER BEN 1975 fait exception, mais relie 996 B.10-C.1 au fr. 124. LM fait exception avec R47 LM. Voir une analyse des deux textes dans F. JOURDAN, « Manger Dionysos. L'interprétation du mythe du démembrement par Plutarque a-t-elle été lue par les néo-Platoniciens ? », *Pallas*, 67, 2005, p. 153-174, aux pages 155-160.

201. Plutarque, *De esu carnium*, 996 C.2-C.6 : τὰ γὰρ δὴ περὶ τὸν Διόνυσον μεμυθευμένα πάθη τοῦ διαμελισμοῦ καὶ τὰ Τιτάνων ἐπ᾽ αὐτὸν τολμήματα γευσαμένων τε τοῦ φόνου κολάσεις [τε τούτων] καὶ κεραυνώσεις, ἠνιγμένος ἐστὶ μῦθος εἰς τὴν παλιγγενεσίαν.

> *Des mortels terrestres, entraînés dans un exil,*
> *guidés par des* daimones

Deux images aideraient à imaginer comment des *daimones* rendraient visible et continu l'exil de « je » disjoints. Ces *daimones* seraient les fils conducteurs sur lequel des perles de vies individuelles (des « je » disjoints) s'enfilent. Ou bien – autre image –, ils seraient les bâtons témoins d'une course où les relayeurs (des « je » disjoints) ne se connaissent pas et disparaissent à la fin de leur propre course. Les images sont utiles, mais ce ne sont que des images ; le réel reste dans le flou. Je proposerai de concrétiser la nature des *daimones* dès que seront élucidés plusieurs points encore en suspens.

L'Empédocle vivant au Ve siècle avant J.-C. n'était pas à strictement parler un exilé du séjour céleste, tel ces exilés qui, loin de leur patrie, conservent néanmoins leur identité personnelle. Au fil des 30 000 saisons, de nombreuses ruptures d'identités – des morts – sont survenues entre le Bienheureux puni, qui est en quelque sorte un ancêtre d'Empédocle, et Empédocle lui-même au Ve siècle, proche de sa libération de l'exil. Empédocle suit un *daimôn* qui, lui, a effectivement été expulsé du séjour céleste, et qui, toujours identique à lui-même, trace le chemin de l'exil. Par métonymie, Empédocle dirait alors être exilé des dieux (que nous supposons être les Bienheureux ; v. 29). Quand il était un autre lui-même en tant qu'arbuste ou oiseau (fr. 117.2), sans être concrètement Empédocle d'Agrigente, il (?) était déjà un exilé, appartenant au même exil de 30 000 saisons dans lequel il se situe lui-même, maintenant (v. 29). Ce point de vocabulaire étant précisé, revenons aux v. 21 et 22, et à l'identification des acteurs.

Quel est le sujet de φυόμενον (v. 21), la correction de φυομένους (ms. d'Hippolyte) que nous avons justifiée plus haut (p. 601-603) ? C'est μιν au v. 20, qui renvoie au sujet du verbe ἐπομόσσηι (v. 18), à savoir « quiconque » (« après avoir fauté »). Ce renvoi justifie le singulier du participe φυόμενον. Celui qui a fauté – du point de vue de l'Amour (B 135) – est le τις du v. 17. Il existe donc un lien entre ce τις et le sujet de ἐπομόσσηι. Le sujet de φυόμενον, celui qui naît autant de fois que le nombre des formes mortelles, n'est pas un des *daimones*, c'est un des « je » disjoints (parmi les animaux, les plantes, les hommes). C'est le Bienheureux parjure, devenu un nouveau τις et encore un nouveau τις souillant ses membres (v. 17)[202], qui emprunte « les chemins pénibles de la vie »[203].

---

202. Cf. Apollonios de Rhodes, II, 541-546 à la note 120.

203. À travers les multiples formes d'êtres mortels, changeant de corps, d'expérience, de lieu, de temps, les « je » se perpétuent dans une continuité subjective. Le *daimôn* qui les relie objectivement reste lui-même. – Dans

Le sort d'un Bienheureux parjure

Qui peut sommer un Bienheureux de dire la vérité sur ses agissements passés ? La *Théogonie* hésiodique ne le dit pas explicitement. Mais on peut supposer que, chez Hésiode, Zeus, parce qu'il est soucieux de maintenir l'ordre divin qu'il a établi, interroge les dieux. Il leur demanderait de dire la vérité tout en répandant l'eau du Styx. Cette vérité ne concerne que l'implication ou pas d'un dieu dans le trouble de l'ordre divin. Zeus est uniquement intéressé à découvrir celui (ou celle) qui a agi à l'encontre de son autorité. La question de Zeus serait : avez-vous provoqué la querelle ? La fausse déclaration du dieu réellement coupable d'avoir provoqué la querelle, serait : je n'ai pas provoqué la querelle. La fausseté de la déclaration se manifesterait immédiatement par la punition (*Théogonie*, 794 sqq.). Ainsi se constaterait la révélation de la vérité et l'efficacité de l'épreuve de la déclaration en présence de Styx.

Je veux souligner ici en quoi cette scène est un modèle pour Empédocle. C'est dans cette scène hésiodique du parjure dévoilé que l'on trouve le passage immédiat d'un acte répréhensible à la sanction. L'acte n'est ni la querelle chez Hésiode ni le meurtre chez Empédocle. L'acte déclencheur de la punition immédiate est une fausse déclaration sur le passé. Si l'on nie l'authenticité du v. 18, si l'on nie l'importance d'une déclaration solennelle sur un agissement passé, si l'on croit qu'un meurtre à lui seul pourrait déclencher automatiquement un exil, il faut alors trouver un autre modèle explicatif en dehors de la scène hésiodique du parjure sur lequel Empédocle se serait appuyé, ou bien laisser croire qu'Empédocle a inventé quelque chose, ou bien encore avoir recours à l'allégorie ou au mythe. Pour le dire simplement, les commentateurs d'Empédocle ont massivement refusé le serment de déclaration sur le passé – qui avait en particulier le mérite d'établir une scène précise et solennelle de mise en œuvre de la sanction. Ils se sont souvent réfugiés dans le silence en supposant que le meurtre brisait un serment de ne pas tuer et que ce meurtre était suivi automatiquement (?) par la sanction[204]. C'est peu satisfaisant.

---

le mythe d'Er (Platon, *République*, 617 D-E, 620 D-E), chaque âme qui doit renaître choisit son *daimôn*, comprenons la vie à laquelle elle sera liée, et qui lui tracera sa destinée. Le schéma empédocléen que je suppose présente ce point commun avec Platon : l'être qui vit, souffre ou se réjouit, n'est pas le *daimôn* auquel il est attaché par nécessité ; ce *daimôn* n'est là qu'en tant que guide. Son rôle sert à rendre manifeste un exil d'une vie à une autre pour les dieux juges, geôliers et spectateurs. Cf. Brémond 2011-2012, p. 83-85 ('Les démons et les âmes').

204. Van der Ben 2019, p. 297 : « *The aorists μιήνηι and ἐπομόσσας are coincident in time and fact, because the case is not that of a god committing a falsity at the moment of taking his oath, but of one who breaks his oath to φονίωι θυέων ἀπέχεσθαι later (the*

Bien que Zeus soit une figure présente chez Empédocle, ce serait étrange – alors qu'il n'est plus le père des hommes et dieux dans le fr. 6 – qu'il soit le dieu qui provoque la scène du serment (v. 18), et qu'il demande à connaître la vérité sur un acte passé. Le rôle serait mieux tenu par la déesse Nécessité. Elle est en effet impliquée dans le décret antique des dieux. C'est elle, et non plus le Zeus de la *Théogonie*, qui est la garante de l'ordre du monde chez Empédocle.

Le Bienheureux qui a menti (v. 18) connaîtra vite son sort : la mort, pour que la punition soit possible à travers le cycle des réincarnations terrestres – il ne s'agit plus du simple bannissement de la *Théogonie*. Nous tenterons d'éclairer les circonstances de cette mort du point de vue d'Empédocle, car la nature des *daimones* en dépend. J'exclus que le Bienheureux parjure soit expulsé du ciel pour vivre son exil comme Apollon fut exilé du ciel par Zeus, c'est-à-dire sans perdre son identité ni sa sensibilité, dans une parfaite continuité physique et mentale. J'exclus aussi que ce Bienheureux se métamorphose hors de son séjour céleste (ce qu'Apollon n'a pas fait) de façon à se confondre avec un être éphémère et s'adapter au périple terrestre. La métamorphose suppose encore une continuité objective. La thèse que je défends assume une discontinuité objective entre le Bienheureux parjure et les mortels terrestres qui assument sa punition. Et pourtant, il faut bien un trait d'union entre les deux. Imaginons que ce qui reste du corps du Bienheureux soit expulsé du séjour céleste et tombe dans la mer (v. 23 : αἰθέριον μὲν γάρ σφε μένος πόντονδε διώκει). Tenons compte d'un pluriel : ce n'est pas un *daimon* qui tombe dans la mer, ce sont des *daimones*.

Les daimones, *ballottés d'élément en élément.* *Le jeu de la balle*

Les vers cités par Plutarque dans le *De Iside* (361 C ; v. 23-26) sont essentiels pour la compréhension des *daimones*. Reprenons la traduction qu'en donne Rashed, où je modifie néanmoins par un pluriel sa traduction de σφε, et remplace les « flammes » par les rayons :

> La force de l'éther les [σφε] poursuit en effet vers la mer,   v. 23
> la mer les recrache vers les seuils de la terre, la terre
> [vers les rayons

---

oath being promissory rather than assertory). Nor is the oath-breaking a second offence in addition to the eating of meat, as καί 'also' has caused some scholars to think, but the act of eating precisely is that which breaks the oath. » Une suite de questions sera sans réponse : comment l'acte de nourriture carnée est-il découvert ? comment peut-il conduire immédiatement à la sanction, à savoir l'expulsion du dieu ? qui intervient ? qui agit ? qui expulse ?

du soleil resplendissant, et celui-ci les projette
[dans les tourbillons de l'éther ;
chacun les reçoit de chacun, et tous les haïssent.   26

Les v. 23-26 brossent la pérégrination daimonique, décrite dans un cycle commençant et terminant par l'éther. L'essentiel qui fait sens dans cette pérégrination est que σφε désigne des êtres restant identiques à eux-mêmes à travers tous les rebonds d'une zone élémentaire à une autre[205]. Le pluriel dit expressément que tous les *daimones*, et pas seulement un seul, suivent le même chemin : de l'éther vers la mer, puis vers la terre, puis vers les rayons du soleil, puis du soleil vers les tourbillons de l'éther[206].

Les *daimones* ballottés d'élément en élément – éléments qui selon Empédocle sont des dieux (fr. 6) et non pas des matières inertes – font penser à Ulysse, victime de la colère de Zeus après le massacre des vaches du Soleil[207]. M. Herrero de Jáuregui a montré tout ce que le court récit d'Empédocle pouvait devoir à l'*Odyssée*[208]. Ulysse, qui n'avait pas participé au meurtre des vaches, se trouve puni en même temps que ses hommes d'équipage, les véritables coupables. Par ailleurs, Poséidon et Athéna suivent l'aventure d'Ulysse, et interviennent directement dans cette aventure. Ils sont spectateurs et acteurs. Dans l'*Iliade*, ces dieux et d'autres sont aussi spectateurs et acteurs. Je suppose, et voudrais montrer que la réincarnation conçue par Empédocle dans le Proème des *Catharmes* se comprend elle aussi grâce à des dieux spectateurs et acteurs. Dans les v. 23-26 les dieux

---

205. La chose est loin d'être évidente pour tous les commentateurs. Ainsi MCKIRAHAN 1994, p. 234, écrit à propos du fr. 127 : « *These are the best animals and plants for a* daimōn *to become* (*Aelian*, Natural History 12.7). » Or un des *daimones*, compris dans les v. 23 à 26, ne peut pas devenir un animal ou une plante. Il reste identique à lui-même, ni animal, ni plante. Par ailleurs, Élien ne parle pas de *daimôn* lorsqu'il cite Empédocle. – DI MARCO 1998, p. 57, quant à lui, suppose que le *daimôn* reste identique à lui-même quels que soient les divers êtres vivants dans lesquels il loge : « *Quando il filosofo dichiara* […] *di essere stato un tempo fanciullo e fanciulla, arbusto, uccello e pesce (B 117), è evidente che l'"io" soggetto della sua riflessione va identificato con il dio del quale ora il corpo del filosofo è l'ipostasi terrena. Non è dunque Empedocle in quanto uomo a ricordare; a ricordare è il dio che abita in lui e ora lo ispira: quel dio che non ha perso la sua più profonda e vera identità pur nel mutare delle sue forme.* »
206. Voir deux lectures des v. 23-26 : (1) RASHED 2018, p. 169-170 (je constate accessoirement qu'en 2007, dans son article sur le fr. 84, RASHED admettait le pluriel de σφε pour sa traduction du fr. 115.9-11) ; (2) HERRERO DE JÁUREGUI 2017 (*REG*).
207. Soleil demanda vengeance à Zeus et aux dieux bienheureux (*Odyssée*, XII, 377-378).
208. Voir M. HERRERO DE JÁUREGUI, « Salvation for the wanderer: Odysseus, the gold leaves, and Empedocles », dans ADLURI, V. (dir.), *Philosophy and salvation in Greek religion*, Berlin-Boston, Walter de Gruyter, 2013, p. 29-57, aux pages 46-49. Voir plus récemment HERRERO DE JÁUREGUI 2017 (*REG*).

sont au moins et avec certitude acteurs. Ils seraient en outre spectateurs. Tâchons de le montrer.

La fin du v. 25 – ὁ δ᾽ αἰθέρος ἔμβαλε δίναις – vient en écho à *Odyssée*, VI, 116 : βαθείη δ᾽ ἔμβαλε δίνῃ. Dans l'*Odyssée* VI, Nausicaa et ses servantes (v. 99 : δμῳαί τε καὶ αὐτή ; et v. 109) jouent avec une balle (v. 115 : σφαῖραν ἔπειτ᾽ ἔρριψε μετ᾽ ἀμφίπολον βασίλεια). Le jeu consiste selon toute vraisemblance à ce que cette balle soit lancée d'une joueuse à une autre, les joueuses étant suffisamment distantes les unes des autres. Chaque joueuse devait attraper la balle qui lui était lancée, et la renvoyer à une autre joueuse. Si elle était bien envoyée et bien attrapée, la balle ne devait pas tomber, et donc continuer à être envoyée et reçue[209]. Mais à un moment donné, en raison d'une certaine maladresse, la balle tombe dans un tourbillon profond du fleuve (*Od.* VI, 116 : βαθείη δ᾽ ἔμβαλε δίνῃ). La maladresse est voulue par Athéna, qui assiste au jeu, et qui par le cri des Phéaciennes souhaite provoquer le réveil d'Ulysse. À partir de ce passage de l'*Odyssée*, on comprend, en retour, le jeu transposé aux quatre éléments avec les *daimones* pris pour des balles[210]. Par « éléments » précisons ici qu'il s'agit des manifestations de ces éléments en des lieux concrets de l'univers : l'éther des hauteurs, la mer, le seuil de la terre, les rayons du soleil. La personnification rendue par les verbes ἀπέπτυσε et surtout στυγέουσι convient parfaitement aux dieux racines du fr. 6, qui seraient les dieux ayant contracté les larges serments du v. 16[211]. Les *daimones* seraient des balles qui

---

209. Cf. Apollonios de Rhodes, *Argonautiques*, IV, 948-960 (le navire Argô est pris comme une balle de jeu aux mains des Néréides, sous le regard notamment d'Héphaïstos, d'Héra et d'Athéna ; la scène est un spectacle pour des dieux ; l'inspiration empédocléenne du v. 951 à partir du v. 26 RASHED est notable). Voir L. BECQ DE FOUQUIÈRES, *Les jeux des Anciens*, Paris, C. Reinwald, 1869, p. 178-179.

210. L'idée du jeu de la balle se trouve déjà exprimée par Cl. RAMNOUX, *Héraclite ou l'homme entre les choses et les mots*, Paris, Les Belles Lettres, 1968², p. 158 (RAMNOUX parle d'un « jeu de ballon sadique » et du « théâtre [d'un] scénario tragique »), et p. 191-192. VAN DER BEN 1975, p. 152 : « *The cosmic materials make their appearances in the form of personifications ; these 'persons' then play with a mortal as with a ball : the mortal goes the round of the elements.* » Voir aussi P. KINGSLEY, *Reality*, Inverness (CA), The Golden Sufi Center, 2003, p. 430 : « *how neither aither nor any other element is willing to accept it but kicks it around like a ball.* » Mais ces auteurs n'ont fait qu'entrevoir le sujet. En revanche, RASHED 2018, p. 169-172 (reprise d'un article de 2007), a vu l'intérêt du jeu de la balle en *Odyssée* VI pour comprendre (p. 169) comment « le *daimôn* [...] est ballotté, au cours de son errance cosmique » – je n'adhère toutefois pas (p. 169) à « le *daimôn* [...] est sans doute une parcelle d'Amour ». Sur ce dernier point, voir ci-dessous la section « Origine et nature des *daimones* ».

211. *Pace* LAKS 2004, p. 41 : « les quatre masses que mentionne le fragment 115 – l'air, la mer, la terre et le soleil, qui dessinent la cosmographie générale des métensomatoses [...] – renvoient aux quatre racines. Il n'est pas moins évident qu'elles ne se confondent pas avec ces dernières, dans la mesure même où elles ne jouent pas le rôle de constituants élémentaires, mais de lieux de passage

tournent entre Héra, *Nestis, Aïdôneus* et Zeus, tour à tour engagés à recevoir et à envoyer. Tout comme la balle des Phéaciennes, les *daimones* seraient des objets toujours identiques à eux-mêmes. La passe de la balle entre deux joueuses est suivie par les autres joueuses qui attendent leur tour pour intervenir. Il y a un spectacle à voir la balle aller de mains en mains. Ce spectacle est également suivi par Athéna. De la même façon, le rejet des *daimones* offre un spectacle pour les dieux dont ce n'est pas le tour de recevoir et de rejeter. Les différences du jeu transposé, en comparaison de celui de Nausicaa et de ses servantes, sont multiples. N'en soulignons qu'une : chez Empédocle les *daimones* sont haïs des dieux, alors que la balle n'est pas haïe des joueuses phéaciennes[212]. Empédocle fait seulement signe vers une scène connue, qui sert d'appui à sa propre conception (c'est là un dispositif habituel ; il n'y a pas de transfert servile)[213]. La fin du v. 26 (στυγέουσι δὲ πάντες) ne ferait plus écho au jeu odysséen. Regardons de plus près le jeu transposé de la balle chez Empédocle.

Le jeu des balles-*daimones* durerait 30 000 saisons (autant que l'enchaînement de toutes les formes des mortels sur les chemins pénibles de la vie). Le jeu des Phéaciennes suppose qu'une joueuse entrant en possession de la balle la garde peu de temps, avant de la renvoyer à une autre joueuse. Si l'on accepte qu'il en soit de même dans la transposition faite par Empédocle, les balles-*daimones* seraient rapidement renvoyées d'un dieu à un autre – ce qui s'accorderait avec un verbe aussi fort à exprimer le dégoût que ἀπέπτυσε : la mer (*Nestis*) et la terre (*Aïdôneus*) ne tolèrent pas la présence des *daimones* en leur sein. Entre chaque dieu, les balles-*daimones* paraissent transiter dans l'air ; elles sont alors privées d'une incarnation pendant un bref instant. Nous acceptons aussi de comprendre que l'éther au début et à la fin du cycle signalerait le séjour céleste des Bienheureux, à

[...] » Les racines du fr. 6 ne sont pas cantonnées à être des constituants dans un mélange. En tant que racines de toutes choses – donc : pas exclusivement des mélanges –, elles sont aussi les grandes masses du monde, et supportent le jeu de l'Amour et de la Haine.

212. On trouverait aussi d'autres différences factuelles : on ne connaît pas le nombre de joueuses dans l'épisode de l'*Odyssée*, alors que le nombre d'éléments est connu chez Empédocle ; il n'est pas impossible qu'une joueuse qui reçoit la balle renvoie la balle à la joueuse qui la lui avait envoyée, alors que le retour à l'envoyeur semblerait exclu chez Empédocle.

213. Il est encore utile de souligner l'importance du repérage des vers homériques ou hésiodiques qui ont servi à Empédocle pour construire ses propres vers. Rashed 2018, p. 73-74, a fourni un remarquable parallèle odysséen à l'appui de sa relecture du fr. 30. Il écrit (p. 73) : « Je pense, sans pouvoir évidemment le *démontrer*, qu'Empédocle, comme souvent, a usé du parallèle odysséen. » La démonstration est certes illusoire dans ce domaine, mais l'essentiel tient à la confirmation d'une compréhension du texte d'Empédocle obtenue grâce à l'éclairage, ou à la résonance, du texte épique. On peut se satisfaire de ce qui force la conviction.

savoir d'où l'exil part et où il s'achève[214]. De fait, dans la pérégrination daimonique, l'éther ne devrait pas être inclus de la même façon que la mer, la terre, le soleil et ses rayons. Mais je vais trop vite ; nous devons ici aller plus dans le détail en respectant le texte grec.

Empédocle ne dit pas l'éther (αἰθήρ), il dit αἰθέριον [...] μένος et αἰθέρος [...] δίναις. Ce qui domine dans ces deux expressions, ce n'est pas la sérénité que l'on imagine régner dans le séjour céleste des Bienheureux ; ce qui domine, c'est le mouvement. Le μένος est classiquement la fougue, la force, l'énergie. Les δίναι sont les tourbillons[215]. Les mouvements de l'air (l'éther, selon le vocabulaire empédocléen) sont choses familières à proximité de la terre. Ainsi, dans le fr. 100 (la clepsydre), nous lisons au vers 7 : « L'éther bouillonnant se rue vers le bas, en un tourbillon furieux » (trad. Rashed). Au vers 24 : « Aussitôt, le flux de l'éther s'abat, s'élançant en tourbillon » (trad. Rashed). Le fr. 111.3 fait état du *menos* des vents sur la terre. En conclusion, αἰθέριον [...] μένος, au début des v. 23-25, et αἰθέρος [...] δίναις, à la fin, disent deux choses : le séjour céleste, suggéré par la position début-fin, d'une part, et les mouvements de l'éther à proximité de la terre par les mots μένος et δίναις, d'autre part. Le μένος dit la force d'expulsion hors du séjour céleste, imaginé en filigrane. Les δίναι suggèrent les tornades qui s'élèvent dans le ciel tout autant que le tourbillon aquatique du fleuve près duquel jouaient Nausicaa et ses servantes. Là comme ailleurs, l'écriture d'Empédocle est dense. Nous sommes condamnés à déchiffrer.

À chaque lieu de séjour des *daimones* correspondraient des vies particulières qui évoluent dans ce milieu. Le texte empédocléen à notre disposition ne dit rien de ces vies ; il faut deviner ce qu'il pourrait en être concrètement. Dans le contexte du Proème, les vies particulières attachées à l'éther (calme) sont celles des Bienheureux. En dehors du séjour des Bienheureux (la lune), l'éther (ou l'air) n'est pas un lieu de séjour des *daimones*. Ceux-ci y transiteraient seulement pendant un bref instant entre deux lieux de vie. La mer (v. 23-24)

214. Plutarque dit dans *De vitando*, 830 F3 : οἱ θεήλατοι καὶ οὐρανοπετεῖς ἐκεῖνοι τοῦ Ἐμπεδοκλέους δαίμονες. Le mot οὐρανοπετεῖς exprime clairement la chute (οὐρανο* + πετής, où πετής se comprendrait à partir de πίπτω, tomber) d'un séjour céleste. À cela joignons ce que dit Plutarque dans le *De exilio* (607 E,5-7) à propos de l'exil de l'âme selon Empédocle. L'âme n'a pas quitté Sardes pour Athènes [...], mais [elle a quitté] le ciel et la lune pour la terre et la vie terrestre : οὐ Σάρδεων Ἀθήνας [...] ἀλλ' οὐρανοῦ καὶ σελήνης γῆν ἀμειψαμένη καὶ τὸν ἐπὶ γῆς βίον. Le séjour céleste n'est pas le *Sphairos* (= ne correspond pas à une interprétation répandue, influencée par la lecture d'Hippolyte). Il prend la forme aussi concrète et présente aux hommes que la lune leur est concrète et présente.

215. Notons le pluriel. Ce serait une erreur de confondre ces tourbillons de l'éther avec LE tourbillon des cieux (*pace* MCKIRAHAN 2010, p. 285 : « *the outcast divinities are driven through the rounds of the four elements (14.9 lines 9–11), and the vortex of the heavens is mentioned (line 11).* » [14.9 MCKIRAHAN = fr. 115.]

serait le lieu de vie des poissons et autres animaux marins, ainsi que des plantes marines. La terre (v. 24), celui des plantes attachées au sol grâce à leurs racines, celui des animaux nocturnes ou des animaux terrestres qui voient peu la lumière du jour, soit parce qu'ils vivent dans l'ombre permanente des grands arbres des forêts épaisses, soit qu'ils vivent sous la surface de la terre tels les vers ou les taupes. Les rayons du soleil (v. 24-25) seraient le lieu de vie des animaux vivant leur vie active dans la lumière du soleil (les diurnes par opposition aux nocturnes), que ce soit de nombreux oiseaux, ou les animaux domestiques et les bêtes sauvages, sans oublier à côté de ces animaux : les hommes[216].

Si l'éther, au début et à la fin du cycle daimonique, pointe vers le séjour céleste des Bienheureux, la façon dont se réalise l'enchaînement des trois autres lieux, couvrant trois fois 10 000 saisons, n'a rien d'évident en regard de l'affirmation que chacun des éléments hait les *daimones* et les rejette. Pour tenter néanmoins de se faire une idée, nous devrions tenir compte de deux règles de progression des vies terrestres. (1) Après la chute initiale hors du séjour céleste – laquelle plonge les *daimones* au plus bas des existences (la mer) –, une remontée progressive serait signalée par le passage des éléments les plus lourds vers les plus légers (mer-terre vers lumière-éther). Les réincarnations dans la mer (pendant 10 000 saisons) seraient moins enviables que celles dans la terre (pendant 10 000 saisons), elles-mêmes moins enviables que celles dans la lumière solaire (pendant 10 000 saisons) ; et au-delà, moins enviables que la réincarnation dans le domaine éthéré de la lune. (2) À cette échelle de valeur entre les éléments s'ajouterait une échelle de valeur à l'intérieur de chaque élément. Dans la terre, les meilleures réincarnations sont celles des lauriers (fr. 127.2). Dans la lumière du soleil, les meilleures réincarnations sont celles des lions (fr. 127.1) et celles de quatre catégories d'hommes (fr. 146.1-2). Sous le patronage implicite de l'Apollon de la tradition (patron de la divination, de la poésie, de la médecine, de l'archerie), les quatre catégories d'hommes ont une situation encore plus enviable que celle des lions, puisqu'ils donnent accès directement aux Bienheureux

---

216. Notons qu'il s'agit des rayons (αὐγάς) et pas seulement du soleil (ἠελίου). Des êtres vivants ne vivent pas dans ou sur le soleil, mais dans ou sous la lumière du soleil. Empédocle reprend à sa façon une expression qui se trouve maintes fois chez Homère pour situer sur terre les hommes en vie (en opposition à une possible mort) : par exemple en *Iliade*, V, 120, XVIII, 11, 61, 442, XXIV, 558, *Odyssée*, IV, 540, 833, X, 498, etc. : φάος ἠελίοιο. Quand, au v. 24, Empédocle désigne uniquement le soleil avec le pronom démonstratif ὁ, nous devons comprendre une métonymie : Empédocle vise en fait les rayons du soleil. Cf. Van der Ben 1975, p. 152, 154. Van der Ben 2019, p. 298-301, 617-619, a changé de grille de lecture.

(fr. 146.3 et fr. 147). Aucun vers ne nous apprend ce qu'il en est dans l'eau, mais les meilleures réincarnations seraient selon toute vraisemblance celles des dauphins (mis à l'honneur dans la mythologie apollonienne, et suggérés au fr. 117.2[217]). Si le chemin de l'exil est une remontée régulière et progressive intégrant ces deux règles, il devient alors difficile d'admettre que les *daimones* puissent rester pendant 10 000 saisons, de façon continue, dans un milieu de vie avant de changer pour un autre milieu. Ainsi, il serait incohérent que, parvenus à partager la vie prestigieuse des lauriers (fr. 127.2), après 10 000 saisons en terre, les *daimones*, expulsés de terre, doivent s'attacher ensuite à des réincarnations sans prestige sous la lumière du soleil pendant presque 10 000 saisons. Après les lauriers, la remontée progressive imposerait le passage direct à la vie prestigieuse des lions (fr. 127.1). Après les lions, la transmigration des *daimones* devrait enchaîner non pas les hommes les moins honorés ou les moins excellents socialement mais les quatre types d'hommes du fr. 146. De fait, pour assurer une remontée régulière, je me rangerai à une possibilité d'enchaînement qui module l'application des règles de progression. Elle consisterait à ne pas prendre au pied de la lettre ce que les v. 23-26 rapportent de l'enchaînement des vies des *daimones*.

M. L. Gemelli Marciano a fourni une interprétation à laquelle j'adhère[218] : « au commencement le démon est refoulé de l'éther par les vents (αἰθέριον μένος), puis il essaie continuellement et en vain de rejoindre ce lieu. » Je souligne « il essaie continuellement et en vain de rejoindre ce lieu ». Ce qui signifie que αἰθέρος [...] δίναις serait une façon de permettre le refoulement vers autre chose que l'éther, à savoir la mer, la terre, les rayons du soleil. Empédocle aurait pu simplement utiliser le singulier δίνη (en fin de vers, comme dans l'*Odyssée*, VI, 116) et non pas δίναις. Mais il a choisi le pluriel. Ce ne serait pas là une variation sans portée de sens, faite simplement pour se démarquer d'Homère. Avec δίναις on peut supposer une possible variété des types de tourbillons – ce que le singulier suggère moins bien. Dans l'*Odyssée*, la balle ne tombe que dans un seul tourbillon ; le singulier s'impose. Au v. 26, avec le pluriel

---

217. Voir Van der Ben 2019, p. 338, pour une référence aux dauphins chez Oppien (*Halieutiques*, II, 533-552), et l'idée du chef entendu dans πρόμοι. Chez Oppien les dauphins sont présentés en tant que seigneurs et prédateurs.

218. M.L. Gemelli Marciano, *Die Vorsokratiker, II, Parmenides, Zenon, Empedokles.* Griechisch-lateinisch-deutsch – Auswahl der Fragmente und Zeugnisse, Übersetzung und Erläuterungen von M.L.G.M., Düsseldorf, Patmos, Artemis & Winkler, 2009, p. 358 : « *dass der Dämon von Anfang an vom Äther durch die Winde (αἰθέριον μένος 160,9) zurückgetrieben wird und immer wieder vergeblich versucht, diesen Ort zu erreichen.* » [160.9 GM = v. 23].

δίναις, les choses seraient différentes. N'oublions pas, en outre, qu'il y a plusieurs balles-*daimones*.

L'hypothèse de la spirale ascendante

Voici l'hypothèse que j'avance en ce qui concerne l'enchaînement des vies des *daimones* : les *daimones* – qui passent de la mer à la terre, puis à la lumière du soleil – tournent de nombreuses fois entre ces trois milieux de vie avant de trouver, grâce à un des tourbillons de l'éther, une issue à l'exil. Presque tous les tourbillons de l'éther auraient pour effet de rabattre rapidement les *daimones* vers l'eau (mer ou eau douce car la mer serait une synecdoque particularisante pour désigner la totalité de l'eau terrestre). Presque tous auraient cet effet jusqu'au moment où surviendrait une tornade exceptionnelle par sa puissance et sa hauteur. Après 30 000 saisons, cette tornade élèverait cette fois-ci les *daimones* hors de l'exil terrestre, vers le séjour céleste[219]. Je désignerai par « hypothèse de la spirale ascendante » cette hypothèse de la ronde répétée des *daimones* entre les trois zones élémentaires de l'exil, tout en offrant progressivement et régulièrement de meilleures réincarnations jusqu'à l'enchaînement des lauriers, des lions, des quatre catégories humaines et du Bienheureux (fr. 127, fr. 146, fr. 147).

Je suis conscient du fait que cette spirale s'accommode facilement d'un passage rapide dans des tourbillons aériens, où aucune vie n'existe, pour revenir au monde aquatique. Je tire parti d'un pluriel (δίναις), porteur possible d'une diversité, que les plus sceptiques continueront à mettre sur le même plan que le pluriel des rayons du soleil (αὐγὰς ἠελίου), où assurément il ne faut voir que l'homogénéité de la lumière. Mais le pluriel δίναις mérite d'être interprété par rapport au singulier δίνη lu dans l'*Odyssée*. La variation attire l'attention. Empédocle n'a pas pour habitude d'écrire des choses gratuites et de se signaler par des coquetteries de style.

---

219. Point d'effort à faire pour imaginer ce scénario. Dans ses *Histoires vraies*, I, 9-10, Lucien raconte : « soudain un tourbillon survient, met le navire en toupie et le projette dans les airs à environ trois cents stades [...] Durant sept jours et autant de nuits, nous poursuivîmes notre course aérienne et, le huitième, nous apercevons dans l'espace une grande terre, une sorte d'île, brillante, sphérique, éclairée d'une lumière intense. » (Trad. G. Lacaze.) Cette grande terre, c'est la lune. Lucien affirme que l'on peut y mener « la plus heureuse des vies » (*VH* 1.12.3 : ἁπάντων εὐδαιμονέστατα παρ᾽ ἐμοὶ καταβιώσεσθε). Dans *L'Icaroménippe*, 13-14, Lucien imagine Empédocle sur la lune (après une expulsion hors de l'Etna). Voir Picot 2008, p. 21-27 (Lucien). Le tourbillon aérien imaginé par Lucien pour rejoindre la lune pouvait être déjà imaginé par Empédocle (bien plus que le moyen suggéré par l'Etna...). Des tornades s'observent en Sicile.

Des daimones *rejetés en raison de leur impureté ?*

Certains interprètes d'Empédocle ont imaginé que les zones élémentaires (éther, mer, terre, soleil) rejettent les *daimones* (les âmes, ou les *daimones*-âmes) en raison de leur impureté (l'impureté d'un *daimôn* coupable d'un meurtre)[220]. L'impureté est régulièrement pensée comme étant le sang sur les mains (fr. 115.3). Le rejet par les zones élémentaires serait le rejet du meurtrier, celui qui a trahi son serment (supposé) de ne pas tuer. La lecture que j'avance ne suppose pas que l'impureté, prise au sens des traces du meurtre, soit la cause du rejet des *daimones* par les dieux-racines. Je suis néanmoins d'accord sur le fait que les *daimones*, en raison de ce qu'ils sont en eux-mêmes, provoquent le rejet. Ce dernier doit exister pour que l'exil se poursuive sous différentes formes.

Que veut signifier Empédocle dans les v. 23-26 ? Les *daimones* assurent la continuité de l'exil. L'exil est une suite de changement de lieux terrestres. Les dieux-racines jouent leur rôle d'exécutants du décret sur lequel ils se sont engagés (v. 15-16). Les *daimones* sont des objets aussi matériels que la balle de Nausicaa et de ses servantes. Des *daimones* ont été produits à partir de quelque chose de matériel de façon à permettre un suivi continu entre des « je » discontinus.

L'offense

La scène du dieu parjure de la *Théogonie* hésiodique est en arrière-plan du Proème des *Catharmes*. C'est dire que le parjure au v. 18 serait, lui aussi, un mensonge lors d'une déclaration sur un événement passé[221], et non pas un fait qui viendrait rompre une très ancienne promesse[222]. Styx est une déesse terrifiante pour

---

220. Voir par exemple KINGSLEY 2003, p. 366.

221. Chez Hésiode, *Théogonie*, 782, il s'agit du déni de l'implication d'un dieu dans ἔρις καὶ νεῖκος. Agamemnon fait aussi un serment de type déclaratif en *Iliade* XIX, 258-265.

222. *Contra* en particulier VAN DER BEN 1975, p. 132 : « *The perjury or oath-breaking is not an independent crime but is constituted precisely by the shedding of blood since they had sworn not to commit this crime.* [...] *the nature of the perjury, which here does not consist in making a false declaration at the moment of taking oath (as in Hesiod:* ἀπολλείψας*), but in not observing the oath afterwards.* » Voici trois autres exemples de la croyance au serment de promesse qui serait rompu par un meurtre. (1) WRIGHT 1981, p. 65 : « *the daimon is represented as bringing* miasma *on himself, and in so doing he transgresses the oath that binds him. There may even be a sense in which murder, perjury, and trust in Strife are the same event from three points of view* ». (2) Chez OSBORNE 1987 (Duckworth), p. 115 : « *When someone defiles his limbs with blood-guilt, and thereby breaks a fundamental oath of the gods, the* daimones *are banished from the company of the blessed* ». (3) Chez GAGNÉ 2013, p. 462 : « *The fault is described in two proble-matic lines, verse 3, which is found only in Plutarch, and verse 4, which appears only in*

les Immortels (*Théogonie*, 775-776) : ἔνθα δὲ ναιετάει στυγερὴ θεὸς
ἀθανάτοισι, δεινὴ Στύξ [...]. Les Immortels ont une réaction de rejet
face à cette déesse qui leur fait peur.

Dans la scène hésiodique, Styx assiste à la déclaration du dieu
soumis à la question, lequel jure sur l'eau stygienne. En cas de parjure,
Styx déclenche l'exil. Mais chez Empédocle, Styx n'est pas nommément présente ; son rôle serait tenu en partie par la Haine, aussi
terrifiante pour les Bienheureux lunaires que Styx peut l'être pour
les dieux olympiens sur l'Olympe. Chez Empédocle, tout se passe
comme si la Haine et Nécessité, offensées par le parjure, déclen-
chaient l'exil. La scène se passe dans le monde B.

Mais en quoi la Haine et Nécessité seraient-elles offensées par
un Bienheureux qui, sur son passé, fait une déclaration sous serment ?
Elles le seraient dans la mesure où cette déclaration nierait leur
puissance. Imaginons un Bienheureux qui, faisant le serment de
dire la vérité, déclarerait n'avoir jamais commis de meurtre dans
un passé, même lointain. Pour s'aventurer dans une telle déclaration,
le Bienheureux doit feindre d'ignorer l'éternité des cycles cosmiques
sous le pouvoir de Nécessité, feindre d'ignorer l'existence d'autres
êtres vivants que les Bienheureux, feindre aussi d'ignorer ce qu'est
la palingénésie, et vouloir plaire à l'Amour, dont il connaît la loi de
ne pas tuer (B 135). Pour mémoire, rappelons cette loi (dans LM
D27a) rapportée par Aristote (*Rhétorique*, 1373 b 14-17) :

> [...] καὶ ὡς Ἐμπεδοκλῆς λέγει περὶ τοῦ μὴ κτείνειν τὸ ἔμψυχον· τοῦτο γὰρ οὐ
> τισὶ μὲν δίκαιον τισὶ δ' οὐ δίκαιον,
>> ἀλλὰ τὸ μὲν πάντων νόμιμον διά τ' εὐρυμέδοντος
>> αἰθέρος ἠνεκέως τέταται διά τ' ἀπλέτου αὐγῆς.

> [...] et comme le dit Empédocle s'agissant de ne pas tuer ce qui
> possède la vie – car il n'est pas vrai que cela soit juste dans certains
> cas et pas juste dans d'autres,
>> Mais ce qui de tous est la loi s'étend continûment
>> À travers l'éther qui gouverne loin et la lumière sans limite.

Avec certitude, le Bienheureux a déjà eu une infinité de vies antérieures puisque les cycles cosmiques existent depuis une éternité.
Étant un dieu, il est censé ne pas ignorer ce qu'il en est du monde

---

*Hippolytus. The two lines are complementary. The first one describes the actual fault, and
the second presents that fault as a perjury, a transgression of the 'ancient, eternal decree,
sealed by oaths', with which the fragment begins.* » – La plupart des commentateurs
qui reconnaissent l'authenticité du fr. 115.4 et l'influence de la scène du dieu
parjure de la *Théogonie* hésiodique en arrière-plan du fr. 115 ne s'expriment
pas sur la différence entre serment de déclaration et serment de promesse. Ils
prennent pour une évidence un serment de promesse chez Empédocle sans
relever la différence avec la scène hésiodique.

où il vit. Il y a plus. En raison de la loi de l'Amour, le Bienheureux
sait ce que tuer veut dire, même si un meurtre entre Bienheureux
est inimaginable. Pour comparaison, les hommes vivant sous le règne
de Cypris (fr. 128.3-10) – qui ne connaissent pas le meurtre sous ce
règne – savent néanmoins ce qu'il en est des sacrifices de taureaux, ce
qu'il en est d'arracher la vie et de se nourrir de chair (fr. 128.8-10).
Ils tiennent cela pour un crime affreux. Ils ont donc accès à un savoir
en deçà ou au-delà de leur propre expérience. La loi universelle de
ne pas tuer (B 135) a un sens concret même pour ceux qui vivent
dans une période et un lieu (sur terre ou sur la lune) où le meurtre
est inexistant. En conséquence, un dieu Bienheureux ne devrait pas
jurer de n'avoir jamais participé aux œuvres d'*eris* et de *neikos*, dont
le meurtre est un acte emblématique. La palingénésie est la vérité
incontournable pour tous les êtres mortels. En dépit des discontinuités physiques et temporelles, chaque dieu Bienheureux, sous
mille autres formes vivantes et mortelles, a déjà commis des meurtres
dans des vies antérieures lors des cycles cosmiques précédents et
des périodes zoogoniques où la Haine jouait un rôle important[223].
Nier la réalité des meurtres, c'est offenser la Haine, qui ne serait
alors pas reconnue dans sa puissance[224]. C'est remettre en question
les *timai* d'un dieu et donc provoquer une vengeance de la part de
ce dieu. C'est soutenir un déséquilibre en faveur de l'Amour, déséquilibre impossible pour Nécessité. Le Bienheureux ment s'il laisse
croire que le monde dans lequel il vit est une origine absolue, s'il
laisse croire qu'avant ce monde le *Sphairos* existait en tant qu'origine
absolue. Nier l'éternité passée des cycles cosmiques, c'est offenser
Nécessité. En présence de l'Amour, avouer des meurtres anciens serait
avouer une vérité amère, mais qui permettrait cependant d'échapper
à la vengeance de la Haine et de Nécessité. Le Bienheureux qui ne
dit pas la vérité sur son passé est mal inspiré.

Chez Empédocle, il existe deux démones en opposition qui
influencent les mortels – dont les Bienheureux –, l'une pour la vérité

---

223. Bollack 2003 écrit en commentaire du fr. 139 (p. 104) : « Personne
n'est exempt de faute. Tout le monde peut s'identifier avec l'un, le τις, et se
sentir responsable de l'allélophagie. » J'irai au-delà. Le « Personne », en plus du
τις, concernerait également les Bienheureux, car ceux-ci entrent dans le champ
de la palingénésie, et sont au centre du récit sur l'exil et sur les réincarnations
suivies par les dieux éternels.

224. Herrero de Jáuregui 2017 (*REG*), p. 36, écrit : « Dans la narration d'Empédocle aux habitants d'Akragas on trouve le même modèle idéologique que celui
de la narration d'Ulysse aux Phéaciens – cette fois dépourvu de la vengeance particulière d'un dieu offensé ». Dans l'*Odyssée*, il y a deux dieux offensés : Poséidon
et *Hélios*. Contrairement à ce que suppose Herrero de Jáuregui, le parallèle
entre l'*Odyssée* et le fr. 115 serait à maintenir : il y aurait deux dieux offensés
chez Empédocle : la Haine et Nécessité.

ou l'absence de tromperie, l'autre pour l'erreur, l'égarement et
la confusion. Ce sont respectivement Némertès et *Asapheia* (fr. 122.4).
Le Bienheureux qui se parjure a fait le mauvais choix sous l'influence
d'*Asapheia*. Son destin bascule. Le parjure d'un Bienheureux est-il
évitable ? En théorie, oui – choisir de dire la vérité resterait possible. En
pratique, non. Le Bienheureux, attaché à l'Amour, craint sans doute de
lui déplaire en avouant un acte allant contre l'Amour ; toujours est-il que
Asapheia le pousse à l'aveuglement. De façon irréfléchie, le Bienheureux
ment en réponse à la question qui lui est posée[225]. L'exil est fatal.

Qui punit le Bienheureux parjure ? Il est difficile de soutenir que
l'Amour puisse le punir en lui infligeant la mort et de nombreuses
réincarnations sur les chemins pénibles de la vie. Pour quelle raison
l'Amour punirait-il si violemment ? Serait-ce pour le fait de mentir ?
C'est peu vraisembablable. En outre, la rupture par un meurtre d'une
supposée promesse de ne pas tuer n'est guère vraisemblable si l'on
convient qu'Empédocle reste proche de la scène hésiodique du Styx,
avec son serment de déclaration (et non pas de promesse). L'exil
terrestre ne serait pas une punition voulue par l'Amour[226]. C'est
la Haine et Nécessité qui punissent, car ces deux divinités ont été
offensées dans leur honneur et leurs prérogatives – c'est ainsi que
réagissent les dieux. Hippolyte soutient cet agissement de la part de
la Haine (*Refutatio*, VII, 29.18, 29.20, 29.24) mais il ne lui donne pas
de raison claire.

On croit souvent que le meurtre à lui seul déclencherait l'exil d'un
Bienheureux, qui commettrait ce meurtre. Cette croyance supposerait un enchaînement automatique, en deux temps : (1) meurtre
perpétré par un Bienheureux ; (2) puis, immédiatement après, l'exil
du Bienheureux. G. Zuntz réfute l'idée selon laquelle le Bienheureux

---

225. WRIGHT 1981, p. 66, rappelle une fatalité tragique : « *In epic and tragedy
a pattern can be traced : divine agency compels a man to act in a certain way, the deed
is done, and the man must then face the consequences.* » La fatalité ici défendue est
l'une des raisons qui m'incite à écarter la proposition de MEULDER 2016 (*Elenchos*)
d'éditer le fr. 115.4 de la façon suivante (p. 41) : ὅς κεν ἑκὼν ἐπίορκον ἁμαρτήσας
ἐπομόσσῃ. MEULDER introduit l'idée d'un acte volontaire ou délibéré avec l'adjectif
ἑκών, ce qui ne me semble pas nécessaire dans le contexte. Il écarte la mauvaise
influence d'une divinité (p. 55) : « Empédocle pense que celui qu'il fait s'exprimer
(qu'il soit être humain, dieu incarné (?) ou encore bienheureux imparfait),
peut mal agir de son plein gré, et n'est pas nécessairement trompé par une ou
des divinités ». En outre, dans le manuscrit d'Hippolyte, on expliquera beaucoup
plus facilement la perte de θνητῶν en début de vers (la proposition de RASHED)
que celle de ἑκών juste avant ἐπίορκον comme le propose MEULDER.

226. Pourtant, GUTHRIE 1965, p. 265, parle d'une punition pour celui qui
a agi sous l'influence de la Haine, ce qui laisse entendre que la punition serait
commanditée par l'Amour : « *In Empedocles, what enters from outside, alien to the
body in which it finds itself, is the* daimon. *It is there as a punishment for following the
ways of Strife, and to earn its release it must turn, like the blessed ones of an earlier age,
to the worship and service of Aphrodite or Love.* »

serait le meurtrier. Il dit avec raison[227] : « *The gods visualized by Empedokles – as later-on by Epicurus – living 'far from human sorrows' in timeless bliss cannot be imagined in the entanglement of passion* ». Ceux qui souillent leurs membres de sang sont les hommes. Zuntz propose alors un lien possible de culpabilité entre les hommes et les dieux bienheureux[228] : « *If one cares to guess how exactly, in the myth, the Empedoklean god could have become guilty of murder, one may imagine that he accepted bloody sacrifice offered to him. The world of change could impinge upon the eternal and divine, if at all, by false worship.* » Le Bienheureux, selon Zuntz, est fautif d'accepter un sacrifice sanglant, qui serait fait en son honneur par les hommes. Celui qui est condamné et qui devient un *daimôn* errant de corps en corps sur terre n'est pas le meurtrier (= l'homme qui a commis le sacrifice sanglant), c'est le Bienheureux, dont la seule faute pourrait apparaître faible : consentir de loin à un acte qui serait en lui-même condamnable. Nous ne suivrons pas Zuntz dans sa tentative de trouver autour du sacrifice sanglant un lien de complicité et de responsabilité entre l'homme sacrifiant et le dieu qui, de son séjour céleste, accepte le sacrifice. Mais Zuntz a élaboré un schéma en trois temps (sacrifice sanglant sur terre, réception divine du sacrifice, punition du dieu qui accepte le sacrifice) digne d'intérêt[229]. Un schéma en trois temps existe aussi dans la scène du dieu parjure chez Hésiode. Ainsi, au premier temps : implication d'un dieu dans un acte répréhensible ὁππότ' ἔρις καὶ νεῖκος ἐν ἀθανάτοισιν ὄρηται (v. 782). Au deuxième temps : négation mensongère quant à son implication (v. 783, 793) lors de son serment sur l'eau du Styx. Au troisième temps : punition. Ce schéma en trois temps – avec un serment de déclaration – serait suivi par Empédocle.

---

227. Zuntz 1971, p. 253.

228. Zuntz 1971, p. 273. Rares sont les auteurs qui admettent ce lien de culpabilité. Relevons une exception avec S. Trépanier, « The spirit in the flesh: Empedocles on embodied soul », dans Bartoš H. & C.G. King (dir.), *Heat, pneuma, and soul in ancient philosophy and science*, Cambridge-New York, Cambridge University Press, 2020, p. 80-105, à la page 104 : « *I am inclined to follow Zuntz's interpretation that the occasion of this 'sullying' of the limbs with blood takes place when one of daimones accepts the false honour of ritual sacrifice.* »

229. Zuntz 1971, p. 195 : « *The question remains open what fault caused the fall of Empedokles' daimon; if only v. 3 is retained [and v. 4 rejected as it should be], it is answered in accordance with the trend of the all poem.* » – Zuntz s'écarte donc des commentateurs qui n'hésitent pas à voir dans les Bienheureux d'Empédocle des dieux homériques ou hésiodiques, capables d'actes sanguinaires. Gheerbrant 2017, p. 690-692, imagine qu'un dieu quitte la communauté divine, vient sur terre et tue (un humain par exemple). Ce dieu, que Gheerbrant appelle alors « démon », est coupable, car il transgresse la séparation entre dieux et mortels terrestres, séparation qui serait le contenu des serments des dieux du fr. 115.1-2. Mais pourquoi le dieu quitterait-il sa communauté pour aller sur terre et tuer ? (Pas de réponse.)

Dans un schéma empédocléen en deux temps (1 – le meurtre qui rompt un interdit, 2 – la punition sous forme d'exil)[230], le condamné qui, lors de son exil, respecte strictement la loi « Ne pas tuer un être animé » (B 135), loi en faveur de l'Amour, est censé réduire la durée initiale de sa punition – car sinon à quoi serviraient les purifications prônées par Empédocle ? Leur utilité la plus évidente ne serait-elle pas de hâter le salut individuel ? Bien agir permettrait de se racheter aux yeux de l'Amour.

Dans un schéma empédocléen en trois temps tel que je l'envisage, la négation mensongère de meurtres passés offense la Haine et Nécessité, qui alors punissent le Bienheureux parjure. Le respect de la loi de l'Amour lors de l'exil ne réduit pas la durée initiale de la punition, mais rendrait en pratique cette dernière moins pénible. L'exil est pénible quand le monde terrestre est livré à Arès, *Kudoimos* et Zeus *basileus* (fr. 128). Il le serait moins si les hommes tentaient de s'inspirer de l'âge de Cypris *basileia*. Empédocle croit qu'il est possible de résister à la puissance de la Haine. Aussi inviterait-il à repenser et mettre en place une société dont les fondements sont imités de ceux du règne de Cypris parmi les hommes. Utopie ou pas, c'est une autre question.

Je voudrais mettre en évidence d'une nouvelle façon ce qui sépare jusqu'ici l'interprétation commune relative à la scène de condamnation d'un Bienheureux et celle que je propose.

Interprétation commune. Chaque Bienheureux s'est engagé par serment à ne pas tuer, et admet la sanction d'expulsion de la communauté en cas de transgression. Plus tard, un des Bienheureux tue. Alors, de façon automatique, la sanction s'applique à lui. Il est expulsé du séjour des Bienheureux et devient un *daimôn* subissant des réincarnations terrestres.

Commentaire. La réincarnation n'intervient ici que dans l'exécution de la sanction (l'exil pendant 30 000 saisons). La transgression se comprend par rapport à un engagement passé pris lors de la vie même du Bienheureux. Cette interprétation convient aussi bien à une conception cyclique du monde (enchaînement perpétuel d'un monde A, d'un *Sphairos*, d'un monde B, d'un monde A, etc.) qu'à une conception linéaire (le *Sphairos* comme origine absolue puis un monde A qui s'étend à l'infini). Elle ne fait pas appel à d'éventuelles vies antérieures des Bienheureux. Si l'on peut admettre que les Bienheureux ont juré de ne pas tuer – cela en accord avec la loi du fr. 135 et leur proximité de l'Amour –, en revanche on ne s'explique

---

230. Ce schéma peut s'accorder avec deux lectures : (1) les dieux des v. 15-16 ne sont pas des Bienheureux, et (2) le Bienheureux qui tue n'a fait aucun serment. Toutefois, c'est un lieu commun des commentaires de croire que les Bienheureux sont les dieux des v. 15-16, qui ont fait des serments de promesse de ne pas tuer.

pas pourquoi et comment un Bienheureux peut rompre son serment. La rupture suppose un passage sur terre, là où se trouvent les êtres qui ont du sang. Pourquoi un Bienheureux quitterait-il sa communauté ? Quelle folie l'animerait alors sur terre ? Comment la sanction se mettrait-elle en place ? Qui punirait et qui contrôlerait l'exécution de la punition ? Les commentaires sont silencieux.

Interprétation ici proposée. La scène de la condamnation prend place dans le monde B d'un cycle cosmique récurrent. L'arrière-plan est de bout en bout la réincarnation. Pour chaque être vivant et mortel, il existe toujours des vies antérieures et il y aura toujours des vies ultérieures. La transgression porte non pas sur un serment collectif ancien, mais sur une parole sous serment qui ne dit pas la vérité et qui, en l'occurrence, nie les vies antérieures et les cycles cosmiques antérieurs.

Commentaire. Le serment de dire la vérité sur le passé et la rupture presque immédiate de ce serment se passent dans le séjour céleste des Bienheureux, selon le modèle du serment hésiodique sur le Styx. On sait qui est offensé par le mensonge d'un Bienheureux, et donc qui peut mettre la sanction en place. Il est dit que le Bienheureux meurt et que la punition sous forme d'exil implique des *daimones* – le pluriel vaut pour un seul Bienheureux –, *daimones* qui permettront aux dieux immortels de contrôler l'exécution de la punition.

III – Mourir avec ou sans *daimones*

Origine et nature des daimones

Le Bienheureux parjure et puni doit se réincarner sur terre. Ses réincarnations multiples seront une façon d'affirmer ce qu'il avait incidemment nié lors de son parjure : son passé, le cycle permanent des existences mortelles, la nécessité des cycles, la fragilité de tous les mélanges, l'existence et le pouvoir de la Haine. Au Bienheureux puni seraient associés non pas un *daimôn* (thèse habituelle), mais plusieurs (v. 19 et 23). Les dieux du v. 15 auraient la capacité de suivre en même temps tous les *daimones* – traceurs ou témoins de l'exil d'un Bienheureux.

Je doute fort qu'Empédocle ait précisé quelque part la nature des *daimones* énoncés au vers 19. Face au silence, il faut deviner[231] – si l'on veut tenter de comprendre, ce qui n'est bien sûr pas une obligation.

---

231. Plusieurs tentatives ont été faites. Voir Annexe 1 (Un aperçu des avis concernant la nature des *daimones*).

Dans l'histoire des Bienheureux lunaires un modèle s'impose à côté de la référence à la scène du dieu parjure de la *Théogonie* hésiodique. C'est celui du Bienheureux par excellence chez Empédocle : le *Sphairos*. Au présent, à l'époque de la Haine croissante, on sait ce qu'il advint du *Sphairos*. Il fut brisé par la Haine. Ses parties furent séparées et disséminées sous la forme de quatre dieux-racines que l'on peut alors clairement distinguer à travers leurs manifestations. Le cycle se répète à l'infini : le *Sphairos* meurt, ses membres sont dispersés, puis, après un temps long pendant lequel les Bienheureux lunaires et les mortels terrestres apparaissent et disparaissent, le *Sphairos* renaît sous l'action de l'Amour. Comment ce modèle se déclinerait-il pour les Bienheureux lunaires ?

La matière principale de la lune, séjour des Bienheureux, est l'éther – un éther cristallisé ou figé, comme l'est par ailleurs le firmament[232]. Puisque les mortels terrestres sont composés notamment de terre (fr. 96, fr. 98, B 148), on peut inférer que les Bienheureux sont notamment composés de matière lunaire. Produits de l'Amour – le commentaire d'Hippolyte ne les voit pas ailleurs que dans le *Sphairos* –, les Bienheureux seraient tout autant des mélanges d'éléments que les mortels terrestres. À cette différence près, qu'il existe peu de chance que de la terre (lourde) soit présente sur la lune. En revanche, l'eau, évaporée dans l'atmosphère, est probable. La lumière solaire atteint la lune ; elle pourrait entrer dans la constitution des Bienheureux[233].

Tout comme la Haine s'est introduite dans le *Sphairos* pour le détruire (fr. 30, fr. 31), elle s'introduirait dans le Bienheureux parjure pour le détruire. La Haine briserait le mélange constitué par un Bienheureux, et en isolerait les éléments[234]. De la décomposition

---

232. Voir A 30, A 51, A 54, A 60. Et : J. Longrigg, « Κρυσταλλοειδῶς », *The classical quarterly,* 15, 2, 1965, p. 249-251. Dans le fr. 147.1, des Immortels sont réunis autour d'une table. Les commentateurs s'accordent à dire avec raison que les *daimones* à la fin de leur exil retrouvent le lieu qu'ils avaient quitté. Le lieu serait selon toute vraisemblance le séjour céleste des Bienheureux. Je comprends la table de façon concrète (et non pas comme une métaphore ou un ornement poétique). Dans l'espace céleste, il n'y a que l'éther figé ou solidifié qui soit capable de constituer une forme solide plate avec des pieds. La table est improbable sur le firmament. Sa place serait sur la lune, avec les Bienheureux.

233. Dans le fr. 71, Aphrodite utilise le soleil (v. 2 : ἠελίου) pour former des mortels. Ne comprenons pas ici que le disque solaire est utilisé. Est utilisé (par métonymie) ce qui émane de ce disque, dont la lumière et, à proximité de la terre, la chaleur. D'où l'idée que la lumière, qui est une sorte de feu, puisse entrer dans la constitution des mortels lunaires. Soulignons que la Terre recèle du feu (fr. 52, A 68, le feu sous forme de chaleur) et de l'eau (les sources en sont la preuve, A 68). Il en va différemment de la lune, qui est uniquement de l'éther solidifié.

234. Le parallèle à dresser entre les deux actions de la Haine – celle sur le *Sphairos* et celle sur les Bienheureux – a depuis longtemps était signalé. Wright

du Bienheureux – ce qu'il reste de son corps mort – résulterait en particulier des éclats d'éther solidifié. Ce serait ces éclats ou cristaux d'éther, provenant du corps décomposé, investis par la Haine, et tombant dans la mer, qui formeraient les *daimones* du Bienheureux[235]. Le v. 19 (δαίμονες οἵ τε μακραίωνος λελάχασι βίοιο), parce qu'il est en incise, rompt l'énoncé du décret des dieux. Cette rupture suggère elle-même la mort brutale du Bienheureux et ce qu'il en advint, les *daimones*. Soutenir que les *daimones* sont des âmes et que les âmes sont de l'éther est une idée largement partagée[236]. Ce qui ne l'est pas, c'est de faire l'économie de l'âme (indépendante du corps), et de conserver l'idée que les *daimones* sont de l'éther.

1981, p. 64, s'en fait l'écho. Voir déjà Hippolyte, *Refutatio*, VII, 29.8.2-9.1, τὸ δὲ νεῖκος ἀεὶ διασπᾷ τὸ ἓν καὶ κατακερματίζει καὶ ἀπεργάζεται ἐξ ἑνὸς πολλά, qui anticipe ce qu'il dira de la naissance d'Empédocle.

235. Dans son témoignage sur Empédocle (*Refutatio*, VII, 29), Hippolyte utilise plusieurs fois le verbe ἀποσπάω, arracher (29.12.3, 29.14.3, 29.14.7, 29.15.4, 29.24.2, 29.24.4). Selon lui, les âmes sont arrachées du *Sphairos* par la Haine ; or ces âmes seraient des *daimones*, et parmi celles-ci il faudrait nommer Empédocle (29.14.6-7 : [τουτέστι] θεὸν καλῶν τὸ ἓν καὶ τὴν ἐκείνου ἑνότητα, ἐν ᾧ ἦν πρὶν ὑπὸ τοῦ νείκους ἀποσπασθῆναι καὶ γενέσθαι ἐν τοῖς πολλοῖς τούτοις. Et 29.15.4-5 : αὕτη γάρ ἐστιν, <φησίν,> ἡ καταδίκη καὶ ἀνάγκη τῶν ψυχῶν, ὧν ἀποσπᾷ τὸ νεῖκος ἀπὸ τοῦ ἑνός). Je suis tenté de croire qu'Hippolyte substitue le *Sphairos* à la lune (la lune citée à côté du ciel dans le *De exilio* de Plutarque). Si cela est vrai, cela proviendrait du fait qu'Empédocle n'a jamais été explicite sur le lieu de séjour des Bienheureux. Il était alors tentant de penser que le *Sphairos* est précisément ce lieu – ce que fait Hippolyte. – Dans son article « Empédocle », O'BRIEN 1996 écrit à la page 641 : « Les "démons", exilés "loin des dieux", seront des fragments arrachés à la masse centrale de l'Amour, et condamnés à errer parmi les corps cosmiques sous l'influence séparatrice de son ennemi, la Discorde. » Remarquons « les fragments arrachés ». O'BRIEN reprend Hippolyte, tout en considérant que le *Sphairos* est la masse centrale de l'Amour, et (à la différence d'Hippolyte) que les fragments arrachés sont des fragments d'Amour identifiés aux *daimones* (cf. la thèse cornfordienne, qui en 1912 mettait à parts équivalentes l'Amour et la Haine). Je suis en accord avec INWOOD 1992 lorsqu'il écrit, p. 58 : « *There is a parallel between the description of the cosmic breakup of the sphere of love by the intrusion of strife and the generation of the daimons because of the intrusion of the works of strife.* » Et en désaccord quand il poursuit : « *The tidiest and most convincing explanation for this close parallel lies in supposing that the individual daimons are in fact produced at the time of the cosmic breakup.* » Comme bien d'autres, INWOOD retient Hippolyte contre Plutarque, le *Sphairos* contre le ciel et la lune.

236. Les âmes sont de l'éther (ou de l'air) : Diogène d'Apollonie, 28 D11 et 28 D12 LM ; Mémoires pythagoriciens (cités par Alexandre Polyhistor), 18 R33.28 LM. L'air est divin : Diogène d'Apollonie, 28 D13 LM. Voir aussi W.K.C. GUTHRIE, *Orpheus and Greek religion*, Londres, Methuen, 1952, p. 185-186 (avec l'expression « *spark of* aither ») ; Th. GOULD, « Guthrie on the earlier Presocratics », *Arion*, 3, 2, 1964, p. 143-152, à la page 144 ; KINGSLEY, « Empedocles for the new millennium », *Ancient philosophy*, 22, 2, 2002, p. 333-413, aux pages 381-382 ; KINGSLEY 2003, p. 358 ; A. MIHAI, « Soul's aitherial abode according to the Poteidaia Epitaph and the presocratic philosophers », *Numen*, 57, 5, 2010, p. 553-582.

Des éclats d'éther ne se trouvent pas naturellement sur terre
– l'éther solidifié est en effet une originalité de la cosmologie empédocléenne. Leur présence sur terre les rendrait facilement repérables
pour les dieux observant les existences terrestres.

Le μένος de l'éther (v. 23) et les tourbillons de l'éther (v. 25)
haïssent les *daimones* initialement faits de cristaux d'éther. En raison
de leur origine, les *daimones* sont fortement marqués par la Haine.
Sachant qu'il est de la nature de la Haine de se tenir à l'extérieur
des racines (fr. 17.19), celle-ci envelopperait les *daimones* initialement
faits de cristaux d'éther. Si bien que de l'extérieur, la chose perceptible des *daimones* serait la Haine. Le μένος de l'éther et les tourbillons de l'éther, tous deux fluides, haïraient ce qu'ils appréhendent
des *daimones.* Ainsi s'expliquerait que la Haine qui recouvre les *daimones*
suscite la haine des quatre masses élémentaires (v. 23-26)[237].

Une curieuse expression inviterait à faire des *daimones* les fils
conducteurs de sortie d'un exil sous la direction de la Haine. C'est
Νείκεϊ μαινομένωι πίσυνος (v. 30). On a souvent considéré que Νείκεϊ
μαινομένωι πίσυνος était la confiance que le Bienheureux avait eue
dans la Haine furieuse, confiance qui l'avait poussé à commettre
un meurtre, sanctionné ensuite par l'exil[238]. Et dans le même
temps on voulait que le ἐγώ du v. 29 soit à la fois ce Bienheureux et
un *daimôn* et Empédocle. Sortons maintenant et résolument de ce
genre d'amalgame, dont un des ressorts tient au fameux τῶν qui, sous
l'autorité de Diels, s'est imposé face à τήν [ὁδόν]. Pour Empédocle
la confiance dans la Haine ne remonte pas au temps reculé du séjour
céleste. Dans ce séjour céleste, le Bienheureux a menti en faisant trop
confiance à l'Amour, et non pas à la Haine. La confiance en la Haine
(Νείκεϊ μαινομένωι πίσυνος) ne vient que bien longtemps après. Elle
est accordée par Empédocle au moment où il s'exprime et réalise
la nature de son exil. Il sait alors que la sortie de l'exil dépend en
fait de la Haine. C'est elle en effet qui est à la manœuvre à travers
les *daimones* qui ont une longue vie d'exil de 30 000 saisons. C'est en

---

237. Dans la théorie cornfordienne des *daimones* composés d'Amour et de
Haine, les éléments réagissent de façon haineuse face aux *daimones* pollués par
la Haine. Je suppose ici une réaction équivalente avec des *daimones* composés
d'éther et de Haine.

238. Par exemple J.E. RAVEN (G.S. KIRK & J.E. RAVEN, *The presocratic philosophers*,
Cambridge, Cambridge University Press, 1957, p. 352) : « *Of these I too am now
one, a fugitive from the gods and a wanderer, who put my trust in raving strife.* » Est-ce
alors l'Amour qui a puni Empédocle quand il était un Bienheureux ? – Voir
encore pour le fr. 115.13-14, la traduction de GHEERBRANT 2017, p. 798 : « Je suis
à présent parmi eux, exilé du dieu, errant, parce que j'ai eu foi en la Discorde
furieuse. » BOLLACK 2003, p. 61, en adoptant la leçon τήν (*vs* τῶν), avait adopté
une formulation plus prudente, qui ne renvoyait pas nécessairement le Νείκεϊ
μαινομένωι πίσυνος au passé : « Moi aussi, maintenant, je vais aller ce chemin,
exilé du dieu et errant, Vassal de Haine la délirante. »

suivant le *daimôn* auquel il est attaché qu'Empédocle pourra atteindre la fin de son exil (fr. 147)[239]. La remarque « Νείκεϊ μαινομένωι πίσυνος » ne signifie pas qu'Empédocle devient un dévot de la Haine. Il reste un dévot de l'Amour, mais, comme d'autres, il devra sa sortie de l'exil à la Haine.

C'est une chose de sortir de l'exil, cela en est une autre de redevenir le Bienheureux que l'on était il y a 30 000 saisons. La reconstitution de ce Bienheureux lunaire serait l'acte de l'Amour. Le modèle reste celui du *Sphairos*. Pour mémoire, les quatre dieux-racines séparés dans le Multiple finissent, sous l'action de l'Amour, par s'unir étroitement et par reconstituer à l'identique le *Sphairos* qu'ils constituaient avant sa destruction par la Haine. Sur ce modèle se déclinerait la renaissance du Bienheureux ayant purgé sa peine. Les *daimones* produits à la mort du Bienheureux parjure, séparés lors de l'exil terrestre imposé par la Haine, se retrouveraient unis grâce à l'Amour après les 30 000 saisons. Le Bienheureux renaîtrait ainsi dans son séjour lunaire. Concernant l'action de la Haine et de l'Amour, Hippolyte raconte une histoire assez proche, sans tenir compte de la lune, puisque selon lui le lieu de séjour des Bienheureux est le *Sphairos*[240].

Les Bienheureux lunaires sont des produits de l'Amour tout comme le *Sphairos*, mais ils ne sont pas des morceaux de *Sphairos* ou des morceaux d'Amour. Leur constitution principale est de l'éther solidifié. En analysant le renvoi possible au jeu de la balle des Phéaciennes dans les v. 23-25 d'Empédocle, Rashed a souligné le fait que le distique odysséen (VI, 115-116) qui comprend δίνηι en dernière position comprend σφαῖραν en première position[241]. Puisqu'avec certitude δίνηι a pour écho δίναις au v. 25, on ne peut éviter de réfléchir à l'écho possible de σφαῖραν, d'autant que ce mot fait immédiatement penser chez Empédocle au *Sphairos*. Un Bienheureux lunaire est un Bienheureux imparfait par rapport au Bienheureux *Sphairos*. Mais tous deux seront mis en pièces par la Haine et tous deux seront reconstitués dans leur forme initiale par l'Amour. La balle odysséenne fera son chemin. Sur le modèle du *Sphairos*, le Bienheureux lunaire se brisera en plusieurs *daimones*,

---

239. KINGSLEY 2003, p. 430-433, avait fourni une interprétation de Νείκεϊ μαινομένωι πίσυνος, que je reprends. Toutefois, le contexte d'interprétation est différent. KINGSLEY ne fait pas de différence entre le « je » et les *daimones* du fr. 115. Pour lui, Empédocle est un *daimôn*, et nous sommes tous des « *daimôns* » (*sic*, p. 358, avec le « s » écrit en romain). Ce que je ne reconnais pas dans le propos d'Empédocle.

240. Cf. GEMELLI MARCIANO 2009, p. 426 : « *Der Kommentar des Bischofs von Rom und der neuplatonischen Quellen ist aber irreführend, weil sie von der Auffassung vom* sphairos [*sic*] *als dem intelligiblen Einen und dem Neikos als schlechtem Demiurgen stark beeinflusst sind.* »

241. RASHED 2018, p. 170.

tournant ensuite comme des balles passant de mains en mains, entre des joueurs. Athéna veillait à faire jeter la balle dans un tourbillon du fleuve phéacien afin de provoquer un grand cri et le réveil du divin Ulysse. Les dieux veilleront au moment voulu à provoquer la sortie des *daimones*, qui ont atteint les 30 000 saisons, grâce à un puissant tourbillon de l'éther[242].

Comment affirmer que certains mortels terrestres sont punis par les dieux éternels au motif qu'ils appartiendraient à l'exil d'un Bienheureux parjure, alors que la discontinuité entre ces mortels semble rendre absurde le principe de la punition ? Certes le lien du *daimôn*-éclat d'éther et parcelle du corps du Bienheureux est ténu. Mais c'est bien lui qui rompt la discontinuité et donne sens à la punition – sans oublier que le point de vue essentiel serait celui des dieux du v. 15, que j'ai tenté d'expliciter en supposant leur volonté de suivre une punition au-delà de la mort du condamné. C'est ce *daimôn* dans chaque corps terrestre choisi par les dieux, dans le corps d'Empédocle en particulier, qui permet à Empédocle de dire qu'il est un exilé, et qu'il est une réincarnation attachée au Bienheureux puni. Pour nous, modernes, la punition ne vaudrait que pour la personne qui a commis la faute ; elle serait absurde et injuste si elle s'appliquait à une autre personne, innocente. Et pourtant elle s'applique en particulier à Empédocle. Il est alors bon de rappeler que l'absurdité et l'injustice ne seraient pas ressenties de la même façon pour des Grecs de la période archaïque. La faute d'un seul peut rejaillir sur sa descendance[243]. La punition est donc

---

242. Par comparaison avec le schéma des fragments d'Amour exposé par O'Brien, le schéma des éclats ou fragments d'éther conserve quelques traits majeurs. Une des grandes différences est bien sûr la substitution de l'éther lunaire à l'Amour du *Sphairos*. Une autre serait l'action des six principes divins pour faire des *daimones*-fragments d'éther les traceurs d'une punition et de la réincarnation, alors que les *daimones*-fragments d'amour ne sont au service d'aucun dieu. Mais dans les deux cas, les *daimones* ne sont pas des âmes, et s'insèrent dans un passage de l'Un au Multiple et du Multiple à l'Un. D. O'Brien (« Empédocle : Vie et après-vie », *Humanities: christianity and culture*, 36, 2005, p. 1-18, aux pages 14-15) écrit : « les *daimones*, au pluriel, sont des parcelles de l'Amour. L'Amour des *Purifications* est morcelé, fragmenté, divisé en parcelles sous l'influence de la Discorde. [...] Les *daimones* [...] sont autant de parcelles d'Amour qui se trouvent à l'intérieur des êtres vivants dispersés parmi les éléments [...], nous sommes destinés à nous réunir un jour, destinés à retrouver, un jour, l'unité primitive dont la Discorde nous a séparés, cette unité où nous allons enfin, un jour, posséder le bonheur et la béatitude, où nous allons mener notre vie dans la compagnie des dieux ».

243. Hésiode, *Les Travaux et les Jours*, 280-285 ; Solon, fr. 13.25-32 West ; Apollonios de Rhodes, *Arg.*, II, 468-489. Voir M. Noussia-Fantuzzi, *Solon the Athenian, the poetic fragments*, Leyde-Boston, Brill, 2010, p. 164-165. – La faute de plusieurs peut aussi rejaillir sur un seul. Dans l'*Odyssée*, la faute des compagnons d'Ulysse, qui tuent certaines vaches d'*Hélios* pour les manger, conduit plus tard Zeus, vengeant *Hélios*, à détruire le bateau qui aurait pu ramener l'équipage en

vécue au-delà de la première génération. Il n'est question dans ce cas ni de métempsychose ni de métamorphose. Le lien est celui du sang – lequel n'est pas conçu comme une âme. Le décret des dieux est antique (παλαιόν, v. 15) ; ne soyons alors pas surpris qu'il puisse véhiculer une mentalité archaïque.

Faut-il parler d'un seul Bienheureux parjure ou bien de plusieurs ? Nous avions jugé improbable la croyance en la métempsychose que Plutarque semblait attribuer à Empédocle. Surprenant le fait que de très nombreux Bienheureux doivent mourir pour expliquer que les hommes, qui n'ont pas d'âme en propre, hébergent des âmes immortelles en exil (= les *daimones*). Improbable la supposée existence de ces âmes immortelles, supraterrestres, si nous voulons comprendre les *Catharmes* à partir de la *Physique* et du Pseudo-Plutarque (A 85). Désormais, avec ce que nous supposons de l'origine des *daimones*, la mort d'un seul Bienheureux suffirait à expliquer ce que l'on apprend dans le Proème des *Catharmes*. Les hommes ont des âmes en propre – mortelles. Les dieux qui observent n'ont pas besoin de punir plusieurs Bienheureux pour constater la bonne exécution d'une punition au fil de réincarnations terrestres. Toutefois, deux points seraient à préciser.

Les éclats ou cristaux d'éther provenant de la désintégration du corps d'un Bienheureux tomberaient sur Terre – en fait dans la mer (v. 23) – dans un mouvement s'étirant dans le temps. Tout comme d'un arbre en automne les feuilles mortes se détachent progressivement, emportées par le vent, jusqu'au moment où les dernières feuilles ne résisteront plus et s'envoleront, elles aussi, laissant alors l'arbre dénudé, ainsi pourrait se penser la chute progressive des *daimones* sous l'action du *menos* de l'éther (v. 23). Le *menos* de l'éther ferait référence au vent – selon l'interprétation de Gemelli Marciano que nous avons déjà adoptée. L'attaque de la Haine, bien que soudaine, peut conduire à une désintégration qui n'est pas instantanée[244]. Le compte des 30 000 saisons vaudrait pour chaque *daimôn*, à partir de sa chute terrestre. La reconstitution complète du Bienheureux et son retour

---

Ithaque. Les compagnons meurent noyés – *Hélios* est vengé. Ulysse réchappe du naufrage. Ulysse n'est certes pas responsable des actes de ses compagnons, mais désormais seul, il subira indirectement des conséquences négatives de leur transgession.

244. O'BRIEN 1969, p. 90, avait déjà vu une difficulté théorique à penser un exil simultané hors du *Sphairos* de tous les *daimones*, et de leur retour simultané dans le *Sphairos* après 30 000 saisons. Voir aussi O'BRIEN 1995, p. 467. – Hippolyte fournit un indice possible, quoiqu'indirect, de la chute progressive des âmes. Il dit (*Refutatio*, VII, 29.21.7-9) à propos de l'action de *Philia* sur les âmes, à l'issue des 30 000 saisons : καὶ ἐξάγειν κατ' ὀλίγον ἐκ τοῦ κόσμου καὶ προσοικειοῦν τῷ ἑνὶ σπεύδουσα, καὶ κοπιῶσα, ὅπως τὰ πάντα εἰς τὴν ἑνότητα καταντήσῃ ὑπ' αὐτῆς ἀγόμενα. Je souligne κατ' ὀλίγον (peu à peu), qui exprime la progression. Si la récupération des âmes par l'Amour est progressive et que l'exil pour chaque âme dure 30 000 saisons, il faut déduire que la chute des âmes est elle-même progressive.

à la table des « Immortels » (fr. 147) ne s'accompliraient qu'après le retour sur la lune des tout derniers *daimones*. À ce moment-là, les éclats ou cristaux d'éther auront perdu leur gangue de Haine ; en les rassemblant, l'Amour pourra redonner vie au Bienheureux[245].

Le second point à examiner concerne le sens du pluriel θεοί dans le fr. 146.3 :

> εἰς δὲ τέλος μάντεις τε καὶ ὑμνοπόλοι καὶ ἰητροί
> καὶ πρόμοι ἀνθρώποισιν ἐπιχθονίοισι πέλονται,
> ἔνθεν ἀναβλαστοῦσι θεοὶ τιμῆισι φέριστοι.

> À la fin ils deviennent devins, poètes d'hymnes, médecins
> Et chefs (*promoi*) pour les hommes sur la terre.
> Après quoi, ils refleurissent dieux, les plus grands par les honneurs.

> (Trad. Laks-Most, 22 D39)

Quel est le sujet des verbes πέλονται et ἀναβλαστοῦσι ? Clément d'Alexandrie (*Stromate* IV, 23, 150.1) introduit ce fragment par : φησὶ δὲ καὶ ὁ Ἐμπεδοκλῆς τῶν σοφῶν τὰς ψυχὰς θεοὺς γίνεσθαι ὧδέ πως γράφων. Les âmes (ψυχάς) deviennent des dieux (θεούς) ; elles seraient donc le sujet des verbes πέλονται et ἀναβλαστοῦσι. Dans les habitudes de lecture des premiers siècles après J.-C., les âmes en question seraient en fait les *daimones* du v. 19 du Proème. Par ailleurs, nous lisons le verbe γίγνονται dans le fr. 127, que l'on peut (et sans doute : doit) rapprocher du fr. 146. Le sujet de γίγνονται serait les êtres qui contribuent au lot des hommes, selon le témoignage d'Élien qui livre les vers de notre fr. 127 avec le mot λῆξις[246]. Ces êtres seraient les *daimones*, qui s'incarnent dans des mortels terrestres. Pour la fin de l'exil, on appréciera, avec ἀναβλαστοῦσι, la métaphore végétale rendue heureusement par « refleurissent ». Tout comme un arbre retrouve ses feuilles et ses fleurs, le Bienheureux retrouve son corps.

---

245. D'une certaine façon la disparition de la gangue de Haine en fin d'exil reste dans un schéma cornfordien (selon lequel les particules faites d'Amour et de Haine, produites lors de l'éclatement du *Sphairos*, abandonnent leur part de Haine lorsque, après le temps de l'exil, elles fusionnent de nouveau dans le *Sphairos*. CORNFORD 1912, p. 239). Mais, à la différence du schéma cornfordien, l'histoire est cette fois-ci racontée avec des Bienheureux sur la lune, avec des *daimones* qui, en leur centre, sont des éclats d'éther, servant au spectacle des dieux éternels. À la suite de STEIN et DIELS, CORNFORD accordait plus de véracité à Hippolyte qu'à Plutarque pour penser le séjour des Bienheureux. De plus, avec eux, il faisait de l'âme immortelle d'Empédocle un *daimôn*. CORNFORD 1912, p. 229, écrit : « man's soul is not 'human' : human life (ὁ ἀνθρώπινος βίος) is only one of the shapes it passes through. Its substance is divine and immutable, and it is the same substance as all other soul in the world. [...] each soul is an atomic individual, which persists throughout its ten thousand years' cycle of reincarnations. [...] The soul is further called 'an exile from God (θεόθεν) and a wanderer'. »

246. Élien, *De natura animalium*, 12.7.31-33 : λέγει δὲ καὶ Ἐμπεδοκλῆς τὴν ἀρίστην εἶναι μετοίκησιν τὴν τοῦ ἀνθρώπου, εἰ μὲν ἐς ζῷον ἡ λῆξις αὐτὸν μεταγάγοι, λέοντα γίνεσθαι.

De quelle fin Empédocle parle-t-il en employant εἰς δὲ τέλος ? Est-ce la fin du cycle cosmique dans lequel il se situe ? Ou bien est-ce d'une façon plus générale : la fin des exils de 30 000 saisons ? Je crois, sans pouvoir le démontrer, qu'il faut comprendre εἰς δὲ τέλος de cette dernière façon. Autrement dit : il en est toujours ainsi pour tous les cycles cosmiques, après 30 000 saisons d'exil « ils » deviennent devins, poètes, médecins, et chefs, après quoi, « ils » refleurissent en dieux. Les dieux dont il est question sont des Bienheureux qui revivent en Bienheureux après leur exil terrestre. Si l'on réduit la lecture à un seul cycle cosmique, avec la restitution d'un seul Bienheureux en fin d'exil, il n'est pas possible de lire le pluriel θεοί. C'est le singulier qui serait attendu. Mais sur une infinité de cycles cosmiques, en considérant tous les exils possibles, on comprend que tous les devins et autres hommes d'excellence « refleurissent dieux »[247].

Dans sa section consacrée aux lions en Égypte, Élien rapporte deux vers d'Empédocle (notre fr. 127), puis un peu plus loin trois vers d'Épiménide, que voici (*De natura animalium*, 12.7.51-53) :

---

247. Cette lecture prend le pluriel dans toute son extension possible. Il en va différemment de la lecture de commentateurs qui veulent déjà limiter les pluriels μάντεις et πρόμοι du fr. 146 aux hommes d'excellence qui suivent l'enseignement d'Empédocle. Les autres μάντεις et πρόμοι, tueurs d'oiseaux et tueurs en première ligne dans les combats, seraient forcément exclus – selon eux – du fr. 146. Mais Empédocle ne nous autorise pas ici à séparer les bons devins et bons chefs d'une part des mauvais devins et mauvais chefs d'autre part, à séparer les hommes d'excellence en fonction de leur réception ou pas de l'enseignement d'Empédocle. Empédocle ne contrôle pas la divinisation ! La vérité serait plutôt que tous les μάντεις (tueurs ou pas) et tous les πρόμοι (tueurs ou pas), de tous les cycles cosmiques, deviendront des Bienheureux. Certains commentateurs, gênés par la tonalité guerrière des πρόμοι (trop marqués par l'usage iliadique), veulent ne voir dans ce mot qu'un nouvel usage pacifique qui existerait déjà au temps d'Empédocle. Et ils font comme si les *promoi* au temps de l'*Iliade* avaient été exclus de la possibilité de devenir un Bienheureux. Mais pourquoi exclure du destin divin rapporté au fr. 146.3 et au fr. 147 les hommes d'excellence du passé ? Ulysse se verrait-il interdire le séjour céleste ? – Dans *Agamemnon*, 200, Eschyle utilise πρόμοισιν dans le sens de προμάχοις. Dans les *Euménides*, 399, il utilise πρόμοι dans le sens de chefs de guerre. Dans le chant II des *Argonautiques*, v. 21, Apollonios de Rhodes utilise πρόμος dans le même sens du combat que dans l'*Iliade*. Toutefois, c'est aussi vrai qu'on peut trouver des emplois de πρόμος, sans connotation guerrière, un bon exemple étant Euripide, *Iphigénie à Aulis*, 699. Bref, on va trop vite à vouloir imposer uniquement une signification pacifique de πρόμος au temps d'Empédocle, et surtout à vouloir croire qu'Empédocle excluait la signification guerrière ou de combat. Voir PICOT-BERG 2015, p. 394-399. O'BRIEN 2005, p. 12, écrit : « Les disciples d'Empédocle vont trouver place auprès des dieux. [...] Ils partageront 'le foyer et la table des immortels'. » Cela est vrai si « les disciples d'Empédocle » se comptent parmi les devins, poètes, médecins et chefs (fr. 146.1-2). Le seul fait de ne pas tuer (B 135) et de prôner l'Amour ne fait pas pour autant du disciple d'Empédocle un des hommes socialement excellents du fr. 146. Et, de nouveau, les devins, poètes, médecins et chefs ne sont pas TOUS des disciples d'Empédocle.

καὶ γὰρ ἐγὼ γένος εἰμὶ Σελήνης ἠυκόμοιο,
ἣ δεινὸν φρίξασ᾽ ἀπεσείσατο θῆρα λέοντα
ἐν Νεμέᾳ, ἀνάγουσ᾽ αὐτὸν διὰ πότνιαν Ἥραν.

En effet, je suis issu de la lune à la belle chevelure
qui fit tomber dans une secousse terrible cette bête, le lion
à Némée, et l'amena sur ordre de la vénérable Héra.

(Trad. A. Zucker)

A priori, il n'y aurait aucun rapport entre les vers d'Empédocle et ceux d'Épiménide. Pourtant, après ce que nous avons dit de l'origine lunaire des *daimones*, chez Empédocle, on peut s'interroger sur un rapprochement possible[248].

Il y a d'abord les faits indiscutables :

- l'adjectif ἠύκομος en fin d'hexamètre chez les deux auteurs ;
- la présence d'un lion célèbre chez Épiménide et la mise en valeur des lions chez Empédocle ;
- la mise en valeur d'Épiménide, à côté du lion de Némée, et la mise valeur des lions et des lauriers chez Empédocle.
- la rareté de l'attribution de l'adjectif ἠύκομος à la Lune, et aux arbres. L'adjectif ἠύκομος conviendrait plus facilement pour un lion (ainsi chez Oppien)[249]. Mais précisément ni Épiménide ni Empédocle ne l'attribuent aux lions.

Puis il y a les interprétations :

- tout comme Épiménide et le lion de Némée viennent de la Lune, Empédocle, les lions et les lauriers viendraient aussi de la Lune – même si pour eux le lien est indirect et se fait grâce à la médiation des *daimones*.

---

248. A.V. Lebedev a examiné la question de la réincarnation chez Épiménide dans « Теогония » Эпименида Критского и происхождение орфико-пифагорейского учения о реинкарнации // « Индоевропейское языкознание и классическая филология. Чтения памяти И.М.Тронского », 22 – 24 июня 2015 г. Отв. ред. Н.Н. Казанский. Институт лингвистических исследований РАН, СПб 2015, сс. 550-585. Traduction anglaise en 2018 – *The « Theogony » of Epimenides of Crete and the origin of the Orphic-Pythagorean doctrine of reincarnation*) – sur le site academia.edu. À la différence de Lebedev, je ne remets pas en cause la chute physique du lion, et n'interprète pas la référence d'Épiménide au lion de Némée comme une croyance à la réincarnation des âmes. L'idée qu'Épiménide croyait à la réincarnation est séduisante ; elle pourrait avoir incité Élien – si celui-ci en avait la conviction – à rapprocher la citation d'Épiménide de celle d'Empédocle.

249. Oppien, *Cynégétiques*, III, 43 ; IV, 80, 133, 179. Pour les arbres, Oppien, *Cynégétiques*, IV, 336.

- La Lune chez Empédocle est le domaine d'Héra (l'éther) ; la chute du lion de Némée implique Héra ; dans les deux cas, la Lune est une déesse qui paraît être aux ordres d'Héra.
- Un acte violent explique la chute du lion à Némée (δεινὸν φρίξασα = la Lune tremble de façon terrible) ; un acte violent expliquerait la chute des *daimones* sur Terre.
- Élien mentionne les lauriers comme meilleures transmigrations parmi les arbres ; or cette mention est inutile par rapport à son propos qui concerne les lions. En citant le fr. 127, Élien aurait pu s'arrêter après γίγνονται et supprimer ainsi la mention des lauriers. S'il ne l'a pas fait, ce pourrait être parce qu'il a entrevu un écho possible avec l'adjectif ἠύκομος chez Épiménide.

Je suppose qu'Empédocle s'est inspiré d'Épiménide en écrivant les vers du fr. 127. Il pouvait voir en Épiménide un devin et un poète, qui, après avoir joui des meilleures transmigrations (fr. 127), pouvait devenir un dieu (fr. 146-147).

Au cours de mon propos, j'ai laissé en suspens au moins deux questions, qui trouveraient maintenant réponse.

(1) En présentant un schéma de la réincarnation, je disais : « La transmigration (T) est un ensemble qui contient deux sous-ensembles disjoints : celui de la métempsychose (M) et un ensemble que j'appelle X qui n'est pas celui de la transmigration d'une âme personnelle (= qui n'est pas la métempsychose) mais celui de la trans-migration d'une entité singulière et concrètement identifiable sans être l'âme personnelle. » Chez Empédocle, une réponse concrète pour X serait la transmigration des *daimones* en tant qu'éclats d'éther provenant du corps du Bienheureux parjure. J'hésite à inclure en X les *daimones* conçus comme fragments ou parcelles d'Amour par O'Brien (en particulier). Ils le seraient si O'Brien ne supposait pas la mémoire des vies antérieures dans le fr. 129[250]. Comment cette mémoire serait-elle possible sans l'âme inhérente à la métempsy-chose ?

(2) Le v. 20 du Proème livre le pronom μιν, qui est un singu-lier, et qui se comprend comme étant le Bienheureux parjure, désormais condamné à errer. Ce n'est pas le Bienheureux dans son unité physique, qui erre. Son errance est pensée à travers son corps éclaté en *daimones*, et tous les mortels terrestres qui hébergent ces *daimones*.

Nous, modernes, avons des difficultés à croire qu'Empédocle, par ailleurs reconnu pour des raisonnements rationnels dans la *Physique*,

---

250. O'Brien 1995, p. 453, n.129.

puisse affirmer sérieusement un décret des dieux, la réincarnation[251], l'existence des Bienheureux dans un séjour céleste, une punition divine, la haine des éléments et sa propre divinité. Empédocle use souvent de métaphores et de synecdoques. C'est un poète. Il est alors prudent de ne pas le prendre au pied de la lettre. Est-ce pour autant que, dans ses vers, il brodait une histoire pour la foule, qu'il proposait un mythe autour de la réincarnation, et mettait en scène un ego qui, en réalité, n'était pas lui-même[252] ? Précisons l'arrière-plan de cette question. Imaginons que l'authentique message d'Empédocle tienne uniquement sur deux points, qui par eux-mêmes ne font pas appel au fantastique : (1) tous les êtres vivants sont constitués des mêmes éléments, et devraient se comporter comme des individus d'une même famille ou d'un même sang (fr. 136-137) ; (2) il ne faut pas tuer (B 135), car tuer c'est tuer des membres d'une même famille. Pour magnifier ce message, au départ sans dieu, et lui donner un tour qui frappe l'imagination, Empédocle aurait élaboré un mythe faisant intervenir le cercle des réincarnations et les dieux dans le destin des hommes. Selon cette hypothèse, Empédocle ne croirait pas au mythe qu'il raconte car celui-ci ne serait qu'un artifice pour tenter

---

251. Gardons en tête le mot de J. Barnes (*The presocratic philosophers*, Londres-New York, Routledge & Kegan Paul, 1982², p. 396) : « *Empedocles does not tell us how to identify a* daimôn, *or how to trace a daemonic substance from one mortal form to another; and if it is possible to think of ways in which his hypothesis might become scientifically testable* [...] *that is only to say what everyone believes : that transmigration does not happen.* »

252. Van der Ben 2019 fournit un exemple du refus, de la part d'un commentateur moderne, de croire sans détour à ce qu'Empédocle énonce dans le Proème, et en conséquence du recours à une parole mythique. Quelques citations méritent d'être rapportées. P. 29 : « *the attribution of the doctrine of reincarnation to Empedocles proves unwarranted* ». P. 337 : « *Empedocles' philosophy knows neither transmigration of souls nor Circean- or Ovidian-style metamorphosis* ». P. 645 : « *It is absolutely certain that the opposition of an immortal soul to the mortal body, in which the soul dwells only temporarily, 'wearing' it or 'dressed' in it, does not belong to Empedocles' thought, but to Plato's* ». P. 605 (commentaire du fr. 112) : « *It is equally essential to a correct interpretation of the poem that one strictly respects the distinction between the historical author Empedocles and the narrator, even though the latter is the fictional representative of the former inside the text.* [...] *Therefore, the 'I' refers to the intratextual narrator only, and does not convey, as the 'I' in an actual letter typically does, any autobiographical information about the historical person of the author.* » P. 623 : « *In terms of the symbolic myth of the Proem, the occasion that brought the understanding that the narrator appears to possess by now, came about in the course of his educational journey* [...]. *This comprised his visit to the Realm of Death and Birth (fragments 14-16), the instruction given him by his 'guide' (fr. 17)* ». P. 632 : « *in Empedocles, the Narrator's autobiographical myth serves as a vehicle for the primacy of Reason and the discoveries of Science, which promise a completely different kind of safety [vs the mysteries and protection from threats after death], namely happiness and fulfilment to be achieved in and during life, there being no afterlife in any shape or form.* » P. 661 : « *The symbolic force of the myth's motif obviously is that the world of Natural Philosophy leaves no role for the gods and no ground for religion.* »

d'attirer l'attention et pour convaincre ses contemporains de ne pas tuer. Je n'adhère pas à cette hypothèse. Empédocle croit sans doute à des choses fausses, mais il y croit. Il n'y a de sa part aucune astuce pour soutenir l'injonction de « ne pas tuer ». Il n'y a pas plus de mythe (à ses yeux) qui resterait à décoder en des termes profanes. Je crois qu'il en est ici comme dans le cas des quatre racines du fr. 6 : Zeus, Héra, *Aïdôneus, Nestis*. Ces dieux ne sont pas pour Empédocle un habillage divin et poétique de choses profanes. Empédocle croyait à la réalité des Zeus, Héra, *Aïdôneus* et *Nestis*, dont il parle. De la même façon, nous devrions admettre une parole sincère dans le Proème des *Catharmes*.

Purifications[253]

L'idée est largement admise que le poème des *Catharmes* prescrit des rites de purification permettant de sortir du cycle des réincarnations. Dans le *Phèdre* (248 E-249 A), Platon affirme que les philosophes, qui ont vécu dans la justice, peuvent réduire de 10 000 ans à 3 000 ans le temps de déchéance de leurs âmes. Ne serait-il pas alors possible pour l'homme qui suit l'éthique empédocléenne (ne pas tuer, ne pas procréer) de réduire son temps d'exil ? On peut le croire. Toutefois cette croyance, poussée par un espoir de salut rapide et par la conviction que l'enseignement d'Empédocle a une forte efficacité sur le destin individuel, n'a pas de fondement dans les vers qui nous sont parvenus[254]. Nécessité et les six dieux qui

---

253. Je reprends et prolonge ici certaines idées déjà énoncées dans PICOT & BERG 2015, p. 403-408.

254. La possibilité chez Empédocle d'une sortie anticipée du cycle des réincarnations pour une certaine catégorie d'hommes est parfois affirmée comme une évidence. Voir O'BRIEN 1969, p. 90 : « *an earlier release from the cycle of incarnation for the chosen few* ». « *The chosen few* » seraient les hommes du fr. 146.1-2. KAHN 1993², p. 447 : « *The closing verses of the physical poem seem to afford a glimpse into the mechanism of salvation.* [...] *So, we may say, does the spirit of man, when its time of release is come. It hastens home to its fellows, back to its own dear kind.* [...] *Future happiness depends upon the extent to which a man's spirit—that is, his share of Love—returns to its own kind rather than to a condition dominated by Strife.* » OSBORNE 1987 (*The classical quarterly*), p. 41 : « *The cosmic alternation of one and many is not a separate story from the katharmoi; it is upon these ritual exiles (katharmoi) and their capacity to choose between a life of bloodshed and discord or one of purity and unanimity that the cosmic changes depend.* » Et p. 50 : « *our capacity to act in accordance with Love provides an opportunity for hastening the return to the one and improving the lot of the exiles banished into the divisive world of Strife.* » LAKS 2004, p. 36 : « Ici [= l'œuvre d'Empédocle] et là [= le *Phèdre* de Platon] enfin, la vie humaine est l'occasion d'une possible « purification » permettant aux entités déchues de recouvrer leur condition première, avant même l'échéance fixée, [...] – abstention de la nourriture carnée, ici ; pratique de la philosophie, qui seule est capable d'alimenter les ailes de l'âme, là ». SEDLEY 2007, p. 51 : « *The reason why he* [= Empedocles] *can expect eventually to recover his divinity lies in*

régissent le monde observent le bon déroulement de la punition tracée par les *daimones*, mais n'ont pas d'attention particulière pour les espoirs des hommes. La réduction de peine pour bonne conduite ne se trouve pas soutenue par des vers d'Empédocle. Elle ne paraît pas être une pratique habituelle des dieux entre eux dans la tradition religieuse que pouvait connaître Empédocle[255]. Lorsqu'un exil est prononcé pour une certaine durée, l'instance qui a prononcé l'exil ne se préoccupe pas de savoir si la durée peut être réduite en raison d'une supposée bonne conduite de l'exilé. Quelques Modernes cherchent à rendre compte de façon simple de l'utilité des purifications. Mais l'éthique empédocléenne n'a pas pour objectif de réduire le temps de l'exil fixé par les dieux ; ce temps n'est d'ailleurs pas présenté par lui-même comme étant modifiable. L'éthique aurait pour but d'aménager l'exil[256]. D'en réduire les souffrances. Et c'est dans ce cadre-là que les purifications empédocléennes prendraient place. Il reste néanmoins une question que la lecture de Plutarque

that origin as a daimon, plus his progress through a long series of reincarnations, at least the later ones of which are reincarnations in human form […]. And part of the process of purification which will hasten his return to divinity lies in sexual abstinence. » (Plus loin, *ibidem*, p. 70-71 : « *short cut* ».) On notera le verbe *hasten* qui suppose une anticipation, et implicitement une réduction possible des 30 000 saisons. McCLELLAND 2010, p. 87 : « *according to Empedocles, as well as the later Platonists, the soul could only be liberated from this bodily rebirth by living a pious, philosophical, and vegetarian life style.* » V. TANKHA (*Ancient Greek philosophy: Thales to Socrates*, New Delhi, Pearson Dorling Kindersley, 2014², p. 216) : « *what keeps the daimon in the cycle of birth, death and reincarnation is the subsequent killing of animals* ». On comprend ainsi que ne plus tuer permettrait de sortir du cycle des réincarnations. Par ailleurs, les auteurs qui ne prennent pas à la lettre les 30 000 saisons ont tout loisir de penser que le temps des réincarnations terrestres est fonction directement du bon ou du mauvais comportement (du point de vue de l'Amour) du mortel en exil.

255. Dans les mythes à notre disposition, la norme est l'exécution de la peine sans qu'il soit question d'une possibilité de réduire cette peine. Les Titans envoyés dans le Tartare par Zeus sont destinés à y rester. Puni par Zeus, Atlas portera le Ciel sur ses épaules, sans qu'il y ait d'échappatoire. Le dieu parjure chez Hésiode doit être puni pendant 10 ans, Apollon fera 1 an de travaux chez Admète. Pas de réduction de peine pour ces dieux. Par ailleurs, les punitions que les dieux imposent aux mortels semblent irréversibles (Sisyphe, Ixion punis par Zeus, les diverses métamorphoses, etc.).

256. Voir sur ce point PICOT 2008 (*Organon*), p. 36-37. Et PICOT & BERG 2015, p. 405, n.55 : « *Empedocles' teaching, his 'purifications', involve abstaining from eating meat and from procreating. Those instructions are not given in connection with the subject of perjury (which was for Hippolytus the cause of exile* : Refutatio *7.29, p. 16.1). They are given as protective measures, enabling us to avoid suffering even more effects of Hate, and to avoid contributing to its activity. Hippolytus does* not *go on to say that those instructions are what the gods of fr. 115.1 expect from men, or that they will avail, when followed, to shorten their exile.* » Lorsqu'il parle des bonnes conduites empédocléennes, Hippolyte ne suppose pas que celles-ci puissent réduire le temps de l'exil (qu'il sait être de 30 000 saisons). Il suggère un aménagement de l'exil.

nous force à poser : quelle purification pourrait accompagner le châtiment des *daimones* ? Plutarque écrit dans le *De Iside et Osiride*[257] :

> « Empédocle dit aussi que les démons [δαίμονας] paient leurs fautes et leurs manquements 'Car la puissance de l'éther les chasse [... v. 23-26 du Proème des *Catharmes*[258]], et ils ne trouvent partout que haine' cela jusqu'au moment où, ainsi châtiés [κολασθέντες] et purifiés [καθαρέντες], ils retrouvent [ἀπολάβωσι] leur place et leur rang naturel. »

(Trad. C. Froidefond)

Dans le corpus antique à notre disposition, il n'existe pas d'autres passages qui associeraient la sortie de l'exil des *daimones* avec une purification. Il faut par conséquent faire reposer notre analyse uniquement sur ce que dit Plutarque. L'analyse à laquelle nous avons procédé jusqu'ici met en doute que les *daimones* doivent payer leurs fautes et leurs manquements. Le Bienheureux parjure et puni doit se réincarner sur terre ; à sa mort il laisse des *daimones*. Mais avant de se parjurer et au moment du parjure, le Bienheureux n'est pas un *daimôn*. Les *daimones* n'ont pas commis de faute et ne se sont pas signalés par quelques manquements. Je suppose donc que Plutarque a procédé à un amalgame. Le texte sur lequel il s'appuie et qu'il nous transmet est suffisamment elliptique pour expliquer le glissement d'un Bienheureux fautif aux *daimones* fautifs.

Soulignons un point d'interprétation. Plutarque ne commente pas la vie des mortels célestes ou terrestres. Il commente ce qu'il en est des *daimones*. Pour justifier ce qu'il avance il présente les v. 23-26. Ce qui apparaît dans ces vers, ce sont des *daimones* lors d'un passage entre deux milieux de vie, où l'on peut supposer que ces *daimones* ne sont plus incarnés et pas encore nouvellement incarnés. Plutarque comprend ces vers avec la clé de la métempsychose et l'équation déjà énoncée : 'je+' = *daimôn* = âme d'un Bienheureux en exil. Nous sommes donc renvoyés à une croyance que, tout au long du présent article, nous nous sommes efforcés de contester. Dans l'équation 'je+' = *daimôn*, la souffrance effective des mortels terrestres serait la souffrance des *daimones*. Mais de quels vers d'Empédocle dispose-t-on pour affirmer que les *daimones* sont des 'je+' ? Aucun. Pour mémoire nous avons refusé l'édition de Stein, qui agrégeait sans preuve les v. 23-26 avec le τῶν d'un vers bancal (corrigé dans le v. 29) trouvé dans le manuscrit d'Hippolyte. De quels vers d'Empédocle dispose-t-on pour affirmer que les *daimones* souffrent ? Aucun. Le fr. 118 (« j'ai

---

257. Plutarque, *De Iside et Osiride*, 361 C.
258. ἀκάμαντος chez Plutarque remplace φαέθοντος au v. 25.

pleuré et crié en voyant un lieu inaccoutumé ») concerne un « je ». Dans la « race misérable de mortels » née de « querelles et de gémissements » (fr. 124), les gémissements ne proviennent pas de quelques *daimones*.

En quoi consisteraient, du point de vue des dieux scellant le décret antique, le châtiment et la purification d'un Bienheureux ? La purification imposée par les dieux apparaît comme le résultat attendu de punitions concrètes (les vies éphémères, aux multiples maux, dans la mer, dans la terre, dans les rayons du soleil). Au fil des réincarnations, dans l'incessant rejet des éléments, la purification serait ainsi le dégagement progressif du fardeau de la faute primordiale. Guidés par des *daimones* qui les ont inclus en dernière position d'une chaîne de vies terrestres, les quatre types d'hommes du fr. 146 ont été « châtiés [κολασθέντες] et purifiés [καθαρέντες] » – souvent sans même le savoir –, si bien qu'ils retrouveront juste après la mort « leur place et leur rang naturel », une vie de dieu Bienheureux (v. 20, fr. 146.3, fr. 147). Les quatre types humains en question (devins, poètes, médecins, chefs au premier rang) comptent un grand nombre de personnes depuis les temps les plus reculés. Il est alors impossible que toutes ces personnes se soient livrées à des rites de purification prônés par Empédocle au Vᵉ siècle. Même au Vᵉ siècle, la plupart des *manteis*, *humnopoloi*, *iètroi* et autres *promoi* n'ont aucune idée de l'antique faute à laquelle pense Empédocle. Ils ne peuvent donc pas se sentir concernés par elle. Ce qui revient à conclure qu'ils n'ont aucune raison de pratiquer un rite de purification pour l'effacer. Si Plutarque dit des démons qu'ils viennent à être purifiés (καθαρέντες), ce ne peut pas être par un rite, un acte engagé volontairement par ces démons. Nous ne savons pas comment Plutarque comprend cette purification. Il faudrait au moins supposer qu'il comprend Empédocle avec le prisme de sa propre démonologie, de ses propres convictions religieuses, en fait éloignées de celles d'Empédocle.

Les *daimones* migrent pendant un temps si long (30 000 saisons) que ce temps agit comme un facteur de purification[259]. L'efficacité de la purification est à juger seulement du point de vue des dieux qui ont puni le Bienheureux, et qui guident et observent les réincarnations, surveillent l'exécution de la peine. La purification serait l'accomplissement du temps de la peine. Rien d'autre. Aucun rite. Aucune éthique.

Nommer quelques types humains qui jouissent d'un certain prestige dans la société grecque (fr. 146.1-2) n'est pas une innovation de la part d'Empédocle. Deux références sont souvent citées dans

---

259. Voir Eschyle, *Euménides*, v. 286 : χρόνος καθαίρει πάντα γηράσκων ὁμοῦ. Un jeu de mots entendrait détruit (καθαιρεῖ) à la place de purifie (καθαίρει).

les commentaires du fr. 146 : (1) Homère, *Odyssée* XVII, 384-385 ; (2) Pindare, fr. 133 Snell (ou Race). Il est probable qu'Empédocle écrivait dans le prolongement de ces deux auteurs. Dans ce cas, il convient de remarquer que ni chez Homère, ni chez Pindare il n'est question de purification. Le rapprochement avec Pindare est d'autant plus intéressant que les types mentionnés (des rois, des hommes forts, des hommes sages) apparaissent à la lumière du soleil après une période fixe de temps (9 ans) où leurs âmes étaient retenues par Perséphone, sans doute dans l'Hadès. Le retour à la lumière suggère la réincarnation. Les rois suggèrent les *promoi*. Et la durée fixe de 9 ans suggère la durée fixe des 30 000 saisons.

La démone habilleuse (B 126)

Plutarque cité par Porphyre[260] mentionne une démone (δαίμων dans le grec, en fait une démone supposée par le féminin du participe περιστέλλουσα, repris dans le commentaire avec μεταμπίσχουσα) qui intervient dans le passage d'une vie à une autre (Stobée, *Eclogae*, I, 49, 60, p. 446 ; B 126) :

> αὐτῆς γὰρ τῆς μετακοσμήσεως εἱμαρμένη καὶ φύσις ὑπὸ Ἐμπεδοκλέους δαίμων ἀνηγόρευται
>
> 'σαρκῶν ἀλλογνῶτι περιστέλλουσα χιτῶνι'
>
> καὶ μεταμπίσχουσα τὰς ψυχάς.

La destinée et la nature de la transformation elle-même sont appelées *daimôn* par Empédocle :

[Elle] revêtant avec un *chitôn* étranger de chairs
faisant changer de vêtement les âmes.

Plutarque cite le même vers d'Empédocle dans le *De esu*, II, 998 C, il l'introduit en disant que la Nature (φύσις) est à l'œuvre (περιστέλλουσα) ; il ne parle pas d'une *daimôn*[261]. Rien n'interdit toutefois de conserver l'affirmation qu'une démone est le sujet de περιστέλλουσα. Cette affirmation pourrait être appuyée par le témoignage d'Hippolyte (*Refutatio*, I, 3.1.1-3 = A 31) lorsque ce dernier rapporte qu'Empédocle avait beaucoup écrit sur les *daimones* qui

---

260. Voir F.H. SANDBACH, *Plutarch's Moralia*, XV, Fragments, Cambridge (Mass.), Harvard University Press, 1969, p. 366-370, fr. 200 SANDBACH. VAN DER BEN 1975, p. 190, s'accorde avec SANDBACH.

261. *De esu carnium*, II, 998 C.2-5 : ἀλλ' ἐὰν μὴ προσαποδείξῃ τις, ὅτι χρῶνται κοινοῖς αἱ ψυχαὶ σώμασιν ἐν ταῖς παλιγγενεσίαις καὶ τὸ νῦν λογικὸν αὖθις γίγνεται ἄλογον καὶ πάλιν ἥμερον τὸ νῦν ἄγριον, ἀλλάσσει δ' ἡ φύσις ἅπαντα καὶ μετοικίζει [fr. 126]. Il se pourrait, comme l'avait déjà remarqué LONG 1948, p. 55, que φύσις renvoie à Φυσώ (fr. 123.1). Or, Φυσώ est une démone (si l'on veut bien comprendre le fr. 123 dans la suite du fr. 122, et retenir le commentaire de Plutarque sous B 122, plutôt que celui de Cornutus qui parle de Titans sous B 123).

administrent les affaires sur terre (διοικοῦντες τὰ κατὰ τὴν γῆν). En l'occurrence, parmi ces affaires il y aurait le passage d'une vie à une autre.

Le vers d'Empédocle ne précise pas qui est habillé. Plutarque cité par Porphyre comble la lacune en commentant : ce sont les âmes (ψυχάς). De façon convergente, par sa façon d'introduire le vers, le *De esu* laisse entendre qu'il s'agit d'âmes[262]. Toutefois, nous pouvons douter qu'Empédocle ait choisi ici le vocabulaire de l'âme. Nous retiendrons que, sous le vocabulaire de l'âme, il s'agit des *daimones* traçant l'exécution des 30 000 saisons[263].

À partir de Plutarque cité par Porphyre, on peut déduire que la démone habilleuse intervient dans une transformation (μετακοσμήσεως), qui suppose le déshabillage (des âmes, pour garder le vocabulaire transmis) avant l'habillage des âmes (qui seraient les mêmes âmes)[264]. Le participe μεταμπίσχουσα est explicite : il s'agit d'un changement de vêtement et non pas simplement le fait de revêtir (pour la première fois) un vêtement. La démone déshabilleuse et habilleuse des *daimones* – éclats d'éther enveloppés de Haine – ne serait pas liée à l'Amour, car l'Amour ne saurait vouloir l'exil, la punition, l'enchaînement malheureux des vies terrestres.

Le *chitôn* de chairs est une expression métaphorique pour désigner apparemment le corps[265]. Dans un autre fragment (fr. 148), Empédocle

---

262. Aristote rapporte que selon les récits pythagoriciens toute âme [*psuchèn*] peut être revêtue [*enduesthai*] de n'importe quel corps (*De l'âme*, 407 b 22-23). Que l'âme qui transmigre se loge dans un corps est dit dans la rapide introduction par Diogène Laërce de notre fr. 117 (*Vies*, VIII, 77.3) : καὶ τὴν ψυχὴν παντοῖα εἴδη ζῴων καὶ φυτῶν ἐνδύεσθαι. Le verbe ἐνδύεσθαι précise un mouvement à l'intérieur de quelque chose, et souvent le fait d'enfiler un vêtement. – Dans son interprétation d'Empédocle, PRIMAVESI ne retient pas qu'une âme puisse transmigrer dans un corps nouveau. Selon lui, c'est Apollon qui transmigre dans une âme nouvelle. Ainsi PRIMAVESI 2013, p. 715 : « *Apollon geht in die Seele des Euphorbos ein und partizipiert infolgedessen an mehreren Re-Inkarnationen dieser Seele, bis er schließlich zu Pythagoras wird.* »

263. GALLAVOTTI 1975, p. 286, écarte l'idée d'une âme, et néanmoins retient la palingénésie (sans pour autant parler de *daimôn*) : « *Ciò si presta naturalmente ad un'interpretazione animistica, come fa il neoplatonico Porfirio (μεταμπίσχουσα τὰς ψυχάς) e come aveva già fatto Platone nel* Fedro. *[...]. In realtà la concezione di E. è essenzialmente diversa; si tratta della rigenerazione (palingenesi) dei medesimi* στοιχεῖα *dissolti dalla morte, che vengono ricomposti dalla natura in altre forme corporali; sono diverse le forme, ma non gli elementi. È esattamente il concetto espresso nel poema fisico:* δι' ἀλλήλων δὲ θέοντα / γίγνεται ἀλλοιωπά [= fr. 21.13-14] ».

264. La médiation de la *daimôn* est acceptée par GALLAVOTTI 1975, p. 286 : « *Mentre il* δαίμων *femminile del n. 112* [= fr. 126 DK] *è la* φιλία: *questa ricompone i corpi che il* νεῖκος *distrugge, e trasferisce da una esistenza all'altra gli esseri umani.* »

265. Le mot *chitôn,* qui désigne au sens propre une tunique d'homme dans la Grèce archaïque, est employé en anatomie au sens figuré, au temps d'Empédocle et après, pour désigner une peau ou une membrane. Voir F. SKODA, *Médecine ancienne et métaphore : le vocabulaire de l'anatomie et de la pathologie en grec*

dit que le corps est fait de terre ; il le qualifie d'ἀμφιβρότη[266]. Cet adjectif rare, ἀμφιβρότη, qualifie un bouclier chez Homère (*Iliade* II, 389, XI, 32). Le *chitôn* et le bouclier équiperaient un combattant. Dans le Multiple, toutes les créatures éphémères d'Aphrodite, faites des mélanges qui comportent de la terre (pensons aux chairs du fr. 98 où la terre est présente pour un quart dans le mélange), sont en position de combattre pour leur survie face à la Haine qui détruit.

Le *chitôn* de chairs est dit ἀλλογνῶτι. Avant Empédocle, l'adjectif était un hapax, utilisé dans l'*Odyssée* (II, 366) par Euryclée, avec le sens « d'inconnu ». La tunique est inconnue pour le *daimôn* qui est nouvellement habillé. La tunique de chair d'un poisson est inconnue, par exemple, pour un des *daimones* qui transmigre d'un Bienheureux à un poisson. Le même constat d'étrangeté existe entre l'habit d'un arbre et l'habit d'un homme. L'étrangeté ou la nouveauté permanente dans la succession des formes diverses de vies (v. 22) pourrait justifier ce que nous avons supposé de la spirale ascendante des vies dans les v. 23-25. Les habits sont différents parce qu'à chaque réincarnation (ré-habillage) d'un *daimôn* les milieux de vie sont différents (eau, terre, lumière, eau, terre, lumière, etc.). Les *daimones* ne sont pas faits de chairs ; le *chitôn* de chairs leur est donc toujours inconnu.

Un lien momentané entre chaque vie abandonnée et chaque vie naissante est établi par une démone qui déshabille et habille d'un *chitôn* un *daimôn*. Ce *daimôn* est l'acteur principal entre les deux vies, c'est l'acteur permanent et narratif qui sert à monter le spectacle divin ; à cet acteur se surajoute de façon ponctuelle la démone habilleuse. Elle ne serait pas suffisante à elle seule pour assurer la traçabilité de la réincarnation dont les dieux ont besoin. En effet, son action a besoin d'un objet ; cet objet déshabillé puis habillé d'une façon nouvelle, c'est un des *daimones* du v. 19.

Les *daimones* définis comme éclats d'éther investis par la Haine peuvent exister indépendamment des corps qu'ils habitent. Ils n'ont pas de fonction vitale. Et n'utilisent rien des corps qu'ils habitent temporairement pour subvenir à leur propre existence. Lors de leur migration d'un être mortel vivant dans la mer vers un être mortel vivant dans la terre, ils sont privés d'un corps mortel. La démone

---

ancien, Paris, Peeters/Selaf, 1988, p. 114-116, p. 146-148. (Voir aussi l'emploi de Rufus en B 70.) Il semble qu'Empédocle fasse un nouvel emploi du mot, puisque le sens le plus probable dans le contexte est le corps fait de chairs.

266. Plutarque dit : ἀμφιβρότην χθόνα τὸ τῆι ψυχῆι περικείμενον σῶμα. Cette âme, si tant est qu'Empédocle ait utilisé ce terme, ne survit pas au corps. GALLAVOTTI 1975, p. 206, commente le fr. 148 en refusant de voir dans cette âme un support possible à la doctrine de la métempsychose (ce en quoi je suis d'accord) : « *La terra, ossia il corpo, avvolge e racchiude l'anima; ma tale concetto dell'anima in questo senso, e quindi della metempsicosi in senso proprio, è del tutto estraneo non solo al poema fisico di E., ma anche al poema lustrale* ».

déshabilleuse et habilleuse est censée intervenir dans cette migration. L'expulsion d'un *daimôn* hors d'un être mortel est en même temps un déshabillement. La réintégration dans un nouveau corps mortel est un habillement.

Selon Guthrie, Empédocle désignait par *daimôn* dans le fr. 115[267] « *the divine spark in us which is alien to the body* ». Je pourrais m'accorder à ce propos, à l'exclusion de son contexte. Car si l'un des *daimones* du v. 19 est « *the divine spark in us* » cela n'est pas dans le sens où Guthrie l'entendait. Pour Guthrie « *divine* » a un sens positif ; le savant pense aux « *good daimones* » du mythe hésiodique des races[268]. Et au « *divine Mind* » du fr. 134.4-5[269]. Ce *daimôn* doit se tourner « *to the worship and the service of Aphrodite or Love* »[270]. Ce que je défends est éloigné de ces propos de Guthrie. Certes l'étincelle, ou plutôt l'éclat d'éther (qui ne brille pas), a quelque chose de divin. Certes cet éclat se loge en particulier dans les hommes. Mais les *daimones* accompliraient une mission de traçabilité pour les dieux du v. 15, que Guthrie n'imagine pas. Privés de leur gangue de Haine, les *daimones* sont des manifestations d'Héra, laquelle, dans la conception d'Empédocle, n'a aucune raison de se mettre au service d'Aphrodite.

Les dieux du v. 15 disposent des moyens divins leur permettant de suivre toutes les transmigrations des *daimones*. Ils contemplent le spectacle et participent au jeu qu'ils ont mis en place (v. 23-26). Les éphémères, eux, ne peuvent voir ni les *daimones* ni la démone habilleuse. Lorsque les destins sont filés, chaque fibre (« je ») appartient à un fil, et ne voit pas le fil en son entier ; chaque fibre contribue de façon aveugle à un fil apparemment continu pour qui file. Question d'échelle.

Figurer ou pas dans le spectacle

Dans une frénésie créatrice, Aphrodite a produit des dizaines de milliers d'espèces terrestres (fr. 35.16-17). Les individus de toutes ces espèces sont-ils tous impliqués dans l'exil d'un Bienheureux parjure ? C'est peu probable et cela n'est pas nécessaire. Le spectacle divin n'exige pas que toutes les vies terrestres appartiennent au spectacle. Loin de là ! Il suffit qu'un Bienheureux parjure renaisse sous toutes les formes des mortels, empruntant successivement les chemins pénibles de la vie, pour que le spectacle soit assuré. Empédocle ne dit pas : sous toutes les existences mortelles ou sous tous les mortels. Le champ est réduit aux formes de mortels (εἴδεα

267. GUTHRIE 1965, p. 263.
268. *Ibid.*, p. 264.
269. *Ibid.*, p. 265.
270. *Ibid.*, p. 265.

θνητῶν) ou types de mortels. Quelques vies d'une espèce peuvent suffire pour répondre à une forme : quelques vies de crabe, de chêne, de cheval, de papillon, etc. sans qu'il soit besoin d'enchaîner toutes les vies réelles et similaires entre elles d'une espèce. Il existe bien plus de vies terrestres que de besoins pour satisfaire l'exigence de visualisation de Nécessité et des six principes-dieux. De fait, un grand nombre de vies terrestres, tout en étant dans le champ de la palingénésie, ne seraient pas concernées par la réincarnation jouée avec des *daimones* dans le spectacle divin[271]. Exclues de l'intérêt ou de l'attention des dieux éternels, elles n'ont donc aucun espoir de savoir quand elles pourraient rejoindre le séjour céleste, et si elles peuvent le rejoindre[272]. Mais est-ce important ? Pour les hommes, c'est important. Pour les êtres terrestres qui n'ont pas conscience des dieux, on peut se risquer à dire qu'Empédocle négligeait le cas. Après la citation de quelques vers du Proème, Plutarque livrait un commentaire qui concernerait en premier lieu les hommes[273] :

> Empédocle nous apprend par là que ce n'est pas seulement lui, mais, à sa suite, nous tous, qui, êtres de passage ici–bas, sommes des étrangers et des exilés. « Hommes », nous dit–il, « ce n'est point un mélange de sang et d'air qui a donné à l'âme sa substance et son principe [...] »

> (Trad. J. Hani)

Le « nous tous » peut être interprété dans un sens restreint : nous, tous les hommes. Et donc exclure toutes les plantes et tous les animaux. Les hommes seraient des exilés. Ils peuvent avoir conscience du sens de l'exil. Toutefois, peut-on inclure les hommes ayant vécu, ou bien qui vivront, sous le règne de Cypris (fr. 128.3-7, fr. 130) ? Le faire serait ne pas tenir compte du fait que, pour la Haine, l'exil doit être une punition. Les hommes du règne de Cypris ne peuvent pas être choisis parmi les punis. Ce n'est sans doute pas un hasard si certains commentateurs les prennent pour des Bienheureux. Le règne de Cypris – au début du monde B – ne fait pas partie du spectacle divin. Lors d'un cycle cosmique, ce règne lui serait immédiatement antérieur. La scène du Bienheureux sommé de jurer sur son passé interviendrait quand la Haine a pris le pas sur l'Amour. De fait, au temps d'Empédocle, le règne de

---

271. Un jeu qui renvoie au jeu de la balle pratiqué par Nausicaa et ses servantes.

272. Les 30 000 saisons sont une période très longue mais elles portent au moins en elles l'espoir d'une sortie pour rejoindre le séjour des Bienheureux.

273. Plutarque, *De exilio*, 17, 607 D.

Cypris avait déjà pris fin depuis longtemps. Un seul Bienheureux parjure existe lors d'un cycle cosmique. L'histoire de la chute des *daimones* est donc nettement localisée dans le temps du cycle cosmique. La vérité de la palingénésie, elle, demeure pour tous les temps du cycle (mondes A et B). Elle aboutit aux mêmes exigences éthiques que celles défendues par Empédocle. Mais pour les hommes d'excellence du fr. 146, dont le poète d'Agrigente, elle n'entretient pas l'espoir de pouvoir rapidement s'asseoir à la table des « Immortels » (fr. 147).

ANNEXE 1 – UN APERÇU DES AVIS CONCERNANT LA NATURE DES *DAIMONES* DANS LE PROÈME DES *CATHARMES*

Je mentionne ci-dessous quelques exemples d'auteurs s'exprimant sur la nature des *daimones* afin de montrer la diversité des points de vue. La présentation suit un ordre chronologique.

MAURY[1] 1859, p. 388 : « La métempsychose constituait un des dogmes fondamentaux de la doctrine d'Empédocle. Il enseignait que la partie supérieure de l'âme (δαίμων) est d'origine divine, et que c'est en punition des fautes qu'elle a commises dans une vie antérieure, qu'elle est attachée au corps. »

HEINZE[2] 1892, p. 87 : « [...] *wie Apollon nach der Tötung des Python fliehen und Reinigung suchen muss, so werden die* δαίμονες μακραίωνες *für Meineid und Mord bestraft. Dass diese ‚langlebigen Dämonen' aber nichts anderes sind als die* θεοὶ δολιχαίωνες, *wie Empedokles an anderer Stelle* [fr. 21.12] *sagt, liegt auf der Hand;* αἰὲν ἐόντες *sind sie deshalb nicht, weil sie mit allem Übrigen vergehen, wenn der Urzustand des Sphairos wieder eintritt.* »

GOMPERZ 1896, p. 199 : « *Jede Seele ist ein „Dämon", der aus seiner himmlischen Heimat herabgestorsen ward auf die „Wiese des Unheils", in den „freudlosen Ort" – in das Jammerthal, wo er die mannigfachsten Gestalten annimmt, bald ein Knabe, bald ein Mädchen, bald ein Strauch, ein Vogel oder ein Fisch wird (dies alles weiß Empedokles von sich selbst zu melden),* [...]. *Diese Lehre ist uns nicht mehr unbekannt Es ist der orphisch-pythagoreische Seelenglaube, von Empedokles,*

---

1. L.-F. A. MAURY, *Histoire des religions de la Grèce antique. Tome troisième. La morale. Influence des religions étrangère et de la philosophie*, Paris, Librairie philosophique de Ladrange, 1859.
2. R. HEINZE, *Xenokrates. Darstellung der Lehre und Sammlung der Fragmente*, Leipzig, B. G. Teubner, 1892.

der übrigens den „gewaltigen Geistesreichtum" des Pythagoras lebhaft preist [...]. »

Nestle[3] 1906, p. 552 : « *Empedokles unterscheidet scharf zwischen Geist und Materie.* [...] *Außer der materiellen Welt jedoch, die nach rein mechanischen Gesetzen verläuft, gibt es noch ein Reich der Geister* (δαίμονες), *das ganz unkörperlich ist und nur in den* ζῷα *eine Verbindung mit dem Reich des Stoffes eingeht. Und zwar werden die Geister nur infolge einer Verschuldung aus ihrem seligen Dasein zur Strafe an diesen ,eingewöhnten Ort' verstoßen, den sie bei ihrer Ankunft mit Weinen begrüßen.* »

P. 553 : « *Dagegen wäre es in der Tat inkonsequent, wenn er, wie man schon gemeint hat, auch die Götter oder Dämonen aus den Elementen entstehen ließe.* »

P. 556 : « *Die Dämonen oder Seelengeister hat sich also Empedokles wohl als Emanationen dieses Allgeistes* [= *die ganze All durchwaltende* φρήν ἱερή] *gedacht.* »

Cornford 1912, p. 239 : « *daemons, each composed of Love and Strife, of good and evil.* »

Bignone 1916, p. 135 : « [...] *la dottrina della trasmigrazione dell'anima, che Empedocle espone con tanto ardore* [...] *Empedocle infatti ammette il mito mistico dell'immortalità dell'anima, senza riescire a riprovarlo con la teoria, come del resto i Pitagorici ed Eraclito; perciò egli afferma, che pure essendo l'esperienza la fonte prima della conoscenza, non bisogna sperare di conoscere tutto, e lascia quindi il valore della fede religiosa che svolge in forma mitica.* »

P. 139 : « *Non bisogna dimenticare infatti che Empedocle oltre alla sua filosofia ha anche la sua fede, il mito orfico dell'immortalità dell'anima che espone con tanto ardore poetico nel* poema lustrale. »

P. 257 : « *Ma in realtà sarebbe improprio parlare di una teoria dell'anima in Empedocle; l'anima* (ψυχή), *nel poema fisico non è mai nominata, per quanto si sappia, ed anche nel poema lustrale,* ψυχή *appare una volta, e probabilmente nel senso puramente omerico di vita. L'anima nel senso mistico egli chiama demone* (δαίμων). »

P. 263 : « *L'anima mistica, quella che potremo chiamare con Empedocle il demone, è dunque per essi mito e mistero. Ma perchè accettare il mistero? La soluzione di questa domanda non può, come si comprende agevolmente, essere razionale, ma psicologica, deve cercarsi nello spirito del tempo. I problemi*

---

3. W. Nestle, « Der Dualismus des Empedokles », *Philologus*, 65, 1906, p. 545-557.

si pongono spesso in filosofia per reazione al passato, ora la dottrina dell'im-mortalità mistica dell'anima era in Grecia una fede relativamente recente rispetto alla religione omerica. »

P. 266 : « *A quella* [= l'anima mistica, il demone, nella sua inde-terminatezza] *si crede per un atto di fede; questa ha bisogno di prove e di un assenso di ragione, e la fede è certo meno esigente della ragione.* [...] *L'anima demone ha acquistata una dignità affatto nuova, ma la sua natura non si è precisata; è ancor simile a quell'idolo antico, indeterminato, sebbene il suo valore sia ora religioso e morale.* »

ROSTAGNI[4] 1924, p. 76-77 : « *Tuttavia, oltre agli elementi e alle loro facoltà di coscienza, oltre all'anima* naturale, *ecco presentarsi un'anima di apparenza misteriosa e* soprannaturale, *che Empedocle chiama, con parola più appropriata e meno equivoca, il* demone *(δαίμων). 'Poiché egli [Empedocle] dice: Non sangue né soffio armonicamente commisto è l'essenza e l'origine dell'anima [scil. del demone]:* [... Plutarque, *De exilio*, 607 D]. *Il demone dunque non è di questo mondo; viene dalla sede degli Dei e degli spiriti* ».

CORNFORD 1926, p. 569 : « *It is possible, by an effort of imagination, to picture the soul as a portion of Love, contaminated, in the impure embo-died state, with a portion of Strife, and to identify it with the numerical proportion, ratio, or harmonia of the elements, considered as an organizing principle capable of passing from one compound to another, and holding them together.* [...] *Since Love and Strife are indestructible, the compound of both, which is the soul, can survive the dissolution of the body, retain its identity, and move into another bodily compound.* »

SOUILHÉ 1932, p. 16 : « En fait, que dit le fg. 115 ? [...] Si quelqu'un a criminellement souillé de sang ses propres mains, [...] Quelqu'un de ces démons qui ont obtenu du sort de longs jours, [...], il doit errer, Naissant au cours des temps sous mille formes mortelles, [...]. Car l'air puissant le pousse vers la mer, [...]. Moi aussi je suis l'un d'eux maintenant [...]. »

P. 18 : « Les démons à longue vie (οἵτε μακραίωνος λελάχασι βίοιο) rappellent les θεοὶ δολιχαίωνες des *Physica*, comme l'a très bien vu Nestle. Mais rien ne nous oblige d'assimiler les uns et les autres à des âmes. [...] Les démons à longue vie n'ont sans doute pas une origine différente des dieux à longue vie.

---

4. A. ROSTAGNI, *Il verbo di Pitagora*, Turin, Fratelli Bocca, 1924. Réimprimé avec nouvelle pagination, Forli, Victrix, « Sapientia, 1 », 2005. Je cite selon cette réimpression.

P. 18 : « Empédocle est un de ces maudits, un de ces démons déchus qui, durant son évolution, a pris déjà les apparences les plus variées, 'jeune garçon et jeune fille, buisson et oiseau, poisson muet dans la mer' (fg. 117). Comme tous les êtres vivants, il est mort bien des fois, mais ces morts successives n'étaient que changement d'aspect [...]

Le 'je' dont il se sert pour raconter les vicissitudes de sa vie antérieure, n'a pas un sens métaphysique et n'indique pas un principe permanent et substantiel. Mais une conscience sourde, comme endormie, de tout le passé reste inhérente aux éléments éternels dont les êtres ne sont que des combinaisons. Or, par ces éléments, toutes choses pensent et sentent, nous ont appris les *Physica*. »

LONG 1949, p. 156-157 : « *This combination of Love and Strife was, I venture to suppose, the* δαίμων *which transmigrates from body to body, the equivalent of a soul in the terminology of other philosopher* [...] *The* δαίμων *is not a constant, but a slowly changing variable which, if the man is on the upward path towards godhood, is gradually losing its element of Strife and finally becomes a god when it consists of nothing but Love. It is the* δαίμων *that provides the constant substratum of personality without which transmigration is meaningless.* »

KERÉNYI[5] 1950, p. 18 : « *so bedeuten sie* [deux sources qui se complètent], *daß es nach pythagoreischem Glauben zwei Arten von Menschen gab: solche wie Pythagoras, die Götter unter den Menschen sind, und gewöhnliche Sterbliche. Schon das spricht gegen den bekannten west-östlichen Seelenmythos.* »

P. 21 : « *Als sicherer Zeuge für den Glauben, daß in jedem Leibe ein gefallenes göttliches Wesen sich verberge, gilt Empedokles, der Philosoph und Dichter von Akragas, eine eindrucksvolle Persönlichkeit des griechischen Westens im 5. Jahrhundert. Er ist einer aus dem Katalog der Pythagoreer.*

P. 22-23 : *Man hat mit Recht darauf Nachdruck gelegt, daß Empedokles nie von Seelenwanderung, immer von Daimon-Schicksal spricht.* [...] *Was er über sich und seinesgleichen sagt, widerspricht sogar einer Gleichheitslehre. Es weilen nach ihm unter den Lebewesen, in menschlicher, tierischer, pflanzlicher Hülle, gefallene göttliche Wesen. Ein solcher Daimon ist auch er.* [...] *Man darf ebensowenig daran denken, alle Menschen würden schließlich Götter, wie daran, alle Unsterblichen wären einmal Sterbliche gewesen. Jene Ausgezeichneten sind „den anderen Unsterblichen Herd- und Tischgenossen, menschlicher Leiden unteilhaft und unverwüstlich. Zu solchen, über die*

5. K. KERÉNYI, *Pythagoras und Orpheus*, Zürich, Rhein-Verlag, 1950[3].

gewöhnliche Sterblichkeit erhabenen Wesen rechnet Empedokles sich selbst und offenbar auch den Pythagoras ».

ZAFIROPULO[6] 1953, p. 117 : « que dire des Démons et des Dieux ? Ils contenaient certes beaucoup d'Amour vu la stabilité de leur constitution, exigée par leur longévité. Mais ils ne contenaient pas uniquement de l'Amour, sans quoi ils auraient été éternels et ils se seraient identifiés avec l'âme des éléments, confusion qu'il s'agissait précisément d'éviter par leur invention même. Ils étaient, sans aucun doute, de nature éthérée et, en raisonnant par analogie, on peut considérer comme probable qu'Empédocle les a conçus comme composés d'un peu d'air, d'un peu de feu mélangés avec une forte proportion d'Amour et un soupçon de Haine qui, dès leur naissance, représentait déjà en eux le principe de leur destruction ».

DETIENNE 1959, p. 2-3 : « Le fragment capital pour la « démonologie » empédocléenne est un long extrait que nous a révélé la découverte des *Philosophoumena* ou *Réfutation contre les Hérésies* d'Hippolyte [...] Et moi, je suis maintenant l'un d'eux, vagabond, banni de chez les dieux [...]. Le dernier vers trahit le sens de tout le passage : Empédocle est un de ces démons, exilé de sa condition divine. Une interprétation semble s'imposer : les démons sont des âmes tombées dans la génération. Pour cette équivalence du démon et de l'âme, nous avons des textes aussi catégoriques qu'un article du « Catéchisme des Acousmatiques » précisé par un passage des *Mémoires pythagoriques* utilisés par Alexandre Polyhistor. »

P. 4 : « Si nulle part dans les fragments d'Empédocle nous n'avons une preuve formelle de l'équivalence ψυχή-δαίμων, nous trouvons chez les Anciens confirmation de l'interprétation qui nous paraît s'imposer : tel Hippolyte, qui affirme qu'Empédocle appelle les âmes, des démons. Aussi, rares sont les exégètes modernes qui ont élevé des doutes sur ce point. »

REICHE[7] 1960, p. 40-41 : « *what we have deduced to be the physical composition of Empedocles' substitute for the inherited* psychê-*concept and like it functioning as the intra-human vehicle of the pre-consciously teleological life-force: the* daimôn. *As for this demon, we conclude that Empedocles' association of consciousness not with individual elements but with mixtures, as well as the opposition between demons and "matter"* ».

---

6. J. ZAFIROPULO, *Empédocle d'Agrigente*, Paris, Les Belles lettres, 1953.
7. H.A.T. REICHE, *Empedocles' mixture, Eudoxan astronomy and Aristotle's connate pneuma*, Amsterdam, Adolf M. Hakkert, 1960.

P. 41 : « *what permits us to reconcile the* continuity *of the demon's responsibility with the "opposition" of the demon to matter is* our conception of the demon as an intra-human enclave of Sphairomorphic mixture and perfection. Thus, the demon is the seat of pre-conscious teleology: *individuality stands revealed as a "physical" accretion of consciousness and "sin" on the periphery of the demon, analogous to the peripheral position of Strife relative to the Sphairos (B 36)* ».

KAHN 1960, p. 13 : « *What lives on is not the individual human personality, in fact not the man at all, but the godlike element which was lodged within his breast.* »

P. 18 : « *The daimon himself is described simply as "a wandering exile from the gods,"* [...] [fr. 126] *To say that the form of flesh is alien to the daimon is equivalent to denying that he is composed of earth, air, water, and fire, for these are precisely the constituents of flesh and blood.* »

P. 19 : « *We have already noted the fact that, since all of the physical elements have a mental aspect and all are deathless, any of them might theoretically provide a seat for the wandering daimon. From the* Purifications, *however, it is clear that the banished god cannot be identified with the four corporeal elements. Empedocles is not referring to the vicissitudes of his bodily components in their previous combinations when he proclaims:*

> *I was once a lad and a lass,*
> *a bush, a bird, and a dumb fish of the sea.* »

P. 22 : « *Thus we are led to agree with Cornford and his followers in maintaining that the daimon or immortal "I" of the religious poem has a place in Empedocles' physical psychology only if it is embodied in the element of Love.* »

GUTHRIE 1965, p. 263 : « *the divine spark in us which is alien to the* body *and which he called* daimon. »

P. 265 : « *In Empedocles, what enters from outside, alien to the body in which finds itself, is the* daimon. [...] *Its final reward is to be for ever rid of the body and restored to divine status.* [...] *it achieves a mode of union with the source of all unity, harmony and goodness, and with the divine Mind* [= fr. 134.4-5] *to which it proved its affinity even on earth, by turning away from the elemental compounds and seeking like to like, the knowledge of what is not to be seen with the eyes or grasped with the hands.* »

BARNES H. E.[8] 1967, p. 22 : « *I conclude that the* δαίμων *was a tenuous union of elements, closely harmonized by Love and able for the duration of*

---

8. H.E. BARNES, « Unity in the thought of Empedocles », *The classical journal*, 63, 1967, p. 18-23.

our present world to retain a self-identity while moving up and down in the scale of living things. »

GLADIGOW[9] 1967, p. 409 : « *Der δαίμων als das dauernde Selbst des Menschen wird von Empedokles in seiner ursprünglichen Existenzhöhe als φυγὰς θεοθέν (fr. 115, 13 D.-K.) gekennzeichnet; durch den zur Erkenntnis der Götter fortschreitenden Erkenntnisprozeß und die damit verbundene Umwandlung kann der δαίμων sein altes Wesen zurückgewinnen und wieder göttlich genannt werden. »*

RAMNOUX 1968, p. 144 : « Selon celle-ci [*i.e.* la rêverie de palingé-nésie] en effet, un banni émigre et transmigre, en revêtant succes-sivement des déguisements de plante, d'oiseau, de poisson, de bête agreste, de garçon, de fille, de médecin, de poète, et de roi. Ses voyages constituent une Odyssée pénitentielle au terme de laquelle il récupère le *statut de daimon.* »

P. 148 : « Le schéma empédocléen de l'errançe est de struc-ture spatio-temporelle. Le parcours suppose d'ailleurs un agent qui voyage : tout simplement un *Voyageur.* »

P. 153 : « Qui est le Voyageur ? [...] *C'est plus et c'est moins qu'un moi.* »

O'BRIEN 1969, p. 330 : « *On the positive side, the simplest evidence for Cornford's view is fr. 115. The primary inhabitants of this fragment are: the* daimones, *the four cosmic masses, and Strife. Strife and the four cosmic masses have their obvious equivalents in the physical poem. The* daimones *therefore one may expect to be Love, the only other primary inhabitant of the physical poem. »*

P. 332 : « *It seems likely that when in fr. 115 Empedocles writes* τῶν *(sc.* δαιμόνων*) καὶ ἐγὼ νῦν εἰμί he is in effect following the more developed conception of the* daimon, *as it appears in Heraclitus and in Plato's later mythical passages, that is, the conception of the* daimon *which would virtually identify one's* daimon *and one's 'self'. If Empedocles is his* daimon, *then it would seem unlikely that there is room for any great divergence between Empedocles or his* daimon *and the powers, said to be* δαίμονες, *which in Plutarch take over the newborn child and determine its character for good and ill. »*

P. 333 : « *We conclude therefore that the* μοῖραι καὶ δαίμονες *which in the* De tranquillitate animi *take possession of the new-born child and determine its character for good and ill are probably the same as the* daimones *which*

---

9. B. GLADIGOW, « Zum Makarismos des Weisen », *Hermes,* 95, 4, 1967, p. 404-433.

have been driven from the company of the gods in fr. 115, and that these are probably the same as the soul which in the De exilio *'comes hither from elsewhere'. The identity of the* daimones *is revealed in the* De tranquillitate animi, *where the* μοῖραι καὶ δαίμονες *prove to be various manifestations of Love and Strife.* »

P. 334 : « *In simple terms this will mean that the* daimon *of fr. 115 is a manifestation of a part of Love, but has been contaminated as a result of its fall by a piece of Strife: the bliss described in fr. 147 will follow when we have freed ourselves of this contamination.* »

Van der Ben 1975, p. 134-135 : « θεός *rather stresses the god's state of godhead, the divine blessedness in itself (cf.* μακάρων, *v. 6), while* δαίμων *is used rather of the god in relation, in one way or another, to mortal beings. [...] It is quite mistaken to try to interpret the* δαίμων *here in such a way that it can stand for the constant substratum of personality. Such an interpretation becomes necessary, as soon as it is assumed that the doctrine of metempsychosis (stricto sensu) is contained in this myth. [...] We know for certain from the surviving fragments of Empedocles that there was for him no immortal substratum in the personality of a mortal. [...] It must be clear then that in Empedocles there is no room for an immortal soul, a detachable and perennial bearer of personality. Nor, a fortiori, for a belief in the transmigration of the soul.* »

P. 136 : « *We find that* δαίμονες *stands in apposition to* τις, sc. θεῶν, *so that* δαίμονες *and* θεοί *must be essentially the same here. This interpretation is also borne out by a comparison of this line with 21.12 DK.* »

Babut[10] 1976, p. 157-158 : « En soulignant, en particulier, que les δαίμονες ne sont pas immortels, mais ont "reçu en partage une vie de longue durée", Empédocle fait pour ainsi dire d'une pierre deux coups : d'un côté il marque sans doute que ces êtres sont bien différents de l'âme purifiée et divinisée des doctrines orphique ou pythagoricienne ; mais en même temps, il suggère que leur destin n'offre qu'une ressemblance superficielle avec celui des divinités dont parle Hésiode, et, plus généralement, qu'ils ne se confondent pas avec les θεοὶ αἰὲν ἐόντες des croyances traditionnelles, mais se rapprochent bien plutôt, comme on l'a déjà noté, des θεοὶ δολιχαίωνες du poème physique. Une fois de plus, on doit constater que la philosophie des Καθαρμοί semble plus proche de celle de l'autre poème que de la doctrine des Pythagoriciens. »

---

10. D. Babut, « Sur l'unité de la pensée d'Empédocle », *Philologus*, 120, 1976, p. 139-164.

DARCUS[11] 1977, p. 187 : « *In* On Nature *Empedocles reduces the universe to six basic components, Love, Strife, and the four elements.* Daimon *poses a dilemma: is it made of some or all these components or is it an entity separate from these?* [...] *Daimon is not composed of Love, Strife, or the four elements but is a separate entity, divine in nature, that expresses Love and Strife.* »

P. 188 : « *The Divine* Phren,. *by loving and hating, creates the universe.* Daimon *apparently draws its power to love and hate from this god, sharing some of his velocity and force.* [...] Daimon *functions as an agent of the Divine* Phren *which is loving and hating.* Daimon *has characteristics parallel to those of the Divine* Phren. »

WRIGHT 1981, p. 71 : « *The daimons, or gods, of the* Katharmoi *therefore would have an affinity to the divine mind* [fr. 134.4], *and so they are, or have, intelligence. And this intelligence would be of the highest, because the daimons are at the top of the scale of living things, all of which are said to have a share of* νόημα. [...] *Plutarch unambiguously asserts that the daimon is not blood, and this is obvious, for blood is seen to disintegrate with the rest of the body at death. If the daimon then has or is intelligence and is not blood, he must be intelligence without blood, and that Empedocles did envisage intelligence without blood is shown by the line* πάντα γὰρ ἴσθι φρόνησιν ἔχειν καὶ νώματος αἶσαν. *There is thinking at a higher and at a lower level than that of man.* »

P. 273 : « *The daimons are the gods of line 1* [= θεῶν ψήφισμα παλαιόν], *of* [fr. 146.3], *and in the* Physics *of* [fr. 21.12 and fr. 23.8], *"long-lived" but not immortal, being composed, like all other forms of life, of earth, air, fire, and water in combination.* »

P. 274 : « *The daimon exchanges one hard way of life for another when the "roots" of which he is constituted are rearranged over a period of time to be parts of different forms of mortal life in different elements.* »

BARNES J. 1982, p. 395 (1986, p. 500) : « *In short, we are at liberty to have our* daimôn *corporeal; and that liberty becomes a pleasant necessity if the* daimones *of 442* [= fr. 115] *are identified, as I suggest, with the long-lived gods of 195* [= fr. 21.9-12]. *Of what stuffs is the material* daimôn *compounded? The natural answer is: of all stuffs. The response is implicit, I think, in 195; and it is necessary if the* daimones *are going to have a knowledge of the world commensurate with their unfallen status; for 'by earth we see earth'.* »

---

11. S.M. DARCUS, « Daimon parallels the holy phren in Empedocles », *Phronesis*, 22, 1977, p. 175-190.

OSBORNE 1987 (*The classical quarterly*), p. 47 : « *Empedocles described the one as 'god', but what are banished from it are 'daimones' in B115. Once differences mark them out they are a plurality of daimones, but in respect of being daimones they are all alike. Thus we may suggest that the god is a single undifferentiated daimon while the banished daimones are the elements and all the other mortal compounds that inhabit the world of Strife. All these are alike in having intelligence (B110.10) and being daimones, so that Empedocles can use 'daimon' as a term for the elements which are the contents of Strife's world in B59* [...]

The elements, then, are not eternal and immutable except in so far as they are daimones. »

OSBORNE 1987 (Duckworth), p. 124 : « *Empedocles takes as basic the four elements, earth, air, fire and water, which are divine and may represent the* daimones. »

RUOCCO 1987, p. 194-195 : « *Il* daimon *appare anzitutto essere un frammento cosciente dell'identità originaria, di quell'unità primigenia dell'indistinto e dell'indeterminato dalla quale viene bandito in seguito all'infrazione della legge di* Anánke. »

DUMONT[12] 1988, p. 421 :

> « Lorsque quelqu'un souille ses mains du sang d'un meurtre,
> Quand cédant < à la Haine >, un autre se parjure[1]
> – Ce sont là en effet deux démons dont le lot
> Est une longue vie qui n'en finit jamais –,
> Ils se voient condamnés à une longue errance,
> Bien loin des bienheureux, trente mille saisons, [...] »

P. 1326 (notes) : « Page 421. 1. [...] S'agit-il par deux fois de la même personne, ou de deux personnes différentes ? Nous avons retenu la seconde solution qui construit δαίμονες comme une apposition du pluriel. »

INWOOD 1992, p. 56-57 : « *The mortal daimon is the bearer of personal identity; it is the 'I' which speaks of birth and death and of experiences beyond this life.* [...] *The daimon is a compound, like every other mortal in Empedocles' world. And since it is sentient, it must be a compound of those entities which make perception possible – hence, according to 17/109, a compound of all six basic entities: earth, air, fire, water, love, and strife.* »

---

12. J.-P. DUMONT, « Empédocle », dans DUMONT J.-P., D. DELATTRE & J.-L. POIRIER (éd.), *Les Présocratiques*, Paris, Gallimard, 1988, p. 319-439, 1294-1331.

Kahn 1993, Retractationes [1971], p. 455 : « *In its state of purity the daimon will have, or will be, an elemental body after all, only not one composed of* distinct *elements.* »

P. 456 : « *I claim that if the two doctrines* [= the physical and religious *doctrines*] *are compatible, the daimon can only correspond to the principle of Love in living creatures: all other elemental constituents–insofar as they are* distinct *from Love and from one another–are excluded for the reasons given in my essay.* »

Kidd[13] 1995, p. 219 : « [*Hesiod's daimons*]. *When the good* men *of the Golden race died, they* became *daimons and so became guardians of human beings. This transmutation from human to daimon recurs of course in fifth century tragedy.* [...]. *And in the middle of the fifth century Empedocles (Diels VS31 B115) refers to our occult selves after death as daimons. This is becoming somewhat contradictory. The whole point of daimons is that they are* not *human beings.* »

O'Brien 1996, p. 641 : « Le « je » des deux derniers vers du fragment [= fr. 115], c'est bien entendu l'auteur du poème. Mais c'est aussi, si nous allons au fond des choses, l'Amour. Les « démons », exilés « loin des dieux », seront des fragments arrachés à la masse centrale de l'Amour, et condamnés à errer parmi les corps cosmiques sous l'influence séparatrice de son ennemi, la Discorde. Cette identité de l'Amour et du « je » qui est le « démon » déchu expliquera sans doute qu'Empédocle soit déjà lui-même devenu « garçon et fille, arbrisseau, oiseau, poisson privé de voix qui bondit hors des flots... » On comprend en effet que les « démons » déchus, revêtus, au cours de leur exil, « des formes diverses des êtres mortels », soient des parties de l'Amour qui, réunissant autour d'elles les « racines » séparées par la Discorde, font ainsi naître tous les animaux dont est peuplé le cosmos. »

Balaudé 1997, p. 42 : « Le démon, qui semble se confondre avec l'instance narrative, *figure* dans l'univers symbolique du poème, l'identité personnelle. Sans réalité physique, il ne doit pas être réduit à un corps, et pas davantage être assimilé à une âme. Par conséquent, le démon n'est pas attaché à un corps, à la façon d'une âme ; figuration symbolique d'un sujet qui dit « je » et se reconnaît identique à lui-même à travers la série de ses actes, ce démon se constitue dans la transgression et la punition, brisant l'unité avant de se remettre en quête d'elle, errant et s'animant dans la violence, jusqu'à ce qu'une

---

13. I. Kidd, « Some philosophical demons », *Bulletin of the Institute of classical studies*, 40, 1995, p. 217-224.

conversion transforme le mouvement anomique en mouvement réglé, d'incarnation pacifique, aimante, qui n'est autre que le mouvement même de la connaissance. »

BALAUDÉ 2002, p. 15-16 : « [Démon] Quant à Empédocle, il joue en partie avec les diverses valeurs attachées au terme, mais définit avant tout un usage inédit de la notion. [...] le démon empédocléen n'est pas le principe vital des vivants, ni ne leur permet de sentir et penser. Il n'est ni principe d'animation ni principe de connaissance, et en fait n'est pas davantage de nature physique. Quel statut lui reconnaître alors ? Certainement pas celui d'un être substantiel, mais il constitue une sorte de fonction ou de faculté, qui se surajoute à toutes les autres fonctions qui caractérisent le composé vivant, et cette faculté est celle d'une conscience morale, qui désire, se pense et s'oriente en fonction de ce qu'il se représente comme bien ou mal, au point de constituer un véritable principe éthique de responsabilité. [...] Empédocle introduit une sorte de principe de transcendance en l'homme, lequel devient, par ce démon, plus qu'un simple vivant. »

KINGSLEY 2002, p. 381-382 : « *Empedocles himself called the element of air not* aer, *but* aither. *In the language of his time this was the purest form of air–which he along with many other Greeks identified with the substance of heaven, locating its natural home at the outermost circumference of the universe far up and beyond everything else. And for him* [= *Empedocles*] *this element of* aither *was Zeus, king of the gods. The fact that, even though he considers all four elements divine, he makes a special point of emphasizing the divinity of* aither *is not as odd as it might seem:* aither *for many Greeks was the substance not only of heaven but also of the soul, of the divine spark inside us all.* »

KINGSLEY 2003, p. 358 : « *There is one particular word he* [= *Empedocles*] *happens to use in referring to the soul: a term he was also free to apply with equal logic to any one of the four primordial roots behind the whole of existence. This is* daimôn. »

P. 401 : « *As for discovering what particular substance the soul consists of, nothing could be simpler. The soul comes from the heavens; and it returns there again at the end of each cycle. The heavens, for Empedocles, are made up of the element he called* aithêr. *And whenever ancient Greeks from virtually any or every period in their history speculated about the physical substance of the immortal soul, they would always keep coming back to the same basic answer: the soul consists of* aithêr. »

BOLLACK 2003, p. 21 : « Il suffit de relever que le démon, dieu déchu, dans sa cohabitation avec le corps d'un homme, se distingue de l'âme sous tous ses aspects, qu'elle soit souffle, sang ou principe vital. L'âme est une partie du corps, le démon ne l'est pas, il est d'une autre nature, noétique et immatérielle autant que le sont les dieux de l'éther, se perdant dans leur brillance. »

P. 129 : « [Démons] Ce sont, dans les êtres vivants, des doubles divins d'un tissu qu'on pourrait aussi bien appeler abstrait ou transparent, intelligible ou intelligent, voire même intellectuel, gardant une identité d'autant plus ferme qu'elle sait s'abstraire du corps où elle est logée avec ses mouvements psychiques, du corps-et-âme, et qu'elle reste une tierce chose, la virtualité d'une renaissance divine ».

CURD[14] 2005, p. 142-143 : « *Whatever else is true about the δαίμονες, Empedocles treats them as the seat of personality for an individual. When we speak of a doctrine of transmigration in Empedocles, it is the reappearance of a δαίμων in a different guise that we mean. If there were not some continuity of re-identifiable personality* [...] *it would make no sense to speak of the various lives of a single δαίμων (as B115 and 117 do). How this center of personality is constituted (whether material or immaterial) is unclear.* [...]

I think that a δαίμων is a particular mixture of the four roots, a mixture related to the equal proportions that also constitute both flesh and blood (B98). B 98 makes clear that the same ratio of ingredients can result in different things [...] *I suspect that blood is more thorough mixture than flesh* [...] *and that* daimonic *matter is constructed of even finer particles even more thoroughly mixed. It is not blood but it is much like blood, only better, as Empedocles seems to imply.* »

OSBORNE[15] 2005, p. 296-297 : « *If, as I am suggesting, Empedocles's idea was that elements compounds and mortal creatures are just phases of the history of the daimon, and the Sphere (or god) just is the daimon/daimones with all the differences eliminated, it is understandable that we find it hard to get our heads round the story. For one thing we have to make space for the idea that part of my history might be common to your past: that at some stage you and I were one being, and that we will be one in the future too.* »

---

14. P. CURD, « On the question of religion and natural philosophy in Empedocles », dans PIERRIS, A.L. (dir.), *The Empedoclean Κόσμος: s[t] ructure, process and the question of cyclicity.* Proceedings of the Symposium Philosophiae Antiquae Tertium Myconense, July 6th – July 13th, 2003, Patras, Institute for Philosophical Research, 2005, p. 137-162.

15. C. OSBORNE, « Sin and moral responsibility in Empedocles's cosmic cycle », dans PIERRIS, A.L. (dir.), *The Empedoclean Κόσμος: s[t] ructure, process and the question of cyclicity.* Proceedings of the Symposium Philosophiae Antiquae Tertium Myconense, July 6th – July 13th, 2003, Patras, Institute for philosophical research, 2005, p. 283-308.

SEDLEY 2007, p. 32 : « *For, contrary to a common scholarly assumption, the daimons are themselves flesh-and-blood organisms, not mere transmigrating souls or spirits. Indeed, their sin of meat eating would have been quite hard to perform if they had not been.* »

P. 51, n. 62. : « *I must here state, without defense, my allegiance to the interpretation of Empedoclean reincarnation argued by Barnes 1979, vol. II ch. VIII (e)* [= BARNES 1982, p. 395]. *The daimons, identifiable with Empedocles' "long-lived gods," are regular organic beings generated along with other species, and not to be thought of as transmigrating souls (whether these latter be assumed to be incorporeal entities, discrete portions of pure Love, or anything else). When a fallen daimon "becomes" other creatures, there may be no particular metaphysical theory offered as to what constitutes the continuant, which for all we can tell might be nothing more than the subjective consciousness: Empedocles, having hitherto lived as a daimon, suddenly finds himself conscious of now being a fish or a bush (clothed "in a garment of alien flesh," B 126). If the continuant is anything more than this, it is likely to be something purely formal, like the "harmony" with which some Pythagoreans identified the soul* ».

PRIMAVESI 2007, p. 56 : « il s'agirait d'interpréter le récit empédocléen de la transmigration des *daimones* comme une allégorie, non de la théorie platonicienne de l'âme (comme Plutarque l'a fait), mais de la théorie physique d'Empédocle elle-même. »

P. 73 : « [dans le fr. 115] nous pouvons risquer l'hypothèse selon laquelle, dans le cadre de la loi mythique, un *daimon* est un dieu olympien en exil : le "cycle du daimon" se confondrait en ce cas avec le "cycle du dieu coupable". Ces réflexions préliminaires sont confirmées par le fait que le cycle du *daimon* est clairement inspiré par le modèle d'*un dieu olympien spécifique* : Apollon. »

P. 75-76 : « les *daimones* physiques de B 59 doivent être des anticipations fragmentaires du *Sphairos*, c'est-à-dire les membres isolés eux-mêmes, et non les éléments ou des portions d'éléments. [...] tous les composés vivants du cycle cosmique empédocléen, en dehors du *Sphairos*, ont rang de *daimones.* »

P. 81 : « tous les êtres vivants, à l'exception du *Sphairos*, sont des *daimones* au sens physique, c'est-a-dire qu'ils sont tous des fragments de l'Un divin, qu'ils procèdent tous de tentatives de l'Amour en vue de restaurer le *Sphairos*. En d'autres termes, la théologie physique d'Empédocle implique qu'une parenté universelle unisse tous les êtres vivants. »

P. 83 : « Le "nous" du papyrus de Strasbourg se réfère au fait que tous les êtres vivants, dans le passé, le présent et le futur, à l'exception du *Sphairos* lui-même, sont des restes fragmentaires et des anticipations de l'Un divin. »

PRIMAVESI 2008, p. 252 : « *a third option should be examined […]: interpreting the Empedoclean account of the transmigratory* daimones *as a mythological mirror, not of the Platonic theory of the soul (as Plutarch did) but of Empedocles' physical theory itself.* »

P. 260 : « *It is […] unconvincing to equate the* daimones *with the isolated limbs involved in the process described in B 59. […] The only remaining possibility is to equate the* daimones *with the four elements. This terminology can perhaps be justified on the following lines: As long as the elements are being combined to a multitude of short-lived beings, they are neither completely pure, as they were under total separation, nor completely united, as they will be within the* Sphairos. *Thus, the state of the elements during their transition from full separation to full unity (and, for that matter, during their way back from full unity to full separation) appears to be deficient on both counts. They seem to be addressed as* daimones *as long as their divinity is blurred, i.e., during the two transitional 6,000-year-periods of the cosmic cycle, whereas during the two 4,000-year-periods they form long-lived gods.* »

P. 264 : « *B115 and B142 seem to mirror the state of the elements* (= daimones) *during the periods of transition in two different ways.* »

P. 266 : « *All living beings created during the periods of transition are akin to each other in that they partake in the same four* daimones *(= elements in exile); all of these living beings are attempts of Love to restore the divine* Sphairos. »

P. 267 : « *instead of the "parts coming together" (that is, the participle* sunerchomen) *the papyrus offers "we all, the parts, are coming together" (i.e., the indicative* sunerchometh'). *[…] In the light of what has been said in this chapter, the difficulty of "we, the parts, are coming together" is only apparent. Empedocles speaks in the name of the elements in order to express the basic kinship of all living mixtures created during the cosmic cycle.* »

GEMELLI MARCIANO 2009, p. 387 : « *Die 'unsterblichen Wesen'* [fr. 21.4] *sind hier eine Bezeichnung für die Luft. Sie können unmöglich die Fixsterne sein, weil diese aus Feuer bestehen* [A 53], *wohl aber die Sonnenstäubchen, die in den Sonnenstrahlen sichtbar sind und bei den Pythagoreern zu Seelen erklärt wurden […]. Es handelt sich sehr wahrscheinlich um einen rätselhaften Hinweis auf die ätherischen Seelen-Dämonen.* »

P. 428 : « *Der Dämon, der in der Urwelt der Philia vom Äther verbannt worden ist, versucht in der Welt des Neikos vergeblich dorthin zurückzukehren. Zum Dämon als Äther vgl. Kingsley 2002, 382, Anm. 116; 2003, 352* [sic ; lire 358 au lieu de 352]. »

SASSI[16] 2009, p. 195 : « *Ma l'entità che trasmigra nella visione di Empedocle, ovvero il* dáimon, *non è un'anima (come diremo meglio fra poco). Inoltre, la colpa di cui egli risente non è un retaggio collettivo della condizione umana (come nel mito orfico dei Titani), ma ne è stato autore egli stesso, quell'individuo divino che ha avuto finalmente accesso, con la nascita di Empedocle in quel di Agrigento, a un corpo umano.* [...] *Questo giudizio è tanto più condivisibile in quanto si può aggiungere che il* dáimon *immortale non è un'anima (come intendevano i commentatori antichi, e spesso ancora gli interpreti moderni). A ben vedere, nel fr. 115 questo termine non definisce un requisito comune a più individui, ma a* determinati *individui di natura divina (sono* dáimones *in tal senso, nel fr. 59, v. 1, sia Amicizia sia Contesa).* »

P. 237 : « *Empedocle potrebbe essersi visto come un* dáimon *che ha raggiunto grazie alla sua particolare* sophía, *in una fase culminante della sua carriera, la condizione di* theós. »

THERME[17] 2010, p. 6-7 : « les *daimones* n'existeraient pas hors de la matière, sans non plus se confondre avec les éléments, ni avec les forces cosmiques ; chacun d'eux serait la rémanence ou la persistance d'une trace invisible, la 'mémoire' – au sens d'une *empreinte physique* – inscrite dans les corps élémentaires mêmes, en tant qu'ils ont été à un moment donné et pour une certaine durée 'homogénéisés' par l'Amour dans l'unité d'un corps vivant. Ainsi le *daimôn* ne s'identifierait ni aux éléments en tant que tels, ni non plus tout à fait aux organismes intramondains, ni à l'Amour, cause de leur unification, mais serait une trace, comme une « mémoire fossile » imprimée dans les corps premiers, des anciennes liaisons qui les ont fait « amis », qui les ont maintenus ensemble dans l'intimité d'une unité organique ayant eu son individualité et sa pensée propres. [...] cet air, ce feu, cette eau et cette terre qui composent mon propre corps se disperseront lorsque je périrai ; mais il se peut qu'ils conservent, par une sorte de rémanence, quelque chose de l'union intime qu'ils ont constituée et qui formait ma personne. »

MONTEVECCHI 2010, p. 95-96 : « [...] *all'idea stessa di reincarnazione che nel pensiero empedocleo prescinde completamente dal concetto di anima risolvendosi non in metempsicosi alla maniera degli orfici, come spesso si è pensato, ma in metensomatosi. Se nella concezione orfica la netta distinzione fra* psyche *e* soma *si accompagna all'idea che la medesima anima sopravviva*

---

16. M.M. SASSI, *Gli inizi della filosofia: in Grecia*, Turin, Bollati Boringhieri, 2009.
17. A.-L. THERME, « Une tragédie cosmique : l'exil amnésique des *daimones* d'Empédocle », dans ALEXANDRE, S. & O. RENAUT (dir.), *Rationalité tragique*, Zetesis – Actes du colloque de doctorants et de jeunes chercheurs 2-4 juin 2009, [en ligne], 1, 2010, p. 1-29.

alla materia reincarnandosi in corpi via via diversi fino ad espiare completamente la propria colpa, nella prospettiva di Empedocle invece non è lo stesso uomo che rinasce individualmente, ma si tratta della successiva rigenerazione degli elementi, sempre gli stessi, in corpi sempre diversi: dell'ulteriore ricomporsi delle radici. Il daimon *non può essere identificato con la* psyche, [...] [fr. 117] Questo frammento, in cui Empedocle parla in prima persona, va interpretato a favore di una continuità non dell'io psichico-individuale, ma della divina eternità del tutto della quale egli è parte consapevole: consapevolezza che permette di assumere punti di vista differenti senza affezionarsi ad un solo 'io'. Il* daimon, *infatti, non si trasferisce di corpo in corpo come nella metempsicosi, propria anche dei pitagorici, ma è una scheggia di divinità destinata a trasformarsi, attraverso molteplici reincarnazioni, fino al suo rientro nel tutto divino e indistinto: in quanto tutto la divinità è essenzialmente materia e il* daimon *non ha nulla di metafisico, ma è un composto vivente esiliato dall'Uno. Detto questo esso non è semplice sinonimo del corpo, ma piuttosto il suo carattere proprio, la sua identità più profonda.*

P. 98-99 : « *i* daimones *decaduti ed esiliati, per Empedocle, sono di fatto gli stessi uomini, esseri soggetti alla continua trasformazione ma mai scissi completamente dalla divinità dell'essere. In quanto schegge di divinità che vivono il mondo dell'essere-divenire, i* daimones *hanno uno statuto particolare e non possono essere identificati con gli dèi perché, come tutte le individualità, sono composti dalle radici eterne ma, a differenza di queste, essi sono tutt'uno con le loro forme esistenziali e quindi transitorie, anche se possiedono una lunga vita. Che il* daimon *non sia propriamente un dio risulta dal frammento 115DK dove Empedocle distingue gli dèi, artefici del decreto che sigilla l'ordine del tutto, dai* daimones *che tale decreto hanno violato* ».

DROZDEK[18] 2011, p. 131-132 : « *He* [*= Empedocles*] *is an exile from the gods; that is, Empedocles was once a god and now he is a daimon indwelling a terrestrial body. Empedocles is not this body, but the* daimon *inside of it. Empedocles is a long-lasting* daimon *that continues to live in a different mortal form after the currently occupied body dies. Identity of Empedocles is thus not determined by the characteristics of the body.* [...] *The* daimon *thus becomes in the Empedoclean universe the principle of life and of cognition.* »

MEGINO RODRÍGUEZ 2011, p. 280 : « *El demon no es una entidad espiritual, contrapuesta, como tal, a un cuerpo material, sino una entidad extensa que entra en composición con el cuerpo, pero sin confundirse con él.*
El demon, como entidad transmigrante, sobrevive a los sucesivos cuerpos en los que encarna, manteniendo su identidad personal, como lo demuestra la conservación de la memoria de sus anteriores encarnaciones.

18. A. DROZDEK, *Athanasia: afterlife in Greek philosophy*, Hildesheim-Zürich-New York, Olms, 2011.

La transmigración del demon no se limita a los seres humanos, sino a toda clase de seres vivos: plantas y animales. »

CURD[19] 2013, p. 136 : « *The* daimones, *like everything else except the four roots and Love and Strife, are not immortal in the proper sense: they are long-lived, but just like the long-lived gods, they are temporary mixtures of the roots. Like all such mixed things, they are mortal and perish at the extremes of the cycle. They may (and do) outlast their human bodies (Empedocles says that he himself has been a boy, a bush, a fish, a bird), but they are not immortal in Empedocles's special sense.* »

PRIMAVESI 2013, p. 689 : « *Die schuldbefleckten Götter (δαίμονες) werden durch eine Folge leidvoller Inkarnationen in bestimmte sterbliche Wesen* [B 117 DK, B 127 DK] *gereinigt, nehmen dabei Einblick in die allgemeine Seelenwanderung aller sterblichen Wesen* [B 124 DK, B 125 DK] *und dürfen schließlich entsühnt in die Gemeinschaft der Seligen zurückkehren* [B 146-147 DK].* »

P. 695 : « *Die im empedokleischen Naturgedicht gegebene physikalische Darstellung des Zyklus findet ihr Komplement im Mythos der <Katharmoi>: In ihm wird ein Gesetz enthüllt, demzufolge Götter, die eine Blutschuld auf sich geladen haben, aus dem Kreis der Seligen verbannt werden und eine Folge von Inkarnationen als sterbliche Eintagswesen durchlaufen müssen, bevor sie zu den Seligen zurückkehren dürfen. Durch eine Reihe von Entsprechungen hat Empedokles deutlich gemacht, dass dieser Mythos als Spiegelerzählung zur physikalischen Zyklusdarstellung aufzufassen ist.* »

P. 713 : « *im ersten Buch der exoterisch-einführenden <Katharmoi>* [...] *verkündet und kommentiert der göttliche Erzähler zunächst den mythischen "Orakelspruch der Notwendigkeit (Ananke)". Dabei handelt es sich um das von Göttern untereinander vereinbarte Gesetz, demzufolge solche Götter, die eine Blutschuld auf sich geladen haben* (daimones)*, durch eine Folge leidvoller Inkarnationen gereinigt werden: Der schuldbefleckte* daimon *durchlebt nacheinander die Existenz verschiedener sterblicher Wesen.* »

P. 714 : « *Das von Empedokles zur Bezeichnung des mythischen Transmigrations-Subjekts gewählte Wort* daimon *(δαίμων) bedeutet in epischer Sprache zunächst einfach so viel wie* theos *(θεός), also 'Gott'; doch ist in δαίμων der durch Schuldbefleckung und Inkarnation geminderte Status des Gottes konnotiert* [...]. *Demnach ist die Göttlichkeit des mythischen Subjekts nur in der Tischgemeinschaft der Seligen ungeschmälert* [B 146,3

---

19. P. CURD, « Where are Love and Strife? Incorporeality in Empedocles », dans MCCOY, J. (dir.), *Early Greek philosophy: the Presocratics and the emergence of reason*, Washington, D.C., The catholic University of America Press, 2013, p. 113-138.

DK: θεοί; B 147,1 DK: ἀθάνατοι], *in den Zeiten der Transmigration hingegen eingeschränkt* [B 115,5 DK : δαίμων]. »

P. 715 : « *In einer verwandten Apollon-Sage ist auch das unmittelbare strukturelle Vorbild des empedokleischen Mythos noch kenntlich, nämlich in der altpythagoreischen Legende von den Inkarnationen des hyperboreischen, d.h. zum Volke der Hyperboreer entsandten Apollon* [...]. *Den Inkarnationen des Gottes liegt als Infrastruktur eine allgemeine, alle Menschen erfassende Seelenwanderung zugrunde, an der der Gott für eine gewisse Zeit teilnimmt: Apollon geht in die Seele des Euphorbos ein und partizipiert infolgedessen an mehreren Re-Inkarnationen dieser Seele, bis er schließlich zu Pythagoras wird.* [...] *Die Funktionalisierung der allgemeinen Seelenwanderung als Infrastruktur für den Erdenwandel des Apollon muss als pythagoreische Innovation gelten, da die Sage von der Entsendung des Apollon zu den Hyperboreern ursprünglich nicht mit einer Inkarnationsvorstellung verbunden war* [...].

Diese charakteristische Kombination hat Empedokles, der sich in [B 129] *nach der richtigen Deutung des Timaios von Tauromenion (FGrHist 566 F 14) auf Pythagoras beruft, übernommen und seinem Mythos zugrundegelegt* [...]. »

Trépanier[20] 2014, p. 172 : « *This study offers a unified interpretation of Empedocles' thought, based on his concept of the* δαίμων. *Following Simplicius' testimony to B 59, the case is made for understanding each* δαίμων *not only as a compound, but as an instance of a natural kind, a pre-Aristotelian material substance. Its two main attested instances are limbs or body parts (B 59) and long-lived but 'limbless' gods (B 29 and especially B 134).* [...] *This in turn makes it possible to identify the reincarnated* δαίμων *of B 115 as an intermediate between the other two: a body part whose blend is superior to the limbs, so that it endures from one body to the next, but which remains too contaminated by Strife to escape from further reincarnation.* »

P. 203 : « *Empedocles conceives of the soul as one member within the class of substantial body-parts, one which has its own specific nature, and which it possesses before, during and after any particular embodiment. Against Zeller's critique that Empedocles failed to provide for a continuant during reincarnation, the* δαίμων *of B 115 is a suitable vehicle for continuity across lives. As a compound, however, it remains temporary and hence mortal* [...] »

Rowett[21] 2016, p. 108 : « *Aside from the wandering* daimones *of B115, including their unified reincarnation as the solitary* Sphairos[60] [...]

---

20. S. Trépanier, « From wandering limbs to limbless Gods: δαίμων as substance in Empedocles », *Apeiron*, 47, 2, 2014, p. 172–210.

21. C. Rowett, « Love, sex and the gods: why things have divine names in Empedocles' poem, and why they come in pairs », *Rhizomata*, 4, 1, 2016, p. 80-110.

[note 60] *I believe these daimones to be the main agents throughout the cycle, common to both the so-called "physical" and "demonological" aspects of the story, and I believe that they are instantiated successively as elements, organisms, limbs, and as the* Sphairos, *who is produced when they return to a condition of perfect love and destroyed when they disperse again.* »

PETROVIC A. & I.[22] 2016, p. 81 : « *Empedocles employs the term* daimon *to designate a liminal entity that is both ontologically and morally inferior to a* theos, *an entity which has been demoted from a* theos *through exile, and which is nevertheless capable of regaining this divine status.* »

P. 92 : « *In sum, the* daimon *who is treated as pollution (λῦμα) by all earthly elements in all his incarnations is the conscious part of the living creature, that which, as we saw earlier, subsequent ancient authors understood as a soul (ψυχή). It is precisely this daimonic element that is common to all the past mortal forms of living creatures, and it is this transcendent part which is polluted.* »

TRÉPANIER 2017, p. 130, 145 : « *the transmigrating* daimon *is a long-lived compound made of the elements air and fire. […] Empedocles did in fact identify the transmigrating soul as mixture of fire and air.* »

KLECZKOWSKA[23] 2017, p. 194-195 : « *It is possible that the* daimon *is a god, but of a lesser status than four masses (Zeus, Hera, Aidoneus, Nestis), Love (Aphrodite) and Strife, as it is the god that vanishes with the separation of all forms into four elements.*
[…]
two kinds of beings exist in the mortal world: those who are the incarnated daimones *and those who are not. The second group does not reincarnate and cannot return to the gods. On the contrary, the* daimones *were previously gods, who committed a murder – possibly killed a being from the mortal world, or accepted the bloody sacrifice from humans. In B147 these gods are described as feasting at the table, so they are understood in quite different manner than for example the Sphairos – they are anthropomorphised, like gods in Homer and Hesiod, they possess bodies, and they are able to 'stain their dear limbs with blood.'* »

SANTANIELLO 2018 (communication au Centre Léon Robin – 7 avril 2018) : « *it is obvious that the* daimon *cannot consist of elements […] If the daimon has chosen to trust Strife, it must be something different from Strife; therefore, it should not be identified with Strife any more than it should with Love.* »

---

22. A. & I. PETROVIC, *Inner purity and pollution in Greek religion, I, early Greek religion*, Oxford, Oxford University Press, 2016.
23. K. KLECZKOWSKA, « Reincarnation in Empedocles of Akragas », *Maska*, 36, 2017, p. 183-198.

HLADKÝ[24] 2018, p. 25-26 : « *during the uniting of the elements, a kind of 'long-lived gods' (θεοὶ δολιχαίωνες) was created alongside other beings. They share with* daimons *their longevity and are probably identical with them. It is also likely that this is just another way of referring to what both the earlier and later Greek tradition calls the soul (ψυχή) with its eschatological implications. The term* daimon, *meanwhile, is used – as was common at the time – in the sense of a fated determination of a reincarnating being which, as Empedocles claims, defiled itself by killing living creatures. [...] One could perhaps imagine them* [= daimons] *as a sort of invisible wisps of air mixed with a fiery substance, such as aither or another fine matter.* »

PALMER 2018, p. 36 : « *it would have been natural enough for an early Greek thinker such as Empedocles and others in the Pythagorean tradition to have associated the transmigrating soul with air or fire while conceiving of the embodied soul as something more complex and integrated into the individual creature's physiology. [...] Empedocles's transmigrating spirit must be something more substantial than a Homeric psuchē or eidolon [...]* ».

PERIS 2018, p. 315 : « *A great deal of confusion has been the result of assuming that it is the same 'soul' that is the subject of both works* [= On Nature, Purifications]. *The fact is that Empedocles, like Pythagoras and Pindar before him, recognizes an immortal and transmigrant entity in man that is distinct from the psychological faculties.* »

P. 316 : « *the 'soul' which figures in the* Purification [sic] *is called 'daimon' and is an immortal and occult self that has nothing directly to do with either thought or perception. It is alien to this world, and its involvement with this world, if anything, is to its detriment. [...]*
In the living man the daimon, like the psyche *in Homer, plays no active part; on the other hand, it is the carrier of a being's potential divinity and his actual guilt. Its rightful place is not here in this world but in the world of gods and spirits; this world, the world Empedocles describes in his treatise* On Nature [sic], *is no more than a place of exile and penance for it (fr. 115) and body itself an alien tunic (fr. 126).* »

CASELLA[25] 2019, p. 276 : « *Il termine δαίμων non sarebbe usato come sinonimo di ψυχή, ma per connotare un ordine di entità superiore agli θνητά, in cui è vincolato, e inferiore agli θεοί, proprio perché 'inserito' all'interno dei primi: come si è già accennato, gli dèi sono soprattutto le quattro radici,*

---

24. V. HLADKÝ, « Transmigrating soul between the Presocratics and Plato », *Aither*, international issue no. 5, 2018, p. 20-49.
25. F. CASELLA, « Escatologia e conoscenza salvifica in Empedocle: una rilettura della metempsicosi alla luce delle teorie fisiologiche sulla mente », *Elenchos*, 40, 2, 2019, p. 265-296.

le quali – o, meglio, le cui particelle – si trovano, mentre Empedocle 'parla', a essere scacciate dalla condizione, felice, di unità nello sfero. Δαίμονες potrebbe, allora, alludere ai ῥιζώματα: si dovrebbe rileggere, alla luce di tutto questo, la teoria della trasmigrazione attribuita a Empedocle con il continuo combinarsi delle particelle delle radici in enti mortali, quali protagoniste di quello che, posteriormente, è stato considerato il ciclo delle reincarnazioni delle anime. I δαίμονες di cui si legge nel fr. 115 sarebbero le particelle delle radici costrette a mutare forma – quella di piante, animali, uomini – analogamente a quanto affermato in altri frammenti che si è soliti ricondurre al poema Purificazioni ».

VAN DER BEN 2019, p. 326 [commentaire du fr. 19 VdB correspondant au fr. 126) : « *Empedocles uses δαίμων in a specific sense, viz. that of Constituent or Element (see Conc. s.v.) and is unlikely ever to have used the word in any other way, or as a feminine noun.* »

P. 619 [commentaire du fr. 6 VdB correspondant au fr. 115.5] : « *the one that has to face the consequences of acting against the law of nature (νόμος ἀμοιβῆς) is, of course,* a θεός *(not a 'soul'), and the δαίμονες are not ψυχαί (but the Elements that dissolve the body of the god by leaving it).* [...] *The main sources for this passage, Plutarch, Hippolytus, Plotinus, Asclepius, Philoponus, all allege that it speaks περὶ ψυχῆς, but, of course, this cannot be true for the Natural Philosopher. What the line is saying is that the Constituents, which are involved now in a polluted god's dissolution and annihilation in hate (νείκει, fr. 5, 2) 'previously maintained the god's long-lived body in love (φιλότητι)'.*

P. 864 [commentaire concernant le mot δαίμων] : « *used in reference to the four Elements (ταῦτα) as contributing some of their μοῖραι, μέρεα or parts (i.e. the parts, microscopically small in quantity but infinitely rich in variety, that are suitable, reported as μέρη ὁμοιομερῆ by Aëtius [...]) to the formation (by mixing in currents) of living things or μέλεα, βίος. Cp. co-referential ταῦτα 'the ultimate referents of all scientific investigation and explanation', 'Elements'. [...] Empedocles [...] convinced of the need for religion to be replaced with science as a foundation for knowledge and civilization to be built upon, applied the word to the realm of science (given its probably frequent use in popular religion, there may be a polemical side to this move) and, without having to alter its lexical sense, which does not in itself connote anything religious, chose it as a designation of the four basic and permanent groups of stuffs in the universe* ».

TRÉPANIER 2020, p. 81 : « [*the* Purifications] *the most important passage has always been fragment B 115, the dramatic description of the exile of long-lived* daimones *from the company of 'the blessed', condemned to wander among the four elements, including Empedocles' explosive final revelation that he is one of them.* »

P. 86 : « *The soul is one body part among others. It is most likely a compound, long-lived but not immortal. Compare Cebes' weaver analogy at* Phaedo *87a–88b.* [...] *To survive, current body parts must cooperate with other parts in an organism. But a transmigrating soul, by definition, must also have the capacity to survive outside a body, at least for a time. Compared to other body parts, which are recombined in sexual reproduction, the soul preserves its identity over several lives. The* daimones *who wander through the elements are described as 'those that have received long life',* οἴτε μακραίωνος λελάχασι βίοιο *(B 115,5).* »

P. 104-105 : « *The overlooked doxographic definition of soul as 'a mixture of fire and air' can be accepted once recognized as an early form of* pneuma. *That in turn provides the solution to the apparent conflict between Empedoclean materialism and transmigration: during life, the soul is located in the blood, at least in blooded animals* [...]. *What soul as* pneuma *can add to the meaning of B 115 is the poetic justice of the punishment: the exiled god is sentenced to purge the stain of his association with blood by being repeatedly plunged into blood for several life-spans.* »

HERNÁNDEZ CASTRO 2020, p. 178 : « *Tanto Empédocles como los teólogos de Delfos a los que criticó Plutarco utilizaron la palabra* δαίμων *para referirse a Apolo, una fórmula habitual de llamar a los dioses olímpicos en la poesía épica (Willamowitz-Moellendorff, 1929: 658-659; Primavesi, 2006: 54). En ambos casos, el dios se ve arrastrado al exilio como consecuencia de un* φόνος, *un crimen sangriento.* [...] *el dios ha sido desterrado (*φυγάς*) de los dioses* (De defect. orac. *418B, fr. 115.11), y este destierro solo terminará cuando Apolo limpie su mancha con las purificaciones (*καθαρμοί*)* (De defect. orac. *418B).* »

P. 179 : « *para los dioses no suponía ningún problema adoptar la forma de los mortales.* [...] *Lo que está claro es que para la inmensa mayoría de los griegos de la época de Empédocles era mucho más fácil considerar que se habían cruzado con Apolo en la forma de un hermoso joven, un pájaro, un delfín, un arbusto de laurel, o una joven poseída por el dios, que aceptar la extraña idea de que los dioses morían y se reencarnaban en cada una de estas cosas.* »

PALMER 2020, p. 66-67 : « *Appreciating that not only living creatures but the elemental roots themselves experience cycles of birth, destruction, and rebirth is merely the starting point for appreciating the deeper parallelism in Empedocles' system between the lives of mortal creatures such as ourselves and the lives of the elements.* [...] *The figures here described* [in fr. 115] *as wandering* daimones *or divinities would appear to be portions of the elemental roots fire, water, earth, and air.* »

P. 68 : « *In what sense, however, can Empedocles identify himself as one of the wandering* daimones *exiled from the gods if the* daimones *here are to be identified with the elemental roots?* »

P. 69-70 : « *When Empedocles declares at the end of 31B115 DK that he is "one of these," i.e., one of the elemental* daimones, *"an exile from the gods and a wanderer," he is apparently identifying himself with the portion of elemental air that existed before, and will continue to exist after, his life as Empedocles. It would be misleading to conceive of this air as his soul, however, because his soul is a more complex, compounded entity, as it must be to possess the capacities characteristic of the kind of creature he is. Empedocles' physical theory is incompatible with the post-mortem survival and subsequent reincarnation of an entity with the capacities the soul has when embodied.* [...] *he identifies himself with the portion of elemental air that entered his body at birth and that will depart from his body at death.* »

ZATTA[26] 2020, p. 53 : « *Not transmigrating from body to body, Empedocles'* daimones *would themselves physically morph into creatures of different habitats thereby reflecting the dynamics at work in the physical world.* »

P. 68 : « *the* daimones *are "symbolic figures," easy for Empedocles' audience to relate to because adapted from the poetic tradition.* »

SANTANIELLO[27] 2021, p. 159 : « *Knowledge, memory and identity represent a sort of common ground for physics and daimonology. This is so, even though (as I hope to have shown) the daimon is not likely to be made of any stuff.* »

MACKENZIE 2021 (CUP), p. 156 : « *If the 'madness' at the start of D44 = B3 is, like the madness at D10 = B115.14, a consequence of Strife, then we are further justified in treating the 'purity' to which it is opposed as a purity of Love from Strife's stain.* [Footnote:] *This consideration may weigh in favour of the view, first originating from Cornford, that the* daimon *is effectively a shard of Love who has been contaminated by Strife.* [...] *Whilst I find Cornford's theory the most plausible, for the purposes of the present chapter, I am agnostic on this issue* [...] »

MACKENZIE 2021 (à paraître) : « *For Empedocles, as I have understood him, what matters are not the precise details of the physical constitution of the* daimōn. *My purpose has not been to argue that either the simple or the compound-interpretations are wrong (although, if pressed, my preference would be for the simple interpretation). But whether the* daimōn *is made out of any one of the elements, or whether it is a compound, we are all made of indestructible elements* [...] ».

---

26. C. ZATTA, « Is matter alive? Between roots and daemons: Empedocles' philosophy of life », *Civiltà e religioni*, 6, 2020, p. 49-72.
27. C. SANTANIELLO, « Are Empedoclean Daimons really made of anything? The nature of the *Daimon* and Fragment 115 », dans SAETTA COTTONE, R. (dir.), *Penser les dieux avec les Présocratiques*, Paris, Éditions Rue d'Ulm, 2021, p. 143-159.

ANNEXE 2 – LES COLOMBES FUYANT LES ÉPERVIERS DANS LES *SUPPLIANTES* D'ESCHYLE

Je réponds ici à une objection émise par Gheerbrant 2017, p. 660-666.

Dans un article paru en 2007[1], j'avais défendu la leçon φόβῳ dans le fr. 115.3 (= v. 17 Rashed) contre la correction habituelle φόνῳ. Gheerbrant a produit une longue analyse visant à défendre φόνῳ contre φόβῳ dans ce vers (p. 657-666). Je persiste cependant à croire à la leçon φόβῳ, en fuite, appuyée par *Iliade* XVI, 373-374 ([...] οἳ δὲ ἰαχῇ τε φόβῳ τε / πάσας πλῆσαν ὁδούς [...]). Dans ce passage de l'*Iliade*, φόβῳ signifie une fuite ou une déroute des Troyens terrifiés. φόβῳ au datif est unique chez Homère. Je rapprochais cette compréhension de φόβῳ d'un emploi du même mot par Eschyle, dans *Les Suppliantes*, 223-224, au v. 224 : ἵζεσθε κίρκων τῶν ὁμοπτέρων φόβῳ. La traduction de P. Mazon, « tel un vol de colombes fuyant des éperviers », me guidait[2].

Pour une raison grammaticale, Gheerbrant conteste que φόβῳ, accompagné d'un génitif (κίρκων τῶν ὁμοπτέρων), puisse chez Eschyle avoir le sens que je retiens, *i.e.* en fuite (face aux éperviers). Selon lui, l'acception de φόβῳ pour dire fuite, et non pas peur, ne pourrait signifier que la fuite des éperviers, ce qui serait totalement absurde puisque ce sont les colombes qui fuiraient face aux éperviers et non pas le contraire. Tandis que l'acception de φόβῳ pour dire peur admet que les éperviers soient les pourchasseurs. Ouvrons donc ce dossier et examinons les arguments que Gheerbrant m'oppose concernant mon recours aux *Suppliantes*. Assurons-nous déjà du sens de φόβῳ dans l'*Iliade*.

---

1. Picot 2007.
2. Voir P. Mazon (éd.), *Eschyle. I. Les Suppliantes, les Perses, les Sept contre Thèbes, Prométhée enchaîné*, Paris, Les Belles Lettres, 1921, p. 21. Après Mazon, J. Dumortier, *Les images dans la poésie d'Eschyle*, Paris, Les Belles Lettres, 1975, intitula un de ses chapitres (p. 1) : « Vol de colombes fuyant devant l'épervier. »

Chez Homère, φόβος signifie assez rarement peur, épouvante (sans fuite), et très souvent fuite par peur, déroute (le terme qui vaut pour des guerriers, une armée), épouvante (avec fuite). Mazon traduit le datif φόβῳ en *Iliade* XVI, 373 – passage que je mets en rapport avec le fr. 115.3 – par « épouvante » ; ainsi traduit-il ἰαχῇ τε φόβῳ τε par « dans les cris, l'épouvante »[3]. Mazon n'est pas explicite : veut-il dire une épouvante sans signifier pour autant la fuite ? Ou bien veut-il dire une épouvante se manifestant particulièrement dans la fuite ? Il est vrai que parfois l'expression ἰαχή τε φόβος τε (XII, 144 ; XV, 396 ; XVI, 366) ne signale pas une déroute franche : φόβος pourrait être simplement la peur. Mais en fait il n'y a aucun doute pour ce qui nous occupe, à savoir le datif φόβῳ en *Iliade* XVI, 373. Homère a préparé son audience à la déroute des Troyens dès les vers 303-304, et 356-357. En 366 la déroute a commencé ; les Troyens quittent les nefs en désordre. Après la fuite d'Hector (367-369), la déroute des Troyens est totale. On parvient au vers 373 – ἰαχῇ τε φόβῳ τε – où le doute n'est pas permis : l'épouvante se traduit par le mouvement de fuite[4].

Venons-en aux remarques et critiques de Gheerbrant. Gheerbrant écrit (p. 660) : « Lorsque le terme [= φόβος] est employé avec le génitif chez Homère, ce génitif exprime toujours la personne mise en déroute ou sujette à l'épouvante. » Et de citer en note de bas de page des exemples (XII, 144, 432 ; XV, 310, 396 ; XVI, 366 ; II, 767). Gheerbrant y minimise le cas d'*Iliade* II, 767 – φόβον Ἄρηος φορεούσας – qui ferait exception, en n'y voyant qu'une expression imagée valant pour une déroute pendant la guerre. Toutefois, qu'est-ce qui interdirait de considérer la déroute (φόβον) d'Arès au génitif (Ἄρηος) comme la déroute provoquée par Arès ? Arès n'est bien sûr pas celui qui fuit, mais celui qui pourchasse, met en fuite, grâce à son fils *Phobos* qui l'accompagne (*Iliade* IV, 440-441). C'est un point essentiel pour la compréhension.

Gheerbrant ajoute (p. 660) : « Les lexiques indiquent que le sens de *déroute* est homérique et que par la suite, le terme désigne simplement la *peur*. » Et plus loin (p. 661) : « φόβος signifie toujours par ailleurs chez Eschyle simplement la *peur* ou l'*épouvante* (jamais la fuite) ». Tout serait alors dit avec l'appui des « lexiques » : chez Eschyle, en particulier, φόβῳ ne peut signifier que la peur, et ne peut aucunement signifier la fuite. Ce point est toutefois contestable. Contre « les

---

3. Pour les traductions françaises de l'*Iliade*, voir P. MAZON (éd.), *Homère. Iliade, I, II, III*, Paris, Les Belles Lettres, 1937.

4. Regardons une autre traduction de l'*Iliade*. En 1924, A.T. Murray traduisait l'*Iliade* en anglais : *Homer. The Iliad* with an English translation by A.T.M., 1 and 2, Cambridge (Mass.), Harvard University Press, Londres, William Heinemann, 1924. φόβος y est traduit par « *flight* » en *Iliade* XVI, 373-374 : « [...] *while they with shouting and in flight / filled all the ways* [...] ».

lexiques », on trouverait déjà une exception avec Eschyle, *Les Sept contre Thèbes*, v. 240-241 (et peut-être aussi au v. 500). Plus tard, ce serait avec Oppien, *Halieutiques*, IV, 572 ; assurément avec Nonnos, *Dionysiaques*, XXIII, 5. Les réminiscences homériques jouent un rôle chez les poètes, jusqu'au tardif Nonnos. Empédocle était déjà de ces poètes. Il y a parfois une certaine préciosité des poètes à utiliser un mot dans un sens qui n'est plus usuel, et que « les lexiques » n'ont pas forcément vocation à consigner.

Examinons les deux exceptions vraisemblables chez Eschyle. Eschyle écrit dans *Les Sept contre Thèbes*, v. 240-241 : « ταρβοσύνῳ φόβῳ τάνδ᾽ ἐς ἀκρόπτολιν, / τίμιον ἕδος, ἱκόμαν. » Mazon traduit : « d'une fuite épouvantée, j'ai couru vers cette acropole, séjour révéré ». La fuite du Chœur viendrait en écho des vers 203-215 – où elle est clairement suggérée par Étéocle, avec le mot φυγών au v. 208, et par le Chœur lui-même qui utilise l'adjectif πρόδρομος (v. 211) pour qualifier sa course vers les statues des dieux. Le v. 240 comporte une occurrence du datif φόβῳ. Il n'y a pas de génitif. Le Chœur qui s'exprime fuirait un fracas, en courant, si l'on admet la lecture de Mazon. Cette occurrence irait à l'encontre de la règle que Gheerbrant tient pour absolue, à savoir que « φόβος signifie toujours par ailleurs chez Eschyle simplement la *peur* ou l'*épouvante* (jamais la fuite) ». Puisque la phrase au vers 241 comporte un verbe de mouvement – ἱκόμαν –, il serait possible de contester qu'ici, au vers 240, le mot φόβῳ ait le sens de fuite. On pourrait s'en tenir à peur, voire à frayeur, en laissant à ἱκόμαν l'idée de fuite, et le fait de rallier un refuge (l'« acropole, séjour révéré »). Mais ἱκόμαν, du verbe ἱκνέομαι, venir, aller, ne supporte pas en lui-même le sens de courir. Mazon – avec raison – n'imagine pas que, dans le contexte, la fuite du Chœur se fasse simplement dans un pas de marche. L'agitation suppose la course. C'est sans doute pour cette raison qu'il rend exception-nellement ἱκόμαν par « j'ai couru », pour s'accorder avec la fuite. On appauvrirait alors la compréhension de φόβῳ en retenant le sens qui s'est généralisé après Homère : la peur sans fuite. La généralisa-tion (qui serait celle des lexiques ?) n'empêcherait pas l'exception et le recours littéraire à un sens vieilli.

Encore dans *Les Sept contre Thèbes*, Eschyle écrit (v. 497-500) :

αὐτὸς δ᾽ ἐπηλάλαξεν, ἔνθεος δ᾽ Ἄρει
βακχᾷ πρὸς ἀλκὴν θυιὰς ὥς, φόβον βλέπων.   498
τοιοῦδε φωτὸς πεῖραν εὖ φυλακτέον·
φόβος γὰρ ἤδη πρὸς πύλαις κομπάζεται.   500

La présence d'Arès au vers 497 laisse facilement augurer de la présence de *Phobos*, qui met en déroute. Cette déroute est probable au vers 500 avec φόβος (« la panique », selon la traduction de Mazon).

S'il en est ainsi elle serait déjà suggérée au vers 498 (« avec des yeux qui sèment l'épouvante »).

Gheerbrant écrit (p. 661) : « chez Homère, le génitif qui accompagnait φόβῳ au sens de *fuite* est toujours objectif : il désigne la personne *qui prend la fuite*, et jamais celle devant laquelle on prend la fuite ». Mais Gheerbrant se méprend : le datif φόβῳ chez Homère, est unique (*Iliade* XVI, 373), et n'est accompagné d'aucun génitif. Le contexte homérique est suffisant pour que l'on comprenne que ce sont les Troyens qui sont en fuite face aux Achéens. La question chez Eschyle reste alors entière de savoir traduire le datif φόβῳ, au sens de fuite ou au sens de peur, accompagné d'un génitif (κίρκων τῶν ὁμοπτέρων). Le fait qu'Homère utilise souvent φόβος ou φόβον au sens de déroute, avec un génitif pour désigner les fuyards (*Iliade* XII, 144, 432 ; XV, 310, 396 ; XVI, 366), ne nous dit rien du sens possible qu'un génitif aurait (les fuyards ou les pourchasseurs ?) avec le datif φόβῳ. Gheerbrant appuie sa critique en imaginant que la peur s'accorde avec le génitif des pourchasseurs chez Eschyle, alors que la fuite impliquerait nécessairement un génitif des fuyards comme chez Homère. Mais une fois de plus, en défaveur de Gheerbrant, Homère ne fournit pas d'exemple d'un datif φόβῳ accompagné d'un génitif ; il est donc impossible d'inférer qu'un génitif serait nécessairement celui des fuyards, il pourrait au contraire être celui des pourchasseurs, comme Mazon le conçoit chez Eschyle. En outre, le simple fait qu'Homère dise φόβον Ἄρηος φορεούσας en *Iliade* II, 767 échappe à la règle du génitif pour le fuyard.

Certes on peut avancer que φόβῳ plus génitif dans *Suppliantes* 214 signifie « par peur des éperviers ». On le peut, rien de plus. Mais je n'y vois pas de contrainte à choisir « la peur » plutôt que « la fuite par peur ». La fuite reste possible. Avec Mazon, j'ai tendance à retenir ce qui est le plus riche de sens (peur + déplacement rapide) plutôt que ce qui est le sens réduit à l'émotion (peur seule). Le contexte guide vers le sens que l'on pense être le plus juste.

D'après le contexte, les Danaïdes sont en fuite. Pourchassées par les Égyptiades, elles parviennent à Argos. Ce ne sont évidemment pas les éperviers qui sont en fuite, mais les colombes. Dans les v. 223-224, les colombes sont-elles en mouvement ou pas ? Si elles sont au repos, φόβῳ veut dire uniquement « par peur ». Or les colombes sont en mouvement : l'essaim (le groupe de colombes, en vol, que sont les Danaïdes) vient s'asseoir. Il va s'asseoir dans ce qui est présenté par Danaos comme un refuge, un endroit où les Danaïdes devraient être en sécurité (v. 188-191, 223). Or la fuite a pour but d'essayer de se mettre en sécurité.

Mais au final, où est le problème ? Ce qui me préoccupe, ce n'est pas tant de savoir ce qu'Eschyle voulait dire dans les *Suppliantes*,

v. 240, c'est de savoir comment Empédocle lisait Eschyle. Gheerbrant voudrait qu'Empédocle lise la peur, car c'est la seule lecture correcte au ve s. Or, cela ne s'impose pas. Même si Eschyle voulait dire « par peur des éperviers », Empédocle pouvait comprendre « en fuyant les éperviers sous l'effet de la peur », tout comme Mazon (tout autant nourri d'Homère qu'Empédocle) comprenait la fuite, bien après Eschyle. Quelle importance cela pourrait-il avoir ? À tort ou à raison, Empédocle, lisant « en fuite » dans φόβῳ au vers 224 des *Suppliantes*, se serait inspiré du passage des *Suppliantes*, 223-231, pour le v. 17. Dans le *De exilio*, Plutarque aurait lui aussi compris cela quand il cite ce vers après le vers 214 des *Suppliantes* (vers consacré à Apollon).

La suite des *Suppliantes* révèlera que les Danaïdes, prétendues colombes en fuite face à des éperviers, vont tuer les Égyptiades, des congénères. Chez Empédocle, l'enchaînement serait le même. Quelqu'un (τις) en fuite (φόβῳ) en viendra à se souiller du sang de congénères. L'événement se passe sur terre, tout comme l'histoire des *Suppliantes*[5]. La fuite dont il est question n'est pas l'exil d'un Bienheureux. Je suppose que cette fuite est celle d'un homme, puis de bien d'autres, quand la communauté réunie autour de Cypris vint à éclater sous la pression de *Phobos*. Le v. 17 renverrait donc à ce que nous entrevoyons à partir des vers du fr. 128 – qui n'appartiennent pas nécessairement aux *Catharmes*[6]. Dans le fr. 128, la Haine est menée en tête par Arès et *Kudoimos*. J'y ajouterais *Phobos*, le dieu qui met en fuite[7]. Après la chute de Cypris-reine, puis l'avènement de Zeus-roi, le sang coulera. D'une autre façon, le sang coulera dans l'histoire des Danaïdes et des Égyptiades.

La correction φόνῳ, introduite par Estienne dans son édition du *De exilio*, mène plus sûrement à une perte de sens que le ferait la leçon attestée des manuscrits : φόβῳ. Avec φόνῳ il est facile de conclure que le τις du v. 17 concerne un *daimôn*, comme le croit Gheerbrant[8]. Et d'imaginer que ce *daimôn* n'est rien d'autre que le Bienheureux avant son parjure ou bien le Bienheureux en train

---

5. GHEERBRANT 2007, p. 698, imagine que j'utilise « dans sa fuite » pour signaler une fuite « depuis la communauté divine », depuis « le monde des dieux ». Mais ce n'est pas le cas ; j'ai écrit précédemment que la fuite se fait hors de « la communauté humaine réunie autour de Cypris » (voir PICOT 2008 [*Organon*], p. 31, n.3 ; PICOT 2012 [*RMM*], p. 353-354 pour la n.31). Je souligne, s'il en était besoin, que cette communauté existait sur terre. Les hommes au temps du règne de Cypris ne formaient pas sur terre « la communauté divine » ou « le monde des dieux ».

6. Voir PICOT 2012 (*RMM*), p. 355-356.

7. Voir plus haut la note 117 à la page 589.

8. GHEERBRANT 2007, p. 657 : « Les vers 3-6 [= 17-20 RASHED], qui énoncent la faute commise par les démons et leur bannissement [...] » ; p. 664 « La syntaxe du grec exige [...] que εὖτε introduise la condition de l'errance énoncée dans la principale : la loi prévoit que quand le démon fait A, il se produit B. » Ce dernier point montre clairement que GHEERBRANT fait de τις un *daimôn* – ce que

de commettre un parjure (puisqu'il aurait juré préalablement de ne pas tuer, et qu'en fait il tue). La correction φόνῳ permet de croire que le meurtre est la cause unique de l'exil de son auteur (*daimôn* ou Bienheureux). La leçon φόβῳ rend le scénario développé autour de φόνῳ moins plausible. Comment se ferait-il qu'avant son exil le *daimôn* ou bien le Bienheureux soit en fuite ? En fuite de qui, de quoi ? En fuite où ? La réponse introduit un schéma complexe où le τις n'est pas à strictement parler un *daimôn* ni un Bienheureux. Dans le cadre de la palingénésie et de la récurrence des cycles cosmiques le τις est une incarnation passée du Bienheureux sommé de jurer sur son passé. La fuite du τις renvoie au moment où la Haine prit le pouvoir sur les mortels terrestres, et détrôna Cypris[9]. Le seul lien existant entre le Bienheureux et le τις en fuite est logique ; il n'est reconstituable qu'en tenant compte de l'histoire du monde esquissée par Empédocle.

---

je ne fais pas. Comment un *daimôn* pourrait-il avoir des membres et tuer, alors qu'Empédocle critique l'anthropomorphisme des dieux (B 134) ?

9. La fuite des Danaïdes refusant le mariage avec les Égyptiades traduit la perte de pouvoir de Cypris (cf. *Suppliantes* v. 1031-1045) ; le meurtre des Égyptiades commis par les Danaïdes signe le pouvoir de la Haine.

BIBLIOGRAPHIE

Une bibliographie étendue concernant Empédocle est consultable sur le site https://sites.google.com/site/empedoclesacragas/.

A

ADAM, James, *The religious teachers of Greece.* Gifford lectures delivered at Aberdeen University, 1904-1906, edited with a memoir by Adela Marion ADAM, Aberdeen, Aberdeen University, « University studies, 32 », 1908.

ALT, KARIN, « Einige Fragen zu den 'Katharmoi' des Empedokles », *Hermes*, 115, 4, 1987, p. 385-411.

ALTHOFF, Jochen, « Presocratic discourse in poetry and prose : the case of Empedocles and Anaxagoras », *Studies in history and philosophy of science*, 43, 2, 2012, p. 293-299.

ANASTASE, Stéfos, *Apollon dans Pindare*, Athènes, 1975. Reproduction d'une thèse présentée à l'Université de Paris-Sorbonne en 1973.

ANDÒ, Valeria, « Nestis o l'elemento acqua in Empedocle », *Kokalos*, 28-29, 1982-3, p. 31-51.

ARMISEN-MARCHETTI, Mireille (éd.), *Macrobe. Commentaire au songe de Scipion*, Livre 1, Paris, Les Belles Lettres, « Collection des Universités de France », 2001.

ATHANASSAKIS, Apostolos, N., & Benjamin, M., WOLKOW, *The Orphic Hymns.* Translation, introduction, and notes by A.N.A. & B.M.W., Baltimore, The Johns Hopkins University Press, 2013.

B

BABELON, E., « Éros sphériste », *La gazette archéologique*, 1880, p. 31-39, p. 232 (planche IV).

BABUT, Daniel, « Sur l'unité de la pensée d'Empédocle », *Philologus*, 120, 1976, p. 139-164.

BALAUDÉ, Jean-François, *Le Démon et la communauté des vivants. Étude de la tradition d'interprétation antique des* Catharmes *d'Empédocle*, *de Platon à Porphyre*, Thèse de doctorat à l'Université de Lille III, 1992.

— « Parenté du vivant et végétarisme radical : le "défi" d'Empédocle », dans ROMEYER DHERBEY, Gilbert, *et al.* (dir.), *L'animal dans l'Antiquité*, Paris, J. Vrin, « Bibliothèque d'histoire de la philosophie, nouvelle série », 1997, p. 31-53.

— *Le vocabulaire des Présocratiques*, Paris, Ellipses, « Le vocabulaire de… », 2002.

— « Empédocle d'Agrigente », dans LECLANT, Jean (dir.), *Le Dictionnaire de l'Antiquité*, Paris, Les Presses Universitaires de France, 2005, p. 785-789.

— *Le Savoir-vivre philosophique : Empédocle, Socrate, Platon*, Paris, Grasset et Fasquelle, « Le collège de philosophie », 2010.

BALLABRIGA, Alain, « La nourriture des dieux et le parfum des déesses », *Mètis*, 12, 1997, p. 119-127.

— « L'invention du mythe des races en Grèce archaïque », *Revue de l'histoire des religions*, 215, 3, 1998, p. 307-339.

BALTUSSEN, Han, *Theophrastus against the Presocratics and Plato*: peripatetic dialectic in the *De sensibus*, Leyde-Boston-Cologne, Brill, « Philosophia Antiqua, 86 », 2000.

BARBOTIN, Edmond (traduction et notes), *Aristote. De l'âme*, Paris, Les Belles Lettres, « Collection des Universités de France », 1966.

BARNES, Hazel, Estella, « Unity in the thought of Empedocles », *The classical journal*, 63, 1967, p. 18-23.

BARNES, Jonathan, *The presocratic philosophers*, Londres-New York, Routledge & Kegan Paul, « The arguments of the philosophers », 1982^2 (édition révisée d'une première publication en 1979).

— *Early Greek philosophy*, Londres, Penguin Books, « Penguin Classics », 1987. Nouvelle édition : Londres, Penguin Books, « Penguin Classics », 2001.

BATTISTINI, Yves, *Empédocle. Légende et œuvre : Sur la nature, Purifications.* Texte intégral, présentation, traduction et notes Y. B., Paris, Imprimerie nationale Éditions, « La Salamandre », 1997.

BECQ DE FOUQUIÈRES, Louis, *Les jeux des Anciens* : leur description, leur origine, leurs rapports avec la religion, l'histoire et les moeurs, Paris, C. Reinwald, 1869.

BENDZ, Gerhard & Ingeborg PAPE, *Caelius Aurelianus. Akute Krankheiten, Buch I-III. Chronische Krankheiten, Buch I-V. Teil I:* Akute Krankheiten I-III; Chronische Krankheiten I-II, Berlin, Akademie, « Corpus medicorum latinorum, VI 1 », 1990.

BERGK, Theodor, « Schedae criticae. Fasciculus II », *Zeitschrift für die Alterthumswissenschaft*, 39, 1835, p. 313-320.

— *Commentatio de prooemio Empedoclis*, Ankündigungschrift... des Königlichen Joachimsthalschen Gymnasiums, September 28 1839 (diss.), Berlin, 1839.

BERNABÉ, Alberto & Ana Isabel JIMÉNEZ SAN CRISTÓBAL, *Instructions for the netherworld: The Orphic gold tablets*, translated by M. Chase, Leyde-Boston, Brill, « Religions in the Graeco-Roman world, 162 », 2008.

BERNARDAKIS, Gregorius, N. (éd.), *Plutarchi Chaeronensis Moralia, 3*, Leipzig, Teubner, 1891.

BETEGH, Gábor, « Empédocle, Orphée et le papyrus de Derveni », dans MOREL, Pierre-Marie & Jean-François PRADEAU (dir.), *Les anciens savants : études sur les philosophies préplatoniciennes*, Strasbourg, Université Marc Bloch, « Les Cahiers philøsophiques de Strasbourg, 12 », 2001, p. 47-70.

BIANCHI, Ugo, « Péché originel et péché 'antécédent' », *Revue de l'histoire des religions*, 170, 2, 1966, p. 117-126.

BIDEZ, Joseph, « XIII. Observations sur quelques fragments d'Empédocle et de Parménide », *Archiv für Geschichte der Philosophie*, 9, 1896, p. 190-207.

BIÈS, Jean, *Empédocle. Philosophie présocratique et spiritualité orientale*, Paris, Éditions Almora, 2010.

BIGNONE, Ettore, *I poeti filosofi della Grecia. Empedocle. Studio critico, traduzione e commento delle testimonianze e dei frammenti*, Turin, Fratelli Bocca, « Il pensiero greco, 11 », 1916.

BODRERO, Emilio, *Il principio fondamentale del sistema di Empedocle. Studio preceduto da un saggio bibliografico e dalla traduzione dei frammenti Empedoclei*, Rome, E. Loescher, 1904.

BOLLACK, Jean, « Styx et serments », *Revue des études grecques*, 71, 334-338, 1958, p. 1-35.

— *Empédocle. I, Introduction à l'ancienne physique*, Paris, Éditions de Minuit, « Le sens commun », 1965.

— *Empédocle. II, Les Origines, édition des fragments et des témoignages*, Paris, Éditions de Minuit, « Le sens commun », 1969.

— *Empédocle. III, Les Origines, commentaire, 1*, Paris, Éditions de Minuit, « Le sens commun », 1969.

— *Empédocle. III, Les Origines, commentaire, 2*, Paris, Éditions de Minuit, « Le sens commun », 1969.

— « "Voir la Haine". Sur les nouveaux fragments d'Empédocle », *Methodos*, 1, 2001, p. 173-185.

— *Empédocle. Les* Purifications *: un projet de paix universelle*, édité, traduit du grec et commenté par J. B., Paris, Éditions du Seuil, « Point Essais, 498 », 2003.

— *Parménide, de l'Étant au Monde*, Lagrasse, Verdier, « Poche », 2006.

BONNAFÉ, Annie, *Hésiode. Théogonie : la naissance des dieux*, Paris, Rivages, « Rivages poche, petite bibliothèque », 1993.

BORDIGONI, Carlitria, « Empedocle e la dizione omerica », dans ROSSETTI, Livio & Carlo SANTANIELLO (dir.), *Studi sul pensiero e sulla lingua di Empedocle*, Bari, Levante, « 'Le Rane', Collana di studi e testi, Studi, 37 », 2004, p. 199-289.

BOUCHÉ-LECLERCQ, Auguste, *Histoire de la divination dans l'Antiquité, I*, Paris, E. Leroux, 1879.

— *Histoire de la divination dans l'Antiquité, II*, Paris, E. Leroux, 1880.

— *Histoire de la divination dans l'Antiquité, III*, Paris, E. Leroux, 1880.

BOUFFARTIGUE, Jean & Michel PATILLON (éd.), *Porphyre. De l'abstinence, II, livres 2 et 3*, texte établi et traduit par J. B. & M. P., Paris, Les Belles Lettres, « Collection des Universités de France », 1979.

BOYANCÉ, Pierre, « L'Apollon solaire », dans HEURGON, J., W. SESTON & G. CHARLES-PICARD (dir.), *Mélanges d'archéologie, d'épigraphie et d'histoire offerts à Jérôme Carcopino*, Paris, Hachette, 1966.

BRAGUE, Rémi, « The body of the speech: a new hypothesis in the compositional structure of *Timaeus*' monologue », dans O'MEARA, Dominic, J. (dir.), *Platonic investigations*, Washington, Catholic University of America Press, « Studies in philosophy and the story of philosophy, 13 », 1985, p. 53-83.

BRANDIS, Christian, August, *Geschichte der Entwicklungen der griechischen Philosophie und ihrer Nachwirkungen im römischen Reiche, I*, Berlin, G. Reimer, 1862.

BREMMER, Jan, N., « Orphism, Pythagoras and the rise of the immortal soul », dans BREMMER, J., N., *The rise and fall of the afterlife*, Londres-New York, Routledge, 2002, p. 11-26, p. 139-145.

BRÉMOND, Mathilde, *Empédocle chez Hippolyte de Rome*, mémoire de Master II, Lettres Classiques et Philosophie, Université Paris IV Sorbonne, 2011-2012.

BRIAND, Michel, « L'"esprit blanc de Pélias". Remarques sur Pindare, *Pythique IV*, v. 109 », *Mètis*, 8, 1-2, 1993, p. 103-128.

BRISSON, Luc, « Usages et fonctions du secret dans le pythagorisme ancien », dans DUJARDIN, Pierre (dir.), *Le Secret*, Lyon, Presses universitaires de Lyon et CNRS, 1987, p. 87-101.

— *Introduction à la philosophie du mythe, I*, Sauver les mythes, Paris, J. Vrin, 2005², (1996¹).

BRISSON, Luc & Alain-Philippe SEGONDS, *Jamblique. La vie de Pythagore*, Introduction, traduction et notes par L. B & A. Ph. S., Paris, Les Belles Lettres, « La roue à livres », 1996.

BRUN, Jean, *Empédocle ou le philosophe de l'Amour et de la Haine*. Présentation, choix de textes, traduction, bibliographie, Paris, Seghers, « Philosophes de tous les temps, 27 », 1966.

BUFFIÈRE, Félix, *Les mythes d'Homère et la pensée grecque*, Paris, Les Belles Lettres, « Collection d'études anciennes », 1956.

BURKERT, Walter, *Lore and science in ancient pythagoreanism*, tr. by E. L. Minar, Jr, Cambridge (Mass.), Harvard University Press, 1972. Édition révisée et traduite de *Weisheit und Wissenschaft*, Nüremberg, H. Carl, 1962.

BURNET, John, *Early Greek philosophy*, Londres-Édimbourg, Adam and Charles Black, 1892. Londres, Adam and Charles Black, 1908^2 ; Londres, Adam and Charles Black, 1920^3 ; Londres, Macmillan, 1930^4.

BUSSANICH, John, « [Review of] Peter Kingsley, *Ancient philosophy, mystery, and magic* », *Bryn Mawr Classical Review*, 97.10.19, 1997. En ligne : http://bmcr.brynmawr.edu/1997/1997.10.19.html

BUSSE, Adophe (éd.), *Ammonius. In Aristotelis de interpretatione commentarius*, Berlin, G. Reimer, « *Commentaria in Aristotelem Graeca*, 4.5 », 1897.

C

CALHOUN, George, M., « The art of formula in Homer – ἔπεα πτερόεντα », *Classical philology*, 30, 3, 1935, p. 215-227.

CAMPBELL, Gordon, Lindsay, *Strange creatures: anthropology in Antiquity*, Londres, Duckworth, 2006.

CANART, Paul, compte rendu de Peter KRAFFT, *Die handschriftliche Überlieferung von Cornutus'*Theologia Graeca, *Gnomon*, 51, 4, 1979, p. 385-388.

CAPRINI, Rita & Rosa RONZITT, « Studio iconomastico dei nomi della 'pupilla' nelle lingue indoeuropee e nei dialetti romanzi », *Quaderni di semantica*, 28, 2, 2007, p. 287-325.

CASELLA, Federico, « Escatologia e conoscenza salvifica in Empedocle : una rilettura della metempsicosi alla luce delle teorie fisiologiche sulla mente », *Elenchos*, 40, 2, 2019, p. 265-296.

CASERTANO, Giovanni, « Orfismo e pitagorismo in Empedocle? », dans TORTORELLI GHIDINI, Marisa, Alfredina STORCHI MARINO & Amedeo VISCONTI (dir.), *Tra Orfeo e Pitagora*, Naples, Bibliopolis, 2000, p. 195-236.

— (dir.), *Empedocle tra poesia, medicina, filosofia e politica*, Naples, Loffredo, « σκέψις, collona di testi e studi di filosofia antica, 19 », 2007.

CASSIMATIS, Hélène, « Éros en Italie méridionale », *Pallas*, 76, 2008, p. 51-65.

— *Éros dans la céramique à figures rouges italiote : essai d'interprétation iconographique et iconologique*, Paris, De Boccard, 2014.

Cavallo, Guglielmo, « La trasmissione scritta della cultura greca antica in Calabria e in Sicilia tra i secoli x-xv. Consistenza, tipologia, fruizione », *Scrittura e Civiltà*, 4, 1980, p. 157-245.

Cerri, Giovanni, « L'ideologia dei quattro elementi da Omero ai Presocratici », *Annali dell'Istituto Universitario Orientale di Napoli*, 20, 1998, p. 5-58.

— « Il poema di Empedocle *"Sulla natura"* ed un rituale siceliota », dans Cannatà Fera, Maria & Simonetta Grandolini (dir.), *Poesia e religione in Grecia: studi in onore di G. Aurelio Privitera*, Naples, Edizioni Scientifiche Italiane, 2000, p. 205-212.

— « Poemi greci arcaici sulla natura e rituali misterici (Senofane, Parmenide, Empedocle) », *Mediterraneo antico*, 3, 2, 2000, p. 603-619.

— « Empedocle narratore di miti: la vicenda cosmica », *AION*, 28, 2006, p. 49-63.

Chaignet, Antelme-Édouard, *Histoire de la psychologie des Grecs, I* : avant et après Aristote, Paris, Hachette et Cie, 1887.

Chantraine, Pierre, *Dictionnaire étymologique de la langue grecque, histoire des mots*, λ-ω, Paris, Klincksieck, 1984.

— *Grammaire homérique. I, Phonétique et morphologie*, Paris, Klincksieck, 1988[6].

Cherniss, Harold, Fredrik, *Aristotle's criticism of presocratic philosophy*, Baltimore, The Johns Hopkins Press, 1935.

Clauser, Konrad, *Cornuti sive Phurnuti de natura deorum gentilium commentarius, e graeco in latinum conversus per Conradum Clauserum,...* Bâle, Oporinus (?), 1543.

Cleve, Felix, Merori, *The giants of pre-sophistic Greek philosophy: an attempt to reconstruct their thoughts, II*, The Hague, Martinus Nijhoff, 1973[3] (1965[1]).

Cook, Arthur, Bernard, *Zeus. A study in ancient religion, II, Zeus god of the dark sky (thunder and lightning), Part I*, text and notes, Cambridge, Cambridge University Press, 1925.

Cornford, Francis, Macdonald, *From religion to philosophy. A study in the origins of Western speculation*, Londres, E. Arnold, 1912.

— *Greek religious thought from Homer to the age of Alexander*, Londres-Toronto, J. M. Dent & sons, New York, E. P. Dutton, 1923.

— « Mystery religions and pre-socratic philosophy », dans Bury, J. B., S. A. Cook & F. E. Adcock (dir.), *The Cambridge ancient history, IV, The Persian empire and the West*, Cambridge, Cambridge University Press, 1926, p. 522-578.

— *Plato's cosmology: The* Timaeus *of Plato, translated with a running commentary*, Londres, Kegan Paul, Trench, Trubner & Co, 1937.

— *Principium sapientiae: the origins of Greek philosophical thought*, Cambridge, Cambridge University Press, 1952.

COXON, A. H., *The fragments of Parmenides*: a critical text with introduction, translation, the ancient testimonia and a commentary, Assen-Maastricht, Van Gorcum, « Phronesis Supplementary, 3 », 1986.

CROWLEY, Timothy, J., « On the use of *stoicheion* in the sense of 'element' », *Oxford studies in ancient philosophy*, 29, 2005, p. 367-394.

— « *De generatione et corruptione* 2.3: does Aristotle identify the contraries as elements? », *Classical quarterly*, 63.1, 2013, p. 161-182.

— « Aristotle, Empedocles, and the reception of the four elements hypothesis », dans HARRY, C. C. & J. HABASH (dir.), *Brill's Companion to the reception of presocratic natural philosophy in later classical thought*, Leyde, Brill, 2021, p. 352-376.

CUMONT, Franz, Valery, Marie, *Recherches sur le symbolisme funéraire des Romains*, Paris, Geuthner, 1942.

— *After life in Roman paganism*. Lectures delivered at Yale University on the Silliman foundation by F. C., New Haven, Yale University Press, 1922.

CURD, Patricia, *The legacy of Parmenides: eleatic monism and later presocratic thought*, Princeton, Princeton University Press, 1998.

— « On the question of religion and natural philosophy in Empedocles », dans PIERRIS, Apostolos, L. (dir.), *The Empedoclean Κόσμος: s[t]ructure, process and the question of cyclicity*. Proceedings of the Symposium Philosophiae Antiquae Tertium Myconense, July 6th – July 13th, 2003, Patras, Institute for philosophical research, 2005, p. 137-162.

— « Where are Love and Strife? Incorporeality in Empedocles », dans McCOY, Joe (dir.), *Early Greek philosophy: the Presocratics and the emergence of reason*, Washington, D.C., The catholic University of America Press, « Studies in philosophy and the history of philosophy, 57 », 2013, p. 113-138.

D

DARCUS, Shirley, Muriel, Louise, « Daimon parallels the holy phren in Empedocles », *Phronesis*, 22, 1977, p. 175-190.

DARCUS SULLIVAN, Shirley, Muriel, Louise, « The nature of *phren* in Empedocles », dans CAPASSO, M., F. DE MARTINO & P. ROSATI (dir.), *Studi di filosofia preplatonica*, Naples, Bibliopolis, 1985, p. 119-136.

— « πραπίδες in Homer », *Glotta*, 65, 3-4, 1987, p. 182-193.

— *Sophocles' use of psychological terminology: old and new*, Carleton (Ottawa), Carleton University Press, 1999.

DAREMBERG, Charles, V., Edmond SAGLIO & Edmond POTTIER, *Dictionnaire des Antiquités grecques et romaines*, Paris, Hachette, 1873-1919.

DECHARME, Paul, *La critique des traditions religieuses chez les Grecs* : des origines au temps de Plutarque, Paris, A. Picard et fils, 1904.

DE GELDER, Jan, Jacob, *Theonis smyrnaei arithmeticam: Bullialdi versione, lectionis diversitate et annotatione auctam*, Leyde, S. et J. Luchtmans, 1827.

DELATTE, Armand, *Études sur la littérature pythagoriciene*, Paris, H. Champion, « Bibliothèque de l'école des hautes études, 217 », 1915.

— « Les conceptions de l'enthousiasme chez les philosophes présocratiques », *L'Antiquité classique*, 3, 1, 1934, p. 5-79.

DELATTRE, Joëlle, *Théon de Smyrne, philosophe platonicien, Modèles mécaniques en astronomie grecque, Traduction annotée de l'introduction et des parties II et III sur la musique et sur l'astronomie du traité de Théon de Smyrne* : « De ce qui est utile du point de vue scientifique à la lecture de Platon », Thèse de Doctorat en Lettres et Sciences humaines sous la direction d'Annick Charles-Saget, Université de Paris X-Nanterre, juin 1997.

DELCOURT, Marie, *Héphaïstos ou la légende du magicien*, Paris, Les Belles Lettres, 1982.

DE MONTFAUCON, Bernard, *Bibliotheca bibliothecarum manuscriptorum nova*, I, Paris, Briasson, 1739.

DE SANCTIS, Dino, « La Musa πολυμνήστη: Penelope nella poetica di Empedocle », *Studi classici e orientali*, 53, 2007, p. 11-30.

DE SANTORO MOREIRA, Fernando, « Allégories et rondeaux philosophiques dans le *Poème de la Nature* d'Empédocle », χώρα· *Revue d'études anciennes et médiévales*, 11, 2013, p. 183-200.

— « Empédocles, Aristóteles e os elementos », *Anais de filosofia clássica*, 6,12, 2012, p. 39-55. En ligne en Octobre 2014 : https://revistas.ufrj.br/index.php/FilosofiaClassica/article/view/1452/1293

DETIENNE, Marcel, « Xénocrate et la démonologie pythagoricienne », *Revue des études anciennes*, 30, 3-4, 1958, p. 271-279.

— « La 'démonologie' d'Empédocle », *Revue des études grecques*, 72, 1959, p. 1-17.

— *De la pensée religieuse à la pensée philosophique. La notion de* daïmôn *dans le pythagorisme ancien*, Paris, Les Belles Lettres, « Bibliothèque de la faculté de philosophie et lettres de l'université de Liège, 165 », 1963.

— *Les maîtres de vérité dans la Grèce archaïque*, Paris, Maspero, « Textes à l'appui », 1973[2] (1re éd. en 1967).

— « L'Apollon meurtrier et les crimes de sang », *QUCC*, N.S. 22.1, 1986, p. 1-17.

— *Apollon le couteau à la main* : une approche expérimentale du polythéisme grec, Paris, Gallimard, « Bibliothèque des sciences humaines », 1998.

DE WAELE, Jozef, Arthur, *Acragas Graeca: Die historische Topographie des griechischen Akragas auf Sizilien, I.* Historischer Teil, 's-Gravenhage, Staatsdrukkerij, 1971.

DIELS, Hermann, *Doxographi graeci.* Collegit, recensuit, prolegomenis indicibusque instruxit H. D., Berlin, G. Reimer, 1879.

— « Studia empedoclea », *Hermes*, 15, 1880, p. 161-179.

— « Gorgias und Empedokles », *Sitzungsberichte der königlich preussischen Akademie der Wissenschaften zu Berlin*, 19, 1884, p. 343-368.

— *Sibyllinische Blätter*, Berlin, G. Reimer, 1890.

— « Über die Gedichte des Empedokles », *Sitzungsberichte der königlich preussischen Akademie der Wissenschaften zu Berlin*, 31, 1898, p. 396-415.

— « Symbola empedoclea », dans *Mélanges Henri Weil. Recueil de mémoires concernant l'histoire et la littérature grecques*, Paris, A. Fontemoing, 1898, p. 125-130.

— *Poetarum philosophorum fragmenta*, Berlin, Weidmann, « *Poetarum Graecorum fragmenta*, III, 1 », 1901.

— (éd.), *Die Fragmente der Vorsokratiker*, Berlin, Weidmann, 1903 (1906², 1912³, 1922⁴).

DIELS, Hermann & Walther KRANZ (éd.), *Die Fragmente der Vorsokratiker, I*, Berlin, Weidmann, 1934⁵.

— *Die Fragmente der Vorsokratiker, I*, Berlin, Weidmann, 1951⁶.

DIÈS, Auguste, *Le cycle mystique : la divinité, origine et fin des existences individuelles dans la philosophie antésocratique*, Paris, Félix Alcan, « Collection historique des grands philosophes », 1909.

DILLON, John, *The middle Platonists. A study of platonism 80 BC to AD 220*, Londres, Duckworth, 1977.

DI MARCO, Massimo, « La metensomatosi in Empedocle », *Filosofia e società*, 4, 1995, p. 31-58. Reimpr. dans M. DI MARCO, *Sapienza italica: studi su Senofane, Empedocle, Ippone*, Rome, Edizioni Studium, 1998, « Quaderni della Libera Università "Maria SS. Assunta" Lumsa – Roma, 13 », p. 33-68.

DODDS, Eric, Robertson, *Les grecs et l'irrationnel*, traduit de l'anglais par M. GIBSON, Paris, Flammarion, 1977.

DOMARADZKI, Mikołaj, « Theagenes of Rhegium and the rise of allegorical interpretation », *Elenchos*, 32, 2, 2011, p. 205-227.

DROZDEK, Adam, « Empedocles' theology », *Myrtia*, 18, 2003, p. 5-20.

— *Greek philosophers as theologians. The divine arche*, Aldershot (UK)-Burlington (VT), Ashgate, 2007.

— *Athanasia: afterlife in Greek philosophy*, Hildesheim-Zürich-New York, Olms, « Spudasmata, 137 », 2011.

DUCHEMIN, Jacqueline, *Pindare, poète et prophète*, Paris, Les Belles Lettres, « Collection d'études anciennes », 1955.

DUMÉZIL, Georges, *La religion romaine archaïque*, Paris, Payot, 1974².

DÜMMLER, Ferdinand, « Zur orphischen Kosmologie », *Archiv für Geschichte der Philosophie*, 7, 2, 1894, p. 147-153.

DUMONT, Jean-Paul, « Empédocle », dans DUMONT J.-P., D. DELATTRE & J.-L. POIRIER (éd.), *Les Présocratiques*, Paris, Gallimard, « Bibliothèque de la Pléiade, 345 », 1988, p. 319-439, 1294-1331.

— *et al.* (éd.), *Les Présocratiques.* Édition établie par Jean-Paul DUMONT avec la collaboration de Daniel DELATTRE et de Jean-Louis POIRIER, Paris, Gallimard, « Bibliothèque de la Pléiade, 345 », 1988.

DUMORTIER, Jean, *Les images dans la poésie d'Eschyle*, Paris, Les Belles Lettres, « Collection d'études anciennes », 1975.

E

ELLINGER, Pierre, *La légende nationale phocidienne. Artémis, les situations extrêmes et les récits de guerre d'anéantissement*, Athènes, École française d'Athènes, « Bulletin de correspondance hellénique, Supplément XXVII », 1993.

[JONES, Lindsay] *Encyclopedia of religion*, 14, Detroit, Thomson Gale, 2005².

ESTIENNE, Henri (éd.), *Plutarchi Chaeronensis quae extant opera, cum latina interpretatione. Ex vetustis codicibus plurima nunc primum emendata sunt, ut ex Henrici Stephani…, variorum plutarchi scritorum tomus secundus*, Genève, 1572.

— *Poesis philosophica, vel saltem, reliquiae poesis philosophicae, Empedoclis, Parminidis, Xenophanis* [etc.], Genève, Henri Estienne, 1573.

ETIENNE, Alexandre & Dominic O'MEARA, *La philosophie épicurienne sur pierre : les fragments de Diogène d'Œnanda.* Introduction, traduction et notes par A. E. & D. O., Fribourg (Suisse), Éditions Universitaires, Paris, Éditions du Cerf, « Vestigia, 20 », 1996.

F

FALTER, Otto, *Der Dichter und sein Gott bei den Griechen und Römern*, Diss. Würzburg, Würzburg, K. Triltsch, 1934.

FERELLA, Chiara, Abstract of « The interaction between mind and soul in Empedocles' philosophy », Session/Paper number 46.1, The Society for Classical Studies; 149th annual meeting abstracts; January 4-7, 2018, Boston, MA, reproduit dans *Pythagoras foundation, newsletter*, 24, Mars 2019, p. 16-17. En ligne :
https://classicalstudies.org/annual-meeting/149/abstract/interaction-between-mind-and-soul-empedocles%E2%80%99-philosophy
https://www.stichting-pythagoras.nl/wp-content/uploads/2019/03/N24-NEWSLETTER-24-2019-voll.pdf

FINKELBERG, Aryeh, « On the history of the Greek ΚΟΣΜΟΣ », *Harvard studies in classical philology*, 98, 1998, p. 103-136.

FORD, Andrew, *The origins of criticism: literary culture and poetic theory in classical Greece*, Princeton-Oxford, Princeton University Press, 2002.

FREEMAN, Kathleen, *The pre-socratic philosophers. A companion to Diels*, Fragmente der Vorsokratiker, Oxford, Blackwell, 1946.

— *Ancilla to the pre-socratic philosophers: a complete translation of the fragments in Diels*, Fragmente der Vorsokratiker, Oxford, Basil Blackwell, 1948.

FRENKIAN, Aram, M., *Études de philosophie présocratique. II : la philosophie comparée, Empédocle d'Agrigente, Parménide d'Élée*, Paris, J. Vrin, 1937.

FRÈRE, Jean, « Les dieux d'Élée et d'Agrigente », dans DILLON, John & Monique DIXSAUT (dir.), *Agonistes. Essays in honour of Denis O'Brien*, Aldershot, Ashgate, 2005, p. 3-12.

FRONTISI-DUCROUX, Françoise, « "Avec son diaphragme visionnaire : ΊΔΥΙΗΣΙ ΠΡΑΠΙΔΕΣΣΙ", *Iliade* XVIII, 481. À propos du bouclier d'Achille », *Revue des études grecques*, 115, 2, 2002, p. 463-484.

FRONTISI-DUCROUX, Françoise & Jean-Pierre VERNANT, *Dans l'œil du miroir*, Paris, Odile Jacob, 1997.

FURLEY, David, John, *The Greek cosmologists, I, The formation of the atomic theory and its earliest critics*, Cambridge, Cambridge University Press, 1987.

FURTH, Montgomery, « A 'philosophical' hero? Anaxagoras and the Eleatics », dans SHARPLES, Robert, W. (dir.), *Modern thinkers and ancient thinkers*, The Stanley Victor Keeling memorial lectures at University College London, 1981-1991, Londres, UCL Press, 1993, p. 27-65.

G

GAGNÉ, Renaud, *Ancestral fault in ancient Greece*, Cambridge-New York, Cambridge University Press, 2013.

GAIN, Frédéric, « Le statut du "daimon" chez Empédocle », *Philosophie antique*, 7, 2007, p. 121-150.

GALE, Thomas (éd.), *Opuscula mythologica, physica et ethica. Graece et Latine*, Amsterdam, H. Wetstein, 1688[2]. (Cambridge, J. Hayes-J. Creed, 1671[1].)

GALLAVOTTI, Carlo, « Empedocle nei papiri ercolanesi », dans BINGEN, J., G. CAMBIER & G. NACHTERGAEL (dir.), *Le monde grec, hommages à Claire Préaux*, Bruxelles, Éditions de l'Université de Bruxelles, 1975, p. 153-161.

— *Empedocle. Poema fisico e lustrale*, Milan, Arnoldo Mondadori, 1975.

GARANI, Myrto, *Empedocles* Redivivus*: Poetry and analogy in Lucretius*, New York-Abingdon, Routledge, « Studies in Classics », 2007.

— « Cosmological oaths in Empedocles and Lucretius », dans SOMMERSTEIN, Alan H. & Judith FLETCHER (dir.), *Horkos: the oath in Greek society*, Exeter, Bristol Phoenix Press, p. 189-202.

GAUTIER, Paul (éd.), *Michel Italikos. Lettres et discours*, Paris, Institut français des études byzantines, « Archives de l'Orient chrétien, 14 », 1972.

GEMELLI MARCIANO, M., Laura, *Le metamorfosi della tradizione: mutamenti di significato e neologismi nel* Peri physeos *di Empedocle*, Bari, Levante, « Le Rane, Studi, 5 », 1990.

— *Die Vorsokratiker, II, Parmenides, Zenon, Empedokles.* Griechisch-lateinisch-deutsch – Auswahl der Fragmente und Zeugnisse, Übersetzung und Erläuterungen von M. L. G. M., Düsseldorf, Patmos, Artemis & Winkler, « Sammlung Tusculum », 2009. Nouvelles éditions : Berlin, Akademie Verlag, 2011, 2013.

— « Die empedokleische "Vierelementenlehre": Überlegungen über die Anfänge einer "naturwissenschaftlichen" Theorie », dans *ELEMENTE – ΣΤΟΙΧΕΙΑ – ELEMENTA*: antike und moderne Naturwissenschaft zum Ursprung der Dinge, Schweizerischer Altphilologenverband, Lucerne, 2012, p. 25-36.

— « Feuer bei Heraklit und Empedokles: Aspekte und Funktionen einer göttlichen Kraft, Feuer und Wasser », dans HORNUNG, Erik & Andreas SCHWEIZER (dir.), *Beiträge der Eranos Tagungen 2011 und 2012*, Bâle, Schwabe, 2013, p. 133-157.

GERSH, Stephen, E., ΚΙΝΗΣΙΣ ΑΚΙΝΗΤΟΣ: *a study of spiritual motion in the philosophy of Proclus*, Leyde, E. J. Brill, « Philosophia antiqua, 26 », 1973.

GHEERBRANT, Xavier, *Empédocle, une poétique philosophique*, Paris, Classiques Garnier, « Kaïnon, anthropologie de la pensée ancienne, 6 », 2017.

GIANNANTONI, Gabriele (éd.), *I presocratici. Testimonianze e frammenti.* Bari, Laterza, « Biblioteca Universale », 1969.

GILBERT, Otto, *Die meteorologischen Theorien des griechischen Altertums*, Leipzig, B. G. Teubner, 1907.

GLADIGOW, Burkhard, « Zum Makarismos des Weisen », *Hermes*, 95, 4, 1967, p. 404-433.

GOLDWYN, Adam, « Theory and method in John Tzetzes' allegories of the *Iliad* and allegories of the *Odyssey* », *Scandinavian journal of byzantine and modern Greek studies*, 3, 2017, p. 141-171.

GOMPERZ, Theodor, *Griechische Denker. Eine Geschichte der antiken Philosophie, I*, Leipzig, Veit & comp., 1896.

— *Les penseurs de la Grèce : histoire de la philosophie antique*, trad. de A. Reymond, Paris, Alcan, et Lausanne, Payot, 1908, (2ᵉ éd. rev. et corr.).

GOULD, Thomas, « Guthrie on the earlier Presocratics », *Arion*, 3, 2, 1964, p. 143-152.

GRAHAM, Daniel, W., *The texts of early Greek philosophy: the complete fragments and selected testimonies of the major Presocratics, I*, Cambridge, Cambridge University Press, 2010.

GRAF, Fritz, *Apollo*, Londres-New York, Routledge, 2009.

GRAZ, Louis, *Le feu dans l'Iliade et l'Odyssée : ΠΥΡ, champ d'emploi et signification*, Paris, Klincksieck, « Études et commentaires, 60 », 1965.

GRIMAL, Pierre, *Dictionnaire de la mythologie grecque et latine*, Paris, Presses Universitaires de France, 1988[9] (1951[1]).

GUTHRIE, William, Keith, Chambers, « The presocratic world-picture », *The Harvard theological review*, 45, 2, 1952, p. 87-104.

— *Orpheus and Greek religion: a study of the Orphic movement*, Londres, Methuen, 1952.

— *A history of Greek philosophy, I, the earlier Presocratics and the Pythagoreans*, Cambridge, Cambridge University Press, 1962.

— *A history of Greek philosophy, II, the presocratic tradition from Parmenides to Democritus*, Cambridge-Londres-New York, Cambridge University Press, 1965.

GUZZO, Augusto, *Empedocle d'Agrigento*, Palerme, Presso l'Accademia, 1964. Cet opuscule est une reproduction avec même pagination de *Empedocle d'Agrigento* paru dans *Atti dell'Accademia di scienze, lettere e arti di Palermo*, IV, 23, 2, 1962-1963, p. 121-180.

GYSEMBERGH, Victor, « Source et valeur des fragments antiques sans parallèle dans le *Livre de l'Amour* d'Agostino Nifo », *Revue de philologie*, 90, 2, 2016, p. 29-45.

H

HADOT, Ilsetraut, *Arts libéraux et philosophie dans la pensée antique*, Paris, Études augustiniennes, 1984.

— « Simplicius or Priscianus? On the author of the commentary on Aristotle's *De anima* (CAG XI) : a methodological study », *Mnemosyne*, 55, 2, 2002, p. 159-199.

HALLIWELL, Stephen, *Aristotle*. Poetics [...], Cambridge (Mass.), Harvard University Press, « The Loeb classical library, 199 », 1995.

HANEGRAAFF, Wouter, J., *et al.* (dir.), *Dictionary of gnosis and Western esotericism*, Leyde-Boston, Brill, 2006.

HARDIE, Alex, « Empedocles and the Muse of the *agathos logos* », *American journal of philology*, 134, 2, 2013, p. 209-246.

HARVEY, Edmund, Newton, *A history of luminescence: from the earliest times until 1900*, Philadelphie, The American philosophical society, 1957.

HAYS, Robert, Stephen, *Lucius Annaeus Cornutus'Epidrome (Introduction to the traditions of Greek theology): introduction, translation, and note*,

Dissertation for the degree of Doctor of philosophy, University of Texas, Austin, 1983.

HEEREN, Arnold, Hermann, Ludwig, *Ioannis Stobaei Eclogarum physicarum et ethicarum, libri duo*: Partis primae tomus alter, Göttingen, Vandenhoek & Ruprecht, 1794.

HEINZE, Richard, *Xenokrates. Darstellung der Lehre und Sammlung der Fragmente*, Leipzig, B. G. Teubner, 1892.

HERNÁNDEZ CASTRO, David, « Aphrodite Ζείδωρος: the subversion of the myth of Prometheus and Pandora in Empedocles », *ΣΧΟΛΗ*, 13, 2, 2019, p. 430-450.

— « Empedocles without horseshoes. Delphi's criticism of large sacrifices », *Symposion*, 6, 2, 2019, p. 129-146.

— « Las *Purificaciones* de Apolo: revolución, ritual y mito en Empédocles de Akragas », *Pensamiento al margen*, 12, 2020, p. 135-203. En ligne : https://pensamientoalmargen.com/wp-content/uploads/2020/05/10. -Herna%CC%81ndez-Las-Purificaciones-de-Apolo.pdf

HERMANN, Gottfried, *Draconis Stratonicensis liber De metris poeticis. Ioannis Tzetzae in Homeri Iliadem*, Leipzig, G. Weigel, 1812.

HERRERO DE JÁUREGUI, Miguel, « Salvation for the wanderer: Odysseus, the gold leaves, and Empedocles », dans ADLURI, Vishwa (dir.), *Philosophy and salvation in Greek religion*, Berlin-Boston, Walter de Gruyter, « Religionsgeschichtliche Versuche und Vorarbeiten, 60 », 2013, p. 29-57.

— « L'hostilité des éléments cosmiques, d'Homère à Empédocle », *Revue des études grecques*, 130, 1, 2017, p. 23-42.

— « *Ipsissima verba* de la Musa: Empédocles B 3.6-13 y B 111 DK », dans ÁLVAREZ-PEDROSA, J. A., A. BERNABÉ, E. LUJÁN & F. PRESA (dir.), *Ratna: Homenaje a Julia Mendoza*, Madrid, Escolar y Mayo, 2017, p. 233-241.

HERSHBELL, Jackson, P., « Hesiod and Empedocles », *The classical journal*, 65, 4, 1970, p. 145-161.

— « Plutarch as a source for Empedocles re-examined », *American journal of philology*, 92, 1971, p. 156-184.

HEYNE, Christian, Gottlob, « Vorrede », dans TIEDEMANN, Dieterich, *System der stoischen Philosophie, I*, Leipzig, Bey Weidmanns Erben und Reich, 1776, p. III–XVIII.

HILLER, Eduard (éd.), *Theonis Smyrnaei philosophi platonici. Expositio rerum mathematicarum ad legendum Platonem utilium*, Leipzig, B. G. Teubner, 1878.

HLADKÝ, Vojtěch, « Empedocles' Sphairos », *Rhizomata*, 5(1), 2017, p. 1-24.

— « Transmigrating soul between the Presocratics and Plato », *Aither*, international issue no. 5, 2018, p. 20-49.

HORNA, Constantinus, « Empedocleum », *Wiener Studien*, 48, 1930, p. 3-11.

HUFFMAN, Carl, « The Pythagorean conception of the soul from Pythagoras to Philolaus », dans FREDE, Dorothea & Burkhard REIS (dir.), *Body and soul in ancient philosophy*, Berlin-New York, Walter de Gruyter, 2009, p. 21-43.

HULIN, Michel, *La face cachée du temps*, Paris, Fayard, 1985.

HUNTER, Richard, Lawrence (éd.), *Apollonius of Rhodes, Argonautica, book III*, Cambridge, Cambridge University Press, « Cambridge Greek and Latin classics », 1989.

I

IERODIAKONOU, Katerina, « Empedocles on colour and colour vision », *Oxford studies in ancient philosophy*, 29, 2005, p. 1-37.

ILDEFONSE, Frédérique, *Plutarque. Dialogues pythiques*, Paris, GF Flammarion, 2006.

INWOOD, Brad, *The Poem of Empedocles. A text and translation with an introduction*, Toronto-Buffalo-Londres, University of Toronto Press, « Phoenix Presocratics, III », 1992. Édition révisée : Toronto-Buffalo-Londres, University of Toronto Press, 2001².

— « Who do we think we are? », dans REIS, Burkhard (dir.), *The virtuous life in Greek ethics*, Cambridge-New York, Cambridge University Press, 2006, p. 230-243.

— « Empedocles and *metempsychôsis*: the critique of Diogenes of Oenoanda », dans FREDE, Dorothea & Burkhard REIS (dir.), *Body and soul in ancient philosophy*, Berlin-New York, Walter de Gruyter, 2009, p. 71-86.

— « Empedocles, c. 492–432 BCE », *Oxford Classical Dictionary*, Digital ed., New York, Oxford University Press, 2016.

IRIBARREN, Leopoldo, « Les peintres d'Empédocle (DK 31 B23) : enjeux et portée d'une analogie préplatonicienne », *Philosophie antique*, 13, 2013, p. 83-115.

J

JACKSON, Robin, Kimon LYCOS & Harold TARRANT (éd.), *Olympiodorus. Commentary on Plato's* Gorgias. Translated with full notes by R.J, K.L. & H.T., Leyde-Boston-Cologne, Brill, « Philosophia antiqua, 78 », 1998.

JAEGER, Werner, *The theology of the early Greek philosophers*, Oxford, Clarendon Press, 1947.

JANKO, Richard, *Aristotle.* Poetics I, with the Tractatus Coislinianus. *A hypothetical reconstruction of* Poetics II. The fragments of the On Poets, translated with notes by R. J., Indianapolis-Cambridge, Hackett, 1987.

— *The Iliad: a commentary. Volume IV, books 13-16*, Cambridge, Cambridge University Press, 1992.

— « Empedocles, *On Nature* I 233-364: a new reconstruction of P. Strasb. gr. Inv. 1165-6 », *Zeitschrift für Papyrologie und Epigraphik*, 150, 2004, p. 1-26.

— « Empedocles' *On Nature* frr. B 8–9 in the context of Plutarch's *Against Colotes* », *The classical quarterly*, 67, 2017, p. 1-6.

JOUANNA, Jacques, « 'Soleil, toi qui vois tout' : variations tragiques d'une formule homérique et nouvelle étymologie de ἀκτίς », dans VILLARD, Laurence (dir.), *Études sur la vision dans l'Antiquité classique*, Publications des Universités de Rouen et du Havre, 2005, p. 39-56.

JOURDAN, Fabienne, « Manger Dionysos. L'interprétation du mythe du démembrement par Plutarque a-t-elle été lue par les néo-Platoniciens ? », *Pallas*, 67, 2005, p. 153-174.

JOURNÉE, Gérard, « Empédocle, B6 DK : remarques sur les deux lignées de Diels », *Anais de Filosofia Clássica*, 6, 11, 2012, p. 32-62.

— « Dualités présocratiques », *Chôra* (Dualismes), H.-S., 2015, p. 113-140.

K

KAHN, Charles, H., *Anaximander and the origins of Greek cosmology*, New York, Columbia University Press, 1960.

— « Religion and natural philosophy in Empedocles' doctrine of the soul », *Archiv für Geschichte der Philosophie*, 42, 1960, p. 3-35. Édition révisée dans MOURELATOS, Alexander, P. D. (dir.), *The Pre-socratics: a collection of critical essays*, Princeton, Princeton University Press, 1993[2], p. 426-456.

— « [Review of] Jean Bollack: *Empédocle. Bd. 1* », *Gnomon*, 41, 5, 1969, p. 439-447.

KARSTEN, Simon, *Empedoclis Agrigentini carminum reliquiae. De vita ejus et studiis disseruit, fragmenta explicuit, philosophiam illustravit*, Amsterdam, J. Müller, 1838.

KASSEL, Rudolf (éd.), *Aristotelis de arte poetica liber*, Oxford, Clarendon Press, « Scriptorum classicorum bibliotheca Oxoniensis », 1965.

KEIL, Heinrich (éd.), *M. Valerii Probi In Vergilii Bucolica et Georgica commentarius*, Halle, S. E. Anton, 1848.

KERÉNYI, Karl, *Pythagoras und Orpheus*: Präludien zu einer zukünftigen Geschichte der Orphik und des Pythagoreismus, Zürich, Rhein-Verlag, « Albae vigilae, 9 », 1950[3].

KIDD, Ian, « Some philosophical demons », *Bulletin of the Institute of classical studies*, 40, 1995, p. 217-224.

KINGSLEY, Peter, « Empedocles and his interpreters: the four-element doxography », *Phronesis*, 39, 3, 1994, p. 235-254.

— « Notes on air: four questions of meaning in Empedocles and Anaxagoras », *The classical quarterly*, 45, 1, 1995, p. 26-29.

— *Ancient philosophy, mystery, and magic. Empedocles and Pythagorean tradition*, Oxford, Clarendon Press, 1995.

— « Empedocles for the new millennium », *Ancient philosophy*, 22, 2, 2002, p. 333-413.

— *Reality*, Inverness (CA), The golden sufi center, 2003.

— *Dans les antres de la sagesse : études parménidiennes*, traduit de l'anglais par H. D. SAFFREY, Paris, Les Belles Lettres, 2007.

KIRK, Geoffrey, S. & John, E. RAVEN, *The presocratic philosophers. A critical history with a selection of texts*, Cambridge, Cambridge University Press, 1957.

KIRK, Geoffrey, S., John E. RAVEN & Malcolm SCHOFIELD, *The presocratic philosophers. A critical history with a selection of texts*, Cambridge, Cambridge University Press, 1983².

KLECZKOWSKA, Katarzyna, « Reincarnation in Empedocles of Akragas », *Maska*, 36, 4, p. 183-198.

KNATZ, Fridericus, « Empedoclea », dans Universität Bonn (dir.), *Schedae philologae Hermanno Usener a sodalibus Seminarii Regii Bonnensis oblatae*, Bonn, F. Cohen, 1891, p. 1-9.

KONARIS, Michael, D., *The Greek gods in modern scholarship: interpretation and belief in nineteenth and early twentieth century Germany and Britain*, Oxford, Oxford University Press, « Oxford classical monographs », 2016.

KRAFFT, Peter, *Die handschriftliche Überlieferung von Cornutus'Theologia Graeca*, Heidelberg, C. Winter, 1975.

KRANZ, Walther, « Vorsokratisches III. Die *Katharmoi* und die *Physika* des Empedokles », *Hermes*, 70, 1, 1935, p. 111-119.

— *Empedokles. Antike Gestalt und romantische Neuschöpfung*, Zürich, Artemis, 1949.

KRISCHE, August, Bernhard, *Die theologischen Lehren der griechischen Denker, eine Prüfung der Darstellung Cicero's* (= *Forschungen auf dem Gebiete der alten Philosophie*, vol. 1), Göttingen, Dieterich, 1840.

KÜHNER, Raphael, *Ausführliche Grammatik der griechischen Sprache*, besorgt von Bernhard GERTH, *I, 2*, Hanovre-Leipzig, Hahn, 1898.

— *Ausführliche Grammatik der griechischen Sprache, II, 2*, Hanovre-Leipzig, Hahn, 1904.

KYRIAKOU, Poulheria, « Empedoclean echoes in Apollonius Rhodius' 'Argonautica' », *Hermes*, 122, 3, 1994, p. 309-319.

L

LACHENAUD, Guy, *Plutarque. Œuvres morales, XII², Opinions des philo-sophes*, texte établi et traduit par G. L., Paris, Les Belles Lettres, « Collection des Universités de France », 1993.

LAGERCRANTZ, Otto, *Elementum: eine lexikologische Studie*, Uppsala-Leipzig, Almqvist & Wiksell, 1911.

LAKS, André, « Soul, sensation, and thought », dans LONG, Anthony, A. (dir.), *The Cambridge companion to early Greek philosophy*, Cambridge, Cambridge University Press, 1999, p. 250-270.

— « Reading the readings : on the first person plurals in the Strasburg Empedocles », dans CASTON, Victor & Daniel, W. GRAHAM (dir.), *Presocratic philosophy. Essays in honour of Alexander Mourelatos*, Aldershot, Ashgate, 2002, p. 127-137.

— *Le vide et la haine : éléments pour une histoire archaïque de la négativité*, Paris, PUF, « Collection Libelles », 2004.

— « Some thoughts about Empedoclean cosmic and demonic cycles », dans PIERRIS, Apostolos, L. (dir.), *The Empedoclean Κόσμος: s[t]ructure, process and the question of cyclicity*. Proceedings of the Symposium Philosophiae Antiquae Tertium Myconense, July 6th – July 13th, 2003, Patras, Institute for philosophical research, 2005, p. 265-282.

— « Sur quelques modalités de la raison pratique dans les cosmo-ontologies présocratiques », dans ROSSI, Gabriela (dir.), *Nature and the best life: Exploring the natural bases of practical normativity in ancient philosophy*, Hildesheim-Zürich-New York, Georg Olms, 2013, p. 15-41.

— « Sommeils présocratiques », dans Virginie LEROUX, *et al.* (dir.), *Le sommeil. Approches philosophiques et médicales de l'Antiquité à la Renaissance*, Paris, Honoré Champion, « Sciences, techniques et civilisations du Moyen Âge à l'aube des Lumières, 16 », 2015, p. 29-50.

LAKS, André & Rossella SAETTA COTTONE (dir.), *Comédie et philosophie : Socrate et les « Présocratiques » dans les* Nuées *d'Aristophane*, Paris, Éditions Rue d'Ulm, 2013.

LAKS, André & Glenn, Warren MOST (éd. et trad.), *Early Greek philosophy, Vol. V, Western Greek thinkers, Part 2*, edited and translated by A. LAKS and G. W. MOST, in collaboration with Gérard JOURNÉE and assisted by Leopoldo IRIBARREN, Cambridge (Mass.)-Londres, Harvard University Press, « Loeb Classical Library, 528 », 2016.

LAKS, André & Glenn, Warren MOST (éd. et trad.), *Les débuts de la philo-sophie. Des premiers penseurs grecs à Socrate*, édition et traduction A. LAKS et G. W. MOST, avec la collaboration de Gérard JOURNÉE et le concours de Leopoldo IRIBARREN et David LÉVYSTONE, Paris, Librairie Arthème Fayard, « Ouvertures bilingues », 2016.

LAMBERTON, ROBERT, *Hesiod*, Yale-New Haven-Londres, Yale University Press, « Hermes Books », 1988.

LAMBRIDIS, Helle, *Empedocles. A philosophical investigation*, Alabama, University of Alabama Press, 1976.

LAMPIS, Giuseppe, « Empedocle. Una metafisica della colpa », *Atopon* (edizioni Mythos), 2, 2006, p. 5-59.

LANG, Carl, *Cornuti, Theologiae Graecae compendium*, Leipzig, Teubner, « Bibliotheca scriptorum Graecorum et Romanorum Teubneriana », 1881.

LASSERRE, François, *La figure d'Éros dans la poésie grecque*, Lausanne, Imprimeries réunies, 1946.

LAURENTI, Renato, « Le Proème à Apollon d'Empédocle dans les fragments d'Aristote », dans JANNONE A. *et alii* (dir.), *L'Aristote perdu*, Atti del Convegno organizzato dal Collegium Academicum Universale philosophiae (Atene) e dal Centro Internazionale di Filosofia Greca "Antonio Jannone" (Atene-Roma), 1994, Rome-Athènes, Comitato di studi sulla società contemporanea, 1995, p. 103-119.

— *Empedocle*, Naples, M. D'Auria, « Storie e testi, 10 », 1999.

LEAF, Walter (éd.), *The Iliad*, edited, with apparatus criticus, prolegomena, notes, and appendices. *Vol. II, books XIII-XXIV*, Londres, Macmillan, 1902².

LEBEDEV, Andrei, V., « Теогония » Эпименида Критского и происхождение орфико-пифагорейского учения о реинкарнации // « Индоевропейское языкознание и классическая филология. Чтения памяти И.М.Тронского », 22 – 24 июня 2015 г. Отв. ред. Н.Н. Казанский. Институт лингвистических исследований РАН, СПб 2015, сс. 550-585. Traduction anglaise : *The « Theogony » of Epimenides of Crete and the origin of the Orphic-Pythagorean doctrine of reincarnation*, 2018. En ligne :
https://varetis.academia.edu/AndreiLebedev

— « The metaphor of *liber naturae* and the alphabet analogy in Heraclitus' logos-fragments (with some remarks on Plato's "dream theory" and the origin of the concept of elements), dans FANTINO, Enrica *et al.* (dir.), *Heraklit im Kontext*, Berlin-Boston, W. de Gruyter, « Studia Praesocratica, 8 », 2017, p. 231-267.

LEGRAND, Gérard, *La pensée des Présocratiques*, Paris, Bordas, « Pour connaître la pensée », 1970.

LEONARD, William, Ellery, *The fragments of Empedocles,* translated into English verse by W. E. L., Chicago, The open court publishing company, 1908.

[LSJ] Liddell, Henry, G., Robert Scott, Henry, S. Jones & Roderick McKenzie, *Greek-English lexicon*, Oxford, Clarendon Press, 1940⁹.

— *Greek-English lexicon. Revised supplement*, Oxford, Clarendon Press, 1996.

Lindsay (dir.), *Encyclopedia of religion*, 14, Detroit, Thomson Gale, 2015.

Lloyd, Geoffrey, Ernest, Richard, « The hot and the cold, the dry and the wet in Greek philosophy », *The journal of Hellenic studies*, 84, 1964, p. 92-106.

Long, Anthony, A., « Empedocles' cosmic cycle in the sixties », dans Mourelatos, Alexander P. D. (dir.), *The Pre-Socratics: a collection of critical essays*, Princeton, Princeton University Press, 1993², p. 397-425. (Doubleday, 1974¹.)

— *Stoic studies*, Cambridge, Cambridge University Press, 1996.

Long, Herbert, Strainge, *A study of the doctrine of metempsychosis in Greece: from Pythagoras to Plato*, (diss. 1942), Princeton, 1948.

— « The unity of Empedocles' thought », *American journal of philology*, 70, 1949, p. 142-158.

Longrigg, James, « Κρυσταλλοειδῶς », *The classical quarterly*, 15, 2, 1965, p. 249-251.

— « Roots », *The classical review*, 17, 1, 1967, p. 1-4.

— « The "Roots of all things" », *Isis*, 67, 1976, p. 420-438.

Lorimer, Hilda, Lockhart, *Homer and the monuments*, Londres, Macmillan, 1950.

Lucas, Donald, William, *Aristotle*. Poetics*: introduction, commentary and appendixes*, Oxford, Clarendon Press, 1968.

Lumpe, Adolf, « Der Begriff "Element" im Altertum », *Archiv für Begriffsgeschichte*, 7, 1962, p. 285-293.

M

Maas, Paul, [Compte rendu de] « A. Gudeman, Die Textüberlieferung der aristotelischen Poetik. Philol. 90 (1935) », *Byzantinische Zeitschrift*, 36, III. Abteilung, 1936, p. 456-457.

Macauley, David, « The flowering of environmental roots and the four elements in presocratic philosophy: from Empedocles to Deleuze and Guattari », *Worldviews*, 9, 3, 2005, p. 281-314.

Mackenzie, Tom, *Poetry and poetics in the presocratic philosophers: reading Xenophanes, Parmenides and Empedocles as literature*, Cambridge-New York, Cambridge University Press, 2021.

— « Empedocles, personal identity, and the narrative of the fallen daimōn », à paraître.

Macris, Constantinos, « Pythagore, un maître de sagesse charismatique de la fin de la période archaïque », dans Filoramo, G. (dir.), *Carisma profetico: fattore di innovazione religiosa*, Brescia, Morcelliana,

« "Fondazione di Piacenza e Vigevano ; Atti del Centro di Alti Studi in Scienze Religiose di Piacenza", 3 », 2003, p. 243-289.

— « Becoming divine by imitating Pythagoras? », *Mètis*, 4, 2006, p. 297-329.

— « Pythagore de Samos » et Annexe II, « Les Pythagoriciens anciens », dans GOULET, R. (dir.), *Dictionnaire des philosophes antiques, VII*, Paris, CNRS éditions, 2018, p. 681-850 et 1025-1174.

— « Ascèse, pureté, abstinence et jeûne dans la tradition pythagoricienne », dans BENKHEIRA, H. & S. DE FRANCESCHI (dir.), *La dîme du corps : doctrines et pratiques du jeûne*, Turnhout, Brepols, « Bibliothèque de l'École des Hautes Études – Sciences Religieuses », 2022, (à paraître).

MACRIS, Constantinos & Pénélope SKARSOULI, « La sagesse et les pouvoirs du mystérieux τις du fragment 129 d'Empédocle », *Revue de métaphysique et de morale*, 75, 3, 2012, p. 357-377.

MAGGIO, Alessandro, « Sulle tracce della dea Nesti: Empedocle e Alessi », *Incontri di filologia classica*, 18, 2018-2019, p. 103-150.

MANSFELD, Jaap, *Die Vorsokratiker II: Zenon, Empedokles, Anaxagoras, Demokrit*. Griechisch/Deutsch. Auswähl der Fragmente, Stuttgart, Philipp Reclam jun., « Universal-Bibliothek, 7966 », 1986.

— *Heresiography in context: Hippolytus' Elenchos as a source for Greek philosophy*, Leyde-New York-Cologne, Brill, « Philosophia antiqua, 56 », 1992.

— « Critical note: Empedocles and his interpreters », *Phronesis*, 40, 1, 1995, p. 109-115.

— « Aristote et la structure du *De sensibus* de Théophraste », *Phronesis*, 41, 2, 1996, p. 158-188.

MANSFELD, JAAP & Keimpe ALGRA, « Interpretative *Thêtas* in the Strasbourg Empedocles », dans HOUTMAN, A., A. DE JONG, & M. MISSET-VAN DE WEG (dir.), Empsychoi logoi – *Religious innovations in Antiquity*. Studies in honour of Pieter Willem VAN DER HORST, Leyde-Boston, Brill, « Ancient Judaism and early Christianity, 73 », 2008, p. 317-328.

MANSFELD, Jaap & Oliver PRIMAVESI (éd.), *Die Vorsokratiker*. Griechisch/Deutsch, ausgewählt, übersetzt und erläutert von J. MANSFELD und O. PRIMAVESI, Stuttgart, Philipp Reclam jun., « Reclam Bibliothek, 10730 », 2011. Réimpression avec quelques corrections en 2012, « Reclams Universal-Bibliothek, 18971 ».

— *Die Vorsokratiker*. Griechisch/Deutsch, ausgewählt, übersetzt und erläutert von J. MANSFELD und O. PRIMAVESI, Stuttgart, Philipp Reclam jun., « Reclams Universal-Bibliothek, 14173 », 2021².

MANSFELD, Jaap & David, T. RUNIA, *Aëtiana. The method and intellectual context of a doxographer, I, The sources*, Leyde-New-York-Cologne, Brill, « Philosophia antiqua, 73 », 1997.

— *Aëtiana. The method and intellectual context of a doxographer, II, The compendium, 1,* Leyde-Boston, Brill, « Philosophia antiqua, 114 », 2009.

— *Aëtiana V*: an edition of the reconstructed text of the *Placita* with a commentary and a collection of related texts, 4 vols., Leyde-Boston, Brill, « Philosophia antiqua, 153 [1,2,3,4] », 2020.

MARCOVICH, Miroslav (éd.), *Hippolytus. Refutatio omnium haeresium,* Berlin-New York, W. de Gruyter, « Patristische Texte und Studien, 25 », 1986.

MARGOLIOUTH, David, Samuel, *The Poetics of Aristotle,* Londres-New-York-Toronto, Hodder and Stoughton, 1911.

MARSHALL, C., W., *The structure and performance of Euripides'* Helen, Cambridge, Cambridge University Press, 2014.

MARSONER, Agostino, « Sul fr. 128 di Empedocle », *Annali della facoltà di lettere e filosofia dell'università di Napoli,* 15, n.s. 3, 1972-1973, p. 5-10.

— *Forma et pensiero nella filosofia greca arcaica,* Galatina, Congedo, 1992.

MARTIN, Alain, « Empédocle, Fr. 142 D.-K. Nouveau regard sur un papyrus d'Herculanum », *Cronache ercolanesi,* 33, 2003, p. 43-52.

MARTIN, Alain & Oliver PRIMAVESI, *L'Empédocle de Strasbourg (*P. Strasb. gr. *Inv. 1665-1666).* Introduction, édition et commentaire, Strasbourg-Berlin-New York, Bibliothèque Nationale et Universitaire de Strasbourg, W. de Gruyter, 1999.

MARTIN, Thomas-Henri, « Mémoire sur les hypothèses astronomiques des plus anciens philosophes de la Grèce étrangers à la notion de la sphéricité de la terre », *Mémoires de l'Institut national de France, Académie des Inscriptions et Belles-Lettres,* 29, 2, 1879, p. 29-252.

MASLOV, Boris, « The real life of the genre of *Prooimion* », *Classical philology,* 107, 3, 2012, p. 191-205.

MAURY, Louis-Ferdinand, Alfred, *Histoire des religions de la Grèce antique. Tome troisième. La morale. Influence des religions étrangère et de la philosophie,* Paris, Librairie philosophique de Ladrange, 1859.

MAZON, Paul (éd.), *Eschyle. I. Les Suppliantes, les Perses, les Sept contre Thèbes, Prométhée enchaîné,* Paris, Les Belles Lettres, « Collection des Universités de France », 1921.

— *Homère. Iliade, I, II, III,* Paris, Les Belles Lettres, « Collection des Universités de France », 1937.

McCLELLAND, Norman, C., *Encyclopedia of reincarnation and karma,* Jefferson-Londres, McFarland & Company, 2010.

McKIRAHAN, Richard, D., Jr., *Philosophy before Socrates: an introduction with texts and commentary,* Indianapolis-Cambridge, Hackett, 1994, 2010[2].

MEGINO RODRÍGUEZ, Carlos, *Orfeo y el Orfismo en la poesía de Empédocles: influencias y paralelismos*, Madrid, UAM Ediciones, « Colección de Estudios », 2005.

— « La transmigración en la poesía de Empédocles », dans BERNABÉ, Alberto, Madayo KAHLE & Marco Antonio SANTAMARÍA ÁLVAREZ (dir.), *Reencarnación: La transmigración de las almas entre Oriente y Occidente*, Madrid, Abada, 2011, p. 269-282.

MÉNDEZ DOSUNA, Julián, Víctor, « El secreto de sus ojos: niñas y pupilas en Homero *Ilíada* 8.168 y Aristófanes, *Tesmoforiantes* 406 », *Studia philologica Valentina*, 18, n.s. 15, 2016, p. 229-240.

MEULDER, Marcel, « Empédocle FVS 31 B 115, 11 D.-K. : ἡελίου φαέθοντος ου ἡελίου ἀκάμαντος ? », *Revue belge de philologie et d'histoire*, 94, 2016, p. 47-67.

— « Le vers 4 du fragment 115 d'Empédocle (FVS 31 D.-K.) : proposition d'une correction », *Elenchos*, 37, 1-2, 2016, p. 33-68.

MIHAI, Adrian, « Soul's aitherial abode according to the Poteidaia Epitaph and the presocratic philosophers », *Numen*, 57, 5, 2010, p. 553-582.

MILLER, Emmanuel (éd.), ΩΡΙΓΕΝΟΥΣ ΦΙΛΟΣΟΦΟΥΜΕΝΑ Η ΚΑΤΑ ΠΑΣΩΝ ΑΙΡΕΣΕΩΝ ΕΛΕΓΧΟΣ, *Origenis philosophumena sive omnium haeresium refutatio. E codice Parisino*, Oxford, E Typographeo Academico, 1851.

MILLERD (SMERTENKO), Clara, Elizabeth, *On the interpretation of Empedocles*, Chicago, The University of Chicago Press, 1908.

MIONI, Elpidio, *Bibliothecae Divi Marci Venetiarum codices graeci manuscripti. Thesaurus antiquus*, II, Rome, Instituto poligrafico dello stato, « Indici e cataloghi, nuova serie, 6 », 1985.

MONBRUN, Philippe, *Les voix d'Apollon : l'arc, la lyre et les oracles*, Rennes, Presses Universitaires de Rennes, 2007.

MONRO, David, Binning, *A grammar of the Homeric dialect*, Oxford, Clarendon Press, 1891².

MONTEVECCHI, Federica, *Empedocle d'Agrigento*, Naples, Liguori, « Biografie, 9 », 2010.

MOREAU, Alain, « Quand Apollon devint Soleil », dans BAKHOUCHE B., A. MOREAU & J.-C. TURPIN (dir.), *Les astres. Actes du Colloque International de Montpellier, 23-25 mars 1995, I*, Montpellier, Publications de la Recherche. Université Paul-Valéry, 1996, p. 11-35.

MOSER, Marianne, « Ovide lecteur d'Empédocle : pour une réinterprétation du fr. 6 DK », *Bulletin de l'association Guillaume Budé*, 1, 2017, p. 80-96.

MOST, Glenn, Warren, « ἄλλος δ᾽ ἐξ ἄλλου δέχεται. Presocratic philosophy and traditional Greek epic », dans BIERL, A., R. LÄMMLE & K. WESSELMANN (dir.), *Literatur und Religion 1*,

Wege zu einer mythisch-rituellen Poetik bei den Griechen, Berlin-New York, W. de Gruyter, « MythosEikonPoiesis, 1/1 », 2007, p. 271-302.

MOTTE, André, *Prairies et jardins de la Grèce antique : de la religion à la philosophie*, Bruxelles, Palais des Académies, « Mémoires de la classe des Lettres, T. 61, Fasc. 5 et dernier », 1973.

MOURELATOS, Alexander, P. D., « Quality, structure, and emergence in later pre-socratic philosophy », dans CLEARY, John, J. (dir), *Proceedings of the Boston area colloquium in ancient philosophy*, 2, 1987, p. 127-194.

— « The cloud astro-physics of Xenophanes », dans CURD, Patricia & Daniel GRAHAM (dir.), *The Oxford handbook of presocratic philosophy*, Oxford-New York, Oxford University Press, 2008, p. 134-168.

MUGLER, Charles, « La lumière et la vision dans la poésie grecque », *Revue des études grecques*, 73, 344-346, 1960, p. 40-72.

MULLACH, Friedrich, Wilhelm, August, *Fragmenta philosophorum graecorum*. Poeseos philosophicae caeterorumque ante Socratem philosophorum quae supersunt, Paris, A. F. Didot, 1860.

MURRAY, Augustus, Taber (éd.), *Homer. The Iliad* with an English translation by A.T. M., 1 (livres 1-12) et 2 (livres 13-24), Cambridge (Mass.), Harvard University Press, Londres, William Heinemann, « The Loeb classical library », 1924.

N

NAGY, Gregory, « Hymnic elements in Empedocles (B 35 DK = 201 Bollack) », *Revue de philosophie ancienne*, 24, 1, 2006, p. 51-62.

NELIS, Damien, « *Georgics* 2.458-542, Virgil, Aratus and Empedocles », *Dictynna*, 1, 2004, p. 1-21. En ligne : https://journals.openedition.org/dictynna/161

NÉLOD, Gilles, *Empédocle d'Agrigente*, Bruxelles, Office de Publicité, 1959.

NESTLE, Wilhelm, « Der Dualismus des Empedokles », *Philologus*, 65, 1906, p. 545-557.

NETHERCUT, Jason, Scott, « Empedocles' "Roots" in Lucretius' *De rerum natura* », *American journal of philology*, 138, 1, p. 85-105.

NORVIN, William, *Olympiodori Philosophi in Platonis Gorgiam commentaria*, Leipzig, Teubner, 1936.

NOUSSIA-FANTUZZI, Maria, *Solon the Athenian, the poetic fragments*, Leyde-Boston, Brill, « Mnemosyne supplements, 326 », 2010.

NÜNLIST, René, « Poetological imagery in Empedocles », dans PIERRIS, Apostolos, L. (dir.), *The Empedoclean Κόσμος: s[t] ructure, process and the question of cyclicity*. Proceedings of the Symposium Philosophiae

Antiquae Tertium Myconense, July 6th – July 13th, 2003, Patras, Institute for philosophical research, 2005, p. 73-92.

O

OBEYESEKERE, Gananath, *Imagining karma: ethical transformation in Amerindian, Buddhist, and Greek rebirth*, Berkeley-Los Angeles-Londres, University of California Press, « Comparative studies in religion and society, 14 », 2002.

O'BRIEN, Denis, *Empedocles' cosmic cycle: a reconstruction from the fragments and secondary sources*, Cambridge, Cambridge University Press, « Cambridge classical studies », 1969.

— *Pour interpréter Empédocle*, Paris, Les Belles Lettres, Leyde, Brill, 1981.

— « Empedocles revisited », *Ancient philosophy*, 15, 1995, p. 403-470.

— « Empédocle », dans BRUNSCHWIG, J. & G. E. R. LLOYD (dir.), *Le savoir grec. Dictionnaire critique*, Paris, Flammarion, 1996, p. 632-645.

— « L'Empédocle de Platon », *Revue des études grecques*, 110, 2, 1997, p. 381-398.

— « [Review of] Peter Kingsley. *Ancient philosophy, mystery, and magic* », *Isis*, 89, 1, 1998, p. 122-124.

— « Plato and Empedocles on evil », dans CLEARY, John, J. (dir.), *Traditions of Platonism. Essays in honour of John Dillon*, Aldershot (Hampshire)-Brookfield (Vt.), Ashgate, 1999, p. 3-27.

— « Empedocles: the wandering daimon and the two poems », *Aevum antiquum*, N.S. 1, 2001, p. 79-179.

— « Space and movement: two anomalies in the text of the *Timaeus* », dans NATALI, Carlo, Stefano MASO & Barbara BOTTER (dir.), *Plato Physicus. Cosmologia e antropologia nel 'Timeo'*, Amsterdam, Adolf M. Hakkert, « Lexis. Supplemento, 17 », 2003, p. 121-148.

— « Empedocles: a synopsis », dans RECHENAUER, Georg, W. (dir.), *Frühgriechisches Denken*, Göttingen, Vandenhoeck & Ruprecht, 2005, p. 316-342.

— « Empédocle : Vie et après-vie », *Humanities: christianity and culture*, 36, 2005, p. 1-18.

— « Life beyond the stars: Aristotle, Plato and Empedocles (*De Caelo* I.9 279a11-22) », dans KING, R. A. H. (dir.), *Common to body and soul. Philosophical approaches to explaining living behaviour in Greco-Roman Antiquity*, Berlin-New York, W. de Gruyter, 2006, p. 49-102.

— « Movίη in Empedocles: Slings' "iron rule" », *Mnemosyne*, 63, 2, 2010, p. 268-271.

— « Empedocles on the identity of the elements », *Elenchos*, 37, 1-2, 2016, p. 5-32.

O'BRIEN, Joan, V., *The transformation of Hera: a study of ritual, hero, and the goddess in the* Iliad, Lanham (Maryland), Rowman & Littlefield, 1993.

OLERUD, Anders, *L'idée de macrocosmos et de microcosmos dans le* Timée *de Platon*, Uppsala, Almqvist & Wiksells, 1951.

ONIANS, Richard, Broxton, *The origins of European thought*, Cambridge, Cambridge University Press, 1954[2].

OSANN, Friedrich, *L. Annaeus Cornutus. De natura deorum*, ex schedis Iohannis Bapt. Casp. d'Ansse de Villoison, Göttingen, Lib. Dieterichiana, 1844.

OSBORNE, Catherine, (voir aussi ROWETT), « Empedocles recycled », *The classical quarterly*, 37, 1987, p. 24-50.

— *Rethinking early Greek philosophy: Hippolytus of Rome and the Presocratics*, Londres, Duckworth, 1987.

— « Sin and moral responsibility in Empedocles's cosmic cycle », dans PIERRIS, Apostolos, L. (dir.), *The Empedoclean Κόσμος: s[t]ructure, process and the question of cyclicity*. Proceedings of the Symposium Philosophiae Antiquae Tertium Myconense, July 6th – July 13th, 2003, Patras, Institute for philosophical research, 2005, p. 283-308.

P

PALMER, John, Anderson, *Parmenides and presocratic philosophy*, Oxford, Oxford University Press, 2009.

— « Revelation and reasoning in Kalliopeia's address to Empedocles », *Rhizomata*, 1, 2, 2013, p. 308-329.

— « Elemental change in Empedocles », *Rhizomata*, 4, 1, 2016, p. 30-54.

— « Presocratic interest in the soul's persistence after death », dans SISKO, John, E. (dir.), *Philosophy of mind in Antiquity*, New York, Routledge, « The history of the philosophy of mind, 1 », 2018, p. 23-43.

— « Ethics and natural philosophy in Empedocles », dans WOLFSDORF, David, C. (dir.), *Early Greek ethics*, Oxford, Oxford University Press, 2020, p. 54-73.

PANZERBIETER, Friedrich, « Beiträge zur Kritik und Erklärung des Empedokles », dans *Einladungs-Programm des Gymnasium Bernhardinum in Meiningen*, Meiningen, 1844.

PARRY, Milman, « The traditional metaphor in Homer », *Classical philology*, 28, 1, 1933, p. 30-43.

— « About winged words », *Classical philology*, 32, 1, 1937, p. 59-63.

PELLÒ, Caterina, « The lives of Pythagoras: a proposal for reading Pythagorean metempsychosis », *Rhizomata*, 6, 2, 2018, p. 135-156.

PÉPIN, Jean, « L'initié et le philosophe », dans MATTON, Sylvain (dir.), *La pureté. Quête d'absolu au péril de l'humain*, Paris, Éditions Autrement, « série Morales, 13 », 1993, p. 105-130.

PERCEAU, Sylvie & Gabrièle WERSINGER TAYLOR, « Phono-rythmie dans l'hymne des racines (Empédocle, F. 6) », *Revue de métaphysique et de morale*, 3, 2019, p. 247-266.

PEREIRA, Ivanete, *Ριζώματα: Raízes na cosmologia de Empédocles*, thesis, Universidade Federal de São Paulo (Orientador: Mauricio Pagotto Marsola), 25 October 2019.

PERIS, Merlin, *Of death and rebirth: the ancient Greek doctrines of reincarnation (from Orpheus to Plato)*, Colombo, S. Godage & Brothers, 2018.

PETROVIC, Andrej & Ivana PETROVIC, *Inner purity and pollution in Greek religion, I, early Greek religion*, Oxford, Oxford University Press, 2016.

PICOT, Jean-Claude, « À propos du : *The poem of Empedocles*, de B. INWOOD », *Revue de philosophie ancienne*, 13, 1, 1995, p. 81-104.

— « Sur un emprunt d'Empédocle au *Bouclier* hésiodique », *Revue des études grecques*, 111, 1, 1998, p. 42-60.

— « L'Empédocle magique de P. Kingsley », *Revue de philosophie ancienne*, 18, 1, 2000, p. 25-86.

— « Les cinq sources dont parle Empédocle », *Revue des études grecques*, 117, 2, 2004, p. 393-446. Corrigenda dans *REG* 118, 1, 2005, p. 322-325.

— « Empedocles, fragment 115.3: Can one of the Blessed pollute his limbs with blood? », dans STERN-GILLET, Suzanne & Kevin CORRIGAN (dir.), *Reading ancient texts. Volume I: Presocratics and Plato – Essays in honour of Denis O'Brien*, Leyde-Boston, Brill, « Brill's studies in intellectual history, 161 », 2007, p. 41-56.

— « La brillance de Nestis (Empédocle, fr. 96) », *Revue de philosophie ancienne*, 26, 1, 2008, p. 75-100.

— « Empédocle pouvait-il faire de la lune le séjour des Bienheureux ? », *Organon* (Varsovie), 37(40), 2008, p. 9-37. En ligne : http://www.ihnpan.waw.pl/wp-content/uploads/2016/03/1picot.pdf

— « Water and bronze in the hands of Empedocles' Muse », *Organon* (Varsovie), 41, 2009, p. 59-84. En ligne : http://www.ihnpan.waw.pl/wp-content/uploads/2016/03/8_picot-1.pdf

— « Les dieux du fr. 128 et le mythe des races », *Revue de métaphysique et de morale*, 75, 3, 2012, p. 339-356.

— « Sagesse face à Parole de Zeus : une nouvelle lecture du fr. 123.3 DK d'Empédocle », *Revue de philosophie ancienne*, 30, 1, 2012, p. 23-57.

— « Apollon et la φρὴν ἱερὴ καὶ ἀθέσφατος (Empédocle, fr. 134 DK) », *Anais de Filosofia Clássica*, VI, 11, 2012, p. 1-31. En ligne : https://revistas.ufrj.br/index.php/FilosofiaClassica/article/view/587/562

— « L'image du πνιγεύς dans les *Nuées*. Un Empédocle au charbon », dans LAKS, André & Rossella SAETTA COTTONE (dir.), *Comédie et philosophie : Socrate et les « Présocratiques » dans les* Nuées *d'Aristophane*, Paris, Éditions Rue d'Ulm, 2013, p. 113-129.

— « Un nom énigmatique de l'air chez Empédocle (fr. 21.4 DK) », *Les études philosophiques*, 110, 3, 2014, p. 343-373. Résumé & *abstract* : p. 457-458.

— « Penser le Bien et le Mal avec Empédocle », *χώρα· Revue d'études anciennes et médiévales*, 15-16, 2017/2018, p. 381-414.

PICOT, Jean-Claude & William BERG, « Along a mountain path with Empedocles », *Elenchos*, 33, 1, 2012, p. 5-20.

— « Empedocles vs. Xenophanes: differing notions of the divine », *Organon* (Varsovie), 45, 2013, p. 5-19. En ligne :

http://www.ihnpan.waw.pl/wp-content/uploads/2014/10/1_ picot-berg.pdf

— « Cleombrotus cites Empedocles in Plutarch's *De defectu*: a question of method in interpreting fr. 24 DK », *Elenchos*, 35, 1, 2014, p. 127-148.

— « Lions and *promoi*: final phase of exile for Empedocles' *daimones* », *Phronesis*, 60, 4, 2015, p. 380-409.

— « Apollo, Eros, and epic allusions in Empedocles, frr. 134 and 29 DK », *American journal of philology*, 139, 3, 2018, p. 365-396.

PIERRIS, Apostolos, L. (dir.), *The Empedoclean Κόσμος: s[t]ructure, process and the question of cyclicity*. Proceedings of the symposium Philosophiae Antiquae Tertium Myconense, July 6th – July 13th, 2003, Patras, Institute for Philosophical Research, 2005.

PIERRIS, Apostolos, L., « OMOION OMOIΩ and ΔINH: nature and function of Love and Strife in the Empedoclean system », dans PIERRIS, Apostolos, L. (dir.), *The Empedoclean Κόσμος: s[t]ructure, process and the question of cyclicity*. Proceedings of the symposium Philosophiae Antiquae Tertium Myconense, July 6th – July 13th, 2003, Patras, Institute for philosophical research, 2005, p. 189-224.

— *The emergence of reason from the spirit of mystery. Volume II, Mystery and philosophy*, Patras, Institute for philosophical research, 2007.

PIRENNE-DELFORGE, Vinciane & Gabriella PIRONTI, *L'Héra de Zeus : ennemie intime, épouse définitive*, Paris, Les Belles Lettres, « Mondes anciens, 3 », 2016.

PONCE, Emma, « Empédocle dans la palinodie du *Phèdre* », *Les études philosophiques*, 194, 4, 2019, p. 623-661. Résumé & *abstract* : p. 667-668.

PRÉAUX, Claire, *La lune dans la pensée grecque*, Bruxelles, Palais des académies, 1970.

PRIMAVESI, Oliver, « Empedocle: il problema del ciclo cosmico e il Papiro di Strasburgo », *Elenchos*, 19, 2, 1998, p. 241-288.

— « La daimonologia della fisica empedoclea », *Aevum antiquum*, N.S. 1, 2001, p. 3-68.

— « Lecteurs antiques et byzantins d'Empédocle. De Zénon à Tzétzès », dans LAKS, André & Claire LOUGUET (dir.), *Qu'est-ce que la philosophie présocratique ? What is Presocratic Philosophy ?*, Lille, Presses universitaires du Septentrion, « Cahiers de philologie, 20 », 2002, p. 183-204.

— « Die Häuser von Zeus und Hades: zu Text und Deutung von Empedokles B 142 D.-K. », *Cronache ercolanesi*, 33, 2003, p. 53-68.

— « Theologische Allegorie: Zur philosophischen Funktion einer poetischen Form bei Parmenides und Empedokles », dans HORSTER, Marietta & Christiane REITZ (dir.), *Wissensvermittlung in dichterischer Gestalt*, Stuttgart, Franz Steiner, « Palingenesia, 85 », 2005, p. 69-93.

— « Apollo and other gods in Empedocles », dans SASSI, Maria, Michela (dir.), *La costruzione del discorso filosofico nell'età dei Presocratici / The construction of philosophical discourse in the age of the Presocratics*, Pise, Edizioni della Normale, « Seminari e convegni, 5 », 2006, p. 51-77.

— « Teologia fisica, mitica e civile in Empedocle », dans CASERTANO, Giovanni (dir.), *Empedocle tra poesia, medicina, filosofia e politica*, Naples, Loffredo, « σκέψις, collona di testi e studi di filosofia antica, 19 », 2007, p. 30-47.

— « Empédocle : divinité physique et mythe allégorique », *Philosophie antique*, 7, 2007, p. 51-89.

— « Empedocles: physical and mythical divinity », dans CURD, Patricia & Daniel, W. GRAHAM (dir.), *The Oxford handbook of presocratic philosophy*, Oxford, Oxford University Press, « The Oxford handbooks », 2008, p. 250-283.

— *Empedokles* Physika *I. Eine Rekonstruktion des zentralen Gedankengangs*, Berlin-New York, W. de Gruyter, « Archiv für Papyrusforschung und verwandte Gebiete, 22 », 2008.

— « Empedokles », dans MANSFELD, Jaap & Oliver PRIMAVESI (éd.), *Die Vorsokratiker*, Griechisch/Deutsch, ausgewählt, übersetzt und erläutert von J. M. & O. P., Stuttgart, Philipp Reclam jun., « Reclam Bibliothek, 10730 », 2011, p. 392-563. Réimprimé avec quelques modifications en 2012, « Reclams Universal-Bibliothek, 18971 », même pagination.

— « Empedokles », dans FLASHAR, H., D. BREMER & G. RECHENAUER (dir.), *Grundriss der Geschichte der Philosophie. Die Philosophie der Antike, I*, Frühgriechische Philosophie, Bâle, Schwabe, 2013, p. 667-739.

— « Empedocles' cosmic cycle and the Pythagorean *tetractys* », *Rhizomata*, 4, 1, 2016, p. 5-29.

— « Tetraktys und Göttereid bei Empedokles: Der pythagoreische Zeitplan des kosmischen Zyklus », dans Kittler, Fr., P. Berz, J. Strauss, P. Weibel & G. Scharbert (dir.), *Götter und Schriften rund ums Mittelmeer*, Paderborn, Wilhelm Fink, 2017, p. 229-316.

— « Das ewige Widerspiel von Liebe und Streit: Neues zum kosmischen Zyklus des Empedokles », *der blaue reiter*, 42 (Liebe), 2018, p. 63-67.

— « Pythagorean ratios in Empedocles' *Physics* », dans Harry, C. C. & J. Habash (dir.), *Brill's Companion to the reception of Presocratic natural philosophy in later classical thought*, Leyde, Brill, « Brill's Companions to Philosophy, 6 », 2021, p. 113-192.

— « 7. Kapitel: Empedokles », dans Mansfeld J. & O. Primavesi (éd.), *Die Vorsokratiker*. Griechisch/Deutsch, ausgewählt, übersetzt und erläutert von J.M und O.P, Stuttgart, Philipp Reclam jun., « Reclams Universal-Bibliothek, 14173 », 2021², p. 392-563.

Puglia, Enzo, « Demetrio Lacone e Empedocle », Atti del XVII Congresso internazionale di papirologia (Napoli 19-26 Maggio 1983), Naples, Centro internazionale per lo studio dei papiri ercolanesi, 1984, p. 437-446.

Pugliese Carratelli, Giovanni, *Les lamelles d'or orphiques. Instructions pour le voyage d'outre-tombe des initiés grecs*, ouvrage traduit de l'italien par A.-Ph. Segonds et C. Luna, Paris, Les Belles Lettres, « Vérité des mythes », 2003.

R

Ramelli, Ilaria, *Anneo Cornuto. Compendio di teologia greca*. Testo greco a fronte, Milan, Bompiani, « Il Pensiero Occidentale », 2003.

Ramnoux, Clémence, *Héraclite ou l'homme entre les choses et les mots*, Paris, Les Belles Lettres, « Collection d'études anciennes », 1968².

— « Empédocle », dans Parain, Brice (dir.), *Histoire de la philosophie, I, Orient – Antiquité – Moyen Âge*, Paris, Gallimard, « Encyclopédie de la Pléiade, 26 », 1969, p. 439-442.

— *Études présocratiques II*, Paris, Klincksieck, 1983.

— *La Nuit et les enfants de la Nuit dans la tradition grecque*, Paris, Flammarion, « Champs, 154 », 1986².

Rangos, Spyros, « Empedocles on divine nature », *Revue de métaphysique et de morale*, 75, 3, 2012, p. 315-338.

Rashed, Marwan (éd.), *Aristote. De la génération et la corruption*. Texte établi et traduit par M. R., Paris, Les Belles Lettres, « Collection des Universités de France », 2005.

— *L'héritage aristotélicien* : textes inédits de l'Antiquité, Paris, Les Belles Lettres, « Anagôgê », 2007.

— « The structure of the eye and its cosmological function in Empedocles: reconstruction of fragment 84 D.-K. », dans

STERN-GILLET, Suzanne & Kevin CORRIGAN (dir.), *Reading ancient texts. I: Presocratics and Plato.* Essays in honour of Denis O'Brien, Leyde-Boston, Brill, « Brill's studies in intellectual history, 161 », 2007, p. 21-39.

— « Le proème des *Catharmes* d'Empédocle. Reconstitution et commentaire », *Elenchos*, 29, 1, 2008, p. 7-37.

— « De qui la clepsydre est-elle le nom ? Une interprétation du fragment 100 d'Empédocle », *Revue des études grecques*, 121, 2, 2008, p. 443-468.

— « La chronographie du système d'Empédocle : addenda et corrigenda », *Les études philosophiques*, 110, 3, 2014, p. 315-342. Résumé & *abstract* : p. 457.

— *La jeune fille et la Sphère. Études sur Empédocle*, Paris, Presses de l'Université Paris-Sorbonne, « Philosophies », 2018.

REALE, Giovanni, « Empedocle », dans REALE, Giovanni, *Storia della filosofia antica, I, Dalle origini a Socrate*, Milan, Vita e pensiero, 1987⁵ (1975¹), p. 151-161.

REICHE, Harald, Anton, Thrap, *Empedocles' mixture, Eudoxan astronomy and Aristotle's connate pneuma*, Amsterdam, Adolf M. Hakkert, 1960.

REINHARDT, Karl, *Parmenides und die Geschichte der griechischen Philosophie*, Bonn, F. Cohen, 1916.

— « Empedokles, Orphiker und Physiker », *Classical philology*, 45, 3, 1950, p. 170-179.

RENEHAN, Robert, « Hera as earth-goddess: a new piece of evidence », *Rheinisches Museum für Philologie*, 117, 3-4, 1974, p. 193-201.

RHODES, Peter, John & Robin OSBORNE (éd.), *Greek historical inscriptions, 404-323 BC.* Edited with introduction, translations, and commentaries by P. J. R & R. O., Oxford, Oxford University Press, 2003.

RIEDWEG, Christoph, « Orphisches bei Empedokles », *Antike und Abendland*, 41, 1995, p. 34-59.

— « 'Sphaira', or the magic of perfect roundedness in Greek thought », dans BERTOLDINI M. (dir.), *Esprit sphérique*, Sfere dalla Collezione Legler, Bergamo, Fondazione Galleria Gottardo, Lugano, 2006, Milan, Edizioni Charta, 2006, p. 309-319.

RITTER, Heinrich, « Über die philosophische Lehre des Empedokles », dans WOLF, F. A. (dir.), *Litterarische Analekten, II*, Berlin, G. C. Nauck, 1820, p. 411-460 (section IV, IV).

— *Geschichte der Philosophie. Alter Zeit, I*, Hambourg, F. Perthes, 1829.

— *Histoire de la philosophie, I, 1*, trad. C.-J. Tissot, Paris, Ladrange, 1835.

— *The history of ancient philosophy, I*, trad. A. J. W. Morrison, Oxford-Londres, D. A. Talboys, 1838.

RIVAUD, Albert, *Le problème du devenir et la notion de matière dans la philosophie grecque depuis les origines jusqu'à Théophraste*, thèse à la Faculté des lettres de l'Université de Paris, Paris, F. Alcan, 1905. Réimpression en 1906, avec le même titre (chez Alcan), sans la mention « thèse ».

ROBIN, Léon, *La pensée grecque et les origines de l'esprit scientifique*, Paris, La Renaissance du Livre, « L'évolution de l'humanité », 1923.

— « Quelques survivances dans la pensée philosophique des Grecs d'une mentalité primitive », *Revue des études grecques*, 49, 230, 1936, p. 255-292.

ROECKLEIN, Robert, J., *Plato versus Parmenides. The debate over coming-into-being in Greek philosophy*, Lanham (Maryland), Lexington Books, 2011.

ROHDE, Erwin, *Psyche: Seelencult und Unsterblichkeitsglaube der Griechen*, Fribourg-en-B.-Leipzig, J. C. B. Mohr, 1894.

— *Psyché : le culte de l'âme chez les Grecs et leur croyance à l'immortalité*, traduit de l'allemand par A. REYMOND, Paris, Payot, 1928.

ROSENFELD-LÖFFLER, Annette, *La poétique d'Empédocle. Cosmologie et métaphore*, Bern, Peter Lang, 2006.

ROSCHER, Wilhelm, Heinrich, *Studien zur vergleichenden Mythologie der Griechen und Römer, I, Apollon und Mars*, Leipzig, W. Engelmann, 1873.

ROSS, William, David (éd.), *Aristotle's* Metaphysics. A revised text with introduction and commentary, I, Oxford, Clarendon Press, 1924.

— *Aristotle*. Parva naturalia. A revised text with introduction and commentary, Oxford, Clarendon Press, 1955.

ROSTAGNI, Augusto, « Il poema sacro di Empedocle », *Rivista di filologia e di istruzione classica*, 51, 1923, p. 7-39.

— *Il verbo di Pitagora*, Turin, Fratelli Bocca, 1924. Réimprimé avec nouvelle pagination, Forli, Victrix, « Sapientia, 1 », 2005.

ROUX, Georges, « ΚΥΨΕΛΗ. Où avait-on caché le petit Kypsélos ? (Hérodote V, 92, E) », *Revue des études anciennes*, 65, 3-4, 1963, p. 279-289.

ROWETT (précédemment OSBORNE), Catherine, « Love, sex and the gods: why things have divine names in Empedocles' poem, and why they come in pairs », *Rhizomata*, 4, 1, 2016, p. 80-110.

RUDHARDT, Jean, *Notions fondamentales de la pensée religieuse et actes constitutifs du culte dans la Grèce classique*, Paris, Picard, « Antiquité/ Synthèses, 3 », 1992².

RUOCCO, Ernesto, « Daimon, Sphairos, Ananke. Psicologia e teologia in Empedocle », dans CAPIZZI, Antonio & Giovanni CASERTANO (dir.), *Forme del sapere nei Presocratici*, Rome, Edizioni dell' Ateneo, « Filologia e critica, 52 », 1987, p. 187-221.

RUSSELL, Donald, A. & David KONSTAN (éd.), *Heraclitus:* Homeric problems, Atlanta, Society of biblical literature, « Writings from the Greco-Roman world, 14 », 2005.

S

SAETTA COTTONE, Rossella, « Aristophane et le théâtre du soleil. Le dieu d'Empédocle dans le chœur des *Nuées* », dans LAKS, André & Rossella SAETTA COTTONE (dir.), *Comédie et philosophie : Socrate et les « Présocratiques » dans les* Nuées *d'Aristophane*, Paris, Éditions Rue d'Ulm, 2013, p. 61-85.

— « Le soleil comme reflet et la question de la connaissance dans la pensée d'Empédocle : aux origines d'une image », χώρα· *Revue d'études anciennes et médiévales*, 15-16, 2017/2018, p. 415-444.

SALLIS, John, *The figure of nature: on Greek origins*, Bloomington-Indianapolis, Indiana University Press, « Studies in continental thought », 2016.

SANDBACH, Francis, Henry, *Plutarch's Moralia, XV, Fragments*, Cambridge (Mass.), Harvard University Press, « Loeb Classical Library, 429 », 1969.

SANTAMARÍA ÁLVAREZ, Marco, Antonio, « Did Plato know of the Orphic god Protogonos? », dans MARTÍN-VELASCO, M. J. & M. J. GARCÍA BLANCO (dir.), *Greek philosophy and mystery cults*, Newcastle upon Tyne, Cambridge Scholars Publishing, 2016, p. 205-231.

SANTANIELLO, Carlo, « Il demone in Empedocle », dans GNOLI, Gherardo & Giulia SFAMENI GASPARRO (dir.), *Potere e religione nel mondo indo-mediterraneo tra ellenismo e tarda antichità*, Incontro di studio della Società Italiana di Storia delle Religioni (Roma, 28-29 ottobre 2004), Rome, Isiao, « Il Nuovo Ramusio, 9 », 2009, p. 329-361.

— « Are Empedoclean Daimons really made of anything? The nature of the *Daimon* and Fragment 115 », dans SAETTA COTTONE, Rossella (dir.), *Penser les dieux avec les Présocratiques*, Paris, Éditions Rue d'Ulm, « Études de littérature ancienne, 28 », 2021, p. 143-159.

SANTORO, voir DE SANTORO MOREIRA.

SASSI, Maria, Michela, « Entre corps et lumière : réflexions antiques sur la nature de la couleur », dans CARASTRO, Marcello (dir.), *L'Antiquité en couleurs*, Grenoble, Jerôme Millon, « Horos », 2009, p. 277-300.

— *Gli inizi della filosofia: in Grecia*, Turin, Bollati Boringhieri, « Nuova Cultura – Introduzioni, 208 », 2009.

SAUZEAU, Pierre, *Les partages d'Argos : sur les pas des Danaïdes*, Paris, Belin, « L'Antiquité au présent », 2005.

SCHIBLI, Hermann, S., « [Review of] *Ancient philosophy, mystery, and magic* [...] by Peter Kingsley », *Ancient philosophy*, 16, 2, 1996, p. 455-462.

SCHNEIDEWIN, Friedrich, Wilhelm, « Neue Verse des Empedokles », *Philologus*, 6, 1851, p. 155-167.

SCHRADER, Hermann, *Porphyrii Quaestionum Homericarum ad Iliadem pertinentium reliquias*, Leipzig, B. G. Teubner, 1880.

SCINÀ, Domenico, *Memorie sulla vita e filosofia d'Empedocle Gergentino*, *I-II*, Palerme, Stamperia Reale, 1813.

SCOON, Robert, *Greek philosophy before Plato*, Princeton, Princeton University Press, 1928.

SEAFORD, Richard, « Mystic light in Aeschylus' *Bassarai* », *The classical quarterly*, 55, 2, 2005, p. 602-606.

SEDLEY, David, Neil, *Lucretius and the transformation of Greek wisdom*, Cambridge, Cambridge University Press, 1998.

— *Creationism and its critics in Antiquity*, Berkeley-Los Angeles-Londres, University of California Press, « Sather classical lectures, 66 », 2007.

— « Empedoclean superorganisms », *Rhizomata*, 4, 1, 2016, p. 111-125.

SHAW, Michael, M., « Aither and the four roots in Empedocles », *Research in phenomenology*, 44, 2, 2014, p. 170-193.

SHEPPARD, Anne, « Empedoclea. [Review of] P. Kingsley : Ancient philosophy, mystery and magic », *The classical review*, 46, 2, 1996, p. 269-271.

SIDER, David, « Empedocles B 96 (462 Bollack) and the poetry of adhesion », *Mnemosyne*, 37, 1-2, 1984, p. 14-24.

SIMONDON, Michèle, « La Muse d'Empédocle : patronage mythique des formes du savoir », dans *Formation et survie des mythes, travaux et mémoires, Actes du Iᵉʳ colloque du Centre d'études mythologiques de l'Université Paris X, Nanterre, 19-20 avril 1974*, Paris, Les Belles Lettres, 1977, p. 21-29.

SIOUVILLE, Auguste (trad.), *Hippolyte de Rome. Philosophumena ou Réfutation de toutes les hérésies, II*. Première traduction française avec une introduction et des notes par A. S., Paris, Rieder, « Les textes du christianisme, 6 », 1928.

SISSA, Giulia & Marcel DETIENNE, *La vie quotidienne des dieux grecs*, Paris, Hachette, 1989.

SKARSOULI, Pénélope, « Calliope, a Muse apart: some remarks on the tradition of memory as a vehicle of oral justice », *Oral Tradition*, 21, 1, 2006, p. 210-228. En ligne : https://journal.oraltradition.org/wp-content/uploads/files/articles/21i/Skarsouli.pdf

SKODA, Françoise, *Médecine ancienne et métaphore : le vocabulaire de l'anatomie et de la pathologie en grec ancien*, Paris, Peeters/Selaf, « Ethnosciences, 4 », 1988.

SMYTH, Herbert, Weird & Gordon, M. MESSING, *Greek grammar*, Cambridge (Mass.), Harvard University Press, 1956.

SNELL, Bruno, « Hera als Erdgöttin », *Philologus*, 50, 1943, p. 159-160.

SOLMSEN, Friedrich, *Aristotle's system of the physical world: a comparison with his predecessors*, Ithaca (NY), Cornell University Press, « Cornell studies in classical philology, 33 », 1960, p. 339.
— « Empedocles' hymn to Apollo », *Phronesis*, 25, 1980, p. 219-227.
SOUILHÉ, Joseph, « L'énigme d'Empédocle », *Archives de philosophie*, 9, 3, 1932, p. 1-23.
STAMATELLOS, Giannis, *Plotinus and the Presocratics: a philosophical study of presocratic influences in Plotinus' Enneads*, Albany (NY), State University of New York Press, « SUNY series in ancient Greek philosophy », 2007.
STEHLE, Eva, « The addressees of Empedokles, *Katharmoi* Fr. B112: performance and moral implications », *Ancient philosophy*, 25, 2, 2005, p. 247-272.
STEIN, Heinrich, *Empedoclis Agrigentini fragmenta*. Disposuit, recensuit, adnotavit H. S., Bonn, A. Marcus, 1852.
STEPHANUS, Henricus : voir ESTIENNE, Henri.
STRATTON, George, Malcolm, *Theophrastus and the Greek physiological psychology before Aristotle*, Londres, Allen & Unwin, New York, Macmillan, 1917.
STURZ, Friedrich, Wilhelm, *Empedocles Agrigentinus*. De vita et philosophia eius exposuit, carminum reliquias ex antiquis scriptoribus collegit, recensuit, illustravit, praefationem et indices adiecit M. Frider. Guil. Sturz, Leipzig, Göschen, 1805.
SVENBRO, Jesper, « Voir en voyant. La perception visuelle chez Empédocle », *Mètis*, N. S. 2, 2004, p. 47-70.

T

TANKHA, Vijay, *Ancient Greek philosophy: Thales to Socrates*, New Delhi, Pearson Dorling Kindersley, 2014².
TANNERY, Paul, *Pour l'histoire de la science hellène. De Thalès à Empédocle*, Paris, Félix Alcan, 1887. (Paris, Gauthier-Villars, 1930².)
TEMPELIS, Elias, *The school of Ammonius, son of Hermias, on knowledge of the divine*, Athènes, Ekdoseis Philologikou Syllogou Parnassos, 1998.
THERME, Anne-Laure, « Est-ce par un tourbillon que l'amour empédocléen joint ? L'hypothèse de l'aimantation », *Philosophie antique*, 7, 2007, p. 91-119.
— « Une tragédie cosmique : l'exil amnésique des *daimones* d'Empédocle », dans ALEXANDRE, S. & O. RENAUT (dir.), *Rationalité tragique*, Zetesis – Actes du colloque de doctorants et de jeunes chercheurs 2-4 juin 2009, [en ligne], 1, 2010, p. 1-29. En ligne : https://zetesis.hypotheses.org/files/2015/04/1Therme.pdf
Thesaurus cultus et rituum antiquorum (ThesCRA), I, Los Angeles, Getty publications, 2004.

THIELE, Georg, « Zu den vier Elementen des Empedokles », *Hermes*, 32, 1897, p. 68-78.

TODOUA, Maïa, « Empédocle : Empêche-vents ou dompteur des mauvais génies ? Réflexions autour du fr. 111 Diels-Kranz », *Bulletin de l'association Guillaume Budé*, 1, 2005, p. 49-81.

TONELLI, Angelo, *Empedocle di Agrigento. Frammenti e testimonianze*, Origini, Purificazioni, con i frammenti del Papiro di Strasburgo, Milan, Bompiani, « Testi a fronte, 65 », 2002.

— « Cosmogony is psychogony is ethics: some thoughts about Empedocles' fragments 17; 110; 115; 134 DK, and P. Strasb. Gr. Inv. 1665 – 1666D, VV. 1-9 », dans PIERRIS, Apostolos, L. (dir.), *The Empedoclean Κόσμος: s[t]ructure, process and the question of cyclicity*. Proceedings of the symposium philosophiae antiquae tertium Myconense, July 6th – July 13th, 2003, Patras, Institute for Philosophical Research, « Conference series, II », 2005, p. 309-330.

TOR, Shaul, *Mortal and divine in early Greek epistemology*, Cambridge, Cambridge University Press, 2017.

TORRES, José, Bernardino (éd.), *Lucius Annaeus Cornutus. Compendium de Graecae Theologiae traditionibus*, recensuit J. B. T., Berlin-Boston, W. de Gruyter, « Bibliotheca scriptorum Graecorum et Romanorum Teubneriana, 2027 », 2018.

TRAGLIA, Antonio, *Riflessi omerici nei frammenti di Empedocle*, Pescara, Arte della Stampa di L. Stracca, 1931.

— *Studi sulla lingua di Empedocle*, Bari, Adriatica Editrice, « Mousikai dialektoi, serie V-3 », 1952.

— « Reminiscenze empedoclee nei "*Fenomeni*" di Arato », dans Ferrero L. *et al.* (dir.), *Miscellanea di studi alessandrini in memoria di A. Rostagni*, Turin, Bottega d'Erasmo, 1963, p. 382-393.

TRÉPANIER, Simon, « Empedocles on the ultimate symmetry of the world », *Oxford studies in ancient philosophy*, 24, 2003, p. 1-57.

— *Empedocles: an interpretation*, New York-Londres, Routledge, « Studies in classics, 2 », 2004.

— « Early Greek theology: god as nature and natural gods », dans BREMMER, Jan, N. & Andrew ERSKINE (dir.), *The gods of ancient Greece: identities and transformations*, Édimbourg, Edinburgh University Press, « Edinburgh Leventis Studies, 5 », 2010, p. 273-317.

— « From wandering limbs to limbless Gods: δαίμων as substance in Empedocles », *Apeiron*, 47, 2, 2014, p. 172–210.

— « From Hades to the stars: Empedocles on the cosmic habitats of soul », *Classical antiquity*, 36, 1, 2017, p. 130-182.

— « The spirit in the flesh: Empedocles on embodied soul », dans BARTOŠ, H. & C. G. KING (dir.), *Heat, pneuma, and soul in ancient philosophy and science*, Cambridge-New York, Cambridge University Press, 2020, p. 80-105.

U

USENER, Hermann, *Götternamen.* Versuch einer Lehre von der religiösen Begriffsbildung, Bonn, F. Cohen, 1896.

V

VAHLEN, Johannes, « Eine Miscelle zu Aristoteles Poetik », *Zeitschrift für die österreichischen Gymnasien*, 24, 1873, p. 658-659.

VALEUR, Bernard, *Lumière et luminescence*, Paris, Belin, 2005.

VAN DER BEN, Nicolaas, *The Proem of Empedocles' Peri physios: towards a new edition of all the fragments*, Amsterdam, B. R. Grüner, 1975.

— *Empedocles' Poem on natural philosophy, I – A radical edition*, Posthumous writings of N. van der Ben, gathered in 2018, published by Jean-Claude Picot with the help of Klaartje and Simon van der Ben, Google Sites, empedocles.acragas, 2019. En ligne : https://sites.google.com/site/empedoclesacragas/nicolaas-van-der-ben

VAN GRONINGEN, Bernhard, Abraham, « Le fragment 111 d'Empédocle », *Classica et Mediaevalia*, 17, 1956, p. 47-61.

— « Trois notes sur Empédocle », *Mnemosyne*, 9, 3, 1956, p. 221-224.

— *La composition littéraire archaïque grecque : procédés et réalisations*, Amsterdam, Noord-Hollandsche Uitgevers Maatschappij, « Nieuwe Reeks, 65, 2 », 1958.

— « Empédocle, poète », *Mnemosyne*, 24, 2, 1971, p. 169-188.

VERNANT, Jean-Pierre, « Aspects mythiques de la mémoire », dans VERNANT, J.-P., *Mythe et pensée chez les Grecs. Études de psychologie historique, I*, Paris, François Maspero, « Petite collection maspero, 86 », 1965.

[VERSE, A. (trad.)], *Manuel de magie égyptienne : le Papyrus magique de Paris*, Paris, Les Belles Lettres, « Aux sources de la tradition, 7 », 1995.

VIAN, Francis (éd.) & Émile DELAGE (trad.), *Apollonios de Rhodes. Argonautiques, chant III*, Paris, Les Belles Lettres, « Collection des Universités de France », 1995^2, (1980^1).

VÍTEK, Tomáš, *Empedoklés. I, Studie*, Prague, Herrmann & synové, 2001.

— *Empedoklés. II, Zlomky*, Prague, Herrmann & synové, 2006.

— *Empedoklés. III, Komentář*, Prague, Herrmann & synové, 2006.

— « Le *Sphairos* d'Empédocle et son substrat mythologique », *Elenchos*, 31, 1, 2010, p. 23-49.

VLASTOS, Gregory, « Theology and philosophy in early Greek thought », *The philosophical quarterly*, 2, 7, 1952, p. 97-123.

VON WILAMOWITZ-MOELLENDORFF, Ulrich, *Euripides. Herakles, II*, erklärt von U. v. W, Berlin, Weidmann, 1895.

— « Die Καθαρμοί des Empedokles », *Sitzungsberichte der preussischen Akademie der Wissenschaften zu Berlin*, 27, 1929, p. 626-661.
— « Lesefrüchte, *Hermes*, 65, 3, 1930, p. 245-250.

W

WARREN, James, *Presocratics*, Stocksfield, Acumen, « Ancient philosophies », 2007.

WATERFIELD, Robin, *The first philosophers: the Presocratics and Sophists*, Oxford, Oxford University Press, « Oxford world's classics », 2000.

WATTS, Alan, *The essence of Alan Watts*, Millbrae, Celestial Arts, 1974.

WERSINGER, Anne Gabrièle, « La 'fête criminelle' (Empédocle, Perséphone et les Charites) », dans MAZOYER M. *et al.* (dir.), *La fête : la rencontre du sacré et du profane*, Paris, L'Harmattan, 2004, p. 109-131.

— *La sphère et l'intervalle : le schème de l'harmonie dans la pensée des anciens Grecs d'Homère à Platon*, Grenoble, Jerôme Millon, « Horos », 2008.

— « Empédocle et la *poétique* de l'analogie dans le fragment 84 », *ΦΙΛΟΣΟΦΙΑ*, 42, 2012, p. 41-65.

WEST, Martin, Litchfield (éd.), *Hesiod. Theogony.* Edited with prolegomena and commentary by M. L. West, Oxford, Clarendon Press, 1966.

— *Hesiod. Works and Days.* Edited with prolegomena and commentary by M. L. West, Oxford, Clarendon Press, 1978.

WEST, Martin, Litchfield, *Early Greek philosophy and the Orient*, Oxford, Clarendon Press, 1971.

— *The Orphic poems*, Oxford, Clarendon Press, 1983.

WESTERINK, Leendert, Gerrit (éd.), *Olympiodori in Platonis Gorgiam commentaria*, Leipzig, Teubner, 1970.

WILAMOWITZ : voir VON WILAMOWITZ-MOELLENDORFF.

WILLI, Andreas, *The languages of Aristophanes: aspects of linguistic variation in classical attic Greek*, Oxford, Oxford University Press, « Oxford classical monographs », 2003.

— *Sikelismos: Sprache, Literatur und Gesellschaft im griechischen Sizilien (8.-5. Jh. v. Chr.)*, Bâle, Schwabe, « Bibliotheca Helvetica Romana, 29 », 2008.

WINDET, James, « De vita functorum statu », dans CRENIUS, Thomas (dir.), *Fasciculus quartus – opusculorum quae ad historiam ac philologiam sacram*, Rotterdam, Pieter van der Slaart, 1694, p. 5-216.

WINNEFELD, Hermann, *Die Philosophie des Empedokles.* Ein Versuch von Dr. H. W., Beilage zum Programm des Grossherzoglichen Gymnasiums in Donaueschingen von Schuljahr 1861/1862, Rastatt, W. Mayer, 1862.

WRIGHT, Maureen, Rosemary, *Empedocles: the extant fragments*, edited, with an introduction, commentary, and concordance, by M. R. W., New Haven-Londres, Yale University Press, 1981.

— « Book Notes – Presocratics and later », *Phronesis*, 41, 1, 1996, p. 109-113.

X

XYLANDER, Wilhelm, *Plutarchi Chaeronensis, philosophorum & historicorum principis varia scripta...*, Bâle, Eusebium Episcopium, & Nicolai Fr. hæredes, 1574.

Z

ZABOROWSKI, Robert, *Sur le sentiment chez les Présocratiques*, Varsovie, Stakroos, 2008.

ZAFIROPULO, Jean, *Empédocle d'Agrigente*, Paris, Les Belles lettres, « Collection d'études anciennes », 1953.

ZANETTI, Antonio, Maria & Antonio BONGIOVANNI, *Graeca D. Marci bibliotheca codicum manu scriptorum per titulos digesta*, Venise, S. Occhi, 1740.

ZATTA, Claudia, « Is matter alive? Between roots and daemons: Empedocles' philosophy of life », *Civiltà e religioni*, 6, 2020, p. 49-72.

ZELLER, Eduard, *Die Philosophie der Griechen. Eine Untersuchung über Charakter, Gang und Hauptmomente ihrer Entwicklung, I*, allgemeine Einleitung, vorsokratische Philosophie, Tübingen, L. F. Fues, 1844.

— *Die Philosophie der Griechen, in ihrer geschichtlichen Entwicklung, I*, allgemeine Einleitung, vorsokratische Philosophie, Tübingen, L. F. Fues, 1856.

— *Die Philosophie der Griechen in ihrer geschichtlichen Entwicklung, 1, 2*, Leipzig, O. R. Reisland, 1892[5].

— *La philosophie des Grecs considérée dans son développement historique : Première partie, la philosophie des Grecs avant Socrate, Tome deuxième*, trad. d'É. BOUTROUX, Paris, Hachette, 1882.

ZHMUD, Leonid, Jakovlevič, *Pythagoras and the early Pythagoreans*, Oxford, Oxford University Press, 2012.

ZUCKER, Arnaud, *Élien. La personnalité des animaux. Livres X à XVII et index*, traduit et commenté par Arnaud ZUCKER, Paris, Les Belles Lettres, « La roue à livres », 2002.

ZUNTZ, Günther, *Persephone. Three essays on religion and thought in Magna Graecia*, Oxford, Clarendon Press, 1971.

— *Griechische philosophische Hymnen*. Aus dem Nachlaß herausgegeben von Hubert CANCIK und Lutz KÄPPEL, Tübingen, Mohr Siebeck, « Studien und Texte zu Antike und Christentum – Studies and texts in Antiquity and Christianity, 35 », 2005.

INDEX DU DIVIN

Les mots entre crochets droits appartiennent au contexte ou à l'interprétation d'un fragment, mais pas au fragment lui-même.

Des mots identiques sont écrits sur des lignes différentes s'ils sont supposés avoir des sens différents, intervenir dans un contexte qui est précisé, ou pour distinguer un emploi particulier. J'écris en italiques les mots qui ne sont pas couramment francisés, et translittère de façon libre les mots grecs.

[Adonis] (fr. 27, 28, 29) 357.

[*Adrastée*] (fr. 115) 553.

Aïdôneus, Hadès (fr. 6.2) 9-10, 34, 36-41, 46, 48, 54, 61-63, 116, 122, 129, 140-141, 143, 156-157, 161, 168, 174, 197, 199-201, 229, 233, 237, 252-254, 259, 262, 275-277, 285, 292, 297, 301, 313, 321, 365, 397, 420, 422-423, 433-438, 441, 445, 447-453, 457-459, 461-464, 468, 470-473, 475-476, 479-483, 485-495, 497, 499-502, 507-510, 513-517, 521, 531, 546, 548, 571-572, 614, 616, 621, 632, 655.

Aischrè, Laideur (fr. 122.3) 208, 220, 230, 331, 359-360, 405, 518.

ambrota, choses immortelles (fr. 21.4) 163, 199, 239, 262, 268-275, 277-278, 280-292, 294-300, 463, 509-510, 524-525, 528.

Amour 29, 47, 49, 51-52, 64, 74-75, 151-152, 166, 179-181, 184, 186-188, 190, 197, 199, 203, 220, 226, 242, 245, 257, 260-261, 269, 301-302, 304-308, 311, 315-316, 320-323, 325, 327, 329-330, 332, 336, 338, 340, 355, 359, 361, 366-367, 374, 378, 386, 389, 392, 395, 401, 404, 405, 449-450, 453, 459, 463, 465, 469-471, 474, 491, 510, 516, 518, 520-521, 524, 531-532, 550-554, 559, 564, 571-572, 576-577, 587, 593, 614-615, 617-618, 627, 631, 632, 638-640, 642, 644-651, 653, 656, 660, 663, 669, 675, 678, 680.

Anankè, Nécessité (fr. 115.1, 116) 50, 117, 153, 157, 184, 186, 301, 306, 308-309, 324-329, 336, 537, 545, 553, 567, 571, 581, 584-585, 587, 606, 612, 614-616, 621, 629, 638-639, 640, 642, 655, 663.

Aphoriè, Stérilité (fr. 123.3) 210-211, 215, 221-223, 225-226, 230, 232, 384-385, 411-412, 414, 416-418, 528.

Aphrodite (fr. 17.24, 22.5, 66, 71.4, 86, 87, 84.7a Rashed) 9-10, 41, 49, 62, 67, 70, 73, 125, 170, 193, 199, 226, 242, 244, 246, 254, 257-258, 276, 278, 281-282, 287, 291, 302, 308-309, 311, 313, 315-316, 325, 327, 330, 332-333, 336, 357, 360, 378, 404, 417-418, 464-465,

469-470, 478, 524, 532, 546, 552, 555-556, 640, 644, 661-662, 684.

[Apollon] (A 23, fr. 134) 11, 14, 23, 42, 50-51, 108, 110, 134, 158, 163-164, 171-172, 178-179, 193, 206, 218-219, 222, 229, 234-236, 239-240, 242-249, 252-262, 281, 283, 287, 311, 316-319, 312, 323, 340-341, 346, 348, 351, 353-357, 359, 361-369, 377-384, 386-388, 390-398, 400-410, 412, 415-416, 418, 468, 471, 500, 517, 522-523, 545, 550-551, 556, 564, 586, 588, 594, 629, 634, 656, 660, 665, 678, 683, 693.

Arès (fr. 128.1) 19, 21, 62, 69-73, 75, 157, 180-181, 189-192, 195-197, 200, 202, 204-205, 227, 324, 380, 394, 510, 523, 526, 543, 556, 571, 589, 642, 690-691, 693.

Asapheia, Sans-Clarté (fr. 122.4) 51, 208, 215 228-232, 319-320, 322-323, 331, 359, 390, 418, 441, 518, 520-522, 524-528, 532, 556, 640.

Astemphès, Immobilité (fr. 123.2) 208-209, 220, 230, 411.

Atè, Égarement (fr. 121.4 = 33 Rashed) 228-229, 524.

Bienheureux, Makares (fr. 115.6) 153-160, 162-168, 170, 175, 177-178, 180-187, 203-206, 304, 306, 308, 325, 328, 333-336, 358, 371, 395-398, 444, 510-511, 513, 517-518, 527, 535-536, 538, 542-543, 552, 555-556, 559, 561, 563-565, 572-573, 576-577, 579, 580-582, 584-588, 590-595, 598, 600, 601-609, 613, 615-625, 627-629, 632-634, 636, 638-651, 653-654, 657-658, 661-664, 693-694.

[Charis], Grâce (fr. 116) 306.

Chthoniè, Terrestre (fr. 122.1) 208-209, 230, 319, 331, 359, 479, 490, 518-519, 521.

Cronos (fr. 128.2) 10, 29, 69-70, 73, 157, 189-192, 195-198, 200-202, 204-205, 227, 231, 315, 464, 484, 492, 498, 509, 520, 571.

Cypris, Aphrodite (fr. 73.1, 75.2, 95, 98.3, 128.3) 29, 50, 69-71, 73-75, 127, 165, 180-181, 189-190, 195-206, 227-228, 246, 258, 309, 312, 314, 321, 329, 360, 380, 386, 526, 532, 543, 569-570, 589-590, 592, 639, 642, 663-664, 693-694.

daimôn, divinité (fr. 59.1) 549, 551, 554, 680.

[daimôn], divinité (fr. 126) 406, 551, 554-555, 557, 575, 659-660, 670, 686.

daimones, divinités (fr. 115.5 = 19 Rashed) 11, 13, 57, 153-154, 156, 162, 164-165, 167, 169, 175, 184, 186, 190, 203, 205, 262, 271, 273-274, 392, 395, 397-398, 406, 408, 460, 520, 535-536, 538, 540-542, 544, 548-552, 554-559, 561-563, 565, 569, 572-573, 576-578, 580, 582, 584-586, 588, 590-607, 609-612, 615, 619-627, 629-637, 641, 643-650, 652-653, 656-665, 671-674, 677-684, 686-688.

[daimones], divinités, déesses, génies (fr. 122) 208, 331, 416, 490, 520, 551, 554, 576, 659.

[Déméter, Déô] (fr. 6) 40, 45, 64, 141, 189, 224, 230, 237, 244, 248, 250, 275-276, 315, 321, 357, 417, 463, 465, 491, 499-500, 508-509, 511, 514, 516-517, 556.

Dénaiè, Lenteur (fr. 122.3) 208-209, 230, 331, 359, 405, 518.

Dèris, Bataille (fr. 122.2) 359-360, 405, 520, 526, 532, 556.

Dieu (fr. 23.11) 571.

Dieu (fr. 31) 245, 374, 423, 440, 551, 644.

Dieu (fr. 128.1) 29, 69, 75, 179, 190, 195, 197, 200-201, 227-228, 386, 444, 452, 510, 526, 532, 589.

Dieu immortel (fr. 112.4) 169, 269, 607-609.

Dieux (fr. 3.1) 400-401, 418, 551.

Dieux (fr. 115.1 = 15 Rashed) 157, 183-184, 186, 327-328, 334, 553, 584, 588, 611, 615, 618, 641, 656.

Dieux (fr. 132.2) 55, 131, 229, 314, 319, 401, 407.

Dieux bienheureux (fr. 131.4) 156, 325, 572-573, 577.

Dieux riches en honneurs (fr. 146.3) 155-156, 165, 169, 334-335, 551, 556, 587, 635, 650-651, 658, 673.

Dieux à la longue vie, riches en honneurs (fr. 21.12, 23.8, D73.272 LM = a[ii]2 MP) 153, 156, 203, 254, 356, 438, 442, 444, 484, 510, 519, 555-556, 565, 587-588, 609, 617, 665, 673.

Egersis, Veille (fr. 123.1) 207-209, 220, 230, 384, 411.

[Éros] (fr. 29) 11, 260-261, 318, 339, 357-368, 372, 375, 403.

Eunaiè, Sommeil (fr. 123.1) 207-209, 220-221, 223, 230, 384, 411.

Gèthosunè, Joie (fr. 17.24) 114, 306, 308, 474.

Hadès (fr. 111.9) 42, 54-56, 76, 143, 546.

Hadès (fr. 142.2) 405-406, 409.

Haine 9-10, 49, 50-52, 54, 69-72, 74-75, 78, 119, 127, 151, 166-167, 180-188, 195-197, 200-205, 220, 227, 243, 245, 261, 276, 289, 291, 301-311, 313-314, 320-322, 324-327, 329-330, 332-333, 336, 356, 359-360, 373-374, 378, 386, 395, 405, 409, 431, 444, 449-450, 453, 458, 465, 469, 484, 489, 518, 520-521, 524, 526-528, 531-533, 543, 547-554, 564, 570-572, 576-577, 581, 585, 589-591, 593, 596, 600, 603-604, 611, 613-615, 617-618, 632, 638-640, 642-647, 649-650, 660-663, 669, 674, 693-694.

Harmonie (fr. 27.2, 96.4, 122.2) 133, 208, 230-231, 241, 243, 246, 263, 302, 305, 309, 314, 320, 331, 353, 359-361, 362, 374, 405, 461, 470, 520, 532.

Harpies (D76.4 LM = d 4 MP) 488-489, 518, 527.

Héliopè, Solaire (fr. 122.1) 405, 477.

Hélios, Soleil (fr. 21.3, fr. 38, fr. 40, et ailleurs) 13, 174, 201-202, 246-247, 250, 263, 271, 289, 315, 364, 405, 407-409, 416, 456, 459, 465, 471, 477, 487-488, 499, 518-519, 639, 648-649.

Héphaïstos (fr. 96.3, fr. 98.2) 40-41, 55, 61, 133-134, 146-147, 150-151, 228, 244, 246, 249, 360, 422, 440, 443, 459, 461, 466, 470-472, 492, 499, 631.

Héra 9-11, 34, 36-38, 45-48, 51-52, 61-63, 66-67, 71, 75-76, 116, 122, 129, 140-141, 143, 149-150, 156-157, 161, 163, 168, 173-174, 197, 199-202, 237, 244, 252-254, 259, 262, 274-288, 292, 296-297, 299, 301, 313, 321, 325, 334, 347, 365, 390, 397, 420, 422-423, 433-438, 441, 444-445, 447-454, 457, 459, 461-464, 466, 468, 470-478, 482-483, 485-492, 494-495, 497-504, 506-518, 521-529, 531, 533, 546, 548, 556, 571-572, 587, 614, 616, 621, 631-632, 652-653, 655, 662.

Héra (fr. 6.2) 45, 66, 71, 168, 199, 252, 277, 285, 292, 297, 299, 321, 365, 417, 422, 434, 445, 462-463, 466, 475, 477, 488, 494, 500-504, 508-509, 512-514, 521, 528, 546.

Immortels (fr. 147.1) 156-157, 169, 334, 452, 543, 615, 644.

Kalliopeia, Calliope (fr. 131.3) 9, 156, 304, 324, 347, 388, 390, 418, 570-572.

Kallistô, Beauté (fr. 122.3) 208, 220, 230-231, 331, 359-360, 405, 518.

Kinô, Mouvement (fr. 123.2) 207-209, 216, 220, 230, 384, 411.

Kotos, Rancune (fr. 21.7) 520.

Kudoimos, Tumulte (fr. 128.1) 29, 69-70, 73, 157, 189-192, 196-197, 205, 227, 324, 380, 589, 642, 693.

Megistô, Majesté (fr. 123.2) 208-209, 215, 225, 230-231, 385, 414, 417-418.

[Moires] (fr. 122) 416, 490.

Muse (fr. 3.3, 4.2, 131.1) 9, 11, 23,
31, 50-51, 118, 126-127, 131, 156,
179, 201, 220, 243, 257-258, 269,
323, 325-326, 388-390, 393, 402,
418, 463, 491, 514, 519, 535, 555,
568, 570-573, 622.

Neikos, Haine, Discorde (B 19,
fr. 17.8, 26.6, 17.19, 30.1, 35.3,
35.9, 36, 109.3, 115.14, D73.288
LM = a[ii] 18) 9, 49, 72, 157, 167,
182-183, 200, 221, 301, 310, 321,
336, 347, 397, 438, 469, 490, 524,
526, 531-533, 571, 614, 616, 621,
647, 679.

Némertès, Sans-Tromperie (fr. 122.4)
10, 51, 215, 228, 230-231, 319,
322-323, 390, 405, 418, 441, 471,
479, 514, 519-522, 525-526, 640.

Nestis (fr. 6.3, 96.2) 9, 11, 13, 31,
33-34, 36-37, 45-48, 50-52, 61-68,
71, 73, 75, 116, 120, 122, 126-127,
129, 133-146, 148-151, 156-158,
161, 168, 174, 197, 199-202, 237,
252-254, 257-259, 262, 275-276,
287, 290, 292-293, 301, 306,
313, 316, 319-323, 325, 360,
365, 389-390, 397, 402, 417-418,
420, 422-424, 428-431, 433-438,
441, 443-458, 460-468, 470-475,
479-487, 489-494, 497-500, 503,
507-509, 513-520, 526, 528, 531,
546, 548, 555, 571-572, 614, 616,
621, 632, 655, 684.

Omphaiè, Parole de Zeus (fr. 123.3)
207-215, 217-224, 226-232, 322,
384-387, 411-413, 415-417, 527,
556.

[Perséphone] (*Nestis*) 9, 11, 31, 33,
40, 43, 45, 47, 51-52, 61-62, 64,
66-67, 75, 126, 140-141, 160-161,
168, 201, 313, 321, 417-418, 423,
429, 444, 448, 453, 455-456, 458,
461, 463-465, 471, 481, 508-509,
514, 517, 531, 659.

Philiè, Amour (fr. 18, d3 MP) 302,
397, 470, 595.

Philotès (fr. 17.7, 17.20, 19, 20.2,
21.8, 26.5, 35.4, 35.13, a[ii] 19)
9-10, 49, 67, 73, 114, 127, 152,

157, 195, 199, 221, 242-243, 246,
254, 259, 265, 276, 301-302, 306,
309-310, 320, 340, 347, 360, 379,
438, 469-470, 490, 526, 531-532,
546, 571, 614, 616, 621.

[*Phobos*], Effrayant (fr. 115.3, fr. 128)
181, 204, 589-590, 690-691, 693.

Phthimenè, Dépérissement (fr. 123.1)
207-209, 223, 230, 384, 411.

Phusô, Croissance (fr. 123.1) 207-209,
223, 230, 384, 411.

Poséidon (fr. 128.2) 29, 69, 73, 157,
189-200, 205, 227, 325, 388, 471,
476, 491-492, 499-500, 508, 510,
512, 519-521, 523, 527, 556, 589,
630, 639.

Sagesse, *Sophè* (fr. 123.3) 209,
211-213, 215-216, 220-221, 228,
230, 322, 384-386, 416-417, 527.

[*Sélénè*], Lune (fr. 6, fr. 21.4, fr. 127)
202, 271, 516, 652-653.

Sphairos (fr. 27.4, 28.2, 29.3) 11, 28-30,
54, 74-75, 152, 157, 165, 167, 181,
185, 190, 234, 241-245, 251-255,
257, 259-265, 296, 302, 304-309,
311, 314-315, 317, 323, 325-326,
332, 334-338, 342-344, 347, 350,
352-362, 364-368, 372-375, 380,
396, 402-403, 405, 407, 433, 440,
444, 450, 452, 455, 458-459, 478,
483-484, 510, 520-521, 526, 530,
532, 540, 542-543, 547-550, 552,
556, 565, 576-577, 581, 586-587,
596, 598-600, 603-605, 613-614,
616, 633, 639, 642, 644-645,
647-650, 665, 670, 678-679, 684.

[Styx] (fr. 6, 115, 122.4) 52, 181, 186,
199, 202, 231, 321-324, 327-328,
333-335, 471, 476, 478, 499-500,
514, 516, 519, 523-527, 530, 535,
611-612, 619, 621, 628, 637-638,
640-641, 643.

Thoôsa, Rapidité, Vitesse (fr. 122.3)
208, 230, 331, 359, 405, 518.

Titan (fr. 38.4) 13, 37, 208, 219, 246,
263, 315, 319, 407-409, 416, 437,
459, 464, 471, 487-489, 516-517.

[Titans] (fr. 123) 208, 415-416, 554,
659.

Zeus 9-11, 23, 29, 33-39, 42-43, 45-48, 50-52, 55, 61-64, 66-76, 78, 116, 122, 127-129, 131, 140-142, 146-147, 149-151, 156-157, 163, 167-168, 171, 174, 177, 180, 183, 186, 189-193, 195-202, 204-205, 212, 217-220, 226-231, 233-234, 236-239, 243-249, 252-254, 256-260, 262-263, 275-277, 285, 292-294, 297, 301, 307, 311, 313, 315, 318-319, 321-325, 329-330, 334, 347, 356-357, 359-360, 365-368, 380, 384, 386, 388, 390, 396-398, 405, 407-409, 415-416, 418, 420, 422-425, 427-428, 431, 433-441, 443-458, 461-466, 468, 470-473, 475-495, 497-501, 503, 507, 508-510, 512-517, 520-528, 531, 533, 543, 546, 548, 551, 556, 563, 570-572, 589, 611-612, 614, 616, 619-621, 628-630, 632, 642, 648, 655-656, 676, 684, 693.

Zeus *argès* (fr. 6.2) 227, 238-239, 259, 285, 292-293, 297, 315, 356, 386, 390, 408, 428, 455, 466, 487-488, 494, 507, 515, 517.

Zeus-roi (fr. 128.2) 11, 50, 69-72, 74-75, 78, 171, 180, 189-190, 195, 200, 204, 220, 227-229, 258, 321, 330, 356, 368, 380, 386, 409, 486, 510, 571, 693.

Zeus porte-égide (fr. 142.1) 142, 229, 386, 405, 408-409.

Autres divinités, Personnages mythiques ou de légende

Admète 396-398, 588, 656.

Athéna 72, 244, 250, 280, 282, 284, 418, 514, 591, 630-632, 648.

Atlas 271, 656.

Calypso 111, 294, 296, 523, 530.

Circé 564.

Cyclope Polyphème 192-193.

Endymion 173, 277, 525.

Ixion 277, 525, 619, 656.

Lune 159-160, 173-174, 271, 516, 577, 652-653.

Phanès 364-365.

Protogonos 357, 363-365.

Sommeil 19, 282.

Telphouse 390.

Ulysse 97, 124, 167, 169-170, 172-173, 176, 193, 280, 287, 294, 296, 343, 394-395, 530, 564, 611-612, 630-631, 639, 648-649, 651.

Adjectifs ou adverbes

ambrotos (fr. 35.13, 112.4, 131.1) 169, 269, 304, 323, 389, 571, 607.

athanatos (fr. 35.14) 157, 170, 440, 452, 475, 483.

dios (fr. 109.2) 253, 310, 506, 530-533.

hieros (fr. 134.4) 11, 233-236, 239-248, 251-252, 254, 256-259, 261-264, 316, 319, 339-340, 348-349, 361-363, 367-368, 379, 397-398, 403, 405, 407.

theothen (fr. 115.13 = 29 Rashed) 153-154, 204, 358, 396, 538, 562, 578, 585-586, 590, 596, 599-600, 603-604, 606, 609-610.

theios (fr. 132.1) 115-116, 229, 304, 324-325, 361.

thespesios (fr. 96.4) 133, 320, 461.

TABLE DES MATIÈRES

Introduction 9

Remerciements 13

1 – Sur un emprunt d'Empédocle au *Bouclier* hésiodique 15

2 – L'Empédocle magique de P. Kingsley 33

    I - L'ouvrage de Kingsley 36
        1 - L'Éther et l'Air 37
        2 - La Terre 38
        3 - Le Feu et le soleil 38
        4 - La Sicile et le feu souterrain 39
        5 - Le magicien et chaman du fr. 111 41
        6 - La mort d'Empédocle 43
        7 - Une sagesse tournée vers la pratique 44
        8 - La Korē Kosmou 44
        9 - Nestis et Perséphone 45

    II - Commentaires 46
        1 - Valeur des allusions épiques 47
        2 - Hadès sous la terre 53
        3 - Sur les traces de la sandale magique 60
        4 - La logique des mariages dans le fr. 6 61
        5 - La source des mortels 64
        6 - Perséphone et le cycle de l'eau 66
        7 - La charge de la preuve 67
        8 - L'identité de Zeus dans le fr. 128 69
        9 - Érudition et zones d'ombre 75
        10 - La Korē Kosmou et Empédocle 77

3 – Les cinq sources dont parle Empédocle   81

   Le manuscrit de Venise, *Marc. gr.* Z 307   84
   La *Poétique* et l'*Expositio*   94
   Diels face à Théon   97
   Les cinq sources   107
   La « cinq branches »   112
   La métaphore des sources et la coupure purificatrice   115
   Le jardin de Nestis   120
   Contre Hésiode   127
   La place du fr. 143   130

4 – La brillance de Nestis (Empédocle, fr. 96)   133

   Points de repère historiques   136
   Nestis   139
   La brillance   146
   Théophraste   152

5 – Empédocle pouvait-il faire de la lune le séjour des Bienheureux ?   153

   Les Bienheureux, le ciel et la lune   155
   Témoignages   159
   La lune chez Empédocle   162
   Lucien   168
   L'autoportrait   176
   Le parjure   180
   L'éthique empédocléenne   185

6 – Les dieux du fr. 128 d'Empédocle et le mythe des races   189

   La réappropriation du mythe hésiodique des races   190
   Poséidon et la race d'argent   192
   Cypris et les races métalliques   197
   Les hommes de l'âge de Cypris et l'exil daimonique   203

7 – Sagesse face à Parole de Zeus : une nouvelle lecture du fr. 123.3 DK d'Empédocle   207

   Les leçons des manuscrits   210
   Sagesse disqualifiée   211
   Parole et Parole divine   217
   Sagesse réhabilitée   221
   Ὀμφαίη et la présence de Zeus   226

Un hexamètre complet 229
Les fragments 122 et 123 230

8 – Apollon et la φρὴν ἱερὴ καὶ ἀθέσφατος
(Empédocle, fr. 134 DK) 233

Fragment 6 237
La φρὴν ἱερή 239
Le soleil 246
La totalité du divin en général 252
Le sens d'ἀθέσφατος pour qualifier la φρήν 255
L'Apollon solaire d'Empédocle et l'Apollon
    de la tradition 257
Le fr. 134 et le fr. 29. Le soleil et le *Sphairos* 259
Conclusion 261
Note additionnelle I – La joie, la pensée et le *Sphairos* 263
Note additionnelle II – Le cosmos et le *Sphairos* 264

9 – Un nom énigmatique de l'air chez Empédocle
   (fr. 21.4 DK) 267

Les interprétations existantes 270
Le fragment 6 274
À partir d'Homère… 277
Des nuages blancs 282
Les mélanges 288
Le dévoilement des *ambrota* 292
Les *Nuées* 298
Simplicius 299

10 – Penser le Bien et le Mal avec Empédocle 301

Introduire le Bien chez Empédocle 303
(1) Le *Sphairos*, chef d'œuvre de l'Amour 305
(2) Les choses du monde 310
    2.1 Le feu 310
    2.2 Le soleil 313
    2.3 L'eau 320
(3) La connaissance et la conduite particulière
    des hommes 324
    3.1 Le trésor de pensées divines 324
    3.2 La réincarnation 326
    3.3 Respecter les vivants, condamner les actes
        sanglants et s'abstenir de procréer 328
    3.4 Rechercher un équilibre entre les opposés 330

(4) Les dieux Bienheureux, les plus grands en honneurs....... 333
Conclusion 336

**11 – *Sphairos,* ou le dieu caché
(sur le fr. 29 DK d'Empédocle)**............................... 337

« *Oberfläche* » 342
    1 – νῶτον... 343
    2 – Deux branches jaillissant du dos........................... 345
    3 – Syntaxe du fr. 29.. 352
Retour à « *Rücken* » 353
Éros, le dieu le plus beau parmi les dieux........................... 357
Des dieux anthropomorphes pris dans une polémique 361
Des branches et des racines... 365
Apollon 366
Pourquoi choisir la transmission du scholiaste contre celle
    d'Ammonius et Tzetzès ? 369
Excursus platonicien 371

12 – Apollon chez Empédocle.. 377

Fr. 2.. 381
Fr. 123.3.. 382
Fr. 111 387
Fr. 140 387
Fr. 143 387
La Muse 388
Fr. 112 391
Fr. 146 392
Fr. 115 396
La folie de l'âme (A 98) 398
Un Apollon cosmique (B 134).. 402
Fr. 142 405
Annexe – Réflexions autour de quelques manuscrits
    de l'*Abrégé de théologie grecque* de Cornutus...................... 411

**13 – Petite histoire d'une marginalisation
(Empédocle, fr. 6 DK, les racines de toutes choses)** 419

Zeus brillant et la brillance de *Nestis*.................................. 424
La marginalisation des dieux du fr. 6.................................... 434
L'intérêt récent pour le fr. 6.. 457
Mise en perspective 466
Les dieux sont-ils nommés au hasard ?................................ 470
L'objection de K. Freeman 472

L'*inference pattern* de J. Palmer 473
Le chemin des dieux 475
      1 - Héra 475
      2 - Zeus 477
      3 - *Aïdôneus* 479
      4 - *Nestis* 479
      5 - Allégorie 482
      6 - La nature déifiée 487

Annexe – Sur l'attribution des éléments aux dieux 492

14 – Héra aux deux visages 497

Héra *pheresbios* 499
Air et éther 504
Deux chemins 507
Héra *pheresbios* est l'éther 509
Nestis et *Aïdôneus* 513
La bonne et la mauvaise Héra 517
Le divin éther (fr. 109) 530

15 – Empédocle et le spectacle divin de la réincarnation 535

Plan 535

I – Renaître 537
    Le cycle des morts et des renaissances 537
    Un point de méthode 541
    Palingénésie, métempsychose, réincarnation 544
        La réincarnation concerne-t-elle les quatre
        éléments, les deux puissances ? 547
        Palingénésie 553
        Diverses expressions de la réincarnation 556
    Réincarnation ou métamorphose ? 563
    La mémoire des vies antérieures 566
    La Muse 570
    L'apport de J.-F. Balaudé 573
    L'improbable métempsychose 577

II – Les acteurs du Proème des *Catharmes* 584
    Le Proème des *Catharmes* 584
    La question du τῶν 596
    Le récit démonologique d'Hippolyte 599
    L'odieux chemin de l'exil 606
        L'enjeu du choix en faveur de τήν contre τῶν 607
        Styx 611

Le spectacle divin qu'offrent les *daimones* 612
    La volonté de voir l'exécution d'une punition
       au-delà de la mort 618
    Un exil de 30 000 saisons sous surveillance 620
    Des *daimones* sous le regard des dieux 621
    Les *daimones* selon Plutarque
       dans le *De Iside* et le *De esu* 625
    Des mortels terrestres, entraînés dans un exil,
       guidés par des *daimones* 627
Le sort d'un Bienheureux parjure 628
Les *daimones*, ballottés d'élément en élément.
Le jeu de la balle 629
    L'hypothèse de la spirale ascendante 636
    Des *daimones* rejetés en raison de leur
       impureté ? 637
L'offense 637

III – Mourir avec ou sans *daimones* 643
    Origine et nature des *daimones* 643
    Purifications 655
    La démone habilleuse (B 126) 659
    Figurer ou pas dans le spectacle 662

Annexe 1 – Un aperçu des avis concernant la nature
    des *daimones* dans le Proème des *Catharmes* 665
Annexe 2 – Les colombes fuyant les éperviers
    dans les *Suppliantes* d'Eschyle 689

Bibliographie 697

Index du divin 737